Jürgen Osterhammel
China und die Weltgesellschaft

kulturelle Konflikt- und Lernsituationen interpretiert. Anders als Nelson, dem der Gesichtspunkt der Wechselseitigkeit wichtig ist, hat sich jedoch die einflußreichste Strömung unter den Chinawissenschaftlern bis in die jüngste Zeit der Zauberformel von «Chinas Reaktion auf den Westen» verschrieben.[54] Diese Forschungsrichtung hat viele wertvolle Untersuchungen hervorgebracht. Ihre Grundannahmen sind jedoch anfechtbar.

Allzu ungeprüft wurde «der Westen» als ein einheitlicher Komplex «moderner» Ideen aufgefaßt, als ein fest geschnürtes Bündel okzidentaler «Ismen», dem man dann die ebenso undifferenziert als «traditional» etikettierte Gedankenwelt Chinas unvermittelt gegenüberstellte. Meist wurde die chinesische «Reaktion» auf die westliche «Herausforderung» nach dem Maßstab bewertet, ob und in welchem Grade es gelungen sei, sich der «traditionalen» Fesseln und Bewußtseinsschranken zu entledigen und sich zu den Errungenschaften der westlichen Moderne zu bekehren. Modernisierung wurde mit Verwestlichung gleichgesetzt und als solche zum wünschenswerten Ziel der chinesischen Entwicklung – wie der aller «unterentwickelten» Gesellschaften – erklärt.[55] Chinas «Eintritt in die Familie der Völker»[56] im 19. Jahrhundert bedeutet in dieser Sicht die Anpassung des Landes an die Normen und Konventionen einer okzidental geprägten einheitlichen Weltkultur. Die historischen Kräfte in China wurden danach beurteilt, ob sie diesen Entwicklungs- und Erziehungsprozeß gefördert oder behindert hatten. Eine solche Betrachtungsweise hatte unter anderem zur Folge, daß konservative und anti-westliche Haltungen im China des 19. und 20. Jahrhunderts in ihrer Substanz und Wirkung unterschätzt,[57] revolutionäre und besonders gemäßigt-reformistische, also am liberalen Politik- und Kulturverständnis des Westens orientierte Strömungen hingegen überbewertet wurden. Vor allem verleitete sie dazu, die sicher nicht vorherrschenden, aber durchaus vorhandenen dynamischen Elemente in Chinas «traditionaler» Gesellschaft zu übersehen und allein der expansiven westlichen Zivilisation und ihrer machtpolitischen Basis – dem Imperialismus in seinen mannigfachen Erscheinungsformen – wachstumsspendende Kraft und damit historische Fortschrittlichkeit und Legitimität zuzubilligen.[58]

Eine Interpretation, die das Aktions-Reaktions-Verhältnis voraussetzt, läßt der chinesischen Seite bloß die passive Rolle der Empfängerin von Anregungen. Dabei wird leicht der Umstand unterschätzt, daß die Angehörigen der chinesischen Elite (für die sich diese Art der Geschichtsschreibung vorzugsweise interessiert) dem vielfältigen und in sich mannigfach widersprüchlichen Angebot westlicher Modernität im Bewußtsein der inneren Spannungen und Probleme der chinesischen Zivilisation entgegentraten, daß sie bewußte und artikuliert begründete Wahlentscheidungen trafen und daß die Übernahme westlicher Ideen oder Ideensysteme keineswegs notwendig mit einem vollständigen Identitätswechsel von Traditionalität zu Modernität verbunden war.[59] Schließlich hat die Fixierung auf das Aktions-Reaktions-Paradigma vielfach dazu geführt, nur diejenigen Aspekte der neueren Geschichte Chinas als untersuchungswürdig zu beachten, die von der Problematik des chinesischen Verhältnisses zum Westen her aufgefaßt werden können.[60] So hat man zum Beispiel lange Zeit der Erforschung der christlichen Mission eine Sorgfalt angedeihen lassen, die in keinem Verhältnis zur relativ geringen tatsächlichen Bedeutung christlicher Einflüsse in China steht. Die Beziehungen zum Westen und zur internationalen Umwelt überhaupt – westliches Denken wurde besonders im frühen 20. Jahrhundert in erheblichem Maße indirekt über Japan rezipiert[61] – sind ohne Zweifel ein wichtiger, ein bisweilen ausschlaggebender Aspekt der neueren Geschichte Chinas. Aber sie sind nicht der Schlüssel, der diese Geschichte vollkommen erschließt.

China in der Welt: das bedeutet nicht allein Kontakt und Kollision zwischen Weltbildern, Bewußtseinsformen und Systemen der Lebensführung, zwischen okzidentaler und einer charakteristischen Ausprägung orientalischer Kultur. Es bedeutet auch die Einbeziehung eines der komplexesten Gemeinwesen der Erde in evolutionär sich entfaltende globale Ordnungen von Tausch und Herrschaft, in interkontinentale Realzusammenhänge.

Dabei läßt sich die Geschichte Chinas auf doppelte Weise, als zwei «Geschichten» erzählen. Geschichte Nr. 1 schildert, wie das chinesische Kaiserreich seit dem Opiumkrieg von 1840–42 in das von Europa gestaltete internationale System hineinwächst; wie es durch Verträge, die von den Chinesen als «ungleiche Verträge» verdammt werden, auf die diplomatischen Konventionen des Westens verpflichtet, damit aber zugleich in seiner außenpolitischen Handlungsfreiheit eingeschränkt wird; wie ihm dann die westlichen Mächte (denen sich 1895 Japan zugesellt) institutionelle Reformen «erzieherischen» Charakters und Strafmaßnahmen für Widersetzlichkeiten auferlegen; wie China in den letzten Jahren des 19. Jahrhunderts zum Schauplatz der Rivalität zwischen den Großmächten wird; wie die «China-Frage» sich (aus westlicher Sicht) in den 1930er Jahren vom Problem der Interessensabgrenzung zwischen den Großmächten zur Frage der Eindämmung, in den 1940er Jahren dann der Niederwerfung eines aggressiven Japan verwandelt; wie schließlich nach 1945 alle Interventionsversuche der Supermacht USA und der Beinahe-Supermacht UdSSR scheitern und China durch die Dynamik seiner inneren Entwicklung zur kommunistischen Machtübernahme von 1949 getrieben wird. Geschichte Nr. 1 mündet in die weltpolitische Blockbildung, die nach dem Ausbruch des Koreakrieges im Sommer 1950 auch in Ostasien wirksam wird.

Geschichte Nr. 2 beginnt früher, hat jedoch einen weniger markanten Anfang. Sie hebt an mit den Handelskontakten, die sich im 17. Jahrhundert auf dem Seeweg mit den westeuropäischen Ostindienkompanien und zu Lande mit dem Zarenreich anbahnen. Sie setzt sich fort mit den

Versuchen besonders Großbritanniens, die durch die frühen «ungleichen Verträge» errungenen Privilegien nach 1860 in eine reale Erschließung des angeblich grenzenlosen chinesischen Marktes umzusetzen. Die Einbeziehung Chinas in die arbeitsteiligen Strukturen der Weltwirtschaft schreitet seit dem Ende des 19. Jahrhunderts langsam, aber doch stetig voran und erreicht einen einstweiligen Höhepunkt (der nächste sollte um 1979 beginnen) während der Zeit zwischen den Weltkriegen; die Weltwirtschaftskrise macht deutlich, wie empfindlich die chinesische Wirtschaft geworden ist, wie heftig sie auf Veränderungen in der internationalen Ökonomie reagiert. Geschichte Nr. 2 findet ihren vorläufigen Abschluß nach 1949 mit der Selbstabkoppelung Chinas von der Weltwirtschaft und seinem Versuch einer wirtschaftlichen «Wiedergeburt aus eigener Kraft».

Thema der ersten Geschichte ist die Eingliederung Chinas in das Weltstaatensystem[62] sowie das Schicksal des Landes als Arena für den Mächteantagonismus im Zeitalter der Welt*politik* nach etwa 1880.[63] Thema der zweiten ist die Einbindung Chinas in jene Weltwirtschaft, die im 18. Jahrhundert entstand und besonders seit dem letzten Quartal des 19. Jahrhunderts ausgebaut und verdichtet wurde.[64] Abermals können Konzeptionen mittlerer Abstraktionshöhe behilflich sein, die Vielfalt der historischen Erscheinungen begrifflich zu fassen. An der welt*politischen* Integration des Reichs der Mitte interessieren uns weniger die Details der diplomatisch-militärischen Ereignisgeschichte als die *Formen* und *Phasen*, in welchen ein um den Kaiser von China zentriertes «regionales internationales System» in eine «universale internationale Gesellschaft» oder «Weltgesellschaft» einbezogen wurde,[65] wie sie mit der frühneuzeitlichen Expansion Europas entstand und einerseits in den interkulturell anerkannten Regelwerken von Völkerrecht und diplomatischer Konvention sowie in den internationalen Organisationen des 19. und 20. Jahrhunderts, andererseits in transkontinentalen Herrschaftsstrukturen imperialen oder hegemonialen Charakters zum Ausdruck kam. Für die Untersuchung der *weltwirtschaftlichen* Integration ist Immanuel Wallersteins Begriff der «Inkorporation» neuer Regionen in die Weltwirtschaft[66] auch dann nützlich, wenn man nicht den gesamten theoretischen Apparat der Wallersteinschen «Weltsystemanalyse» übernimmt.[67] Eine solche Inkorporation – diese Bedeutung gibt Wallerstein dem Begriff – erfolgt im Zusammenhang einer sich unablässig verändernden internationalen Arbeitsteilung. Sie geschieht selektiv, erfaßt also unterhalb der Ebene gesamter Volkswirtschaften einzelne Sektoren und Regionen zu verschiedenen Zeitpunkten und in unterschiedlicher Art und Intensität. Sie hat mithin eine räumliche, eine zeitliche (oft in langfristigen Entwicklungszyklen darstellbare) und eine sektorale Dimension. Wichtig sind ihre von Fall zu Fall nachzuweisenden Konsequenzen: Umstrukturierung der Produktion und der Arbeitsverhältnisse, Veränderungen in den einheimischen politischen Systemen, usw. Schließlich ist zu beachten, daß «periphere» Gebiete ihre

Inkorporation in die Weltwirtschaft nicht bloß passiv erleiden; einheimische Kaufleute, Unternehmer und Machthaber sind an dem Prozeß aktiv beteiligt.[68] In einigen Fällen – ganz deutlich in Japan während der zweiten Hälfte des 19. Jahrhunderts – ist geradezu eine Selbstinkorporation erfolgt.

Beide Geschichten – die der politischen Einbeziehung Chinas in die internationale Gesellschaft und die seiner ökonomischen Inkorporation in die Weltwirtschaft – können durchaus unabhängig voneinander erzählt werden. Die politischen Historiker und die Wirtschaftshistoriker wären jeweils dafür zuständig. Eine solche Trennung ist dem Gegenstand freilich wenig angemessen. Die «Öffnung» des Kaiserreichs durch Lord Palmerstons Flotte im Opiumkrieg von 1840–42 wuchs aus der viel älteren Beteiligung Chinas am Handel der englischen East India Company hervor und war in ihrer unmittelbaren Vorgeschichte maßgeblich durch merkantile Erwägungen bestimmt. Als China dann dem Freihandel erschlossen war, wurde es in einem Maße wie kaum ein anderes Zielgebiet imperialistischer Expansion aus der Sicht der europäischen Mächte, der USA, dann auch Japans *wirtschaftlich* interessant, in erster Linie als Absatzmarkt und nur zweitrangig als Rohstofflieferant. Rivalitäten zwischen den Mächten wurden zwar oft durch Prestigegesichtspunkte und geopolitisch-strategische Kalkulationen ausgelöst und aufgeheizt, lassen sich aber in zahlreichen Fällen auf wirtschaftliche Interessengegensätze zurückführen. Von chinesischer Warte war es umgekehrt kaum sinnvoll, die Erfahrungen fremder Aggression in solche politischer und solche ökonomischer Natur einzuteilen. Schon der ganz ohne diplomatische und militärische Hilfestellung abgewickelte Opiumhandel vor 1840 wurde von Teilen der chinesischen Bürokratie mit Recht als erstrangiges Politikum aufgefaßt. Zwischen 1842 und 1945 unterlagen dann Chinas gesamte Außenwirtschaftsbeziehungen allen nur denkbaren Formen fremder Kontrolle. Die Grenzlinie zwischen Politik und Ökonomie ist daher schwierig zu ziehen, das prinzipienfest debattierte Problem des «Primats» jeweils eines Faktors vor dem anderen vollends kaum zu entwirren. Ökonomisch motivierte Interventionen mit politischen und militärischen Mitteln schufen die Voraussetzungen für neue Formen ökonomischer Durchdringung, während sich in anderen Fällen nicht-ökonomisch bedingte Positionsgewinne im Nebeneffekt auch wirtschaftlich auszahlten. Das Verhältnis von Politik und Ökonomie bei der Analyse der Einbeziehung Chinas in die globalen Strukturen seit dem 18. Jahrhundert sollte daher als variable Größe und nicht als dogmatisch vorausgesetzte Rangbeziehung aufgefaßt werden.[69] Im Mischungsverhältnis der Faktoren erweist sich die Eigenart spezifischer historischer Situationen. Die beiden «Geschichten», die machtpolitische und die wirtschaftliche, können zeitweilig und aus Gründen darstellerischer Übersichtlichkeit unabhängig voneinander erzählt werden, bedürfen aber immer wieder der polyphonen Engführung.

In diesem Buch wird der Versuch einer solchen Polyphonie unternommen. Das Thema ist die Begegnung zwischen China und seiner internationalen Umwelt, besonders das Verhältnis zu Europa, das im Falle des Zaren- und Sowjetimperiums ja auch ein direkter, in Gestalt der britischen, französischen und holländischen Kolonialreiche ein indirekter Nachbar war. Überhaupt werden immer wieder die eurasiatischen Zusammenhänge ins Auge fallen, denen sich auch ein so selbstbezogenes und selbstgenügsames Land wie China nicht entziehen konnte.[70] Dabei tritt der geistes- und kulturgeschichtliche Aspekt, der gesamte Komplex der «interzivilisatorischen Begegnung», auf den sich der Nicht-Sinologe ohnehin nur bei Strafe des Dilettantismus einlassen darf,[71] in der folgenden Darstellung hinter dem politischen und dem sozialökonomischen zurück. Es geht also vornehmlich um die Einbindung Chinas in die Realstrukturen der Weltgesellschaft.

Wo beginnen die «Geschichten» in der Zeit, wo enden sie, welche Teil-»Geschichten» sind in ihnen verborgen? Wie ein strukturgeschichtlich erfaßter Zusammenhang in Perioden zu zerteilen sei, ist immer ein schwierig zu lösendes Problem. Meist können die epochalen Einschnitte der politischen Ereignisgeschichte nur ungefähre Orientierungsmarken setzen, die der Historiker der strukturellen Verschiebungen zur Ordnung seines Stoffes *faute de mieux* übernimmt. Die Schwierigkeiten wachsen, wenn man es mit unterschiedlichen historischen Rhythmen und Chronologien zu tun hat, mit «Weltzeit und Systemgeschichte» (Niklas Luhmann): mit der Chronologie Chinas und derjenigen der Weltgesellschaft, zweier Chronologien, die sich im Zuge der Globalisierung aller Lebensbereiche einander annäherten, ohne doch jemals ganz miteinander zu verschmelzen. Aus chinesischer Sicht bieten sich zunächst die «dynastischen» Übergänge als Ordnungshilfen an: 1644 Gründung der Qing-Dynastie, 1911/12 deren Ende und der Beginn der Republik, 1949 Gründung der Volksrepublik China. Unstrittig in seiner Bedeutung ist das letzte Datum: Die Errichtung des kommunistisch geführten Einheitsstaates beendete abrupt die Ära der direkten ausländischen Intervention in die inneren Angelegenheiten Chinas.[72] Sie war in ihren Auswirkungen auf seine internationale Stellung einem Akt der Dekolonisation zu vergleichen: ein Land der «Dritten Welt» nahm seine Geschicke wieder in die eigenen Hände.[73] 1949 ist daher ein naheliegender Endpunkt einer historischen Darstellung. Indessen sind auch hier zwei Einschränkungen angebracht. Zum einen werden mit wachsendem zeitlichem Abstand eine Reihe von Kontinuitäten immer deutlicher, die hinter das revolutionäre Epochenjahr 1949 zurückreichen und von einer Historiographie des emphatischen Neubeginns bislang verdeckt wurden. Die Relativierung der heroischen Daten – 1776, 1789, 1917 – ereilt jede Geschichtsschreibung einer siegreichen Revolution, und auch die der chinesischen erlebt heute ihre Tocquevillesche Kehre, die dem subjektiv empfundenen Bruch die objektive

Kontinuität in den Tatsachen gegenübergestellt.[74] Zum anderen kann eine allzu gebannte Fixierung auf den Neubeginn von 1949 zu teleologischen Konstruktionen verleiten, die den geschichtlichen Prozeß mit seinen Kontingenzen auf einen zwangsläufigen und unaufhaltsamen «Marsch der Revolution» reduzieren.[75] Aus diesen Gründen wird im letzten Kapitel ausblickartig und in gröbsten Strichen die Stellung der Volksrepublik China in Weltpolitik und Weltwirtschaft während der fast vier Jahrzehnte seit der Gründung des neuen Staates umrissen. In den Schlußbemerkungen wird dann versucht, die Frage von langfristiger Kontinuität und Diskontinuität der chinesischen Außenpolitik zu beantworten.

Für den *Beginn* einer Darstellung der Einbeziehung Chinas in die neuzeitlichen Weltzusammenhänge[76] sind drei Möglichkeiten denkbar. Die erste, mit der Errichtung der Qing-Herrschaft 1644 einzusetzen, ist wenig sinnvoll, denn erst nach der endgültigen Durchsetzung der Dynastie in den 1680er Jahren bildeten sich neue stabile Strukturen des Außenkontakts heraus. Ebenso erweckt eine Geschichtsschreibung, die, wie es in China und im Westen noch weithin üblich ist, den Opiumkrieg von 1840–42 als die entscheidende Zäsur ansieht, häufig die unzutreffende Vorstellung, es sei damals ein unabhängiges und völlig abgekapseltes Land mit einem Male «geöffnet» und unterjocht worden. Wir möchten demgegenüber – und dies ist die dritte Lösung – die «Öffnung» Chinas in der Kontinuität längerfristiger Prozesse verorten, die man am besten erfassen kann, wenn man zunächst das Qing-Reich auf dem Höhepunkt seiner Macht, Stabilität und Prosperität studiert, nämlich in den mittleren Jahrzehnten des 18. Jahrhunderts.[77] Der innere Niedergang des Mandschu-Reiches seit Ende des Jahrhunderts fiel zusammen mit der industriellen Revolution in Nordwesteuropa und mit einem neuen britischen Expansionsschub in Asien, ohne daß klare Ursache-Wirkungs-Verhältnisse zwischen diesen drei Prozessen festgestellt werden könnten. In dieser Phase, in welcher die Weltbalance machtpolitisch wie wirtschaftlich endgültig – oder vielleicht vom Blickpunkt des späten 20. Jahrhunderts doch nur einstweilen? – zuungunsten Asiens umkippte, soll die Untersuchung beginnen.[78]

Eine Zwischenzäsur muß dann am Ende des 19. Jahrhunderts angebracht werden. Einerlei, für welche Datierung des Übergangs zum («Hoch»-)Imperialismus man sich entscheidet:[79] Ganz eindeutig ist für China nicht 1875 oder 1882 oder welches für andere Weltgegenden schicksalhafte Datum auch immer ein Wendejahr gewesen, sondern das Jahr 1895, in dem das Qing-Reich Japan militärisch unterlag. 1895 nahm die ausländische Aggression eine neue Qualität an. Zugleich begann die nationalrevolutionäre Mobilisierung größerer Teile der chinesischen Elite. 1895 bedeutete einen tieferen Einschnitt als die Niederlage im Opiumkrieg 1842 und ganz sicher als die Revolution von 1911, die weithin nur Veränderungen besiegelte, welche nach 1895 in Gang gekommen waren.[80]

Schwieriger ist es, sich im 20. Jahrhundert für eine Periodisierung zu entscheiden. Die sowjetische Forschung läßt die «neueste» Geschichte Chinas mit den Auswirkungen der russischen Oktoberrevolution beginnen,[81] während für die chinesische Geschichtsschreibung die Protest- und Reformbewegung von 1919 («Vierte-Mai-Bewegung»), aus der heraus 1921 die Kommunistische Partei Chinas entstand, den Übergang von der «neueren» zur «neuesten» oder Zeit-Geschichte (*xiandai shi*) bezeichnet. Der Zweite Weltkrieg revolutionierte dann das weltpolitische Kräftefeld in Asien. Im Blickwinkel der auswärtigen Beziehungen Chinas dürfte indessen 1931 das wichtigste Datum zwischen 1895 und 1949 sein. Mit dem japanischen Überfall auf die Mandschurei im September 1931 begann ein blutiges und eisernes Zeitalter im Fernen Osten, geprägt durch Japans «Griff nach der Weltmacht» und den Widerstand, den er provozierte. 1931 bedeutete aber auch das Übergreifen der Weltwirtschaftskrise auf China und den Anfang einer akuten ökonomischen Notlage, die, nur 1935–37 vorübergehend gemildert, bis zur Neuordnung von 1949/50 andauern sollte. Auch im Weltmaßstab war 1931, wie Gilbert Ziebura begründet hat, ein «annus terribilis».[82] Als sich 1937 Japan und China in offenem Krieg entgegentraten, hatte die brennende Lunte ein Pulverfaß erreicht, das schon Jahre zuvor gefüllt worden war.

Die chronologische Entfaltung der beiden «Geschichten» von Chinas Stellung in und zu der Welt macht den Hauptteil dieses Buches aus. Dabei handelt es sich eher um eine interpretierende als um eine die Ereignisse in ihren Einzelheiten erzählend ausbreitende Darstellung.[83] Sie ist insofern eklektisch und nicht auf eine theoretische Generallinie verpflichtet, als sie sich verschiedener Hilfsmittel «mittlerer Reichweite» bedient, ohne sich auf eine der heute angebotenen «grand theories» – Modernisierungstheorie, Weltsystemanalyse, historischer Materialismus – a priori festzulegen.[84] Obwohl nicht auf der Ebene solcher «Makrotheorien», die sich vielfach noch gar nicht genügend durch gesicherte Empirie unterfüttern lassen, argumentiert werden soll, werden doch ständig drei «Makroprobleme» gegenwärtig bleiben, die über einen rein asienkundlichen Problemhorizont hinausweisen.

Erstens ist zu fragen, was der Fall Chinas, der einzigen Weltregion, wo sämtliche Imperialismen der neueren Geschichte – der britische, französische, russische, deutsche, japanische und amerikanische – auftraten und wo nahezu alle denkbaren Formen äußerer Einwirkung von direkter Kolonialherrschaft (Japan auf Taiwan) bis zu diskreter Manipulation einheimischer Machthaber erprobt wurden,[85] im Hinblick auf die vergleichende *Imperialismus*forschung lehren kann. Zweitens soll der relative, aber auch absolute Abstieg Chinas vom Rang einer der wohlhabendsten vorindustriellen Gesellschaften der Welt zum «typischsten aller Hungergebiete»,[86] als das es für die zwanziger bis vierziger Jahre des 20. Jahrhunderts bezeichnet werden konnte, in der Perspektive der historischen

Genese von *Unterentwicklung* betrachtet werden. Drittens muß versucht werden, die Geschichte von Chinas Eingliederung in globale Strukturen mit der internen «Hauptgeschichte» des modernen China zu verbinden: derjenigen seiner *Revolution*. Dabei sei die chinesische Revolution verstanden als eine mit ihren Wurzeln ins späte 18. Jahrhundert zurückreichende, im 19. Jahrhundert anlaufende und sich im 20. Jahrhundert beschleunigende Umwälzung zunächst des politisch-kulturellen «Überbaus», die wesentlich mitbestimmt wurde durch Veränderungen an der sozialökonomischen «Basis». Die radikale und im engeren Sinne revolutionäre Umgestaltung dieser «Basis», also im Kern die nationweite Zerschlagung der alten Produktions- und Herrschaftsverhältnisse auf dem Lande, erfolgte erst «von oben» durch die kommunistische Staatsmacht in den 1950er Jahren.[87] In welchem Maße der Umstand, daß es im modernen China zu einer der weltgeschichtlich ganz seltenen «total revolutions»[88] gekommen ist, durch Einflüsse aus der internationalen Umwelt mitwirkend verursacht wurde, bleibt eines der großen Probleme gegenwärtiger Geschichtsdeutung. Die historische Erfahrung Chinas, eine Erfahrung, die ein Viertel der Menschheit betrifft, wird damit zugleich zum Testfall für die Verbindung innergesellschaftlicher und internationaler Perspektiven bei der Erklärung langfristigen historischen Wandels. China war niemals ein hilfloser Spielball der Mächte. Aber das beispiellose Drama seiner revolutionären Transformation wurde in der Arena der Weltgesellschaft aufgeführt.

Erster Teil

Annäherungen

Da die chinesische Zivilisation über viele Jahrhunderte hinweg ihre charakteristische Form bewahrt hat, ist es hier leichter möglich, die Stellung des Landes in der Welt über lange Zeiträume zu verfolgen, als dort, wo sich Grenzen verschoben haben oder wo innerhalb eines Zivilisationsraumes oder Kulturkreises politische Gebilde aufgestiegen und untergegangen sind. Eine solche Übersicht in der *longue durée* soll in zwei epochenübergreifenden Annäherungen an das Thema erfolgen, einer qualitativen und einer quantitativen.

In der ersten Annäherung werden in Jahrhundertschritten, beginnend mit den Berichten der frühneuzeitlichen Jesuitenmissionare, einflußreiche und für ihre Entstehungszeit repräsentative Texte westlicher Autoren danach befragt, wie sie die Position Chinas im Weltzusammenhang darstellen und beurteilen. Dabei zeigt schon die Herkunft der Gewährsleute, daß sich innerhalb der okzidentalen Welt das Zentrum der Orientwahrnehmung, nicht ohne Zusammenhang mit Verschiebungen der allgemeinen politischen, wirtschaftlichen und kulturellen Hegemonie, in charakteristischer Weise verlagert hat. Die ersten Berichterstatter, die nach Marco Polo und den franziskanischen Reisenden der Mongolenzeit das europäische Publikum als Augenzeugen über das Innere des chinesischen Reiches unterrichteten, waren italienische, spanische und portugiesische Jesuiten. Sie wurden in den letzten Jahren des 17. Jahrhunderts von ihren französischen Ordensbrüdern abgelöst, deren Berichte das europäische Chinabild des ganzen 18. Jahrhunderts prägten. Gegen Ende des 18. Jahrhunderts waren es die Briten, die mit der großen Gesandtschaftsreise des Earl of Macartney an den Hof von Beijing 1793/94 die Führung übernahmen. Während der ersten Hälfte des 19. Jahrhunderts wurden die maßgebenden Chinabücher von britischen Konsuln, Kolonialbeamten und Missionaren geschrieben (von denen allerdings keiner die umfassende Landeskenntnis der Jesuiten besaß). In der zweiten Hälfte des 19. Jahrhunderts, als die Chinaliteratur unübersehbar zu werden begann, traten vor allem protestantische Missionare aus den Vereinigten Staaten als Verfasser allgemeiner, auf das breite Publikum wirkender Werke über China hervor. Im 20. Jahrhundert löste sich schließlich auf, was von der Einheit eines gesamtokzidentalen Chinabildes noch geblieben sein mochte. Die großen Kompendien, in denen alles Wissenswerte über China mit dem Anspruch seriöser Wissenschaftlichkeit zu einer Totalschau arrangiert wurde, gehörten nun der Vergangenheit an. Von wenigen Ausnahmen abgesehen, teilt sich nun die Chinaliteratur in Forschungsarbeiten, die von Spezialisten für Spezialisten geschrieben werden, und in die große Masse des Popularschrifttums, das besonders die fremdartigen und vermeintlich bizarren Züge der chinesischen Zivilisation in den Vordergrund stellt. Für das 20. Jahrhundert läßt sich deshalb auch kein Text finden, der mit hinlänglicher Repräsentativität ein halbwegs verbindliches «westliches» Chinabild verkörpern würde.

In der zweiten Annäherung soll versucht werden, Chinas Stellung in der Welt in schätzbaren oder meßbaren Proportionen, also quantitativ, auszudrücken. Sie vermeidet die Unbestimmtheiten impressionistischer «Bilder» einer fernen Zivilisation, ist dafür aber mit den Unsicherheiten statistischer Angaben aus einem vorstatistischen Zeitalter behaftet. Die chinesische Bürokratie hat sehr früh und in großem Umfang quantitative Daten gesammelt. Diese Daten, sofern sie überliefert wurden, sind oft überaus aufschlußreich für Teilphänomene, etwa langfristige Preisveränderungen auf Teilmärkten oder regionale demographische Bewegungen. Sie lassen sich jedoch nur selten zu gesamtchinesischen Größen aggregieren und in langfristigen Zeitreihen hintereinanderschalten. Außerdem schwankte die Verläßlichkeit der chinesischen Statistik mit der Effizienz der Staatsverwaltung. In Zeiten der Wirren versagte auch der Zensus der Untertanen und ihrer Aktivitäten. Daran hat sich bis in die jüngste Vergangenheit wenig geändert. Besonders die während der ersten Hälfte des 20. Jahrhunderts (vor allem unter der Nanjing-Regierung 1927-1937) in gewaltigen Mengen veröffentlichten Daten sind oft von fragwürdiger Qualität und manchmal bloße Hirngespinste von Schreibtischstatistikern. Lediglich die Außenhandelsstatistik konnte seit ihrem Beginn in den 1860er Jahren einen relativ hohen Qualitätsstandard halten. Frühestens von 1952 an kann von einer modernen gesamtnationalen Datenerhebung in China die Rede sein, und erst in den letzten Jahren hat die chinesische Statistik internationales Niveau erreicht. Auf der anderen Seite ist eine Weltstatistik, die überhaupt erst die proportionale Einordnung und Beurteilung nationaler Zahlenwerte möglich macht, eine Errungenschaft des 20. Jahrhunderts; sie ist eine Leistung vor allem der Experten des Völkerbundes und seiner Fachorganisationen. Aus all diesen Gründen darf man von einer Bezifferung der chinesischen Stellung in der Welt vor 1949 Exaktheit nicht erwarten. Dennoch: allgemeine Größenordnungen werden sichtbar.

I

Berichte aus dem Reich der Mitte

Weltkundigen Europäern der frühen Neuzeit, die den Blick über die Völker und Reiche des nachkolumbianisch erweiterten Erdkreises schweifen ließen, erschien der «gran Reyno dela China», von dem 1585 der spanische Augustiner Juan Gonzalez de Mendoza in dem ersten großen westlichen Chinabuch nach Marco Polo handelte,[1] als der Inbegriff eines reichen, wohlgeordneten und mächtigen, wenngleich noch nicht zum wahren christlichen Glauben bekehrten Gemeinwesens. Mendoza zeigte sich beeindruckt von der beispiellosen Zahl der Bewohner und der großen Fruchtbarkeit des Landes, die eine üppige Versorgung der Menschen zu niedrigen Preisen gewährleiste; er lobte die gute Ordnung, das Fehlen von Bettelei, den vorzüglichen Ausbau von Straßen und öffentlichen Einrichtungen und ihre sorgsame Instandhaltung. Er empfahl auch die außenpolitischen Prinzipien des Reiches: es versage sich, wie der Untertan Philipps II. von Spanien beifällig vermerkte, Angriffskriege gegen seine Nachbarn, ohne die Sicherheit seiner Grenzen zu vernachlässigen. China sehe darauf, alle lebensnotwendigen Güter im Lande selbst zu erzeugen und sich von seinen Nachbarn möglichst unabhängig zu halten.[2]

Matteo Ricci, der als Begründer der Jesuitenmission in China die ostasiatischen Verhältnisse aus achtundzwanzigjähriger (1582–1610) Erfahrung kannte, kam wenige Jahre später zu ähnlichen Urteilen. In seinem Werk *De Christiana expeditione apud Sinas*, das nach seinem Tode in der nicht immer quellentreuen, aber literarisch effektvollen Überarbeitung durch Nicholas Trigault veröffentlicht wurde und in ganz Europa Beachtung fand – bereits sechs Jahre nach der lateinischen Erstveröffentlichung von 1615 lagen Übersetzungen ins Französische, Deutsche, Italienische, Spanische und Englische vor[3] –, ging er über Mendozas aus Schriftquellen geschöpfte Beschreibung hinaus zu einem grandiosen Versuch, auf der Grundlage seiner reichen Anschauung und umfassenden Literaturkenntnis Wohlstand, Macht und Gesittung der Chinesen aus ihren geographisch-ökologischen Lebensbedingungen und den enthnographisch scharf erfaßten Wesenszügen ihrer Zivilisation ursächlich zu erklären.

Ricci, der umfassend in den Wissenschaften seiner Zeit gebildete Landsmann und ungefähre Zeitgenosse Galileis, beobachtete China mit einem Realitätssinn und einer neugierigen Unbefangenheit, die später nur von wenigen wieder erreicht wurde. Sein China ist nicht länger das sagenhafte Cathay des Spätmittelalters; Fabelwesen und Bizarrerien sind aus ihm völlig verschwunden. Auf der anderen Seite steht Ricci noch nicht unter dem Bann des Mythos vom weltlich-perfekten Musterstaat, der dann im späten 17. und im 18. Jahrhundert unter maßgeblichem Zutun seiner jesuitischen Ordensbrüder entstehen und einer oft realitätsfernen Verklärung Chinas Vorschub leisten sollte. Bei seiner literarischen Konstruktion Chinas leitet ihn noch nicht jene polemische Absicht, die spätere Autoren drängte, im theologischen Streit um die chinesischen Riten oder in der politischen Debatte um Alternativen zum europäischen Absolutismus Stellung zu beziehen. Riccis Chinabild wird nicht auf eine publizistische Wirkung in Europa hin entworfen. Es dient der Selbstvergewisserung über die Voraussetzungen der christlichen Mission. Getreu seinem Grundgedanken, daß eine solche Mission sich den vorgefundenen Zuständen einfühlsam und gelehrt «akkomodieren» müsse, beginnt er mit einer nüchternen Bestandsaufnahme des Vorfindlichen.[4] China ist ihm nicht in erster Linie ein Vorbild, welches einem degenerierten Europa mahnend vor Augen gestellt werden muß. Es ist ein unendlich vielfältiger Komplex gesellschaftlicher Lebensformen und kultureller Bedeutungen, der – gewiß mit dem letzten Ziel einer Bekehrung der Chinesen zum Christentum – aus sich selbst heraus verstanden werden kann. Wenn Ricci China mit Europa vergleicht, dann nicht in normativer Absicht, sondern um im Kontrast zum Bekannten das Eigentümliche des Fremden um so deutlicher zu erhellen: «Denn weil die Verhältnisse in China sich im allgemeinen von den unsrigen deutlich unterscheiden und diese Abhandlung doch vornehmlich für Europäer bestimmt ist, wird es nötig sein, bevor wir mit dem Hauptthema beginnen, einige Erläuterungen zur Lage, zu den Sitten, Gesetzen und anderen Eigentümlichkeiten Chinas zu geben, sonderlich zu solchen, die von denjenigen unserer Länder abweichen...»[5]

Allerdings wählt Ricci seltener, als dies später üblich werden sollte, den expliziten Vergleich mit Europa; ihn stellt er seinen Lesern anheim. Ricci macht China begreifbar, indem er es unter kühlem Analyseblick in seiner Einzigartigkeit hervortreten läßt. Die fremde Zivilisation ist nicht länger der auswechselbare Schauplatz des Absonderlichen. Sie ist ein zusammenhängendes kulturelles Gefüge, dessen Eigentümlichkeiten Ricci mit teils schon funktionalistischen Argumenten erklärt. Chinas machtvolle Stellung in der Welt wird nicht allein als der unmittelbare Ausfluß göttlichen Waltens gesehen, als Herausforderung Gottes an seine christlichen Verkündiger, einen Bekehrungsfeldzug wahrhaft heroischen Ausmaßes zu unternehmen. Ricci versucht vielmehr mit detailfreudiger Ausführlichkeit, Chinas Glanz, Raffinesse und Wohlstand aus seinen ganz besonderen Umständen herzuleiten. So untersucht er etwa die Zusammenhänge zwischen klimatischen Unterschieden und besonderen regionalen Formen von Fruchtbarkeit oder diskutiert die Bedeutung der in ungewöhnlichem Maße verbreiteten Schriftlichkeit für den Zusammenhalt des Reiches.[6] Ricci kommentiert auch als einer der ersten das, was später der «Sinozentrismus» der Chinesen genannt werden wird, ihre Vorstellung, China sei der Mittelpunkt des Universums, ja, es sei mit diesem kongruent.[7] Er sieht aber in der Selbstbezogenheit der Chinesen noch nicht den Ausdruck eines unbelehrbar bornierten Nationalcharakters, sondern das Ergebnis ihrer naturgegebenen geographischen Isolierung; durchaus seien sie bereit und imstande, Neues von außen zu übernehmen, sofern es vernünftigerweise dem Gewohnten vorzuziehen sei.[8]

Riccis Beispiel zeigt, daß nicht erst das Zeitalter der Aufklärung zu einem von Toleranz und Verstehensbereitschaft getragenen Studium außereuropäischer Zivilisationen fand. Bereits um 1600 treibt Matteo Ricci, ein universaler Gelehrter auf der Höhe seiner Zeit, eine ethnographische und kulturhermeneutische Ursachenforschung, die das naive Staunen über die Wunder des Orients weit hinter sich gelassen hat. Der Missionspionier wird dabei von einer ganz persönlichen Faszination, aber auch von einem pragmatischen, einem geradezu strategischen Motiv getrieben: Um der chinesischen Bildungselite die christliche Religion schmackhaft zu machen, ist es notwendig zu erkennen, wie die chinesische Zivilisation «funktioniert», was sie im Innersten zusammenhält, wo das Christentum am erfolgreichsten eingewurzelt werden kann. Eine gleichsam erfahrungswissenschaftlich fundierte Missionsmethode liegt im Zentrum von Riccis Projekt. Die unbefangene Analyse einer fremden Zivilisation, vor welcher die meisten der mitgebrachten Begriffe versagen, bildet ihre unerläßliche Voraussetzung. Als Philologe mag Ricci noch zu den vorwissenschaftlichen «Proto-Sinologen» gehören; als Interpret chinesischer Denk- und Lebensformen hat er Fragen gestellt, die für seine Nachfolger auf lange Zeit hinaus verbindlich werden sollten.

Ungefähr ein halbes Jahrhundert nach Matteo Ricci schreibt der spanische Jesuit Alvaro (Alvarez) Semedo seine Eindrücke eines zweiundzwanzigjährigen Aufenthalts in China nieder. Semedo ist weniger ein abwägender, den Dingen auf den Grund gehender Gelehrter als ein genau die Phänomene registrierender Beschreiber dessen, was er gesehen hat. Auch noch nach zwei Jahrzehnten im Lande ist seine Sicht, wie er selbst zugibt, die des staunenden Europäers. Seine Verwunderung gilt zunächst dem Bevölkerungsreichtum Chinas: nicht in seiner schon bei Mendoza vermerkten statistischen Abstraktheit,[9] sondern in seiner lebendigen Anschauung. Oft lägen die Städte und Dörfer – erstaunlich für einen Europäer des 17. Jahrhunderts – in Sichtweite zueinander; entlang wichtiger Wasserstraßen gehe sogar eine Stadt in die nächste über, und es entstünden in Europa ganz unbekannte Großräume urbaner Verdichtung. Ein Gedränge, wie es in Europa nur bei Volksfesten vorkomme, sei in China alltäglich.[10] Wie andere vor ihm, so betont Semedo die Fruchtbarkeit und den Reichtum Chinas; lobend kommentiert er besonders den hohen Fleischkonsum der Bevölkerung.[11] Er ist beeindruckt von Chinas Autarkie – das Land habe «es nicht nötig, von anderen Almosen zu nehmen»[12] – und seiner Fähigkeit, Luxusprodukte zu exportieren. Und er lobt den unermüdlichen und erfindungsreichen Handelsgeist der Chinesen,[13] dieselbe Eigenschaft, die später, besonders im 19. Jahrhundert, von den meisten Ausländern als kleinliches Krämertum verachtet werden wird.

Semedo hält die Chinesen für überlegen «im Handwerk und den mechanischen Künsten»; er preist ihr Erziehungswesen, das auch unbemittelten Kindern offenstehe.[14] Vieles hat er an den Chinesen zu bemängeln, vor allem – was in den letzten Jahren der 1644 stürzenden Ming-Dynastie sicher richtig beobachtet war – ihren Mangel an militärischem Geist.[15] Aber er akzeptiert China als eine der europäischen in weltlichen Dingen mindestens ebenbürtige Zivilisation, die in Regierung und Verwaltung, in Erziehung und Justiz nicht selten dem Okzident überlegen sei.[16] Es sei Unsinn, die Chinesen – wie die Indianer Brasiliens – als «Barbaren» zu bezeichnen.[17] Als ein vergleichsweise naiver, ein wissenschaftlich weniger reflektierender Autor ist Semedo ein vielleicht noch eindrucksvollerer Zeitzeuge als Ricci. Auch bei ihm findet sich keine Spur von Exotismus und Beschwörung eines «märchenhaften» Orients. Weniger als Ricci interessiert er sich jedoch für die kulturellen Spitzenleistungen der Chinesen, dagegen noch mehr als dieser für das, was man heute die «Lebensqualität» des Alltags nennen würde. Auf diesem Gebiet vermag er China einen Vorsprung vor Europa nicht abzusprechen.

Als 1696 die nächste große und auf Jahrzehnte in Europa maßgebende Gesamtdarstellung Chinas erscheint, Pater Louis Le Comtes *Nouveaux mémoires sur l'état present de la Chine*,[18] haben sich die Bewertungsmaßstäbe, die in Europa an außereuropäische Länder angelegt werden, gegenüber dem frühen 17. Jahrhundert kaum verändert. Nach wie vor achten westliche Beobachter auf die Menge der Einwohner und die Zahl und Größe der Städte, auf den Reichtum des Herrschers, den Wohlstand der Untertanen, die Milde oder Strenge der Gesetze, die Weisheit der Staatseinrichtungen, den religiösen Ritus. Etwas stärker als vordem wird beachtet, welchen Grad der Blüte die Künste und Wissenschaften erreicht haben; wichtiger wird auch – im Zeitalter des Absolutismus und der Fürstenspiegelliteratur – die Frage nach den moralischen Qualitäten des Monarchen. Nach all diesen Kriterien bietet China auch um 1700, nach der erfolgreichen Stabilisierung und Befriedung des Reiches durch die ersten Herrscher der Qing-Dynastie,[19] das Bild eines hochzivilisierten und machtvollen Landes, das den Vergleich mit keinem der Staaten des zeitgenössischen Europa zu scheuen braucht. Chinas Prestige in Europa, das in den ersten Jahrzehnten des 18. Jahrhunderts – nicht zuletzt als Folge von Le Comtes Bericht – seinen Höhepunkt erreicht, ist nicht nur das einer nach philosophischen Maximen geordneten Hochkultur, sondern auch der Ruhm einer in ihrem Umfeld politisch dominierenden Macht. Es gebe schwerlich einen König in Europa, schreibt Le Comte, dessen Ländereien sich an Reichtum und Ausdehnung mit dem Amtsbereich eines einzigen chinesischen Provinzgouverneurs messen könnten.[20] Auch dem mächtigsten und prächtigsten Land der Christenheit, dem Frankreich Ludwigs XIV., sei China in manchem überlegen. Beijing sei doppelt so groß wie Paris, und es gebe in China 80 Städte von der Einwohnerzahl Bordeaux'

und 500 bis 600 in der Größenordnung von La Rochelle.[21] Die Chinesen
befänden sich zwar gegenüber ihren eigenen (ziemlich sagenhaften) goldenen Zeiten im Zustande der Dekadenz, und sie seien an Erfindungsgeist
wie spekulativem Talent den Europäern unterlegen (dies hatte Ricci noch
bestritten), aber «vielleicht übertreffen sie uns in Verwaltung und Regierung».[22] Sie seien überaus geschickte und fleißige Arbeiter und Handwerker und unterhielten ein hochkomplexes Wirtschaftssystem, das durch
einen hohen Grad an Kommerzialisierung und eine ausgeklügelte interregionale Arbeitsteilung gekennzeichnet sei.[23] Beeindruckt ist Le Comte
auch davon, daß China keine erblichen Ränge kenne und dem Leistungs-
prinzip hohe Bedeutung zumesse.[24] Das Reich – bereits Mendoza hatte
dies 1585 festgestellt – sei zwar für die Abschreckung von Feinden, nicht
aber für eigene Angriffskriege gerüstet.[25] Und im Alltag? Da «lebt man
dort ungefähr so, wie wir auch in Europa leben».[26]

Wiederum ein Jahrhundert später hat sich das Urteil über China, wie
man es in den wichtigsten Augenzeugenberichten und landeskundlichen
Texten findet, deutlich gewandelt. Nachdem fast zwei Jahrhunderte lang
die Schriften der Jesuitenmissionare die wichtigste Auskunftsquelle gewesen waren,[27] wird das europäische Publikum nun mit mehr als einem
halben Dutzend Reisebeschreibungen und memoirenhaften Werken versorgt, in denen die Erfahrungen der britischen Gesandtschaft ausgewertet
werden, die im Winter 1793/1794 sechs Wochen lang in China weilte. Der
Gesandte selbst, Lord Macartney, dessen Tagebücher den Zeitgenossen
unbekannt blieben und erst 1908 in Auszügen und 1962 vollständig
veröffentlicht wurden,[28] hielt sich noch an das Riccianische Motto, daß
«nichts irreführender sein kann, als China nach europäischen Maßstäben
zu beurteilen».[29] Anders der ehemalige Zahlmeister der Gesandtschaft und
spätere langjährige Marinestaatssekretär John Barrow, der 1804 seinen
Bericht veröffentlichte.[30] Barrow bezichtigt die jesuitischen Berichterstatter schlichtweg der Schönfärberei[31] und erklärt seine Absicht, die
Chinesen nicht so darzustellen, «wie sie sich in ihren moralischen Grund-
sätzen selbst darstellen, sondern so, wie sie wirklich sind».[32] Ihn interessiert nicht mehr – wie die Autoren in der Tradition Matteo Riccis – der
immanente Funktionszusammenhang der chinesischen Lebensweise und
Gesellschaftsordnung, sondern «die Rangstufe, welche China auf der
Leiter der zivilisierten Nationen einnimmt».[33] Damit ist entgegen der
Maxime Lord Macartneys der Vergleich mit eben jenen «civilized nations»
in Europa, und besonders der, wie Barrow glaubt, allerzivilisiertesten
unter ihnen, dem Vereinigten Königreich, zur wichtigsten Richtschnur
der Beurteilung geworden.

Barrow ist nicht der erste, der die zivilisatorischen Eigenschaften der
Chinesen skeptisch bewertet. Kritische Stimmen (darunter Defoe, Berkeley, Bolingbroke, Renaudot, Fénélon, Melchior Grimm, Rousseau, Malebranche, Herder) hatten den Chinaenthusiasmus des 18. Jahrhunderts

begleitet.[34] Vor allem der Bericht des Admirals Lord Anson, der sich 1741 bei seiner Weltumsegelung mit drastischen Drohungen Zugang nach Kanton (Guangzhou) erzwungen und dabei schlechte Erfahrungen mit der angeblichen Sturheit und Fremdenfeindlichkeit der Chinesen gemacht hatte, eignete sich als Beweismaterial für Chinas Verächter.[35] Anson und einige seiner literarischen Nachfolger hatten aber nur Kanton besucht, kaum den Fuß auf chinesischen Boden gesetzt und die Feindseligkeit der Chinesen von vornherein durch ihr Verhalten heraufbeschworen. Die Teilnehmer der Macartney-Mission waren demgegenüber die ersten Briten seit dem schottischen Arzt John Bell,[36] die aus der Kenntnis des Landesinneren und der Hauptstadt sprechen konnten und die einen friedlichen Umgang mit den Chinesen gepflogen hatten. Obwohl Barrow einräumte, nicht alle seine Beschreibungen und Urteile auf eigene Beobachtungen stützen zu können, sprach er mit der Autorität des Augenzeugen. Sie schien selbst seinen pauschalsten Wertungen Gewicht zu verleihen.

In Barrows Augen hatten die Chinesen die kulturelle Führerschaft, die sie einst innegehabt hatten, längst an den Westen abgetreten: Als Europa noch barbarisch war («vor mehr als zweitausend Jahren»), sei China ein hochzivilisiertes Land gewesen; seitdem habe es jedoch nirgends Fortschritte gemacht, wohl aber sich vielfach zurückentwickelt.[37] Barrow räumt immerhin ein, daß die Chinesen zur Zeit Matteo Riccis ihren alten zivilisatorischen Vorsprung durchaus noch besessen haben mochten. Zweihundert Jahre später vermag er nur mehr – aus der Sicht eines in allen Lebenssphären fortschreitenden Europa – Stagnation und Rückständigkeit, Borniertheit und Brutalität zu erkennen. Deutlich wird ihm das Schicksal Chinas vor allem am Vergleich mit Rußland. Dieses sei um 1600 noch in finsterster Barbarei befangen gewesen, habe China aber inzwischen in «Fortschritt und Verbesserung» weit hinter sich gelassen: «Jenes steckt voll jugendlicher Kraft und nimmt täglich an Stärke und Wissen zu; dieses ist durch Alter und Krankheit erschöpft.»[38] Barrow sieht diesen melodramatisch ausgemalten Unterschied darin begründet, daß Rußland sich begierig den Errungenschaften aus dem kulturell überlegenen Westen öffne, während sich China immer stärker abschließe und mit törichtem Hochmut auf alles Fremde hinabblicke.

Die Kriterien, an denen Barrow den minderen Rang Chinas auf der Skala der Zivilisiertheit erkennt und mißt, sind vor allem sein «Volkscharakter», der Stand der Künste, Wissenschaften und technischen Fertigkeiten, aber auch die Zivilisiertheit der gesellschaftlichen Umgangsformen und unter diesen wiederum besonders die Stellung der Frau in der Gesellschaft.[39] Weniger deutlich sind ihm die Unterschiede in den materiellen Lebensbedingungen und überhaupt im wirtschaftlichen Bereich. Zwar bezweifelt er die alte Ansicht vom «unermeßlichen Reichtum» des chinesischen Kaisers, aber er führt dessen finanzielle Grenzen nicht auf eine *allgemeine* Armut des Landes zurück, sondern auf die im Vergleich zu Europa geringe Steuerquote: eine durchaus korrekte Einschätzung.[40] Den Armen Chinas gehe es nicht besser und nicht schlechter als denen Europas. Wenn es trotzdem in China immer wieder zu Hungersnöten komme – eine frühe westliche Wahrnehmung dieses Umstands! –, so weniger infolge eines niedrigeren Ernährungsniveaus denn als Resultat natürlich bedingter Dürre- und Flutkatastrophen, deren Folgen freilich durch eine bessere Regierung gemildert werden könnten.[41]

Der Ökonom Thomas Malthus hatte noch 1798 China als das reichste Land der Welt bezeichnet,[42] und selbst bei dem kritischen Beobachter John Barrow finden sich noch keine Hinweise auf einen dramatischen Unterschied im Wohlstandsniveau zwischen Europa und China. Barrows liberal-utilitaristische Prinzipien führen ihn zu durchaus ambivalenten Einschätzungen. Einerseits tadelt er im Geiste der Freihandelslehre das von Autoren besonders des 17. Jahrhunderts immer wieder gelobte Autarkiestreben der Chinesen und sieht ihre Geringschätzung des Außenhandels als Zeichen ihres Zivilisierungsdefizits. Andererseits begrüßt er zum Beispiel das Fehlen einer staatlichen Armenfürsorge: nach liberalen Maßstäben ein moderner Zug Chinas, der selbst Großbritannien zum Vorbild dienen könne. Keine öffentliche Hand füttere die Faulpelze.[43] Barrow spricht mit gelinder Verachtung von Chinas allgemeinem zivilisatorischem Rückstand, auch von seinem Mangel an Rechtssicherheit und politischer Freiheit. Doch er schlägt noch nicht das Thema der wirtschaftlichen Rückständigkeit an. China wird bei ihm nicht mehr in erster Linie auf der horizontalen Landkarte der «kingdoms and republicks» der Welt verortet, sondern nun auf der vertikalen Leiter fortschreitender Gesittung. Aber noch klassifiziert der Angehörige einer Nation, die sich selbst bereits im Prozeß der Industrialisierung befindet, die Gesellschaften auf der Erde nicht in traditionale und moderne, unentwickelte und entwickelte, vorkapitalistische und kapitalistische. Barrows China von 1804 ist von Großbritannien noch nicht grundsätzlich und in seiner Qualität verschieden. Es ist noch kein Vertreter einer «Dritten Welt».[44]

Der Sprung vom späten 18. ins späte 19. Jahrhundert ist weiter als die Überbrückung der Abstände zwischen Ricci und Le Comte, Le Comte und Barrow. Er führt in eine andere Welt. Ein knappes Jahrhundert nach dem Besuch Lord Macartneys am Hofe des Kaisers Qianlong haben sich Ostasien und Europa in beispielloser Weise gewandelt. Gewachsen sind auch die Kenntnisse voneinander, jedenfalls in quantitativer Hinsicht. Die Reise- und Informationsmöglichkeiten haben sich durch Dampfschiff und Telegraph vervielfältigt; seit 1860 ist China für wagemutige Individuen nahezu ungehindert zugänglich;[45] Konsuln, Diplomaten und Missionare füllen Hekatomben von Papier mit Aufzeichnungen über China, die in Parlamentsakten und Archiven verschwinden; die großen Zeitungen und Nachrichtenagenturen haben am Ende des Jahrhunderts Korrespondenten in Beijing stationiert; zu sensationellen Ereignissen wie dem Chinesisch-Japanischen Krieg von 1894/95 oder dem Boxeraufstand von 1900 werden Sonderkorrespondenten entsandt.[46] Die Literatur über China nimmt riesige Ausmaße an; ihre Formen diversifizieren sich nun von der philologischen Abhandlung bis zum reißerischen Abenteuerbericht. Das westliche Chinabild läßt sich weniger denn je auf einen gemeinsamen Nenner bringen.[47]

Trotzdem kann man einige häufiger auftretende Motive, Urteile und Klischees der westlichen Sicht gegen Ende des 19. Jahrhunderts zusammenstellen. Erstens gibt es, zumindest unter Kennern, einen gewissen Respekt für die welthistorischen Leistungen der Chinesen, selbst wenn man sie nur mehr in ferner Vergangenheit zu erkennen glaubt. Dem jetzigen depravierten Zustand Chinas werden seine vergangenen Blütezeiten gegenübergestellt: das Forschungsobjekt der philologisch ausgerichteten Sinologie, die an der chinesischen Gegenwart vielfach keinen Anteil nimmt. Zweitens findet die Auffassung von der Stagnation Chinas, wie sie bei Barrow anklang, bei vielen seiner Zeitgenossen verbreitet war und dann bei Hegel ihre geschichtsphilosophische Form erhielt,[48] nahezu allgemeine Zustimmung: China sei auf einer früh erreichten hohen Entwicklungsstufe stehengeblieben und mittlerweile hinter die dynamischen Nationen des Westens hoffnungslos zurückgefallen. Diese Vorstellung von chinesischer, ja gesamtorientalischer Stagnation ist beim breiten Publikum wohl erst durch die chinesische Entwicklung seit 1949 und durch das japanische Wirtschaftswunder seit den 1960er Jahren erschüttert worden. Drittens hätten fast alle westlichen Chinakommentatoren im späten 19. Jahrhundert der kategorischen Behauptung des schreibfreudigen Missionars Arthur H. Smith zugestimmt: «Niemals kann China von innen heraus reformiert werden.»[49] Viertens sind sich die halbwegs Sachkundigen darüber einig, daß China zwar seine welthistorische Rolle und auch seine Rolle als Großmacht in Ostasien einstweilen oder gar endgültig ausgespielt habe, daß es aber nicht als Nation untergehen und den imperialistischen Mächten ganz zum Opfer fallen werde. China, so schrieb 1894 George Nathaniel Curzon, der spätere Vizekönig von Indien und britische Außenminister, sei dagegen gefeit, ein zweites Indien zu werden: «Sein Volkscharakter, seine wimmelnden Millionen und seine territoriale Ausdehnung werden es stets vor einem solchen Schicksal bewahren.»[50] Fünftens ist im Kontrast zu Europa und Amerika die Armut Chinas nun offensichtlich. Ein Europa, das seine letzten Subsistenzkrisen (vor denen in den Weltkriegen des 20. Jahrhunderts) hinter sich hat, steht entsetzt vor Katastrophen wie dem Hunger von 1878, die frühere Beobachter weniger stark bewegt hätten.[51]

Auf der Grundlage der neuen, durch Dauerresidenz im Lande selbst gewonnenen Kenntnisse kann das Bild vom stationären, rückständigen China nun detailliert ausgemalt werden. Dies geschieht besonders eindrucksvoll in dem besten und im angelsächsischen Bereich vermutlich am weitesten verbreiteten Handbuch über China in der Endphase des (1911 gestürzten) *ancien régime*, dem Werk *The Middle Kingdom* des amerikanischen Missionars und Sinologen Samuel Wells Williams. Es erschien zuerst 1848 und wurde 1883 in einer fast fünfzehnhundert Seiten starken erheblich erweiterten Ausgabe neu publiziert.[52]

Williams zieht wenige direkte Vergleiche zwischen China und dem Westen; er kann sich darauf verlassen, daß seine Leser solche Vergleiche selbst finden. Sein Bild der Chinesen ist das eines ungemein fleißigen Volkes, dem es jedoch nicht gelungen ist, aus eigener Kraft seine Arbeitswerkzeuge und Produktionstechniken auf industrielles Niveau zu heben und das nur sehr zögerlich bereit ist, die technologischen Errungenschaften des Westens zu übernehmen. Williams sieht die letzte Ursache der chinesischen Stagnation nicht in einem anthropologischen Unvermögen oder einer geschichtsphilosophisch begreifbaren Dekadenz, sondern in den hemmenden Kräften, die einer Entfaltung des chinesischen Ingeniums im Wege stünden: dem Despotismus, dem allenthalben zwischen den Menschen herrschenden Mißtrauen, dem Mangel an Solidarität über die Familie hinaus, der rechtlichen Unsicherheit des Privateigentums und vor allem in «den verderblichen Wirkungen des Heidentums auf den menschlichen Geist».[53] Für Williams ist es unzweifelhaft, daß China auf einer völlig anderen, einer antiquierten Stufe wirtschaftlicher Entwicklung verharrt.[54] Aber er weiß auch, daß Europa und Nordamerika vor nicht allzu langer Zeit auf einer vergleichbaren Stufe standen: Die kümmerliche Leistung der Chinesen in der Metallurgie und im Maschinenbau «ist ein Resultat ihrer mangelnden Kenntnis der tatsächlichen Natur der Materialien, die sie benutzen, einer Kenntnis, die sich bei uns auch erst vor kurzem verbreitet hat».[55] Und er weiß, daß die nachholende Industrialisierung durch plötzliche Einführung arbeitssparender Technologien und Organisationsformen in einem Land, in welchem, wie schon Lord Macartney 1794 bemerkt hatte, selbst bei arbeitsintensiven Verfahren häufig Unterbeschäftigung herrscht,[56] große soziale Probleme nach sich ziehen würde.[57]

Nicht nur die sozialökonomischen, sondern auch die mental-kulturellen Unterschiede zwischen China und dem Westen werden bei Williams noch stärker betont als bei John Barrow. Williams versucht nicht länger, wie es die Vertreter der Spätaufklärung und des Utilitarismus taten,[58] außereuropäische Gesellschaften auf einer Skala der Zivilisiertheit unterzubringen. Er setzt eine grundsätzliche Opposition zwischen Christen und Heiden voraus. Was den «moral character» der Chinesen betrifft, so ist er ein notwendiges Produkt ihres Heidentums. So sieht Williams denn in düsteren Momenten in China nichts als «eine reißende Sturzflut menschlicher Verderbtheit, eine in Art wie Ausmaß kaum faßliche moralische Erniedrigung».[59] Williams hält es kaum für nötig, Chinas machtpolitische Stel-

lung in der Welt zu kommentieren; er beschränkt sich auf eine chronik-
artige Darstellung der Kriege, welche die Westmächte seit 1840 gegen das
Reich der Mitte geführt hatten.[60] Das Motiv der «gelben Gefahr» tritt bei
Williams noch nicht zutage. Erst nach 1880 wird es zu einer zentralen
Obsession in einem großen Teil der westlichen Asienliteratur.[61] Erst dann
wandelt sich in bestimmten Sektoren des westlichen Bewußtseins das Bild
vom turbulenten, aber friedlich in seinen Grenzen verharrenden Millio-
nenvolk zur apokalyptischen Vision eines überbordenden Hexenkessels,
der wilde Horden und Heere von Billigarbeitern in alle Welt entläßt. Die
chinesische Auswanderung, die Ausdruck von Übervölkerung, Not und
Massenelend war, wird nun als kaum eindämmbare Bedrohung aufgefaßt.
Jüngere Szenarien vom Aufstand der Weltdörfer gegen die Weltstädte
werden in dieser Panikliteratur der Jahrhundertwende vorweggenommen.

    Ein weiteres halbes Jahrhundert nach dem Erscheinen der zweiten
Auflage von Samuel Wells Williams' *The Middle Kingdom* (1883) fällt es
schwer, ein einzelnes Werk zu nennen, das wie die Bücher von Ricci,
Semedo und Le Comte, von Barrow und Williams eine leidlich repräsentative Außenansicht von Chinas Stellung in der Welt vermitteln würde. In
China hatten sich erstaunliche Dinge abgespielt: die Ablösung des Kaisertums durch eine Republik 1911/12, die Entstehung eines radikalen Nationalismus, Bewegungen zur kulturellen Erneuerung, Anfänge der Industrialisierung, verschärfte Aggression erst des westlichen, dann auch des
japanischen Imperialismus, Massenprotest gegen die Fremden und ihre
einheimischen Marionetten. Die Brüche in der Realität waren zu deutlich,
um noch zu einem einheitlichen Chinabild verkittet werden zu können:
Brüche zwischen Stadt und Land, zwischen Küsten- und Binnenprovin-
zen, zwischen westlich orientierten und traditionalistischen Intellektuellen, zwischen der jungen kommunistischen Bewegung und den Kräften der
Beharrung. Wer im Westen über China schrieb, sah sich zunehmend vor
Entscheidungen gestellt: für oder gegen den chinesischen Nationalismus,
pro oder contra eine weitere Modernisierung Chinas, in den dreißiger
Jahren auch für oder gegen Japans Politik der harten Hand. Gemeinsam war
fast allen Autoren wohl nur, daß China – mit welchen Einschränkungen
auch immer – als nationalstaatlich verfaßtes Mitglied der internationalen
Gemeinschaft gesehen und akzeptiert wurde. Nicht länger war China aus
westlicher Sicht das einzigartige «Middle Kingdom», das selbstgefällig in
sich ruhende «Reich der Mitte». Nunmehr war es der Schauplatz dramatischer Ereignisse: Revolution, Krieg und Bürgerkrieg. Der Ausgang blieb
jahrzehntelang ungewiß. China schien seine alte Stellung in der Welt
verloren, eine neue jedoch noch nicht gefunden zu haben. Aus dem Land
der ewigen Ruhe und Stabilität war das der langandauernden Zerrissenheit
und Turbulenz geworden.

2

Die Statistik des Weltgefälles

Früh haben sich Besucher und Bewunderer des chinesischen Reiches bemüht, seine in europäischen Vorstellungen so schwer faßbare Größe zu messen und in Zahlen auszudrücken. Nichts war von größerem Interesse als die Bevölkerungszahl, das offenkundigste Indiz für die Rangstufe eines Landes im globalen Vergleich. Dabei konnten sich die ausländischen Beobachter auf die Ergebnisse chinesischer Volkszählungen stützen, die bis in die mittlere Han-Dynastie, also bis etwa in die Zeit des biblisch beglaubigten Zensus unter dem Kaiser Augustus zurückreichen.[1] Allerdings übernahmen die Europäer des 17. und frühen 18. Jahrhunderts, beeindruckt durch Chinas bürokratischen Apparat, dem man Effizienz und Erfolg auch in der statistischen Erfassung der Untertanen zutraute, die chinesischen Angaben ohne das gebotene Mißtrauen. Erst in der zweiten Hälfte des 18. Jahrhunderts versuchte man, Unstimmigkeiten in den chinesischen Zahlen aufzulösen und durch eine kritische Rekonstruktion der chinesischen Erhebungskonzepte und Erhebungsmethoden zu wirklichkeitsnäheren Angaben zu gelangen.[2] Trotzdem schwankten die zeitgenössischen Schätzungen der Gesamteinwohnerzahl für das späte 18. Jahrhundert, wie Hegel nach dem Studium der einschlägigen Literatur bemerkte, zwischen 150 und 300 Millionen.[3] Auch heute noch bleibt die historische Bevölkerungsstatistik Chinas mit großen Unsicherheiten behaftet. Bis zur Volkszählung von 1953 sind überhaupt nur grobe Peilwerte möglich. Die relative Stellung Chinas in der Welt läßt sich dennoch in ihrer Dimension auch aus solchen geschätzten Daten erkennen (vgl. Tabelle 1, S. 34)

Während der letzten 300 Jahre lebte mindestens ein Fünftel der Weltbevölkerung innerhalb der Grenzen Chinas. Der niedrigste Anteilswert ist der für die Gegenwart (22 %): Ausdruck staatlicher Drosselung der Bevölkerungszunahme in der Volksrepublik China, aber auch des fortgesetzt raschen Wachstums in anderen Teilen der Dritten Welt. Im 18. und frühen 19. Jahrhundert erlebte China einen Bevölkerungsschub, der in der damaligen Welt ohne Beispiel war.[4] Diese Bevölkerungsexplosion hatte zur Folge, daß Chinas Anteil an der Weltbevölkerung auf über ein Drittel stieg. Ein halbes Jahrhundert später war er auf ein Viertel zurückgegangen; selbst die absolute Bevölkerungszahl lag nun um 12 Millionen unter dem Wert der Jahrhundertmitte. Ein demographisches Desaster war über das Land gekommen – hauptsächlich als Ergebnis des Taiping-Aufstandes (1850–1864) und anderer großer Rebellionen, die blutig geführt und verlustreich unterdrückt wurden. Auch Hungersnöte und Überschwemmungen forderten im späten 19. Jahrhundert, als der staatliche Katastrophenschutz an Wirksamkeit verlor, eine außergewöhnlich hohe Zahl von

Tabelle 1: Bevölkerung Chinas und der Welt, 1600–1985
(in Millionen)

Jahr	China (a)	Welt (b)	a von b (%)
1600	160	–	–
1750	260	728	36
1850	412	1171	35
1900	400	1608	25
1930	489	2013	24
1957	647	2795	23
1985	1046	4837	22

Quellen:
China 1600–1957: Liu Kezhi/Huang Guoshu, Shiwu shiji yilai Zhongguo renkou yu jingji chenzhang [Bevölkerungs- und Wirtschaftswachstum in China seit dem 15. Jahrhundert], in: Jingji lunwen [Wirtschaftswissenschaftliche Abhandlungen], Taibei, 6:1 (März 1978), S. 30, Tab. A.1.
China 1985: China Quarterly, no. 106 (Juni 1986), S. 344 [Quarterly Chronicle and Documentation], S. 384.
Welt 1750, 1850, 1900: Marcel R. Reinhard/André Armengard/Jacques Dupaquier, Histoire générale de la population mondiale, Paris 1968, S. 680 f.
Welt 1930, 1957: United Nations, Statistical Yearbook 1958, New York 1958, S. 39
Welt 1985: UNESCO, Statistical Yearbook 1987, Paris 1987, Tab. 1–7.

Opfern. Daß Chinas Anteil an der Weltbevölkerung sank, lag zudem an gestiegenen Wachstumsraten in anderen Weltgegenden, besonders in Europa sowie Süd- und Südostasien.

Das Staunen der Europäer über den wunderbaren Menschenreichtum Chinas gründete sich mithin auf Tatsachen. Die Chinesen waren nicht bloß das größte Volk auf der Erde; sie waren um ein *Vielfaches* zahlreicher als die Nationen, aus denen ihre verblüfften Besucher stammten. Deutlich werden die Relationen, wenn man die Bevölkerungszahl Chinas mit derjenigen des jeweils bevölkerungsreichsten europäischen Landes (außer Rußland) vergleicht:[5]

1600	7	mal	bevölkerungsreicher als		Frankreich
1750	10	„	„	„	Frankreich
1850	11	„	„	„	Frankreich
1913	6	„	„	„	Dt. Reich
1953	12	„	„	„	Bundesrepublik
1985	17	„	„	„	Bundesrepublik

Solange Chinas wirtschaftlicher und politischer Zustand nach den Kriterien des Merkantilismus beurteilt wurde, denen zufolge die Zahl der Untertanen in direktem Verhältnis zu Reichtum und Macht eines Landes steht, so lange mußte es den Zeitgenossen als schier überwältigender Koloß, als Supermacht der frühen Neuzeit erscheinen. Um so größer war die Verblüffung ob seiner maßvollen Außenpolitik. Erst als sich die europäischen Bewertungsmaßstäbe in der Bevölkerungsfrage änderten und der malthusianische Zusammenhang zwischen Übervölkerung und

Massenelend auch in außereuropäischen Gesellschaften gesucht wurde, verlor Chinas Menschenfülle ihre Faszination. Aus dem stolzen und geschäftigen Volk wurden in westlichem Blick dahinvegetierende Massen, die mit ihrer Raumnot die Nachbarvölker bedrohten. Mit dem Übergang von einer merkantilistischen zu einer malthusianischen Sicht wandelte sich Chinas Bevölkerungsreichtum in der europäischen Wahrnehmung von der Quelle seines Wohlstandes zu einer der Ursachen seiner Rückständigkeit. Die Fortpflanzungsfreudigkeit der Chinesen konnte zudem als Beweis für die sittliche Haltlosigkeit einer niederen Rasse aufgefaßt werden.[6]

Das hohe Zivilisationsniveau Chinas wurde für europäische Reisende des 17. und 18. Jahrhunderts in nichts so augenfällig wie in Größe und Lebendigkeit seiner Städte. Auch hier widerspiegeln die Berichte – bei aller Übertreibung im einzelnen – doch meist die Proportionen, wie sie tatsächlich bestanden. Um 1276, als die Mongolen Hangzhou, die Hauptstadt der südlichen Song-Dynastie, eroberten, zählte die Stadt (deren Bevölkerungszahl allerdings durch Flüchtlinge ungewöhnlich angestiegen war) mindestens 1,2 Millionen Einwohner.[7] Die Polos (Niccolò, Maffio und Marco) waren 1275 in China angekommen, und Marco lernte Hangzhou, das er ausführlich beschrieb, als Beauftragter des mongolischen Khans und Kaisers von China, Kubilai, gut kennen.[8] Seine Heimatstadt Venedig hatte um diese Zeit fast 120 000, die größte europäische Stadt jener Zeit, Paris, um die 200 000 Einwohner.[9] Für die Zeit um 1700 nahm man in der europäischen Literatur für Hangzhou gemeinhin die wohl etwas übertriebene Zahl von einer Million Einwohnern an.[10] Sicher ist, daß auch damals noch keine europäische Stadt die Größe von Hangzhou erreichte. Um 1400 war Nanjing wahrscheinlich die größte Stadt der Welt; zwischen 1500 und 1800 nahm Beijing, 1421 zur Hauptstadt des Reiches erhoben, diesen Rang ein, nur in den Jahrzehnten um 1700 an Größe kurz von Konstantinopel überflügelt.[11] Tabelle 2 zeigt die Rangordnung der größten Städte der Welt.

Tabelle 2: Die zehn größten Städte der Welt, 1750–1950
(Einwohnerzahl in 1 000)

	1750		1800		1850		1900		1950	
1	Beijing	900	Beijing	1 100	London	2 320	London	6 480	New York	12 300
2	London	676	London	861	Beijing	1 648	New York	4 242	London	8 860
3	Konstantinopel	666	Kanton	800	Paris	1 314	Paris	3 330	Tokio	7 547
4	Paris	560	Konstantinopel	570	Kanton	800	Berlin	2 424	Paris	5 900
5	Edo (Tokio)	509	Paris	547	Konstantinopel	785	Chicago	1 717	Shanghai	5 406
6	Kanton	500	Hangzhou	500	Hankou	700	Wien	1 662	Moskau	5 100
7	Osaka	375	Edo (Tokio)	492	New York	682	Tokio	1 497	Buenos Aires	5 000
8	Kyoto	362	Neapel	430	Bombay	575	St. Petersburg	1 439	Chicago	4 906
9	Hangzhou	350	Suzhou	392	Edo (Tokio)	567	Philadelphia	1 418	Ruhrgebiet	4 900
10	Neapel	324	Osaka	380	Suzhou	550	Manchester	1 255	Kalkutta	4 800

Quelle: Tertius Chandler/Gerald Fox, 3000 Years of Urban Growth, New York/London, S. 322–337. Ab 1850 nicht mehr Städte, sondern »urban areas«.

Es zeigt sich, daß die große Umwälzung auf dem internationalen Spitzen-
niveau der Urbanisierung noch nicht während der Phase der frühen
Industrialisierung Europas erfolgte, als London, das gegen Ende des
17. Jahrhunderts zur größten europäischen Stadt geworden war,[12] seine
Einwohnerzahl verdreifachte und sich vor die größte außereuropäische
Stadt, Beijing, an die Spitze der Weltliste schob. Die entscheidende
Umschichtung im Prozeß globaler Stadtentwicklung geschah erst in der
zweiten Hälfte des 19. Jahrhunderts. Fanden sich noch 1850 unter den zehn
größten Städten der Welt nicht weniger als vier chinesische (Beijing,
Kanton, Hangzhou und Suzhou), so war fünfzig Jahre später nicht einmal
mehr die chinesische Hauptstadt, wohl aber – als einzige asiatische Stadt –
die Metropole des aufstrebenden Japan in der Spitzengruppe vertreten.
Vorgerückt waren die zentralen Orte nicht nur Japans, sondern auch der
übrigen sich entwickelnden großen Nationen: der USA, des Deutschen
Reiches, des spätzaristischen Rußland, dazu die Hauptstadt der Donaumo-
narchie. Erst 1950 erscheint wieder eine chinesische Stadt unter den ersten
zehn. Shanghai freilich verkörpert nicht den Typus der alten asiatischen
Residenzstadt, sondern den des kolonialen Hafens, welcher ein Hinterland
für den Weltmarkt erschließt. Das Wachstum Shanghais während der
ersten Hälfte des 20. Jahrhunderts hatte ganz andere Wurzeln als diejenigen, aus welchen die alten Großstädte Asiens hervorwuchsen.[13]

   Bemerkenswert an China war nicht nur die Anzahl und Größe seiner
Städte, sondern auch die Existenz einer differenziert abgestuften Hierarchie von Siedlungen unterschiedlicher Größenklassen. Der Gegensatz
zwischen Stadt und Land war mindestens bis zum 17. Jahrhundert weniger
unvermittelt als in vielen Gegenden Europas und in Japan, der insulare
Charakter der Stadt schwächer ausgeprägt. In China gab es ein eng
vernetztes und in kontinuierlichen Größenschritten abgestuftes urbanes
System.[14] Doch fehlte – und den europäischen Reisenden fiel dies um so
deutlicher auf, je sichtbarer ihr heimatlicher Erfahrungsraum städtischen
Charakter gewann – die «urbane» Natur der Stadt und im Kontrast dazu
die «ländliche» des Dorfes. Ferdinand von Richthofen, in vieler Hinsicht
der scharfsichtigste westliche Schilderer des spättraditionalen China, beobachtete «den chinesischen Typus des stadtähnlichen Dorfes» und stellte
fest, Städte und Dörfer unterschieden sich eher in ihrer Größe als in ihrem
Charakter. Selbst das kleinste Dorf zeige städtische Wesenszüge, wie
umgekehrt viele Städte den Eindruck ausgedehnter Dörfer erweckten.[15]
Erst in der Provinz Sichuan fand er den vertrauten Kontrast: «Und hier ist
ein scharfer Gegensatz zwischen Stadt und Land! Eine Stadt ist gründlich
Stadt, selber aufgewachsen, um den Handel und die Gewerbsindustrie der
Gegend in sich zu vereinigen, während auf dem Lande nur Ackerbau
betrieben wird.»[16] Sonst nämlich gelte in China: «Es sind nicht die größten
Städte, welche in China die wichtigsten Handelsplätze sind. Jene sind Sitze
der Industrie und der Behörden, aber der Handel konzentriert

sich gewöhnlich in einzelnen besonders günstig gelegenen Marktflekken.»[17] Die Funktionen, welche die europäische Stadt in sich vereinte, waren in China auf Siedlungen unterschiedlichen Typs verteilt, Elemente von wirtschaftlicher Urbanität daher auch «auf dem Lande» bemerkbar. Im universalhistorischen Längsschnitt gesehen, war China die am höchsten urbanisierte Gesellschaft der Welt, das klassische Land der großen Städte.[18] Man schätzt, daß bereits in der Tang-Zeit (618–907) um 4 % der chinesischen Bevölkerung in Siedlungen mit mehr als 3 000 Einwohnern lebten. Während der Song-Zeit (960–1279) stieg der Anteil auf 5 %. Gleichzeitig nahm aber die Zahl der mit einem periodischen Markt ausgestatteten Orte von weniger als 3000 Einwohnern erheblich zu, so daß gleichsam eine neue Zwischenebene zwischen Dörfern und Kreishauptstädten eingezogen wurde.[19] Für die Ming-Zeit (1368–1644) kann ein Anteil der städtischen Bevölkerung im oben definierten Sinn von 5–6 %, für das 18. Jahrhundert dann von 6 % angenommen werden.[20] Mitte des 19. Jahrhunderts sollen 5,1 % der chinesischen Bevölkerung in Siedlungen mit mehr als 2000 Einwohnern gelebt haben.[21] Zu dieser Zeit lebte allerdings schon ein Fünftel der Europäer (außerhalb Rußlands und der europäischen Türkei) in Orten mit mehr als 5000 Einwohnern.[22] Über ein Jahrtausend hinweg scheint der Grad der Urbanisierung Chinas nicht signifikant gestiegen zu sein. Ein früh erreichtes hohes Niveau wurde später kaum übertroffen. Möglicherweise ist sogar in besonders dicht besiedelten Gebieten wie dem Delta des Yangzi und der nordchinesischen Tiefebene der Urbanisierungsgrad zwischen der Song-Zeit und dem mittleren 19. Jahrhundert zurückgegangen. Gewiß waren die Städte des spätimperialen China nicht größer als diejenigen zur Zeit Marco Polos.[23]

Die Urbanisierung Chinas stagnierte auf hohem Niveau, bis im späten 19. Jahrhundert Impulse von außen einen neuen Verstädterungsschub auslösten, für den als Muster der Aufstieg Shanghais stehen kann. Gleichwohl bleibt wichtig: China war (was auch noch den ersten Reisenden nach der Öffnung von 1860 auffiel) nicht nur ein Bauernland, eben die größte Agrargesellschaft der Welt, sondern auch ein Land mit einer viele Millionen zählenden städtischen Bevölkerung. Die chinesischen Städte nahmen jedoch im westlichen Blick einen immer «orientalischeren» Charakter an, je klarer sich in Europa und in Amerika[24] der Typus der modernen Metropolis herausbildete.[25] In den 1920er Jahren wurde dieser Typus dann nach China importiert. Das kosmopolitische Shanghai der Zwischenkriegszeit erschien vielen als Inbegriff der molochhaften Riesenstadt.[26]

Noch schwieriger als demographische Schätzungen sind exakte Angaben über das relative Gewicht der chinesischen Wirtschaft im Weltzusammenhang zu gewinnen. Die sorgfältigsten und am weitesten akzeptierten Quantifizierungsversuche stammen von dem Genfer Wirtschaftshistoriker Paul Bairoch. Bairoch zufolge kann bis ins frühe 19. Jahrhundert hinein von einem quantitativen Übergewicht der europäisch-atlantischen Zone in der Weltwirtschaft keine Rede sein. Um 1750 hätten die Länder der heutigen Dritten Welt (einschließlich Chinas) noch drei Viertel der gewerblich-industriellen Produktion der Welt erzeugt. Um 1860 sei ihr Anteil auf 17–19 % und um 1900 auf 6 % gesunken. 1913 sei der Tiefpunkt erreicht worden: Damals verfügten 63 % der Weltbevölkerung nur über 5 % der gewerblich-industriellen Produktionskapazitäten.[27] Bairoch unterstreicht die vergleichsweise bedeutende Stellung des chinesischen Reiches. Zwischen etwa 600 n. Chr. und 1620/1720 sei China als die fortgeschrittenste Zivilisation Asiens der jeweils fortgeschrittensten Gesellschaft Europas technologisch überlegen gewesen.[28] Dies habe sich zwar nicht unbedingt in einer analogen Überlegenheit des Lebensstandards der Chinesen niedergeschlagen, also in der Pro-Kopf-Leistung des Wirtschaftssystems, doch sei China bis zur Mitte des 19. Jahrhunderts in *absoluten* Gesamtgrößen das Land mit der weltweit größten gewerblich-industriellen Produktion geblieben.[29] Nach Bairochs Schätzungen entfielen auf China folgende Anteile am «total world manufacturing output»:[30]

> 1750 .... 32,8 %
> 1800 .... 33,3 %
> 1830 .... 29,8 %
> 1860 .... 19,7 %
> 1880 .... 12,5 %
> 1900 .... 6,2 %
> 1913 .... 3,6 %
> 1928 .... 3,4 %
> 1938 .... 3,1 %
> 1953 .... 2,3 %
> 1963 .... 3,5 %
> 1973 .... 3,9 %
> 1980 .... 5,0 %

Dieser dramatische Rückgang erklärt sich nur sekundär aus einer «Deindustrialisierung» Chinas; die wichtigste Ursache war die rapide Industrialisierung in Europa, den Vereinigten Staaten und Japan. Sie führte dazu, daß sich die Weltindustrieproduktion zwischen 1750 und 1980 um mehr als das Achtzigfache vermehrte. China fiel *relativ* zurück.

Das Bild wird anschaulicher durch einen Blick auf die Wirtschaftspotentiale *pro Kopf* der Bevölkerung. Hier kommt Bairoch zu dem Ergebnis, daß das «Pro-Kopf-Niveau der Industrialisierung»[31] 1750 in China genauso hoch gelegen habe wie in Europa, wobei der Wert für Deutschland dem Mittelwert für Gesamteuropa (einschließlich Rußlands) nahekam. Demnach stand, an einem der wichtigsten quantitativen Indikatoren gemessen, China um die Mitte des 18. Jahrhunderts auf demselben Niveau wirtschaftlicher Entwicklung wie das damalige Deutschland. 1800 hatte die Industrialisierung erst in Großbritannien nennenswerte Fortschritte gemacht, während gleichzeitig in der zweiten Hälfte des 18. Jahrhunderts die Pro-Kopf-Produktion in China um ein Viertel gesunken war; die Ursache dafür war das beschleunigte Bevölkerungswachstum nach 1750. Um 1800 stand China im Pro-Kopf-Industrialisierungsniveau mit dem Russischen Reich gleichauf. Während des 19. Jahrhunderts fiel Chinas Pro-Kopf-Wert auf die Hälfte des Wertes für den Jahrhundertanfang: Ausdruck nicht nur der andauernden demographischen Entwicklung, sondern auch einer absoluten Verminderung des gewerblich-industriellen Produktions-mittelbestandes, vor allem als Ergebnis der Zerstörung von Teilen des einheimischen Hausgewerbes durch Importe. Parallel dazu explodierte die Produktion in den von der Industrialisierung erfaßten Gebieten der Erde. 1900 lag die Pro-Kopf-Industrieproduktion in Großbritannien 30mal hö-her als in China.[32] Die chinesische Produktion stagnierte bis in die 1950er Jahre auf dem gegen Ende des 19. Jahrhunderts erreichten niedrigen Niveau. 1928, am Vorabend der Weltwirtschaftskrise, betrug die Pro-Kopf-Produktion im ökonomisch fortgeschrittensten Land der Welt, den Vereinigten Staaten, das 45fache der chinesischen.[33]

Paul Bairochs zentrale These, der durchschnittliche Lebensstandard und die durchschnittliche gewerblich-industrielle Kapazität hätten noch um die Mitte des 18. Jahrhunderts in Europa keinesfalls über und wahrscheinlich sogar geringfügig *unter* den entsprechenden Werten für die außereuro-päische Welt gelegen,[34] ist nicht ohne Widerspruch geblieben. Vor allem ist beanstandet worden, Bairochs vorwiegend quantitative Analyse ignoriere die Entwicklungs*potentiale,* die unter einer ähnlichen Oberfläche im Okzi-dent existiert, im Orient aber gefehlt hätten.[35] Im Lager der quantifizieren-den Wirtschaftshistoriker bestreitet Angus Maddison den Aussagewert des von Bairoch gewählten Indikators der gewerblich-industriellen Pro-duktion; er selber bevorzugt die Meßgröße «reales Inlandsprodukt zu Faktorkosten pro Kopf der Bevölkerung». Nach diesem Kriterium, das die gesamte Inlandsproduktion, also auch die des landwirtschaftlichen Sektors, einschließt, ergibt sich indessen ein kaum weniger dramatisches Bild vom Aufbrechen eines ökonomischen «Weltgrabens»[36] im 19. und frühen 20. Jahrhundert. Für 1820 nimmt Maddison an, daß Chinas Pro-Kopf-Produktion etwa 38 % derjenigen des fortgeschrittensten Landes, des Vereinigten Königreichs, betragen habe, 1913 dann kaum mehr als 10 % des nun führenden Landes, der USA; bis 1950 sei dieser Wert auf 5 % gefallen.[37]

Vor dem 19. Jahrhundert gelten daher die geläufigen Gleichsetzungen «östlich = unterentwickelt = statisch = traditional» und «westlich = entwickelt = dynamisch = modern» nur mit erheblichen Einschränkun-gen. Asiatische und europäische Gesellschaftssysteme unterschieden sich in vieler Hinsicht, lassen sich aber nur im anachronistischen Rückblick als ganz verschiedenartig beschaffene Typen dichotomisch gegeneinandersetzen. Vor allem lag die jeweilige ökonomische Systemleistung noch nahe beieinander. Wie Fernand Braudel vorsichtig und allgemein folgert: «Die Kluft zwischen dem Westen und den übrigen Erdteilen hat sich erst *spät* aufgetan...»[38] War das 18. Jahrhundert noch für einige außereuropäische Regionen eine Zeit wirtschaftlicher Prosperität, so glitten die meisten von ihnen im Verlauf des 19. Jahrhunderts an das untere Ende eines neuen Weltgefälles. Dies gilt besonders für China, dessen traditionale Ökonomie um die Mitte des 18. Jahrhunderts den Höhepunkt ihrer Leistungsfähigkeit erreicht hatte.[39] Innerhalb weniger Jahrzehnte sank China dann auf die Ebene der ärmsten Länder der Welt hinab, die es bis in die jüngste Gegenwart nicht verlassen sollte.[40] Zweierlei war geschehen: Zum einen hatten sich die Vergleichsmaßstäbe verschoben, denn in einigen Regionen Europas war ein weltgeschichtlich einzigartiger Prozeß selbsttragenden Wirtschaftswachstums in Gang gekommen, der die universale Einförmigkeit des sozialökonomischen *ancien régime* durchbrach. China hat autonom keinen solchen Wachstumsprozeß hervorgebracht und ihn vor 1950 auch nicht, wie Japan, nachholend vollzogen. Seine «Rückständigkeit» war daher weitgehend eine Frage des Vorauseilens der anderen. Zum anderen fielen die Anfänge der Industrialisierung im Westen mit einer inneren Krise von Wirtschaft und Gesellschaft in China zusammen. Daß sich Chinas meß- und schätzbare Relationen im Verhältnis zur übrigen Welt nach 1750 radikal verschlechterten, spiegelt mithin gegenläufige Entwicklungen, die sich – zunächst noch ganz schwach miteinander verbunden – gleichzeitig in Europa und in Ostasien vollzogen.

Zweiter Teil

Die Spätblüte des alten China: das Qing-Reich im 18. Jahrhundert

3

Das 18. Jahrhundert als Epoche des Übergangs

Von einem universalgeschichtlichen Standpunkt aus, der nicht allein das Ausgreifen Europas über den eigenen Kontinent hinaus, sondern auch die eigenständigen historischen Entwicklungen in Asien, Afrika, Amerika und Ozeanien zu erfassen versucht, der also die Geschichte der europäischen Expansion durch die autochthone Geschichte überseeischer Zivilisationen ergänzt, von einem solchen Standpunkt aus erscheint das 18. Jahrhundert als eine Epoche des Übergangs. Einerseits beschließt es ein Zeitalter, das um 1500 mit der europäischen Entdeckung der Neuen Welt und des Seewegs nach Indien begann – Adam Smith zufolge den «beiden größten und bedeutendsten Ereignissen in der Geschichte der Menschheit».[1] Andererseits werden im 18. Jahrhundert, besonders in seiner zweiten Hälfte, Entwicklungen vorbereitet, die dann im 19. Jahrhundert weltweit zum Durchbruch kommen und zu einer beispiellosen Verwandlung der Weltgesellschaft führen sollen. Im 18. Jahrhundert bestand die Welt noch – und zum letzten Mal – aus mehreren Zivilisationszonen, die sich zwar an ihren Rändern immer häufiger berührten und die in einen immer engeren Kontakt miteinander traten, die aber noch nicht durch eine erdumspannende Weltwirtschaft, durch eine Weltpolitik im Sinne globaler Interventionsfähigkeit und Interventionswilligkeit einiger Großmächte und durch die Universalisierung okzidentaler Kulturwerte dauerhaft miteinander verklammert waren. Zwar gab es wirtschaftliche, politische und kulturelle Interaktionen in Handel, Diplomatie oder Krieg und in der Verbreitung von Technologien und Ideen; die Zivilisationszonen waren keineswegs autark. Aber die Verbindungen zwischen ihnen hatten sich erst in wenigen Fällen zu festen Strukturen kristallisiert. Sie konnten ohne ernstlichen Schaden für die Beteiligten unterbrochen werden. Keine der europäischen Ökonomien außer vielleicht der niederländischen war zum Beispiel auf den Handel mit Asien lebensnotwendig angewiesen, wie umgekehrt kein größeres Land Asiens in seiner Existenz vom Außenhandel abhing. Nur in wenigen Fällen wurden asiatische (und erst recht afrikanische) Wirtschafts- und Gesellschaftssysteme von europäischen Expansionskräften «durchdrungen» oder gar, wie Theoretiker der «dependencia» dies für Lateinamerika behauptet haben, durch solche «Penetra-

tion» schon in der Epoche des vorindustriellen Kolonialismus ihrer imma-
nenten Entwicklungsfähigkeit beraubt. Allein die schwierige Zugänglich-
keit der kontinentalen Landmassen vor dem Zeitalter des Dampfschiffs,
der Eisenbahn und des Chinins verhinderte eine stabile Verknüpfung der
Zivilisationszonen. «Die Nähe zu einem Hafen», hat Eric J. Hobsbawm
bemerkt, «war die Nähe zur Welt.»[2] Von wenigen Ausnahmen abgesehen,
beschränkte sich der direkte Einfluß Europas in Asien und Afrika auf
kleinere Inseln, auf Küstenstädte und Küstenregionen. Fast überall, wo sie
auftraten, spielten die Europäer nach den Regeln einheimischer Politik.
Systematisch durchrationalisierte Kolonialsysteme waren eine Neuerung
der allerletzten Jahre des 18. Jahrhunderts.[3] Trotz der Errungenschaften
eines «zweiten Zeitalters der Entdeckungen», für welches der Name James
Cook steht, trotz interkontinentaler Handelsnetze und trotz eines erdum-
spannenden Stützpunktkolonialismus war im Zeitalter Napoleons die
Geschichte der Welt noch nicht zur «Weltgeschichte Europas» (Hans
Freyer) geworden. Nur wenige in Europa sahen voraus, welches Ausmaß
die Europäisierung der Erde annehmen würde; niemand unter den Betroffenen in Übersee ahnte die kommende Kraft und Reichweite der europäischen Expansion.

Die großen Zivilisationszonen standen sich noch fern, wußten wenig
voneinander und sahen sich gegenseitig als exotische Außenwelten.
Gleichzeitig waren sie sich um 1750 in ihren objektiven Strukturen in
gewisser Weise näher, als sie es hundert oder gar hundertfünfzig Jahre
später sein würden. Paul Bairochs statistische Schätzungen belegen die
relative Geringfügigkeit des wirtschaftlichen Weltgefälles noch im späten
18. Jahrhundert.[4] Beim Vergleich zwischen den Zivilisationszonen sind
aber auch qualitative Wesenszüge eines universalen *ancien régime* nicht zu
verkennen. Jenseits der augenfälligen Unterschiede zwischen Allonge-
Perücke und Mandschu-Zopf (um an Paul Valéry zu erinnern), zwischen
den gerade im 18. Jahrhundert so scharf beobachteten «Sitten und Gebräu-
chen» der einzelnen Völker, ähnelten sich die größeren agrarischen Flächenstaaten in Abend- und Morgenland in einer Reihe von Merkmalen. Es
war kein Zufall, daß Zeitgenossen immer wieder Vergleiche zwischen den
beiden reichsten und mächtigsten Ländern Eurasiens, zwischen Frankreich
und China, anstellten. Auch dann, wenn den Vergleichenden eher die
Unterschiede als die Gemeinsamkeiten auffielen, stand die grundsätzliche
Vergleich*barkeit* der beiden Länder außer Frage.[5] Vor allem die Jesuiten
zogen Parallelen zwischen dem Land der Qing und dem der Bourbonen.

Die großen Zivilisationen in Ost und West besaßen arbeitsteilig ausdif-
ferenzierte, geldwirtschaftlich organisierte,[6] durch Austausch auf verschiedenen Ebenen integrierte Wirtschaftssysteme. Neben der Landwirtschaft, die den größten Beitrag zur gesamtwirtschaftlichen Wertschöpfung
leistete, gab es überall dörfliches Handwerk, staatlich geförderte Manu-
fakturbetriebe und unterschiedlich ausgeprägte Formen «proto-industriel-

ler» Produktion.[7] Charakteristisch war in Asien wie in Europa das Nebeneinanderbestehen von Subsistenz- und Überschußwirtschaft, wobei Unterschiede vor allem in der Art und Weise der Aneignung des bäuerlichen Mehrprodukts durch Staat, Grundherren und religiöse Verbände auftraten.[8] In fast allen Ländern Eurasiens lebte der überwiegende Teil der Bevölkerung auch in guten Jahren knapp über dem Existenzminimum; das Wohlergehen der meisten und das Überleben vieler Menschen blieben abhängig von den Launen der Natur. Seit jeher wirkten sich aus ökologischen Gründen Hungersnöte in Asien verheerender als in Europa aus – der Wirtschaftshistoriker E. L. Jones hat darin eine der tiefen Ursachen für das «Wunder Europas» gesehen.[9] Doch das Verlaufsmuster von Subsistenzkrisen des «alten Typs» war in Europa und in Asien im Prinzip sehr ähnlich: die Verstärkung der natürlichen Ursachen durch Transportschwierigkeiten, lokale Preisschwankungen und Getreidewucher; Teuerungsrevolten, die aus verwandten Antrieben entsprangen und in ähnlichen Aktionsformen ausgetragen wurden;[10] im Ergebnis meist – jedenfalls in China noch im 17., in Europa in der ersten Hälfte des 18. Jahrhunderts – die malthusianische Selbstanpassung einer «histoire immobile».[11] Im kontinentalen Europa des 18. Jahrhunderts war der Hunger mindestens ebensosehr wie im Ost- und Südasien derselben Zeit «ein hingenommener Bestandteil des dörflichen Lebens».[12] Bei aller Verschiedenheit in ihren geographisch-ökologischen Bedingungen und in ihrer gesellschaftlichen Organisation teilten die vorindustriellen Agrargesellschaften der Alten Welt fundamentale Bedingungen der Lebensweise und Existenzsicherung ihrer Mitglieder. Erst die Industrialisierung einzelner europäischer Regionen mit ihrer rasch ausstrahlenden Wirkung[13] gab Europa einen Vorsprung, der aber nicht vor der zweiten Hälfte des 19. Jahrhunderts voll wirksam wurde. Je mehr die Forschung heute den graduellen und allmählichen Charakter der Industrialisierung herausstellt, die Vorstellung von einer dramatischen industriellen «Revolution» relativiert und die entscheidende Beschleunigung des sozialökonomischen Wandels selbst für Großbritannien ins dritte Jahrzehnt des 19. Jahrhundert hinein vordatiert,[14] desto entschiedener will das 18. Jahrhundert auch noch in Westeuropa als Endphase der vormodernen Epoche erscheinen. Erst recht bewahrte sich auf der Ebene der materiellen Alltagskultur, dessen also, was Fernand Braudel «la civilisation materielle» nennt, weltweit eine Beharrlichkeit der überkommenen Lebensformen, die auch innerhalb der europäischen Zivilisation die imaginäre Reise des heutigen Historikers ins Jahrhundert der Französischen Revolution zu einer Fahrt «auf einen anderen Planeten, in eine andere Welt» macht.[15] Wenn Europäern im Orient zum Beispiel immer wieder das Fehlen von Kleidermoden und wechselnden Kunststilen auffiel, so äußerte sich darin eher eine differentielle Beschleunigung des okzidentalen Lebenstempos als ein scharfer Gegensatz zwischen europäischer Modernität und asiatischem Traditionalismus.

Deutlicher sichtbar waren die Unterschiede zwischen Orient und Okzident im Bereich der Organisation von politischer Herrschaft, galt doch der Osten als die Sphäre des Sklaventums und der ungezügelten Despotenwillkür schlechthin. Aber selbst bei Montesquieu, der wie kein anderer Autor des 18. Jahrhunderts die außereuropäischen Verhältnisse in einer vergleichenden politischen Wissenschaft mitbedachte, wird die Unterscheidung zwischen westlicher Monarchie und orientalischem Despotismus durch den älteren, aus der Tyrannislehre stammenden Gedanken unterlaufen, der Despotismus sei als potentielle Degenerationsform, als Ausdruck von «Korruption», eine Gefährdung *jeder* Art von Monarchie, bedrohe also auch den westlichen Absolutismus.[16] Despotische Herrschaft ist bei Montesquieu also nicht «typisch orientalisch», sondern wird allenfalls durch objektive Umstände, wie sie in Teilen Asiens herrschen, begünstigt. Damit wird angedeutet, was heute wieder zur Diskussion steht: statt von einer grundsätzlichen typologischen Trennung zwischen monarchischen Systemen des Westens und despotischen Systemen des Ostens von einem weit gefaßten Begriff der «absoluten Monarchie» auszugehen, der eine Vielzahl in der Geschichte aller Zivilisationen realisierter Herrschaftsformen einschließt und sie untereinander vergleichbar macht.[17] Daß China eine unverwechselbare Auffassung von Staat und Monarchie besaß, charakteristische Organisationsformen ausprägte und eine politische Kultur hervorbrachte, die derjenigen Europas in vielem extrem fern stand, ist unbestritten.[18] Gerade das Eigentümliche an China wird aber dann besonders scharf erkennbar, wenn man die chinesische Erfahrung als spezifischen Ausdruck einer weltweit verbreiteten politischen Vormoderne interpretiert.[19]

Die politischen Systeme Asiens und des Westens verloren ihre Verwandtschaft erst, als nach den Revolutionen in Amerika und Frankreich – und in einem langwierigen Prozeß[20] – der liberale Konstitutionalismus mit seinem Leitprinzip der Volkssouveränität zur geschichtsprägenden Macht wurde und die universale Vorherrschaft der Monarchie in Frage stellte. Dieser Wandel machte sich im Verhalten der Europäer in Asien unmittelbar bemerkbar. Bis ins späte 18. Jahrhundert fühlten sich Abgesandte europäischer Fürstenhöfe in Beijing oder Agra, in Isfahan oder Konstantinopel trotz des jeweils eigentümlichen Zeremoniells keineswegs auf völlig unvertrautem Gelände; die Gepflogenheiten höfischen Verhaltens und autokratischer Politik waren geläufig, und man kam den Erwartungen der Gastgeber entgegen. Ein neues Zeitalter begann 1793, als Lord Macartney sich weigerte, vor dem chinesischen Kaiser die vorgeschriebenen Huldigungsgesten zu vollziehen.[21] Ein neuer Sinn für die Andersartigkeit, Würde und moralische Überlegenheit europäischer Politik fand sinnfälligen Ausdruck im Stolz des britischen Gesandten. Im 19. Jahrhundert setzte sich dann im Westen die Auffassung von der Irrationalität, Degeneriertheit und ethischen Minderwertigkeit orientalischer Herrschaftsausübung endgültig durch. Doch die nunmehr als anstößig empfundenen Institutionen waren vielfach solche, die bis zum 18. Jahrhundert auch in Europa zum Kernbestand staatlicher Organisation gehört hatten.[22] Bei den Beziehungen *zwischen* den Reichen und Nationen zeigt das janusköpfige 18. Jahrhundert ebenfalls ein traditionelles Gesicht. Die internationale Szene war in ständiger Bewegung: In Europa büßten einige Mächte die Positionen ein, die sie noch zu Beginn des Jahrhunderts eingenommen hatten (Schweden, die Vereinigten Niederlande), andere vermehrten ihre Macht (Preußen, Rußland), wieder andere (Polen, Italien, Spanien) waren Schauplätze oder Objekte der Rivalität zwischen aggressiveren Staaten. Indes sah das Jahrhundert bis zum Volkskrieg der französischen Revolutionäre keine grundlegende Umwälzung des Strukturrahmens der internationalen Beziehungen und der Mittel der Konfliktaustragung. An seinem Beginn war die Diplomatie als Institution wohletabliert, ihre Verfahrensweise eingespielt, ihr Regelkatalog anerkannt. Der Ausbau und die Professionalisierung außenpolitischer Expertenstäbe geschahen im Verlauf des Jahrhunderts innerhalb des gegebenen Rahmens.[23] Die außenpolitische Denkweise der Staatenlenker unterschied sich nicht grundlegend von der ihrer Vorgänger in den Jahrzehnten nach dem Westfälischen Frieden von 1648. Das Konzept des Machtgleichgewichts war ebenso allgemein anerkannt wie die Berechtigung einer notfalls aggressiven Verfolgung der eigenen Staatsinteressen, die nicht selten mit dynastischen Interessen identifiziert wurden. Ziele und Mittel, Handelnde und Opfer internationaler Beziehungen waren um 1780 im Prinzip die gleichen wie ein Jahrhundert zuvor.[24] Um die Mitte des Jahrhunderts, spätestens beim Frieden von Paris 1763, hatte sich der innere Kreis der fünf Großmächte herausgebildet, der die europäische Politik für anderthalb Jahrhunderte bestimmen sollte. Daß sich das europäische Staatensystem nach Osten und Südosten erweiterte, daß ihm Rußland und ein immer schwächer werdendes Osmanisches Reich angeschlossen wurden,[25] war eine konsequente Verlängerung älterer Entwicklungstendenzen.

Auch Europas Beziehungen zur überseeischen Welt setzten in manchem Älteres fort. Vor allem der Handel verlief in Bahnen und Formen, die das 17. Jahrhundert erschlossen und entwickelt hatte: Der gesamteuropäisch ziemlich einheitliche Typus der monopolistisch privilegierten Handelskompanie war eine Schöpfung des 17. Jahrhunderts und wurde im 18. Jahrhundert organisatorisch verfeinert, nicht aber in entscheidender Weise verändert.[26] Ebenso baute der atlantische Sklavenhandel, der mit dem Boom der Zuckerproduktion in der britischen und französischen Karibik nunmehr seinen quantitativen Höhepunkt erreichte, auf älteren Fundamenten auf.[27] Die Grundstrukturen der Weltwirtschaft übernahm das 18. vom 17. Jahrhundert.

Auf der anderen Seite setzten nun Tendenzen ein, die auf künftige Entwicklungen vorauswiesen. Im internationalen Bereich war dies vor allem die britische Eroberung Indiens, deren wichtigster Abschnitt in die Jahre zwischen 1770 und 1818 fiel. In Indien bewiesen die Europäer, begünstigt durch die innere Zerrüttung des Subkontinents, zum ersten Mal in Asien – und mit einer Dramatik wie nie zuvor seit Cortés und Pizarro – ihre militärische Überlegenheit *zu Lande* gegenüber einer großen außereuropäischen Zivilisation. Südasien wurde nun auch politisch und militärisch, was es wirtschaftlich schon vorher gewesen war: das britische Sprungbrett nach Ost- und Südostasien. Indien entwickelte sich zu dem großen Experimentierfeld, auf welchem die meisten jener kolonialen Herrschaftstechniken erprobt wurden, die man in der Epoche des «Hochimperialismus» im späten 19. Jahrhundert andernorts anwenden sollte.[28]

Eine zweite zukunftsträchtige Entwicklung war die weltweite Seeherrschaft, die Großbritannien im Zuge des Siebenjährigen Krieges errang, eines innereuropäischen Hegemonialkampfes, der maßgeblich auf außereuropäischen Kriegsschauplätzen entschieden wurde. Zu dieser Zeit entstand ein Denken in *welt*politischen Kategorien – William Pitt, Earl of Chatham, war sein Hauptvertreter –, das dann während der englisch-französischen Kriege zwischen 1793 und 1815 wiederbelebt wurde. Besonders der jüngere Pitt (Premierminister 1783–1801, 1804–1806) und sein Kriegsminister (1794–1801) Henry Dundas definierten den englisch-französischen Gegensatz als ein Ringen globalen Ausmaßes und entwarfen ihre Strategien in einer Dimension, die Amerika ebenso wie Ostasien umfaßte.[29] So kann die britische Eroberung Indiens *auch* als Präventivmaßnahme gegen eine befürchtete französische Invasion gedeutet werden. Die Macartney-Gesandtschaft nach Beijing gehört ebenfalls in diesen *welt*politischen Zusammenhang.

Noch war China indessen für derlei Globalpolitik nur am Rande interessant, wie es seinerseits kein Bedürfnis nach innigeren Kontakten mit dem Westen verspürte. Keine europäische Macht konnte ihm militärisch etwas anhaben, und es fiel dem Kaiser leicht, die Kooperationsangebote Lord Macartneys kühl, ja ein wenig verstimmt, zurückzuweisen. Wie isoliert und selbstgenügsam die fernöstliche Welt trotz solcher diplomatischer Avancen und trotz intensiver werdender Handelsbeziehungen zum Westen am Ende des 18. Jahrhunderts immer noch war, zeigt die Reaktion auf das epochale Ereignis der Französischen Revolution. Während die Revolution und die Politik Napoleons in Lateinamerika, dessen kreolische Oberschicht ein Ableger der iberischen Kultur geblieben war, unmittelbar zum Prozeß der Unabhängigkeit beitrugen, während die französische Politik der Revolutionszeit – gegen ihre Absichten – die Errichtung der Mulattenrepublik Haiti (1806) herbeiführte, während die gesamte muslimische Welt durch Napoleons Ägyptenfeldzug (1798) aufgeschreckt und das Osmanische Reich zu Reformen bewogen wurde,[30] waren Auswirkungen in Ostasien kaum zu spüren. Nichts könnte den Gegensatz zwischen Rußland und China, jenen beiden östlichen Reichen, die für

Westeuropäer des 17. Jahrhunderts beinahe noch gleich fern und fremd gewesen waren, besser verdeutlichen als ihr völlig unterschiedliches Betroffensein durch die Französische Revolution und Napoleon. Auch Indien und Holländisch-Ostindien, dessen Hauptinsel Java 1811 bis 1816 unter britischer Verwaltung stand, wurden von den napoleonischen Kriegen viel stärker berührt als China und Japan. Immerhin war der Ferne Westen zuvor schon in das Blickfeld einer kleinen Zahl von Japanern gerückt, die im Kontakt mit der niederländischen Faktorei auf der Insel Deshima *rangaku*, «Hollandstudien», trieben.[31] Nichts dergleichen gab es in China, wo nur die letzten Jesuitenmissionare die Bedeutung der französischen Ereignisse ermaßen.[32] Noch ruhte China selig in sich selbst. Die «Welt» – das war aus chinesischer Sicht der Erdkreis, soweit er sich dem Herrscher auf dem Drachenthron beugte und soweit er die Verbindlichkeit der chinesischen Zivilisation anerkannte. Noch spürte China wenig von der Verdichtung des Weltzusammenhangs, die sich gegen Ende des 18. Jahrhunderts beschleunigte.

Als Hongli, der als vierter Kaiser der mandschurischen Qing-Dynastie unter der Herrschaftsdevise Qianlong[33] seit 1736 das chinesische Reich regiert hatte, 1796 im fünfundachtzigsten Lebensjahre den Thron seinem fünften Sohn Yongyan, dem Jiaqing-Kaiser, übergab – ohne allerdings bis zu seinem Tode 1799 die Staatsgeschäfte aus seinen Händen und denen seiner Günstlinge zu lassen[34] – stand China, zumindest oberflächlich betrachtet, auf dem Höhepunkt imperialer Machtentfaltung. Während das noch kaum ein Jahrhundert zuvor ähnlich starke und glanzvolle Reich der Mogulen längst schon in den internen Kämpfen der indischen Fürsten und der mit ihnen verbündeten europäischen Mächte aufgerieben worden war, während der Mogul-Kaiser sein Dasein als hilfloser Pensionär der Briten fristete und die Brüder Richard und Arthur Wellesley (der spätere Duke of Wellington) ihre Truppen zum Vernichtungsschlag gegen den verbliebenen Widerstand in Südindien rüsteten, hatte das chinesische Imperium eine in seiner ganzen Geschichte beispiellose Ausdehnung erreicht.[35] Das Reich umfaßte neben den 18 Provinzen des chinesischen Kernlandes die Insel Taiwan, die Mandschurei mit großen Gebieten jenseits des Amur (der heute die Grenze zwischen China und der Sowjetunion markiert), die Innere wie die Äußere Mongolei, Tibet sowie weite Landstriche Zentralasiens bis hin zum Balchasch-See (heute in der Kasachischen Sowjetrepublik); im Südwesten, wo Grenzen freilich noch schwieriger zu definieren waren als anderswo, erstreckte es sich über den Hindukusch hinaus bis nahe an Persien heran. Ein Ring kleiner Tributstaaten von Nepal und Birma über die Königreiche des kontinentalen Südostasien («Hinterindiens») bis zu Korea und den Ryûkyû-Inseln erkannte zumindest symbolisch die Oberhoheit des Kaisers in Beijing an.

Um 1800 war China durch keine fremde Macht akut bedroht. Die innerasiatischen Grenzen, hinter denen sich seit jeher aggressives Nomadentum zum Sturm auf die nordchinesische Ebene formiert hatte,[36] waren durch eine selbst aus den Steppen des Nordostens stammende Dynastie hinausgeschoben und stabilisiert worden. Die Ming-Dynastie (1368–1644) hatte wie viele ihrer Vorgängerinnen Abwehrkämpfe gegen die Steppenvölker geführt und die Große Mauer verstärkt, und noch um 1550 hatte ein mongolisches Kommando Verwüstungen vor den Toren der Hauptstadt angerichtet.[37] Erst im 18. Jahrhundert wurde die mongolische Gefahr endgültig ausgeschaltet. Gleichzeitig zog, von China kaum bemerkt, mit der Eroberung, Besiedlung und Erschließung Sibiriens eine neue Bedrohung herauf. Doch richtete sich die unter Katharina II. verstärkte Expansionspolitik Rußlands zunächst gegen nähere und schwächere Gegner: Persien und das Osmanische Reich.[38] Japan hatte nach seiner fehlgeschlagenen Invasion Koreas in den 1590er Jahren[39] seine Beziehungen zum Kontinent auf die traditionelle mißtrauische Distanz zurückgeführt und auf eine aggressive Außenpolitik verzichtet.[40] Es sollte erst wieder in den 1870er Jahren als expansive Kraft auf der asiatischen Bühne auftreten. Die vierte asiatische Großmacht schließlich, Großbritannien, hütete sich, gegenüber China auch nur den Anschein von Feindseligkeit zu erwecken. Dies wurde während des tibetisch-nepalesischen Krieges von 1788–92 deutlich: Die Invasion Tibets durch die seit etwa 1769 im Himalaya Unruhe stiftenden nepalesischen Gurkhas erst 1788–89, dann ein zweites Mal 1792–95, fand nicht die erhoffte Unterstützung durch den Generalgouverneur Indiens und endete mit dem Erfolg einer chinesischen «Strafexpedition» und der erzwungenen Anerkennung der chinesischen Oberhoheit durch die Nepalesen.[41] Daß man in Beijing dennoch eine britische Komplizenschaft mit den Gurkhas argwöhnte, hat wahrscheinlich zum Mißerfolg der gleichzeitig (1793–94) stattfindenden Mission Lord Macartneys beigetragen.

Die später so oft getadelte «Selbstgerechtigkeit» der Chinesen war noch zur Zeit der Französischen Revolution durchaus mehr als eine eitle Illusion. Sie gründete in wirklichen Erfolgen. Die nach einem halben Jahrhundert der Wirren Anfang der 1680er Jahre abgeschlossene Einigung und Befriedung Chinas durch den Kaiser Kangxi, eine der erstaunlichsten Ordnungsleistungen der neueren Weltgeschichte,[42] und die darauf folgende Unterwerfung der zentralasiatischen Grenzvölker[43] hatten das chinesische Reich zur unumstrittenen Vormacht in Ostasien und neben Frankreich zum glanzvollsten und mächtigsten Land auf dem eurasischen Kontinent gemacht. Während des gesamten 18. Jahrhunderts war Qing-China eine dynamische, eine imperiale Macht, die an Expansionskraft den anderen beiden in Asien reichsbildend wirksamen Potenzen, England und Rußland, kaum nachstand. Noch kollidierten diese Ausdehnungsbewegungen nicht miteinander, noch fehlte für die Chinesen ein Anreiz, sich mehr als minimal über die westlichen «Barbaren» zu unterrichten. Seit etwa 1720 läßt sich sogar eine Zunahme des chinesischen Desinteresses an der Außenwelt beobachten, während gleichzeitig in Japan das Importverbot für holländische Bücher aufgehoben und damit den «Holland-Studien» der Makel der Illegalität genommen wurde.[44]

Die Eroberungen der Qing-Dynastie in Zentralasien waren allerdings kaum ein Ausdruck zielbewußten Unterwerfungsdranges. Der mandschurisch-chinesische Imperialismus wurde aus anderen Quellen gespeist als der russische und der britische im 18. Jahrhundert. Er war hauptsächlich durch Sicherheitsbedürfnisse motiviert: Sicherheit nicht vor fernen Mächten, sondern vor den Nachbarn an einer notorisch «unruhigen Grenze».[45] Ein religiöser Missionierungsauftrag spielte bei der Qing-Expansion keine Rolle. Prestigegesichtspunkte waren nachrangig, konnten sie doch durch die traditionellen Mechanismen des Tributsystems befriedigt werden.[46] Auch der Gedanke strategischer Prävention war belanglos, denn ernsthafte Konkurrenten um die annektierten Gebiete waren aus Beijings Perspektive nicht in Sicht. Wirtschaftlich waren die innerasiatischen Wüsten, Steppen und Gebirge für China wenig interessant. Es lockten dort keine Schätze und Luxusgüter, wie die europäischen Entdecker und Eroberer des 15. und 16. Jahrhunderts sie in Übersee gesucht und gefunden hatten.

War die Qing-Expansion auch nicht ökonomisch *motiviert*, so hatte sie doch langfristige ökonomische *Folgen*: sie ermöglichte den Aufbau eines quasi-kolonialen Ausbeutungssystems in der Mongolei und öffnete Siedlungsraum für Han-Chinesen aus den zunehmend übervölkerten Kernprovinzen. Vor allem trugen die kostspieligen Feldzüge zur finanziellen Schwächung des chinesischen Staates bei: eine verhängnisvolle Entwicklung, die schließlich dessen Handlungsspielraum auf allen Gebieten beschneiden sollte. Chinas Stellung in der Welt des 18. Jahrhunderts war also auf vielfältigere Weise, als eine bloße Untersuchung des chinesischen Außenhandels vermuten läßt, mit seiner inneren wirtschaftlichen Situation verbunden. Prosperität ermöglichte die teure Sicherheitspolitik des mittleren 18. Jahrhunderts. Aber der Krieg erschöpfte die Dynastie. Nach 1800 trat sie gestärkten Gegnern schwach entgegen.

4
Die wirtschaftlichen Grundlagen

Die Imperialpolitik der Qing-Dynastie im 18. Jahrhundert war ebenso Ursache wie Folge der Wirtschaftsblüte, die China zur gleichen Zeit erlebte. Einerseits ermöglichte erst die Sicherung der Grenzen jene *pax tatarica*, welche die chinesische Ökonomie nach den Verheerungen des Dynastiewechsels, also in den mittleren Jahrzehnten des 17. Jahrhunderts, von den 1680er Jahren an allmählich zu ruhiger Entfaltung kommen ließ.

Andererseits vermochte nur ein leistungsfähiges Wirtschaftssystem die kostspieligen Militärkampagnen in Zentralasien zu finanzieren. Dieses Wirtschaftssystem war nicht auf Tribut, Beute und die Ausplünderung der unterworfenen Gebiete angewiesen. Anders als das Reich der Osmanen, das seit etwa dem 15. Jahrhundert der Überschüsse aus den eroberten Ländern und der Rekrutierung von Verwaltungs- und Militärkadern an der außertürkischen Peripherie bedurfte, um seinen Herrschaftsapparat aufrechterhalten zu können,[1] war das Qing-Imperium keine Eroberungsmaschine, die sich auf einer ständigen Suche nach lebenswichtigen Ressourcen außerhalb ihrer Kernzone befand. Die unwirtlichen, dünn besiedelten und mit vorindustriell nutzbaren Rohstoffen spärlich gesegneten Gebiete im Norden, Westen und Süden der achtzehn Provinzen des chinesischen Kernlandes leisteten bis ins 20. Jahrhundert hinein, als die Südmandschurei zu einer schwerindustriellen Basis ausgebaut wurde, keinen nennenswerten Beitrag zur Wirtschaft der achtzehn Provinzen. Sie eigneten sich deshalb auch wenig als Ausgangspunkte für sezessionistische oder revolutionäre Herausforderungen des Zentrums. Es gehört zu den Ursachen der außerordentlichen Stabilität des chinesischen Reichsverbandes, daß militärische Gegenmächte an der Expansionsfront, wie sie seit der späten Republik ein Wesensmerkmal des Imperium Romanum waren, kaum eine Chance hatten. Allein schon die geographischen Verhältnisse schlossen das Aufkommen rivalisierender Nebenzentren weitgehend aus. Die Übereinstimmung des wirtschaftlichen und des politischen Schwerpunkts[2] machte China auch weniger anfällig gegen die Folgen territorialer Verluste, als dies etwa beim Römischen oder beim Osmanischen Reich der Fall war. China konnte die bedeutenden Gebietsabtretungen, zu denen es ab 1854 nach und nach gezwungen wurde, verhältnismäßig gut verkraften und wurde erst dann an seinem Lebensnerv getroffen, als 1937 die japanische Armee in das Kernland südlich der Großen Mauer einfiel.

Besaß das vormoderne China einen überaus leistungsfähigen gewerblichen Sektor und ein hochkomplexes Handelsnetz, so beruhte sein Wohlstand doch hauptsächlich auf der Landwirtschaft. Deren Zustand im 18. Jahrhundert war das Ergebnis einer Entwicklung, die bereits in der späten Tang-Zeit eingesetzt hatte. Zwischen dem 9. und dem 13. Jahrhundert, besonders während der Song-Dynastie (960–1279), erlebte China eine tiefgreifende Umgestaltung, die von einigen Gelehrten, vor allem dem japanischen Sinologen Naitô Konan, als Beginn einer universalhistorischen Moderne gedeutet wird, an die der Westen erst viele Jahrhunderte später Anschluß gefunden habe.[3] Als Folge dieser Transformation wurde China zum reichsten Land der Welt und zu demjenigen mit der am höchsten differenzierten Wirtschafts- und Sozialstruktur.[4] Der Wandlungsprozeß beruhte auf zwei Voraussetzungen: zum einen auf der immer dichter werdenden Besiedlung Süd- und Südostchinas, also der für intensiven Naßreisanbau besonders begünstigten Gegenden, zum anderen auf der Verdrängung der großen aristokratischen Familien, der Hauptstützen der Monarchie, durch eine weitgehend (wenngleich nicht ausschließlich) aus dem Großgrundbesitz stammende, über leistungsbezogene Prüfungen rekrutierte, in ihrem Amtshandeln auf konfuzianische Ordnungs- und Wohlfahrtsideale verpflichtete Beamtenschaft. Der Song-Staat förderte durch Maßnahmen, die an die «Grüne Revolution» im Asien der jüngsten Nachkriegszeit erinnern, Qualität und Quantität der landwirtschaftlichen Produktion: vor allem durch die Einführung neuer Techniken und neuen Saatgutes (frühreifender Reissorten aus Vietnam) und durch finanzielle Anreize für neuerungsfreudige Landwirte – häufig örtliche Notabeln, die gemeinschaftlich in Infrastrukturprojekte (hauptsächlich in der Wasserregulierung) investierten. All dies bewirkte eine außerordentliche Steigerung der landwirtschaftlichen Produktivität und Produktion, besonders in den Reisanbaugebieten des Südens.

Die landwirtschaftliche Blüte des 11. bis 13. Jahrhunderts ermöglichte einen wirtschaftlichen Aufschwung in vielen anderen Bereichen. Die regionale Spezialisierung nahm zu und mit ihr ein Fernhandel, der die Provinzen Chinas enger denn je aneinanderband; nicht nur Luxusartikel, sondern auch Massenverbrauchsgüter wie Reis und Baumwolle wurden über große Distanzen hinweg befördert. Fortschritte im Schiffbau und in der Kanalisierungstechnik erleichterten den Transport. Belebend wirkte auch die Fortentwicklung des Geldwesens. Die Erweiterung der Zirkulation regte die bäuerlichen Produzenten zum Anbau von Marktfrüchten an (Tee, Öl, Holz, Obst, Rohseide, vor allem aber Zucker), die nicht nur auf den immer zahlreicheren lokalen Märkten auftauchten, sondern auch in erheblichen Mengen in den interprovinzialen Handel und sogar in den Überseehandel nach Südostasien gelangten. Das Gewerbe erfuhr ebenfalls einen bedeutenden Aufschwung, besonders in Gestalt häuslicher Textilherstellung unter einer Art von Verlagssystem. Daneben entwickelten sich Bergbau und Hüttenwesen: Im Jahre 1078 wurden in China mehr als 114 000 t Gußeisen erzeugt, eine Menge, die Großbritannien erst kurz vor 1800 erreichte.[5] Die Einkünfte des Fiskus aus Handelsabgaben und den Erträgen von Staatsmonopolen, also aus dem «tertiären» Sektor der Volkswirtschaft, waren schon im späten 11. Jahrhundert ebenso hoch wie die aus der Agrarbesteuerung. In ihren späteren Phasen wurde die ökonomische Expansion vor allem durch die Ausweitung der privaten Nachfrage vorangetrieben. Breitere Bevölkerungskreise als zuvor, vor allem die Grundherren-Beamten-Schicht und eine zu Wohlstand gelangte Kaufmannschaft, konsumierten immer raffiniertere Luxusgüter; zugleich wuchs der Massenverbrauch von Tee, Gewürzen und Nahrungsmitteln feinerer Qualität.[6]

Es ist wichtig, bei einer Betrachtung der chinesischen Wirtschaft des 18. Jahrhunderts in die Zeit dieser mittelalterlichen «Wirtschaftsrevolution»[7] zurückzugehen, denn die neue Belebung der Ökonomie, die nach den Plünderungen und Zerstörungen während der Mongolenherrschaft (Yuan-Dynastie: 1260–1368)[8] unter der frühen Ming-Dynastie einsetzte, sich im 16. Jahrhundert deutlicher ausprägte und, unterbrochen durch die politische Krise der Jahrzehnte zwischen etwa 1630 und 1680, unter dem Kaiser Kangxi und seinen beiden Nachfolgern ihren Höhepunkt erreichte, fußte strukturell weitgehend auf Grundlagen, die während der Song-Zeit gelegt worden waren. In mancher Hinsicht brachte das 18. Jahrhundert die Verstärkung, Intensivierung und Routinisierung von Tendenzen, die bereits vor 1300 festzustellen waren: regionale landwirtschaftliche Spezialisierung, Aufbau von landesweiten Handelsnetzen, Fernhandel mit Massenkonsumgütern, vor allem aber die Zunahme des Anteils der Produktion für den Markt an der agrarischen Gesamterzeugung. Man hat geschätzt, daß am Ende der langandauernden Prosperitätsperiode, also im frühen 19. Jahrhundert, mehr als 10 % allen in China erzeugten Getreides und mehr als 25 % aller Rohbaumwolle auf den Markt gelangten.[9]

Auf langfristige strukturelle Kontinuitäten von der Song- bis zur Qing-Zeit hat der Historiker und Anthropologe G. William Skinner hingewiesen und dabei in Umrissen eine Theorie der chinesischen Geschichte entworfen. Skinner entfernt sich von der herkömmlichen Geschichtsschreibung, indem er weder die Periodisierung nach Dynastien noch die Betrachtung administrativer Einheiten, also des Reiches als Ganzem oder einzelner Provinzen, für sinnvoll hält. Vielmehr erkennt er ein räumlich-zeitliches Grundmuster der chinesischen Wirtschaftsgeschichte, das aus drei Dimensionen besteht: (1) neun «Makroregionen», die nach geographischen und hydrographischen Kriterien unterschieden und in sich jeweils nach «Kern» und «Peripherie» differenziert werden;[10] (2) einer vertikalen Hierarchie von Marktsystemen, welche diese Makroregionen ausfüllt und deren unterste und für die chinesische Landbevölkerung wichtigste Ebene die der «Standard-Marktsysteme» ist, einer Konfiguration, bei der ein Ring von durchschnittlich etwa 18 Dörfern um eine zentrale Marktstadt (definiert als Ort eines *periodischen* Marktes) angeordnet ist;[11] (3) in der Zeitdimension einer Abfolge von «langen Wellen» oder «Zyklen», die ungefähr 150 bis 300 Jahre dauern und in den einzelnen Makroregionen jeweils etwas unterschiedlich verlaufen.[12] Dieses dreidimensionale System von Makroregionen, Märktehierarchien und langfristigen Zyklen, das die «Struktur der chinesischen Geschichte» ausmacht, wurde, so Skinner, in der Song-Zeit voll ausgebildet und hat mit Modifikationen bis in die jüngste Gegenwart fortbestanden.

Freilich sind innerhalb der Großperiode eines vom 11. bis zum 19. Jahrhundert reichenden «späten kaiserlichen China», wie sie manche Historiker heute annehmen,[13] einige Differenzierungen erforderlich. Vor allem sah jene Epoche, die ungefähr der europäischen «frühen Neuzeit» parallel läuft, wichtige Veränderungen in der ländlichen Sozialstruktur.[14] Obwohl in der Theorie der Grundsatz, daß alles Land Eigentum des Souveräns sei und dieser frei darüber verfügen könne, weiter gültig blieb und viele westliche Zeitgenossen darin den Beweis für ein tatsächliches, den orientalischen Despotismus fundierendes Obereigentum des absoluten Herrschers sehen wollten,[15] gab es seit der Tang-Zeit in der Praxis nur wenige rechtliche Behinderungen des privaten Handels mit Land und keinen als staatliche Dauerfunktion ausgeübten Eingriff in die Grundbesitzverhältnisse.[16] Die Stellung der meisten Menschen in der gesellschaftlichen Ordnung bemaß sich seitdem hauptsächlich danach, in welchem Umfang sie privat über Land verfügten. Um die Mitte des 18. Jahrhunderts war außerökonomischer Zwang aus den ländlichen Arbeitsverhältnissen weitgehend verschwunden; sklavereiähnliche Beschäftigungsweisen oder hörige Abhängigkeit waren selten geworden und existierten nur noch in der schwachen Form befristeter, freiwilliger und vertraglich vereinbarter Selbstentäußerung.[17] Die bäuerlichen Produzenten waren in großer Mehrheit entweder selbstwirtschaftende Eigentumsbauern, freie Lohnarbeiter (eine nach wie vor kleine Schicht) oder Pächter, die in Vertragsverhältnissen zu einem oder mehreren Grundherren standen. In einer Zeit zunehmender Sklaverei in Amerika und verschärfter Leibeigenschaft in Osteuropa,[18] die (zumindest in Rußland) an bereits verschwundene ältere Formen von Slaverei anknüpfte,[19] verlor die chinesische Pacht ihre letzte Beimischung von nicht-kontraktueller Bindung. Pachtverträge waren fortan schriftliche Übereinkommen, in denen die Rechte und Pflichten beider Parteien genau und vollständig festgelegt wurden. Außerhalb des formellen Rechtssystems entwickelte sich ein quasi-privates Recht des bürgerlichen Vertrages, das nicht nur im Pachtwesen, sondern auch bei der Vereinbarung von Partnerschaften in Handel und Gewerbe Anwendung fand. Arbeitsleistungen des Pächters für den Verpächter und «feudale» Abgaben neben der Pachtzahlung gab es nur noch selten.[20] Allerdings war die Freiheit auf dem Bodenmarkt vielfach durch nichtökonomische Sozialbeziehungen eingeschränkt; zum Beispiel waren vielerorts Landbesitzer gehalten, ihren Boden zuerst Mitgliedern ihres Familienverbandes oder Clans anzubieten, bevor sie ihn an Fremde veräußerten.[21]

Chinesische Historiker sind inzwischen von einem pauschalen, die europäische Entwicklung zum universal gültigen Normalfall erhebenden Begriff des «Feudalismus»[22] abgerückt und unterscheiden innerhalb der «feudalen Produktionsweise» als der von der Han- bis zur Qing-Zeit vorherrschenden Gesellschaftsordnung zwischen der «Feudalherrenwirtschaft» (*lingzhu jingji*) des europäischen Mittelalters und Chinas bis zur Tang-Zeit und dem «fortgeschritteneren» Typ der «Grundherrenwirtschaft» (*dizhu jingji*), der in Europa kaum aufgetreten, in China aber nach langer Reifezeit während des 18. Jahrhunderts zu voller Entfaltung gekommen sei.[23] Neben der Existenz freier Pachtverhältnisse war ein Merkmal dieses Systems, daß die Grundherren des 18. Jahrhunderts – anders als etwa die Gutsherren der Song-Zeit – keine Demesne bewirtschafteten, also keine Produktion in eigener Regie und auf eigene Rechnung mehr betrieben. Ihren Grundbesitz verpachteten sie an Bauern, die selbst teils ausschließlich mit Pachtland wirtschafteten, teils ihr Eigenland durch Hinzupachtung ergänzten. Keineswegs standen sich dabei geschlossene Klassen von reichen Herren und armen Bauern dichotomisch gegenüber. Unter den Grundherren gab es Großgrundbesitzerfamilien mit politischem Einfluß, die meist in den Städten lebten und ihre Pachtangelegenheiten durch Agenten oder Rentkammern verwalten ließen; es gab aber auch lokal ansässige Grundherren mit kleinem Besitz, die sich in ihrer Lebenshaltung kaum von der Bauernschaft unterschieden und ständig in der Gefahr standen, in diese abzusinken. Die sozialen Schranken im China des 18. Jahrhunderts waren durchlässiger als in früheren Zeiten. Die bis dahin exklusive Verbindung von Landverpachtung und privilegiertem «Gentry»-Status wurde durch das Aufsteigen von «Gemeinen» in die Grundherrenklasse vielfach durchbrochen. Beim «Gentry»-Status, einer markanten Besonderheit der chinesischen Gesellschaft, handelte es sich nicht um geburtsständische Privilegien aristokratischen Charakters, sondern um straf- und steuerrechtliche Begünstigungen sowie um Prestigevorteile, die mit Erfolg in den Beamtenprüfungen und zusätzlich manchmal auch mit dem Besitz von bürokratischen Ämtern und den zugehörigen Pfründen zusammenhingen.[24] Die meisten, aber nicht alle Grundherren zählten zur «Gentry». Unter den Aufsteigern in die Grundherrenklasse gab es städtische Kaufleute, die sich von Landerwerb ein sicheres Renteneinkommen sowie die Statusannehmlichkeiten eines *bourgeois gentilhomme* versprachen,[25] aber auch unternehmende Landwirte, welche die marktwirtschaftlichen Erwerbschancen des frühen 18. Jahrhunderts zur Anhäufung investierbaren Vermögens genutzt hatten.[26] Die Attraktion einer Grundherrenposition lag für solche «dynamischen» und unternehmerisch orientierten Bauern[27] vor allem in der Erwartung, als Grundherr besser imstande zu sein, mindestens ein Familienmitglied auf die Beamtenprüfungen vorbereiten zu können und damit günstigenfalls «Gentry»-Status zu erlangen. Dies war entscheidend, denn die Stellung von Grundherren ohne Prestige und Privilegien war auf längere Sicht prekär. Um über mehrere Generationen Bestand zu haben, mußte Grundbesitz durch «Gentry»-Status und möglichst sogar durch den Zugang zu Staatsämtern mit ihren Protektions- und Bereicherungschancen abgesichert werden.[28]

Als in den 1750er Jahren die letzten bedeutenderen Reste persönlicher Unfreiheit aus dem chinesischen Recht beseitigt wurden, hatte ein Prozeß der bäuerlichen Emanzipation seinen einstweiligen Abschluß erreicht, der vor allem durch die Kommerzialisierung der Landwirtschaft und durch die großen Bauernaufstände am Ende der Ming-Zeit[29] vorangetrieben worden war. Bauern waren nicht länger an die Scholle gebunden; Land konnte frei ge- und verkauft werden; die Pacht war ein formales Rechtsverhältnis. Das Statussystem schwächte sich ab, damit aber auch die

Fürsorgepflicht in Krisenzeiten, welche die ältere Verpflichtungsethik der
«moral economy» dem Herrn auferlegt hatte.[30] Zugleich entstanden
dadurch neue Formen von ökonomischer Abhängigkeit, daß sich Grundherren zunehmend an Geldverleih, Handel und der Weiterverarbeitung
von agrarischen Rohstoffen (in Getreidemühlen, Ölpressen, Schnapsbren-
nereien, usw.) beteiligten und im lokalen Bereich nicht selten Monopol-
stellungen erringen konnten.[31] Im großen und ganzen verbesserte sich
jedoch in der frühen Qing-Zeit die Lage der Pachtbauern. Langfristige
Pachtverträge oder sogar faktisch permanente Pacht, die den Pächtern den
Zugang zum Land garantierte, breiteten sich aus. Es kam zu einer juristischen Trennung zwischen Nutzungsrechten an der Bodenoberfläche und
Eigentumsrechten, die separat gehandelt wurden, wobei Nutzungsrechte
oft auf Dauer abgetreten wurden.[32] Außerdem gab es eine Tendenz, die
Proportionalrente (*share cropping*), die traditionell die Hälfte des Ernte-
ertrags ausmachte, durch eine feste Rente zu ersetzen, eine Regelung, die
es in guten Zeiten dem Pächter erleichterte, Überschüsse zu akkumulie-
ren, die aber auch die Eingriffe des Grundherrn in die Produktion verminderte.[33]

Selten befriedigen Aussagen über China als Ganzes. Zwischen den
Skinnerschen «Makroregionen» gab es erhebliche Unterschiede in den
Bodenbesitz- und Bodenbewirtschaftungsverhältnissen.[34] In Nordchina,
also dem Tiefland zwischen der Großen Mauer und dem Yangzi, herrschte
Trockenfeldkultur vor. Hier lag die Produktivität niedriger und die Mini-
mal- wie auch die Durchschnittsgröße eines bäuerlichen Betriebs höher als
im Süden. Der Grundbesitz war relativ gering konzentriert und die Pacht
seltener als im Süden. Die Haushalte und Betriebe der Eigentumsbauern
waren allerdings keineswegs autark, sondern durch Arbeitsaustausch miteinander vernetzt. Auch Lohnarbeit spielte eine gewisse, wenngleich keine
maßgebende Rolle: Ärmere Bauern sicherten ihre Subsistenz dadurch, daß
sie die überschüssige Arbeitskraft von Familienmitgliedern verkauften.
Die Abnehmer solcher Arbeitskraft waren reiche Landwirte, die aus
Eigenbesitz und Pachtland Betriebe von bis zu 40 ha zusammenstellten.
Solche Großbetriebe, in denen chinesische Historiker «Keime des Kapitalismus» gesehen haben, waren jedoch verhältnismäßig selten.[35]

Ganz anders lagen die Verhältnisse am Unterlauf des Yangzi, dem
fruchtbarsten Reisland Chinas und jener Gegend, die seit der Song-Zeit
die höchste Marktquote sowohl der agrarischen als auch der gewerblichen
Produktion aufwies. Hier waren bis zu 90 % der Bauern Voll- oder
Teilpächter. Als Wirtschaftseinheit überwog der kleine Familienbetrieb,
der infolge der Verbesserung der Rechtsstellung der Pächter relativ gut
gesichert war. Charakteristisch war für das 18. Jahrhundert eine Situation,
in der viele kleine Grundeigentümer, oft im Wettbewerb miteinander, ihr
Land zur Verpachtung anboten, und die Pächter in der Regel Boden von
mehreren Verpächtern bestellten. *Groß*grundbesitz und städtischer Absen-

tismus waren, anders als im frühen 20. Jahrhundert, auf dem Höhepunkt der Qing-Dynastie am unteren Yangzi noch die Ausnahme.[36] Wieder andere Bedingungen fanden sich in den erst in der Neuzeit besiedelten oder wiederbesiedelten Gebieten wie dem Inneren der Insel Taiwan, dem Tal des Xiang-Flusses oder den bergigen Gegenden der inneren Provinzen. In diesen Pionierzonen wurde im 18. Jahrhundert das Land von vornherein in kommerzieller, am Markt orientierter Absicht erschlossen. Es entstanden komplizierte Pachthierarchien, da die ersten Ankömmlinge, die sich Rechtstitel auf wildes Land verschaffen konnten, dieses an Pächter vergaben, die wiederum ihren Besitz in Parzellen zerlegten und unterverpachteten. Der Wirtschaftshistoriker Fu Yiling hat die These aufgestellt, die Anfänge eines agrarischen Kapitalismus seien vor allem an solchen neuen, vom Herkommen wenig berührten Siedlungsgrenzen zu suchen.[37]

Die Agrarökonomie des 18. Jahrhunderts war mithin gekennzeichnet durch nichtfeudale Eigentumsrechte am Boden und einen freien Handel mit Grundbesitztiteln; durch das Überwiegen des kleinbetrieblichen, um den Produzentenhaushalt zentrierten Parzellenbauerntums, das nicht nur die Agrarlandschaft Nordchinas prägte, wo selbstwirtschaftende Eigentümer dominierten, sondern auch diejenige des Südens, wo die meisten Bauern Pächter waren; durch intensive Bodennutzungsverfahren, die angesichts wachsender Bevölkerung, verminderter Möglichkeiten extensiver Landerschließung, stagnierender landwirtschaftlicher Technik und erbrechtlich bedingter Bodenzersplitterung unter weiterer Zunahme der Selbstausbeutung der bäuerlichen Familien den oft beschriebenen «Gartenbau»-Charakter der chinesischen Landwirtschaft[38] im Laufe des 18. Jahrhunderts immer deutlicher ausprägten; durch die Existenz einer mit dem machthabenden Beamtentum zwar vielfältig verbundenen, mit ihm aber nicht identischen, ständisch nicht privilegierten, sozial offenen und eng mit dem Handels- und Wucherkapital verknüpften Grundherrenklasse; durch Beschäftigungsformen, die auf außerökonomisch kaum beschränkten vertraglichen Übereinkünften beruhten; schließlich durch einen hohen Grad landwirtschaftlicher Kommerzialisierung, die nicht nur die Produktion von Luxusgütern für den Fernhandel, sondern auch den Umschlag von Grundnahrungsmitteln und Baumwolle auf der Ebene der «Standard-Marktsysteme» betraf.[39]

Wie leistungsfähig war diese Landwirtschaft im 18. Jahrhundert, nachdem unter dem Kangxi-Kaiser energisch und erfolgreich die Folgen des Dynastiewechsels überwunden worden waren?[40] Kommentatoren, die zur Blütezeit der Qing-Dynastie, etwa 1720 bis 1770, ein Urteil formulierten, kamen zu dem Schluß, «daß das reichste und blühendste Land der Welt in gewisser Hinsicht ziemlich arm ist»[41] – arm nämlich an Landreserven, so daß die chinesische Bevölkerung einen ständigen Kampf gegen die Knappheit kultivierbaren Bodens führen müsse. Doch trat die latente

Krise erst kurz vor 1800 manifest in Erscheinung. Für den überwiegenden Teil des 18. Jahrhunderts, das auch in der neuesten Forschung als «eine Periode beispielloser politischer Stabilität und wirtschaftlicher Prosperität» gesehen wird,[42] kann angenommen werden, daß die Steigerung der Agrarproduktion mit dem Bevölkerungswachstum Schritt hielt.[43] Die Ursachen der Bevölkerungsexplosion – des vielleicht bedeutsamsten Phänomens in der Geschichte des spättraditionalen China – sind ebenso umstritten wie die Gründe dafür, daß es trotz stagniernder Agrartechnologie nicht zu der unter vorindustriellen Bedingungen zu erwartenden malthusianischen Anpassung der Bevölkerungszahl an begrenzte Nahrungsmittelreserven kam. Vor allem drei Auffassungen werden heute diskutiert: (1) Die Einführung neuer Getreidearten aus Amerika (Mais, Süßkartoffeln, Erdnüsse, usw.) – eine indirekte Folge der europäischen Entdeckung dieses Kontinents! – habe eine landwirtschaftliche Revolution bewirkt, die mit der Einführung von frühreifendem Reis in der Song-Zeit vergleichbar gewesen sei.[44] (2) Die Bevökerungsvermehrung und -verdichtung, die als unabhängige Variable zu betrachten sei, habe selbst erst jene arbeitsaufwendige Intensivierung der Produktion ermöglicht, die dann zu höheren Hektarerträgen geführt habe.[45] (3) Das Entstehen neuer ökonomischer Chancen im nichtagrarischen Bereich, etwa die Öffnung von Bergwerken und die Entwicklung von Handel und Gewerbe (besonders im neubesiedelten Grenzland des Südwestens) habe den Druck auf die agrarische Basis gemildert.[46]

Wie die chinesische Landwirtschaft im Vergleich mit den Ökonomien anderer agrarischer Flächenstaaten der damaligen Zeit abschneidet, kann man nur vermuten. Dabei ist an die relativ geringe Differenzierung innerhalb eines weltweiten ökonomischen *ancien régime* zu erinnern. Aber es dürfte wenig Widerspruch gegen die Einschätzung geben, der durchschnittliche chinesische Bauer unter den Kaisern Yongzheng (1723–35) und Qianlong (1736–96) habe kein schlechteres Leben geführt als sein französischer Widerpart unter Ludwig XV. und sicher ein besseres als sein russischer Klassengenosse unter der «aufgeklärten» Katharina II.[47] Fraglos befand er sich in einer günstigeren Rechtsposition als beide: Bäuerliches Grundeigentum, das in Osteuropa rechtlich überhaupt nicht existierte, war in China der Normalfall; Leibeigenschaft oder gar Sklaverei fehlten; eine seigneuriale Gerichtsbarkeit, so verhaßt bei europäischen Bauern in der frühen Neuzeit, gab es nicht. Die materiellen Grundbedürfnisse der Bevölkerung waren in China um die Mitte des 18. Jahrhunderts vermutlich nicht schlechter gesichert als in Westeuropa.[48]

Im 18. Jahrhundert war China, was es heute noch ist: die größte Agrargesellschaft der Erde. Doch es trat seiner Umwelt nicht als Agrarland entgegen. Bis ins 19. Jahrhundert hinein exportierte China vor allem – in der Manier eines relativ «entwickelten» Landes – gewerbliche Fertigprodukte. Nie ist China (wie das südliche Vietnam oder Java) eine Reis-

oder Kornkammer für seine asiatischen Nachbarn gewesen. Im Gegenteil, große Mengen von Reis wurden in die südöstlichen Küstenprovinzen Guangdong und Fujian eingeführt, als sich dort viele Bauern vom Getreideanbau auf die lukrativere Kultur von Marktfrüchten wie Tee oder Maulbeerbaumblättern umzustellen begannen.[49] Auch die seit Jahrhunderten in zahlreichen Gegenden kultivierte Rohbaumwolle wurde ausschließlich im Lande selbst verarbeitet und erst seit den 8oer Jahren des 19. Jahrhunderts in nennenswertem Umfang exportiert.[50] Ausgeführt wurden im 18. Jahrhundert zum einen Erzeugnisse eines kunsthandwerklich hochstehenden Luxusgewerbes (Porzellan, Lackarbeiten, Papiere, usw.), zum anderen massenhaft erzeugte Fertigwaren, die primär für den Eigenverbrauch bestimmt, zunehmend aber auch im Ausland begehrt waren (Tee, Seidenstoffe, Baumwolltuche).

Daß bis auf die Ärmsten jeder in China *Seide* trage, wurde im 18. Jahrhundert immer wieder mit Erstaunen registriert,[51] auch wenn einige Augenzeugen berichteten, die Bauern kleideten sich im Alltag in Baumwolle – wie zum Beispiel auch die Bauern in Südfrankreich.[52] Noch in den 1840er Jahren hieß es von den Bewohnern Hangzhous, eines Zentrums der Seidenfabrikation, alle außer den niedrigsten Kulis und Arbeitern trügen Seide und Satin.[53] Luxusverbote und Kleiderordnungen, wie sie in Europa üblich (aber weithin nutzlos) waren, gab es nicht. Wer es sich leisten konnte, der mochte sich aufwendig ausstaffieren.

Die Seidenverarbeitung nahm in der Ming- und frühen Qing-Zeit einen bedeutenden Aufschwung. Sie wurde durch die Zunahme der Nachfrage zunächst im Inland, dann auch auf ausländischen Märkten angeregt und genoß staatliche Förderung. Eine gedeihliche Seidenerzeugung galt am Hofe zu Beijing als Ausweis der Prosperität eines Distrikts und der erfolgreichen Amtsführung der verantwortlichen Funktionäre; sie wurde deshalb von den zuständigen regionalen Amtsträgern in konfuzianischer Tradition durch Ermahnungen und durch das Bereitstellen von Wissen, etwa in agronomischen Handbüchern, gefördert. Für die Produzenten war die Seidenerzeugung und -verarbeitung angesichts einer wachsenden Nachfrage und langfristig steigender Preise eine relativ verläßliche Einkommensquelle. Der Produktionsprozeß war arbeitsaufwendig, aber wenig kapitalintensiv und erforderte nur eine kurze Anlernzeit.[54] Er war deshalb innerhalb eines Bauernhaushalts gut zu bewältigen. Meist übernahm der Haushalt mehrere Produktionsschritte: die Kultivierung von Maulbeerbäumen, die Aufzucht der Seidenraupen, die Gewinnung der Kokons und deren Auswickeln zu Rohseide. Maulbeerbäume konnten auf marginalem Land angepflanzt werden, das anders kaum zu nutzen war: an Hängen, Feld- und Deichrändern.[55] In Zentren der Seidenherstellung wie der Provinz Zhejiang gaben Maulbeerhaine, versetzt mit Teesträuchern, der Landschaft, wie Lord Macartney 1793 notierte, den Ausdruck eines «charming fruitful country».[56]

Während die Herstellung von Kokons und Rohseide im bäuerlichen Haushalt erfolgen konnte, gab es für die Weiterverarbeitung zu Textilien verschiedene betriebliche Organisationsformen. Die älteste war die staatliche Manufaktur. Sie befriedigte den Bedarf des Hofes, etwa den nach jenen Stoffen, die als Zeichen allerhöchster Huld an Tributgesandtschaften und verdiente Beamte verteilt wurden. Nachdem die unter der Mongolenherrschaft eingeführte Zwangsverpflichtung von Handwerkern für die kaiserlichen Manufakturen beseitigt, nachdem vor allem das mingzeitliche System der erblichen registrierten Handwerker nach 1645 schrittweise abgeschafft worden war,[57] beschäftigten die kaiserlichen Manufakturen fast ausschließlich freie Lohnarbeiter. War Rohseide in der Ming-Zeit als naturale Steuerleistung erhoben worden, so kauften die Staatsmanufakturen in der Qing-Zeit ihr Rohmaterial zu Tagespreisen auf dem freien Markt, auf dem sie auch bisweilen ihre Überschußproduktion absetzten.[58] Die drei «Kaiserlichen Seidenämter» (*zhizao ju*) in Nanjing, Suzhou und Hangzhou, die nach langem Niedergang erst 1894 geschlossen wurden,[59] erreichten den Höhepunkt ihrer Entwicklung in den 1740er Jahren, als sie insgesamt mehr als 1800 Webstühle betrieben und neben 5500 gewöhnlichen Handwerkern 1500 künstlerische Fachkräfte beschäftigten.[60] Niemals wurden diese Manufakturen vom Staat als rein ökonomische Organisationen merkantilistischen Typs betrachtet. Sie dienten nicht dem Export und waren ausschließlich auf die Bedürfnisse des Hofes ausgerichtet. Nebenzwecke waren die Förderung der Wohlfahrt in den Produktionsgebieten und die Kontrolle einer potentiell unruhigen Arbeiterschaft. Die kaiserlichen Seidenmanufakturen wurden weniger als Wirtschaftsunternehmen denn als «politische und organisatorische Zentren» angesehen.[61]

Nicht immer waren die Kaiserlichen Seidenämter imstande, ihre Aufträge und Lieferkontingente zu erfüllen. Ergaben sich Engpässe, so erwarben sie Stoffe von privaten Seidenproduzenten. Bei diesen handelte es sich um Eigentümer von Webereiwerkstätten, deren Größe vom Familienbetrieb bis zum Großatelier mit Lohnarbeitern an mehreren hundert Webstühlen variierte.[62] Diese privaten Werkstätten, die sich vor allem in den Städten konzentrierten (in Suzhou gab es im 17. Jahrhundert mehr als 10 000 solcher Etablissements, in Nanjing waren 30 000 Webstühle in Betrieb, deren jeder von zwei bis drei Handwerkern bedient wurde),[63] bildeten den Kern der Seidenindustrie im 18. Jahrhundert. Sie produzierten für alle erdenklichen Abnehmer: für staatliche Aufkäufer, private Kunden im Inland und ausländische Liebhaber von Chinaseide. Eng damit verbunden war eine dritte Betriebsform, das Verlagssystem, bei dem eine Kaufmannsagentur Haushalten Webstühle und meist auch Rohseide bereitstellte und das fertige Produkt gegen Stückvergütung abnahm. Die Webateliers blieben die vorherrschende Betriebsform, aber die Verlagsorganisation gewann während des 18. Jahrhunderts neben ihr an Bedeutung.[64]

Das chinesische Seidengewerbe des 18. Jahrhunderts war also gekennzeichnet durch die Verbindung von Seidenraupenaufzucht und Rohseidenerzeugung im bäuerlichen Nebenerwerb, auf der Ebene der Weiterverarbeitung durch die Koexistenz von staatlich geleiteter Produktion für den Staatsbedarf und privater Produktion für den privaten Konsum sowie durch freie, nicht durch staatliche Monopole oder Tributerhebung behinderte Märkte für Rohstoffe (Maulbeerbaumblätter, Seidenraupeneier, Kokons), Halbfertigwaren (Rohseide), Fertigprodukte und Arbeitskräfte.[65] Beschränkungen gab es allenfalls durch Absprachen von Handwerkergilden. Doch regulierten die chinesischen Gilden[66] die Märkte weniger strikt, als dies die Zünfte in Europa taten.[67] Daß das innovative Handelskapital vor entwicklungsfeindlichen Gilden oder Zünften auf das Land ausgewichen sei,[68] läßt sich für die chinesische Seidenindustrie des 18. Jahrhunderts nicht behaupten. Ihr dynamisches Zentrum blieben die privaten Ateliers in den großen Städten Ost- und Südchinas.

Baumwolle war gesamtwirtschaftlich in der Qing-Zeit bei weitem wichtiger als Seide. Ihre Verarbeitung bildete im 18. Jahrhundert den umfangreichsten Zweig des chinesischen Gewerbes. Geographisch war sie viel weiter verbreitet als die Seidenkultur. Rohbaumwolle wurde in etwa einem Drittel der Landkreise (*xian*) Chinas geerntet.[69] In mindestens drei Fünfteln aller Kreise stellte man im 17. und 18. Jahrhundert Baumwollstoffe her.[70] Schon diese Diskrepanz – die Tatsache, daß auch dort Baumwolle versponnen und verwoben wurde, wo der Rohstoff aus der Ferne bezogen werden mußte – zeigt, daß das Bild von der Einheit von Landwirtschaft und Hausgewerbe innerhalb des autarken Dorfes, wie es in manchen Vorstellungen von einer «asiatischen Produktionsweise» immer noch herumgeistert, zumindest für die Qing-Zeit trügt.[71] In China entwickelte sich die Baumwollverarbeitung auch dort, wo das Rohmaterial über den Markt, gelegentlich sogar aus dem Ausland,[72] besorgt werden mußte. Grob gesagt, war nördlich des Yangzi die landwirtschaftliche Erzeugung von Baumwolle wichtiger als ihre gewerbliche Verarbeitung, während für die Provinzen südlich des Yangzi das Umgekehrte galt.[73] Die Voraussetzung der weiten Verbreitung der Baumwollspinnerei und -weberei in den Städten ebenso wie auf dem Lande war ein interregionaler Fernhandel mit Rohbaumwolle, ein Handel, wie er wegen der Verderblichkeit von Maulbeerblättern und Kokons in der Seidenwirtschaft ausgeschlossen war. Die Seidenhaspelei und Seidenweberei konzentrierte sich daher in den für Maulbeerbäume günstigen Gegenden; der Handel mit Seiden*stoffen* erfaßte allerdings das ganze Land.

Ähnlich wie die Seidengewinnung war die Baumwollverarbeitung wegen ihrer einfachen und wenig kapitalintensiven Technologie vorzüglich als Beschäftigung nicht ausgelasteter Familienmitglieder geeignet. Sie ist denn auch zur klassischen Nebentätigkeit des chinesischen Bauern geworden. Im Unterschied zur Seide – und hier liegt die entscheidende Eigentümlichkeit der chinesischen im Vergleich zur japanischen Entwicklung[74] – hat die Baumwollverarbeitung im allgemeinen den Bereich des Haushalts nicht verlassen. Spinnen und Weben blieben in derselben Produktionseinheit vereint. In der Regel wurde das aus selbst angebauter oder gekaufter Baumwolle gesponnene Garn im gleichen Haushalt auch mit eigenen Werkzeugen zu Stoffen verwoben. Daher gab es neben dem Markt für Rohbaumwolle auch einen sehr lebhaften Handel in Baumwolltuchen,[75] aber so gut wie keinen in Baumwollgarn. Eine großbetriebliche Organisation der Baumwollverarbeitung blieb bis zur Einführung der Dampfmaschine im späten 19. Jahrhundert unbekannt. Es gab bei Baumwolle keine Produktionsstätten, die den Staatsmanufakturen und städtischen Webstudios in der Seidenindustrie vergleichbar gewesen wären. Die erste manufakturell organisierte Weberei, ein Betrieb mit 1000 Handwebstühlen, ist erst für das Jahr 1883 bezeugt; in den folgenden Jahren entstand dieser Betriebstyp dann in vielen chinesischen Städten. Er setzte die Verfügbarkeit von *maschinell* gesponnenem Garn bereits voraus. Die großbetriebliche Hand*weberei* war mithin eine *Folge* der Einführung von Dampfkraft und Spinnmaschinen in der chinesischen Baumwoll*spinnerei*: gleichsam eine Geburt der Manufaktur aus dem Geiste der Fabrik. Erst zu diesem späten Zeitpunkt traten auch Spinnerei und Weberei als getrennte Fertigungsvorgänge auseinander. Bis in die 1880er Jahre wurden fast sämtliche Baumwolltextilien in China in privaten Haushalten erzeugt.[76] Auch die exportierten Tuche feinster Qualität waren nahezu ausschließlich Produkte chinesischer Bauernfamilien. Der Staat war an der Baumwollverarbeitung nicht beteiligt.

Die Zählebigkeit der hausindustriellen Produktionsweise erkärt sich zu einem guten Teil daraus, daß bei einfacher und billiger Technik und geringer Möglichkeit einer arbeitsteiligen Zerlegung des Fertigungsprozesses die großbetriebliche Manufaktur gegenüber dem Haushalt keine entscheidenden Vorteile aufwies. Arbeitskräfte waren reichlich und billig vorhanden. Mit wachsender Bevölkerung bei unterproportional steigenden Beschäftigungsmöglichkeiten in der Landwirtschaft wuchs der Druck auf den Bauernhaushalt, durch rücksichtslose Selbstausbeutung die Grenzkosten gegen Null zu schieben und die Ware zu jedem Preis anzubieten, der geringfügig über den Kosten von Material und Inventar lag.[77] Das emsige Spinnen und Weben der chinesischen Bauern, ihr verzweifelter Arbeitsfleiß, der die europäischen Reisenden des 18. und frühen 19. Jahrhunderts so beeindruckte, war Ausdruck wie Teilursache der Bevölkerungsexplosion im Reich der Mitte.[78] Ein zweiter stimulierender Faktor kam hinzu: die zunehmende Nachfrage des Auslandes nach chinesischen Textilien. Auch hier kann ein Vergleich zwischen Seide und Baumwolle aufschlußreich sein.

Chinesische Seide war schon im Altertum in Europa bekannt, spielte damals aber kommerziell kaum eine Rolle. Im Mittelalter versorgte sich

Europa zunächst aus byzantinischer, dann aus spanischer und italienischer, im 18. Jahrhundert überwiegend aus französischer Produktion. Nachdem die mongolische Eroberung die innereurasischen Handelswege geöffnet hatte, soll es seit 1257 im Mittelmeergebiet chinesische Seide zu kaufen gegeben haben.[79] Für 1333 hat man das erste Auftreten chinesischer Seide auf dem Markt von Montpellier nachweisen können.[80] Die Chinesen selbst verbreiteten ihre Seide über die eigenen Grenzen hinaus: teils als besänftigende Geschenke an die Steppen- und Oasenvölker Innerasiens, die während der Han-Dynastie eine «unermeßliche Menge» von Seidenstoffen empfingen,[81] teils im überseeischen Handel mit Japan und Südostasien, der in der Tang- und Song-Zeit von privaten Kaufleuten ausgiebig betrieben wurde.[82]

Die Exportseide hatte ihre klassische Zeit in der Frühphase des maritimen Asienhandels der Europäer. Im 16. Jahrhundert stand sie im Mittelpunkt des portugiesischen Handels zwischen Macau und Japan, wobei die Portugiesen vielfach als Agenten chinesischer Exportkaufleute auftraten. Kurz nachdem die Spanier 1565 Manila erreicht hatten, begann ein transpazifischer Handel, bei dem Rohseide und Seidenstoffe, die von chinesischen Kaufleuten (trotz der Seeverbotspolitik der Ming) nach Manila gebracht worden waren, in randvoll geladenen spanischen Galeonen nach Mexiko verschifft wurden. Dort wurde die Rohseide für den gesamten Markt Spanisch-Amerikas weiterverarbeitet und verdrängte die Seidenexporte des spanischen Mutterlandes.[83] So bestand ein enger Zusammenhang zwischen dem Aufschwung der Seidenproduktion im China der späten Ming-Zeit und der Krise der Seidenweberei in Spanien: Asien ersetzte Europa auf den Märkten der Neuen Welt. Bezahlt wurde die China-Seide mit amerikanischem Silber.

Auch die englische East India Company (EIC) hatte in China zunächst vor allem Seide gesucht. Sie errichtete 1613 eine Faktorei in Japan in der Hoffnung, sich auf diesem Umweg der Seide Chinas bemächtigen zu können.[84] Anfang des 18. Jahrhunderts war Seide im britischen Chinahandel wichtiger als Tee, wurde aber bald von diesem überholt. Zwischen 1775 und 1795 machte Seide nur noch 15% der Exporte der EIC aus Kanton aus – gegenüber 81% für Tee.[85] Besonders seit Mitte der 1780er Jahre wurde chinesische Seide infolge der Erhöhung der englischen Zölle sowie der zunehmenden türkischen und italienischen Konkurrenz weitgehend vom englischen Markt vertrieben.[86]

Der Exporthandel in Baumwolle folgte einem anderen Kalender. Seit etwa 1730 waren chinesische Baumwollstoffe in kleinen Mengen nach Europa gelangt, aber erst während des letzten Drittels des 18. Jahrhunderts schnellte der Export von «Nankeens» in die Höhe.[87] Es handelte sich dabei vor allem um die feinen Tuche, die im Yangzi-Delta aus natürlicher gelber Baumwolle gewoben wurden. Der Export dieser Tuche, die mit einfachen handwerklichen Mitteln in chinesischen Haushalten hergestellt wurden, erreichte seinen Höhepunkt in den Jahren zwischen 1810 und 1830, zu einer Zeit, als die Baumwollindustrie der britischen industriellen Revolution bereits den europäischen Kontinent und die Neue Welt mit ihren Erzeugnissen überschwemmte.[88] Im Übergang von der seidenen *culotte* zum wollenen oder baumwollenen *pantalon* ist die Bevorzugung des exotischen Produkts durch den Herrn von Welt «der letzte Ausdruck der asiatischen Textil- Überlegenheit über Europa».[89] Noch um 1830 konnte die führende britische Privatfirma im Chinahandel, Jardine Matheson & Co., ihren Kunden versichern, daß die Erzeugnisse Nanjings denen Manchesters qualitativ überlegen seien.[90]

Um diese Zeit war das Porzellan, jene Spezialität, die in europäischen Augen das Reich der Mitte am auffälligsten repräsentierte, auf westlichen Märkten bereits zurückgedrängt worden. Der Höhepunkt der Porzellanexporte lag in der vierten und fünften Dekade des 18. Jahrhunderts; danach gingen die Exportzahlen rasch zurück.[91] Auch das Interesse der europäischen Connaisseurs und Chinaenthusiasten am chinesischen Porzellan kulminierte in diesen Jahren, literarisch angeregt durch die ausführliche Beschreibung, die Du Halde, gestützt auf die Augenzeugenberichte des Jesuitenpaters François-Xavier D'Entrecolles (oder Dentrecolles), in seinem großen Chinakompendium des Jahres 1735 von den Produktionsmethoden gab.[92] D'Entrecolles, in dessen Missionssprengel im Norden der Provinz Jiangxi die Porzellanwerke von Jingdezhen lagen, die bei weitem größten und künstlerisch wie wirtschaftlich wichtigsten in China, entwarf das Bild einer riesigen Ansammlung von Menschen – von 1 Million Einwohnern der Stadt Jingdezhen war die Rede –, die an Hunderten und Tausenden von Brennöfen unter der Aufsicht tyrannischer Mandarine unentwegt mit der Anfertigung von Porzellanobjekten beschäftigt waren. Die Zahl von 1 Million mag übertrieben sein. Doch ist auch noch für das frühe 19. Jahrhundert, als Jingdezhen infolge interner Strukturprobleme, aber auch des Geschmackswandels in Europa und des Aufkommens englischer Konkurrenz seit 1760[93] längst seinen Höhepunkt überschritten hatte, von 100000 Porzellanarbeitern die Rede.[94] Noch 1869 schätzte Ferdinand von Richthofen bei einem allerdings flüchtigen und durch die Feindseligkeit der örtlichen Bevölkerung verkürzten Aufenthalt ihre Zahl auf 80000.[95] Richthofen bestätigte auch ältere Berichte, die auf einen hohen Grad der Spezialisierung sowie auf eine feinteilige Zerlegung des Arbeitsprozesses in individuell ausgeführte Schritte hingewiesen hatten.[96] So beklagte 1778 ein Superkargo der Holländischen Ostindienkompanie, daß die Fischteller zu einem bestimmten Dinner-Service nicht mehr geliefert werden könnten, weil ihr einziger Verfertiger gestorben sei.[97] Die Spezialisierung und Arbeitsteilung erfolgte indessen nicht innerhalb von Großbetrieben nach der Art europäischer Manufakturen, sondern in einer Vielzahl kleiner und kleinster semi-autonomer Produktionseinheiten. Richthofen sah darin geradezu die Quintessenz der chinesischen

«Industrie»: «Alles ist klein vertheilte Arbeit, nichts Ganzes und Grosses unter einheitlicher Leitung, und doch durch langjähriges Herkommen vollkommen organisiert.»[98] Jingdezhen war zwar die Quelle eines über Jahrzehnte in die Hafenstadt Kanton (und schließlich in westliche Museen und Antiquitätenläden) fließenden Stroms von Porzellanwaren, hatte aber seine Hauptaufgabe in der Versorgung des Kaisers. Dieser pflegte Tributmissionen und Würdenträger, Günstlinge und Haremsdamen nicht nur mit Seide, sondern auch mit Porzellan zu beglücken. In beiden Fällen handelte es sich – wie bei den «Kaiserlichen Seidenämtern» – um eine fortgeschrittene Form von Bedarfsdeckungswirtschaft.[99] Am lukrativen Exportgeschäft beteiligte der Staat sich nicht, und auch auf dem Binnenmarkt trat er nicht in direkte Konkurrenz zu den privaten Anbietern von Porzellan.

Es zeigt sich hier besonders deutlich, wie schwierig im China der Ming- und Qing-Zeit eine Trennungslinie zwischen «staatlichem» und «privatem» Bereich zu ziehen ist. Der chinesische Staat war keine feste, über die Jahrhunderte hinweg als klar identifizierbarer Institutionenkomplex in Erscheinung tretende Größe, sondern kann besser als Bündel von Funktionen verstanden werden, die in wechselvoller institutioneller Einkleidung wirksam wurden. Die Geschichte staatlicher Beteiligung an der Porzellanherstellung begann gegen Ende des 14. Jahrhunderts, als ein «Kaiserliches Porzellandepot» entstand, eine Art von Manufaktur für den Bedarf des Kaisers.[100] In der Ming-Zeit waren hier bis zu 80 Brennöfen in Betrieb, in der Qing-Zeit beträchtlich weniger. Dies liegt in Veränderungen der Arbeitsverfassung begründet, wie sie ähnlich in der Seidenproduktion zu beobachten waren. Schon seit den 1530er Jahren war das System der registrierten erblichen Handwerker, die zu zeitlich unbegrenztem Arbeitsdienst an den kaiserlichen Brennöfen zwangsverpflichtet wurden, langsam abgeschwächt worden.[101] Unter der neuen Dynastie wurde es dann völlig beseitigt, so daß zur Zeit des Qianlong-Kaisers in den staatlichen Werkstätten Lohnarbeit der Normalfall war.[102] Damit verband sich – und dies erklärt den Rückgang der Zahl staatlicher Brennöfen – eine teilweise Verlagerung der Produktion auch des kaiserlichen Porzellans auf private Betriebe. Das Kaiserliche Porzellandepot hatte nach wie vor die Aufgabe, die Lieferquoten, die Beijing festsetzte, zu erfüllen, besaß aber weitgehende Freiheit in seinen Beschaffungsmethoden, vorausgesetzt, die Qualität der Objekte war gewährleistet. Private Werkstätten wurden unter Vertrag genommen und erhielten Produktionsaufträge für den kaiserlichen Bedarf. Dieses Arrangement entlastete den Staat von der aufwendigen und kostspieligen direkten Organisation der Fertigung, war aber auch für die privaten Handwerker vorteilhaft, denen es Prestige und regelmäßige Beschäftigung eintrug, ohne sie daran zu hindern, außerhalb der Erfüllung der Staatsverträge für den inländischen wie überseeischen Markt zu produzieren.[103] Die privaten Töpferstudios in Jingdezhen waren freilich mit sehr wenig Eigenkapital ausgestattet und befanden sich stets in einer prekären wirtschaftlichen Position. «Auf einen Handwerker, der reich wird», bemerkt Pater D'Entrecolles, «kommen hundert andere, die scheitern.»[104] Es waren daher finanzkräftige Kaufleute mit ihren landesweiten Kontakten und ihren Verbindungen zu den Exporthäusern in Kanton, die das private Porzellangewerbe in großem Stil organisierten. Höchstes Ziel der Töpfer war es, selbst genügend Vermögen anzusammeln, um von der Produktion in den Handel umsteigen zu können.

Die Untersuchung der Porzellanherstellung in Jingdezhen – vielleicht die technisch und organisatorisch anspruchsvollste, sicher die am besten dokumentierte Form gewerblicher Produktion im vormodernen China – zeigt für das 18. Jahrhundert zweierlei: Erstens macht sie deutlich, daß die Arbeitskräfte so gut wie keinem außerökonomischen Zwang mehr unterlagen. Wittfogel irrt, wenn er «ein höriges Lohnarbeitertum» in Staatswerkstätten als charakteristische Beschäftigungsform annimmt. [105] Die Abhängigkeiten, in denen der Handwerker stand, waren viel eher solche des Marktes als der Arbeitsverfassung, war er doch häufig auf Aufträge nicht nur der staatlichen Porzellanprokuratoren, sondern auch des weniger berechenbaren privaten Handelskapitals angewiesen. Die Porzellantöpfer von Jingdezhen waren in der Blütezeit der Porzellanmanufaktur keine hörigen Lohnarbeiter, sondern, abgesehen von einer Minderheit, die an den verbliebenen kaiserlichen Brennöfen beschäftigt war, Klein- und Kleinstunternehmer.

Zweitens fällt auf, wie flexibel sich die Handwerker und ihre Auftraggeber auf neue Absatzchancen einzustellen verstanden. Die neue Nachfrage aus Übersee trug in einen normbewußten Produktionszweig von hohem kulturellem Status ungewohnte Elemente von Mode und Spekulation hinein. Keineswegs verlangten die europäischen Kunden nämlich durchweg authentisches Jingdezhen-Porzellan, sondern sie gaben oft detaillierte und eigenwillige Aufträge. So sind Gefäße erhalten, die in chinesischen Werkstätten des 18. Jahrhunderts mit dem ganz unchinesischen Motiv der Kreuzigung bemalt wurden. [106] Mehr noch, europäische Sammler bestellten imaginierte Chinoiserien, die dann als «genuine» Chinaware den Weg zurück nach Europa nahmen. 1712 berichtet D'Entrecolles, daß die Töpfer von Jingdezhen große Schwierigkeiten hätten, die ungewohnten, der einheimischen Tradition widerstrebenden Formen zu gestalten, die von den Europäern bestellt würden; der enorme Ausschuß erhöhe die Preise. Die Beamten des Kaiserlichen Porzellandepots wiederum seien darauf erpicht, derlei «desseins nouveaux & curieux» aus dem Westen zu erhalten, um den neugierigen Kaiser Kangxi laufend mit Originellem überraschen zu können. [107] So beugte sich der Osten mit listigem Geschäftssinn dem Bilde, das sich Europa von ihm zu machen beliebte.

Eine weitere Kommerzialisierung der Wirtschaft, die Steigerung vertikaler wie horizontaler Mobilität, eine Abschwächung gesellschaftlicher

Hierarchien, das Verschwinden rechtlich-administrativer Beschränkungen individueller Wirtschaftstätigkeit, kurz: ein Zuwachs an «Modernität» im westlichen Verstande wurde auch, aber doch nicht maßgeblich durch den Zuwachs des *Waren*handels mit dem Westen ausgelöst.

Entscheidend scheint vielmehr das Zusammentreffen zweier Faktorenreihen gewesen zu sein: einerseits der günstigen Folgen des langewährenden inneren Friedens mit seiner Verbesserung der Geschäftssicherheit, der Belebung des Verkehrs und der Chance längerfristiger Zukunftsplanung; andererseits der Impulse, die von einem säkularen Konjunkturaufschwung im ostasiatisch-pazifischen Raum ausgingen. [108] Seit dem 16. Jahrhundert strömten, teils im Zusammenhang des transpazifischen Seidenhandels, teils aus neu erschlossenen japanischen Quellen, große Silbermengen nach China. Amerikanisches Silber ermöglichte überhaupt erst in großem Stil den europäischen Handel mit dem Reich der Mitte; der Chinahandel der frühen Neuzeit war von Anfang an Teil eines trikontinentalen Zirkulationszusammenhanges. [109] Das Metall aus der Neuen Welt blieb nicht ohne Wirkung auf die chinesische Binnenwirtschaft, der neue Liquidität zugeführt wurde. [110] Schon um die Wende zum 17. Jahrhundert war die Einbindung Chinas in das weltweite System der Edelmetallströme so weit fortgeschritten, daß eine vorübergehende Störung des Silberzuflusses nach etwa 1610 und die folgende Deflation, unter welcher Steuerzahler, Schuldner und Pächter litten, zu Niedergang und Fall der Ming-Dynastie beigetragen haben könnte. [111]

Der langfristige ökonomische Trend hielt auch über die Wirren des mittleren 17. Jahrhunderts hinweg an und überstand die Politik des Kangxi-Kaisers, der die Silberzirkulation bewußt drosselte. [112] Eine leichte Inflation – die «Preisrevolution» fand in China nicht im 16./17., sondern erst im 18. Jahrhundert statt – kam vor allem den Beziehern von Geldeinkommen zugute und schuf deshalb neue Anreize für die Marktproduktion. Auch die Umwandlung der verbliebenen Naturalsteuern in Geldabgaben regte die private Nachfrage an. [113] Unter solchen Umständen waren es weniger freiheitsfreundliche, gar «liberale» Erwägungen im westlichen Sinne als pragmatisches Kalkül und konfuzianisches Wohlfahrtsdenken, welche die Dynastie bestimmten, in Bereichen, die bis dahin direkter oder indirekter staatlicher Regulierung unterstanden hatten, privaten Kaufleuten (*shang*) größere Entfaltungsmöglichkeiten einzuräumen. Noch aus den Anfängen der Mandschuherrschaft stammende Größenbeschränkungen für gewerbliche Betriebe wurden aufgehoben. Private Unternehmer erweiterten bestehende Firmen und gründeten neue; in den 1720er und 1730er Jahren kam es zu zahlreichen privaten Initiativen in Bereichen wie der Salzwirtschaft, der Papier- und Zuckerfabrikation oder der Holzverarbeitung. [114] Im Kupferbergbau der Provinz Yunnan, der seit der Drosselung der japanischen Kupferexporte im Jahre 1715 von besonderem politischen Interesse war, da Kupfer das bei weitem wichtigste

Münzmetall darstellte,[115] zog sich die Bürokratie aus dem direkten Betrieb der Minen zurück und lockerte ihre indirekten Kontrollen. [116] Es wurde ein staatlich-privates Mischsystem eingeführt, bei dem der Staat die Oberaufsicht innehatte und die Produktion zu festgesetzten Preisen aufkaufte, das Management der Minen aber privaten Kräften überließ und ihnen den freien Verkauf des Produktionsüberschusses jenseits der staatlichen Abnahme gestattete. [117] Diese Bedingungen zogen Investoren und Arbeiter aus vielen anderen Provinzen an. [118] Der Höhepunkt der Entwicklung begann 1754 mit einer Anhebung der staatlichen Ankaufspreise und dauerte etwa ein Vierteljahrhundert. [119] Darauf folgte der Niedergang, bis die 1855 ausbrechende Moslem-Rebellion dem Kupferbergbau in Yunnan den Todesstoß versetzte.

Das Qing-Reich des 18. Jahrhunderts war gewiß kein Land im revolutionären Aufbruch zu neuen Ufern. Aber ebensowenig war es eine blokkierte und versteinerte Gesellschaft, Inbegriff eines «stationären» Asien. Es stand am Ende einer jahrhundertelangen überaus differenzierten Entwicklung. Die Song-Zeit hatte die Fundamente gelegt: Vollendung des meritokratischen Beamtenstaates und des Prüfungssystems, Verdrängung der alten aristokratischen Familien durch eine neue Schicht von Beamten-Großgrundbesitzern, bedeutende Zunahme des Handels auf allen Stufen vom Dorfhandel bis zum überseeischen Warenverkehr und Entstehung einer großräumig operierenden Kaufmannschaft, Ausdehnung der Geldwirtschaft und Beschleunigung der Urbanisierung, besonders im Yangzi-Delta. Ein zweiter, weniger tiefgreifender Transformationsschub erfolgte dann in der zweiten Hälfte des 16. Jahrhunderts, in der späten Ming-Zeit. Er setzte Entwicklungen in Gang, die nach der krisenhaften Periode des Dynastiewechsels im ruhigeren 18. Jahrhundert zur Entfaltung gelangten: Herausbildung des Grundherren- und Pachtsystems und freier Kontraktverhältnisse auf dem Lande, Beseitigung der meisten außerökonomischen Abhängigkeiten in der Arbeitsverfassung, Belebung des Handelsverkehrs und bedeutende Zunahme privatwirtschaftlicher Aktivitäten.

Das China der großen Qing-Kaiser war eine hochkommerzialisierte Gesellschaft. Alle westlichen Berichte betonen die nach europäischen Maßstäben erstaunliche Handelstätigkeit. Jean-Baptiste Du Halde, der die Berichte seiner jesuitischen Ordensbrüder zur großen China-Enzyklopädie von 1735 zusammenfaßte, war gewiß imstande, den Vergleich mit dem Europa des 18. Jahrhunderts anzustellen, und sein Urteil hat trotz eines leichtgläubigen Überschwangs Gewicht: «Der Handel, der im Inneren Chinas getrieben wird, ist so umfangreich, daß der Handel ganz Europas damit nicht verglichen werden kann. Die Provinzen sind wie einzelne Königreiche, die ihre Erzeugnisse austauschen. Der Handel vereinigt die Völker Chinas und bringt Überfluß in alle seine Städte.»[120] Und: «Die belebtesten Märkte in Europa geben nur ein schwaches Abbild der unglaublichen Menschenmassen, die man in den meisten chinesischen Städten sieht, damit beschäftigt, alle Arten von Waren zu kaufen und zu verkaufen.»[121] Es wurde auf unterschiedlichen, doch miteinander verbundenen Ebenen Handel getrieben: Die Bauern brachten auf Schubkarren und an Tragstangen ihre überschüssigen Erzeugnisse in die nächste Marktstadt, wo sie sich mit Öl, Zucker, Salz und Baumwolle versorgten, eventuell den Geldverleiher aufsuchten und sich im Teehaus zu volkstümlicher Geselligkeit trafen. Darüber lag ein System des interregionalen Fernhandels, der sich nicht auf hochwertige und billig transportierbare Luxusgüter beschränkte, sondern Massenverbrauchsgüter wie Getreide, Rohbaumwolle, Baumwollstoffe, Tee, Holz und Salz im ganzen Lande verteilte. Im Reishandel etwa hatte sich seit dem 12. Jahrhundert ein Dreieckssystem eingespielt: Aus den Reisüberschußprovinzen Hunan, Hubei und Jiangxi wurde Reis in großen Mengen Yangzi-abwärts ins hochverstädterte Delta (die Gegend um Nanjing, Shanghai, Hangzhou, Suzhou) geliefert, von wo aus (seit Beijing zur Hauptstadt geworden war) ein Teil als Tributreis über den Großen Kanal nach Nordchina gelangte.[122] Diese interregionale Arbeitsteilung bestand auch noch im frühen 20. Jahrhundert nach Abschaffung des Getreidetributs.[123] Das chinesische Reich war im 18. Jahrhundert von landesweiten Kaufmannsnetzen überzogen.[124] Dabei waren die Kaufleute einzelner Provinzen auf bestimmte Aufgaben spezialisiert. So lag das Bankgeschäft in den Händen der Leute aus Shanxi, während die Kaufleute aus Fujian den größten Teil des Fernhandels auf dem Wasser organisierten.[125] Auffällig ist dabei immer wieder die intensive Verflechtung zwischen den einzelnen Marktebenen. Die Vorstellung von einer riesigen Menge autarker Dorfgemeinden, denen weithin verbindungslos ein dünnes Netz des Luxusfernhandels übergeworfen sei,[126] verfehlt diese Dichte der Austauschbeziehungen.

Eben diese bewegte Kompaktheit verhinderte, daß das China der frühen Neuzeit sich stärker in die entstehende Weltwirtschaft einschaltete. China war autark und bedurfte des Außenhandels nicht, um sich gesellschaftlich zu reproduzieren. Exportchancen öffneten sich mit der Ankunft der Europäer. Sie wurden nicht verschmäht, doch gab es bis zur großen Expansion der Tee-Ausfuhr am Ende des 18. Jahrhunderts[127] keine ausgesprochenen Exportsektoren. Von der Produktion von Porzellan, Seide und «Nankeens» wurde ein kleiner Teil für den Überseehandel abgezweigt; sogar auf Vorlieben und Launen der fernen Kundschaft ging man bisweilen ein. Aber die Anfänge dieser Gewerbezweige datierten weit hinter Vasco da Gama zurück; sie waren nicht durch Impulse von außen ins Leben gerufen worden. Nur in einem Bereich drangen die Kräfte der Weltwirtschaft ins ökonomische Herz des verschlossenen Reiches vor: Seit dem 16. Jahrhundert war die chinesische Wirtschaft kein vollkommen abgeschottetes, sich selbst regulierendes System. Durch Ströme von Silber und Gold war sie an die interkontinentale Zirkulation angeschlossen und nicht länger immun gegen Konjunkturen und Krisen, deren Ursachen in Weltgegenden lagen, von denen die klügsten Gelehrten in Beijing nicht einmal wußten, daß es sie gab.[128]

5
Die schwache Despotie

Wenig anderes hat das Abendland an China mehr fasziniert als seine staatliche Organisation: erst die Herrschaft des «Himmelssohnes» und seiner gelehrten «Mandarine», dann in jüngerer Zeit die einer allgegenwärtigen Staatspartei. China präsentierte sich den Fremden als eine Gesellschaft im Griff der Bürokratie. Und es war der Staat, mit dem die westlichen Mächte im 19. Jahrhundert in Konflikt gerieten: der chinesische Staat als Militärmacht, als wirtschaftlicher Monopolist, als listenreicher Akteur auf der diplomatischen Bühne. Der Staat des 19. Jahrhunderts bot allerdings nur mehr einen schwachen Widerschein einstigen dynastischen Glanzes, und der des frühen 20. Jahrhunderts war, sofern er sich überhaupt noch als Institution erkennen ließ, eine Karikatur des imposanten Herrschaftsgebäudes klassischer Zeiten. Um die Fallhöhe zu ermessen, die 1930 von 1730 trennt, oder, ohne Wertung formuliert, um den Ausgangspunkt zu erkennen für einen dramatischen Wandel des chinesischen politischen Systems, muß abermals das Qing-Reich auf dem Höhepunkt seiner Entfaltung ins Auge gefaßt werden. Wie stark war er, der Staat der drei großen Kaiser Kangxi, Yongzheng und Qianlong?

Nicht erst in der heutigen Forschung scheiden sich an dieser Frage die Geister. Seit dem Beginn dieses Jahrhunderts stehen sich zwei Grundauffassungen gegenüber: die Nichtinterventionsthese und die Despotiethese. Vertretern der Nichtinterventionsthese zufolge war der imperiale Staat «nichts als eine Steuer- und Polizeiinstitution»,[1] ein Werkzeug «autokratischer Herrschaft, die einer Demokratie übergestülpt war».[2] «Demokratie» bedeutet hier zweierlei: zum einen die meritokratische, also von Geburtsprivilegien absehende Rekrutierung der Machtelite durch zentralisierte und im Prinzip chancengleiche Prüfungen, zum anderen die Selbststeuerung der Gesellschaft unterhalb der Ebene, bis zu welcher der bürokratische Apparat hinabreichte, durch vorstaatliche Verbände wie Familien, Sippen, Dorfgemeinschaften, Gilden, Tempelvereinigungen und Geheimbünde. In das Leben der Dorfbevölkerung habe der Staat allenfalls mit punktueller Willkür eingegriffen, nie jedoch durch systematische Reglementierung; das chinesische Dorf sei der Selbstorganisation unter Führung der örtlichen Gentry überlassen geblieben. Der kaiserliche Staat war nach dieser Auffassung ein Koloß auf tönernen Füßen, zu schwach, um dann im 19. Jahrhundert die Aufgaben nachholender Modernisierung erfüllen zu können.[3]

Ganz anders die Despotiethese. Ihr zufolge war der chinesische Staat der Kaiserzeit eine nahezu ungebremst tätige tyrannische Maschine. Der Despot und seine Werkzeuge, die Beamten, konnten zwar nicht das gesamte Gemeinwesen lückenlos kontrollieren und kommandieren, wohl aber prinzipiell ohne Behinderung durch Recht und ständische Gegenmächte Besitz, Leib und Leben jedes Untertanen antasten. Eine staatsfreie Sphäre existierte nicht. Die gesellschaftlichen Bindekräfte, insbesondere soziale Klassen, waren schwach entwickelt. Autonome Regungen im außerstaatlichen Raum, etwa private Kapitalakkumulation, standen fortwährend unter der Drohung despotischen Zugriffs. China war in dieser Sicht das extreme Gegenteil des liberalen Verfassungsstaates des Westens, ein «totalitäres» System *avant la lettre*. Das Scheitern der Modernisierung im neuzeitlichen China sei nicht auf den begrenzten Handlungsspielraum der Machthaber zurückzuführen, sondern auf das Bleigewicht der Tyrannei.

In der älteren Forschung ebenso wie im allgemeinen Geschichtsbewußtsein dürfte die Despotiethese weiter verbreitet sein als die Auffassung vom schwachen und interventionsscheuen Staat. Sie findet sich in unterschiedlichen Graden der Verfeinerung bei Max Weber, Karl August Wittfogel und dem berühmten französischen Sinologen Etienne Balázs,[4] bei konservativen wie radikalen chinesischen Intellektuellen der ersten Jahrhunderthälfte, bei einer der wichtigsten Schulen der japanischen Sinologie[5] ebenso wie als maßgebliche Lehrmeinung der sowjetischen Chinakunde.[6] Großer Beliebtheit erfreut sie sich auch im Popularschrifttum über China, wo Wittfogels einprägsame Metapher von der allgewaltigen «hydraulischen» Bürokratie in trivialisierendem Verständnis als das letzte Wort zum kaiserlichen China kanonisiert wird.[7]

Welche der beiden Interpretationen zutrifft, ist nicht eindeutig zu entscheiden. Jede von ihnen erfaßt einen wichtigen Aspekt vormoderner chinesischer Herrschaftspraxis. Jede muß aber auch für bestimmte historische Phasen konkretisiert werden, denn der geschichtslos erstarrte chinesische Staat ist ein Trugbild oberflächlicher Betrachter.[8] Die folgende Skizze verzichtet ebenso auf eine Beschreibung der politischen Institutionen der Qing-Zeit[9] wie auf eine Diskussion von Legitimationsgrundlagen und Selbstauffassung der chinesischen Monarchie.[10] Sie begnügt sich im Spannungsfeld zwischen Despotie- und Nichtinterventionsthese mit einem Blick auf die Kapazitäten des chinesischen Staates im 18. Jahrhundert: auf seine Fähigkeit und Bereitschaft zur Steuerung des sozialökonomischen Systems.

Die Gründung der Ming-Dynastie ging einher mit einer drastischen Verstärkung der Autokratie. Der erste Ming-Kaiser Taizu (Zhu Yuanzhang, Regierungstitel Hongwu, Regierungszeit 1368–98), der vom buddhistischen Mönch zum Sohn des Himmels aufgestiegen war,[11] bewies eine bis dahin allenfalls bei einigen der Mongolenherrscher angetroffene

«offene Brutalität in der Ausübung despotischer Herrschaft».[12] Der Hongwu-Kaiser war nicht nur in seinem persönlichen Auftreten der Prototyp eines orientalischen Despoten, sondern führte seit 1380 auch neue Organisationsformen von Herrschaft ein, welche die Position des Kaisers im politischen System zu einem Grade stärkten, der während des folgenden halben Jahrtausends kaum wieder vermindert werden sollte.[13] Das Amt des Kanzlers wurde abgeschafft und das Militärkommando dezentralisiert; die obersten Regierungskompetenzen wurden auf eine größere Zahl herabgestufter Behörden verteilt; die Eunuchen, als persönliche Werkzeuge ihres Herrn, wurden gegen die Beamten ausgespielt und durften sich ungestraft Übergriffe gegen sie erlauben; das öffentliche Prügeln selbst hoher Würdenträger war an der Tagesordnung; in den 1390er Jahren veranstaltete der Kaiser Säuberungen mit Abertausenden von Opfern; eine persönliche Polizei- und Terrortruppe des Kaisers, die «Brokatuniform-Brigade», wurde eingerichtet und auf mißliebige Untertanen angesetzt;[14] die neue Ordnung wurde durch einen bombastischen Kaiserkult verbrämt; in die Ausbildung der Beamtenanwärter zog ein neuartiger Konformismus ein; aus den Unterrichtstexten, also den kanonischen Schriften der konfuzianischen Tradition, wurden alle Stellen entfernt, an denen von der Begrenzung der kaiserlichen Macht die Rede war. Die Folge dieser Veränderungen war, daß ein neues Machtzentrum, das aus dem Kaiser, den Eunuchen, der Geheimpolizei und den drei bis sechs Großsekretären[15] bestand, die Oberhand über den Beamtenapparat gewann. Der Hof unterwarf sich die Bürokratie. Dieses Kräfteverhältnis bestand im Grundzug bis zum Ende der Qing-Dynastie. Der Historiker Wu Han brachte den Wandel auf eine anschauliche Formel: Während der Tang-Dynastie saßen die hohen Beamten mit dem Kaiser an einem Tisch; unter den Song standen sie vor dem sitzenden Kaiser; unter den Ming und Qing mußten sie sich vor dem Kaiser auf den Boden werfen.[16] So waren die Erscheinungsformen des Despotismus nicht, wie es vielen der frühen europäischen Kommentatoren scheinen wollte, seit jeher gültige und unwandelbare Attribute der chinesischen Ordnung, sondern in ihrer krassen Gestalt Neuerungen des späten 14. Jahrhunderts.

Die Mandschus übernahmen nicht nur die Idee des chinesischen Kaisertums, dessen zeremonielle Stilisierung sogar unter dem langlebigsten ihrer Herrscher, dem Qianlong-Kaiser, einen kunstvollen Höhepunkt erreichte,[17] sondern auch die Grundzüge des vom Hongwu-Kaiser geschaffenen Regierungssystems.[18] Allerdings wurden die Eunuchen entmachtet, die sich unter schwachen Kaisern seit etwa 1580 zu einer tyrannischen Plage entwickelt hatten.[19] Die Mandschus waren keine wilden Barbaren und hatten bereits unter ihrem großen Fürsten Nurhaci (1559–1626) mit dem Aufbau eines eigenen Beamtenstaates begonnen, in dem auch chinesische und mongolische Amtsträger Platz fanden.[20] Dennoch vermochten sie nicht, auch nur einen Bruchteil der Verwaltungsposten mit eigenem

Personal zu besetzen, als sie 1644 den Ming-Staat übernahmen. Sie waren also auf die Kooperation der chinesischen Beamten angewiesen. Unter anderem deswegen war die Regierungspraxis besonders des zweiten und des dritten Qing-Kaisers, Kangxi und Yongzheng, und des vierten Kaisers, Qianlong (zumal während etwa der ersten Hälfte seiner Regierungszeit) weniger durch launenhafte Tyrannei gekennzeichnet als durch eine Art von «aufgeklärter» persönlicher Herrschaft, bei welcher der Monarch selbst die Geschäfte führte, riesige Mengen von Akten studierte, laufend Entscheidungen traf, sich dabei in kunstvoll ausgespielter Ambivalenz teils als Gegenpol zur Bürokratie, teils als Spitze der Hierarchie darstellte und sich stets die Möglichkeit offenhielt, durch direkte Information und Intervention an der «Basis» den Instanzenweg des bürokratischen Apparats zu umgehen.[21] Daß sie einer Erobererdynastie angehörten, vergaßen die Qing-Kaiser im übrigen nie. Das zentrale Problem aller kaiserlichen Staatskunst, die Kontrolle der Bürokratie, blieb stets durch ein Mißtrauen zwischen Mandschus und Chinesen belastet. Hohe Vertrauensstellungen am Hofe und im Militär waren bis zum Ende der Dynastie weitgehend Mandschus vorbehalten.

Das persönliche Regiment der Qing-Kaiser des 18. Jahrhunderts, das so deutlich vom Phlegma der letzten Ming-Herrscher unterschieden war,[22] äußerte sich in der 1683 durch Kangxi eingeführten Praxis regelmäßiger Audienzen der Beamten beim Kaiser und in dem Palastmemorandensystem, das nicht allein der Information des Monarchen diente, sondern von diesem auch erfolgreich als Instrument zur Kontrolle der Bürokratie eingesetzt wurde.[23] Yongzheng, der tüchtigste Organisator unter den Kaisern der Qing-Dynastie, erreichte damit ein außerordentlich hohes Maß an Lenkungsgewalt über den Apparat. Sie beruhte nicht auf unberechenbarem Terror, sondern auf methodischer Kontrolle, die etwa bei Yongzhengs Kampf gegen die Korruption zu bedeutenden Rationalisierungsfortschritten führte. Die Folgen waren indes widersprüchlich. Die Verwaltung erlangte ein in China beispielloses Niveau an Effizienz, wurde aber zugleich ihrer Widerstandsmöglichkeiten gegen die Direktiven der Spitze beraubt; vor allem schwächte Yongzheng das Zensorat, die institutionalisierte Opposition aus den Rängen der Beamtenschaft.[24] Die Rationalisierung der Autokratie bewirkte, daß sich der chinesische Staat des 18. Jahrhunderts nicht in blutrünstigen Monstern aus dem Gruselkabinett des orientalischen Despotismus verkörperte und daß er mit einer Wirksamkeit und Systematik in sozialökonomische Abläufe einzugreifen vermochte, wie sie in spektakuläreren Ausprägungen orientalischer Despotie, etwa dem Persien der Safawiden oder dem Indien der Mogulen, unvorstellbar waren.[25] Unter den frühen Qing-Kaisern entging China der in der Ming-Zeit niemals gebannten Gefahr, in «sultanistische», also «eine in der Art ihrer Verwaltung sich primär in der Sphäre freier traditionsungebundener Willkür bewegende», Herrschaft zu verfallen.[26]

Trotz einer Verbindung hyperaktiver Selbstherrscher[27] mit einem für vormoderne Verhältnisse vergleichsweise aktionsfähigen bürokratischen Apparat kann von einer alles erfassenden, sämtliche Autonomiebestrebungen erstickenden Despotie für das 18. Jahrhundert schwerlich die Rede sein, auch wenn legitime Gegengewalten wie im Westen Kirchen, ständische Repräsentationskörperschaften oder freie Städte weiterhin undenkbar blieben: «Am Himmel kann es nur eine Sonne geben.»[28] Dies zeigt schon das Verhältnis des Herrschers zu seinen Beamten. Die Rekrutierung der Beamtenschaft erfolgte hauptsächlich durch die Staatsprüfungen, die alle zwei bis drei Jahre stattfanden und die in der Qing-Zeit in den Grundzügen noch nach jenem Schema organisiert waren, das sie unter der Song-Dynastie erhalten hatten.[29] Gelegentlich gab es Skandale, aber im allgemeinen galten die Prüfungen im 18. Jahrhundert als objektiv und unparteiisch.[30] Weniger als drei Prozent aller erfolgreichen Kandidaten wurden schließlich auf Beamtenstellen berufen, und nur die Inhaber höherer Gelehrtengrade kamen dafür überhaupt in Frage. Die Gesamtzahl der Zivilbeamten lag im 18. Jahrhundert bei 20 000.[31] Das Bestehen der höchsten Prüfung, das den Grad eines *jinshi* eintrug, plazierte den Betreffenden so gut wie automatisch in die Mitte der neunstufigen Beamtenhierarchie, also etwa auf den Posten eines Kreisinspektors oder Landrats oder in untergeordneter Funktion in einer der hauptstädtischen Behörden.[32] Nur etwa einem Zehntel der Inhaber des höchsten Gelehrtengrades gelang der Aufstieg zu hohen Staatsämtern in den drei obersten Beamtenrängen.[33] Die Beförderung aus dem mittleren Dienst auf diese Posten hing weitgehend vom Ermessen des Kaisers ab, dem es freistand, Mandschus auch dann zu bevorzugen, wenn sie sich nicht den erforderlichen Prüfungen unterzogen hatten.[34] Dennoch begrenzte das Prüfungssystem den Spielraum kaiserlicher Wahl. Zumindest auf den unteren und mittleren Rängen war eine Laufbahnstruktur institutionalisiert, in die der Kaiser eher im Ausnahme- denn im Regelfall eingriff. Informelle Patronagenetze innerhalb der Bürokratie, die sich meist auf landsmannschaftliche Herkunft gründeten, operierten weitgehend außerhalb systematischer kaiserlicher Aufsicht.[35] Weil das System Konformismus belohnte und Selbständigkeit entmutigte, trug es durchaus zur Stabilität der Verhältnisse bei und war alles andere als ein Mechanismus zur Rekrutierung einer vom Herrscher unabhängigen Bürokratie. Trotzdem schützten die tradierte Regularität des Verfahrens und das kulturelle Prestige, das es genoß, das Prüfungssystem vor allzu zügelloser Einmischung der Autokraten.

Durch Furcht allein, laut Montesquieu das Prinzip des Despotismus,[36] läßt sich ein großer Apparat nicht in Gang halten. Die chinesische Bürokratie war kein passiv auf Winke des Kaisers wartendes Instrument. Allein schon die Kommunikationsschwierigkeiten innerhalb des riesigen Reiches machten es erforderlich, daß die Beamten eigene Initiativen entwickelten. Neben solchen Verfahrensregeln wie dem Verbot, ein Amt in der Heimatprovinz auszuüben, waren es normative Orientierungen, welche die chinesische Bürokratie überhaupt erst zusammenhielten. Die Beamten hatten durchaus ihre eigenen materiellen Interessen im Auge, die ihrer Familien und die ihrer Herkunftsregionen. Der Beamte war zudem von kulturell egoistischen Impulsen getrieben, insbesondere dem Wunsch nach Selbstvervollkommnung im Lebensführungsideal des *junzi*, des konfuzianischen Gentleman. Er war aber auch universalistischen Perspektiven verpflichtet: dem Amtscharisma des Monarchen, dem tradierten und kollektiv akzeptierten Muster des konfuzianischen Beamten sowie einer eher aus legistischem als aus konfuzianischem Denken[37] stammenden Bindung an Verfahrensweisen und interne Organisationsziele: Aufgabenverteilung, Zentralisierung, rationale Verantwortlichkeit, «realistische» Problemlösungsstrategien.[38]

An einem solchen Schnittpunkt von nicht immer widerspruchsfreien Orientierungen zu stehen, schuf Spannungen, die der einzelne Beamte in Konfliktsituationen drastisch erfuhr, war aber auch eine Ursache der Widerstandsfähigkeit wenn nicht einzelner Bürokraten, so doch der Bürokratie als Ganzer gegen übermäßige Despotenwillkür. Wie Joseph Levenson gezeigt hat, genoß der chinesische Beamte ein gesellschaftliches Prestige, das er seiner Bildung verdankte und das von seiner Stellung zum Kaiser und in der Hierarchie unabhängig war. Er war kein bloßer Fachmann und mehr als ein weisungsgebundener Funktionär. Ein Verlust des Amtes, gar des Lebens, zerstörte seine Würde und sein Ansehen nicht. «Wenn ein Monarch nicht die alleinige Quelle von Prestige ist, kann er seine Bürokratie nicht dadurch versklaven, daß er mit Prestigeverweigerung droht.»[39] Der konfuzianische Beamte war niemals wie der Höfling im «Sultanismus» eine Kreatur des Herrschers. Er besaß eine kulturell sanktionierte Rückzugsposition, auf der ihn der Arm des Despoten letzten Endes nicht erreichen konnte. Der ungerecht bestrafte, der in mahnendem Protest freiwillig aus dem Leben geschiedene Beamte: Sie waren die antidespotischen Kulturheroen des konfuzianischen China.

Wie griff ein derart normativ gedämpfter, durch rationale Verfahrensregeln stabilisierter Staat in Chinas Wirtschaft und Gesellschaft ein? Der wichtigste reguläre Eingriff erfolgte über die *Besteuerung*. Der chinesische Staat des 18. Jahrhunderts bezog – wie in unterschiedlichen Phasen der jeweiligen Entwicklung nahezu jeder Staat im frühneuzeitlichen Europa[40] – einen Teil seiner Einkünfte aus dem Verkauf von Ämtern, wobei in China auch der Verkauf solcher Titel, die nicht zu Ämtern führten, eine große Rolle spielte. Diese Einnahmequelle wurde jedoch erst im 19. Jahrhundert zu einer wichtigen finanziellen Stütze der Regierung in Beijing. Für die Yongzheng-Periode hat man ihren Anteil am Gesamteinkommen der Zentralregierung (ohne Getreidetribut) auf 9 %, für die Qianlong-Periode auf fast 17 % geschätzt.[41] Der bei weitem wichtigste Revenueposten blieb im 18. Jahrhundert die Steuer.

Hier kam der Steuer auf Salz, in allen vormodernen Gesellschaften «die Schwachstelle bäuerlicher Selbstgenügsamkeit»,[42] eine besondere Bedeu -

tung zu. Das im 18. Jahrhundert praktizierte System war eines des privaten Monopolhandels unter staatlicher Aufsicht, wie es im Grunde von jeher bestanden hatte, denn nie hatte sich für längere Zeit entweder eine ganz ungeregelte Salzwirtschaft oder eine totale Kontrolle durch den Staat behaupten können.[43] Anfang des 17. Jahrhunderts hatten sich jedoch die staatlichen Organe deutlich aus Salzproduktion und Salzhandel zurückgezogen. Einer uneingeschränkten Staatskontrolle stand schon das schiere Ausmaß des Salzhandels entgegen, das die organisatorischen Kapazitäten der Bürokratie aufs äußerste angespannt hätte, sowie die allgemeine Einschätzung, daß Beamte in geschäftlichen Dingen wenig tüchtig seien.[44] Die Produktion des Salzes erfolgte meist durch Verkochen oder Verdunsten von Meerwasser oder Brunnenlake in Haushalten oder kleinen privaten Salz-«Höfen». Die Salzproduzenten waren von einer Hierarchie von Kaufleuten finanziell abhängig. An deren Spitze standen Großkaufleute (etwa 30 in dem wichtigsten Produktionsgebiet, Lianghuai),[45] die von der Regierung Monopolrechte für bestimmte Gebiete erhielten und dafür eine Steuer in Proportion zur verkauften Menge entrichteten. Die Behörden bevorzugten als Monopolisten Kaufleute mit Kapitalreserven, die hohe Risiken zu tragen und Steuern im voraus zu zahlen vermochten. Von staatlicher Seite waren Salzkommissare zuständig, die ein doppeltes Interesse verfolgten: Einerseits mußten sie den quotenmäßig festgesetzten Finanzbedarf des Schatzamtes (*hubu*) und der kaiserlichen Privatschatulle (des Kaiserlichen Haushaltsamtes, *neiwufu*) befriedigen; die Salzsteuer war, besonders unter Qianlong, die wichtigste Quelle für die persönlichen Einkünfte des Kaisers.[46] Andererseits waren sie bestrebt, sich selbst an den großen Salzkaufleuten schadlos zu halten, ohne diese dabei in den Ruin zu treiben. Das System scheint während des 18. Jahrhunderts, begünstigt durch den Anstieg des Verbrauchs infolge der Bevölkerungsexplosion, gut funktioniert zu haben. Es bewährte sich auch aus der Sicht der großen Kaufleute, die zu den reichsten Untertanen des Kaisers gehörten; unter Qianlong wurden (wobei Salz nicht die einzige, aber die wichtigste Quelle war) individuelle Kaufmannsvermögen von bis zu 10 Millionen *taels*[47] angehäuft, dies zu einer Zeit, als die jährliche Grundsteuereinnahme für das ganze Reich (1753) 44 Millionen *taels* betrug und die höchsten Beamten jährlich 180 *taels* reguläres Gehalt bezogen.[48] Nirgends gab es größere Bereicherungschancen als im Salzgeschäft.

Um die Mitte des 18. Jahrhunderts machte die Salzsteuer etwa 12% der Einkünfte des Schatzamtes aus, die Grundsteuer dagegen 74%.[49] Sie bestand aus der in Silber entrichteten eigentlichen Bodensteuer, in die seit 1723 auch umgewandelte Arbeitslasten eingerechnet wurden (Frondienste für den Staat gab es im 18. Jahrhundert theoretisch nicht mehr), und aus diversen Zusatzabgaben. Das Verhältnis zwischen diesen beiden Komponenten betrug ungefähr 4:1. Die tatsächliche Belastung der Bevölkerung ist an den offiziellen Statistiken nur ungenau abzulesen. Das Eintreiben der

Steuern bei den Haushalten durch die Einnehmer und Büttel des Distriktbeamten war mit zusätzlichen Zahlungen verbunden («squeeze»), von
denen ein Teil als gewohnheitsrechtlich legitimierte Gebühr, ein anderer
hingegen als illegale und korrupte Beute betrachtet wurde.[50] Bedeutende
Summen verschwanden auch in den Taschen der Beamten bis hinauf zu
den höchsten Ebenen der Schatzverwaltung. Studien über die Provinzen
am unteren Yangzi im frühen 19. Jahrhundert erlauben den Schluß, daß
weniger als die Hälfte des bei den Grundeigentümern kassierten Steuersil-
bers in den Büchern des *hubu* registriert wurde.[51] Im 18. Jahrhundert,
besonders unter dem Reformkaiser Yongzheng, dürfte der Anteil größer
gewesen, aber nie auch nur von ferne an 100 % herangekommen sein. Die
Steuer war faktisch regressiv, weil die größeren Grundbesitzer und die mit
den Distriktbeamten kulturell solidarischen Angehörigen der örtlichen
Oberschicht einen Teil der Zusatzabgaben vermeiden konnten und weniger den Erpressungen durch Büttel und Polizisten ausgesetzt waren als die
Masse der Landbevölkerung. Die Last trug also besonders der kleine
Eigentumsbauer und, insofern der Grundherr die Steuerbürden ganz oder
teilweise auf ihn abwälzen konnte, der Pächter.

Die in der Praxis höchst ungleiche Verteilung der Steuerlast widersprach
dem offiziell proklamierten konfuzianischen Grundsatz gerechter Verteilung. Oft wurden die Steuern mit brutalen Methoden eingetrieben: Ein
Distriktbeamter wurde dadurch im ganzen Lande als ein löblicher Ausnahmefall berühmt, daß er fünf Jahre lang auf das öffentliche Verprügeln von
Steuerschuldnern verzichtete.[52] Trotzdem war die reguläre Besteuerung der
Landwirtschaft nach vormodernen Maßstäben nicht außergewöhnlich
hart. Dies lag vor allem daran, daß die Erfassung des steuerpflichtigen
Landes immer lückenhafter wurde. Von dem Boden, der während der
ersten 100 Jahre der Qing-Dynastie neu in Kultur genommen wurde (ca.
300 Millionen *mu* = 20 Millionen ha), entging mindestens ein Drittel der
Registrierung durch die Behörden.[53] Anders als ihre Vorgängerin erstellte
die Qing-Dynastie keinen landesweiten Kataster, sondern übernahm die
Ming-Daten, die *ad hoc*, lückenhaft und unsystematisch auf provinzialer
und lokaler Ebene ergänzt und korrigiert wurden. In einer Reihe von
Verfügungen bewies die Qing-Regierung eine bemerkenswerte fiskalische
Zurückhaltung. Am bekanntesten ist das Dekret des Kangxi-Kaisers von
1713, welches die Provinzialquoten für die *ting*-Steuer, eine kommutierte
Arbeitsdienststeuer (die dann 1723 mit der eigentlichen Grundsteuer vereinigt wurde), für alle Zeiten auf dem Stand von 1711 einfror. Da es sich dabei
um eine Steuer auf Personen handelte, verzichtete Beijing damit darauf,
von der Bevölkerungsvermehrung direkt zu profitieren.[54]

Max Weber hat in dieser Maßnahme «eine finanzpolitische Kapitulation
der Krone vor den Amtspfründnern»[55] gesehen. Dazu hätte indessen für
den politisch unangefochtenen Kangxi-Kaiser kein Anlaß bestanden. Plausibler ist die Erklärung, daß der Qing-Hof im frühen 18. Jahrhundert den

Prinzipien einer Bedarfsdeckungswirtschaft folgte und zu einer Zeit, als die Staatsausgaben nicht nennenswert stiegen, mit den Ming-Quoten seine Ausgaben leidlich decken konnte.[56] Außerdem spielte die Frage der Legitimierung einer machtpolitisch fest etablierten, aber noch nicht generell anerkannten Erobererdynastie eine Rolle: Im Normenkanon der konfuzianischen Staatslehre galt eine leichte Besteuerung als Ideal guter Herrschaft, während eine steigende und im Ergebnis als exzessiv empfundene Steuerlast als Ausdruck von Tyrannei und Zeichen dynastischen Niedergangs angesehen wurde. Daß der Qing-Staat auf die Expansion des Steuervolumens verzichtete, lag daher durchaus in seinem politischen Eigeninteresse. Eine zufriedene und friedliche Bauernschaft war wichtiger als eine bis zum Dach gefüllte Schatzkammer. Die «Amtspfründner», wie Max Weber die Beamten in einem wichtigen Aspekt treffend bezeichnet, hatten ähnliche Interessen, die im Widerspruch zu ihrem Bereicherungsdrang (und der Notwendigkeit, die schmale offizielle Vergütung zu ergänzen) standen und ihn in der Praxis auch zügelten: Sie waren für den Erfolg ihrer Administration und damit für die Chance der Beförderung auf den Respekt der ihnen unterstellten Bevölkerung, vor allem aber auf die Kooperation der lokalen Oberschicht angewiesen; es wurde in Beijing unweigerlich dem Distriktbeamten angelastet, wenn in seinem Bezirk Unruhe oder gar Rebellion ausbrach. Hinzu kommt, daß die Beamten schon deswegen nicht an höheren Steuerquoten interessiert waren, weil diese schwieriger zu erfüllen gewesen wären. So bedeutet denn der 1713 festlegte finanzpolitische *status quo* keine Kapitulation der Zentrale vor Partikularinteressen; vielmehr beleuchtet er ein Erfolgsgeheimnis der staatsklugen Qing-Kaiser des 18. Jahrhunderts: die Minimierung von Interessengegensätzen zwischen der Mandschu-Dynastie und ihren chinesischen Untertanen.[57] Auch der Kaiser von China konnte nicht allein mit dem Stock regieren,[58] sondern war darauf angewiesen, sich mit subtileren Mitteln der Loyalität seiner Untertanen zu versichern.

Gesamtwirtschaftlich gesehen nahm sich der Qing-Staat auf dem Höhepunkt seiner administrativen Effizienz nicht mehr an Steuern als die Quote, die auch in nicht-despotisch und nicht-bürokratisch verfaßten Gemeinwesen der vormodernen Zeit üblich war. Der Anteil der Staatseinkünfte am Volkseinkommen mag in China um die Mitte des 18. Jahrhunderts bei 4–8 % gelegen haben.[59] Für das frühneuzeitliche Europa hat man ihn auf 5–8 % geschätzt.[60] Der Staat des chinesischen Despotismus unterschied sich also im Umfang seines Zugriffs auf das gesellschaftliche Mehrprodukt nicht vom Staat der europäischen Monarchie. Mit wachsender Wirtschaft scheint in China während des 18. Jahrhunderts die Staatsquote sogar zurückgegangen zu sein. Schon einige der europäischen Zeitgenossen hatten bemerkt, daß in China – anders als zum Beispiel in Mogul-Indien – der Hof keineswegs den gesamten gesellschaftlichen Reichtum bei sich konzentriere.[61] Moderne Historiker bestätigen diesen

Eindruck. Das Steuersystem war die Achillesferse des spättraditionalen chinesischen Staates. Der eindrucksvolle politische Überbau ruhte, selbst nach den Steuerreformen des späten 16. Jahrhunderts[62] und des frühen 18. Jahrhunderts, auf schwachen fiskalischen Fundamenten.[63]

Neben der Frage nach der Aneignung gesellschaftlichen Reichtums durch den Staat ist die nach dessen operativer Lenkungsfunktion für ein Verständnis der Natur des chinesischen politischen Systems besonders wichtig. Was hat es im 18. Jahrhundert mit dem «agrarmanagerialen» Charakter der chinesischen Gesellschaft auf sich, den Karl August Wittfogel und seine Anhänger so stark betonen?[64]

Zu keinem Zeitpunkt seiner Existenz hat der Qing-Staat wie einige frühere chinesische Dynastien in systemverändernder Weise in die Bodenbesitzverhältnisse eingegriffen.[65] Er ist selbst nur in geringfügigem Maße als Agrarunternehmer aufgetreten. Im 18. Jahrhundert waren 92 % des chinesischen Bodens als Privatland registriert; die restlichen 8 % Staatsland schlossen den gesamten Besitz ein, auf dem die mandschurischen «Bannertruppen» mit ihren Familien mehr schlecht als recht ihren Lebensunterhalt bestritten.[66] Es gab weder staatliche Latifundienwirtschaft noch gesamtwirtschaftlich signifikanten Kronbesitz unter direkter staatlicher Domänenverwaltung. Besonders kraß war der Unterschied zum benachbarten Zarenreich. Dort bestellten noch am Vorabend der Emanzipation von 1861 rund 50 Millionen Leibeigene und Bauern große Staats- und Krongüter.[67]

Daß der chinesische Staat riesige Arbeiterheere in gigantischen Bauprojekten verschlissen habe, wie manche Anhänger der Despotismusthese betonen, läßt sich für die letzten drei Jahrhunderte des kaiserlichen China schwerlich behaupten. Unter der Qing-Dynastie gab es keine öffentlichen Bauten, die mit den klassischen Monumenten despotischer Massenregie vergleichbar wären: der Errichtung der Großen Mauer, der Anlage des Kaiserkanals oder dem Bau von Hauptstädten wie Chang'an oder Luoyang.[68] Um 1700 hatte China seine pharaonische Phase längst hinter sich gelassen. Vor allem in zwei Bereichen war der Staat dennoch in der ländlichen Gesellschaft Chinas unmittelbar präsent: bei der Wasserregulierung und bei der Getreidespeicherung. Die Wasserregulierung ist dabei besonders aufschlußreich, wird die orientalische Despotie chinesischen Zuschnitts doch häufig aus einer «hydraulischen» Funktion des Staates abgeleitet.[69]

Wasserregulierung in ihren beiden Grundformen der Wasserabwehr und der Wasserzufuhr (Irrigation) gehörte zu den Aufgaben, mit deren Erfüllung von jeher die Legitimität einer chinesischen Dynastie eng verbunden war. Wasserregulierung schuf die Grundlage für wirtschaftliche Prosperität, war aber auch von militärischer Bedeutung. Selbst dann, wenn wenig neu gebaut wurde, bedurften die bestehenden Anlagen sorgsamer Instandhaltung. Unter den ökologischen Bedingungen Chinas verlangt die Irriga-

tion in der Regel keinen technischen Aufwand, der nur durch staatliche
Koordination zu leisten wäre; selbst relativ komplexe Bewässerungsanla-
gen können von kleinen Gruppen, seien es Dorfgemeinschaften oder
Vereinigungen zur gegenseitigen Hilfe, errichtet und instandgehalten wer-
den. Bei den meisten Irrigationsprojekten begnügten sich die regionalen
Beamten mit Anleitung und Aufmunterung, ohne daß die Regierung die
Arbeiten in eigene zentrale Regie übernommen hätte. Anders war es mit
Vorrichtungen zur Wasserabwehr, die umfangreichere technische Anstrengungen verlangten. Hier kam es durchaus zu zentraler Konzipierung
und Leitung, wenngleich selten zum quasi-militärischen Einsatz großer
Kuliheere.[70] Vor allem am Beginn einer Dynastie war die finanzielle und
auch oft die organisatorische Hilfe der Zentralregierung erforderlich, um
die Schäden auszubessern, die während der Wirren des Dynastiewechsels
entstanden waren. So auch am Anfang der Herrschaft der Mandschus, als
Instandsetzungen vor allem am Huai-Fluß und an mehreren Abschnitten
des Yangzi dringlich wurden. Allein für die Regulierung des Gelben
Flusses wandte die Qing-Dynastie gegen Ende des 17. Jahrhunderts etwa
ein Zehntel ihrer Einkünfte auf.[71] Indes boten diese Arbeiten dem Staat
nicht, wie die Theorie der hydraulischen Gesellschaft behauptet, die
Handhabe für eine wasserbaubürokratische Unterjochung der gesellschaftlichen Kräfte. Vielmehr gab es, wie Pierre-Etienne Will nachgewiesen hat, im Wasserbau (wie in verwandten Bereichen der Staatstätigkeit)
einen Zyklus administrativer Effektivität.[72]

Wills Analyse liegt die Überlegung zugrunde, die Staatstätigkeit im
ökologischen, gesellschaftlichen und wirtschaftlichen Bedingungs- und
Wirkungsfeld jener Regionen zu untersuchen, in denen sie tatsächlich
erfolgte.[73] Am Beginn eines «hydraulischen Zyklus», wie Will ihn für die
Provinz Hubei rekonstruiert, stehen Erinnerungen an historische Groß-
taten des Wasserbaustaates. Doch war dessen antikes Vorbild im 17. und
18. Jahrhundert nicht mehr realistisch imitierbar. Stärker als frühere Dynastien suchte der Qing-Staat, der unbezahlte Fronarbeit möglichst vermied und die Finanzierung der Projekte nicht, wie noch unter den Ming
üblich, der örtlichen Bevölkerung aufbürdete, das Einvernehmen mit den
betroffenen Grundeigentümern und lokalen Gemeinschaften. Das Ideal
der Beamten war es, sich nach einem ersten Initialschub von Investitionen
und technologischer Beratung möglichst bald und möglichst weitgehend
zurückzuziehen und Ausbau und Instandhaltung der Anlagen der örtlichen Oberschicht zu überlassen. Indessen zeigte sich, daß «die zentrifugalen Wirkungen lokalen Eigennutzes»,[74] anders gesagt: die Anarchie
unkoordinierter Privatinteressen, die unter den Bedingungen der Bevölkerungsexplosion auf knappem Land in ohnehin dichtbesiedelten Fluß-
landschaften immer wildere Formen annahm, diese gute Absicht bald
durchkreuzte. Vor allem illegale private Eindeichungen gefährdeten das
ökologische und wasserbautechnische Gleichgewicht, um das sich die

Bürokratie mit ihrer größeren Übersicht und technischen Kompetenz
bemüht hatte. Dadurch gerieten die Vertreter des Staates in die widersprüchliche Lage, einerseits im Interesse der allgemeinen Wohlfahrt und
der politischen Stabilität intervenieren zu *müssen*, andererseits aber infolge
von Geldknappheit und dem Widerstreben, sich die lokalen Grundbesitzer, also die Klassengenossen der Beamten, zu Gegnern zu machen, nicht
intervenieren zu *können*. Die Folge war, ganz deutlich in den letzten Jahren
des 18. Jahrhunderts, daß sich ökologische Katastrophen häuften, was
wiederum zu politischer Instabilität führte. So hatten also die Bürokraten
in der entscheidenden mittleren Phase des Zyklus (der natürlich von
Region zu Region ganz unterschiedlich verlief) einen unlösbaren Widerspruch auszutragen. Das Ideal des perfekten Staates, das an der Realität
immer wieder zuschanden wurde, war weder das der «totalitären» (Wittfogel, Balázs) Regimentierung noch das des fatalistischen Nichtstuns,
sondern ein Optimierungsideal «minimaler Aktion bei maximaler Wirkung».[75] Charakteristisch für das Ergebnis einer solchen Politik war nicht
der Triumph des «hydraulischen» Staates, sondern die Kapitulation der
Bürokratie vor egoistischen Privatinteressen und letztlich vor der Dynamik der demographisch-ökologischen Entwicklung. Plakativ gesagt: Gesellschaft und Natur überwanden den Staat.

Ein dritter Bereich staatlicher Aktivität in allen Gemeinwesen der
Geschichte vor dem Aufkommen des Wirtschaftsliberalismus im 19. Jahrhundert war die Regulierung von *Handel und Gewerbe*. Auch hier wieder
steht der chinesische Staat im Rufe einer besonders energischen Unterdrückung privater Bestrebungen. Historische Differenzierung führt zu
einem nuancenreicheren Bild. Der Kommerzialisierungsprozeß des
18. Jahrhunderts blieb von staatlicher Behinderung weitgehend verschont.
Der quantitativ bedeutendste Gewerbezweig, die Baumwollverarbeitung,
entwickelte sich nahezu völlig ohne staatliche Beteiligung und Behelli-
gung. Aus Produktionszweigen wie Seide, Porzellan und Kupfer, die auf
staatliche Bedürfnisse ausgerichtet waren, zog sich die Bürokratie viel
weiter zurück, als dies während vergangener Dynastien geschehen war.
Dieser Rückzug war kein Ergebnis von Schwäche, sondern von rationalen
Kosten-Nutzen-Kalkulationen. Sie führten zu der Einsicht, daß unter
Bedingungen einer proto-marktwirtschaftlichen Wirtschaftsblüte der
Staat seine eigenen Bedürfnisse – fiskalische Versorgung und politische
Stabilität – am effizientesten und billigsten über die Klasse der *shang*, d. h.
der nicht zur Hierarchie gehörenden Kaufleute und Unternehmer, befriedigen könne.[76] Staatliche Handelsmonopole spielten im 18. Jahrhundert
keine große Rolle mehr. Bei Getreide, Tee, Baumwolle, Alkohol, Öl und
Zucker, um nur einige der wichtigsten Handelsgüter zu nennen, gab es
keine staatliche Monopolisierung, obwohl selbstverständlich die Händler
und Kaufleute aller Ränge vom Hausierer bis zum Reismagnaten und
einschließlich der in China ganz besonders verbreiteten Mittelsmänner

und Makler[77] Lizenzgebühren und «squeeze» aller Art an die Beamten und ihre Helfer entrichten mußten. Aber von einer operativen Beteiligung des Staates an Handel und Gewerbe kann kaum die Rede sein. Auch das Salzmonopol war *de facto* eine Form der Steuerverpachtung, die dem Schatzamt und dem Kaiserlichen Haushalt regelmäßige und konstante Einkünfte garantierte, das Festsetzen des Monopolpreises aber im Rahmen einer locker gehandhabten staatlichen Oberaufsicht den Salzkaufleuten überließ. Ohnehin gelangte etwa jedes zweite Salzkorn unter Umgehung des Monopols, also durch Schmuggel, an den Verbraucher.[78]

Trotzdem wäre der Eindruck falsch, der Qing-Staat von Kangxi bis Qianlong habe eine bewußte *laisser-faire*-Politik betrieben und dem privaten Handelskapital freie Hand gelassen. Die Salzhändler zum Beispiel, denen in guten Zeiten die Anhäufung gewaltiger Vermögen gestattet wurde, fielen nicht ausschließlich, aber doch maßgeblich dem plündernden Zugriff der Machthaber zum Opfer. Die großen Salzvermögen wurden nur zu einem sehr kleinen Teil in Handel und Gewerbe reinvestiert und auch bemerkenswert wenig für den Landkauf verwendet; ein großer Teil ging in den Luxuskonsum, in prestigeförderndes Mäzenatentum und in die Vorbereitung der Söhne für die Staatsprüfungen.[79] Einige dieser Kaufmannsfamilien verloren ihre *shang*-Identität daher durch einen rechtzeitig gelungenen sozialen Aufstieg in die Beamtenschaft.[80] Andere jedoch wurden durch ein Überdrehen der Extorsionsschraube ruiniert, wie es charakteristisch für Niedergangsphasen war, in denen der Geldbedarf des Hofes zur Unterdrückung von Aufständen stieg und zugleich die Korruption und Raffgier der Machthaber zunahm. Dieses Stadium erreichte die Qing-Dynastie in den letzten Jahren des Qianlong-Kaisers, vor allem dann unmittelbar nach seiner Abdankung, als die Unterdrückung des großen Weißer-Lotus-Aufstandes von 1796 bis 1805 zusätzliche Summen erforderte. Da die Einnahmestruktur der Regierung sehr starr war und weder die Quoten der Grundsteuer noch die der Salzsteuer erhöht werden konnten, waren die Kaufleute um so verwundbarer, je kritischer die Lage des Fiskus wurde. Die Erpressung von «Geschenken» und «Spenden» trieb gegen Ende des Jahrhunderts die führende Kaufmannsfamilie Chinas, die Fan, in den Untergang.[81] Der Versuch der verbliebenen Salzkaufleute, die gestiegenen Lasten auf die Konsumenten abzuwälzen, führte zu einer bedeutenden Zunahme des Salzschmuggels und brachte das ganze Salzsystem schließlich an den Rand des Zusammenbruchs. 1831 wurde es gründlich reformiert.[82]

Allgemein gesprochen bestand ein struktureller Gegensatz zwischen den universalistischen Zielen von Bürokratie und Krone, die letztlich politische Stabilität, Legitimität sowie den Fortbestand der Dynastie gewährleisten wollten, und den egoistischen Pfründnerinteressen der Beamten sowie den kurzfristigen Anforderungen der Privatschatulle des Herrschers. Während die regulären Staatseinnahmen durch Quoten fixiert

waren, blieb ein Spielraum für das «Melken» wenn nicht *des* Handels im
allgemeinen, so doch der besonders von politischer Gunst abhängigen
Monopolkaufleute. Man erlaubte kleinen Gruppen exponierter Kaufleute,
sich zu bereichern, um sie dann bei Bedarf ausplündern zu können.
Allerdings war die Enteignung des Handelskapitals kein unmittelbares
praktisches Resultat der oft zitierten Geringschätzung des Handels in der
konfuzianischen Tradition.[83] Auch wurde sie nicht als systematisch voll-
zogener Hoheitsakt und gleichsam ordnungspolitische Maßnahme mit
systemimmanenter Zwangsläufigkeit vollzogen, indem etwa der despotische Staat regelmäßig bourgeoise Emanzipationsregungen ausgemerzt
hätte.[84] Der Zusammenbruch von Kaufmannsvermögen war vielmehr das
Symptom einer krisenhaften Überexpropriation. Auf der Höhe dynasti-
scher Balancekunst, also noch unter dem frühen Qianlong-Kaiser, war der
chinesische Staat um eine feinfühlig austarierte Kooperation mit den
Kaufleuten bemüht und dazu in der Praxis auch fähig. Es wurde anerkannt, daß auch und gerade der Kaufmann zu jener Prosperität beitrug,
die sichtbarer Ausdruck weisen Regierens war.

Zusammenfassend läßt sich feststellen, daß der chinesische Staat im
18. Jahrhundert kein außergewöhnlich bedrückendes despotisches Unge-
tüm war. Sein Anteil am Volkseinkommen lag nicht über dem gleichzeitiger nicht-despotischer Systeme in Europa und nahm im Laufe des Jahrhunderts weiter ab. Ganze Bereiche der Wirtschaft waren der Steuerungskapazität des Staates unzugänglich: der Binnenhandel, die Landwirtschaft,
ein großer Teil des Gewerbes und des Münz- und Geldwesens. Das
18. Jahrhundert sah ein verbreitetes Aufblühen privater Initiative. Sie –
und nicht der Staat – war der Motor des wirtschaftlichen Aufschwungs.[85]
Der Beitrag des Staates bestand hauptsächlich darin, daß er den Aufschwung nicht verhinderte. Die Besteuerung des Handels war relativ
leicht, leichter als unter der drückenden Eunuchenherrschaft der späten
Ming-Zeit, leichter auch als nach der Einführung eines Binnenzolls, des
berüchtigten *lijin*,[86] in der Mitte des 19. Jahrhunderts.[87] Sofern die
Bürokratie in ökonomische Abläufe eingriff, etwa in der Anfangsphase
eines «hydraulischen Zyklus», waren solche Interventionen oft rationaler
und für die Betroffenen besser kalkulierbar, als die Vorstellung vom
tyrannischen Willkürstaat dies vermuten läßt. Der Qing-Staat komman-
dierte keine Zwangsarbeiterheere zu gigantischen Baustellen; er wütete
nicht blind gegen Kaufleute, sondern wußte sie im Gegenteil meist zum
beiderseitigen Vorteil zu benutzen, bis dann erst sehr spät im Jahrhundert
die Balance zerbrach. Der Staat jedenfalls hat im China des 18. Jahrhunderts die Gesellschaft zwar – wie weltweit fast alle politischen Systeme vor
dem Aufstieg des Liberalismus in Europa und Nordamerika – auf vielfäl-
tige Weise dirigiert und gefesselt,[88] aber nicht als ein stählernes Gehäuse
alle autonomen gesellschaftlichen Kräfte erdrückt.[89] Eher muß die Frage
gestellt werden, ob nicht der chinesische Staat durch seine relative

«Schwäche» und seine konservative Orientierung an den Zielen von Ordnung, Stabilität und Systemerhaltung, anders als der «merkantilistische» Staat im Europa der frühen Neuzeit, es versäumt haben könnte, strukturelle Bedingungen für modernes Wirtschaftswachstum zu schaffen.[90] Im 19. Jahrhundert wird dieses Problem virulent.

Die Auffassung vom chinesischen Staat als einer übermächtigen Despotie ist für das 18. Jahrhundert mithin problematisch. Die Nichtinterventionsthese auf der anderen Seite betont zu Recht die Begrenztheit der staatlichen Ziele und Mittel, neigt aber dazu, die *punktuellen* Interventionen etwa bei Wasserregulierung, Getreidespeicherung und Getreidetransport zu unterschätzen. Auch das Fundament der These, die Annahme einer innerdörflichen Demokratie unterhalb der Aktionssphäre des staatlichen Apparats, bedarf der Modifizierung.

Die Dorfgemeinde als «eine Körperschaft, die gemeinschaftliche Ressourcen verwaltet, Arbeit einteilt und das gesellige Leben der Dorfbewohner regelt»,[91] wie sie in Europa im späten Mittelalter entstand, hat sich in China niemals voll ausgeprägt. Das Dorf war keine Eigentumseinheit; kommunalen Grundbesitz gab es nicht. Ebensowenig war es eine Wirtschaftseinheit; wie das Eigentumsrecht, so war auch die Bewirtschaftung an den individuellen Haushalt geknüpft. Der Haushalt, nicht das Dorf oder die Sippe, war stets das Grundelement der chinesischen Gesellschaft.[92] Arbeitskooperation zwischen Haushalten und der Austausch von Ressourcen (Spannvieh, Saatgetreide, usw.) zwischen ihnen waren normale Vorgänge im bäuerlichen Leben Chinas, wurden aber typischerweise nicht im kommunalen Kollektiv, sondern direkt zwischen den Beteiligten vereinbart und kamen häufig auch zwischen Haushalten aus benachbarten Dörfern vor.[93] Das chinesische Dorf betrieb keine gemeinschaftlichen Anlagen wie Mühlen, Backöfen, usw. In der administrativen Hierarchie war es als selbständige Einheit nicht vorgesehen. Es besaß keinerlei Status als Rechtssubjekt und konnte deshalb nicht wie die europäische Dorfgemeinde vor Gericht als Kläger auftreten.[94] Das chinesische Dorf war nicht, wie die russische Dorfgemeinde im 19. Jahrhundert, «die niedrigste Sprosse der Verwaltungshierarchie».[95] Auch war es keine Einheit der Steuererhebung. Die Grundsteuer wurde individuell für jeden Haushalt veranschlagt (durch Umlegung der Provinzialquote) und direkt beim einzelnen Grundeigentümer erhoben.[96] Ob es in der Praxis zu so etwas wie innerdörflicher Demokratie und einer lebendigen Dorfkultur kam, hing von spezifischen Umständen ab. Im allgemeinen besaß das chinesische Dorf jedoch «nur eine extrem schemenhafte Existenz als ein gesellschaftlicher Verband».[97] Die Anhänglichkeit des Bauern galt seinem Land, seiner Familie, seinem Clan, seiner Tempelvereinigung oder einer anderen außerverwandtschaftlichen Vereinigung. Sie galt erst in zweiter Linie seinem Dorf.[98]

Der Aktionskreis des bäuerlichen Alltagslebens war nicht auf das Dorf beschränkt. Dieses bildete eine schwach ausgeprägte Zwischenebene zwi-

schen den individuellen Haushalten und jenen interdörflichen Systemen,
die G. William Skinner beschrieben hat. Diese Systeme, die jeweils um
eine Marktstadt radial angeordnet waren und deren Nebeneinander der
chinesischen Siedlungslandschaft aus imaginärer Vogelperspektive ein zel-
lulares oder wabenartiges Aussehen verlieh,[99] waren nicht nur Einheiten
des Tauschs, sondern auch «die wichtigsten traditionenerzeugenden und
kulturtragenden Einheiten des ländlichen China».[100] In den Marktstädten
saßen die Spezialisten der Produktion und Zirkulation (Handwerker,
Händler, Geldverleiher), die Virtuosen der Kultur (Gelehrte, Lehrer,
Priester) und die Manipulatoren von lokaler Herrschaft (die nichtarbeitende Grundherren-Gentry). Das chinesische Dorf war also weder ökonomisch noch kulturell noch politisch autonom und autark, sondern auf eine
weitere Gemeinschaft hin geöffnet, die wiederum in sich nach Status,
Klassenposition und Macht geschichtet war. Diese Zentren auf tiefster
überdörflicher Ebene waren die Schnittstellen von Bauernleben und großer Welt, von Volkskultur und Elitenkultur.[101]

Variabel war dabei der Grad der Öffnung und Abschließung dieser
Einheiten, sowohl der Dörfer als auch der «Standardmarktsysteme»,
gegen ihre Umwelt. Störungen des Marktablaufs, erhöhte staatliche Ansprüche auf örtliche Ressourcen oder die Bedrohung durch Gewalt in
Zeiten des Zusammenbruchs der zivilen Ordnung ließen die Gemeinschaften mit Abschließung reagieren. Eine solche «community closure»
setzte etwa im späten 19. Jahrhundert in Nordchina als Antwort auf eine
Zunahme des Banditentums und eine Verschärfung des Wettbewerbs der
Gemeinschaften um immer knapper werdende Ressourcen ein; die Dorf-
befestigungen, die im frühen 20. Jahrhundert viele ausländische Reisende
erstaunten, waren keine mittelalterlichen Überreste, sondern stammten
meist aus jüngster Zeit.[102] Die ersten zwei Drittel des 18. Jahrhunderts
waren demgegenüber eine Periode extrem weiter Öffnung. Günstige
Umweltbedingungen förderten ein hohes Maß an horizontaler und vertikaler Mobilität, an Transaktionen auf dem Markt und kulturellen Trans-
fers zwischen entfernten Zentren. Das von Menschen wimmelnde, extrem
unruhige und bewegte China, wie es Lord Macartney und seine Mitreisenden sahen, war eine Gesellschaft, in der die zellularen Einheiten aus sich
heraus gingen und das Land mit Netzen lebhafter Kommunikation überzogen. Es ist vermutlich Skinners wichtigste Erkenntnis, daß es in China
langfristige Zyklen von Öffnung und Schließung gab, daß wir es also
nicht mit einer ewigen «Stagnation», aber auch nicht mit langfristigen
Prozessen stetigen Wachstums (den «-ierungen» der Soziologen: Modernisierung, Kommerzialisierung, Urbanisierung, Mobilisierung, usw.) zu
tun haben und daß keineswegs erst infolge von Impulsen aus dem modernen Westen das Aufgehen urwüchsiger Kleingemeinschaften, der legendä-
ren autarken Dorfgemeinden, im größeren nationalen Zusammenhang
erfolgte. Lange vor dem Eintreffen und Eindringen der Europäer und der

«modernen Zivilisation» des Okzidents kannte China «extreme community openness»: einen durchaus modernen Zustand.[103] Der chinesische Staat des 18. Jahrhunderts war «hoch zentralisiert, aber extrem oberflächlich»[104]. Die Größe und der Reichtum des Landes hatten zwar zur Folge, daß die Zentralregierung, absolut gesehen, außerordentliche Hilfsmittel in ihren Händen konzentrierte, die ihr im 18. Jahrhundert die Expansion des Reiches überhaupt erst ermöglichten. Trotz des prekären Finanzwesens war der Kaiser von China einer der reichsten Fürsten der Welt. Aber die vertikale Durchdringung der Gesellschaft durch den bürokratischen Herrschaftsapparat blieb schwach. Der niedrigste Verwaltungsbeamte außerhalb der Hauptstadt war für ein Gebiet von vielleicht 200 000 oder 250 000 Einwohnern zuständig.[105] Im Alltagsleben machte die große Mehrheit der chinesischen Bevölkerung kaum je direkte Bekanntschaft mit Repräsentanten der Zentralregierung. Dieses «administrative Vakuum»[106] wurde durch «sub-bürokratische Verwaltung» gefüllt: die Aufrechterhaltung politischer Ordnung durch die lokale Oberschicht der meist titeltragenden (d. h. Bildungsprestige genießenden), aber keine Ämter bekleidenden größeren Grundbesitzer («gentry») und der ihnen assoziierten Gruppen, etwa reicher Kaufleute. Diese lokale Oberschicht, deren soziologische Umrisse ähnlich wie etwa die des britischen Adels (im Unterschied zum kontinentaleuropäischen) verschwimmen, war in sich vielfältig abgestuft (wenngleich eher informell als durch explizite Hierarchisierung nach Standeskategorien) und in verzweigten Familienverbänden organisiert.[107] «Große Familien» spielten in der Qing-Zeit eine viel geringere Rolle als in früheren Dynastien, etwa im aristokratischen Tang-Reich des 7. und 8. Jahrhunderts. Die Gentry, weithin ein Produkt des Prüfungssystems, war keine Erbaristokratie großer Magnaten. Immerhin umfaßten Gentry- Familien im frühen 19. Jahrhundert etwa 5,5 Millionen Menschen, also 1,5 % der chinesischen Bevölkerung.[108] Nur eine winzige Minderheit unter ihnen gründete ihre Macht auf *Groß*grundbesitz europäischen Stils. Diese Klasse war der gesellschaftliche Mittelträger des chinesischen politischen Systems: nach oben hin die Rekrutierungsbasis für die Beamtenhierarchie, nach unten die informelle, durch keinen Hoheitsakt beauftragte Ordnungsmacht auf dem Lande.[109] Gleichwohl ein Bild der Widersprüche: Die Spannungen erstens zwischen rechtlich privilegierten, sozial angesehenen und meist grundbesitzenden Gentryfamilien und der Masse der Gemeinen, zweitens zwischen partikular denkender lokaler oder regionaler Oberschicht und den idealiter dem gesamtstaatlichen Wohl und den Zwecken der Dynastie verpflichteten bürokratischen Amtsträgern, waren fundamentale Strukturprinzipien des spättraditionalen China. Die innere Schwächung des Reiches am Vorabend der europäischen Invasion läßt sich nicht zuletzt aus der Verschärfung dieser Spannungen erklären.

6

Expansion, Grenzsicherung und Tributkonventionen
im kontinentalasiatischen Raum

Im 18. und noch über den Opiumkrieg von 1840–42 hinweg weit ins
19. Jahrhundert hinein war aus der Sicht der Reichszentrale in Beijing der
kontinentalasiatische Grenzraum im Norden und Westen bei weitem
wichtiger als die militärisch wenig problematische Siedlungsgrenze im
Südwesten,[1] wichtiger auch als die maritime «dritte Grenze», an der man
in Verbindung mit den Völkern des *Nanyang*, des südlichen Ozeans, und
unter ihnen auch mit den zunächst nicht übermäßig beachteten Europäern
stand. Nach einem Zwischenspiel, das von der chinesischen Niederlage im
sogenannten Zweiten Opiumkrieg 1860 bis zum Bruch mit der Sowjetunion genau ein Jahrhundert später dauerte, sind auch in der Gegenwart
die kontinentalen Außenbeziehungen Chinas vorrangiges Sicherheitspro-
blem. Nicht zufällig war es die Bedrohung einer Landgrenze, die 1950 den
größten Militäreinsatz in der Geschichte der Volksrepublik China auslöste.[2]

Es hieße daher die historische Problemlage zu verfehlen, wollte man
schon für das 18. Jahrhundert Chinas machtpolitisch-militärische Stellung
in der Welt von seinem Kontakt mit dem «Westen» her bestimmen.
Auswärtige Politik bedeutete für die frühe Qing-Dynastie wie für alle ihre
Vorgängerinnen vorab Politik im kontinentalasiatischen Raum. Die Einschränkung auf den Kontinent geschieht mit Bedacht. Sie schließt Japan
aus. Das Inselreich, Chinas Verhängnis in der ersten Hälfte des 20. Jahrhunderts, spielte im 18. Jahrhundert keine nennenswerte Rolle. Unter der
Politik der Selbstabschließung, die vom Ende der 1630er Jahre bis zur
Ankunft der amerikanischen Flottille unter Commodore Matthew Perry
im Jahre 1853 konsequent durchgehalten wurde, entfiel Japan als Faktor
im ostasiatischen Mächtespiel. Aus chinesischer Sicht verdiente es nach
dem Abklingen der Aktivitäten «japanischer Piraten» (bei denen es sich
meist um chinesische Schmuggler handelte) im späten 16. Jahrhundert
keine besondere Aufmerksamkeit. Unterhalb der staatspolitischen Wahr-
nehmungsschwelle auf beiden Seiten, doch durchaus mit Wissen und
Billigung der niederen Behörden, florierte aber bis in die späten 1790er
Jahre ein reger Dschunkenhandel.[3] In der bürokratischen Organisation der
chinesischen Außenbeziehungen war eine separate Zuständigkeit für Japan
nicht vorgesehen. Eine chinesische Japanpolitik gab es nicht.

Im Umgang hingegen mit den kontinentalen Rand- und Nachbarvölkern wurden streng geordnete bürokratische Prozeduren und genau fest-
gelegte Doktrinen und Rituale befolgt. Allerdings trügt der Eindruck
einer gleichsam statisch-geometrischen, nach allen Seiten gleich beschaffe-
nen «chinesischen Weltordnung», wie ihn die Literatur manchmal vermit-

telt. Die chinesische Politik war durchaus imstande, auf die Besonderheiten unterschiedlicher Nachbarn flexibel einzugehen. Grob lassen sich drei Sphären auswärtiger Beziehungen unterscheiden: die Beziehungen zu den Hirtenvölkern Innerasiens, diejenigen zu den tributpflichtigen Königreichen auf der koreanischen und der hinterindischen Halbinsel, schließlich die Beziehungen zum Reich der Moskauer Zaren, mit dem sich die Qing schon unter Kangxi auf lange Sicht arrangierten.

Erst nach langen Kriegen wurden die innerasiatischen Gebiete, die heute noch teilweise zur Volksrepublik China gehören, dem Qing-Reich einverleibt.[4] Eine Ausnahme bildet offenkundig die Mandschurei, das Stammland der regierenden Dynastie, wo nach 1583 Nurhaci, der Begründer der mandschurischen Macht, eine Konföderation von Stämmen zu einem bürokratisch organisierten, von einer Feudalaristokratie geführten Militärstaat zusammengeschweißt hatte. Nach anderthalb Jahrhunderten mandschurischer Herrschaft auf dem Thron in Beijing hatte sich jedoch die Mandschurei-Politik der Kaiser zum Teil als Fehlschlag erwiesen. Ihre Absicht war es gewesen, Jilin und Heilongjiang, die beiden nördlichen der drei mandschurischen Provinzen, als Reservat und Siedlungsgebiet der Mandschu-»Banner« (also der feudal-militärischen Organisationseinheiten des Eroberervolkes) zu bewahren, als urwüchsige Kraftquelle der Mandschu-Macht gegenüber der riesigen Überzahl der han-chinesischen Untertanen und als Rückzugsgebiet für den Fall, daß die Mandschus die Herrschaft über China verlören.[5] Diese Ziele waren durch die illegale, aber unaufhaltsame Immigration von Han-Chinesen aus dem dichtbevölkerten Norden des chinesischen Kernlandes, besonders aus Shandong, mit der Zeit buchstäblich unterlaufen worden. Zwar blieb die südliche Provinz Fengtian, die bereits in der Ming-Zeit chinesischem Kultureinfluß in höherem Maße ausgesetzt gewesen war als der rauhe Norden, das Hauptziel der Einwanderer, von denen sich die meisten als Ackerbauern niederließen. Aber Handel und Gewerbe befanden sich gegen Ende des 18. Jahrhunderts auch schon in den beiden nördlichen Provinzen weitgehend in den Händen chinesischer Kaufleute und Bankiers, die über ihre landsmannschaftlichen Fernkontakte die Mandschurei an die kommerziellen Netze der 18 Provinzen anschlossen. Um die Mitte des 18. Jahrhunderts lieferte der Nordosten nicht nur Luxusgüter (Pelze, Perlen, Gold), sondern exportierte auch Weizen, Baumwolle und Soja-Dünger in die Wirtschaftszentren am unteren Yangzi.[6] Der Aufstieg der Mandschurei zur Exportökonomie *par excellence* läßt sich also bis in die frühe Qing-Zeit zurückverfolgen. Zunehmend gerieten die Mandschu-Krieger gegenüber den chinesischen Händlern und Siedlern, die sie an Fleiß und Geschäftssinn übertrafen, in die Defensive. Vor ernsthafter Pauperisierung wurden sie allein durch wachsende Subventionen des Fiskus in Beijing bewahrt. Dieses Vordringen der Han-Chinesen war ein langfristiger und langsam ablaufender Prozeß, der sich ab etwa 1860 beschleunigte und erst im frühen 20. Jahrhundert abgeschlossen wurde.[7]Aber schon um 1800 war die Tendenz zur chinesischen Infiltration der Mandschurei kaum noch umkehrbar. Nur die Stammesgesellschaften, die im kalten und sehr dünn besiedelten Amurbecken und in den Gegenden am Japanischen Meer als Jäger und Fallensteller lebten, blieben einstweilen vom Einfluß der Han-Chinesen verschont.[8]

Das 18. Jahrhundert, das für China eine Periode später Blüte und für die Mandschurei der Anfang einer Entwicklung war, welche die drei nordöstlichen Provinzen zu einer der leistungsfähigsten Agrarlandschaften des Fernen Ostens und später zu einem Zentrum von Bergbau und Schwerindustrie machen sollte, besiegelte für Zentralasien einen Niedergang, der schon mit dem Zerfall des timuridischen Reiches im frühen 15. Jahrhundert begonnen hatte und durch einen letzten Versuch imperialer Zentralisierung der mongolischen Völkerschaften unter Dayan Khan (Regierungszeit 1470–1543) nur vorübergehend aufgehalten werden konnte.[9] Von entscheidender Bedeutung war die Verschiebung der Kräfteverhältnisse zwischen Mongolen und Mandschus. Lange hatten die Mongolen gegenüber ihren simpleren Nachbarn im Osten die Rolle von Lehrmeistern und Übermittlern höherer Kultur gespielt.[10] Im 17. Jahrhundert wurden die Rollen vertauscht: Nunmehr gelangten die ethnisch und politisch homogenen Mandschus gegenüber den zersplitterten Mongolen in eine dominierende Position. Die den Mandschus geographisch benachbarten *ost*mongolischen Völkerschaften hatten sich bereits vor der Gründung der Qing-Dynastie 1644 den Mandschus unterworfen. Diese hatten ihrerseits schon 1636 ein Mongolenamt eingerichtet, aus dem zwei Jahre später der *lifanyuan* wurde, die oberste Behörde zur Regelung der Angelegenheiten der «Barbaren»; sie blieb bis zum Ende der Monarchie im Jahre 1911 für die Beziehungen mit Innerasien zuständig.[11] Die Fürsten der Äußeren Mongolei (Qalqa) suchten 1688 bei Kaiser Kangxi Schutz vor dem Einfall der Westmongolen unter ihrem Kriegsführer Galdan. 1691 huldigten sie in einer großen Zeremonie im innermongolischen Ort Dolonor dem Khan der Mandschuren und Kaiser der Qing-Dynastie. Damit wurde die Mongolei faktisch zu einem Protektorat des Qing-Reiches.[12]

Die *West*mongolen oder Oirathen, in der Literatur nach dem aktivsten ihrer Völker oft als Dsungaren bezeichnet, blieben nach 1688 die letzte Bedrohung einer Qing-Hegemonie über Zentralasien.[13] Obwohl sie innerlich zerstritten waren und sich immer enger zwischen Rußland und China eingekeilt fanden, waren sie für mehr als ein halbes Jahrhundert ein ernstzunehmender Gegner. Erst 1757 gelang es den Qing-Truppen, die westmongolische Macht zu zerschlagen. Dabei kam es zu grauenhaften Massakern an mongolischen Kriegsgefangenen und Zivilisten.[14] Nach chinesischen Angaben kamen bei der letzten Qing-Expedition gegen die Westmongolen drei Zehntel des Oirathen-Volkes durch das Schwert um; vier Zehntel erlagen einer gleichzeitig wütenden Pockenepidemie; weitere zwei Zehntel retteten sich ins Zarenreich.[15] Die verwüstete und durch Genozid nahezu entvölkerte Dsungarei – oder Yili (I-li) wie das Gebiet nördlich des Tianshan-Gebirges fortan hieß – wurde dem Qing-Reich einverleibt. In Kuldscha, der alten Hauptstadt der Dsungarei, errichteten die Qing eine Garnison und ein Verwaltungszentrum; von dort aus strahlte ihre Macht (in einer Weltgegend, wo Grenzen noch kaum klar gezogen waren) bis nach Kashgar und Taškent, vorübergehend sogar bis Buchara und Afghanistan aus. 1768 wurden die im westlichen Innerasien eroberten Gebiete, das «Chinesisch-Turkestan» der europäischen Geographen, als kaiserliches Protektorat unter dem Namen Xinjiang («Neue Gebiete») administrativ zusammengefaßt; erst 1884 wurde Xinjiang eine reguläre Provinz des chinesischen Reiches.[16]

Gleichzeitig mit der Durchsetzung der Briten als Territorialmacht in Indien – 1757, im Jahre der Vernichtung der Oirathen, fand die Schlacht von Plassey statt, die der East India Company zum Primat in Bengalen verhalf – hatte Qing-China eine zunächst unanfechtbare Machtstellung in Zentralasien erreicht. Der militärische Triumph des Qianlong-Kaisers sollte sich jedoch langfristig als Quelle neuer Probleme erweisen. Obwohl die Regierung bei den Dsungarenkriegen ihre Schutzbefohlenen in der Äußeren Mongolei nicht nur mit Truppenaushebungen, Zwangsarbeit und hohen Sachkontributionen[17] auf das schwerste belastete und damit die bei militärischen Reichsbildungen beliebte Methode anwandte, die miteinander entzweiten Opfer der Aggression gegeneinander kämpfen und damit die Peripherie gleichsam sich selbst erobern zu lassen, lasteten die Kriegskosten schwer auf dem Fiskus in Beijing; hinzu kamen die Ausgaben für die Garnison in Xinjiang, die nur zum kleineren Teil aus dem besetzten Land selbst gepreßt werden konnten. Die Qing-Dynastie, die von Galdan herausgefordert, aber in ihrer Sicherheit nie akut bedroht worden war, hatte die kluge Maxime des ersten Kaisers der Ming aufgegeben, die «Barbaren» Innerasiens durch Festigkeit und symbolische Machtdemonstrationen zu beeindrucken, sich ihrer Loyalität durch Beteiligung am Tributsystem zu versichern und die Grenze im übrigen durch diplomatisches Ausspielen der martialischen Hirten gegeneinander zu stabilisieren.[18] Der Qianlong-Kaiser war ohne strategische Not zur direkten Kolonialherrschaft im östlichen Zentralasien übergegangen. Nun mußten die neuen Gebiete verwaltet, finanziert und verteidigt werden. Die Expansion hinterließ im Westen zwar die Sicherheit des Kirchhoffriedens: Am Ende des 18. Jahrhunderts hatten die unabhängigen Gemeinwesen Zentralasiens mit der Ausnahme Afghanistans aufgehört zu bestehen. Für das Qing-Reich stellten sich jedoch neue Probleme von Administration und imperialer Kontrolle. Xinjiang war im ganzen 19. Jahrhundert ein rebellischer Krisenherd.

Während des 18. und 19. Jahrhunderts bediente sich China in seinem innerasiatischen Herrschaftsgebiet einer breiten Palette von Techniken der

Unterdrückung, Überwachung und Manipulation, wie sie im allgemeinen nur im Zusammenhang mit der kolonialen Expansion der europäischen Staaten ins Bewußtsein rücken. Am leichtesten lastete das chinesische Regiment auf den fernwestlichen Gebieten Xinjiangs, besonders den meist von muslimischen Völkern bewohnten Becken- und Berglandschaften Ostturkestans, also den Regionen südlich des Tianshan-Gebirges. Hier ließ man unter der Oberaufsicht der Garnison die Verwaltung in einheimischer Hand. Statt emporgekommene Kollaborateure einzusetzen, bemühte man sich um ein Arrangement mit den alten Eliten; auch in Streitfällen zwischen Einheimischen und Chinesen entschied das islamische Recht.[19] Das Verfahren erinnert an die Technik der «indirect rule», die von Lord Lugard am Beispiel der Fulbe-Emirate in Nordnigeria theoretisch formuliert und dort auch zwischen 1900 und 1906 praktiziert wurde,[20] deren Vorformen jedoch von den Briten schon im 18. Jahrhundert in Indien und im 19. in Malaya erprobt worden waren. Überhaupt ist solche indirekte Herrschaft in ihren Grundprinzipien wohl eine unvermeidbare Notwendigkeit seit den Anfängen der Kolonisation.[21] Den Chinesen war sie seit langem vertraut. Wie Owen Lattimore feststellt: «Seit unvordenklichen Zeiten werden die Chinesen mit ‹Eingeborenen› fertig, indem sie sich ihrer Häuptlinge bedienen.»[22]

Auch in der Äußeren Mongolei (Qalqa) verfolgte Beijing zunächst eine Politik der indirekten Herrschaft, die sich deswegen leichter einführen ließ als das analoge System der Engländer in Afrika, weil die kulturelle Kluft zwischen Mandschus und Mongolen vergleichsweise schmal war. Die chinesische Politik strebte danach, die Qalqa-Mongolen loyal zu halten, sie von Rußland zu isolieren und als Puffer gegen das Zarenreich zu hegen, nicht zuletzt auch danach, sie als militärische Reserve zu bewahren (die allerdings nur spärlich mit Feuerwaffen ausgerüstet wurde). Um diese Ziele zu erreichen, war es erforderlich, den nomadischen Lebensstil der Mongolen zu sichern, vor allem seine Unterminierung durch chinesische Siedler nach dem Vorbild der Mandschurei zu verhindern. Dies gelang weitgehend. Aber es konnte nur gelingen, weil die Qing-Macht militärisch wie administrativ die Zügel fest in der Hand hielt. Die feudale Hierarchie innerhalb der mongolischen Oberschicht wurde abgeschafft. Alle feudalen Verpflichtungen des Adels bestanden nun unmittelbar gegenüber dem Mandschu-Kaiser als dem obersten Khan der Mongolen.[23] Die mongolischen Fürsten, die 1691 bei ihrer Unterwerfung unter den mandschurischen Oberherrn nicht ahnen konnten, wie massiv ihnen die chinesische Bürokratie auf den Leib rücken würde, mußten erleben, daß ihre Reihen durch eine Serie von Nobilitierungen chinafreundlicher Elemente, eine Art von «Peers- Schub», aufgeschwemmt wurden. Es wurden neue künstliche Organisationseinheiten geschaffen, welche die traditionelle Einteilung in Stämme und Khanate überlagern und schließlich auslöschen sollten. Die zivile und militärische Gewalt an Ort und Stelle wurde in die Hände von (aus dem mongolischen Adel ernannten) Banner-regenten gelegt, einer typischen Kollaborationselite, die letztlich unter den Weisungen des Beijinger *lifanyuan* stand.[24] Dabei ist zu beachten, daß Mandschus, nicht Han-Chinesen, die Spitzenränge in dieser Behörde besetzten, während auf mittleren und niederen Positionen Mongolen zahlreich vertreten waren.

Obwohl wirtschaftliche Motive bei der Aneignung der Mongolei ur-sprünglich kaum eine Rolle gespielt hatten, wurde Qalqa doch einer harten Ausbeutung durch die Protektoratsmacht ausgesetzt. Die Qalqa-Mongolen wurden auch nach dem Ende der Dsungarenkriege bis ins späte 19. Jahrhundert hinein zur Aufstandsunterdrückung eingesetzt, ähnlich wie die Briten Sikhs und Gurkhas als Polizeitruppe an die Krisenherde ihres afro-asiatischen Empire entsandten. Schwerer wogen die regulären Belastungen. Sie erhielten weniger die Form des rituellen Tributs, der als symbolischer Ausdruck des feudalen Treueverhältnisses pfleglich behan-delt und nicht zum Ausbeutungsinstrument degradiert wurde, als die neuer Steuern, Abgaben und Dienstpflichten. Zu diesen zählten die Un-terhaltung von 47 Wachtposten an der russischen Grenze und von 76 Postrelaisstationen, die Bewirtschaftung von Feldern für die Verprovian-tierung der Mandschu-Truppen und die Betreuung großer kaiserlicher und (davon unterschieden) staatlicher Herden.[25] Im Verlaufe des 18. Jahr-hunderts büßten die mongolischen Fürsten ihre Selbständigkeit zuneh-mend ein. Der chinesische bürokratische Einfluß ließ von der feudalen Treuebeziehung zum kaiserlichen Mandschu-Khan nur mehr die folklori-stische Fassade übrig. Die Verbote han-chinesischer Penetration, die zu-nächst wirkungsvoll gewesen waren, hatten langfristig wenig Erfolg. Im 19. Jahrhundert lagen Handel und Geldverleih fest in chinesischer Hand, so daß viele Mongolen in Schuldabhängigkeit gerieten.[26]

Ähnliche Tendenzen machten sich in der Inneren Mongolei, die heute zur Volksrepublik China gehört, noch früher und massiver bemerkbar. Hier installierte der *lifanyuan* ein direktes Regiment, das die mongolischen Fürsten zu Befehlsempfängern degradierte, sie nach Gutdünken aus Ver-waltungspositionen entließ und ihnen gelegentlich zur Strafe auch ihre alten Feudaltitel aberkannte.[27] Schon im 18. Jahrhundert wurde die Innere Mongolei zu einem ausgesprochenen Kolonialgebiet. Ähnlich wie die Mandschurei war sie ein bevorzugtes Ziel han-chinesischer Migranten. Allerdings gab es zwei wichtige Unterschiede: Erstens genossen die der Dynastie nahestehenden Mandschu-Banner einen viel wirksameren Schutz durch die Behörden in Beijing als die mongolische Bevölkerung, die am Hofe auf wenig Fürsprache hoffen durfte. Zweitens drangen in die Mandschurei vor allem Bauern ein, während die Innere Mongolei zum Betätigungsfeld vorwiegend für Händler wurde.[28] Diese Händler erlang-ten eine vollkommene Dominanz über die mongolische Wirtschaft. Dabei waren es nicht nur die skrupellosen Geschäftspraktiken der Chinesen, die den naiven und ahnungslosen Mongolen zum Verhängnis wurden, sondern auch die strukturellen Besonderheiten des Produktionszyklus einer Hirtenökonomie. Die mongolischen Hirten konnten Tiere und Tierprodukte fast nur im Frühjahr und Sommer anbieten, waren aber das ganze Jahr über auf die Versorgung mit chinesischen Waren wie Stoffen, Tee, Getreide, Tabak wenn nicht angewiesen, so doch erpicht (das Bedürfnis nach derlei unnomadischen Dingen war natürlich erst durch den Kontakt mit chinesischen Kaufleuten geweckt worden). Sie verschuldeten sich daher während der Wintermonate zu oft wucherischen Bedingungen und wurden – bei noch gering entwickelter Geldwirtschaft – ihren Gläubigern nicht selten als Transport- oder Karawanenarbeiter dienstpflichtig. Das langfristige Resultat, das erst im frühen 19. Jahrhundert deutlich erkennbar wurde, war die Verarmung des einfachen mongolischen Volkes infolge der dreifältigen Ausplünderung durch chinesische Händler, die Qing-Kolonialmacht und die kollaborierende einheimische Oberschicht. Vollends nachdem die späteren Qing-Herrscher Kangxis weise und in Maßen humane Politik des Mongolenschutzes durch eine Politik der Unterstützung der Han-Kaufleute ersetzten, deren Lizenzzahlungen man als Einkunftsquelle schätzen lernte, stand dem Schröpfen der Mongolen nichts mehr im Wege.

Hinzu kam schließlich noch der verhängnisvolle Einfluß der lamaistischen Kirche, die man als den «eigentlichen Krebsschaden der innermongolischen Gesellschaft» bezeichnet hat.[29] Die Klöster, die immer weiter um sich griffen, absorbierten einen großen Teil der männlichen Bevölkerung – für das frühe 20. Jahrhundert ist von bis zu 60 % die Rede[30] – wodurch wirtschaftliche Produktion wie demographische Reproduktion erheblich gebremst wurden. Eine wichtige Attraktion des Klosterlebens bestand darin, daß die Mönche von Fronpflichten befreit waren und keine Steuern an den Qing-Staat zu zahlen hatten. Dafür wurde das Volk um so höher belastet. Die Klöster kassierten hohe Almosen von den Gläubigen; sie wurden im wucherischen Geldverleih tätig und vermehrten stetig ihren Herdenbesitz. Kurz nach dem Ersten Weltkrieg soll sich ein Fünftel des mongolischen Volksvermögens im Besitz der lamaistischen Kirche befunden haben.[31] Der Lamaismus hatte sich unter den Mongolen seit dem 16. Jahrhundert verbreitet, war also kein Geschöpf einer zynischen Kolonialpolitik. Doch benutzten ihn die Qing durch geschickte Privilegierung und das Schüren von Rivalitäten zwischen den Klöstern, deren jedes seinen eigenen magisch begabten inkarnierten Buddha hütete, als Herrschaftsinstrument.[32]

Unter all den Randvölkern des Qing-Reiches ertrugen also die Mongolen, besonders die Bewohner der Inneren Mongolei, die unmittelbarste Form chinesischer Herrschaft. Sie unterlagen einem umfassenden Kolonialsystem, das vom *lifanyuan* bürokratisch geleitet wurde und auf der Kollaboration der einheimischen Oberschicht und der lamaistischen Kirche beruhte. Anders als die Westmongolen wurden die Ostmongolen, die sich um die Mitte des 18. Jahrhunderts zum letzten Mal erfolglos aufgelehnt hatten, nicht mit Genozid bedroht. Aber ihre militärische Macht wurde gebrochen und ihre Lebensweise und ihre alte Zivilisation wurden zerstört. Daß die innerasiatischen «Barbaren» nicht nur vorübergehend befriedet, sondern endgültig unterworfen wurden, war der größte Triumph der Qing-Dynastie im 18. Jahrhundert. Er ließ sie den «Seebarbaren» aus dem Fernen Westen selbstbewußt und gelassen entgegensehen.

Ausgerechnet das isolierte Tibet war es, das schließlich zum kolonialen Kontaktpunkt mit Europa werden sollte. Die Territorialexpansion des 18. Jahrhunderts führte das Qing-Imperium immer näher an seine europäischen Nachbarn heran: an Rußland und Großbritannien. Das Zarenreich wurde zum wichtigsten diplomatischen Partner des Kangxi-Kaisers, während die Briten erst ein Jahrhundert später – während der letzten Amtsjahre Qianlongs – durch die Macartney-Gesandtschaft in den Gesichtskreis der chinesischen Außenpolitik rückten. Doch durch die Erweiterung der Qing-Macht auf Tibet wurde die Ausgangslage für einen internationalen Dauerkonflikt geschaffen, der erst mit der Besetzung durch chinesische Truppen 1951 endete, seitdem aber als Problem von Kolonialherrschaft und national-religiösem Freiheitsstreben eine neue Qualität gewonnen hat.

Die Unterwerfung Tibets unter chinesische Oberherrschaft war ein langer Prozeß, der in der Mitte des 17. Jahrhunderts mit der Aufnahme erster Kontakte – zunächst noch auf gleichberechtigter Grundlage – begann, 1710 zur Proklamation eines noch weithin illusorischen chinesischen Protektorats führte, 1751 in die Errichtung einer effektiveren indirekten Herrschaft überging und mit dem militärischen Eingreifen des Qianlong-Kaisers in den tibetisch-nepalesischen Krieg 1792 seinen Höhepunkt erreichte.[33] Die chinesische Kontrolle über Tibet erlangte jedoch niemals vor 1951 die Intensität regelrechter Kolonialherrschaft, wie sie in der Mongolei und in Xinjiang praktiziert wurde. Das Qing-«Protektorat» von 1751 verkörperte sich in einer kleinen Garnison und in einem «Amban», der in seinen Funktionen ungefähr einem britischen «Residenten» an einem indischen Fürstenhof entsprach.[34] Während jedoch in Indien das Residenten-System zunehmend der Verschleierung kolonialer Verhältnisse diente, die den nominell unabhängigen Fürsten kaum einen Handlungsspielraum ließen, ging in Tibet der Einfluß der Qing-Vertreter seit etwa 1800 zurück. Im 19. Jahrhundert beschränkte sich die chinesische Position in Lhasa auf eine lockere Oberhoheit symbolischen Charakters, unterhalb derer das politische und gesellschaftliche Leben in Tibet weithin unangefochten seinen Lauf nahm.[35] Massiver chinesischer Einfluß, wie ihm die Mongolei seit dem 18. Jahrhundert ausgesetzt war, machte sich in Tibet erst nach 1951, besonders dann nach der Niederschlagung des Aufstandes von 1959 bemerkbar.

Paradoxerweise war es die von außerhalb des han-chinesischen Siedlungs- und Kulturkreises kommende Fremddynastie der Qing, eine ethnische Gruppe, die innerhalb eines knappen Jahrhunderts den Übergang
«von hinterwäldlerischer Barbarei zu landwirtschaftlich fundierter Reichsherrschaft» vollzogen hatte,[36] der es gelang, das wichtigste Ziel aller
chinesischen Außen- und Sicherheitspolitik zu verwirklichen: die nicht
nur vorübergehende Beschwichtigung, sondern endgültige Auslöschung
der nomadischen Gefahr. Kaum war jedoch dieser Triumph errungen, da
begannen die beiden großen Imperialismen Asiens im 19. Jahrhundert, der
britische und der russische, jene Stellungen zu beziehen, von denen aus sie
wenige Jahrzehnte später zur Zerstörung der alten chinesisch-ostasiatischen Weltordnung ansetzen würden.

In der Theorie dieser chinesischen Weltordnung waren alle auswärtigen
Beziehungen des Kaiserreiches «Tribut»-Beziehungen. Unter «Tribut» ist
dabei nicht, wie in der marxistischen Gesellschaftslehre, eine besondere
Form der Aneignung des gesellschaftlichen Mehrprodukts zu verstehen,[37]
sondern die regelmäßig wiederholte rituelle Anerkennung der kosmologischen und politischen Zentralstellung und Überlegenheit des chinesischen
Kaisers durch die kleineren Nachbarvölker.[38] Diese Tributleistung erfolgte
durch Gesandtschaften, die in festgelegten Zeitabständen sowie zu besonderen Anlässen, etwa Thronjubiläen der Kaiser, in Beijing mit Geschenken vorstellig wurden und sich den für diese Zwecke vorgesehenen
Prozeduren des Hofzeremoniells unterzogen. Die Tributstaaten bewiesen
ihre demütige Haltung gegenüber China ebenfalls dadurch, daß sie ihre
offiziellen Dokumente nach dem chinesischen Kalender datierten und
beim Herrschaftsantritt neuer Monarchen um deren Investitur durch den
Kaiser nachsuchten. Der Kaiser seinerseits entsandte nicht nur solche
Investitur-Gesandtschaften (deren Versorgung besonders für kleine Tributkönigreiche geradezu ruinös sein konnte), sondern beschenkte huldvoll
die angereisten Tributmissionen. Im allgemeinen übertraf der Wert des
Tributs den der chinesischen Gegengaben, doch waren Tributmissionen in
der Regel für die Entsender und Gesandten ein gutes Geschäft, weil unter
ihrem Schirm in Beijing Handel erlaubt war. Die Waren durften zollfrei
eingeführt und von den mitreisenden Kaufleuten dem hauptstädtischen
Publikum auf dem freien Markt angeboten werden. In der Theorie blieb
das Geschäft stets Nebensache. «Der Handel war», so erläutert Wolfgang
Franke, «für China ein Teil des Tributsystems. Er hatte nach chinesischer
Auffassung keine eigenständige Bedeutung als solcher und war nur die
Begleiterscheinung eines politischen Aktes.»[39]

Das Tributsystem war Ausdruck eines Weltverständnisses, das den
zivilisierten Erdkreis (*tianxia*) mit dem Geltungsbereich der chinesischen
Zivilisation gleichsetzte. Die ältere Forschung hat dieser kosmologischen
Überwölbung der chinesischen Außenbeziehungen besondere Aufmerksamkeit geschenkt, dabei jedoch nicht immer die Gefahr vermieden, vom

idealisierenden Selbstbild der konfuzianischen Staatsdenker und Staatslenker, wie es sich in der schriftlichen Überlieferung findet, zu unvermittelt auf die historische Wirklichkeit zu schließen. Das chinesische Selbstverständnis – genauer, das der orthodox-konfuzianischen «Großen Tradition» – ist nach dieser Auffassung universalistisch, monistisch und zentristisch. Universalistisch: die Werte und Ordnungsformen Chinas werden als universal mustergültig und verbindlich betrachtet; sie sollen dem «barbarischen» Rand des Erdkreises erzieherisch nahegebracht werden. Monistisch: die chinesische Zivilisation ist eine ungeteilte, nicht in dichotomische Sphären – Mikrokosmos/Makrokosmos, Theorie/Praxis, Subjekt/Objekt, Natur/Geschichte, Inhalt/Form, Ratio/Affekte, innerweltlicher/außerweltlicher Bereich – gespaltene, von wenigen kosmischen Grundprinzipien durchdrungene Einheit.[40] Zentristisch: China sieht sich als Mittelpunkt und Spitze einer in hierarchischen Kreisen angeordneten Welt («Sinozentrismus»), deren innerster Kern im Amtscharisma des Kaisers besteht; symmetrische Beziehungen oder gar asymmetrische Beziehungen zu Chinas Ungunsten sind undenkbar; machtpolitische Unterlegenheit muß deshalb in kulturelle Superiorität uminterpretiert werden.

Nun kann kein Zweifel daran bestehen, daß die Gestaltung der auswärtigen Beziehungen durch dieses sinozentrische Weltbild selbst dann in einer *allgemeinen* Weise geprägt wurde, wenn man nicht hinter jeder diplomatischen Handlung ein kosmologisches Fundamentalprinzip zu entdecken vermag. Auch steht es außer Frage, daß die «imperiale Rhetorik»,[41] mit der die chinesische Bürokratie den Nachbarstaaten gegenübertrat, sich weithin in Kategorien des sinozentrischen Weltbildes äußerte. Und die zeremoniellen Prozeduren von Unterwerfung und Legitimierung sind für die Ming- und die frühe Qing-Zeit hundertfach bezeugt. Trotzdem ist es problematisch, dem Tribut*system* eine von den Zeitgenossen erkannte und anerkannte ordnungstiftende Verbindlichkeit zuzuschreiben, wie sie etwa das europäische Staaten*system* nach 1648 besaß.[42] Das Tributsystem wurde nicht auf jener Ebene allgemeiner Reflexion thematisiert, auf der in Europa das Völkerrecht und die frühneuzeitlichen Machtstaatslehren entstanden;[43] es gewann nicht auf Kongressen, in Verträgen und durch die Permanenz diplomatischen Verkehrs eine systemhafte Eigenexistenz. Im Bewußtsein der Beteiligten existierte kein Gesamtbild eines machtpolitischen Ordnungsgefüges, sondern die Vorstellung von tradierten und daher immer wieder neu erwarteten rituellen Praktiken, die in bilateraler Begegnung zu erfüllen waren. Der Eindruck «systemischer» Konsequenz ergibt sich allein aus Wiederholung und kumulierter Gewohnheit.[44] Zu Recht hat man daher neuerdings das «Tributsystem» als eine Synthese im Bewußtsein des Betrachters charakterisiert, die sich aus der simultanen Beobachtung einer großen Anzahl einzelner, aber funktional ähnlicher, über Zeit und Raum verteilter Tribut-Akte bildet.[45] Es empfiehlt sich, im «Tributsystem» weniger den strategischen Generalplan chinesischer Weltordnung als ein – methodisch durchaus zulässiges – idealtypisches Konstrukt des Historikers zu sehen.

Im übrigen war die chinesische Weltordnung keineswegs mit dem Tributsystem vollkommen identisch. Es war nur einer von mehreren Typen auswärtiger Beziehungen. China kannte durchaus die Möglichkeit nachbarschaftlicher Beziehungen auf der Grundlage stillschweigend anerkannter Gleichheit, auch wenn die Dokumente selbst dann noch in der konventionellen Sprache der Herablassung formuliert waren.[46] Sogar der konfuzianischen Orthodoxie standen Deutungs- und Orientierungsmuster zur Verfügung, die vom Bild einer ehrfurchtsvoll um das kaiserliche Oberhaupt gescharten «Familie der Völker» abwichen: etwa die Vorstellung der feindlichen Nachbarfamilie, die vor allem auf Japan angewendet wurde.[47] Überhaupt ist die Wirklichkeit der Außenbeziehungen des Qing-Reiches im 18. Jahrhundert über weite Strecken mit den Kategorien des Tributsystems nicht mehr vollständig zu erfassen. Daß die Imperialpolitik in Innerasien kaum dem Idealbild tributärer Harmonie entsprach, bedarf keiner weiteren Erklärung. Im Verkehr mit den europäischen Seemächten bildeten die Tributkonventionen oft nur den zeremoniellen Rahmen, dem sich die Ausländer opportunistisch anpaßten, um ihre geschäftlichen Ziele erreichen zu können.[48] Die Beziehungen zum Zarenreich schließlich lassen sich auf kühle Kosten-Nutzen-Kalkulationen beider Seiten zurückführen.

Tributstaaten im strengen Sinne waren im 18. Jahrhundert nur Korea, die Liuqiu-(Ryûkyû-)Inseln sowie die Königreiche des festländischen Südostasien, also des «Hinterindiens» der europäischen Geographen.[49] Ein Maßstab ihrer Wichtigkeit ist die Häufigkeit der vorgesehenen Tributgesandtschaften. 1818 galt:[50]

aus Korea	viermal jährlich, zusammengefaßt in einer Mission am Jahresende
aus Liuqiu	alle 2 Jahre
aus Siam	alle 3 Jahre
aus Annam	de facto alle 4 Jahre
aus Laos	alle 10 Jahre
aus Birma	alle 10 Jahre

Die engsten Tributbeziehungen bestanden zu Korea, dem Modell eines Tributstaates schlechthin. Aber auch hier erkennt man nicht nur die ungetrübte Verwirklichung der Tribut-Doktrin, sondern auch das stillschweigende Übereinkommen beiderseitiger Interessenpolitik. Die Beziehungen, wie sie im 18. Jahrhundert bestanden, waren schon um 1400 zwischen der Ming-Dynastie und den ersten Herrschern der koreanischen Yi-Dynastie (1392–1910) festgelegt worden. Nach einer Besetzung Koreas durch die Mandschus zwischen 1627 und 1636 stabilisierte sich die Lage bald wieder in den alten Formen.[51] Die andernorts so kriegerischen Qing-Kaiser vermieden es, auf der geopolitisch heiklen koreanischen Halbinsel, die Brücke zu und Schild gegen Japan zugleich war, direkter zu intervenieren als ihre Vorgänger. Koreas Status als williger Vasall lag im Interesse beider Partner. Korea hatte an der Ausgestaltung des Tributverhältnisses aktiv mitgewirkt, es sich also keineswegs aufdiktieren lassen. Die Pflege dieses Verhältnisses trug dazu bei, «daß Korea das einzige Gebiet war, das im unmittelbaren Einflußbereich Chinas eine eigenständige Staatlichkeit mit einer staatlichen Organisation und einem relativ genau zu definierenden Staatsgebiet entwickelte».[52] Seit dem Beginn der Yi-Dynastie hatte Korea einen außerordentlich starken chinesischen Kultureinfluß erfahren: Das Regierungs- und Verwaltungssystem einschließlich der Beamtenprüfungen wurde dem chinesischen Vorbild weitgehend abgeschaut; die Gelehrsamkeit war eine konfuzianische, ausgedrückt in chinesischer Schrift. Diese Sinisierungsprozesse waren am Ende der Ming-Zeit so gut wie vollendet. Gleichwohl blieb die koreanische Gesellschaft von der chinesischen ganz verschieden. Importierte Versatzstücke erfüllten daher oft ganz andere Funktionen als im Ursprungsland. So eröffnete das Prüfungssystem keineswegs – was es in China immerhin in manchen Fällen tat – Aufstiegschancen für junge Männer aus einfachen Verhältnissen; es diente allein der Perpetuierung einer kleinen erblichen Herrscherkaste.[53] Korea eignete sich chinesische Kulturelemente ganz aus eigener Initiative an. Ebensowenig wie es von China kulturell missioniert wurde, mischte sich der große Nachbar in die gesellschaftlichen Verhältnisse oder in dynastische Konflikte ein: ein krasser Gegensatz zur Qing-Politik gegenüber den Mongolen. Obwohl Korea dem Kaiser mit einer aufwendigen Reisediplomatie unablässig huldigte und neben den regulären Tributgesandtschaften zwischen 1637 und 1881 nicht weniger als 435 Spezialmissionen entsandte, agierte es in der Praxis als ein auch militärisch völlig unabhängiger Staat.[54] Der Preis dafür bestand in einer hohen Tributlast, die durch die chinesischen Gegengeschenke und die Erträge des Handels, den die Gesandtschaften in Beijing abwickelten, bei weitem nicht ausgeglichen wurde.[55]

Wie formenreich die Beziehungen zwischen dem chinesischen Zentrum und der außerchinesischen tributären Peripherie im allgemeinen Rahmen des Tributsystems gestaltet werden konnten, zeigt das Beispiel Siams (seit 1939 Thailand), des nach Korea (sieht man von den kleinen Liuqiu-Inseln ab)[56] wichtigsten Tributstaates. Wie im koreanischen Fall, so müssen auch hier zunächst die objektiven Gegebenheiten bedacht werden. Anders als Korea oder auch als Vietnam (Annam), das sich als eine Taschenausgabe Chinas gerierte und seine Hauptstadt Hué mit einem eigenen Ring von Trabanten, einem Miniatur-Tributsystem, umgab,[57] war Siam kein konfuzianisch geprägtes Land. Es stand außerhalb des chinesischen Kulturkreises. Im breiten Spektrum der monarchischen Herrschaftsformen Südostasiens vertrat es den Typus eines sakralen buddhistischen Königtums, das sich nicht auf ein bürokratisches Mandarinat, sondern auf eine kleine Gruppe adliger Familien stützte.[58] Auch die neue, 1782 zur Macht

gekommene Dynastie unter ihrem bedeutenden Gründer König Rama I.
(Regierungszeit 1782–1809) hielt trotz radikaler Neuerungen in Stil und
Praxis des Regierens an der Substanz des traditionalen Königtums fest.[59]
Dies bedeutete, daß der siamesische König viel weniger als der koreani-
sche zu seiner Legitimierung auf die zeremoniell gespendete Gunst des
Kaisers von China angewiesen war und sich mit einer quasi-diplomati-
schen Anerkennung zufriedengab. Die Beziehungen zwischen Siam und
China waren also kulturell und ideologisch viel leichter befrachtet als die
zwischen Korea und dem Reich der Mitte.

Die geographische Lage bedingte weitere Unterschiede zu Korea. Zwar
beobachtete man in Beijing die Entwicklungen im Süden mit großer
Sorgfalt, doch gehörte Siam nicht zum chinesischen Sicherheits-Glacis
und war als Brückenkopf einer fremden Invasion (wie Korea in den 1590er
und dann den 1890er Jahren) ungeeignet. Es war nur auf dem Seeweg
bequem zu erreichen. Seine Tributmissionen gelangten nicht wie die
koreanischen auf einer kurzen Landroute direkt nach Beijing, sondern
landeten mit Schiffen in Kanton, wo ein großer Teil der Tributgeschäfte
abgewickelt wurde.[60] Die Tributsendungen waren dadurch in den lebhaften Handel und Verkehr des Südchinesischen Meeres eingebunden; Diplomatie und Geschäft, Tribut und Handel durchdrangen sich gegenseitig viel
intensiver als im koreanischen Fall.[61]

Ein dritter Unterschied zu Korea lag darin, daß die siamesische Ökonomie sich zur chinesischen komplementär verhielt. Wurden zwischen China
und Korea hauptsächlich Luxusgüter ausgetauscht (Silber und Ginseng
gegen Seide), die notfalls entbehrt werden konnten, so waren die südchinesischen Provinzen Guangdong und Fujian auf siamesischen Reis in
erheblichem Maße angewiesen. Diese Abhängigkeit wuchs während des
18. Jahrhunderts, als mit der Bevölkerungsexplosion und dem fortschreitenden Übergang von der Nahrungsmittelproduktion zum Anbau von
Baumwolle, Maulbeerbäumen und Tee die südchinesische Reisernte hinter
dem Bedarf zurückblieb; hohe binnenländische Transportkosten schlossen
aus, das Defizit aus innerchinesischen Reisüberschußregionen vollständig
zu decken. Daß die Qing-Regierung in den 1720er Jahren ältere Handels-
verbote mit Südostasien aufhob, war ein Eingeständnis der Unentbehr-
lichkeit von Reisimporten.[62] Als ein fruchtbares, aber vergleichsweise
dünn besiedeltes Land produzierte Siam solche exportierbaren Reisüber-
schüsse. Siam seinerseits war an einigen Gütern interessiert, die – besonders nachdem Japan 1641 die Handelsbeziehungen abgebrochen hatte –
nur aus China günstig zu beziehen waren, vor allem Kupfer aus den
Bergwerken von Yunnan. Infolge dieser gegenseitigen Abhängigkeit
spielte der Handel in den sino-siamesischen Beziehungen eine viel größere
Rolle als im «idealen» Tributverhältnis zu Korea. Die siamesischen Kö-
nige, die ein Außenhandelsmonopol besaßen und deren Einkünfte mangels eines effizienten Systems der Binnenbesteuerung zu einem großen

Teil aus dem Außenhandel stammten, scheuten sich nicht, ihr primär wirtschaftliches Interesse an der Beziehung zu China einzugestehen. China selbst beharrte natürlich auf Rhetorik und Zeremoniell tributärer Unterwürfigkeit.[63] Auf siamesischer Seite wurde der Handel durch den Hof, auf chinesischer wurde er durch die Beamten in den südlichen Provinzen Guangdong und Fujian beaufsichtigt. Da Siam den eigenen Kaufleuten den Überseeverkehr nicht gestattete, wurde der Handel seit der ersten offiziellen siamesischen Tributmission der Qing-Zeit im Jahre 1652 in chinesischen Dschunken durchgeführt, die chinesischen Privatkaufleuten gehörten.[64] Der ganze umfangreiche Warenaustausch, der stets mit siamesischen Handelsbilanzüberschüssen verbunden war, erfolgte nominell unter der Konvention der Tributbeziehung. Dabei war das System flexibel genug, um differenzierte Abstufungen zwischen «offiziellen» und «nichtoffiziellen» Tributmissionen zuzulassen. So gingen denn die diplomatischen Aktionen des siamesischen Königs, die staatlichen Geschäfte seiner Außenhandelsbehörde und die Aktivitäten des privaten chinesischen Dschunkenhandels kaum abgrenzbar ineinander über. Noch weniger als im Falle Koreas, über dem wegen seiner geographischen Lage stets die Drohung einer chinesischen Intervention schwebte, war die Tributbeziehung zwischen Siam und China mit einer tatsächlichen politischen Unterordnung verbunden. Auf dem Höhepunkt des Handelsverkehrs, während der ersten Hälfte des 19. Jahrhunderts, fand sich China denn auch allmählich zur Anerkennung der Realität einer gleichberechtigten, im Kern kommerziellen Beziehung bereit.[65]

1853 traf die letzte siamesische Tributgesandtschaft in China ein; 1855 verschwand das siamesische Staatshandelsmonopol; noch 1878 mahnte Beijing den Tribut an; und erst 1882 erklärte Siam die Tributbeziehung für beendet.[66] Das Ende des Systems wurde nicht durch seine innere Aushöhlung, sondern durch Erosion von außen bewirkt. Mit der «Öffnung» Chinas 1842 und Siams in den fünfziger Jahren (Freihandelsvertrag mit Großbritannien 1855),[67] vor allem mit der Einführung der Dampfschifffahrt im Fernen Osten wurde der Niedergang des Dschunkenhandels im Südchinesischen Meer eingeleitet. Zu seinen Glanzzeiten in den knapp hundert Jahren nach etwa 1730 hatte sich das sino-siamesische Tributhandelssystem als vielseitig vorteilhafte Einrichtung bewährt. Der siamesische König verdiente an der Besteuerung des Handels; der Kaiser von China konnte sich eines prestigereichen Schützlings rühmen; die chinesischen Kaufleute machten Profite; und die Beamten in Südchina zweigten ihre Korruptionsprozente ab. In Siam entstand um Außenhandel und Dschunkenbau eine Schicht von Kaufleuten und Unternehmern chinesischer Abstammung, die bei der wirtschaftlichen Entwicklung des Landes in der zweiten Hälfte des 19. Jahrhunderts eine große Rolle spielen sollte. Den südchinesischen Seide- und Teegebieten wurde die Spezialisierung und damit die Nutzung komparativer Vorteile ermöglicht. Die maritime

Aktivität der Kaufleute von Fujian und Guangdong kam ihren Heimatprovinzen zugute: Der Siamhandel war dabei ein Teil eines weitgespannten, zunächst auf Xiamen (Amoy) zentrierten Fernhandels, der in alle Gegenden Südostasiens ausstrahlte.[68] Die europäischen Ostindiengesellschaften konnten diesem Handel wenig anhaben. Erst die Kombination von Dampfkraft und Freihandel leitete in der Mitte des 19. Jahrhunderts seinen Untergang ein.

Wie das wichtige Beispiel Siams zeigt, wich die Praxis der Tributbeziehungen von der Theorie des Tribut-»Systems« in nicht unerheblicher Weise ab. Der Handel war keineswegs immer nur die lästige und verachtete Begleiterscheinung aufwendiger Huldigungsformalismen, vielmehr war der tributäre «Überbau» in manchen Fällen geradezu die Bemäntelung höchst unideologischer und kulturell neutraler Interessenpolitik. Mochte die chinesische Seite auch auf orthodoxer Rhetorik und korrektem Zeremoniell bestehen und den Thais gelegentlich die allzu schamlose kommerzielle Ausnutzung der Gnade tributären Kontakts verweisen, so verhielt sie sich doch pragmatisch genug, um aus den Handelsbeziehungen Vorteile für das Reich ziehen zu können. Ebensowenig wie die Außenpolitik der Volksrepublik China, die man allzu bereitwillig als planmäßige Realisierung großer Strategien und fundamentaler Konzepte interpretiert, läßt sich die chinesische Weltordnung vor dem 19. Jahrhundert als Umsetzung theoretischer Prinzipien erschöpfend beschreiben. Sie muß vielmehr in der Spannung von Doktrin und Wirklichkeit, von kosmischem Ordnungsdenken und interessegeleiteter Politik gesehen werden.

Nirgends kam solche Interessenpolitik deutlicher zum Vorschein als in den Beziehungen zum wichtigsten europäischen Nachbarn. Verglichen mit Korea, Hinterindien und den südlichen Meeren rückte das Reich der Zaren verhältnismäßig spät in Chinas Horizont. Als 1618 eine kleine Gruppe von Kosaken unter Ivan Petlin in halboffizieller Erkundungsmission in Beijing auftauchte,[69] waren die Kontakte aus der Zeit des mongolischen Weltreiches in Vergessenheit geraten.[70] Umgekehrt hatte man in Moskau erst kurz vor Petlins Besuch vom Reichtum Ming-Chinas gehört.[71] Im Laufe des 17. Jahrhunderts intensivierten die Russen ihre Erkundung und Kolonisation im Osten. In den 1640er Jahren wurde das Ochotskische Meer erreicht, um 1650 begann die russische Besiedlung am Amur, und 1652 entstand die Stadt Irkutsk. Schon 1651 kam es zu Zusammenstößen zwischen Mandschutruppen und Kosakenbanden.[72] Die Initiative zu offiziellen Beziehungen ging von Rußland aus. Eine erste Gesandtschaft unter dem Bojaren Fedor I. Bajkov traf im März 1656 in Beijing ein. Ihr folgten weitere Missionen, die von dem russischen Bestreben motiviert waren, den seit Mitte des 17. Jahrhunderts naturwüchsig expandierenden Handel in reguläre Bahnen zu lenken.[73]

Eine solche Regelung kam 1689 mit dem Vertrag von Nerčinsk zustande. Er löste die Periode des sporadischen Konflikts durch eine der einvernehmlichen Problemregelung ab. Sie sollte bis in die Mitte des 19. Jahrhunderts andauern. Eine erstaunliche Ära friedlicher Koexistenz begann zwischen zwei Ländern, die in Kultur, Gesellschaft und politischer Organisation höchst unterschiedlich waren.[74] Das russische Interesse galt in erster Linie dem Handel, während China am Warenaustausch mit Rußland zunächst nicht viel gelegen war. Was Kaiser Kangxi bewog, den Ausgleich mit den unruhigen, aber noch nicht bedrohlichen Barbaren im Norden zu suchen,[75] war die militärisch-diplomatische Lage in Innerasien. Die 1680er Jahren sahen den Höhepunkt der Dsungaren-Expansion unter dem Kriegshelden Galdan. Der Vertrag von Nerčinsk vereitelte ein mögliches Zusammengehen von Russen und dsungarischen Mongolen gegen die Mandschus und neutralisierte die Russen im mongolisch-mandschurischen Konflikt.[76] Dadurch wurde das Abkommen zu einer wichtigen Voraussetzung der Unterwerfung Innerasiens durch Kangxis Enkel Qianlong. Der Vertrag, der auf chinesischer Seite maßgeblich von den Jesuiten Jean-François Gerbillon und Tomé Pereira ausgehandelt worden war, bedeutete einen Kompromiß. Chinas Vorteil bestand nicht nur in der Isolierung Galdans, sondern auch darin, daß die umstrittene Grenze am Amur zu Beijings Gunsten festgelegt wurde: erstmals überhaupt erkannte China eine juridisch fixierte Territorialgrenze an. Die Russen erreichten eine großzügig formulierte Rahmenvereinbarung über den Handel, die freilich weiterer Konkretisierung bedurfte. Im Grunde hatten beide Seiten bei ihren politischen Zielen zurückgesteckt. Kangxi erkannte, daß die Russen auf die Dauer nicht durch die mandschurischen Grenztruppen in Schach zu halten wären und man ihrem Handelsdrang entgegenkommen müsse (was allerdings im vollen Bewußtsein von Chinas militärischer Überlegenheit geschah). Und Peter der Große brauchte Ruhe im Osten, weil er einen Krieg gegen die Krimtataren und ihren Schutzherrn, den Sultan von Konstantinopel, vorbereitete. Daneben erkannte er die Chancen des staatlichen Handels mit dem Qing-Reich.

In der Tat setzte sich in den Jahren nach 1689 auf russischer Seite der staatliche Einfluß gegenüber dem privaten immer mehr durch. Zölle und Passierscheine wurden eingeführt, die profitabelsten Waren (besonders Edelpelze) einem Regierungsmonopol unterstellt und seit 1692 Staatskarawanen entsandt.[77] Das oberste Ziel dieser Bemühungen war fiskalischer Natur: Die petrinische Schatzverwaltung benötigte Silber, um ihre Kriege zu finanzieren, und Silber war nirgends besser zu bekommen als im Tausch gegen sibirische Pelze.[78] Das Staatsmonopol verlor aber schon ab 1708 seine Wirksamkeit infolge illegaler Konkurrenz durch private Kaufleute und eines Überangebots an russischen Waren, das der chinesische Markt nicht aufzunehmen vermochte.[79]

Der Vertrag von Nerčinsk ließ zu vieles offen. 1727 wurde deshalb im Vertrag von Kjachta ein revidiertes Handelssystem vereinbart, das 130

Jahre lang in Kraft blieb.[80] Selbst nachdem 1860 die Konvention von Beijing den russischen Wirtschaftsinteressen ganz neue Wege gebahnt hatte, bestand der Kjachta-Handel in vermindertem Umfang weiter, bis ihm die Eröffnung der Transsibirischen Eisenbahn ein Ende setzte.[81]

Der Vertrag von Kjachta war ein detailliert ausformuliertes Dokument, das für alle erdenklichen Eventualitäten Vorkehrungen traf. Kern des «Kjachta-Systems», eines stabileren kontinentalen Gegenstücks zum maritimen «Kanton- System»,[82] war die Institutionalisierung *dualer* Handelsbeziehungen. Seine eine Schiene bestand in dem nun genau geregelten Karawanenhandel: Alle drei Jahre durfte eine Karawane von bis zu zweihundert Kaufleuten in Beijing Handel treiben; anders als bei Tributmissionen kam die chinesische Regierung nicht für ihren Unterhalt auf. Die zweite Schiene neben diesem Hauptstadthandel war der Grenzhandel. Er wurde auf zwei neu eingerichtete Handelsplätze beschränkt, von denen sich vor allem das russische Kjachta – im frühen 19. Jahrhundert ein Städtchen mit 4000 Einwohnern und 450 Gebäuden[83] – als wichtig erweisen sollte. Waren große russische Handelshäuser mit der Abwicklung des staatsmonopolistischen Karawanenhandels betraut, so beteiligten sich am Grenzhandel hauptsächlich kleine Kaufleute. Seine Formalisierung bedeutete aus chinesischer Sicht eine Befriedung dieses unruhigen Händlervölkchens und den Versuch, es an einer Infiltration Xinjiangs und der Mongolei zu hindern.

In den ersten zwei oder drei Jahrzehnten nach dem Kjachta-Vertrag stellten sich weder in Beijing noch an der Grenze die erhofften Erfolge ein. Der Karawanenhandel sollte seinen blühenden Zustand der Jahre um 1700 überhaupt nie wieder erreichen. Um die Jahrhundertmitte hatten die meisten der beteiligten Kaufleute Mühe, Verluste zu vermeiden.[84] Die letzte Staatskarawane trat 1756 die Rückreise aus Beijing an. Nach der Aufhebung aller privilegierten Handelskompanien und Staatsmonopole im Zarenreich 1762 eröffnete sich die Möglichkeit privater Karawanen, wurde aber von den Kaufleuten nicht genutzt.[85] Vieles kam zusammen, um den Karawanenhandel scheitern zu lassen: das Anwachsen des illegalen Pelzhandels, die hohen Kosten für den Weg und den Aufenthalt der Karawanen in Beijing, bürokratische Überorganisation auf russischer Seite, Inflexibilität der Preisfestsetzung, schließlich auch übertriebene Konzentration auf chinesische Luxusgüter für den Moskauer Markt und Vernachlässigung der lebhaften Nachfrage nach chinesischen Waren in Ostrußland und Sibirien.[86] Dahinter zeigt sich eine Umkehr langfristiger historischer Tendenzen: Gleichzeitig mit dem Aufschwung des europäischen Seeverkehrs mit China verringerte sich die Bedeutung des zentralasiatischen Karawanenhandels, wie er während des mongolischen Weltreichs entstanden war.[87]

Der private Warenverkehr an der Grenze, die zweite Schiene des Kjachta-Systems, machte anfangs nur langsame Fortschritte. Erst nach dem Ende des Karawanenhandels und der Liberalisierung der zaristischen Handelspolitik entwickelte sich der Kjachta-Handel zu einem der wichtigeren außenwirtschaftlichen Aktivposten des russischen Reiches. Um 1775 wurden 8,3 % des gesamten russischen Außenhandels in Kjachta abgewickelt.[88] Während des Jahrhunderts seines ungestörten Funktionierens – ca. 1760 bis 1860 – änderte sich wenig an den grundlegenden Praktiken des Handels in Kjachta. Bemerkenswert ist, daß ein Teil der in Kjachta verkauften Pelze aus der Neuen Welt stammten, von wo sie über das Baltikum und später über Alaska ins festländische Zentralasien gelangten.[89] Nicht nur der südchinesische Überseehandel, sondern auch die Transaktionen an der russisch-mongolischen Grenze waren in die interkontinentale Zirkulation eingebunden.

Auf chinesischer Seite war der Grenzhandel effizienter organisiert als auf russischer; über eine straff gehandhabte Lizenzierung behielten ihn die Behörden unter Kontrolle.[90] Andererseits trat der chinesische Staat niemals selbst kaufmännisch in Erscheinung, wie der russische es bis zur Liberalisierung von 1762 getan hatte. Die «orientalische Despotie» leistete sich also eine freiere Handelspolitik als der europäische Absolutismus. Die ökonomischen Strukturunterschiede zwischen Rußland und China zeigen sich sehr deutlich an der Zusammensetzung des Handels. Während des 18. Jahrhunderts tauschte China gewerbliche Fertigwaren, besonders Baumwollstoffe aus Ostchina und Seide (Suvorovs Regimenter zogen unter Fahnen aus chinesischer Seide gegen den Feind), gegen ein Rohprodukt: Pelze. China war also der gewerblich-industriell überlegene Partner. Noch gegen Ende des 19. Jahrhunderts, als chinesische Textilien längst auf westeuropäischen Märkten zurückgedrängt waren, überwogen in Ostsibirien chinesische gegenüber russischen Baumwollgütern.[91] Erst im zweiten Quartal des 19. Jahrhundert fand eine symptomatische Umschichtung der Tauschstruktur statt, die auf allgemeine Verschiebungen in der Weltwirtschaft verweist: Tee wurde zum wichtigsten chinesischen Exportgut nach Rußland, während dieses nun Woll- und Baumwollstoffe nach China ausführte.

Erstaunlich am Kjachta-System sind vor allem seine Stabilität und seine Fähigkeit, eine durchaus nicht unproblematische Grenzsituation zu regulieren. Der Pragmatismus und die flexible Staatsklugheit, mit der die chinesische Diplomatie die Gestaltung des Verhältnisses zu Rußland betrieb, widerspricht dem Klischee von einem hochmütig, starr und dogmatisch auf den «sinozentrischen» Leerformen und Leerformeln des Tribut-«Systems» beharrenden Qing-Imperium. Solange die Russen ein Minimum an protokollarischem Entgegenkommen erkennen ließen – und sie taten dies seit den 1660er Jahren[92] –, war Beijing zu Konzessionen in der Sache bereit. Das Kjachta-System gründete sich auf eine vertragliche Vereinbarung, die durchaus im Sinne des europäischen Völkerrechts als reziproke Verpflichtung unter Gleichgestellten betrachtet werden kann.[93] Diese Gleichrangigkeit ließ sich deswegen mit dem sinozentrischen Weltbild des Qing-Reiches vereinbaren, weil der Beziehungsmechanismus kulturspezifisch *interpretiert* wurde: Während die Russen in den Karawanen nach Beijing nie etwas anderes sahen als rein kommerzielle Unternehmungen, registrierten die Chinesen sie in ihren Staatsdokumenten als Tributmissionen, ohne sich dadurch verpflichtet zu fühlen, sie auch als solche zu behandeln.[94] Die Chinesen machten keine Anstalten, den Russen ihre eigene Interpretation als die verbindliche aufzudrängen. Der Kjachta-Vertrag war mithin ein kulturell neutrales diplomatisches Instrument, das durch divergierende «weltanschauliche» Interpretationen in seiner Funktionsweise nicht beeinträchtigt wurde.

In der Grenzfrage hatte das Zarenreich 1689 in Nerčinsk zurückgesteckt. Dieser Konfliktpunkt sollte erst wieder in der Mitte des 19. Jahrhunderts auf die Tagesordnung kommen. Auch in diesem Bereich gilt, daß die zwischen 1689 und 1792, dem Datum der letzten Ergänzung des Vertrages von Kjachta, zwischen Rußland und China geschlossenen Verträge Vereinbarungen waren, «die ohne außergewöhnlichen Druck der einen Seite auf die andere auf der Grundlage der Gleichberechtigung und zum beiderseitigen Vorteil abgeschlossen wurden».[95] Von Tributbeziehung auch hier keine Spur.

Warum bewies das Kjachta-System eine außerordentliche Langlebigkeit, während das Kanton-System, durch das seit der Mitte des 18. Jahrhunderts die Handelsbeziehungen zu den europäischen Seemächten geordnet wurden, schon im 3. Jahrzehnt des 19. Jahrhunderts in eine Krise geriet, die 1840 zu seinem Zusammenbruch führte? Einige Unterschiede zwischen der Situation in Südchina und in der Mongolei können schon hier angedeutet werden.[96] Gewiß hat der Charakter der Grenze eine wichtige Rolle gespielt. In Zentralasien war es möglich, die Fremden außerhalb des eigenen Gebietes wohnen zu lassen; an der Küste mußte man sie in Gegenden dichtester Besiedlung auf einheimischem Territorium unter Kontrolle halten. Die Labilität des Kanton-Systems ergab sich teilweise aus der Verschuldung chinesischer Kaufleute an ausländische Geschäftspartner; ähnliche Probleme fehlten an der mongolischen Grenze, wo der Handel weitgehend im Naturaltausch abgewickelt wurde. Im Süden stellte sich chronisch das Problem, womit die chinesischen Exporte bezahlt werden sollten; Opium war die Lösung, die das System schließlich sprengen sollte. Im Norden reichte die Nachfrage nach russischen Pelzen in der Regel aus, um ein ungefähres Gleichgewicht herzustellen. Im Norden fehlten auch religiöse Streitpunkte. Während im Süden aggressive protestantische Missionare auf Zugang zu den heilsbedürftigen Heidenmassen drängten, begnügten sich die Vertreter der russisch-orthodoxen Kirche in Beijing mit der stillen Betreuung ihrer Landsleute.[97]

Das Kjachta-System zeugt von der Flexibilität der sinozentrischen Weltordnung, in deren Praxis im 18. Jahrhundert hierarchische Tributbeziehungen, klassisch verkörpert im Verhältnis zu Korea, nur eine von mehreren Alternativen darstellten. Unter dem Schirm eines weiterhin verbindlichen Weltbildes, das wieder und wieder rituell und rhetorisch bestätigt wurde, schufen die Qing-Herrscher, die gleichermaßen von der Erfahrung chinesischer «Barbarenpolitik» wie von der Erinnerung an die eigene Vergangenheit als ebensolche «Barbaren» profitierten, ein reiches Arsenal situativ angepaßter Institutionen zum Umgang mit den Fremden. Am Ende des 18. Jahrhunderts war noch nicht vorauszusehen, daß diese Mechanismen versagen könnten.

7
Indien, Südchina und der europäische Asienhandel in der Ära der Kompanien

Nachdem die Völker Zentralasiens unterjocht worden waren und man mit dem Zarenreich einen *modus vivendi* ausgehandelt hatte, sah sich das Qing-Imperium während der zweiten Hälfte des 18. Jahrhunderts an keiner seiner Grenzen bedroht. Auch von den europäischen Seemächten schien keine Gefahr für die chinesische Sicherheit auszugehen. Hitzköpfe unter den frühen iberischen Seefahrern und Eroberern waren rasch in ihre Schranken gewiesen worden.[1] Allein den Holländern gelang es, sich für einige Jahrzehnte auf einem Territorium am Rande des chinesischen Verteidigungsglacis festzusetzen. Nachdem 1622, kurz nach der Etablierung des Hauptquartiers der Verenigde Oostindische Compagnie (VOC) in Batavia, der Versuch der Holländer gescheitert war, den Portugiesen den Handelsstützpunkt Macau zu entreißen,[2] errichteten sie 1624 auf Taiwan (Formosa) die Festung Zeelandia und brachten von dort aus in kurzer Zeit den größten Teil der Insel unter ihre Herrschaft.[3] Dies wurde durch Umstände ermöglicht, die für die Holländer außergewöhnlich günstig waren. Zur Zeit der holländischen Invasion konnte von einer tatsächlichen Kontrolle Taiwans durch die Ming-Dynastie nicht mehr die Rede sein. Nach der Lockerung der Seeverbotspolitik 1567 und mit der Intensivierung der maritimen Handelsbeziehungen im letzten Drittel des 16. Jahrhunderts bei gleichzeitigem allgemeinem Machtverfall der Dynastie war in den Küstenregionen der Provinzen Fujian und Guangdong und in der Inselwelt des südchinesischen Meeres ein Raum von diffuser Staatsautorität entstanden, in welchem sich Handel, Piraterie und Seekrieg auf das engste miteinander verflochten, ohne daß Beijing seinen ordnenden Einfluß hätte geltend machen können.[4] Hier fand die VOC eine Nische, aus der sie sich in den Handel vor allem zwischen China und Japan einschalten konnte. Formosa verwandelte sich aber rasch von einem Umschlagplatz des Seehandels zu einer territorialen Kolonie. Die Holländer förderten die Ansiedlung von Festlandschinesen auf der Insel; Zuckerrohrplantagen wurden angelegt, Kohle- und Schwefelvorkommen ausgebeutet und die Einheimischen einer nach den Maßstäben holländischer Kolonialpolitik ungewöhnlich intensiven Erziehung und Heidenmission unterzogen.[5] Dieser erste europäische Versuch in Asien, das weitere Hinterland eines Handelsstützpunkts kolonisatorisch zu durchdringen,[6] endete abrupt 1662, als die Kämpfe zwischen den Anhängern der neuen Mandschuherrscher und den Parteigängern der gestürzten Ming-Dynastie auf den südostchinesischen Raum übergriffen. Dies erschütterte die kollaborative Situation, auf welcher die holländische Macht in Formosa beruhte. Die Holländer waren von Anbeginn auf das Einvernehmen und die Zusammenarbeit mit einheimischen Piraten-Kaufleuten angewiesen. Deren wichtigster war ein Fujianese namens Zheng Zhilong, der ein eigenes Handels- und Freibeuterimperium aufgebaut hatte und um 1627 zur stärksten politischen Kraft im südöstlichen Küstenraum geworden war. Drei Jahrzehnte lang bewährte sich die Symbiose, die der VOC und der Zheng-Familie zu Reichtümern und der Bevölkerung von Fujian zu einer nahezu beispiellosen Unabhängigkeit von der Reglementierung durch die binnenlandorientierte Zentralbürokratie verhalf.[7] Dann geriet dieses friedliche Arrangement in die Turbulenzen des Dynastiewechsels. Während Zheng Zhilong sich ins Lager der Qing-Eroberer begab, schlug sich sein Sohn Zheng Chenggong (für die Ausländer: Koxinga) auf die Seite der Ming-Loyalisten. Mit einer eigenen Streitmacht von 1000 Booten und an die 100 000 Mann trat er 1659 den Qing vor Nanjing entgegen, mußte sich aber bald auf die südchinesischen Inseln zurückziehen, wo er zunächst unangreifbar blieb.[8] Wie fast drei Jahrhunderte später Jiang Kaishek, so erkannte Zheng Chenggong, daß allein Taiwan ihm eine militärisch sichere Zuflucht bieten würde. Im April 1661 setzte er auf die Insel über und belagerte Zeelandia. Die holländische Besatzung kapitulierte am 1. Februar 1662. Schon vier Monate später starb Zheng Chenggong.[9] Indessen konnte die Zheng-Familie für weitere zwanzig Jahre, zunehmend von den Mandschus bedrängt, ihre Unabhängigkeit auf Taiwan behaupten. Erst 1683 ergab sie sich den Truppen des Kangxi-Kaisers.[10]

Die Geschichte Taiwans im 17. Jahrhundert ist in mehrfacher Hinsicht symptomatisch für die Kräfteverhältnisse zwischen den Europäern und den großen Landreichen Asiens. Einmal zeigt sie, daß selbst die ressourcenreichste europäische Seemacht jener Zeit sich nur unter den untypischen Bedingungen eines vorübergehenden Machtvakuums an der Peripherie des chinesischen Imperiums als Kolonialmacht einwurzeln konnte; selbst den Truppen eines regionalen Militärführers wie Zheng Chenggong war sie im Ernstfall nicht gewachsen. Die europäische Seeherrschaft in den östlichen Meeren ließ sich außerhalb der kleinräumig zersplitterten Inselwelt Indonesiens und der Philippinen einstweilen nicht in koloniale Herrschaft zu Lande umsetzen. Für territoriale Kolonisierung nach dem Muster

Spanisch-Amerikas war in Ostasien die Zeit noch lange nicht gekommen. Zum anderen zeigt die holländische Erfahrung, wie prekär die Einbettung in die ostasiatische Umwelt blieb. Die VOC konnte nur deshalb auf Taiwan Fuß fassen, weil sie einheimische Verbündete und Geschäftspartner fand. Doch selbst in den Jahren profitabler Eintracht war die Kooperation mit der Zheng-Familie für die Holländer alles andere als unproblematisch. Zwar kam sie dem holländischen Handel zugute, doch ging gerade von einem expansiven ökonomisch-militärischen See-Unternehmertum wie dem der Zheng-Familie eine Gefahr aus, wie sie von der kontinental orientierten, den Handel geringschätzenden Bürokratie des chinesischen Kernlandes nicht zu gewärtigen war. Hätte sich der Staat der Zheng auf Taiwan behaupten können, dann wäre womöglich den europäischen Ostindien-kompanien auf ihrem ureigenen Feld des Seehandels ein bedrohlicher Rivale erstanden. Die taiwanesische Sezession blieb jedoch eine Episode.

Der europäische Asienhandel des 16. und 17. Jahrhunderts[11] war ein bewaffneter Handel. Portugiesen, Holländer und Briten erkämpften sich gegeneinander und gegen die asiatische Umwelt Systeme militärisch gesicherter Stützpunkte und Niederlassungen, an denen Europäer angesiedelt, Waren umgeschlagen und Schätze gehortet werden konnten. Batavia, Bombay, Madras und Kalkutta waren um 1700 die wichtigsten Beispiele derlei gerüsteter Brückenköpfe,[12] wie sie als Typus in den Handelszitadellen der Genueser im östlichen Mittelmeer und auf der Krim ihre historischen Vorbilder hatten.[13] Nur in Japan und China mißlang eine solche militärische Einwurzelung der Europäer. Die Chinesen duldeten keine fremden Festungen auf ihrem Gebiet; sie erlaubten nicht einmal unbefestigte permanente Faktoreien, sondern allein den Handel von Bord der ausländischen Schiffe. Mit der Vertreibung der VOC aus Formosa und der Wiederherstellung einer starken Staatsmacht unter dem Kangxi-Kaiser waren die Würfel gegen einen bewaffneten Chinahandel gefallen.

Die Konsolidierung der Qing-Herrschaft kam mit der Niederlage der «Rebellion der drei Feudalfürsten» im Jahre 1681 und mit der Eroberung Taiwans im Sommer 1683 zum Abschluß. In den folgenden Jahren widmete sich die Dynastie der Neuordnung der auswärtigen Beziehungen. Schon bevor 1689 die epochale Übereinkunft mit dem Zarenreich ausgehandelt und 1691 die Äußere Mongolei (Qalqa) dem Schutz der Qing unterstellt wurde, beseitigte man die Handelsbeschränkungen an der südöstlichen Küste, die während der Militäraktionen gegen die Zheng auf Taiwan in Nachahmung der Ming-Seeverbote erlassen worden waren. Macau verlor damit die Vorzugsstellung, die es vorübergehend als vom Handelsverbot ausgenommener Ruhepol inmitten der kriegerischen Auseinandersetzung genossen hatte. Seine letzte Blütezeit war nun beendet.[14] Der Aufstieg Kantons zum großen Emporium des Ostens begann. Im 18. Jahrhundert büßte Macau die letzten Reste politischer Unabhängigkeit ein und wurde *de facto* in die chinesische Territorialverwaltung eingeglie-

dert; nur noch nominell konnte es als Kolonie Portugals gelten.[15] Die
Existenz Macaus unter portugiesischer Flagge hatte ohnehin von Anfang
an einer soliden machtpolitischen und vertraglichen Grundlage entbehrt;
sie beruhte auf der stillschweigenden Tolerierung durch China. Bis 1849
zahlten die Portugiesen Pacht an die Staatskasse in Beijing, und erst 1887
erkannte China die portugiesische Souveränität über Macau an.[16] Wirtschaftlich war es seit dem späten 17. Jahrhundert selbst als Regionalzen-
trum kaum noch von Bedeutung. Allerdings nahmen portugiesische
Händler, die besten europäischen Kenner chinesischer Sprache, Mentalität
und Sitte, trotz ihrer vergleichsweise spärlichen Ressourcen auch weiterhin als Zwischenhändler und Vermittler am Küstenhandel teil. Der portugiesische Kronkapitalismus hinterließ bei seinem frühen Ende ein zählebi-
ges kulturelles und demographisches Erbe. Bis ins frühe 19. Jahrhundert
behauptete sich die portugiesische Sprache als das Idiom des Handels in
den Hafenstädten östlich von Hormuz. Erst um 1825 wurde es vom
Englischen verdrängt, das in seiner «Pidgin»-Variante allerdings mit starken portugiesischen Elementen durchsetzt blieb.[17] Noch nach dem Ersten
Weltkrieg beschäftigten viele europäische Firmen in Shanghai Portugiesen
oder Abkömmlinge portugiesisch-chinesischer Familien als Buchhalter
und Agenten in subalternen Positionen. Sie galten als besonders sprach-
kundig und zuverlässig.[18]

Die frühen Kontakte mit den seefahrenden Europäern stellten die
Chinesen vor neue Herausforderungen, denen man zunächst mit bewährten Mitteln zu begegnen suchte. Der Qing-Dynastie von Kangxi bis
Qianlong standen dabei vier Verfahrensmodelle für den Umgang mit
ihren Nachbarn zu Gebote:
– erstens Unterwerfung und Kolonisierung (im Verhältnis zu Zentralasien),
– zweitens diplomatische Abwägung und Abgrenzung von Interessen
unter Bedingungen der Gleichrangigkeit (im Verhältnis zu Rußland),
– drittens Verflechtung von Handel, bürokratischem Gabentausch und
hierarchischem Ritual im Rahmen des Tributsystems (im Verhältnis zu
den kleinen Staaten an der östlichen und südlichen Peripherie),
– viertens latent antagonistische Nicht-Beziehungen bei stillschweigend
tolerierten inoffiziellen Kontakten (im Verhältnis zu Japan).

Wo ordneten sich die Berührungen mit den europäischen Seemächten
ein?

Portugiesen und Holländer entsandten ebenso wie die Russen (die
eifrigsten Besucher am Hofe) gelegentlich Gesandtschaften zum Kaiser
nach Beijing: die Portugiesen 1667–70, 1678, 1727 und 1753, die Holländer 1656, 1666–68, 1685–87 und 1795. Immer ging es hauptsächlich – und
stets ohne Erfolg – um die Beseitigung von Handelshindernissen. In den
chinesischen Annalen wurden diese Gesandtschaften routinemäßig als
Tributmissionen verbucht. Daß die Europäer ohne Murren das vorge-

schriebene Tributritual ausführten,[19] leistete einer solchen Interpretation Vorschub. Indessen waren die europäischen Mächte keineswegs in Analogie zu Korea oder Siam in das sinozentrische Tributsystem integriert. Die Europäer entsandten keine regelmäßigen Delegationen und erschienen nur im Abstand vieler Jahrzehnte; sie ersuchten nicht um die symbolische Legitimierung ihrer Herrscher durch den Sohn des Himmels; vor allem hatten sie nicht teil am ideologischen Kosmos des konfuzianischen Weltbildes, gehörten also zum äußeren Kreis der fremdkulturellen, der kulturlosen Barbaren. Zu ernsthaften diplomatischen Verhandlungen, wie sie mit einigen der russischen Botschafter geführt wurden, kam es mit den portugiesischen und holländischen Emissären nicht. Gerade deshalb sah die Qing-Regierung, die sich in ihren Beziehungen zu Russen und Mongolen eines hohen Maßes an Pragmatismus und Realpolitik befleißigte, keine Veranlassung, ihre Beziehungen zu den europäischen Seemächten außerhalb der tributären Konvention neu zu definieren.[20] Die Tributfiktion legte sich über die Realität eines florierenden europäischen Chinahandels, der vielfacher Reglementierung ausgesetzt war, ohne jedoch dogmatisch in die Prozeduren des Tributsystems hineingezwängt zu werden.

Kaum näher stehen die Beziehungen zwischen China und dem maritimen Europa dem Modell der abwägenden Interessenpolitik, wie sie gegenüber dem Zarenreich praktiziert wurde. Es fehlte der außenpolitische Handlungsbedarf, wie er zur Großen Diplomatie zwischen Kangxi und Peter d. Gr. geführt hatte. Nach der Beseitigung der Freibeuterei im Südosten gab es an der Küste kein Gegenstück zu den Sicherheitsproblemen, die das Dreiecksverhältnis zwischen Russen, Mongolen und Mandschus im späten 17. und frühen 18. Jahrhundert so heikel erscheinen ließen. Ohnehin nahm sich der Südosten aus der Perspektive der Hauptstadt als fern und hinter den Schlüsselregionen Nord- und Zentralchinas nachrangig aus. Die Politik gegenüber den seefahrenden Europäern wurde in größerem Umfang an die regionalen Beamten delegiert, als dies bei der vom *lifanyuan*, dem «Barbarenamt», zentral gesteuerten Innerasienpolitik der Fall war. Es gelang mit relativ einfachen Mitteln, die Westeuropäer auf die maritime Peripherie zu begrenzen. Der Handel in der Hauptstadt, wie er den russischen Karawanen gestattet wurde, blieb ihnen verwehrt; bei den Missionaren wurde streng darauf geachtet, daß sie nicht als Vertreter der weltlichen Interessen ihrer Patronatsmächte auftraten.

Weil aus Beijings Sicht gravierende Sicherheitsprobleme fehlten, weil sich die Kontakte mit den Seemächten im Normalfall durch bürokratische Routineverfahren regulieren ließen, schließlich weil die Ostindiengesellschaften mit der kommerziellen Praxis an der Chinaküste im allgemeinen zufrieden waren: aus diesen Gründen kam es vor der Mitte des 19. Jahrhunderts zwischen China und den westeuropäischen Staaten zu keiner völkerrechtlichen Kodifizierung der gegenseitigen Beziehungen nach dem Vorbild der umfassenden und systematischen Regelung von Kjachta.

Gleichwohl verlief der westeuropäische Chinahandel in vorgezeichneten organisatorischen Bahnen. Selbstverständlich war er kein Freihandel. Die europäischen Regierungen förderten den Aufbau und die Aktivitäten privilegierter «Chartered Companies», während auf chinesischer Seite die Bürokratie, die sich niemals direkt kommerziell betätigte, den privaten Handel nur unter einem allgemeinen Interventionsvorbehalt gewähren ließ. Die Aktivitäten ausländischer Kaufleute unterlagen strengen Beschränkungen. Ältere Praktiken wurden 1760 durch kaiserlichen Entscheid zu einem Bündel von Arrangements systematisiert, das von Historikern als «Kanton-System» bezeichnet wird. Sein Kern war die Gegenüberstellung zweier Monopolorganisationen: des Monopols der sogenannten «Hong-Kaufleute» und desjenigen der westlichen Ostindiengesellschaften, unter welchen die britische East India Company (EIC) zunehmend dominierte. Dieses Doppelmonopol bestand bis 1833, als die EIC ihre privilegierte Stellung im Chinahandel verlor. Es wurde nach einer kurzen Übergangszeit durch das freihändlerische «Treaty-Port-System» ersetzt, das 1842 und in den Jahren danach aufgebaut wurde.

Die Annahme solcher «Systeme» – anläßlich des «Tributsystems» war davon bereits die Rede – beruht freilich immer auf idealtypischen Abstraktionen. Sie dürfen, so unentbehrlich sie sind, nicht vergessen lassen, daß in der historischen Wirklichkeit die Phänomene auf verschiedenen Ebenen in Bewegung waren: auf der Ebene der langfristigen Trends ebenso wie auf der kurzfristigen der Alltagspraxis. Der «Old China Trade», den die Windjammerromantik der Dampfschiffepoche so oft verklärt hat, war ein Zusammenhang, der die disparatesten Elemente in immer neuen Konfigurationen verknüpfte: Teepflanzer in Zhejiang, Opiumbauern in Radjastan, indianische Bergleute in den Silberminen Perus, Negersklaven auf den Zuckerplantagen Jamaicas, teetrinkende Arbeiter in den Baumwollfabriken der englischen Midlands, Seeleute aller Länder auf den Schiffen der Kompanien, Schiffszimmermänner im französischen Lorient und in den Londoner East India Docks, bretonische Schmuggler, reiche Liebhaber exotischen Kunstgewerbes, chinesische Mandarine, europäische Staatskämmerer, Gouverneure und Kaufmannskomitees in den Zentren des frühen Kolonialismus. Der alte Chinahandel durchlief Phasen und Zyklen, er vermittelte Konjunkturen in Ost und West, spiegelte Aufstieg und Fall von Handelsmächten, Verschiebungen in Produktionstechnik und Konsumentengeschmack. Er kann deshalb unter vielen Gesichtspunkten untersucht und dargestellt werden: als Indikator für zunehmende wirtschaftliche Vernetzung im Weltmaßstab, als Ursache binnenökonomischer Veränderungen in China wie in Europa, als Beispiel für eine kulturelle Kollision oder einfach als Summe der Erfahrungen derjenigen Individuen und sozialen Gruppen, die mit ihm ihren Lebensunterhalt bestritten. Die Skizze seiner institutionellen Formen kann nur das dürre Gerippe solcher Vielfalt bereitstellen.[21]

1684 hob der Kaiser Kangxi die Einschränkungen des Seehandels auf. Im folgenden Jahr wurden in vier Häfen der südöstlichen Küste Seezollstationen eröffnet. Dies war weniger als Entgegenkommen gegenüber den Ausländern denn als Voraussetzung für die Abschöpfung von Zolleinnahmen zum Nutzen der kaiserlichen Schatulle zu verstehen. Außerdem glaubte der Monarch, daß das Fortbestehen der Verbote nur die Korruption unter den Beamten fördere, die vom Schmuggel profitierten.[22] Die Aufhebung der Handelsbeschränkungen war also auch durch nichtökonomische Ordnungszwecke motiviert. Ihre wirtschaftlichen Folgen waren erheblich. Die Liberalisierung des Seehandels belebte vor allem den Dschunkenverkehr nach Südostasien. Dies kam in erster Linie den Holländern zugute. Sie fanden in Batavia Zugang zu chinesischen Exportgütern (in erster Linie Tee), die man vor allem gegen Pfeffer tauschte.[23] Die VOC entsandte allerdings erst 1729, mehr als sechzig Jahre nach dem Formosa-Debakel, wieder eigene Schiffe nach China. Die britische EIC hingegen baute während der ersten beiden Jahrzehnte des 18. Jahrhunderts einen regelmäßigen Direktverkehr mit China auf; seit 1717 wurde kontinuierlich Tee von Kanton nach England verschifft.[24]

In den 1720er Jahren erlebte der Handel mit China seine «take-off»-Phase, den eigentlichen Beginn seines später phänomenalen Wachstums. Nun wurde er zu einem attraktiven Geschäft, an dem sich Ostindienkompanien aus fast allen nordwesteuropäischen Ländern beteiligten:[25] neben der VOC und der 1708/09 leistungsfähiger reorganisierten EIC auch die 1723 erneuerte, nach wie vor straffer Staatskontrolle unterstehende «Compagnie des Indes»; die besonders in den 1740er und 1750er Jahre im Teehandel aktive dänische «Asiatisk Kompagni»; die zwischen 1723 und 1731 als Sammelbecken international mobiler Handelskapitalien tätige «Ostende-Gesellschaft»; die 1731 privilegierte schwedische «Ostindiska Kompaniet», deren Chinahandel um die Jahrhundertmitte kulminierte; schließlich die preußische «Emden-Gesellschaft», die allerdings nur eine einzige profitable Handelsexpedition nach China organisierte (1752/53).[26]

Das Wachstum des europäischen Chinahandels läßt sich im langfristigen Trend aus Tabelle 3 (S. 112) ersehen. Die Tabelle sagt nichts aus über den tatsächlichen Warenumschlag und nichts über Profite. Der sehr umfängliche und durch das Auftreten der größeren europäischen Schiffe keineswegs generell beeinträchtigte chinesische Dschunkenhandel zwischen Kanton und südasiatischen Häfen[27] und der regionale Zwischenhandel unter europäischen Flaggen (*country trade*) werden in ihr nicht erfaßt und sind statistisch auch kaum darstellbar. Trotzdem verdeutlichen die Zahlen das Wachstum des europäischen Seeverkehrs mit dem chinesischen Reich. Sie zeigen, daß dieses Wachstum im langfristigen Trend stetig verlief und besonders in den 1740er bis 1760er, den 1780er und den 1820/1830er Jahren schubartig voranrückte.

Tabelle 3: *Die Entwicklung des Schiffsverkehrs in Kanton*
1719–1833

Jahr	In Kanton eintreffende ausländische Tonnage (1000 t)	Index
1719–1726	2803	100
1727–1734	3178	113
1735–1740	4968	177
1741–1748	9093	324
1749–1756	11620	414
1757–1762	10199	364
1763–1768	15344	547
1769–1775	16537	590
1776–1782	16158	576
1783–1791	25013	892
1792–1799	22731	811
1800–1807	24689	881
1808–1813	20309	724
1814–1820	25591	913
1821–1827	30493	1088
1828–1833	37507	1338

Im Jahresmittel, nur Direktverkehr aus Europa (ohne asiatischen *country trade* unter europäischen Flaggen).

Quellen: Louis Dermigny, La Chine et l'Occident: le commerce à Canton au XVIIIe siècle, 1719–1833, Paris 1964, Bd. I, S. 204.
Index nach: Susan Naquin/Evelyn S. Rawski, Chinese Society in the Eighteenth Century, New Haven/London 1987, S. 103 (Tabelle 2).

Die Periode zwischen etwa 1720 und 1760 war die Aufbauphase des europäischen Chinahandels. Sie hebt sich nicht nur in quantitativer Hinsicht von den späteren Jahrzehnten ab. Begünstigt durch das glückliche Zusammentreffen eines ökonomischen Aufschwungs in Westeuropa in den Jahren nach dem Ende des Spanischen Erbfolgekrieges und einer durch verstärkte Silberimporte, inneren Frieden und eine marktfreundliche Politik der Qing-Regierung angeregten gewerblich-kommerziellen Entfaltung der chinesischen Binnenwirtschaft, wurde der maritime Chinahandel zu einem der weltweit wichtigsten Expansionssektoren im mittleren Drittel des 18. Jahrhunderts. Die Zeit von 1720 bis 60 war die Periode der teils rivalisierenden, teils kooperierenden Ostindien-Kompanien. Die EIC wurde zunehmend zum *primus inter pares*, konnte aber eine Hegemonie im Chinahandel erst durchsetzen, nachdem sie sich während der ersten Hälfte der 1760er Jahre zur Territorialmacht in Bengalen aufgeschwungen hatte. Auch in der warenmäßigen Zusammensetzung des Handels, besonders auf der Exportseite, herrschte größere Vielfalt als später. Der Motor des ganzen Handels waren die Importe von Metallen, hauptsächlich von Kupfer und Silber, die China unersättlich verschlang, während es keinen Bedarf für die gewerblichen Massenerzeugnisse Europas zeigte und sich allenfalls für Luxusgüter, etwa feinste englische und holländische Stoffe oder mechanische Spieluhren, interessierte. Daneben importierte man noch Kolonialwaren aus Indien oder Indonesien, zum Beispiel Zinn, das in riesigen Mengen zu brennbaren Opferfolien ausgewalzt wurde.[28] Münzmetalle überwogen aber in einem solchen Maße, daß mit Recht gesagt werden konnte, der Chinahandel dieser Periode sei «mehr ein Handel mit Geld als mit Gütern» gewesen.[29] Umgekehrt kauften die Europäer feine Baumwoll- und Seidenstoffe, in geringerem Umfang auch Rohseide, Porzellan, Lackarbeiten, Gewürze und Arzneimittel. Der Anteil des Tees nahm fortwährend zu, doch erst Mitte der 1780er Jahre begann die Boomzeit dieser Ware, die in Europa rasch zum Inbegriff exotischer Genüsse wurde.

Tee trat zuerst um 1610 in Holland auf und wurde 1657 in England erstmals zubereitet.[30] Am Anfang des 18. Jahrhunderts war er in beiden Ländern zum selbstverständlichen Luxusgut der Wohlhabenden geworden, während er sich in Frankreich und Deutschland lange (und im Grunde bis heute) nicht durchsetzen konnte. Warum Tee im Laufe des 18. Jahrhunderts besonders unter den Briten aller Bevölkerungsschichten – wie seit der Tang-Zeit unter den Chinesen[31] – zum bevorzugten Getränk werden sollte, ist nach wie vor ein Rätsel. Obwohl ein gezieltes Marketing der Ostindiengesellschaften dabei eine Rolle gespielt haben dürfte,[32] muß die Erklärung vermutlich auf der Nachfrageseite gesucht werden. War Tee ein Ersatz für den immer teureren (seit 1751 hoch besteuerten) Gin, der noch das England Georgs II, und William Hogarths zum sprichwörtlichen Land der Trunkenbolde gemacht hatte?[33] Ein Mittel, um den immer billiger aus der Karibik importierten Zucker zu sich zu nehmen?[34] Oder gab es eine gleichsam natürliche Affinität zwischen Tee und den Ländern, in denen die Weinrebe nicht gedeiht?[35] Wie dem auch sei: der Aufstieg des Tees zu einem wichtigen internationalen Handelsgut begann, zwei oder drei Jahrzehnte nach der Karriere des arabischen Kaffees, in den so vielfältig innovativen 1720er Jahren. Der Durchschnittsverbrauch pro Kopf in England stieg von schätzungsweise 0,10 englischen Pfund 1726–30 auf 1,00 Pfund 1768–72 und verdoppelte sich während der folgenden beiden Jahrzehnte.[36] Versorgt wurde der englische Markt bis in die zweite Hälfte der 1780er Jahre nicht in erster Linie von der EIC, sondern durch Schmuggler, die aus Frankreich und Holland über den Kanal hinweg den Tee ins Land brachten. 1780 stammte nur ein Drittel des in Großbritannien konsumierten Tees aus Importen der EIC.[37] Für die VOC ging die Rentabilität ihres Teehandels (und mehr noch ihres Gesamtgeschäfts) seit etwa 1760 deutlich zurück, doch war sie bis zum Vierten Englisch-Holländischen Krieg von 1780–84 und der drastischen Reduzierung der britischen Teezölle 1784 der führende europäische Faktor im chinesischen Teegeschäft. Bis zur Aufhebung der VOC im Jahre 1799 blieb Tee ihr wichtigstes Exportgut aus China.[38]

Im Umgang zwischen Europäern und Chinesen war die Gründungsperiode zwischen etwa 1720 und 1760 eine verhältnismäßig konfliktarme

Zeit. Im Rückblick vom frühen 19. Jahrhundert aus erschien sie vielen als eine Ära der Stabilität, der geschäftlichen Gediegenheit und des geradezu idyllischen Einvernehmens. Selbstverständlich war den ausländischen Kaufleuten der Zugang zu den Tee- und Seidedistrikten im Landesinneren verwehrt; kein westlicher Porzellanhändler bekam jemals die berühmten Werkstätten von Jingdezhen zu Gesicht. Die Ausländer waren also völlig auf die gute Zusammenarbeit mit den chinesischen Großkaufleuten der südöstlichen Küstenstädte angewiesen, besonders denen von Kanton. Obwohl Kangxi den Außenhandel in mehreren Häfen autorisiert hatte, drifteten die Ostindienkompanien schon kurz nach der Jahrhundertwende nach Kanton, denn nur dort verfügten die chinesischen Kaufleute über genügend Eigenkapital für längerfristige und dem Markt angepaßte Transaktionen.

In Kanton waren Kaufmannsgeschäfte großen Stils (im Unterschied zum Kleinhandel) ebensowenig eine rein marktwirtschaftliche Angelegenheit wie im Innern des Reiches. Andererseits kam ein direkter Staatshandel nicht in Betracht, denn für die konfuzianischen Beamten waren sowohl Handelsgeschäfte als auch der Umgang mit Ausländern anrüchig. So entstand ein Puffermechanismus des bürokratisch beaufsichtigten privaten Monopolhandels, der zum wichtigsten Kennzeichen des europäisch-chinesischen Kontakts an der Küste werden sollte. Schon in der späten Ming-Zeit gab es in der Provinz Guangdong 36 Firmen (*hang*, von den Ausländern «Hongs» genannt), denen der Staat gewisse Vorrechte im Außenhandel einräumte, allerdings noch kein Monopol.[39] Nach der Wiederzulassung des Außenhandels 1684/85 traten in Kanton die «13 Hongs» auf:[40] finanziell potente Firmen, die gegen die Zahlung von Lizenzgebühren unter den Schutz des Staates gestellt und mit der Abwicklung des Außenhandels betraut wurden. 1720 schlossen sie sich als «Co-Hong» (*gonghang*) mit dem Ziel einer monopolistischen Preispolitik körperschaftlich zusammen. Eine solche Formierung war keineswegs der diabolische und «typisch chinesische» Versuch zur Übervorteilung der Fremden, als der sie von den Europäern im 19. Jahrhundert immer wieder dargestellt wurde. Sie entsprach tradierten chinesischen Geschäftspraktiken und fand ihr Vorbild in den Zusammenschlüssen der Salzkaufleute von Lianghuai. Sie kann durchaus als asiatisches Gegenstück zur Herausbildung der großen Monopolgesellschaften im Europa des merkantilistischen Kapitalismus gedeutet werden. Die Unterschiede zwischen Ost und West lagen allerdings darin, daß erstens das Rechtsinstitut der «Charter», des Freibriefs, den europäischen Kompanien eine viel größere Unabhängigkeit vom Staat sicherte, als sie die chinesischen Hongs jemals zu erreichen vermochten; daß zweitens die europäischen Kompanien über die nun entstehenden Kapitalmärkte auf Fremdmittel zurückgreifen konnten;[41] und daß drittens die Co-Hong im Vergleich zu komplex organisierten bürokratischen Apparaten wie der VOC und besonders der EIC[42] ein nur schwach integrierter Verband war.[43]

Die Beauftragung einer kleinen Zahl von Kaufleuten mit den Aufgaben des Außenhandels, so gewiß sie vornehmlich dem Interesse der Dynastie an Stabilität, Kontrolle der Fremden und regelmäßigen Zolleinnahmen entsprang, erfüllte auch Zwecke, die den Ausländern zugute kamen. In einer fremden ökonomischen Umwelt ohne jede Transparenz für den Außenstehenden verkörperten die Hong-Kaufleute die respektabelsten und solidesten Angehörigen ihrer Profession; sie boten, gestützt durch die Protektion der Behörden, die Gewähr dafür, daß Verträge honoriert, Waren der jeweils gewünschten Qualität geliefert und Vorschüsse ordnungsgemäß verrechnet wurden.[44] Die Holländer hatten in der Mitte des 17. Jahrhunderts die undurchsichtigen Verhältnisse des Dynastiewechsels und der Piratenzeit für sich ausnutzen können. Handel in den viel größeren Dimensionen der Yongzheng-Periode verlangte im Gegensatz dazu einen dauerhaften und berechenbaren institutionellen Rahmen. Ihn bot das System der Hong-Kaufleute.

In der Praxis trat die Co-Hong zunächst als Monopolist wenig in Erscheinung. Gegenüber einheimischen Konkurrenten konnten sich die Hong-Kaufleuten nur unvollkommen durchsetzen, was den Europäern eine gewisse Freiheit der Wahl zwischen verschiedenen Geschäftspartnern ließ.[45] Indessen hatte sich am Anfang der 1750er Jahre eine Menge Problemstoff angehäuft. Die neuralgische Stelle des Systems waren die Beziehungen zwischen den Hong-Kaufleuten und dem ihnen vorgesetzten Kaiserlichen Zoll-Superintendenten, dem «Hoppo», der neben dem Gouverneur von Guangdong, dem Generalgouverneur («Vizekönig») von Guangdong und Guangxi und dem Kommandeur der Mandschu-Garnison der mächtigste Beamte in Kanton war. Er unterstand direkt dem Kaiser, und seine erste Loyalität galt nicht dem Schatzamt in Beijing (*hubu*), sondern der Kaiserlichen Haushaltsbehörde (*neiwufu*), also der Privatschatulle des Monarchen. Dieser mußte er jährlich eine fixe Quote der Zolleinnahmen zufließen lassen.[46] Im Interesse des Hoppo lag es also, einerseits den Handel in Gang zu halten, andererseits aber den von ihm abhängigen Hong-Kaufleuten ein Maximum an Gebühren, Zuwendungen und Geschenken abzupressen. Eine besonders wirkungsvolle Methode bestand seit den 1740er Jahren darin, die Hong-Kaufleute zu Bürgen für das ordnungsgemäße Betragen der Fremden zu erklären und sie für scheinbare oder tatsächliche Ordnungswidrigkeiten und Missetaten der Ausländer zur Rechenschaft zu ziehen. Immer öfter kam es vor, daß Hong-Kaufleute, durch den Hoppo bedrängt, finanzielle Hilfe bei britisch-indischen Geldverleihern oder direkt bei den Ostindienkompanien suchten.[47] Diesen wiederum war daran gelegen, den Bankrott bewährter Geschäftspartner zu verhindern. So fanden sie sich immer öfter in der Rolle von indirekten Opfern der raffgierigen Hoppos.

Ein 1759 protokollarisch inkorrekt ausgeführter Versuch des EIC-Bediensteten James Flint, bei Qianlong persönlich Beschwerde zu führen,[48] erreichte das Gegenteil der beabsichtigten Wirkung. Der verärgerte Kaiser beschloß, die Aktivitäten der fremden «Barbaren» strikterer Aufsicht zu unterstellen. Das eigentliche Kanton-«System» erhielt seine kodifizierte Form.[49] Bis auf Kanton wurden alle Häfen für Ausländer geschlossen. Sie blieben es bis 1842.

Unter der überkommenen Vorstellung, Handel mit China sei ein kaiserlicher Huldbeweis und die Fremden müßten sich seiner durch ziemliches Betragen erst würdig erzeigen, wurden existierende Bestimmungen zur Beschränkung der Fremden energischer durchgesetzt und zusätzliche erlassen. Die westlichen Kaufleute (nicht aber Matrosen) durften sich während der Handelssaison außer auf ihren Schiffen nur in einem kaum mehr als acht Hektar großen Areal am Perlfluß außerhalb der Stadtmauern von Kanton aufhalten, das als die «Thirteen Factories» bekannt war. Hier besaßen die größeren chinesischen Kaufleute Lagerhäuser sowie Faktoreigebäude, die sie an die ausländischen Kompanien (und zunehmend auch an Privatkaufleute) vermieteten; Nicht-Chinesen war der Erwerb von Grund und Boden untersagt. Ausländischen (der Theorie nach auch chinesischen) Frauen war der Zutritt zum Factory-Gelände verwehrt. Die Fremden durften dort keine Feuerwaffen tragen; Kriegsschiffen war schon die Einfahrt in die durch die Festung Bocca Tigris geschützte Mündung des Kanton-Flusses verboten. Die Stadt Kanton und das weitere Hinterland durften nicht betreten werden. Ausländern war weder der Erwerb chinesischer Bücher noch das Erlernen der chinesischen Sprache erlaubt. Nach dem Ende der Handelssaison, die von Oktober bis Mai dauerte, hatten die Ausländer Kanton zu verlassen, durften sich aber in Macau aufhalten. In Streitigkeiten zwischen Ausländern mischten sich die chinesischen Behörden in der Regel nicht ein, wenngleich sie den Fremden keine eigene Jurisdiktion zugestanden.

Günstiger als das Verhältnis zu den mißtrauischen «Mandarinen» gestalteten sich die Beziehungen zwischen den Fremden und den Hong-Kaufleuten, die seit 1759 erneut in der Co-Hong zusammenarbeiteten.[50] Die Co-Hong zahlte körperschaftlich die Steuern und Abgaben ihrer Mitglieder. Sie haftete – nach dem alten chinesischen Prinzip der kollektiven Sicherheitsgarantie – der Obrigkeit für das Verhalten einzelner unter ihnen. Die Co-Hong war außerdem der einzige zulässige Kanal, über den die Ausländer mit den Beamten in Verbindung treten durften; eine direkte Intervention beim Kaiser war nach der Flint-Affäre von 1759 vollkommen undenkbar geworden. Die Co-Hong diente, im großen und ganzen gesehen, mehr der Kontrolle der privilegierten Außenhandelskaufleute durch den Staat (zumal die reicheren «Hongisten» sich oft in die unteren Ränge des Titelsystems einkauften) als der Durchsetzung eines Marktmonopols gegenüber den Europäern. Während der letzten Jahrzehnte des 18. Jahrhunderts, als der Handel kräftig expandierte, hörte man selten Klagen über exzessive Preise. Die Ostasiengesellschaften und die größeren westlichen Privathändler hatten gewöhnlich «ihren» Hong-Kaufmann oder gar «ihre» Kaufmanns-Dynastie, mit dem oder der sie über lange Zeit hinweg vertrauensvoll zusammenarbeiteten. Es wurde allerdings noch häufiger als in der Vergangenheit (zumal nach 1782) erforderlich, einzelne Hong-Kaufleute finanziell zu stabilisieren. Besonders die reichsten unter ihnen sahen sich stetig wachsenden, aber im Einzelfall willkürlich vorgenommenen und astronomische Beträge erreichenden Forderungen durch den Hoppo konfrontiert, der selbst wiederum in einer Atmosphäre steigenden Geldbedarfs in Beijing und zunehmenden Verlangens nach «Geschenken» auf allen Rängen der Bürokratie Mühe hatte, seine eigenen Verpflichtungen zu erfüllen.[51] Beim Hoppo in Ungnade zu fallen, war für einen Hong-Kaufmann ein mindestens ebenso unerfreuliches Schicksal wie ein geschäftlicher Fehlschlag. Die Folge konnten Gefängnishaft, Prügelstrafe, Konfiskation oder Verbannung nach Zentralasien sein.[52] Die EIC bestritt daher einen zunehmenden Teil des Betriebskapitals ihrer Hong-Kaufleute. Eine solche umfangreiche Vorfinanzierung des Handels (ca 50% bei Tee und bis zu 90% bei Seide) stärkte die Marktmacht der Company und schloß eine effektive Monopolpolitik der Hong-Kaufleute praktisch aus. Da die EIC aber auch mit jeder neuen Investition in einen Kaufmann um so mehr bestrebt war, seinen Bankrott zu verhindern, konnte sie ihn auch bei immer neuen Belastungen schwerlich fallenlassen.[53] Das alte Übel, in letzter Instanz für die Erpressungen des Hoppo zahlen zu müssen, wurde immer drückender. Eine Lösung war nicht in Sicht.[54] Die zweite Hälfte des 18. Jahrhunderts wurde auf diese Weise zur Zeit der chinesischen Schulden: Nicht nur die Hong-Kaufleute gerieten in finanzielle Abhängigkeit von den ausländischen Kompanien. Von der Liquiditäts- und Kreditsituation in Kanton wurden zunehmend auch die Tee- und Seidendistrikte im Landesinneren berührt. Große Teile der Exportproduktion wären angesichts der Unterentwicklung des einheimischen Kreditwesens[55] ohne die Vorschüsse der Ausländer nicht finanzierbar gewesen. Obwohl die Fremden ihre winzige Enklave im südlichen Hafen Kanton nicht verließen, übten sie einen indirekten wirtschaftlichen Einfluß aus, der bis in die Dörfer Mittelchinas reichte.

1760 war die niederländische VOC noch immer die größte Schiffahrts- und Handelsgesellschaft der Welt.[56] Zwanzig Jahre später nahm die EIC diesen Platz ein. An der säkularen Gewichtsverlagerung, die in dieser Epoche dem europäischen Seehandel überall im Indischen Ozean und im westlichen Pazifik das Übergewicht über die einheimische Schiffahrt eintrug,[57] hatte niemand so starken Anteil wie die East India Company und der britische Country Trade. Die Ablösung Hollands durch Großbritannien in der Position weltwirtschaftlicher Dominanz wurde in Europa entschieden. In Asien machten sich zusätzlich zwei Faktoren geltend, die den Briten ihre Leitrolle geradezu aufzwangen: zum einen die fortwährend steigende Nachfrage nach Tee im Mutterland, zum anderen der Aufbau eines territorialen Imperiums in Indien, der nach der Jahrhundertmitte begann. In mancher Hinsicht strebten die Entwicklungen in Indien und in China nun deutlicher auseinander. War das gesamte Asien der tropischen und subtropischen Zonen noch am Anfang des 18. Jahrhunderts durch ein überall in den Grundmerkmalen ähnliches Netz des militärisch geschützten Handels in Hafenstädten zusammengeknüpft, so profilierten sich im letzten Drittel des Jahrhunderts verschiedene Typen des Verhältnisses von Europäern und Asiaten. In Indien schlug die EIC den Weg zur Herrschaft über große Territorien ein. Gleichzeitig verengte sich ihr Aktionsspielraum im Qing-Reich. China schloß sich, während Indien geöffnet wurde. Aber China schloß sich niemals so dicht wie Japan, die eingekapselte Zivilisation *par excellence*. Es ließ einen gewissen Spielraum für einen Handel, den Monarch und Beamtenelite zwar geringschätzten, dessen abschöpfbare «Protektionsrenten» und Zollrevenuen sie jedoch keineswegs verschmähten. Am Ende wurden Indien und Südchina zu Bestandteilen ein und desselben merkantil-kolonialen Systems. Der Chinahandel entwickelte sich zur unentbehrlichen Finanzierungsquelle der britischen Herrschaft in Südasien, während indische Waren, zumal Opium und Baumwolle, das dafür nötige Volumen des Chinahandels überhaupt erst ermöglichten.

Am Beginn dieser dichteren Integration im südostasiatischen Subsystem der aufkommenden Weltwirtschaft steht abermals der Tee.[58] Zwischen 1760 und 1795 machte Tee 81 % der Exporte der EIC aus Kanton aus und war die Quelle von 90 % der Gewinne, welche die Company im Chinahandel erzielte. Ihre Nettogewinne aus dem Teehandel lagen für die Zeit von 1775 bis 1795 bei durchschnittlich 31 %.[59] Das phänomenale Wachstum des Kanton-Handels, das durch keine Schikane der Hoppos und keine Liquiditätskrise der Hong-Kaufleute länger als episodisch unterbrochen wurde, ist hauptsächlich auf die Expansion des Teeumschlags zurückzuführen. In der Geschichte dieser Expansion markiert das Jahr 1784 die entscheidende Zäsur, den Beginn «revolutionärer Veränderungen im Chinahandel».[60] Nachdem die britischen Teezölle während des amerikanischen Unabhängigkeitskrieges bis auf die außerordentliche Höhe von 111 % hinaufgeschraubt worden waren, kürzte sie das House of Commons durch die Commutation Act vom 20. August 1784 mit einem Male auf beispiellose 12,5 % *ad valorem*.[61] Zugleich wurde das Monopol der EIC für den Tee-Import nach Großbritannien bestätigt, aber durch Zusatzklauseln (z. B. über das Abhalten öffentlicher Auktionen) näher umschrieben.[62] Hinter dieser Reform stand die Absicht der Regierung des Premierministers William Pitt, (a) dem umfangreichen Teeschmuggel vom Kontinent nach England seine Basis zu entziehen, (b) im Chinahandel die britische Position auf Kosten der europäischen Konkurrenten zu verbessern und (c) die Staatsfinanzen nach dem Desaster des amerikanischen Krieges durch die Stimulierung und Besteuerung legalen Massenkonsums zu sanieren. Alle drei Ziele wurden schnell erreicht. Angesichts der Tatsache, daß der Teeschmuggel über den Kanal hinweg jahrzehntelang in größtem Stil betrieben worden war – internationale Syndikate hatten bewaffnete Schiffe der oberen Größenklassen eingesetzt –, überrascht es, wie schnell er ein Ende fand.[63] Damit war ursächlich eine Gewichtsverschiebung innerhalb des europäischen Chinatee-Handels verbunden. Im Durchschnitt der Jahre 1778–84 entfielen auf die EIC nur 36% des aus Kanton exportierten Tees; 1785–91 waren es 63%, 1814–20, nachdem amerikanische Privathändler die kontinentalen Ostindiengesellschaften als Hauptkonkurrenten der EIC abgelöst hatten, 76%.[64] Man kann sich den Wandel nicht drastisch genug vorstellen: Die Commutation Act von 1784 sicherte der EIC auf einen Schlag die unanfechtbare Vorherrschaft im Tee- und damit im gesamten Chinahandel. Eine zollpolitische Maßnahme, die schon den Geist der neuen Freihandelslehren erkennen ließ,[65] führte paradoxerweise zu wirtschaftsnationalistischen Resultaten: Der weitaus größte Teil des im Vereinigten Königreich verbrauchten Tees wurde von nun an durch die britische EIC geliefert; der Tee wurde «nationalisiert».[66] Schließlich erfüllten sich auch die von Pitt angestrebten fiskalischen Ziele. Tee wurde endgültig zum Konsumgut der Volksmassen, für welches Arbeiterhaushalte 5 bis 10% ihrer Ausgaben für Nahrungs- und Genußmittel aufwendeten.[67] Seine Besteuerung wurde zu einer einträglichen und vor allem stabilen Einnahmequelle. Auch die neuerliche Erhöhung der Teezölle in den 1790er Jahren konnte diese Entwicklung nicht mehr umkehren, zumal sich der Konsum zunehmend auf teurere Sorten verlagerte.[68] Am Beginn des 19. Jahrhunderts stammte etwa ein Zehntel der britischen Staatseinnahmen aus der Teebesteuerung.[69]

Tee war für die EIC ein nicht nur aus kommerziellen Gründen sorgsam gepflegtes Geschäft. Die militärische Eroberung Indiens und die Verwaltung der neuen Gebiete hatten der Company in London eine riesige Verschuldung eingetragen. Gleichzeitig war die direkte Plünderung bengalischer Edelmetallschätze an ihre Grenze gelangt und der Handel der EIC mit und in Indien unprofitabel geworden.[70] Die ökonomische *raison d'être* der East India Company reduzierte sich nahezu vollkommen auf den chinesischen Teehandel. Allein die aus ihm gezogenen Profite konnten die Imperialpolitik in Indien finanzieren.[71] Da in China eine zwar wachsende, aber nicht annähernd zureichende Nachfrage nach Produkten aus Großbritannien (vor allem Wollstoffen und Metallen) bestand[72] und außerdem während und nach der amerikanischen Revolution Silber aus Spanisch-Amerika nur noch schwierig und niemals in genügenden Mengen zu bekommen war,[73] mußten in Asien selbst neue Importe für den kantonesischen Markt gefunden werden. Die nautischen und kommerziellen Aktivitäten, die Großbritannien gegen Ende des Jahrhunderts in fast allen Teilen der östlichen Welt entfaltete,[74] dienten nicht zuletzt der Suche nach Waren für den Chinamarkt.

Ein anglo-indisch-chinesischer Dreieckshandel nahm Gestalt an.[75] Seine produktive Basis war die Erzeugung landwirtschaftlicher *cash crops* in Indien. Chinesischer Tee wurde fortan nicht länger hauptsächlich gegen Silber, sondern gegen Baumwolle und Opium aus Indien getauscht. Von 1791 an war der britische Chinahandel zum ersten Mal seit seinen Anfängen nicht mehr auf die Einfuhr von Edelmetallen ins Reich der Mitte angewiesen.[76] Indische Rohbaumwolle – zunächst aus Bombay, ab 1802 auch aus Bengalen – wurde seit 1785 in großen Mengen nach Kanton exportiert.[77] Sie befriedigte den wachsenden Zusatzbedarf des expandierenden Baumwollgewerbes in Mittel- und Südchina, dessen Nachfrage nach Rohstoffen nicht vollständig aus der durchaus bedeutenden einheimischen Baumwollerzeugung gedeckt werden konnte. China war um 1800 der gewerblich-protoindustrielle Abnehmer indischer Primärgüter, die ihm durch britisch-indische Zwischenhändler zugeliefert wurden. Die chinesischen Weber verarbeiteten die indische Baumwolle dann zu Edelstoffen, die nicht nur in den Ländern des westlichen Pazifik, sondern auch in Großbritannien und Nordamerika abgesetzt wurden.[78] Noch stand Asien keineswegs eindeutig am unteren Ende einer globalen Hierarchie industrieller Verarbeitungsstufen.[79]

Die auf dem Markt in Kanton erzielten Erlöse aus dem Baumwollverkauf wurden in Tee investiert, den die EIC in London verkaufte. Die dort realisierten Gewinne wurden teilweise an Ort und Stelle zur Schuldentilgung der EIC verwandt. Das ganze System beruhte auf der billigen Verfügbarkeit indischer Rohstoffe. Es beruhte außerdem auf den Diensten privater «country traders», welche diejenigen Dienstleistungen erbrachten, zu denen die EIC aufgrund ihrer Charter und ihrer Organisation nicht befugt oder nicht fähig war. Dazu gehörte in erster Linie der Handel von Indien nach China. Unter «country trade»[80] ist der außerhalb der regulären Aktivitäten der Ostindiengesellschaften betriebene Seehandel im Indischen Ozean und dem westlichen Pazifik zu verstehen, der in vielfältigen Kombinationen und Schattierungen von Europäern und Asiaten, legal oder illegal betrieben wurde. Er hatte die Aktivitäten der Ostindienkompanien spätestens seit dem frühen 17. Jahrhundert in zunehmend einflußreicher Weise begleitet.[81] Für die Engländer war der Country Trade mit den Philippinen besonders wichtig, denn in Manila konnte man die Silberströme aus Mexiko und Peru anzapfen.[82] (Dies hatte informell zu geschehen, weil Spanien offiziell den protestantischen Nationen den Handel in Manila nicht gestattete.) Im britischen Chinahandel spielte der «Country Trade» seit etwa 1740 eine größere Rolle.[83] Häufig waren Angestellte der EIC (denen in begrenztem Umfang private Beiladungen auf den Schiffen der Kompanie zustanden) nebenbei und inoffiziell an Country-Geschäften beteiligt oder widmeten sich ihnen vollständig nach ihrem Ausscheiden aus dem Dienst der Company.

Die Eroberung Indiens verhalf dem Country Trade zu noch größerer Bedeutung und zusätzlichen Funktionen. Aus der Kombination von Handels- mit Bankgeschäften entstand ein neuartiger privatkapitalistischer Firmentypus: das Agency House, die Agentur. Ihr ursprünglicher Zweck war die Vertretung britischer Firmen in Indien; ihre Hauptfunktion wurde aber bald die Kanalisierung von Kapital, das in den Diensten der EIC angehäuft worden war, in den privaten Handel und seine flankierenden Bereiche: Schiffahrt, Bankwesen, Versicherung, Immobiliengeschäfte.[84] Das Agency House als Firmentyp entstammte nicht dem kapitalistischen Zentrum des Empire, sondern war ein Gewächs der kolonialen Peripherie. Dort wurde sein Ausgangskapital durch Raub und Handel akkumuliert[85] und dann teilweise im dynamischsten Sektor des Asiengeschäfts, dem Chinahandel, investiert. Es war «das Ergebnis der engen Bande zwischen Country Trade und Handel mit Europa, die infolge des Wachstums eines territorialen Imperiums in Indien geschmiedet worden waren».[86] Verkörperte die EIC die Ära des merkantilistischen Kapitalismus, so repräsentierten die Agency Houses das neue Zeitalter des privaten Unternehmertums in einer spezifisch überseeischen Variante.

Die Agenturen zogen mit der Zeit alle wichtigen Funktionen im Chinahandel an sich mit Ausnahme des Tee-Exports, der bis 1833 die eifersüchtig und erfolgreich gehütete Domäne der East India Company blieb. Zwischen ihnen und der EIC herrschte ein Verhältnis antagonistischer Kooperation: Kooperation, denn die Agenturen betrieben den Export von Baumwolle von Indien nach Kanton, der den Tee-Export erst ermöglichte. Je höher die Nachfrage nach Tee in England und je umfangreicher die Geschäfte der EIC in Kanton, desto größer deren Abhängigkeit vom privaten indo-britischen Country Trade. Kooperation auch, weil die Agenturen in vieler Hinsicht auf die von der EIC bereitgestellte Infrastruktur angewiesen waren; dies galt nicht nur für die Verfahren zum Transfer von Kapital, sondern etwa auch für die Repräsentation in Kanton, wo das Komitee der Superkargos gegenüber der chinesischen Seite die britischen Interessen als Ganze wahrnahm. Aber auch Antagonismus, denn die Agenturen, die parasitär am Stamm der EIC großgeworden waren, begehrten immer stärker gegen die Monopolstellung und die vorsichtig-konservative Geschäftspolitik der «Honourable Company» auf, die sich inmitten einer schnell wachsenden britischen Volkswirtschaft zunehmend in einer Art von «Belagerungszustand» fand.[87] Hinter ihnen standen die neuen industriekapitalistischen Kräfte der Midlands, die auf den chinesischen Markt drängten. Angetrieben wurden sie zusehends durch neue Momente in der Ökonomie des Ostens: amerikanische Konkurrenz und die unerwartet gigantischen Chancen des Opiumhandels. In den 1790er Jahren pendelte sich vorübergehend ein Gleichgewicht ein zwischen der East India Company, den Agency Houses und der Co-Hong in Kanton. Bald schon geriet es wieder aus dem Lot.

Die Gesandtschaftsreise des Earl of Macartney 1793/94 an den Hof des Kaisers Qianlong steht genau an diesem historischen Punkt der letzten Balance zwischen China und dem Westen, zwischen dem alten merkantilen und dem neuen industriellen Kapitalismus, zwischen Monopoldenken und Freihandelslehre. Selten ist in Friedenszeiten mit so viel Aufwand[88] so wenig erreicht worden. Gemessen an ihren Zielen, war die Mission, eine der theatralischsten Episoden in der Geschichte der europäischen Diplomatie, ein vollkommener Fehlschlag. Aber wenn sie vom Standpunkt realhistorischen Fortschreitens auch zu nichts führte und getrost als Nicht-Ereignis bezeichnet werden darf, so war sie doch ein Mißerfolg von außerordentlicher symptomatischer Bedeutung.[89]

Zwar hatte die East India Company manchen Grund zur Klage, aber nicht sie war es, die die Gesandtschaft anregte. Nach Flints katastrophalem Versuch von 1759, den Kaiser persönlich um Schutz zu ersuchen, hatte sich die EIC mit dem Kanton-System in seinen Grundzügen abgefunden und allmählich Mittel und Wege entdeckt, um informell und unter Ausnutzung ihrer finanziellen Stärke die Verhältnisse in Kanton in ihrem Sinne zu beeinflussen. Die chronische Verschuldung der Hong-Kaufleute hatte man stillschweigend als Teil des Systems akzeptiert; Probleme mit der chinesischen Justiz gab es weniger, als man nach einigen alarmierenden Vorfällen am Anfang der achtziger Jahre befürchtet hatte. Als 1787 zum ersten Mal von einer möglichen Gesandtschaft nach Beijing die Rede war, verteidigte die EIC den *status quo* in den Beziehungen zum Mandschu-Reich. Man wollte an den bestehenden Verhältnissen nicht rühren, weil man – zu Recht, wie sich erweisen sollte – argwöhnte, daß jede größere Veränderung, vor allem die Öffnung weiterer Häfen an der Chinaküste, den schnell und auf vielen Feldern expandierenden Country Trade völlig der Kontrolle durch die Company entziehen würde. Die Direktoren der EIC hielten eine diplomatische Intervention an höchster Stelle deshalb für entbehrlich.[90]

Die Idee der Gesandtschaft stammte von Henry Dundas, dem Architekten britischer Weltpolitik in der Regierung Pitt.[91] Er hatte wie sein Premierminister wenig Sympathie für Monopolgesellschaften und sah sich als Förderer jener Kaufleute, Finanziers und Industriellen, die im England der beginnenden industriellen Revolution nach vorne drängten. Ihnen hatte er die Aufgabe zugedacht, in Ost- und Südostasien eine von Indien ausstrahlende Sphäre britischen Einflusses und britischen Kommerzes aufzubauen. Dundas würdigte die nationale Bedeutung, welche der Tee-Export als Motor des gesamten Asienhandels und Pfeiler des britischen Budgets gewonnen hatte, konnte ihn sich aber auf längere Sicht auch in anderen Händen als denen der EIC vorstellen. In den Instruktionen, die er am 8. September 1792 dem Botschafter erteilte,[92] schlugen sich neben den Visionen des Staatsmannes auch die Wünsche verschiedener wirtschaftlicher Interessengruppen nieder. So sollte Macartney in China für Produkte der britischen Industrie werben, die dort noch unbekannt waren; zu diesen Zweck gab man ihm neben anderen üppigen Geschenken für Qianlong auch ein Sortiment von Eisenwaren, Schwertklingen und Feuerwaffen aus Birmingham, Sheffield und anderen Städten mit: sehr zum Mißfallen der EIC.[93] Das Hauptziel der Gesandtschaft war die Einrichtung eines ganzjährig benutzbaren Handelsstützpunkts in Nord- oder Zentralchina.

Die Gesandtschaft erreichte nicht mehr, als daß der Kaiser geringfügige protokollarische Zugeständnisse machte und sich zu einer in Ediktform gehaltenen Antwort auf einen Brief König Georgs III. herbeiließ. Dieses berühmte Dokument[94] ist immer wieder als ein hochmütig-verblendeter Ausdruck eines «sinozentrischen» Weltverständnisses gedeutet worden. In der Tat sind selten in der Geschichte vor dem «Zeitalter der Ideologien» unterschiedliche Kosmologien und Weltbilder härter aufeinandergeprallt. Im Sichtbarmachen einer solchen Kulturkollision liegt gewiß eine wichtige symptomatische Bedeutung der Macartney-Gesandtschaft. Aber hinter der herablassenden Tributrhetorik des Himmelssohnes[95] und der Weigerung seiner Höflinge und Beamten, sich durch die Werkstücke aus Birmingham beeindrucken zu lassen, steht auch ein gut Teil Pragmatismus und Realpolitik. Das Mißlingen der Gesandtschaft trotz Macartneys kunstreicher und taktvoller Diplomatie ist auch bezeichnend für die tatsächlichen Machtverhältnisse in jenem Jahr, in welchem in Europa der lange Weltkrieg zwischen der Französischen Revolution und ihren Gegnern begann.

Gewiß war die Führung in Beijing schlecht informiert (etwa über die Schnelligkeit des britischen Vordringens in Indien) und auch wenig neugierig; ein genaues Studium der Bewaffnung auf den englischen Schiffen hätte lehrreich sein können. Aber tatsächlich fehlte einem Imperium, das alle seine Grenzen erfolgreich befriedet hatte, der konkrete Anlaß, in König Georg III. den Monarchen der Weltmacht von morgen zu sehen. Auch ist nicht ohne weiteres plausibel, weshalb das Qing-Reich vom Herkommen hätte abweichen und der Stationierung eines britischen Botschafters in Beijing zustimmen sollen. Eine solche Nähe und Dauerhaftigkeit der Beziehungen, wie sie im neuzeitlichen europäischen Staatensystem – keineswegs immer mit friedlicher Wirkung – institutionalisiert war, widersprach nicht nur dem «sinozentrischen» Weltbild, sondern lag mitnichten im chinesischen Interesse. Worüber hätte man mit einem britischen Botschafter reden sollen? Vor allem: China war in der Tat, wie Qianlong zu verstehen gab, wirtschaftlich autark. Wiewohl die chinesische Wirtschaft mehr als zwei Jahrhunderte lang vom Silber aus der Neuen Welt wohltuend angeregt worden war, bedurfte sie – anders als die des «Handelsstaats» England – zu ihrer Reproduktion keineswegs der Einbindung in die internationale Arbeitsteilung. Zu wirtschaftlichen Zugeständnissen an die Engländer bestand daher kein Anlaß. Als der Kaiser Macartneys Forderungen und Vorschläge zurückwies, handelte er also durchaus im Einklang mit den «perceived interests», mit der damals erkennbaren Interessenlage des Qing-Reiches. Der Opiumkrieg lag noch jenseits des Horizonts aller historischen Akteure.

Vielleicht bestand das Verhängnis der Mandschus nicht so sehr darin, daß sie sich, wie ihnen immer wieder vorgeworfen worden ist, der «modernen Welt» verweigerten, vielleicht lag es umgekehrt in der mangelnden Radikalität ihrer Isolationshaltung. Wäre es nicht konsequent und klüger gewesen, sich wie Japan noch stärker gegen die Umwelt abzuschotten, die Fremden zu vertreiben, den Tee-Export zu unterbinden und den Hafen Kanton zu schließen? Aber dafür mag es um 1790 schon zu spät gewesen sein. Beijings Kassenverwalter hatten sich an die Zolleinkünfte gewöhnt und konnten sie angesichts wachsender Finanzprobleme weniger denn je entbehren. In Kanton hatten sich schon seit mindestens zwei Generationen die Interessen der Hong-Kaufleute und der örtlichen Bürokraten um den Außenhandel kristallisiert; vor allem die Beamten besaßen eine gewisse Lobby in Beijing. Und schließlich hatten die Kräfte der Weltwirtschaft an einigen wenigen Punkten – Inselchen inmitten einer riesigen selbstgenügsamen Agrargesellschaft – kleine Regionen und Gruppen im Landesinnern erfaßt, vor allem Teepflanzer, die über den Außenhandel einen Teil ihres Lebensunterhalts bestritten. Durch die Einstellung der kommerziellen Kontakte hätte der Staat ihnen gegenüber seine konfuzianisch verordnete Fürsorgepflicht verletzt und Unruhen riskiert. So fand sich das Qing-Regime in einem gefährlichen Dilemma: die Fremden nicht im Lande dulden zu wollen, ihrer aber doch schon, wenn auch nicht in lebenswichtiger Weise, zu bedürfen. Während die japanische Elite in der Mitte des 19. Jahrhunderts dann von entschiedener Ablehnung des Fremden rasch auf seine nicht minder energische und aktive Übernahme und Anverwandlung umschaltete, verharrte die chinesische Einstellung in einem Zwischenreich unentschiedener Inkonsistenz: prinzipielle Zurückweisung der außerchinesischen Welt bei pragmatischem Paktieren mit ihr. In den späten Jahren des Qianlong-Kaisers konnte diese Spannung zum letzten Male machtpolitisch ausgehalten werden.

Dritter Teil

Das 19. Jahrhundert: China im Zeichen des Freihandelsimperialismus

8

Chinesischer Niedergang und Pax Britannica

Der Opiumkrieg von 1840–42 ist lange Zeit als das wichtigste Ereignis in der Geschichte Chinas im 19. Jahrhundert gesehen worden, als epochaler Neubeginn, Ende einer uralten Selbstabkapselung, Anfang langandauernder Prozesse von Revolution und Modernisierung, entscheidender Schritt hin zum Ende des monarchischen Systems: als der eigentliche Eintritt Chinas in die Weltgeschichte des modernen Zeitalters.[1] Westliche Imperialisten und chinesische Nationalisten sind sich in dieser Bewertung einig gewesen. Für die einen beginnt die Geschichte der außereuropäischen Gesellschaften, der «Völker ohne Geschichte», ohnehin erst in jenem Augenblick, als sie der Zauberstab des Westens berührt. Für die anderen lösen sich an der Nahtstelle der militärischen Kapitulation des feudalen China vor dem kapitalistischen England zwei Gesellschaftsformationen ab. «Unter dem Druck der ausländischen kapitalistisch-imperialistischen Aggression,» so heißt es in orthodoxer Sprache bei einem maßgebenden chinesischen Historiker, «wandelte sich die (feudale, J. O.) Gesellschaft Chinas zu einer halbkolonialen-halbfeudalen Gesellschaft.»[2]

Solche Urteile bedürfen der Relativierung. Der Opiumkrieg war keine territoriale Invasion Chinas durch eine fremde Macht. Er ist deshalb mit den kolonialen Eroberungskriegen von der Art der britischen Eroberung Indiens zwischen 1757 und 1853 oder dem japanischen Feldzug in China zwischen 1937 und 1945 nicht zu vergleichen. Er war eine ins Kriegerische verlängerte größere Kanonenbootaktion,[3] eine punktuelle Anwendung von Flottengewalt mit dem Ziel, den angegriffenen Staat zum Abschluß von Verträgen zu zwingen, die er freiwillig nicht eingegangen wäre. Die unmittelbar offenkundigen Auswirkungen des Opiumkrieges waren wenig spektakulär; außer der Abtretung der kleinen Insel Hongkong hatte er keine Gebietsverluste für China zur Folge. Was sich änderte, war der institutionelle Rahmen, innerhalb dessen eine souverän bleibende chinesische Regierung ihre auswärtigen Beziehungen fortan gestaltete. Der Opiumkrieg führte nicht zum Zusammenbruch des politischen Systems in China, nicht einmal zu einer ernsten Krise an der Staatsspitze. Direkte Auswirkungen dramatischer Größenordnung auf Wirtschaft und Gesellschaft im Reich der Mitte hatte er nicht. Auch die kulturelle Schockwirkung blieb begrenzt. Das Ausmaß der Gefahr, in welche das Qing-Imperium durch die herandrängenden Mächte des Westens zu geraten im Begriffe stand und die Dringlichkeit einer gründlichen Analyse der eigenen Lage vor dem Hintergrund der internationalen Situation wurden vorerst nur wenigen unter den kulturell tonangebenden und politisch einflußreichen Beamten-Gelehrten bewußt.[4]

Wandlungsprozesse auf allen Gebieten kamen nach dem Opiumkrieg in Gang, aber relativ langsam, vergleicht man sie etwa mit der viel rascheren und entschiedeneren Reaktion, die in Japan auf das Auftauchen der Schwarzen Schiffe des Commodore Matthew Perry 1853 in der Bucht von Edo folgte. Erst Chinas Niederlage im Krieg gegen Japan 1895 wurde von den Zeitgenossen weithin als nationale Katastrophe und Fanal für Veränderungen empfunden. Erst sie löste eine spürbare Beschleunigung des politischen und sozialen Wandels aus. Wenn 1895 das wichtigste Datum in der chinesischen Geschichte des 19. Jahrhunderts ist, so folgt 1842 immerhin an zweiter Stelle. Die Opiumkrieg leitete eine fünf Jahrzehnte während Periode des Übergangs ein, die gekennzeichnet war durch eine allmähliche Öffnung des Landes für die Kräfte des Weltmarktes, durch ein langsames und geographisch begrenztes Vordringen der europäischen Mächte auf dem ostasiatischen Festland, durch Ansätze zu kapitalistischer Entwicklung an der maritimen Peripherie des Reiches, durch die schleichende Infiltration westlicher Ideen in kleine Kreise von Gebildeten und durch zaghafte, meist erfolglose Reformversuche eines *ancien régime*, das nach seinem Sieg über eine Kette großer Aufstandsbewegungen, welche die Dynastie zwischen 1850 und 1878 in beispielloser Weise bedrohten, das Schlimmste überstanden zu haben glaubte. Nicht vor den 1890er Jahren wurde die Aggression durch die fremden Mächte zu einem erstrangigen, vielleicht zu dem ausschlaggebenden Faktor in der Geschichte Chinas.

Der Opiumkrieg war also, betrachtet man seine tatsächlichen Auswirkungen, eine wichtige historische Wegmarke, aber kein Einschnitt von weltgeschichtlicher Tragweite. Dennoch wäre es übertrieben, ihn als ein Nicht-Ereignis abzutun, wie die Macartney-Mission von 1793/94 eines war oder gar die Gesandtschaft des Lord Amherst, die 1816 Beijing erreichte, ohne bis zum Jiaqing-Kaiser vorzudringen.[5] Knappe fünfzig Jahre nachdem Macartney gnädig und vierzehn Jahre nachdem Amherst in Ungnaden aus dem Reich der Mitte verabschiedet worden war, begann Großbritannien einen Krieg, den China verlor. Es war Chinas erster Waffengang gegen eine europäische Macht und der erste Konflikt, den die Qing-Dynastie nicht zu ihren eigenen Gunsten entschied. Als Folge – die sicher wichtigste Folge – wurde China gezwungen, sich den Umgangsformen und Verfahrensweisen europäischer Diplomatie und Völkerrechtspraxis anzupassen, die sich mit ihrer Anwendung auf China und wenig später auch auf Japan vollends universalisierten. Sucht man den epochalen Gehalt der «Öffnung» Chinas, so wird man ihn erst in zweiter Linie in der Beseitigung von Hindernissen für die expansiven Kräfte des westlichen Kapitalismus finden. China war schon seit dem 16. Jahrhundert an inter-kontinentale Edelmetall- und Warenströme angeschlossen und spielte seit dem späten 18. Jahrhundert eine nicht unerhebliche Rolle im Welthandel. Ein Land, dem die größte kommerzielle Organisation der damaligen Welt, die East India Company, den Großteil ihrer Gewinne verdankte und dessen Exporte dem Schatzkanzler der führenden Großmacht zu einem Zehntel seiner laufenden Einnahmen verhalfen: es konnte so völlig «ge-schlossen» nicht sein. Der Opiumkrieg änderte die Formen und Umstände der Einbindung Chinas in die Weltwirtschaft. Er war nicht der Ursprung einer solchen Einbindung, sondern im Gegenteil ihr Resultat. Ohne Tee und Seide, Silber und Opium, ohne das Kanton-System und ohne den anglo-indisch-chinesischen Dreieckshandel hätte es ihn zu diesem Zeit-punkt und in dieser Form nicht gegeben.

Der Opiumkrieg eröffnete also nur eine neue Etappe in den Beziehun-gen der chinesischen Ökonomie zur Welt*wirtschaft*. Im Vergleich dazu bedeutete er einen tiefen Einschnitt in den *politischen* Beziehungen des Qing-Reiches zu seiner Umwelt. Die Qing hatten es im 18. Jahrhundert verstanden, ihre Beziehungen mit ganz unterschiedlichen Nachbarn an geopolitisch außerordentlich verschiedenen Grenzen zum eigenen Vorteil zu gestalten und dabei stets, bei manchem Kompromiß im einzelnen, den eigenen Ordnungsvorstellungen zumindest symbolische, meist aber auch tatsächliche Geltung zu verschaffen. In Kanton wie in Kjachta war es sogar gelungen, eine besonders schwer zu lenkende Sorte von Fremden in systemartige Regelungen einzupassen: Fremde, denen es hauptsächlich um ordinäres Krämertum ging und die die Weisheiten konfuzianischer Moral und Lebenskunst verschmähten. Bis in die ersten Jahrzehnte des 19. Jahr-hunderts hinein blieb China in diesem Sinne politisch «geschlossen». Es strukturierte seine nähere politische Umwelt nach eigenem Gutdünken in den Formen bewährter und geheiligter Tradition. (Japan hatte es hier einfacher: Dank seiner Insellage konnte es sich notfalls den Verzicht auf Außenpolitik leisten.) Hier brachte der Opiumkrieg eine wirkliche Wende, setzte er keine älteren Entwicklungstendenzen fort. Mit ihm begann der lange Prozeß von Chinas «Eintritt in die Familie der Völker»,[6] ein Prozeß, der nach endlosen Windungen und Wendungen, beschleunigt in den 1920er Jahren und in den 1930ern unterbrochen durch den Krieg, erst mit der Aufnahme der Volksrepublik China in die Organisation der Vereinten Nationen im Jahre 1971 – 129 Jahre nach dem Vertrag von Nanjing! – seinen Abschluß erreichte. Erst in der Gegenwart ist China, das mächtigste Reich des vormodernen Eurasien, vom Objekt der Weltpoli-tik, das es von 1842 bis 1949 im Grunde war, zu deren maßgeblichem Mitgestalter geworden.

Die Frage nach den Ursachen des Opiumkrieges und der an ihn anschließenden «Öffnung» des Qing-Reiches muß durch eine Untersuchung
jener Entwicklungen beantwortet werden, die sich seit dem zweiten
Jahrzehnt des 19. Jahrhunderts an der Chinaküste anbahnten: Opiumhandel, Silberkrise und Erosion des Kanton-Systems.[7] Die Konfrontation
zwischen China und dem Westen kann in ihren konkreten Umständen nur
aus den Konstellationen des frühen 19. Jahrhunderts erklärt und verstanden werden. Ob sie weltgeschichtlich unausweichlich war, ist ein Problem
nachträglicher Spekulation. Noch 1816 nahm es die britische Krone hin,
daß ihr Abgesandter unter demütigenden Umständen und mit der Anord-
nung des Kaisers, künftig auf derlei Gesandtschaften zu verzichten,[8] aus
Beijing entfernt wurde. 1840 schickte London die Flotte. Was hatte sich
unterdessen verändert?

Verändert hatten sich vor allen Dingen die inneren Verhältnisse bei den
Hauptantagonisten. In den Jahrzehnten, die dem Opiumkrieg voraufgin-
gen, entwickelten sich China und Großbritannien mit einer Gegenläufig-
keit, die eine Kollision wenn nicht unvermeidbar, so doch immer wahr-
scheinlicher machte. Diese Divergenz zeigte sich in den Zielen und
Einstellungen ebenso wie im jeweiligen Handlungsvermögen beider Seiten. Während das unter Qianlong so selbstbewußte Qing-Reich zunehmend in die Defensive geriet, begann Großbritannien mit einer neuen
Phase offensiver Expansion; und während der chinesische Staat mit wachsenden internen Schwierigkeiten zu kämpfen hatte und seinen finanziellen
Manövrierspielraum erheblich beschnitten fand, schuf die industrielle
Revolution das Bewegungsmoment ebenso wie die Ressourcen für einen
«Imperialismus des Freihandels».

Unter dem Jiaqing-Kaiser, der 1796 von seinem abgedankten Vater
Qianlong die Herrschaft und nach dessen Tod 1799 auch die Regierung des
Reiches übernahm,[9] und seinem Sohn und Nachfolger, dem Daoguang-
Kaiser (Regierungszeit 1821–50),[10] wuchs das Mißtrauen der herrschenden
Kreise in Beijing gegen die Außenwelt und stieg ihr Bedürfnis nach
Isolation. An den Missionaren zum Beispiel, mit denen sich Qianlong
umgeben und gelegentlich über den Westen unterhalten hatte, bestand
kein Interesse mehr; seit 1805 ging der Staat mit seltener Strenge gegen
chinesische Christen vor.[11] In China war man um 1820 schlechter über
Europa unterrichtet als ein Jahrhundert zuvor. Umgekehrt gab es seit 1600
wohl keinen Abschnitt in der neueren Geschichte, in dem man im Westen
so wenige Berichte aus erster Hand aus dem Inneren Chinas erhielt, wie in
den Jahren zwischen den britischen und holländischen Gesandtschaften
von 1793–95 und dem Opiumkrieg. Bedrängt durch finanzielle Schwierigkeiten und Probleme der inneren Ordnung zogen sich die Machthaber
in Beijing auf sich selber zurück. Der Qianlong-Kaiser hatte das Imperium
bis an die Grenze des strategisch Möglichen ausgedehnt und dabei den
Punkt des ökonomisch Tragbaren überschritten. Er hatte ihm eine uner-

hörte Stellung in der politischen Welt Asiens verschafft. Seine Nachfolger konnten im besten Falle hoffen, das Erreichte zu bewahren. Eine aktive Außen- und Imperialpolitik der Qing endete mit der Ära des großen Qianlong.

Zweifellos erreichten die Herrscher Chinas im 19. Jahrhundert nicht das außergewöhnliche Format der aufgeklärten Autokraten Kangxi, Yongzheng und Qianlong, die das Reich insgesamt 133 Jahre lang mit einer in der Geschichte der monarchischen Staatsform nahezu beispiellosen Energie und Kompetenz regiert hatten.[12] Der «dynastische Zyklus», das beliebte Deutungsschema der konfuzianischen Geschichtsschreibung, schien sich abermals bemerkbar zu machen: Auf kraftvolle Dynastiegründer, die dem Land politische Stabilität und wirtschaftliche Prosperität bescheren, folgen diesem Schema gemäß schwache und bisweilen moralisch minderwertige Kaiser, unter denen Korruption um sich greift, die Verwaltung an Effizienz verliert, die Ausgaben und mit ihnen die Steuern steigen und die Bauernschaft sich schließlich erhebt, um das «Mandat des Himmels» auf eine neue Dynastie zu übertragen. Auch wer die personalistische und moralisierende Geschichtsdeutung der Konfuzianer nicht teilt und der Qualität des jeweiligen Monarchen nur eine begrenzte Bedeutung für das Schicksal des Landes beimißt, kann nicht übersehen, daß sich schon gegen Ende der Regierungszeit Qianlongs und dann verstärkt um die Jahrhundertwende die Krisenanzeichen häuften.

Es ist dabei einfacher, einen Dekadenzprozeß logisch überzeugend zu konstruieren, als die einzelnen Argumentationsschritte empirisch hinreichend zu belegen; über keine Periode der neueren chinesischen Geschichte herrscht größere Unklarheit als über die Zeit von etwa 1770 bis 1840. Beim gegenwärtigen Wissensstand ergibt sich noch kein ganz geschlossenes Bild von der inneren Entwicklung Chinas am Vorabend der «Öffnung»; mehr als eine plausible Skizze ist derzeit noch nicht möglich.[13] Als besonders schwierig erweist es sich, die einzelnen Krisensymptome in einem Erklärungsmodell miteinander zu verknüpfen. So können zum Beispiel neo-malthusianische Interpretationen, die letztlich alle Veränderungen monokausal auf die unabhängige Variable des Bevölkerungswachstums zurückführen, nicht völlig überzeugen.

Kein Zweifel besteht freilich daran, daß die beschleunigte Bevölkerungsvermehrung während des ganzen 18. Jahrhunderts anhielt und der chinesischen Gesellschaft ihren Stempel aufdrückte. Allein zwischen 1779 und 1850 wuchs Chinas Bevölkerung um 56%.[14] Der Bevölkerungszuwachs wurde teils von den seit Jahrhunderten dicht besiedelten Landesteilen wie dem fruchtbaren Land am Unterlauf des Yangzi absorbiert, wo die Bauern auf immer kleineren Parzellen mit immer intensiverem Arbeitseinsatz ihr Auskommen suchten, teils von neu durch Zuwanderer erschlossenen Gebieten an den Rändern der alten Siedlungskerne. Diese gesellschaftlich unruhigen, manchmal durch ethnische Spannungen belasteten und

kaum durch die staatlichen Autoritäten kontrollierbaren «wilden» Grenzregionen bildeten viel eher als die Kernzonen des seßhaften Pachtbauern-
tums den Nährboden für Aufstandsbewegungen, wie sie – angekündigt
durch kleinere Erhebungen, etwa die Wang-Lun-Rebellion von 1774[15] –
seit den neunziger Jahren an Zahl wie an Heftigkeit zunahmen.[16] Viele
dieser Bewegungen, besonders in Nordchina, wurden durch millenarische
Sekten getragen, die zum Teil schon seit langem im Untergrund der
religiösen Heterodoxien existiert hatten. Im Unterschied zu späteren
Bewegungen ähnlichen Typs in Asien und Afrika handelte es sich dabei
nicht um Abwehrreaktionen gegen von außen importierte Modernisie-
rungsprozesse, sondern um eine Verschmelzung sozialen Protests mit
chiliastischen Heilserwartungen.[17] Der größte millenarische Aufstand der
Epoche war derjenige der Sekte vom Weißen Lotus (*bailian jiao*), der 1796
ausbrach, vier Provinzen erfaßte und erst 1805 unterdrückt wurde. Zwar
war das Qing-Regime noch stark genug, um solchen Widerstand zu
brechen und die Rebellen mit äußerster Grausamkeit zu vernichten; auch
die zahlreichen Erhebungen der 1820er und 1830er Jahre[18] konnten unter
Kontrolle gebracht werden. Aber die Qing zahlten dafür buchstäblich
einen hohen Preis. Vor allem die Unterdrückung des Weißen Lotus
zerrüttete die bereits durch Qianlongs innerasiatische Militärkampagnen
geschwächten Staatsfinanzen.[19]

Seinen steigenden Finanzbedarf deckte der Staat, da er als Folge von
Kangxis Steuergesetzgebung am Bevölkerungswachstum und am landwirtschaftlichen Produktivitätsfortschritt kaum teilhaben konnte, nicht
zuletzt durch willkürlich erhobene Zusatzsteuern: stets ein Zeichen für die
Überlastung des Herrschaftssystems. Die zusätzlichen Steuerbürden be-
drückten vor allem die sozial Schwachen, diejenigen, die nicht über die
Mittel und Verbindungen verfügten, um in einer zunehmend korrupten,
immer «darwinistischer» werdenden Gesellschaft die Forderungen nach
neuen Steuern und Abgaben zu umgehen oder auf andere abzuwälzen.
Auch die rechtlich ungeschützten Kaufmannsvermögen, vor allem die der
Salz- und der Hong-Kaufleute, wurden öfter als in der Vergangenheit zu
Objekten staatlich-bürokratischer Habgier.[20]

Es ist schwer zu entscheiden, ob die Korruption, die seit dem Aufstieg
des Höflings Heshen gegen Ende der 1770er Jahre sogar in der engsten
Umgebung des Kaisers um sich griff, eher Symptom oder Ursache eines
allgemeinen Effizienzverlustes der Bürokratie war. Jedenfalls vermochten
besonders jene Behörden, von denen die Wohlfahrt zahlloser Menschen
und – in deren Augen – die Legitimität der herrschenden Dynastie abhing,
ihre Aufgaben immer weniger zu erfüllen: den Getreidetransport über den
Kaiserkanal nach Nordchina, die Instandhaltung der Deiche des Gelben
Flusses, die Verwaltung der Kornspeicher, in denen Vorräte für Hunger-
jahre aufbewahrt wurden. Am Anfang des 19. Jahrhunderts kam es zu
einem allgemeinen Zusammenbruch der öffentlichen Dienstleistungen.[21]

Dies war nicht allein, wie nach dem Konzept des «dynastischen Zyklus» prognostizierbar, der Führungsschwäche des Monarchen und dem Verlust von Gemeinsinn unter den Amtsträgern zuzuschreiben. Auch strukturell war die Bürokratie überfordert. Die ohnehin schon geringe Zahl der Positionen in der Verwaltung wurde nicht der Vermehrung der Untertanen angepaßt. Ein einzelner Beamter bekam im Durchschnitt immer mehr zu tun, während die Zahl der erfolgreichen Absolventen des Prüfungssystems, die keinen Platz in der Hierarchie fanden, ebenfalls zunahm.[22] Dieser Karrierestau wurde in der Praxis dadurch provisorisch gemildert, daß sich immer mehr Individuen, meist Gentry-Elemente, parasitär an die Bürokratie ankletteten und mittels Patronage und Cliquenwirtschaft nebenher mitversorgt wurden. Sie wurden gleichsam inoffizielle Nutznießer regulärer Herrschaftsausübung, indirekte Profiteure des patrimonialen Pfründenwesens. Der Beamtenapparat wurde dadurch schwerfälliger, er wurde teurer für die Bevölkerung, die ihn letztlich finanzierte, und er entfernte sich immer weiter von den hohen Idealen konfuzianischen Pflichtbewußtseins. Auch im Prüfungssystem rissen Irregularitäten ein. Insgesamt gesehen hatte in den 1820er und 1830er Jahren die Qing-Bürokratie, die natürlich selbst zu ihren Glanzzeiten – wie jede Patrimonialbürokratie[23] – von internen Cliquen und Patronagepraktiken nicht frei gewesen war, ein bis dahin unbekanntes Maß an innerer Zersetzung erreicht. Trotzdem war das Herrschaftssystem des Qing-Reiches noch vital genug, um Minderheiten von Beamten-Gelehrten Raum zu kritischen Betrachtungen und Reformüberlegungen zu geben. Nicht alle überließen sich konformistisch den Tendenzen des Zeitalters.

Davon allerdings, daß China am Vorabend des Opiumkrieges vor dem Zusammenbruch gestanden hätte, kann keine Rede sein. So untrüglich die Anzeichen des Abstiegs von der Höhe der frühen Qianlong-Zeit waren, so falsch wäre es dennoch, sich ein gleichsam Gibbonsches Untergangsszenario auszumalen. Erstens sind einige der Veränderungen durchaus nicht nur ungünstig zu beurteilen: Funktionen, die der Staat nicht mehr zureichend oder überhaupt nicht mehr erfüllen konnte, wurden nicht selten «privatisiert», also in den vorstaatlichen Bereich verlagert; sie wurden dadurch nicht weniger und oft nicht schlechter erfüllt. Auf ökonomischem Gebiet setzte dies jenen Prozeß des staatlichen Rückzugs aus der Wirtschaft fort, der schon im frühen 18. Jahrhundert zu beobachten war.[24] Reduzierte Leistungsfähigkeit des Staates mußte also nicht immer auch reduzierte Funktionsleistung des gesellschaftlichen Gesamtsystems bedeuten. Die Funktionserfüllung fand innerhalb des Systems einen neuen Ort. Zweitens war der Staat auf Teilbereichen zu Reformanstrengungen durchaus noch in der Lage. Dies beweist etwa die Neuordnung der Salzverwaltung in den frühen 1830er Jahren.[25] Drittens handelte es sich bei vielen der Erscheinungen, die man als akute Verfallsprozesse zu deuten geneigt ist, um sehr langfristige Entwicklungen, die sich oft bis ins späte 19. Jahrhundert hinziehen sollten. Der innere Verfall der chinesische Bürokratie etwa hatte zur Zeit des Opiumkrieges erst sein Anfangsstadium erreicht. Viertens schließlich wäre es ein Irrtum, sich, Zeitgenossen von Barrow über Hegel bis Karl Marx folgend, ein erstarrtes Riesenreich auszumalen, das sehnsüchtig der belebenden Impulse aus dem Westen harrte. Die Krise der Jahrhundertwende war im Gegenteil das Produkt einer langen Periode der Expansion und des Wandels. Der Niedergang war ein Abstieg von luftiger Höhe. Abbau außerökonomischen Zwanges in den Arbeitsverhältnissen und Vordringen von Kontraktbeziehungen, Kommerzialisierung und Monetarisierung der Landwirtschaft, Belebung des privaten Gewerbes, Entstehung eines inneren Marktes für Massengüter, Stimulierung der Exportproduktion: all diese «Modernisierungen» der Yongzheng- und Qianlong-Perioden hatte das China des Jiaqing-Kaisers zu einem Land gemacht, in dem sich sein Urgroßvater, der karge Krieger Kangxi, nur schwer zurechtgefunden hätte. Wäre China nicht trotz mannigfacher Krisen und Störungen eine *im Kern* vitale Gesellschaft gewesen – es hätte dem Eindringen des Westens in den Jahrzehnten nach 1840 kaum in dem Maße widerstehen können, in welchem dies tatsächlich geschah. Ein zweites «Indien» wäre entstanden. Hinfälligkeit und Resistenz, Konservatismus und Anpassungsfähigkeit: im Widerspiel dieser Tendenzen entfaltete sich die Geschichte Chinas im 19. Jahrhundert.

Also kein stagnierendes China, selbst nicht im Zustand kumulativer Krisen? Es kommt auf die Perspektive an. Beim Blick auf die Geschichte Chinas spätestens seit der welthistorisch einzigartigen kommerziellen Revolution der Song- Zeit kann von «ewigem Stillstand» keine Rede sein. Im Kontrast mit dem England des «Zeitalters des Fortschritts»[26] allerdings wird ein solcher Eindruck weitaus plausibler. In dem Augenblick, als die Entwicklung im Nordwesten Europas alles bislang Dagewesene buchstäblich überholte und dem Geschichtsprozeß einen neuen Maßstab von Dynamik mitteilte, entstanden Begriff und Wirklichkeit der Rückständigkeit im Verhältnis der Nationen.[27] Der Kontrast zwischen dem Qing-Imperium und seinem einstweiligen Hauptwidersacher nahm in den ersten Jahrzehnten nach 1800 dramatische Ausmaße an. Großbritannien erschien immer mehr als das spiegelsymmetrische Gegenbild Chinas. Hier die führende Seemacht der Welt, Herrin der Meere – dort der trägste Landkoloß, ganz kontinental orientiert, trotz langer Küste und vieler Häfen ohne ein einziges seetüchtiges Kriegsschiff. Hier ein expandierendes, dort ein sich einigelndes Land. Hier eine frühe Form der Industriegesellschaft, ein Land, welches Farmer, aber keine Bauern mehr kennt – dort die Bauerngesellschaft schlechthin. Hier eine grundbesitzende Aristokratie, die sich in Allianz mit der Bourgeoisie dem kapitalistischen Erwerb in Finanz und Handel hingibt, dort eine grundbesitzende Beamtenelite, die die Sphäre der Zirkulation verpönt. Diese beiden so gegensätzlichen Länder gerieten im zweiten Drittel des 19. Jahrhundert miteinander in Konflikt. Es ist dabei wichtig, sich in längerer Perspektive die Chronologie vor Augen zu führen. Nur bis 1858 war Großbritannien der *einzige* westliche Kontrahent des Qing-Reiches. Schon die zweite Phase der «Öffnung» um 1858–60 war eine multilaterale Angelegenheit. Auch noch in der Epoche des voll entfalteten Imperialismus, in den zwei oder drei Jahrzehnten vor Ausbruch des Ersten Weltkriegs, blieb Großbritannien das Land mit den umfangreichsten wirtschaftlichen Interessen in China, doch mußte es nun seinen politischen Einfluß mit den anderen europäischen Großmächten, mit den Vereinigten Staaten und mit Japan teilen. Der britisch-chinesische Zusammenstoß in seiner gleichsam bilateralen Reinheit gehört ins frühviktorianische Zeitalter der maritimen «Pax Britannica», des Freihandelsimperialismus und der Durchsetzung britischer Vorherrschaft in Asien.

Nach den Siegen von Trafalgar 1805 und Waterloo 1815 war Großbritannien unangefochten die führende Seemacht der Welt.[28] Trotz erheblicher Kürzungen im Marinebudget der nachnapoleonischen Zeit[29] vermochte es diese Position mangels ernsthafter Rivalen für acht Jahrzehnte zu behaupten. Die Voraussetzung dafür war eine Art von weltpolitischer Komplementarität: «... das kontinentale Europa beschäftigte sich nicht mit dem Rest der Welt, und Großbritannien griff nicht auf dem Kontinent ein, es sei denn in peripheren – meist mittelmeerischen – Angelegenheiten. Auf diesem machtpolitischen Fundament gründete die Pax Britannica.»[30] Die britische Seeherrschaft beruhte strategisch auf dem Besitz von Stützpunkten an den wichtigsten Meerengen und war unter anderem deshalb billig zu haben: Die Aufwendungen für Flotte und Heer beanspruchten nach 1830 jahrzehntelang nicht mehr als zwei bis drei Prozent des Nettosozialprodukts.[31] Bestand an Großbritanniens maritimer Suprematie prinzipiell mindestens bis zur Zeit des Krimkrieges kaum ein Zweifel, so war die Royal Navy in der Praxis nicht immer ein unfehlbares Instrument britischer Politik. Weder gegenüber den kontinentalen Mächten noch gegenüber den amerikanischen Staaten vermochte sie dem britischen Standpunkt stets den gewünschten Nachdruck zu verleihen. Selbst eine provokante Marineaktion wie die französische Okkupation von Algier 1830 mußte hingenommen werden.[32] Und in den 1830er und 1840er Jahren gelang es Großbritannien nicht, Brasilien zur Abschaffung seines Sklavenhandels zu bewegen oder zu zwingen, obwohl die brasilianische Regierung sich dazu vertraglich verpflichtet hatte und sich gegenüber London, dem die Unabhängigkeit des Landes maßgeblich zu verdanken war, in einer schwachen Position zu befinden schien.[33]

In Übersee machte sich zwischen etwa 1810 und 1840 die britische Seemacht in dreifacher Weise bemerkbar. Alle drei Arten wiesen auf die späteren Entwicklungen in China voraus. Erstens erzielte die Navy gewisse Erfolge bei der Unterbindung des Sklavenhandels in West- und Ostafrika.[34] Dies geschah meist in quasi-polizeilichen Operationen auf See, wie sie ähnlich auch gegen Piraten, etwa im Persischen Golf, durchgeführt wurden.[35] Aktionen dieses Typs gehörten später – bis in die 1930er Jahre! – zur Routine der britischen Kriegsmarine im Chinesischen Meer.[36] Zweitens erweiterte die Navy ihr Stützpunktsystem. Die wichtigsten Neuerwerbungen im frühen 19. Jahrhundert waren Aden und Singapore. Aden im Jemen wurde 1839 okkupiert, um als Bunkerstation für den neu entstehenden Dampferverkehr, als Marinebase zur Sicherung des Seewegs nach Indien, als Ordnungszelle im Persischen Golf und als Hafen zur Erschließung des Arabienhandels zu dienen.[37] Eine ähnliche Mischung politischer, strategischer und ökonomischer Motive hatte schon 1819 zur Gründung Singapores durch Stamford Raffles geführt, der geostrategisch längst überfälligen Aneignung eines britischen Stützpunktes an der Straße von Malakka, von dem aus nicht nur der Schiffsverkehr zwischen Kanton und Kalkutta gesichert, sondern auch der lebhafte einheimische (also malayaische, chinesische, indische, arabische) Handel angezapft und ein informeller politischer Einfluß auf die Staaten der malayischen Halbinsel ausgeübt werden konnte.[38] Die Besetzung eines Territoriums an der Chinaküste – die Wahl fiel dann auf Hongkong – war der logisch nächste Schritt.

Drittens konnten Kriegsschiffe zur mehr oder minder massiven Einschüchterung außereuropäischer Regierungen eingesetzt werden, also im Sinne einer etwas weiter definierten «Kanonenbootdiplomatie». Es gab Ansätze, derlei gegenüber den neuen Republiken Südamerikas zu versuchen, um deren Märkte für britische Waren zu öffnen. Indessen erwiesen sich die kreolischen Oberschichten nahezu von Anfang an teils als kooperationswillige Partner der britischen Geschäftswelt, teils als verhandlungsstarke Nationalisten. Sofern es – etwa im Falle Brasiliens (anglo-brasilianischer Handelsvertrag von 1827) –»ungleiche» Verträge gegeben hatte, die den Briten Zollprivilegien und Exterritorialität sicherten, waren sie um die Jahrhundertmitte, als solche Verträge in China gerade eingeführt wurden, in Lateinamerika bereits wieder verschwunden.[39] Die kulturell vom Westen geprägten und wirtschaftlich meist wenig entwickelten Länder des südlichen Amerika brauchten nicht «geöffnet» zu werden.

Der spektakulärste Fall einer Flottenintervention gegen eine außereuropäische Regierung war die Bombardierung Beiruts und die Beschießung und kurzzeitige Einnahme der syrischen Hafenstadt Acre im Herbst 1840 im Zuge der sogenannten Zweiten Muhammad-Ali-Krise. Dies geschah in diplomatischer Abstimmung mit Rußland, Österreich und dem Osmanischen Reich und führte dazu, daß Muhammad Ali, der von Frankreich (zu seinem Kummer nur verbal) unterstützte Herrscher Ägyptens, seine levantinischen Eroberungen an den Sultan von Konstantinopel zurückgeben mußte.[40] Lord Palmerstons, des britischen Außenministers, Intervention gegen Muhammad Ali zeigt manche Ähnlichkeit mit seinem Vorgehen im Opiumkrieg, der wenige Monate vorher, im Juni 1840, zunächst noch eher undramatisch begonnen hatte. In beiden Fällen sollte ein «orientalischer Despot» zur Raison gebracht und einer tüchtigen Dosis an «zivilisierender Disziplin»[41] ausgesetzt werden. Der nahöstliche Fall war allerdings vorrangig durch die Mechanik des europäischen Gleichgewichtssystems bestimmt; das Hauptziel des britischen Eingreifens bestand darin, die Destabilisierung des Osmanischen Reiches durch seinen rebellischen Vasallen Muhammad Ali zu verhindern. Von Anfang an handelte es sich um eine Krise gesamteuropäischen Ausmaßes, die vorübergehend sogar einen französischen Angriff auf das Rheinland befürchten ließ. China hingegen stand außerhalb des europäischen Staatensystems und war um 1840 für die kontinentalen Mächte uninteressant. Ihm gegenüber hatte England freie Hand. Seine Aktionen im Fernen Osten würden beobachtet und seine Methoden kritisiert werden, doch konkrete diplomatische Folgen waren nicht zu erwarten. Da die britische Chinapolitik von den Rücksichten innereuropäischer Diplomatie weithin befreit war, traten ihre wirtschaftlichen Ziele deutlicher zum Vorschein. Solche Ziele fehlten auch im ägyptischen Falle nicht. Die anglo-osmanische Handelskonvention von 1838 und der Vertrag von London (1840, 1841 in der Meerengenkonvention bestätigt) hoben protektionistische Barrieren auf, hinter denen der reformfreudige Pascha das Experiment einer auf Staatsmonopole gegründeten Industrialisierung gestartet hatte. Da dieses Reformprogramm jedoch schon zuvor aus internen Gründen in Schwierigkeiten geraten war, kann von einem Abwürgen der Projekte Muhammad Alis durch britischen Druck kaum die Rede sein.[42] Bei der Intervention von 1840 spielten ökonomische Motive nur eine untergeordnete Rolle.

Die Flottenaktion gegen China kam mithin nicht aus heiterem Himmel. Wenngleich es keine direkt imitierbaren Präzedenzfälle gab, so hielt sie sich doch innerhalb des Methodenrepertoires britischer Interventionspolitik im Zeichen der Pax Britannica. In Ostasien erhielt diese Pax Britannica noch einige besondere Akzente. Machtpolitisch waren die ersten Jahrzehnte des 19. Jahrhunderts zunächst durch die einstweilen unwiderrufliche Festsetzung Englands in Indien gekennzeichnet. Erst mit dem Abschluß der Eroberung Zentralindiens im Jahre 1818 wurde «endgültig aus britischer Herrschaft in Indien die britische Herrschaft über Indien».[43] Alle weitere britische Politik östlich von Kalkutta beruhte fortan auf der Unerschütterlichkeit des Bollwerks Indien. Eine zweite Konstante viktorianischer Asienpolitik wurde das mit wechselnder Heftigkeit empfundene Gefühl der Herausforderung durch die einzige andere Großmacht im Osten, das Zarenreich. Auch wenn die Dramatik des «Great Game» zwischen England und Rußland in Asien gelegentlich von Historikern übertrieben worden ist und man die propagandistische Manipulation des Schreckgespenstes der «Russischen Gefahr» bisweilen unterschätzt hat,[44] so steht außer Zweifel, daß nicht nur in Europa, sondern auch in Asien nach 1815 allein Rußland Großbritannien und seinem Empire machtpolitisch die Waage halten konnte. Die Frage war, ob es sein gewaltiges

Potential tatsächlich zu Englands Schaden einsetzen würde. Seit 1828 argwöhnten einflußreiche Kreise in London und Indien, daß ein gegenüber dem Osmanischen Reich, Persien und den Khanaten Zentralasiens expansives Zarenreich zur Gefahr für Britisch-Indien werden könnte, ja unweigerlich werden müßte.[45] Palmerston machte sich 1833 zweckpessimistisch ein «worst case scenario» zu eigen. Fortan wurde es axiomatisch für die meisten britischen Kabinette, daß Rußland in Asien ebenso wie in Europa behutsam, aber zielstrebig einen großen Expansionsplan verfolge.[46] Man hat die Jahre zwischen 1833 und 1841 «Palmerstons Gegenoffensive» genannt und als die Signatur der Periode «ein außergewöhnliches Geltendmachen der britischen Macht gegenüber jedem Staat auf dem asiatischen Festland» herausgestellt.[47] Die Krise in China, aus welcher der Opiumkrieg entstand, hatte zwar mit den Problemen im östlichen Mittelmeer, in Afghanistan und an der Nordwestgrenze Britisch-Indiens so gut wie nichts zu tun; ihre Ursprünge waren regionaler Natur und hatten alte Wurzeln in den Strukturen des Chinahandels. Noch war das Qing-Reich nicht das Streitobjekt zwischen England und Rußland, das es in der zweiten Jahrhunderthälfte werden sollte; selbst die finstersten Pessimisten in London argwöhnten keinen russischen Anschlag auf das Imperium der Mandschus. Dennoch paßt die unerhört aggressive britische Reaktion auf chinesischen Widerstand in den größeren Zusammenhang der erhöhten Bereitschaft zu präventiver Intervention, die für die Jahre nach 1833 kennzeichnend war. Die ursächlich ganz unverbundenen gleichzeitigen Krisen im östlichen Mittelmeer und an der chinesischen Küste offenbarten ein ähnliches Reaktionsmuster britischer Politik.

Neben weltweiter Seeherrschaft – wie schwierig sie auch immer in konkreten Situationen durchsetzbar gewesen sein mochte – und dem Aufstieg in den Rang einer der beiden großen territorialen Imperialmächte Asiens gab es noch zwei weitere Faktoren, die das Auftreten Großbritanniens in der Welt des Ostens bestimmten: Freihandel und Missionsidee. Seit Robinsons und Gallaghers berühmtem Aufsatz von 1953[48] kann die grundsätzliche Vereinbarkeit freihändlerischer Wirtschaftsdoktrinen und politisch-militärischer Intervention an der Peripherie als erwiesen gelten, auch wenn im Einzelfall zu klären bleibt, welchen Beitrag die martialische Unterstützung durch die Londoner Regierung und ihre Vertreter an Ort und Stelle jeweils zur Durchsetzung britischer Wirtschaftsinteressen auf überseeischen Märkten leistete.[49] Zu unterscheiden ist auch zwischen den erklärten Absichten der Freihändler und der Frage, ob die so vehement geforderte Beseitigung außerökonomischer Handelshemmnisse zu Hause wie in Übersee zum erfolgreichen Funktionieren des wirtschaftlichen Systems «objektiv» notwendig war. Die Öffnung des angeblich grenzenlosen chinesischen Marktes, die nach Ansicht zahlreicher Lobbyisten eine Überlebensfrage für den englischen Kapitalismus war, hat – wie noch zu zeigen sein wird – im 19. Jahrhundert keineswegs zu der erhofften Erschließung und Durchdringung dieses Marktes geführt, ohne daß die britische Wirtschaft dadurch nachweislichen Schaden gelitten hätte. Unstrittig ist aber der starke ideologische Impuls, der in den ersten Jahrzehnten des 19. Jahrhunderts vom freihändlerischen Denken ausging. Ihm war sowohl die Existenz eines merkantilistischen Monopols, wie dem der East India Company im Teehandel, als auch jede Form von staatlich reguliertem Handel, wie er sich in allen Reichen Asiens – und besonders ausgeprägt in China und Japan – fand, extrem zuwider. Ein rein strategisch begründeter präventiver Imperialismus hätte sich damit begnügen können, asiatische Puffer- und Satellitenstaaten durch Einschüchterung und latente Interventionsdrohung dem eigenen Einfluß gefügig zu machen. Er hätte zu diesem Zwecke «Residenten» und Garnisonen in den Hauptstädten und Kanonenbootflottillen vor den Häfen orientalischer Staaten stationieren können. Erst der ökonomische Wunsch nach freiem Zugang zur Kaufkraft und sekundär auch zu den Ressourcen dicht besiedelter asiatischer Flächenstaaten machte deren «Öffnung» für fremde Güter, Personen und Kapitalien unausweichlich. Erst für den Freihändler, noch nicht für den imperialen Strategen wurden die «geschlossenen» Reiche des Ostens zum Skandalon: nicht Henry Dundas, sondern erst Lord Palmerston schickte die Flotte nach China. Allein die Verbindung des strategischen mit dem ökonomischen Motiv führte zur Entstehung jener «informal empires» von Handel *und* Einfluß in China, Siam, Malaya, im Osmanischen Reich und – bei schwächerer Ausprägung der nichtökonomischen Komponente – auch in Lateinamerika, die ein Merkmal des Zeitalters der Pax Britannica waren. In einem Staatsmann wie Palmerston mit seiner «geradezu instinktiven Befürwortung der freien Marktwirtschaft»[50] trafen beide Motivkomplexe zusammen. Traditionsbildend in der britischen Diplomatie wurde dabei die Zurückhaltung offizieller Vertreter der Krone, sofern es um die sozusagen operationelle Förderung britischer Privatinteressen ging. Waren die Zollmauern einmal niedergelegt und erträgliche rechtliche Bedingungen für britische Kaufleute in Übersee geschaffen, dann durften und mußten die Kräfte des so «befreiten» Marktes wirken, einschließlich des Risikos für den privaten Kaufmann oder Investor. «Palmerstonian» war der Auftrag an die Staatsmacht, Breschen in die Abwehrbollwerke der illiberalen Reiche zu schießen, Kanäle für die politische Einflußnahme auf ihre Machthaber zu öffnen und Freihandelsverträge mehr oder weniger unverblümt zu diktieren. Die Durchdringung der rückständigen Ökonomien war dann eine Sache privater Entschlußfreude und Geschicklichkeit.

»Palmerstonian» war ebenfalls eine im weitesten Sinne missionarische Geisteshaltung: «die Überzeugung, daß das britische Entwicklungsmodell exportiert werden könne und daß es exportiert werden müsse, wollte man es in Großbritannien erhalten.»[51] Dies galt in erster Linie für die weißen Siedlungskolonien und für Lateinamerika. Aber auch den orientalischen

Reichen wurden Reform und Fortschritt in der einzig möglichen Richtung von Rationalität und Liberalität auf das dringlichste anempfohlen. In Indien, wo die Briten nicht zu *emp*fehlen brauchten, weil sie *be*fehlen konnten, setzte sich in den 1830er Jahren ein utilitaristischer Reformdespotismus gegen den spätromantischen Respekt vor gewachsenen Traditionen durch.[52] Bentham siegte über Burke. In China, in Siam, im Osmanischen Reich, später in vielen Kolonien, wurden die Einheimischen und vor allem ihre Eliten einer jahrzehntelangen Dauerlektion in «zivilisiertem» Benehmen unterzogen. Besonders dem Lehrsatz Nr. 1 –»Du darfst keinen Europäer antasten!» – wurde bei Bedarf (etwa nach dem Indischen Aufstand von 1857 oder der Boxer-Erhebung in China 1899/1900) mit äußerster Strenge Nachdruck verliehen. Aber auch wie man das Rechtswesen, das Erziehungssystem, das Militär und die Staatsverwaltung zu reformieren habe, um sich vom Etikett des «Barbarischen» zu befreien, wurde den Orientalen immer wieder vor Augen gestellt. Japan sollte sich als der gelehrigste Schüler erweisen und, zum «Britannien des Ostens» emporgestiegen,[53] dafür in den 1890er Jahren durch Beseitigung seiner völkerrechtlichen Benachteilung, also der nach der «Öffnung» von 1853/ 54 vereinbarten «ungleichen» Verträge, belohnt werden.[54] Im Unterschied dazu mußte sich China noch in den 1920er Jahren von den Großmächten sagen lassen, sein internationales Verhalten und seine innere Ordnung entsprächen nicht dem Standard der «Zivilisiertheit» in der Völker- und Staatengemeinschaft und rechtfertigten vorerst nicht die Aufhebung der Sonderjurisdiktion für Ausländer.[55] Eine solche säkulare Missionsidee war dem alten Kolonialismus fremd. Sie ist ein bis in manche heutigen Modernisierungs- und Entwicklungslehren fortlebendes Produkt des frühen 19. Jahrhunderts[56] und beschränkt sich keineswegs auf die vom französischen Kolonialismus für sich in Anspruch genommene «mission civilisatrice». Die moralische Überlegenheit der europäischen Völker, ihre Pflicht, die Barbaren Asiens und die Wilden Afrikas an die Errungenschaften der Zivilisation heranzuführen, und ihr Recht, dies notfalls mit Gewalt zu tun: dies war seit dem ersten Drittel des 19. Jahrhunderts eine unausgesprochene Annahme gesamteuropäischen Weltverständnisses und ein kleinster gemeinsamer Nenner zwischen den europäischen Nationen, der sie bei ernsten Herausforderungen durch die «Eingeborenen» über alle Rivalitäten hinweg rasch zu inter-imperialistischer Solidarität finden ließ.[57]

Die protestantische «Heidenmission», die sich seit den 1790er Jahren in enger Verbindung mit der Anti-Sklaverei-Bewegung – und wie diese aus dem «evangelical revival» gespeist – rasch entwickelte,[58] war nur der religiöse Ausdruck eines umfassenden europäischen Sendungsbewußtseins gegenüber dem Rest der Welt. Sie wurde jedoch bald dessen wohlorganisierte Kadertruppe und konnte nach 1813, als ihr Missionsfreiheit in Indien gewährt wurde,[59] dort die missionarische Invasion des zahlreichsten

Heidenvolkes der Welt vorbereiten. Auch die Missionare drangen mit Freihändlern und Marinestrategen auf die Öffnung des chinesischen Reiches.

9
Opiuminvasion und Öffnungskriege

So trafen im vierten Jahrzehnt des 19. Jahrhunderts mehrere Entwicklungen zusammen, die für den Frieden an der Chinaküste nichts Gutes verhießen: ein weltweit aggressives Selbstbewußtsein der britischen Außenpolitik, erkennbar namentlich in einer neuen Ungeduld gegenüber den östlichen Monarchien; eine gegen die chinesische Selbstabschließung agitierende protestantische Missionslobby, deren extremer Flügel zur Durchsetzung seiner Ziele auch Opiumhandel und Krieg nicht ausschloß;[1] eine subversiv im Lande tätige katholische Mission, die sich später den Invasoren als willige Hilfstruppe andienen sollte;[2] freihändlerische Unternehmerinteressen im Kerngebiet der industriellen Revolution, die bereits die Aufhebung des Handelsmonopols der EIC mit Indien im Jahre 1813 betrieben hatten[3] und nun, beunruhigt durch eine Rezession in der Baumwollindustrie Ende der zwanziger Jahre, auch die Beseitigung des Doppelmonopols von EIC und Co-Hong, also den unbehinderten Zugang zum chinesischen Markt, verlangten.[4] Die aggressivsten und einflußreichsten Befürworter eines rabiaten Vorgehens gegen China waren indessen die Opiumhändler: Agency Houses, die seit dem Jahrhundertbeginn den Handel mit der Droge als den lukrativsten aller Geschäftszweige für sich entdeckt hatten.

Warum ausgerechnet Opium? Der Aufstieg des Opiums, das seit alters her in vielen Zivilisationen als Medikament verwendet worden war,[5] zum massenhaft konsumierten Genußmittel begann erst im 19. Jahrhundert. Im Westen verbreitete sich die Droge nicht nur unter Intellektuellen und Bohemiens[6] und in Teilen der industriellen Arbeiterschaft, sondern auch in bürgerlichen Kreisen besonders des viktorianischen England, wo Opium und andere Rauschgifte bis 1868 völlig frei über die Ladentheke verkauft werden durften.[7] Überwiegend handelte es sich dabei um türkisches Opium. Indisches Opium spielte auf dem europäischen Markt nur eine Nebenrolle.

Aus Smyrna (dem heutigen Izmir) stammte auch das Opium, das seit 1805 von amerikanischen Kaufleuten nach China importiert wurde.[8] Opium steht am Anfang der amerikanisch-chinesischen Beziehungen. Direkte Handelskontakte zwischen Neuengland und China gab es seit 1784.[9] Sie waren der Ursprung einiger der großen amerikanischen Vermögen, etwa desjenigen von John Jacob Astor.[10] Aber erst nachdem

Pelze als wichtigstes Importgut durch Opium abgelöst worden waren, erhielten die amerikanischen Geschäfte eine tragfähige ökonomische Grundlage.[11] Während der ersten beiden Jahrzehnte des 19. Jahrhunderts lieferten die Amerikaner etwa ein Drittel des nach China importierten Opiums.[12] Der Rest kam aus britischen Quellen. 1773 hatte die EIC in Bengalen ein Regierungsmonopol für Mohnanbau und Opiumgewinnung eingerichtet. Da die Einfuhr von Opium nach China illegal war, überließ die EIC, die ihre offiziellen Kontakte zu chinesischen Stellen nicht gefährden wollte, den Handel privaten Country Traders. Die EIC war an hohen Monopolpreisen und folglich nicht an einer unkontrollierten Ausweitung der Produktion interessiert.[13] Trotzdem vervielfachten sich nach 1820 die indischen Opiumexporte nach China. Die Zahlen in Tabelle 4 sind im einzelnen mit Vorsicht zu betrachten: Da es sich um Schmuggel handelte, dürfte das tatsächliche Handelsvolumen weitaus größer gewesen sein. Doch zeigen sie einen Trend, der durch beschreibende Quellen reichlich bestätigt wird.

Tabelle 4: Opiumeinfuhren (aus Indien und der Türkei)
nach China, 1801–1839

Periode	Menge (in Kisten à ca. 140 Pfund, jährlicher Durchschnitt)
1801–1805	3335
1806–1810	4487
1811–1815	4584
1816–1820	4407
1821–1825	8815
1826–1830	14749
1831–1835	22221
1836–1839	36450

Quelle: Michael Greenberg, British Trade and the Opening of China, Cambridge 1951, S. 221 (eigene Berechnung der Durchschnittswerte).

Opium wiederholte in den zwanziger und dreißiger Jahren des 19. Jahrhunderts die steile Karriere, die der Tee, ebenfalls als Massenkonsumgut, in den 1780er Jahren durchlaufen hatte. Um 1830 war es zur wichtigsten Ware im Chinahandel geworden, vermutlich sogar zur weltweit bedeutendsten Sparte des zwischenstaatlichen Warenhandels. Vier Unterschiede zwischen Opium und Tee sind allerdings offensichtlich. Erstens wurde Opium nach China *einge*führt; die Dynamik des Chinahandels verlagerte sich damit auf die Erschließung des Reichs der Mitte als *Absatzmarkt*; endlich hatten die Ausländer eine Ware gefunden, welche die Chinesen in nahezu grenzenlosen Mengen abzunehmen bereit waren. Zweitens war der Opiumhandel ausschließlich eine Angelegenheit britischer und amerikanischer *Privat*firmen,[14] während Tee bis 1833 das noble Monopolgut der feinen EIC blieb. Opium wurde völlig außerhalb des Kanton-Systems gehandelt, an illegalen Schmuggelplätzen und ohne (offene) Beteiligung der Hong-Kaufleute. Drittens war Tee eine harmlose «Heißwasserwürze» (Jean Paul), während es sich bei dem aus Mohnkapseln gewonnenen Opium um ein giftiges, Sucht erzeugendes Rauschmittel handelte. Trotz der neuen Popularität des «Opiumessens» im frühen 19. Jahrhundert hat Europa sich selbst die «harte» Droge nie in dem Maßstab zugemutet, in dem es sie anderen aufdrängte. Es gab keine europäische Parallele zu dem gigantischen Opiumverbrauch der Chinesen im 19. Jahrhundert.[15] Viertens war der Opiumhandel anders als das Teegeschäft von Anfang an moralisch umstritten. Im Urteil des führenden amerikanischen Chinahistorikers steht er in der direkten Nachfolge des atlantischen Sklavenhandels als «das am längsten andauernde systematische internationale Verbrechen des modernen Zeitalters».[16] Gegenüber manchen ihrer Zeitgenossen – frommen Christen, Sozialreformern, Anti-Sklaverei-Agitatoren – befanden sich die Opiumhändler und die entfernteren Nutznießer des schmutzigen Gewerbes in einem gewissen Rechtfertigungszwang. Die Begründungsversuche, angefangen beim marktwirtschaftlichen Argument, es würden nur ethisch neutral die Bedürfnisse der Kundschaft befriedigt,[17] bis hin zur rassistischen Versicherung, die minderwertigen «Gelben» verdienten es nicht besser, und das Opium mache ihnen ohnehin wenig aus,[18] füllen ein stattliches Kapitel in der Universalgeschichte von Heuchelei und Niedertracht.[19] Allerdings darf bei der Bewertung solcher Äußerungen nicht übersehen werden, daß die soziale Stigmatisierung des Opium- und Laudanumgenusses und seine Unterordnung unter die Kontrolle der medizinischen Profession in Großbritannien erst im letzten Drittel des 19. Jahrhunderts erfolgte.[20] Den Zeitgenossen des Opiumkrieges erschien die Droge noch nicht als so verwerflich wie späteren Generationen.

Der Opiumhandel ist mehr als bloß ein Problem der Wirtschaftsgeschichte. Trotzdem muß eine Erklärung für seine rasante Expansion nach 1820 bei ökonomischen Zusammenhängen ansetzen. Mindestens vier Faktoren sind zu berücksichtigen. Erstens füllte Opium in idealer Weise eine Funktionsstelle im anglo-indisch-chinesischen Dreieckshandel. Ebenso wie indische Rohbaumwolle eignete es sich zum Ausgleich der notorisch passiven Handelsbilanz mit China, also letztlich zur Finanzierung der unvermindert andauernden Tee-Exporte. Gegenüber Baumwolle besaß Opium aber den Vorteil, billiger produziert und transportiert werden zu können sowie über das Opiummonopol in Bengalen – Baumwolle dagegen unterlag keiner offiziellen Reglementierung[21] – Einkünfte für den indischen Staat abzuwerfen. Hinzu kam ein Kollaps des kantonesischen Baumwollmarktes im Jahre 1819, von dem dieser sich mehr als ein Jahrzehnt lang nicht erholte.[22] Baumwolle fiel damit als Mittel zur Aktivierung der indo-chinesischen Handelsbilanz weitgehend aus. Zweitens sprengte der wendige Opiumhandel rasch seine institutionellen Fesseln. In Indien selbst dehnte sich die Produktion auf Gebiete im Hinterland von Bombay aus, wo das staatliche Monopol nicht wirksam war; 1821 ließ die EIC dann auch ihre – rein fiskalisch und keineswegs humanitär motivierten – Produktionsbeschränkungen in Bengalen fallen.[23] Danach waren dem Angebot kaum noch Grenzen gezogen. China konnte mit Opium überflutet werden.[24] Zu seiner Verbreitung standen zahlreiche Agency Houses bereit. Nachdem das Parlament in Westminster 1833 zwanzig Jahre nach den Indien- auch die China-Privilegien der EIC aufgehoben hatte, lagen auf westlicher Seite ihren Aktivitäten keine außerökonomischen Hindernisse mehr im Wege. Opium wurde zur Speerspitze aggressiven Freihandels an der Chinaküste. Diejenigen Agency Houses, die eine Reihe von Finanzkrisen (besonders 1829–34) überlebten,[25] machten den Opiumhandel zum profitablen Kern von Geschäftsoperationen, die sich in viele andere Bereiche verzweigten. Einige der großen Chinahandelshäuser, die jahrzehntelang und in wenigen Fällen bis in die Gegenwart bestehen sollten, wuchsen aus dem Opiumgeschäft hervor. Keines davon war prominenter und potenter als Jardine Matheson & Co., das schon kurz nach seiner Gründung 1832 etwa ein Drittel des Opiumschmuggels abwickelte.[26] Und niemand setzte sich in London wie im Fernen Osten entschiedener und mit mehr scheinheiligem Geschick für die Legalisierung der Opiumimporte und für eine Öffnung des chinesischen Marktes für britische Industrieerzeugnisse[27] ein als die Gründer der Firma, William Jardine and James Matheson.[28]

Zwei weitere Gründe für die Zunahme des Opiumhandels sind auf chinesischer Seite zu suchen. Beide relativieren die allzu simple Auffassung, das Opium sei den Chinesen «aufgezwungen» worden. Denn es wäre – drittens – nie zur Ausbreitung der Droge gekommen, hätten nicht Chinesen auf allen Ebenen mit den fremden Kaufleuten kooperiert: vom bestechlichen Mandarin und den Schmuggelorganisationen in den Küstengewässern bis hin zur Unterwelt, zu Großhändlern und Finanziers im Landesinnern.[29] Selbstverständlich waren die Ausländer am Verkauf des Opiums hinter den chinesischen Grenzen in keiner Weise beteiligt. Viertens schließlich muß die Frage nach den Motiven für den chinesischen Opiumkonsum gestellt werden. Sie ist schwierig zu beantworten. Sicher gab es unter den Reichen oder nur Wohlhabenden viele, die der Droge zusprachen. Es ist verlockend, dies spekulativ mit dem Lebensgefühl einer niedergehenden Gesellschaft in Verbindung zu bringen.[30] Wichtiger als Abnehmer waren aber insgesamt – wie auch im England der Frühindustrialisierung – Menschen, die harte körperliche Arbeit verrichteten: Lastträger, Bootsschlepper, Steinbrucharbeiter, usw. An ihnen, die sich in der Regel schlecht ernährten, wurden auch am ehesten die körperlichen Verheerungen der Sucht erkennbar. Bauern scheinen sich erst nach 1870 in nennenswertem Maße dem Opiumrauchen zugewandt zu haben, Soldaten schon Jahrzehnte früher.[31] Sucht entstand auch durch medizinische Behandlung, denn die chinesischen Ärzte glaubten im Opium eine Arznei gegen Malaria und Tuberkulose gefunden zu haben.[32] Neben dem persönlichen Bedürfnis hat aber auch ein struktureller Bedarf eine Rolle gespielt. In einer Gesellschaft mit einem komplizierten und extrem uneinheitlichen Geldsystem, in dem es immer wieder zu Liquiditätsengpässen kam, konnte eine wertvolle, aber leicht transportable und beliebig teilbare Substanz wie das Opium (im 20. Jahrhundert auch Petroleum) die Stelle von Geld einnehmen. Man benutzte es, um größere Beträge auf Reisen mitzuführen, oder als leicht zu verbergende Vermögensanlage; in Westchina und später in Hongkong diente es offen als Bargeld. Auch die Teeaufkäufe wurden zuweilen natural in Opium vergütet.[33] Nicht das gesamte Opium wurde mithin sogleich als Rauschmittel konsumiert.

Blicken wir an dieser Stelle kurz auf die weitere Geschichte des Opiums in China voraus! Zwar verweigerte die Qing-Regierung bis 1858 die von Großbritannien angestrebte Legalisierung der Opiumeinfuhr, aber eine halboffizielle Regelung außerhalb der Vertragsverhandlungen beseitigte 1843 faktisch die meisten Handelshemmnisse.[34] Für 1858 ist die Menge des nach China geschmuggelten indischen Opiums auf 62 000 Kisten geschätzt worden, also auf fast das Doppelte der Menge vor dem Opiumkrieg.[35] Bis etwa 1870 drehten sich die Geschäfte der meisten westlichen Chinahandelshäuser um das Opium.[36] Die Importe kulminierten 1879 (ca. 5 000 t)[37] auf der doppelten Höhe der Menge von 1839; bis zum Ersten Weltkrieg gingen sie dann allmählich zurück. Gleichzeitig stieg die chinesische Eigenproduktion, die (außer in Yunnan) vor dem Opiumkrieg geringfügig gewesen war und erst in den fünfziger Jahren richtig eingesetzt hatte. Es handelte sich um Importsubstitution großen Stils. Allein die Provinz Sichuan soll in den 1880er Jahren *per annum* 11 000 t, fünfzehn Jahre später 15 000 t Opium produziert haben.[38] Eine andere Schätzung beziffert die chinesische Gesamterzeugung für die Jahrhundertwende auf 22 000 t: 50 g pro Kopf der Bevölkerung![39] Damals dürfte jeder zehnte Chinese vom Opium abhängig gewesen sein; in den Städten von Sichuan sogar jeder zweite männliche Einwohner. Die Reichen rauchten den indischen, auch zunehmend den persischen Stoff, die Armen das oft minderwertige und verunreinigte einheimische Produkt.[40] Mindestens in einer Provinz – dem bergigen Yunnan im Südwesten – war die Mohnkultivation jahrzehntelang der wichtigste Wirtschaftszweig.[41]

Viele Interessen waren mit dem Opiumgeschäft verbunden: die von Bauern, von Händlern, nicht zuletzt auch die des Staates, denn Opium war eines der am einfachsten und am ertragreichsten besteuerbaren Konsumgüter. Eine Beschränkung des Opiumunwesens war deshalb politisch schwer durchzusetzen. Auch «humanitärer» Druck von außen verschlug wenig, solange die Briten nicht bereit waren, die Produktion in Indien zu drosseln und den Export nach China einzustellen.[42] Im Zuge der Reformpolitik in den letzten Jahren der Qing-Dynastie begann die chinesische Regierung 1906 eine Opiumunterdrückungskampagne, die, seit 1909 auch von den europäischen Kolonialmächten zaghaft unterstützt, gemessen an den begrenzten Eingriffsmöglichkeiten des spätimperialen Zentralstaates, bemerkenswerte Erfolge zeitigte.[43] 1917 war das letzte Jahr, in welchem die Außenhandelsstatistik nennenswerte Opiumimporte verbuchte; der Mohnanbau im Lande selbst ging ebenfalls zurück. Die Anti-Opium-Politik konnte freilich nur den Trend umkehren, ohne das Übel zu beseitigen. In der Zwischenkriegszeit verließen sich zahlreiche Militärmachthaber auf Einkünfte aus Opiummonopolen, die oft als «Büros zur Opiumunterdrückung» getarnt waren.[44] Auch Jiang Kaishek und seine Verbündeten aus der Shanghaier Unterwelt haben derlei Methoden nicht verschmäht und gewaltige Summen aus dem Opiumhandel gezogen.[45] Entgegen aller opiumfeindlichen Rhetorik wurde im Herrschaftsgebiet Jiang Kaisheks Opium offen verkauft.[46] Die Politik der fremden Mächte trug ebenfalls dazu bei, den Opiumkonsum in China zu perpetuieren. Im britischen Hongkong dachte man nicht an ein völliges Verbot des Opiumhandels, sondern unterhielt bis zum Ausbruch des Pazifischen Krieges ein höchst einträgliches amtliches Opiummonopol.[47] Die Japaner vollends fühlten sich an internationale Absprachen nicht gebunden. Japan selbst hatte sich, gewarnt durch das chinesische Opiumdesaster, von Anfang an gegen die Droge abgeschottet. Die ersten – in manch anderer Hinsicht zu Japans Ungunsten «ungleichen» – Handelsverträge mit den Westmächten von 1858 untersagten ausdrücklich den Opiumimport.[48] Als aggressive Imperialmacht führten die Japaner aber nach 1931 in der Mandschurei und in Nordchina in großem Umfang Morphium und Heroin ein; härteste Drogen wurden skrupellos als Instrumente zur Narkotisierung und Kontrolle der chinesischen Bevölkerung eingesetzt;[49] ein erheblicher Teil der Opiumhöhlen in Shanghai wurde von Japanern betrieben.[50] Es gehört zu den größten Verdiensten der kommunistischen Regierung in China nach 1949, innerhalb kurzer Zeit dem anderthalb Jahrhunderte andauernden Drogenhandel ein Ende bereitet zu haben.

Bei der Ausrottung des Opiumhandels erinnerten die Kommunisten symbolisch an die Anti-Opium-Maßnahmen am Vorabend des englisch-chinesischen Krieges. So wurden am 3. Juni 1951 bei einem Volksfest in Kanton Opium und Raucherutensilien auf einem Scheiterhaufen verbrannt.[51] Das historische Vorbild war, jedem verständlich, eine Heldenszene aus der patriotischen Folklore: Vom 3. bis zum 25. Juni 1839 hatte der kaiserliche Sonderkommissar Lin Zexu in den Vororten Kantons 1400 t Opium im Wert von neun Millionen Dollar vernichten lassen. Bei dem Opium handelte es sich um die damals in britischen Händen befindlichen Lagerbestände, deren Auslieferung Lin Zexu vom obersten britischen Vertreter in Kanton, dem Chefsuperintendenten Captain Charles Elliott, erzwungen hatte. (Da damals der Opiumhandel ohnehin vorübergehend stagnierte, konnten die Händler den Verlust freilich verschmerzen.)[52] Das entschiedene Einschreiten der chinesischen Regierung kam nicht völlig aus heiterem Himmel. 1813, 1821 und 1830 waren die Gesetze gegen den Opiummißbrauch verschärft worden – ohne nennenswerten Erfolg.[53] Anzeichen einer heraufziehenden Krise mehrten sich dann seit Beginn der dreißiger Jahre. Mit dem Rückzug der EIC aus Kanton 1834 verschwand die westliche Hälfte des seit Jahrzehnten eingespielten Doppelmonopols. Weder die Co-Hong noch die kantonesischen Behörden vermochten den umtriebigen Privathandel zu kontrollieren, der sich nicht mehr auf die Stadt Kanton beschränken ließ. Auch die politische Repräsentanz der Ausländer wurde auf eine neue Basis gestellt. Die Chinesen legten durchweg großen Wert darauf, gegenüber Fremden das Prinzip der Kollektivverantwortlichkeit zu praktizieren. Ausländische Kaufleute zum Beispiel mußten durch Führer vertreten sein, mit denen man verhandeln und die man notfalls zur Rechenschaft ziehen konnte. Nachdem das Amt des Präsidenten des «Select Committee» der Superkargos der EIC 1834 mit dem Rückzug der Company verschwunden war, äußerten chinesische Stellen das Verlangen nach einem neuen «Hauptkaufmann» in Kanton. Nicht einen solchen entsandten aber die Briten, sondern einen Chief Superintendent of Trade, einen hohen Beamten der Krone, der unmittelbar dem Außenminister in London unterstand.[54] Damit gewannen die anglo-chinesischen Beziehungen, die bis dahin auf der sub-offiziellen Ebene des Kontakts zwischen EIC-Bediensteten und Hong-Kaufleuten angesiedelt gewesen waren, einen hoheitlich-diplomatischen Charakter.[55] Neben Geschäftsinteressen begannen Erwägungen des nationalen Prestiges eine Rolle zu spielen. Lin Zexus Vorgehen gegen Captain Elliott, der das Opium vor seiner Aushändigung zum Eigentum der britischen Krone erklärt hatte, konnte deshalb als Angriff auf die Regierung Ihrer Majestät interpretiert werden. So lieferte es den *casus belli* für den Opiumkrieg.

Das anmaßende und herausfordernde Auftreten des ersten Chefsuperintendenten, Lord Napier, der im Sommer 1834 in klarer Überschreitung seiner Anweisungen den Konflikt mit China suchte, verstimmte die Machthaber in Kanton und Beijing und legte ihnen den Gedanken einer Eindämmung der Fremden nahe.[56] Den eigentlichen Anstoß für die Strategiedebatte, die 1836–39 an der Staatsspitze geführt wurde und die unmittelbar in die Entsendung des Kommissars Lin nach Süden mündete, gaben jedoch die sozio-medizinischen Folgen des Opiumhandels: Zerrüttung der Volksgesundheit, Schwächung des Militärs, Demoralisierung und Korrumpierung weiter Teile der Bürokratie.[57] Sie wurden noch übertroffen durch die wirtschaftlichen Folgen: Der Opiumhandel löste eine ernste Deflation aus, die wiederum eine allgemeinere Wirtschaftskrise nach sich zog. Seit der späten Ming-Zeit war Silber nach China geflossen und hatte die Wirtschaft durch leichte Inflationierung belebt. Dann hatten die Fremden indische Baumwolle als Tauschgut für chinesischen Tee entdeckt. Seit etwa 1805 entfiel dadurch die Notwendigkeit, Silber von außen in den anglo-indisch-chinesischen Dreieckshandel hineinzupumpen. Die hohen

Opiumimporte der 1820er Jahre ließen dann aber die Handelsbilanz umkippen. Seit 1827 floß Silber in großen Mengen aus China ab. Es ist geschätzt worden, daß China zwischen 1827 und 1849 die Hälfte des Silbers verlor, das während der voraufgegangenen 125 Jahre ins Land geströmt war.[58] Silber wurde knapper, die Kaufkraft schrumpfte, die Silberströme von den Städten in die Dörfer (etwa zur Vorfinanzierung der Tee- und Seidenproduktion) versiegten. Unter Bedingungen einer bimetallischen Währung kam es außerdem dazu, daß der Preis des Silbers, in Kupfer ausgedrückt, anstieg. Nachdem die Relation zwischen den beiden Währungsmetallen mehr als 160 Jahre relativ stabil geblieben war,[59] trug dies allein schon psychologisch zur Beunruhigung der Bevölkerung bei. Real besonders hart waren die Bauern und sonstigen Grundeigentümer betroffen, da die Grundsteuer in Silber festgesetzt war, ihre Bareinnahmen aber in der Regel aus Kupfergeld bestanden. Sie mußten nun viel mehr Getreide verkaufen, um das Steuersilber aufbringen zu können. Der reale Wert der Grundsteuer stieg in einigen Regionen binnen kurzem um 50–60 %. In den Städten schnellte die Beschäftigungslosigkeit in die Höhe; Kulis und Tagelöhner verloren ihre Arbeit; kleine Händler und große Kaufleute gingen bankrott. In der Atmosphäre einer ohnehin schon sozial unruhigen Zeit[60] löste die Silberkrise einen neuen Schub gesellschaftlicher Destabilisierung aus, besonders in Südchina.[61] Eine Serie von Naturkatastrophen verschlimmerte die Lage.

Diese Entwicklungen der 1820er und 30er Jahre sind in längerer Perspektive höchst bedeutsam. Zum ersten Mal seit ihrer Gründung 1644 sah sich die Qing-Dynastie einer tiefen Wirtschaftskrise gegenüber. Und zum ersten Mal seit dem Beginn des europäischen Chinahandels im 16. Jahrhundert bekam das Reich die ungünstige Folgen eines Anschlusses an die Weltwirtschaft zu spüren. Der Tausch – extrem vereinfacht gesprochen – von Tee, Seide und Baumwollstoffen gegen Silber, also die Situation vor 1800, war für China ein gutes Geschäft; der Tausch von Silber gegen Opium, die Situation nach 1830, führte zu bedenklichen Belastungen der heimischen Wirtschaft. Daß die Krise so tief ging und sich so schnell durch das gesamte Wirtschaftssystem fortpflanzte, zeigt, wie empfindlich die chinesische Ökonomie auf Marktimpulse reagierte, insbesondere: in welch erheblichem Grade sie bereits mit äußeren Märkten vernetzt war. Schon *vor* der *machtpolitischen* «Öffnung» hatten die aggressiv *marktwirtschaftlichen* Kräfte des Opiumhandels, die sich in die älteren Strukturen von Kompanie- und Country-Trade eingenistet hatten, ohne einen einzigen Kanonenschuß die weltwirtschaftliche Position des Qing-Reiches ins Negative umgepolt. Die Einsicht in diesen Sachverhalt, mochte er auch tatsächlich komplizierter gewesen sein, als die Zeitgenossen zu erkennen imstande waren, bildete 1839 das Hauptmotiv hinter der harten Linie des Hofes und seines Abgesandten, des gestrengen und aufrechten Lin Zexu.

Vergegenwärtigt man sich die Kausalzusammenhänge seiner Vorgeschichte, dann war der Opiumkrieg nicht die Invasion einer starren und verstockten asiatischen Gesellschaft durch die dynamischen Herolde westlicher Modernität, auch nicht – in umgekehrter Bewertung – schlichtweg ein Anschlag finsterer Imperialisten auf tugendhafte und glückliche Orientalen.

Auf eine vom Opiumhandel hervorgerufene Krise der Einbindung Chinas in die Weltwirtschaft, von welcher ernste Gefahren für die innere Ordnung ausgingen, reagierte die chinesische Führung in durchaus rationaler Weise mit einer defensiven Politik der Krisenbegrenzung. Nichts anderes war Lin Zexus Versuch, den Opiumhandel zu unterbinden. Auf diese Anti-Opium-Maßnahmen antwortete Großbritannien wiederum mit einer Art von Anti-Anti-Opium-Politik.

Die britische Intervention ist von ihrem unmittelbaren Anlaß nicht zu trennen. Ohne Lin Zexus «Provokation» wäre sie wohl unterblieben. Es gab im Foreign Office, wo man mit vielen dringlicheren Fragen beschäftigt war, keine grandiosen Generalpläne zur Öffnung Chinas, die nur eines Vorwandes bedurft hätten, um in die Tat umgesetzt zu werden. Es gab noch nicht einmal eine wohlerwogene Chinapolitik. Aber als die Aktion dann gestartet war, wuchs sie schnell über die auslösende Konfliktsituation hinaus. Lord Palmerston, der Außenminister, schickte keineswegs die Flotte allein deshalb, um die kurzfristigen Profitinteressen einiger weniger Opiumschmuggler zu salvieren. Eine Marionette der Opium- (und der Baumwoll-) Lobby war er nicht. Zum einen galt es, den Opiumhandel grundsätzlich aufrechtzuerhalten, weil er für die britisch-indischen Finanzen unerläßlich war: Er verschaffte der indischen Regierung hohe Steuer- und Monopoleinnahmen;[62] er brachte Kaufkraft nach Indien, die sich in Nachfrage nach britischen Produkten umsetzen ließ; und er bot einen profitablen Umweg für den Transfer indischer Staatseinnahmen ins Mutterland.[63] Unerläßlich war er auch, da bei realistischer Einschätzung China mit seiner leistungsfähigen Textilproduktion und seinem allgemein hohen Selbstversorgungsgrad, den die Europäer zur Genüge kannten, in absehbarer Zeit noch nicht als jener grenzenlose Absatzmarkt für Erzeugnisse der Baumwollindustrie von Lancashire in Frage kommen würde, den sich Phantasten erträumten. Zum anderen konnte der Anlaß genutzt werden, um all jene Ärgernisse im Umgang mit China zu beseitigen, die der Rationalität des Handels, der Ehre der britischen Nation, den universal gültigen Maßstäben von «Zivilisiertheit» und einfach der Sicherheit und Bequemlichkeit der Ausländer an der Chinaküste zuwiderliefen: das Monopol der Hongisten; die Schwierigkeit, sich bei höheren Staatsinstanzen Gehör zu verschaffen; die Bedrohung der Europäer durch das «barbarische» chinesische Recht; die Beschränkung ihres Aufenthalts auf winzige Enklaven wie Macau und die Faktoreien vor Kanton; die völlige Unzugänglichkeit des Binnenlandes; die Missionsverbote; das Fehlen militärischen Schutzes für Ausländer, usw. Wegen solcher Fragen hatte man sich mit dem Osmanischen Reich, mit Persien, mit Afghanistan, mit Siam auseinandergesetzt und ihnen teilweise die eigenen Vorstellungen massiv nahegebracht.[64] Um diese Fragen ging es auch beim chinesischen Opiumkrieg, der als begrenzte Strafexpedition begann und in einer Neugestaltung der internationalen Beziehungen im Fernen Osten endete.[65] Hier müßte nun die eigentliche Geschichte dieses Krieges erzählt werden oder genauer: jener Serie von militärischen Konfrontationen zwischen Großbritannien und China, die mit Unterbrechungen von 1840 bis 1860 andauerte.[66] Eine Skizze mag genügen. Lin Zexu und der Daoguang-Kaiser hatten es im Frühsommer 1839 nicht auf Krieg angelegt. Lin hoffte, die Barbaren durch strenge Ermahnungen zur moralischen Umkehr bewegen zu können. In London aber fiel am 1. Oktober 1839 die Entscheidung für eine militärische Aktion.[67] Der Opiumkrieg begann mit der Ankunft einer britischen Flottille von 16 Kriegsschiffen nebst Versorgungstroß im Juni 1840. Er endete einstweilen mit der Unterzeichnung des Vertrages von Nanjing am 29. August 1842 durch Sir Henry Pottinger und den Kommissar Qiying. Von den britischen Motiven und Zielen war die Rede. Es ist daneben wichtig zu sehen, was *nicht* angestrebt wurde. Auf keinen Fall sollte China zu einem zweiten Indien werden. Seit Anbeginn und immerdar galt die oberste Maxime britischer Chinapolitik: sich nicht in koloniale Abenteuer auf dem ostasiatischen Festland hineinziehen zu lassen. Nach den teuren Eroberungskriegen in Indien vor 1818 mußten für die Viktorianer weitere expansionistische Aktionen in Asien billig sein. Marineunternehmungen waren weniger kostspielig und leichter zu organisieren als Landkriege, bei denen allein der Transport der Pferde Unsummen verschlang.

Auch der Opiumkrieg wurde mit relativ geringem Aufwand geführt. Daß China ihn so schnell und eindeutig verlieren würde, war keineswegs von vornherein ausgemacht. Das westliche Bild von opiumberauschten Mandarinen, die mit Knallfröschen auf britische Fregatten schießen, erfaßt die Wahrheit nicht ganz. (Ebensowenig das Gegenbild von heroischen anti-imperialistischen Volkserhebungen, die von der Dynastie verraten worden seien.)[68] Gelegentlich trafen die Briten auf heftig widerstehende Mandschu-Truppen, und im Juni 1859 – der Krieg war 1858 fortgesetzt worden – erlitt ein britisches Kontingent in Nordchina eine vernichtende Niederlage. Die Qing waren schwach auf dem Meer, wo sie den Briten nichts entgegenzusetzen hatten, und sie waren an Organisation und Disziplin ihrer Truppen dem Gegner bei weitem unterlegen. Den Ausschlag gab schließlich nicht ein quantitativer Materialvorteil der Engländer, sondern ein kurz zuvor errungener rüstungstechnologischer Vorsprung: Der Opiumkrieg war der erste Krieg, der durch dampfgetriebene Kanonenboote entschieden wurde.[69] Sie allein konnten unabhängig von den Windverhältnissen in die Flußmündungen hineinfahren und die großen Kriegsschiffe vor Städten wie Kanton und Nanjing in Feuerstellung bringen. 1840 fiel keine übermächtige Eroberungswalze (wie die japanische 1937) in China ein. Die Briten nutzten eine punktuelle Überlegenheit, um begrenzte Ziele gewaltsam durchzusetzen.

Im Vertrag von Nanjing (1842) und dem Ergänzungsvertrag von 1843 wurden die erreichten Ziele schriftlich fixiert:[70] Entschädigungszahlungen in Höhe von 21 Millionen $; Abschaffung der Co-Hong und des chinesischen Handelsmonopols; Öffnung der fünf Städte Kanton, Shanghai, Amoy (Xiamen), Fuzhou und Ningbo für Niederlassung und Handel britischer Staatsangehöriger; Exterritorialität, also Freistellung der Ausländer von chinesischem Recht; Erlaubnis zur Stationierung von Kanonenbooten in den fünf «Offenen Häfen»; Einführung eines (später für Importe auf durchschnittlich 5 % *ad valorem* festgelegten) «gerechten und regelmäßigen» Zolls; unbefristete Abtretung der Insel Hongkong. Alle diese Bestimmungen wurden China aufdiktiert. Frankreich und die USA, die am Opiumkrieg nicht beteiligt gewesen waren, nutzten die Schwäche der chinesischen Regierung und schlossen 1844 ähnliche Verträge ab. Über die Meistbegünstigungsklausel, die seit 1843 in allen «Treaties» vorkam, übertrugen sich die jeweils weitestgehenden Privilegien, die eine ausländische Regierung aushandelte, automatisch auf alle anderen Vertragsmächte.[71] Deshalb kann man von einem «Treaty System», einem *System* von Verträgen sprechen, das sich im Laufe der folgenden Jahrzehnte immer weiter verdichtete und differenzierte, bis es schließlich nur noch von wenigen Experten im Detail gemeistert wurde.[72]

In seinen Grundzügen war das System jedoch 1860 abgeschlossen. Durch einen zweiten Krieg, oft ungenau – denn es ging um andere Fragen – »zweiter Opiumkrieg» genannt, zwangen die Mächte dem Qing-Reich ein großes Zusatzpaket von Souveränitätseinschränkungen auf:[73] Einrichtung permanenter diplomatischer Vertretungen in der chinesischen Hauptstadt; Öffnung elf weiterer «Treaty Ports» oder «Vertragshäfen»,[74] jetzt auch im Landesinneren, vor allem entlang der großen Transportader Mittelchinas, dem Yangzi; Erlaubnis für Ausländer, in ganz China zu reisen; völlige Bewegungs- und Betätigungsfreiheit für alle protestantischen und katholischen Missionare. Wieder wurden hohe Kriegsentschädigungen und Sühnezahlungen verlangt. Die Chinesen die Kriege, die man gegen sie führte, selbst mehr als kostendeckend bezahlen zu lassen, war mittlerweile schon selbstverständlich geworden.

Um 1860 endete die Periode der machtpolitischen Öffnung, und es begann ein weniger dramatisches Zeitalter der langsamen Markterschließung und des Aufbaus neuer Strukturen. Was bis 1860 in den Verträgen niedergeschrieben worden war, mußte jetzt – so sahen es die Ausländer – in die Wirklichkeit umgesetzt werden. Die Chancen waren da. Nun kam es darauf an, sie zu nutzen. Bevor wir untersuchen, wie und wo dies gelang oder scheiterte, sollen einige weitere Grundtendenzen der vierziger und fünfziger Jahre festgehalten werden.

Würde hier nicht nur die Geschichte der chinesischen Außenkontakte, sondern die neuere Geschichte Chinas überhaupt geschrieben, so müßte *ein* Ereignis im Mittelpunkt stehen: der Taiping-Aufstand (1850–64), der die Qing-Dynastie hart an den Rand des Untergangs trieb, der aber schließlich scheiterte.[75] Er war weltweit die größte Massenbewegung des 19. Jahrhunderts und Anlaß für die blutigsten Massaker des Zeitalters. 20 Millionen Menschen sollen infolge des Aufstandes und seiner Unterdrückung umgekommen sein, vermutlich sogar die doppelte Anzahl, berücksichtigt man alle damals in China stattfindenden inneren Kämpfe: also nahezu ein Zehntel der Bevölkerung.[76] Der säkulare demographische Aufwärtstrend wurde damit brutal abgebrochen, gleichzeitig aber auch – Analogien zur Pest im Europa des 14. Jahrhunderts springen ins Auge – die Spannung zwischen Bevölkerung und Ernährungsmöglichkeiten gelöst. Am Ende der Ming-Dynastie kamen auf den Kopf der Bevölkerung 4,7 mu (etwa 0,31 ha) Ackerland; am Vorabend der Aufstandsbewegungen nur mehr 2,9 *mu* (0,19 ha); 1870 war die Fläche auf 3,4 mu (0,23 ha) gestiegen.[77]

Hatten die Aufstände der Jahrhundertwende noch ohne nennenswerten Bezug zur internationalen Umwelt und ganz im Rahmen der chinesischen Rebellentradition stattgefunden, so zeigt die Bewegung des «Reichs zum himmlischen Frieden» *(taiping tianguo)*[78] eine deutliche internationale Dimension. Zwar kann sie nicht, wie der Java-Krieg von 1825–30, der indische Sepoy-Aufstand von 1857/58 oder die neuseeländischen Maori-Kriege von 1860–63, als anti-koloniale Widerstandsbewegung interpretiert werden, doch steht an ihrem Ursprung in doppelter Hinsicht die Situation des Qing-Reiches kurz nach seiner Öffnung. Einmal hatte das Christentum der protestantischen Missionare, welches Hong Xiuquan, der prophetische Gründer der Bewegung, 1843 in Gestalt chinesischsprachiger Traktate kennenlernte, großen Einfluß auf die Doktrinen der Taiping. Wie groß dieser Einfluß im einzelnen war, worin er bestand und wie sich in der Glaubenswelt und politischen Programmatik der Anhänger des Taiping Tianguo einheimische, besonders konfuzianische, mit christlichen Vorstellungen verbanden, ist seit langem ein Hauptthema der westlichen Taiping-Forschung.[79] Bemerkenswert an der Lehre der Taiping ist, daß sie, ganz anders als frühere Rebellen in der chinesischen Geschichte, ein universalistisches Weltbild entwickelten, welches dem konfuzianischen «Sinozentrismus» völlig entgegengesetzt war, indem es die Gleichheit aller Nationen vor Gott und die Möglichkeit einer freien Kooperation zwischen ihnen annahm, gerade auch zwischen China und dem Westen. Dies führte dazu, daß die Taiping am Anfang Europäern und Amerikanern mit großer Offenheit und Zutraulichkeit entgegenkamen.[80]

Am Beginn der Taiping-Bewegung stehen nicht nur ideologische Impulse, sondern auch sozialökonomische Einflüsse aus dem Westen. Die Bewegung ging von solchen Gebieten Südchinas aus, besonders der relativ rückständigen Provinz Guangxi, in denen bestehende ethnische und soziale Konflikte durch den Einbruch der Fremden geweckt oder angeheizt wurden. Neben die langfristige Übervölkerungskrise und die mittelfristig wirksame Deflation traten kurzfristige spezifische Faktoren, zum Beispiel eine hohe Arbeitslosigkeit unter Bootsleuten, Packern und Lastträgern im Hinterland von Kanton, nachdem sich der Schwerpunkt des Außenhandels von dort auf den 1843 geöffneten Hafen Shanghai verlagert hatte,[81] der daraus resultierende, durch höhere Steuern kompensierte Einkommensausfall der Südprovinzen oder die Vertreibung großer Piratenbanden aus den Küstengewässern durch die britische Marine.[82] Die neuen Formen der ausländischen Präsenz trugen als verstärkende Zusatzfaktoren zum Ausbruch der Taiping-Rebellion bei. Auch der Legitimitätsverlust einer Dynastie und einer Machtelite, die sich den Fremden gebeugt hatten, mag die Schwelle der Protestbereitschaft gesenkt haben. Andererseits war die alte Ordnung noch nicht dermaßen geschwächt, daß sie unter dem ungeheuren Ansturm der Taiping zusammengebrochen wäre. Daß die Qing den Taiping standhielten und auch andere große Aufstandsbewegungen bezwangen, die zwischen 1853 und 1878 den Norden, Nordwesten und Südwesten des Reiches überzogen,[83] ist ebenso bemerkenswert (und erklärungsbedürftig) wie Ausbruch und Ausmaß der Erhebungen.

Die Taiping-Bewegung fiel zusammen mit dem Drängen der Westmächte auf Einhaltung der Verträge von 1842–44 und auf eine vertragliche Erweiterung ihrer Privilegien, wie sie dann 1858–60 auch durchgesetzt wurde. In den ersten Jahren nach dem Opiumkrieg blieben die erhofften Wohltaten des Freihandels aus. Da der Opiumhandel noch nicht legalisiert worden war, verlief der Hauptteil des sino-westlichen Warenverkehrs wie zuvor in den dunklen Kanälen des Schmuggels. Für legale Importe ließ sich der einheitliche Zoll nicht erzwingen und erst recht nicht die Befreiung ausländischer Waren von Binnenzöllen, die ihnen erst einen Vorteil über einheimische Produkte verschafft hätte. In der Praxis konnte von einer «Öffnung» des chinesischen Marktes keine Rede sein. Der größte Stein des Anstoßes war jedoch die Weigerung der Behörden in Kanton, Ausländern – wie es in den anderen vier Vertragshäfen geschah – den vereinbarten Zugang zur Stadt zu gewähren: nur ein extremer Ausdruck der unter den chinesischen Amtsträgern allgemein verbreiteten Abneigung, die ihnen aufgezwungenen Verträge zu erfüllen. Hätte die Dynastie in den 1850er Jahren ihre Abwehrkräfte nicht gegen die Taiping konzentrieren müssen, dann hätten die Briten und ihre französischen Verbündeten[84] im Konflikt der Jahre 1858–1860 weniger leichtes Spiel gehabt.[85] So kam es indessen zum Sturm auf Kanton im Dezember 1857, im April 1858 zur Einnahme der Stadt Tianjin in Nordchina und im Oktober 1860 zum Einmarsch eines Expeditionskorps in Beijing, das vom ersten Opiumkrieg 1840–42 nicht berührt worden war. Als Strafe für die Mißhandlung britischer Gefangener befahl Lord Elgin, der britische Gesandte, die Plünderung und Einäscherung des Kaiserlichen Sommerpalastes, der im

18. Jahrhundert teilweise von Jesuiten im italienischen Stil erbaut worden war. In den Trümmern fand man unversehrt zwei Kutschen, die Lord Macartney dem Qianlong-Kaiser geschenkt hatte.[86] Siebenundsechzig Jahre nachdem Macartney huldvoll, aber ohne das geringste Zugeständnis von Qianlong auf den Heimweg geschickt worden war, diktierte Lord Elgin[87] in der Hauptstadt dem Prinzen Gong, dem jüngeren Bruder des in Panik geflüchteten Xianfeng-Kaisers, die Konvention von Beijing.

Daß die Briten gleichzeitig die Qing-Dynastie demütigten und sie in wichtiger, wenn auch nicht militärisch entscheidender Weise gegen die Rebellen unterstützten:[88] dies waren zwei Seiten derselben Strategie. Die erste Maxime britischer Chinapolitik, nämlich koloniale Verpflichtungen auf dem Kontinent um jeden Preis zu vermeiden, wurde während der fünfziger Jahre durch eine zweite ergänzt, die sich aus den chinesischen Lehren seit 1842 ebenso ergab wie aus Erfahrungen im Vorderen Orient und aus dem Kosten-Nutzen-Kalkül einer weltwirtschaftlich hegemonialen Seemacht: in China eine zentrale Staatsgewalt zu stabilisieren, die nach außen hinreichend schwach war, um ohne kostspieligen Druck auf leise Winke hin den Wünschen britischer Diplomatie gefügig zu sein, aber nach innen stark und effizient genug, um die innere Ordnung zu garantieren und ihren eigenen Anweisungen in den Provinzen und an der Verwaltungsbasis Geltung zu verschaffen. Nach diesen Kriterien gab es zu den Qing einstweilen keine Alternative. Sie allein vermochten «law and order» zu verbürgen: die unerläßliche Voraussetzung für die kommerzielle Durchdringung des chinesischen Marktes. Nichts wäre dem Freihandelsimperialismus gefährlicher gewesen als der Kollaps der asiatischen Monarchien. Im Falle Chinas schien diese Gefahr Anfang der sechziger Jahre gebannt zu sein.

10

Diplomatie und «Informal Empire»

In seinem Pionierwerk «The International Relations of the Chinese Empire» (1910–18) hat der amerikanische Historiker Hosea Ballou Morse die Jahre zwischen 1834 und 1860 als «period of conflict» bezeichnet und die Zeit zwischen dem Japanisch-Chinesischen Krieg von 1894/95 und dem Fall der Qing-Dynastie 1911 als «period of subjection». Dazwischen liege eine «period of submission».[1] Die Bedeutungsnuancen dieser Begriffe lassen sich im Deutschen nicht mit ähnlicher Eleganz wiedergeben; Wörterbücher schlagen gleichermaßen «Unterwerfung» als Äquivalent vor und verschleifen damit eine Sinndifferenz. «Subjection» wie «submission» setzen beide eine Machtbeziehung zwischen einem Stärkeren und einem Schwächeren voraus. Im ersten Fall wird der Schwächere durch offene

Gewaltanwendung niedergehalten und jedes eigenen Handlungsspielraums, gar seines Willens beraubt, im zweiten, dem der «submission», schwingt die Bedeutung freiwilliger Unterordnung unter einen als stärker erkannten Kontrahenten mit, auch die des Kompromisses, der dem Unterlegenen eine gewisse Bewegungsfreiheit beläßt. Vielleicht kann man etwas altmodisch von «Fügsamkeit» sprechen.

Diese begriffliche Unterscheidung erfaßt recht gut die Eigentümlichkeiten des Verhältnisses zwischen China und den Großmächten in den Jahrzehnten nach 1840. Deutlich hebt sich eine relativ ruhige Zwischenperiode heraus, ein Interludium zwischen den Öffnungskriegen der Jahrhundertmitte und den Unterwerfungsaktionen der Jahrhundertwende, zwischen Lord Elgins Diktat von 1860 und der Lawine von Strafmaßnahmen und Erpressungen, denen sich China zwischen 1895 und 1915 ausgesetzt sah. Die Hauptkennzeichen dieser Periode des gehegten Konflikts waren (1) die Anpassung Chinas an die diplomatischen Verkehrsformen der modernen Welt, (2) die beginnende Erosion der kontinentalen Tribut- und Puffersphäre des Qing-Imperiums, (3) der Aufbau politisch-militärischer Kontroll- und Interventionsorgane durch die Großmächte auf der Basis der «ungleichen Verträge» und (4) die Einwurzelung westlicher Wirtschaftsinteressen an der Chinaküste sowie die festere Einknüpfung einzelner Sektoren der chinesischen Ökonomie in die Weltwirtschaft. Die ersten drei dieser vier Tendenzen sind das Thema dieses Kapitels; das folgende beschäftigt sich mit den ökonomischen Aspekten.

Die weltweite Hegemonie der Freihandelsmacht Großbritannien ohne ernsthafte Interessengegensätze zwischen den Großmächten im chinesischen Kernland ermöglichte nach 1860, lange bevor 1899 durch den amerikanischen Außenminister John Hay der Begriff zum diplomatischen Programm wurde, eine Politik der «Open Door» (der «Offenen Tür»): der einvernehmlichen und gleichberechtigten politischen Kontrolle und wirtschaftlichen Durchdringung des chinesischen Reiches. Die Sonderstellung der Fremden in China war fortan eine multinationale Angelegenheit. Das Treaty-System war britisch in seiner Genese, aber universal in seiner Geltung, ließ doch das Prinzip der Meistbegünstigung alle Interessierten mit geringem eigenem Aufwand der britischen Errungenschaften teilhaftig werden. Insgesamt dreiundzwanzig Länder standen schließlich in vertraglichen Beziehungen zu China. Neben den zwischenstaatlichen Abkommen gab es auch noch Verträge, die zwischen chinesischen Behörden und ausländischen Privatfirmen geschlossen wurden; in ihren Wirkungen waren sie, besonders nach dem Ersten Weltkrieg, mindestens so wichtig wie die völkerrechtlichen «Treaties».[2] Die chinesische Regierung ihrerseits war an Verträgen mit möglichst vielen außenpolitischen Partnern interessiert, um nach altem Rezept die «Barbaren» gegeneinander ausspielen zu können: eine Strategie, die bisweilen Detailerfolge zeitigte, aber auf längere Sicht die Machtverhältnisse nicht veränderte.

Inwiefern die China-Verträge als «ungleich» bezeichnet werden können, wie die Chinesen dies seit etwa 1920 getan haben, ist strittig; «Ungleichheit» ist eine juristisch schwierig zu fassende Kategorie.[3] Die meisten der Verträge gewährten China bestenfalls eine formale, in der Praxis belanglose Reziprozität. Sie bedeuteten im Kern einen chinesischen Souveränitätsverzicht zum einseitigen Vorteil der fremden Mächte. Das politische Urteil fällt klarer aus. Selbst ein solch harmloses, weil durch Waffengewalt des Vertragspartners nicht durchsetzbares Dokument wie ein «Freundschaftsvertrag» zwischen dem riesigen Mandschu-Reich und dem kleinen Chile,[4] das diesem über die Meistbegünstigungsklausel das komplette Paket der Privilegien einräumte, zeigte die Spuren von Chinas grundsätzlicher machtpolitischer Unterlegenheit. Die Verträge waren ungleich, weil sie in einer Situation der Ungleichheit geschaffen und angewendet wurden und letzten Endes nur durch Gewaltandrohung geltend gemacht werden konnten.[5] Und sie wurden von den Chinesen – auch dies ein Faktum für den Historiker – als ungleich und ungerecht *bewertet*. Ihre Beseitigung war denn auch die zentrale Forderung des chinesischen Nationalismus, seit dieser sich um die Jahrhundertwende zu artikulieren begann.

Die Stabilisierung der Qing-Dynastie nach ihrem Sieg über die Taiping 1864 und die prinzipielle Anerkennung der Ergebnisse der Öffnungskriege durch die chinesische Machtelite – aus den Geschichtsbüchern als «Kooperations-Politik» bekannt – schufen auf chinesischer Seite die Voraussetzung dafür, daß die Interventionsmechanismen, die sich die Mächte bis 1860 geschaffen hatten, in der Praxis mit wenig Aufwand die gewünschten Zwecke erfüllten. Die beiden Hauptmaximen der britischen Chinapolitik – möglichst geringe Dauerverpflichtungen und Zusammenarbeit mit einer fügsamen, aber intern durchsetzungsfähigen einheimischen Staatsmacht – ließen sich in den dreieinhalb Jahrzehnten nach 1860 so reibungslos verwirklichen wie niemals wieder danach. Auch im internationalen Vergleich bot China ein Bild relativer Ruhe. Ein durch nationalen Widerstand und Destabilisierung an der Peripherie ausgelöster Invasionssog, wie ihm Großbritannien 1882 in Ägypten erlag,[6] blieb in China aus. Die hochviktorianische Blütezeit der Pax Britannica, die weltweit in den 1870er Jahren ihr Ende erreichte,[7] erlebte in China einen uncharakteristischen Nachsommer. Weniger drastisch als andernorts, namentlich in Schwarzafrika, machten sich in Ostasien vor der Mitte der 1890er Jahre jene Verschiebungen im Gleichgewicht der Weltkräfte bemerkbar, die in den achtziger Jahren allenthalben den Zeitgenossen zu Bewußtsein kamen.[8] Nachdrängende Großmächte bedrohten noch nicht den *status quo* an der Chinaküste. Die Vereinigten Staaten hatten sich sehr früh in China engagiert, Jahrzehnte bevor das Voranschieben ihrer inneren Kolonisierungsgrenze, der berühmten «frontier», sie zum transpazifischen Nachbarn der Chinesen machte. Im Chinahandel des frühen 19. Jahrhunderts standen sie hinter den Briten an zweiter Stelle, und neben diesen und den

Franzosen waren sie die frühesten Nutznießer des Treaty-Systems. Einen signifikant «neuen» US-Imperialismus gab es in Fernost einstweilen nicht.[9] Deutschland, ein anderer potentieller Herausforderer der britischen Suprematie, hatte sich mit der preußischen Ostasienexpedition von 1860–62 in China wie in Japan den Resultaten der Öffnungsphase parasitär angeschlossen.[10] Während der folgenden Jahrzehnte wurde es zwar zu einem wirtschaftlichen Rivalen der Briten auf dem chinesischen Markt, aber auch zu einer der Hauptstützen und einem der Hauptprofiteure des Treaty-Systems, kurz: zu einer Status-quo-Macht und einem Träger des Freihandelsimperialismus in Fernost. Der machtpolitische Aufstieg des Deutschen Reiches und seine kolonialen Manöver in den 1880er Jahren blieben in Ostasien vorerst ohne Widerhall.[11] Der Phasenwechsel zum «Hochimperialismus», wie ihn eine auf Afrika fixierte Geschichtsschreibung allzu geschwind universalisiert, ließ die internationale Ordnung östlich von Saigon bis in die 1890er Jahre ungeschoren.

Trotz eines unverkennbaren Vorbehalts gegenüber den Errungenschaften der westlichen Moderne – einem Zögern, das deutlich mit der gleichzeitigen Selbstverwestlichung der Machteliten in Ländern wie Japan und Ägypten kontrastiert – und trotz des Bestrebens, den Fremden nur so weit wie irgend nötig entgegenzukommen, entsagte die chinesische Diplomatie nach 1860 einer desperaten Strategie von Widerstand und Eindämmung. Der Typus des heldenhaften Patrioten, Fremdenverächters und prinzipienfesten Verteidigers chinesischer Werte und mandschurischer Herrschaftsansprüche, wie ihn Lin Zexu verkörperte, wich einem neuen Epochencharakter: dem des listigen, im Auftreten verbindlichen, in seinen Methoden geschmeidigen, dem Neuen maßvoll aufgeschlossenen Mandarins, der sich auf das alte Methodenrepertoire der defensiven Staatskunst des Schwächeren besann. Auf die Löwen folgten die Füchse. Li Hongzhang verkörperte diesen Typus wie kein zweiter. Seit 1861 auf Gouverneursebene eingesetzt, führte er 1871 seine ersten diplomatischen Verhandlungen und war fortan bis zu seinem Tode 1901 in wechselnden Ämtern der leitende Außenpolitiker des Reiches.[12] Der gewitzte, stets verhandlungsbereite, doch keineswegs den Ausländern blind ergebene «Vizekönig» Li Hongzhang, der Chef-Krisenmanager der späten Qing-Zeit, prägte die chinesische Diplomatie in der Epoche der Fügsamkeit.[13]

Von einer institutionalisierten chinesischen Diplomatie läßt sich überhaupt erst seit den 1860er Jahren sprechen. Bis sich die Briten und Franzosen 1858 den Zugang nach Nordchina erzwangen, hatte man den Umgang mit den «Barbaren» den Generalgouverneuren in Kanton und Nanjing zusätzlich zu ihren sonstigen Pflichten überlassen. Nachdem die Westmächte ihre diplomatische Repräsentation in der Hauptstadt durchgesetzt hatten, wurde es unvermeidlich, als deren Ansprechpartner ein Proto-Außenamt einzurichten, das Zongli Yamen («Amt für allgemeine Verwaltungsaufgaben»), das freilich die chinesische Außenpolitik keineswegs monopolisierte.[14] Erst ab 1901 gab es ein mit weiterreichenden Kompetenzen versehenes und an die Spitze der bürokratischen Hierarchie plaziertes Außenministerium (*waiwubu*). Seit 1861/62 waren England, Frankreich, Rußland und die USA in Beijing mit Gesandten vertreten, Preußen seit 1864, Japan seit 1874. Es dauerte lange, bis China sich seinerseits zur Entsendung von Diplomaten entschloß. Die erste inoffizielle Erkundungsmission reiste 1866 ins westliche Ausland. Charakteristischerweise gelangte der erste offizielle Gesandte, Guo Songtao, als Leiter einer Sühnemission nach Europa, nachdem der britische Konsularbeamte Augustus Margary beim Versuch, Südwestchina auszukundschaften, von Einheimischen erschlagen worden war. 1877 wurde Guo am Hof von St. James akkreditiert: der erste im Ausland postierte Gesandte der chinesischen Geschichte.[15] Anfang der achtziger Jahre besaß China Gesandtschaften auch in Frankreich, Deutschland, Rußland, Japan, Italien, Spanien und den USA. Es erkannte damit einen Pluralismus gleichberechtigter Staaten an, wie er in der alten chinesischen Weltordnung nur als marginale Möglichkeit vorgesehen war. Im Westen sah man darin umgekehrt einen chinesischen Schritt in Richtung auf «zivilisierte» zwischenstaatliche Umgangsformen.[16]

Während die Qing-Dynastie zu einer Politik des zaghaften Entgegenkommens überging, bremsten auch die fremden Mächte ihre Konfliktbereitschaft. Sie konnten es sich nun leisten, auf die massivsten Methoden der Interessenwahrung zu verzichten. Nach dem Ende der Öffnungskriege begann das klassische Zeitalter der Kanonenbootpolitik. Punktueller Druck erzielte mit geringem Aufwand große Wirkungen, und man versäumte nicht, sich dieses Mittels zu bedienen. Unter zahllosen Aktionen ragen einige spektakuläre Fälle hervor, etwa die schon erwähnte Margary-Affäre: Der britische Gesandte Sir Thomas Wade benutzte den vergleichsweise geringfügigen Anlaß, um 1876 völkerrechtswidrig nicht nur Guo Songtaos Sühnegesandtschaft, sondern auch – in Gestalt der Zhifu-Konvention[17] – neue kommerzielle Zugeständnisse (besonders die weitere Öffnung des Yangzi-Tals) zu erzwingen. Dabei genügten als Druckmittel ebenso theatralische wie plumpe Schaustellungen: Rückzug der Gesandtschaft aus Beijing nach Shanghai (d. h. unter den Schutz ausländischer Kanonenboote), Drohung mit dem Abbruch der Beziehungen und die Verbreitung des Gerüchts, eine britische Armee sei aus Indien heranbeordert worden.[18] Der berühmteste von mehreren hundert «Missionszwischenfällen» war das «Tianjin-Massaker»: Nach einem weitgehend von Europäern provozierten Übergriff einer chinesischen Menge auf eine französische Missionsstation in Tianjin im Juni 1870, bei dem neunzehn Franzosen und Russen ums Leben kamen und vier britische und amerikanische Kirchen zerstört wurden, wurden der chinesischen Regierung harte Repressalien und Strafen auferlegt.[19]

Selten bemühten sich die Mächte in solchen Fällen um eine sachliche Klärung der Hintergründe. Rasch wurden Ultimaten gestellt: Zahlung einer willkürlich festgesetzten Entschädigung, diplomatische Demutsgesten, Maßregelung der zuständigen Beamten und Hinrichtung einer genügend großen Zahl von «Rädelsführern» aus dem Volk. Im Idealfall genügte ein entschiedenes diplomatisches Vorgehen gegenüber dem Zongli Yamen: je erfolgreicher die Kanonenbootdiplomatie, desto wirksamer die bloße Drohung mit Gewalt. Nicht immer verliefen solche Eingriffe zur völligen Zufriedenheit der fremden Mächte. Die britischen Akten dieser Zeit sind voll von Klagen über die «Obstruktion» der Chinesen, über ihre Unwilligkeit, im Einzelfall die Bestimmungen der Treaties zu respektieren und den «Wünschen» der Ausländer zu entsprechen. In solchem Mißfallen spiegelt sich nicht nur die anmaßende Gehorsamserwartung der britischen Repräsentanten, sondern auch die strukturelle Schwäche des spätimperialen Staates, der nach der Taiping-Ära weniger denn je eine durchrationalisierte Herrschaftsmaschine war, in welcher sich Druck auf die Spitze ohne Intensitätsverlust der Basis mitteilte. Verglichen mit den Zuständen, wie sie in China spätestens nach 1916 herrschten, als eine effektive Zentralgewalt ganz fehlte, funktionierte der Mechanismus der Intervention an der Spitze aber noch mit leidlicher Zuverlässigkeit.

Der intellektuelle Urheber dieser Interventionsmechanik, der erste britische Gesandte, Sir Frederick Bruce (1861–1865 im Amt), hatte durchaus mildernde Absichten im Sinn. Er wollte einerseits die Zentralregierung stärken, andererseits lokalen Gewalteinsatz einschränken, also Strafinitiativen von Konsuln und Marineoffizieren.[20] Die größeren «Treaty Powers» unterhielten bis in die 1930er Jahre Kanonenboot-Flotten in chinesischen Gewässern,[21] deren Aufgabe unter anderem darin bestand, so oft wie möglich in so vielen Häfen wie möglich zu erscheinen und die Einheimischen einzuschüchtern. Obwohl zunächst nichts anderes als Abschreckung angestrebt wurde, galt doch in der Praxis die Regel, «bei der geringfügigsten Provokation die einheimischen Befestigungen und Städte zu bombardieren».[22] «Ebenso wie Afrika», hat Victor Kiernan bemerkt, «ist China von seinen Flüssen an die Fremden verraten worden.»[23] Bruce' Politik einer Zentralisierung und Entmilitarisierung der Intervention reagierte auf ein Strukturproblem aller Expansionsprozesse: die örtlichen Imperialfunktionäre, die «men on the spot», an übertrieben drastischen und in ihren weiteren Konsequenzen nicht bedachten Aktionen gegen Einheimische zu hindern. Neben den Marineoffizieren waren es dabei vor allem ungestüme und von einer rabiat antichinesischen Kaufmannschaft oft zu besonderer Heftigkeit angespornte Konsuln in den Vertragshäfen, die immer wieder zur Disziplin ermahnt werden mußten.[24] Es sei nicht Sache der Herren Konsuln, so mahnte Außenminister Lord Clarendon 1869, Strafmaßnahmen gegen Chinesen zu verfügen, die mehr oder minder kriegerischen Akten gegen eine souveräne Regierung gleichkämen.[25] Anlaß zu derlei

Erinnerungen gab es bis zu den letzten westlichen Kanonenbooteinsätzen in China 1930–34.[26] Selbst die Politik der indirekten Ordnungsstiftung durch Druck auf die Zentralregierung konnte freilich der konkreten Machtmittel nicht entraten. Die Zange des Interventionsmechanismus bestand eben gleichermaßen aus der diplomatischen Démarche an der Spitze wie aus der konsularisch-militärischen Gewaltandrohung und Gewaltanwendung «on the spot». Der militärische – und das heißt auch: der finanzielle – Aufwand war fraglos um ein Vielfaches geringer, als er es bei direkter Kolonialherrschaft gewesen wäre, aber selbst die «informelle» Interessensicherung in China beruhte in letzter Instanz auf dem Bajonett. Diplomatie wenn möglich, Gewalt wenn nötig: Auf dieser operativen Formel gründeten die «informellen Imperien» machtgestützten Einflusses, die sich Briten, Franzosen und Amerikaner in der zweiten Hälfte des 19. Jahrhunderts im Reich der Mitte schufen.

Trotz der Einschränkung seiner Souveränität durch die ungleichen Verträge und trotz einer Atmosphäre des ständig latenten und manchmal manifesten Zwanges besaß das Qing-Reich dennoch jenes Minimum an Handlungsfreiheit, das erst von einer Außenpolitik zu sprechen erlaubt. China in der Epoche seiner Fügsamkeit war kein Protektorat irgendeiner der Großmächte; seine Machthaber waren bei aller Kooperationswilligkeit keine Marionetten der Ausländer. Das Treaty-System ordnete die Beziehungen zu den Seemächten in beispiellos neuer Weise, ohne einen mehr als indirekten Einfluß auf andere Bereiche der Außenbeziehungen auszuüben. An seinen kontinentalen Grenzen sah sich das Qing-Imperium Problemen gegenüber, die mit dem Opiumkrieg, seinen Ursachen wie seinen Folgen, allenfalls mittelbar zusammenhingen. Nach 1860, als die Europäer und Amerikaner es sich in den Strukturen des Treaty-Systems bequem zu machen begannen, als man in Beijing gar wähnen mochte, sie leidlich unter Kontrolle zu haben, verlagerte sich die außenpolitische Aufmerksamkeit der Prinzen, der regierenden Beamten und der Kaiserinwitwe Cixi, die von 1861 bis 1908 die tatsächliche monarchische Gewalt ausübte,[27] auf eine neue Herausforderung: die Erosion des Tributgürtels und der kolonialen Peripherie des Reiches.

Die ruhigste Grenze war die im südlichen Zentralasien. Der Dalai Lama in Lhasa sorgte ebenso wie seine Oberherren in Beijing dafür, Tibet für Ausländer dichter denn je geschlossen zu halten. 1886 erzielte China einen diplomatischen Erfolg, als die Briten ihre Versuche zur Öffnung Tibets einstweilen aufgaben und anerkannten, daß die Qing-Regierung die Kontrolle über die tibetanischen Außenbeziehungen ausübe.[28] Dieser *modus vivendi*, durchaus auf der Basis regionaler machtpolitischer Ebenbürtigkeit ausgehandelt, hielt bis 1904. Nicht im Himalaya lagen die Krisenherde, sondern in Turkestan, Vietnam und Korea. Allen dreien war gemeinsam, daß expansive Kräfte von außen in Gebiete vordrangen, über welche die Qing-Dynastie zumindest eine tributäre Oberhoheit beanspruchte. Als unterschiedlich erwies sich das Verteidigungsvermögen der Dynastie: am besten behauptete sie sich gegenüber Rußland in Zentralasien, am schlechtesten gegenüber Frankreich in Vietnam, während Japan vorübergehend in Korea abgewehrt werden konnte.

Die Franzosen hatten 1844 ohne einen eigenen Schuß Pulver dem geschwächten China einen Vertrag abgehandelt und sich in den turbulenten fünfziger Jahren unter Louis Napoleon, stärker von Ruhmsucht und Missionsinteressen als von wirtschaftlichem Ehrgeiz geleitet, auch militärisch in China eingemischt.[29] Die Aktionen in China waren aufs engste mit dem französischen Vorgehen in Vietnam verbunden, wo 1859 Saigon eingenommen und bis 1867 ganz Cochinchina erobert war. Der Zugang zum südchinesischen Markt blieb das Fernziel der französischen Expansion in Indochina, auch wenn eine abenteuerliche Expedition nachgewiesen hatte, daß der Mekong dafür ungeeignet war.[30] In den folgenden Jahren drang französischer Einfluß immer weiter nach Norden vor. Annam, Chinas alter Tributstaat, wurde seit 1874 in mehreren Schritten zum Protektorat Frankreichs.[31] Ein Vormarsch der Franzosen über die chinesische Grenze war nicht zu gewärtigen, doch das Eindringen einer fremden Macht in den Tributgürtel alarmierte Beijing. Gegen den vorsichtigen Rat Li Hongzhangs setzte sich am Hofe eine Kriegspartei durch. Der auf chinesischer Seite kaum vorbereitete und völlig inkompetent geführte Seekrieg mündete im Juni 1885 in einen Friedensvertrag, in welchem China Frankreichs Protektoratsverhältnis zu Annam anerkannte. Die Niederlage signalisierte auch das Ende der ohnehin schwachen chinesischen Seemacht in Südostasien.[32] Obwohl China in einer Art von emotionalem Verteidigungsreflex den Krieg begonnen hatte, war die französische Expansion, auch sie spiegelsymmetrisch durch eine kriegslüsterne Clique um Jules Ferry vorangetrieben, das letztlich auslösende Moment. Der Krieg machte Chinas militärische Schwäche offenkundig und diskreditierte jene Kräfte, die zum bewaffneten Widerstand gegen die Fremden aufriefen. Neben anderem diente er Großbritannien zum Anlaß, seinerseits dem noch unabhängigen Ober-Birma (Unter-Birma war schon 1852 britisch geworden) Protektoratstatus aufzuzwingen.[33] Den französischen Wirtschaftsinteressen in China leistete der Krieg nur geringfügigen Vorschub. Die Erschließung der an das Protektorat Annam-Tongking angrenzenden Provinz Yunnan wurde durch ihn nicht gefördert; französische Firmen sahen ihre Chancen eher unter «Open Door»-Bedingungen auf dem *nord*chinesischen Markt.[34]

Der Koreakonflikt, der zehn Jahre später zum Krieg führte, war aus ähnlichen Komponenten zusammengemischt.[35] Der dynamische Faktor war hier Japan. Es schickte schon 1874, kurz nach dem Beginn seiner Reformphase, ein Expeditionskorps in die chinesische Provinz Taiwan,[36] öffnete durch eine Kanonenbootaktion drei koreanische Häfen und erzwang einen «ungleichen» Handelsvertrag, der den eigenen Verträgen mit den Westmächten nachempfunden war; 1879 annektierte es die Ryûkyû-Inseln, einen Tributstaat des Qing-Reiches. China versuchte den japanischen Einfluß auszubalancieren, indem es Korea half, Handelsverträge mit den USA und den europäischen Mächten abzuschließen. Auseinandersetzungen zwischen pro-chinesischen und pro-japanischen Gruppen in Korea wurden auf der Ebene der Schutzmächte geschlichtet, die 1885 ein Ko-Protektorat errichteten. China verzichtete dabei auf seine bis dahin exklusive Oberhoheit (Suzeränität) in Korea, vermochte aber während der folgenden Jahre durch seinen Statthalter Yuan Shikai weitgehende Kontrolle über die koreanische Innenpolitik zu gewinnen. Korea sollte nach dem Ende der Tributbeziehung als ein abhängiger Vasallenstaat an das Qing-Reich gebunden bleiben. Währenddessen formierten sich in Japan Wirtschaftsinteressen, die in Korea einen künftigen Markt für die japanische Industrie sahen. Hinzu kamen ein präventionsbereites Mißtrauen gegenüber den Plänen Rußlands in Nordostasien, die nicht uneigennützige Absicht, Korea an den eigenen Reformen teilhaben zu lassen, auch Bewunderung für das britische Vorgehen in Ägypten 1882 und überhaupt der Wunsch, sich als Kolonialmacht einen «Platz an der Sonne» zu sichern. Diese Kombination von Motiven ließ Japan 1894 einen Krieg mit China über Korea beginnen, der die internationalen Beziehungen im Fernen Osten revolutionierte. Der Chinesisch-Japanische Krieg von 1894/95 lag in der Logik der ostasiatischen Entwicklung. Japan begann ihn, als es sich stark genug fühlte und auf Duldung durch die Großmächte hoffen konnte. Immerhin verstand es die chinesische Diplomatie in Korea, anders als in Vietnam, den militärischen Offenbarungseid hinauszuzögern. Das defensive Imperium der Qing unterlag dem offensiven Imperialismus des reformierten Japan in einem kurzen Krieg, aber nach einer langen nichtmilitärischen Rückzugsaktion.

In Xinjiang (Ostturkestan) verteidigten die Qing keinen Tributstaat, sondern einen integralen Teil ihres Reiches, der im 18. Jahrhundert erobert worden war. In den 1860er Jahren griffen Moslemaufstände von Nordwestchina auf Xinjiang über, wo um 1870 der Militärführer Ya'qûb Beg zur stärksten unabhängigen politischen Kraft aufstieg.[37] Die Unterhöhlung der Qing-Herrschaft in Zentralasien traf zusammen mit einem neuen russischen Expansionsschub. Das Zarenreich hatte sich während des Zweiten Chinakrieges von 1858–60 die zuvor langsam unterwanderten Gebiete nördlich des Amur und östlich des Ussuri (wo bereits 1860 Vladivostok gegründet wurde) als Resultat einer schlauen, Chinas Notlage ausbeutenden Diplomatie seines Botschafters, des Grafen Ignat'ev, abtreten lassen und außerdem weitgehende Handelsrechte entlang der mandschurischen Grenze erwirkt.[38] Zwischen 1865 und 1872 wurden die zentralasiatischen Khanate Buchara und Chiva erobert und in Protektorate verwandelt.[39] 1871 nutzte Rußland die Wirren in Xinjiang und besetzte die strategisch wichtige Yili-Region mit der Stadt Kuldscha. Es entwik-

kelte sich nun eine hochkomplizierte Situation. Ya'qûb Beg erhielt gleichzeitig – aus je eigenen Motiven – Unterstützung von Rußland, England
und dem auf ein panislamisches Bündnis hoffenden Sultan in Konstantinopel, ohne sich zur Marionette irgendeines seiner Sponsoren zu machen. Er
konnte sich aber gegen einen militärisch brillanten Rückeroberungsfeld-
zug der Qing unter Zuo Zongtang nicht behaupten. Der letzte Versuch
eines autonomen Moslemstaates in Turkestan scheiterte, und 1878 war fast
ganz Xinjiang wieder in chinesischer Hand. Nur Yili nicht. China war in
der Region inzwischen militärisch stark genug, um Rußland zu einer
Verhandlungslösung bewegen zu können. Im Vertrag von St. Petersburg
(1881) wurde Yili dem Qing-Reich zugesprochen, das sich seinerseits zur
Zahlung einer hohen «militärischen Entschädigung» verpflichtete.[40] In
Nord- und Zentralasien wurden damit am Vorabend der Epoche des
«Hochimperialismus» Verhältnisse geschaffen, die seitdem Bestand haben:
Rußland hat seine fernöstlichen Territorialgewinne von 1858–60 ebenso
über Kriege, Revolutionen und die sino-sowjetische «Freundschaft» der
1950er Jahre hinwegretten können, wie China das riesige Xinjiang, das
seit 1884 Provinz ist, im Reichs- und Nationalverband zu halten verstand.[41] Die Ya'qûb-Beg-Episode war der letzte Versuch des zentralasiatischen «Herzlandes» (Halford Mackinder), zwischen den Imperien Rußlands, Großbritanniens und Chinas eine selbständige Existenz zu verteidigen.

In Xinjiang bewies die Qing-Dynastie vierzig Jahre nach dem Opiumkrieg noch einmal ihre Fähigkeit zu einer großen militärischen Anstrengung; in Tibet hielt sie sich die Briten vom Leibe; und in Korea verzögerte
die geschickte Diplomatie Li Hongzhangs und seines Satrapen Yuan
Shikai eine japanische Annexion. Selbst die Niederlage gegen Frankreich
war nicht vorherbestimmt, sondern zu einem erheblichen Teil politischen
Illusionen und militärischem Dilettantismus geschuldet. Es wäre daher
falsch zu meinen, China sei unter den Schlägen der Öffnungskriege
vollständig und an allen Fronten zusammengebrochen und habe jede
außenpolitische Handlungsfähigkeit eingebüßt. Während der maritime
Osten unter dem Treaty-System schrittweise in eine Art von Halbkolonie
verwandelt wurde, verteidigten die Qing im Westen ihren eigenen internen Kolonialismus. Dem lag letztlich eine bewußte politische Entscheidung zugrunde. Unfähig, an mehreren Fronten gleichzeitig ihren Bedrän-
gern zu widerstehen, entschloß sich die Mandschu-Dynastie, die ja selbst
eine innerasiatische Fremddynastie war, der Sicherung der kontinentalen
Grenzen den Vorrang vor der Abwehr der Seemächte einzuräumen.[42]
Knappe Verteidigungsressourcen wurden deshalb auf den Westen konzentriert, wo die Rückeroberung Xinjiangs einen großen Feldzug gegen die
Moslemrebellen in Nordwestchina fortsetzte, also Teil von Zuo Zongtangs umfassender Stabilisierung des innerasiatischen Binnenraums war.
Dagegen mißlangen die Versuche, eine hinreichend leistungsfähige Kü-

stenverteidigung aufzubauen. Daran waren nicht allein die ungleichen Verträge schuld. Gewiß sah sich China durch die Stationierung ausländischer Flottengeschwader in seinen Hoheitsgewässern erheblich in seiner Verteidigungsfähigkeit beschnitten. Aber keine Vertragsklausel zwang China zu Rüstungsverzicht oder Entmilitarisierung. Vielmehr standen einer Flottenrüstung, wie sie vor allem Li Hongzhang befürwortete und in seinem Einflußbereich betrieb, schwerwiegende Hindernisse auf *chinesischer* Seite im Wege:[43] die finanzielle Bevorzugung der kontinentalen Truppen Zuo Zongtangs,[44] mangelnde Koordination der Schiffsbeschaffung aus Import und Eigenproduktion (von etwa fünfzig Dampfkriegsschiffen, die das Reich 1882 besaß, stammte immerhin die Hälfte aus einheimischen Werften), Mangel an qualifizierten Marineoffizieren und Technikern, Fehlen eines effektiven einheitlichen Marinekommandos, Obstruktion durch konservative Beamte und Hofkreise, endlich nach 1884 die Zweckentfremdung großer Teile des Flottenbudgets durch die Kaiserinwitwe zum Bau eines neuen Sommerpalastes. Trotz dieser Widrigkeiten erweckte die chinesische Flotte am Vorabend des Kriegsausbruchs von 1894 bei den meisten westlichen Beobachtern den Eindruck, ihrer japanischen Gegnerin mehr als gewachsen zu sein.[45] Erst die unerwartete Niederlage zerstörte jedwede Reputation Chinas als Militärmacht und eröffnete das Zeitalter seiner Hörigkeit.

Die ökonomischen Interessen, um derentwillen ein Großteil der Chinapolitik letzthin betrieben wurde, hatten ihr Hauptquartier nicht in Beijing, sondern in der Parvenu-Metropole Shanghai aufgeschlagen. Der Dualismus zwischen den beiden Städten wurde charakteristisch für China zwischen etwa 1860 und 1930: hier die alte Kaiserstadt, Stadt der Paläste, Tore und Mauern, in klarer Geometrie auf die Ebene ausgelegt, Sitz der höchsten politischen Gewalt, spiritueller Mittelpunkt der chinesischen Welt und ihrer Rituale, Zentrale der Reichsverwaltung, Schauplatz der Diplomatie, Ort hoher Gelehrsamkeit – dort das Babel des Geldes und das Ninive der rauchenden Schlote, Straßengewirr im Knie des Huangpu-Flusses, Welthafen, Schmuggelnest und Lasterhöhle, Siedetopf der Revolution. Die Präsenz der Fremden in der Stadt Kubilai Khans, die niemals als Treaty Port geöffnet wurde, beschränkte sich im wesentlichen auf die Anwesenheit diplomatischen Personals. Dieses lebte im Gesandtschaftsviertel, einer Stadt innerhalb der Stadt, wo es, wie ein Besucher in den 1920er Jahre feststellte, zuging «wie in einem europäischen Kurort».[46] Der Forschungsreisende Ferdinand von Richthofen, von Shanghai kommend, registrierte 1868 die Urbanität der Hauptstadt: «Die Fremden in Peking haben ihre Interessen in Europa, und die Unterhaltung bewegt sich auf weiterem, freierem Boden als in den Handelshäfen Chinas, wo die Interessen vollkommen lokal sind.»[47] Richthofen fährt dann fort: «Merkwürdig und einzig in seiner Art ist der Einfluß, welchen Robert Hart sich erworben hat. Das Customhouse ist zu einer mächtigen, komplizierten

Maschine neben der Staatsmaschine geworden und greift mehr und mehr in verschiedene Zweige der Verwaltung ein. In der auswärtigen Politik scheint Hart allgemeiner Ratgeber der Chinesen zu sein, und die fremden Mächte müssen sich vielfach nach ihm richten.»[48] Richthofen schrieb dies nur wenige Jahre, nachdem das Kaiserliche Seezollamt (Imperial Maritime Customs, IMC) gegründet und 1863 der achtundzwanzigjährige Nordire Robert Hart (ab 1893 Sir Robert) als Generalinspekteur (Inspector General, I. G.) an seine Spitze berufen worden war. Hart nahm diese Position bis 1908 ein. Er war der einflußreichste, vielleicht auch der mächtigste Ausländer im China des 19. Jahrhundert.[49] Als Brite im Dienste der Qing-Dynastie und als diplomatisch versierter Garant ordnungsgemäßen Handelsverkehrs stand er zwischen mehreren Welten: der europäischen und der chinesischen, der Diplomatenwelt von Beijing und der Kaufmannswelt von Shanghai. Im Seezollamt berührten sich so eng wie nirgends sonst Chinas Einbindung in das Weltstaatensystem und in den internationalen Kapitalismus.

1854 hatten die durch Rebellen in Bedrängnis geratenen chinesischen Behörden in Shanghai mit den Konsuln der Westmächte die Beschäftigung einiger Ausländer im Zolldienst vereinbart, eine Regelung, die im Interesse beider Seiten zu liegen schien. Erst nach einer Übergangszeit, die mit der Ernennung Harts endete, erhielt das Seezollamt seine definitive Form.[50] Mitte der siebziger Jahre beschäftigte es in seinem Hauptquartier und den Außenstationen in den Treaty Ports 424 Ausländer aus 17 Ländern (darunter 62 % Briten) und 1417 Chinesen; 1906 waren es 1345 Ausländer und 10625 Chinesen.[51] Unter der autokratischen Verfassung des Amtes, nach der allein der I. G. direkt von der chinesischen Regierung ernannt wurde, war der Chef der Behörde befugt, seine Mitarbeiter ohne chinesische Beteiligung auszuwählen.[52] Die insgesamt weniger als 300 höheren Ränge (an der Spitze die etwa 40 üppig dotierten Kommissarsposten) blieben, ähnlich wie in dem vielfach vergleichbaren Indian Civil Service, Ausländern vorbehalten.[53] Zuständig war das Seezollamt hauptsächlich für die korrekte Festsetzung und Erhebung des Zolls auf der Grundlage der in den ungleichen Verträgen festgelegten Sätze. In dieser Hinsicht war es das Vollzugsorgan für die Zolldiktate der Mächte, stellte also sicher, daß China in der Handelspraxis ausländische Waren nicht mit «illegalen» Zöllen belegen und damit just die Zollhoheit ausüben würde, die ihm zwischen 1842 und 1929 genommen war. Indem das Amt zwischen den ausländischen Nationen unparteiisch die Gleichheit der Marktchancen garantierte, war es zudem die Inkarnation des Prinzips der «Open Door».

In den Treaty Ports rangierten die Kaiserlichen Zollkommissare, Ausländer allesamt, auf der gleichen protokollarischen Stufe wie die Konsuln. Hart machte sich die Idee einiger zeitgenössischer britischer Chinadiplomaten zu eigen, dem westlichen informellen Imperialismus neben der konsularischen Repräsentation eine zweite Stütze einzuziehen: eine landesweit präsente kosmopolitische Zollbürokratie, die seinem eigenen unumschränkten Regiment unterstand. Hart baute die Behörde nach den Prinzipien europäischer Verwaltungspraxis neu auf, ohne nennenswert an bestehende chinesische Institutionen anknüpfen zu können. Damit gelang ihm zweifellos eine der großen Organisationsleistungen des 19. Jahrhunderts.[54] An zentraler Stelle wurde dem «patrimonialbürokratischen» chinesischen Staatsapparat eine «moderne», also auf arbeitsteilige Fachqualifikation gegründete Bürokratie eingepflanzt.[55] Dahinter stand Harts politische Überzeugung, daß nach der Klarstellung der Machtverhältnisse in den Öffnungskriegen eine natürliche Harmonie der Interessen zwischen der Qing-Dynastie und dem westlichen Kapitalismus bestehe und nunmehr in geeigneten Organisationsformen realisiert werden müsse.[56] Hart selbst, hochgebildet in beiden Kulturen und für den Geschmack vieler Kaufleute in den Treaty Ports allem Chinesischen allzu hingebungsvoll zugetan, sah sich und seine Untergebenen (die durchweg Chinesisch lernen mußten) als Diener des chinesischen Staates und gleichzeitig als Garanten des in den Treaties niedergelegten internationalistischen Handelsregimes. Hart unterstützte viele der chinesischen Modernisierungsbemühungen, weil er sich ein reformiertes und aufgeklärtes China als den idealen Partner des Westens vorstellte – getreu der Devise jedes «aufgeklärten» Wirtschaftsimperialismus, wie sie Thomas Babington Macaulay formulierte: «Mit Zivilisierten Handel zu treiben, bringt mehr ein, als Wilde zu regieren.»[57] Tatsächlich kamen die unter Harts Ägide um (nominal) mehr als das Vierfache gestiegenen Seezolleinnahmen teilweise den chinesischen Modernisierungsprogrammen zugute. Auf jeden Fall stärkte Harts bürokratische Reform die finanzielle Position der Zentralregierung[58] und trug damit wesentlich zur Realisierung der zweiten Hauptmaxime britischer Chinapolitik bei: eine lenkbare, aber hinlänglich handlungsfähige Zentralautorität in Beijing im Sattel zu halten. Durch ihre technischen Dienstleistungen (Hafenausbau, Sicherung von Fahrrinnen, Anlage von Leuchttürmen, Erstellung sorgfältiger Statistiken und Berichte, usw.) gewährte die Seezollbehörde überdies logistischen Flankenschutz für die physische Erschließung des chinesischen Marktes. Sie war auch zuständig für den Aufbau eines modernen Postwesens.[59]

Das Zollinspektorat verdankte seine Entstehung einerseits den Freihandelsinteressen der Westmächte, andererseits dem Bestreben der Qing-Dynastie, angriffslustige Ausländer durch Einbeziehung in die einheimische Verwaltung politisch zu neutralisieren. Es war also keine dem Qing-Reich gegen heftiges Widerstreben einseitig aufdiktierte und seinem Wesen vollkommen fremde Institution. Dieser Doppelcharakter machte das Zollamt zum Prototyp einer «synarchischen» Einrichtung, in welcher sich chinesisch/mandschurische und westliche Ordnungsvorstellungen verbanden.[60] Mochte dieser Versuch jeder Seite, die andere für die eigenen Zwecke zu gebrauchen, im gelegentlich eintretenden Idealfall auch zum Nutzen aller Beteiligten ausschlagen, so beruhte er doch auf nur vorüber-

gehend gültigen machtpolitischen und wirtschaftlichen Gleichungen. Solange der Handel und nicht der Kapitalexport im Mittelpunkt der ausländischen Geschäftsinteressen stand, war die Versuchung gering, dem Seezollamt die Kontrolle über die chinesischen Staatsfinanzen einzuräumen.
Tatsächlich hatte unter Hart das Amt keinen formellen Einfluß auf die
Verwendung der von ihm eingenommenen Seezollrevenuen. Und solange
China einen gewissen Handlungsspielraum gegenüber den fremden
Mächten wahrnehmen konnte, war es dem Inspector General nicht unmöglich, ein *servitore di due padroni* zu sein. Dieses Gleichgewicht zerbrach,
als das Qing-Reich kurz vor der Jahrhundertwende zu einem Hauptziel
des internationalen Finanzimperialismus wurde. Dieser zögerte nicht, sich
des Zollinspektorats als einer seiner Speerspitzen zu bedienen.

Die Einkünfte, welche Robert Hart dem Schatzamt in Beijing überwies,
wurden zu einem großen Teil in Shanghai kassiert. War Beijing die
Steuerungszentrale ausländischer Kontrolle und Intervention, so bildete
Shanghai das Zentrum jener ökonomischen Interessensysteme, welche die
zweite Komponente der westlichen informellen Imperien in China aus-
machten.[61] Diese Rolle war von den frühen britischen Expansionsstrate-
gen zunächst Hongkong zugedacht worden.[62] Die Kolonie enttäuschte
solche Erwartungen nicht eigentlich, nur wurde ihre Entwicklung durch
das unerwartet stürmische Wachstum Shanghais noch übertroffen. Schon
in den 1860er Jahren stellte sich zwischen den beiden Städten ein komple-
mentäres Verhältnis her, wie es bis in die Mitte des 20. Jahrhunderts
bestehen bleiben sollte, ermöglichte doch erst die Flucht vieler Shanghaier
Unternehmer vor den Kommunisten in den späten 1940er Jahren den
grandiosen Nachkriegsboom der Kronkolonie.[63]

Im Vergleich zu Shanghai war Hongkong geringfügig wichtiger in
seiner Funktion als Überseehafen. Hier endeten viele der Schiffahrtslinien
aus Europa via Indien und Singapore. Hongkong wurde nach 1856 auf
Kosten Kantons der Haupthafen für das südchinesische Hinterland.[64] Es
war der südliche Endpunkt der Dampfschiffahrt entlang der chinesischen
Küste, und es hatte neben Xiamen (Amoy) unter allen chinesischen Häfen
die engsten Beziehungen zu Südostasien. Der Versuch, Hongkongs ursprüngliche Rolle als Schmuggelbasis und Zwischenhafen im anglo-chinesischen Handel zu generellen Entrepôt-Funktionen auszuweiten (vor allem
im Handel mit Südostasien, Amerika, Japan und Afrika), zieht sich als
roter Faden durch die Wirtschaftsgeschichte der Kolonie.[65] Nachdem ihm
Shanghai den ersten Rang unter den Fremdenzentren Chinas abgelaufen
hatte, lag Hongkongs Entwicklungschance in seiner Emanzipation vom
Chinahandel ebenso wie vom britischen Empire. Erste größere Industriebetriebe, besonders Zuckerfabriken, siedelten sich in den 1880er Jahren an,
als Ausländern die Industrieproduktion in den Treaty Ports noch untersagt
war. Nachdem dieses Hindernis 1895 gefallen war, stagnierte die industrielle Entwicklung Hongkongs, und rasch vergrößerte sich sein Ent-

wicklungsabstand zu Shanghai. Für 1929 ist geschätzt worden, daß von insgesamt 198 Mill. £ britischer Direktinvestitionen in China 77 % auf Shanghai entfielen, 9 % auf Hongkong und 14 % auf das restliche China.[66] Shanghai wurde im frühen 20. Jahrhundert zu Chinas herausragender Wirtschaftsmetropole, in der sich in den 1930er Jahren 40 % des gesamten Kapitals im modernen Sektor der chinesischen Industrie, 43 % der Industriearbeiter und 50 % der industriellen Produktion konzentrierten.[67] Hongkong machte dagegen kaum industrielle Fortschritte und blieb auf seine Handels- und Schiffahrtsfunktionen beschränkt. Auch die Bevölkerungsentwicklung verdeutlicht das relative Gewicht der beiden Städte. Hongkong hatte Mitte des 19. Jahrhunderts 72 000 Einwohner, Shanghai etwas über 500 000; 1911 lag die Kolonie bei 457 000, Shanghai bei 1 290 000; 1931 lebten in Hongkong 840 000, in Shanghai 3 317 000 Menschen.[68] Hongkong, bei seiner Abtretung an Großbritannien in Lord Palmerstons nur leise übertreibenden Worten «eine öde Insel mit kaum einem Haus darauf»,[69] wuchs innerhalb von achtzig Jahren auf das Zehnfache, wobei die Erweiterung des Territoriums der Kolonie 1860 und 1898 ein zusätzlicher Faktor war. Shanghai, dessen Aufstieg schon im frühen 18. Jahrhundert begonnen hatte, war bei seiner Öffnung als Treaty Port 1842 keineswegs das oft zitierte Fischerdorf, sondern ein reiches Handelszentrum mit einem Anteil von etwa 7 % am chinesischen Binnenhandel.[70] Seine Bevölkerung vermehrte sich in diesen acht Jahrzehnten um das Sechsfache: angesichts des höheren Ausgangsniveaus eine ebenso erstaunliche Multiplikation wie das Wachstum Hongkongs.

Shanghai verdankt seine beispiellose Entwicklung einer einzigartigen Verbindung von Faktoren:[71] ursprünglich seiner günstigen verkehrsgeographischen Lage an der Mündung des wichtigsten schiffbaren Flusses und in der Mitte von Chinas nord-südlicher Küstenlinie, seiner Nähe zu den Tee- und Seidedistrikten Zentralchinas und überhaupt seinem reichen, hochkommerzialisierten und durch ein Filigrannetz von Wasserstraßen erschlossenen näheren Hinterland, dem dichtbesiedelten und hochurbanisierten Yangzi-Delta,[72] später dann einer selbsttragenden Dynamik, die wirksam wurde, nachdem die Infrastruktur der Handelsexpansion einmal geschaffen war. Mindestens eine Quelle des Bevölkerungszustroms hatten Shanghai und Hongkong gemeinsam: Wann immer Kriege und Unruhen im Landesinneren ausbrachen, flüchteten die Menschen in großer Zahl – Reiche mit ihren Schätzen, Arme mit oft nichts als ihrer Arbeitskraft – in diese Enklaven, wo sie sich unter dem Schutz ausländischer Staatsorgane Sicherheit erhofften.[73] Hongkongs Status war dabei eindeutig: Die Kolonie war für China Ausland; dort galt kein chinesisches Gesetz. In Shanghai lagen die Dinge komplizierter. Niemals hat eine chinesische Regierung dort auf ihre Souveränitätsrechte verzichtet, und trotzdem herrschten im Zentrum der Stadt kolonieähnliche Verhältnisse. Dies sei im weiteren Zusammenhang der Ansiedlung von Ausländern in China erläutert.

Die frühen ungleichen Verträge gestatteten den Ausländern Handel, Niederlassung und konsularische Repräsentation in ausdrücklich dafür freigegebenen «Offenen Häfen» oder «Vertragshäfen» (Treaty Ports). Ihre Exterritorialitätsklauseln sahen vor, daß Staatsangehörige der Vertragsmächte dem Zugriff der chinesischen Justiz entzogen waren und von Richtern ihres Heimatlandes (in der Praxis meist Konsuln) nach heimatlichem Recht verurteilt werden sollten. Damit war keinesfalls zugleich ein Recht auf territoriale Verwaltung begründet. Ein Vertragshafen war nicht *eo ipso* eine Hafen*kolonie*,[74] und in den meisten Treaty Ports, von denen es am Vorabend des Ersten Weltkriegs 48 gab,[75] wurde die chinesische Administration in keiner Weise eingeschränkt. Die Ausnahmen bildeten jene Städte, in welchen «Konzessionen» und «Niederlassungen» eingerichtet wurden.[76] Dabei handelte es sich um abgegrenzte Residenzgebiete für Ausländer, die von China gegen geringe Beträge an die jeweiligen fremden Regierungen auf unbegrenzte Zeit verpachtet und von diesen langfristig an Privatleute unterverpachtet wurden.[77] Beide Seiten akzeptierten auf dem Papier, daß dadurch die chinesische Souveränität – anders als durch eine koloniale Okkupation – nicht beeinträchtigt werde. In der Praxis jedoch wurden die chinesischen Hoheitsrechte ständig verletzt, denn in vielen Konzessionen konnten chinesische Behörden ihre Aufgaben nicht erfüllen. Die höchste Autorität in einer Konzession war der jeweilige Konsul, der sich manchmal durch Repräsentativorgane der wohlhabenderen Grundpächter beraten ließ. In den größeren Konzessionen wie denen in Tianjin waren die Mehrzahl der Bewohner Chinesen; in einigen besaßen Chinesen sogar die Mehrheit am Grund und Boden.[78] Konzessionsrechte wurden für 19 chinesische Städte vereinbart,[79] doch außer in Shanghai und in Tianjin, das mit acht Konzessionsgebieten die am buntscheckigsten fremdregierte chinesische Stadt war,[80] haben Konzessionen nur in Hankou[81] und Kanton jemals eine nennenswerte Rolle gespielt; dort durften nur Fremde und deren chinesische Dienstboten in den sehr kleinen Konzessionen wohnen. Nicht immer lagen die Konzessionen in den für den Handel günstigsten Stadtteilen, und oft zogen es ausländische Firmen daher vor, sich auf «chinesischem» Gelände anzusiedeln. Die Konzessionen außerhalb von Shanghai waren deshalb nur in wenigen Fällen «Brückenköpfe der Penetration». Indem sie die Ausländer von ihrer chinesischen Umwelt abschirmten, dienten sie eher dem «persönlichen Behagen»[82] als einer aggressiven Markterschließung.

Nicht jeder Treaty Port umschloß also ausländische Residenzgebiete, und nicht jedes dieser Residenzgebiete war tatsächlich für die Durchdringung Chinas von Bedeutung. Zentral wichtig waren unter den Enklaven nur die beiden Fremdenbezirke in Shanghai.[83] Shanghai war kein «typischer» Vertragshafen. Es war in fast jeder Hinsicht einzigartig. Von Shanghai zu sprechen, heißt deshalb nicht, das System der Treaty Ports überhaupt zu erläutern. Die Metropole bestand aus drei Teilen: dem chinesisch verwalteten Teil,[84] der Internationalen Niederlassung (International Settlement) und der Französischen Konzession. Demographische Daten vermitteln ein ungefähres Bild von den Proportionen. 1865 lebten 78% der 692 000 Shanghaier im chinesischen Teil, 14% in der Niederlassung und 8% in der Konzession; 1910 52% der Gesamtbevölkerung von 1,3 Millionen im chinesischen Sektor, 39% in der Niederlassung und 9% in der Konzession. 1931 betrugen die entsprechende Anteile 55%, 31% und 14%.[85] Selbstverständlich bildeten – wie in Hongkong – Chinesen die große Mehrheit auch in den ausländischen Sektoren. 1870 gab es in der Internationalen Niederlassung ca. 1600 Ausländer (davon die Hälfte Briten) und 93 000 Chinesen. Auf dem Höhepunkt kosmopolitischer Besiedlung, Mitte der 1930er Jahre, lebten dort 39 000 Ausländer neben 1 121 000 Chinesen; unter den Ausländern überwogen mit Abstand die Japaner (20 000)[86] vor den Briten (6695), den Russen (3017, meist anti-bolschewistische Flüchtlinge) und den Amerikanern (2017).[87] Nur geringfügig höher lag der Anteil der Fremden in der Französischen Konzession. Die westliche Population Shanghais entsprach zahlenmäßig der einer europäischen Kleinstadt. Trotzdem war Shanghai neben Alexandria, Casablanca oder Singapore eine der großen kosmopolitischen Kolonialmetropolen der neueren Zeit.[88]

In einem strikt juristischen Sinne darf Shanghai indessen nicht als Kolonie bezeichnet werden, da niemals die chinesischen Hoheitsrechte *de iure* suspendiert wurden.[89] Vielmehr gab es dort zwei unterschiedliche politische Systeme kolonieähnlichen Charakters. In der 1849 gegründeten Französischen Konzession herrschte autokratisch der Generalkonsul, ähnlich wie in Hongkong kaum minder uneingeschränkt der Gouverneur.[90] Im International Settlement, das faktisch seit 1843 und verfassungsrechtlich seit 1863 bestand, waren hingegen offizielle Vertreter der Mächte nicht an der Verwaltung beteiligt, obwohl sie sich in der Praxis das Recht zur – notfalls militärischen – «Verteidigung» des jeweiligen nationalen Eigentums vorbehielten. Unter einer geschriebenen, juristisch höchst anfechtbaren Verfassung, den sogenannten Land Regulations, war ein neunköpfiger Stadtrat (Municipal Council), der von den ausländischen Grundeigentümern (ratepayers) oberhalb einer bestimmten Besitzqualifikation gewählt wurde,[91] so gut wie souverän. Einzig gewisse Gesetzesmaßnahmen bedurften der kollektiven Zustimmung des Komitees der Konsuln. Dies war eine erstaunliche Rechtskonstruktion, bei welcher angelsächsische Ideen des «selfgovernment» einem quasi-kolonialen Herrschaftsverhältnis aufgepfropft wurden. Obwohl gerade im Settlement ein großer Teil des Immobilienbesitzes bald in chinesischer Hand war,[92] gab es vor 1928 kein Wahlrecht für Chinesen und danach nur eines für eine winzige Millionärsschicht. Dies unterschied das International Settlement nicht von der Kronkolonie Hongkong, wo bis heute eine demokratische Repräsentation der Bevölkerungsmehrheit fehlt. Die entscheidende Differenz zu kolonialer Herrschaft bestand darin, daß der Stadtrat von Shanghai in seiner Amtsführung keiner Überwachung durch eine höhere Instanz unterlag, wie sie jeder Gouverneur durch sein heimatliches Kolonialministerium und dieses in der Regel durch Parlament und Öffentlichkeit erfährt. Da der Council bis zur Besetzung des International Settlement durch die japanische Armee im Dezember 1941 von Vertretern der großen Firmen – und unter diesen wieder überwiegend der britischen – dominiert wurde, haben wir es, salopp gesagt, mit einer Krämertyrannei zu tun, mit einer geradezu karikaturhaft reinen «Herrschaft des Kapitals». Die Chinesen in Chinas größtem Industriezentrum kamen nie in den Genuß jenes wohlwollenden Paternalismus, der bisweilen die zivilisierteren Formen kolonialer Herrschaft auszeichnet. In Shanghai ging es in erster Linie um Profit. Sentimentale Vorstellungen von kolonialer Verantwortung («trusteeship», usw.) waren entbehrlich. So wurde jedwede Art von Arbeiterschutz und Sozialpolitik verweigert, und es herrschte noch in den 1930er Jahren ein frühkapitalistisches *laisser-faire*, wie es selbst in anderen Ländern der kolonialen und halbkolonialen Dritten Welt kaum seinesgleichen fand.[93] Je heftiger der chinesische Nationalismus im 20. Jahrhundert den abnormen Status Shanghais unter Beschuß nahm, desto unangenehmer wurden der britischen und der amerikanischen Diplomatie die politischen Zustände im International Settlement, die sie von Amts wegen zu verteidigen verpflichtet war, ohne sie doch wesentlich beeinflussen zu können. Freilich: Ein westlicher Rückzug aus Shanghai wurde ernstlich niemals erwogen. Erst die Japaner bereiteten im Dezember 1941 dem Spuk ein gewaltsames Ende.

In der zweiten Hälfte des 19. Jahrhunderts war das Qing-Reich, seiner internationalen Stellung nach betrachtet, weder ein vollkommen souveräner Nationalstaat westlichen Typs noch eine Kolonie wie Britisch-Indien. Was war es dann?[94] Die alte chinesische Weltordnung zerfiel, aber sie zerfiel mit unterschiedlicher Geschwindigkeit und in diversen Formen. Im Opiumkrieg war das alte China mitnichten plötzlich zusammengebrochen. Erstaunlich vital zeigte sich das Reich in Zentralasien. Die Grenzen der Qianlong-Expansion konnten im großen und ganzen gehalten werden, und die fortgesetzte han-chinesische Besiedlung band die Innere Mongolei und die Mandschurei enger denn je an das chinesische Kernland. Die Tributbeziehungen zu den Nachbarn im Süden und Osten hingegen hatten keinen Bestand. Sie waren auch zuvor schon in ständiger Metamorphose begriffen; im letzten Drittel des 19. Jahrhunderts fanden sie langsam ihr Ende. Die französische und die japanische, in geringerem Maße auch die britische und russische Expansion untergruben den Tributgürtel.

Wenn China so etwas wie, metaphorisch gesprochen, eine Halbkolonie wurde, dann vornehmlich in seinen Beziehungen zu den westlichen Seemächten. Hier waren die Veränderungen am drastischsten. Gegenläufige Tendenzen wurden wirksam. Während China sich in seinen außenpolitischen Verkehrsformen den Gepflogenheiten moderner Nationalstaaten annäherte, während es sich, mehr gedrängt als beflissen, am Geschäft der Diplomatie beteiligte, bildete sich gleichzeitig sein einzigartiger Sonderstatus heraus. «Informal empire» ist der Begriff, der diesen Status am besten bezeichnet.

Innerhalb des chinesischen politischen Systems verschafften sich ausländische Staaten, am umfassendsten Großbritannien, Machtpositionen, die ihnen größere Kontrollmöglichkeiten eröffneten, als dies bei einem bloßen Verhältnis überragenden Einflusses der Fall gewesen wäre, wie es zum Beispiel im 19. Jahrhundert zwischen Großbritannien (oder heute den USA) und manchen der souveränen Nationalstaaten Südamerikas bestand (oder noch besteht). Auf der anderen Seite wurden die Chancen, aber auch die Kosten und Verantwortlichkeiten formeller, also kolonialer Herrschaft indischen oder später afrikanischen Typs vermieden.[95] Die einheimischen Herrscher wurden nicht durch Fremde ersetzt, wohl aber in ihren Handlungsmöglichkeiten mannigfach gefesselt. Daß dies durch völkerrechtliche Souveränitätsbeschränkungen geschah, gehört zum Begriff des «informal empire». Der Begriff sollte nicht überdehnt und daher nicht auf Fälle angewendet werden, in welchen ein stärkeres gegenüber einem schwächeren, aber vollkommen souveränen Land seinen Einfluß im eigenen Interesse geltend macht.

Betrachtet man die Anatomie des britischen «informal empire» in China zwischen 1860 und 1895 genauer, so lassen sich vier Hauptkomponenten erkennen. Erstens das System der ungleichen, die Ausländer privilegierenden und die chinesischen Hoheitsrechte einschränkenden Verträge: das Treaty-System. Zweitens, und darauf gestützt, das Treaty-Port-System, also ein Netz von Gebietsenklaven mit der Internationalen Niederlassung zu Shanghai als geographischem wie funktionalem Mittelpunkt, in welchen Ausländer in unterschiedlichem Grade chinesischer Kontrolle entzogen waren oder gar selbst Herrschaft über Chinesen ausübten. Drittens «synarchische» Zwitterinstitutionen, allen voran die Imperial Maritime Customs, die in den einheimischen Staatsapparat eingebettet waren, aber Organisationsform und Zweckbestimmung weithin von außen erhielten. Viertens schließlich ein doppelgleisiger, in sich durchaus widerspruchsvoller Interventionsapparat, der über die diplomatische Repräsentation in der Hauptstadt die Staatsspitze gewaltlos «fernzusteuern» versuchte[96] und zugleich die Einschüchterungs- und Strafmittel begrenzter Flottengewalt («Kanonenbootpolitik») in Reserve hielt; sein Hauptzweck war es, den ungleichen Verträgen in der Praxis Geltung zu verschaffen.

Das chinesische «informal empire» der Briten mit seinem «formellen» Anhang, der Kronkolonie Hongkong, war vor 1895 das umfassendste seiner Art. Weniger elaboriert waren die informellen Imperien Frankreichs und der USA (die keine eigenen Konzessionen in den Treaty Ports besaßen), während die übrigen Vertragsmächte nicht oder noch nicht über hinreichende Durchsetzungsmittel, vor allem Flottenmacht, in China verfügten. Eigentümlich für den informellen Imperialismus im Reich der Mitte war sein multinationaler Charakter. Jede der beteiligten Mächte pflegte ihre Spezialinteressen, Frankreich zum Beispiel den Schutz der katholischen Mission oder Großbritannien den Opiumhandel. Bei weitem wichtiger war indes die Tatsache, daß der gesamte aufwendige Mechanismus des informellen Imperialismus – so war das britische Konsulatssystem in China das umfangreichste der Welt! – dem Prinzip der «Offenen Tür» diente, dem Freihandel in doppelter Gestalt: einerseits Freiheit gegenüber chinesischer «Obstruktion» in Form von Monopolen, Zöllen und Steuern, andererseits gleiche Chancen für alle Ausländer auf dem gesamten chinesischen Markt. Dieses Freihandelsregime, geradezu inkarniert in der Meistbegünstigungsklausel der Verträge, in der multinational besetzten Seezollbehörde und in der kosmopolitischen Herrschaftsordnung der Internationalen Niederlassung, erlebte seine Blütezeit zwischen 1860 und 1895, während der Epoche der chinesischen Fügsamkeit. Seine Krise kam in den letzten Jahren des Jahrhunderts: eine späte Krise, denn fast überall sonst auf der Welt hatte man den Freihandel schon zu Grabe gelegt.

II

Die Grenzen des Chinamarktes

Sir Henry Pottinger, der Autor des Vertrages von Nanjing, hatte sich gegenüber den Industriellen von Manchester rühmen können, ihnen eine neue Welt erschlossen zu haben, die so riesig sei, «daß alle Textilfabriken Lancashires nicht ausreichten, um eine einzige ihrer Provinzen mit Strümpfen zu versorgen».[1] Ein knappes Jahrhundert danach, als Lancashires Produkte fast völlig aus China verschwunden waren, träumte ein späterer Botschafter, die britische Wirtschaft sei zu sanieren, wenn es gelänge, jedem Chinesen ein Taschentuch zu verkaufen.[2] Unentwegt sind während der neueren Geschichte der Beziehungen zwischen China und dem Westen solche Hoffnungen ausgedrückt, unablässig sind sie von enttäuschten Klagen begleitet worden. Die «Handelseroberung Chinas», von der 1906 ein amerikanischer Konsul sprach,[3] scheint allenfalls in der Gegenwart zu beginnen. Soweit sich der Anteil Chinas am Welthandel quantifizieren läßt, war er während des Zeitalters des «geöffneten» China verhältnismäßig gering:

1896–98	1,5 %
1911–13	1,7 %
1921	1,9 %
1929	1,7 %
1936	1,2 %

Noch in den 1960er Jahren lag er bei nicht mehr als 1,05 %.[4] In einer Weltwirtschaft, in welcher die kräftigsten Handelsströme zwischen den industrialisierten «Kernländern» in Nord- und Mitteleuropa und Nordamerika sowie den «Randkernen» an der europäischen Peripherie, in Australien und Neuseeland verliefen,[5] stand China unter den afroasiatischen Ländern nach Japan, Indien und Südafrika damit immerhin an vierter Stelle. Aber verteilt auf seine Hunderte von Millionen Menschen blieb sein Außenhandel für westliche Interessenten ein unerfülltes Versprechen. Global gesehen ist das machtpolitisch «geöffnete» China niemals eine «offene Ökonomie» geworden.

Liest man chinesische Autoren, so begegnet man einer anderen Einschätzung, ja einem ganz anderen Problem. Es geht um die deformierende und zerstörende Wirkung der «kapitalistischen Wirtschaftsinvasion» auf die einheimischen sozialökonomischen Strukturen. Alle modernen Klassiker des chinesischen politischen Denkens betrachten einmütig den wirtschaftlichen Imperialismus als Verhängnis. Kurz nach den Vertragsdiktaten von 1858–60 empfahl Wang Tao, einer der Begründer des chinesischen Journalismus, dem europäisch-amerikanischen Freihandelsimperialismus eine Art von Merkantilismus entgegenzusetzen: Entwicklung der Ressourcen des Landes, importsubstituierende Industrialisierung, staatliche Exportförderung für Seide und Tee, Aufbau einer eigenen Außenhandelsorganisation.[6] In der nächsten Generation wertete der mit dem ausländischen Handel intim vertraute Unternehmer und Reformschriftsteller Zheng Guanying das wirtschaftliche Eindringen der Ausländer als mindestens ebenso bedrohlich wie das militärische und forderte, ihm mit einem nationalen Kapitalismus und einer Politik des «Wirtschaftskrieges» zu begegnen.[7] Liang Qichao, der geistige Führer Chinas im frühen 20. Jahrhundert, unterschied, den Kontrast von «formal» und «informal empire» vorwegnehmend, zwischen der «sichtbaren» politischen und der «unsichtbaren» wirtschaftlichen Zerstückelung Chinas und hielt diese für gefährlicher.[8] Der Revolutionsführer Sun Yatsen formulierte 1924 eine einflußreiche Analyse der Folgen des Imperialismus für China: China sei eine «Hypo-Kolonie» (*cizhimindi*), eine gemeinsame Kolonie *aller* Großmächte, und deshalb in einer schlechteren Lage als reguläre Kolonialländer wie Korea oder Vietnam;[9] es verliere sein Nationalvermögen durch einen Abfluß von Reichtum,[10] der sich zusammensetze aus repatriierten Gewinnen ausländischer Firmen, Entschädigungszahlungen und Währungsmanipulationen der ausländischen Banken.[11]

In den zwanziger Jahren erschienen dann mehrere systematische Analysen des Zusammenhangs zwischen Chinas Rückständigkeit und seiner wirtschaftlichen Bedrückung.[12] Zwischen 1928 und 1934 stand dieses Thema im Mittelpunkt großer akademischer und politischer Debatten um chinesische Sozialgeschichte.[13] Deren wichtigstes Ergebnis auf dem Felde der Imperialismusdiskussion war die Überwindung grober Ausplünderungsthesen, wie sie Sun Yatsen und später noch Jiang Kaishek vertraten.[14] Unter dem Einfluß des neuentdeckten Marxismus, der damals weit über die Kommunistische Partei hinaus das intellektuelle Klima bestimmte, sah man eine Dialektik der Abhängigkeit am Werke. Das Eindringen der westlichen Mächte nach 1840 habe auf der einen Seite die Unabhängigkeit Chinas zerstört und die chinesische Wirtschaft auf die Erfordernisse der imperialistischen Mächte hin umstrukturiert, auf der anderen Seite aber durch die Auflösung feudaler Strukturen und die Einführung kapitalistischer Elemente objektiv fortschrittlich gewirkt und die Grundlagen für eine spätere sozialistische Umgestaltung geschaffen.[15] Aber welcher Typus von Gesellschaft war nach dem Ende der alten Ordnung entstanden? Hier half weder Lenins Imperialismustheorie,[16] die sich nur mit den Ursachen, nicht aber mit den außereuropäischen Wirkungen der europäischen Expansion beschäftigte, noch die von Marx formulierte Lehre von einer Abfolge von «Gesellschaftsformationen». Mit den dort entwickelten Begriffen ließ sich das China des frühen 20. Jahrhunderts nicht eindeutig erfassen. Gewiß war es, so wurde argumentiert, keine reine «Feudalgesellschaft» mehr, aber eine dominant «kapitalistische» Gesellschaft war es auch noch nicht. Man versuchte dieses theoretische Problem durch das Konzept der «halbfeudalen-halbkolonialen Gesellschaft» zu lösen, einer für China spezifischen Mischform, die jedoch keine flüchtige Übergangserscheinung sei, sondern in sich durchaus den Keim zu längerwährender Stabilität trage. Mao Zedong formulierte diese Vorstellung 1939 in später kanonischen Sätzen:

»(1) Die Grundlage der selbstgenügsamen Naturalwirtschaft der feudalen Epoche ist zerstört; aber die Grundlage des Systems der feudalen Ausbeutung – die Ausbeutung der Bauern durch die Grundherrenklasse – wird nicht nur weiterhin beibehalten, sondern sie nimmt in Verbindung mit der Ausbeutung durch die Kompradoren- und das Wucherkapital eine eindeutig dominierende Stellung im sozialökonomischen Leben Chinas ein.

(2) Der nationale Kapitalismus hat eine gewisse Entwicklung erfahren und eine ziemlich bedeutende Rolle im politischen und kulturellen Leben Chinas gespielt. Er ist jedoch nicht zur sozialökonomischen Hauptform Chinas geworden. Er ist sehr schwach und zum großen Teil mehr oder minder mit dem ausländischen Imperialismus und dem einheimischen Feudalismus verbunden.»[17]

Dieser Interpretation zufolge sind der «Feudalismus», als dessen Kern Mao hier das Grundherrensystem nennt, und der «Imperialismus» die beiden prägenden Kräfte der chinesischen Geschichte seit dem Opiumkrieg. Sie stützen sich gegenseitig. Während der ausländische Kapitalismus (in seiner aggressiven Gestalt als «Imperialismus») einerseits die «feudale» herrschende Klasse des Grundherren-Mandarinats stabilisiert, löst er andererseits kapitalistische Entwicklungsprozesse aus, die zum Entstehen einer Bourgeoisie und eines Industrieproletariats in China führen. Unter dem bleiernen Druck des Imperialismus wird diese «nationale Bourgeoisie» aber immer eine prekäre und vielfältig vom ausländischen Kapital abhängige Existenz führen. Sie wird nie wie die Bourgeoisie Europas ihre Klasseninteressen aggressiv vertreten und ohne Bündnispartner durchsetzen können. Für das Proletariat ist sein Befreiungskampf, der sich maßgeblich gegen ausländische Unternehmer richtet, zugleich ein sozialer Kampf gegen den Kapitalismus überhaupt wie ein nationaler Kampf gegen die fremden Mächte und die unter ihrem Schutz in China tätigen ausländischen Kapitalisten. Neben der «nationalen» Bourgeoisie, deren Interessen im Grunde trotz vieler notgedrungener Verbindungen denen des ausländischen Kapitals entgegengesetzt sind, bildet sich noch ein zweiter Typus heraus, der dann in den 1930er Jahren auch die Schalthebel der politischen Macht erobert: eine «Kompradorenbourgeoisie», die kaum mehr ist als eine den Fremden vollkommen hörige und ohne ihre engen Beziehungen zu ausländischem Kapital wirtschaftlich nicht lebensfähige Marionettenklasse. Diese Kompradorenbourgeoisie ist, wie der Soziologe Zhou Gucheng formulierte, «nichts als ein Werkzeug der ausländischen Kapitalisten zur Ausbeutung Chinas»[18].

Soweit in den allergröbsten Zügen die seit Mao orthodoxe Sicht des chinesischen Marxismus, eine Sicht, der ursprünglich auch manche Nichtmarxisten nahestanden.[19] Interessant an ihr ist nicht zuletzt, daß hier schon in den 1930er Jahren unter dem Schlagwort des «Kompradorentums» jenes Phänomen der einheimischen Helfer und Nutznießer des ausländischen Eindringens diskutiert wird, das Jahrzehnte später in der westlichen Imperialismustheorie Furore machen sollte.[20] Überhaupt haben die fast völlig vergessenen chinesischen Debatten um 1930 viele Motive jener Denkrichtungen vorweggenommen, die unter Schlagworten wie «Entwicklung der Unterentwicklung», «Dependenz», «strukturelle Heterogenität» oder «peripherer Kapitalismus» in den sechziger und siebziger Jahren die entwicklungsökonomische Diskussion bestimmten. Vor allem der marxistische Ökonom und Übersetzer von Marx' «Kapital» Wang Yanan (1901–69) erreichte in seinen Analysen ein Niveau, das sich durchaus mit dem neuerer Arbeiten lateinamerikanischer und afrikanischer Autoren messen kann. In seinem Hauptwerk «Originale Abhandlung über die chinesische Ökonomie» von 1945[21] unternahm Wang den anspruchsvollen Versuch einer «Sinisierung» der Marxschen politischen Ökonomie. Auch hier ist die Dialektik der Einbindung in die kapitalistische Weltwirtschaft ein zentrales Thema.

Zwei völlig unterschiedliche Deutungen also desselben historischen Sachverhalts durch die Beteiligten: hier das Jammern westlicher Kaufleute und Wirtschaftsvertreter über die Widerständigkeit des chinesischen Marktes gegenüber Importen aller Art, die sich selbst durch massiven politischen Druck nicht überwinden ließ – dort die Klagen nahezu der gesamten artikulierten Öffentlichkeit Chinas von Wang Tao bis zu den

Ökonomen und Historikern der Gegenwart, die ökonomische Invasion durch den westlichen Kapitalismus habe die chinesische Gesellschaftsordnung mit beispielloser Radikalität umgewälzt, einheimische Entwicklungspotentiale ausgelöscht oder fremden Interessen dienstbar gemacht und somit Wirkungen hervorgebracht, welche diejenigen eines offenen Kolonialismus an Schädlichkeit noch überträfen.

In der jüngeren wissenschaftlichen Diskussion erscheinen diese Auffassungen in neuem Gewande.[22] Die Idee der chinesischen Undurchdringlichkeit ist erneuert worden in Gestalt des *Marginalitätsarguments*: Die ausländische Präsenz in China (jedenfalls solange sie sich im Rahmen des Systems der Treaty Ports hielt) sei einer Mücke auf einem Elefanten zu vergleichen; ihre Einflüsse hätten sich auf wenige isolierte Sektoren und Regionen beschränkt; von diesen Enklaven aus habe es nur schwache Bindungen zur Ökonomie des Wirtslandes gegeben; China sei einem viel geringeren Grade von wirtschaftlicher Durchdringung ausgesetzt gewesen als fast alle anderen Länder der «Dritten Welt»; eine Hauptursache dafür sei die Leistungsfähigkeit und Widerstandskraft seiner alten Strukturen gewesen.[23] In China existierte «kein Vakuum, das die Fremden hätten füllen können».[24]

Die entgegengesetzte Position derjenigen, die von der tiefen Wirkung des Kontakts mit dem Westen überzeugt sind, wird heute von zwei heftig zerstrittenen Lagern vertreten. Dem *Modernisierungsargument* zufolge war die chinesische Gesellschaft am Vorabend der «Öffnung» am toten Punkt fortwährender Stagnation angekommen. Erst der Import von Waren, Kapital und vor allem von Ideen aus dem Westen habe sie aus ihrer Sackgasse hinausgeführt; wenn die Modernisierung in China nur relativ (besonders im Vergleich zu Japan) langsame Fortschritte gemacht habe, so sei daran hauptsächlich der ängstliche Konservativismus der Elite schuld gewesen.[25] Trotz vieler unerfreulicher Begleiterscheinungen, die zur Verletzung des nationalen Stolzes der Chinesen geführt hätten, sei die westliche Präsenz ein Segen für China gewesen. Es ist übrigens bemerkenswert, daß dieses Argument, das lange als «Rechtfertigung des Imperialismus» und daher als «rechtslastig» angegriffen wurde, zu einer enthusiastischen Befürwortung des chinesischen Reformkommunismus unter Deng Xiaoping führen kann; denn endlich ist jene modernisierungswillige und dem Westen gegenüber aufgeschlossene Elite auf den Plan getreten, die von modernisierungstheoretisch argumentierenden Historikern für die Zeit zwischen 1840 und 1980 vermißt wurde.

Die «linke» Variante schließlich stellt sich als *Abhängigkeitsargument* dar. Es knüpft – oft ohne sich dessen bewußt zu sein – an die chinesischen Debatten der 1930er Jahre an. China sei, so heißt es in neuer Terminologie, der entstehenden Weltwirtschaft in einer Position der Abhängigkeit «inkorporiert» worden; keineswegs seien die chinesischen Entwicklungsmöglichkeiten vor der «Öffnung» erschöpft gewesen; diese habe aber dann eine autonome oder «autozentrierte» Entwicklung unterbunden und die chinesische Wirtschaft auf die Bedürfnisse des internationalen Kapitalismus hin umstrukturiert.[26]

Man kann die Unterschiede zwischen diesen drei Positionen verdeutlichen, wenn man ihre Beurteilung des Treaty-Port-Systems vergleicht. Für die «Marginalisten» ist die Existenz der Treaty Ports ein Indiz für die Ausgrenzung und Isolierung der fremden Wirtschaftsinteressen, sichtbarer Beweis dafür, daß es ihnen nicht gelungen sei, aus diesen Zitadellen auszubrechen. Für die Modernisierungstheoretiker sind sie Impulszentren von Wandel und Fortschritt, Herde der Modernität. Abhängigkeitstheoretiker sehen sie im Gegenteil als Brückenköpfe der Penetration und Symptom wie Teilursache eines zerbrochenen wirtschaftlichen Gleichgewichts.

Die drei Deutungsperspektiven müssen am Beginn einer Analyse der Einbindung Chinas in die Weltwirtschaft des späten 19. Jahrhunderts stehen; eine uninterpretierte Zusammenstellung der wirtschaftshistorischen Tatbestände allein genügt nicht. Freilich können sie nur als Orientierungsmarken dienen. Keine von ihnen vermag nach ihrer theoretischen Stringenz wie nach ihrer Fähigkeit, das heutige Wissen zu einem Gesamtbild zusammenzufassen, ganz zu überzeugen. Den Übergang von den großen Theorien zur Vielfalt der Wirklichkeit erleichtert man sich, indem man an einige Differenzierungen erinnert. Fünf davon sind besonders wichtig.

Erstens ist selbstverständlich in der räumlichen Dimension zu differenzieren. Die einzelnen Regionen Chinas waren in extrem unterschiedlicher Weise und Intensität von äußeren Einwirkungen betroffen: die Küste und das Yangzital stärker als der verkehrsmäßig bis 1937 wenig erschlossene Südwesten, der Süden infolge des Kantonhandels früher und heftiger als der erst durch Eisenbahnen zugänglich gemachte Norden. Jede allgemeine Aussage ist deshalb mit dem unausgesprochenen Vorbehalt zu lesen, es könnte da und dort völlig anders ausgesehen haben.

Zweitens folgen in der zeitlichen Dimension nicht alle Entwicklungsabläufe demselben Kalender, lassen sie sich nicht sämtlich in generelle Periodisierungen, etwa die Ausgrenzung einer Periode 1860–1895, einfügen. Jeder Treaty Port zum Beispiel und jeder Teilmarkt durchlief seine eigene zyklische Mikro-Geschichte. Beispiele für solche Zyklen sind der Aufstieg Kantons im letzten Drittel des 18. Jahrhunderts und sein allmählicher Niedergang nach 1842 oder der Opiumhandel, dessen Entwicklungszyklus mehr als ein volles Jahrhundert mit den 1870er Jahren als Höhe- und Wendepunkt umspannt. Das in der Darstellung unvermeidliche Fortschreiten in großen Entwicklungsetappen ist vor dem Hintergrund einer solchen Vielzahl gleichzeitiger, aber phasenverschobener Spezialabläufe zu sehen. Manche regional spezialisierten Chinaforscher gehen heute so weit, Aussagen über China als Ganzes überhaupt zu vermeiden.

Drittens empfiehlt es sich, zwischen einer mikro- und einer makroökonomischen Sichtweise zu unterscheiden, zwischen den Erfahrungen einzelner Firmen und den Vorgängen auf der Ebene des Wirtschaftssystems. Zum Beispiel steht die Tatsache, daß China im Verhältnis zu seiner hohen Bevölkerungszahl nur in sehr geringem Maße am Welthandel teilnahm und die «Öffnung» daher in makroökonomischer Hinsicht nicht sehr weit ging, durchaus nicht im Widerspruch zur Existenz umfangreicher Wirtschaftskräfte, die am Chinageschäft vorzüglich verdienten und die beträchtlichen politischen Einfluß auf ihre nationalen Regierungen ausüben konnten. Dem möglichen Eindruck eines solchen Widerspruchs läßt sich unter anderem durch eine vierte Differenzierung entgegenwirken: derjenigen zwischen Geschäften *mit* China und Geschäften *in* China. Für die britischen Firmen in Hongkong, Shanghai und den «outports», das heißt den untergeordneten Treaty Ports, bildete zum Beispiel der Warenverkehr mit dem Mutterland nur einen Teil ihrer Tätigkeiten. In der Nachfolge der alten Country Traders engagierten sich viele von ihnen auch im Handel innerhalb des süd- und südostasiatischen Subsystems der Weltwirtschaft, und solange Opium das wichtigste Importgut blieb, drehte sich der Chinahandel ohnehin hauptsächlich um die Achse Indien-China. Außerdem wickelten britische Firmen auch manche Geschäfte im Auftrag anderer europäischer Kunden ab; die deutschen Chinahandelshäuser haben zum Beispiel stets die Dienste der britischen Banken denen der einzigen deutschen Ostasienbank vorgezogen, wie umgekehrt deutsche Reedereien einen Teil des britischen Chinahandels für sich gewinnen konnten. Unter den Bedingungen der «Offenen Tür» waren die nationalen Wirtschaftsinteressen auf Firmenebene vielfältig vernetzt. Vor allem aber tätigten seit den 1860er Jahren immer mehr ausländische Unternehmen den Hauptteil ihrer Geschäfte in China mit chinesischen Kunden. Die britisch geführte Straßenbahn im International Settlement von Shanghai, angeblich die profitabelste der Welt, verdankte ihre Prosperität den einheimischen Fahrgästen, von denen sie täglich Kupfermünzen im Gewicht von 26 t kassierte.[27] Sie war nicht das einzige Beispiel für eine solche «symbiotische Penetration». Ein anderes sind die ausländischen Schiffahrtslinien an der Küste und auf dem Yangzi, die nicht nur überwiegend chinesische Passagiere beförderten, sondern auch weitgehend von Frachtaufträgen chinesischer Kaufleute im Binnenverkehr lebten.[28] Als dann nach 1895 ausländische Fabriken in den wichtigeren Treaty Ports entstanden, produzierten die größten von ihnen nicht für den Export, sondern für einen chinesischen Massenmarkt. Wenn China tatsächlich «ausgeplündert» wurde, dann weniger dadurch, daß seine Reichtümer direkt geraubt (wie diejenigen Indiens zur Zeit der «Nabobs» um 1760) oder indirekt durch «ungleichen Tausch» angeeignet wurden, als vielmehr dergestalt, daß ein Teil der Gewinne, welche die Ausländer *in* China erwirtschafteten, «repatriiert», also in die Metropolen rückgeführt und nicht im Lande selbst reinvestiert wurden. Langfristig hat man den Anteil der Reinvestitionen an den Gesamtgewinnen der ausländischen Firmen in China auf 60% geschätzt.[29] Eine fünfte Differenzierung betrifft die Begriffe «Durchdringung» und «Abhängigkeit», die oft sehr ungenau voneinander abgegrenzt werden. Vor allem zwischen den Anhängern der Marginalitätsthese und denen des Abhängigkeitsarguments kommt es deshalb zu Mißverständnissen. Jene nämlich neigen dazu, aus der Beobachtung, daß ausländische Kaufleute keineswegs ins letzte Dorf vorstießen, den Schluß zu ziehen, die chinesische Wirtschaft außerhalb der fremden Enklaven sei autonom, ja geradezu autark, geblieben. Dies ist keineswegs schlüssig. Es kann, wie dies die Rolle des mexikanischen Silbers in der Ökonomie der *frühen* Qing-Zeit schön illustriert, außenwirtschaftliche Wirkungszusammenhänge ohne jegliche Durchdringung des Landes mit fremden kommerziellen Organisationen geben. Die tatsächliche An- oder Abwesenheit von Ausländern und ihren Institutionen sagt daher zunächst wenig über Art und Grad von Abhängigkeit aus. Umgekehrt lieben es die Abhängigkeitstheoretiker, sehr abstrakt mit «Weltmarktkräften» zu argumentieren, ohne sich dafür zu interessieren, mittels welcher Mechanismen, welcher «Treibriemen», diese Kräfte auf die chinesische Binnenwirtschaft übertragen wurden. Es fehlt also das Unterfutter einer konkreten «business history» der ausländischen Präsenz, aber auch oft der Blick für das Verhältnis zwischen der wirtschaftlichen und der politisch-militärischen Seite des Imperialismus. Ironischerweise erliegen gerade westliche (nicht so sehr patriotische chinesische) Vertreter des «linken» Abhängigkeitsarguments der liberalen Legende, nach den Öffnungskriegen habe sich die politische Macht zurückgezogen und den wirtschaftlichen Expansionskräften des Kapitalismus in China freie Bahn gelassen. Dies mag in Lateinamerika seit der Mitte des 19. Jahrhunderts so gewesen sein, als auch ohne «ungleiche Verträge» und andere formale Einschränkungen der Souveränität der einheimischen Regierungen ausländische Wirtschaftsinteressen kraft ihrer ökonomischen Überlegenheit weite Bereiche der einheimischen Volkswirtschaften kontrollierten.[30] In China beruhte die ausländische Präsenz jedoch auf dem machtgestützten Privilegiensystem der Treaties, das erst nach dem Ersten Weltkrieg langsam seine tatsächliche Bedeutung und 1943 seine Rechtskraft verlor. Eine bloß ökonomische Analyse von «Abhängigkeit» steht in der Gefahr, diesen außerökonomischen institutionellen Rahmen zu unterschätzen, wie er im Begriff des «informal empire» eingeschlossen ist. Ihn kann man in den Blick bekommen, wenn man danach fragt, wann, wo und wie die Durchdringung Chinas durch ausländische wirtschaftliche Organisationen des flankierenden Eingriffs der politisch-militärischen Interventionsinstanzen bedurfte.

Wie immer man die Begriffe bestimmt: Offensichtlich ist, daß China immer intensiver in globale Strukturen einbezogen wurde. Im letzten Drittel des 19. Jahrhunderts rückte die Weltwirtschaft näher an China

heran. Am wenigsten änderte sich zunächst im Norden und Westen.
Während das Kanton-System durch den Opiumkrieg zerstört wurde,
erlebte das alte Kjachta-System des Handels mit Rußland eine letzte Phase
der Stabilisierung und Expansion, in welcher es ganz im Zeichen chinesischer Tee-Exporte stand. Der Kjachta-Handel fiel dann in den 1870er
Jahren Veränderungen im Teehandel zum Opfer.

Einerseits etablierten sich
in Hankou, mitten im zentralchinesischen Teegebiet, russische Ziegelteefabriken, die den in Rußland beliebten gepreßten Grüntee auf dem Wasserweg über den Yangzi, dann über Tianjin nach Vladivostok oder ab 1878
mit direkter Dampferverbindung nach Odessa exportierten. Andererseits
verdrängte – bis 1861 als illegale Schmuggelware – von englischen Firmen
aus Südchina exportierter Tee den monopolistisch verteuerten Kjachta-Tee
vom russischen Markt.[31] Das alte Kjachta-System aus dem frühen
18. Jahrhundert zerbrach nicht wie das Kanton-System an seinen inneren
Spannungen und der direkten ausländischen Offensive, sondern erlag dem
britischen Freihandel, als er sich mittelbar im europäischen Rußland
bemerkbar machte. Monopolistisch-kontinentaler Kjachta-Tee kapitulierte vor freihändlerisch-maritimem Tee aus Hongkong und Shanghai.
Der Epochenwechsel im Chinahandel ebenso wie die wirtschaftspolitische
Rückständigkeit Rußlands werden in dieser Kollision blitzartig beleuchtet.

Die Überwindung des Landhandels durch den Seehandel war nicht
zuletzt ein Ergebnis neuer Entwicklungen in der Schiffahrt. Überall
bewies das Dampfschiff seine Vorzüge zuerst im Kurzstreckenverkehr auf
Binnen- und Küstengewässern. 1821, neun Jahre nach dem Stapellauf des
ersten kommerziell erfolgreichen Dampfboots, waren bereits 188 Dampffer im britischen Küstenverkehr im Einsatz.[32] Im Hochseeverkehr behaupteten sich vorerst die Segelschiffe. Ja, in den siebziger Jahren erreichten sie den Höhepunkt technisch-ästhetischer Vollendung und wirtschaftlicher Effizienz.[33] Dies war die Ära der schnellen, aus Eisen gebauten
«Kathedralen des Meeres», der Teeklipper, von denen keiner berühmter
war als die 1869 in Dienst gestellte Cutty Sark. Die monopolistische East
India Company vor 1833 brauchte sich mit ihren Teelieferungen nicht
sonderlich zu beeilen. Ein halbes Jahr auf See von Kanton in den Ärmelkanal war für einen «East Indiaman» eine unanfechtbare Passage. Die
Klipper legten die Strecke vom Teehafen Fuzhou nach London hingegen
bisweilen in weniger als 90 Tagen zurück.[34] Sie waren das Symbol der
neuen Ära kapitalistischen Wettbewerbs. Doch die Eröffnung des Suezkanals 1869 beendete die Epoche der Windjammer im Chinahandel schneller
als auf anderen Ozeanrouten. Das letzte der berühmten Klipper-Rennen
fand 1872 statt. Der Kanal, der nur von Dampfern sinnvoll genutzt
werden konnte, verkürzte die Strecke von Hongkong nach London von
24 400 auf 18 100 km. Die schnellsten Dampfer benötigten dafür weniger
als 65 Tage. Obwohl Dampfer einstweilen höhere Frachtraten verlangten
als Segelschiffe, hatten sie den besonders für Tee wichtigen Zeitfaktor auf

ihrer Seite; auch machten sich bei den hochwertigen Exportgütern Chinas die Frachtkosten anteilig weniger bemerkbar als etwa bei den Massenexporten Indiens. 1869 wurden 14 % der Tonnage von China nach Großbritannien auf Dampfschiffen transportiert; 1873 waren es schon 70 % und 1880 über 90 %. Ein weiterer Effekt der Öffnung des Suez-Kanals kam hinzu: Sie verringerte Londons Bedeutung als europäischer Verteilungspunkt für Chinawaren. Marseille und Odessa, Hamburg und Antwerpen eröffneten jetzt direkte Schiffsverbindungen mit Hongkong und Shanghai.[35] Der ozeanische Chinaverkehr entwickelte sich zu einem so wettbewerbsintensiven Geschäft, daß er 1879 den Anlaß zur ersten «Schiffahrtskonferenz» in der Geschichte gab, einer Absprache über Frachtraten und Transportquoten.[36] Nach der Jahrhundertmitte begann die erste Verkabelung der Welt. 1851 wurde ein Seekabel von Dover nach Calais verlegt, 1866 eines durch den Atlantischen Ozean. 1868 war Alexandria erreicht, 1870 Bombay, 1871 Hongkong, 1872 Yokohama, 1873 Shanghai.[37] Dank der Verbesserung der Schiffsverbindungen hatte sich zwar die Laufzeit eines Briefes von London nach Kanton/Hongkong allmählich verbessert: 4 bis 6 Monate vor 1835, um 1840 2 bis 3 Monate, 1845 55 Tage, 1860 43 bis 46 Tage.[38] Doch der Telegraph verkürzte dies nun auf wenige Stunden. Die Märkte in China reagierten fortan weitaus schneller und empfindlicher auf Signale aus den Metropolen und wurden unmittelbarer abhängig von Preisschwankungen auf Auslandsmärkten. Zahlungsmodalitäten ließen sich durch telegraphische Anweisungen vereinfachen. Vor allem verloren die großen Chinahandelshäuser wie Jardine Matheson & Co. oder Dent & Co. zwei entscheidende Vorteile. Sie hatten nicht länger den Informationsvorsprung vor kleineren Konkurrenten, den ihnen die Kontrolle über eigene Schiffe verlieh. Dent & Co. zum Beispiel ließ durch spezielle Dampfer die Firmenpost in Hongkong abholen, um in Shanghai 24 Stunden vor der Konkurrenz über den Londoner Markt informiert zu sein; angeblich deckte der Extraprofit die Kosten. Und ihre Fähigkeit, große Lagerbestände zu finanzieren, verlor an Bedeutung. Läger konnten nun kleiner gehalten werden; die Dauer eines Transaktionszyklus verkürzte sich; weniger Kapital war weniger lange gebunden.[39] Da sich gleichzeitig infolge der Gründung neuer Banken, die auf den Chinahandel spezialisiert waren, allen voran 1864 der Hongkong and Shanghai Banking Corporation,[40] die Kreditsituation in den Treaty Ports verbesserte, sahen sich viele kapitalschwache Geschäftsleute, darunter nicht wenige ausgesprochene Abenteurer, in der Lage, in das Chinageschäft einzusteigen. Klagen häuften sich über verschärfte Konkurrenz und reduzierte Gewinnspannen.[41] «Die heutigen Profite», so erläuterte 1892 ein britischer Konsul, «lassen sich mit denen von vor zwanzig Jahren nicht vergleichen. Niemand erwartet mehr, ein Vermögen zu verdienen … Die Handelsfürsten der Vergangenheit mit ihren glanzvollen Namen überleben allenfalls als Fossilien.»[42] Einige dieser «merchant princes», zumal die unverwüstliche Opiumfirma Jardine Matheson & Co., überlebten, indem sie den neuen Herausforderungen durch Auffächerung ihrer Geschäftsaktivitäten begegneten. Sie verringerten ihre Abhängigkeit von den klassischen Stapelwaren Opium, Tee und Seide und verwandelten sich in vielfältig verzweigte «managing agencies» mit Interessen nicht nur im Import-Export-Handel, sondern auch in Schiffahrt, Versicherungen, Banken und verarbeitender Industrie.[43] Sie wurden zu dem, was man etwas salopp «China-Multis», Universalkonzerne im Chinageschäft, nennen kann.

Unter den 579 ausländischen Firmen, welche die Seezollstatistik 1892 registrierte,[44] war nur eine Minderheit außerhalb Hongkongs und Shanghais in den kleineren Treaty Ports tätig. Schon wenige Jahre nach der Öffnung Hankous, des großen zentralchinesischen Wirtschaftszentrums, im Frühjahr 1861 durch eine britische Flottenexpedition unter Sir Harry Parkes zerschlugen sich die Hoffnungen der ausländischen Kaufleute, in großem Stil den Direkthandel mit dem Herzen Chinas aufnehmen zu können. Hankous Handel florierte, aber als indirekter Handel *via* Shanghai, der weitgehend ohne Beteiligung von Ausländern in der Hand leistungsfähiger einheimischer Händlerorganisationen lag.[45] Ein krasserer, aber für die kleineren Vertragshäfen nicht untypischer Fall war Ningbo, die reiche Handels- und Finanzstadt in Zhejiang, die zu den fünf ersten Treaty Ports gehört hatte. Um 1890 waren hier nur noch zwei oder drei ausländische Kaufleute übriggeblieben, und Schiffe unter fremden Flaggen fuhren den Hafen nicht mehr an.[46] Schon zwanzig Jahre zuvor war geklagt worden, der schwunghafte Handel mit britischen Baumwollgütern in der Stadt werde von großen einheimischen Firmen «monopolisiert», die imstande seien, über Shanghai eingeführte Stoffe billiger anzubieten als die britischen Händler die gleiche Ware an Ort und Stelle.[47] «Up-country», also jenseits der Treaty Ports, traf man westliche Kaufleute so gut wie nie an. Forschungsreisende und natürlich Missionare, von denen es am Jahrhundertende 900 katholische und mehr als 3000 protestantische gab,[48] drangen ins Innere des Riesenreiches vor. Kaufleute waren mehr noch durch ihre Neigungen und die strukturellen Umstände des Handels als durch die Treaties auf die Vertragshäfen beschränkt. Von den Treaty Ports, die nach 1860 geöffnet wurden, erlangte keiner mehr eine herausragende Bedeutung. Selbst Chongqing, das 1891 geöffnete Wirtschaftszentrum der spätimperialen Musterprovinz Sichuan,[49] das seit 1898 durch die Stromschnellen des oberen Yangzi hindurch von Dampfschiffen erreicht werden konnte und seit 1908 im Linienverkehr angefahren wurde,[50] entwickelte sich niemals zu einem wichtigen Stützpunkt ausländischer Interessen. Auch der Sichuanhandel wurde letzten Endes aus Shanghai gesteuert. Eine britische Delegation stellte gleichwohl 1897 fest, daß «unsere Baumwollerzeugnisse in Gestalt einiger bekannter Markenartikel zu keineswegs exorbitanten Preisen in der ganzen Provinz verbreitet sind»[51]. Und dies, obwohl westlich von Shanghai im ganzen Yangzigebiet kein einziger europäischer Baumwollimporteur tätig war.

Überhaupt waren Reisende immer wieder überrascht, in den entlegensten Winkeln der wildesten Provinzen auf europäische Waren zu treffen.[52] Der Grund war, daß die Verbreitung nicht nur des Opiums, sondern auch der neueren industriellen Importe und namentlich der Vertrieb von Baumwollstoffen, dem zwischen 1885 und 1930 wichtigsten chinesischen Einfuhrgut,[53] in Ningbo wie im ganzen Land völlig in der Hand chinesischer Kaufleute lag. China besaß schon vor der Öffnung landesweit operierende Großhandelsorganisationen, die bald nach 1842 die Chancen des neuen Importhandels erkannten und schon um 1860 den Vertrieb ausländischer Waren selbst in den kleineren Treaty Ports in eigene Regie genommen hatten.[54] Hatten die ausländischen Importeure in Shanghai und Hongkong zunächst noch eine gewisse Kontrolle über den Markt, so waren sie spätestens gegen Ende des Jahrhunderts zu Kommissionsagenten der chinesischen Baumwollgilden geworden, in deren Auftrag sie Waren in Lancashire orderten. Daran änderte sich auch später nichts mehr. Bis zum Zusammenbruch der britischen Baumwollexporte nach China 1933/34[55] wurde unentwegt darüber geklagt, daß es nicht gelinge, die Hierarchie chinesischer Händler und Zwischenhändler zu umgehen und direkt zum Endverbraucher vorzudringen. Tatsächlich hatten weder die Hersteller in Mittelengland noch die Importeure in Shanghai und Hongkong einen nennenswerten Einfluß auf den Preis ihrer Güter im Einzelhandel des chinesischen Binnenmarktes. Von organisatorischer Durchdringung konnte keine Rede sein, und die Europäer betrachteten sich eher als von den chinesischen Kaufleuten abhängig denn umgekehrt. In der Frage der Importpenetration haben mithin die «Marginalisten» die stichhaltigsten Argumente. Nicht, daß die Importe stagniert hätten; vermutlich kam dem Absatz sogar die Tüchtigkeit der chinesischen Händler zugute. Der Wert der Einfuhr von Baumwollmeterware stieg während des letzten Jahrhundertdrittels langsam an und wuchs dann rasch seit Mitte der 1890er Jahre (was allerdings weniger einem Zuwachs der realen Verkäufe als einem heftigen Wertverfall des Silbers zuzuschreiben war).[56] Auf den Höhepunkt von 1920, als etwa das Zehnfache des Wertes der späten 1860er Jahre erreicht war, folgte dann ein schneller Fall. Selbst in dem günstigen Jahr 1896 absorbierte China jedoch nicht mehr als 8 % der Exporte der britischen Baumwollindustrie, verglichen mit 27 % für Indien und 8 % für das restliche Asien.[57] China war ein wichtiger Markt, aber nicht das von Henry Pottinger und seinen Zeitgenossen erhoffte Eldorado.

Versucht man zu erklären, warum es im großen und ganzen im 19. Jahrhundert so schwierig war, den Chinesen nicht nur Baumwollstoffe, sondern westliche Konsumgüter überhaupt zu verkaufen, so müssen mindestens sechs Gesichtspunkte beachtet werden: (1) die Leistungsfähigkeit der einheimischen vorindustriellen und später auch industriellen

Produktion; (2) die hohen Kosten des Transports abseits der Wasserwege;[58] (3) die praktische Unmöglichkeit, stets die in den Treaties vereinbarte Befreiung der Importe von Binnenzöllen und Konsumsteuern durchzusetzen; (4) die mangelnde Anpassung vieler Importgüter an chinesische Bedingungen (so waren britische Baumwollstoffe relativ wenig haltbar und deshalb für verschleißenden Alltagsgebrauch kaum geeignet); (5) die geringe, oft dazu weitgehend vom Opium aufgezehrte Kaufkraft großer Bevölkerungsteile und (6) der «ethnozentrische», mit eigenem zufriedene Geschmack der wohlhabenden Elite, für welche europäische Güter einen viel geringeren Statuswert besaßen als etwa für die kreolische Oberschicht Südamerikas oder die Luxuskonsumenten in Meiji-Japan.[59]

Wenn es so etwas wie eine «Speerspitze der Penetration» Chinas gab, dann waren es nicht die Exporte aus dem Ursprungsland der industriellen Revolution, sondern die Küsten- und die Flußschiffahrt.[60] Keine andere westliche Wirtschaftstätigkeit in China zwischen 1860 und 1895 übertraf an historischer Bedeutung den Schiffsverkehr. Auch später ist – anders als in Indien – der Dampfer und nicht die Eisenbahn das Symbol verkehrstechnischer Modernität in China geblieben.[61] Wir wollen deshalb seine Geschichte bis zur Vertreibung der westlichen Schiffahrt in den 1940er Jahren verfolgen. Dies ist wenig problematisch, weil die Grundstrukturen der Branche, wie sie in den 1870er Jahren entstanden, danach mit nur geringen Veränderungen erhalten blieben.

Eine «Speerspitze» war die Schiffahrt schon in dem Sinne, daß Dampfer unter fremden Flaggen, die auf dem Yangzi zweieinhalbtausend Kilometer tief ins Herz Chinas vorstießen,[62] vermutlich mehr als alles andere außer dem Missionswesen den Chinesen die Anwesenheit von Fremden in ihrem Lande sichtbar machten. Nachdem in den 1860er Jahren amerikanische Gesellschaften eine starke Position innegehabt hatten, war seit Mitte der siebziger Jahre die wichtigste dieser Flaggen die britische.[63] 1872 gründete der schottische Unternehmer John Swire die China Navigation Company. Sie wurde zur wichtigsten Schiffahrtslinie in China und zum Kern von Butterfield & Swire (chinesischer Name: «Taikoo»), dem neben Jardine Matheson & Co. («Ewo») wichtigsten britischen China-Multi und Vorgänger des heute in ganz Ost- und Südostasien einflußreichen Swire-Konzerns, dem unter anderem die Fluglinie Cathay Pacific gehört.[64] Jardines, die schon 1835 einen Dampfer an der Chinaküste eingesetzt hatten, verstärkten ebenfalls in den 1870er Jahren ihr Engagement in der Schiffahrt und gründeten 1881 die Indo-China Steam Navigation Co. Den Briten erstand bald schon ein chinesischer Rivale, als 1873 Li Hongzhang die China Merchants Steam Navigation Company ins Leben rief, eine Gesellschaft nach dem *guandu-shangban*-System privaten Managements unter staatlicher Aufsicht, deren Kapital überwiegend von chinesischen Kaufleuten in den Treaty Ports stammte. Seit 1885 war sie faktisch ein Staatsbetrieb, kam nach der Revolution von 1911 unter eine wenig erfolgreiche private Kontrolle und wurde 1933 formell verstaatlicht.[65] Im frühen 20. Jahrhundert, als für die China Merchants S. N. Co. eine lange Krisenzeit begann, wurden dann eine ganze Reihe kleinerer privater chinesischer Schiffahrtslinien gegründet.[66] Gleichzeitig entwickelten sich japanische Reedereien zu einem wichtigen Faktor in der chinesischen Schiffahrt.[67] Der chinesische Anteil an der registrierten Tonnage schwankte von 1880 bis 1937 zwischen 20 und 30 %, der britische verminderte sich allmählich von über 60 auf 35 %. Zweifellos waren die britischen Gesellschaften, die 1935 zusammen 95 Schiffe mit insgesamt 249 000 t in China im Einsatz hatten,[68] während mehr als einem halben Jahrhundert die stärkste und kommerziell erfolgreichste Kraft in der chinesische Küsten- und Binnenschiffahrt. Sie vermochten sie in einer sehr kompetitiven Situation aber niemals völlig zu kontrollieren, so daß zwischen 1877 und 1935 immer wieder preisstabilisierende und frachtverteilende Absprachen mit den chinesischen und japanischen Reedereien erforderlich wurden.

Daß die größte chinesische Schiffahrtsgesellschaft trotz ausreichender Kapitalausstattung den Briten und Japanern den Markt nicht ernsthaft streitig machte, ist oft nicht zu Unrecht bürokratischer Ineffizienz und Korruption angelastet worden, also, modernisierungstheoretisch gesehen, einem Mangel an Modernität und Rationalität. Man muß aber auch bedenken, daß die Fremden zwei große Vorteile ausnutzen konnten. Zum einen waren, da es keine chinesische Handelsmarine gab,[69] nur sie imstande, kombinierte Binnen- und Hochseefrachtleistungen anzubieten. Zum anderen profitierten sie von den ungleichen Verträgen, die sie dem Zugriff chinesischer Behörden entzogen. Dies erwies sich besonders in der Zeit der Wirren nach 1911/16 als ein großer Pluspunkt. Viele Chinesen vertrauten ihre Waren und sich selbst als Passagiere unabhängig von wirtschaftlichen Überlegungen lieber den sicheren Schiffen der Ausländer als den ständig von Requisitionen bedrohten Fahrzeugen der einheimischen Konkurrenz an.[70] Die Treaties verschafften den ausländischen Reedereien in dieser Hinsicht also einen vollkommen außerökonomischen Vorteil.[71] Das Abhängigkeitsargument greift in diesem Falle nur dann, wenn es um die politische Dimension bereichert wird. Eine Abhängigkeit in dem Sinne hingegen, daß die ausländische Schiffahrt als Instrument zur Überflutung Chinas mit fremden Waren und zur Plünderung seiner Ressourcen gedient habe, läßt sich nur schwer belegen. Wie das Geschäft aller Schiffahrtslinien in China, so beruhte auch das der britischen auf den Aufträgen *chinesischer* Verschiffer (sie machten Anfang der 1930er Jahre für Swires in Hankou 85 % des Gesamtauftragswerts aus),[72] und das hieß zu einem erheblichen Teil: auf dem Transport von Stapelgütern (Reis, Rohbaumwolle, Nüssen, Salz, Tabakblättern, usw.) im *inner*chinesischen Verkehr.

Anders als die pauschale Vorstellung von einer «Wirtschaftsinvasion» suggerieren mag, hat die Dampfschiffahrt, die als erster maschinisierter Wirtschaftssektor in China auch eine *industrielle* «Speerspitze» war,[73] die

vorindustrielle Dschunkenschiffahrt nicht generell zerstört. Auf dem oberen Yangzi, wo traditionell Boote in grausamster Knochenarbeit von Kulis
stromaufwärts durch die Katarakte getreidelt wurden, setzte sich die
Dampfkraft schnell durch.

Andernorts verteidigten traditionelle Fahr-
zeuge aller Typen ihre Stellung oder profitierten gar als Zuträger von der
Expansion des Gesamtverkehrs, ähnlich wie die Einführung der Eisenbahn in Europa vielerorts dem Pferd eine neue Bedeutung verlieh.[74] Noch
1960 besorgten Dschunken 60 bis 70 % des innerchinesischen Transports
auf dem Wasser.[75] Das Marginalitätsargument, das auf die Leistungsfähigkeit von Chinas vormodernen Wirtschaftsweisen aufmerksam macht,
erfährt hier eine weitere (Teil-)Bestätigung. Wenig überzeugend ist in
diesem Zusammenhang die Modernisierungsperspektive. Fraglos war die
Dampfschiffahrt an sich ein Vehikel von Modernität. Aber es ist schwer zu
sehen, welchen Nutzen China aus dem *ausländischen* Übergewicht in
diesem Sektor zog. Denkbar wäre ein Trainingseffekt gewesen. Aber
chinesisches Personal wurde nicht ausgebildet. Unter 355 Offizieren,
welche die China Navigation Co. zwischen 1930 und 1941 beschäftigte,
befanden sich drei Chinesen, sämtlich in untergeordneten Positionen.[76]
Auch Dampf- und Motorschiffe einheimischer Reedereien wurden bis in
die dreißiger Jahre normalerweise von ausländischen Kapitänen, Offizieren und Ingenieuren geführt.[77]

Trotzdem war einer der wichtigsten Männer auf jedem fremdem Schiff
ein Chinese: der Schiffskomprador. Er gehörte nicht zu Besatzung und
unterstand nicht dem Kapitän, sondern war der Bevollmächtigte der
Reederei für alle Kontakte mit chinesischen Passagieren und oft auch,
einem Superkargo vergleichbar, für die ordnungsgemäße Verschiffung der
Fracht.[78] Innerhalb des Kompradorentums rangierten Schiffskompradore
auf einer relativ niedrigen Stufenleiter. Mit den mächtigen «Hauptkom-
pradoren» der großen ausländischen Handelshäuser verband sie aber der
Grundcharakter ihrer Tätigkeit.[79] Ein Komprador (*maiban*) war das Oberhaupt des chinesischen Personals einer ausländischen Firma (*yanghang*).
Er rekrutierte die chinesischen Arbeitskräfte, beaufsichtigte und bezahlte
sie. Weiterhin war er für die Beziehungen zur einheimischen Geschäftswelt zuständig. Er gewann seinem *yanghang* chinesische Kunden, beur-
teilte ihre Kreditwürdigkeit, führte die Geschäftsverhandlungen mit ihnen
und bürgte für ihre Zahlungsmoral. Er kannte sich aus in dem höchst
komplizierten chinesischen Währungssystem, das Fremde nur schwer
durchschauten. Etwas pauschal gesagt, aber nicht falsch: «Er ist der einzige, der eine Übersicht über das ganze Geschäft hat.»[80] Der Komprador,
bei dem es sich durchweg um einen gutsituierten und angesehenen
chinesischen Kaufmann mit Englischkenntnissen handelte, hinterlegte
bei seiner Einstellung Sicherheiten in bar und in Grundbriefen; er
erhielt eine relativ niedrige feste Vergütung, aus der er wiederum die
Gehälter des chinesischen Personals bestreiten mußte, dazu eine Kommis-

sion von durchschnittlich 1,5% vom Umsatz; hinzu kamen Provisionen, die ihm die chinesischen Geschäftspartner zahlten. Außerdem verdiente er an den Zinsen aus eigenen Geldverleihgeschäften oder daraus, daß er Zahlungen der Kunden mit Verzögerung an seine Prinzipale weiterreichte.[81] Die meisten Kompradore waren auch als Kaufleute auf eigene Rechnung tätig. Die großen Vermögen, die manche von ihnen anhäuften, stammten teils aus den Einkünften im Dienste des *yanghang*, teils aus solchen unabhängigen Geschäften. Bei diesen kam den Kompradoren zugute, daß sie in der Regel den Schutz der Exterritorialität genossen.[82]

Vermittler vom Typ des Kompradors gibt es überall dort, wo unterschiedliche kommerzielle Kulturen aufeinandertreffen, wo Sprach- und Orientierungsprobleme auftreten. Die westliche Forschung hat im Falle Chinas diese transkulturelle Funktion des Kompradors als «Brücke zwischen Ost und West» besonders betont.[83] Die chinesische Literatur sieht das Kompradorensystem hingegen als ein Instrument der imperialistischen Aggression: Es habe den Ausländern erlaubt, chinesisches Marktwissen und Kapital anzuzapfen, mit minimalen Kosten in den chinesischen Markt vorzudringen, das Geschäftsrisiko auf Chinesen – eben die Kompradore – abzuwälzen und sich jene wirtschaftlichen Vorteile zu erschleichen, die ihnen sogar die ungleichen Verträge verweigerten (z. B. Landerwerb außerhalb der Treaty Ports, zu dem man Kompradore als Strohmänner benutzte).[84] Die westliche Literatur verwendet einen engen Begriff des Kompradors, der von seinem formalen *Status* und dem zeitgenössischen Sprachgebrauch ausgeht. Demnach entstand das Kompradorentum nach dem Ende des Kanton-Systems, erreichte seine Blütezeit während der zweiten Hälfte des 19. Jahrhunderts und verlor nach der Jahrhundertwende allmählich seine Bedeutung, als die Ausländer mit den Geschäftsbedingungen in China besser vertraut wurden.[85] Der weiter gefaßte, von der historischen *Funktion* des Kompradors her bestimmte Begriff der chinesischen Historiker führt zu einer anderen Geschichte: Danach gab es schon vor 1840 Proto-Kompradore in den größeren britischen und amerikanischen Firmen; ihnen fehlte allerdings noch jeder rechtliche Schutz vor den chinesischen Behörden.[86] 1840–95 sei die Formationsphase der Kompradorenbourgeoisie gewesen, zu der in dieser Zeit kumuliert insgesamt etwa 10000 Personen gehörten,[87] 1895–1927 die Periode ihrer Entwicklung; zwischen 1927 und 1949 habe sie in Gestalt der Herrschaft der Guomindang, der Nationalpartei unter Jiang Kaishek, ihre «höchste Stufe erreicht».[88]

Wir werden später eine andere Interpretation des Guomindang-Regimes vorschlagen, die in seinem «Kompradoren-Charakter» nur eine seiner Facetten sieht, übernehmen aber sonst manches Bedenkenswerte von dem chinesischen Kompradorenbegriff. Mikroökonomisch gesehen – da hat das engere westliche Konzept recht – verloren die Kompradore im frühen 20. Jahrhundert viel von ihrem Handlungsspielraum, wurden sie zumindest in den großen Firmen zu fester kontrollierten Angestellten und Agenten: Der Komprador verwandelte sich in den «Chinese manager».[89] Funktionen, die einst der Komprador selbständig ausgeübt hatte, wurden innerhalb vieler Firmen nun strenger vom ausländischen Management überwacht. Die Japaner waren dann die ersten, die sich (zuerst Mitsui 1899) ihrer Kompradoren ganz entledigten.[90] Makroökonomisch – darauf macht das weiter gefaßte chinesische Konzept aufmerksam – handelte es sich jedoch weiterhin um Funktionen vom Kompradorentyp: die Verzahnung der ausländischen «informal empires» mit der chinesischen wirtschaftlichen Umwelt durch bikulturelle einheimische Mittelsmänner. Entscheidend ist dabei, daß solche Funktionen vom Kompradorentyp (1) für fast alle Arten wirtschaftlicher Durchdringung weiterhin unentbehrlich blieben, daß sie (2) nur von Einheimischen erfüllt werden konnten, da es westlichen Ausländern niemals gelang, ähnlich enge Kontakte zur chinesischen Geschäftswelt zu knüpfen, daß sie (3) weiterhin private Kapitalakkumulationen in einem Umfang erlaubten, der gehaltsempfangenden chinesischen *Angestellten* der *yanghang* nicht möglich gewesen wäre. Mit dem Bedeutungsverlust der *Position* des Kompradors verminderten sich also nicht zugleich seine *Funktionen*. Es kam im Zeitalter intensiverer Markterschließung nach der Jahrhundertwende vielmehr zu einer Ausdifferenzierung spezieller Kompradorenrollen und zu einer gewissen Internalisierung von Kompradorfunktionen, die nun teilweise von regulär angestellten Mitarbeitern übernommen wurden.[91] Allerdings sollte man den Begriff des «Kompradors» nicht ausschließlich von makroökonomischen Funktionen her bestimmen. Man sollte ihn vielmehr nur dann verwenden, wenn ein vertraglich festgelegtes Beschäftigungsverhältnis zu einer ausländischen Firma bestand. Nicht alle Kaufleute, die fremde Waren vertrieben, waren Komprados und nicht alle im Außenhandel erworbenen Vermögen «Kompradorenkapital».[92] Position wie Funktion des Kompradors definieren sich durch Vermittlung im Schatten der Treaties.

Das späte 19. Jahrhundert war die Ära der öffentlich bekannten großen Komprados, von denen einige in der Nachfolge der kantonesischen Hong-Kaufleute zu den reichsten Männern des Landes gehörten.[93] Die doppelte Kapitalakkumulation unter dem Schirm der ungleichen Verträge – hier in den Händen der *yanghang*, dort in denen ihrer großen Komprados – war eine der wirtschaftsgeschichtlich wichtigsten Erscheinungen der zweiten Jahrhunderthälfte. Beide waren so eng verbunden, daß man von einer «sino-westlichen Symbiose» gesprochen hat.[94] Westliche Firmen drangen mittels ihrer Komprados in Bereiche vor, die ihnen sonst verschlossen geblieben wären, etwa das einheimische Bankwesen. Umgekehrt investierten die Komprados nicht nur breit gestreut in Handel und Industrie, Geldläden (*qianzhuang*) und Pfandhäuser, städtischen und ländlichen Grundbesitz, sondern auch in ausländische Unternehmen.[95] Hohe Renditen und Schutz vor dem Zugriff einer antikapitalistisch eingestellten

Bürokratie ließen solche Vermögensanlagen verlockend erscheinen. Nicht wenige kleinere westliche Firmen ohne ausreichendes Eigenkapital waren praktisch nur Firmenschilder für chinesische Interessen.[96] Aber selbst manche der großen Chinahäuser, sogar Jardine Matheson & Co., warben um – und erhielten – Kapitalbeteiligungen durch Kompradore und andere chinesische Kaufleute.[97]

Gegen Ende des Jahrhunderts befanden sich etwa 40 % des Kapitals westlicher Firmen in den Bereichen Schiffahrt, Baumwollspinnerei und Bankwesen und kleinere Anteile bei Versicherungen und verarbeitender Industrie in chinesischer Hand; Chinesen saßen in den Vorständen zahlreicher westlicher Gesellschaften.[98] Die Einlagen chinesischer Kunden waren eine wichtige Stütze der ausländischen Banken. Unter diesen chinesischen Investoren und Sparern befanden sich viele Kompradore. Man hat geschätzt, daß zwischen 1840 und 1895 die gesamte Kapitalakkumulation durch Kompradore zu 51 % in Depositen bei ausländischen Banken und zu 6 % in Geschäftsbeteiligungen bei ausländischen Unternehmen erfolgte.[99] Auch hier wieder hilft die Unterscheidung zwischen Geschäften der Ausländer *mit* und *in* China. Nicht das gesamte unter fremdem Recht registrierte Anlagevermögen in Hongkong und den Treaty Ports geht auf direkten Kapitalexport aus Europa und Amerika zurück. Die zunächst weitaus wichtigeren Quellen waren die Akkumulation im frühen Chinahandel (besonders die Opiumprofite)[100] und die Kapitalbeiträge von Chinesen. Ökonomischer Imperialismus beruht eben auf der möglichst effizienten Mobilisierung und Extraktion von Ressourcen an der Peripherie.[101] Dies verkennt die Mücke-auf-dem-Elefanten-These der «Marginalisten», wenn sie die chinesischen Beteiligungen an ausländischen Unternehmen als ein weiteres Indiz für ein erfolgreiches Eindämmen und Zurückrollen des fremden Einflusses und damit für den angeblichen Mißerfolg des Imperialismus in China interpretiert.

Marginal im Verhältnis zur Gesamtwirtschaft blieb vor 1895 die *industrielle* Entwicklung. Allerdings: im Vergleich mit allen anderen Ländern Asiens außer Japan, wo Anfang der 1880er Jahre ein Prozeß des selbsttragenden Wachstums einsetzte, schnitt China gar so schlecht nicht ab.[102] Ähnlich umfassende staatliche Industrialisierungsinitiativen hat es im Orient nach dem Scheitern von Muhammad Alis Experimenten in Ägypten während des 19. Jahrhunderts nicht gegeben.[103] Wenig bedeutend war einstweilen die ausländische Industrie in den Treaty Ports. Vor 1895 entstanden um die hundert ausländische Industriebetriebe in China, durchweg kleine Einrichtungen mit Hilfsaufgaben für Schiffahrt und Außenhandel. Einige Werften in Shanghai und die russischen Teepressereien in Hankou waren die größten unter ihnen. Insgesamt beschäftigten diese Betriebe etwa 34 000 chinesische Arbeiter und verkörperten einen Gesamtkapitalwert von US $ 14 250 000[104] Dies war ein geringfügiger Betrag, verglichen mit bald folgenden Entwicklungen: 1914 waren die ausländischen Investitionen in der verarbeitenden Industrie Chinas auf US $ 110 600 000 gestiegen, 1931 auf US $ 376 300 000. [105] Der Modernisierungseffekt dieser frühen Betriebe war gering; einen Technologietransfer lösten sie nicht aus. [106]

Seit 1881 widersetzte sich die Qing-Regierung (bis 1895 erfolgreich) allen Versuchen von Ausländern, größere Industriebetriebe in den Treaty Ports anzusiedeln. Sie hätten die eigenen Industrialisierungsbemühungen behindern können. Unter den Parolen der militärisch-ökonomischen «Selbststärkung» (*ziqiang*) und der selektiven Übernahme westlicher Produktionstechniken und Organisationsformen (*yangwu*) initiierten Zeng Guofan (der Architekt des Sieges über die Taiping), Li Hongzhang, Zuo Zongtang, Zhang Zhidong und andere hohe Beamte und Provinzialmachthaber seit 1862 eine Reihe von «modernen» Großprojekten, die sich allesamt ausländischer Technologie bedienten: zuerst Rüstungsfabriken und Werften (am wichtigsten 1865 die heute noch bestehende Jiangnan-Werft in Shanghai, 1866 die Fuzhou-Werft sowie die Arsenale in Nanjing und Tianjin), dann die China Merchants Steam Navigation Co., 1878 das Kaiping-Kohlebergwerk, 1882 die Kaiserliche Telegraphenverwaltung, ab 1883 einige Baumwollspinnereien und 1889/90 die Hanyang-Eisenwerke in der Provinz Hubei. [107] Der Akzent lag dabei auf den Rüstungsbetrieben; auf sie entfielen 70 % des Kapitals all dieser Unternehmen. [108] Insgesamt beschäftigten die *yangwu*-Unternehmen etwa 36 000 Arbeiter, also geringfügig mehr als gleichzeitig die ausländischen Betriebe. [109] Man macht es sich zu leicht, wenn man diese Unternehmen, wie es Vertreter des Modernisierungsarguments zu tun pflegen, pauschal als Mißerfolge abtut. Die China Merchants S. N. Co. brach das ausländische Monopol in der Dampfschiffahrt; das Kaiping-Bergwerk arbeitete trotz großer Schwierigkeiten bis 1892 ziemlich erfolgreich;[110] die Arsenale waren prinzipiell imstande, Waffen und Munition auf hohem internationalen Niveau zu produzieren;[111] das Telegraphenamt bewies, daß China zur Übernahme moderner Technologie fähig war, ohne sich dabei vom Ausland abhängig zu machen;[112] Hanyang war in den ersten Jahren nach dem Produktionsbeginn 1894 das größte und modernste Eisen- und Stahlwerk Asiens. [113] Auch der spurenweise Technologietransfer und die allerersten Ansätze zum Training technischer Kader sollten nicht übersehen werden. [114]

Dennoch: Es reichte nicht. Die militärischen Niederlagen gegen Frankreich und Japan, die gewiß nicht allein durch materielle Unterlegenheit bedingt waren, enthüllten die Schwächen des Rüstungsprogramms. Vor allem war die chinesische Aufrüstung nicht wie diejenige Japans mit einer umfassenden Militärreform verbunden: Einführung von Offizierskorps und Generalstab, allgemeine Wehrpflicht, Standardisierung von Ausbildung und Ausrüstung. [115] Auch ökonomisch fehlte der größere Zusammenhang. Mit der einzigen Ausnahme der Hanyang- Eisenwerke, die von Zhang Zhidong als Zentrum einer integrierten militärisch-industriellen

Basis im Herzen Chinas geplant waren,[116] wurde keines der anderen industriellen Projekte als Wachstumskern im Rahmen einer nationalen oder selbst regionalen Wirtschaftsstrategie konzipiert und realisiert. Es ist daher übertrieben zu behaupten, am Vorabend des Chinesisch-Japanischen Krieges habe sich das Qing-Reich «auf dem Weg zu *umfassender* Industrialisierung» befunden, die nicht an internen Schwächen, sondern ausschließlich infolge verstärkter ausländischer Intervention seit 1895 gescheitert sei.[117] Also gute Absichten und frühe Erfolge, aber ein Fehlschlag auf lange Sicht. Nach der Frage der «kapitalistischen Keime» in Wirtschaft und Gesellschaft des 16.–18. Jahrhunderts hat man hier das zweite große Problem der «verpaßten Chancen» gesehen: Warum hat das Qing-Reich die machtpolitische «Atempause» zwischen den Öffnungskriegen und dem aggressiven Hochimperialismus der Jahrhundertwende nur zu halbherzigen Modernisierungsanstrengungen statt wie Japan zu einer radikalen Reform genutzt? Die Frage scheint oft rascher beantwortet als sorgfältig gestellt zu werden. Der beliebte Vergleich zwischen der japanischen Meiji-Restauration (ab 1868) und der gleichzeitigen chinesischen Politik der *yangwu*-Periode, zwei Prozesse der erfolgten bzw. unterbliebenen nationalen Stärkung, die dann im Krieg von 1894/95 aufeinanderprallten, kann gewisse Eigenarten beider Länder hervorheben, ist aber dadurch in seinem Wert begrenzt, daß China und Japan sowohl bei der «Öffnung» (hier 1840–60, dort 1853–58) als auch am Beginn der jeweiligen Reformperioden von recht unterschiedlichen sozialökonomischen und politischen Voraussetzungen ausgingen.[118] Auch war Japan – der welthistorische Sonderfall des 19. Jahrhunderts *par excellence* – alles andere als das Modell einer «normalen» Entwicklung, von dem abzuweichen erklärungsbedürftig wäre. Wir fragen daher bescheidener, welche Gründe wenn nicht einen industriekapitalistischen Durchbruch, so doch eine graduell erfolgreichere Anverwandlung und Indienstnahme westlichen Wissens im China der zweiten Jahrhunderthälfte verhinderten.

Vorsicht ist zunächst geboten gegenüber einigen klischeehaften Vorstellungen, die in der Absolutheit, mit der sie meist vorgetragen werden, nicht zutreffen. Die «allgemeine Armut» Chinas, ein grundsätzlicher Kapitalmangel, war kein Hindernis der Modernisierung. Es fehlte weniger an Kapital als an Institutionen, die es in produktive Verwendungen kanalisiert hätten.[119] Ein spekulatives Verhältnis zur volkswirtschaftlichen Zirkulation war eines der Hauptübel des vorrevolutionären China. Sodann läßt sich für die Qing-Zeit schwerlich behaupten, eine soziale Ächtung von Geschäftsleuten aller Art (*shang*) und ihre Unterdrückung durch die Bürokratie (*guan*) habe kapitalistischen Unternehmergeist erstickt. Schon für das 18. Jahrhundert trifft dies nur bedingt zu. Im letzten Drittel des 19. Jahrhunderts waren Kaufleute, unter ihnen die wichtige Sondergruppe der Kompradore, als Finanziers und Manager vielfältig mit den Wirtschaftsunternehmungen der hohen Beamten verbunden. – Seit den 1890er Jahren und vollends nach der Abschaffung der Prüfungssystems und der Titelhierarchie 1905 hob sich das gesellschaftliche Ansehen der Geschäftsleute und wuchs die Fluktuation zwischen beiden Klassen, auch wenn es dem Typus des reinen Privatunternehmers in China niemals gelang, sich gegen den «bürokratischen Kapitalisten» vollständig durchzusetzen. [120] Schließlich kann auch von einer grundsätzlichen Technikfeindschaft der Chinesen oder, geistesgeschichtlich subtiler argumentiert, einer tragischen Ausweglosigkeit des «konfuzianischen Bewußtseins» nicht die Rede sein. Zweifellos wimmelt die Geschichte des 19. Jahrhunderts von literarischen Bekundungen der Technikverachtung[121] und Beispielen für den praktischen Technikhaß des Volkes (wie sie sich generell in Frühphasen der Industrialisierung finden). [122] Dies hat nicht verhindert, daß sich seit der Mitte des 19. Jahrhunderts immer wieder Innovationsnischen bildeten. Gesellschaftliche Erneuerung geht universal von solchen minoritären Kernen und nicht von orthodoxen Mehrheiten aus. Das «konfuzianische» Weltbild war nicht so hermetisch in sich abgeschlossen, daß es Anregungen durchweg abgewiesen hätte.

Wiewohl «kulturalistische» Argumente als Bestandteile umfassender Erklärungsversuche nicht von der Hand zu weisen sind, scheinen zur Erklärung der *relativen* Erfolglosigkeit der *yangwu*-Reformen im späten 19. Jahrhundert die folgenden drei Gesichtspunkte nützlicher zu sein. – Erstens der mikroökonomische Aspekt: Die in China bekannten Formen von Bürokratie und Management waren zunächst kaum in der Lage, mit den Erfordernissen großbetrieblicher Produktion zurechtzukommen. Die Plünderung des Kapitalstocks durch Anteilseigner, die aus Handel und Geldverleih an schnelle und hohe Renditen gewöhnt waren; das Fehlen einer aufgabenbezogenen Arbeitsteilung und Hierarchie in der Unternehmensverwaltung; Korruption und Nepotismus; die Schwierigkeiten, zum Beispiel einen Industriestandort nach rationalen Kriterien festzulegen:[123] dieses und mehr stand einer betriebswirtschaftlich rationalen Geschäftsführung im Wege. [124]

Zweitens der politische Gesichtspunkt: Während einige Historiker in der Volksrepublik China die *yangwu*-Bewegung heute als Leistung einer aufgeklärten Minderheitsfraktion innerhalb der Beamtenschaft beurteilen, die, eingekeilt zwischen Imperialismus und Reformfeinden, das unter widrigen Umständen nahezu Bestmögliche für China erstrebte,[125] spricht immer noch einiges dafür, daneben die früher maßgebliche Ansicht nicht zu vergessen, es habe sich um ein defensives Manöver zur Stabilisierung der herrschenden Ordnung gehandelt. Um dies zu erläutern, muß man die Perspektive etwas erweitern. Die inneren und äußeren Herausforderungen der Jahrhundertmitte hatten das ausbalancierte Herrschaftssystem des 18. Jahrhunderts aus dem Gleichgewicht geworfen. Die Reichszentrale, die den Taiping wehrlos gegenübergestanden hatte, und der ganze von ihr abhängige bürokratische Apparat wurden erheblich geschwächt, während sich auf lokaler Ebene die Gentry, die mit neu geschaffenen Milizen den Hauptstoß gegen die Rebellen geführt hatte,[126] eine beispiellos unangefochtene Machtstellung zu verschaffen verstand. [127] Die vertikale Integration des politischen Systems und der Gesellschaft zerbrach in vierfacher Weise:[128] Erstens riß die Verbindung zwischen der oberen Gentry (also der wohlhabenden grundbesitzenden Schicht der Inhaber höherer, für Beamtenpositionen qualifizierender Titel) in den Provinzzentren einerseits und dem Zentralstaat andererseits; die obere Gentry rückte nun gesellschaftlich und politisch näher an reiche Kaufleute und regionale Militärführer heran. Zweitens verloren die Distriktbeamten weithin die Kontrolle über die lokalen Magnaten, auf deren Kooperation die Verwaltung immer schon angewiesen warf. Die sub-bürokratische Herrschaftsausübung auf dem Lande ging fast völlig in die Hände politisch nicht verantwortlicher Grundbesitzer über. Die im alten System angelegte Möglichkeit einer Allianz zwischen monarchisch-bürokratischer Zentralmacht und Bauern gegen tyrannische und exzessiv ausbeutende Grundherren verschwand. Drittens deckten sich immer mehr die Eintreibung von («staatlicher») Grundsteuer und («privater») Pacht, so daß die Bauern die politische Ordnung mit der aus ihrer Sicht oft illegitimen Machtausübung von Grundherren und Wucherern identifizierten. Viertens errangen in der Nach-Taiping-Zeit die Generalgouverneure («Vizekönige») eine bis dahin unerhörte Machtfülle, die sich auf neu entstandene regionale Armeen ebenso wie auf Zugang zu neu erschlossenen Finanzquellen gründete. [129] Die *yangwu*-Bewegung gehört mit in diesen Zusammenhang der Regionalisierung und Militarisierung der chinesischen Politik. Sämtliche Entwicklungsprojekte der *yangwu*-Bewegung, die ja bis hin zum Telegraphen zumeist auch eine rüstungswirtschaftliche Komponente in sich trugen, wurden von hohen Regionalmachthabern aus keineswegs nur patriotischen Motiven betrieben. Zhang Zhidong etwa schleppte jahrelang das teure Inventar einer großen Baumwollfabrik von einem seiner Generalgouverneursposten zum nächsten (Kanton-Wuchang-Nanjing), ohne daß es je installiert worden wäre. [130] Die *yangwu*-Unternehmen waren also auch Einsätze im innerchinesischen Machtpoker zu einer Zeit, als sich das politische System vertikal in seiner Kontrolltiefe wie horizontal in seiner interregionalen Verklammerung aufzulösen begann. In Japan hingegen kam es ganz im Gegenteil nach 1868 zu einer vertikalen wie horizontalen Stärkung des Zentralstaates. Dies war die unerläßliche Voraussetzung für die durchgreifenden Reformen der 1870er und 1880er Jahre, die wiederum Japans aggressive Außenpolitik am Ende des Jahrhunderts ermöglichten. Das eigentliche chinesische Gegenstück zur japanischen Meiji-Restauration von 1868 ist nicht die gleichzeitige «Tongzhi-Restauration», die der Desintegration des chinesischen politischen Systems nichts entgegensetzte (wenn sie ihr nicht gar Vorschub leistete), sondern die Errichtung einer vertikal wie horizontal machtvollen und handlungsfähigen Zentralgewalt seit dem Herbst 1949. Ähnlich wie die Meiji-Oligarchie die «feudale» Zersplitterung der niedergehenden Tokugawa-Zeit überwand, gelang der kommunistischen Führung nach 1949 die Neuformierung des chinesischen Staates. Insofern sind beide Vorgänge, die japanische Meiji-Restauration des 19. und die chinesische kommunistische Revolution des 20. Jahrhunderts, funktional äquivalent. [131]

Der Fehlschlag der *yangwu*-Projekte erklärt sich also auch daraus, daß sie nicht Teil einer weitsichtig geplanten und zielstrebig verfolgten nationalen Entwicklungspolitik waren, sondern zur taktischen Manövriermasse von Regionalmachthabern gehörten. Aber wäre eine solche nationale Entwicklungspolitik selbst bei einem starken Staat und günstigsten kulturell-ideologischen Voraussetzungen denkbar gewesen? Hier kommt als dritter Gesichtspunkt das Abhängigkeitsargument ins Spiel: in einer allgemeinen und einer besonderen Variante. *Allgemein* gesprochen, war China von Anfang an dem Zudringen der Westmächte heftiger ausgesetzt als Japan. In Japan fehlten vor der Öffnung umfangreiche und fest institutionalisierte ausländische Wirtschaftsinteressen, wie sie in China der Tee- und der Opiumhandel bildeten, die aufs engste mit den anglo-indischen Staatsfinanzen verbunden waren. Auch war das kleine Japan als potentieller Markt viel weniger interessant als das riesige (und damals noch als reich geltende!) China. Weiterhin kam die japanische Führung in realistischer Einsicht den Westmächten viel offener entgegen. Es gab in Japan keine Öffnungskriege, und die ungleichen Verträge waren maßvoller formuliert; «synarchische» Institutionen wie das chinesische Seezollamt entstanden nicht; eine militärische Einkreisung, wie sie das Qing-Reich seit den 1870er Jahren erlebte, blieb aus. Die japanischen Reformen nach 1868 konnten also unter viel schwächerem ausländischem Druck erfolgen, als er gleichzeitig auf China lastete.

Die Formen dieses Druckes machen die *spezifische* Variante des Abhängigkeitsarguments aus. Die ausländischen Mächte brachten die *yangwu*-Projekte nicht durch unmittelbare Intervention und Sabotage zu Fall, sieht man ab von der weitgehenden Zerstörung der Fuzhou-Werft während des Französisch-Chinesischen Krieges. Die Abhängigkeit war eher indirekter Natur. Angesichts der akuten Bedrohung mußten sich die Rüstungsbetriebe an den *kurz*fristigen Bedürfnissen des Militärs orientieren und wurden dabei auch zu großen Waffenkäufern bei Firmen wie Krupp und Armstrong, den eigentlichen Nutznießern der frühen chinesischen Rüstungswirtschaft. [132] Zur Finanzierung waren sie weitgehend auf Seezolleinnahmen angewiesen und damit von den Schwankungen des Außenhandels abhängig. [133] Daß die chinesischen Erfahrungen mit westlichen Technikern im ganzen wenig konstruktiv und beglückend waren, hat allerdings weniger mit deren Privilegierung unter den ungleichen Verträgen zu tun als mit der chinesischen Unerfahrenheit bei der Auswahl von und beim Umgang mit Beratern. In manchen *yangwu*-Unternehmen erlangten ausländische Ingenieure auch großen und oft nachteiligen Einfluß auf die Geschäftspolitik. [134] Viel langsamer als die Japaner begriffen die Chinesen, daß es nötig sein würde, möglichst rasch eigene technische und betriebswirtschaftliche Fachleute auszubilden. So waren die chinesischen Reformbemühungen des letzten Jahrhundertdrittels stärker als die gleichzeitige viel radikalere Transformation in Japan durch äußere Kräfte eingeengt, ohne indessen durch sie völlig abgewürgt zu werden. Dazu kam es dann vielfach nach 1895. [135]

In keinem anderen Bereich läßt sich schließlich die Art der Einbindung Chinas in die Weltwirtschaft des 19. Jahrhunderts besser studieren als im Exporthandel. Handel, nicht Industrie oder Finanz war die wirtschaftshistorische Signatur der Epoche. Auch wenn China nunmehr für die in Industrialisierung begriffenen Länder als Absatzmarkt viel stärker in Betracht kam denn als Lieferant von Gütern, für welche sich zunehmend alternative Quellen fanden, so ermöglicht doch nur der Blick auf den *Export* eine hinter den Opiumkrieg zurückgreifende Analyse langfristiger Tendenzen. Was also wurde nach der «Öffnung» aus jenen wundersam leistungsfähigen Produktionsgebieten, die in der Epoche des alten Chinahandels Tee und Seide für die halbe Welt erzeugt hatten? Man betrachte zunächst die langfristigen Veränderungen im chinesischen Export (Tabelle 5).

Bis 1870 wurde aus China im Grunde nichts außer Seide und Tee ausgeführt. Bis zur Jahrhundertwende machten Chinas zwei klassische Export-

Tabelle 5: Anteile der wichtigsten Güter am chinesischen Export, 1867–1930
Angaben in Prozent

Jahr	Seide	Tee	Robaum- wolle	Bohnen	Pflanzl. Öle	Sonst.	Gesamtwert (Mio. Haiguantaels)
1867	36	64	–	–	–	–	53
1870	44	56	–	–	–	–	55
1875	36	53	–	–	–	11	69
1882	34	47	–	–	–	19	67
1885	31	50	–	–	–	19	65
1890	35	31	3	–	–	31	87
1895	35	21	8	–	–	36	143
1900	31	16	6	3	–	44	159
1905	31	11	5	6	2	45	228
1910	26	9	7	10	3	45	381
1915	24	13	3	10	4	43	419
1920	19	2	2	13	6	58	542
1925	23	3	4	16	6	48	776
1930	16	3	3	18	6	55	895

Quellen: Hsiao Liang-lin, China's Foreign Trade Statistics, 1864–1949, Cambridge, Mass. 1974, S. 22–24, 80f., 85f., 95f., 102–21.
Chinese Maritime Customs, A History of the External Trade of China 1834–1881, together with a Synopsis of the External Trade of China 1882–1931, Shanghai 1931, S. 190.

Erklärung: Der *Haiguantael* war die Rechnungseinheit der Seezollbehörde.

güter insgesamt mehr als die Hälfte der chinesischen Exporte aus. Danach änderte sich das Bild rasch. Der Tee-Export war bereits nach 1886 rückläufig, als er mit einer Menge von 133 000 t den Höhepunkt aller Zeiten erreichte;[136] in den letzten Jahren des Monopols der East India Company hatten ca. 23 000 t pro Jahr Kanton verlassen.[137] Da China sich am längsten bei den teuersten Teesorten behauptete, machte sich der Rückgang der Tee-Ausfuhren wertmäßig weniger drastisch bemerkbar als mengenmäßig. Trotzdem kann an dem allgemeinen Trend kein Zweifel bestehen: Der chinesische Tee-Export verlor kontinuierlich seine Märkte und brach nach dem Ersten Weltkrieg zusammen. 1932 kamen nur mehr 9 % der Welttee-Exporte aus China.[138] Zu jener Zeit war China immerhin noch der größte Teeproduzent der Welt. Sein Anteil an der Weltproduktion dürfte in den 1930er Jahre 47 % betragen haben (Indien 23 %).[139] Seide hielt sich besser. Bei einem stetig wachsenden Gesamtvolumen der Exporte ging ihr Anteil von 44 % 1870 auf 16 % 1930 zurück, während der absolute Wert der Seidenexporte langfristig bis zum Kulminationsjahr 1926 anstieg. Für Seide kam der große Einbruch 1932 mit der Weltwirtschaftskrise. Bis dahin war sie vier Jahrzehnte lang Chinas wichtigstes Exportgut.

Ganz allgemein gesagt, widerfuhr Tee[140] und Seide[141] dasselbe Schicksal. Sie wurden durch die rationeller produzierende und verkaufende Konkurrenz vom Weltmarkt verdrängt: Tee durch die Plantagenproduktion in Nordindien und Ceylon, die nach 1875 kräftig zunahm und 1887 erstmals auf dem britischen Markt den Chinatee überrundete,[142] Seide durch das japanische Produkt. Auch in den anderen Phasen der jeweiligen Entwicklungszyklen sind manche Parallelen erkennbar. Seide wie Tee für den Export (es gab natürlich für beide Waren einen großen inneren Markt) wurden schon vor der «Öffnung» in hochspezialisierten Regionen erzeugt. Die Produzenten reagierten auf die neuen Absatzchancen nach 1840 mit einer bedeutenden Ausweitung ihres Angebots. Manchen Regionen brachte der engere Anschluß an den Weltmarkt eine bis dahin unbekannte Prosperität. Vor allem in Südchina wurden dadurch auch proto-revolutionäre Konfliktlagen entschärft.[143] Die chinesischen Bauern ließen sich hier wie auch vielfach sonst durch rationale, neue Erwerbschancen rasch abwägende Kosten-Nutzen-Überlegungen leiten:[144] allerdings ein eher von der Not des Überlebens als vom akkumulationsfrohen Offensivgeist kapitalistischen Unternehmertums diktiertes Marktverhalten.

Besonders in der Teewirtschaft, wo – mit Ausnahme der Ziegelteefabriken in Hankou, die ausschließlich für den russischen Markt arbeiteten – eine fabrikmäßig-industrielle Komponente in der Weiterverarbeitung fehlte, änderte sich jedoch für die Produzenten wenig. Die Ausländer bemächtigten sich nicht der Produktion und erlangten auch sonst keine Kontrolle über ihre Rohstoffquellen. Anders als in Süd- und Südostasien oder Ostafrika kam es in China niemals zur Einrichtung kapitalistisch bewirtschafteter Großbetriebe unter ausländischer Regie, also der typischen kolonialen Plantage. Selbst an den Ankaufpraktiken änderte sich wenig. Die ausländischen Teehändler in Kanton, Hankou, Shanghai und Fuzhou kauften ebensowenig direkt beim Produzenten auf dem Dorfe wie die Superkargos der alten EIC. Sie verließen sich auf ihren Komprador, der wiederum nur das letzte Glied einer Kette von einheimischen Maklern und Zwischenhändlern war. Wie umgekehrt beim Import von Baumwollwaren blieb der gesamte Handel außerhalb der Treaty Ports in chinesischen Händen. Der wichtigste Beitrag der Ausländer bestand, wie schon vor 1842, in einer Vorfinanzierung des Aufkaufs «up-country». Die *yanghang* paßten sich den traditionellen Handelspraktiken in bemerkenswerter Weise an. Weder in der Produktion noch in der Distribution ging von der ausländischen Präsenz ein nennenswerter Modernisierungseffekt aus. Selbst beim Marketing in Übersee zeigten die Tee-Exporteure an der Chinaküste wenig Enthusiasmus und ließen es widerstandslos geschehen, daß ihnen die indische Konkurrenz mit einem billigeren und im Preisbereich der Massenware besseren Produkt (Chinatee war oft verunreinigt) die Kunden abspenstig machte.

Das Marginalitätsargument scheint hier am ehesten zu greifen: Eine organisatorische Durchdringung der chinesischen Teewirtschaft fand nicht statt. Die einheimischen Handelssysteme lieferten den Ausländern das Produkt in die Treaty Ports. Daß der eigentliche Export durch fremde Firmen erfolgte, wirkte sich weder positiv modernisierend noch negativ unterdrückend aus. Zwar besaßen die Ausländer im Prinzip ein Ankaufsmonopol, doch in der Praxis herrschte zwischen ihnen oft eine lebhafte Konkurrenz – bestes Beispiel dafür sind die Rennfahrten der Teeklipper. Vor allem hingen sie selbst an einer Kette einheimischer «Monopolisten». Der westliche Kapitalismus drang weder befreiend noch versklavend in die chinesische Teewirtschaft ein. Vielmehr wurden die alten Strukturen konserviert, bis sie sich überlebten. Vermutlich hätte nur eine entschiedene staatliche Reformpolitik – *mit* den Ausländern oder *gegen* sie – die chinesischen Tee-Exporte retten können. So unterlag das unreformierte kleinbetriebliche Teehandwerk Chinas, bedrückt durch den Inkubus eines parasitären Zwischenhandels, einer fortgeschrittenen Form der Warenproduktion: dem agro-industriellen Großbetrieb Südasiens. Ihre Abhängigkeit spürten die chinesischen Teeproduzenten, denen die Händler ohnehin wenig mehr als die Gestehungskosten zahlten, auf drastische Weise in der Krise nach 1885, als der Weltmarkt sie für die mangelnde Konkurrenzfähigkeit ihres Produkts strafte. Wie sich dies im konkreten Fall auswirkte, hing vom Reaktionsspielraum der Teebauern ab. Am schlechtesten erging es denen, deren Land kaum etwas anderes als Teesträucher trug.[145] Anderen gelang es, sich ohne existenzgefährdende Verluste auf Reis oder Opium umzustellen.

Der Faden der Seidenraupe ist, anders als das Blatt des Teestrauchs, ein Rohstoff der fabrikmäßigen Weiterverarbeitung. Es gab für China daher hauptsächlich zwei Möglichkeiten der Produktion für internationale Märkte: Es konnte gehaspelte Rohseide und/oder gewebte Stoffe herstellen. Bei beidem gab es wiederum die Möglichkeit, dies handwerklich oder maschinell und unter einheimischer oder ausländischer Regie zu tun. Zum Kern der chinesischen Seidenwirtschaft wurden seit der Einführung der Dampfkraft Anfang der 1880er Jahre fabrikmäßig organisierte Seidenhaspeleien vornehmlich in Kanton, aber auch in Shanghai und in kleinen Städten, manchmal sogar Dörfern, in der Provinz Guangdong. Die Seidenindustrie war die wichtigste chinesische Industrie vor dem Aufstieg der Baumwollspinnerei im 20. Jahrhundert. Schon 1894 beschäftigte sie 27 000 Arbeiterinnen und Arbeiter, also kaum weniger als alle *yangwu*-Betriebe zusammen.[146] Ihren Höhepunkt erreichte sie in den 1920er Jahren. Neben der Haspelei spielte die traditionsreiche Seidenweberei Ostchinas im Export nur eine untergeordnete Rolle; China versorgte den Westen nicht länger, wie bis zum 18. Jahrhundert, mit Luxusstoffen, sondern allenfalls die Auslandschinesen in Südostasien mit einfacher Ware. Die Seidenweberei fiel allerdings keineswegs Importen zum Opfer, sondern deckte bis 1930 einen großen Teil des heimischen Bedarfs. Langfristig machten Seidenstoffe nur ein Fünftel, Rohseide aber vier Fünftel vom Wert der Seidenausfuhr aus.[147] Die Hauptabnehmer chinesischer Rohseide saßen in Europa, besonders in Frankreich, wo die Kokonerzeugung seit Mitte des 19. Jahrhunderts drastisch zurückgegangen war.[148] Vom Ausstoß der fabrikmäßigen Dampfhaspeleien gingen etwa 90 % in den Export.[149] Nicht nur die handwerklichen Weber, sondern auch die seit der Jahrhundertwende entstehenden mechanisierten Webereien verwendeten weiterhin überwiegend *hand*gehaspelte Rohseide, deren Angebot dank der Einführung eines neuen fußgetriebenen Haspelapparates zunahm. Die Weberei als Ganze war mit dem Exportsektor nur schwach verbunden. Sie wurde zu einer kleinhandwerklichen Produktion, die meist ältere, durch die harschen Arbeitsbedingungen in den Dampfhaspeleien erschöpfte Frauen beschäftigte und minderwertige Seide verwendete.[150]

Eine wichtige Besonderheit der chinesischen Seidenindustrie lag darin, daß in ihr, ganz im Gegensatz zur Baumwollindustrie, sehr wenig ausländisches Kapital investiert war. Sogar die Dampfmaschinen stammten bald schon aus chinesischer Produktion. Da außerdem Beamte, selbst reformwillige *yangwu*-Bürokraten, an der Seidenindustrie kaum Interesse zeigten, war sie von Anfang an der Prototyp eines von chinesischen Privatunternehmern in einem relativ staatsfreien Raum entwickelten modernen Wirtschaftszweiges, eine Bastion des «nationalen» (im Gegensatz zum «bürokratischen») Kapitalismus.[151] Trotz seiner zeitweiligen Erfolge war diese Sparte des nationalen Kapitalismus jedoch labil und krisenanfällig. Die Unternehmen hatten allesamt wenig Eigenkapital und wenig Spielraum für modernisierende Investitionen; sie mieteten größtenteils ihre Fabrikgebäude und überlebten nur wenige Jahre. Die ganze Branche trug einen ausgesprochen spekulativen Charakter.[152] Er sollte ihr in der Weltwirtschaftskrise zum Verhängnis werden.

Während der Tee-Export auch nach der «Öffnung» in seinen alten Bahnen fortlief, erlebte die weltmarktorientierte Seidenproduktion eine völlige Umstellung von der handwerklichen Stoffweberei zur maschinellen Fertigung eines Halbfertigfabrikats, der Rohseide. Trotzdem bleiben einige Gemeinsamkeiten mit Tee: erstens die agrarische Grundlage, bei Seide also die Maulbeerbaumkultivation und Seidenraupenaufzucht im bäuerlichen Haushalt; zweitens die Existenz mehrstufiger Zwischenhändler- und Maklersysteme, besonders zwischen Kokonerzeugern und Fabriken; drittens ein wachsendes Problem minderer Qualität des Rohstoffs und fehlender Standardisierung des Endprodukts; viertens das Fehlen von Fremdkapital in der Produktion; fünftens die Monopolisierung des Exports durch ausländische Handelshäuser in den Treaty Ports; sechstens eine gewisse Vorfinanzierung durch ausländische Banken (direkt oder vermittelt durch einheimische *qianzhuang*, «Geldläden»). Ein Fall also von nur ganz geringfügig tieferer Durchdringung der chinesischen Wirtschaft durch fremde ökonomische Organisationen. Ein Fall auch, wo ein Modernisierungsbeitrag ausländischer Direktinvestitionen ausblieb. Schließlich ein Fall des nur begrenzten Erfolges: Die Expansion der Seidenexporte hielt mit der allgemeinen Ausweitung des chinesischen Ausfuhrvolumens nicht Schritt. Wie sah es mit der Abhängigkeit vom Weltmarkt aus?

Hier ist der Vergleich zu Japan unausweichlich, denn Japan war es, das sich hauptsächlich auf Chinas Kosten zum wichtigsten Rohseideproduzenten der Welt aufschwang: 1871–75 hatte China einen Anteil von 63 % und Japan von 8 % der Weltrohseideproduktion; 1896–1900 betrugen die jeweiligen Werte 38 % und 34 %.[153] 1913 stellte Japan 40 % des Weltrohseideangebots, 1933 schon 87 %.[154] Hat, wie die Anhänger der Abhängigkeitsthese meinen, der imperialistische Druck auf China eine erfolgreiche chinesische Verteidigung der eigenen Marktanteile verhindert? Oder stand – so der Modernisierungsansatz – das Fehlen eines aufgeklärten Reformstaates und/oder einer rationalisierenden Intervention des ausländischen Kapitals einer Entfaltung der chinesischen Möglichkeiten im Wege? Die Antwort dürfte abermals im grauen Mittelfeld der ambivalenten Schlußfolgerungen liegen. Zweifellos wurde die chinesische Seidenindustrie durch interne Probleme (Kapitalmangel, Fehlen einer billigen und verläßlichen Kokonversorgung infolge hoher Besteuerung und der Spekulation von Zwischenhändlern, Seidenraupenkrankheiten und mangelnde Qualitätskontrollen, nach der Gründungsphase technologische Stagnation, hohe Fluktuation ungelernter Arbeitskräfte, keine Regierungshilfe in Krisenzeiten, usw.) an der vollen Entfaltung ihrer Möglichkeiten gehindert. Daß seit der Jahrhundertwende die Notwendigkeit einer technischen wie ökonomischen Reform der Branche allgemein anerkannt wurde, ist ebenso bezeichnend wie die Tatsache, daß alle Reformversuche, halbherzig und verspätet, erfolglos blieben.[155] Nachteilig wirkte, so gesehen, nicht die Exportorientierung an sich (die ja den Japanern zu großen Erfolgen verhalf), sondern ihre schwache Grundlage, die sie so überaus krisenanfällig machte. Unter günstigen Marktbedingungen war die Seidenwirtschaft in allen ihren Phasen sehr lukrativ, unter ungünstigen brachte sie schnell Unheil über alle Beteiligten.[156] Da die Seidenproduktion noch stärker als die Teeherstellung auf wenige Regionen konzentriert war, wirkten Krisen lokal begrenzt, aber mit großer Heftigkeit. Die Preise für chinesische Seide wurden bis zum Ende des 19. Jahrhunderts hauptsächlich vom Binnenmarkt bestimmt; danach regierten die Notierungen in Lyon, New York und Yokohama ziemlich direkt den Preis in Shanghai. Die ausländischen Exporteure in den Treaty Ports hatten zudem einen gewissen eigenen Spielraum für Manipulationen. Ihr Hauptmittel dafür bestand in dem oft willkürlichen Umgang mit Qualitätskriterien. Da sie, wie die Teehändler, meist im direkten Auftrag ausländischer Kunden tätig wurden, ergab sich ihr Gewinn aus der Differenz zwischen dem telegraphisch mitgeteilten Preismaximum und dem, was sie durch ihren Komprador an den chinesischen Großhändler zahlten.[157] Wie in der Teewirtschaft, so wirkte auch bei der Seide die Kontrolle des Exports durch die ausländischen Firmen eher konservierend als umwälzend. Auch hier stärkte die besondere Form der Weltmarktanbindung bestehende Strukturen, vor allem das Grundherren-Pächter-System in Südchina,[158] die Marktmacht einheimischer Zwischenhändler gegenüber Bauern wie Fabrikanten und den kurzfristig-spekulativen Charakter der Branche. Eine Umorganisierung der Produktion durch ausländisches Kapital fand nicht statt. Der «periphere Kapitalismus» der chinesischen Seidenindustrie blieb ein einheimischer Kapitalismus. Soweit ist die Marginalitätsthese den anderen Erklärungsmodellen vorzuziehen. Allerdings war die Beschränkung der Ausländer auf den reinen Exporthandel nicht allein, wie strikte «Marginalisten» glaubten, das unvermeidliche Ergebnis einer Undurchdringlichkeit effizienter einheimischer Institutionen, sondern auch die Konsequenz aus der Erkenntnis, daß sich diese Institutionen mit geringem eigenem Kapital- und Organisationsaufwand und ohne größeres Risiko «anzapfen» ließen. Als Japan eine billigere und bessere Ware anbot, war es daher ein leichtes, die chinesischen Produzenten fallenzulassen.

Um die Mitte der 1890er Jahre war China zu einem nicht unbedeutenden Faktor in der Weltwirtschaft geworden. In Shanghai, Hongkong und einigen der Treaty Ports hatten sich fremde Wirtschaftsinteressen fest eingewurzelt und betrieben ihre Geschäfte mit oft beträchtlichem Erfolg. Shanghai, das schon 1861 auf einen deutschen Besucher einen «so europäischen Eindruck» machte, daß ihm «ganz wehmütig wurde»,[159] war nach dem Bauboom besonders der 1860er und 1880er Jahre zumal entlang seiner Uferfront «in jeder Hinsicht eine okzidentale Großstadt»,[160] geschmückt mit «einer langen Reihe monumentaler Bauten, wahren Palästen im imposanten und anspruchsvollen englischen Kolonialgeschmack».[161] In London, Lyon und Bremen, in San Francisco, Yokohama und Kalkutta saßen Firmen, die sich auf den Chinahandel spezialisiert hatten und oft nicht ohne Einfluß auf die Chinapolitk ihrer Regierungen waren. Das Qing-Imperium war eine Goldgrube für Opium- und Waffenhändler, für Schiffahrtsgesellschaften und für manche *yanghang* in den Treaty Ports, die meist ohne aufreibende eigene Bemühungen und ohne dramatisches Risiko den Export von Tee und Seide und den Import von Baumwollstoffen abwickelten.

Und dennoch: Nach der erfolgreichen politischen Öffnung hatte man sich die wirtschaftliche Erschließung des angeblich größten Kaufkraftreservoirs der Welt anders vorgestellt. Gerade die sichtbarsten Erfolge offenbarten bei schärferem Hinsehen die Grenzen des Chinamarktes. Shanghais blendende Pracht signalisierte, daß man eben nur dort und nicht in den vielen anderen Treaty Ports hatte Fuß fassen können. Und der fortdauernde Opiumhandel kaschierte weiter die alte Verlegenheit, daß die Chinesen an den Produkten der europäischen Industrie wenig Interesse zeigten. Selbst unter intensiver Kolonialherrschaft wie in Britisch-Indien widerstanden bis weit ins 19. Jahrhundert hinein vitale, auch neu vitalisierte Traditionen den Kräften der westlichen Welt.[162] Um so weniger war das Leben der allermeisten Chinesen unter «halbkolonialen» Bedingungen unmittelbar von der Anwesenheit einiger tausend Ausländer betroffen. Die chinesische Wirtschaft bewegte sich weiter in ihren alten Geleisen und war wohl noch immer fähig, den meisten Menschen zumindest das Existenzminimum zu gewähren. Auch die neuen Möglichkeiten eines intensiveren Außenhandels und Verkehrs wurden mit Hilfe bestehender oder neu geschaffener Institutionen phantasievoll genutzt. Kein besseres Beispiel gibt es dafür als den Aufstieg des Kompradors. Es gelang den Ausländern nicht, den chinesischen Binnenmarkt organisatorisch zu durchdringen. Selbst die hochbedeutende Dampfschiffahrt vermochten sie niemals völlig unter ihre Kontrolle zu bringen. Der Fremdhandel blieb im 19. Jahrhundert Treaty-Port-Handel.

Dies betonen die Vertreter der Marginalitätsthese, und fraglos ist sie für die Periode von 1860 bis 1895 die überlegene unter den drei Deutungsperspektiven. Modernisierungstheoretiker stehen vor der Schwierigkeit, eine weithin *unterbliebene* Modernisierung erklären zu müssen, also das Nicht-Geschehen in China am Maßstab dessen zu messen, was «eigentlich» hätte geschehen sollen. Wohltätige Wirkungen der ausländischen wirtschaftlichen Präsenz vor 1895 haben sie nachdrücklich vermutet, aber trotz eifriger Bemühung kaum nachweisen können. Den Rationalisierungserfolgen der «synarchischen» Seezollbehörde standen keine für China günstigen Leistungen im Technologie- und Kapitaltransfer zur Seite. Das

Modernisierungsargument hat dort mehr für sich, wo es zu erklären versucht, warum die chinesischen Eliten nicht von sich aus aktiv und umfassend vom Westen lernten, warum sie sich an die Formel klammerten, Chinas überkommene Lehren sollten als «Substanz» dienen, das Wissen des Westens dagegen nur zu begrenzten und geringgeschätzten praktischen Zwecken.[163] Aber diese kulturelle Selbstblockierung der konfuzianischen Bildungs- und Machtelite, welcher die Modernisierungstheoretiker solch große Bedeutung zumessen, kann allein das Scheitern der *yangwu*-Reformbewegung im letzten Jahrhundertdrittel nicht verständlich machen; sie muß im Kontext der chinesischen Politik gesehen werden, der inneren wie der äußeren Politik.

Diesen äußeren Zusammenhang kann am ehesten das Abhängigkeitsargument erfassen. Es ist dort gültig, wo es den (etwa verglichen mit Meiji-Japan) engen internationalen Handlungsspielraum herausstellt, in welchem die *yangwu*-Bürokraten ihre frühen Industralisierungsversuche unternahmen. Von einer rein wirtschaftlichen Abhängigkeit Chinas vom und seiner Behinderung durch den Weltmarkt läßt sich indessen nicht allgemein, sondern nur punktuell sprechen. Die Tee- und die Seidenwirtschaft sind dafür die deutlichsten, wenn auch durchaus ambivalente Beispiele. Die Geschichte ihrer Einbindung in die internationale Zirkulation geht aber weit hinter den Opiumkrieg zurück. Unter den gewandelten Bedingungen des späten 19. Jahrhunderts wurden diese Sektoren nicht wie die koloniale Produktion in vielen anderen Ländern der Dritten Welt von Grund auf neu erschlossen, sondern – was für Seide viel eindeutiger zutrifft als für den «konservativen» Tee – in neuartigen Formen mit der Weltwirtschaft verknüpft. Fünfzig Jahre nach dem Vertrag von Nanjing war die chinesische Wirtschaft als Ganze jedoch noch immer keine «open economy»,[164] kein fremdgesteuerter Ergänzungsraum des metropolitanen Kapitalismus. Erst nach 1895 wurden die Grenzen des Chinamarktes vorangeschoben und aufgelockert.

Vierter Teil

Die erste Hälfte des zwanzigsten Jahrhunderts:
China zwischen Unterwerfung und Widerstand

12

«Open Door» und Kolonialpolitik:
China als Objekt der Großmächte (1895–1931)

Seit 1895 gab es eine «Question d'Extrême-Orient», eine «Fernöstliche Frage».[1] Bis dahin war China auf dreifache Weise in internationale politische Zusammenhänge eingefügt worden: durch Aufbau und Ausbau des Treaty-Systems, durch Einbeziehung in den diplomatischen Verkehr und durch die Unterminierung seines Tributgürtels. Dies war ohne größere Reibereien zwischen den westlichen Nationen vonstatten gegangen. Als Afrika längst umkämpft und Gegenstand eines verbissenen «scramble» der Europäer war, herrschte in China das geschäftsmäßige Einvernehmen des Freihandelsimperialismus. 1895 wurde China dann plötzlich zum Schauplatz von Konflikten unter den Großmächten.[2] Es ging um deren Beteiligung an der wirtschaftlichen Erschließung und Ausbeutung des Reiches der Mitte, für die sich neue Möglichkeiten zu eröffnen schienen. Es ging aber auch um das, was als Angelegenheit nationalen Prestiges und nationaler Zukunftssicherung verstanden wurde. Neue expansive Kräfte, vorab Rußland und Japan, diktierten ein Tempo des Wandels, dem sich die Träger des *status quo*, allen voran Großbritannien, nicht entziehen konnten. Wie bei der «Orientalischen Frage» im östlichen Mittelmeer, so wurden die machtpolitischen Antagonismen durch den inneren Zerfall einer der großen asiatischen Monarchien gesteigert: hier des Osmanischen, dort des Chinesisch-Mandschurischen Reiches. Um die Jahrhundertwende «übernahm China den Platz der Türkei als der Kranke Mann Nr. 1».[3] Eine neue Expansionsdynamik der Großmächte traf zusammen mit einer weiteren internen Schwächung des Qing-Imperiums. Erst so konnte überhaupt eine «Frage» im Sinne diplomatischen Sprachgebrauchs entstehen: eine politische Situation, in welcher Gegensätze zwischen den Großmächten auf dem Boden eines dritten Landes ausgetragen wurden, ohne daß dessen politische Repräsentanten die Ereignisse in nennenswerter Weise hätten mitbestimmen können. Nichts macht die Degradierung Chinas zum Objekt der Großmächte deutlicher als der Russisch-Japanische Krieg, bei dem sich 1904/05 über zwei Millionen fremde Soldaten auf dem Territorium des neutralen China blutige Schlachten lieferten.[4] Weltpolitik, in Europa geboren, wurde auf eine ferne Arena projiziert.

Worin lag der machtpolitische Gehalt der «Fernöstlichen Frage»? Man kann, die Zeit von 1895 bis 1950 als Ganze überschauend, vier Phasen unterscheiden. Zwischen 1895 und 1914 ging es um den Ausgleich der Mächte in China, um das Austarieren einer Gleichgewichtslage zwischen Großbritannien, Rußland, Japan, Frankreich, den USA und dem Deutschen Reich, wobei die ersten drei dieser Staaten in China vitale Interessen berührt sahen, während die übrigen im Zusammenhang außenpolitischer Gesamtszenarien Ostasien nur eine nachrangige Bedeutung zuwiesen.[5] Der Ausgang des Ersten Weltkrieges veränderte die grundsätzliche Problemlage nicht. Die Zahl der Hauptakteure verringerte sich auf drei: Japan, die USA und England blieben als die Hauptmächte übrig, die nunmehr den Ausgleich suchten. Dieser Ausgleich mißlang, und von 1931 bis 1945 gewann die «Question d'Extrême-Orient» einen neuen Inhalt: die Eindämmung und schließliche Niederringung des Japanischen Kaiserreichs. Zwischen 1945 und 1949 stellte sich den verbliebenen Großmächten in Ostasien, den USA und der UdSSR, dann die Fernöstliche Frage in vierter Gestalt: wie unter Bedingungen des beginnenden Kalten Krieges für beide Seiten ein gewisses Maß an Einfluß auf die inneren Verhältnisse Chinas zu bewahren sei, ohne daß es zu unmittelbarer Intervention käme.

Das Besondere an der «Fernöstlichen Frage» war, daß sie von einer ostasiatischen Regionalmacht hervorgerufen wurde. Japans Sieg über China 1895 war deshalb ein so folgenschweres Ereignis, weil er jenen Rest an Macht und Prestige zerstörte, der es dem Qing-Reich erlaubt hatte, seit 1860/61 unter dem Motto der «Kooperation» eine Politik der *aktiven* Defensive zu betreiben. Das China der «Selbststärkung» und der *yangwu*-Programme war nun als Papiertiger entlarvt. 1895 verwandelten sich Wunschträume in realisierbare Chancen. Jetzt schien das erpreßbar zu sein, was vordem womöglich hätte erkämpft werden müssen. In der Tat waren selbst die extremsten Zugeständnisse, die China in den Jahren nach 1895, in der Periode seiner Hörigkeit oder «subjection» (H. B. Morse), den Japanern und den Nationen des Westens machte, nicht das unmittelbare Resultat imperialistischer Angriffskriege. Drohungen oder begrenzte Interventionen wie die (von China provozierte) Acht-Mächte-Aktion gegen die Boxer 1900/01 genügten fortan, um weitreichende Ziele durchzusetzen. Zwischen 1895 und 1931, also im Zeitalter des größten Einflusses des Westens in China, unterblieben militärische Aggressionen, wie sie den Perioden 1840–60 und 1931–45 ihr Gepräge gaben. Chinas 1895 enthüllte Schwäche ließ milderen Druck zu größerem Erfolg führen. Das Verhältnis von Aufwand und Ertrag imperialistischer Politik hatte sich dramatisch verbessert.

Selten hatte ein Krieg so viele Gewinner wie der von 1894/95. Der Verlierer war China. Die karthagischen Bestimmungen des Friedens von Shimonoseki (17. April 1895) ließen daran keinen Zweifel: Anerkennung der Unabhängigkeit Koreas; Abtretung Taiwans, der Pescadoren und der Halbinsel Liaodong an der Südspitze der Mandschurei; Erlaubnis für Japaner (und über die Meistbegünstigungsklausel für andere Ausländer), in den Vertragshäfen Fabriken zu betreiben; eine Kriegsentschädigung in der phantastischen Höhe von 200 Millionen taels – phantastisch, bedenkt man, daß die jährliche Steuereinnahme der Zentralregierung sich auf etwa 100 Millionen taels belief, das Steueraufkommen des gesamten Reiches auf 250 Millionen taels.[6] Der Schock des Fiaskos ging in China mindestens ebenso tief wie derjenige von 1842. «Nach der Niederlage von 1895, nach dem Verlust Taiwans und nach der Indemnität von 200 Millionen taels erwachte unser Land aus einem viertausendjährigen Schlummer», schrieb Liang Qichao, der scharfsichtigste Intellektuelle der Epoche.[7] Nicht nur in der Öffentlichkeit, sondern auch an der Staatsspitze gerieten die Dinge in unerhörte Bewegung. Reformkräfte unterschiedlicher Provenienz formierten sich 1898 um den siebenundzwanzigjährigen Guangxu-Kaiser,[8] scheiterten aber am Widerstand der konservativen Hofkräfte unter Führung der Kaiserinwitwe Cixi. Wenig später bereitete die Diskreditierung der Konservativen im Desaster des Boxeraufstandes den Weg zu moderneren Formen chinesischer Politik.[9] In einer Dialektik der Niederlage erwuchs aus den Katastrophen von 1895 und 1900 ein Nationalismus ganz neuer Art und Intensität.

Der Hauptsieger von 1895 war selbstverständlich Japan. Doch es bekam alsbald die Ambivalenz des Triumphes zu spüren. Einerseits waren die Erfolge überwältigend; sie versetzten die Nation in einen Taumel patriotischer Begeisterung.[10] Nur Monate, nachdem es im eigenen Lande die 1858 oktroyierte Exterritorialität im Einvernehmen mit den Westmächten hatte aufheben können, wurde Japan nun selbst gegenüber China zu einer vollberechtigten Treaty Power.[11] Durch die 1896–98 in Sterling ausbezahlte Kriegsentschädigung gewann es einen wichtigen Finanzbeitrag zu Aufrüstung und wirtschaftlicher Expansion. Und es hatte sich die Anerkennung im Kreise der Großmächte erfochten. Aber nur eine annähernde Anerkennung, denn sechs Tage nach der Unterzeichnung des Vertrags von Shimonoseki zwangen Rußland, Frankreich und Deutschland, vereint in einem *ad hoc* geschmiedeten «Ostasiatischen Dreibund», die verblüfften Japaner, ihre Ansprüche auf die Liaodong-Halbinsel aufzugeben, also auf einen Stützpunkt auf dem Festland. Sie erlaubten China, das Gebiet für 30 Millionen taels von Japan «zurückzukaufen». Diese diplomatische, durch Flottenmanöver unterstützte «Tripelintervention», deren Folge nichts weniger als eine Kapitulation Japans war,[12] wurde fortan zum Symbol für all jene im Inselreich, die eine Politik der Alleingänge befürworteten. Zugleich vermehrte sie die Zahl der Kriegsgewinner. Die drei «Retter» Chinas ließen sich ihre Dienste großzügig vergüten. Das Deutsche Reich, schon längere Zeit auf der Suche nach einem «deutschen Hongkong», besetzte die Bucht von Jiaozhou in der nördlichen Provinz Shandong und veranlaßte China 1898 zur Unterzeichnung eines Pachtvertrages über 99 Jahre sowie zur Erteilung von zwei Eisenbahnkonzessionen.[13] Frankreich hielt sich mit Territorialforderungen zurück und verlangte nichts als die Verpachtung des wirtschaftlich wie strategisch wenig verheißungsvollen Hafens Guangzhouwan am Eingang der Bucht von Tongking. Dafür verschaffte es sich chinesische Zusagen, die seine Interessensphäre in den Provinzen Yunnan, Guangxi und Guangdong festigen sollten: Die chinesische Regierung verpflichtete sich, französischen Unternehmern und Ingenieuren den Vorzug zu geben, sollte sie sich zur Ausdehnung des Bergbaus in diesem Gebiet entschließen; sie versprach, die drei Provinzen keiner dritten Macht zu überlassen und einen Franzosen dort zum Direktor der Post zu ernennen; vor allem erhielt Frankreich die definitive Erlaubnis, Eisenbahnen von der Grenze seines Protektorats Tongking bis zur Provinzhauptstadt Yunnanfu, dem heutigen Kunming, sowie von der Koloniegrenze in die Provinz Guangxi zu bauen.[14] Aus dem zweiten dieser Projekte wurde nichts; das erste nahm die Gestalt der 863 km langen Yunnan-Bahn an, die zwischen 1903 und 1910 gebaut wurde.[15]

Die französische Politik kann als Beispiel für die nach 1895 epochemachende Politik der Interessensphären überhaupt stehen: Eisenbahn- und Bergbaukonzessionen, Nicht-Alienierungs-Zusagen, dazu Bevorzugung bei der Zuteilung von Anleihen waren die wichtigsten formal-rechtlichen Merkmale solcher «spheres of interest», die oft nicht nur durch Abkommen zwischen einer ausländischen Macht und dem unfreiwilligen «Gastland», sondern auch durch Verständigung unter den fremden Mächten konstituiert wurden. In welchem Maße sich die stets am Beginn solcher Aktionen stehenden Vorstellungen zur profitablen Ausnutzung von Interessensphären indes verwirklichten, ist eine ganz andere Frage, über welche die Diplomatiegeschichtschreibung in der Regel schweigt. Viele der spektakulären Errungenschaften während der «Schlacht um Konzessionen» blieben auf dem Papier.[16] Es fehlte an Kapital zur Erschließung, die technischen Schwierigkeiten waren unterschätzt worden, oder der einheimische Widerstand erwies sich in der Realität als unüberwindlich. Abgründe klafften zuweilen zwischen dem hochgemuten Imperialismus der Diplomaten und Konzessionsjäger und der tatsächlichen *mise en profit*, der ökonomischen Realisierung und Verwertung der dokumentarischen Trophäen im Alltag des Kaufmanns, Konsuls oder Tropeningenieurs.

In den ersten Jahren nach 1895 waren solche Schwierigkeiten noch nicht abzusehen, zumal nicht für Rußland, den einstweiligen Hauptgewinner der fernöstlichen Turbulenzen. Das Zarenreich pachtete 1898 für 25 Jahre die eisfreien Häfen Port Arthur (Lüshun) und Dairen (Dalian, Dal'nij, heute: Lüda), also just jene strategisch höchst wertvollen Stützpunkte auf der Liaodong-Halbinsel, deren Besitz es drei Jahre zuvor Japan verweigert hatte. Es schloß einen Geheimvertrag mit Li Hongzhang, als dieser 1896

St. Petersburg besuchte. Darin wurde Rußland der Bau einer Eisenbahn in einer Länge von (wie sich bei der tatsächlichen Konstruktion ergab) 1510 km quer durch Heilongjiang, die nördlichste der drei mandschurischen Provinzen, nach Vladivostok gestattet. In der Konvention über die Verpachtung von Liaodong wurde diese Konzession ausgedehnt auf eine weitere Bahnstrecke (772 km), die in Harbin von der Ostchinesischen Bahn nach Süden abzweigen und bis Port Arthur reichen sollte: die «südmandschurische Linie». Das 1891 im Prinzip beschlossene Programm des russischen Eisenbahnbaus im Osten[17] wurde, weitgehend finanziert durch französisches Kapital, rasch verwirklicht. Schon im September 1901 konnte der neue russische Botschafter über die 9000 km lange «Transsib» und die beiden mandschurischen Strecken seinen Posten in Beijing auf dem Landweg erreichen. Für den allgemeinen Verkehr wurde das Bahnsystem 1903 freigegeben. Zu dieser Zeit waren große Teile der Mandschurei durch russische Truppen besetzt und die drei Provinzen faktisch ein Protektorat. Rußland hatte im Sommer 1900 die Wirren des Boxer-Aufstandes genutzt und 200000 Soldaten in Chinas Nordosten einmarschieren lassen. Daß 1904 deren vereinbarter Rückzug nicht planmäßig erfolgte, wurde zu einem der auslösenden Momente des Russisch-Japanischen Krieges.[18] Ein anderes war der Konflikt um Korea, wo das Zarenreich nach 1895 ebenfalls seine Position stärken konnte. Das Land der Yi-Dynastie war 1896 im Moskauer Protokoll für unabhängig erklärt worden, doch machte Rußland energisch seine politischen Vormachtsansprüche geltend und stellte sich auch der wirtschaftlichen Penetration des Landes durch Japan entgegen. Nach der Tripelintervention war diese Obstruktion in Korea die zweite bittere Erfahrung, die Japan mit dem Zarenreich machen mußte.[19]

Innerhalb der russischen Ostasienpolitik – wie auch der fast aller anderen Mächte – gab es Spannungen zwischen divergierenden Rechtfertigungen und Zielen der Expansion. Graf Witte, Finanzminister und Eisenbahnexpansionist *par excellence,*[20] stand für ein Programm «friedlicher Durchdringung» Nordostasiens durch Bahnbau, Ausbeutung von Bodenschätzen, Industrieansiedlung und Hafenerschließung.[21] Mit den neuen technischen Möglichkeiten des Eisenbahnzeitalters sollte im Norden kopiert werden, was England im Zeichen des Dampfschiffs von Shanghai und Hongkong aus erreicht hatte. Wie die Briten nach 1860/61, so baute auch Witte auf ein enges Verhältnis zu den chinesischen Machthabern. Die Aneignung Dairens und Port Arthurs hingegen, eine Imitation des hochfahrenden wilhelminischen Griffs nach Jiaozhou, war das Werk des Außenministers Murav'ev und Ausdruck einer Politik des machtbewehrten Stützpunktimperialismus, der auf Einvernehmen mit einheimischen Führungsgruppen weniger Gewicht legte.[22] Man sollte indes die Unterschiede nicht übertreiben. Die Okkupation der Mandschurei 1900 lag in der Logik *beider* Konzepte, verlangte doch auch das der «friedlichen Durchdringung» einen «Schutz» der eigenen Investitionen, der leicht von Abwehr in präventive Pazifikation hinüberwachsen konnte.

So öffnete der Japanisch-Chinesische Krieg eine Pandora-Büchse divergierender Chinastrategien, die sich auffällig vom Einklang der voraufgehenden Epoche abheben. Japan schoß 1895 die entscheidende Bresche in die militärische und mentale Verteidigung des Qing-Reiches, sah sich aber umgehend um den erhofften Lohn geprellt. Deutschland bahnte mit geringen Machtmitteln in Fernost den Weg für die neuen Methoden unverblümter Landnahme.[23] Frankreich im äußersten Süden und Rußland im äußersten Norden betrieben «pénétration pacifique» jenseits der Treaty Ports mit den Mitteln vertraglich abgesicherter Interessenwahrung. Aus der Zeit des «scramble for concessions» ging Rußland als der beutereichste von mehreren Gewinnern hervor, wenngleich seine immer härter erhobenen Exklusivitätsansprüche im Nordosten und in Korea nach der Jahrhundertwende nicht nur die Beziehungen zu Beijing belasteten, sondern auch den Widerstand dritter Mächte herausforderten. Zu diesen skeptischen Beobachtern der russischen Politik gehörten neben Japan die alten Freihandelsmächte Großbritannien und die USA. Beide waren auf dem Höhepunkt des Wettrennens um chinesische Konzessionen militärisch anderweitig gebunden: die Briten im Burenkrieg, die Amerikaner in der Niederkämpfung einheimischen Widerstandes auf den Philippinen.[24] Auch ohne solche Bindung der Kräfte wäre jedoch eine direkte Intervention gegen Rußland und seine Verbündeten in Fernost wenig wahrscheinlich gewesen. Nicht nur offensichtlich den Amerikanern, sondern auch den Briten fehlten die Machtmittel für eine Politik der Stärke in Nordostasien. Das «Great Game» zwischen Rußland und England in Asien, das in britischen Lagebeurteilungen seit den 1830er Jahren eine solch bedeutende Rolle spielte, schien sich gegen Ende des Jahrhunderts unaufhaltsam zugunsten des eurasischen Landreiches zu neigen. Die geopolitischen Theorien der Zeit – etwa Mackinders 1904 formulierte These vom künftigen Vorrang der Land- vor der Seemacht – verliehen dem eine gewisse Fatalität und ließen es ratsam erscheinen, sich auf die Sicherung Indiens an seiner zentralasiatischen Grenze zu konzentrieren.[25] Der russischen Expansion wurden nicht Waffen, sondern Prinzipien entgegengesetzt. Die «Open Door»-Noten des US-Außenministers John Hay von 1899 und 1900 formulierten eine Position, welche die Substanz des von den Briten geschaffenen Treaty-Systems in die neue Ära der territorialen Demarkationen hinüberzuretten versuchte: Keine Diskriminierung in der eigenen Interessensphäre und sogar im eigenen Pachtgebiet gegen die handeltreibenden Angehörigen eines dritten Landes! Respektierung der Meistbegünstigung! Aufrechterhaltung von Chinas «territorialer Integrität»! Einheitliche Anwendung des Vertragszolls unter der unparteiischen Aufsicht der Seezollbehörde! Impliziert war die alte Maxime, die Zentralregierung in Beijing hinreichend zu stärken, um sie in den Stand zu versetzen, ihre

Vertragsverpflichtungen zu erfüllen.[26] Nichts davon war eigentlich neu, und nichts wurde verbindlich. Trotzdem war es mehr als ein hilfloser Appell aus der Defensive. Die Open-Door-Doktrin gab amerikanischen Wirtschaftsinteressen, die sich seit Anfang der neunziger Jahre mit neuem Enthusiasmus, wenn auch vorerst nur bescheidenem Erfolg, dem chinesischen Markt zuwandten, eine handliche Ideologie, nützlich zur Verteidigung nach außen wie zur Selbstüberzeugung von der besonderen, moralisch überlegenen Rolle, welche Amerika in China zu spielen habe. In solcher Identitätsstabilisierung an der Heimatfront lag eine ihrer wichtigsten und andauerndsten Wirkungen.[27] Schon Hays Noten waren alles andere als eindeutig formuliert; in den folgenden Jahrzehnten wurde die Open-Door-Doktrin zu einem konzeptionellen Dach, unter dem eine ganze Reihe wechselnder diplomatischer Strategien Platz fanden.

Großbritannien war für die Verlautbarung hehrer Prinzipien weniger qualifiziert, gehörte es doch, anders als die USA, zu den Teilnehmern am «scramble for concessions». Seine Erfolge waren weniger spektakulär als die der Russen und Deutschen und wurden typischerweise erst in der zweiten Runde der Verhandlungen klagend oder entrüstet als «Kompensationen» von China eingefordert. Sie summierten sich aber zu einer stattlichen Liste: Nicht-Entäußerung des Yangzi-Tales und einzelner seiner Teile; Zusicherung britischer Leitung der Seezollbehörde, solange Großbritannien Chinas wichtigster Handelspartner bleibe; Erweiterung Hongkongs um die New Territories für 99 Jahre von 1898 an; Pachtung des Marinestützpunkts Weihaiwei in Nordshandong gegenüber von Port Arthur. Schließlich ging Großbritannien, zumindest fürs erste auf dem Papier, als Sieger aus dem Wettlauf um Eisenbahnkonzessionen hervor: Bis zum November 1898 hatte es Konzessionen über 2800 Schienenmeilen erhalten, Rußland 1530, Frankreich 420 und Deutschland 720 Meilen.[28] Diese Erfolge wurden auf der Ebene Großer Politik 1902 durch die Anglo-Japanische Allianz abgesichert. Ursprünglich gegen ein regional anscheinend übermächtiges Rußland gerichtet,[29] erleichterte sie das Zustandekommen der englisch-französischen *entente* von 1904 und entlastete nach ihrer Erneuerung 1905 Großbritannien bei seiner zunehmenden Rivalität mit Deutschland in Europa.[30] Die Anglo-Japanische Allianz trieb Japan nicht in den kriegerischen Zusammenstoß mit Rußland; aber sie gab ihm doch die dafür nötige freie Hand.[31] Obwohl Großbritannien nicht länger – wie zwischen 1840 und etwa 1880 – die maßgeblich gestaltende Kraft in den internationalen Beziehungen Ostasiens war und im erweiterten Kreis der Großmächte um 1900 auch nicht mehr die unbestritten führende Rolle spielte, ging es erfolgreich aus der Konkurrenz der Mächte nach 1895 hervor. Auch die Briten zählten auf mittlere Sicht zu den Siegern des Chinesisch-Japanischen Krieges. Ebenso profitierten sie vom Russisch-Japanischen Krieg von 1904/05, in dem sich die gefährlichsten expansionistischen Kräfte in der Region bis zur Handlungsunfähigkeit verausgabten.

Dies also war der «scramble for concessions», den Historikern der Diplomatie wert und teuer, weil er eine ganze Reihe von «Mächten» bei ihrer interessantesten Beschäftigung zeigt: dem Rivalisieren. Er begann mit einem Krieg, dem von 1894/95, und er endete mit einem viel größeren: dem Russisch-Japanischen Krieg von 1904/05.[32] Ohne Zweifel fanden die Ereignisse in China zwischen 1895 und 1905 eine Aufmerksamkeit in den Staatskanzleien der Hauptstädte und in der Weltöffentlichkeit, wie sie erst wieder der Mandschurei-Krise von 1931/32 zuteil werden sollte. Jedoch darf die oberflächliche Dramatik dieser Jahre nicht den Blick auf Kontinuitäten verstellen. Der «scramble» war kein inter-imperialistisches Wildwestduell, kein Null-Summen-Spiel zwischen den Großmächten. Alle Zugewinne der Mächte außerhalb der Mandschurei gingen – wie auch vor 1895 – zu Lasten Chinas und nicht auf Kosten der imperialen Rivalen. Charakteristisch dafür war die übliche Reaktion auf Vorstöße des jeweiligen imperialistischen «Vorreiters». Statt ihm – sei es Japan, Rußland oder das Deutsche Reich – direkt entgegenzutreten, verlangten die übrigen Mächte von der *chinesischen* Regierung «Kompensation». Möglichkeiten dafür gab es in dem riesigen Land reichlich, so daß von einem Problem «immer knapper werdenden Raumes»[33] keine Rede sein kann. Der Wettlauf um Konzessionen, Stützpunkte und Einflußsphären bewies im Gegenteil, daß in China «Platz für alle» war. Für die großen Mächte zumindest, denn China konnte 1899 einen Festsetzungsversuch Italiens abwehren.[34] Um eine Formel aus der politischen Dialektik Mao Zedongs zu bemühen: der «Hauptwiderspruch» bestand zwischen China und den imperialistischen Mächten; unter diesen herrschten «Nebenwidersprüche».[35] Der Mächtekonflikt in und über China ruhte bis 1931 auf einem Fundament jederzeit aktivierbarer Kooperationsbereitschaft. Sie wurde im Jahre 1900 geweckt, als die belagerten Gesandtschaften in Beijing durch eine aus den Kontingenten von acht Mächten (beteiligt waren auch Italiener und Österreicher) zusammengesetzte Expeditionstruppe befreit wurden.[36]

Das Einvernehmen der Boxer-Zeit wurde freilich durch Rußlands Griff nach der Mandschurei gestört. Der Frieden von Portsmouth (5. September 1905) revidierte diese bis dahin weitestgehende Intervention in das Qing-Reich. Ein siegreiches Rußland hätte vermutlich die Mandschurei und die Mongolei annektiert. Japan begnügte sich unter amerikanischer Vermittlung mit der Übernahme von Liaodong und der Südmandschurischen Eisenbahn (Harbin – Port Arthur), der Basen für eine informelle Kontrolle der Südmandschurei. Obwohl durch die Privilegien von Japanern und Russen stark eingeschränkt, kehrte doch 1905 eine chinesische Verwaltung in den Nordosten zurück, der 1907 voll in die Provinzialverwaltung des Reiches eingegliedert wurde.[37] Bis 1931/32 blieb die Mandschurei chinesisch. Russen und Japaner stabilisierten die Teilung der Region in Einflußsphären durch weitere Verträge 1907, 1910, 1912 und

1916.[38] Es entstand geradezu ein russisch-japanisches Kondominium in der Mandschurei auf Kosten Chinas und zum Mißvergnügen von Open-Door-Interessenten und -Doktrinären.[39] Die britische Diplomatie – nicht unzufrieden damit, Japan vom chinesischen Kernland abgelenkt zu sehen –, verlor allmählich in Tokio an Gewicht und damit auch an Einfluß auf mandschurische Angelegenheiten.[40] Von China begrüßte und geförderte Versuche des amerikanischen Außenministers Philander C. Knox mißlangen, mittels einer «Dollardiplomatie», gezielt auf die «Neutralisierung», «Internationalisierung» und den schließlichen Kauf der mandschurischen Eisenbahnen, die russisch-japanische Politik der Einflußsphären zu unterlaufen.[41] Nicht nur zwischen Rußland und Japan stellte sich eine neue Eintracht her. Die britisch-französische *entente cordiale* von 1904 und die russisch-britische Asienkonvention vom August 1907, mit der das «Great Game» in Asien zum Abschluß kam,[42] entspannten die diplomatische Lage in Fernost. Zwischen 1907 und 1914 herrschte in Grundsatzfragen ein Einvernehmen zwischen den Mächten, das den «scramble» im Rückblick als ein rohes und unreifes Herumexperimentieren mit den nun vervollkommneten neuen Werkzeugen imperialistischer Kontrolle erscheinen ließ.

Die oft registrierte «Rückwendung der Großmächte von Übersee nach Europa» nach 1905[43] verringerte jedoch nicht im mindesten den Druck auf die Peripherie. Nichts war der chinesischen Position so abträglich – das hatten die Erfahrungen von 1858–60 und 1900–01 gelehrt – wie eine Einheitsfront der Mächte, die kaum noch Raum ließ für das seit Lin Zexu orthodoxe Ausspielen der «Barbaren» gegeneinander.[44] Eine solche Einheitsfront war selbstverständlich nur dann sinnvoll und überhaupt möglich, wenn sie ihren Druck auf ein einziges Ziel konzentrieren konnte. Die Kooperationspolitik des «neuen» Imperialismus benötigte deshalb nicht weniger als das international gestützte Treaty-System vor 1895 ein geeintes China mit einer zureichend aktionsfähigen Zentralgewalt. Ja, eine Bändigung der seit 1895 sich immer widerspenstiger gebärdenden provinzialen Oberschichten war vorerst allein der Qing-Dynastie zuzutrauen. Im Lichte dieses langfristig unveränderten funktionalen Grundbedürfnisses des Imperialismus in China wird die Frage der diplomatiegeschichtlichen Lehrbücher, warum das Reich der Mitte um die Jahrhundertwende seiner territorialen Aufteilung entgangen sei, zu einem Scheinproblem. Die immer wieder angeführte Analogie zu der voraufgegangenen Teilung Afrikas trügt. Das hochkomplexe chinesische Staatswesen wurde zwar von der Kaiserinwitwe und ihren Herrschaftsstäben mäßig bis schlecht regiert, aber es wäre durch Ausländer überhaupt nicht zu regieren gewesen. Es gab kein administratives Vakuum, das hätte gefüllt werden können. Das Kern-China der 18 Provinzen war, anders als Afrika und Indien, ein ethnisch, religiös und kulturell homogenes Land mit einer außergewöhnlich hohen Widerstandsbereitschaft der Bevölkerung. Dies hatte zuletzt der Boxeraufstand bewiesen. Trotz viel publizistischen Rummels um die «Aufteilung der Melone» waren sich Chinaexperten und pragmatische Staatsmänner in allen Ländern über die Nicht-Kolonisierbarkeit des chinesischen Kernlandes einig; kolonisiert wurden auf lange Sicht nur dünn besiedelte und administrativ schwach integrierte Randgebiete wie Taiwan und die Mandschurei. Diese politische Widerständigkeit war der eine Grund für Chinas fortdauernde Integrität. Der andere ergibt sich aus der Natur des «neuen» Imperialismus. Das Treaty-System und die Infrastruktur der Handelshäfen wurden nach 1895 außerhalb der Mandschurei nicht überwunden, sondern erweitert. Auf Warenexport war das System eingestellt; nun wurde es an die Bedürfnisse des Kapitalexports angepaßt. Dieser verlangte, besonders für den Eisenbahnbau, Rechte und Sicherheiten jenseits der Treaty Ports weit ins Landesinnere hinein. Er verlangte auch, dringlicher denn je, eine einheimische Zentralgewalt, welche imstande war, die eingegangenen Verpflichtungen in der Praxis durchzusetzen und zudem – dies wurde nun viel wichtiger als früher – die Ressourcen des Landes zu mobilisieren. Anleihen großen Stils erforderten aus der Sicht der Gläubiger einen potenten Schuldner, genauer: einen Kapitalnehmer mit unersättlichem Geldhunger, der sich ungünstige Konditionen gefallen ließ, aber dennoch tilgungsfähig blieb. Deshalb drängten die Mächte seit der Jahrhundertwende auf eine Reform des chinesischen Geld- und Finanzwesens.[45] Eine solche Reform sollte unter ausländischer Anleitung, aber einheimischer Verantwortung geschehen und möglichst landesweit wirksam sein. Die «synarchische» Institution der Seezollbehörde, die die Ausländer keinen Dollar kostete, aber ihnen höchst segensreiche Dienste leistete, war dafür das bewährte Vorbild.

Finanzimperialismus ist kein Binnenverhältnis innerhalb von Kolonialreichen.[46] Er setzt souveräne Regierungen als Kunden und Opfer voraus. Sie müssen die Anleiheverträge unterschreiben und zusehen, wie sie – im schlimmsten Fall durch Plünderung der eigenen Bevölkerung – ihre Gläubiger zufriedenstellen. Weil China nach 1895 hauptsächlich als Objekt eines solchen Finanzimperialismus in Betracht kam, lag der Fortbestand seiner einheitlichen Staatlichkeit in der Logik der Entwicklung. Selbstverständlich schloß dies Interessenabgrenzungen aller Art zwischen den ausländischen Mächten, meist in Gestalt von Interessensphären, nicht aus. Aber die «Interessensphäre» war ein Konzept der Diplomaten, die aus Europa das Jonglieren mit Gleichgewichten und Allianzen gewöhnt waren. Sie war weiterhin ein für kapitalschwache Länder wie Rußland und Japan attraktives Ordnungsmuster, das eine geographische Konzentration des Mitteleinsatzes erlaubte. Handels- und vor allem Finanzkreise waren dagegen an einem großen unbehinderten Markt interessiert, der auch gemeinsame Aktionen über die Grenzen von Interessensphären oder gar Protektoraten hinweg erlaubte. Die Regierung Großbritanniens, also des wichtigsten Exporteurs von Waren und Kapital nach China, erkannte den begrenzten Sinn einer Interessensphäre schon 1898 an, als sie die Beteiligung französischen und belgischen Kapitals an den Eisenbahnen Mittelchinas stillschweigend zuließ.[47] Das internationale Bankenkonsortium von 1911 verkörperte dann die Quintessenz des Imperialismus in China. Seine Idee setzte die Existenz eines formal autonomen und unaufgeteilten China voraus. Weniger wichtig war neben diesen beiden Gründen – der befürchteten Unregierbarkeit Chinas und der für den alten wie für den neuen Imperialismus unentbehrlichen Existenz eines indigenen Zentralstaates – der immer wieder zitierte Faktor der gegenseitigen «Neutralisierung» der Großmächte.[48] Eine Aufteilung des chinesischen Kernlandes in Kolonien stand niemals auf der historischen Tagesordnung.

Handel war das Hauptinteresse der westlichen Ausländer in China vor 1895, und er wurde es wieder nach dem Ersten Weltkrieg. In den Jahren dazwischen nahm der Warenverkehr mit China stetig zu. Aber die fortgeschrittenste, die Epoche prägende Form der kapitalistischen Penetration waren Finanzgeschäfte. Wir wollen deutlicher sagen: Finanz*imperialismus*, denn die Aktivitäten der internationalen Hochfinanz in China waren nicht rein marktwirtschaftlicher Natur. Auch waren sie mehr als nur das Auftreten einer höher entwickelten gegenüber einer vergleichsweise rückständigen Wirtschaftsform. Sie sind nicht zu trennen von der real institutionalisierten Präsenz der Mächte in China, nämlich von (1) der strukturellen Abhängigkeit Chinas von ausländischem Kapital, die zum Aufbau monopolartiger Positionen bei der Kapitalversorgung genutzt werden konnte, (2) der Instrumentalisierung der Überseebanken durch die Außenpolitik der Großmächte, (3) den aus den ungleichen Verträgen erwachsenen Vorrechten der Ausländer in China, welche die ausländischen Banken und ihre Niederlassungen in Hongkong und den Vertragshäfen der rechtlichen Kontrolle und wirtschaftspolitischen Steuerung durch einheimische Behörden entzogen, (4) der Existenz einer «synarchisch» verfaßten, in Wirklichkeit zunehmend als Instrument der Ausländer mißbrauchten Seezollbehörde, (5) der durch ausländisches Übergewicht durchgesetzten Verpfändung weiterer chinesischer Staatseinnahmen über den leicht appropriierbaren Seezoll hinaus.

Diese fünf Rahmenbedingungen der ausländischen Finanzgeschäfte[49] waren keineswegs bloß nebensächliche Begleitumstände. Sie waren allesamt deren unerläßliche Voraussetzungen. Nicht jede Auslandsverschuldung, nicht einmal jede internationale Schuldabhängigkeit darf Finanz-»Imperialismus« heißen. Im chinesischen Fall war die Finanz aber in das ganze System politisch-rechtlicher Vormachtsicherung eingebunden. Die *Art* von Geschäften, wie sie die Überseebanken mit China trieben, war aufs engste mit ihrer außerökonomischen Machtstellung verbunden. Viel stärker als der Handel, dem das Treaty-System nur die allgemeinen Bahnen öffnete, waren die Finanzoperationen an die jeweilige politische

Situation geknüpft. Sie stiegen und fielen mit ihrer politischen Opportunität. Der Finanzimperialismus entstand mit dem großen Einschnitt von 1895 und er verschwand als aktive Kraft[50] mit dem Ersten Weltkrieg, kurz nachdem er in der Reorganisationsanleihe von 1913 seinen Höhepunkt erreicht hatte. Die Übersee- und Chinabanken bestanden nach 1914/18 fort; die seit jeher bedeutendste unter ihnen, die Hongkong and Shanghai Banking Corporation (fortan: Hongkong-Bank), gehört heute zu den wichtigsten Geld- und Finanzinstituten der Welt. Aber ihre Tätigkeit wurde radikal entpolitisiert, vor allem nach 1927, als China allmählich seine wirtschaftspolitische Autonomie wiedererlangte. Die Hongkong-Bank wandelte sich vom erwählten Werkzeug des Foreign Office, das sie in der Vorkriegszeit war, zu einer gewöhnlichen Geschäftsbank, die Schwierigkeiten hatte, in Whitehall Gehör zu finden und sich sagen lassen mußte, sie vernachlässige die Finanzierungsbedürfnisse der Handelsexpansion zugunsten einer parasitären Verwaltung anrüchiger Vorkriegsschulden.[51] Der (westliche) Finanzimperialismus in China läßt sich exakt auf die Periode 1895 bis 1914 begrenzen. Er war ein gleichermaßen politisches wie ökonomisches Phänomen.

Das Thema ist unermeßlich und so gut wie unerforscht.[52] Hinweise müssen deshalb eine profunde Analyse ersetzen. China nahm zwischen 1853 und 1893 aus verschiedenen Quellen eine Reihe kleinerer Auslandskredite auf, die überwiegend für militärische Zwecke verwendet wurden und sich insgesamt auf etwa 13 Millionen £ belaufen haben mögen.[53] Eine signifikante finanzielle Abhängigkeit vom Westen ergab sich daraus noch nicht.[54] Bis 1895 waren alle diese Anleihen zurückgezahlt. Zwischen 1894 und 1911 folgten dann Auslandsanleihen in einer Höhe von 92 Millionen £.[55] Die ersten großen Anleihen waren ein unmittelbares Ergebnis der chinesischen Niederlage von 1895. Sie waren in Ursprung wie Absicht politische Anleihen und damit ein neuer Typ der Kreditgewährung in China. Die Kriegsentschädigung für Japan (umgerechnet etwa 40 Millionen £) konnte China aus vorhandenen Mitteln nicht aufbringen. Da es keine Institutionen zur kurzfristigen Mobilisierung einheimischer Mittel gab, also etwa einen Markt für Staatspapiere,[56] war die Qing-Dynastie auf die robust angetragene Hilfe von außen angewiesen.[57] Einige private Finanzinstitutionen standen bereit, allen voran die 1864 als eine «local bank» für die Bedürfnisse des Chinahandels gegründete Hongkong and Shanghai Banking Corporation. Trotz tatkräftiger Unterstützung durch die britische Diplomatie, wie sie noch in 1880er Jahren unter der Doktrin offizieller Distanz von privaten Geschäften undenkbar gewesen wäre,[58] gelang es ihr jedoch nicht, ein internationales Konsortium zur Finanzierung der gesamten Kriegsentschädigung zu organisieren. So sicherten sich die Protagonisten der Tripelintervention die erste große chinesische Anleihe. Diese Französisch-Russische Gold-Anleihe von 1895 (15,8 Millionen £, mit 4% relativ niedrig verzinst, 36 Jahre Laufzeit), mit Priorität vor allen späteren Obligationen durch den Seezoll garantiert, war der Prototyp aller künftigen politisch motivierten Anleihen. Ihr politischer Charakter zeigte sich etwa daran, daß China die Verpflichtung eingehen mußte, keiner fremden Macht Einfluß auf die Verwaltung seiner Staatseinnahmen einzuräumen bzw., falls dies doch geschähe, Rußland genau dieselben Befugnisse zuzugestehen.[59] Kein anderer als Sir Robert Hart hielt dies für eine Form von «Knechtschaft».[60] Solche Knechtschaft wurde rasch üblich, wobei politische und wirtschaftliche Fesseln eng miteinander verbunden waren. Der politische Gehalt einer Anleihe ließ sich an der Art ihrer Garantierung und an den damit verbundenen Kontrollbestimmungen erkennen; ihre ökonomische Qualität offenbarte sich durch Verzinsung, Ausgaberabatt und die Höhe der Kommission für die beteiligten Banken.[61] Welche Zwangslagen, aber auch Verhandlungschancen sich dabei für einen schwachen Schuldner ergeben konnten, zeigen die weiteren Ereignisse von 1895. Noch im selben Jahr drängte Japan auf weitere Abzahlung der Kriegsentschädigung. China wandte sich an eine Kombination aus der Hongkong-Bank und der Deutsch-Asiatischen Bank, die 5% zu dem niedrigen Ausgabewert von 89,5 anbot. Die Alternativofferte der französisch-russischen Gruppe war finanziell günstiger, aber mit härteren politischen Auflagen verbunden. In dieser Konkurrenzsituation konnte China bei der britisch-deutschen Gruppe bessere Konditionen durchsetzen: die «5-Prozent-Sterling-Anleihe» von 1896 in Höhe von 16 Millionen £ wurde zu 94 und für 36 Jahre ausgegeben. Die Auflage bestand «nur» darin, die europäische Dominanz in der Seezollbehörde für die Laufzeit der Anleihe zu garantieren. Eine zweite englisch-deutsche Anleihe über abermals 16 Millionen £ wurde 1898 zu 4,5%, aber einem für China ungünstigen Ausgabewert von *de facto* nur 83 aufgelegt (Laufzeit 45 Jahre). Neu war hier, daß die Banken ein Viertel Prozent Kommission auf die jährlichen Tilgungssummen verlangten. Neu war auch, daß neben dem Seezoll erstmals interne Steuern verpfändet wurden.[62]

Diese Anleihen der Jahre 1895–98 bedeuteten für China eine schwere Bürde. Da sie ausnahmslos zur Finanzierung der Kriegsentschädigung an Japan dienten, blieben sie ohne jede produktive Wirkung; die finanziellen Bedingungen waren ungünstig (besonders 1898); und der ausländische Zugriff auf den chinesischen Zoll festigte sich. Für die Gläubiger waren diese Anleihen auch auf lange Sicht ein rentables und sicheres Geschäft. Da sie Priorität der Deckung durch Chinas wichtigste Einkunftsquellen besaßen, waren sie die nahezu einzigen Anleihen, denen der Verfall der chinesischen Zahlungsfähigkeit in den 1920er Jahren nichts anhaben konnte. Die Verfahrensweisen des neuen Finanzimperialismus führten dazu, daß die Seezollbehörde nach 1895 einen neuen Charakter annahm. Seit Anleihen in Millionenhöhe durch Seezolleinnahmen garantiert waren, konnte die Behörde der chinesischen Regierung nur den geringen Rest ihrer Revenuen zur Verfügung stellen. Die «synarchische» Institution, die nach dem Willen ihrer Urheber China wie den Fremden gleichermaßen und unparteiisch dienen sollte, wurde zum Büttel ausländischer Gläubiger. Sie verlor ihre Unabhängigkeit gegenüber den ausländischen Banken und Regierungen und gleichzeitig ihr Ansehen bei den chinesischen Machthabern.[63] Seit 1906 unterstand die Behörde nicht länger dem Außenministerium, sondern einem neu eingerichteten, in der Ämterhierarchie viel tiefer angesiedelten Zollministerium. Der Inspector General, selbst der verdiente und bei Hofe geschätzte Hart in seinen letzten Amtsjahren (bis 1908), war, nachdem kein Zweifel an seiner wahren Loyalität mehr bestehen konnte, als außenpolitischer Berater der chinesischen Regierung nicht länger gefragt.

Belastungen ganz neuer Art und Schwere wurden China als Folge des Boxer-Aufstandes auferlegt.[64] «Sühnezahlungen» waren nur ein Teil des im Boxer-Protokoll vom 7. September 1901 zusammengeschnürten Strafpakets.[65] China wurde bestraft für die Ermordung des deutschen Gesandten Baron von Ketteler und des Botschaftsrats Sugiyama, für den gewaltsamen Tod von 229 anderen Ausländern (meist Missionaren in Nordchina), für die 55 Tage während Belagerung der Gesandtschaften in Beijing und das Beinahe-Massaker an ihren über 900 ausländischen Bewohnern und Beschützern,[66] schließlich für die Kriegserklärung, die der Hof am 21. Juni erlassen hatte. Der alte Li Hongzhang, wie viele andere hohe Beamte im Süden ein Gegner der Boxer und der sie fördernden Hofkreise, wurde als der einzige, der mit den erbosten Diplomaten umgehen könne, aus seinem Quasi-Ruhestand als Generalgouverneur von Kanton in die Hauptstadt gerufen. Auch er hatte jedoch kaum Spielraum für Verhandlungen, sondern mußte das Diktat der vereinten Mächte entgegennehmen; die Kaiserinwitwe, die Hauptschuldige in der ganzen Affäre, war mitsamt dem Hof im August 1900 fluchtartig und in Verkleidung zu einer «herbstlichen Inspektionsreise» ins über tausend Kilometer entfernte Xi'an aufgebrochen und kehrte erst im Januar 1902 in die Hauptstadt zurück.

Das schon von den «Boxern» (Yihetuan: «Truppe der Rechtlichkeit und Eintracht») teilweise verwüstete Beijing wurde von den siegreichen Fremden erbarmungslos geplündert. Offiziere und selbst Lady Macdonald, die Gattin des britischen Gesandten, widmeten sich dieser Tätigkeit mit Hingabe; Russen, Franzosen und Deutsche sollen sich dabei am schlimmsten benommen haben.[67] In der Hauptstadt wie in ganz Nordchina machten Europäer – nicht Amerikaner und Japaner – unbarmherzig Jagd auf angebliche «Boxer», die, wenn überhaupt, summarisch abgeurteilt und getötet wurden: eine Spezialität des von Wilhelm II. in seiner Bremerhavener «Hunnenrede» vom 27. Juli 1900 zur Schonungslosigkeit aufgerufenen deutschen Expeditionskorps: «Kommt Ihr vor den Feind, so wird er geschlagen, Pardon wird nicht gegeben; Gefangene nicht gemacht. Wer

Euch in die Hände fällt, sei in Eurer Hand. Wie vor tausend Jahren die Hunnen unter ihrem König Etzel sich einen Namen gemacht, der sie noch jetzt in der Ueberlieferung gewaltig erscheinen läßt, so möge der Name Deutschland in China in einer solchen Weise bekannt werden, daß niemals wieder ein Chinese es wagt, etwa einen Deutschen auch nur scheel anzusehen.»[68] Der allerhöchste Wille fand Gehör. Der «Weltmarschall» Graf Waldersee persönlich leitete die Zerstörung der Stadt Baoding und nahm an zahlreichen anderen der mehr als vierzig blutigen «Strafexpeditionen» in Nordchina teil.[69]

Dem Terror folgte die Diplomatie. Die Mächte verlangten die Bestrafung von persönlich namhaft gemachten Schuldigen und die Entsendung von «Sühnemissionen» nach Deutschland und Japan.[70] Der Zugang nach Beijing vom Meer aus wurde militärisch gesichert; bis zu 3000 fremde Soldaten durften allein in Tianjin stationiert werden.[71] Ausländische Truppen, die bis dahin aus der Hauptstadt verbannt waren, bewachten fortan das nunmehr exterritoriale Gesandtschaftsviertel. Auch unerlaubte Truppenbewegungen waren künftig an der Tagesordnung. Noch 1930 standen über 6000 Mann ausländisches Militär in Nordchina. In Spannungszeiten (besonders 1926–28) wurden weitere Streitkräfte an Land gesetzt, die kleinere Regionen Chinas in «verschanzte Lager»[72] verwandelten. Japan unterhielt außerdem ab 1905 in seinem Pachtgebiet Liaodong eine Division sowie vier Infanteriebataillone entlang der Südmandschurischen Eisenbahn. Hinzu kam selbstverständlich die seit 1842 legale Marinepräsenz der Mächte in chinesischen Gewässern.

Die Höhe der Boxer-Entschädigung wurde auf 450 Millionen taels, umgerechnet etwa 67,5 Millionen £, festgesetzt. Die Summe war bis 1940 in Gold mit einem Jahreszins von 4 % zu zahlen. Sicherheiten waren die Einnahmen aus Seezoll, Binnenzoll, der internen Transitsteuer (*lijin*) und der Salzsteuer. Eine internationale Bankierskommission war für die Verteilung der Mittel zuständig. Die Gesamtsumme verteilte sich folgendermaßen: Rußland 29 %, Deutschland 20 %, Frankreich 15,75 %, Großbritannien 11,25 %, Japan 7,7 %, USA 7,3 %, andere 9 %. Die nach 1901 beschleunigte Abwertung der chinesischen Silberwährung in Relation zu Gold erhöhte die Belastung beträchtlich.[73] Berücksichtigt man die Verzinsung, so belief sich die Gesamtsumme der Boxer-Entschädigung auf etwa eine Milliarde taels.[74] Die Boxer-Entschädigung unterschied sich in ihrer ökonomischen Wirkung nicht wesentlich von den Indemnitätsanleihen der Jahre 1895–98. Wie diese war sie ein Netto-Verlust für China, ein Lehrbuchbeispiel für einen «drain of wealth». In den letzten Jahren der Qing-Dynastie hatte China jährlich Anleihetilgungen und Boxer-Zahlungen in Höhe von 46–47 Millionen taels zu leisten, etwa der Hälfte des zentralen Budgets. Die Summen wurden zu einem kleineren Teil aus den (1902 durch Tarifanhebung vermehrten) Zolleinnahmen sowie durch Verringerung der Ausgaben der Zentralregierung aufgebracht, zum größeren

Teil aus den Steuereinnahmen von 19 Provinzen. Die Salzsteuer, das *lijin* und andere indirekte Steuern wurden erhöht; zwölf Provinzen führten Aufschläge auf die Grundsteuer ein.[75] Alles in allem leistete China zwischen 1895 und 1911 aufgrund der drei Indemnitätsanleihen von 1895, 1896 und 1898 und der Boxer-Entschädigung an seine ausländischen Gläubiger Zahlungen in Höhe von 477 Millionen taels. Dies war mehr als doppelt soviel wie die Gesamtkapitalisierung aller während des Industrialisierungsschubs von 1895 bis 1913 gegründeten Industrieunternehmen.[76] Dieser kolossale Tribut bedeutete einen gigantischen Nettoverlust für die chinesische Volkswirtschaft.

Allerdings hat China niemals die ihm insgesamt abverlangte Milliarde gezahlt. Die Einheitsfront der Boxer-Profiteure brach auseinander.[77] 1908 stellten die USA den Überschuß über den tatsächlichen Aufwand für Entschädigungen an Opfer der Boxerunruhen und für die Deckung der Expeditionskosten der chinesischen Regierung zur Finanzierung von Erziehungseinrichtungen in China, vor allem dann der 1911 gegründeten Qinghua-Universität, zur Verfügung.[78] 1924 wurde über den Restbetrag ähnlich verfügt. Mit Chinas Eintritt auf alliierter Seite in den Ersten Weltkrieg im August 1917 (wenn auch nur als «theoretischer Teilnehmer»)[79] wurden ihm die Boxerzahlungen für fünf Jahre gestundet. Der deutsche und der kleine österreichische Anteil wurden dann im Versailler Frieden aufgehoben. Die größte Quote, die russische, war von China seit der Oktoberrevolution nicht mehr gezahlt worden; die Sowjetunion verzichtete dann 1924 auf den Rest des russischen Anteils. Als ebenso geschäftstüchtig wie heuchlerisch erwiesen sich dagegen Briten und Franzosen. Frankreich verkündete 1922 die «Rückgabe» der noch ausstehenden Entschädigungssummen, zwang China aber, sie für die Rehabilitation der bankrotten Banque Industrielle de Chine, also zur Sanierung französischer Gläubiger, zu verwenden. Keine Spur von einem französischen Verzicht! Großbritannien und China einigten sich nach jahrelangen Verhandlungen erst 1931: China durfte über die Boxermittel verfügen, aber nur beschränkt, denn es mußte sie für infrastrukturelle Projekte, besonders im Eisenbahnbau, verwenden und dabei britischen Lieferanten den Vorzug geben. Zu einer Zeit, als die britische Exportwirtschaft in China in vielen Bereichen kaum noch konkurrenzfähig war, verwandelte die Boxer-Regelung chinesische Steuergelder in gebundene Nachfrage nach britischen Kapitalgütern, die den Chinesen auf diesem Wege zu Preisen hoch über dem Marktniveau verkauft wurden. Tribut aus dem Goldenen Zeitalter des Finanzimperialismus wurde derart den Bedürfnissen einer neuen Ära der Handelsexpansion angepaßt. Insgesamt hat China in Erfüllung seiner Boxerverpflichtungen zwischen 1902 und 1938 669 Millionen taels an die Großmächte gezahlt, also etwa zwei Drittel der vorgesehenen Gesamtsumme.[80] Ein Teil davon war völlig verloren, ein anderer wurde im «Recycling»-Verfahren Verwendungen zugeführt, über die China nur begrenzt entscheiden konnte. Allein die USA gehen einigermaßen günstig aus der blamablen Angelegenheit hervor.

Bei weitem schwieriger zu überschauen und zu beurteilen als der politisch erzwungene Tribut und seine bankmäßige Verwaltung ist der ganze Komplex der Eisenbahnanleihen seit 1898.[81] 90 % aller Kredite an China zwischen 1899 und 1911 waren für diesen Zweck bestimmt. Der Eisenbahnbau durch die weiten asiatischen (und amerikanischen) Räume und seine Finanzierung war nicht allein eine Sache von Machtpolitik und Hochfinanz.[82] Er hatte ganz konkrete lokale Seiten. Er bedeutete die Anwendung europäischer Technologie und ihre Anpassung an neue geographische Umstände, im besten Fall auch Technologietransfer zum Nutzen der Empfängerländer. Beim Bau der Strecken wurden einheimische Arbeiterheere eingesetzt (beim Bau der Ostchinesischen Eisenbahn waren bis zu 200 000 chinesische Arbeiter gleichzeitig tätig),[83] und die neuen Eisenbahngesellschaften waren oft unter den größten Arbeitgebern ihrer Länder (die chinesischen Staatsbahnen beschäftigten 1935 130 000 Menschen).[84] Proletarisches Klassenbewußtsein formierte sich früh unter Eisenbahnarbeitern.[85] Rollendes Inventar, meist auch Schienen und manchmal sogar Kohle mußten aus den industrialisierten Ländern eingeführt werden. Eisenbahnen erschlossen bisher wenig zugängliche Regionen abseits der Wasserwege. Sie veränderten die räumliche Struktur nicht nur der ausländischen Penetration, sondern auch der binnenwirtschaftlichen Marktzusammenhänge. Sie waren Instrumente militärischer Herrschaftssicherung für fremde Imperialisten wie einheimische Machthaber, umkämpfte Objekte in jedem Bürgerkrieg und jeder Revolution, Ziele eines neuen filmnotorischen Banditentums.

Aus dieser Welt der Eisenbahn isolieren wir hier einen einzelnen Strang: den Zusammenhang zwischen Bahnbau, Finanz und Chinas politischer Schwäche.[86] Am Ende des Zweiten Weltkriegs hatte China 25 000 km Eisenbahnen, ebensoviel wie Japan, zehnmal soviel wie Iran, aber 40 000 km weniger als Britisch-Indien (und im europäischen Vergleich: etwas mehr als Italien).[87] Davon waren 9600 km vor 1912 gebaut worden; zwischen 1912 und 1927, also auf dem Höhepunkt der politischen Unordnung, kamen nur 3400 km hinzu; zwischen 1928 und 1937 wurden dann wieder fast 8000 km angelegt, davon ca. 3400 km von den Japanern in der Mandschurei und 2200 durch die Nationalregierung der Guomindang.[88] Daß Chinas Eisenbahnwesen, verglichen etwa mit dem indischen, vor 1949 unterentwickelt blieb, erklärt sich aus den politischen Wirren nach 1912, aus Finanzierungsproblemen und aus der Überlegenheit anderer Verkehrsmittel, besonders des Wassertransports in Südchina: nur 22 % der Streckenkilometer lagen südlich des Yangzi, 40 % in der Mandschurei und 32 % in Nordchina.[89]

Das Herzland des Eisenbahnimperialismus war die Mandschurei. Die russischen und japanischen Eisenbahnen beruhten dort auf *kolonialen*

Konzessionen: Sie befanden sich in direktem ausländischem Besitz, so daß ihre gesamten Erträge unmittelbar an Ausländer gingen, und verliefen durch territoriale Streifen, die wie Pachtgebiete unter ausländischer Kontrolle standen und von ausländischen Sicherheitskräften geschützt wurden.[90] Praktisch handelt es sich um bandförmige Kolonien. Die einzige größere koloniale Bahn dieses Typs im Süden war die französische Yunnan-Bahn, die aber nie auch nur annähernd die ökonomische und politische Bedeutung der mandschurischen Bahnen erlangte, als Stichbahn mit dem chinesischen Streckennetz nicht verbunden war und nie ohne Subventionen auskam. In Nordchina beruhte die 1904 eröffnete Jiaozhou-Jinan-Bahn (435 km) auf einer kolonialen Konzession; sie gehörte der deutschen Schantung-Eisenbahn-Gesellschaft.[91]

Die andere Bahn, welche die deutsche «Interessensphäre» in Shandong durchquerte, die 1911 fertiggestellte Tianjin-Pukou-Bahn (1078 km),[92] verkörperte den zweiten und für das chinesische Kernland charakteristischen Typus: eine Bahn, die Eigentum des chinesischen Staates war, aber unter *finanzieller* Konzession durch ausländische Banken und Agenturen angelegt wurde.[93] Die Betriebsgewinne flossen ganz oder überwiegend dem chinesischen Betreiber zu, waren aber in der Regel weitgehend für die Schuldentilgung vorgemerkt. Der «scramble» der späten 1890er Jahre um Eisenbahnrechte drehte sich vor allem um solche finanziellen Konzessionen.[94] Wenn der chinesischen Regierung die Wahl zwischen mehreren potentiellen Konzessionären blieb, bevorzugte sie die politisch weniger gefährlichen Amerikaner und Belgier und versuchte, längere Bahnstrecken auf mehrere Konzessionäre zu verteilen. 1914 entfielen auf die einzelnen Gläubigerländer folgende Anteile an den tatsächlich an China gezahlten Anleihesummen: Großbritannien 41%, Frankreich und Belgien je 17%, Deutschland 16%, Japan 5%, USA 4%.[95] Britische Banken und Agenturen waren also die wichtigsten Finanziers der chinesischen Eisenbahnen. Dabei kam, wie schon bei den Indemnitätsanleihen von 1896 und 1898, die neue enge Partnerschaft zwischen dem Foreign Office und der Hongkong-Bank zur Geltung, der potentesten Bank im Osten, die sich für Zwecke des Eisenbahngeschäfts gemeinsam mit dem größten China-Konzern, Jardine Matheson & Co., 1898 eine Spezialagentur, die British and Chinese Corporation, geschaffen hatte.[96] Obwohl die britische Diplomatie ihre alte Tradition der Nichtintervention zugunsten partikularer Wirtschaftsinteressen[97] verabschiedet hatte, setzte sie sich dennoch weniger aggressiv und direkt für privatwirtschaftliche Konzessionswünsche ein als die Regierungen des Deutschen Reiches und der Französischen Republik. Auch wurden die britischen Banken niemals zu einer monopolistischen nationalen «Gruppe» formiert. Schon der Typ der britischen Überseebanken stand dem entgegen. Die vom Foreign Office auf Kosten ihrer Rivalen, etwa der Chartered Bank of India, Australia and China,[98] favorisierte Hongkong-Bank war eine lokale Gründung von Chinakaufleuten mit bis zum Ersten Weltkrieg erheblicher deutscher Beteiligung an Kapital und Management.[99] Im Unterschied dazu war die Deutsch-Asiatische Bank eine speziell für den Kapitalexport nach China geschaffene Institution, hinter der die Disconto-Gesellschaft und zwölf weitere Bankhäuser standen.[100] Der Primat der Politik blieb in der britischen Finanzdiplomatie eher gewahrt als bei den kontinentalen Mächten.[101] Großbritannien, das den «scramble» nicht gewollt hatte, setzte aus bündnispolitischen wie aus ökonomischen Gründen (vor allem einer chronischen Abneigung des Londoner Kapitalmarktes gegen chinesische Anleihen)[102] in der Eisenbahnfinanz auf Kooperation, zuerst mit Deutschland, ab 1905 dann auch mit Frankreich. Man ergänzte sich: Die Briten hatten die Konzessionen, die Franzosen und die Deutschen das Kapital.[103] Das chinesische Eisenbahngeschäft wurde in den ersten Jahren des 20. Jahrhunderts zu einer eher kooperativen als kompetitiven Angelegenheit. Der Höhepunkt war 1911 mit der Bildung eines Vier-Mächte-Konsortiums (mit US-Beteiligung) zur Auflage der Huguang-Anleihe (6 Millionen £ für Bahnen in Hubei und Hunan) erreicht.[104]

Finanzielle Konzessionen gingen im Einzelfall immer wieder auf «Ratschläge» ausländischer Diplomaten an die Adresse der chinesischen Regierung zurück. Sie sind von der allgemeinen Situation ausländischer Vormacht und chinesischer Schwäche nicht zu trennen. Aber es wäre übertrieben zu behaupten, die Eisenbahnanleihen wären China allesamt «aufgezwungen» worden. Auch unter günstigeren internationalen Konstellationen hätte das Land sein Verkehrswesen ganz ohne ausländisches Kapital vermutlich nicht modernisieren können.[105] Der finanzimperialistische Teufel steckte nicht im Prinzip, sondern im Detail. Er steckte zunächst, wie auch bei den politischen Anleihen, in den finanziellen Konditionen: Verzinsung, Ausgaberabatt, Laufzeit, Kommissionen, Gewinnbeteiligung (bei einigen Anleihen erhielten die Gläubiger zusätzlich zur Verzinsung 20 % der Nettoprofite aus dem Bahnbetrieb), Spielraum für Wechselkursmanipulationen, usw.[106] Er steckte mehr noch in den zusätzlichen Auflagen, die mit den Anleihen verbunden waren: gleichzeitige Gewährung von Bergbaurechten; Garantie nicht nur aus Betriebserträgen der jeweiligen Bahn, sondern auch aus anderen Einkunftsquellen der chinesischen Regierung; Beauftragung der Kreditgeber als Einkaufsagenten für Eisenbahnmaterial (die British and Chinese Corporation vertrat gleichzeitig die führende Bank und die größte Import-Export-Firma!); Besetzung der höheren Verwaltungs- und Ingenieursstellen mit Ausländern; autokratische Stellung des ausländischen Chefingenieurs mit oft völliger Freiheit bei Personalpolitik und Materialbeschaffung; Überwachung der Finanzen durch einen ausländischen Chefbuchhalter, usw.[107]

Vor 1936 war es China nicht möglich, Eisenbahnanleihen ohne solche Kontroll- und Bindungsbestimmungen zu erhalten.[108] Bis dahin war jeder

Anleihevertrag durch eine spezifische Kombination von Sonderbedingungen charakterisiert. Mit den Jahren gelang es der chinesischen Seite, allmählich günstigere Bedingungen auszuhandeln. Der Maßstab war dabei der in China berüchtigte Anleihevertrag über die Shanghai-Nanjing-Bahn von 1898, welcher der British and Chinese Corporation außerordentlich günstige finanzielle Konditionen und die faktische Kontrolle über Bau und Betrieb der Bahn eingeräumt hatte.[109] Vergleicht man damit das Abkommen über die Tianjin-Pukou-Bahn von 1908, so werden die Fortschritte deutlich: Die Gläubigerbanken mußten auf die administrative Kontrolle der Bahn und auf Gewinnbeteiligung verzichten, und das Inventar wurde nicht zur Garantie der Anleihe herangezogen; der ausländische Chefingenieur genoß beschränktere Kompetenzen.[110] Hinfort war es das Ziel der chinesischen Eisenbahndiplomatie, mindestens «Tianjin-Pukou»-Konditionen zu erreichen, unter keinen Umständen aber auf «Shanghai-Nanjing»-Niveau zurückzufallen. Die älteren Regelungen blieben allerdings weiter gültig und konnten nur selten neu verhandelt werden. Am Vorabend des Ersten Weltkriegs übte China daher von den wichtigen Strecken nur auf der Tianjin-Pukou-Bahn und der Shanghai-Hangzhou-Ningbo-Bahn die uneingeschränkte administrative Kontrolle aus. Britisches Personal bestimmte über die Shanghai-Nanjing- und die Beijing-Mukden-Bahn, französisches über die Beijing-Hankou-Linie.[111] Die letzten beiden waren vor 1914 die mit Abstand profitabelsten und verkehrsgeographisch wichtigsten Linien innerhalb des nationalen Systems.[112] Keine dieser Bahnen stand unter kolonialer Konzession, alle waren Eigentum der chinesischen Regierung. Die chinesischen Eisenbahnen südlich der großen Mauer wurden so zu einer zeitgemäßen Erweiterung der «informal empires»: sie unterlagen einem gewissen Maß an vertraglich verbriefter ausländischer Kontrolle, ohne doch formell in fremder Hand zu sein.

Möglich wurde die – gewiß vorerst geringfügige – Stärkung der chinesischen Verhandlungsposition in den ersten Jahren des 20. Jahrhunderts zum einen durch das Ausspielen verschiedener ausländischer Eisenbahninteressen gegeneinander, nachdem Großbritannien seine anfängliche Dominanz in der Eisenbahnfinanzierung verloren hatte, zum anderen durch einen seit der Jahrhundertwende wachsenden Widerstand der chinesischen Öffentlichkeit gegen die Wirtschaftsinvasion im allgemeinen und den ausländischen Einfluß im Eisenbahnbau im besonderen. Eine solche «Öffentlichkeit» als räsonnierende Artikulation kollektiver Ansichten und Interessen außerhalb der internen Diskussionen der Bürokratie war ein neues Phänomen.[113] Es läßt sich rein literargeschichtlich aus den Werken berühmter Schriftsteller wie Liang Qichao, Kang Youwei und Yan Fu nicht restlos erfassen.[114] Die neue politische Sensibilität und soziale Bewegung erfaßte weitere Kreise der Bevölkerung: Studenten mit westlicher oder japanischer Ausbildung, Journalisten, Teile der Kaufmannschaft und Gentry in Shanghai und einigen Provinzzentren, da und dort auch die

222 China zwischen Unterwerfung und Widerstand

städtischen Unterschichten. Diese Gruppen vertraten einen neuen Nationalismus, der sich von der rückwärtsgewandten Fremdenfeindlichkeit der Yihetuan deutlich unterschied und statt eines «barbarischen» ein «ziviliertes Hinausdrängen der Fremden» progagierte.[115] Man war anti-imperialistisch, jedoch nicht länger anti-modern: China sollte Eisenbahnen und fortgeschrittene Industrien haben, aber sie sollten von Chinesen besessen und betrieben werden. Man dachte nicht an eine einseitige Annullierung der ungleichen Verträge, sondern verfolgte eine vorsichtige und graduelle Taktik ihrer Entschärfung in der praktischen Anwendung. Man organisierte Pressekampagnen und Agitationsfeldzüge, die, anders als die Massaker der Yihetuan, friedlich verliefen und den Großmächten keine Handhabe zum Eingreifen boten. 1905 kam es wegen der amerikanischen Immigrationsgesetze gegen chinesische Einwanderer zu einem großen Anti-USA-Boykott in Südchina.[116] Stimmungsvolle patriotische Demonstrationen – 1907 etwa demonstrierten Gentry-Mitglieder, Kaufleute, Studenten mit zweitausend Bettlern und sechstausend weinenden «Kulis» gegen den Shanghai-Ningbo-Anleihevertrag[117] –, Selbstmorde, spektakuläre Tode aus angeblich patriotischem Gram und dergleichen vermochten ausländischen Politikern und Bankiers gewiß nicht Einhalt zu gebieten, signalisierten aber, daß sich die Schwelle der Zumutbarkeit hob. Sir Ernest Satow, der britische Gesandte, registrierte 1906 «ein Bewußtsein nationaler Solidarität, das in China völlig neu ist»,[118] und mußte feststellen, daß die Beamten in Beijing mehr als früher auf die Stimmung in den Provinzen zu achten hatten.[119] Im gleichen Jahr prophezeite der deutsche Gesandte Philipp Alfons Mumm von Schwarzenstein Unheil aus dem «kaufmännischen Zusammenschluß Chinas gegen die Fremden, wie er sich in der Verweigerung neuer und in der Kündigung bestehender Konzessionen, im Boykott fremder Waren, im Streik von Werftarbeitern, in der Macht der Gilden offenbart».[120]

Seit 1902/03 gab es verschiedene «Bewegungen zur Rückgewinnung von Eisenbahnrechten», die meist von der provinzialen Gentry geführt wurden. Ihr wichtigster Erfolg war 1905 der Rückkauf (zu dem exorbitanten Preis von 6,75 Millionen US $) der Konzession für die Kanton-Hankou-Bahn von dem amerikanischen Tycoon J. Pierpont Morgan durch Zhang Zhidong, den Generalgouverneur von Hubei und Hunan. [121] Trotz einiger anderer ähnlicher Errungenschaften eher symbolischen Charakters war die «Rückgewinnung von Rechten» in der Eisenbahnfinanz wie im Bergbau[122] jedoch ein Fehlschlag. Der Rückkauf von Konzessionen war teuer, denn selbstverständlich verstanden es die Ausländer, daraus ein gutes Geschäft auf Kosten des chinesischen Steuerzahlers zu machen; nach der Revolution 1911 gerieten einige dieser Konzessionen erneut unter ausländische Kontrolle.[123] Obwohl es an einheimischem Kapital und technologischem Wissen nicht fehlte,[124] wurden vor 1911 nur 10 % des Bahnnetzes ohne Auslandskapital gebaut.[125] Die so triumphal repatriierte

Kanton-Hankou-Bahn wurde erst 1936 – mit britischem Kapital aus Boxermitteln – vollendet. Schließlich: Die Qing-Dynastie stellte sich 1910/ 11 gegen die embryonalen Eisenbahnprojekte, für die sich in einigen Provinzen die Kaufleute-Gentry-Allianz begeisterte und in die sie zu investieren begann. Die Zentralregierung fürchtete Einnahmeausfälle, sah die logistischen Vorteile eines nationalen, also zentral koordinierten Bahnnetzes und bekehrte sich wieder zu den Vorzügen des Borgens bei den internationalen Banken. Die neue zentralistische Eisenbahnpolitik, begleitet von einem Anziehen der fiskalischen Zügel gegenüber den Provinzen,[126] überforderte indessen die politische Kraft der Dynastie und trug unmittelbar zur Revolution vom Oktober 1911 bei, die in ihrer Substanz ein Abfall der Provinzeliten von der Dynastie in Beijing war.

Ein Gesamturteil über die ausländischen Eisenbahnanleihen in China muß berücksichtigen, daß sie sich als einziger wichtiger Anleihentyp im Prinzip aus wirtschaftlichen Erträgen amortisieren konnten, auch wenn die Nettoprofite der Eisenbahnlinien kaum zur Zinstilgung hinreichten.[127] Die Boxer-Entschädigung und ebenso die Indemnitätsanleihen waren demgegenüber im Endeffekt unilaterale Zahlungen Chinas: erzwungener Tribut. Couponschneider (um Lenin zu zitieren) in London oder Paris, Berlin oder Brüssel, die vor 1911 ihr Geld mit einer Verzinsung von durchschnittlich 5,2 % in chinesischen Eisenbahnpapieren anlegten,[128] konnten nicht ahnen, daß diese in den 1920er Jahren fast alle in Zahlungsverzug geraten würden.[129] Die Zeichner der politischen Papiere, die durch den Seezoll garantiert waren, befanden sich in einer weitaus günstigeren Lage. Dies galt nicht nur für die Indemnitätsanleihen von 1895–98, sondern auch für die «Reorganisationsanleihe» von 1913: mit 25 Millionen £ die umfangreichste aller chinesischen Anleihen, zugleich Höhepunkt und Ende des kooperativen Finanzimperialismus in China.[130]

Obwohl geschäftlich attraktiv für die beteiligten Banken und für das investierende Publikum, war die Reorganisationsanleihe in erster Linie ein politisches Instrument. Sie war die Antwort von Diplomatie und Hochfinanz auf die Revolution von 1911. Die Großmächte sahen den Fall der Mandschus ohne Bedauern und blieben während der Revolution neutral. Da die Dynastie nahezu kampflos verschwand, erledigte sich das Problem der Wahl zwischen Loyalisten und Insurgenten von selbst. Die Frage war vielmehr, wer sich im Lager der Republikaner durchsetzen würde, wo radikale anti-imperialistische Positionen nur von Außenseitern vertreten wurden. Die revolutionäre Bewegung unter der Führung von Sun Yatsen, Huang Xing und Song Jiaoren verfügte über keine ausreichende Machtbasis und mußte widerwillig Yuan Shikai, dem erfolgreichsten Reformbürokraten und Militärführer aus den letzten Jahren des Kaiserreiches, den Vorrang einräumen. Seit März 1912 war er der Provisorische Präsident der Chinesischen Republik. Yuan war der «starke Mann» Chinas, aber vorerst nur ein potentiell starker Mann, denn das ohnehin leistungsschwache zentrale Steuersystem der späten Qing-Zeit war weitgehend außer Funktion. Präsident Yuan hatte kein Geld. Die Großmächte, geführt von England und Frankreich, waren nicht unerfahren mit den Problemen von Chaos und Ordnung in China. Ähnlich wie in der Taiping-Zeit und der Boxer-Periode nutzte man die Wirren zunächst, um unmittelbare Vorteile einzuheimsen, und stabilisierte dann eine leidlich ansprechbare Zentralmacht. Schon im November 1911, einen Monat nach dem Ausbruch der Revolution in Zentralchina, nahmen die Mächte, unterstützt durch die in der chinesischen Bürokratie beschäftigten Ausländer, den Seezoll in ihre schützende Obhut; die Zolleinnahmen wurden nun ohne Beteiligung chinesischer Stellen direkt von den ausländischen Zollkommissaren in den Filialen der Hongkong-Bank deponiert und damit der chinesischen Regierung vorenthalten. Gleichzeitig zogen die Konsuln im International Settlement von Shanghai unter Bruch der Treaties die Jurisdiktion auch über rein chinesische Fälle an sich: der «Mixed Court», dem bis dahin Ausländer nur als Beisitzer angehört hatten, war fortan ein rein ausländisches Organ.[131] Solche neuerlichen einseitigen Einschränkungen der chinesischen Souveränität wurden gerechtfertigt als legitime Verteidigung eigener Besitzstände, als fürsorgliche Wahrung chinesischen Vorteils und letztlich als Ordnungstat im Interesse der Weltzivilisation. Es war seit dem Herbst 1911 mehr als in der Vergangenheit von «Aufsicht» und «Vormundschaft» die Rede: «Jungchina» benötige die brüderliche Führung durch das erfahrene Ausland.[132] War vordem unentwegt der lernunfähige Traditionalismus des «alten und grauen» China gescholten worden, so sorgte man sich nach dessen Abgang von der historischen Bühne um die hilfsbedürftige Unerfahrenheit der jungen Republik.

Die Gewinne, die man aus dem «Chaos» gezogen hatte, konnten freilich nur dann genossen werden, wenn eine einheimische Staatsmacht sie garantierte. Im Rahmen der verschärften quasi-kolonialen Beschränkungen wünschte sich Sir Edward Grey, der britische Außenminister, in alter Tradition «eine starke und stabile Regierung, die günstige Bedingungen für den Handel garantiert».[133] Yuan Shikai, der fähigste Administrator im moribunden Qing-Reich, mit dem vor allem die Briten schon vor 1911 gute Erfahrungen gemacht hatten,[134] war dafür der am besten geeignete Kandidat und eine Anleihe das eleganteste Mittel, um ihm einen Vorsprung vor seinen Widersachern zu verschaffen. Yuan selbst hatte – ebenso wie sein Kontrahent Sun Yatsen[135] – um finanzielle Hilfe nachgesucht. Seit 1911 existierte für solche Fälle das Vierer-Bankenkonsortium. Es erklärte im Februar 1912 offiziell seine Unterstützung für Yuan Shikai und gewährte ihm in den folgenden vier Monaten Vorschüsse in Höhe von 1,8 Millionen £. Im Juni 1912 wurden Rußland und Japan in das Konsortium aufgenommen: zwei Schuldnerländer, die selbst kein Kapital exportieren konnten und für ihre bescheidenen Anteile an der Anleihe belgische und französische Banken bemühen mußten.[136] Der Zweck ihrer Beteiligung war, Yuan mit einer diplomatischen wie finanziellen Einheitsfront zu konfrontieren und ihm durch eine finanzielle Blockade eine weitgehende ausländische Kontrolle der chinesischen Staatsfinanzen abzupressen – worauf die Bankiers übrigens stärker erpicht waren als die Politiker. Zwar gelang das Manöver, doch die harschesten Forderungen an China, die auf den Verhandlungstisch kamen, ließen sich nicht durchsetzen. Die Belgier brachten sich als Blockadebrecher ins Spiel und ebenso ein durch den Finanzier Birch Crisp organisiertes britisches Außenseitersyndikat. Durch Anbandeln mit solchen alternativen Liquiditätsanbietern vermochte China den härtesten Kontrollbedingungen zu entgehen. Das Monopol des Konsortiums war fast, aber nicht ganz unüberwindlich. Die großen Beträge, welche China benötigte, konnten die Außenseiter allerdings nicht bereitstellen. Yuans Position verschlechterte sich dann, nachdem er den Guomindang-Führer Song Jiaoren am 20. März 1913 hatte ermorden lassen. Die politischen Kämpfe – die sogenannte «Zweite Revolution» – intensivierten sich. Yuan brauchte nun das Geld dringender denn je.[137]

Die Bedingungen des Anleiheabkommens vom 26. April 1913[138] und die Umstände der Verwendung der Anleihe waren ungünstig genug. Die Anleihe war offiziell bestimmt zur Finanzierung militärischer Demobilisierung, zur Reorganisation der Bürokratie und der Salzverwaltung und zur Förderung der Industrie. Der Nennwert der Anleihe von 25 Millionen £ (zu 5 % bei einem Ausgabepreis von 90) entsprach über 47 Jahre verteilt einer Gesamtbelastung von 68 Millionen £. Die an Yuan ausgezahlten Summen waren zum überwiegenden Teil in ihrer Verwendung gebunden, vor allem an die Rückzahlung älterer Binnen- und Auslandsschulden sowie an die Reform der Salzverwaltung. Nur über ca. 8,5 Millionen £ konnte Yuan Shikai relativ frei verfügen. Sie gaben ihm in der Tat einen entscheidenden Vorsprung vor seinen politischen Rivalen und ermöglichten die Errichtung eines diktatorischen Systems, das bis zu Yuans verhängnisvollem Griff nach der Kaiserwürde im Jahre 1915 China zum letzten Male administrativ einte. Das historische Urteil über die Anleihe hängt deshalb davon ab, wie man Yuans Herrschaft beurteilt; in den letzten Jahren hat dieser Erzschurke der neueren chinesischen Geschichtsschreibung eine etwas günstigere Beurteilung erfahren.[139] Unabhängig von einer solchen Einschätzung läßt sich sagen, daß die Reorganisationsanleihe so gut wie keine produktiven Wirkungen hatte und ihre Rückzahlung deshalb zu einer Belastung der chinesischen Finanzen führte, die ebenfalls als Tribut bezeichnet werden kann. Die Anleihe zeigte die internationale Kooperation in und gegenüber China auf ihrem Höhepunkt. Wenige Monate vor dem Ausbruch des Ersten Weltkriegs trübte kein Schatten die politische Harmonie der kapitalexportierenden Großmächte an der ostasiatischen «Peripherie», auch wenn bald nach Unterzeichnung der Anleihe der kommerzielle Wettbewerb wieder auflebte. Die

Hoffnung keimte auf, ein geeintes China unter dem modernisierungswilligen Yuan Shikai stehe am Anfang einer Industrialisierungswelle, an der es teilzuhaben gelte.[140] Die Gründung der auf Chinageschäfte spezialisierten British Engineers' Association im April 1912 war Ausdruck solch neuer Erwartungen.[141] Noch weniger als während des konfliktreichen Jahrzehnts nach 1895 stand um 1911 die Aufteilung des chinesischen Kernlandes zur Diskussion. Der neue konstruktive Nationalismus in China schreckte davon nicht weniger ab als der wilde Fremdenhaß der Yihetuan. Nach 1907 stellte sich im internationalen System Ostasiens eine grundsätzliche Interessenharmonie der Großmächte wieder her, wie sie unter anderen Vorzeichen zwischen 1860 und 1895 geherrscht hatte.[142] 1909 bis 1914 erfüllten sich auch zwei andere langfristige Prozesse, die in der Mitte des 19. Jahrhunderts begonnen hatten: die Erosion des kontinentalasiatischen Tributgürtels und der Aufbau von Informal Empires. 1910 wurde Korea von Japan annektiert und trat damit in seine fünfunddreißigjährige Kolonialepoche ein. In Tibet, um das von jeher eine subtilere Diplomatie getrieben wurde als um Korea, verflüchtigte sich gleichzeitig der chinesische Einfluß auf ein Minimum, ohne daß Britisch-Indien (außer kurz 1904) den direkten Griff nach Lhasa gewagt hätte.[143] Am ungünstigsten verlief die Entwicklung im Nordwesten. 1913 mußte China die «Unabhängigkeit» der Äußeren Mongolei unter russischem Protektorat anerkennen.[144] In der Inneren Mongolei verbreitete sich, von der benachbarten Südmandschurei aus, während der folgenden Jahrzehnte schleichend der Einfluß der Japaner. Die Besetzung der ganzen Mandschurei durch Japan 1931 und der angrenzenden mongolischen Provinz Rehe (Jehol) 1933 war dann der letzte Akt in der langen Geschichte der Zurückstutzung des einstigen Mandschu-Reiches auf seinen han-chinesischen Kern.

Der zweite säkulare Prozeß erreichte seinen Höhepunkt und Abschluß ebenfalls in der Folge der Revolution von 1911. Internationale «Kontrolle» war die neue Parole eines intensivierten informellen Imperialismus. Das Treaty-System des 19. Jahrhunderts war nach 1895/1900 dreifach verändert und erweitert worden: durch Aneignung von Rechtstiteln («Konzessionen»)[145] außerhalb der Treaty Ports, durch Stationierung von Landstreitkräften sowie durch die Umwandlung der Seezollbehörde vom fiskalischen Stützpfeiler der Zentralregierung in eine Instanz zur Abschöpfung von Revenuen zugunsten der ausländischen Gläubigerbanken. Diese letzte Entwicklung wurde jetzt einen weiteren Schritt vorangetrieben.[146] Die Gesandten – in ihrer Kollektivität als «Diplomatic Body», der seit der Boxer-Katastrophe immer wieder als eine Art von Über-Regierung Chinas in Aktion trat – hatten noch im Herbst 1911 in den größeren Häfen den Seezoll und damit die wichtigste Quelle der Schuldentilgung unter ihren «Schutz» gestellt. Im Januar 1912 diktierten sie der Regierung in Beijing neue, die Notstandsmaßnahmen von 1911 verewigende Zollmodalitäten.

Fortan wurden die in den Treaty Ports eingenommenen Zollgelder von den ausländischen Zollkommissaren unter Umgehung ihrer chinesischen Kollegen (der «Superintendenten») nicht an die Regierung in Beijing überwiesen, sondern in Shanghai den großen ausländischen Banken übergeben, die den Schuldendienst verwalteten und sich in ihrer neuen Funktion nun «Wächterbanken» (Custodian Banks) nennen durften. Falls nach der ohne Mitwirkung chinesischer Stellen vorgenommenen Verteilung der Zollmittel unter den Gläubigern ein Restbetrag übrigbleiben sollte, konnte die chinesische Regierung beim Diplomatic Body um dessen «Freigabe» *ersuchen*. Sie wurde oft genug aus fadenscheinigen Gründen verweigert.

Formal gesehen, war dieses neue Finanzregime keine Kopie der «Caisse de la dette», jener seit 1876 für den Vorderen Orient charakteristischen Institution.[147] Das Seezollamt blieb eine Behörde des chinesischen Staates, und der Inspector General wurde niemals durch eine ausländische Bankierskommission ersetzt. In Wirklichkeit handelte es sich aber um Zwangsschuldenverwaltung im Sinne eines *teilweise* direkten Zugriffs der Ausländer auf die chinesischen Staatseinkünfte. Dies war während der Zeit der Wirren vom Tode Yuan Shikais 1916 bis zur Errichtung von Jiang Kaisheks Nationalregierung in Nanjing im Jahre 1928 auch von erheblicher Bedeutung für die chinesische Innenpolitik, weil die Mächte sich vorbehielten, den Zollüberschuß derjenigen politisch-militärischen Gruppierung zu übertragen, die sie selbst als die legitime Regierung Chinas anzusehen geneigt waren.[148] Eine fremde Kontrolle über die indigenen Staatsfinanzen als Ganze, wie in Ägypten, gab es nicht. Auch ist beim Vergleich mit dem Vorderen Orient die unterschiedliche Entstehungsgeschichte der Finanzkontrolle zu bedenken. Sie war keine Reaktion der Gläubiger auf einen einheimischen Staatsbankrott, wie ihn etwa das Osmanische Reich 1875 erklärte.[149] Ja, Zahlungsmoral und Zahlungsfähigkeit Chinas konnten sich im internationalen Vergleich durchaus sehen lassen.[150] Noch 1925, als erste Probleme mit einigen Eisenbahnanleihen auftauchten, bestätigte ein Kenner, der amerikanische Gesandte MacMurray, die Chinesen seien «auf einzigartige Weise gewissenhaft im Hinblick auf ihre Schulden».[151] In China ging die Finanzkontrolle aus der Umfunktionierung einer Institution, der Maritime Customs, hervor, die *vor* der Ära des Finanzimperialismus entstanden und geradezu das Symbol der Handelsdurchdringung unter dem Motto der Open Door gewesen war. Nirgends wird die Überlagerung einer älteren durch eine neue Form des Imperialismus deutlicher als im Schicksal des Seezollamtes, nirgends aber vielleicht auch die Stellung der Ausländer in und zu China augenfälliger als im Übergang von Sir Robert Hart, dem gewissenhaften Diener zweier Herren, zu seinem Nachfolger Sir Francis Aglen, der sich ausschließlich als Sachwalter des internationalen Finanzkapitals verstand.

Während die Grundsteuer und die internen Zölle und Verbrauchssteuern von lokalen Ausnahmen abgesehen auch in der Epoche der Unterwerfung niemals unter die Kontrolle von Ausländern gerieten, entstand im Gefolge der Reorganisationsanleihe eine Art von kleinerem Duplikat des Seezollamtes: das Salzinspektorat. Seit 1908 waren verschiedene Anleihen, dann auch die Reorganisationsanleihe von 1913, auf Salzeinnahmen garantiert worden. Die Mächte setzten eine ausländische Beteiligung an der Verwaltung der Salzrevenuen nach dem «synarchischen» Modell hauptsächlich deswegen durch, um durch administrative Rationalisierung die Ertragskraft des Dienstes zu erhöhen. In der Tat hat der erste Assistant Chief Inspector (1913–20),[152] Sir Richard Dane, dieses Ziel durch kluge Reformen weitgehend erreicht.[153] 21 % der Einkünfte der Zentralregierung unter Yuan Shikai kamen 1913–16 aus der Salzsteuer gegenüber 15 % 1908 und 12 % 1753.[154] Aber dann wiederholte sich, auf wenige Jahre komprimiert, die Geschichte des Seezollamtes: Die Banken vermochten sich einen Einfluß auf das Salzinspektorat zu verschaffen, der ihre 1913 vertraglich festgelegten Kompetenzen weit überstieg. In den zwanziger Jahren – bis zum Kollaps der Salzbürokratie 1926 als Folge der inneren Wirren – bürgerte sich rechtswidrig eine Kopie des Custodian-Bank-Systems ein, indem der Chefinspektor seine Einnahmen direkt an die Hongkong and Shanghai Banking Corporation und ihre gierigen Schwestern überwies.[155] Derlei Mißbräuche ließen das Salzinspektorat in chinesischen Augen als eine weitere Bastion ausländischer Vorherrschaft erscheinen. Dane, der aus dem Ruhestand mitansehen mußte, wie sein Reformwerk kompromittiert wurde, wandelte sich darob zu einem grimmigen Ankläger des Imperialismus.

Nicht der Erste Weltkrieg hat dieses System des informellen Imperialismus zerstört, sondern der Zweite, der in Ostasien mit der japanischen Invasion des chinesischen Kernlandes im Juli 1937 begann. Der Erste Weltkrieg veränderte die machtpolitische Gesamtsituation in Ostasien, hatte aber nur wenig Einfluß auf die Stellung Chinas im internationalen System. Der informelle Imperialismus lebte fort und verstand es, sich neuen Bedingungen flexibel anzupassen. Die Widersprüche in Chinas politischer Stellung in der Welt wurden deutlicher denn je zuvor: Einerseits war die Chinesische Republik eine Siegermacht im Weltkrieg, formal gleichberechtigte Teilnehmerin an den Friedenskonferenzen und Gründungsmitglied des Völkerbundes, andererseits machten die Großmächte kaum Anstalten, dem Verlangen Chinas nach Revision der rechtlichen Beschränkungen seiner Souveränität entgegenzukommen. Erst Ende der 1920er Jahre waren Spuren westlicher Konzilianz erkennbar, die aber nicht zu einem nennenswerten Rückzug der ausländischen politisch-militärischen Interventionsorgane führten. Während der zwanziger Jahre patrouillierten in ruhigen Zeiten auf dem Yangzi etwa 15 britische, 10 japanische, 8 amerikanische und 5 französische Kanonenboote; im Sommer, wenn der Wasserstand es erlaubte, hatten die Briten in Hankou einen Kreuzer vor Anker liegen.[156] Großbritannien hatte zwei Armeebataillone in Hongkong und eines in Tianjin stationiert. Im Mai 1934, zu einer politisch windstillen Zeit, wurden die Fremdengebiete von Shanghai durch 6.000 Mann ausländischer Truppen geschützt.[157] Selbst die sich als besonderer Freund Chinas gerierenden USA unterhielten bis zum Beginn des Japanisch-Chinesischen Krieges 1937 nie weniger als 45 Offiziere und 700 Soldaten auf chinesischem Territorium.[158] Als 1926/27 Shanghai und andere wichtige Städte durch nationalistische Unruhen bedroht schienen, zog allein Großbritannien 2 kleinere Flugzeugträger, 12 Kreuzer, 20 Zerstörer und 12 Unterseebote in China zusammen; nur zur Verteidigung Shanghais wurden 8 Bataillone aufgeboten (die dann nicht zum Einsatz kamen).[159]

Weiterhin wurde Diplomatie auf dem Schachbrett China getrieben. Das Land blieb Objekt der Weltpolitik. Dies konnte unilaterale und recht massive Formen annehmen, vor allem Japans grobschlächtigen Versuch, im Windschatten des Weltkriegs 1915 durch ultimative «Einundzwanzig Forderungen» das China Yuan Shikais zu einer Art von japanischem Protektorat zu erniedrigen.[160] Im Ergebnis vergrößerte sich Japans Rolle auf dem Kontinent, ohne daß es doch einer Hegemonie wesentlich näher gekommen wäre. Charakteristischer als einzelgängerische Vorstöße war für die Jahre nach 1918 eine multilaterale Konferenzdiplomatie, die einen neuen Ausgleich der Kräfte in Ostasien und im Pazifischen Raum suchte – und ihn zu finden schien. Die machtpolitische Situation hatte sich vereinfacht. Die deutschen Interessen und Einflußmittel in China waren dem Krieg zum Opfer gefallen. Rußland, nunmehr in Gestalt der Sowjetunion, betrieb gleichzeitig eine harte Realpolitik in Nordchina und die konspirative Unterstützung der revolutionären Kräfte im Süden und in der Mitte des Landes;[161] es kam als seriöser diplomatischer Partner der Westmächte und Japans vor 1928 ohnehin nicht in Betracht. Frankreich konzentrierte seine überseeischen Interessen, Tendenzen der letzten Vorkriegsjahre fortsetzend, auf sein Kolonialreich[162] und begnügte sich in China damit, seine Vorkriegsinvestitionen – die Anleihen, die Yunnan-Bahn und den katholischen Missionsbesitz – zu hegen und zu pflegen, ohne in Ostasien weiterreichenden weltpolitischen Ehrgeiz zu entwickeln, wie es ihn im Vorderen Orient an den Tag legte.[163]

Drei ostasiatische Großmächte waren also in den zwanziger Jahren übriggeblieben: die USA, Großbritannien und Japan. Auf der Konferenz von Washington (November 1921 bis Februar 1922),[164] auf welcher Charles Evans Hughes, der Außenminister des nunmehr zur «entscheidenden Stabilisierungsmacht im Pazifik»[165] aufgestiegenen Gastlandes die politischen Akzente setzte, vereinbarte man eine Rüstungsbegrenzung in den Schlachtschiffstärken (USA:GB:JAP = 5:5:3), welche die Kräfteverhältnisse der Nachkriegszeit widerspiegeln und ein Flottenwettrüsten zwischen den USA und Japan verhindern sollte. Da Japans Flottenmacht regional viel enger konzentriert war als die weltweit verstreute der Briten und Amerikaner, anerkannte der Vertrag implizit eine dominante Position

Japans im westlichen Pazifik. Zugleich wurde die Anglo-Japanische Allianz (die 1911 für zehn Jahre verlängert worden war) aufgehoben und in ein lockerer gefügtes Vier-Mächte-Abkommen (mit französischer Beteiligung) überführt. Damit war erstmals ein kollektives Sicherheitssystem für die östliche Hemisphäre geschaffen worden. Das dritte Ergebnis der Konferenz war ein Neun-Mächte-Vertrag über China (6. Februar 1922). In ihm wurde das Prinzip der Open Door, das seit der Etablierung der Meistbegünstigungsklausel in den Chinaverträgen im Jahre 1843 der Sache nach praktiziert worden war und an das John Hay in der Periode der Pachtgebiete und Interessensphären neu erinnert hatte, multilateral und völkerrechtlich verbindlich zur herrschenden Doktrin erhoben. Die Unterzeichner verpflichteten sich so eindeutig wie nie zuvor zur Anerkennung von Chinas territorialer Integrität und politischer Unabhängigkeit sowie seiner Neutralität im Kriegsfall, verzichteten auf die Abgrenzung *neuer* Interessensphären und bekräftigten das Prinzip der Chancengleichheit für alle auf dem chinesischen Markt. Am Rande der Konferenz einigten sich Japaner und Chinesen auf den Modus des Rückzugs japanischer Truppen aus der Provinz Shandong, wo diese seit 1914 das ehemalige deutsche Pachtgebiet und angrenzende Territorien besetzt gehalten hatten. Die Vorrechte, die sich Japan 1915 mit den «Einundzwanzig Forderungen» erpreßt hatte, wurden nicht in Frage gestellt.

Wie man die Washingtoner Konferenz mit Wissen um die spätere Entwicklung beurteilt, ist ein Problem historischer Relativität. Hat sie Ordnung aus Chaos gestiftet und damit zumindest zeitweilig Schlimmeres verhütet?[166] Oder muß ihr vorgeworfen werden, durch die Unverbindlichkeit und mangelnde Radikalität ihrer Lösungen, auch durch das Fehlen eines Sanktionsmechanismus, den expansionistischen Kräften in Japan, die ja bereits 1915 ihre Absichten enthüllt hatten, nicht energisch genug entgegengetreten zu sein und damit das Schlimmere auf längere Sicht geradezu heraufbeschworen zu haben?[167] Zunächst schienen alle Beteiligten Grund zur Zufriedenheit zu haben. Die USA nutzten ihre neue Machtstellung zu nichts mehr als der Bekräftigung eines Prinzips, das sie von jeher befolgt und vertreten hatten und das sie nun als die führende, sich zu weiterer Expansion anschickende Wirtschaftsmacht im Pazifischen Raum besser denn je mit ökonomischer Substanz füllen konnten. Auch Großbritannien, die klassische Open-Door-Macht, begrüßte eine Neufundierung des alten Prinzips. Anders als die Japaner besaßen die Briten in China keine *effektive* Interessen*sphäre*, und die «Flottenbasis» Weihaiwei war wenig mehr als ein Kurort, der britischem Marinepersonal Zuflucht vor der Sommerhitze Hongkongs bot. Die britischen Diplomaten setzten daher abermals auf das alte Rezept des Freihandels. Eine Offene Tür für Handel und Investitionen aller Nationen würde der britischen Wirtschaft nützen, den japanischen Expansionsdrang in «legitime» Bahnen lenken und der friedlichen «Rekonstruktion» Chinas zugute kommen.[168]

Eine Alternative war ohnehin für die Westmächte undenkbar. Wenn es noch eines Beweises für die Unmöglichkeit eines billigen und unblutigen «sichtbaren» Imperialismus im chinesischen Kernland bedurft hätte, so wurde er durch die Massendemonstrationen gegen die Mächte und ihre chinesischen Kollaborateure im Mai und Juni 1919 erbracht, die in Beijing, Shanghai und anderen Städten aufflammten, als bekannt wurde, daß die Versailler Friedenskonferenz Japan als Erbe des deutschen Kolonialismus in Shandong bestätigt hatte. Nach Beteiligung, Intensität und Wirksamkeit ging diese «Vierte-Mai-Bewegung» weit über den Boykott von 1905 hinaus.[169] Anders als die Briten hatten die Japaner eine Alternative: Auf Taiwan praktizierten sie seit 1895 die geschlossene und in der Südmandschurei seit 1905 die angelehnte Tür. An solche *bestehenden* Kolonial- und Pachtgebiete und Interessensphären rührte die Ordnung von Washington nicht. Der japanische Kapitalismus fand es andererseits nicht unmöglich, im chinesischen Kernland am modernisierten Treaty-Port-System zu partizipieren, also neben dem Formal Empire auf der Insel Taiwan sein eigenes Informal Empire auf dem Kontinent auszubauen. Ganz abgesehen davon, daß die allgemeine Orientierung Japans zwischen den Wirtschaftskrisen von 1921 und 1927 politische Liberalität nach innen und internationalistische Kooperationsbereitschaft nach außen betonte,[170] ergaben sich gerade im Rahmen des Treaty-Port-Systems neue Expansionsmöglichkeiten, wie sie unter Einforderung einer «besonderen Position» für Japan in China kaum günstiger hätten sein können: Dies waren genau die Jahre, in welchen japanisches Kapital nahezu die Hälfte des wichtigsten chinesischen Industriezweiges, der Baumwollverarbeitung, unter seine Kontrolle brachte. Kurz, der Neun-Mächte-Vertrag eröffnete keine neue Ära in den internationalen Beziehungen Ostasiens. Er kodifizierte bloß das sachlogisch Unerläßliche.

Was brachte die Washingtoner Ordnung den Chinesen? Sicherlich atmosphärische Verbesserungen auf der Ebene des staatsmännischen Umgangs. Im Zeitalter der Treuhand-Ideologie, des Mandatssystems des Völkerbundes und einer von krasserem Rassismus gesäuberten Benevolenzrhetorik gegenüber der farbigen Welt waren offene Diktate nicht mehr möglich. China saß mit am Verhandlungstisch, und seine junge Garde schlauer Diplomaten mit amerikanischen Universitätsdiplomen erkämpfte manchen Detailerfolg.[171] Derlei hat einige Historiker bewogen, den Nutzen der Washingtoner Beschlüsse für China zu überschätzen. Washington rührte nicht an die Substanz des Treaty-Systems. Zwar wurde dessen mögliches Ende – also vor allem die Aufhebung seines Kernstücks, der Exterritorialität – ebenso vage in Aussicht gestellt, wie die Kolonialherren in Indien und anderswo in Asien nach 1918/19 nicht mehr unbedingt auf der Ewigkeit der europäischen Imperien beharrten. Aber nichts Konkretes kam für China dabei heraus, und seine Entlassung aus den rechtlichen Fesseln der Treaties wurde von einer Stabilisierung seiner innenpolitischen

Lage und einer «Zivilisierung» seiner Institutionen, besonders seines Rechtssystems und seiner Finanzverfassung, abhängig gemacht. Auch auf der nächsten internationalen Chinakonferenz, der Beijinger Zollkonferenz von 1925/26, erreichte China keine Verbesserung seines Status. [172] Noch immer dachten die Vertreter der Großmächte einmütig in Kategorien von Vormundschaft und Kontrolle. Das Ausmaß der Einschränkungen chinesischer Souveränität wurde noch nicht einmal auf den Stand von 1910 zurückgeschraubt. Die Großmächte hielten es für ein großes Entgegenkommen, einvernehmlich ihre weitere Expansion in China gestoppt zu haben. Die Chinesen aller politischen Überzeugungen aber wollten keine Garantie des *status quo*. Sie verlangten seine Revision. In Washington und Beijing stießen sie dabei, wie 1919 schon in Paris, an die Grenzen der Konferenzdiplomatie: «Die Chinesen lernten, daß es unmöglich ist, den Tiger zum Herausgeben seines Fells zu überreden.» [173]

Die Verkündung hoher Prinzipien war eine Sache, der Alltagsbetrieb eines Informal Empire eine andere. Niemals bis dahin hatten Große Politik und Kleine Politik, Konferenzrhetorik und praktische Interessenvertretung so weit auseinandergeklafft: China war ohne maßgebliches Zutun der Großmächte unkontrollierbar geworden. In demselben Moment, in dem in Washington der informelle Imperialismus in generalüberholter Nachkriegsgestalt aus der Taufe gehoben wurde, bröckelten in China seine Fundamente. Zwei eher nebensächliche Beispiele mögen dies illustrieren. Sie tragen die Namen zweier kleiner Städte: Lincheng und Wanxian.

Am 6. Mai 1923 um zwei Uhr nachts wurde der «Blaue Express» von Pukou nach Tianjin nahe beim Bahnhof Lincheng in Süd-Shandong von etwa 1200 Räubern überfallen. [174] Ein Brite wurde dabei getötet, 26 Ausländer, darunter die Schwägerin John D. Rockefellers und der berühmte Journalist John B. Powell, wurden in die Berge verschleppt. Nun war Banditentum allergrößten Stils in China zu dieser Zeit nicht ungewöhnlich. Seit der Jahrhundertwende und besonders seit etwa 1916 waren Räuberheere, ihre Taten und Untaten, eines der Hauptthemen in Zeitungen und Konsulatsberichten. [175] Das Banditentum nahm im ganzen Lande zu, nirgends aber so drastisch wie in den nordchinesischen Provinzen Shandong und Henan. Sie waren zu «feuding societies» [176] geworden, Gesellschaften des Faustrechts, eines gleichsam Hobbesschen Naturzustandes, wo Leben und Eigentum nicht sicher waren und die Starken auf Kosten der Schwachen lebten. Die Unfähigkeit und Unwilligkeit der Staatsautorität, sofern es sie noch gab, dieser «Banditisierung» Nordchinas entgegenzuwirken, war eher Symptom als Ursache eines Zusammenbruchs der gesellschaftlichen Ordnung, wie sie China in der Endphase vieler Dynastien erlebt hatte, zuletzt vor immerhin dreihundert Jahren: exakt gleichzeitig mit dem Dreißigjährigen Krieg, der Teilen Mitteleuropas ein ähnliches Chaos bescherte. 1933 schrieb der Soziologe Zhou

Gucheng, China sei während des letzten Jahrzehnts «eine Welt der Soldaten und Banditen geworden».[177] Tatsächlich waren die Übergänge zwischen beiden Existenzformen fließend. Der für das frühe 20. Jahrhundert
charakteristische Typus des Soldaten-Banditen (*bingfei*) unterschied sich
von dem traditionellen Briganten (*tufei*), wie ihn der westliche Leser aus
dem Roman «Die Räuber vom Liang Schan Moor» kennt.[178] Die Horden
unbezahlter, desertierter und aus dem Dienst entlassener Soldaten konnten
mehrere tausend Mann stark sein. Sie plünderten die Gegenden, die sie
heimsuchten, mit einer militärischen Gründlichkeit, die den alten *tufei*
fremd war.[179] Vor allem fehlte ihnen die Robin-Hood-Aura des «Sozialrebellen» oder «edlen» Räubers, der, getragen durch die Sympathie und
Unterstützung der Bauernschaft, zum Schrecken der Reichen und Mächtigen wird.[180] Die *bingfei* standen am aggressiv-kriminellen Ende eines
Spektrums von Überlebensstrategien, wie sie unter den ökologisch wie
politisch harschen Bedingungen des nordchinesischen Binnenlandes unerläßlich wurden.[181] Das explosionsartige Wachstum des Banditentums geschah vor dem Hintergrund einer langsamen Militarisierung der chinesischen Gesellschaft auf allen ihren Ebenen, die im frühen 19. Jahrhundert
begonnen hatte. Sie beschleunigte sich mit den Boxer-Unruhen, den
Militärreformen der letzten Qing-Jahre und der Revolution von 1911.[182]
Nach dem Tode Yuan Shikais und mit dem Zerfall Chinas in konkurrie-
rende Machtblöcke von Militaristen (Warlords, *junfa*) waren dem Entstehen von Massenheeren allenfalls finanzielle Grenzen gesetzt. Allein die
Zahl der regulären Truppen stieg von 500000 im Jahre 1916 auf zwei
Millionen 1928; die Zahl der waffenführenden Männer aller Art muß ein
Vielfaches betragen haben.[183] Jede Niederlage einer Armee war mit der
Freisetzung ihrer Truppen ins Banditentum verbunden. Die Übervölkerung und die Krise der chinesischen Agrarökonomie sorgten dafür, daß es
an Rekruten für hauptberufliche Gewaltanwendung aller Art nicht fehlte.
In Nordchina trugen zudem die Folgen der Boxer-Unterdrückung, ein-
schließlich steigender Steuern und Abgaben, akut zur Destabilisierung
von Gemeinwesen und Gesellschaft bei.[184]

  In dieser Arena spielte sich 1923 der «Lincheng-Frevel» ab, wie die
Presse ihn nannte. Er war in seinem Ausmaß weder mit den ernsteren
«Missionszwischenfällen» des späten 19. Jahrhunderts[185] noch erst recht
mit den Boxer-Unruhen zu vergleichen. Vollends neben der Gepflogen-
heit vieler *bingfei*, die Einwohnerschaft ganzer Dörfer zu massakrieren,
nimmt sich der Ausgang glimpflich aus: Nach fünfwöchiger Gefangen-
schaft wurde die letzte Geisel freigelassen. Aber es handelte sich eben um
Ausländer! Sie wurden nicht – wie die Belagerten von 1900 – durch eine
Interventionstruppe befreit; sie wurden freigelassen, nachdem die regionalen Behörden das Verlangen des Banditenführers Sun Meiyao erfüllt
hatten, ihn und seine Männer wieder in die reguläre Truppe aufzunehmen.
Sun stieg als Brigadegeneral aus seinem Felsennest hinunter und übernahm

das Kommando über eben jenes Armeehauptquartier, das zuvor die Banditenvernichtungsaktionen gegen ihn geführt hatte. Vom Standpunkt der Ausländer war dies ein völlig unakzeptabler Ausgang der Affäre. Lincheng weckte sogleich die alten maßlosen Strafreflexe: im Foreign Office, das von China-Firmen mit Forderungen nach härtestem Durchgreifen bombardiert wurde, erwog man eine Übernahme der chinesischen Eisenbahnen durch eine internationale Polizeitruppe und die Konfiskation der gesamten chinesischen Eisenbahnfinanzen. Die USA verlangten den Abbruch der diplomatischen Beziehungen zur Regierung in Beijing. Indessen geschah gar nichts. Selbst zur «Bestrafung der Schuldigen», jener nach dem geringfügigsten Übergriff gegen Ausländer routinemäßig verlangten Sühnegeste, kam es nicht.

Ein höchst unangenehmes Problem war aufgetreten: Wie diszipliniert man eine Regierung, die praktisch nicht mehr existiert? So enthüllte der an sich triviale Lincheng-Zwischenfall eine Schwierigkeit von größter Tragweite. Nachdem die Stützungsaktionen für Yuan Shikai mit dessen politischem wie persönlichem Ende 1916 folgenlos verpufft waren, fehlte in China eine handlungsfähige Zentralmacht. Die «Regierung der Republik China» lag in den Hand jener Warlord-Clique, die sich im Moment zufällig im Besitz der Hauptstadt Beijing befand und möglicherweise über die hauptstädtische Provinz hinaus keinerlei Handlungsmöglichkeiten besaß. Effektive Kollaboration an der Staatsspitze war seit 1860/61 eine unentbehrliche Funktionsbedingung des informellen Imperialismus gewesen. Nun war, gerade nachdem die Washingtoner Konferenz die Welt scheinbar neu zusammengefügt hatte, die befürchtete Krise der Kollaboration eingetreten: nicht wie in Ägypten 1879–82 (und in China 1949) deren Aufkündigung durch eine nationalistische Staatsführung, sondern ihre Verflüchtigung. Die bewährten, nach Krisen immer wieder rekonstruierten Kollaborationsmechanismen waren unwirksam geworden. Dies machte sich nicht nur in medienwirksamen Verletzungen von «law and order» bemerkbar, sondern auch dort, wo es im Alltag eines Informal Empire am meisten schmerzte: im Geschäftsbetrieb außerhalb der ausländisch kontrollierten Enklaven. Ausländische Firmen und Individuen wurden immer wieder beraubt und erpreßt; es war nahezu unmöglich, über chinesische Gerichte Schadenersatzforderungen – auch gegenüber säumigen Geschäftspartnern – durchzusetzen.[186] Die Desintegration der chinesischen Staatsmaschinerie wirkte sich auf allen Ebenen aus. «Druck» auf die Spitze pflanzte sich nicht mehr nach unten fort, «Einfluß» ging ins Leere, Verhandlungen mußten mit den jeweils tatsächlichen Inhabern der Macht an Ort und Stelle geführt werden: nicht länger mit dem Außenministerium in Beijing, sondern mit Warlords, Räubern, Revolutionären.

Selbstverständlich versäumten es die Ausländer nicht, sich der neuen Unordnung in China anzupassen und Nutzen aus ihr zu ziehen. Man ließ die Dinge nicht passiv über sich ergehen. Ja, Waffenhandel großen Stils trug zur Perpetuierung des militärischen Regionalismus und seiner mörderischen Kriege bei.[187] Schon vor 1914 war China ein wichtiges Zielgebiet des internationalen Waffenexports gewesen.[188] Trotz eines von 1919 bis 1929 gültigen Waffenembargos, das bedenkenlos gebrochen wurde, wenn das Wohl der heimischen Wirtschaft dies zu erfordern schien,[189] konnte China in großem Umfang Kriegsgerät aller Art, oft Restbestände aus dem Weltkrieg, sowie Maschinen für Arsenale importieren.[190] Ohne diese Einfuhren wäre die ganze Warlord-Struktur der zwanziger Jahre nicht möglich gewesen. Die größeren Warlords mit einer relativen stabilen, fiskalisch ausplünderungsfähigen Territorialbasis – nur sie waren als Kunden interessant – besorgten sich ihr Kriegsgerät, wo immer sie es in einem hoch kompetitiven Markt bekommen konnten. Während sie generell vollkommen von der militärischen Versorgung aus dem Ausland abhängig waren, gelang es ihnen doch meist, der Abhängigkeit von einem *bestimmten* Lieferland zu entgehen. Ein unmittelbares Marionettenverhältnis wurde durch die Rüstungsverbindung selten geschaffen.[191] Überhaupt waren die Warlords widerspenstige Klienten der Großmächte. Fast jede von ihnen unterstütze irgendwann einmal «ihren» chinesischen Militaristen. Selbst die Sowjetunion verbündete sich zwischen 1925 und 1927 mit Feng Yuxiang, dem «christlichen Warlord», einem der aufgeklärteren Vertreter eines Typus, dessen anderes Extrem der primitiv-brutale «Hundefleisch-General» Zhang Zongchang, Warlord von Shandong 1925–28, verkörperte.[192] Amerikaner und Briten gaben relativ zaghafte und begrenzte Finanz- und Militärhilfe an chinesische Warlords und verfolgten offiziell eine Politik der Neutralität. Selbst zu ihrem engsten Bundesgenossen unter den chinesischen Militaristen, Wu Peifu in Hunan und Hubei, blieben die Briten auf Distanz – und umgekehrt.[193] Keiner der Warlords wurde als ein potentieller Einiger der Nation gesehen, und keiner erhielt daher westliche Unterstützung in dem Ausmaß, wie sie Yuan Shikai gewährt wurde und wie sie einige Jahre später Jiang Kaishek empfangen sollte.

Weitaus massiver engagierten sich die Japaner. Sie versuchten bald nach dem Zerfall der chinesischen Militärführung in rivalisierende Cliquen,[194] ihr eigenes Kollaborationssystem aufzubauen, indem sie Duan Qirui, nach Yuan Shikais Tod im Juni 1916 der mächtigste der Generäle in Nordchina und von August 1916 bis Juli 1920 – gelegentlich selbst im Amte des Premiers – der starke Mann hinter der Regierung in Beijing,[195] durch die konspirativen «Nishihara Anleihen» in einer Gesamthöhe von etwa 140 Millionen Yen an sich banden. Eine Zeitlang schien Japan die Regierung Chinas in der Tasche zu haben. Mit dem Verschwinden des japanischen Terauchi-Kabinetts im Herbst 1918 und vollends mit dem Sturz der von Duan Qirui geführten Anfu-Clique fiel diese Strategie in sich zusammen. Die Nishihara-Anleihen waren für Japan verschwendetes Geld.[196] Bemerkenswert ist, daß im Zusammenhang mit ihnen zum ersten Mal die Idee

einer sino-japanischen «Ko-Prosperität» unter japanischer Führung auftauchte: Der Diplomatie des Dollar sollte die des Yen folgen. Das chinesische Kernland sollte mit japanischem Kapital wirtschaftlich erschlossen,
sein von den Westmächten erst kaum entwickelter Rohstoffreichtum für
die japanische Wirtschaft nutzbar gemacht werden. Dazu bedurfte es
weder eines formalen Kolonialismus noch letztlich des Informal Empire
der ungleichen Veträge.[197] Freilich: eine Zukunftsvision. Noch fehlte Japan
das exportierbare Kapital, und seine Militärs waren nicht glücklich über
die Aussicht einer *pénétration pacifique* auf dem Kontinent. Nach 1920
schwenkte Japan auf eine neue Strategie um. Es unterstützte Zhang
Zuolin, den Warlord der Mandschurei und nach Duan Qirui vermutlich
mächtigsten Militaristen in China, und baute ihn zu einem Ordnungsfaktor in der Mandschurei auf, der japanischen Interessensphäre. Zhang war
keine japanische Marionette wie der letzte Qing-Kaiser Puyi als «Kaiser
von Mandschukuo» einige Jahre später. Er war ein widerspenstiger Kollaborateur, «nur zu den ganz unvermeidlichen taktischen Kompromissen
mit den Japanern bereit».[198] Das Neue an Japans Strategie bestand darin,
daß man Zhang Zuolin auf die Mandschurei begrenzen und ihn daran
hindern wollte, anspruchsvollere Ambitionen in der nationalen Politik zu
verfolgen. Nicht eine ungewisse Kontrolle über ein schwankendes Regime in Beijing war Japans neues Ziel, sondern die Festigung seiner
Position in der eigenen Interessensphäre. Doch schon wenige Jahre nach
Duan Qirui verschwand auch sein Nachfolger Zhang Zuolin aus dem
japanischen Machtpoker. Am 4. Juni 1928 wurde sein Eisenbahnwaggon
von japanischem Militär ohne Auftrag und Kenntnis des Tokioter Kabinetts in die Luft gesprengt.[199] Der Kollaborateur war einigen zu eigenwil-
lig geworden. Daß sein Sohn und Nachfolger Zhang Xueliang sich
überraschend als weitaus energischerer Nationalist zu erkennen gab, nahm
der Ermordung des Vaters jeden Sinn und leitete die unmittelbare Vorgeschichte der Okkupation der Mandschurei im September 1931 ein.

Aus einer im Detail extrem unübersichtlichen Situation ergibt sich so
ein simpler Schluß: Ähnlich wie im Libanon der 1980er Jahre, so machte in
China nach dem Ersten Weltkrieg die Zerrissenheit und Schwäche des
Landes alle Versuche der direkten Intervention oder selbst des indirekt
lenkenden Eingreifens zuschanden. Der alte Interventionsmechanismus
«at the top» war mit dem Fall der Qing-Dynastie 1911 und dann endgültig
mit dem ihres letzten machthabenden Mandarins, Yuan Shikai, 1915/16
zusammengebrochen. Effektive und stabile Kollaborationsbeziehungen
im regionalen Rahmen mit den größeren Warlords ließen sich auf längere
Sicht nicht herstellen. England, Japan und Amerika hatten sich mitnichten
aus China zurückgezogen. Sie waren militärisch wie wirtschaftlich unvermindert präsent. Aber die Verhältnisse in China hatten sich in eine
Richtung entwickelt, die es immer schwieriger werden ließ, das imperialistische Machtpotential zu realisieren.

Fügen wir hinzu, daß gleichzeitig eine ganz andere Intervention ihre Ziele verfehlte.[200] Moskau setzte nicht nur mit Geld, Waffen und Beratern auf einen ganz unmarxistischen, keinesfalls kollaborationsfreudigen und schließlich erfolglosen Warlord. Die Sowjetunion und die Komintern hatten seit 1920 auch die Organisation der marxistischen Kräfte in China gefördert und die Kommunistische Partei seit ihrer Gründung im Juli 1921 mit Rat und später auch mit finanzieller Tat begleitet. Sie drängten die KP in eine «Einheitsfront» mit der als Repräsentatin der «nationalen Bourgeoisie» interpretierten Guomindang, der Nationalpartei Sun Yatsens, und schufen dieser eine leistungsfähige Parteiorganisation und eine schlagkräftige Armee.[201] Trotz dieses außerordentlichen Aufwandes an revolutionärer Entwicklungshilfe vermochte die Sowjetunion die nationale Revolution in China nicht im Sinne ihrer eigenen Vorstellungen zu lenken. Spätestens mit dem Aufbruch der Guomindang-Streitkräfte unter General Jiang Kaishek im Juli 1926 von ihrer Basis in Kanton nach Norden mit dem Ziel der Niederwerfung der Warlords und der revolutionären Einigung der Nation (dem «Nordfeldzug») entstand eine neue Unübersichtlichkeit, in welcher die sowjetischen Vertreter zunehmend ihren Einfluß auf das Geschehen einbüßten.[202] Vom 12. April 1927, als Jiang Kaishek, der Hauptnutznießer sowjetischer Militärhilfe, unvermittelt mit der blutigen Unterdrückung der kommunistischen Revolution in Shanghai begann,[203] bis zur Deportierung des letzten russischen Konsulatspersonals aus Kanton und anderen Städten im Dezember desselben Jahres wurde die Einwirkungsmöglichkeit der Sowjetunion auf die innere Entwicklung Chinas zerstört. Keine andere Großmacht mußte in den zwanziger Jahren eine ähnliche Katastrophe ihrer Chinapolitik erleben. Aber allen gemeinsam war die Erfahrung, daß China sich den Absichten der Fremden verweigerte, daß es im Innern wie von außen «unregierbar» geworden war. Nicht eine identifizierbare fremdenfeindliche Bewegung wie die Yihetuan, nach deren greifbarer Eindeutigkeit sich mancher Imperialstratege zurücksehnen mochte, war das Hindernis, sondern eine strukturelle Interventionsresistenz.

Sie hatte eine weitere Komponente. Dafür steht der Name Wanxian. Wenn – so ergibt sich aus dem klassischen Bauprinzip des Informal Empire – die Intervention «at the top» nicht mehr funktioniert: Bleibt da nicht die Möglichkeit der Intervention «on the spot»? Wenn die Protestnote nicht mehr verfängt, warum überläßt man die Probleme nicht der Flotte? Die Antwort gibt Wanxian.[204]

In einem Streit über die Versenkung chinesischer Dschunken durch englische Dampfer hatten Truppen des Warlords Yang Sen, eines der kleineren Lichter am Firmament des chinesischen Militarismus, Ende August 1926 in dem Treaty Port Wanxian am oberen Yangzi[205] zwei Handelsschiffe der zum Swire-Konzern gehörenden China Navigation Co. gekapert und ein britisches Kanonenboot bedroht; sechs Briten waren dabei in chinesische Hand gefallen. Am 5. September beschossen dieses Kanonenboot und ein herbeikommandiertes zweites die inzwischen verstärkten chinesischen Truppen und die Stadt Wanxian; fünf der sechs Gefangenen waren zuvor befreit worden. Bei dem Bombardement, das ausschließlich durch «Prestige»-Gesichtspunkte motiviert war, kamen nach offiziellen britischen Angaben etwa 400 Chinesen, die meisten davon Zivilisten, ums Leben. Nach chinesischen Angaben starben in der brennenden Stadt eine viel größere Zahl von Menschen; von 1000 bis 5000 ist die Rede.[206] Einer von vielen Kanonenbootzwischenfällen der zwanziger Jahre war zu einem Massaker ausgeartet. Das Wanxian-Gemetzel brachte das ganze Yangzi-Tal gegen die Briten auf. In der Stadt selbst begann sofort ein Boykott britischer Waren. Er dauerte volle neun Jahre, bis ihm 1935 Jiang Kaishek ein Ende setzte.[207]

Wanxian war ein wenig wichtiger Hafen, von dem aus hauptsächlich Pflanzenöle exportiert wurden; seine Schließung ließ sich verschmerzen. Aber wie der Fall Lincheng, so ist auch der Fall Wanxian von symptomatischer Bedeutung. Er zeigt zweierlei: erstens die grundsätzliche britische Bereitschaft zu unverhältnismäßiger Gewaltanwendung auch noch in der Ära einer sich konzilianter gebenden Diplomatie; zweitens und vor allem die Wirkungslosigkeit von Kanonenbooteinsätzen zur Lösung lokaler Probleme im Landesinneren. Shanghai, Hongkong und Tianjin, also die Zitadellen ausländischer Macht an der Küste, ließen sich durch massiven Flotteneinsatz gegen chinesischen Widerstand notfalls verteidigen. Schon in Hankou, der Bastion im Herzen Chinas, blieb im Ernstfall nur die Evakuierung der Ausländer. Vollends in den vielen kleinen Treaty Ports im Landesinneren, dessen wirtschaftliche Durchdringung ja doch der Hauptzweck der britischen Präsenz in China war, versagten die alten Interventionsmittel. Seit die Chinesen ihre charakterische Form des passiven Widerstandes, den Boykott, weithin und mit wachsendem Geschick praktizierten, seit eine Grundstimmung des Nationalismus solchen Aktionen Nachdruck und Solidarität verlieh, wurde Kanonenbootpolitik zum Bumerang.[208] Einem Boykott, ausgelöst durch eine Machtdemonstration wie in Wanxian, ließ sich mit denselben Machtmitteln, die ihn provoziert hatten, nicht beikommen: Schiffskanonen können passiven Widerstand nicht brechen. Das war die Lehre von Wanxian.[209] Kanonenboote sind nützlich, solange sie abschrecken und einschüchtern. Haben sie aber einmal geschossen, dann kommt unter Bedingungen eines militanten und organisationsfähigen Massennationalismus die Stunde der Wahrheit: Entweder man eskaliert zur vollen Invasion zu Lande, oder man muß den Bluff abbrechen.[210] Das erste war die japanische Lösung von 1931/32. Die Westmächte zogen eine andere Konsequenz: die weitere Informalisierung ihrer Informal Empires seit Ende der zwanziger Jahre.

Lincheng und Wanxian, die Fälle, die bewiesen, daß die stabilisierende und disziplinierende Intervention weder an der Spitze noch an Ort und

Stelle so funktionierte, wie sie es bis etwa 1916 getan hatte, waren Nebenschauplätze in der großen Auseinandersetzung der Jahre von 1924/ 25 bis 1927 zwischen Großbritannien und einem aufbegehrenden China.

England war in diesen Jahren das Hauptziel des städtischen Nationalismus in China, weil Japan vorübergehend einen weniger aggressiven Kurs auf dem Kontinent verfolgte und England als Kolonialmacht in Hongkong, dominante Kraft in der Internationalen Niederlassung von Shanghai und großer Arbeitgeber in Industrie und Schiffahrt die sichtbarsten Angriffsflächen bot. Auch hier entzündete das brutale Vorgehen ausländischer Sicherheitskräfte eine potentiell explosive Situation. Am 30. Mai 1925 feuerte chinesische und Sikh-Polizei, kommandiert durch einen englischen Inspektor, in der Internationalen Niederlassung auf unbewaffnete Demonstranten, die gegen die Tötung eines chinesischen Arbeiters durch einen japanischen Aufseher in einer japanischen Baumwollfabrik in Shanghai protestierten. Vier Chinesen wurden tödlich getroffen, viele andere verletzt; zehn weitere Chinesen verloren in den folgenden Tagen bei Unruhen in Shanghai ihr Leben.[211] Die Szene wiederholte sich brutaler am 23. Juni 1925 in Kanton: Französische und britische Wachtruppen feuerten mit Maschinengewehren auf eine Solidaritätsdemonstration, die an den ausländischen Konzessionen vorüberzog. Diesmal blieben 52 Tote und über 170 Schwerverwundete zurück.[212] In mindestens 28 chinesischen Städten kam es zu Demonstrationen. Von Juli bis August 1925 wurden britische und japanische Fabriken in Shanghai bestreikt und ausländische Waren boykottiert. Von Juni 1925 bis Oktober 1926 fanden ähnliche Aktionen in Hongkong und Kanton statt, wobei Seeleute eine führende Rolle spielten.[213] Diese großen Streiks und Boykotte waren für die Organisations- und Bewußtseinsgeschichte der jungen chinesischen Arbeiterbewegung von außerordentlicher Bedeutung. Sie waren die Lehrzeit der KP auf dem Felde der Massenmobilisierung. Sie zeigten auch – deutlicher noch als die Demonstrationen vom Mai/Juni 1919 – die Möglichkeiten und Grenzen einer nationalistischen Front, die vom Lumpenproletariat bis zu den reichen Kompradoren und Großkaufleuten der Allgemeinen Handelskammer von Shanghai reichte.

Die Großmächte reagierten alarmiert, doch nicht kopflos, weder mit überstürztem Rückzug noch mit unbesonnenen Gegenschlägen. Sie vermieden weitere direkte Interventionen gegen die Protestbewegungen und warteten ab, bis die Kampagnen brüchig wurden und sich schließlich auflösten. Bevor die Konterrevolution unter Jiang Kaishek ihr im Frühjahr 1927 ein Ende bereitete, hatte die städtische Revolution von 1925–27 keinen entscheidenden «Sieg über den Imperialismus» erringen können. Die Boykotte und Streiks beeinträchtigten vorübergehend die britischen Wirtschaftsinteressen (diejenigen anderer Nationen profitierten dafür um so mehr), verletzten sie aber nicht an ihrem Lebensnerv. Schon Ende 1925 wurde aus Shanghai wieder «business as usual» gemeldet.[214] Tianjin und ganz Nordchina wurden von den Unruhen ohnehin kaum berührt; 1925 war ein Rekordjahr für den Außenhandel im Norden.[215] Die Dramatik der anti-imperialistischen Massenaktionen stand in einem deutlichen Gegensatz zu ihren bescheidenen anti-imperialistischen Errungenschaften. Großbritannien räumte 1927 seine ohnehin entbehrlichen Konzessionareale in Hankou und Jiujiang; der rein ausländische Mixed Court im International Settlement wurde 1927 abgeschafft; die chinesischen Behörden in Shanghai erhielten 1930 (!) die dürftige Summe von 150 000 US $ als Entschädigung für die Vorfälle von 1925; 1928 wurden drei chinesische Ratsherren in den Stadtrat der Internationalen Niederlassung aufgenommen – ein Zugeständnis nicht an die nationale Revolution, sondern an Shanghais millionenschwere Kompradore.[216] Sonst änderte sich nichts am *status quo ante.* Man erinnere sich, daß gleichzeitig mit den anti-britischen Massenprotesten im Süden in Beijing eine internationale Zollkonferenz tagte, welche China nicht mehr eintrug als die Versicherung, «daß die Mächte es gut mit ihm meinten».[217]

Und doch war die «Große Revolution» der Jahre 1925 bis 1927[218] kein völliger Fehlschlag. Sie verstärkte bei den westlichen Ausländern den Eindruck, die Zeiten hemmungsloser fremder Einmischung seien vorüber. Lincheng 1923 enthüllte das Nichts an der politischen Spitze; Shanghai und Hongkong/Kanton 1925–27 bewiesen, daß innerhalb der ausländischen Küstenbollwerke kein Verlaß auf die duldende Unterwürfigkeit der einheimischen Bevölkerung mehr war; Wanxian 1926 illustrierte die Untauglichkeit der eisernen Faust im Binnenland. Die ausländische Präsenz in China schwebte nicht in akuter Gefahr. Die ökonomischen Informal Empires der Briten, Amerikaner und Japaner waren intakt. Aber es knackte in ihren politisch-militärischen Stützgerüsten. Die Jahre nach 1927/28 sahen Versuche einer politischen Neufundierung des Imperialismus in China. Zwei Wege wurden verfolgt: vom Westen die weitere Informalisierung und Zurücknahme des Privilegiensystems und die Rekonstruktion kollaborativer Beziehungen zu der maßvoll modernisierungswilligen Nationalregierung Jiang Kaisheks, von Japan die weitere Formalisierung seiner Position vom Ausbau einer «Sonderbeziehung» zu China bis hin zur kolonialen Machtergreifung. Beide Strategien, die westliche wie die japanische, führten in den dreißiger Jahren über das alte System der Treaties und Treaty Ports hinaus.

13

Neue Formen wirtschaftlicher Durchdringung[1]

Erst nach der Jahrhundertwende wurde China über winzige Enklaven hinaus von der «Weltrevolution der Verwestlichung»[2] ergriffen. Mit der Eindämmung des Opiumunwesens, dem Ende der Beamtenprüfungen und den anderen Reformmaßnahmen in den letzten Jahren der Qing-Zeit,[3] mit der Revolution von 1911 und den stürmischen politischen Ereignissen zwischen der 4. Mai-Bewegung von 1919 und der Unterdrükkung des Massenprotests 1927 verschwand das exotisch-fatale China des 19. Jahrhunderts, die Welt der bezopften Mandarine und der Hofeunuchen, wie sie der Journalist J. O. P. Bland und der Abenteurer, Hochstapler und geniale Sinologe Sir Edmund Backhouse 1910 in ihrem Buch «China under the Empress Dowager» aus echten und fingierten Dokumenten noch einmal plastisch beschworen.[4] Der Einfluß des Westens machte sich vielfältig gebrochen bemerkbar. Eine äffisch-totale Verwestlichung des Lebensstils erlaubten sich nur winzige Minderheiten. Die *jeunesse dorée* von Shanghai, die dem neuesten westlichen Modetanz nachjagte, war ein vorübergehendes und weithin verachtetes Phänomen. Viel charakteristischer war die Herausbildung einer chinesischen Studentenschaft und Intelligentsia, die sich unter dem Eindruck des Westens von ihrem einheimischen kulturellen Hintergrund distanzierte, sich oft schmerzlich von ihm löste, ohne ihn doch ganz zu verwerfen.[5] Es ist bezeichnend, daß die chinesische Sprache auch unter stark nach Westen orientierten Intellektuellen niemals als das verbindliche hochkulturelle Idiom aufgegeben wurde. Selbst in den amerikanischen Missionsuniversitäten konnte sich das Englische nicht völlig durchsetzen.[6] Der Schritt von der Akkulturation zur kulturellen Assimilation blieb aus. Keine Fremdsprache wurde jemals zum Ausdrucks- und Verständigungsmedium der Gebildeten wie das Englische in Indien oder das Französische in Teilen Nord- und Westafrikas.[7] Trotzdem: kein anderer Teil der chinesischen Gesellschaft war so unmittelbar ausländischem Einfluß auf Weltsicht und Lebensführung ausgesetzt wie die Studenten.

Unmittelbar nach der Jahrhundertwende setzte ein Exodus an japanische Akademien und Universitäten ein: vermutlich die bis dahin größte Massenmigration von Studenten in der Weltgeschichte. Um 1906 gab es über 7000 chinesische Studenten in Japan.[8] Dort suchten sie jene Ausbildung in den Techniken und Fertigkeiten der Moderne, deren Meisterung, wie man glaubte, Japan groß gemacht hatte und deren Kenntnis nun auch in China nach dem Ende der konfuzianischen Staatsorthodoxie zu einer nahezu unerläßlichen Voraussetzung für eine Karriere im Staatsdienst geworden war. Japan, das ein Jahrzehnt nach China aus einer noch festeren Abkapselung zur Öffnung gezwungen worden war, hatte ein halbes

Jahrhundert später einen immensen Entwicklungsvorsprung erreicht, der es zum Lehrmeister seiner alten Bezugskultur qualifizierte. Die altgewohnten Rollen wurden vertauscht: China vertraute sich bei seinem Weg in die Moderne dem «jüngeren Bruder» Japan an. Vieles empfahl Japan (noch vor Rußland)[9] als Instruktionsquelle. Dort war für Chinesen das gesamte Ambiente vertrauter, die Sprachbarriere niedriger und die Lebenshaltung billiger als in Europa und Amerika. Vor allem hatten die Japaner bereits ihre eigene Auswahl aus dem Angebot der westlichen Moderne getroffen und das für Asien Nützliche heraussortiert. Chinesen unterschiedlichster Herkunft, Absicht und Interessenrichtung erhielten während der ersten beiden Jahrzehnte des 20. Jahrhunderts eine maßgebliche biographische Prägung in Japan. Das Inselreich wurde zum Zufluchtsort und zur Operationsbasis von Revolutionären vor 1911 und nach dem Fehlschlag der «Zweiten Revolution» gegen Yuan Shikai 1913. Die Gedankenwelt des europäischen Radikalismus – erst des Anarchismus, dann des Sozialismus und Marxismus – wurde ihnen bis in die Begrifflichkeit hinein durch japanische Übersetzungen vermittelt.[10] Auch die neue Generation von Bürokraten und Militärs durchlief großenteils eine japanische Sozialisierungsphase. An der Spitze des frührepublikanischen Finanzministeriums – um nur ein Beispiel zu geben – stand ein japanisch ausgebildeter Ressortchef, und alle Posten vom Abteilungsleiter aufwärts (mit Ausnahme des Vizeministers) waren mit «returned students» besetzt, fast drei Viertel davon aus Japan zurückgekehrt. Im Außen- und im Verkehrsministerium herrschten ähnliche Verhältnisse.[11] Auch manche großen und kleinen Warlords waren auf japanischen Militärakademien ausgebildet worden, wo wiederum der deutsche Einfluß stark war.[12] Der in vieler Hinsicht erfolgreichste Warlord von allen, derjenige, der die militaristische und die zivil-nationalrevolutionäre Linie der modernen chinesischen Politik miteinander verschmolz, war ebenfalls ein Zögling japanischer Institutionen: Der junge Jiang Kaishek hielt sich von 1907 bis 1911 zur militärischen Ausbildung in Tokio auf.[13] Chinesische Politiker aller Richtungen suchten in diesen Jahren japanische Unterstützung: der Revolutionär Sun Yatsen ebenso wie sein Gegenspieler General Duan Qirui, der Empfänger von Nishiharas speziellen Zuwendungen. Wenige von ihnen vergaßen, was China seit 1894 durch Japan widerfahren war; es war der grimmige Wille, die Angebote des Rivalen für die eigenen Zwecke zu nutzen, oder auch nur ein schierer Mangel an Alternativen, der sie auf japanische Hilfe setzen ließ.[14]

Wenige junge Chinesen gingen zur Ausbildung nach Deutschland und Großbritannien, eine größere Zahl unter einem 1912 ins Leben gerufenen Werkstudentenprogramm nach Frankreich. Es war besonders für junge Leute aus dem Süden und den inneren Provinzen attraktiv, die schlechteren Zugang zu Japan-Stipendien hatten als ihre Kommilitonen im Norden und Osten. Auf dem Höhepunkt des Programms 1921 hielten sich an die

2000 chinesische Studenten in Frankreich auf. Zwei spätere Führer der Nation waren unter ihnen: Zhou Enlai und Deng Xiaoping.[15] Nach dem Ersten Weltkrieg wurden die Vereinigten Staaten zum bevorzugten Studienland. Auch nahmen die amerikanischen Missionsschulen und -universitäten einen gewissen Einfluß auf die chinesische Bildungselite, einen größeren jedenfalls als vergleichbare Einrichtungen aller europäischen Länder zusammen. Doch waren an den christlichen Universitäten niemals mehr als 12 % der chinesischen Studentenschaft immatrikuliert. Und unter 10 000 Chinesen besuchte nur einer ein College oder eine Universität.[16]

Die Studenten – oder zumindest eine beträchtliche Minderheit unter ihnen – waren neben den Kompradoren die einzige gesellschaftliche Gruppe, die in intensiven Kontakt zum Ausland trat. Sozial und regional äußerst breit gestreut war hingegen die Menge der maximal 4 Millionen chinesischen Christen, deren Bekehrung sich die Missionen zugute schrieben.[17] Eine Zahl wie diese ist indessen ebenso fragwürdig wie der spirituelle Ernst und Eifer der Konvertiten, von denen sich viele als «Reis-Christen» aus ganz weltlichen Motiven den Missionaren anschlossen. Einzelne Missionseinrichtungen in den Städten leisteten Bedeutendes in Wissenschaft und Forschung, Wohlfahrtspflege und Sozialarbeit und vor allem bei der medizinischen Ausbildung und Versorgung.[18] Musterprojekte im ländlichen Raum zur Massenerziehung und zur Reform der Landwirtschaft waren weniger erfolgreich. Sie blieben in ihrer Absicht paternalistisch-antiradikal und in ihrer Wirkung insular und bedeutungslos angesichts der ungeheuren Probleme des bäuerlichen China.[19] Immerhin waren sie aufgeklärte Ausnahmen von einer sonst wenig reformfreundlichen Missionspraxis. Im Landesinneren wirkte die Mission im 20. Jahrhundert ebenso wie im 19. zerstörerisch für die einheimischen gesellschaftlichen Strukturen, ohne sie durch Neues ersetzen zu können. Weder die katholischen Missionare, die unter der Flagge der französischen Republik gegen das Heidentum zu Felde zogen, noch die evangelikalen Fundamentalisten der China Inland Mission, der einzigen protestantischen Missionsgesellschaft, die sich um die Verbreitung des Evangeliums auch in den entlegensten Winkeln Chinas bemühte, taugten als Apostel westlicher Modernität. Ihre machtgestützte Bigotterie repräsentierte den Westen in den Augen vieler Chinesen auf eine denkbar unattraktive Weise.[20]

Konzentrierte ausländische Prägung wurde selbstverständlich dort wirksam, wo Ausländer über Chinesen herrschten. Dies galt für die Halbinsel Liaodong und die japanischen und russischen «Eisenbahnzonen» in der Mandschurei. Es galt für das Pachtgebiet Jiaozhou, und es galt für Shanghai. In Jiaozhou verwandelte die deutsche «Schutzmacht» die Hafenstadt Qingdao, die während der Qing-Zeit in der Städtehierarchie einen niedrigen Rang eingenommen hatte, auf den planierten Trümmern der älteren Siedlung systematisch zu einer europäischen Musterstadt mit

Kanalisation, Wasserversorgung, gepflasterten Trottoirs, Alleen, sauber ausgerichteten Reihen von zweistöckigen Backsteinhäusern und einer (allerdings erst 1932 vollendeten) Kathedrale: eine Art von Schaufenster der europäischen Zivilisation. Die Japaner setzten zwischen 1914 und 1922 diese Stadtentwicklung fort. Während der folgenden anderthalb Jahrzehnte, als Qingdao wieder chinesisch war und seine Bevölkerung von 150 000 auf 600 000 wuchs, konnte das quasi-okzidentale Stadtbild erhalten werden, ohne daß die Entwicklungspolitik fortgesetzt worden wäre.[21] Die Industrialisierung Qingdaos begann noch nicht unter deutscher, sondern erst um 1917 unter japanischer Ägide; in den zwanziger Jahren war die Stadt nach Shanghai das zweitwichtigste Zentrum der Baumwollindustrie, die sich hier überwiegend in japanischem Besitz befand. Schon am Ende der deutschen Kolonialzeit lag etwa die Hälfte des Importhandels von Qingdao in den Händen japanischer Kaufleute. 1913 lebten 1000 Japaner in der Stadt, 1918 19 000, in der Mitte der dreißiger Jahre 15 000. Japanische Firmen beschäftigten zwei Drittel der industriellen Arbeiterschaft, die in der Baumwollproduktion etwa 20 000 Personen umfaßte.[22] Auch als Qingdao von 1922 an wieder unter chinesischer Verwaltung stand, war es gleichsam ausländisches Kolonisierungsgebiet, nach Shanghai der wichtigste städtische Brückenkopf der Japaner im chinesischen Kernland. Die Japaner kontrollierten das Wirtschaftsleben der Stadt unter «informellen» Bedingungen erfolgreicher, als die Deutschen dies als «formelle» Kolonialherren vermocht hatten.

Diese jedes Klischee von deutscher und japanischer Gründlichkeit bestätigende Reißbrett-Entwicklung Qingdaos fand nirgendwo sonst ein Gegenstück. Unter den *laisser-faire*-Regimen von Hongkong und vor allem der Internationalen Niederlassung in Shanghai blieb der infrastrukturelle Ausbau viel stärker privatkapitalistischer Initiative überlassen; der einzige in der Niederlassung zunächst kommunale Dienst, die Elektrizitätsversorgung, wurde 1929 privatisiert.[23] Das International Settlement wurde auch im 20. Jahrhundert weiter nach dem Modell eines englischen Klubs, einer freiwilligen Vereinigung der Geschäftselite, nach dem Prinzip minimaler Staatstätigkeit regiert.[24] In Shanghai fehlte daher die obrigkeitliche Planmäßigkeit, welche Deutsche und Japaner in ihren Territorien an den Tag legten. Direkt gegenüber den Geschäftspalästen, welche die Flußpromenade, den «Bund», von Shanghai säumten, erstreckten sich die Fabrikviertel, durchsetzt von den kärglichen Lehm- und Bambushäusern, in denen die neue Arbeiterschaft wohnte; einige Kilometer flußabwärts wuchsen die Shantytowns der Zuwanderer und sozial Deklassierten.[25] Die Einwirkung der westlichen Moderne wirkte in Shanghai differenzierend und polarisierend: In einem äußerlich und vordergründig «modernen» Lebensraum standen Reichtum und Armut dicht und krass nebeneinander. Dabei verliefen die Grenzen zwischen denen im Licht und denen im Schatten nicht säuberlich entlang der Rassenschranke. Diese existierte ohne Zweifel: Von 1885 bis 1928 hing am Eingang zum Huangpu-Park das berüchtigte Schild «No Chinese or Dogs!»,[26] und Beispiele für Apartheid ließen sich leicht vermehren. (Weniger offen skandalös, aber nicht weniger bemerkenswert ist die Tatsache, daß ein Mr. Edward Ezra, «Merchant und Commission Agent» und gar nicht einmal der Tycoon einer der großen Firmen, sich innerhalb des Settlement eine Villa auf einem Grundstück von zehn Hektar leisten konnten, wo es ihm freistand, Hunde, Chinesen und wen auch immer auszuschließen.)[27] Reich und arm gab es bei den Kolonisierern wie bei den Kolonisierten. Einige der ganz großen Shanghaier Vermögen befanden sich in chinesischem Besitz, wie umgekehrt während der Weltwirtschaftskrise auch unter den Briten der Typus des «armen Weißen» auftauchte, der durch seine schiere Existenz den Mythos des Herrenmenschen ad absurdum führt und deshalb jeder Kolonialadministration verhaßt ist. 1934 waren 6% der Briten im Settlement als arbeitslose Almosenempfänger registriert, und die britische Handelskammer schickte ein Schreiben an alle anderen britischen Handelskammern auf der Welt, um klarzustellen, daß Shanghai kein Eldorado für verkrachte Existenzen sei.[28] Man hatte mit den Weißrussen genug Ärger. Zwischen 1918 und 1922 waren etwa eine Viertelmillion Russen im Osten vor den Bolschewiki geflohen; etwa 19 000 davon lebten Mitte der zwanziger Jahre – ohne den Schutz der Exterritorialität – in Shanghai. Außerhalb der Welt der großen Geschäfte waren sie in allen Bereichen des Shanghaier Lebens anzutreffen, überproportional im weltberühmten Nachtleben der Stadt.[29] In den späten dreißiger Jahren traf dann eine neue Welle von Immigranten und mit ihr eine neue Kategorie von «poor whites» in Shanghai ein, «dem einzigen Ort auf der Welt, für den kein Visum erforderlich war»: 18 000 jüdische Flüchtlinge aus Europa.[30]

Shanghai war ein Seismograph für Veränderungen in China wie in der äußeren Welt. Mit ungeheurer Schnelligkeit reagierte die Stadt auf die Wandlungsprozesse des 20. Jahrhunderts. Seit seiner Öffnung als Treaty Port 1842 war Shanghai der wichtigste Außenhandelsplatz des Landes, nach 1895 sein industrielles Zentrum,[31] aber nicht vor dem Ende des Jahrhunderts wurde es zum großen Soziallaboratorium einer Gesellschaft im Umbau und nicht vor dem Ersten Weltkrieg auch zum Brennpunkt chinesischer Politik. Nach den Aufregungen der Taiping-Zeit war es von den dramatischeren Entwicklungen in China wenig betroffen worden: Der Boxeraufstand ging an ihm vorüber, und 1912 war das wichtigste Ereignis für die Ausländer nicht die Revolution, sondern die Eröffnung eines neuen Golfplatzes.[32] Mit der Bewegung vom 4. Mai 1919 rückte Shanghai dann plötzlich in den Mittelpunkt der nationalen Politik. Fast gleichzeitig erfolgte ein großer Industrialisierungsschub, der heftigste in der Geschichte der Stadt vor 1949.[33] Mit dem Verfall der Zentralgewalt in Beijing verlagerte sich in den zwanziger Jahren der politische Schwerpunkt Chinas nach Süden. Auch aus ausländischer Sicht: Die Generalkonsulate in Shanghai waren in den folgenden Jahren diplomatisch wichtiger als die Gesandtschaften in Beijing, bis 1928 der Regierungssitz von Beijing (das man nun in Beiping umbenannte) nach Nanjing, also in die Nähe Shanghais, verlegt wurde.

Shanghai war als Chinas sozialökonomisch am höchsten entwickelte Stadt der Schauplatz der «Großen Revolution» von 1925–27, die von den jüngsten, den modernsten Klassen in der chinesischen Gesellschaft getragen wurde: der Intelligentsia, der Arbeiterschaft in Industrie und Transportwesen und einer politisch noch wenig stabilen «nationalen Bourgeoisie». Shanghai war der Nährboden dieser Klassen. Es war zugleich offen gegenüber seinem Hinterland, aus dem es Ressourcen für Ökonomie und Politik bezog, vor allem Menschen, die von der Gewaltsamkeit und materiellen Ausweglosigkeit des Landlebens in die Metropole getrieben wurden, und Schätze, die ihre Eigentümer in die physische und rechtliche Sicherheit des International Settlement retteten. Es ist diese Magnetwirkung Shanghais, die von Vertretern der These von der Marginalität der Treaty Ports kaum erklärt werden kann. Offen war die Stadt schließlich auch nach Übersee: trotz aller Eindämmungsversuche des Stadtrats ein Ziel für Flüchtlinge und Hasardeure. Diese Offenheit brachte Verwundbarkeit mit sich. Shanghais Prosperität im 20. Jahrhundert ruhte weiterhin auf den Fundamenten, die im 19. gelegt worden waren: dem Treaty-System im allgemeinen, der timokratischen Enklavenverfassung des Settlement und friedlichen Open-Door-Verhältnissen. Japans kriegerischer Angriff vom 28. Januar 1932 und den Wochen danach, eine Nebenaktion der Mandschurei-Krise, der schwere Schäden in den chinesisch verwalteten Stadtteilen anrichtete, zeigte, wie empfindlich diese Voraussetzungen, namentlich die dritte, gestört werden konnten. Nach einer Schonfrist endete dann Shanghais kosmopolitische Blütezeit mit dem Einmarsch der Japaner im November 1937.

In der «offenen» Situation Shanghais machte sich die «Weltrevolution der Verwestlichung» also auf andere – auf kompliziertere und widersprüchlichere – Weise bemerkbar als unter den «geschlossenen» Bedingungen kolonialer und dann quasi-kolonialer Modernisierung, wie sie in Qingdao herrschten. Ein drittes urbanes Modell läßt sich am Beispiel Kantons studieren, des Zentrums der chinesischen Revolution während der ersten Hälfte der zwanziger Jahre. Auch hier, wo Ausländer keinen unmittelbaren Einfluß ausübten, wo sie von ihrer winzigen Konzession auf der künstlichen Insel Shamian aus die Stadt nicht regieren konnten, beseitigte das längst nicht mehr «statische» China die lästigen Spuren seiner Vergangenheit und wandte sich dem Neuen zu. In Kanton wurden zwischen 1919 und 1922 die aus dem 11. Jahrhundert stammenden Stadtmauern abgetragen; zwischen 1919 und 1932 entstanden 130 km befestigter Straßen; seit 1919 wurde allmählich Kanalisation gelegt; die Zahl der Personenkraftwagen stieg von 160 im Jahre 1921 auf über 2 000 im Jahre 1935. Die Elektrifizierung machte in allen chinesischen Städten langsame

Fortschritte; immerhin gab es in Kanton seit 1926 ein leidlich effektives Kraftwerk. Leitungswasser floß (für wie viele Menschen?) seit 1908.[34] Die Initiatorin all dieser Modernisierungsmaßnahmen war eine rein chinesische Stadtverwaltung. Die technischen Äußerlichkeiten eines modernen Lebensstils ließen sich also durchaus ohne die zivilisierende Hilfestellung von Ausländern einführen.

Kanton lernte nicht nur von der Komintern die Politik der Revolution, es lernte auch von Japan und dem Westen den Reform-Gradualismus auf dem Gebiete des kommunalen Alltagslebens.

Derlei Veränderungen sind oberflächliche Anzeichen eines tiefgreifenden Wandels, der in den letzten Jahren der Qing-Zeit und den ersten der Republik weite Teile der chinesischen Gesellschaft erfaßte.[35] Man kann die meisten dieser Prozesse sozialökonomischer Umwandlung sicher nicht unmittelbar auf externe Ursachen zurückführen. Der Westen war nicht der Demiurg der chinesischen Revolution. Elemente, die von außen importiert wurden, veränderten unter chinesischen Bedingungen ihren Charakter. Ebenso wie Ideologien und Glaubenssysteme – vor allem natürlich der Marxismus – »sinisiert« wurden,[36] so verwurzelten sich auch Techniken und Organisationsformen aus dem Westen nicht ohne Anpassungen und Funktionsverschiebungen. Ein Dampfer auf dem Yangzi ist etwas anderes als ein Dampfer auf dem Rhein. Industrieller Kapitalismus, modernes Militär, konstitutionelle Regierung: importierte Kulturkomplexe wie diese «funktionierten» unter chinesischen Bedingungen anders als in ihren originalen Zusammenhängen. Die gesellschaftlichen Wandlungen in China lassen sich daher mit mechanischen Vorstellungen von Druck und Gegendruck, von hineindrängenden «modernen» und widerstehenden «traditionalen» Kräften, kaum erfassen. Zu fragen ist vielmehr immer wieder nach der jeweiligen chinesischen Anverwandlung von Modernität und nach deren Vermittlern. Drei Beispiele wurden angesprochen: die Bewegung des Auslandsstudiums, die christliche Mission und die verschiedenen Formen urbaner Entwicklung. Sichtbar wurde dabei, daß die westliche Moderne teils, nach klassischem kolonialem («indischem») Modell, den Chinesen aufgedrängt, ja aufgezwungen, teils aber auch, nach dem japanischen Sonderwegs-Muster der Selbstmodernisierung, von Teilen der chinesischen Gesellschaft gesucht und angestrebt wurde. Modernisierung ja – aber durch Chinesen zu chinesischen Bedingungen. Dies war die von Wang Tao bis zum heutigen Tage gültige Formel eines aktiv-selektiven Verhältnisses zur Weltgesellschaft, die Formel der chinesischen Reform, die Formel vermutlich jeder nachholenden Entwicklung ohne Souveränitätsverzicht.

Auch bei einem vierten Komplex wird dieses Zusammenspiel externer und interner Kräfte deutlich, bei der wirtschaftlichen Einbindung Chinas in internationale Strukturen. Die *yangwu*-Bewegung der Reformbürokraten in der Epoche der «Fügsamkeit», jener nach seinem Mißerfolg vielgeschmähte und heute in China behutsam rehabilitierte erste Versuch, vom

Westen zu lernen, hatte den Aufbau eines partiellen, das Wirtschaftssystem als Ganzes nicht destabilisierenden bürokratischen Kapitalismus in einigen zur Landesverteidigung wichtigen Schlüsselbereichen bezweckt. Die Veränderungen nach 1895 bewirkten einerseits genau eine solche Destabilisierung und schwächten andererseits die machthabende Beamtenklasse als Initiatorin der wirtschaftlichen Entwicklung. Einer Rückkehr zu den Rezepten von 1870 war damit der Weg verstellt. Seit der Jahrhundertwende entstand und wuchs im Schatten einer erheblich verstärkten wirtschaftlichen Präsenz der Ausländer im chinesischen Kernland[37] ein privater einheimischer, ein, wie es in China hieß und heißt, «nationaler» Kapitalismus (*minzu zibenzhuyi*). In einigen erfolgreichen Fällen schaute er den Ausländern ihre Geheimnisse ab und machte sich selbst zum Agenten wirtschaftlicher Modernisierung. Damit ist das Leitmotiv für die folgende Skizze angeschlagen: das antagonistische Zusammenspiel von Innen und Außen in der wirtschaftlichen Entwicklung Chinas von der Jahrhundertwende bis zur Weltwirtschaftskrise.

Im 20. Jahrhundert wurde Chinas Ausfuhrhandel kulturell weniger interessant. Mit der Niederstufung der Exportseide vom Edelgewebe zum gewickelten Faden, vor allem mit dem Niedergang der Tee-Exporte verschwand die Zigarettenbildromantik, welche die «Kolonialware» umrankt. China exportierte keine exotischen Genußmittel, keine Spezereien des Orients, kein Gold, keine Diamanten, auch nicht ein Rohprodukt des industriellen Fortschritts wie den Kautschuk. Es exportierte Rohbaumwolle und Baumwollgarn, Sojabohnen, die zu Dünger, Viehfutter und Seife verarbeitet wurden, Eisenerz und Baumwollgarn, Pflanzenöle als Rohstoff für die Farbenindustrie und eine breite Palette von «muck and truck», wie es die Eingeweihten nannten: zum Beispiel Schweinsborsten, Strohborten und einen Teil der von chinesischen Hühnern jährlich gelegten 40 Milliarden Eier.[38] Die Organisation des Handels blieb bei den agrarischen Rohstoffen im Prinzip dieselbe wie im 19. Jahrhundert: Der Export selbst wurde von *yanghang* in Shanghai, Hongkong und Tianjin abgewickelt, während die Zulieferung durch einheimische Handelsnetze geschah. Erst ganz vereinzelt drangen chinesische Firmen in den Direktexport ein, nur wenige unterhielten eigene Vertretungen im Ausland. Ausländer mieden nach wie vor ein Engagement in der Urproduktion und investierten allenfalls in kleinere Betriebe zur Herstellung eines exportförmigen Produkts: Baumwollpressereien, Raffinerien für Pflanzenöle (besonders für Tungöl, das Mitte der 1930er Jahre zu Chinas wichtigstem Exportgut geworden war), Gefrieranlagen für Eiprodukte und dergleichen mehr. In Ausnahmefällen – besonders beim Tungöl – entstanden Ankaufsysteme mit ausländischen Stationen in kleineren Marktstädten wie Wanxian. Dadurch wurde die Kette der chinesischen Mittelsmänner abgekürzt, so daß die *yanghang* einen größeren Einfluß auf die Ankaufpreise erlangten, als dies beim klassischen Treaty-Port-Handel der Fall war.[39] Im ganzen gesehen, führte die Diversifikation der chinesischen Exportstruktur aber zu einer Verringerng der außenwirtschaftlichen Abhängigkeit. Makroökonomisch war China nicht – wie viele Länder der unterentwickelten Welt – vom Weltmarktschicksal eines monokulturell erzeugten Produkts abhängig. Mikroökonomisch betrachtet, wurden viele der Ausfuhrgüter im bäuerlichen Nebenerwerb erzeugt und standen nicht, wie noch bisweilen der Tee, im Mittelpunkt der Existenz ganzer Regionen. Ein paar Tungöl-Bäume auf anders kaum nutzbarem nicht terrassiertem Hügelland oder einige Hühner und Gänse, deren Eier man verkaufte, bildeten Quellen von Zusatzeinkommen, deren Versiegen in der Regel nicht Ruin und Hunger nach sich zogen. Die große Mehrheit der chinesischen Bauern hat vermutlich gar nicht zum Export beigetragen; existentiell von ihm abhängig war nur eine kleine Zahl, besonders in der mandschurischen Sojabohnenerzeugung.[40] Mit dem Verfall der Tee-Exporte verminderte sich die Bedeutung der weltmarktorientierten spezialisierten ländlichen Regionen in Zentral- und Südchina. Eine Zunahme im Gesamtvolumen der Exporte (siehe Tabelle 5, S. 194) war begleitet von einem Rückgang außenwirtschaftlicher Abhängigkeit.

Hatte die Schwierigkeit des Chinahandels seit Anbeginn darin bestanden, Importwaren für ein tendenziell autarkes China zu finden (Opium war die Lösung des 19. Jahrhunderts), so verkehrte sich seit den 1880er Jahren die Problemlage. Nunmehr erschwerte Chinas *Export*schwäche die Finanzierung der Importe. Der Import wurde zur treibenden Kraft, der Export zur Bremse des chinesischen Außenhandels. Chronische Importüberschüsse konnten nur durch neue ausländische Investitionen und vor allem durch die Geldsendungen der etwa acht Millionen Auslandschinesen an ihre Familien in der Heimat ausgeglichen werden.[41] Was wurde nach China importiert, nachdem der Opiumhandel zurückgegangen war und schließlich aufgehört hatte? In der Zusammensetzung der Importe sind während der ersten drei Jahrzehnte des 20. Jahrhunderts mehrere Tendenzen erkennbar:[42] erstens der Rückgang bei Baumwollgütern, die vor 1880 hinter Opium an zweiter Stelle gestanden hatten. Bis etwa 1920 lag ihr Anteil recht stabil bei einem Viertel bis einem Fünftel der Gesamtimporte. Danach wirkte sich die Importsubstitution durch eine während des Ersten Weltkriegs und kurz danach entstandene einheimische Baumwollindustrie aus, so daß der Anteil 1931 auf 7,6 % gesunken war. Bei Kriegsausbruch 1937 war China zum Selbstversorger mit Baumwollstoffen geworden. Diese Veränderungen äußerten sich auch darin, daß China ab 1920 ein Nettoimporteur von Rohbaumwolle war. Seit 1927 überstieg sogar die Menge des exportierten die des importierten Baumwollgarns. Ein besonders kräftig entwickeltes Dreieck sah danach so aus: Japanische Fabriken in Shanghai, Qingdao und Tianjin erzeugten mittels chinesischer Arbeitskraft aus langfaseriger amerikanischer Rohbaumwolle Garn, das im japanischen Mutterland zu Stoffen verarbeitet wurde.

Zweitens nahm mit der beginnenden Industrialisierung die Einfuhr von Kapitalgütern zu, wenngleich nicht sehr dramatisch. Der Anteil von Maschinen stieg von weniger als einem Prozent um die Jahrhundertwende auf 3 % während der zwanziger Jahre. Drittens importierte China während der gesamten Periode Getreide. Diese Importe schwankten von Jahr zu Jahr außerordentlich (zwischen 1 und 10 %) und waren weitgehend abhängig von den Ernteergebnissen und dem Zustand des Transportwesens, dessen Zerrüttung in den zwanziger Jahren den Ausgleich von Versorgungsdefiziten zwischen den Provinzen erschwerte. Viertens gewann jener Typ von Importen an Boden, bei dem sich ein ausländisches industrielles Produkt auf Kosten des einheimischen handwerklichen Erzeugnisses durchsetzte. Ein besonders deutliches Beispiel dafür ist Zukker.[43] Bis Mitte der neunziger Jahre war China ein Netto-Exporteur von Zucker. Danach setzten sich Java-Zucker (dort oft von Auslandschinesen produziert), Zucker aus Taiwan und Zucker aus den britischen Fabriken in Hongkong so weit durch, daß China in der Zwischenkriegszeit nur noch die Hälfte seines Bedarfs aus einheimischer Produktion deckte. Bei dem chinesischen Zucker handelte es sich um unraffinierten braunen Zucker, der mit einfachen Arbeitsmitteln in dörflichen Kleinbetrieben hergestellt wurde. Er wurde nun durch industriellen weißen Zucker verdrängt. Hier hat man es mit einem ziemlich klaren Fall von Zerstörung des einheimischen Gewerbes und seiner Rohstoffgrundlage, des Zuckerrohranbaus, durch industriell gefertigte Importe zu tun. Allerdings gingen die vorindustriellen Techniken nicht völlig verloren, und in Krisenzeiten wechselten viele Konsumenten zurück zum billigeren einheimischen Produkt (ebenso verzichtete man dann auf Petroleum und benutzte Pflanzenöle für die Hausbeleuchtung). Fünftens fallen selbst beim flüchtigen Studium der Einfuhrstatistiken einige Erfolgsgeschichten auf: Produkte, die plötzlich auf der Bildfläche erscheinen und sich rasch einen wichtigen Platz erobern. Textilfarben, seit den 1880er Jahren eine Spezialität des deutschen China-Exports, sind ein Beispiel.[44] Ein noch deutlicheres ist Petroleum (oder Kerosin), das berühmte «Öl für die Lampen Chinas»,[45] das 1876 erstmals in ganz kleiner Menge in China auftauchte und seit Mitte der achtziger Jahre die amerikanischen Exporte nach China dominierte. Es ist von symptomatischer Bedeutung und verdient ein genaueres Zusehen.

Symptomatisch ist der Kerosinimport für einen neuartigen Typ der Markteroberung.[46] Dieser muß im Kontrast zu den älteren Formen gesehen werden. Importe nach China erfolgten im 19. Jahrhundert in den Organisationsformen des Treaty-Port-Handels: ein *yanghang* verkaufte bereits am Ort der Anlieferung aus Übersee, also meist in Shanghai, über seinen Komprador die Ware an einheimische Großhändler, die vollkommen selbständig und auf eigene Rechnung die Verbreitung im Landesinneren besorgten. Auf diese Weise war der Opiumhandel vonstatten gegangen, und der Import von Baumwollgütern konnte sich bis zu seinem Ende

in den 1930er Jahren von diesem restriktiven System niemals befreien.
Eine zweite Organisationsform des Imports ergab sich, wenn der Abnehmer nicht ein anonymes Massenpublikum, sondern der chinesische Staat
in einer seiner zahlreichen Erscheinungsformen war. Regierungshandel
war charakteristisch im Waffengeschäft, beim Eisenbahnbau und bei der
Ausrüstung der *yangwu*-Betriebe. In beiden Formen war ein hohes Maß an
chinesischer Abhängigkeit möglich. Keine von ihnen war jedoch mit einer
organisatorischen Durchdringung des chinesischen Marktes verbunden.
Wenn die großen Chinahandelshäuser wie Jardine Matheson & Co.,
Butterfield & Swire oder Melchers & Co. Niederlassungen im Landesinneren errichteten, dann nicht so sehr, um von dort den Markt mit
Importen überschwemmen zu können, als vielmehr in ihrer Eigenschaft
als Reeder und in der Absicht, den kaufkräftigen Generalgouverneuren in
ihren Provinzhauptstädten lobbyistisch nahetreten zu können.

Nach ganz anderen Regeln funktionierte die dritte Organisationsform
des Importhandels: der von deutschen Farbenherstellern eingeführte, dann
von den großen Ölgesellschaften und von der British-American Tobacco
Corporation (BAT)[47] perfektionierte und schließlich von Kunstdünger-,
Zucker- und Autoreifenfabrikanten in kleinerer Dimension übernommene
Überland-Direktvertrieb. Während nach 1895 das Treaty-System Sir
Henry Pottingers und Lord Elgins infolge von Konzessionsjägerei und
Finanzimperialismus bis an den Rand der Unkenntlichkeit modifiziert
wurde, sprengte gleichzeitig in der kommerziellen Praxis die Dynamik
eines neuen «managerial capitalism» die Fesseln der alten Treaty-Port-
Struktur. Überland-Direktvertrieb war nichts anderes als der Versuch, die
drei getrennten Komponenten des Treaty-Port-Handels – überseeischer
Produzent, Agentur im Treaty Port, chinesische Handelskette – in einer
großen, von Ausländern gesteuerten Organisation zu verklammern, sie
«vertikal» in ein einziges Unternehmen zu integrieren. Eine solche Koppe-
lung von Massenproduktion und Massendistribution entstand nicht in
China. Sie kam seit den 1880er Jahren in den fortgeschrittenen kapitalistischen Ländern auf, vor allem in den USA.[48] Amerikanische Unternehmen
wie Singer-Nähmaschinen verbreiteten sie auf dem europäischen Kontinent.[49] Bemerkenswert ist jedoch, wie rasch die neuen Organisationsformen auf den chinesischen Markt projiziert wurden. Hatten sich die
Unternehmensstrukturen des europäischen und amerikanischen Chinageschäfts während des 19. Jahrhunderts langsam und durch Ausdifferenzierung der Funktionen gleichsam organisch vom regionalen Privathandel
des Country Trade hin zu den großen, in vielen Bereichen engagierten
«investment houses» des letzten Jahrhundertdrittels entwickelt[50] – die
Firmengeschichte von Jardine Matheson & Co. bietet dafür ein Bilderbuchbeispiel[51] –, so brach mit dem Überland-Direktvertrieb ein Bündel
von Neuerungen des metropolitanen Kapitalismus von außen in die
weithin selbstgenügsame Welt des Chinageschäfts ein. Die multinationa-

len Konzerne verkörperten eine ganz neue Entwicklungsstufe in der wirtschaftlichen Erschließung Chinas. Sie traten als Repräsentanten des avancierten Kapitalismus neben die fortbestehenden Organisationsformen des Treaty-Port-Handels. Anders als diese waren sie nicht auf China spezialisiert. China war für weltweit operierende Multis wie Imperial Chemical Industries, die eine große Absatzorganisation für Kunstdünger und Soda-Asche aufzogen,[52] oder Lever Brothers (Unilever), die 1929 eine Seifenfabrik in Shanghai eröffneten, nur ein Absatzmarkt und Investitionsfeld unter vielen. Es war sogar vergleichsweise unattraktiv: Wenige der umfangreichen neuen Investitionen, welche multinationale Konzerne nach dem Ersten Weltkrieg in den unterentwickelten Ländern tätigten,[53] fanden ihren Weg nach China. Ein Grund dafür war ironischerweise das Fehlen eines effektiven Schutzzolls vor 1933: Eine ausländische Fabrik in Shanghai, die für den chinesischen Markt produzierte, hätte sich gerne hinter Zollmauern versteckt. Das freihändlerische Herzstück des alten Treaty-Systems erwies sich so als eine Barriere für die modernste Form von Kapitalimport. Ein weiterer Grund für die Vorsicht der Investoren war die Einsicht, daß es sich bei China vorerst nur um einen *potentiellen* Markt handelte, der zudem politisch instabil war. Henry Ford entschied sich deshalb 1932 gegen den Bau einer Automobilfabrik in Shanghai, und die Kreuger-Gruppe nahm Abstand von geplanten Investitionen in der Zündholzindustrie.[54]

Die multinationalen Konzerne interessierten sich in China nicht für die Ausbeutung exportfähiger Rohstoffe. Keiner von ihnen investierte in Bergbau und Landwirtschaft. 1916/17 wurde eine aufwendige Standard-Oil-Expedition, die in Nordchina nach Erdöl suchen sollte, ohne Ergebnis abgebrochen.[55] Die Multis konzentrierten ihre Anstrengungen auf die Erschließung des chinesischen Absatzmarktes. «Marktorientierte» und nicht «versorgungsorientierte» Investitionen multinationaler Konzerne waren für China charakteristisch. Der Pionier dabei war Standard Oil of New York. Standard Oil hatte zunächst versucht, sich der alten Absatzmethoden zu bedienen: In den achtziger Jahren verkaufte sie ihr Petroleum über Jardine Matheson & Co., die Pioniere des Treaty-Port-Trade, die wiederum den Vertrieb «up-country» chinesischen Großhändlern überließen. 1894 änderte Standard Oil dann seine Strategie. Man erkannte, daß eine Eroberung des chinesischen Marktes nur dann möglich sein würde, wenn es gelänge, die Bauernhaushalte, die das kostbare Petroleum oft nur tassenweise kauften, unter Umgehung einheimischer Handelssysteme unmittelbar zu erreichen. Der Schlüssel zum Erfolg war die kostenlose Verteilung von Zinnlampen. Diese Lampen waren speziell für chinesische Bedürfnisse konstruiert worden. Ihr entscheidender Vorteil bestand darin, daß sie die Brandgefahr gering hielten. Sie trugen das Symbol «Mei Fu» der Standard Oil Company und machten einen westlichen Markenartikel auch in Dörfern bekannt, in welchen man noch niemals einen Ausländer gesehen hatte. Schon vor der Jahrhundertwende hatte Standard Oil acht Millionen Lampen ausgegeben. Von 1903 an wurde ein binnenländisches Vertriebssystem aufgebaut, das 1919 zwanzig Filialniederlassungen umfaßte und 500 ausländische Agenten beschäftigte. Kurz darauf begann die Asiatic Petroleum Co. (APC), eine Tochter der britisch-niederländischen Royal Dutch Shell, damit, eine ähnliche Absatzorganisation zu errichten. Mit der allmählichen Motorisierung Chinas wurden diese Marketing-Systeme durch Tankstellen erweitert; 1949 gab es davon 366. Mitte der 1930er Jahre hielt APC einen Anteil von 44 % am chinesischen Mineralöl-markt, Standard Oil 37 %, Texaco 11 % und andere (vor allem das sowjetrussische Neftsindikat) 8 %.[56] Die drei westlichen Firmen bildeten praktisch ein Oligopol.[57] Gegen nationalistische Versuche, ihre Aktivitäten einzuschränken, so 1932–34 in Kanton, schlugen sie mit ihrer vereinten Marktmacht zurück.[58]

Man kann hier zum ersten Mal nicht mehr nur metaphorisch von einer «Eroberung» des chinesischen Marktes sprechen. Die Petroleuminvasion wurde langfristig und generalstabsmäßig geplant. Marktforschung wurde betrieben – eben das, was die Baumwollfabrikanten in Lancashire unterließen, die weithin an den chinesischen Bedürfnissen vorbeiproduzierten. Das ausländische Personal wurde, wie auch bei BAT, auf das Sorgfältigste geschult. Eine chinesische Sprachausbildung gehörte selbstverständlich dazu. Die Auswahlprozedur für die China-Organisation von Standard Oil soll erheblich anspruchsvoller gewesen sein als die Aufnahmeprüfungen für den amerikanischen Auswärtigen Dienst. Die Überland-Absatzsysteme kamen natürlich ohne chinesische Mitarbeiter nicht aus. Ihr Erfolgsgeheimnis lag unter anderem darin, daß sie sich bestehende Handelsorganisationen zunutze machten. So waren sie bestrebt, stets die solidesten und angesehensten Kaufleute am Ort als Vertreter zu gewinnen. Ausländer wurden außerhalb der größeren Städte als reisende Inspektoren eingesetzt. Im Unterschied zum Treaty-Port-Handel arbeiteten die einheimischen Agenten nicht als selbständige Kaufleute auf eigene Rechnung, sondern auf Kommissionsbasis. Sie nahmen die für das Landesinnere bestimmte Ware nicht schon in Shanghai oder Hongkong in Empfang (wie beim Baumwollimport), sondern an Hunderten von Tankinstallationen oder (bei Zigaretten, Kunstdünger, usw.) Lagerhallen in den kleineren Städten. Auf diese Weise wurden etliche Glieder der einheimischen Handelskette umgangen, einschließlich der oft recht unabhängigen und ungebärdigen Kompradore. Die Gesellschaften internalisierten dadurch nicht nur Kosten. Sie behielten auch eine weitgehende Kontrolle über die Endverbraucherpreise, die sie durch ihre Absatzpolitik steuern konnten. Es war ihnen möglich, flexibel auf regionale Marktveränderungen einzugehen und gezielte Werbe- und Verkaufskampagnen durchzuführen, um damit Konkurrenz (etwa die Russen im Ölgeschäft) aus dem Felde zu schlagen. Umgekehrt waren sie imstande, die gleichbleibend hohe Qualität ihrer Produkte zu garantieren: ein wichtiger Vorteil angesichts der bei chinesischen Zwischenhändlern verbreiteten Verfälschung und Verschmutzung der Waren (eine der Ursachen für den Verfall der Tee-Exporte). Die Absatzsysteme waren unabhängig von chinesischer Finanzierung und vermieden dadurch die hohen Zinsen einheimischer Banken, die beim Treaty-Port-Handel die Produkte oft stark verteuerten. Solcher Überland-Direktvertrieb war allerdings nur unter bestimmten Bedingungen möglich. Er war kein handelskapitalistisches Verfahren, sondern ging von den industriellen Produzenten selbst aus und verlangte enorme Investitionen. Er eignete sich nur für gut zu lagernde, in kleine Mengen aufteilbare Massenkonsumgüter. Auch setzte er ein gewisses politisches Eigengewicht der Konzerne voraus. Standard Oil und BAT, deren Operationen in die fernsten Landkreise reichten, konnten sich nicht mehr hinter Konsul und Kanonenboot verstecken. Auch die Exterritorialität, obzwar einstweilen noch geschätzt, war für sie keine unentbehrliche Existenzvoraussetzung. Entscheidend war für sie – besonders im Zeitalter der politischen Fragmentierung – das gute Einvernehmen mit den jeweiligen örtlichen Machthabern. Es mußte von Fall zu Fall ausgehandelt und erkauft werden. Der Direktvertrieb durch große multinationale Konzerne öffnete also nicht nur eine neue Ära in der kommerziellen Durchdringung des chinesischen Marktes. Er veränderte auch die Parameter der Intervention. Während einerseits die mächtigen Konzerne in London und Washington ein Gewicht in die politische Waagschale werfen konnten, dem die zersplitterten Lokalinteressen in den Treaty Ports nichts zur Seite zu stellen vermochten, emanzipierten sie sich andererseits an Ort und Stelle, wann immer sie es für richtig hielten, von der Vormundschaft der Interventionsinstanzen. Es entstand geradezu ein Mythos von der Überlegenheit unauffälliger Konzernpolitik gegenüber der unbeweglichen und verzopften Diplomatie, die rituell auf zunehmend anachronistische Treaties aus dem 19. Jahrhundert pochte. BAT etwa war nicht zu Unrecht stolz auf seine bewährte Strategie, sich «mit den Chinesen im chinesischen Stil» zu arrangieren.[59] 1949/50 sollte diese Strategie ein unvorhergesehenes Fiasko erleben.

Wie stellen sich diese neuen Formen der Markteroberung im Lichte der drei Deutungsperspektiven des ausländischen ökonomischen Einwirkens dar: Marginalität, Modernisierung, Abhängigkeit?[60] Von Marginalität kann allenfalls insofern die Rede sein, als keines der direkt vertriebenen Güter für die breite Bevölkerung lebenswichtig war: Petroleum und Zigaretten blieben für die meisten chinesischen Bauern Luxuskonsumgüter, die man sich nur leistete, wenn die Subsistenz gesichert war. In Zeiten akuten Mangels konnten sie entbehrt werden. China war zwar nach den USA, der UdSSR, Großbritannien und Indien der fünftwichtigste Petroleumverbraucher, absorbierte aber in den dreißiger Jahren weniger als 3 % des Weltverbrauchs. Pro Kopf lag der Konsum bei 2,6 Litern pro Jahr, verglichen mit 19 Litern in Japan.[61] Unter dem Aspekt der Marktpenetration bedeuteten die Überland-Distributionssysteme jedoch einen tiefen Vorstoß in die einheimische Wirtschaft. «Viele Bauern wissen nicht, wer Sun Yatsen war,» schrieb eine führende Tageszeitung 1934, «aber nur wenige kennen die Zigaretten der British-American Tobacco Corporation nicht.»[62] Das gigantische Ausmaß der Systeme gab der Durchdringung eine neue Qualität. Anfang der vierziger Jahre sollen allein in Nordchina 28 000 Händler aller Rangstufen am Verkauf von BAT-Zigaretten beteiligt gewesen sein; 26 000 davon waren Hausierer ohne jegliches Eigenkapital, welche die Zigaretten in kleinsten Mengen, meist nur einer Tagesration, von den Kommissionskaufleuten in den Marktstädten bezogen und sie in die entlegensten Dörfer trugen.[63] Immer noch drangen westliche Kaufleute nicht persönlich aufs Land vor. Aber die Wirtschaftsinvasion hatte die Provinzhauptstädte, die kleineren Treaty Ports und zahlreiche regionale Handelszentren erreicht. Verteilungssysteme, die bis in ihre Hausierer-Peripherie von den Konzernzentralen in Shanghai kontrolliert wurden, verbreiteten westliche Markenartikel, nachdrücklich und mit bewußtem Appell an den Prestigekonsum als solche kenntlich gemacht, im ganzen Land.[64] Die Überlandverteilung überwand die Beschränkungen des konventionellen Treaty-Port-Handels, seine, wenn man so will, Marginalität.

Hat sie sich, so weit sie reichte, eher modernisierend oder eher behindernd auf die chinesische Wirtschaftsentwicklung ausgewirkt? Die Antwort muß von Branche zu Branche unterschiedlich ausfallen. Die Beispiele von Chemie und Öl mögen genügen. Die Verbreitung von Kunstdünger wirkte sich im Prinzip vorteilhaft auf die landwirtschaftliche Produktion aus. Sie blieb jedoch quantitativ höchst begrenzt; nur wenige Bauern konnten sich Kunstdünger leisten, und die unstabilen Pachtbeziehungen unter dem Grundherren-System begünstigten solchen Aufwand nicht. Außerdem wurde der Dünger oft unsachgemäß verwandt und zeigte dann schädliche Wirkungen.[65] Erst Mitte der 1960er Jahre sollte die chinesische Landwirtschaft in größerem Umfang chemischen Dünger verwenden.[66] Die Ansätze einer chinesischen Chemieindustrie wurden durch die Importe nicht zerstört. Vielmehr gelang es vor allem den 1916 gegründeten, rein chinesisch finanzierten und geführten Yongli-Werken in Tanggu, unter Einsatz modernster Technologie den Importeuren wachsende Marktanteile auf dem Gebiet der Industriechemie streitig zu machen.[67] Die übermächtige Effizienz der Vertriebsnetze für Importöl konnte die handwerkliche Erzeugung von *Pflanzen*ölen nicht unterdrücken. Im Gegenteil setzte die Einführung von Petroleum Teile der Pflanzenölproduktion für den Export frei. Auf der anderen Seite haben die Erdöl-Multis die Entwicklung einer einheimischen Mineralölindustrie wenn nicht völlig verhindert, so doch bewußt und nach Kräften erschwert und Chinas Importabhängigkeit auf diesem Sektor gefördert:[68] eine pikante Vorgeschichte der heutigen Kooperation zwischen China und den internationalen Ölkonzernen bei der Ausbeutung der Off-Shore-Lagerstätten im Gelben Meer. Insgesamt kann man sagen, daß die Einpflanzung von nach westlichen Maßstäben hochmodernen Marketing-Organisationen die Wirtsökonomie selbst nicht modernisierte. Kein einheimischer Konkurrent verfügte über genügend Kapital und Managementwissen, um die ausländischen Methoden zu kopieren. Da die Systeme radial auf die großen Importhäfen ausgerichtet waren, trugen sie überdies wenig zur dringend erforderlichen Integration eines nationalen Binnenmarktes bei.

Die Operationen der multinationalen Konzerne berührten sowohl den Waren- als auch den Kapitalexport nach China. Zum einen wurden Investitionen erforderlich, um dem Handel neue Kanäle zu öffnen, zum anderen verlagerten einige Multis – BAT ist das herausragende Beispiel – den Schwerpunkt ihrer Geschäfte vom Import auf die Produktion in China. Um diese Entwicklung deuten und beurteilen zu können, ist zunächst ein Blick auf das Gesamtbild der ausländischen Direktinvestitionen in China erforderlich. Dabei ist nach vier Parametern zu unterscheiden: der Zeitdimension, den Investorländern, den kapitalempfangenden Wirtschaftssektoren und der räumlichen Verteilung der Anlagen. Verknüpft man die ersten beiden Parameter, so erhält man auf der Grundlage zeitgenössischer Schätzungen das in Tabelle 6 wiedergegebene Bild.[69]

Tabelle 6: Ausländische Direktinvestitionen in China,
nach Anlegerländern, 1902–1936,
Mio. US $

Land	1902[a]	%	1914	%	1930[b]	%	1936	%
Großbritannien	150	30	400	37	963	39	1059	40
Japan	1	–	192	18	874	35	1118	42
Rußland	220	44	237	22	273	11	0	0
USA	17	3	42	3	155	6	245	9
Frankreich	30	6	60	6	95	4	142	5
Deutschland	85	17	136	13	75	3	59	2
Andere	0	0	0	0	59	2	59	2
Summe	503	100	1067	100	2294	100	2682	100

Quelle: Hou Chi-ming, Foreign Investment and Economic Development in China 1840–1937, Cambridge, Mass. 1965, Tabelle 1 (S. 13), Tabelle 45 (S. 225).
Anmerkungen:
a) Japan 1900, USA 1900, Rußland 1903, Deutschland 1902–1904.
b) Frankreich 1931, Deutschland 1931.

Die Zahlen in Tabelle 6 schließen die Mandschurei ein. Dies erklärt den hohen Anteil Rußlands bis 1930. Die russischen Direktinvestitionen in China waren nahezu identisch mit den Investitionen der Ostchinesischen Eisenbahn, die als ein Relikt der Witte-Ära in die Zwischenkriegszeit hineinragte, bis sie 1935, allseits von japanischem Kolonialgebiet umgeben, an Japan verkauft wurde.[70] Weder das Zarenreich noch die Sowjetunion tätigten jemals nennenswerte Investitionen im chinesischen Kernland. Auch der Zuwachs des japanischen Kapitals konzentrierte sich auf die Mandschurei, wo 1930 63 % der gesamten japanischen Direktinvestitionen in China angelegt waren.[71] Gleichwohl war Japan spätestens seit dem Ersten Weltkrieg nach Großbritannien der zweitgrößte Investor südlich der großen Mauer.

Neben dieser beständigen Vorherrschaft britischen und japanischen Kapitals im chinesischen Kernland sind aus Tabelle 6 zwei weitere Einsichten zu gewinnen: Einmal ist es bemerkenswert, daß Großbritanniens politisch-militärischer Machtverlust auf globaler Ebene wie als Folge verminderter Interventionschancen in China selbst nicht von einem Rückgang seiner ökonomischen Position begleitet war. Die Statistik bestätigt also, daß es im frühen 20. Jahrhundert zu einer Entkoppelung der wirtschaftlichen von der politisch-militärischen Komponente des britischen Informal Empire kam. Zum anderen fällt das rasche Wachstum der ausländischen Investitionen in den 1920er Jahren auf. Auch wenn dies maßgeblich auf den Kapitalexport des «Nachzüglers» Japan zurückführen ist, verdient die Verdoppelung der britischen Investitionen gegenüber der Vorkriegszeit Beachtung. In nicht genau bezifferbaren Proportionen resultierte sie aus frischem Kapitalexport nach China, der Reinvestition der Gewinne britischer Firmen und dem Anstieg der Bodenwerte in Shanghai und Hongkong. Neben Großbritannien und Japan waren die USA in den zwanziger Jahren die dritte ökonomisch expandierende Kraft in China. Dies machte sich hauptsächlich im Handel bemerkbar. Der Anteil der USA an Chinas Importen stieg von 6 % im Jahre 1913 auf etwa 20 % in den frühen dreißiger Jahren, als die USA Chinas wichtigster Handelspartner geworden waren.[72] Die amerikanischen Direktinvestitionen dienten fast ausschließlich der Stützung dieser Handelsexpansion: Dazu gehörten zum Beispiel die Tankinstallationen und die speziellen Tankschiffe der Standard Oil Company. Tabelle 7 (S. 258)zeigt die Investitionsprofile der wichtigsten Anlegerländer für das Jahr 1931, das Übergangsjahr von maßvoller Prosperität zu akuter Krise.

59 % der amerikanischen Direktinvestitionen (Import-Export und Transport, d. h. Schiffahrt) waren dem Chinahandel direkt subsidiär. Hinter dem Posten «städtische Versorgungsbetriebe» verbergen sich hauptsächlich die Shanghai Power Co. und eine Shanghaier Tochter der International Telephone & Telegraph Corporation (ITT), hinter «Banken» die First National City Bank of New York, eine der drei wichtigsten ausländischen Banken in China,[73] und Filialen von acht weiteren Instituten.[74] Große amerikanische Industriebetriebe in China gab es nicht; schon vor dem Ersten Weltkrieg hatten US-Investoren Japan solchen kolonialen oder halbkolonialen Ländern wie Indien, der Türkei und China vorgezogen.[75] Die amerikanischen Direktinvestitionen im Ausland beliefen sich 1929 auf 7528 Millionen $.[76] Auf China entfielen davon nur 2 %.[77]

1914 waren ca. 3 %, 1938 ca. 3,7 % der gesamten britischen Auslandsinvestitionen (Direktinvestitionen plus Portfolio-Anlagen) in China inve-

Tabelle 7: Direktinvestitionen in China der vier wichtigsten Anlegerländer, 1931,
nach Anlagesektoren

Mio. US $

	GB	JAPAN	RUSS	USA	Summe	%
Transport	135	204	210	11	560	24,8
Städtische Versorgungsbetriebe	48	16	–	35	99	4,4
Bergbau	19	88	2	–	109	4,8
Verarbeitende Industrie	173	165	13	21	372	16,5
Banken, Versicherungen	115	74	–	25	214	9,5
Grund und Boden	202	73	32	9	316	14,0
Import-Export	241	183	12	48	484	21,4
Sonstiges	29	71	3	2	105	4,6
Summe	962	874	272	151	2259	100,0

Quelle: C. F. Remer, Foreign Investments in China, New York 1933, Tabelle 10 (S. 86). Zahlen auf-
oder abgerundet.

stiert.[78] China bildete damit nach Indien (1914: 9,3 %) und vor Japan das
wichtigste Ziel des britischen Kapitalexports nach Asien. Für Japan, das
sich erst nach dem Ersten Weltkrieg von einem Schuldner- in ein Gläubi-
gerland verwandelte, hatte der ostasiatische Kontinent selbstverständlich
eine ungleich höhere Bedeutung. China – ohne die Kolonie Taiwan –
absorbierte um 1930 bis zu 90 % der japanischen Auslandsanlagen.[79] Eine
solche geographische Konzentration des Kapitalexports ist im internationalen Vergleich ganz ungewöhnlich. Um an andere Konzentrationen zu
erinnern: 1914 waren 35 % des britischen Auslandskapitals in Nordamerika (USA, Kanada) und 47 % des US-Auslandskapitals in Lateinamerika
angelegt, den jeweils mit Abstand wichtigsten Zielgebieten.[80] Unterscheidet man geographisch, so ergibt sich für 1930/31, daß Japans chinesische
Direktinvestitionen zu 63 % (551 Millionen $) in der Mandschurei, zu 37 %
(323 Millionen $) im chinesischen Kernland lokalisiert waren.[81] Von den
britischen Direktinvestitionen konzentrierten sich 77 % (737 Millionen $)
in Shanghai und 9 % (90 Millionen $) in Hongkong; für den ganzen Rest
Chinas einschließlich der Mandschurei (wo es sehr wenige britische
Wirtschaftsinteressen gab) blieben 14 % (136 Millionen $).[82] Geographisch
verhielten sich die Investitionsprofile Japans und Großbritanniens also
etwa komplementär zueinander. Sie zeigten dabei zwei Gemeinsamkeiten.
Zum einen waren Briten und Japaner die einzigen, deren wirtschaftliches
Engagement in China nahezu das gesamte Spektrum der Anlagemöglich-
keiten umfaßte. Zum anderen berührten sie sich in Shanghai.

Vieles an Tabelle 7 ist schnell erklärt. Die japanischen Transportinvesti-
tionen bestanden hauptsächlich in der Südmandschurischen Eisenbahn,
die britischen in den beiden großen Schiffahrtslinien. «Import-Export»
umfaßte bei Briten wie Japanern eine Vielzahl kleiner Firmen in den Treaty

Ports, daneben aber – und für die Marktdurchdringung am bedeutendsten – jeweils eine Handvoll überragender Häuser mit verzweigten Handelsinteressen. Das japanische Gegenstück zu Jardine Matheson & Co. war dabei Mitsui & Co., seit 1877 in Shanghai im Geschäft.[83] Bis auf zwei lassen sich alle in Tabelle 7 aufgelisteten Investitionskategorien historisch auf die Zeit vor 1895 zurückführen. Neu waren – neben den Eisenbahnen – ausländische Kapitalanlagen in der verarbeitenden Industrie und im Bergbau, genauer: im Kohlebergbau.

Während Indien vor der Ankunft der Europäer nur den Tagebau kannte, gab es in China Bergwerke von der Größenordnung der europäischen im 17. Jahrhundert, doch war der Pro-Kopf-Verbrauch von Kohle sehr gering.[84] Die Einführung neuer Technologien erlaubte eine bedeutende Ausweitung der Förderung. Die Geschichte des «modernen», also maschinell und großbetrieblich durchgeführten Kohlebergbaus in China begann, als 1881 das Kaiping-Bergwerk in Tangshan (nordöstlich von Tianjin), eine der *yangwu*-Gründungen Li Hongzhangs, die Produktion aufnahm.[85] Seit 1895 entstanden eine Reihe weiterer moderner Kohleminen. Ihre Gesamtproduktion wuchs von ca. 500000 t im Jahre 1896 stetig bis zu einem Höhepunkt von 17900000 t 1924. Darauf folgte ein Jahrzehnt der Stagnation. 1936 war mit 29370000 t der Vorkriegshöhepunkt erreicht. Daneben wurden weiterhin bis zu 10000000 t jährlich in kleinen traditionalen Bergwerken erzeugt.[86] Mitte der 1930er Jahre war der moderne Kohlebergbau mit einer jährlichen Nettowertschöpfung von 100 Millionen Yuan Chinas drittgrößte Industrie nach der Baumwollindustrie (134 Millionen Yuan) und der Tabakindustrie (126 Millionen Yuan). Nach dem Kriterium der Beschäftigung lag er mit der Baumwollindustrie gleichauf; beide gaben 200000 Menschen Arbeit.[87] Bis Mitte der zwanziger Jahre wurde etwa ein Drittel der Kohle in den vorwiegend japanischen Bergwerken in der Mandschurei gefördert. Als der Bergbau südlich der Großen Mauer danach durch die Warlord-Kriege in Mitleidenschaft gezogen wurde, stieg der mandschurische Anteil auf die Hälfte und sank bis zum Kriegsbeginn nicht wieder unter 40 %.[88]

Die beiden Bergbauregionen unterschieden sich deutlich in der Art ihrer außenwirtschaftlichen Beziehungen: Während in den Jahren 1933–36 zwischen 34 und 51 % der mandschurischen Kohle exportiert wurden, lag im chinesischen Kernland die Exportquote nur bei 3–7 %, etwa dem Wert für Frankreich.[89] Fast alle Exporte gingen nach Japan. Obwohl die japanische Kohlepolitik der mandschurischen Nachfrage, darunter derjenigen der großen Stahlwerke von Anshan, Priorität vor dem Export einräumte, war doch der Bergbau in der Mandschurei deutlich «extravertiert». Andererseits führte die Beteiligung britischen Kapitals am Bergbau in Nordchina nicht dazu, daß sich das Mutterland oder Teile des Empire mit chinesischer Kohle versorgt hätten.[90] Die Kohle war vielmehr mit anderen britischen Investititionsblöcken innerhalb Chinas vernetzt. Wichtige Kunden waren die britisch-amerikanischen Kraftwerke von Shanghai, Swires und Jardines Dampferflotten, die britischen Baumwollfabriken in Shanghai und natürlich die teilweise mit britischem Geld finanzierten Eisenbahnen. Freilich kauften diese Abnehmer keineswegs generell bei den (sino-) britischen Bergwerken ein. Es herrschten freie Marktbedingungen, und imperialer Patriotismus spielte keine Rolle.

Die Briten hatten sich mit fragwürdigen Methoden im chinesischen Bergbau eingenistet. Während des «scramble for concessions» waren fünf Kohlekonzessionen an britische Interessenten gegangen.[91] Einigen von ihnen fehlte jedoch das Kapital, um Bergwerke zu errichten; seit 1903 bemühte sich China um Rückgewinnung der Bergbaukonzessionen. Widerstand der Beamten und der Bevölkerung in den vorgesehenen Minengebieten erschwerte oder verhinderte gar die Erschließungsarbeit. Am Vorabend der Revolution von 1911 waren vier der fünf Konzessionen hinfällig. Tatsächlich realisiert wurde nur die Konzession, die dem Pekin Syndicate, einer englisch-italienischen Gruppe, zur Ausbeutung von Kohlefeldern in der Provinz Henan erteilt worden war. Das Syndikat produzierte 1907 seine erste Kohle. 1914 erreichte sein Bergwerk eine Förderung von 482 000 t.[92] Der Widerstand einer benachbarten chinesischen Bergbaugesellschaft wurde 1915 durch die Errichtung einer gemeinsamen Absatzorganisation überwunden. Der Hauptzweck solcher Zusammenarbeit war politischer Natur: Das Pekin Syndicate wurde dadurch vor Problemen mit der Provinzregierung von Henan geschützt. 1925, auf dem Höhepunkt seines Erfolges, zwangen erst die anti-britische Stimmung nach dem Massaker vom 30. Mai 1925 und dann die Plünderung durch Warlord-Armeen das Pekin Syndicate zur Drosselung und später zur Einstellung der Produktion. Erst 1933 konnte der Betrieb wieder aufgenommen werden.[93]

Die britische Kontrolle über Chinas erstes und größtes Kohlebergwerk, Kaiping, hatte mit Konzessionen nichts zu tun. Schon in den 1890er Jahren hatten ausländische Interessenten durch Kredite und den Aufkauf von Aktien einen erheblichen finanziellen Einfluß auf die nominell chinesische Gesellschaft zu erlangen gewußt.[94] Eine offene Übernahme wurde möglich, als sich das Management während der Boxer-Wirren 1900 unter den «Schutz» der britischen Flagge stellte. Durch geschickte Manöver zweier «Berater» der chinesischen Regierung, des Deutschen Gustav Detring und des Amerikaners Herbert Hoover (des späteren Präsidenten der USA), brachte sich ein neu gegründetes anglo-belgisches Syndikat, die Chinese Engineering and Mining Co., innerhalb weniger Monate in den Besitz der Kaiping-Gesellschaft.[95] Im Gegenzug errichtete Yuan Shikai, damals Generalgouverneur von Zhili (Hebei), 1907 in der Nachbarschaft die Luanzhou Bergwerksgesellschaft. 1912 wurde unter dem Namen Kailuan Mining Administration (KMA) eine gemeinsame Dachorganisation gegründet, die für den Betrieb der Bergwerke und für den Verkauf der Kohle zuständig war. In anderen Belangen blieben die beiden Partner voneinander unabhängig, doch lag die tatsächliche Kontrolle bei den Ausländern und besonders bei dem nahezu allmächtigen britischen Generalmanager; die Lanzhou-Direktoren hatten allenfalls gewisse Obstruktionsmöglichkeiten. Die KMA betrieb die größten und modernsten Bergwerke außerhalb der Mandschurei. Sie beschäftigte 1912/13 über 7000, 1931 etwa 31000 und 1947 ca. 49000 Arbeiter.[96] In den zwanziger und dreißiger Jahren entfiel auf die KMA etwa ein Viertel der Kohleproduktion moderner Bergwerke südlich der Großen Mauer. Die KMA war der mit Abstand größte britische Aktivposten nördlich von Shanghai. Sie galt unter den Briten in China als «ein herausragendes Beispiel für erfolgreiche Kooperation zwischen chinesischen und ausländischen Interessen»,[97] während Chinesen über die fortgesetzte Usurpation chinesischer Rechte durch das britische Syndikat klagten.[98] Die rechtliche Situation war in Wirklichkeit kompliziert. Die Stellung der Chinese Engineering and Mining Co. war durch die Exterritorialität geschützt, die Existenz der KMA beruhte aber auf der rein privatrechtlichen Kooperationsvereinbarung von 1912, die mit den Treaties nichts zu tun hatte. Im Grunde war die KMA weder unter chinesischem noch unter britischem Recht eindeutig zu definieren. Die britische Dominanz beruhte letzten Endes auf der Anwesenheit britischer Truppen in Nordchina. Als dieser Schutz unwirksam wurde,[99] suchte das britische Syndikat die Legalisierung seiner Beteiligung an der KMA unter chinesischem Recht. Sie wurde 1934 von der Guomindang-Regierung gewährt. Die KMA-Leitung paktierte stets pragmatisch mit derjenigen politischen Kraft, welche die Arbeiterschaft niederhielt. 1934 war dies Jiang Kaishek, ab 1935 waren es die Japaner, die schon vor dem Ausbruch des Krieges im Juli 1937 die Gegend um Beijing und Tianjin unterwandert hatten.[100] Während des Krieges unterhielt die KMA ausgezeichnete Beziehungen zur japanischen Besatzungsmacht. Auch noch nach Pearl Harbor.

Vor 1937 kamen etwa 70 % der Produktion moderner Bergwerke aus Gesellschaften, in denen ausländisches Kapital investiert war. Während die großen Minen der Südmandschurischen Eisenbahngesellschaft ganz in japanischer Hand waren, überwogen ansonsten verschiedene Formen von «joint ventures». Ausländer besaßen nie eine generelle Befugnis zur Eröffnung von Bergwerken in China analog zu dem 1895 verbrieften Recht, in den Treaty Ports Industriebetriebe zu errichten. Das chinesische Bergrecht legte einer totalen ausländischen Kontrolle große Hindernisse in den Weg. In seiner Fassung von 1930 beschränkte es den ausländischen Anteil am Kapital auf 49 % und sah eine Vorstandsmehrheit für Chinesen vor.[101] In der Praxis konnten sich die ausländischen Partner jedoch in der Regel – nicht nur bei der KMA – die Entscheidungskompetenz sichern; allein ihre meist größeren finanziellen Ressourcen und besseren technischen Kenntnisse sorgten dafür.[102] Ausländische Bergwerke genossen gegenüber rein chinesischen[103] verschiedene Vorteile, vor allem einen größeren Spielraum, Steuern und Ad-hoc-Abgaben zu vermeiden, sowie höhere Transportsicherheit, etwa (wie bei der KMA) durch Eisenbahnwaggons im eigenen Besitz. Selbst unter Bedingungen verminderter westlicher Interventionsfähigkeit nach dem Ersten Weltkrieg scheuten Warlords doch vor Übergriffen auf ausländisches Eigentum zurück, und Japan verstand es zunehmend, sich in Nordchina Respekt zu verschaffen. Entscheidend war aber bei den größten ausländischen Bergwerken, Kailuan in Hebei und Fushun in der Mandschurei, daß sie geologisch und verkehrsgeographisch außerordentlich begünstigt waren.

Die strukturellen Vorteile der großen ausländischen Bergwerksgesellschaften gingen zurück auf die Umstände des fremden Eindringens, also die Boxerwirren von 1900 und die japanische Beute aus dem Russisch-Japanischen Krieg. Sie ermöglichten den Zugriff auf Chinas beste Kohlereserven. Der ausländische Kohlebergbau im chinesischen Kernland – die Mandschurei zeigt ein anderes Bild – war sicher nicht «marginal» zur einheimischen Ökonomie. Sein Modernisierungseffekt läßt sich nicht bestreiten, war aber nicht so bedeutend und wohltuend, wie modernisierungstheoretisch orientierte Historiker behauptet haben. Die Volksrepublik «erbte» zwar die Anlagen der KMA in Tangshan, aber der für das Modernisierungsargument unerläßliche Nachweis, daß China ohne ausländische Beteiligung zu einer ähnlich erfolgreichen Erschließung der Flöze unfähig gewesen wäre, läßt sich schwer führen.[104] Schließlich trifft auch ein rein ökonomisch begründetes Abhängigkeitsargument nicht zu, denn die ausländischen Bergwerke produzierten für den chinesischen Markt und wirkten nicht als eine Exportenklave, welche außenwirtschaftliche Abhängigkeit begründet hätte. Sicher ist allein, daß die ausländischen Bergwerke ihren Ursprung nicht Chinas Suche nach Auslandskapital, sondern der Wehrlosigkeit des Landes gegenüber einer politisch gestützten Invasion verdankten und fortan aus ihrer privilegierten Stellung Vorteile zogen, die ihnen nicht durchweg, aber in kritischen Momenten immer wieder einen Vorsprung vor ihren chinesischen Konkurrenten verschafften.

Die Bergwerke waren neben den Fabriken von Shanghai die wichtigsten Berührungspunkte zwischen chinesischen Arbeitern und ausländischen Unternehmern. Daß das chinesische Proletariat von fremden Kapitalisten *besonders* grausam ausgebeutet worden sei, gehört für die Zeit vor 1937 zu den nationalistischen Legenden. Das China des frühen 20. Jahrhunderts war alles andere als ein Idyll. Es war eine Gesellschaft verbreiteter Armut, ausufernder Gewalttätigkeit, schonungsloser Ausbeutung, einer fundamentalen Existenzunsicherheit für alle bis auf kleine Minderheiten.[105] Der industrielle Kapitalismus brach nicht in eine heile Bauernwelt ein. Vielmehr schuf er Chancen, dem schlimmsten Elend zu entgehen. Beschäftigung in einer modernen Kohlegrube oder in einer Baumwollfabrik zu finden, war ein Ziel vieler Menschen aus den verarmten ländlichen Gebieten. Es war ein erstrebenswerteres Ziel, als in einer der kleinen unmaschinisierten Gruben oder einer Hinterhofwerkstatt in Shanghai zu arbeiten, wo die Arbeitsbedingungen noch schlechter und die Ausbeutungschancen nicht durch die Organisationsregeln des Großbetriebs begrenzt waren. Sklavereiähnliche Arbeitsformen, wie sie noch für die 1930er Jahre aus dem vorindustriellen Kohlebergbau mehrerer Provinzen bezeugt sind,[106] kamen im *modernen* Bergbau nicht vor. Auch Schichten von 24 Stunden unter Tage gab es in den großen modernen Bergwerken nicht; Kaiping/Kailuan arbeitete von Anfang an auf der Basis von 8-Stunden-Schichten, auch wenn die niedrigen Löhne viele Bergleute zu Doppelschichten zwangen. Die Wirklichkeit der Arbeit war jedoch auch in den fortschrittlichsten Unternehmen gräßlich genug. Die Unfall- und Todesraten lagen um ein Vielfaches über denen nicht nur der europäischen Länder, sondern auch Indiens; sie waren die höchsten der Welt.[107] Dabei scheinen Unterschiede zwischen ausländischen und chinesischen Bergwerken keine große Rolle gespielt zu haben. Auch die Löhne haben offenbar nicht bemerkenswert differiert.[108]

In der Baumwollindustrie von Shanghai waren die Arbeitsbedingungen in den japanischen und britischen Fabriken nicht besser oder schlechter als in den chinesischen. Es gab chinesische Betriebe mit überdurchschnittlichen Löhnen und Zusatzleistungen und solche, die von den Arbeiterinnen und Arbeitern gemieden wurden; den schlechtesten Ruf, auch wegen der Brutalität ihrer Vorarbeiter, hatte eine der größten Fabriken in chinesischem Besitz.[109] Mit schmaler Marge am besten schnitten wohl die japanischen Fabriken ab: Sie waren sauberer, hielten ihre Maschinen besser instand und verwendeten höherwertige und deshalb angenehmer zu handhabende Rohstoffe als ihre chinesischen und britischen Rivalen.[110] Die japanischen Fabriken waren auch die technisch und ökonomisch leistungsfähigsten.[111]

Seit etwa 1890 kann man von der Existenz einer modernen Baumwolltextilindustrie in China sprechen. Ausländisches Kapital wurde gleich nach dem Frieden von Shimonoseki investiert. Schon 1895 gründeten Jardine Matheson & Co. die Ewo Cotton Spinning and Weaving Co., die 1907 und 1914 weitere Fabriken in Shanghai eröffnete.[112] Japanisches Engagement war eine direkte Reaktion auf die Herausforderung durch britische und chinesische Gründungen, die der japanischen Baumwollindustrie ihren gerade erst erschlossenen chinesischen Absatzmarkt für Garn streitig zu machen schienen. 1902 kaufte das Handelshaus Mitsui seine erste Baumwollfabrik in Shanghai. 1909–11 errichtete ein mittelgroßer Spinnereikonzern, die Naigaiwata Co., seinen ersten Betrieb in Shanghai, den Kern des größten ausländischen Baumwollimperiums in China.[113] Zwischen 1897 und 1913 verdoppelte sich die Zahl der Spindeln in den Baumwollfabriken Chinas. Von 866 000 Spindeln befanden sich 1913 60 %

in chinesischem, 27 % in europäischem (meist britischem) und 13 % in japanischem Besitz.[114] Am Vorabend des Ersten Weltkriegs war die chinesische Baumwolltextilindustrie noch relativ unterentwickelt. Zur gleichen Zeit waren in Japan 2,4 Millionen und in Indien sogar 6,8 Millionen Spindeln installiert![115] Der Erste Weltkrieg schuf außerordentlich günstige Bedingungen für den Ausbau der Baumwollindustrie, weil britische Exporte weitgehend von asiatischen Märkten verschwanden. 1922 war die Spindelzahl auf 3 611 000 angestiegen, das Vierfache der Vorkriegszeit. Die Zahl der maschinellen Webstühle hatte sich verdreifacht.[116] Dies war damals die höchste leichtindustrielle Wachstumsrate der Welt. Zwischen 1912 und 1920 wuchs die moderne chinesische Industrie jährlich um 13,4 %, eine Rate, die erst während des Ersten Fünfjahresplans (1953–57) wieder erreicht werden sollte.[117]

Waren die industriellen Gründer vor dem Krieg in der Regel machthabende Beamte wie Li Hongzhang[118] oder gesellschaftlich kaum eindeutig fixierbare Reformer aus der alten Oberschicht wie Zhang Jian[119] gewesen, so rekrutierte sich die Kriegs- und Nachkriegsgeneration der Textilindustriellen aus der mit Staat und ausländischen Firmen nur locker verbundenen Kaufmannschaft. Während der Kohlebergbau eine Domäne militärischer und ziviler Machthaber blieb, ein bevorzugtes Investitionsfeld für Warlordvermögen,[120] formierte sich in der Leichtindustrie und deren wichtigster Branche, der Textilproduktion, eine «nationale Bourgeoisie».[121] Das «goldene Zeitalter des chinesischen Kapitalismus»[122] dauerte allerdings nur von 1917 bis 1923. Der Nachkriegskrise in der Baumwollindustrie[123] fielen eine Reihe der oft kapitalschwachen Neugründungen zum Opfer, aber auch 1925 Zhang Jians einst wegweisender Dasheng-Konzern. Für die übrigen verschärfte sich die Konkurrenzlage angesichts des massiven Vordrängens der Japaner. Der Ausbau der Kapazitäten stagnierte. Zwar stieg die Spindelzahl zwischen 1922 und 1930, dem letzten Jahr vor der Weltwirtschaftskrise, um 887 000 auf 4 498 000, doch ging fast der gesamte Zuwachs auf das Konto der japanischen Fabriken. Sie hatten 1922 einen Anteil von 30 %, 1930 schon von 40 % an der Gesamtspindelzahl (1936: 44 %). Die westliche Präsenz bestand seit 1925 nur mehr aus Jardine Mathesons drei «Ewo»-Fabriken in Shanghai. Sie besaßen 1930 nur 4 % der Spindeln; das Inventar galt als technisch veraltet, was eine langjährig konstante Dividende von 20 % allerdings nicht ausschloß.[124] 1936 waren 14 000 chinesische Arbeiter in britischen und an die 70 000 in japanischen Baumwollfabriken beschäftigt. In den dreißiger Jahren bauten japanische Investoren Tianjin neben Shanghai und Qingdao zum dritten Textilzentrum in China aus.[125]

Rein quantitativ besaßen die Japaner niemals eine allgewaltige Position in der Baumwollindustrie Chinas ähnlich derjenigen, welche Ausländer im Kohlebergbau innehatten. Nach nahezu allen Meßgrößen lagen die ausländischen Firmen unterhalb der 50-Prozent-Schwelle. Die ökonomische Schwäche und Passivität der einheimischen Textilfabriken nach 1923 sollte die große Aufbauleistung vieler chinesischer Unternehmer und Ingenieure nicht verdecken, etwa die der Brüder Rong Zongjing und Rong Desheng, deren Baumwoll- und Mehlkonzern, seit 1901 und dann verstärkt seit 1915 in die Höhe gezogen, 1921 zwölf Mühlen und vier Baumwollfabriken umfaßte.[126] Anders als bei den yangwu-Projekten des 19. Jahrhunderts, zu denen auch die frühesten Baumwollspinnereien gehörten, geschah dieser Aufbau – in den ersten Jahren der Warlord-Periode! – ganz ohne Hilfe des Staates und überhaupt möglichst unter Vermeidung seines Eingreifens. Daß sich auch die chinesischen Fabriken in den großen Treaty Ports konzentrierten, hatte neben infrastrukturellen Überlegungen nicht zuletzt den Grund, daß man dem Zugriff raffgieriger Militärmachthaber entgehen wollte. Überhaupt gab es während der chinesischen Frühindustrialisierung zwischen 1895 und 1949 keinen starken und entwicklungsorientierten Staat, der, wie eine These des amerikanischen Wirtschaftshistorikers Alexander Gerschenkron es verlangt, unter Bedingungen «nachholender» Industrialisierung jene Leitfunktion übernimmt, die bei der ursprünglichen industriellen Revolution die privatkapitalistischen Marktkräfte spielten.[127] Die zweite Gerschenkronsche Entwicklungsinstanz, die Banken, von denen die wichtigsten zwischen 1908 und 1921 gegründet wurden,[128] erfüllte zunächst durchaus erfolgreich ihre Aufgaben in der Industriefinanzierung.[129] Als Folge der Krise von 1923 verlagerten aber die meisten von ihnen den Schwerpunkt ihrer Aktivitäten auf das risikolosere und einträglichere Regierungsgeschäft; die nordchinesischen Banken hatten ohnehin von Anbeginn engste Beziehungen zu Bürokraten und Warlords unterhalten.

Ein wichtiger Vorteil der japanischen vor den chinesischen Baumwollunternehmen bestand in ihrer größeren Finanzstärke. Selbst die antijapanischen Boykotte während der Mandschurei-Krise von 1931/32 konnten sie überstehen. Die japanischen Fabriken waren moderner ausgerüstet, besser geführt und realisierten eine wesentlich höhere Arbeitsproduktivität als ihre chinesischen Konkurrenten.[130] Sie repräsentierten eine fortgeschrittene Wirtschaftsform in einer erst wenig entwickelten ökonomischen Umwelt. Trotzdem fiel auch auch bei ihnen, wie bei den Bergwerken, als wichtiger Zusatzvorteil ihre außerökonomische Privilegierung ins Gewicht. Ihre Produkte wurden in der Praxis beim Überlandverkauf nicht so hemmungslos besteuert wie die der chinesischen Hersteller. An kritischen Punkten kam die Diplomatie zu Hilfe, etwa als die Mächte 1923 unter Berufung auf «treaty rights» einmütig den chinesischen Versuch eines Exportembargos für Rohbaumwolle (das den Rohstoffpreis senken sollte) zu Fall brachten.[131] Ausländische Unternehmen aller Art profitierten weiterhin von der Exterritorialität, indem sie sich an chinesische Rechtsvorschriften nicht gebunden fühlten. Nach 1931 verloren die chinesischen Textilfabrikanten den wichtigen mandschurischen Markt, der fortan unter

Zollbegünstigung weitgehend durch die japanischen Fabriken in Nordchina, oft *via* Japan, versorgt wurde. Die Stellung der Naigaiwata-Gesellschaft und der anderen japanischen Unternehmen in der chinesischen Baumwollindustrie zwischen den Weltkriegen war aus diesen Gründen stärker, als ihre numerischen Anteile erkennen lassen.

Die Baumwollindustrie, besonders die Baumwollgarnerzeugung, war nach dem Opium der zweite Fall erfolgreicher Importsubstitution in China. Hat dabei die moderne Industrie in England, Japan und in den chinesischen Treaty Ports die traditionale Kleinproduktion der bäuerlichen Haushalte zerstört und damit maßgeblich zum Massenelend in Chinas Dörfern beigetragen, wie die nationalistische Geschichtsschreibung in China jahrzehntelang behauptet hat? Auch hier, wie so oft in der chinesischen Wirtschaftsgeschichte, muß man zeitlich und regional differenzieren. Die Weber in Südchina, wo keine Baumwolle erzeugt wurde, verarbeiteten schon bald nach dem Opiumkrieg überwiegend Garn aus dem Ausland.[132] In der Mitte und im Norden des Landes, wo Baumwollanbau und Spinnerei dichter miteinander verbunden waren, wurde handgesponnenes Garn nicht durch Importe, sondern erst durch das Produkt der seit etwa der Jahrhundertwende entstehenden einheimischen Spinnereifabriken in größerem Umfang zurückgedrängt. Auch wenn viele Haushalte das Spinnen für den Verkauf einstellten, spann man – bis in die 1950er Jahre – weiterhin für den eigenen Bedarf. Um 1930 erfolgte mindestens noch ein Viertel der gesamtchinesischen Garnerzeugung am Spinnrad.[133] Als noch viel widerstandsfähiger erwies sich die Hand*weberei.* Nach neuesten Untersuchungen stammten 12 % des 1936 in China verbrauchten Baumwollstoffes aus dem Ausland und 45 % aus der einheimischen Fabrikproduktion, während 43 % im Handbetrieb angefertigt wurden. Langfristig ging der Anteil der Handweberei selbstverständlich zurück; er hatte 1894 86 % und noch 1920, vor der großen Expansionswelle der japanischen Baumwollfabriken in China, 70 % betragen.[134] Aber es gab einen Sockel der bäuerlichen Selbstversorgung, den die Industrialisierung nicht antasten konnte. Unter besonderen Umständen erhielt die Handweberei für den Markt sogar Auftrieb durch die billige Verfügbarkeit maschinengesponnenen Garns. In den 1910er und 1920er Jahren verbreitete sich die manuelle Weberei in einigen ländlichen Gebieten Nordchinas. Bauernhaushalte wurden dort durch Verleger mit Maschinengarn aus Qingdao, Tianjin und Shanghai und oft auch mit technisch verbesserten Webstühlen versorgt; dieselben Kaufleute übernahmen dann die Verbreitung der Produkte in Nordchina und der Mandschurei.[135] Möglich war diese Behauptung vorindustrieller Produktionsformen nur durch die nahezu grenzenlose Selbstausbeutung der Bauernhaushalte, deren Kosten für den Faktor Arbeitskraft, gerade unter Bedingungen allgemeiner Übervölkerung und saisonverursachter Unterbeschäftigung, gegen Null tendierten, während in den Fabriken mindestens Subsistenzlöhne gezahlt werden mußten. Ein einziger hinzuverdienter Pfennig, egal mit wieviel Arbeitsaufwand erwirtschaftet, war für viele Bauernfamilien besser als nichts.[136] Andere Wirtschaftshistoriker sehen die wichtigste Ursache für die Beständigkeit der Handweberei in der Teilung des Marktes zwischen feineren und teureren Fabrikprodukten und gröberer, aber billigerer «home-spun» Ware.[137] Ziemlich sicher ist, daß die traditionale Textilproduktion eine unerschütterliche Bastion in der Selbstversorgung von Zigmillionen bäuerlicher Haushalte fand. Der auf dem Markt verkaufte Anteil der handgewobenen Stoffe ging zwischen 1840 und 1936 von der Hälfte auf ein Viertel zurück.[138] Die Bedeutung der Weberei als nebenerwerbliche Einkommensquelle verminderte sich also, ihre Bedeutung für die naturale Bedarfsdeckung vieler Bauernfamilien blieb hingegen erhalten. Vielleicht kann man die höchst komplexen Zusammenhänge in Chinas wichtigstem Industriezweig auf diese einfache Formel bringen: Erst verdrängte importiertes Maschinengarn das einheimische handgesponnene Garn, dann wurden die Importe durch die Fabrikation in China selbst substituiert. Maschinell im Ausland und zunehmend auch in den Treaty Ports erzeugte Baumwollstoffe ersetzten die einheimischen Produkte in den höheren Qualitätsklassen, ohne die Befriedigung des bäuerlichen Alltagsbedarf ganz an sich ziehen zu können. Dieser wurde weiterhin zu mindestens der Hälfte durch die Handweberei gedeckt, die selbst nicht unberührt in ihrem überkommenen Zustand verharrte, sondern sich den Umständen des neuen Industrialismus anzupassen suchte.

Mit diesen langfristig ablaufenden Prozessen veränderten sich Art und Intensität von Chinas Einbindung in die Weltwirtschaft. Die treibenden Kräfte dieser Umstrukturierung waren zunächst die britische Exportwirtschaft, dann ein nationaler chinesischer Kapitalismus, schließlich die großen japanischen Industriegruppen. Die Einführung moderner Technologien und kapitalistischer Produktionsverhältnisse in der chinesischen Textilerzeugung blieb weder – im Sinne des Marginalitätsarguments – ohne Einfluß auf eine angeblich selbstgenügsame Wirtschaftsweise in den ländlichen Gebieten,[139] noch führte sie, wie Abhängigkeitstheoretiker in Analogie zu anderen Ländern der Dritten Welt vermuten, zu einer weitgehenden Zerstörung der vorindustriellen Produktion. Der wunde Punkt lag in der Verletztlichkeit nicht so sehr des traditionalen als des modernen einheimischen Sektors gegenüber dem japanischen Kapital. Sie bedeutete auch eine politische Schwäche der jungen, zahlenmäßig winzigen chinesischen Industriebourgeoisie. Ohne Zweifel war die Baumwollindustrie ein Herd gesellschaftlicher Modernisierung, auch wenn die zweite, privat initiierte Industrialisierungswelle kaum mehr als die erste, staatlich-bürokratisch geleitete vor 1895 zu *gesamt*gesellschaftlichen Umwälzungen führte. Es gab in China vor 1949, wie der Historiker Wang Jingyu formuliert hat, kapitalistische Unternehmen, aber keine kapitalistische Gesellschaft.[140] Nicht nur die Bourgeoisie[141] war ein Produkt der industriellen Entwicklung nach 1895, die sich um 1903/4 beschleunigte. In den Bergwerken des Nordens, den Häfen des Südens und den Leichtindustrien der Mitte Chinas entstand im ersten Viertel des 20. Jahrhunderts das chinesische Proletariat, eine Klasse, die im industriellen Bereich zu zwei Dritteln aus Frauen bestand, enge Beziehungen zu ihren ländlichen Herkunftsgebieten unterhielt, in den Städten fließend in die subproletarische Reservearmee der Unbeschäftigten überging und vor Weltwirtschaftskrise und Krieg wenig Zeit für ihre gesellschaftliche Stabilisierung, etwa die Herausbildung eines fest beschäftigten Facharbeiterstammes, hatte. Neben den Ferneffekten von Durchdringung und Abhängigkeit auf das China der Dörfer darf diese sozialgeschichtliche Nahwirkung nicht übersehen werden: die Formierung moderner sozialer Klassen in der Arena der Weltgesellschaft.

Die Rolle der Fremden in der Baumwollindustrie war keineswegs typisch für die chinesische Industrie als Ganze. Nicht nur in der wichtigen Seidenindustrie, sondern auch in anderen zentralen Branchen wie der Zündholzfabrikation, der Müllerei oder der Papierherstellung war kein ausländisches Kapital in nennenswertem Umfang direkt investiert.[142] Obwohl alle diese Industrien bis 1933 durch die Abwesenheit eines wirksamen Zollschutzes behindert waren,[143] entstanden in einigen von ihnen leistungsfähige Unternehmen der «nationalen Bourgeoisie», die auch nach dem Ende des Weltkriegsbooms der ausländischen Konkurrenz standhielten. Beispiele waren neben dem Chemiewerk Yongli die Dalong-Maschinenfabrik in Shanghai, die Anfang der 1930er Jahre mit einer Belegschaft von etwa 1300 Mann vor allem Textilmaschinen herstellte,[144] das große Verlagshaus der Commercial Press, die Minsheng-Schiffahrtsgesellschaft, die seit 1925 mit aggressiven Geschäftsmethoden die britischen Reedereien auf dem mittleren Yangzi in Bedrängnis brachte,[145] und mehrere moderne Warenhäuser, die sogar im Herzen des britischen Geschäftsimperiums, in Shanghai, britische Rivalen aus dem Rennen schlugen.[146] Sie alle waren von der Rezession nach 1923 weniger stark betroffen als die Baumwollindustrie.[147] In vielen Fällen bestand ihr Erfolgsgeheimnis weniger in einer völligen Übernahme westlicher Methoden der Unternehmensführung als in einer Verbindung importierter Managementtechniken mit altbewährten chinesischen Organisationsformen, vor allem familiären und regionalen Verbindungen.[148]

Eines der längere Zeit erfolgreichsten Unternehmen in chinesischer Hand war der Nanyang-Zigarettenkonzern der Familie Jian.[149] 1905 mit überwiegend auslandschinesischem Kapital gegründet, produzierte er zunächst in Hongkong für den örtlichen sowie für den südostasiatischen Markt. 1915, während des für die chinesische Industrialisierung so wichtigen Ersten Weltkriegs, legte sich Nanyang unter seinem Chef Jian Zhaonan, einer chinesischen Inkarnation des dynamischen Unternehmers à la Schumpeter, mit der übermächtigen British-American Tobacco Corporation an, die eine moderne Tabakindustrie in China überhaupt erst aufgebaut hatte und sie seit Eröffnung ihrer ersten Fabrik in Shanghai 1902 unangefochten dominierte. Nanyang gelang der Vorstoß in die Domäne des großen Rivalen, und die Jahre 1920 bis 1923 waren auch für die Jians eine buchstäblich goldene Zeit. Der Abstieg nach dem Tode des Firmengründers wurde zwischen 1925 und 1927 vorübergehend gebremst, als Nanyang von den anti-britischen Boykotten und Streiks gegen BAT profitieren konnte. Zwischen 1927 und 1930 wurde der einheimischen Zigarettenindustrie, auch dem Nanyang-Konzern, dann das Rückgrat gebrochen. Fortan beherrschte BAT die Branche nahezu konkurrenzlos. 1936 betrug ihr Mengenanteil 62 % an der chinesischen Zigarettenproduktion; da sie auf die teureren Marken spezialisiert war, lag ihr Anteil am Wert noch höher.[150]

BAT verkörperte wie kein anderes Unternehmen – weder Naigaiwata, noch Jardine Matheson, noch die KMA – die wirtschaftliche Macht der Ausländer in China.[151] Ihr Überland-Verteilungssystem erreichte alle Winkel Chinas. Ihre acht Fabriken beschäftigten um die 20000 Arbeiter und machten den größten Teil der britischen Industrieinvestitionen in China aus. Die chinesische BAT-Niederlassung hatte die finanziellen Ressourcen eines Weltkonzerns hinter sich. Sie war ein voll integrierter Komplex, der nicht nur Verarbeitung, Verkauf, Werbung, die Herstellung von Zigarettenschachteln und selbst die Anfertigung von Maschinen in direkter Regie betrieb, sondern auch seine Rohstoffzufuhr selbst kontrollierte. Zunächst auf Importe aus Virginia angewiesen, war BAT 1913 dazu übergegangen, Bauern in den Provinzen Shandong, Henan und Anhui zum Anbau amerikanischer Tabakpflanzen zu veranlassen. Bis auf ähnliche japanische Versuche, Einfluß auf die Baumwollkultivation in Nordchina zu nehmen,[152] war dies der einzige Fall eines ausländischen Engagements in der chinesischen Landwirtschaft, allerdings eines indirekten und wenig kapitalaufwendigen Engagements: Über einheimische Mittelsmänner und Kompradore ließ BAT etwa 260000 Bauernhaushalte Tabak anpflanzen; das Saatgut wurde kostenlos verteilt. Beim Ankauf des Rohtabaks nutzten der Konzern und seine Vertreter (ähnlich den Praktiken beim Tee-Einkauf) den Ermessensspielraum bei der Qualitätseinstufung, um die Bauern zu übervorteilen. Da den Tabakpflanzern in den armen Gegenden Nordchinas kaum alternative Einkommensquellen zur Verfügung standen, da zudem Tabak – wie Opium – bei guter Marktlage viel höhere Erträge einbringen konnte als Getreide, fanden sich stets genügend Anbieter von Tabak. Es handelte sich hier zweifellos um Abhängigkeit und Ausbeutung. Für BAT war das Verfahren ohne Risiko; Kompradore und Mittelsmänner hatten Spielraum für ihren «squeeze»; für die Bauern konnte das Urteil des ausländischen Tabakprüfers in der Aufkaufstation über Erfolg oder Mißerfolg einer ganzen Ernte entscheiden.[153] BAT konnte im Notfall auf die Unterstützung durch die britische und oft auch durch die amerikanische Diplomatie rechnen, besaß aber die Ressourcen, um eine eigene unabhängige Politik in China zu betreiben. Die China-geschäfte der BAT galten bei den Zeitgenossen – Gegnern wie Freunden – als ungemein profitabel, und sie sind es wohl auch gewesen.[154] War BAT ein Bilderbuchbeispiel für eine absatzmarktorientierte Politik eines multinationalen Konzerns, für leichtindustrielle Produktion unter ausländischer Ägide durch einheimische Arbeitskräfte für einheimische Kunden mit einheimischen Rohstoffen und zum Teil an Ort und Stelle re-investiertem Kapital, so folgte der ausländische Eingriff in die *Schwer*indu-strie des chinesischen Kernlandes einem ganz anderen Muster: dem von finanzieller Unterwanderung und De-Industrialisierung. Zhang Zhidongs ehrgeizige Gründung von 1890, das Hanyang-Stahlwerk bei Hankou, wurde 1908 mit den Kohlegruben von Pingxiang und der Eisenerzmine von Daye zur Hanyeping-Gesellschaft zusammengeschlossen, nunmehr einer privaten (*shangban*) Gesellschaft. Mit etwa 10 000 Beschäftigten und einem Kapitalwert von mehr als dem Doppelten der gesamten ausländi-schen Direktinvestitionen in China war sie das größte moderne Unterneh-men der späten Qing-Zeit. Bis 1915 war Hanyang das einzige Eisenwerk Chinas. Seine Roheisenproduktion lag 1900 bei 26 000 t und stieg 1919 auf einen Maximalwert von 166 000 t, just in demselben Jahr, in welchem in Anshan in der Südmandschurei das künftige größte Eisen- und Stahlwerk auf dem ostasiatischen Festland die Eisenverhüttung aufnahm. Nach dem Ende der ersten Welle des Eisenbahnbaus spielte Hanyeping für die einheimische Wirtschaft schon keine bedeutende Rolle mehr. Der größere Teil seiner Weltkriegsproduktion an Roheisen und Eisenerz wurde nach Japan exportiert. Mit der japanischen Wirtschaftskrise der frühen zwanzi-ger Jahre ging die Exportnachfrage nach Roheisen dramatisch zurück. 1925 wurde die Eisenproduktion in Hanyang eingestellt, nachdem das Stahlwerk schon 1922 stillgelegt worden war.[155] Zu dieser Zeit fielen die Entscheidungen über das Schicksal der chinesischen Schwerindustrie nicht nur in den Vorständen japanischer Konzerne und Banken, sondern auch auf höchster Regierungsebene in Tokio. Seit 1903 hatte Hanyang/Hanye-ping in großem Umfang japanische Kredite aufgenommen, die durch Lieferungen nach Japan zurückgezahlt werden sollten und durch die Verpfändung der gesamten Aktiva garantiert waren.[156] Chronische Zah-lungsunfähigkeit verschaffte den Gläubigern spätestens um 1913 herum die Kontrolle über die Gesellschaft. Dabei war große Politik im Spiel. Die japanische Regierung, die sich privater Banken als ihrer Instrumente bediente, erstrebte gezielt die Sicherung der Versorgung der staatlichen Yawata-Eisen- und Stahlwerke mit hochwertigen Erzen, wie sie vor der Erschließung der mandschurischen Vorkommen am besten Daye liefern konnte. Die Kredite an Hanyeping waren von Anbeginn (wirtschafts-) politisch motiviert. Chinesische Versuche, das führende schwerindu-strielle Unternehmen des Landes durch Nationalisierung zu retten, wurden durch diplomatischen Druck vereitelt.[157] Japans Strategie hatte Erfolg: Hanyeping war in den zwanziger und dreißiger Jahren wenig mehr als eine Eisenerzquelle für Yawata. 1928 deckte Yawata seinen Erzbedarf nur zu 4 % aus den mageren japanischen Reserven; 15 % kamen aus Korea und 54 % aus China.[158] Die Rohstoffversorgung aus China war für die japanische Eisen- und Stahlindustrie lebensnotwendig. Sicher erleichterten interne Organisations- und Finanzierungsprobleme die japanische Usurpation der chinesischen Schwerindustrie.[159] Auch war – vor 1911 – chinesische Arglosigkeit gegenüber japanischen Krediten im Spiel, die man für weniger gefährlich hielt als Anleihen bei westlichen Banken. Aber die Pointe der Hanyeping-Affäre war der aggressive Einsatz finanzieller Mittel im Dienste eines militärisch-industriellen Wirtschaftsaufbaus in Japan.

Hier kommt das Abhängigkeitsargument einmal voll zum Zuge. Der Griff ins Zentrum der chinesischen Schwerindustrie – die für den Rest der republikanischen Periode kaum mehr existierte – war alles andere als marginal. Auch die modernisierungstheoretische Diagnose fällt eindeutig und negativ aus: De-Modernisierung. Die Fälle von BAT und Hanyeping zeigen, daß das, was in China die «kapitalistische Wirtschaftsinvasion» genannt wird, ganz unterschiedliche Formen von abgestufter Bösartigkeit annehmen konnte: Industrialisierung in ausländischer Regie war gegenüber De-Industrialisierung gewiß das kleinere Übel. Gemeinsam war beiden fast gleichzeitig verlaufenden Penetrationsprozessen, daß sie – reine Erscheinungsformen des «neuen» Imperialismus nach 1895 – die Schranken des Systems der ungleichen Verträge weit hinter sich ließen.

In anderen Bereichen ist es viel schwieriger, die Auswirkungen externer ökonomischer Kräfte auf die chinesische Wirtschaft zu erkennen, gar sie zu beurteilen. Bei den Eisenbahnen ist bereits strittig, in welchem Sinne sie als «extern» bezeichnet werden können. Sicher wurden sie als Produkte und Embleme der industriellen und technischen Revolution Europas von außen nach China eingeführt, und offensichtlich geschah dies weithin durch den Westen und aus eigennützigen – wirtschaftlichen oder strategischen – Motiven. Aber die chinesischen Eisenbahnen außerhalb der Mandschurei befanden sich überwiegend in einheimischem Besitz und zeigten ökonomische Folgen, die nicht allesamt ausländischen Interessen zugute kamen. Als Anlageobjekte wurden die chinesischen Eisenbahnen in den zwanziger Jahren für europäische Obligationsinhaber zu einer Enttäuschung. Ob sie als Transportmittel erfolgreicher waren, läßt sich beim heutigen Stand der Forschung nur mit Vorsicht und Vorbehalt entscheiden.[160] Schon ob die Eisenbahnen den Warenverkehr *in bedeutendem Ausmaß* stimulierten oder nicht, ist schwer zu beurteilen. Sie lenkten ihn stärker auf die Treaty Ports und machten ihn dadurch sichtbarer, da er nun in den Statistiken der Zollbehörde erfaßt wurde. Statistisch registrierte Zuwächse erklären sich teilweise aus der einfachen Tatsache, daß ein größerer Prozentsatz des Handels nun unter den Augen der Zollinspektoren vonstatten ging. *Daß die Eisenbahnen die Warenzirkulation erhöhten, ist unbestritten; schwierig ist zu ermitteln, in welchem Umfang dies geschah.* Das chinesische Eisenbahnnetz vor 1949 war zu dünn geknüpft, um im nationalen Maßstab umwälzende Folgen zu zeitigen. Die Eisenbahndichte Chinas nach Abschluß der wichtigsten Konstruktionsphase betrug ein Dreißigstel der gleichzeitigen in Deutschland und ein Sechstel der indischen.[161] Da China ein hochentwickeltes traditionales Transportwesen sowie bei Einführung der Eisenbahnen bereits eine lebhafte und bewährte Dampfschiffahrt besaß, stieß die Eisenbahn selten in völlig unerschlossene und von weiteren Marktzusammenhängen isolierte Gebiete vor.[162] Dort, wo sie unmittelbar mit Wassertransport konkurrierte, hatte sie keinen deutlichen Vorteil. In Südchina beschränkte die Dominanz des Wassers von vornherein die Anlage von Eisenbahnen, so daß es dort 1937 kein integriertes System, sondern nur unverbundene Einzelstrecken gab. In Nordchina rivalisierten besonders Bahnen in Nord-Süd-Richtung (vor allem Tianjin-Pukou) mit dem Dampferverkehr.[163] In drei Situationen zeigte die Eisenbahn jedoch eine ungewöhnlich starke Wirkung. Erstens bei der Anbindung von Bergwerken an Häfen: Ein wichtiger Vorteil der KMA lag in ihrem günstigen Anschluß ans Meer, wo die Kohle auf eigene KMA-Schiffe umgeladen wurde.[164] Zweitens beim Massentransport von Passagieren: Die Beijing-Mukden-Bahn war nicht nur deshalb die geschäftlich erfolgreichste Linie, weil sie das mandschurische Kohle- und Eisenrevier mit Nordchina verband, sondern auch weil sie Emigranten und Saisonarbeiter aus Nordchina in die Mandschurei und zurück beförderte: 1927 über eine Million.[165] Drittens bei der Stimulierung bäuerlicher Produktion für den Markt – sowohl für die Märkte in den größeren Städten entlang der Eisenbahnen als auch für den Export – besonders im Hinterland von Tianjin und Qingdao.[166] Manche «cash crop»-Produktion wurde erst durch die Eisenbahn möglich.[167] Diese Wirkung sollte jedoch nicht überschätzt werden: Auch in Nordchina waren die Eisenbahnen offenbar niemals unentbehrlich für das Funktionieren der Landwirtschaft; ihr Einzugsbereich ging oft über schmale Streifen entlang der Bahnstrecken nicht hinaus.[168] Besonders der Vergleich mit der Mandschurei, wo die Eisenbahn zum Vehikel weitgehender Weltmarktorientierung wurde, zeigt, daß im chinesischen Kernland der Schienentransport verhältnismäßig marginal blieb. Er beschleunigte bestehende Tendenzen zur Kommerzialisierung der Landwirtschaft in Nordchina und trug zur Verlegung von Handelswegen bei, eröffnete aber nicht, wie etwa in Indien oder manchen lateinamerikanischen Ländern, eine neue Ära der Markterschließung.

Die unsichtbarste fremde Macht in China waren die ausländischen Banken. Ihre prunkvollen Hauptquartiere am »Bund« von Shanghai versteckten sich nicht. Aber was taten die Banken? Welchen Einfluß besaßen sie? Womit machten sie ihre Gewinne? Auf oberster Ebene waren die größten unter ihnen auch noch nach 1914 mit Finanzdiplomatie beschäftigt, die nunmehr allerdings statt ihres früheren multinationalen ein enger amerikanisch-britisches Gepräge trug. Ein 1920 gebildetes «Neues Konsortium», bestehend aus amerikanischen, britischen, französischen und japanischen Banken, wurde zur Brutstätte von Plänen zur fortschreitenden finanziellen Kontrolle über China.[169] Vor allem amerikanische Politiker und Bankiers heckten maximalistische Strategien aus. Zum Beispiel wurde – stets in der Annahme, damit den «wahren» Interessen Chinas zu dienen – an ein von Ausländern finanziertes und organisiertes nationales Eisenbahnsystem gedacht, das den chinesischen Markt in viel größerem Umfang öffnen sollte, als die bestehenden Eisenbahnen dies taten.[170] Neue Anleihen mit verschärften Kontrollklauseln sollten dieses Ziel herbeiführen. Das Neue Konsortium scheiterte indessen an Unstimmigkeiten unter den Partnern, an der Schwäche der verschiedenen Regierungen in Beijing und an einer zunehmenden nationalistischen Stimmung in der chinesischen Öffentlichkeit. Es hat niemals auch nur eine bescheidene Neuauflage der Reorganisationsanleihe von 1913 gegeben, damit freilich auch keine quasi-offizielle westliche Stützung reaktionärer Warlord-Regime nach dem Vorbild der Nishihara-Anleihen. Mitte der zwanziger Jahre war die noch auf der Washington-Konferenz bekräftigte Politik der kooperativen Finanzdiplomatie am Ende: Die US-Banken zogen es nun vor, ihr Kapital *indirekt* über das nunmehr vertrauenerweckend «liberale» Japan nach China zu kanalisieren, während die Briten nach der Verbindung mit gemäßigten Kräften innerhalb des nationalistischen Lagers zu suchen begannen.[171]

Obwohl China keine neuen Kredite mehr erhielt, waren die ausländischen Banken selbstverständlich mit der Verwaltung der Vorkriegsschulden, eingeschlossen bis 1928 der Verfügung über Seezoll- und Salzeinnahmen, beschäftigt. Weiterhin erfüllten sie ihre hergebrachten Funktionen.[172] Noch Anfang der 1930er Jahre wurden 90 % des Export-Import-Geschäfts in Shanghai durch ausländische Banken finanziert.[173] Dies geschah doppelgleisig: einmal durch Kredite an die ausländischen Firmen in den Treaty Ports, zum anderen durch Vorschüsse an einheimische «native banks» (*qianzhuang*), die wiederum die wichtigste Finanzquelle der chinesischen Großhändler waren. Organisationen vom Typ der *qianzhuang* gab es seit der Song- Zeit, doch ihre Blütezeit begann erst im 18. Jahrhundert mit der Finanzierung des anwachsenden Dschunkenhandels in Süd- und Ostchina. Nach der Öffnung der ersten Treaty Ports entstand zwischen ihnen und den ausländischen Firmen rasch ein nahezu symbiotisches Verhältnis. Die *qianzhuang* besaßen die Kenntnis des einheimischen Kommerz- und Geldwesens; die ausländischen Handelshäuser und seit den 1860er Jahren auch die neuen Banken besaßen liquide Mittel. So entstand zwischen beiden eine Art von Kompradorenbeziehung. Sie funktionierte in der Regel zum beiderseitigen Vorteil, doch saßen die Ausländer in Krisenzeiten am längeren Hebel, so daß eine Verknappung des Kredits durch die Banken stets zahlreiche *qianzhuang* ruinierte. Mittels der *qianzhuang* wurde der chinesischen Wirtschaft hochmobiles ausländisches Kapital injiziert.[174] Weiterhin verwalteten die ausländischen Banken Depositen privater ausländischer und chinesischer Kunden und dienten ihren nationalen Regierungen als Schatzagenten: Die Hongkong-Bank zum Beispiel war seit 1874 die Bank der diplomatischen, konsularischen und militärischen Dienste der britischen Krone.[175] Seit ihrem Auftreten in China hatten ausländische Banken unter dem Schutz der Exterritorialität eigene Banknoten in Umlauf gesetzt, hauptsächlich in Südchina; diese Praxis hielt bis in die dreißiger Jahre fast unvermindert an. Solche Banknoten entsprachen einem «zinsfreien Kredit der chinesischen Öffentlichkeit an die ausländischen Banken.»[176] Die Hauptstütze der ausländischen Banken war bis 1935 das Devisengeschäft; dabei eröffnete die einer Steuerung durch chinesische Institutionen vollkommen entzogene Silberwährung jedem große Spekulationschancen, der über bedeutende Silbervorräte verfügen konnte. Dies waren zuvörderst die ausländischen Banken. Sie besaßen 1921 fast 70 % der Silbervorräte in Shanghai. Dabei war die Hongkong and Shanghai Banking Corporation die maßgebende Kraft: In den zwanziger Jahren wurden die von der Bank jeden Morgen festgesetzten Wechselkurse als die offiziellen Kurse akzeptiert.[177] Die ausländischen Banken operierten bis mindestens 1928 ohne jegliche Restriktion durch die Gesetzgebung des «Gastlandes». Das Fehlen eines einheitlichen chinesischen Geld- und Währungssystems und einer Zentralbank erleichterte ihre Herrschaft im Reiche des Silbers.[178]

Die Verbindung von Exterritorialität, Silberwährung und Finanzdiplomatie sicherte den ausländischen Banken eine einflußreiche und risikolose Position an der Nahtstelle von chinesischer Ökonomie und Weltwirtschaft. Es war keine Position, von der aus sich die chinesische Wirtschaft *als Ganze* etwa hätte «dirigieren» lassen. Auch hier wieder zeigt sich, daß die ausländische Durchdringung – so wenig man sie gerade in diesem Bereich als «marginal» bezeichnen kann – doch nie die einheimischen Strukturen völlig zerstörte und durch importierte Formen ersetzte. Das chinesische Geld- und Finanzsystem wurde zwar von vielen Ecken und Enden her unterwandert, aber niemals vollkommen usurpiert. Bis zum Ende der Kaiserzeit lagen die interprovinzialen Bankgeschäfte und teilweise auch die Staatsfinanzierung in den Händen rein chinesischer und – anders als die *qianzhuang* – mit ausländischem Kapital kaum verbundener Bankhäuser, der *piaozhuang*, nach ihrer Herkunft auch «Shanxi-Banken» genannt.[179] Ihre Funktionen wurden in der Republikzeit allmählich durch moderne, d. h. nach westlichen Prinzipien geführte einheimische Banken übernommen, die in den dreißiger Jahren die Macht der ausländischen Banken zurückdrängten. Gewiß haben viele Praktiken der ausländischen Banken der chinesischen Wirtschaft geschadet, keine mehr als die Silbermanipulationen. Diese aber waren nur möglich, solange China seine alte, weit in vorimperialistische Zeiten zurückreichende Silberwährung beibehielt. Eine Abschaffung der Silberwährung hätte außerordentliche modernisierende Anstrengungen des chinesischen Staates erfordert, zu denen weder das Kaiserreich noch die Republik in ihrer Warlord-Phase imstande war. Sie wäre weiterhin ohne die Billigung und Unterstützung durch die Großmächte unmöglich gewesen: Solange die Exterritorialität bestand, konnte keine chinesische Regierung die ausländischen Banken zwingen, vom Silber abzugehen.[180] Die Stellung Chinas in der Weltwirtschaft blieb durch die Silberwährung maßgeblich bestimmt. Daß diese sich durchweg zum Nachteil Chinas ausgewirkt hätte, kann man pauschal nicht sagen. Zumindest während der letzten drei Jahrzehnte des 19. Jahrhunderts, als der Wert von Silber gegen Gold langsam fiel, schützte sie den chinesischen Markt vor einer weitergehenden Penetration durch ausländische Waren.[181] Klar ist aber, daß die Silberwährung dem chinesischen Außenhandel eine kurzfristig-spekulative Note gab und überhaupt die chinesische Wirtschaft in vielen ihrer Bereiche auf weltwirtschaftliche Konjunkturen und Krisen sehr empfindlich reagieren ließ. Diese monetäre Reizbarkeit war ein konstanter Faktor von der späten Ming-Zeit bis zur Abschaffung der Silberwährung 1935, hatte also viel mit der interkontinentalen Wirtschaftsintegration seit der Entdeckung Amerikas, aber wenig mit machtpolitischem Imperialismus zu tun: Die Silberwährung war China nicht aufgezwungen worden, doch haben im 19. und frühen 20. Jahrhundert die Ausländer sie sich vielfältig zunutze gemacht.

Sucht man schließlich einen einzigen Faktor, der unter all den verschiedenen Formen der «kapitalistischen Wirtschaftsinvasion», unter denen manche durchaus modernisierend wirkten und andere in ihren Effekten begrenzt blieben, die nachteiligsten Folgen für Chinas neuere Geschichte hatte, so muß man die Kriegsentschädigungen, die politischen Anleihen und einige der Eisenbahnanleihen nennen. Sein häßlichstes Gesicht zeigte der westliche Imperialismus nach der Ära des Opiums dort, wo er am nobelsten aufzutreten schien: bei den Machenschaften der internationalen Diplomatie und Hochfinanz zwischen 1895 und 1913.

Seit dem letzten Drittel des 18. Jahrhunderts befand sich die chinesische Zentralmacht in einer permanenten Finanzkrise. Diese Krise entstand aus der Diskrepanz zwischen einer relativ inflexiblen Einnahmestruktur und wachsenden Ausgaben: zunächst für die Kriege des Qianlong-Kaisers, dann für die Unterdrückung der Aufstände um 1800, später für die noch viel teureren Kampagnen gegen die Taiping, die Nian und die Moslem-Rebellen.[182] Die Aufstände gingen auf eine Vielzahl spezifischer Ursachen zurück. Selten fehlte jedoch das Element des Protests gegen erhöhte Steuern und Abgaben oder das der Reaktion auf einen Verfall staatlicher Ordnungs- und Vorsorgeleistungen, wie er wiederum maßgeblich durch finanzielle Überbeanspruchung des Staates verursacht wurde. In der Mitte des 19. Jahrhunderts suchte die Qing-Dynastie einen doppelten Ausweg aus ihrer fiskalischen Krise: Auf der einen Seite wurden durch die neue Transitsteuer des *lijin* erstmals lokale Marktsysteme als Einkunftsquelle angezapft.[183] Auf der anderen Seite willigte die Dynastie in die «synarchische» Konstruktion der Seezollbehörde ein, die es ermöglichte, den expandierenden Außenhandel wirkungsvoll und systematisch für die Staatskasse zu nutzen. Vorübergehend zeichnete sich eine Entspannung der fiskalischen Zwangslage ab. Die enormen zusätzlichen Belastungen nach 1895, verstärkt durch die Pervertierung der Seezollbehörde in eine Schuldenkasse, überforderten dann endgültig die Finanzkraft des chinesischen Staates. Als die Qing-Dynastie nach der Jahrhundertwende Reformprojekte in Angriff nahm, die sorgfältiger durchdacht waren als die früheren, großenteils aus Seezolleinkünften finanzierten *yangwu*-Maßnahmen, konnten sie nur durch außerordentliche Steuererhöhungen finanziert werden.[184] Nach 1911 ging die Fähigkeit der Zentralregierung, durch reguläre Verfahren (im Gegensatz zu offener Plünderei) innere Finanzressourcen zu mobilisieren, noch weiter zurück, während zugleich mit Reorganisations-Anleihe und Nishihara-Darlehen der ausländische Anleihedruck seinen Höhepunkt erreichte. Infolge der neuen Methoden der Verpfändung (z. B. bei der «Reform» der Salzverwaltung 1913 oder den japanischen Anleihen für Hanyeping) war aus ausländischer Interessenlage eine effiziente chinesische Finanzverwaltung kaum noch erforderlich; der direkte Zugriff machte sie überflüssig. Ausmaß und Folgen der Tributzahlungen auf der Ebene regionaler Finanzsysteme, wo sie die Bevölkerung trafen, sind noch kaum bekannt. Die Provinzregierung von Shandong mußte nach 1895 bis zu 20% ihrer Einkünfte für ausländische Indemnitäten aufwenden, die von Jiangsu 1911 gar knapp ein Drittel; in Hubei und Hunan belief sich die zusätzliche Belastung allein durch die Boxer-Zahlungen auf mehr als 10% des Provinzbudgets.[185] Abgewälzt wurden solche Bürden letztlich über Erhöhung der Salzsteuer, über Zusatzabgaben zur Grundsteuer und durch Verschlechterung der Kupfermünzen auf das einfache Volk.[186]

Es wäre leichtfertig, eine einlinige Kausalkette zu konstruieren und die finanzielle Destabilisierung des chinesischen Zentralstaates durch den Finanzimperialismus der Großmächte zur Wurzel aller Wirrnis im China des frühen 20. Jahrhunderts zu erklären: der Revolution von 1911, der Zersplitterung unter den Warlords, der revolutionären Bewegung auf dem Lande seit den späten zwanziger Jahren. Externe Kräfte trafen immer auf bereits vorhandene Problemlagen und machten sie virulent; politische Veränderungen und gesellschaftliche Transformationen bedingten sich wechselseitig. Wie dies im einzelnen geschah, bedarf noch weithin der Aufklärung. Allein, das Gewicht des finanziellen Eingriffs in Chinas sozialökonomisches System kann kaum hoch genug veranschlagt werden. Er hatte ernstere Folgen als die Durchdringung des chinesischen Marktes durch Handel, Industrie und modernen Verkehr. Diese erfolgte unmittelbar «on the spot», war geographisch umschrieben und durch kompradorenhafte Beziehungen mannigfach mit der einheimischen ökonomischen Umwelt verknüpft. Anders der Finanzimperialismus. Er annektierte chinesische Ressourcen durch Übernahme solch strategisch zentraler Punkte wie des Seezolls und der Salzverwaltung und zwang gleichzeitig die chinesische Regierung – solange es sie gab – zur vermehrten Herbeischaffung von Reichtümern, die dem unmittelbaren ausländischen Zugriff entzogen waren. Diese Plünderung Chinas begann nach dem Chinesisch-Japanischen Krieg. Sie setzte sich, wenngleich durch den Kollaps des chinesischen Zentralstaates im Jahre 1916 vielfach behindert, auch noch in jene Periode fort, als die Entwicklungsrhetorik der Washingtoner Konferenz und ein immer schärfer antiimperialistischer Widerstand die Legitimationsgrundlage des Vorkriegsimperialismus in Frage stellten.

1895 war ein Epochenjahr in der Geschichte Chinas wie der Geschichte der internationalen Beziehungen in Ostasien überhaupt: das Gründungsjahr des japanischen Imperiums und zugleich der Beginn eines intensivierten Zudringens des Westens in China mit neuen Formen und über die Grenzen des zwischen 1842 und 1860 geschaffenen Treaty-Systems hinaus. Nach 1895 reagierte die chinesische Gesellschaft empfindlicher und heftiger auf die ausländische Aggression – zunächst mit den archaischen Ausbrüchen der Boxer-Zeit, dann mit den Bemühungen einer neuen städtischen Reformelite[187] um die Rückgewinnung von Eisenbahn- und Bergbaurechten, nach 1915 mit dem Ausbau eines einheimischen Kapitalismus in Industrie und Bankwesen, 1919 und radikaler dann 1925/26 mit Streiks und Boykotten in den Zentren der ausländischen Wirtschaftsmacht. Die zweite Hälfte der zwanziger Jahren sah das allmähliche Ende der alten imperialen Strategien. Angesichts des politischen Zusammenbruchs der Warlord-Zeit und der neuen Techniken popularen Widerstandes veschlechterte sich das Verhältnis von Aufwand und Ertrag jedweder Intervention; die großen Programme von Washington blieben unter anderem deshalb unrealisiert, weil China weniger denn je nach der ihm zugedachten multinationalen Kuratel zumute war und die Zustände in der Republik neuen Kapitalexport – seien es Anleihen, seien es Direktinvestitionen – verhinderten. In Japan, der für China inzwischen wichtigsten ausländischen Macht, neigte sich zur gleichen Zeit die Waage jenen zu, die, enttäuscht von den angeblich mageren Ergebnissen der friedfertig-internationalistischen «Shidehara-Diplomatie», den imperialen Alleingang forderten. Das Jahr 1931 bringt ein *dénouement* in Ostasien. Mit ihm beginnt eine neue Epoche. Die Kräfteverhältnisse, Absichten und Möglichkeiten scheinen sich unter der katalytischen Wirkung der Großen Depression zu klären. Neue Muster der internationalen Beziehungen entstehen – und vergehen. Eines ist 1931 auf jeden Fall am Ende: der klassische informelle Imperialismus.

14

Stabilisierung:
«Mandschukuo» und Guomindang-China

Nach dem Ersten Weltkrieg verlor das Konzept *territorialer* Interessensphären im chinesischen Kernland weiter an Bedeutung. Am ehesten läßt sich noch von *sektoralen* Sphären sprechen: jede der Großmächte pflegte besondere Arten von Interessen.[1] Die Erfahrungen mit territorialen Interessensphären waren schon vor dem Kriege nicht sehr ermutigend gewesen. Trotz der aufwendigen Yunnan-Bahn war Frankreich niemals auch nur ansatzweise eine lohnende Durchdringung des Südwestens gelungen. Die kargen Randprovinzen Yunnan und Guizhou, als Pforten zum dicht besiedelten und ressourcenreichen Zentralchina gedacht, blieben bis 1939, als die erste Straße zum benachbarten Sichuan angelegt wurde, nahezu völlig unerschlossen und von Verkehr und Handel des Nordens isoliert.[2] Von Anfang an waren die Aussichten der Deutschen in Shandong günstiger gewesen, besaß man doch, anders als Frankreich im Süden, einen kolonialen Stützpunkt mit unmittelbar angrenzendem bevölkerungsreichem Hinterland. Trotzdem war das «Schutzgebiet» Jiaozhou mit der Hafenstadt Qingdao niemals mehr als ein Symbol «enttäuschter Hoffnungen und permanenter Schwierigkeiten».[3] Der deutsche Importhandel in Qingdao lag 1913, am Ende der kolonialen Entwicklungsperiode, mit 8 % nicht wesentlich über seinem gesamtchinesischen Anteil von etwa 5 %.[4] Der durchaus beachtliche infrastrukturelle Aufbau in der Musterkolonie der Reichsmarine kam viel stärker den Chinesen als den Kolonialherren selbst zugute. Am Vorabend des Weltkriegs war die informelle Rückeroberung von Pachtgebiet und Interessensphäre durch chinesische Beamte und Kaufleute in vollem Gange.[5] Zumindest wirtschaftlich waren die Deutschen kaum noch Herren im eigenen kolonialen Haus. Die großen deutschen Chinafirmen wie Carlowitz & Co., Siemssen & Co., Melchers & Co. hatten ebenso wie Krupp, Siemens oder die Farbenhersteller ihre Aktivitäten ohnehin nie auf die nordostchinesische Interessensphäre konzentriert oder gar ausschließlich auf sie beschränkt. Sie konnten deshalb in den zwanziger Jahren, als die deutsche Wirtschaft erneut auf den chinesischen Markt drängte, Geschäftskontakte nahezu im ganzen Lande reaktivieren.[6]

Mindestens ebenso tief wie die großen deutschen Firmen drangen die japanischen Handelshäuser, die sich besser als alle ihre westlichen Konkurrenten auf die Mentalität und Geschäftsgebräuche der Chinesen verstanden, in die Wirtschaft des chinesischen Kernlandes vor. Japan spielte durchaus nach den Regeln des Informal Empire. Daneben war es aber auch die territoriale Kolonialmacht und Hüterin einer Interessensphäre *par excellence*. Der japanische Kolonialismus ist in der allgemeinen und vergleichenden Kolonialgeschichtsschreibung und in der Imperialismustheorie wenig beachtet worden,[7] wohl auch deswegen, weil er sich dem üblichen eurozentrischen Periodisierungsrahmen nicht fügt, erreichte er seinen Höhepunkt doch erst *nach* 1914, dem Jahr, mit welchem die Geschichtsschreibung gemeinhin den «Hochimperialismus» universalhistorisch enden läßt. Er gehört aber zu den für die Kolonialmacht mittelfristig *erfolg-* wie für die Kolonisierten *folgen*reichsten Kolonialismen der neueren Geschichte. Seine Schauplätze waren Taiwan und die Mandschurei.[8]

Taiwan war zur Zeit seiner Annexion 1683 für die Chinesen ein rauher und gesetzloser Ort und blieb es während der folgenden zwei Jahrhunderte. Es war ein schwer regierbarer Kolonisierungsraum, dessen Eingeborene von den Qing niemals ganz gezähmt werden konnten. Die Besiedlung und Kolonisierung, weithin im obrigkeitsfreien Milieu einer Pioniergrenze, intensivierte sich um die Mitte des 18. Jahrhunderts.[9] Die Erhebung der Insel zu einer Kolonie 1885 im Gefolge des Französisch-Chinesischen Krieges verstärkte die chinesische Verwaltungspräsenz und eröffnete ein Jahrzehnt der Reformen, deren Resultate sich später die Japaner zunutze machen konnten. Schon seit Anfang der 1870er Jahre waren Ansätze zu einer modernen wirtschaftlichen Entwicklung, etwa im Transportwesen und im Kohlebergbau, zu erkennen; ausländische Firmen begannen sich für die Insel zu interessieren.[10] Zu dieser Zeit lebten 3,2 Millionen Chinesen auf Taiwan.[11] Kampfer und Tee waren während der zweiten Hälfte des 19. Jahrhunderts Taiwans wichtigste Exportprodukte. Durch sie war die Insel bereits vor der Kolonialzeit in einigen Bereichen zum Weltmarkt hin orientiert. 1885 trug sie immerhin 6% der gesamten chinesischen Tee-Ausfuhr bei.[12]

Die Kolonialmacht verwandelte Taiwan binnen kaum mehr als zweier Jahrzehnte in ein «offenes Wirtschaftssystem» (*open economy*), das ausschließlich den Bedürfnissen des Mutterlandes diente.[13] Taiwan wurde zur Zuckerbüchse und Reiskammer der japanischen Inseln.[14] Um 1930 wurden 50% der Reis- und 90% der Zuckerernte exportiert, fast ausschließlich nach Japan. Die industrielle Entwicklung, die 1901 mit der Eröffnung der ersten modernen Zuckerfabrik begann, konzentrierte sich schließlich in vier riesigen, untereinander trustförmig verklammerten Zuckerunternehmen in japanischem Besitz. Nach etwa 1920 konnten sie ihr Wachstum aus ihren Monopolprofiten und weitgehend ohne frischen Kapitalimport aus dem Mutterland finanzieren und dabei auch noch Dividenden in Höhe von 8–12% ausschütten.[15] Andere Industrien spielten kaum eine Rolle. Die Entstehung industrieller Unternehmen in einheimischem Besitz wurde unterbunden. Anders als etwa in den größeren britischen Kolonien in Asien, vor allem in Indien, entstand unter der strikteren japanischen Herrschaft keine einheimische Unternehmerschicht, keine «nationale Bourgeoisie». Ende der zwanziger Jahre waren 66% der privaten japanischen Direktinvestitionen auf Taiwan in der verarbeitenden Industrie angelegt, ein weitaus größerer Prozentsatz als in Korea und der Mandschurei.[16] Taiwans kolonialwirtschaftlicher Daseinsgrund war die Zuckerindustrie. Der Motor der wirtschaftlichen Entwicklung auf Taiwan war die Erzeugung von Zuckerrohr. Von weniger als 1 Millionen t 1905 stieg sie auf 12 Millionen t 1939,[17] ohne wie zur gleichen Zeit auf den Zuckerinseln Kuba, Java und Mauritius an die Schranke einer nicht mehr absetzbaren Überproduktion zu stoßen; der japanische Markt faßte stets die taiwanesische Zuckererzeugung. Deren Expansion war das Resultat einer planmäßigen kolonialen Entwicklungspolitik, wie es sie in solcher Systematik etwa im britischen Empire nie gegeben hat.[18] Sie bestand erstens in der Einführung und Verbreitung wissenschaftlich-rationaler Anbaumethoden und Organisationstechniken: Hochleistungssorten, Kunstdünger, Bewässerung, obligatorische Schulung der Bauern, Bereitstellung von Krediten; 1940 waren 2500 japanische Agrarfachleute in Taiwan tätig.[19] Zweitens gelang die Ausdehnung der Anbauflächen bis an die Grenze des ökologisch Möglichen. Drittens wurde eine Bodenreform durchgeführt, die nach dem Muster der japanischen Umgestaltung während der Meiji-Zeit[20] die großen Rentier-Grundherren (*absentee landlords*) enteignete und die früheren Zwischenpächter zu Grundeigentümern machte, die wiederum ihr Land teilweise Pächtern überließen; das dreistufige wurde also in ein zweistufiges Agrarsystem umgewandelt. Dies bedeutete keine radikale Umwälzung der gesellschaftlichen Verhältnisse, wohl aber eine Rationalisierung der Pachtbeziehungen, wozu auch eine klare Festlegung von Eigentumsrechten beitrug. In den dreißiger Jahren befanden sich daneben 20–25 % des kultivierten Landes im Besitz der japanischen Zuckerkonzerne. Auch dieses Land wurde verpachtet und nicht etwa in Form von Plantagen unter unmittelbarer Regie der Konzerne durch Lohnarbeiter bewirtschaftet. In der Praxis waren aber die Grenzen fließend: Die Pächter der Konzerne unterlagen faktisch einer viel direkteren Aufsicht als Pächter im herkömmlichen chinesischen Grundherrensystem und waren in mancher Hinsicht Landarbeitern gleichgestellt.[21] Ein viertes Element der japanischen Entwicklungspolitik auf Taiwan war eine unerbittliche Kontrolle der einheimischen Bevölkerung sowohl durch traditionelle chinesische Verfahren der Kollektivhaftung (*baojia*-System) als auch durch eine sehr wirkungsvolle koloniale Polizei.[22] Die Abschöpfung des Mehrprodukts in einer Höhe, die sowohl einen langfristig stabilen Exportüberschuß als auch die Selbstfinanzierung des kolonialen Herrschaftsapparates gewährleistete, wäre ohne solch strikt durchrationalisierte und in der gesamten Weltgeschichte des Kolonialismus nahezu beispiellos wirkungsvolle Kontrolltechniken nicht möglich gewesen.[23]

Taiwan war der Fall einer planmäßig und erfolgreich auf die Bedürfnisse eines ressourcenarmen imperialen Zentrums hin zugeschnittenen Kolonie. Sein *Reis*überschuß wurde spätestens dann unentbehrlich, als im zweiten

Jahrzehnt des 20. Jahrhunderts die Produktivitätszuwächse in der japanischen Landwirtschaft zurückgingen; eine Übertragung der fortgeschrittenen japanischen Reisanbautechniken auf die noch ausbaufähigen Reisökonomien Taiwans und Koreas löste diesen Engpaß. Taiwans zollbegünstigte Zuckerproduktion ersetzte Zuckerimporte aus Drittländern und entlastete dadurch die japanische Zahlungsbilanz. Die taiwanesische Wirtschaft wurde nach 1895 aus ihren – nie sehr engen – Bindungen zum Kontinent gelöst und in eine Unterabteilung der japanischen Wirtschaft verwandelt. Als Absatzmarkt für japanische Produkte war sie weitaus weniger wichtig denn als Zulieferer. Paradoxerweise hat Taiwan langfristig von der Radikalität dieser Extraversion profitiert. Da nicht nur eine Export-Enklave, sondern das *gesamte* Wirtschaftssystems an äußere Märkte angekoppelt wurde, konnte sich kein Dualismus zwischen einem stagnierenden Subsistenzsektor und einem dynamischen Exportsektor herausbilden; das Wirtschaftssystem blieb relativ homogen: eine der Ausgangsbedingungen für die rasche wirtschaftliche Entwicklung Taiwans während der letzten vier Jahrzehnte. Profitiert hat Taiwan auch von seiner Agrarmodernisierung, seinem infrastrukturellen Ausbau, von der Einführung eines leistungsfähigen, gerade auch Mädchen fördernden Elementarbildungssystems und von Fortschritten in der Gesundheitsversorgung.[24] Dem stehen hohe soziale Kosten der japanischen Kolonialherrschaft entgegen: Taiwanesen lebten unter einer segregierten Herrenkaste von 200 000 bis 300 000 Japanern, die alle höheren Stellungen im Lande besetzte, die höheren Bildungseinrichtungen für sich monopolisierte und ihre Herrschaft durch einen harten Polizeistaat sicherte. Die meisten Entwicklungserfolge wurden letztlich von den Taiwanesen selbst finanziert, ohne daß sie über die Richtung solcher Entwicklung hätten mitbestimmen dürfen. Der durchschnittliche Lebensstandard der Bevölkerung stieg zwischen 1919 und 1929. Danach und besonders während des Zweiten Weltkriegs kam es zu drastischen Beschneidungen der Lebensmittelversorgung. Wie die anderen unterworfenen Völker Asiens, so zahlten auch die Taiwanesen für die Weltmachtambitionen des Japanischen Kaiserreiches.[25]

In der Mandschurei konnte Japan erst nach der Okkupation vom Herbst 1931 frei schalten und walten. Bis dahin gebot es uneingeschränkt nur über ein kleines «kolonisatorisches Versuchsfeld»:[26] das 3400 km² große Pachtgebiet Guandong an der Südspitze der Halbinsel Liaodong mit der Marinebasis Port Arthur und dem Handelshafen Dairen sowie seine schlauchförmige Erweiterung, die «Eisenbahnzone» entlang der Südmandschurischen Bahn zwischen Port Arthur und Harbin. Schon 1910 lebten in beiden Gebieten 62 000 japanische Zivilisten; 1930 waren es etwa 230 000.[27] Militärisch gesichert wurde die Enklave durch die 1919 gegründete Guandong-Armee. Sie bestand am Vorabend des «Zwischenfalls» vom 18. September 1931 aus 243 Offizieren und 4107 Mann: eine hervorragend ausgebildete und bewaffnete Elitetruppe, die einem Vielfachen an chinesischem Militär gewachsen war.[28] Die Guandong-Armee hatte niemals Mühe, das Pachtgebiet und die Bahnzone zu sichern. Beschwerlicher wurde ihre Aufgabe jedoch nach dem September 1931, als die gesamte Mandschurei in ein Protektorat umgewandelt wurde. Die weiten Räume des Nordostens waren weitaus schwieriger zu kontrollieren als die kompakte Insel Taiwan. Die nach der Okkupation zunächst sehr aktive antijapanische Guerilla wurde erst während des Zweiten Weltkriegs in Kampagnen vernichtet, die mit äußerster Grausamkeit, auch gegen die mandschurische Zivilbevölkerung, geführt wurden.[29]

In der Mandschurei entstand das Protektorat[30] aus der Interessensphäre heraus, die um das kleine Pachtgebiet aufgebaut wurde.[31] Rußland und als sein Erbe nach 1905 Japan waren in der Region die ökonomisch prägenden Kräfte. Zwischen 1923 und 1928 gab es außerdem eine sehr erfolgreiche Ansiedlungs- und Entwicklungspolitik der chinesischen Behörden, die besonders den Norden der Mandschurei zu erschließen suchte.[32] Die hanchinesische Einwanderung in die Gebiete nördlich der Großen Mauer nahm seit 1860, dem Jahr der Öffnung des ersten mandschurischen Treaty Port, Niuzhuang, stetig zu und beschleunigte sich weiter, als die Qing-Regierung 1903 alle verbliebenen Immigrationsbeschränkungen aufhob. In den zwanziger Jahren erreichte die Einwanderung ihren Höhepunkt. Die Bevölkerung des Nordostens wuchs von 3,3 Millionen 1860 über 17 Millionen 1908 auf 38 Millionen 1940. Vermutlich war Immigration die Ursache für zwei Drittel des Bevölkerungsanstiegs im 19. und für die Hälfte im frühen 20. Jahrhundert.[33] Neben sich dauerhaft niederlassenden Siedlern gab es eine große Zahl von Saisonarbeitern aus Nordchina, die im Winter in ihre Heimatdörfer zurückkehrten; andere blieben für einige Jahre, ohne endgültig zu emigrieren. Die Erschließung der ertragreichen Böden und Wälder führte keineswegs – wie nicht selten unter ähnlichen Bedingungen in Nordamerika – zur Entstehung einer egalitären Siedlergesellschaft. Vielmehr reproduzierte sich in der Mandschurei ebenso wie an anderen Siedlungsgrenzen der Qing-Zeit, etwa Taiwan, das Grundherrensystem der chinesischen Kernprovinzen, in der Mandschurei dazu noch mit einer extrem ungleichen Verteilung des Bodenbesitzes: Einer großen Masse von Landarbeitern und Pächtern sowie einer Eigentumsbauernschaft auf Miniaturbetrieben von 1 bis 5 ha stand eine kleine reiche Klasse von parasitären Großgrundbesitzern gegenüber, die meist als «absentee landlords» in den Städten lebten. Die allergrößten Grundherren waren hier, wie in den zwanziger Jahren auch in vielen anderen Teilen Chinas, die militärischen Machthaber und ihre Cliquen.[34] Die Immigranten wurden den bestehenden Strukturen als Lohnarbeiter, Pächter oder kombiniert als Pächter-Tagelöhner eingefügt. Obwohl die Mandschurei reich an fruchtbarem Land war, konnten die meisten Bauern bestenfalls ihren Lebensunterhalt erwirtschaften. Trotzdem erschien sie vielen Menschen in den Hungergebieten Nordchinas als Chance und Verheißung.

Zwischen etwa 1860 und 1930 bestimmten drei Entwicklungen die Wirtschaftsgeschichte des Nordostens:[35] erstens die Erschließung neuen Landes für den Ackerbau (während der erfolgreichsten Landreklamationsphase, 1924–29, verdoppelte sich nahezu die kultivierte Fläche);[36] zweitens die Nutzung eines großen Teils dieses Landes zum Anbau eines einzigen *cash crop* für den Export: der Sojabohne; drittens die Einführung ausländischen Kapitals, besonders im Eisenbahnbau und Bergbau.

Schon für das 18. Jahrhundert sind Sojabohnenexporte belegt; in der ersten Hälfte des 19. Jahrhunderts war die Sojabohne bereits das weitaus wichtigste Exportprodukt der Mandschurei.[37] Damals waren die ausgeführten Mengen aber noch sehr klein. Erst als der japanische Reisanbau sich in den 1890er Jahren auf Sojabohnenrückstände als wichtigstes Düngemittel umstellte, schnellten die Exporte in die Höhe. Gleichzeitig mit der Eröffnung der Südmandschurischen Eisenbahn (Mantetsu, South Manchurian Railway, SMR) unter japanischer Regie im Jahre 1907, die den Transport agrarischer Massengüter erheblich verbilligte, erschloß das Haus Mitsui den europäischen Markt für Sojabohnen. Die Bohne war der wichtigste, aber nicht der einzige Exportfaktor. Der mandschurische Gesamtexport (in konstanten Preisen von 1913) wuchs zwischen 1899 und 1929 auf das Neunfache.[38] Um die Jahrhundertwende betrug der mandschurische Anteil an den Ausfuhren des Qing-Reiches 4,4 %, 1909–11 17 %; 1928 entfielen auf die Mandschurei nicht weniger als 32 % aller chinesischen Exporte.[39] Der Bohnenexport wuchs langsamer als die gesamte Ausfuhr der Mandschurei. Der Anteil von Bohnen und Bohnenprodukten ging von 81 % im Jahre 1899 auf 60 % 1929 zurück. Dies war ein Ergebnis der Entwicklung anderer Exporte, besonders der Baumwolle.[40] Die Bohnen wurden von Pächtern und kleinen Eigentumsbauern kleinbetrieblich erzeugt. Der Handel lag, ähnlich dem traditionellen Tee-Export, in den Händen chinesischer Groß- und Zwischenhändler, die teilweise von japanischen Exporthäusern finanziert wurden, zunehmend aber auch von chinesischen Banken, hinter denen der Warlord Zhang Zuolin und seine Clique steckten. Die übrigen mit der Bohne verbundenen Leistungen lagen aber ganz in japanischer Hand: Die SMR monopolisierte den Transport und die Lagerhaltung; Japaner betrieben die maschinellen Ölmühlen.[41] In einem wichtigen Punkt unterschieden sich die Handelsbeziehungen Chinas mit Japan von denen mit Europa und Amerika: Sie wurden lange Zeit von chinesischen Kaufleuten direkt abgewickelt. Bis 1895 besaßen diese nahezu ein Monopol im Japanhandel. Um 1930 gab es in Japan noch 1200 bis 1500 chinesische Kaufleute.[42] Gerade auch der Handel mit der Mandschurei gehörte zu ihren Spezialitäten. Nach 1905 geriet jedoch der Sojabohnenexport immer mehr in die Hände großer japanischer Firmen, die ihn nach 1931 völlig dominierten.[43]

Seit 1932 ging der Export von Sojabohnen und Bohnenprodukten in absoluten Mengen zurück und erreichte 1937 wieder den Umfang von

1922, dem Jahr vor dem Beginn des großen Bohnenbooms.[44] Die Weltwirtschaftskrise, die zwischen 1930 und 1933 den Sojabohnenpreis auf
die Hälfte fallen ließ,[45] trug zu dieser Trendwende bei. Ihre Hauptursache
lag indessen in der Entscheidung Japans, die Mandschurei nicht zu einem
agrarischen Zulieferraum, sondern zu einer schwerindustriellen Basis
auszubauen. Die Region schlug damit einen Entwicklungspfad ein, der
sich von demjenigen Taiwans deutlich unterschied. Im agrarischen
Bereich bestand das Hauptziel fortan nicht in der Maximierung der
Überschüsse für den Export nach Japan, sondern bloß darin, die Selbstversorgung der Mandschurei zu sichern. Nach 1930 wuchs die Landwirtschaft nur noch langsam (wenngleich schneller als die des chinesischen
Kernlandes), und ihre Exportorientierung ging zurück. Anders als in
Taiwan unternahm die Kolonialmacht keine Bodenreform. Das ineffi-
ziente und ungerechte Grundherren-System wurde konserviert – auch
deshalb, weil die japanischen Militärbehörden auf die Kollaboration der
Grundherrenklasse setzten. Die Ansiedlung japanischer Bauern blieb viel
begrenzter, als Advokaten von «Lebensraum»-Programmen gehofft hatten. Zum Zeitpunkt der Kapitulation im August 1945 wurden in der
Mandschurei 106 000 japanische Bauernhaushalte gezählt.[46] Nur etwa ein
Zehntel der in «Mandschukuo» ansässigen Japaner waren landwirtschaftliche Kolonisten. Größer war die Zahl koreanischer Bauern, die vor der
Verschlechterung ihrer Lage im kolonisierten Heimatland in die Weiten
der Nordmandschurei auswichen: 560 000 im Jahre 1927, 1 450 000
1940.[47]

Ein Vergleich der gesamten japanischen Auslandsanlagen am Schlußpunkt des Imperiums zeigt die wirtschaftlichen Prioritäten der japanischen
Expansion. Mitte 1945 befanden sich 39,4 % der überseeischen Aktiva (in
Höhe von insgesamt 21,9 Milliarden US $) in der Mandschurei, 24 % in
Korea, 21,7 % im chinesischen Kernland, 8,6 % auf Taiwan und 6,3 % in
anderen Gebieten.[48] Hinter der Spitzenposition der Mandschurei verbergen sich außerordentliche, ja, in der gesamten Kolonialgeschichte einzigartige Investitionen in Eisenbahn, Bergbau und Schwerindustrie. Das
Rückgrat dieses Investitionskomplexes bildete die von den Russen ge-
baute, 1903 für den Verkehr eröffnete südmanschurische Eisenbahn, die
bereits zwei Jahre später als Kriegsbeute an Japan fiel. 1907 wurde die
SMR als ein Verwaltungsorgan mit einer Mehrheitsbeteiligung und unter
der Kontrolle der japanischen Regierung gegründet. Sie wurde bald zu
mehr als der Betreiberin einer Bahnlinie. Die SMR war die wichtigste
japanische Kolonialagentur auf dem Kontinent, ihr Präsident so etwas wie
der Zivilgouverneur des Guandong-Pachtgebietes, ihre Bürokratie dessen
Verwaltungsstab. Sie besaß Bergwerke, Fabriken, Kraftwerke, Hafenanla-
gen und Schiffe sowie ausgedehnte Immobilien. An chinesischen Eisenbahnen, Bergwerken und Industriebetrieben außerhalb von Pachtgebiet
und Eisenbahnzone war sie finanziell unter Bedingungen beteiligt, die ihr

Kontrolle verschafften.[49] Ab 1915 waren Japaner in der ganzen Mandschurei den Einheimischen rechtlich so gut wie gleichgestellt. Sie nutzten weiterhin die Annehmlichkeiten der ungleichen Verträge, besonders die Exterritorialität, ohne an deren restriktive Bestimmungen, etwa die Beschränkung kommerzieller Niederlassung auf die Treaty Ports, gebunden zu sein. Eine ähnlich intensive, quasi-koloniale Durchdringung einer Interessensphäre hat es im chinesischen Kernland nie gegeben. Um die SMR, um die Niederlassungen japanischer Riesenkonzerne wie Mitsui und um die Banken lagerte sich, die «Dualstruktur» des japanischen Wirtschaftssystems im kolonialen Umfeld reproduzierend, ein Kranz kleiner und von den Giganten abhängiger japanischer Dienstleistungs- und Zuliefererfirmen. Eine dritte Abteilung des mandschurischen modernen Sektors bestand aus solchen chinesischen Firmen, die sich von japanischem Kapital freihalten konnten. Ihr Entfaltungsspielraum war jedoch höchst begrenzt.

Die bei weitem gefährlichste Herausforderung der SMR ging von den chinesischen Eisenbahnen aus. Mantetsu besaß zwar die technisch am besten ausgebaute, die am sorgfältigsten gepflegte («die Japan Airlines ihrer Zeit»), die wirtschaftlich erfolgreichste und die strategisch wie verkehrsgeographisch am günstigsten gelegene Bahnstrecke im Nordosten, aber neben ihren 1 112 km (und den 2 267 km der russischen Ostchinesischen Eisenbahn) gab es 1930 weitere 3 132 km in chinesischem Staatsbesitz.[50] Schon der widerspenstige Alliierte der Japaner, Marschall Zhang Zuolin, hatte nach 1925 eine Reihe von Strecken legen lassen, die seinen Truppen Bewegungsfreiheit geben und der SMR Fracht entziehen sollten. Nach seiner Ermordung durch die Guandong-Armee 1928 verschärfte zur Überraschung der Japaner sein Sohn und Nachfolger als Befehlshaber der mandschurischen Truppen, Zhang Xueliang, der «Junge Marschall», den anti-japanischen Aufbaukurs. Am 29. Dezember 1928 erklärte er zudem seine Loyalität zu Jiang Kaisheks Nationalregierung in Nanjing. Die Periode unabhängiger Warlord-Herrschaft im Nordosten war damit beendet; anti-japanische Agitation wurde erstmals erlaubt; in der Folgezeit übernahm das Außenministerium in Nanjing die Zuständigkeit für die auswärtigen Beziehungen der Mandschurei. Japans Machtstellung in seiner Interessensphäre war nicht stark genug, um den jüngeren Zhang am Ausbau eines Eisenbahnnetzes, das mit der SMR unmittelbar rivalisierte und den Handel von Dairen zu dem chinesischen Hafen Huludao umleiten sollte, sowie an einer dezidiert japanfeindlichen Förderung von Industrie und Handel zu hindern.[51] Unter den Ursachen des militärischen Coups vom 18. September 1931[52] und der folgenden Besetzung der gesamten Mandschurei war nicht die unwichtigste die Absicht, sich dieser neuen und bedrohlichen Form des chinesischen Wirtschaftsnationalismus zu entledigen. Die japanische Gegenoffensive endete in der Kolonisierung der Interessensphäre. Aus Einfluß wurde Herrschaft. Das Regiment des japanischen Militärs wurde – seit 1932 unter dem Schwindeletikett des «Kaiserreichs Mandschukuo» – vom Pachtgebiet und der Eisenbahnzone auf die gesamte Mandschurei ausgedehnt.

In der «Mandschukuo»-Periode konzentrierte die Armee, die die japanische Mandschurei-Politik fest im Griff hatte, ihre planmäßig betriebene Wirtschaftspolitik auf den Aufbau einer kontinentalen Kriegsbasis.[53] Zu welch erheblichen Verschiebungen in der Wirtschaftsstruktur dies führte, läßt sich daran erkennen, daß der Anteil der Landwirtschaft an der Erstellung des Bruttosozialprodukts von 46 % im Jahre 1928 auf 29 % im Jahre 1939 zurückging.[54] Das schnellste Industriewachstum fand zwischen 1937 und 1941 statt; ab 1943 stagnierte die mandschurische Wirtschaft, die nun immer krampfhafter – und mit immer weniger Erfolg – für die unmittelbaren Bedürfnisse des militärisch bedrängten Mutterlandes mobilisiert werden sollte. Zwischen Japan und der Mandschurei bildete sich nach 1932 deutlicher als zuvor eine koloniale Komplementarität heraus: Die einheimische Bevölkerung lieferte unter japanischen Managern und Technikern die physische Arbeitskraft für die Gewinnung von Rohstoffen und Halbfertigfabrikaten, die in der Metropole weiterverarbeitet wurden. Das Besondere lag darin, daß die Kolonie keine tropischen «Kolonialwaren» – wie Taiwan den Zucker – lieferte, sondern Kohle und Eisenerz, Roheisen und Stahl. Als nach dem Beginn des Krieges im Juli 1937 die Industrie- und Bergbauzentren Nord- und Zentralchinas besetzt wurden, versuchte die Armee, auch sie dieser Struktur anzugliedern.[55] Autarkie innerhalb des «Yen-Blocks» wurde jedoch vor Beginn des Pazifischen Krieges nicht erreicht. Trotz der großen Produktionszuwächse in der Mandschurei kamen von dort und aus Nordchina 1940 nur 44 % der japanischen Importe von Kohle und Eisen.[56] In umgekehrter Richtung wurde «Mandschukuo» zu einem wichtigen Absatzmarkt für einzelne Zweige der japanischen Wirtschaft, etwa die Maschinenbau- und Weizenmehlindustrie.[57] Im Schnitt der Jahre 1935–39 blieb das chinesische Kernland mit 13,2 % der japanischen Gesamtexporte allerdings immer noch wichtiger als die Mandschurei mit 11,8 %.[58] Vor allem als Rohstoffquelle enttäuschte die Mandschurei die hohen Erwartungen der Japaner. Größere Ölvorkommen konnten nicht gefunden werden;[59] die Baumwollerzeugung blieb weit hinter dem Bedarf der japanischen Industrie zurück; und die Qualität der Kohle reichte für die Stahlproduktion nicht aus, so daß Ergänzungen aus Nordchina erforderlich wurden.[60]

Der industrielle Aufbau der Mandschurei durch die japanische Kolonialmacht hinterließ der Volksrepublik China auch noch nach den Zerstörungen des Krieges – im Juli 1944 flogen US-Bomber die ersten Angriffe auf die Industriezentren in der Südmandschurei – und des Bürgerkrieges und nach den Demontagen durch die Sowjetarmee 1945/46[61] ein ausbaufähiges Entwicklungsfundament. Die Japaner hatten das mandschurische Eisenbahnsystem erweitert, vereinheitlicht und integriert. Wie in Indien, so gehörten auch in der Mandschurei die Eisenbahnen zu den hilfreichsten Überbleibseln der Kolonialzeit. Die Japaner hatten leistungsfähige Kraftwerke errichtet, das 1903 durch Rußland geöffnete und 1905 von der SMR übernommene Bergwerk von Fushun zur größten Kohlegrube Asiens ausgebaut und im benachbarten Anshan neben einer Erzmine, deren Öffnung 1915 mit den «Einundzwanzig Forderungen» durchgesetzt worden war, ein Eisenwerk errichtet, das in den zwanziger Jahren zu den modernsten Anlagen seiner Art auf der Welt gehörte und im Spitzenjahr 1943 1 328 000 t Roheisen, 843 000 t Flußstahl und 363 000 t Walzstahl erzeugte.[62] Nicht vergessen sollte man auch die städtebaulichen Errungenschaften der SMR: solide Häuser, Straßen, Parks, Kanalisationssysteme, Straßenbeleuchtung. Sie werden zum Teil noch heute genutzt.

Einem solchen (unfreiwilligen) Aufbaubeitrag der Kolonialmacht für die nachkoloniale Zeit stehen in einem bilanzierenden Gesamturteil einige Minuspunkte der mandschurischen Entwicklung gegenüber: Das Industrialisierungsprogramm wurde anfangs weitgehend durch Kapitalimport aus Japan, ab 1938 aber zunehmend durch Steuererhöhungen und eine manipulativ eingesetzte Inflation finanziert, welche die Reallöhne der Industriearbeiterschaft drastisch verminderte.[63] Nahezu die gesamte Industrie der Mandschurei nach 1932 war japanisch. Wie in Taiwan, so wurde die Entwicklung moderner einheimischer Unternehmen nicht geduldet; frühe Entwicklungsansätze wurden rückgängig gemacht; eine «nationale Bourgeoisie» wie im chinesischen Kernland bildete sich im Nordosten nicht heraus. Da man nach 1932 relativ wenig für die Entwicklung der Landwirtschaft tat, gab es auch – anders als in Meiji-Japan oder in der Volksrepublik China in den fünfziger Jahren – keinen systematisch mobilisierten Industrialisierungsbeitrag des «traditionalen» Sektors. Entwicklungspolitisch ließ sich von den Wirtschaftsplanern der Guandong-Armee deshalb wenig lernen. Die mandschurische Ökonomie war am Ende der Kolonialzeit weniger homogen und viel dualistischer strukturiert als diejenige Taiwans und vermutlich auch als die des Yangzi-Deltas um Shanghai. Modernste Großindustrie in den Zentren der Südmandschurei koexistierte mit geradezu archaischen Ausprägungen eines unreformierten Grundherrensystems im ländlichen Hinterland vor allem des Nordens. Insofern ist das heute beliebte Bild vom «konstruktiven» japanischen Imperialismus überzeichnet. Die Eigentümlichkeit der kolonialen Industrialisierung der Mandschurei, die sie geradezu zum welthistorischen Ausnahmefall stempelt, liegt weniger in irgendwelchen wohltätigen Auswirkungen auf das Wirtsland als in der Arbeitsteilung, die zwischen der metropolitanen Wirtschaft und einem ressourcenreichen externen Industrialisierungsraum erreicht wurde, also eher im Binnenverhältnis imperialer Organisation als in Modernisierungseffekten an der «Peripherie».

Im Jahre 1931 fiel das Land nördlich der Großen Mauer aus dem Treaty-System hinaus. Zum ersten Mal wurde ein kontinentaler Großraum als

Kolonie einer fremden Macht aus dem chinesischen Reichs- oder Nationalverband gelöst. Ein bis dahin schon intensiv durchdrungenes, jedoch trotzdem noch – wie Zhang Xueliangs unabwendbare Nadelstiche zeigten – politisch labiles Informal Empire wurde durch eine imperiale Machtübernahme zum Protektorat formalisiert. Im chinesischen Kernland entwickelten sich zur gleichen Zeit die Dinge in die entgegengesetzte Richtung: hin zur weiteren «Informalisierung» der ausländischen Präsenz. Die Folge war in beiden Fällen, in «Mandschukuo» wie in der Republik China, eine Stabilisierung der ausländischen Position. Diese Stabilisierung sollte sich als der letzte Triumph der Fremden in China erweisen.

Die Aggression der Guandong-Armee in der Mandschurei fand breite Zustimmung unter den westlichen «Old China Hands» in Shanghai. Viele derjenigen, die sich aufgrund langen Aufenthalts im Lande eine «realistische» Einsicht in die chinesische Politik und eine Kenntnis des «wahren Charakters» der Chinesen zutrauten, sahen im Vorgehen der Japaner den Beweis dafür, daß eine Politik der harten Hand durchaus möglich sei, daß ein disziplinierender Eingriff dem «Chaos» von Warlord-Kriegen und nationalistischer Aufsässigkeit ein Ende setzen könne. Chinesen, so hieß es in den Clubs von Shanghai, beugten sich ohnehin nur der Gewalt.[64] Jiang Kaisheks anti-kommunistischer *coup* vom 12. April 1927, seine Proklamation einer «Nationalregierung» in Nanjing eine Woche später und die blutige Unterdrückung der Massenbewegungen in den Städten während der restliche Monate jenes stürmischen Jahres hatten solche Stimmen nicht zum Schweigen gebracht. Jiang galt den Extremisten auch nach seinem Schlag gegen die «Roten» selbst noch als «rosa», hatte er doch offenkundig nur die Mittel des Massenprotests («den Terror der Straße») und der «revolutionären Diplomatie»[65] beseitigt, nicht aber dem Ziel seiner Partei, der Guomindang, abgeschworen, das System der ungleichen Verträge zu beenden.[66] Die Diplomatie der Westmächte, der man nicht nachweisen kann (wie KPCh und Komintern seinerzeit behaupteten), Jiangs Putsch gegen die Linke angezettelt und unterstützt zu haben,[67] zeigte sich wohlwollender in ihrem Urteil als die «Falken» in den Treaty Ports. Großbritannien hatte schon Ende 1926 in Sir Austen Chamberlains «Dezember-Memorandum» eine prinzipiell kompromißbereite Politik gegenüber dem chinesischen Nationalismus angekündigt. Trotz solch erhebender Rhetorik unterschied man in London jedoch sehr wohl zwischen unwichtigen Interessen, die möglichst propagandawirksam aufgegeben werden konnten (wie das nutzlose Pachtgebiet Weihaiwei), Interessen mittlerer Wichtigkeit (etwa die Zollfrage), über die sich mit China verhandeln ließ, und vitalen Interessen, die um jeden Preis zu verteidigen waren – jedenfalls solange China britisches «Leben und Eigentum» nicht glaubwürdig garantieren konnte.[68] In diese dritte Kategorie fielen der spezielle Status der Internationalen Niederlassung von Shanghai, der noch im Frühjahr 1927 durch große britische und amerikanische Flottenverbände gegen die Revolution gesichert wurde, und der Eckstein des ganzen Treaty-Systems, die Exterritorialität. Das Jahr 1927, so epochal in der inneren Geschichte der chinesischen Revolution, markiert also keine ebenso deutliche Epochenschwelle in Chinas Stellung in der Welt. Weder verzichteten die Westmächte und erst recht nicht die Japaner, die im April 1928 ein Expeditionskorps nach Shandong schickten, das mit den Truppen Jiang Kaisheks zusammenstieß und dabei auch hohe Verluste unter der Zivilbevölkerung der umkämpften Stadt Jinan verursachte,[69] auf ihre wichtigsten Privilegien und ihr grundsätzliches Recht zur Intervention, noch stellte sich sofort eine harmonische Patron-Klient-Beziehung zur Nationalregierung Jiang Kaisheks her, wie die kommunistische Auffassung von Jiang als einem «Kettenhund des Imperialismus» suggeriert. Mehr als anderthalb Jahre brauchte man für eine behutsame Annäherung.

Als sich 1928 erwies, daß Jiang Kaishek die zumindest nominelle Einigung Chinas zuwege bringen würde, und nachdem er in eine nach nationalistischen Maßstäben demütigende Beilegung des Nanjing-Zwischenfalls vom März 1927 eingewilligt hatte, bei dem sieben Ausländer Übergriffen von Guomindang-Truppen zum Opfer gefallen waren,[70] wurde die Nationalregierung von den Westmächten mit der diplomatischen Anerkennung belohnt. Auch außenpolitisch war damit die Ära der Beijinger Warlords beendet. Es gab allerdings eine deutliche Kontinuität des diplomatischen Personals und der außenpolitischen Methoden. Die sehr maßvolle, auf jeden Unilateralismus ausdrücklich verzichtende Politik der «Vertragsrevision», welche die Nanjing-Regierung ab 1928 verfolgte, verlängerte durchaus Tendenzen aus der Warlord-Zeit, ja, stand in der Tradition der zaghaften Bewegungen zur Wiedergewinnung nationaler Rechte von 1903–11. Neu war etwas anderes. Neu war, daß die Guomindang-Regierung sich als ein weltoffenes, modernisierungswilliges und ausländischen Wirtschaftsinteressen gegenüber aufgeschlossenes Regime präsentierte, als das Gegenteil mittelalterlicher Mandschu-Despotie und unaufgeklärter Warlord-Tyrannei. Es lag ganz auf dieser Linie, daß Nanjing viel bereitwilliger als frühere Regierungen das Junktim der Washington-Konferenz akzeptierte: schrittweiser Verzicht auf Vertragsprivilegien als Honorierung chinesischer Selbstreform. Genau dagegen hatte der radikale Nationalismus der mittleren zwanziger Jahre aufbegehrt: gegen die Befreiung der Nation als Gnadengeschenk der Großmächte. Der öffentlich weiterhin proklamierte «Anti-Imperialismus» der Guomindang erfuhr 1928 eine Uminterpretation, die eine Art von Tauschgeschäft mit den Westmächten ermöglichte. Während die Nationalregierung den vorübergehend unterdrückten, doch keineswegs ausgerotteten Nationalismus des Volkes, den Anti-Imperialismus der Streiks und Boykotte, zu bändigen unternahm, erwartete sie vom Westen nicht nur ein Entgegenkommen in der juristischen Revisionsfrage, sondern Hilfe bei einer neuerlichen «Selbststärkung» Chinas, sprich: der Sicherung der eigenen Macht.[71]

Die «Vertragsrevision», über die verhandelt wurde, bis im Herbst 1931 die Mandschurei-Krise ernstere Probleme in den Vordergrund rückte und zur Suspendierung der Revisionspolitik führte, hatte angesichts dieses fundamentalen Interessenarrangements eher symbolische und – gegenüber der chinesischen Öffentlichkeit und radikaleren Kräften innerhalb der Guomindang – propagandistische Bedeutung. China erkannte an, daß eine völlige Beseitigung der ungleichen Verträge eine «Übergangsphase» von mehreren Jahren voraussetzen mußte. Einem «modernen», also nach westlichen Maßstäben «zivilisierten», und mit ausländischer Hilfe zur effektiven Zentralmacht Chinas aufgepäppelten Guomindang-Regime – dies war die Logik der neuen Außenpolitik – würden früher oder später seine rechtlichen Fesseln in ähnlicher Weise abgenommen werden, wie Meiji-Japan die seinigen gegen Ende des 19. Jahrhundert verlor. Eine solche Formel war geeignet, eine neue Ära der Interessenharmonie zu begründen. Das wichtigste Ergebnis dieser Politik war vor der Mandschurei-Krise die Wiedererlangung der Zollautonomie, die von den Westmächten ohne größeres Widerstreben gewährt wurde.[72] Sie stärkte die Nanjing-Regierung, die aus den sogleich erhöhten Zolltarifen zusätzliche Einkünfte bezog, kam aber auch unmittelbar westlichen Gläubigern zugute. Als eine ihrer ersten außenpolitischen Maßnahmen – und im deutlichen Gegensatz zu den sowjetischen Annulierungsdekreten von 1917/18[73] – hatte die Nanjing-Regierung die chinesischen Auslandsschulden anerkannt. Die Wiederherstellung von Chinas Kreditwürdigkeit auf den internationalen Kapitalmärkten war fortan eines ihrer obersten Ziele.[74] Gleichzeitig wurden aber auch die Grenzen der neugefundenen Harmonie sichtbar. Im Juli 1929 provozierte China durch die unverhoffte Besetzung der Ostchinesischen Eisenbahn einen militärischen Konflikt mit der Sowjetunion, zu der es im Dezember 1927 die diplomatischen Beziehungen abgebrochen hatte. Nanjing hatte darauf spekuliert, die gespannten Beziehungen zwischen den Westmächten und der Sowjetunion ausnutzen und aus drastisch demonstriertem Antikommunismus Kapital schlagen zu können, mußte aber erleben, daß in alter Tradition westlicher Eintracht England und Amerika *jeden* chinesischen Versuch einer militärischen Korrektur des *status quo* ablehnten, selbst wenn er gegen den internationalen Außenseiter UdSSR gerichtet war. Die USA begrüßten die feste Haltung der Sowjetunion bei der Verteidigung ihrer verbrieften Rechte und warnten China, daß es durch Verletzung des Prinzips der Unantastbarkeit völkerrechtlicher Verträge seine besten Freunde verprelle.[75]

Während der gesamten Nanjing-Dekade (1927–37) war nicht die Revision der ungleichen Verträge, sondern die japanische Bedrohung das überragende außenpolitische Problem. Schon vor der Mandschurei-Krise hatte Japan zu erkennen gegeben, daß es, anders als die Westmächte, nicht gesonnen war, dem chinesischen Nationalismus entgegenzukommen. Japan führte keine Verhandlungen und schloß keine Kompromisse. Es diktierte.[76] Die Ereignisse von 1931/32 lehrten zweierlei. Sie zeigten erstens, daß China auf eine wirksame Unterstützung durch die Westmächte gegen Japan nicht rechnen konnte. Niemand war bereit, die in Washington 1922 proklamierte Integrität Chinas militärisch zu verteidigen. Die Bemühungen vor allem der USA, Japans Alleingang im Rahmen eines modifizierten Internationalismus aufzufangen, scheiterten spätestens im März 1932, als Tokio die Unabhängigkeit der Mandschurei proklamierte. Fortan war der Antagonismus zwischen den pazifischen Hauptmächten Amerika und Japan unübersehbar, doch noch weit von einem amerikanischen Einschreiten entfernt, während die britische Politik unsicher zwischen einem *rapprochement* mit Japan und einer Verteidigung der tradierten Positionen in China hin und her schwankte.[77]

Die zweite Lehre bestand darin, daß China trotz seiner unzweifelhaften militärischen Unterlegenheit Japan nicht völlig wehrlos gegenüberstand. Dem japanischen Angriff auf Shanghai und sein Umland im Januar/ Februar 1932 begegnete die regionale, nicht dem direkten Kommando Jiang Kaisheks unterstehende 19. Armee dreiunddreißig Tage lang mit heroischem Widerstand, der die chinesische Verhandlungsposition bei den Waffenstillstandsgesprächen stärkte. Das Verhalten der 19. Armee wurde in der chinesischen Öffentlichkeit während der folgenden Jahre weithin als Beweis dafür angesehen, daß zu der von Nanjing seit Mitte 1933 verfolgten Politik der Beschwichtigung Japans[78] Alternativen denkbar waren. Sie hätten freilich die Einigung aller politischen Kräfte Chinas vorausgesetzt. Dazu war Jiang Kaishek nicht bereit, der seit Dezember 1930 mit Vorrang die Vernichtung der Kommunisten in ihren Rätegebieten in Jiangxi betrieb und mit dem Fall des Zentralen Sowjets im Oktober 1934 und der Flucht der Überlebenden auf den Langen Marsch sein Ziel auch weitgehend erreicht zu haben schien.[79] Währenddessen ließ sich Japan durch die Zugeständnisse der Nanjing-Regierung nicht aufhalten. Seit dem Tanggu-Waffenstillstand vom 31. Mai 1933, der eine «entmilitarisierte», faktisch von einer mit der Guandong-Armee kollaborierenden Polizeitruppe kontrollierte Zone zwischen Beijing und der mandschurischen Grenze einrichtete, erweiterte es schrittweise seinen Einfluß in Nordchina und der Inneren Mongolei. Dabei wiederholte sich stets aufs neue das Muster des Mandschurei-Zwischenfalls: Untergeordnete Offiziere stellten die eigene Regierung durch eigenmächtiges Vorpreschen vor vollendete Tatsachen; Tokio gab dann seinen nachträglichen Segen.[80] Mit jedem neuen Vorstoß der Japaner geriet die Appeasement-Politik, die sich als Befürwortung sino-japanischer «Kooperation» unter dem Banner des Panasianismus darstellte, in einen tieferen Gegensatz zur nationalistischen Stimmung in der chinesischen Öffentlichkeit. Noch im Winter 1935/36 wurden große anti-japanische Studentenproteste gewaltsam unterdrückt.[81] Erst die Gefangennahme Marschall Jiang Kaisheks durch aufständische Truppen unter Zhang Xueliang in Xi'an am 12. Dezember 1936 und seine Verpflichtung auf einen energischeren Kurs des Widerstandes sowie auf eine neue Einheitsfront mit der im entlegenen Nordwesten neu etablierten KPCh beendete das Übergewicht der pro-japanischen Fraktion in Nanjing und die Periode der schleichenden Kapitulation vor dem Japanischen Kaiserreich.[82] Kurz vor Mitternacht am 7. Juli 1937 wurde in der Nähe der Marco-Polo-Brücke (Lugouqiao), 15 km vor Beijing, eine japanische Kompanie, die in diesem Gebiet unter den Bestimmungen des Boxer-Protokolls von 1901 stationiert war, während eines Manövers von chinesischen Soldaten beschossen. Wer hier wen provozierte und warum der Zwischenfall so dramatisch eskalierte, ist nach wie vor nicht restlos geklärt.[83] Fest steht jedenfalls, daß damit ein Krieg zwischen den beiden Ländern begann, der acht Jahre dauern, 15 bis 20 Millionen Chinesen das Leben kosten und maßgeblich den kommunistischen Sieg von 1949 herbeiführen sollte. Ähnlich wie beim Opiumkrieg von 1840–42, so ist auch hier die Versuchung groß, die Geschichte der letzten Friedensjahre mit dem Wissen um das kriegerische Ergebnis «rückwärts» zu deuten. In der Tat mag der Konflikt zwischen den beiden großen Nationen Ostasiens auf lange Sicht als unvermeidlich erscheinen. Für die meisten Zeitgenossen jedoch kam der Kriegsausbruch im Juli 1937 überraschend. Am ehesten noch war die chinesische Führung auf den Krieg vorbereitet, weniger schon die japanische, die nicht mit chinesischem Widerstand von solcher Heftigkeit gerechnet hatte. Vollends die Europäer und Amerikaner in China wurden durch den Kriegsbeginn überrumpelt. Man hatte in China ein Jahrzehnt der permanenten Krise erlebt: die Protestbewegungen von 1925–27, die bürgerkriegsähnlichen Kämpfe zwischen den Militärcliquen und die mühsame Durchsetzung der Guomindang auf einer völlig militarisierten politischen Szene, schließlich die Weltwirtschaftskrise, die in China von 1931 bis 1935 dauerte. 1936 war ein Jahr, das zu beispiellosem Optimismus Anlaß zu geben schien. Die wirtschaftliche Depression war überwunden, Naturkatastrophen blieben nach einer Reihe von Plagejahren erstmals wieder aus, die Ernten waren vorzüglich, die Kaufkraft stieg, und der Handel florierte entsprechend. Vor allem war China bis auf den Nordosten und Norden und einige Randprovinzen (Yunnan, Shanxi, Xinjiang) erstmals wieder seit den glücklicheren Tagen Yuan Shikais, also 1913/14, unter einer Regierung geeint, welche Durchsetzungsvermögen nach innen mit Kooperationsbereitschaft nach außen verband. Jiang Kaishek schien der neue, der erfolgreichere Yuan Shikai zu sein. Am Vorabend des Krieges erwarteten viele westliche Diplomaten und die meisten Chefs der großen europäischen und amerikanischen Chinafirmen eine neue Epoche der friedlichen Durchdringung des chinesischen Marktes: verbunden gewiß mit größeren Zugeständnissen an den chinesischen Nationalismus als in der Vergangenheit, gesichert aber auch durch die Garantien einer modernisierungswilligen einheimischen Staatsmacht mit Sinn für die Wohltaten ausländischen Kapitals. Nicht nur unter den kolonialen Verhältnissen

«Mandschukuos», sondern auch im Gebiet der Chinesischen Republik sprach alles – Japans Respekt für die Open Door in Zentral- und Südchina vorausgesetzt – für eine neue Stabilisierung der ausländischen Position.

Daß wenige Monate nach dem Ende einer akuten Wirtschaftskrise von unerhörter Tragweite ein solches für ausländische Interessen günstiges Ergebnis möglich sein sollte, muß auf den ersten Blick überraschen. Die Lockerung weltwirtschaftlicher Bindungen während der Weltwirtschaftskrise – gerade auch der globale Stillstand von Kapitalexport in den dreißiger Jahren[84] – hätte, so möchte vermutet werden, die westliche Position in China schwächen müssen, so wie dies mit der Stellung der britischen Kolonialmacht in Indien geschah.[85] In China bewirkte die Große Depression indessen keinen weiteren Schub der «Dekolonisation», ebenso wie sie den langfristigen revolutionären Prozeß eher hemmte als vorantrieb. Sie hatte im Prinzip konservative Wirkungen. Um dies verstehen zu können, muß man sich zunächst Verlauf und Auswirkungen der Krise vor Augen führen.[86]

Für beinahe zweieinhalb Jahre nach dem New Yorker Börsenkrach vom Oktober 1929 wurde China durch seine Silberwährung vor den Auswirkungen der Großen Depression abgeschirmt. Der internationale Silberpreis, ausgedrückt in Gold, stürzte seit Ende 1929 in die Tiefe. Dies war im großen und ganzen gut für die chinesische Wirtschaft: Da die Preise für Importe stiegen, verringerte sich für die einheimische Industrie der Druck der ausländischen Konkurrenz auf dem Binnenmarkt. Silber strömte ins Land und verteilte sich nach Mechanismen, die wir schon im 17. und 18. Jahrhundert beobachten konnten, über das ganze Wirtschaftssystem. Die Zinsen sanken; die von den Bauern für ihre Produkte erzielten Preise stiegen; in Silber festgesetzte Steuern und Pachtabgaben waren nun leichter aufzubringen; das disponible Einkommen vieler Bauernhaushalte wuchs, und auf dem Lande verbreitete sich eine Stimmung maßvoller Zuversicht.[87] Diese positiven Effekte wurden eingeschränkt, aber doch nicht voll aufgewogen durch den Verfall der Weltmarktpreise für einige der wichtigeren Exportprodukte.[88] Infolge der vergleichsweise niedrigen Exportquote der Landwirtschaft und einer breiten Diversifikation der Ausfuhrprodukte war die chinesische Wirtschaft außerhalb der Mandschurei als Ganze von Ausfuhrverlusten weniger stark betroffen als viele andere Länder der Dritten Welt.[89] Allerdings litten kleine exportorientierte Bereiche wie die Seidenwirtschaft Südchinas sehr stark. Der Preis für Rohseide in New York und Lyon halbierte sich zwischen 1930 und 1932; die Ausfuhr von Rohseide aus Kanton fiel von 4890 t 1931 auf 2032 t 1932; in großem Stil wurden Maulbeerbäume gefällt und das Land auf den nun ebenfalls weniger einträglichen Anbau von Reis und Zuckerrohr umgestellt; Seidenraupen wurden an die Fische verfüttert.[90]

1930 war China, von inneren Kriegen zerrissen, alles andere als eine Insel der Seligen. Doch im Vergleich zur ökonomischen Situation andernorts staunten ausländische Beobachter über die «wundersame Vitalität des Handels in China», über seine «Fähigkeit, sich binnen kürzester Zeit von Rückschlägen zu erholen, die anderswo zur Lähmung führen würden».[91] 1931 brach dann eine Lawine von Kalamitäten über China herein. Erstens wurde mit der großen Yangzi-Flut, von der 25 Millionen Menschen betroffen waren und die vermutlich über 500 000 Todesopfer forderte,[92] nun auch Zentralchina von einer Serie von Naturkatastrophen erfaßt. Sie hatte mit einer großen Hungersnot in den Provinzen Shanxi, Shaanxi, Henan und Gansu 1928–30 begonnen[93] und reichte bis zu neuerlichen Überschwemmungen 1935, die nun auch den Gelben Fluß betrafen.[94] Die chronische Misere einer Landbevölkerung, die knapp am Rande des Existenzminimums lebte, schlug in vielen Gebieten in akutes Massenelend um. Gleichzeitig brachten mehr noch als zuvor die Wohlhabenden sich und ihre Schätze vor den Katastrophen und dem durch sie geförderten Banditentum nach Shanghai in Sicherheit. Zweitens verursachten die Abtrennung der Mandschurei sowie Anfang 1932 der japanische Angriff auf Shanghai große Schäden und Störungen: Die chinesische Industrie (besonders Baumwolle und Seide) verlor weitgehend ihre mandschurischen Absatzgebiete und die Nationalregierung ca. 15 % ihrer Seezoll- und Salzeinnahmen.[95] Nord-Shanghai, ein Zentrum von Handwerk und Kleinindustrie, fiel den Bomben und Flammen zum Opfer. Der Stillstand von Handel und Produktion in Shanghai im Frühjahr 1932 lähmte ganz Ostchina und das Yangzi-Becken.

Drittens kehrte sich der Silbertrend um, nachdem Großbritannien und Japan den Goldstandard aufgegeben hatten. Die nach außen schützenden und nach innen stimulierenden Wirkungen einer abgewerteten Währung entfielen. Die Importe wuchsen, verstärkt durch das – wie viele in China argwöhnten –»Dumping» von Überschußproduktion, das von den Regierungen Japans und der USA subventioniert wurde.[96] Billiger Reis aus Französisch-Indochina strömte, durch Zölle unbehindert, auf den südchinesischen Markt und drückte dort die Preise.[97] Eine amerikanische «Baumwoll- und Weizenanleihe» von 1933, als vorgeblich uneigennütziger «Beitrag zur Katastrophenhilfe» der chinesischen Regierung massiv aufgedrängt, war in Wirklichkeit durch das Bestreben motiviert, «der heimischen Preissituation zu Hilfe zu kommen, die unerträglich geworden war».[98] Sie bescherte China riesige Mengen unerwünschter Agrarimporte, die den Markt verstopften.[99] Bei fallenden Preisen für landwirtschaftliche Produkte verschlimmerten die Rekordernten des Jahres 1933 paradoxerweise die Misere der Bauern. Der Silberzustrom stockte; die Zinsen stiegen und die Preise nahezu aller Güter fielen (Großhandelspreise in Shanghai zwischen 1931 und 1935 um 26 %).[100] Der steigende Silberpreis zog seit 1932 große Mengen von Silber aus dem Landesinneren in die Tresore der Banken von Shanghai. Aus Hangzhou zum Beispiel flossen 60 % des in der Stadt zirkulierenden Währungssilbers nach Shanghai.[101]

Dort heizte die Geldschwemme die Spekulation mit Staatspapieren weiter an, einen finanziellen Taumel am Rande des agrarischen Abgrunds. Die Situation verschlechterte sich weiter, als die USA seit Juni 1934 große Mengen von Silber auf den Märkten der Welt aufkauften. Chinesisches Silber konnte nun profitabel exportiert werden, ein Geschäft, das sich die großen chinesischen und vor allem die ausländischen Banken in Shanghai nicht entgehen ließen. Innerhalb weniger Monate verlor die chinesische Volkswirtschaft bis zu zwei Drittel ihrer Silberreserven. «China, das mehr als fast jedes andere Land Kapital benötigt», schrieb ein britischer Experte am Beginn dieser Entwicklungen, «wird heute . . . dekapitalisiert.»[102] Es kam, wie fast exakt ein Jahrhundert zuvor, zu einer sehr ernsten deflationären Krise. Sie wurde erst durch die Abschaffung der Silberwährung im November 1935 behoben. Viertens machten sich die Auswirkungen der Krise in Südostasien bemerkbar. «Nanyang», die Region des südlichen Ozeans, entfiel weithin als Absatzmarkt. Der zum Ausgleich der chinesischen Zahlungsbilanz und für die Lebenshaltung vieler Familien wichtige Strom von Geldsendungen der Auslandschinesen versiegte. Auch als Emigrationsziel kam Nanyang nicht länger in Frage, ja, 1933 war die Auswanderung erstmals rückläufig: doppelt so viele Chinesen kehrten aus dem Ausland zurück, wie die Heimat verließen.[103]

Die Jahre von 1931 bis 1935 zeigten, wie empfindlich die chinesische Ökonomie auf Veränderungen in der Weltwirtschaft reagierte. Dabei wirkte weniger – wie es für die Dritte Welt charakteristisch war – eine strukturelle Exportabhängigkeit als die Silberwährung als Transmissionsriemen der Krise. Der Silberpreis aber wurde von den Produzenten bestimmt, zu denen China nicht gehörte. Die für die chinesische Wirtschaft katastrophale Silberaufkaufpolitik der USA reflektierte unmittelbar die Interessen der silberproduzierenden Bundesstaaten, deren Lobbyisten in Washington einen politisch gestützten Silberpreis durchsetzen konnten. Die Auswirkungen solcher Maßnahmen in Übersee spielten bei diesen Entscheidungen keine Rolle. So hing das Schicksal von Millionen chinesischer Bauern von den Unwägbarkeiten amerikanischer Innenpolitik ab.[104] Die Währungsreform vom November 1935, die China vom Silber abkoppelte und eine durch Devisen gedeckte Papierwährung einführte, war vor diesem Hintergrund ebenfalls keine rein innerchinesische Angelegenheit. Sie setzte das Einverständnis zumindest der Westmächte voraus, die nunmehr der ökonomischen Stabilisierung des chinesischen Marktes und der Rationalisierung des chinesischen Währungssystems ebenso wie der Stützung der Regierung Jiang Kaisheks den Vorrang vor anderen Erwägungen gaben. Die Reform wurde von chinesischen Finanzexperten konzipiert, hätte jedoch ohne ausländische, besonders britische, Mitwirkung nicht stattfinden können, war doch nur die britische Krone, nicht aber die Regierung der chinesischen Republik, rechtlich in der Lage, die großen britischen Banken in China zur Übergabe ihrer Silberreserven (zu für sie sehr günstigen Bedingungen) an das chinesische Schatzamt zu veranlassen oder, wie im Falle der widerspenstigen Hongkong-Bank, zu zwingen.[105] War China 1931 wehrlos von einer Krise getroffen worden, an deren Ausbruch es völlig unbeteiligt war, so konnte es sich 1935 nicht mit eigener Kraft aus ihr befreien. Aus westlicher Sicht sollte die chinesische Währungsreform die Bedingungen für eine neue Phase der Expansion des Handels mit und der Investitionen in China schaffen. Der Preis dafür war, daß gewisse Interessen der westlichen Banken geopfert wurden. Des traditionell lukrativen Silbergeschäfts beraubt, sahen sich die Hongkong-Bank und ihre Schwestern auf die Rolle von Handelsbanken zurückgestutzt, vermochten sich den neuen Bedingungen jedoch rasch anzupassen. Die in den letzten Jahren des 19. Jahrhunderts geschmiedete Allianz von Banken und Diplomatie wurde 1935 aufgekündigt. Die Funktionen der ausländischen Banken gingen zu einem großen Teil auf chinesische staatliche und halbstaatliche Finanzinstitutionen über, die nun zu begehrten Verhandlungspartnern westlicher Diplomaten und Geschäftsleute wurden. Die Währungsreform stärkte die Nationalregierung der Guomindang nach innen wie nach außen, fand ihrerseits aber nur deswegen die Zustimmung der Mächte,[106] weil sich das Regime während der Weltwirtschaftskrise, eindrücklicher als in den Jahren zwischen 1927 und 1931, als Partner profiliert hatte. 1930 war Jiang Kaishek wenig mehr als der *primus inter pares* unter einer Horde von Militärmachthabern. 1935 war er der Führer einer Staatsmacht, die stabile Partnerschaft zu garantieren schien. An diesem Aufstieg war die Große Depression maßgeblich beteiligt. Sie schwächte fast alle gesellschaftlichen Kräfte und schuf Raum für die Etablierung einer neuartigen «Staatsklasse». Dies ist ihre hauptsächliche Bedeutung in der chinesischen Geschichte.

In welcher Weise wurden die einzelnen Teile der chinesischen Gesellschaft von der Krise getroffen? Am schwierigsten lassen sich verallgemeinernde Aussagen über ihre Auswirkungen auf das ländliche China formulieren. Zu groß waren die regionalen Unterschiede, zu zweifelhaft ist die Qualität der statistischen Daten.[107] Sicher ist dies: Krisenhafte Entwicklungen langfristigen Charakters wurden akut verstärkt. 1931 war das epochale Jahr, in welchem sich das Los der chinesischen Bauern vom Elend zur Katastrophe wandelte.[108] Der Rückgang der bäuerlichen Einkommen, verursacht durch die silberinduzierte Deflation, durch den Verfall der Exportpreise, durch die Zunahme billiger Importe, durch eine generelle Verminderung des Marktverkehrs im Binnenland und durch eine große Zahl weiterer Faktoren, die in regional jeweils spezifischem Zusammenspiel wirksam wurden, führte durchweg zur Zunahme der bäuerlichen Verschuldung – ausgerechnet zu einer Zeit, als der Silbersog vom Land nach Shanghai und von dort ins Ausland den dringend benötigten Kredit verteuerte. Viel Land wechselte den Besitzer, und es waren Arme wie Reiche, die ihren Boden verkauften. Wenn es eine gesellschaftliche Gruppe gab, die – wie schon in den zwanziger Jahren – von diesem Landumschlag profitierte, dann waren es alte Warlords und neue Militärführer.[109] Daß im gesamtchinesischen Durchschnitt die Konzentration des Grundbesitzes zunahm, läßt sich aufgrund von Indizien vermuten, aber nicht zureichend beweisen.

Unstrittig sind hingegen die Symptome der Krise: ein schnellerer sozialer Aufstieg und Fall von Familien als in der Vergangenheit (in der Sprache der Soziologen: eine höhere vertikale Mobilität), ein Wachstum landloser unterbäuerlicher Schichten, die unfreiwillig «horizontal mobil» wurden (zwischen 1934 und 1936 verließen nahezu fünf Prozent aller Bauern ihre Heimatdörfer!),[110] ein ununterbrochener Menschenstrom in die großen Städte, eine Verschärfung des Kampfes um knappe Ressourcen zwischen einzelnen Dörfern und innerhalb der Dörfer zwischen den Haushalten,[111] bisweilen auch ein Verlust jener Spuren patriarchalischer Fürsorglichkeit der ländlichen Oberschicht (etwa durch Verringerung oder Stundung der Pacht in Krisenzeiten), welche die marktmäßigen Ausbeutungsbeziehungen zwischen Grundherren und Pächtern kulturell gemildert hatten.[112] Fast überall wurde die Lage auf dem Lande durch den Eingriff der militärischen und zivilen Machthaber verschlimmert. Die effektive Besteuerung der Bauern stieg zwischen 1931 und 1934 um vielleicht 30 %. Bestehende Steuern wurden erhöht und neue eingeführt; oft wurden sie für Jahre im voraus erhoben. Nicht nur in den Territorien der ohnehin als räuberische Parasiten berüchtigten Militärmachthaber, sondern gerade auch im Herrschaftsbereich der sich aufgeklärt und rational gebenden Nationalregierung wurden dem einfachen Volk eine Vielzahl von Ad-hoc-»Sonderabgaben» abverlangt: mit Vorliebe zum Zwecke der «Banditenbekämpfung».[113] Sie dienten vor allem der Finanzierung militärischer und polizeilicher Kampagnen zur Ausrottung der Kommunisten und zur Unterdrückung sozialen Protests in allen seinen Formen. So kam es zu einem Zirkel von Steuerdruck, sozialer Unruhe und gewaltsamer «Befriedung».[114]

Die Weltwirtschaftskrise trieb die verelendeten chinesischen Bauern nicht in den großen Aufstand. Die vereinzelten bäuerlichen Protestbewegungen der zwanziger Jahren waren bereits vor dem Beginn der Depression zerschlagen worden.[115] In den schlimmen Jahren wurden allenthalben begrenzte Erhebungen vom Typ spontaner «Reisaufstände» gemeldet. Sie richteten sich gegen Steuereinnehmer, Getreidehändler und lokale Potentaten (*tuhao lieshen*)[116] und wurden allesamt rasch unterdrückt. Von den eingekesselten «Räte-Gebieten», in denen die von Flügelkämpfen zerrissene Kommunistische Partei mit widersprüchlichen Strategien der Bauernrevolution experimentierte,[117] gingen keine landesweit wirksamen revolutionären Impulse aus. Als Jiang Kaishek im Oktober 1934 das Zentrale Sowjetgebiet von Jiangxi bezwang, geriet die revolutionäre Bewegung womöglich noch näher an den Rand des Scheiterns als 1927.

Die Weltwirtschaftskrise dämpfte auch den revolutionären Elan der städtischen Arbeiterschaft. Die kommunistische Arbeiterbewegung war 1927 organisatorisch zerschlagen worden.

Trotzdem kämpften die Arbeiter in Shanghai und Nordchina (nicht aber in Hankou, wo die Friedhofsruhe der Militärdiktatur herrschte) zwischen 1928 und 1931 in spontanen Aktionen oder unter der Führung von Mitgliedern des «linken» Flügels der Guomindang für höhere Löhne und bessere Arbeitsbedingungen: gelegentlich mit Erfolg.[118] Erst mit dem Einsetzen der Depression um die Jahreswende 1931/32 wendete sich das Blatt. Besonders schwer war die Krise in der Baumwoll- und in der Seidenindustrie. Viele Industrielle hatten während der Boomperiode seit 1928 ihre Produktionsanlagen erweitert und sich dabei verschuldet. Nun sanken gleichzeitig die Preise und die Nachfrage, während die Zinsen stiegen. 1934 und 1935 kam es geradezu zu einer Epidemie von Bankrotten. In Shanghai arbeiteten 1932 nur noch 10 von 107 Seidenhaspeleien.[119] Auf dem Tiefpunkt der Krise, Anfang 1935, standen 40 % der Spindeln in chinesisch geführten Baumwollfabriken still.[120] Massenentlassungen und Kurzarbeit bestimmten das Bild. Der Zustrom von Arbeitssuchenden vom Lande vergrößerte die industrielle Reservearmee von Tag zu Tag. Mitte der dreißiger Jahre waren mindestens ein Drittel der städtischen Arbeiter ohne Beschäftigung (die in kleinen Familienbetrieben versteckte Unterbeschäftigung nicht mitgerechnet).[121] Die Arbeiter und Arbeiterinnen fanden sich nun in der Defensive sowohl gegenüber den Unternehmern als auch den Repressionsorganen des Guomindang-Regimes und der mit diesen eng und oft in Personalunion zusammenarbeitenden Unterwelt.[122] Unfähig, durch Protestaktionen eine fortschreitende Verschlechterung ihrer materiellen Lage aufzuhalten, verzichteten sie vollends auf politische Forderungen, die über schiere Existenzbelange hinausgegangen wären. Die Arbeiterorganisationen zerfielen. Die Depression bewirkte, was der weiße Terror nach 1927 allein nur unvollkommen erreicht hatte: die Lähmung der chinesischen Arbeiterbewegung.[123]

Die chinesische Bourgeoisie, in ihrer embryonalen Phase vor 1911 mannigfach vom Staat gegängelt, hatte sich in den wirren zwanziger Jahren von politischer Vormundschaft weitgehend befreien können. Dazu trug bei, daß Zentren wie Shanghai, Tianjin oder Kanton niemals unter die Herrschaft konservativer, merkantilem städtischem Reichtum feindlich gesonnener Militärkräfte fielen, die gleichwohl stark genug waren, um auf der Ebene provinzialer Politik von ihren ländlichen Machtbasen aus die Ambitionen der Bourgeoisie zu blockieren.[124] Die Entfaltung einer «nationalen Bourgeoisie» vor und nach der Krise der frühen zwanziger Jahre geschah in einem relativ staatsfreien Raum. Unter dem Druck einer neuerlichen viel ernsteren Wirtschaftskrise sahen sich die Industriellen nun aber gezwungen, den Staat um Hilfe zu ersuchen. Sie taten dies widerstrebend, hatten sie doch mit dem Regime der Guomindang unangenehme

Erfahrungen machen müssen. Die Industriellen, Großkaufleute und Bankiers von Shanghai hatten sich im Frühjahr 1927 hinter Jiang Kaishek und gegen die Volksmassen und Intellektuellen gestellt, mit denen sie sich bei den anti-imperialistischen Aktionen zwischen 1919 und 1926 zaghaft und kurzzeitig verbündet hatten.[125] Gleich nach seiner Machtübernahme in Shanghai entfesselte Jiang jedoch mit Hilfe seiner Alliierten in der Shanghaier Unterwelt[126] eine Kampagne der Plünderung und Erpressung gegen seine wohlhabenden Gönner. Das neue Regime, von anderen Finanzquellen noch weithin abgeschnitten, sanierte sich aus den Taschen der keineswegs begeisterten Kapitalisten.[127] Dies blieben zwar vorübergehende Notmaßnahmen, doch entfremdeten sie einerseits große Teile der Bourgeoisie dem neuen Regime, während sie andererseits zeigten, daß die Guomindang im Besitz der Macht die antikapitalistischen Vorbehalte ihres verstorbenen Gründers Sun Yatsen nicht aufzugeben gedachte. Der Dritte Guomindang-Kongreß bekräftigte im März 1929 eben diesen Anspruch politischer Kontrolle gerade auch über die städtische Bourgeoisie.[128]

Während der Prosperitätsphase zwischen 1929 und 1931 ließ die Nanjing-Regierung die Industriellen in Ruhe.[129] Zugleich eröffnete T. V. Soong (Song Ziwen), der in Harvard ausgebildete Finanzminister, den Bankiers lukrative Möglichkeiten durch die Organisation eines Marktes für Staatsanleihen, wie es ihn bis dahin in China nicht gegeben hatte. Selbstverständlich stand dahinter vorab das Eigeninteresse des Regimes. Soong hatte durch eine Reihe administrativer Reformen, etwa die Wiederherstellung der Salzverwaltung,[130] einige Einkunftsquellen aktivieren können. Dem stand entgegen, daß die Nationalregierung in einem Interessenausgleich mit den Provinzen diesen 1928 die Grundsteuer, die traditionell wichtigste Revenuequelle des chinesischen Zentralstaates, überlassen hatte, während stetig wachsende Militärausgaben, deren Anteil zwischen 1928 und 1934 nie unter 44% fiel,[131] den Haushalt strapazierten. Soong entwickelte nun ein ingeniöses System der Defizitfinanzierung durch Staatsanleihen, an dem vor allem die Banken mit realen Verzinsungen von um die 20% fürstlich verdienten.[132] Finanziert wurden diese Geschäfte und natürlich die Endverwendung der Mittel, die überwiegend dem Militär zugute kamen,[133] in letzter Instanz durch alle diejenigen, welche die massiv erhöhten Verbrauchssteuern auf Zigaretten, Baumwollgarn, Mehl, Streichhölzer, usw., zu bezahlen hatten.[134] Vor allem die Zigarettenhersteller klagten schon bald über die hohen Belastungen ihrer Produkte. Ein weiteres Problem bestand in den hohen Zinsen, die eine Folge der politisch abgesicherten Staatsanleihenspekulation waren. Daß die ausländische Industrie in China die Depression besser überstand als die einheimische, lag wesentlich daran, daß sie nicht auf die chinesischen Banken angewiesen war und deshalb leichteren Zugang zu billigeren Krediten hatte. Während die Finanzbourgeoisie prosperierte, hatten die Industriellen also manchen Grund zur Klage.

Die Weltwirtschaftskrise warf diesen Umverteilungsmechanismus von den Steuerzahlern in die Taschen der Bankiers aus dem Gleichgewicht. Unter Bedingungen verknappter Ressourcen zeigte sich, daß die Grenze der Defizitfinanzierung über den privaten Kapitalmarkt erreicht war. Nicht länger ließen sich Militärs und Finanziers gleichzeitig zufriedenstellen. Um die Jahreswende 1931/32 brach der spekulativ belebte Markt für Staatspapiere zusammen. Soong gelang noch einmal eine Rettungsaktion, die mit erheblichen Opfern für die Bankiers verbunden war. Aber es war nun klar, daß allein eine drastische Senkung der Militärausgaben die Staatsfinanzen stabilisieren würde. Soong, der im Bunde mit den Bankiers für eine solche Abrüstung eintrat, mußte damit unvermeidlich in einen direkten Konflikt zu seinem Schwager Jiang Kaishek geraten, der just zur selben Zeit seine Feldzüge gegen die Kommunisten intensivierte. Soong forderte nicht nur ein Ende des antikommunistischen Kreuzzugs und die Verminderung des militärischen Apparates, also der Machtbasis des Generalissimus, sondern auch einen energischeren Widerstand gegen Japan und eine engere Anlehnung an die Westmächte. Vorübergehend erfolgreich war er 1933 mit der Einführung eines Zolltarifs, der erstmals seit Wiederherstellung der Zollhoheit 1930 einigen heimischen Märkten einen *wirksamen* Schutz bot – in erster Linie gegen japanische Importe.[135] Soongs ehrgeiziges Fernziel, das er durch ein «technisches» Hilfsprogramm des Völkerbundes unverfänglich anpeilen wollte,[136] war ein mit westlichem Kapital finanzierter wirtschaftlicher Aufbau. Eine von Jean Monnet, dem späteren «Vater des europäischen Marktes», konzipierte und organisierte China Development Finance Corporation sollte die Anlaufstelle für die neue Kooperation mit westlichen Banken sein. Alle diese Pläne scheiterten 1933. Die britischen und amerikanischen Bankiers übten wohlwollende Zurückhaltung, wenngleich sie ein späteres Engagement in China nicht ausschlossen. Die Regierungen in Washington und besonders in London fürchteten, durch eine Unterstützung der Soongschen Linie Tokio zu verärgern. Unfähig, kurzfristig westliche Hilfe großen Stils zu mobilisieren, stand Soong nun mit leeren Händen Jiang Kaishek gegenüber. Dieser erzwang, von Japan heftig dazu gedrängt, Soongs Rücktritt Ende Oktober 1933. Wenige Monate später setzte Japan in Nanjing einen neuen Zolltarif durch, welcher die anti-japanischen Schutzwirkungen des Zolls von 1933 rückgängig machte.[137] Schmuggel, der in Nordchina unter dem Schutz japanischen Militärs in größtem Stil erfolgte, unterlief zusätzlich jedwede Zollprotektion und fügte dem Schatzamt hohe Einkommensverluste zu. 1936 kostete der Schmuggel die Nanjing-Regierung etwa ein Drittel der gesamten Zolleinnahmen oder ein Neuntel ihrer potentiellen Gesamteinkünfte.[138] Die chinesische Regierung sah dem Treiben tatenlos zu. Nichts beweist eindrücklicher ihre Schwäche gegenüber Japan.

Als sich die von der Wirtschaftskrise schwer bedrängten industriellen Unternehmer 1934/35 hilfesuchend an die Regierung wandten, blieben ihre Appelle völlig ohne Resonanz. Soweit das Regime – etwa bei der Niederhaltung der Arbeiterschaft – den Interessen der Industriellen objektiv entgegenkam, tat es dies nicht als Erfüllungsgehilfe der Bourgeoisie, sondern aus durchaus eigennützigem Machtkalkül. Ansonsten trieb es unbeirrt eine Zollpolitik, die die einheimische zugunsten der japanischen Industrie benachteiligte, und eine Steuerpolitik, welche ebenfalls den ausländischen Firmen einen Vorsprung verschaffte. Nirgends wurde dies so deutlich wie im Falle der British-American Tobacco Corporation (BAT).[139] Ohne sich, wie fast alle anderen ausländischen Firmen in China, hinter den Immunitätsklauseln der ungleichen Verträge zu verstecken, hatte BAT seit jeher chinesische Steuern gezahlt: teils aus der Einsicht heraus, daß beim landesweiten «up country»-Vertrieb ohnehin die Treaty-Privilegien in der Praxis nicht durchsetzbar waren, teils mit dem Hintergedanken, als großer Steuerzahler auch ein wichtiges Pfand gegenüber chinesischen Staatsstellen in der Hand zu haben. Dieses Konzept hatte sich über die Jahrzehnte hinweg bewährt. Tatsächlich wurde BAT von Warlords und Bürokraten jedweden Kalibers in der Regel mit betonter Freundlichkeit behandelt, wollte doch niemand der goldenen Gans eine Feder krümmen. Ihren triumphalen Höhepunkt erreichte diese Strategie Mitte der dreißiger Jahre. Die einheimische Zigarettenindustrie hatte sich trotz mancher innerer Schwächen bis 1931 neben dem britischen Riesen einigermaßen behaupten können. 1932 schlug dann nicht nur die Depression voll durch. Zusätzlich führte die Nanjing-Regierung eine neue Zigarettensteuer ein, welche die höherwertigen Marken von BAT auf Kosten der qualitativ einfacheren der einheimischen Konkurrenz bevorteilte. Dies trug maßgeblich zum weiteren Niedergang der nationalen Tabakindustrie bei. Anders als diese war die kapitalkräftige BAT imstande, der stets geldhungrigen Nationalregierung durch Steuervorauszahlungen entgegenzukommen. Die Tabaksteuer von 1932 besiegelte ein stillschweigendes Bündnis zwischen der Nanjing-Regierung und dem größten westlichen Unternehmen in China auf Kosten der einheimischen Fabrikanten und Arbeiter.

Die Weltwirtschaftskrise schwächte also die chinesische «nationale» Bourgeoisie nicht weniger als Proletariat und Bauernschaft. Sie verminderte den politischen Spielraum nicht nur der Industriellen, sondern schließlich auch den der so lange begünstigten Bankiers. Diese hatten mit T. V. Soongs Scheitern und seinem Rücktritt als Finanzminister eine schwere Niederlage erlitten. Daß dies nur der Anfang einer Reihe weiterer Demütigungen war, ergab sich paradoxerweise aus Soongs System der Defizitfinanzierung. Verführt von den schnellen und leichten Gewinnen aus dem Staatsanleihengeschäft, hatten die privaten Banken andere Tätigkeitsbereiche, namentlich die Industriefinanzierung, vernachlässigt und sich in eine gefährliche Abhängigkeit vom Staat begeben.[140] Sie hatten sich auch aus der klassenpolitischen Solidarität mit der Industriebourgeoisie gelöst, wie es sie in den zwanziger Jahren noch in Grenzen gegeben hatte. Diese Zersplitterung der Bourgeoisie trug zu ihrer wachsenden Wehrlosigkeit gegenüber dem Staatsapparat bei. Auch den Bankiers wurden die tatsächlichen Machtverhältnisse vor Augen gestellt, als mit H. H. Kung (Kong Xiangxi) ein (ebenfalls mit Jiang Kaishek verschwägerter) Finanzminister ins Amt kam, der die Finanzierung von Jiangs Bürgerkriegskampagnen zu seinem vordringlichen Ziel erklärte und seine persönliche Machtbasis nicht in einem Bündnis mit der Bourgeoisie, sondern in einer engen Verbindung mit dem Militärapparat des Generalissimus sah.[141] Kung ließ das Staatsanleihenkarussell wieder auf Hochtouren laufen und schien die Finanzpolitik seines Vorgängers fortzusetzen. Daß er indessen ein viel gefährlicherer Partner war, zeigte sich, als der Anleihenmarkt abermals dem Zusammenbruch zusteuerte. Dieses Mal wollten sich die Bankiers nicht widerstandslos in den Strudel hineinziehen lassen. Als sich die Spekulation mit Staatsanleihen im Laufe des Jahres 1934 immer deutlicher als ein Tanz auf dem Vulkan zu erkennen gab, ging die Bank of China (Zhongguo Yinhang), der Branchenführer, unter ihrem Chef Chang Kia-ngau (Zhang Jia'ao) auf Distanz zu Kungs Schatzpapieren und zu Regierungsgeschäften überhaupt. Andere Banken folgten, und es schien sich ein Boykott weiterer Staatsanleihen anzubahnen.

Dem kam der Finanzminister am 23. März 1935 mit einem Überraschungsschlag zuvor: Als angebliche Notmaßnahme gegen die Depression wurden die Bank of China und mit ihr eine andere führende Bastion der ostchinesischen Finanzbourgeoisie, die Bank of Communications (Jiaotong Yinhang), in Staatsbesitz übernommen.[142] T. V. Soong, der sich inzwischen mit Jiang Kaishek ausgesöhnt hatte, wurde an die Spitze der Bank of China berufen. Damit war mit einem Streich die politische Macht des Shanghaier Finanzkapitals gebrochen. Im Juni 1935 erlangte die Regierung die Kontrolle über drei weitere Privatbanken, und im November schwächte die Währungsreform die restlichen privaten Banken weiter, indem sie ihnen ihre Silbervorräte und das Recht zur Ausgabe eigener Banknoten entzog. Die rationalisierende Stoßrichtung der Reform, die endlich das verderbliche Chaos im chinesischen Währungssystem beseitigte und wichtige geldpolitische Funktionen zentralisierte,[143] kehrte sich gegen die Pluralität des privaten Finanzwesens. Sie schwächte aber auch jene Banken, die Jiang Kaisheks verbliebene Warlord-Rivalen finanzierten; die finanzielle Zentralisierung diente zugleich der Festigung von Jiangs Primat in der innerchinesischen Machtpolitik.[144]

Im Zuge der Währungsreform wurde eine «Zentrale Bankengruppe» zusammengeschmiedet, die aus Soongs Bank of China, der Bank of Communications, der Farmers' Bank of China (einem auf Opiumgeschäfte spezialisierten Organ, das zur Hausmacht Jiang Kaisheks gehörte) sowie der von Kung dominierten, mit gewissen Zentralbankfunktionen ausgestatteten Central Bank of China bestand. Dieses staatliche Finanzagglomerat beherrschte fortan das chinesische Geld- und Finanzwesen. Die vier Regierungsbanken betrieben 1936 164 Filialen. Sie besaßen einen Anteil von 42 % des Nettokapitals, 59 % des Gesamtvermögens, 59 % der Depositen, 78 % der Valutareserven und 44 % des Reingewinns im modernen chinesischen Banksektor.[145] Über angeschlossene Institutionen kontrollierte die Zentrale Bankengruppe Sparkassen und Lotterien, war sie im Versicherungswesen und im Außenhandelsgeschäft tätig. Seit 1935 kümmerte sich die Regierung, vor allem T. V. Soong an der Spitze der Bank of China, nun auch um die bis dahin so schnöde abgewiesenen Industriellen. Diese Unterstützung führte aber dazu, daß immer mehr Industrieunternehmen, so etwa auch der berühmte Nanyang-Tabakkonzern, durch Kredite (bzw. Zwangsvollstreckung bei Zahlungsunfähigkeit), durch Beteiligungen und Personalpolitik unter die Kontrolle der Regierungsbanken fielen. Mitte 1937 besaß die Bank of China bereits 15 Baumwollfabriken, in denen 13 % der überhaupt im chinesischen Besitz befindlichen Spindeln installiert waren.[146] Viele der ausgebooteten Privatbankiers wurden in den Guomindang-Herrschaftsapparat integriert. Chang Kia-ngau zum Beispiel, der einstige Führer der Finanzbourgeoisie, war von 1935 bis 1942 Eisenbahnminister; er beendete seine Karriere als Ökonomieprofessor in den USA.[147] Die Probleme der Staatsfinanzierung ließen sich nach Minister Kungs *coup* einfach lösen: durch Umschuldung zuungunsten der restlichen Privatbanken und nach der Einführung einer Papierwährung über die Gelddruckerpresse. Die leichte Inflation, die damit ausgelöst wurde, blieb zunächst noch kontrolliert und hatte durchaus günstige Auswirkungen auf die chinesische Wirtschaft der Jahre 1936 und 1937. In den vierziger Jahren beschleunigte sie sich aber zu einer ungebremsten Hyper-Inflation, die maßgeblich zum Sturz der Guomindang-Herrschaft beitragen sollte.

Die große Nutznießerin der Weltwirtschaftskrise und der durch die Krise bewirkten materiellen Schwächung der wichtigsten gesellschaftlichen Kräfte war eine neue «Staatsklasse», die sich in vielem von der herrschenden Klasse des kaiserlichen China unterschied.[148] Sie beruhte weniger ausschließlich als diese auf Grundbesitz, sondern suchte geradezu den Zugriff auf Ressourcen moderner Wirtschaftsentwicklung in Industrie, Handel und Finanzwesen. Sie war regional fragmentiert, hatte also ihre «Hochburgen» – vorab die ost- und zentralchinesischen Provinzen – und mußte die Herrschaft in anderen Landesteilen provinzialen Machthabern und Eliten überlassen, mit denen sie assoziiert war, ohne sie doch ganz einer zentralen Kontrolle unterwerfen zu können. Von diesen Peripherien gingen vor 1937 nur wenige Impulse auf die nationale Politik aus – anders als im Kaiserreich, wo die Gouverneure und Generalgouverneure auch von entlegeneren Provinzen aus oft Einfluß auf die Politik der Zentrale nahmen; Li Hongzhang, Zhang Zhidong und Yuan Shikai sind Beispiele aus der Endzeit der Monarchie. Die Staatsklasse der 1930er Jahre operierte in einem ganz anderen ideologischen Milieu und institutionellen Gefüge als die Macht-elite des Kaiserreiches. Anstelle der konfuzianischen Herrschaftslehre galt Sun Yatsens 1924 letztgültig formulierte Doktrin der «Vormundschafts-regierung» durch die Einheitspartei. Daß solche Vormundschaft nach Suns Vision nur eine Übergangsphase zu einer konstitutionell abgesicherten Repräsentation des Volkes sein sollte, geriet zunehmend in Vergessen-heit:[149] um so mehr, je weiter einflußreiche Kräfte innerhalb des Regimes der Faszination durch die faschistischen Diktaturen erlagen.[150]

Das formale organisatorische Gehäuse des Nanjing-Regimes bildete die von Sun Yatsen entworfene «Fünf-Ämter-Verfassung».[151] Sie war aber nur eine Verkleidung für ganz anders beschaffene informelle Machtstruk-turen.[152] Wie ihre Vorgängerin vor 1911, so war auch die Staatsklasse der Nanjing-Dekade eng mit der Bürokratie verbunden. Die neue Bürokratie war jedoch entschiedener entwicklungsorientiert und verfügte über grö-ßeres Geschick beim Umgang mit den Strukturen der modernen Welt, war sie doch teilweise mit ausländisch geschulten Amtsinhabern besetzt. Andererseits litt ihre administrative Kompetenz unter mangelnder Erfah-rung vieler Bürokraten, unter der Unsitte, bürokratische Pfründen als politische Belohnungen zu vergeben (auch an ausmanövrierte Gegner), und überhaupt an der Atmosphäre egoistischen Raffens, die sich immer dichter um den Herrschaftsapparat des Nanjing-Regimes legte. Die neue Bürokratie war machtloser als ihre Vorgängerin vor 1905. Sie stützte sich nicht mehr auf ein landesweit wirksames Rekrutierungssystem mit ein-heitlichen Anforderungs- und Qualitätsmaßstäben. Weitgehend war sie eine kopflastige Zentralverwaltung in Nanjing, die unentwegt Pläne schmiedete und Akten produzierte, ohne das Land tatsächlich zu dirigie-ren. Die Bürokratie der 1930er Jahre war in ihren formalen Prozeduren ohne Zweifel «moderner» als die des 19. Jahrhunderts, besaß aber eine viel geringere tatsächliche Steuerungskapazität.

Man hat das Nanjing-Regime als eine antagonistische Koalition ver-schiedener Cliquen und politischer «Seilschaften» beschrieben.[153] Dies trifft sicher einen wichtigen Aspekt. Im Kern handelte es sich jedoch um eine Militärdiktatur unter der persönlichen Herrschaft – in welcher forma-len Funktion auch immer – von Jiang Kaishek.[154] Binnen weniger Jahre gelang diesem die «Umwandlung einer revolutionären Bewegung in ein militärisch-autoritäres Regime».[155] Der zivil-bürokratische Flügel des Re-gimes blieb stets dem militärischen Zentrum untergeordnet. Eine Heraus-forderung des militärischen Primats hatte, wie T. V. Soongs Niederlage von 1933 bewies, keine Chance. Die Partei, als deren Instrument die Armee 1924 in Kanton ins Leben gerufen worden war,[156] unterwarf sich nach 1928 dem Militär. Sie war am Ende des Nanjing-Jahrzehnts vor allem ein Organ für Erziehung, Propaganda und Mobilisierung.

Den Kern der Staatsklasse bildete mithin die dem Generalissimus durch Loyalitäts- und Interessenbande verpflichtete militärische Führung. Diesem Kern angelagert waren zwei weitere Elemente: zum einen die Spitzen der Parteiorganisationen (etwa der konservative Ideologe Chen Lifu, der als Chef der Organisationsabteilung der Guomindang die Partei nach 1932 auf Jiang-Kurs brachte),[157] zum anderen die zivile Bürokratie, als deren politisch gewichtigste Komponente sich nach 1935 der Zentrale Bankenapparat unter H. H. Kung und T. V. Soong herausbildete.

Dieser Bankenapparat, die Kommandohöhe des modernen Sektors der chinesischen Wirtschaft, war aus drei Gründen wichtig und gewichtig. Erstens domestizierte er die chinesische Bourgeoisie, die nach dem Ende der Weltwirtschaftskrise eigentlich eine neue Phase ihrer Entwicklung hätte erwarten dürfen. Zweitens sicherte er die Finanzierung des Militärapparates, sofern dieser nicht an Ort und Stelle selbst seine Ressourcen mobilisierte. Drittens diente er als Kontaktstelle für die Hilfe aus dem Ausland, die das Regime weitherzig in Anspruch nahm.

Mitte der dreißiger Jahre wimmelte es in Nanjing und in Jiang Kaisheks militärischem Hauptquartier von ausländischen Beratern und Agenten, und die Zeitschriften waren voll mit Diskussionen über die Vor- und Nachteile der verschiedenen ausländischen Modelle von Stalins Fünfjahresplan bis zu Roosevelts New Deal.[158] Die Japaner spannen allenthalben ihre Fäden. Mit Italienern und Amerikanern wurde Kooperation im Luftverkehr vereinbart.[159] Finanz- und Agrarexperten, Wasserbauingenieure und andere Fachleute vieler Nationen waren in China tätig.[160] Der australische Journalist W. H. Donald war einer der engsten Vertrauten des Generalissimus. Sir Frederick Leith-Ross, der ökonomische Chefberater des britischen Kabinetts, half bei der Währungsreform; der pensionierte britische General F. D. Hammond wurde mit der Ausarbeitung eines Reformplans für die chinesischen Eisenbahnen betraut.

Am spektakulärsten war die Anwerbung des früheren Chefs der Heeresleitung, Generaloberst Hans von Seeckt, als Militärberater im Jahre 1933. Die Seeckt-Mission, international weit beachtet, war die nach außen am besten sichtbare Episode in einer Geschichte der deutsch-chinesischen Kooperation, die mit der noch privaten Chinareise des rechtsradikalen, dem Ludendorff-Kreis nahestehenden Obersten a. D. Max Bauer Ende 1927 begann und mit dem Rückzug der 25 letzten von insgesamt 135 deutschen Beratern unter Führung von General a. D. Alexander von Falkenhausen im Juli 1938 endete.[161] Anfangs handelte es sich vor allem um die Geschichte von frustrierten deutschen Offizieren, die im Bürgerkriegsgebiet China jene Würdigung ihrer Fähigkeiten suchten, die ihnen zu Hause versagt blieb, und von einzelnen chinesischen Politikern, die ihre deutschen Kontakte aktivieren wollten. Anfang der dreißiger Jahre kam eine wirtschaftliche Komponente ins Spiel. Die deutsche Industrie begann den chinesischen Markt neu zu entdecken und schmiedete, zunächst noch vorsichtig, Pläne zu seiner Erschließung,[162] während die Nanjing-Regierung nach der Mandschurei-Krise erste Anläufe zu einem rüstungsindustriellen Aufbau unternahm, bei dem ausländische Partner erforderlich waren[163]. Zwischen 1933 und Mitte 1937 gewann die Kooperation eine neue Dimension auf der Grundlage komplementärer Erfordernisse zweier Kriegs- bzw. Vorkriegsökonomien. Auf deutscher Seite, besonders bei der Reichswehr, fand China Aufmerksamkeit als Abnehmer und Testfeld für deutsche Waffen sowie – und dies war entscheidend – als Lieferant der rüstungswirtschaftlich wichtigen Metalle Wolfram und Antimon,[164] daneben auch in schon vagerer Zielbestimmung als «ein machtpolitisches Pfand für spätere weltweite Revisionsbestrebungen des Reiches».[165] In China wiederum war es nun Jiang Kaishek selbst, der die Chancen einer Kooperation mit Deutschland erkannte:[166] Zum einen machten deutsche Berater insgesamt etwa 300 000 chinesische Soldaten mit preußischen Ausbildungstraditionen bekannt[167] und leisteten einen, freilich sehr geringen, Beitrag zur strategischen Planung der anti-kommunistischen Feldzüge;[168] zum anderen war von Deutschland viel eher als von Großbritannien und den USA Hilfe bei Jiangs wirtschaftspolitischem Lieblingsprojekt zu erhoffen: dem Aufbau einer staatlich-militärisch kontrollierten schwerindustriellen Basis in Zentralchina, die dem Militärapparat eine eigene industrielle Fundierung verschaffen und die Voraussetzungen für einen künftigen Krieg mit Japan bieten würde. Als dieser Krieg früher als erwartet im Juli 1937 kam, war vieles geplant, aber erst wenig davon realisiert worden.[169] Während des letzten Jahres ihrer Existenz war die Beraterschaft dann nur mehr ein Relikt der deutschen «Doppelgleisigkeit» in Fernost. Hitlers eindeutige Entscheidung für Japan besiegelte ihr Ende.

Die deutsch-chinesische Kooperation gedieh in einem komplizierten außen- und innenpolitischen Beziehungsfeld. Gewiß war die Beraterschaft ein Höhepunkt in der kurzen, diskontinuierlichen und eher glanzlosen Geschichte der Beziehungen zwischen Deutschland und China, zumal sie von einer Intensivierung der deutschen Kulturarbeit, ja, einer durchaus auch wirtschaftlich motivierten Kulturpropaganda, die sich am amerikanischen Vorbild orientierte, begleitet war.[170] Aus chinesischer Warte kam ihr eine große, indes keine alles andere überschattende Bedeutung zu. Das Deutsche Reich, besonders der NS-Staat nach 1933, war fraglos der ausländische Wunschpartner Jiang Kaisheks und der Militärs, auch derjenige, welcher ideologisch am sympathischsten war, am dynamischsten auftrat und für die Zukunft am meisten zu bieten hatte. Trotzdem konnte das Wachstum der deutschen Kontakte nicht davon ablenken, daß Japan und Großbritannien, die aggressive Imperialmacht und die Hüterin des größten Informal Empire, in den chinesischen Außenbeziehungen eine mindestens ebenso große Rolle spielten.

Die Beziehungen zu Deutschland waren in dreifacher Weise außergewöhnlich und von neuartiger Qualität. Erstens waren sie historisch unbelastete Beziehungen. Deutschland war am Ende der zwanziger Jahre weder Kolonialmacht in China noch Nutznießerin des Treaty-Systems. Handelskontakte aus der Vorkriegszeit ließen sich wieder anknüpfen, aber der juristische Überbau des Halbkolonialismus wurde nicht mehr mitgeschleppt; keine unbezahlten Schulden, keine Prestigeprobleme standen zeitgemäßen Beziehungen entgegen. China und Deutschland traten sich, etwa 1936 in einem Handelsvertrag,[171] in einer Weise als vollkommen gleichberechtigte Partner gegenüber, die im Umgang mit den Treaty-Mächten noch nicht möglich war.

Auch in ihrem ökonomischen Inhalt waren, zweitens, die deutsch-chinesischen Beziehungen «moderner» als die zwischen Großbritannien oder den USA und China. Abgesehen von den hohen Waffenlieferungen (China war 1936/37 der wichtigste ausländische Kunde der deutschen Rüstungsindustrie),[172] bestanden die deutschen Exporte nach China in überdurchschnittlichem Umfang aus Kapitalgütern. Deutsche Firmen, am wagemutigsten Otto Wolff aus Köln, setzten nicht auf den bislang stets als Chimäre entlarvten «grenzenlosen» Massenmarkt,[173] sondern auf die industrielle Entwicklung Chinas unter staatlicher Ägide.[174] China benötigte Fertigungsanlagen und Kraftwerke, Eisenbahnen und Hafeninstallationen, und es war Deutschland, das sich vor allen Konkurrenten als deren Anbieter zu profilieren verstand.[175] Seinerseits lieferte China an Deutschland jedoch fast ausschließlich Rohstoffe, die typischen Exporte eines Entwicklungslandes.

Drittens ist bemerkenswert, wie sich die deutschen Kooperations*angebote* und die chinesische Kooperations*gesuche* trafen. Um dies zu verstehen, muß man noch einmal die chinesische Szene betrachten. Am Beginn der Großen Depression waren die wirtschaftspolitischen Alternativen des Nanjing-Regimes klar hervorgetreten.[176] Niemand wollte zurück zur Situation der staatsfreien Enklaven, wie es sie – zum Wohle der industriellen Bourgeoisie – in den zwanziger Jahren gegeben hatte. Daß die staatliche «Vormundschaft» die Wirtschaft nicht verschonen dürfe, stand außer Diskussion; «wirtschaftliche Kontrolle» war die Losung aller Richtungen innerhalb des Regimes.[177] Auch China entging nicht dem weltweiten Trend zu neo-merkantilistischer Wirtschaftssteuerung.[178] Umstritten war, wie und in welchem Umfang eine solche Kontrolle auszuüben sei. Die zivil-reformerische Richtung um T. V. Soong wollte dem privaten Unternehmertum einen gewissen Spielraum lassen und den Staat als Partner in einer «mixed economy» ins Spiel bringen. Der Entwicklungsakzent sollte zunächst auf der Leichtindustrie liegen. Eine maßvolle Agrarreform, beschränkt auf die Fixierung maximaler Pachtquoten, auf Erleichterung des ländlichen Kredits durch Infusion städtischen Bankkapitals sowie auf landwirtschaftstechnische Verbesserungen, sollte die Landwirtschaft «rehabilitieren», die Kaufkraft der Bauern für die Erzeugnisse der Leichtindustrie erhöhen und der kommunistischen Bauernbewegung den Wind aus den Segeln nehmen.[179] Die militärischen Traditionalisten um Jiang

Kaishek sahen in der Unruhe auf dem Lande hingegen eine Frage von «law and order», die mit Gewalt und durch Regimentierung der Bauern gelöst werden müsse.[180] Die Industrie sollte möglichst vollständig unter staatlicher Kontrolle stehen und primär den Zwecken des Militärs dienen. T. V. Soong scheiterte 1933 mit seinem reformistischen Konzept, für das er in London und Washington verbales Wohlwollen, aber nicht genügend praktische Unterstützung erfuhr. Jiang hingegen fand genau zur rechten Zeit jene ausländischen Partner, die er für sein autoritär-militaristisches Wirtschaftskonzept benötigte. Die Deutschen hatten früh erkannt, daß ihre Chancen in China vom Erfolg des Generalissimus abhingen.[181] Gewiß war Jiang Kaishek ebensowenig eine Kreatur der Deutschen, wie er die Marionette irgendeiner anderen ausländischen Macht war, und seine deutschen Kontakte waren nicht der kritische Faktor, der den Kampf der wirtschafts- und gesellschaftspolitischen Richtungen entschied. Doch kam es ohne Zweifel dem Militärflügel des Regimes zustatten, daß er in der Partnerschaft mit der deutschen Schwerindustrie und Rüstungswirtschaft, so wenig Konkretes sie auch zunächst zuwege bringen mochte, eine Methode gefunden hatten, Sun Yatsens Forderung einzulösen: ausländisches Kapital unter Bedingungen der Gleichberechtigung zum Aufbau Chinas heranzuziehen – möglichst ergiebige Kooperation mit möglichst wenig ausländischer Kontrolle.

Die Interessen der Reichswehr und des chinesischen Militärs ergänzten sich also nicht nur auf ökonomischem Gebiet. Die Beraterschaft stärkte Jiang Kaishek auch im innerchinesischen Machtkampf. Sie verschaffte ihm den – wirklichen oder möglichen – Zugang nicht nur zu Waffen und militärischem Training für seine Truppen, sondern auch zu ökonomischen Ressourcen, wie keiner seiner Rivalen sie zu mobilisieren verstand. In Jiangs erfolgreichem Bemühen, während des Krieges die amerikanische Wirtschafts- und Militärhilfe zu monopolisieren, sollte sich dieselbe Taktik wenig später in ganz anderem Zusammenhang wiederholen. Und was konnte Jiang umgekehrt für die Deutschen tun? Nach etlichen Problemen mit Provinzregierungen, Bergwerksbesitzern und Kaufleuten gelang es 1936 der Nationalen Ressourcenkommission, einer Behörde, die mehr und mehr zum Exekutivorgan der militärischen Wirtschaftskontrolle wurde, die Wolfram- und Antimonwirtschaft in ihre Hand zu bekommen und damit die Versorgung der deutschen Abnehmer sicherzustellen.[182] Vor Kriegsbeginn war diese Staatskontrolle über den Metallexport die bedeutendste Errungenschaft autoritär-militaristischer Wirtschaftspolitik: angesichts der hochfliegenden Pläne ein bescheidener Erfolg, der wenig kostete und letztlich dazu führte, daß ein staatliches Monopol im eigenen Interesse und in dem eines ausländischen Großkunden die Ankaufspreise für heimische Rohstoffe drückte. Solche Monopole waren im Grunde parasitär; der Staat schlüpfte in die Rolle der ausgeschalteten Mittelsmänner. Sie trugen nichts zur wirtschaftlichen Entwicklung Chinas bei. Der Modernisierungsgewinn, den die chinesische Wirtschaft durch die Verbindung mit der deutschen Rüstungswirtschaft erfuhr, war einstweilen noch gering. Wir wissen natürlich nicht, wie es ohne den Krieg mit den verschiedenen industriellen Projekten vorangegangen wäre, an denen im Sommer 1937 bereits gebaut wurde oder die fest vereinbart waren. Einige mögliche Probleme lassen sich jedoch nicht verkennen. China war auf dem Wege in eine nicht ungefährliche Abhängigkeit von ausländischem Kapital und vor allem von ausländischer Technologie. Diese Ressourcen waren Mitte der dreißiger Jahre auf dem freien Markt nicht ausreichend zu bekommen. Politisch gestützte Wirtschaftshilfe durch autoritäre Staatshandelsländer war aber prekär. China sollte dies massiv erst 1960 beim Abzug der sowjetischen Techniker erfahren, doch auch die Kooperation mit dem Deutschen Reich hing am seidenen Faden politischen Wohlwollens in der Reichskanzlei. Bedenklich ist auch, daß die industriellen Projekte trotz einer damals in China modischen Planwirtschaftsrhetorik kaum weniger von ihrer wirtschaftlichen Umwelt isoliert waren als Zhang Zhidongs schwerindustrielles Zentrum in Hubei vier Jahrzehnte zuvor. Die militärische Modernisierung war kein Bestandteil eines gesamtwirtschaftlichen Entwicklungskonzepts. Ein solches hatten die militärischen Traditionalisten ebensowenig wie die zivilen Reformer anzubieten, und wenn sie es besessen hätten, wäre es kaum realisierbar gewesen. Selbst auf dem Höhepunkt seiner Macht, um 1936/37, fehlten dem Nanjing-Regime die politischen Mittel zu einer mehr als punktuellen staatlichen Wirtschaftskontrolle.

Der chinesische Markt war nicht die Arena für ein Nullsummenspiel zwischen den fremden Mächten, zumal nicht nach dem Ende der Depression 1935. Niemand wurde einstweilen aus China verdrängt, und selbst mit der Sowjetunion konnten 1932 diplomatische Beziehungen angeknüpft werden. Es kam gleichzeitig an mehreren Stellen in einem solchen Umfang zur Konsolidierung und zum Ausbau ausländischer Positionen, wie dies noch Ende der zwanziger Jahre niemand für möglich gehalten hätte. Japan stabilisierte die Lage in der Mandschurei durch militärische Aggression und Übergang zum Formal Empire, drang subversiv nach Nordchina vor und erzwang eine fügsame Appeasement-Haltung der Nationalregierung. Deutschland baute sich mittels einer offensiven Außenhandels- und Militärhilfepolitik eine nahezu symbiotische Beziehung zum Kern der chinesischen Staatsklasse auf. Die USA, deren Regierung während der Depression – man denke an die Baumwoll- und Weizenanleihe – ebenfalls zu aktiver Außenhandelsförderung überging, waren 1936/ 37 vor Japan, Deutschland und Großbritannien Chinas wichtigster Handelspartner. [183] Sie sicherten sich relativ konstant einen Anteil von etwa einem Fünftel der chinesischen Importe und steigerten ihren Anteil an Chinas Exporten stetig von 14 % 1929 auf 28 % 1937. [184]

Schließlich vermochte auch Großbritannien, nach wie vor die wichtigste informelle Imperialmacht in China, seine Position zu stabilisieren. Dies konnte nicht mit der japanischen Methode der eisernen Faust geschehen, auch nicht auf dem deutschen Wege militärisch-rüstungwirtschaftlicher Kooperation. Anders als die USA mit ihren sehr geringen Direktinvestitionen in China, hatten die Briten ein umfängliches Interessensystem zu verteidigen.[185] Es hatte die Weltwirtschaftskrise verhältnismäßig gut überstanden.

Keine der größeren britischen Firmen fallierte oder zog sich aus China zurück; einige profitierten von der Misere ihrer chinesischen Konkurrenten und konnten beträchtliche Gewinne erwirtschaften. Eine ernste Gefahr ging von Japan aus. Mit der Errichtung eines staatlichen Ölmonopols in «Mandschukuo» und der Verdrängung der anglo-amerikanischen Ölgesellschaften aus dem Protektorat, die Mitte 1936 abgeschlossen war, hatte Japan signalisiert, daß es in seinem Herrschaftschaftsgebiet die Open Door nicht respektieren werde. Die britischen Investitionen in der Mandschurei gingen zwischen 1931 und 1936 von 330 Millionen Jap. Yen auf 18 Millionen Yen zurück.[186] Solange sich Japan allerdings mit dem Norden und Nordosten begnügte, ließ sich mit dieser Gefahr leben. Bedrohlicher waren die kleinen Nadelstiche, mit welchen chinesische Behörden den britischen Firmen außerhalb der Zitadelle Shanghai das Leben schwer machten. Um 1934 häuften sich Klagen, China sei von der Diplomatie der «treaty revision» zu einer Taktik der «treaty attrition», der Erosion der ungleichen Verträge durch «schikanöse», aber juristisch unanfechtbare Verwaltungsmaßnahmen zuungunsten britischer Interessen übergegangen. Angesichts der Unwirksamkeit jedweder direkten Intervention blieb als Alternative die weitere Informalisierung von Informal Empire durch den Aufbau kollaborativer Beziehungen zu einer erstarkenden und modernisierungswilligen einheimischen Staatsmacht.

Dies geschah auf zwei Ebenen. Auf der Ebene Großer Politik leitete die Mission von Sir Frederick Leith-Ross eine Wirtschaftsoffensive ein, die nur deswegen langsamer anlief als die deutsche, weil der politisch ausgehandelte Rahmen durch privatwirtschaftliche Initiative gefüllt werden mußte. Die Gestaltung der britischen Chinapolitik ging charakteristischerweise in diesen Jahren vom vorsichtigen Foreign Office auf das aggressivere Schatzamt über. Höhepunkt der neuen «active policy» war im Mai 1937 die Vereinbarung einer «Währungsanleihe» in Höhe von 20 Millionen £, um die China schon 1934 ersucht hatte. In unverkennbarer Analogie zu der notorischen Reorganisationsanleihe von 1913 handelte es sich dabei um eine ökonomisch zu diesem Zeitpunkt wenig sinnvolle, primär politisch motivierte Stützungsanleihe, welche das Nanjing-Regime – und im besonderen Jiang Kaishek persönlich – intern stärken und sein Wohlwollen für existierende britische Wirtschaftsinteressen ebenso wie seine Bereitschaft zu künftiger Kooperation beflügeln sollte. Die Konditionen spiegelten durchaus nicht das neue nationalistische Selbstbewußtsein Chinas. Sie umfaßten die Garantie aus Seezolleinnahmen, die chinesische Verpflichtung zur weiteren Beschäftigung eines britischen Inspector-General des Zollamts und Ernennung eines britischen Finanzberaters, der die Verwendung der Mittel überwachen sollte. Allzuweit war man über die Knebel-Auflagen von 1913 also nicht hinausgekommen. Der Ausbruch des Krieges im Sommer 1937 vereitelte die Realisierung dieser Anleihe.[187] In den Jahren von 1934 bis 1937 war Deutschland der wichtigste Kreditgeber Chinas.[188] Aber die Kapitalexportkraft Deutschlands war begrenzt. Für größere Beträge mußte sich China an die Hauptmacht in dem nunmehr ruhenden Neuen Konsortium wenden, an Großbritannien. Finanzminister H. H. Kung war bereit, dafür Bedingungen zu akzeptieren, die den Gläubigern erhebliche Kontrollbefugnisse einräumten und fatal an den Finanzimperialismus der Zeit vor 1914 erinnerten. Hinzu trat auf chinesischer Seite freilich die Überlegung, durch Zugeständnisse – Jiang Kaishek bot den Briten 1936 Sonderrechte in Südchina und sogar die Errichtung eines Protektorats auf der Insel Hainan an[189] – Großbritannien in einem möglichen Krieg mit Japan auf der eigenen Seite zu engagieren.

Mindestens ebenso wichtig waren Entwicklungen auf der Ebene unabhängiger Firmendiplomatie. Auch andere große Chinahäuser lernten nun, was BAT seit langem gewußt hatte: Relativ verläßlichen Schutz der eigenen Interessen konnte nur eine kooperative einheimische Staatsmacht bieten. BAT selbst hatte sich mit Nanjing – und ohne Zutun britischer Diplomaten – in der Frage der Tabaksteuer zum beiderseitigen Vorteil arrangiert. Auch die großen britischen Bergwerke in Nordchina vertrauten sich der Zentralmacht an. Die Minen des Pekin Syndicate wurden überhaupt erst wieder infolge des energischen Vorgehens der Nationalregierung gegen die regionale Opposition Ende 1934 in profitablen Betrieb gesetzt.[190] Als Gegenleistung dafür, daß die Dividenden wieder in die Taschen der britischen Aktionäre flossen, überließ man der chinesischen Seite faktisch das Management des Unternehmens. Bei den China-Multis Jardine Matheson & Co. und Butterfield & Swire erkannte man ebenfalls, daß es politisch klug wäre, führende Vertreter des Regimes durch Kapitalbeteiligungen und Aufsichtsratssitze an sich zu binden. T. V. Soong als Aktionär konnte nützlicher sein als eine Handvoll britischer Kanonenboote.[191]

So bahnte sich auch auf britischer Seite eine enge Zusammenarbeit mit dem Nanjing-Regime an, bei welcher der überlebte Ballast der Treaties eine immer geringere Rolle spielte. Waren Jiang und die Militärs die Partner der Deutschen, so hielten sich Briten und Amerikaner an den angelsächsisch-kapitalistischen Flügel der Staatsklasse, wie ihn nach dem Banken-Coup von 1935 H. H. Kung und T. V. Soong an der Spitze der Zentralen Bankengruppe repräsentierten. Vor allem Soong, der dann im Krieg von Dezember 1941 bis Dezember 1944 Außenminister und anschließend bis März 1947 Ministerpräsident (genauer: «Präsident des Exekutiv-Yuan») war, bewährte sich als kompromißwilliger Ansprechpartner. Viele sahen ihn «als eine Art von Europäer oder Amerikaner, der bloß das Pech hatte, mit einer gelben Haut geboren zu sein».[192] Fraglos diente der Erfolg der Deutschen den Angelsachsen als Vorbild. Er bewies, daß sich ohne Treaty-Privilegien und Kanonenboote mindestens ebensogute Geschäfte machen ließen. Da jedoch das Privilegiensystem von Amts wegen verteidigt werden mußte, solange es nominell bestand (und es bestand bis 1943), konnte die Initiative zum Aufbau neuer kollaborativer Beziehungen jenseits des alten Imperialismus nicht von den Vertretern der Krone, sondern allein von privaten Firmen ausgehen. Nur die größten unter ihnen waren für China unentbehrlich und deshalb als Partner interessant. Am Vorabend des Krieges zeichnete sich ein Bündnis ab zwischen den britischen Chinakozernen, die immer noch die größten westlichen Unternehmen in China waren, und der Staatsklasse des Nanjing-Regimes. Es beruhte einerseits auf der stillschweigenden westlichen Anerkennung chinesischer Souveränität und einem Entgegenkommen gegenüber dem Machtanspruch und der Habgier von Chinas Herrschern, andererseits auf der Einsicht der Jiangs, Kongs und Songs, daß ihr Regime auf die Steuerzahlungen der BAT und auf die Dienstleistungen der britischen Reedereien nicht verzichten konnte und daß ausländische Firmen ihm politisch weniger gefährlich waren als ein möglicherweise an ihre Stelle tretender einheimischer Privatkapitalismus, dessen Entfaltung man zielstrebig verhinderte. Der Verlierer bei dieser neuen Konstellation war die «nationale Bourgeoisie». Auf der Strecke wären wohl auch die vielen kleinen britischen Firmen geblieben, die ohne Exterritorialität und die Sicherheit der Internationalen Niederlassung nicht lebensfähig gewesen wären. Der amerikanische Journalist und Hochschullehrer Grover Clark, einer der scharfsichtigsten Beobachter der chinesischen Szene, übertrieb kaum, wenn er 1935 schrieb, von wenigen Ausnahmen abgesehen sei die Exterritorialität in China in der Praxis «eine Sache der Vergangenheit»[193].

Die Entwicklungen der mittleren dreißiger Jahre führten einstweilen in eine historische Sackgasse. Sie sind indessen von hoher symptomatischer Aussagekraft. Nach einer langen Phase der Orientierungslosigkeit und der Ungewißheit deuteten sich Strukturen an, die einen Ausweg aus der Krise des informellen Imperialismus versprachen. Die unabhängige Variable dabei war die – durch die Weltwirtschaftskrise geförderte – Stabilisierung eines neuen Typs von Regime. Es erfüllte die klassischen Anforderungen, nach innen leidlich effizient und nach außen im Gegenzug gegen die Anerkennung der Eigeninteressen der machthabenden Gruppen kollaborationswillig zu sein. Neu war an ihm gegenüber dem kaiserlichen Staat und den Warlordregimen eine Entwicklungsorientierung und kontrollwirtschaftliche Programmatik, die erstmals den Staat zum wichtigsten Kunden und Partner der Ausländer werden ließ. Zukunftsoffene Wirtschaftstrategen in London, Washington und Berlin waren sich einig, daß fürs erste das Regierungsgeschäft die dynamische Kraft im Chinahandel sein würde. Ein industrieller Aufbau des Landes unter staatlicher Regie würde dann die Voraussetzungen für jene einheimische Massenkaufkraft schaffen, deren Fehlen die Träume vom Riesenmarkt stets duchkreuzt hatte. Bei allen Unterschieden, die zwischen ihnen bestanden, war der deutschen und der britischen Strategie das Streben nach engen, auf Interessenausgleich beruhenden Beziehungen zur einheimischen Staatsklasse gemeinsam. Diese wiederum konnte und wollte auf keinen ihrer Partner verzichten – wer auch immer von Fall zu Fall zu Chinas bestem Freund und intimsten Verbündeten erklärt wurde. Das Nanjing-Regime zeigte dem Ausland mindestens zwei Gesichter: ein militärisch-autoritär-faschismusnahes und ein managerhaft-geschäftsmäßig-quasiliberales. Jiang Kaishek selber bevorzugte die Selbstdarstellung als strenger Kriegsherr, konnte bei Bedarf aber auch den zivilen Präsidenten hervorkehren, obgleich er Kontakte und Imagepflege nach Westen hin gerne «Madame» überließ, seiner mondänen, christlich erzogenen, glänzend Englisch sprechenden Gattin Soong Meiling. Darin, Ressourcen aus allen möglichen fremden Quellen mobilisiert zu haben, in seinem – sino-marxistisch gesprochen – allseitigen «Kompradorentum», liegt vielleicht die größte taktische Leistung des Nanjing-Regimes, das eine zu starke Abhängigkeit von einem einzelnen ausländischen Partner zu vermeiden suchte. Diese Taktik verschlug freilich wenig gegen Japan. Japan hatte sich nach dem Ersten Weltkrieg dem Rekonstruktionsversuch der Washingtoner Konferenz mit seinen Open-Door-Formeln anbequemt, dann aber auf die Revolution in China, die die leere Selbstgefälligkeit des modernisierten informellen Imperialismus entlarvt hatte, ganz anders als Amerika und die europäischen Mächte reagiert. Die *defensive* Stabilisierung der westlichen Positionen im chinesischen Kernland schien eine Zeitlang friedlich neben Japans *offensiver* Stabilisierung in der Mandschurei bestehen zu können. Aber das Reich des Tennô war nicht saturiert. Es wagte einen Krieg, den weder das japanische Imperium selbst noch die Ansätze eines europäischen Spät-Imperialismus überlebten und dem die Chinesische Republik nur mit einer knappen Gnadenfrist entrann.

15

Untergang und Übergang:
Krieg, Bürgerkrieg und revolutionärer Sieg
(1937–1949)

Der nie erklärte Krieg, den man in China den «Anti-Japanischen Widerstandskrieg» und in Japan gelegentlich immer noch euphemistisch den «China-Zwischenfall» nennt,[1] begann am 7. Juli 1937 mit dem Scharmützel an der Marco-Polo-Brücke zwölf Kilometer vor Beijing. Ähnliche

Affären hatten sich in der Vergangenheit lokal beilegen lassen. Diese jedoch eskalierte trotz internationaler Vermittlungsbemühungen, vor allem des deutschen Botschafters in China, Oskar Trautmann, zu einem großen bewaffneten Konflikt, zum Zweiten Weltkrieg in Ostasien.[2] Wer den ersten Schuß feuerte, ist unbekannt. Anders als beim Mukden-Zwischenfall vom 18. September 1931, der die Mandschurei-Krise auslöste, handelte es sich um keine kühl kalkulierte Provokation japanischer Offiziere.[3] Auf beiden Seiten, der chinesischen wie der japanischen, obsiegte jedoch in den Wochen nach dem Zwischenfall der Wille, aufs Ganze zu gehen. Für Jiang Kaishek stand seine kaum mehr als ein halbes Jahr zuvor während der Xi'an-Krise neu gewonnene Autorität als nationaler Führer auf dem Spiel. Nicht nur in der chinesischen Öffentlichkeit, sondern auch im Offizierskorps schwand die Bereitschaft, weitere Demütigungen durch Japan widerstandslos zu ertragen. Nach dem erfolgreichen Abschluß der Feldzüge gegen die Kommunisten und die restlichen Warlords konnte der Generalissimus sich militärisch stärker fühlen als je zuvor. Auch hoffte er auf einen Kriegseintritt der stärksten Militärmacht Asiens und alten Rivalin der Japaner, der Sowjetunion.[4] Jiangs unerwartet feste Haltung wiederum bestärkte auf japanischer Seite diejenigen, welche an die Politik der eisernen Faust des Jahres 1931 anknüpfen und China eine kräftige Lehre erteilen, ja einen entscheidenden, jeden künftigen Widerstand brechenden Schlag versetzen wollten. Der Anlaß zu neuerlichem Vorpreschen kam einigen Gruppen im japanischen Militär gelegen, war aber selbst von chinapolitischen «Falken» nicht zielstrebig gesucht worden. Die japanische Kriegsmaschine hatte keineswegs auf einen Vorwand zum Losschlagen gegen China gewartet. Gewiß betrachteten viele Japaner China als den gleichsam natürlichen Expansionsraum eines zu asiatischer Führerschaft berufenen Groß-Japan. Doch die strategische Planung vor allem der Armee war auf einen Krieg mit der Sowjetunion, nicht auf eine Invasion der 18 Provinzen eingestellt; tatsächlich befand sich die japanische Einheit, die in den Zusammenstoß vom 7. Juli verwickelt war, gerade in einem Manöver, das einen Konflikt mit der Roten Armee simulierte. Eine starke Gruppe innerhalb der Armeeführung warnte davor, Kräfte in China zu vergeuden.[5] China, so befürchtete Ishiwara Kanji, der führende Stratege des «totalen Krieges» gegen die Sowjetunion, werde für Japan, was Spanien für Napoleon gewesen sei: «ein endloser Sumpf».[6] In einer «Serie von groben Schnitzern und Fehlurteilen»[7] glitt man in den nur halbherzig gewollten Chinakrieg. Ein Entscheidungsstil des «Regierens durch stillschweigende Einwilligung»[8] überließ den aggressivsten Kräften in Kabinett und Militärführung (vor allem in der Marine) die Initiative.[9] Eine Grundsatzdebatte um den Krieg und eine Grundsatzentscheidung *für* ihn gab es nicht. Man ließ ihn geschehen.

Daß es um mehr ging als um Nordchina, wurde spätestens am 13. August deutlich, als die Japaner in Shanghai eine zweite Front eröffneten

und Jiang Kaishek ihrer 200 000 Mann starken Expeditionsarmee – anders
als bei den Kämpfen um Shanghai im Januar und Februar 1932 – nahezu
sein gesamtes militärisches Potential entgegenwarf: etwa 300 000 Mann,
darunter 80 000 seiner von den Deutschen ausgebildeten Elitetruppen, die
einzigen chinesischen Verbände, die der Kaiserlichen Armee nach
Training wie Ausrüstung auch nur einigermaßen gewachsen waren.[10] Die
Konfrontation endete für China katastrophal, nicht zuletzt infolge
schlimmer Fehler des chinesischen Oberkommandos.[11] Fast zwei Drittel
der besten chinesischen Truppen fielen vor Shanghai, darunter 10 000 der
jungen Offiziere, die das Rückgrat der Armee bildeten. Am 12. November war die Metropole des modernen China in japanischer Hand.
Ende des Jahres hatte China auf allen Kriegsschauplätzen insgesamt
350 000 bis 450 000 Mann verloren: fast die Hälfte seiner numerischen
Kampfstärke. Die bewaffnete Macht, die Jiang während der Nanjing-
Periode mit deutscher Hilfe aufgebaut hatte, war während weniger
Monate ausgelöscht worden. Nicht der Abzug der letzten deutschen
Militärberater Mitte 1938 markierte den eigentlichen Schlußpunkt des
kurzen deutsch-chinesischen Zweckbündnisses. Es endete schon im Spät-
sommer 1937 auf den Schlachtfeldern vor Shanghai. Noch weniger als
Jiangs Mustertruppen vermochten eine Reihe regionaler Streitkräfte aus-
zurichten, die sich den Japanern mit patriotischer Hingabe in den Weg
stellten. Die Militarisierung der chinesischen Gesellschaft über ein volles
Jahrhundert hinweg hatte nur den internen Gewaltpegel gehoben, ohne
das Land gegen äußere Feinde zu stärken. Den japanischen Panzerko-
lonnen blieb wenig mehr entgegenzusetzen als die Weite des chinesischen
Raumes und die klassische Waffe des Schwächeren: der Partisanen-
kampf.

Bewies der Fall von Shanghai, daß Japan sich nicht länger auf seine
langsam expandierende Herrschafts- und Interessensphäre im Norden
beschränkte und die Chinesen sonst allenfalls sporadisch zu «disziplinieren» trachtete, daß es vielmehr mit der Eroberung eben jener Gebiete
begonnen hatte, in denen – zuletzt im diplomatischen Rahmen des Washingtoner Neunmächtevertrages von 1922 – die Open Door stets besonders sorgfältig gehütet worden war, so zeigten die grauenhaften Verbrechen, die von japanischen Truppen in den sechs Wochen nach der Eroberung Nanjings am 12. Dezember 1937 an der Zivilbevölkerung begangen
wurden, daß der Krieg – zumindest von einigen Kommandeuren und
einem Teil der bajonettbewaffneten einfachen Soldaten – als ein Unterwer-
fungs-, ja Vernichtungsfeldzug geführt wurde. 200 000 Zivilisten und
Kriegsgefangene sollen in der Hauptstadt der Chinesischen Republik
bestialisch umgebracht worden sein.[12] Ein halbes Jahr nach der Zerstörung
der kleinen baskischen Stadt Guernica durch deutsche Bomber war die
«Vergewaltigung Nanjings» die zweite weltweit schockierende Ruchlo-
sigkeit des neuen faschistischen Terrorkrieges.

Das Eindringen der japanischen Armee trug neue Unruhe in eine Gesellschaft, die schon längst nicht mehr dem Klischee vom unbewegten Reich der Mitte entsprach. Millionen von Menschen flohen vor den Invasoren ins Landesinnere oder nach Hongkong. Industriebetriebe wurden nach Westen verlegt, allerdings ungeplant, verlustreich und unter oft chaotischen Bedingungen, so daß der Nutzen für das Freie China weitaus geringer blieb, als die Propaganda der Guomindang glauben machen wollte. Die große Mehrzahl der Industriellen und Bankiers stand den offiziellen Verteidigungsanstrengungen eher abwartend gegenüber.[13] Studenten und Professoren, die anders als Arbeiter und Fabrikbesitzer meist den Krieg herbeigewünscht hatten, schlossen sich in größerer Zahl dem Exodus an. Die Verlegung der meisten Universitäten ins Landesinnere – Kunming, die Provinzhauptstadt von Yunnan, wurde für einige Jahre das intellektuelle Zentrum Chinas – und eine damit verbundene beschwerliche Wanderschaft von bis zu 4000 km wurde zur Kollektiverfahrung einer ganzen Generation chinesischer Intellektueller.[14] Die Nationalregierung zog sich nach Hankou (jetzt Teil der Tripel-Stadt Wuhan), dann nach Chongqing in der Provinz Sichuan zurück. Dort war sie, hinter Bergen und den Yangzi-Katarakten im chinesischen Gegenstück einer «Alpenfestung» versteckt, vor der japanischen Armee sicher, nicht aber vor der Luftwaffe, die schon im April 1939 verlustreiche, wenngleich militärisch wenig bedrohliche Angriffe auf die neue Hauptstadt flog.[15] Aus der Luft kam auch zunehmend Nachschub für das isolierte Freie China: Nachdem die Japaner Anfang 1942 die Burma-Straße abgeschnitten hatten, konnte Jiang Kaisheks Kriegsbasis nur noch durch eine Luftbrücke von Indien über den südöstlichen Himalaya mit Hilfsgütern versorgt werden. Diese Lieferungen «over the Hump» erreichten jedoch erst während des letzten Kriegsjahres größere Ausmaße und blieben auch dann noch weit hinter den Bedarfsmeldungen der Chongqing-Regierung zurück.

In den ersten Kriegsmonaten war an solche direkte Hilfe aus den USA freilich noch nicht zu denken. China trat der japanischen Kriegsmaschine ohne materielle Unterstützung durch seine angeblichen Freunde im Westen entgegen. Daß die öffentliche Meinung in den westlichen Demokratien mit dem Opfer der Aggression sympathisierte und sich teilweise, darin bestärkt durch die Auslandspropaganda der Guomindang, in romantischer Heroisierung des chinesischen Widerstandes gefiel, war für das Realgeschehen einstweilen unerheblich. Nach dem Fall von Shanghai und Nanjing drangen die Japaner in mehreren Stoßrichtungen weiter vor, nicht ohne bisweilen hohe Verluste, aber im ganzen doch eher durch logistische Schwierigkeiten gebremst als durch koordinierten chinesischen Widerstand. Im April 1938 erlitt die Kaiserliche Armee dann jedoch bei Taierzhuang nahe dem Bahnknotenpunkt Xuzhou in Nord-Jiangsu eine überraschende Niederlage, die schwerste überhaupt in ihrer bisherigen Geschichte. Nicht Jiang Kaishek, sondern sein Rivale Li Zongren, ehemals

Warlord der Provinz Guangxi, war der Architekt dieses militärischen Triumphes.[16] Nichts annähernd Ähnliches sollte der chinesischen Kriegführung während der restlichen sieben Jahre des Krieges gelingen. Der Sieg von Taierzhuang zeigte, wozu chinesische Truppen unter kompetentem Kommando imstande waren, und er warnte die Japaner vor der Illusion, es könne einen schnellen Sieg in China geben; eine Wende im Kriegsverlauf brachte er jedoch nicht. Ebensowenig wie die Sprengung der Deiche des Gelben Flusses am 7. Juni 1938 und eine recht inkonsequent und grobschlächtig praktizierte Rückzugspolitik der «verbrannten Erde», die unter anderem zur sinnlosen Einäscherung der Großstadt Changsha in Hunan führte, konnte er verhindern, daß die beiden wichtigsten Städte Zentral- und Südchinas an den Feind fielen: Wuhan und Kanton.

Zwischen der Eroberung von Wuhan und Kanton im Oktober 1938 und dem Angriff auf die amerikanische Flottenbasis Pearl Harbor am 7. Dezember 1941 stagnierte der Chinakrieg. Große Feldschlachten blieben aus. Trotz zahlloser Zusammenstöße an vielen Fronten und Orten änderte sich wenig an der allgemeinen Verteilung der Kräfte. Die Japaner kontrollierten die meisten Städte und die Gebiete entlang der Eisenbahnen ungefähr östlich einer Linie Taiyuan-Wuhan-Kanton, insgesamt aber wohl nicht mehr als ein Zehntel des Territoriums dieser Landesteile.[17] Die südwestlichen Provinzen Sichuan, Guizhou und Yunnan waren die Bastion der Nationalisten. Zwischen den Hochburgen der Japaner und denen der Nationalregierung sowie hinter den japanischen Linien gab es die verschiedenartigsten Mischformen: halbokkupierte Gebiete, die durch sporadische Stoßtruppaktionen von den Städten aus eingeschüchtert wurden; Regionen, in denen eine der Guomindang loyale Vorkriegsverwaltung weithin unbehelligt weiterarbeitete; Guerillastützpunkte, die bei Tage der japanischen Armee und in der Nacht den Partisanen gehörten; und schlichtweg «Niemandsland», wo halbwegs klare Herrschaftsverhältnisse überhaupt nicht mehr zu erkennen waren.[18] Eindeutige Grenzen zwischen dem besetzten und dem unbesetzten China ließen sich fast nirgends ziehen. Die «Front» war durchlässig für Menschen, Material und Informationen. Der Postverkehr zum Beispiel wurde fast unbehelligt während des ganzen Krieges fortgesetzt. Eine Wirtschaftsblockade der Japaner gegen das Freie China stimulierte Schmuggel aller Art. Die Nationalregierung hob ihrerseits Mitte 1939 fast alle Beschränkungen des Handels mit dem Feind auf. Dies entspannte zwar die prekäre Versorgungslage im Freien China, verschaffte aber auf der anderen Seite den Japanern Nahrungsmittel für ihre Truppen sowie Rohstoffe, ohne die manche der kriegswichtigen Industrien in den besetzten Gebieten kaum hätten weiterarbeiten können. Dieser Handel fügte der chinesischen Sache auf längere Sicht großen Schaden zu. Er wurde weithin mit Wissen oder gar aktiver und einträglicher Beteiligung hoher Guomindang-Militärs betrieben.[19] Die materielle wie moralische Korruption, die dem Jiang-Regime 1949 zum Verhängnis werden sollte, war schon vor dem Krieg keimhaft angelegt. Krassen Ausdruck aber fand sie erstmals in diesen Jahren des immobilen Krieges, als patriotische Pflichterfüllung von eigennützigem Opportunismus verdeckt zu werden begann.

Das Stocken der Invasion seit Herbst 1938 bewies einerseits, daß Japan einen Teil seiner Ziele – vor allem die Kontrolle über das reiche Ostchina – erreicht hatte und nun eine langsamere Gangart einlegen konnte, andererseits aber auch, daß maximale Vorsätze – vorab die Ausschaltung einer widersetzlichen Nationalregierung – mit *militärischen* Mitteln einstweilen nicht zu realisieren waren. Japan hatte nach dem Fall von Wuhan die Kapitulation Jiang Kaisheks erwartet. Als sie ausblieb, erkannte die japanische Führung, daß man Chinas Widerstandsbereitschaft und Widerstandskraft unterschätzt hatte. Statt eines weiteren Vordringens ging Tokio nun zu einer neuen Doppelstrategie über: Zum einen sollte die Besatzungsherrschaft konsolidiert und dem Mutterlande nutzbar gemacht, zum anderen Jiang Kaisheks Position *politisch* untergraben werden. Das zweite Ziel hoffte man dadurch zu erreichen, daß man im März 1940 in Nanjing eine Marionetten-«Nationalregierung» unter dem aus Chongqing geflüchteten prominenten Guomindang-Politiker Wang Jingwei installierte.[20] Auch weiterhin blieben indessen japanische Versuche nicht aus, Jiang Kaishek selbst zu gewinnen. Jiang verschloß sich solchen Verlockungen nicht völlig. Später sollte er mehrfach versuchen, durch die verklausulierte Drohung mit einem Separatfrieden Druck auf seine amerikanischen Verbündeten auszuüben.

Unmittelbar wichtiger war für Japan, dem die Ausdehnung des «China-Zwischenfalls» zum Krieg der Großmächte als immer unausweichlicher vor Augen stand, das erste der beiden Ziele: das besetzte China für die Ökonomie des Mutterlandes zu mobilisieren. Dies war um so nötiger, als zur Zeit des Zwischenfalls an der Marco-Polo-Brücke die japanische Wirtschaft für einen längeren Krieg mangelhaft vorbereitet war. «Mandschukuo» schien erfolgreiche Rezepte für koloniale Erschließung bereitzuhalten. Wie in der Mandschurei, so sicherte sich deshalb auch im besetzten China die Armee die Kontrolle über die ökonomischen Schlüsselsektoren. Damit freilich war eine erfolgreiche Ausbeutung Chinas keineswegs schon garantiert. Zwei unterschiedliche Vorstellungen von japanischer Expansion gerieten in Widerspruch zueinander. Hatten die Guandong-Armee und die finanzkräftige Südmandschurische Eisenbahngesellschaft in der Mandschurei nach 1905 und erst recht seit 1931 ein freies Feld für koloniale Experimente vorgefunden, so waren die Militärbehörden im besetzten China von Anfang an infolge akuten Kapitalmangels gezwungen, um das Engagement der von vielen nationalistischen Offizieren verachteten japanischen Privatwirtschaft zu werben. Diese hielt sich zurück, mißtraute sie doch daheim wie in Übersee der Wirtschaftskontrolle durch das Militär. Japanische Privatfirmen, vorab in der Baumwollindustrie, wollten kein kolonisiertes China. Sie hatten mit einer durch das Treaty-System und die Kollaboration chinesischer Behörden abgestützten Situation des *laisser-faire* in Nordchina vorzügliche Erfahrungen gemacht. Am Vorabend des Krieges hatten sie mit dem Aufbau eines großen Textilkomplexes in Tianjin begonnen, der während der Invasion von den eigenen Truppen beschädigt worden war.[21] Die privaten Firmen bevorzugten die altbewährte informelle Durchdringung gegenüber der abenteuerlichen Kriegspolitik des Militärs, verlangten eine «freie» statt einer «kontrollierten» Penetration der okkupierten Gebiete und hielten sich mit neuen Investitionen vorerst zurück. Sie verschmähten es allerdings nicht, enteignete chinesische Unternehmen in eigene Regie zu übernehmen.[22] Die wachsende japanische Rolle in der Wirtschaft der besetzten Gebiete zeigte sich auch im Zustrom von Japanern nach China. Die Zahl japanischer Zivilisten in China stieg von 86 000 im Juli 1937 auf 506 000 im April 1941.[23]

1944 hatte sich trotz umfangreicher Aneignung chinesischer Firmen der Wert des japanischen industriellen Besitzes in China gegenüber 1938 noch nicht einmal verdoppelt.[24] Die Fundamente für einen längerfristigen Wirtschaftsaufbau nach dem Vorbild «Mandschukuos» waren nirgendwo gelegt worden. Das Militär orientierte seine Wirtschaftspolitik im besetzten China allein an den dringenden und kurzfristigen Bedürfnissen der Kriegswirtschaft. Besonders im Bergbau gelang die Mobilisierung von Reserven. Die Kohleproduktion Nordchinas und der Inneren Mongolei stieg von 16,7 Millionen t im Jahre 1936 auf 20,4 Millionen t 1944; etwa ein Drittel davon wurde nach Japan und «Mandschukuo» exportiert. Eine Roheisengewinnung in Nordchina wurde überhaupt erst durch die Besatzungsmacht eingeführt und während des gleichen Zeitraums von 5000 t auf 218 000 t gesteigert.[25] Diese enorme Produktionssteigerung bei Kohle und Eisen wurde nicht zuletzt durch eine brutale, menschenverschleißende Überausbeutung der chinesischen Arbeiter unter sklavereiähnlichen Arbeitsverhältnissen erreicht. Auch in anderen Bereichen, die sie für kriegswichtig hielten (etwa dem Schiffbau), führten die Japaner ein extrem harsches Arbeitsregime ein.[26] Wie in der Mandschurei, so ging aber auch südlich der Großen Mauer die Produktionsleistung während des Pazifischen Krieges zurück. Dies galt besonders für das alte Herzstück der chinesischen Industrialisierung, die Leichtindustrie Shanghais. Dort war die Baumwollgarnproduktion 1943 auf weniger als 5 % derjenigen von 1936, die Zahl der Baumwollarbeiter von 131 000 im Spitzenjahr 1930 auf 4000 1943 gesunken.[27] Das besetzte China wurde zu keinem «zweiten Mandschukuo», das die Ökonomie des Mutterlandes maßgeblich entlastet hätte. Im Gegenteil erwies sich die Tatsache, daß Nordchina traditionell ein Nahrungsmitteldefizit aufwies, als hinderlich für die Versorgung der Okkupanten. Da diese immer weniger auf Versorgung aus Japan vertrauen konnten, andererseits aber die Ressourcen der nordchinesischen Landwirtschaft über den Markt nicht hinreichend zu erschließen vermochten, gingen sie immer mehr zu gewaltsamen Requisitionen großen Stils über.[28] Diese Requisitionen waren Teil einer Terrorstrategie des «Alles töten, alles niederbrennen, alles plündern», mit denen die Armee nicht nur auf Versorgungsprobleme, sondern auch auf einen Gegner reagierte, den sie seit der «Hundert-Regimenter-Offensive» vom August 1940 schmerzhaft zu spüren bekam: die Kommunisten und ihre beiden Truppenverbände, die «Achte Route-Armee» und die im Süden operierende kleinere «Neue Vierte Armee», die beide im Rahmen der Antijapanischen Einheitsfront der Nationalarmee eingegliedert waren.[29] Ihre gesamte Mannschaftsstärke wuchs von 92 000 im Jahre 1937 auf 500 000 im Jahre 1940.[30] Diese regulären Streitkräfte wurden in den Basisgebieten durch «lokale» Truppen und Milizen ergänzt. Die Kommunisten hatten seit Beginn des Krieges gegen die Eindringlinge gekämpft. Sie hatten ihre Basisgebiete konsolidieren und ihre bewaffnete Macht ausbauen können. Einer wachsenden Feindseligkeit seitens der Guomindang seit 1939 hatten sie standgehalten. Im Januar 1941 zerbrach dann die 1936 geschmiedete Einheitsfront, ohne daß es jedoch zum offenen Bürgerkrieg gekommen wäre. Jiang Kaishek widerstand der Versuchung, mit den Japanern gegen die Kommunisten zusammenzugehen. Fortan hatten es die Japaner mit zwei völlig getrennt agierenden Gegnern zu tun, von denen sich die Kommunisten immer mehr als der gefährlichere herausstellten. Seit etwa der Mitte des Jahres 1941 trugen die kommunistischen Truppen die Hauptlast des Kampfes hinter den japanischen Linien. Von einer stetigen Stärkung der KPCh auf Kosten von Japanern und Nationalisten kann indessen für die ersten vier Kriegsjahre keine Rede sein. Die «Hundert-Regimenter-Offensive» vom August 1940, mit der sich die KPCh einen spektakulären Auftritt auf der militärischen Bühne verschaffte, trieb die japanische Armee nur vorübergehend zurück, reizte sie aber bald zu einer unerhört massiven Gegenattacke. Brutalste Repressionen gegen die Zivilbevölkerung, wie sie in kleinerem Maßstab schon 1939 begonnen hatten, sollten den Freischärlern – neben der Feldarmee der zweite Pfeiler der kommunistischen Macht – die logistische Unterstützung im Volk entziehen. Der Teich sollte trockengelegt werden, um den Fisch zu fangen.[31] Weil es unmöglich war, «normale» Bauern von kommunistischen Partisanen zu unterscheiden, begannen die Japaner den Vernichtungskrieg gegen die gesamte ländliche Bevölkerung Nordchinas. Der Erfolg blieb nicht aus. Wenn die intensivierte Gewalttätigkeit auch den Haß auf die Japaner weiter schürte, führte sie doch zu Angst und Apathie und einem deutlichen Rückgang der Unterstützung für die Guerilla. Die Befestigung von Eisenbahnlinien und der Bau von Blockadestreifen um kommunistische Gebiete grenzten den Aktionskreis der KPCh und ihrer bewaffneten

Macht weiter ein. 1941 war das kritischste Jahr für die Kommunisten seit den Niederlagen von 1927 und 1934. Sie waren militärisch in höchster Bedrängnis, und innerhalb der halbwegs sicheren Basisgebiete Nordchinas herrschte extreme wirtschaftliche Not. Aber die Krise wurde gemeistert. Einerseits initiierte die KPCh in den Basisgebieten eine erfolgreiche Politik der Produktionssteigerung und der Verbreiterung ihrer Anhängerschaft durch Entradikalisierung ihres Agrarprogramms. Andererseits stießen die Japaner an die Grenzen ihrer materiellen Möglichkeiten und mußten sich von der Ineffizienz ihrer (immer schon beargwöhnten) chinesischen Kollaborateure überzeugen lassen. Seit 1942 verschoben sich im Machtdreieck Japaner-Guomindang-KPCh die Gewichte allmählich zugunsten der nunmehr von Mao Zedong unangefochten geführten kommunistischen Bewegung.[32]

Bis zum Dezember 1941 gab es neben dem japanisch besetzten, dem kommunistischen, dem «freien» China der Guomindang im Südwesten und dem «grauen» China des überall verstreuten Niemandslandes ein fünftes China: das der westlichen Enklaven. Hongkong erlebte während der ersten Kriegsphase einen ungewöhnlichen Boom. Von der Schließung des Yangzi im Sommer 1937 bis zum Fall Kantons im Herbst 1938 war die Hankou-Kanton-Hongkong/Kowloon-Bahn die wichtigste Verbindung Zentralchinas zur Außenwelt. Danach wurde der Verlust der Bahnverbindung durch eine Intensivierung des Schiffsverkehrs wettgemacht. Nie zuvor und nie wieder danach war Hongkong für Chinas Außenhandel so wichtig wie unter den ganz außergewöhnlichen Bedingungen der Jahre 1937 bis 1941. 1938 lief die Hälfte von Chinas Außenhandel über Hongkong.[33] Der Zufluß chinesischen Kapitals und die Verlegung einiger Fabriken kamen der Kronkolonie zugute; zwischen 1938 und 1941 stieg die Zahl der Industriearbeiter von 55 000 auf 90 000. Selbst dem Zustrom von mehr als einer halben Million Flüchtlinge war man notdürftig gewachsen.[34] Obwohl Hongkong zum ersten Mal in seiner Geschichte (ziemlich wirkungslose) Immigrationskontrollen einführte und nach dem Ausbruch des Krieges zwischen Deutschland und dem Britischen Empire eine gewisse Materialbewirtschaftung begann, blieb es im Prinzip wie seit hundert Jahren ein Freihafen und Hort des *laisser-faire*. Nach der Eroberung des benachbarten Kanton im Oktober 1938 bemühte sich die Kolonialregierung, durch gute Beziehungen zu den Japanern die Eisenbahn- und Straßenverbindungen der Kolonie intakt zu halten.

Während man in Hongkong Vorsorge für eine mögliche Verteidigung gegen Japan traf, war es offensichtlich, daß die britische Position in den Treaty Ports militärisch in keiner Weise gesichert werden konnte. Eine strikte japanische Blockade der britischen Konzession in Tianjin machte dies im Sommer 1939 unmißverständlich klar.[35] Spätestens mit dem Fall Frankreichs und dem Beginn der Luftschlacht um England im Juni/Juli 1940 verlor Großbritannien seine Rolle als wichtigster Sprecher der Westmächte in Asien.[36] Das Schicksal des International Settlement in Shanghai, in welchem Briten immer noch den Ton angaben, hing völlig von der politischen Großwetterlage ab. Solange sich Japan und die Westmächte nicht im Kriegszustand befanden, tolerierten die Japaner den *status quo* in Shanghai. Dies kam gleich nach Kriegsbeginn eindrucksvoll zum Ausdruck: Als die japanische Marineartillerie die chinesischen Stadtviertel bombardierte, zielte sie sorgfältig über das Settlement und die Französische Konzession hinweg. Von den Dachgärten der Hotels aus beobachteten die westlichen Ausländer den Brand der chinesischen Fabrik- und Wohnquartiere.[37] Selbst auf dem Höhepunkt der Schlacht um Shanghai blieb das Settlement unbehelligt, außer durch Fehlabwürfe der wenig treffsicheren *chinesischen* Luftwaffe: Am «blutigen Sonntag», dem 12. August 1937, kamen auf diese Weise im Settlement über 2000 Zivilisten ums Leben. Nach dem Kriegsausbruch in Europa und dem Rückzug europäischer Anbieter von überseeischen Märkten öffneten sich den Industrien Shanghais, die seit Ende 1937 von ihrem binnenchinesischen Hinterland abgeschnitten waren, neue Absatzchancen im «Vorderland» des pazifischen Raumes und Afrikas.[38] Davon profitierte besonders die Baumwollindustrie. Vollbeschäftigung, hektische Betriebsamkeit und Superprofite – gerade auch britischer Firmen wie Jardine Matheson & Co. und BAT – kennzeichneten diesen kurzen Nachsommer des Treaty-Port-Systems.[39] «Akzeptable Orchester spielen die neueste Tanzmusik. Teure Drinks werden reichlich konsumiert. Und japanische Offiziere und raffgierige Zivilisten leben wie die Maden im Speck.» So schildert ein amerikanischer Journalist die Stimmung im Settlement Mitte 1939.[40] Shanghais Rolle hatte sich geradezu in ihr Gegenteil verkehrt. Der Daseinsgrund der Stadt war seit 1842 die Erschließung des chinesischen Marktes im Rahmen des informellen Imperialismus gewesen. Ironischerweise erreichte Shanghai den prekären Höhepunkt seines wirtschaftlichen Erfolges im vorrevolutionären Zeitalter just in jenem Moment, als ein rabiater formeller Imperialismus diesen Markt versperrte.

Mit Pearl Harbor war all dies vorbei. Die japanische Planung sah einen gleichzeitigen Angriff auf Hawaii, Hongkong, Malaya und die Philippinen vor.[41] Am 8. Dezember 1941 um acht Uhr morgens begannen die Bombardierung der Kronkolonie und ihre Invasion zu Lande. Am Weihnachtstag kapitulierte Gouverneur Sir Mark Young vor dem Kommandanten der 23. Armee des Kaisers Hirohito.[42] Anders als die Briten in Hongkong, die bei den Kämpfen 2232 Soldaten verloren,[43] wehrten sich die westlichen Ausländer im International Settlement nicht. Die Enklave kam fast kampflos in japanischen Besitz. Das Regiment der Besatzer war dort weniger streng und brutal als in Hongkong. Das Settlement mit seiner internationalen Verwaltung, an der Japaner ja seit Jahrzehnten beteiligt gewesen waren, bestand nominell und unter rein japanischer Kontrolle bis zum 9. Januar 1943 fort, als die Japaner es der Marionettenregierung Wang Jingweis übertrugen: ein Propagandaschachzug, der die Westmächte zur Aufgabe ihrer eigenen Privilegien veranlassen sollte.[44] In der Tat verzichteten dann auch Großbritannien und die USA zum 1. November 1943 gegenüber der Regierung in Chongqing auf ihre Vorrechte aus den ungleichen Verträgen, damit auch auf die Exterritorialität, den Eckpfeiler des ganzen Treaty-Systems und die Voraussetzung für die Sonderstellung des International Settlement.[45] Kleinere Ländere schlossen ähnliche Abkommen mit China, als letztes, im Mai 1947, die früheste europäische Seemacht im Fernen Osten: Portugal.[46] Die Westmächte gaben damit Rechte auf, die sie in der Praxis längst nicht mehr wahrnehmen konnten. Aber die Regelung von 1943 war für die Zukunft nicht ohne Bedeutung. Mit der Kapitulation Japans im Sommer 1945 verschwand nicht nur mit einem Schlage der formelle Imperialismus auf dem ostasiatischen Festland. Auch das Treaty-System, das juristische Gehäuse des informellen Imperialismus seit 1842, war, nachdem man es auf dem Papier beseitigt hatte, nicht länger reaktivierbar. Politisch wie rechtlich gab es 1945 keinen Weg mehr zurück zu den Organisationsformen des Vorkriegsimperialismus. Während des Interludiums zwischen japanischer Kapitulation 1945 und Gründung der Volksrepublik 1949 existierten keine Treaty Ports mehr, keine Konzessionen und Niederlassungen, keine Immunität der Ausländer gegenüber der einheimischen Justiz, keine Navigations- und Truppenstationierungsrechte. Die letzte Phase westlichen Einflusses in China entbehrte imperialer Privilegien.

Pearl Harbor brachte also die große Zäsur in Chinas Außenbeziehungen. Dies in einem doppelten Sinne. Zum einen versetzte es den für China charakteristischen Formen ausländischer Interessenwahrung und Einflußnahme den Todesstoß. «Der Zusammenbruch eines Systems»: so überschrieb der Chronist der britischen Wirtschaftsbeziehungen mit China treffend sein Kapitel über die Jahre von 1937 bis 1941.[47] Weil an die Stelle des Treaty-Systems erst dann wieder eine neue «systemische» Ordnung trat, als die siegreichen Kommunisten die Reste ausländischer Präsenz ihrem kompromißlosen Souveränitätsanspruch unterwarfen, deswegen sind die Jahre von 1937 und vollends von 1941 bis 1949 eine Zwischenphase des Interregnums, eine Generalpause zwischen zwei Ordnungen der chinesischen Außenbeziehungen. Auf die zweigleisigen Stabilisierungsbemühungen von 1931–37 folgte die Destabilisierung durch Krieg und Bürgerkrieg. Mit der Errichtung der Volksrepublik am 1. Oktober 1949 begann eine neue Stabilisierung – ohne die westlichen Ausländer und bald auch gegen sie.

Pearl Harbor bedeutete zum anderen auch deswegen einen tiefen Einschnitt, weil es den Chinakrieg zum Pazifischen Krieg internationalisierte und China dadurch eine neue globale Bedeutung verlieh. Von nun an war Chinas Widerstandskampf nicht mehr nur das unverbindlich-humanitäre Anliegen einer liberalen Weltöffentlichkeit, die Geld für die Lazarette von

Chongqing spendete, sondern Teil des Ringens der westlichen Demokratien und der Sowjetunion mit den Achsenmächten. China wurde weltpolitisch wichtiger – und es verlor doch im selben Augenblick an Bedeutung. Denn nach Pearl Harbor war es nicht länger der hauptsächliche Damm gegen die japanische Flut, sondern nur ein Schauplatz unter vielen im globalen Kampf der Mächte. In Europa und im Pazifik wurden die Aggressoren gestellt und geschlagen, nicht auf den Ebenen und in den Bergen Chinas.

Nach dem 7. Juli 1937 stand China nicht allein. Japans Aggression war schwerwiegender als alle früheren Vorstöße, richtete sie sich doch nun gegen die chinesischen Kernprovinzen, wo niemand je – wie in der Mandschurei – japanische «Sonderinteressen» akzeptiert hatte. Es war klar, daß Japan es dieses Mal auf einen Umsturz der Machtverhältnisse in Ostasien abgesehen hatte. Anders als bei der Mandschureikrise von 1931/ 32, als der Westen über eine verbale Verurteilung Japans nicht hinausfand, erfuhr China nicht nur die Sympathie der Weltöffentlichkeit und – auf der Brüsseler Konferenz vom November 1937 – die diplomatische Unterstützung durch London, Washington *und* Moskau,[48] sondern erhielt auch materielle Hilfe. Beistand kam zuerst und ausschließlich von der Sowjetunion, die mit China am 21. August 1937 einen Nichtangriffspakt abgeschlossen hatte, wonach keiner der Partner während der Dauer des Krieges sich mit Japan verständigen würde.[49] Man kann für die Jahre 1937 bis 1939 von einer sino-sowjetischen Allianz sprechen. Chinas Hoffnungen auf einen Kriegseintritt der UdSSR erfüllen sich zwar nicht, doch leistete Moskau beträchtliche materielle Unterstützung. Auf die gesamte Kriegsperiode 1937–45 umgerechnet, betrug sie 28 % der amerikanischen Hilfe, wobei die niedrigere wirtschaftliche Leistungsfähigkeit der UdSSR bedacht werden muß. Die Sowjetunion gewährte 1938/39 Kredite in Höhe von 250 Millionen US $; zwischen September 1937 und Juni 1941 lieferte sie 904 Militärflugzeuge, 82 Panzer und 9720 Maschinengewehre; allein bis Februar 1939 waren insgesamt 3665 sowjetische Piloten und Militärexperten nach China entsandt worden: erheblich mehr als die Zahl der deutschen Berater, deren Plätze sie zum Teil einnahmen. Allerdings achtete Jiang Kaishek darauf, sowjetische Offiziere keinen Einfluß auf Politik und strategische Planung gewinnen zu lassen. Über 200 («freiwillige») sowjetische Flieger kamen in China ums Leben, viele von ihnen in direkten Luftkämpfen mit japanischen Maschinen.[50] Der sowjetische Einsatz trug maßgeblich dazu bei, daß die Japaner in der ersten Phase des Krieges, nachdem die kleine chinesische Luftwaffe sogleich bei Kriegsbeginn vom Himmel gefegt worden war, niemals die unangefochtene Lufthoheit über China zu erreichen vermochten.

Zögernd, erst im Dezember 1938, begannen die USA mit Hilfe für China. In Washington löste man sich allmählich von isolationistischen Überzeugungen, und die Anschauung gewann Raum, nach dem offenkundigen Ende der Open Door sei China nicht länger vordringlich als potentieller Markt, sondern als eine Art von erstem Dominostein in Ostasien anzusehen. Unter diesem neuen chinapolitischen Konzept, das vor allem der einflußreiche Finanzminister Henry Morgenthau, Jr. vertrat, ließ sich eine Unterstützung Jiang Kaisheks gegen Japan rechtfertigen.[51] Sentimentale Zuneigung zum Generalissimus war dabei nicht im Spiel: Morgenthau bezeichnete ihn und seinen Finanzministerkollegen H. H. Kung intern als «Gauner» (crooks).[52] Intensive Public-Relations-Bemühungen der Nationalregierung erreichten aber allmählich, daß sich Teile der amerikanischen Administration und nicht zuletzt Präsident Franklin D. Roosevelt selbst zu entschiedenen Parteigängern des Guomindang-Regimes entwickelten. An Militärhilfe nach sowjetischem Muster dachte dabei zunächst niemand. Selbst die Kredite, die China zwischen 1938 und 1940 erhielt, waren offiziell – die Praxis sah etwas anders aus – an nichtmilitärische Verwendungen gebunden. Man wollte Japan nicht unnötig provozieren. 1940 begann die amerikanische Administration, die chinesische Frage im großen Zusammenhang einer Strategie zur Eindämmung der Achsenmächte zu sehen. Im Mai 1941 erhielt China Zugang zum amerikanischen Leihpacht-Programm (Lend-lease), das zwei Monate zuvor zum Nutzen des devisenknappen Großbritannien ins Leben gerufen worden war; danach exportierten die USA, die ja nach wie vor nicht am Weltkrieg teilnahmen, an kriegführende Länder Güter, die erst nach dem Kriege bezahlt werden sollten. Jetzt erhielt China auch militärisches Material, allerdings mit langen Verzögerungen und in wesentlich kleinerem Umfang, als Jiang Kaishek gehofft hatte. Ein Teil der nun gelieferten Militärflugzeuge wurde den «Fliegenden Tigern» zur Verfügung gestellt, einer inoffiziellen Fliegertruppe, die der pensionierte Luftwaffenoberst (später General) Claire L. Chennault im Auftrag des Generalissimus aufbaute. Deren Hauptziel war nicht – wie das der ungleich effektiveren sowjetischen Luftwaffenhelfer – der Luftkampf über China, sondern die strategische Bombardierung der japanischen Inseln. Insgesamt blieb vor Pearl Harbor die ökonomische wie militärische Unterstützung Chinas durch die Westmächte hinter derjenigen durch die Sowjetunion zurück.[53] Man bedenke auch, daß trotz einer Kette amerikanischer Embargomaßnahmen (ab Juni 1938 bloß «moralischer» Natur, ab Januar 1940 mit stetig verschärfter Rechtswirkung) private US-Firmen bis 1940 ihren Export gerade auch militärisch wichtiger Güter nach Japan auf unvermindert hohem Niveau aufrechterhielten[54] und damit die japanische Kriegführung in China nicht unerheblich begünstigten. Unter dem Strich war zweifellos die Sowjetunion die wichtigste ausländische Stütze Chinas während der ersten viereinhalb Jahre des Krieges. Erst Mitte 1941 kam es zu einer Art Wachablösung: Während die UdSSR nach dem deutschen Überfall vom 22. Juni 1941 ihre Hilfe einstellte, wurden die amerikanischen Beistandsprogramme angekurbelt. Einziger Nutznießer all dieser ausländischen

Ressourcen war Jiang Kaisheks Guomindang-Regime. Während der gesamten Periode blieb die KPCh auf sich allein gestellt. Weder Roosevelt noch Stalin griffen jener Kraft in China unter die Arme, die spätestens 1941 die Hauptlast des Abwehrkampfes gegen Japan trug.

Chinas internationale Stellung war in den Jahren 1937 bis 1941 mannigfach durch weltpolitische Bewegungen beeinflußt, vermutlich stärker als jemals zuvor: durch die sich wandelnden Beziehungen zwischen Deutschland und Japan,[55] England und Amerika, der Sowjetunion und den Achsenmächten, vor allem seit September 1939 durch den Krieg in Europa.[56] Die Chinapolitik der Großmächte war nicht länger eine von der «großen» Mächtepolitik abgeschirmte Spezialität untergeordneter Ministerialbeamter und prokonsulhafter Diplomaten; sie wurde zur Funktion globaler Strategien. Das Ausmaß etwa, in welchem Moskau, Washington und London den chinesischen Widerstand gegen Japan unterstützten, ergab sich weitgehend aus der jeweiligen Gesamtanalyse der internationalen Lage und aus einer von ihr abgeleiteten Reihung der Prioritäten. Vollends der japanische Angriff auf die USA und auf die britischen und holländischen Kolonialreiche in Südostasien stellte die Situation Chinas in einen globalen Zusammenhang. Für die nächsten vier Jahre kann die Geschichte der chinesischen Außenbeziehungen nur als ein partieller Handlungsstrang in der umfassenden Geschichte des Pazifischen oder Fernöstlichen Krieges geschrieben werden.[57] Die Welt, in der China sich plaziert sah, war eine Welt im Krieg. Wenig von dem, was in China geschah, blieb von den Kräfteverschiebungen im Weltmaßstab unberührt. Sie sind nicht unser Thema. Wir fragen nach den Bedingungen für die Heraufkunft eines neuen *Systems* der Einbindung Chinas in internationale Zusammenhänge. Ein solches System wurde erst wieder nach der kommunistischen Machtübernahme vom Oktober 1949 errichtet. Bei Kriegsende war diese Lösung noch nicht abzusehen. Die Verhältnisse in China hatten sich während der acht Kriegsjahre in vieler Hinsicht gewandelt, aber die Zukunft war offen. China im Sommer 1945: Wohin hatte es der Krieg geführt?[58]

Japan war zum Zeitpunkt der Kapitulation am 14. August 1945 im chinesischen Felde unbesiegt. Mit einer bedeutsamen Ausnahme: Die Mustertruppe des japanischen Militarismus, die einst so gefürchtete, während des Krieges jedoch durch Abzug der besseren Einheiten ihrer Kampfkraft weitgehend beraubte mandschurische Guandong-Armee, ließ sich nach dem Kriegseintritt der Sowjetunion am 9. August widerstandslos von der Roten Armee überrollen, die mit anderthalb Millionen Mann, über 5000 Panzern, 26000 Artilleriegeschützen und 3800 Militärflugzeugen in «Mandschukuo» einfiel.[59] Wie hoch auch immer man den sowjetischen Beitrag zum Fall Japans veranschlagen mag: Der Zusammenbruch des Imperiums ging nach den Atombomben von Hiroshima und Nagasaki von seinem Zentrum aus und erfaßte von dort die kontinentale Peripherie.

China trug indirekt zu Japans Niederlage bei, indem es durch seinen Widerstand Truppen absorbierte, die Japan gern auf anderen Kriegsschauplätzen eingesetzt hätte; bei Kriegsende standen in China über eine Million japanischer Offiziere und Soldaten, etwa ein Fünftel der gesamten Kaiserlichen Armee.[60] Die Japaner waren zu schwach, um den Chinakrieg für sich zu entscheiden, und zu stark, um sich aus China hinausdrängen zu lassen. Daß die japanische Armee China nicht bezwingen würde, war spätestens 1942 deutlich geworden. Daß sie aber durchaus imstande war, China schwerste Verluste zuzufügen, zeigte die «Operation Ichigo» zwischen April und Dezember 1944. Sie richtete sich gegen die Flugplätze auf nationalistischem Territorium, von denen aus Chennaults Bomber Angriffe auf die japanischen Inseln flogen. Die Operation Ichigo war die größte und erfolgreichste Anstrengung der Japaner in China seit 1938, ein Prankenschlag des verwundeten Tigers, der den Nationalisten die Reiskammer Hunan entriß und mehr als 300 000 Angehörige der Truppen Jiang Kaisheks tot oder verwundet zurückließ.[61] Nur acht Monate vor der Hiroshima-Bombe war die militärische Kraft Guomindang-Chinas schwer angeschlagen worden. Anders als bei den Pazifizierungsaktionen vergangener Jahre waren die Kommunisten bei der Operation Ichigo nicht das Hauptziel der Japaner. Ja, sie profitierten auf mittlere Sicht vom weiteren Aderlaß der Guomindang und ihrem militärischen wie politischen Prestigeverlust.[62] Die KPCh konnte 1944 und während der ersten Hälfte des Jahres 1945 ihre Mitgliederzahl und die Stärke ihrer Truppen bedeutend erweitern. Als Mao Zedong im April 1945 auf dem VII. Parteitag die Bilanz der Kriegsjahre zog, sprach er von 1,2 Millionen Parteimitgliedern und 910 000 Angehörigen der beiden regulären Feldarmeen.[63] Trotz dieser eindrucksvollen Machtmittel waren es nicht die Kommunisten, die der japanischen Besatzung ein Ende bereiteten. Anders als zehn Jahre später die Franzosen aus Indochina, wurden die Japaner nicht durch einen nationalrevolutionären Befreiungskrieg aus China vertrieben. Der plötzliche und endgültige Zusammenbruch des formellen Imperialismus im Sommer 1945 war in erster Linie das Ergebnis militärischer Entscheidungen, die außerhalb Chinas fielen.[64]

Auch die politischen Entscheidungen über die Zukunft des Landes wurden – wie während des Jahrhunderts davor – zu einem Teil im Ausland getroffen, wenngleich die Realität sich bald als ungefügig erweisen sollte. Während des Pazifischen Krieges traten die USA an Großbritanniens Stelle als führende westliche Macht in Asien. Gleichzeitig wurden sie das, was erst die Deutschen und dann die Sowjets gewesen waren: Jiang Kaisheks wichtigster ausländischer Sponsor. Während des Krieges stritten Amerikaner und Engländer um das weitere Schicksal der europäischen Kolonialreiche nach dem Ende der japanischen Besatzung.[65] Über die Zukunft Chinas hingegen gab es kaum Meinungsverschiedenheiten. Die britische Diplomatie akzeptierte, daß der informelle Imperialismus des Treaty-

Systems der Vergangenheit angehörte. Sie billigte auch, daß Washington sich die «große» Chinapolitik vorbehielt und mit der zweiten asiatischen Weltmacht, der Sowjetunion, fernöstliche Fragen direkt besprach.[66] Ihre einzige – aber eine höchst bedeutsame – Rückkehr zum *status quo ante* gelang ihr mit der Wiedergewinnung Hongkongs gegen den Widerstand Chinas und mit zähneknirschender Duldung durch die USA.[67] 1945 verspürten die Briten wenig Lust, sich in die verworrene chinesische Innenpolitik einzumischen und sich dort möglicherweise die Finger zu verbrennen. Dem taktischen Ziel, die immer noch beträchtlichen Wirtschaftsinteressen angesichts eines nun vollkommenen Verlusts militärischer Interventionsmittel durch die Fährnisse des beginnenden Bürgerkrieges zu steuern, wurde alle diplomatische Tätigkeit untergeordnet. «Keeping a foot in the door»: nicht mehr und nicht weniger war das britische Ziel in einer Welt ohne ungleiche Verträge. Die Kriegsschäden an britischem Eigentum waren geringer als befürchtet. Am meisten hatten die Bergwerke in Nordchina sowie die Schiffahrt gelitten; auch drückte der Verfall der Bodenpreise den Buchwert der Investitionen. Andererseits hatten die Japaner manche britische Fabrik mit neuen Maschinen ausgerüstet, die nun als Feindeigentum konsfisziert wurden. Gegenüber 1941, so schätzte das Foreign Office, war die Gesamtsumme der britischen Direktinvestitionen in China nur um etwa 11 % zurückgegangen.[68] Im Frühjahr 1949 lebten wieder etwa 4000 Briten in Shanghai, halb soviel wie 1936.[69] Im Handel *mit* China konnte Großbritannien seine Vorkriegsposition nicht wiederherstellen. Dies lag einmal an der übermächtigen kommerziellen Position der USA, zum anderen – und hauptsächlich – an Problemen der Finanzierung. China hatte nach dem Krieg alles andere als eine «harte» Währung, so daß die britische Regierung ab 1947 Exporte nach China einzudämmen trachtete.[70] Mit ganz anderen Schwierigkeiten hatten die britischen Geschäftsleute *in* China zu kämpfen: mit Chaos in Administration und Wirtschaftspolitik, mit einem Grad von Inkompetenz und Korruption der Guomindang-Bürokraten, wie er vor 1937 unbekannt gewesen war, mit den schon aus den zwanziger Jahren geläufigen Problemen vom Bürgerkrieg gestörter Verkehrsverbindungen, mit einer abermals (wie 1924–31) rebellischen Arbeiterschaft, gegen welche der Repressionsapparat des Regimes wenig ausrichten konnte,[71] und mit einer Hyper-Inflation, die vor allem die Lohnkosten explodieren ließ. Schwierigkeiten gab es auch mit der offiziellen Außenwirtschaftspolitik. Diese knüpfte an die Ambivalenzen der Nanjing-Dekade an. Einerseits warb die Guomindang, getreu dem Entwicklungsprogramm des späten Sun Yatsen, um ausländisches Kapital, andererseits ließ sie aber Tendenzen zu einer im Westen als anstößig empfundenen staatlichen Industriekontrolle erkennen.[72] Während des Krieges hatte sich das Regime im rückständigen Binnenland die Industrie fast vollständig unterwerfen können.[73] Solche staatswirtschaftlichen Attitüden kehrten sich nach der Rückkehr der Guomindang in die ehemaligen Treaty Ports auch gegen die Ausländer. Die großen Chinafirmen waren trotz alledem mit der Geschäftslage nicht unzufrieden und sahen Anlaß zu bescheidenen Hoffnungen für die Zukunft, sollte sich die politische Lage stabilisieren. Wer der Stabilisator sein würde, war letztlich eine zweitrangige Frage. Der Überdruß an der Guomindang erreichte spätestens Ende 1948 den Punkt, wo viele britische Geschäftsleute und Diplomaten Ordnung unter den Kommunisten dem Chaos unter der Guomindang vorzuziehen bereit waren. Die Kommunisten, so urteilte im Februar 1949 der Generalkonsul in Shanghai in stiller Resignation, seien «nichts als abermals eine neue chinesische Militärmacht, nur effizienter als der Rest».[74]

So gab sich also das einst großmächtige Britannien in China defensiv, pragmatisch und bescheiden. Ein Deja-vu-Gefühl und eine Haltung des Irgendwie-Durchwurstelns prägten die Stimmung in den letzten Jahren vor der Machtergreifung der KPCh. Der britischen Taktik des Überlebens kontrastierte die amerikanische Strategie der Einflußnahme. Beide sollten sich als gleich wirkungslos erweisen. Präsident Roosevelt hatte in kühnen Momenten von China als der vierten Weltmacht und der führenden asiatischen Ordnungskraft im Fernen Osten geträumt.[75] Von heute aus erscheint diese Vision als weniger phantastisch, als sie es für die Zeitgenossen war; Churchill hielt sie für dummes Zeug.[76] Tatsächlich war Jiang Kaishek ein wenig tauglicher Kandidat für eine weltpolitische Führungsrolle, wie er sie wenigstens einmal spielen durfte: im November 1943 mit Roosevelt und Churchill gleichberechtigt am Konferenztisch in Kairo.[77] Die Ineffizienz und Korruption von Jiangs Regime, das Abzweigen von Finanzhilfe in die Taschen der Mächtigen, das Verschieben von Lend-lease-Gütern auf dem schwarzen Markt, mangelnde Bereitschaft und Fähigkeit zu den dringlichsten sozialen und politischen Reformen, Unterdrückung oppositioneller Meinungen und der deutliche Mangel an militärischer Initiative im Kampf gegen Japan (Jiang schonte seine Truppen für die Auseinandersetzung mit den Kommunisten): All dies war US-Beobachtern während des Krieges nicht entgangen.[78] Vor allem General Joseph Stilwell, wegen seines unwirschen Temperaments «Essig-Joe» genannt, der 1942 bis 1944 als Stabschef des Generalissimus diente, sowie einige jüngere Chinafachleute des State Department (John S. Service, John Paton Davies, Jr. u. a.) zeichneten ein düsteres Bild vom China der Guomindang und warnten den Präsidenten davor, sich zu fest an Jiang zu ketten.[79] Im Juli 1944 besuchte eine amerikanische Beobachtermission Mao Zedong in Yan'an und kam mit wohlwollenden bis enthusiastischen Berichten zurück.[80] Damit begann nicht nur eine Außenpolitik der bis dahin isolierten KPCh, die sich heftig um freundliche Beziehungen zu den Amerikanern bemühte – Mao pries sie noch im Mai 1945 als «Chinas größten Verbündeten»[81] –, es stellte sich auch für die US-Chinapolitik erstmals das Problem, daß in China mit zwei rivalisierenden Machtzentren zu rechnen war. Bis zum Ende des Krieges ließen die USA keine eindeutige Linie gegenüber China erkennen. «Fraglich war», so bemerkt der britische Historiker Christopher Thorne, «worin das Hauptziel der US- Präsenz in China bestehen sollte: den Krieg gegen Japan gewinnen zu helfen; ein starkes China zu schaffen; oder Jiang Kaishek im Sattel zu halten?»[82] Ende 1944 wurde deutlich, daß man das dritte dieser Ziele, anders als die der Guomindang ungnädig gesonnenen Chinaexperten meinten, mit den übrigen beiden für durchaus vereinbar hielt. Auf Druck Jiang Kaisheks und der ihm ergebenen Chinalobby in Washington wurde Stilwell abberufen und der diplomatische Dienst von Jiang-Gegnern und Sympathisanten der Kommunisten gesäubert.[83] Klar war während der letzten Monate des Krieges, daß weder Roosevelt noch Harry S. Truman, der seit April 1945 im Weißen Haus amtierende neue Präsident, Jiang Kaishek opfern und die «kommunistische Karte» spielen würden.[84] Das Ausmaß des amerikanischen Einsatzes für Jiang nach Kriegsende blieb freilich noch zu bestimmen.

Klar war bei Kriegsende ein weiteres: Die Sowjetunion würde in Ostasien eine maßgebliche Rolle spielen. Auf der Konferenz von Jalta im Februar 1945, zu der Jiang Kaishek nicht mehr eingeladen wurde, ließ sich Stalin von Roosevelt seinen Anspruch auf sowjetische Sonderinteressen in der Mandschurei bestätigen, besonders auf Kontrolle des alten zaristischen Flottenstützpunkts Port Arthur und auf eine gemeinsame sino-sowjetische Verwaltung der mandschurischen Eisenbahnen. Er versprach dafür den sowjetischen Eintritt in den Krieg gegen Japan drei Monate nach Ende des Krieges in Europa. Außerdem stimmte er Roosevelts Erklärung zu, nach dem Krieg solle Jiang die führende politische Kraft in China bleiben.[85] Am 14. August 1945, dem Tag der Kapitulation Japans, schloß die Sowjetunion einen Vertrag mit der Republik China, also mit der Regierung in Chongqing, in welchem die Vereinbarungen von Jalta von dem direkt Betroffenen bestätigt wurden. Gegen die Zusicherung exklusiver Unterstützung für Jiang Kaishek gewann Stalin nicht nur seine Privilegien in der Mandschurei, sondern auch die chinesische Einwilligung in die «Unabhängigkeit» der Äußeren Mongolei.[86] So revidierte Stalin die zaristische Niederlage von 1905, schuf – ergänzt durch die Übernahme der Kurilen und Südsachalins – eine riesige Pufferzone um das strategisch verwundbare östliche Sibirien, vermied amerikanischen Einfluß in der mandschurischen Industrieregion und verpflichtete sich jene politische Kraft in China, von der allgemein erwartet wurde, daß sie auf absehbare Zeit das Land, wenngleich mit angefochtener Autorität, beherrschen würde, eine Kraft zudem, deren fortdauernde Schwäche allzu ehrgeizigen Unabhängigkeitsbestrebungen wenig Raum zu lassen versprach. Sucht man eine langfristige Konstante in Stalins Haltung zu China, so ist sie wohl in einer Politik des schwachen Nachbarn zu finden: Sein Ziel war ein im Inneren geordnetes, aber nach außen schwaches und daher von Moskau beeinflußbares

China, das nicht zur militärisch gesicherten Interessensphäre einer der Weltmächte gehören sollte.[87] Am Ende des Krieges fand sich Jiang Kaishek, von seinem japanischen Gegner befreit, in der Rolle eines von den zwei verbliebenen Weltmächten nicht ganz für voll genommenen, aber von beiden umworbenen und unterstützten Doppelklienten. Weder Truman noch Stalin konnten die chinesischen Kommunisten ganz ignorieren. Beide hätten sie gerne als Juniorpartner der Guomindang in einer Koalitionsregierung gesehen. Stalin verfolgte dabei eine flexiblere und doch konsistentere Politik, mehrere Eisen im Feuer zu halten. Seine verläßlich herablassende Haltung zu den chinesischen Kommunisten kontrastierte mit dem Zick-Zack-Kurs der amerikanischen Chinapolitik. Stalin, so hat man es formuliert, verhielt sich wie ein reicher Besucher beim Derby: Er setzte auf alle Pferde, um sicher zu gehen, den Gewinner zu treffen. Auch er ahnte jedoch im Sommer 1945 nicht, wie rasch das Rennen entschieden sein würde. Selbst Mao Zedong wagte erst im März 1948 mit einiger Gewißheit für das folgende Jahr die Errichtung einer Zentralen Regierung des Volkes vorherzusagen.[88]

Der rasche Sieg der KPCh und ihrer Streitkräfte war das Ergebnis ihrer weithin unterschätzten eigenen Stärke und der überraschenden Schwäche des Gegners.[89] Ein umfassender Bürgerkrieg begann im Juni 1946,[90] nachdem langwierige Friedensgespräche zwischen Guomindang und KPCh, die mit einem Besuch Mao Zedongs bei Jiang Kaishek in Chongqing am 28. August 1945 begonnen hatten, endgültig gescheitert waren; seine frühesten Schauplätze waren Nordchina und die Mandschurei. Während des ersten Jahres befanden sich die Kommunisten meist in der Verteidigung; im März 1947 mußten sie sogar ihre Haupstadt Yan'an preisgeben. Seit der Mitte des Jahres 1947 brachten sie dann zunehmend die militärische Initiative in ihre Hand; im Dezember sah Mao die Kommunisten fast überall in der Offensive. Ab etwa Mitte 1948 hielten unbefangene Beobachter die Niederlage der Nationalisten nur mehr für eine Frage der Zeit. Die Schlacht von Huaihai, zwischen dem 6. November 1948 und dem 10. Januar 1949 auf der nordchinesischen Ebene geschlagen, war das Cannae Jiang Kaisheks. Danach blieb nichts als Auflösung und Flucht. Die Übertritte von Truppenteilen der Guomindang, die Anfang 1948 begonnen hatten, nahmen nun endemische Ausmaße an. Am 22. Januar 1949 übergab General Fu Zuoyi, einer von Jiang Kaisheks fähigsten Kommandeuren, Beijing an die Volksbefreiungsarmee (VBA, der Name der KPCh-Truppen seit Juli 1946). Am 15. Januar fiel Tianjin, am 23. April Nanjing, am 17. Mai Wuhan, am 25. Mai Shanghai, eine Woche später Qingdao. Am 24. August zog sich Jiang Kaishek, der in einem taktischen Manöver das Präsidentenamt im Januar an General Li Zongren abgetreten hatte, in seine Bergfeste Chongqing zurück, um den letzten Widerstand zu organisieren. Am 1. Oktober 1949 verkündete Mao

Zedong auf dem Tianmen, dem Tor des Himmlischen Friedens in Beijing, die Gründung der Volksrepublik China. Am 30. November eroberte die VBA Chongqing. Jiang floh ins benachbarte Chengdu. Am 10. Dezember ließ er sich nach Taiwan ausfliegen.

Jiang Kaishek, zwischen 1927 und 1947 der mächtigste Mann Chinas, sollte das Festland bis zu seinem Tode 1975 nicht wieder betreten, niemals an der Überzeugung zweifelnd, der einzig legitime Führer des gesamten chinesischen Volkes zu sein. Mit der Besetzung der Insel Hainan durch die VBA im April 1950 wurde die militärische Machteroberung abgeschlossen.

In seiner entscheidenden Phase wurde der chinesische Bürgerkrieg zwischen Guomindang und Kommunistischer Partei, der letzte von drei «revolutionären Bürgerkriegen» nach der Zählung der volkschinesischen Geschichtsschreibung,[91] ohne maßgebliche fremde Intervention ausgefochten. Dies lag am begrenzten Willen von USA und UdSSR zum aktiven Eingreifen in China, aber auch an der schieren Dimension der chinesischen Ereignisse, durch welche die Großmächte sich zu Zuschauern jenes historischen Dramas reduziert sahen, als dessen Regisseure sie sich noch Anfang 1945 in Jalta gefühlt hatten. In den Jahren 1947 bis 1949 gelangte die interne Dynamik der chinesischen Revolution zum Durchbruch. China war unregierbar, es war unmanipulierbar geworden.

«Stärke» und «Schwäche» der Kontrahenten bemaßen sich auf dem Höhepunkt des Bürgerkrieges nicht in erster Linie an ihrem jeweiligen Zugang zu äußeren Hilfsquellen. *Direkte* militärische Unterstützung spielte keine große Rolle mehr, nachdem sie in der unmittelbaren Nachkriegszeit durchaus bedeutsam gewesen war. Zwischen Oktober und Dezember 1945 wurden fast eine halbe Millionen Guomindang-Soldaten in amerikanischen Flugzeugen und Schiffen von Südwest- nach Nordchina befördert. 53 000 US-Marineinfanteristen landeten im Norden und besetzten Beijing, Tianjin, Qingdao, die Bergwerke und wichtigsten Eisenbahnlinien im Norden, um diese strategisch wichtigen Punkte bis zur Ankunft der Nationalisten zu halten und ihre Übernahme durch die Kommunisten zu verhindern.[92] Diese Aktionen vereitelten einen frühen Sieg der KPCh und ihrer Guerillakämpfer im Norden. Die letzten US-Truppen verließen Beijing und Tianjin erst im März 1947. Bis Ende 1948 blieben Militär- und Marineberater der US Military Advisory Group (MAGIC), deren etwa 1000 Angehörige jedoch eine direkte Teilnahme am Kriegsgeschehen vermieden.[93] Das Verhalten amerikanischer Soldaten gegenüber der chinesischen Bevölkerung gab Anlaß zu Ärger und Protesten, besonders unter den Studenten Beijings.[94]

Anders als die Stationierung ausländischer Truppen nach dem Boxeraufstand, die China aufgezwungen worden war, ging die punktuelle Okkupation Nordchinas nach 1945 auf ein Hilfeersuchen der chinesischen Regierung zurück. Die amerikanischen Militärberater der späten vierziger Jahre waren das letzte Glied in einer Kette fremder militärischer Assistenz für die Guomindang. 1923–27 hatten sowjetische, 1934–37/38 deutsche, 1937–41 abermals sowjetische und ab 1942 amerikanische Berater bei der militärischen Festigung der Guomindangmacht eine nicht unbedeutende Rolle gespielt. Am erfolgreichsten, am historisch wirkungsvollsten waren wohl die frühen sowjetischen Helfer.

Ohne sie wäre vermutlich der Aufbau einer schlagkräftigen Nationalarmee, ihr Sieg im Nordfeldzug von 1926/27 gegen die Warlords und der Aufstieg Jiang Kaisheks zum Führer der Partei und des Landes nicht gelungen. General Bljucher und seine Leute waren 1927 unvermittelt abserviert worden. Ähnlich harsch wurde den späteren Beraterschaften nicht mitgespielt. Sie alle klagten jedoch über die Unfähigkeit und Unwilligkeit vieler chinesischer Kommandeure zur Kooperation. General Stilwell hatte sich darüber öffentlich und zumal in seinen privaten Aufzeichnung drastisch geäußert, über niemanden bitterer als über Jiang Kaishek selbst.[95] Die letzten amerikanischen Militärberater verließen China in einer Stimmung gesteigerter Frustration. Nicht nur mißfiel ihnen die Inkompetenz vieler Offiziere, eine mangelnde Dezentralisierung und Flexibilität der Kommandoverhältnisse, die aus dem Kriege fortdauernde Praxis brutaler Konskription und die schlechte Behandlung und Ausbildung der Rekruten.[96] Sie beklagten auch und vor allem das Überwuchern militärischer Notwendigkeiten durch die Privatinteressen und politischen Intrigen der Guomindangführer.[97] Das Regime, das man retten wollte, strebte starrsinnig seinem Untergang entgegen.

Hatten die USA niemals größere Kampfverbände in China stationiert (am Tage der Kapitulation Japans befanden sich nur 60 000 Mann amerikanischen Militärpersonals in China),[98] so war die Sowjetunion im August 1945 mit einer riesigen Armee in der Mandschurei erschienen. Diese Truppen wurden zwischen März und Mai 1946 abgezogen, vermutlich eher als versöhnliches Signal Stalins im beginnenden Kalten Krieg denn aus engeren chinapolitischen Motiven.[99] Die sowjetischen Truppen ermöglichten es KPCh-Verbänden aus Nordchina, in der Mandschurei Fuß zu fassen und – wie die Guomindang es in anderen Landesteilen tat – japanisches Kriegsmaterial zu übernehmen. Sie selbst demontierten einen großen Teil der besten mandschurischen Industrieanlagen. Die sowjetische Präsenz stärkte indessen die KPCh in der Mandschurei nicht in dem Grade, daß sie den Truppen Jiang Kaisheks standgehalten hätte, die nach dem sowjetischen Rückzug große Teile des Nordostens besetzten. Erst in der zweiten Hälfte des Jahres 1947 konnte die VBA unter Lin Biao, ganz ohne sowjetische Hilfe, die Guomindang-Kräfte in die Defensive drängen.[100] Erst jetzt wurde die Mandschurei zum «Amboß des Sieges». Insgesamt gesehen, profitierten die Kommunisten deutlich weniger von der Anwesenheit der Sowjettruppen als die Guomindang von der Hilfeleistung durch das US-Militär.

Diese Schlußfolgerung läßt sich auf die Verhältnisse bei *indirekter* Militär- und Wirtschaftshilfe übertragen, also Hilfe, die nicht mit physischer

Intervention verbunden war. Zwischen 1945 und 1949 erhielten die chinesischen Kommunisten von der Sowjetunion sehr wenig Unterstützung. Die Revolution ist weder durch russische Bajonette noch durch Stalins Rubel an die Macht gekommen.[101] Mao würde sich später noch deutlicher ausdrücken: «Die chinesische Revolution hat gegen den Willen Stalins den Sieg errungen.»[102] Im anderen Bürgerkriegslager wurde die «begrenzte Unterstützung» der USA für den Generalissimus bis in die letzten Monate seines Regimes fortgesetzt.[103] Bis Ende 1945 waren 39 chinesische Armeedivisionen mit amerikanischem Material neu ausgerüstet worden. Im August 1946 kaufte China (auf Kredit) zum Rabattpreis von 175 Millionen $ von den USA ziviles und militärisches Restmaterial aus dem Weltkrieg im Wert von mindestens 500 Millionen $, das andernfalls vermutlich verschrottet worden wäre. Washington stellte 500 Millionen $ für das Chinaprogramm der United Nations Relief and Rehabilitation Administration (UNRRA) zur Verfügung; nur ein kleiner Teil der damit finanzierten Nahrungsmittel und medizinischen Güter erreichte die kommunistischen Gebiete. Die USA übergaben der Jiang-Regierung 271 Schiffe und 6500 t Munition, die die abziehenden «Marines» 1947 hinterließen. Obwohl selbst amerikanische Anhänger der Guomindang dieser «reactionary leadership, repression and corruption» vorwarfen,[104] verabschiedete der Kongreß noch im April 1948 ein Hilfspaket in Höhe von 400 Millionen $, ohne damit, wie bei den politischen Anleihen der Vorkriegszeit üblich, eine Kontrolle des Spenders oder Gläubigers über die Verwendung der Mittel zu verbinden.[105] Mindestens 125 Millionen $ davon benutzte die chinesische Regierung zum Kauf von Rüstungsgütern in den USA. Den Trend des Bürgerkriegsverlaufs konnte diese Stützungsaktion nicht mehr umkehren. Ihr Haupteffekt bestand vielmehr darin, daß sie in China eine Welle anti-amerikanischer Empörung auslöste, kam sie doch zu einem Zeitpunkt, als die Guomindangherrschaft in der chinesischen Öffentlichkeit fast völlig diskreditiert war und ein Sieg der KPCh allgemein gewünscht und erwartet wurde. Nach offiziellen amerikanischen Angaben erhielt China zwischen August 1945 und März 1949 amerikanische Hilfe in jedweder Form in Höhe von 3086 Millionen $.[106] Jiang Kaishek, der später auf Taiwan über die Gründe für seine Niederlage nachsann und dabei mit Schuldzuweisungen an andere nicht zimperlich umging, beklagte sich niemals über einen Mangel an militärischem Material. Geheime Guomindangdokumente zeigen, daß es Jiang während des gesamten Bürgerkrieges nie an Waffen und Munition fehlte.[107] Die Hauptquelle dafür waren die USA. Ein großer Teil der amerikanischen Rüstungsgüter fiel selbstverständlich in kommunistische Hände; einiges davon wurde wenige Jahre später im Koreakrieg gegen die USA eingesetzt.

Die amerikanische Ostasienpolitik zwischen Japans Kapitulation und dem Ausbruch des Koreakrieges im Juni 1950 ist jahrzehntelang eines der am heftigsten umstrittenen Kapitel der neueren Diplomatiegeschichte gewesen. Erst in jüngster Zeit gewinnt ein gewisser akademischer Konsens im historischen Urteil Konturen, unterstützt durch eine gründliche Aufarbeitung eines immensen Quellenmaterials. Lange verharrte die Debatte im Modus des Irrealis, des Als-Ob, der Reue über angeblich verpaßte Gelegenheiten. Politiker und Autoren auf der Rechten beklagten den unzureichenden Einsatz der Truman-Administration im Kampf gegen den Kommunismus. Der «Verlust» Chinas, so hieß es unter dem Eindruck der Konfrontation in Korea, hätte verhindert werden können, wenn die USA in den Bürgerkrieg auf Jiang Kaisheks Seite direkt militärisch eingegriffen und das Guomindang-Regime gleichzeitig energischer zu inneren Reformen gedrängt hätten.[108] Nach den katastrophalen Erfahrungen mit einer ebensolchen Intervention großen Stils in Vietnam und nach den Chinareisen Kissingers und Nixons 1971/72 gewann eine ganz andere Version der «Lost Chance»-These viele Anhänger: Hätte Truman den Rat jener Guomindang-Kritiker unter den Chinaexperten des State Department befolgt, die während der antikommunistischen Hexenjagd unter Senator Joseph McCarthy Anfang der fünfziger Jahre zu Landesverrätern gestempelt und aus ihren Ämtern gejagt (und erst 1971 rehabilitiert)[109] wurden, hätte er also an das gute Einvernehmen zu den Kommunisten angeknüpft, das vorübergehend 1944/45 herrschte: Wären dann nicht Maos «Abdriften» ins sozialistische Lager, die zwei Jahrzehnte andauernde Vereisung zwischen Washington und Beijing und vielleicht sogar die Kriege in Korea und Indochina vermeidbar gewesen?[110] Hätte man nicht Jiang Kaishek und sein diskreditiertes Regime (wie 1986 Marcos auf den Philippinen) beizeiten fallenlassen müssen? Beide im Gedankenspiel beschworenen Alternativen zur lavierenden und eher passiven Chinapolitik der Truman-Administration unterstellen freilich eine potentielle Gestaltungsfähigkeit, wie sie die USA im Nachkriegschina nicht besaßen. Vermutlich hätten weder, wie die antikommunistischen Falken meinen, eine amerikanische Invasion die Kommunisten bezwingen und Jiang Kaishek als nun offenkundige Marionette an der Macht halten, noch, wie die antiimperialistischen Tauben glauben, ein Entzug jedweder Unterstützung für Jiang verbunden mit friedfertigen Signalen an die Adresse Maos die KPCh der Sowjetunion entfremden und zum Partner der USA machen können.[111] Die gesamte, aus europäischer Sicht gespenstisch anmutende Debatte um Amerikas «verpaßte Gelegenheiten» in China ruht auf der von Linken wie Rechten stillschweigend getroffenen Annahme, die USA seien zur Menschheitsbeglückung fähig und berufen. Dies verdeckt eine schlichte Tatsache: Die «lost chances» wurden deshalb nicht genutzt, weil es sie nie gab.

Dies haben Präsident Truman und seine beiden Außenminister George C. Marshall und Dean Acheson klarer erkannt als ihre Kritiker auf beiden Flügeln des politischen Spektrums. Wie konzeptionslos und widersprüchlich ihre Chinapolitik im einzelnen auch war, wie diffus in der Einschätzung der chinesischen Verhältnisse, so beruhte sie doch auf einer realistischen Einsicht in die Grenzen der amerikanischen Macht. Die Weichen wurden bereits gestellt, als im Sommer 1946 die Bemühungen von Sonderbotschafter General George C. Marshall um Vermittlung zwischen Guomindang und KPCh fehlschlugen.[112] Sie scheiterten am fortdauernden Mißtrauen der Bürgerkriegsparteien gegeneinander, aber auch an einer von Anfang an eingebauten Inkonsequenz, denn Marshall vertrat eine Regierung, die von ihrer einseitigen Unterstützung für Jiang Kaishek nicht abzugehen bereit war und auch während der Dauer der Mission ihre Hilfeleistungen an die Nationalisten nicht unterbrach. Kurz, Marshall war nicht unparteiisch. Er verließ China voller Verachtung für die chinesische Politik, besonders die der «dominierenden reaktionären Gruppe» innerhalb der Guomindang,[113] und mit zwei wichtigen Erkenntnissen: erstens, daß die Sowjetunion sich nicht in China einmische und insbesondere keine Anschläge auf die Mandschurei im Schilde führe,[114] und zweitens, daß die nach dem Krieg verbreitete selbstbewußte Überzeugung, die USA hätten die Pflicht und die Mittel, das politische Schicksal Chinas zu bestimmen, eine Illusion sei. Die chinesische Politik, das hatte Marshall gelernt, als er «müde, zornig und enttäuscht» nach Amerika zurückkehrte,[115] war von außen nur sehr begrenzt manipulierbar. Gegen die Kommunisten hatte man kein Druckmittel in der Hand, und Jiang Kaishek hatte sich abermals als ein starrköpfiger, allmählich auch wahnhaft der Realität entfremdeter Schützling erwiesen, der sich allein schon aus innenpolitischen Gründen vor einer zu engen Bindung an die USA hütete und die ihm dringend anempfohlenen inneren Reformen verweigerte.

Zwischen dem Ende der Marshall-Mission im Januar 1947 und dem Eingeständnis der US-Politik im November 1948, daß der Sieg der Kommunisten im Bürgerkrieg unaufhaltsam sei, verfolgte die Administration eine ungenau ausformulierte Politik der Nichtintervention bei begrenzter Unterstützung der Guomindang. Vorzuwerfen ist ihr nicht, daß sie auf das Ausspielen einer illusorischen «kommunistischen Karte» verzichtete, sondern allenfalls ein zu zögerndes «Disengagement»; zu bedenken bleibt aber, daß ein völliger Rückzug aus China innenpolitisch kaum durchsetzbar gewesen wäre. George Marshall, nunmehr Secretary of State und als der führende Sachkenner vom Präsidenten mit der Gestaltung der Beziehungen zu China betraut, setzte sich im Bunde mit dem Auswärtigen Ausschuß des Senats gegen das Pentagon, die Vereinigten Stabschefs und Botschafter John Leighton Stuart durch, die eine direkte Militärhilfe für Jiang befürworteten. Ende 1947 fiel endgültig die Entscheidung gegen die Entsendung amerikanischer Kampftruppen nach China.[116] Weiterhin wünschte Washington keinen Sieg der KPCh, war aber nur in Grenzen bereit, ihn zu verhindern. Über das Hilfspaket der China Aid Bill vom April 1948 in Höhe von weniger als einem Zehntel der gleichzeitig bewilligten Marshallplan-Hilfe für Europa (allein für 1948/49) ging man nicht hinaus.[117] Um einen kommunistischen Sieg abzuwenden, würden die USA keinen Krieg riskieren. China wurde in eine neue mittlere Prioritätenkategorie zwischen «vitalen» und «peripheren» Interessen der USA eingeordnet: unter die «major interests», die gepflegt, aber nicht um jeden Preis verteidigt werden sollten.[118] Anders als Westeuropa war es kein lebenswichtiger Bestandteil der freiheitlich-westlichen Nachkriegsordnung. Zwar blieb die dichotomische Sicht der Welt, wie sie in der durch die kommunistische Bedrohung in Griechenland inspirierten Konfliktrhetorik der «Truman-Doktrin» vom März 1947 zum Ausdruck kam, nicht ohne Wirkungen auch auf Ostasien. Die Eindämmungsstrategie wurde jedoch nicht vor Ende 1949 auf den fernöstlichen Raum übertragen.[119] Im weltweiten Zusammenhang des beginnenden Kalten Krieges war China aus amerikanischer – wie aus sowjetischer – Perspektive einstweilen ein Nebenschauplatz.[120] Ein weltpolitisch höchst bedeutsamer Akzent wurde anderswo in der ostasiatischen Region gesetzt. Während Washington 1947/ 48 darauf achtete, sich am chinesischen Hexenkessel nicht die Finger zu verbrennen, fiel die Entscheidung, *Japan* als Bollwerk gegen sowjetischen Expansionismus und asiatische Revolution aufzubauen.[121] Die phönixhaft aus der Asche des Krieges aufsteigende, durch die Reformen der amerikanischen Besatzungsmacht notdürftig geläuterte konservative Elite Japans, nicht die kraftlose und korrupte Guomindang würde Amerikas wichtigster Partner in Asien sein. Die USA hatten seit Jahrzehnten zwischen der Annäherung an China, das Hauptziel ihrer Heidenmission, und der an Japan, das Hauptziel ihres asiatischen Handels, geschwankt. Kaum mehr als zwei Jahre nach dem Ende des japanisch-amerikanischen Krieges drängten die Umstände auf eine eindeutige Wahl.

Amerikanische Kontrolle über Japan und starke, den USA freundlich gesonnene Zentralregierungen in China und Korea: Dies waren die drei asienpolitischen Maximalziele, mit denen Truman im April 1945 seine Präsidentschaft angetreten hatte.[122] Als er im Januar 1949 seine zweite Amtszeit begann, war nur das erste Ziel erreicht. Korea war durch einen Stacheldrahtgürtel am 38. Breitengrad geteilt in einen massiv von der Sowjetunion unterstützten kommunistischen Norden und eine Republik Korea unter Präsident Syngman Rhee im Süden, die sich des nicht ganz vorbehaltlosen Beistandes der USA erfreute. Aus China, wo es niemals wie in Korea und Japan eine amerikanische Okkupation gab, hatten sich die Amerikaner fast ganz zurückgezogen. Die Rooseveltschen Visionen von einem beispiellosen ökonomischen und kulturellen Einfluß der USA in einem reformiert-demokratischen China gehörten der Vergangenheit an. Man ließ den alten Partner Jiang Kaishek nicht völlig im Stich und zahlte ihm weiter Subventionen, ohne daß sich irgend jemand in Washington von solchen symbolischen Handlungen das geringste versprach. Am 1. Dezember 1948 erschien Madame Jiang Kaishek persönlich in der Bundeshauptstadt und verlangte dreist eine Militär- und Wirtschaftshilfe in

Höhe von drei Milliarden Dollar.[123] Truman ließ sich nicht beeindrucken. «Die große Mehrheit der Bevölkerung», so hatte ihm Botschafter Stuart am 10. November 1948 aus Nanjing gekabelt, «und fast alle Amtsträger (der Guomindang-Regierung, J. O.) außer dem Generalissimus und seiner engsten Umgebung ... haben sich mit dem baldigen Sieg der Kommunisten abgefunden und glauben, daß ein sofortiges Ende der Feindseligkeiten im Interesse aller liegt.»[124] Das offizielle Washington sah dem Sieg der Kommunisten mit skeptischer Gelassenheit entgegen. Mit Ausnahme der Chinalobby und einiger rechtsgerichteter Presseorgane bestritt niemand in der amerikanischen Öffentlichkeit den politischen Bankrott der Guomindang. Sie hatte, so fand man, ihren Untergang selber heraufbeschworen und fand nun ihr verdientes Schicksal. Sympathie für die neuen Machthaber war eine andere Sache. Der Kommunismus galt vielen Amerikanern als «unchinesisch», als eine fremde Ideologie, die die traditionelle «Freundschaft» zwischen den «Völkern» Amerikas und Chinas stören würde.[125] In einigen Fällen war es zu Zusammenstößen zwischen KPCh-Kräften und amerikanischem diplomatischem Personal gekommen, und man besaß kein hinreichend klares Bild von den außenpolitischen Absichten der Leute um Mao Zedong.[126] Aber Washington hatte es nicht eilig. Anders als Großbritannien, das seine umfangreichen Investitionen in China durch eine rasche Anerkennung des neuen Staates zu schützen suchte (sie erfolgte am 6. Januar 1950),[127] konnten die USA abwarten, ohne sich für chinesische Repressalien allzu anfällig zu machen. Vor allem wollte man erst die allgemein erwartete Vertreibung der Rest-Guomindang aus Taiwan geschehen lassen. Trotz aller grundsätzlichen, ideologisch motivierten Skepsis gegenüber einem kommunistischen Regime war Dean Acheson, durch Präsident Truman vorsichtig gedeckt, seit Ende Oktober 1949 zu einer diplomatischen Anerkennung der Volksrepublik prinzipiell bereit, nicht zuletzt, um durch eine solche Verständigung einen Keil zwischen Beijing und Moskau zu treiben, und er war sich dabei nicht nur der Zustimmung Großbritanniens, Frankreichs, Japans und Indiens gewiß, sondern auch des Beifalls vieler Kongreßpolitiker, Missionare, Geschäftsleute, Journalisten und Wissenschaftler.[128] Erst der Ausbruch des Koreakrieges am 25. Juni 1950 entzog dieser Politik den Boden und begründete jene erbitterte Feindschaft, mit welcher sich Amerika und China während der folgenden zwei Jahrzehnte gegenübertraten.

1945 hätte aus amerikanischer Sicht der Auftakt zu einer neuen Epoche in Chinas Stellung in der Welt werden sollen. Statt dessen entpuppte sich das Jahr des Sieges über die militärisch expansiven Achsenmächte als Beginn eines Finales. Die kurze Zeitspanne von Mitte 1945 bis Ende 1949 war der Schlußakt eines historischen Dramas, das mit dem Opiumkrieg von 1840–42 begonnen hatte: der Steuerung der Geschicke des Landes durch ungerufene Ausländer. Um Kontinuitäten und Diskontinuitäten sichtbar zu machen, mag es nützlich sein, die für frühere Perioden verwendeten Kategorien der Imperialismusanalyse in ihrer Anwendbarkeit auf die Bürgerkriegsphase zu überprüfen. Nach 1945 gab es keine Rückkehr mehr zu den Hauptformen des alten Imperialismus. Ebenso wie genau gleichzeitig Indien, Indonesien oder Vietnam erlebte auch China seinen Prozeß der Dekolonisation im Spannungsfeld von Emanzipationskampf und beginnendem Kalten Krieg.[129] Der imperiale Zyklus Japans, der 1895 begann und in der Unterwerfung halb Chinas und schließlich fast des ganzen südostasiatischen Raumes gipfelte, fand im Sommer 1945 sein abruptes Ende. *Formal empire*, die koloniale Beherrschung größerer Territorien (im Unterschied zum punktuellen Stützpunktkolonialismus à la Macau, Hongkong oder Singapore), gehörte damit auf dem ostasiatischen Kontinent der Vergangenheit an. Ein zweiter imperialer Zyklus, den man nach seinem nicht alleinigen, aber doch wichtigsten Urheber und Träger den britischen nennen kann, Aufstieg und Niedergang nämlich von *informal empire*, schloß rechtlich mit der Aufhebung der ungleichen Verträge 1943, tatsächlich aber schon 1937/38 mit der Außerkraftsetzung des Prinzips der Open Door im chinesischen Kernland und der Zerstörung oder Denaturierung des Systems der Vertragshäfen als Folge der japanischen Aggression. Der informelle Imperialismus, der auf einer durch die Privilegien des Treaty-Systems gestützten, durch eine kollaborationswillige einheimische Staatsmacht abgesicherten wirtschaftlichen Durchdringung beruhte, hatte sich nach der Krise der 1920er Jahre in den frühen 1930er Jahren in abgemilderter und modernisierter Form vorübergehend stabilisieren können.[130] Er wurde zwischen chinesischem Nationalismus und japanischer Territorialexpansion zerrieben. Großbritannien vermochte einen großen Teil seiner chinesischen Wirtschaftsinteressen durch die Kriegs- und Bürgerkriegszeit hindurchzusteuern, versuchte aber nach 1945 nicht mehr, die Institutionen des alten «Halbkolonialismus» wiederzubeleben.

Auch die USA, rhetorisch seit Woodrow Wilson ohnehin einem pauschalen Antiimperialismus verpflichtet, unternahmen nach 1945 in China keine solchen Versuche, obwohl sie im Unterschied zu Großbritannien machtpolitisch dazu in der Lage gewesen wären. Die siegreiche Weltmacht USA machte keine Anstalten, auf den Trümmern des japanischen formellen Imperialismus ein modifiziertes *informal empire* nach Vorkriegsmodell wiederaufzurichten. Sie strebte nicht nach Kontrolle (Großbritannien 1842–1937) oder gar Herrschaft (Japan 1895, 1931, 1937–45), wohl aber nach *vorwiegendem Einfluß*, nach «preponderant influence», der es ihr erlauben würde, ein «befreundetes» China – so wie es später mit Japan geschah – den eigenen Sicherheits- und Wirtschaftsinteressen gewogen zu halten. Kein Zweifel bestand in der ersten Hälfte der vierziger Jahre aus amerikanischer Sicht daran, daß nach dem Kriege ein «bürgerlich-demokratisches» und kapitalistisches, ein reformwilliges und im Innern befriedetes China unter einheitlicher Führung amerikanischer Geschäftstüchtigkeit unbegrenzte Möglichkeiten eröffnen würde. Auch wenn es zum Rooseveltschen «Weltpolizisten» nicht taugen mochte, so würde ein solches China, nicht-kommunistisch und zur Selbstverteidigung fähig, der wichtigste Ordnungsfaktor in Ostasien sein. Alle diese Pläne erfüllten sich nicht.

Vielmehr neigte sich ab 1947 eben dieser dritte imperiale (oder neo-imperiale) Zyklus, der amerikanische, seinem Ende zu: Die amerikanische «special relationship», die sich von den reformerischen Missionaren des 19. Jahrhunderts über John Hays Open-Door-Noten und die Washingtoner Konferenz bis zu Roosevelts Verachtung für den Kolonialismus der Alten Welt stets ihre Modernität, Sanftheit und lautere Absicht zugutegehalten hatte, sah sich von den Chinesen zurückgewiesen. Auch Einflußsphäre und Missionsprotektorat mochte China nicht länger sein. Die Attraktionen selbst «brüderlicher» Bevormundung waren dahin. Die amerikanischen Wunschvorstellungen von einem «imperialism after empire» zerschellten an der chinesischen Realität. Schuld waren keine imperialen Konkurrenten: Der einzige verbliebene Rivale, Sowjetrußland, verfolgte in China ohnehin keine Ziele wirtschaftlicher Penetration und hielt sich machtpolitisch äußerst zurück. Stalin unterhielt ausbaubare Beziehungen zu *beiden* Bürgerkriegsparteien und vermied es, durch nennenswerte Unterstützung der KPCh einen Stellvertreterkrieg anzuheizen. Die Hauptursache für das amerikanische Scheitern lag darin, daß die Voraussetzungen für einen Erfolg fehlten. Die amerikanischen Prämissen waren falsch.

Erstens gab es, abgesehen von schwächlichen Spuren eines Professorenliberalismus,[131] keine Ansätze zu einer «bürgerlich-demokratischen» Entwicklung; die Alternative war die zwischen der korrupten Militärdiktatur der Jiang-Clique und der Regimentierung durch eine nicht korrupte kommunistische Parteimaschine. Zweitens fehlten die wirtschaftlichen Voraussetzungen für eine Rehabilitation des chinesischen Marktes. Das Land war nach den unermeßlichen Leiden des Krieges geplündert und ausgeblutet. Die Vorkriegsansätze eines «nationalen Kapitalismus» waren weitgehend zerstört und die Reste eines «modernen» Sektors in den Händen parasitärer Guomindangmachthaber, den von ihren Gegnern zu Recht bitter angegriffenen «bürokratischen Kapitalisten». Das sozialökonomische Hauptproblem des modernen China, die Agrarfrage, rückte überhaupt nur selten und wenn, dann fast nie in seiner ganzen ungeheuren Dimension, in das Blickfeld amerikanischer Politiker und Marktstrategen. Ein «kapitalistisches» China als funktionierender Bestandteil einer neuen, auf die USA zentrierten Weltwirtschaftsordnung war auf unabsehbar lange Sicht eine Chimäre.

Drittens ließ sich die politische Beruhigung Chinas, eine unerläßliche Voraussetzung für seine Eingliederung in die Nachkriegsordnung, nicht mit den Instrumenten einer Politik der Einflußnahme bewerkstelligen. Weder löste ein Vermittlungsversuch wie derjenige Marshalls die tief in der Geschichte der Revolution verwurzelte innerchinesische Machtfrage, noch funktionierten die alten Kollaborationsmechanismen. Von Syngman Rhee über Ngo Dinh Diem und Lon Nol bis hin zu Shah Reza Pahlevi und dem Ehepaar Marcos hatten es die USA im Nachkriegsasien mit einer ganzen Serie von eigenwilligen, eigensüchtigen, letztlich (im Unterschied zur japanischen Elite) kurzsichtigen und daher nur begrenzt verläßlichen Kollaborateuren zu tun. Jiang Kaishek, der übrigens später als Herrscher Taiwans eine bemerkenswerte Lernfähigkeit an den Tag legte und seine Laufbahn als der erfolgreichste Modernisierungsautokrat der letzten Jahrzehnte beschloß, war ihrer aller Prototyp. Sein Regime erreichte spätestens 1946 jene untere Effizienzschwelle, wo es den auch für autoritäre Systeme unerläßlichen Kontakt zu einer sozialen Basis außerhalb der Funktionäre des eigenen Apparates verlor, wo sein Legitimitätsanspruch auf das Ziel bloßer Selbsterhaltung schrumpfte und wo mangels der Mobilisierbarkeit innergesellschaftlicher Ressourcen kaum Alternativen zur Unterstützung durch den ausländischen Patron blieben. In diesem Sinne haben die USA Jiang Kaishek in der Tat «fallengelassen», denn er hatte sich von seinen innerchinesischen Kraftquellen fast vollkommen abgeschnitten. Als die USA ihre Hilfe nicht in dem Maße verstärkten, in welchem die Macht der Kommunisten, aus eben solchen binnengesellschaftlichen Quellen gespeist, zunahm, war Jiangs Sturz nahezu unausweichlich.

Viertens schließlich unterschätzten die USA den chinesischen Nationalismus, der sich trotz des amerikanischen Beistandes gegen Japan Bevormundungen aller Art verbat. Die Studentenproteste gegen die Anwesenheit von US-Truppen im besonderen und zunehmend im allgemeinen gegen jede äußere Einmischung, die den Bürgerkrieg verlängerte,[132] gaben diesem Nationalismus unmißverständlichen Ausdruck. Jiang war sich des Problems in Grenzen bewußt. Er sah, daß eine zu enge Anlehnung an die USA sein Ansehen in der chinesischen Öffentlichkeit weiter beschädigen würde, und wich daher Gelegenheiten nicht aus, Amerikaner wie Marshall publikumswirksam zu brüskieren. Doch mit aller Rhetorik und Propaganda, die seine tatsächliche Abhängigkeit von den USA verbergen sollte, hatte er gegen den genuinen, nur im Taktischen flexiblen Nationalismus, wie ihn die Kommunisten vertraten und praktizierten, keine Chance. Diesen Nationalismus verstanden in den USA nur wenige. Die einen überschätzten die Zutraulichkeit der «edlen Wilden» aus den Bergen von Yan'an, der «titoistischen Agrarreformer», gegenüber einem hilfsbereiten Amerika, die anderen den Kapitulationswillen des chinesischen Nationalkommunismus vor Stalins pontifikalem Anspruch.[133] Das Scheitern der amerikanischen Hoffnungen in China zeigte, sozialpsychologisch betrachtet, gewisse Züge einer kollektiven narzißtischen Kränkung. Chinas angebliche nationalistische «Undankbarkeit» wurde dann zu einem Hauptmotiv in den publizistischen Tiraden der fünfziger Jahre.

Der Niedergang des imperialen Zyklus der USA nach 1945, plakativ gesagt: der Wandel Chinas von Roosevelts größter Hoffnung zu Trumans größtem Problem,[134] verlief weithin unabhängig von den realen Ereignissen auf den Schauplätzen des Bürgerkrieges. Die Auseinandersetzung wurde ohne Einmischung von außen entschieden. Die Sowjetunion beteiligte sich, soweit man dies heute beurteilen kann, so gut wie gar nicht, während die begrenzte amerikanische Wirtschafts- und Militärhilfe für die Guomindang einerseits den Kollaps Jiang Kaisheks verzögerte, andererseits aber der VBA Waffen in die Hand spielte, die sie gegen Amerikas Schützling einsetzen konnte: Bei ihrer Siegesparade in Shanghai führte die VBA hauptsächlich erbeutetes US-Kriegsgerät vor. Maos Truppen siegten auch nicht im vollen Lichte der Weltöffentlichkeit, denn in den entscheidenden Monaten 1948/49 zog vieles andere die internationale Aufmerksamkeit auf sich:[135] der Umsturz in der Tschechoslowakei, der sowjetische Bruch mit Tito und die Berlinkrise, die Entstehung der beiden deutschen Staaten und die Formation der Blöcke, die erste sowjetische Atombombenexplosion (August 1949), die Gründung Israels und der indonesische Befreiungskampf. Anders als der nordkoreanische Angriff auf den Süden im Juni 1950 blieb der chinesische Bürgerkrieg lokalisiert und wurde nicht in eine weltpolitische Krise umdefiniert.

1947 waren alle drei imperialen Zyklen der neueren chinesischen Geschichte zum Abschluß gekommen: *formal empire, informal empire* und zuletzt die amerikanische Politik des *preponderant influence*. Die chinesische Revolution triumphierte über ihre Gegner in einem historischen Moment, da die Großmächte sich so wenig wie kaum je zuvor im 20. Jahrhundert mit China befaßten und es so wenig bedrängten wie nie seit dem Krieg von 1895. Ein Restproblem aus alten imperialen Zeiten blieb indessen ungelöst: ein vierter Zyklus, der russische, war noch nicht ganz an seinem Ende angelangt.

Fünfter Teil

Ausblick

16

Die Volksrepublik China in der Welt
(1949–1989)[1]

Immer wieder haben Zeitgenossen und später Historiker das chinesische Jahr 1949 mit dem russischen Epochendatum 1917 verglichen. In der Tat hatte es in den drei Jahrzehnten nach der Oktoberrevolution nirgends auf der Welt in einem der großen Staaten eine ähnlich tiefgreifende Umwälzung gegeben. Die chinesische war neben der französischen und der russischen Revolution eine der drei «total revolutions» (Chalmers Johnson) der neueren Geschichte.[2] Sie stürzte ein *ancien régime* und ersetzte es durch ein Neues Regime; sie war das Resultat krisenhafter Entwicklungen in Wirtschaft und Gesellschaft und bewirkte nach der Errichtung einer revolutionären Staatsmacht eine radikale Veränderung der sozialökonomischen Strukturen; sie führte schließlich zu einer Neubestimmung der Stellung des Landes im internationalen System, ja, zu einer partiellen Neuordnung dieses Systems selbst.

Alle drei großen Revolutionen waren in diesem Sinne Tripelrevolutionen: Sie besaßen eine politische, eine sozialökonomische und eine nationale Komponente. Ihre Resultate – wie weit auch immer die Realität hinter der utopischen Programmatik zurückbleiben oder sie grausam blamieren mochte – waren ein neuartig organisierter, sich auf neue Legitimationsprinzipien berufender und seinem Vorgänger an Durchsetzungskraft nach innen wie nach außen überlegener Staat, eine nach neuen Kriterien geschichtete, neue Produktionsweisen und neue soziale Typen begünstigende Gesellschaft und ein neuartiger, sich in neuen Verhaltensweisen zur internationalen Umwelt äußernder Begriff der Nation.

Der letzte der drei Aspekte, der national-internationale, war für die chinesischen Revolutionäre wichtiger als für ihre Vorläufer in Frankreich und auf andere Weise hochbedeutend als für die Bolschewiki. Das Frankreich Ludwigs XVI. war ein machtvoller Nationalstaat, in keiner Weise durch stärkere Nachbarn eingeschränkt oder geknechtet und deshalb keiner nationalrevolutionären Befreiung bedürftig. Erst unter dem Druck militärischer Bedrohung von außen entfaltete der revolutionäre Patriotismus der Franzosen seine expansiven Energien, die bei Valmy im September 1792 erstmals offenkundig und unter Napoleon schließlich weltpoli-

tisch-imperial wirksam wurden.[3] Wie in China, so war in Frankreich der
Revolutionsprozeß mit militärischer Massenmobilisierung größten Stils
verbunden; in Frankreich allerdings *nach*, in China *vor* der Errichtung des
Neuen Regimes.[4] Dort richtete sich die militärische Dynamik nach *außen*,
hier nach *innen* und heizte einen Bürgerkrieg an, der mehr Opfer forderte
als Terreur und Revolutionskriege zusammen. Die Formen solcher Mobilisierung waren in China spätestens seit 1937 geläufig.

Anders jedoch als in Rußland war in China der Sieg der revolutionären
Partei und Bewegung *Resultat*, nicht Ursache eines Bürgerkrieges. Zwar
wurde die Guomindang niemals vernichtet, wie es schließlich der russischen Gegenrevolution unter Denikin und Kolčak widerfuhr, doch konnte
Jiang Kaishek von seinem Refugium in Taiwan aus dem Neuen Regime
nie ernsthaft gefährlich werden. Es gab in China keine Parallele zum
russischen Bürgerkrieg, der im Frühjahr 1918 begann und erst Ende 1920
abgeschlossen war.[5] Im März 1950 wurden im fernwestlichen Xinjiang die
letzten versprengten Guomindang-Verbände ausgeschaltet. Die Vernichtung wirklicher oder angeblicher Guomindang-Sympathisanten und Konterrevolutionäre geschah danach in brutalen Polizeiaktionen eines schon
sicher etablierten Staatsapparats; vermutlich wurden in den ersten drei
Jahren der Volksrepublik mehr als zwei Millionen Menschen hingerichtet
und eine viel größere Zahl in Gefängnissen und Straflagern interniert.[6]
War das Schicksal der Sowjetmacht noch im Herbst 1919, zwei Jahre nach
dem revolutionären Oktober, in der Schwebe geblieben,[7] so saßen die
chinesischen Kommunisten seit den ersten Tagen des neuen Staates fest im
Sattel. Die Hauptursachen für diese Differenz lagen in der relativen
Schwäche der gegenrevolutionären Impulse in China und in der ungleich
bedeutenderen Rolle militärischer Mobilisierung. Die Bolschewiki waren
zu einem erheblichen Teil durch Unterminierung der zaristischen Armee
zur Macht gelangt;[8] ihren eigenen militärischen Arm, die Rote Armee,
schufen sie erst *nach* dem Machtwechsel in Petrograd, während die
chinesische Rote Armee, später Volksbefreiungsarmee genannt, von einem kleinen bewaffneten Haufen von 10000 Mann im Herbst 1928
zwanzig Jahre später auf eine Streitmacht von über 3 Millionen angewach-
sen war.[9] Die KPCh eroberte die Staatsmacht als eine Partei in Waffen.
Nach dem Machtwechsel bildete denn auch die Armee zunächst das
Rückgrat der für die Herrschaftsstabilisierung entscheidend wichtigen
Regionalverwaltung.[10]

Die in der Weltgeschichte der Revolutionen nahezu beispiellose innere
Stärke des Neuen Regimes bestimmte auch seinen Umgang mit der
nationalen Frage, dem dritten Aspekt der Tripelrevolution. Zunächst: Der
Binnenaspekt der nationalen Frage war in China nicht sehr kräftig ausgeprägt. Das kaiserliche China war trotz seiner landesweiten Bürokratie kein
dicht integrierter Nationalstaat im modernen Sinne gewesen, sondern ein
lose geknüpftes Netz von Machtzentren. Mit dem Zerfall der Zentralge-

walt und schließlich dem Polyzentrismus unter der Republik hatten die zentrifugalen Kräfte die Oberhand gewonnen. Daß es dennoch nicht zur Auflösung des Einheitsstaates kam, lag entscheidend an der kulturellen und ethnischen Homogenität der Chinesen. Innerhalb der Bindekraft, die von dieser Homogenität ausging, spielten parochiale und landsmannschaftliche Bewußtseins- und Verhaltensweisen[11] aber eine mindestens ebenso große Rolle wie in den meisten anderen vormodernen Gesellschaften; das gesprochene Wort zum Beispiel war das Medium eines solchen Parochialismus. Die großen Dialektunterschiede, die es bis heute ungeachtet der vereinheitlichenden Wirkungen von Schule und elektronischen Massenmedien für Nord- und Südchinesen schwierig machen, sich gegenseitig zu verstehen, wurden und werden jedoch durch den Universalismus der «unter dem Himmel» (*tianxia*) allseits verständlichen Schriftzeichen aufgewogen. Trotz des Festhaltens am Engen und Eigenen, am Geburtsort, an der Herkunftsprovinz und an Familie und Sippe, auch trotz einer gewissen religiösen Sprengkraft, wie sie in den Moslemrebellionen des 19. Jahrhunderts zutage trat, war der riesige chinesische Zivilisationsraum kulturell homogen und ethnisch nur schwach zerklüftet. Weder das Qing-Reich noch die Republik waren in einem Ausmaß wie das Zarenreich (oder auch die Imperien der Habsburger und der Osmanen) «Gefängnisse der Völker». Es gab keinen nennenswerten ethnischen Radikalismus, der in der Phase des Untergangs und Übergangs gegen die Herrschaft einer Zentralmacht und eines dominierenden Volkes aktivierbar gewesen wäre. Die einzigen während der Bürgerkriegszeit zutage tretenden Spannungen aus der Konfliktlage eines internen Kolonialismus heraus waren die zwischen der eingesessenen Bevölkerung Taiwans und den nach Japans Niederlage die Insel beherrschenden Festlandschinesen; ein Aufstand für politische Reformen und größeren Einfluß der Einheimischen wurde im März 1947 blutig unterdrückt. Diese Ausnahme mindert nicht die Gültigkeit einer fundamentalen Schlußfolgerung: Die nationale Frage Chinas war keine Nationalitätenfrage.

Sie war eine Frage der Befreiung von äußeren Eingriffen, eine Frage der nationalen Selbstbestimmung. Hier ähnelt die chinesische Revolution in ihren Zielen wie teilweise auch in ihren Ergebnissen viel stärker den nationalen Emanzipationsbewegungen, die gleichzeitig in Asien kämpften und sich in den meisten Fällen auch durchsetzten, als der Revolution der Bolschewiki, die in so vielem anderen den chinesischen Kommunisten den Weg wies. Weltrevolution und nationale Befreiung waren in den vierziger Jahren nicht mehr die beiden Seiten derselben Medaille, auch wenn Mao Zedong 1940 noch einmal ihre Identität zu begründen versuchte.[12] Die chinesische Revolution war in den 1920er Jahren in die weltrevolutionären Aktivitäten verflochten gewesen, die von Moskau ausgingen. Ohne die revolutionäre Entwicklungshilfe durch Kominternagenten und sowjetische Militärberater wäre die chinesische Geschichte mit Sicherheit anders verlaufen. Jiang Kaisheks Nordfeldzug ist ohne Borodin und Bljucher kaum denkbar. Auch sahen sich die frühen chinesischen Kommunisten als Vorhut einer Erhebung der unterdrückten Völker des Ostens gegen das imperialistische Globalsystem. Solche nahezu chiliastischen, zumindest aber den nationalen Rahmen übersteigenden Ambitionen fehlten 1949 und in den ersten Jahren danach. Die chinesischen Kommunisten verstanden ihre Politik sowohl als national spezifischen Beitrag zu einem gesamtasiatischen Emanzipationsprozeß wie auch als Erfüllung der jahrzehntealten Träume des chinesischen Nationalismus. Seit den Tagen von Yan'an balancierten sie zwischen der Neigung, die maoistischen Rezepte ihren Nachbarvölkern nahezulegen, und der, sie für China reservieren zu wollen.[13] Aber sie dachten nicht wie die Bolschewiki der Revolutionsjahre an eine unmittelbar bevorstehende Erhebung des Weltproletariats, sie brauchten nicht daran zu denken, denn spätestens seit der offenen Anlehnung an die UdSSR 1950 war – diesseits eines dritten Weltkriegs – die Existenz der jungen Volksrepublik garantiert. Die «Revolution im Weltmaßstab» als Handlungshorizont der eigenen Politik war für die KPCh entbehrlich. Der «Primat des Überlebens»[14] stellte sich 1950 für Mao weitaus weniger dringlich als 1918 für Lenin.

Gehörte zum internationalen Kontext der chinesischen Revolution in den zwanziger Jahren die Hoffnung auf eine Weltrevolution, so in den Jahren nach dem Ende des Zweiten Weltkriegs die «Erfüllung» (Jan Romein),[15] die der asiatische Nationalismus Land um Land erfuhr. Im September 1945 proklamierte Ho Chi Minh – im Nachhinein gesehen dreißig Jahre zu früh – die Unabhängigkeit Vietnams von französischer Kolonialherrschaft; im Juli 1946 wurden die Philippinen nach amerikanischer Kolonisierung und japanischer Besatzung ein souveräner Staat unter Präsident Manuel A. Roxas; am 14. August 1947 ging in Karachi, der Hauptstadt des neuen Staates Pakistan, wo fortan Mohammed Ali Jinnah und seine Anhänger herrschten, der Union Jack nieder; am Tag darauf wurde Indien unter Premierminister Jawaharlal Nehru selbständig. Birma erlangte seine Unabhängigkeit im Januar 1948 unter Ministerpräsident U Nu; am 27. Dezember 1949 übergaben die Niederländer die Macht in Indonesien an Präsident Sukarno. Allein Britisch-Malaya mußte bis 1957 auf seine ihm 1949 versprochene Unabhängigkeit warten. Die Ereignisse in China sind von der politischen Emanzipation der asiatischen Nachbarvölker nicht zu trennen. Sie waren in gewissem Sinne Teil dieser größten Dekolonisationswelle der Weltgeschichte. Versteht man unter Dekolonisation mehr als nur «Maßnahmen mit dem Ziel, *formelle* politische Kontrolle über koloniale Gebiete zu beenden und sie durch eine neue Art von Beziehung zu ersetzen»,[16] meint man mit dem Begriff vielmehr «den Prozeß, durch welchen Afrikaner und Asiaten alle Spuren auswärtiger Kontrolle im politischen, wirtschaftlichen, kulturellen und psychologischen Bereich beseitigen»,[17] dann ist dreierlei offenkundig. Erstens: Die chinesische Revolution war in einem ihrer Aspekte ein Prozeß der Dekolonisation. Zweitens: Es handelte sich bei der Dekolonisation Chinas um einen langen, nicht stetig und kontinuierlich, sondern in Zyklen verlaufenden Prozeß, der mit der Wiedergewinnung von Rechten in den ersten Jahren des Jahrhunderts begann, sich im Zusammenbruch der deutschen und russischen Privilegien während des Ersten Weltkriegs fortsetzte, dann in die Erosion besonders des britischen Informal Empire überging, nach 1931/1937 durch eine teilweise (Re-)Kolonisierung Chinas durch Japan gebremst oder gar umgekehrt wurde und nach der Aufhebung der ungleichen Verträge mit den Westmächten 1943 und dem Kollaps des japanischen Imperiums 1945 in seine letzte Phase eintrat. Drittens: Von ihren Ergebnissen her betrachtet, war die chinesische Dekolonisation ein Vorgang von beispielloser Radikalität.

Diese Radikalität zeigt sich im Vergleich mit «normalen» Entkolonialisierungsprozessen. Unterhalb der Ebene hoher Politik setzten sich in vielen Ländern Asiens und Afrikas Strukturen der Kolonialzeit fort und veränderten sich nur allmählich. Dies traf gerade auch auf die wirtschaftliche Position von Ausländern zu. Nur wenige der neuen Staaten wollten und konnten auf fremde Wirtschaftsunternehmen verzichten. Enteignung und Vertreibung der Fremden, selbst eine ernstliche Beeinträchtigung ihrer Geschäfte, blieben die Ausnahme, und sie waren bisweilen ein gefährliches Unterfangen. Mohammad Mossadeq, der nationalistisch gesinnte Premierminister des halbkolonialen Iran, unterlag in seinem Kampf gegen den großen Monopolkonzern, die Anglo-Iranian Oil Company; er wurde im August 1953 unter maßgeblicher Mitwirkung der britischen und amerikanischen Geheimdienste gestürzt und durch ein gefügiges Kollaborationsregime ersetzt.[18] Auch unter weniger dramatischen Umständen vermochten besonders die multinationalen Konzerne ihre Stellungen zu behaupten und auszubauen. In einem Dritte-Welt-Land wie Indien mit einem relativ starken Staat und einem verhältnismäßig leistungsfähigen einheimischen modernen Sektor setzten sich die Wirtschaftsbeziehungen der spätkolonialen Zeit zunächst noch nahezu ungebrochen fort. Eine nennenswerte Beschränkung britischer Firmen durch die indische Regierung begann nicht vor 1973, und es waren eher ökonomische als politische Faktoren, die seit Ende der sechziger Jahre – zwei Jahrzehnte nach der Unabhängigkeit – viele britische Multis zum Rückzug aus dem einstigen Juwel des Empire bewogen.[19] Selbstverständlich wich die Entwicklung in anderen Ländern von diesem Muster erheblich ab. Dort blieb – oft in neuen Formen – der wirtschaftliche Einfluß von Ausländern mindestens so erheblich, wie er es in der Kolonialzeit gewesen war. Je größer der proportionale Beitrag ausländischer Wirtschaftskräfte zu Exporterlösen und Steueraufkommen eines Entwicklungslandes und je geringer der Spielraum und die Möglichkeiten einheimischer Konkurrenz, desto höher die Chance der Fremden, unentbehrlich zu sein. Die Verhandlungsmacht

multinationaler Konzerne konnte unter solchen Umständen gegenüber
einheimischen Regierungen größer sein als gegenüber den eigenen Kolo-
nialbehörden, und manche britischen Wirtschaftsinteressen, von den ohnehin den ungeteilten Weltmarkt bevorzugenden amerikanischen ganz zu
schweigen, sahen nach dem Zweiten Weltkrieg der Entkolonialisierung
gleichmütig oder gar optimistisch entgegen.[20] Selbstverständlich war China von seinen Voraussetzungen her ein Sonderfall. Es war ein souveräner Staat und hatte sich mit der Ausnahme
Hongkongs und Macaus aller kolonieähnlichen Verhältnisse entledigt; die
Sowjetunion war am Vorabend des Zusammenbruchs der Guomindang-
Herrschaft auf dem Festland die einzige ausländische Macht, die – in der
Mandschurei – noch vertragliche Sonderrechte genoß. Gleichwohl läßt
sich auf wirtschaftlichem Gebiet die Parallelität zu anderen Ländern der
Dritten Welt nicht übersehen. Ausländisches Kapital, besonders britisches,
besaß nach wie vor großen Einfluß in vielen Bereichen des modernen
Sektors. Behinderte die wirtschaftliche Zerrüttung in den ersten Nach-
kriegsjahren auch eine zufriedenstellende Realisierung der Investitionen in
Industrie, Bergbau und Schiffahrt, so hoffte man doch, nach der politischen und ökonomischen Stabilisierung an die Geschäftserfolge der Vorkriegszeit anknüpfen zu können. Umstritten war unter den Geschäftleuten
und Konsuln an der Chinaküste die Einschätzung der kommunistischen
Absichten. Pessimisten sahen in vereinzelten Übergriffen der vorrücken-
den VBA auf ausländisches Eigentum Vorboten eines Generalangriffs
gegen die ausländischen Wirtschaftsbastionen und erinnerten an das
Schicksal westlicher Firmen in Rußland nach der Oktoberrevolution.
Optimisten zitierten Mao Zedongs Artikel «Die gegenwärtige Lage und
unsere Aufgaben» vom Weihnachtstag 1947, in dem der Vorsitzende
«aufgrund der Rückständigkeit der chinesischen Wirtschaft» nach dem
Sieg der Revolution «noch auf lange Zeit das Fortbestehen des kapitalistischen Wirtschaftssektors» angekündigt hatte.[21] Von einer Tolerierung
eines Kapitalismus in *ausländischer* Hand hatte Mao zwar nicht ausdrücklich gesprochen, aber viele westliche Firmen erhielten von KPCh-Vertre-
tern Signale, die sie geradezu aufforderten, in China zu bleiben.[22] Hinzu
kam die in einem Jahrhundert westlicher Wirtschaftspräsenz geradezu
axiomatisch verhärtete Überzeugung, für das Funktionieren der chinesischen Ökonomie unersetzlich zu sein. Die Manager zum Beispiel von
BAT, dem größten, dem erfolg- und einflußreichsten britischen Unternehmen im China des 20. Jahrhunderts, waren zuversichtlich, daß ein
armes und schwaches China selbst unter kommunistischer Führung ohne
westliches Kapital und Know-how nicht auskommen könne, daß es
deshalb möglich sei, wie zuvor schon mit Mandarinen, Warlords und
Guomindang- Bürokraten auch mit kommunistischen Funktionären einen
modus vivendi «in Chinese style» zu finden.[23] Dies sollte sich als ein
schwerer Irrtum erweisen. Die Ereignisse gaben den Pessimisten recht.

Schon bevor im Juni 1950 der Koreakrieg begann und die weltpolitische
Blockbildung nun auch Ostasien einholte, war deutlich geworden, daß in
der neuen Ordnung Chinas für westliche Wirtschaftsinteressen kein Platz
bleiben würde. Selbst für Konzessionen an ausländische Kapitalisten, wie
sie Lenin für die Periode der Neuen Ökonomischen Politik (1921–28)
vorgesehen hatte und wie sie in sehr bescheidenem Umfang auch verwirklicht wurden,[24] war in China kein Raum. Anders als die junge Sowjetunion bemühte sich die VRCh nicht um Kredite aus dem Westen. Sie war
deshalb durch wirtschaftlichen Druck nicht zu Zugeständnissen und einer
milderen Behandlung der aus der Vergangenheit übriggebliebenen ausländischen Investitionen zu bewegen. Dies trug dazu bei, daß die westlichen
Firmen, seit Jahrzehnten an eine freie Hand in China gewohnt, sich
plötzlich einer einheimischen Staatsmacht konfrontiert sahen, die sich
jeder Beeinflussung entzog. Das neue Regime war nicht erpreßbar; weder
die große Staatsdiplomatie noch die kleinen taktischen Manöver der
Chinafirmen taugten zur Durchsetzung eigener Interessen. Die Funktionäre des Regimes waren, wie die Ausländer mit ungläubigem Schrecken
feststellen mußten, nicht korrupt. Sie waren alles andere als naiv, ließen
sich zum Beispiel durch buchhalterische Manipulationen nicht an der Nase
herumführen. Schlimmer noch: die neuen Machthaber schenkten den
Ausländern wenig Aufmerksamkeit. Waren die Chefs von Unternehmen
wie Jardine Matheson oder BAT auf Immediatzugang zu Ministern und
Generälen eingestellt, so mußten sie nun erleben, daß ihre Briefe – wenn
überhaupt – von untergeordneten Behörden beantwortet wurden. Nichts
macht die schlagartig umgekehrten Machtverhältnisse deutlicher als die
Tatsache, daß offizielle Stellen Korrespondenz in anderen Sprachen als
Chinesisch nicht länger akzeptierten. Im Shanghaier Telegraphenamt, wo
seit jeher Englisch die maßgebende Sprache gewesen war, blieb als letzte
Spur der einstigen *lingua franca* nur mehr ein Schild «Speak Chinese
Only!»[25] Was für viele «Old China Hands» bis dahin eine unvorstellbare
Zumutung gewesen wäre, wurde nun zur alltäglichen Beschwerlichkeit.
Andere, völlig neue und oft traumatisch erfahrene Behinderungen kamen
hinzu: Ausgangsverbote für Ausländer, Zwang zur hochnotpeinlichen
Registrierung beim Büro für Öffentliche Sicherheit, Hausdurchsuchun-
gen, eine ganz unbekannte Widersetzlichkeit chinesischer Dienstboten,[26]
vor allem das Verbot, China ohne eine Ausreisegenehmigung zu verlassen. Nicht die juristische Beseitigung der Exterritorialität 1943, sondern
erst das neue chinesische Selbstbewußtsein nach der «Befreiung» (so der
allgemeine Sprachgebrauch damals wie heute) von 1949 machte den
Ausländern deutlich, daß die Tage semikolonialen Herrentums vorüber
waren.

Das Neue Regime der KPCh, in der einheimischen Gesellschaft viel tiefer
verwurzelt als die Guomindang und zusätzlich durch die Sowjetunion
gestärkt, bedurfte auf mittlere Sicht der westlichen Ausländer nicht. Seit

dem Beginn der sino-westlichen Kooperation in den frühen 1860er Jahren war die Staatsmacht der KPCh und der ihr im Rahmen der «Neuen Demokratie» alliierten Kräfte die erste in der neueren chinesischen Geschichte, die sowohl zur politischen Absicherung als auch zur Finanzierung ihrer Herrschaft von westlichen Ausländern ganz unabhängig war. Auf kürzere Sicht indes verstand sie es, sich die Reste der westlichen Präsenz zunutze zu machen. Hatten nämlich die meisten britischen Firmen bis Ende 1950 – und die amerikanischen schon früher – den Entschluß gefaßt, China zu verlassen,[27] so war damit noch nicht gesagt, daß sich ein solcher Rückzug mühelos bewerkstelligen lassen würde. China trieb eine Politik des «Geiselkapitalismus».[28] Die ausländischen Firmen wurden nicht enteignet, sie wurden durch gezielten Druck zur «freiwilligen» Übergabe ihrer Aktiva an die chinesischen Behörden gedrängt. Solcher Druck nahm drei Hauptformen an. Erstens wurden hohe Sondersteuern erhoben: von Unternehmen, die unter den Vorkriegsbedingungen der Exterritorialität allenfalls freiwillig Steuern an den chinesischen Fiskus entrichtet hatten! Zweitens wurde den ausländischen Unternehmen die Entlassung chinesischer Beschäftigter untersagt und angeordnet, daß Saisonarbeiter permanent anzustellen seien. Ende 1949 waren die Industriebetriebe Shanghais nurmehr zu 30–40 % der ohnehin schon niedrigen Werte der unmittelbaren Nachkriegszeit ausgelastet. Trotzdem mußten sie ihre gesamte Belegschaft entlohnen, allein bei Jardine Matheson in Shanghai etwa 20 000 Personen. Dies war oft nur möglich, indem Mittel aus London oder Hongkong nach China transferiert wurden. Bis zu 500 000 £ monatlich wurden auf diesem Wege in die chinesische Wirtschaft gepumpt.[29] Als Jardine Matheson sich schließlich 1954, im gleichen Jahr wie der alte Rivale Butterfield & Swire, aus der Volksrepublik zurückziehen durfte, hatte allein dieses Unternehmen seit dem Machtwechsel über 700 000 £ zur Begleichung von Steuerforderungen und Lohnkosten nach China überwiesen. Die China-Multis wie Jardines und Swires, die großen transnationalen Konzerne wie BAT und APC/Shell und die einst mächtigen Banken mußten sich mithin aus China «freikaufen». In chinesisch-nationalistischer Auffassung war dies eine Art von Sühnezahlung für ein Jahrhundert imperialistischer Ausbeutung. Erst 1957 erhielt die letzte britische Firma in China, der Wollkonzern Patons & Baldwins, die Erlaubnis, sich aus der Volksrepublik zurückzuziehen.

So ungewöhnlich und brachial diese Politik auf den ersten Blick aussehen mag: Sie war geschickt und letztlich erfolgreich. Die neue Volksregierung vermied das Odium direkter Enteignung und entging damit möglichen späteren Kompensationsansprüchen der Geschädigten (solche Ansprüche werden heute nur von den einstigen Besitzern der unilateral von China annullierten Staatsanleihen erhoben); sie konnte während der Übergangsphase die fremden Kapitalisten als Sündenböcke für wirtschaftliche Schwierigkeiten und Blitzableiter für Unzufriedenheit in der Bevölkerung benutzen und gleichzeitig durch zwangsweise Sicherung von Zehntausenden von Arbeitsplätzen die Beschäftigungslage in Städten wie Shanghai, Tianjin oder Qingdao stabilisieren; sie kam in der Genuß der «umgekehrten Entschädigung» durch Freikauf; und sie sah sich nach Abzug der Fremden im Besitz moderner Produktionsanlagen. Insgesamt übernahm China britisches Eigentum im Werte von mindestens 200 000 000 £.[30]

Ein dritter Faktor, der den Spielraum der ausländischen Firmen sofort nach der Gründung der Volksrepublik einengte, war der Aufbau einer staatlich gesteuerten Wirtschaft. Obwohl die Jahre von 1949 bis 1951 offiziell als eine Phase der Zusammenarbeit zwischen der Regierung und dem privaten Sektor, also dem nach Enteignung des «bürokratischen Kapitals» der Guomindangführer selbständig gebliebenen «nationalen Kapital» der «kleinen und mittleren Bourgeoisie», betrachtet wurden, waren von Anfang an Anzeichen einer bevorstehenden «sozialistischen Umwandlung von kapitalistischer Industrie und kapitalistischem Handel» zu spüren. Manche dieser Maßnahmen entsprangen weniger einem langfristig angelegten Sozialisierungsplan als der drängenden Notwendigkeit, die durch die Hyperinflation der letzten Guomindang-Jahre zerrüttete städtische Wirtschaft wieder in Gang zu bringen. Dies war unweigerlich mit einer Ausweitung der Staatsfunktionen verbunden. Die Guomindang hatte nicht zuletzt infolge ihrer inkompetenten und geradezu räuberischen Wirtschaftspolitik die Unterstützung fast aller Teile der städtischen Bevölkerung verloren,[31] und es wurde nun zum Bewährungstest der neuen Machthaber, ob es ihnen, die zwei Jahrzehnte lang allenfalls im illegalen Untergrund der Städte tätig gewesen waren und wenig Erfahrung mit den Problemen des urbanen und wirtschaftlich «modernen» China hatten sammeln können, gelingen würde, Handel und Industrie, Finanzwesen und kommunale Dienstleistungen wieder einigermaßen in Funktion zu setzen. Die Erfolge übertrafen alle Erwartungen. Schon im März 1950 war die Inflationsspirale, die 1939/40 zu rotieren begonnen hatte,[32] gebrochen, und 1952 war die Preissteigerung vollkommen gestoppt.

Nur eine strikte Staatskontrolle über das Geld- und Finanzwesen hatte einen solchen Erfolg ermöglicht, dessen Bedeutung für die Konsolidierung des Neuen Regimes kaum überschätzt werden kann. Der allergrößte Teil des privaten Bankwesens fiel dieser Politik zum Opfer; mit ihm verschwanden die binnenwirtschaftlichen Restfunktionen der ausländischen Banken. Auch aus der Finanzierung der Außenhandels wurden diese rasch verdrängt. Die neue Zentralbank, die Chinesische Volksbank (*Zhongguo renmin yinhang*), übernahm die meisten der Aufgaben, die jahrzehntelang die Hongkong and Shanghai Banking Corporation und ihre ausländischen Schwestern erfüllt hatten. Hand in Hand damit ging die Einrichtung von Staatlichen Handelsgesellschaften, die zunächst die Versorgung der Bevölkerung mit Grundnahrungsmitteln und dann immer weitere Bereiche des Binnenhandels in ihre Regie nahmen. 1954 wickelten sie 97 % des gesamten chinesischen Handels ab.[33] Westliche Export-Import-Häuser gerieten in nahezu völlige Abhängigkeit von diesen Staatshandelsorganisationen, und spätestens mit der Errichtung eines selbständigen Außenhandelsministeriums im Jahre 1952 wurde ein lückenloses staatliches Außenhandelsmonopol wirksam.[34] Damit hatte sich der historische Kreis geschlossen. Im frühen 19. Jahrhundert hatten freihändlerische Publizisten und Lobbyisten gegen das «Chinesische Monopol», also die Handelsrestriktionen unter dem Kanton-System, gewettert. Man hatte Öffnungskriege geführt, «ungleiche» Freihandelsverträge diktiert und eine Infrastruktur des informellen Imperialismus um das Doppelzentrum der Seezollbehörde und der Internationalen Niederlassung von Shanghai herum aufgebaut. Glänzende Geschäfte waren unter diesem System gemacht worden, und die Zuversichtlichen unter den ausländischen Chinaprofiteuren verloren ihr Fernziel, die *vollkommene* Öffnung eines liberal modernisierten China für die Kräfte des Weltmarktes, zumindest vor 1945 nicht aus den Augen. Solche Hoffnungen und Prophetien wurden bitter enttäuscht. Das Jahrhundert eines wirtschaftlich – nach Sektoren, Regionen und Perioden in unterschiedlichem Grade – geöffneten China endete in den frühen 1950er Jahren mit dem Triumph eines neuen, seinem Mandschu-Vorgänger unendlich überlegenen Chinesischen Monopols. China wurde zum größten Staatshandelsland der Welt. Westliche Geschäfte *in* China wurden nicht länger geduldet, westliche Geschäfte *mit* China von chinesischer Seite ermutigt, doch stets bei uneingeschränkter Wahrung der eigenen Entscheidungsfreiheit. Die großen Chinafirmen, vor allem die britischen, lernten allmählich diese Lektion. Seit etwa 1954 bemühten sie sich aktiv um die Gestaltung eines neuen Typs sino-britischer kommerzieller Beziehungen. Von Hongkong aus trieben sie Handel *mit* China ohne die Direktinvestitionen und die mannigfachen Eingriffe in die chinesische Ökonomie, die für die vorkommunistische Zeit charakteristisch waren.[35]

»Der Imperialismus«, so erklärte der zweite Mann Chinas, Liu Shaoqi, in seiner Rede zum 1. Mai 1950, «ist aus China vertrieben und die vielen Privilegien der Imperialisten in China sind beseitigt worden. ... Der Schlüssel zu Chinas Haustür steckt in unserer eigenen Tasche.»[36] Die Nation, so könnte man Lius propagandistisches Bild weiterdenken, war frei, die einst Offene Tür von innen abzuschließen.

Gegenüber keiner anderen Gruppe unter den Ausländern tat sie dies so energisch wie gegenüber den Missionaren. Die christliche Mission war die dauerhafteste Konstante in den Beziehungen zwischen China und dem Westen gewesen. Ihre Geschichte reichte in Zeiten zurück, als von einem nennenswerten Chinahandel noch keine Rede war. Sie hatte um 1600 mit den einsamen und abenteuerlichen Unternehmungen des großen Matteo Ricci und seiner Ordensbrüder begonnen und im späteren 17. sowie im 18. Jahrhundert zu einer Blüte des ost-westlichen Kulturkontakts geführt.

Die katholischen Missionare vor 1800 hatten ihre Bemühungen auf die literarisch gebildete Beamtenklasse und den Hof in Beijing konzentriert, ohne damit nennenswerte Konversionserfolge erzielen zu können. Das 19. Jahrhundert war demgegenüber die Epoche der erstrebten Massenbekehrung gewesen. Die katholische und die protestantische Mission unterschieden sich in ihren Methoden, nicht aber in diesem obersten Ziel. Viele Missionsorden und Missionsgesellschaften hatten für die Öffnung Chinas agitiert und wurden dann zu deren Nutznießern. Der Vertrag von Tianjin räumte ihnen 1858 nahezu unumschränkte Missionsfreiheit ein. Hinfort war die Mission neben dem Handel die zweite tragende Säule der westlichen Präsenz, wie umgekehrt China als weltweit größte Herausforderung für die Verkünder des Evangeliums angesehen wurde. Die Mission war mit der Chinapolitik der Großmächte vielfältig verbunden. Für Frankreich standen die Missions- den Handelsinteressen an Bedeutung kaum nach. Das Deutsche Reich hatte sich durch einen Missionszwischenfall zur (freilich schon vorbereiteten) Kolonialintervention in Shandong provozieren lassen. Und daß der amerikanische Kultureinfluß in China spätestens nach dem Ersten Weltkrieg den aller anderen Großmächte einschließlich Japans überflügelte, war dem Engagement einer Vielzahl missionarischer Organisationen zu verdanken. Die Missionare im Felde, ihre vorgesetzten «Boards» und ihre Finanziers daheim sowie eine missionsfreundliche Presse bildeten eine Interessengruppe, die kein Chinapolitiker in den USA mißachten durfte.[37] Das Chinabild der amerikanischen Öffentlichkeit wurde von nichts so wirksam geprägt wie von den Berichten der Missionare.[38]

Am Vorabend der kommunistischen Machtübernahme waren ungefähr 5500 katholische und 4000 protestantische Missionare in China tätig, die bei weitem größte Kategorie von Ausländern überhaupt.[39] Die katholische Mission war über alle Provinzen verteilt. Ihre Hauptziele waren Bekehrung und Taufe, mit Vorliebe ganzer Familien oder gar Dörfer. Auch Wohlfahrtseinrichtungen (ländliche Krankenstationen, Waisenhäuser) und Schulen, die 1948 von etwa 320000 Kindern und Jugendlichen besucht wurden, dienten vorrangig diesem Zweck. Im Gegensatz zur katholischen war die protestantische Mission regional stärker konzentriert. Ihr Schwerpunkt lag an der Ostküste und im Yangzi-Tal. Seit dem frühen 20. Jahrhundert nahmen die unmittelbaren Bekehrungsaufgaben hinter dem Versuch, die gebildete städtische Elite, die künftige politische Klasse Chinas, anzusprechen, den zweiten Rang ein. Höhere Schulen und Universitäten sowie große wissenschaftliche Ausbildungskliniken erhielten besondere Förderung, während das Engagement in der ländlichen Elementarbildung vergleichsweise gering blieb. Viele der protestantischen Kirchen und Denominationen verbanden sich mit fortschrittlichen und sozialreformerischen Kräften in der chinesischen Gesellschaft. Eine Sonderstellung nahm im protestantischen Lager die fundamentalistisch-evangelikale China Inland Mission (CIM) ein, die 1860 von dem Engländer Hudson Taylor gegründet worden war. Mit 770 Missionaren im Jahre 1948 war sie die größte unter den in China tätigen Missionsgesellschaften. Sie legte wenig Gewicht auf Erziehung und Sozialarbeit in den Städten, um so mehr aber auf Bekehrungsarbeit im ländlichen Raum. Verbreitungsgebiet und Missionierungsmethoden der CIM ähnelten also denen der Katholiken, doch verzichtete sie auf Kollektivtaufen und bemühte sich vor allem um die Konversion einzelner durch öffentliches Predigen. Die beherzten, oft märtyrerhaft unbekümmerten Missionare der CIM waren ein ständiges Ärgernis für britische und amerikanische Diplomaten, verwickelten sie sich doch immer wieder in Konflikte mit einheimischen Missionsgegnern.

Der moderne chinesische Nationalismus im allgemeinen und die Kommunisten im besonderen waren gegenüber der katholischen Mission feindseliger eingestellt als gegenüber der protestantischen. Dies hatte drei Gründe. Erstens finanzierten sich die protestantischen Missionsorganisationen überwiegend aus amerikanischen und europäischen Spenden, während die katholische Kirche zu den größten Grundbesitzern Chinas gehörte, also den Vorwurf imperialistischer Anmaßung und Ausbeutung auf sich zog. Zweitens unterlag die katholische Mission strikter Kontrolle durch den Vatikan, so daß die Möglichkeit einer chinesischen Nationalkirche ausgeschlossen war. Die katholischen Priester und Nonnen konnten deshalb viel eher als von außen gesteuerte «imperialistische Agenten» aufgefaßt werden. Drittens stand die katholische Mission den fortschrittlichen politischen Kräften fern und war so militant antikommunistisch wie im protestantischen Lager allenfalls die CIM.

Die totale Konfrontation besonders zwischen der katholischen Kirche und der KPCh war daher unausweichlich. Ab 1946 schloß die voranrükkende VBA Missionsstationen, konfiszierte Kirchenbesitz und tötete eine Anzahl chinesischer und ausländischer Priester: zwischen 1946 und 1948 nach unterschiedlichen Schätzungen 60 bis 100.[40] Im Dezember 1948, als die VBA vor den Toren Beijings stand, erklärte Radio Vatikan provokativ seine Unterstützung für die nahezu besiegte Guomindang. Noch im Februar 1949 bekräftigte Papst Pius XII. seine ältere Entscheidung, die Missionare hätten auf ihren Posten in China auszuharren, und im Juni 1949 verfügte er die Exkommunikation aller Katholiken, die Anhänger der «materialistischen und antichristlichen Doktrinen des Kommunismus» seien. Die CIM, die sich kaum weniger standhaft und unversöhnlich verhielt als der Heilige Stuhl, schickte noch Ende 1948 sechzig neue Jungmissionare in die Guomindang-Hochburg Chongqing, zu einer Zeit, als andere protestantische Missionare das Land in Scharen verließen.

Mit dem ersten Tag des Neuen Regimes stand die Mission unter starkem politischem Druck. Noch weniger als die westlichen Geschäftsleute hatten die Missionare Anlaß zu der Hoffnung, sie würden im Neuen China geduldet werden. Auch die einheimischen Christen (etwa 3 000 000

Katholiken und 700 000 Protestanten) konnten keine Tolerierung erwarten. Im Mai 1950 erklärte Ministerpräsident Zhou Enlai, das Christentum in China sei so eng mit dem Imperialismus verflochten, daß es unmöglich sei, das eine vom anderen zu trennen. Er verwendete dabei eine sehr breite Definition von Imperialismus: «die Politik eines jeden Landes, das Gewalt oder Geld einsetzt, um seine eigene Kultur und seine eigenen Werte anderen Ländern und Völkern aufzuzwingen».[41] Nicht alle Missionare seien schlecht, doch sei es besser, wenn mit der Zeit alle verschwänden.[42] Es gab mannigfache Abstufungen in der Behandlung der Missionare; mangels einer detailliert ausformulierten nationalen Politik hing dabei viel von den lokalen Umständen ab. Am wenigsten behelligt wurden die protestantischen Erziehungs- und Wohlfahrtseinrichtungen in den großen Städten an der Ostküste, die meist von Amerikanern geführt wurden, während katholische und CIM-Missionare auf dem Lande mit Übergriffen rechnen mußten. In den ersten Monaten der Volksrepublik erreichte die antimissionarische Politik noch nicht den Punkt, wo von einer generellen Vertreibung der Missionare die Rede sein konnte. Noch schien die Führung zu hoffen, durch Verweigerung von Einreise- bzw. Wiedereinreisevisa zumindest die Zahl der protestantischen Missionare (die regelmäßig auf Heimaturlaub gingen) binnen weniger Jahre drastisch reduzieren zu können. Schwieriger war den katholischen Missionaren mit ihrer Intransingenz oder gar ihrer Bereitschaft zum Martyrium beizukommen. Hier brachte der Eintritt Chinas in den Koreakrieg die Wende. In den darauf folgenden heftigen Kampagnen gegen «imperialistische Agenten» und einheimische «Konterrevolutionäre» wurden die Überreste der christlichen Mission ausgeschaltet.

Spätestens drei Jahre nach der Gründung der Volksrepublik war die Dekolonisation Chinas abgeschlossen. Von unwesentlichen Ausnahmen abgesehen, hatten die Soldaten und Diplomaten, die Geschäftsleute und Missionare aus Westeuropa und den USA das Reich der Mitte verlassen. Hongkong und Macau blieben zwar als fremdverwaltete Gebiete bestehen, dienten aber nicht länger als Brückenköpfe zur Penetration des chinesischen Marktes, sondern umgekehrt als Tore zum Westen, deren sich die VRCh vorteilhaft zu bedienen wußte. Daß China sich so gründlich wie kein anderes großes Land der außereuropäischen Welt der (halb-)kolonialen Erblast entledigen konnte und Herr im eigenen Hause wurde, lag ohne Zweifel auch an der Unterstützung durch die Sowjetunion, die vor allem ökonomische Engpässe zu überwinden half und überhaupt in vielen Dingen als ein Modell diente, an dem sich die Führer Chinas orientieren konnten. China stand in den Jahren seiner nationalen Emanzipation nicht allein. Es lag aber wesentlicher an internen Eigentümlichkeiten der chinesischen Entwicklung. Die ausländische Präsenz, bedeutend wie sie in quantitativen Größen war, hatte niemals das vitale Zentrum der chinesischen Gesellschaft besetzen können. Trotz eifrigster Bemühung war China niemals christianisiert worden; selbst die optimistischsten Schätzungen kamen auf weniger als ein Prozent christlicher Konvertiten unter der chinesischen Bevölkerung, von denen viele nur oberflächlich bekehrte «Reischristen» waren. Der Kommunismus traf also, ganz anders als in Rußland und später in Ostmitteleuropa, nicht auf ein christliches Land. Im wirtschaftlichen Bereich hatten sich Ausländer in vielen Zweigen des «modernen» Sektors vom Bankwesen über die Schiffahrt bis zur Industrie festgesetzt und in manchen eine beherrschende Stellung errungen. Niemals jedoch gab es in Friedenszeiten einen unmittelbaren ausländischen Einfluß auf die ländliche Gesellschaft Chinas, also die soziale Kraftquelle der kommunistischen Bauernrevolution. Im modernen Sektor wiederum war die ausländische Position stark, bisweilen übermächtig gewesen, aber niemals völlig unangefochten geblieben. Seit dem Anfang des 20. Jahrhunderts existierten fast auf jedem denkbaren Feld mit Ausnahme der Eisen- und Stahlindustrie moderne Wirtschaftsunternehmen in chinesischer Hand. Eine im Management erfahrene «nationale Bourgeoisie» war ebenso entstanden wie eine industrielle Arbeiterschaft und eine Intelligenzschicht, die sich nicht zuletzt auf Missionsuniversitäten und im Ausland neben schöngeistig-theoretischer Bildung auch wissenschaftlichtechnische Kompetenzen angeeignet hatte. Als die Ausländer China verließen, brach die Wirtschaft deshalb keineswegs zusammen. Einheimische Kräfte waren, wenngleich in ungenügender Zahl, vorhanden, um die geräumten Funktionsstellen im sozialökonomischen System zu besetzen. Die kommunistische Politik einer breiten Koalition im Rahmen einer «Neuen Demokratie» sollte diese Kräfte in der Übergangsphase mobilisieren.

Als der chinesische Kommunismus in den späten vierziger Jahren nach zwei Jahrzehnten des Rückzugs auf ländliche Basisgebiete in die Städte zurückkehrte, war er kein «Steinzeitkommunismus» nach dem späteren Muster der Roten Khmer in Kambodscha, sondern eine im urbanen Umfeld noch unerfahrene, aber administrativ geschulte, lernfähige und an Bündnispolitik gewöhnte politische Kraft. In der schnellen Anpassung der durch die ländliche Yan'an-Erfahrung geprägten Partei an die komplexeren Erfordernisse städtischer Verwaltung liegt übrigens die historische Leistung von Liu Shaoqi, dem späteren Staatspräsidenten der VRCh, Gegenspieler Maos und Opfer der Kulturrevolution.[43] Die Lücken, welche die Ausländer ließen, konnten also binnen kürzester Zeit aus einheimischem Potential gefüllt werden. Ein solches Potential war zum Beispiel auch in Indien vorhanden, wo freilich die ausländischen Positionen viel langsamer und viel weniger radikal von Einheimischen besetzt wurden. Was China vor allem von Indien unterschied, war die Organisationsleistung der KPCh. So wenig die Brutalität der ersten volksrepublikanischen Jahre mit den Verfolgungen wirklicher oder vermuteter Regimegegner in größtem Stil und den neuen Methoden der Massenmobilisierung durch

Zwangskampagnen übersehen werden darf, so eindrucksvoll sind doch die Erfolge dieser Konsolidierungs- und Wiederaufbauperiode zwischen 1949 und 1952. Unter einer noch weithin einigen, noch nicht durch die späteren Flügelkämpfe zerrissenen Führung gelang der Aufbau eines handlungsfähigen Staatsapparates, auch wenn manche der Provisorien dieser Jahre erst später in rationalisierte Organisationsstrukturen überführt wurden.[44]

Nichts enthüllte die Handlungsfähigkeit des Regimes besser als die Agrarreform, eine der gewaltigsten politisch-gesellschaftlichen Transformationen der Geschichte. In der Agrarreform wurde (in Fortsetzung der Politik in den schon vor Oktober 1949 befreiten Gebieten Nordchinas) das Land der Grundherren enteignet und an die Bauern verteilt. 43 % der gesamten kultivierten Fläche wechselte in diesen Jahren den Besitzer; 60 % der ländlichen Bevölkerung konnten ihren Boden vermehren; der «Mittelbauer» wurde zum dominierenden Typus auf dem Dorfe.[45] Mit dem Abschluß der Agrarreform im Frühjahr 1953 war die Grundherrschaft gestürzt und damit das seit Jahrhunderten bestehende ländliche Herrschaftssystem beseitigt. Die Gentry war als Klasse vernichtet, manche ihrer Vertreter waren getötet worden. Die Agrarreform war in ihrer Substanz vor allem eine politische Revolution. Sie brach das Herrschaftsmonopol der parasitären Grundherrenfamilien auf dem Lande, das Dynastiewechsel und die Wirren der republikanischen Periode überstanden hatte, und sie verpflichtete mindestens 300 Millionen Bauern dem Neuen Regime. Ihre sozialökonomischen Wirkungen waren weniger radikal, führte sie doch zum Triumph des Privateigentums individuell wirtschaftender Landwirte, zur Erfüllung der alten Hoffnung des chinesischen Bauern und der ganz unsozialistischen Parole Sun Yatsens: «Das Land dem, der es bestellt!» Die Unterschiede zwischen arm und reich im Dorfe verschwanden nicht. Eine neue Klassenstruktur entstand, doch sie war wenig stabil. Vor allem wurde «das Grundproblem der chinesischen Landwirtschaft: die Ausstattung der Bauern mit einer ausreichenden Produktionsbasis»,[46] nicht gelöst. Es fehlte an Inventar und an rationalen Betriebstechniken. Die gesamtwirtschaftliche Produktionsleistung des Agrarsektors wurde durch die Reform nicht deutlich gesteigert. So liegt im rückblickenden Urteil die Bedeutung der Agrarreform darin, daß sie die Voraussetzung schuf für die kollektive Landwirtschaft, wie Mao Zedong und die Parteiführung sie anstrebten. Erst die Genossenschaften mit ihrer kollektiven Arbeitsorganisation, ihrer gemeinschaftlichen Wirtschaftsführung und ihrem Kollektiveigentum am Boden und an anderen Produktionsmitteln brachten die Aufhebung der kleinbäuerlichen Einzelwirtschaft und damit die völlige Umgestaltung der Wirtschaftsordnung auf dem Lande. Bereits Ende 1956 war die Kollektivierung der chinesischen Landwirtschaft im großen und ganzen abgeschlossen.

Die Agrarreform war das gewaltigste Neuordnungswerk in den Gründerjahren der Volksrepublik und eine Bewährungsprobe für Massenmobilisierung größten Stils. Zugleich festigte der Staat seinen Zugriff auf Binnenhandel, Außenwirtschaft, Finanzwesen und Industrie. Der Anteil einheimischer Privatfirmen, also von Unternehmen der «nationalen Bourgeoisie» am Bruttoproduktionswert der Industrie fiel von 56% 1949 auf 17% 1952.[47] Bis Anfang 1956 waren die verbliebenen Privatunternehmen des modernen Sektors verstaatlicht und die «nationalen Kapitalisten» mit jährlichen Dividenden von immerhin bis zu 5% vom ursprünglich investierten Kapital abgefunden worden. Weitere Umgestaltungen der ersten Jahre bewirkten die Ausrottung des Opiumkonsums, die Beseitigung der Spuren «westlicher Dekadenz» in Shanghai und den ehemaligen Treaty Ports an der Küste sowie – eine der radikalsten und folgenreichsten Reformen überhaupt – die rechtliche Befreiung der Frauen aus dem repressiven konfuzianischen Familiensystem durch das Heiratsgesetz von 1950.[48] Alle diese Transformationen wurden von der Partei- und Staatsspitze angestoßen und geplant und über den Transmissionsriemen Zehntausender von «Kadern» (*ganbu*) in Mobilisierung der Betroffenen umgesetzt.[49] Mit einer in der chinesischen Geschichte beispiellosen Intensität und Wirksamkeit griff schon unmittelbar nach dem Machtwechsel der Staat in das Leben jedes einzelnen ein. Die innenpolitische und die außenpolitische Handlungsfreiheit und Stärke des Neuen Regimes waren zwei Seiten ein und derselben Medaille.

Die Ausschaltung der westlichen Wirtschafts- und Missionspräsenz, die keinen Kenner der Geschichte des chinesischen Nationalismus und Kommunismus überraschen konnte, bewies die Entschlossenheit und Handlungsstärke des Neuen Regimes. Außenpolitisch war sie indessen wenig riskant. Großbritannien entbehrte längst aller Machtmittel, um seine Investitionen in China verteidigen zu können; auch Hongkong wäre gegen die VBA nicht zu halten gewesen, hätte China eine militärische Lösung angestrebt. Von der Anerkennung als *De-jure*-Regierung Chinas durch London schon im Januar 1950 ließ sich die Zentrale Volksregierung wenig beeindrucken. Die Lage der britischen Firmen in China verbesserte sich dadurch kaum. An diplomatischen Beziehungen war China einstweilen nicht interessiert. Während 1950 die Ostblockländer sowie Indien, Pakistan, Birma, Indonesien, Schweden, Dänemark, Finnland und die Schweiz in Beijing Botschafter akkreditieren durften, mußten sich Briten, Norweger und Niederländer mit Repräsentanten ohne diplomatischen Status und ohne Immunität begnügen.[50] China machte es gegenüber den Urhebern des Opiumkrieges unmißverständlich klar, daß nicht nur wirtschaftliche, sondern auch diplomatische Beziehungen ausschließlich zu solchen Bedingungen zu haben seien, wie China sie formulierte. Die USA entzogen sich solcher Demütigung durch Nichtanerkennung. Da die Amerikaner viel weniger umfangreiche Direktinvestitionen in China zu verteidigen und möglicherweise zu verlieren hatten als die Briten, waren sie von den Maßnahmen des Neuen Regimes gegen ausländische Geschäftsleute wenig betroffen. «Die Briten treiben Handel *in*, die Amerikaner Handel *mit* China», so formulierte es ein Memorandum der British-American Tobacco Corporation. «Wenn die Amerikaner aus dem Geschäft aussteigen, können sie sich andernorts engagieren. Wenn die Briten aussteigen, ist es für sie aus und vorbei.»[51]

Dean Acheson ließ sich denn auch durch die chinesische Feindseligkeit gegen westliche Wirtschaftsinteressen von seinem Kurs des skeptischen Beobachtens nicht abbringen. Während der ersten Monate des Jahres 1950 blieb die Haltung der USA zur Volksrepublik in der Schwebe. Selbst nach der Formalisierung der sino-sowjetischen Allianz im Februar 1950 hoffte Washington, durch eine zurückhaltende Chinapolitik einem chinesischen «Titoismus», also einer nationalkommunistischen Lossagung von Moskau, Entfaltungschancen zu lassen. Im Dezember 1949 hatte der Nationale Sicherheitsrat entschieden, daß die USA kein Militär einsetzen würden, um Jiang Kaishek gegen eine Invasion Taiwans durch die VBA zu verteidigen. Taiwan wurde damit aus dem «Verteidigungs-Perimeter» ausgegrenzt, durch welchen die USA seit Sommer 1949 ihre Eindämmungslinie gegen den Kommunismus in Ostasien definierten.[52] Mit anderen Worten: Unmittelbar nach dem Sieg der Kommunisten hätten die USA in einen Kampf um Taiwan als letzte Phase des chinesischen Bürgerkrieges vermutlich nicht eingegriffen.[53] Die «Befreiung» Taiwans unterblieb jedoch, da die Führung in Beijing einen vorsichtigen Kurs verfolgte und das Taiwanproblem bereits als eine langfristig zu lösende Frage eingestuft hatte.[54] Nach dem Beginn des Koreakrieges war die Chance verspielt. Am 27. Juni 1950, zwei Tage nach Kriegsausbruch, beorderte Präsident Truman die 7. US-Flotte in die Straße von Taiwan. China sah darin eine Maßnahme von größter Tragweite, und Zhou Enlai bezichtigte die USA sofort der Aggression.[55] Offenkundig, so sah man es in Beijing, hatte Washington seine alte Unterstützung für Jiang Kaishek verstärkt wieder aufgenommen und schützte ein militantes Rebellenregime auf dem «stationären Flugzeugträger» Taiwan. Obwohl Truman und Acheson noch keineswegs beabsichtigten, den ungeliebten Jiang zum ostasiatischen «Kettenhund» (*zougou*, ein beliebter Terminus der chinesischen Polemik) aufzupäppeln und obwohl die Entsendung der Flotte in die Taiwanstraße auch Angriffsgelüste in umgekehrter Richtung bremsen sollte, begann damit eine zwei Jahrzehnte während erbitterte Feindschaft zwischen den Vereinigten Staaten und, wie es nun im Westen hieß, «Rotchina». Schon Monate vor dem direkten Zusammenstoß zwischen amerikanischen und chinesischen Truppen in Korea machte die im Juni 1950 erklärte Unterstützung für Jiang Kaishek alle Hoffnungen auf eine chinesisch-amerikanische Annäherung zunichte. Die Taiwanfrage sollte bis zum Abbruch der diplomatischen Beziehungen zwischen den USA und der Republik China am 1. Januar 1979 der Hauptstreitpunkt zwischen Beijing und Washington bleiben.

Schon wenige Monate nach Trumans Flottenbefehl schlug der kalte in
einen heißen Krieg um. Paradoxerweise wurde gerade Ostasien, das sich
später als andere Weltgegenden in die bipolare Konfrontationspolitik der
neu gebildeten Blöcke einbezogen sah, zum Schauplatz des weltweit
heftigsten und potentiell gefährlichsten Konflikts der fünfziger Jahre, einer
Situation, die an globaler Brisanz nur noch von der Kubakrise 1962
übertroffen werden sollte. Auch wenn sich in Washington die fanatischen
«Falken» um den Oberkommandierenden in Korea, General Douglas
MacArthur, nicht durchsetzen konnten, die von Korea aus zur militärischen Niederwerfung des chinesischen Kommunismus – notfalls mit
Atomwaffen – ansetzen wollten,[56] auch wenn also ein Dritter Weltkrieg,
wie ihn MacArthur in seinem Kreuzritterwahn zu riskieren bereit war,
ausblieb, so war der Koreakrieg doch neben dem Indochinakrieg und dem
irakisch-iranischen Golfkrieg einer der blutigsten und sicher vor allen
anderen der weltpolitisch folgenreichste unter den Kriegen der «Nach-
kriegs»-Zeit, der einzige Krieg seit 1945, in welchem zwei Großmächte –
denn als eine solche erwies sich die VRCh – unmittelbar zusammenprall-
ten. Während der drei Kriegsjahre von Juni 1950 bis Juli 1953 verloren
mindestens eine Million Koreaner ihr Leben; große Teile des Landes
wurden verwüstet, die südkoreanische Hauptstadt Seoul wurde fast völlig
zerstört. Selbst der abgebrühte MacArthur mußte einräumen, daß er
niemals während des Zweiten Weltkriegs ähnliche Bilder der Grauens
gesehen habe wie in Korea.[57] Es war für die Koreaner eine bittere Ironie
der Geschichte, daß die Verheerung ihres Landes vom amerikanischen
Hauptquartier auf dem Territorium der verhaßten alten Kolonialmacht
Japan aus gesteuert wurde.[58] Die Zahl der Toten und Verwundeten auf der
Seite der westlichen Kriegsteilnehmer (USA, Großbritannien, Frankreich,
Kanada, Türkei, Griechenland und Australien) betrug 142 000, die unter
den chinesischen Truppen wird auf eine halbe Million geschätzt.[59] Für die
Koreaner bedeutete der «Regionalkonflikt» die größte Katastrophe ihrer
Geschichte.

Der Koreakrieg war ein ins Internationale ausgeweiteter Bürgerkrieg,
dessen Wurzeln mindestens ins Jahr der Befreiung von japanischer Kolonialherrschaft, 1945, zurückreichten.[60] Die Motive der einzelnen Akteure
sind bis heute nicht restlos geklärt.[61] Warum überfielen nordkoreanische
Truppen am Morgen des 25. Juni 1950 den Süden? Welche Rolle spielte
dabei die Sowjetunion? Was trug sich in Chinas Führungszirkeln zu, bevor
die Entscheidungen fielen, vom 10. Oktober 1950 an für einen Kriegseintritt zu mobilisieren, am 15. Oktober den Grenzfluß Yalu zu überschreiten
und am 26. November mit 200 000 «Freiwilligen» auf der ganzen Breite
der Front gegen die als UNO-Truppen deklarierten Verbände der USA
und ihrer Verbündeten vorzugehen? Am ehesten rekonstruierbar sind die
Grundlinien der chinesischen und der amerikanischen Politik. Bei allen
internen Meinungsverschiedenheiten im komplexen amerikanischen poli-

tischen System folgte die amerikanische Politik doch seit 1950 recht konsequent einer Globalstrategie, die auf dem berühmten Dokument NSC 68 des Nationalen Sicherheitsrates vom 14. April 1950 fußte.[62] Hatte man bis dahin die Sowjetunion als einen potentiell gefährlichen, aber nicht aktuell kriegslüsternen Gegner angesehen und neben den Gemeinsamkeiten auch die Unterschiede zwischen den kommunistischen Regimen beachtet, so zeichnete NSC 68 das Bild eines «monolithischen» kommunistischen Blocks, der es unter dem Schirm der seit September 1949 einsatzfähigen sowjetischen Atombombe auf die Unterminierung bisher nichtkommunistischer Randstaaten abgesehen habe. Damit war – in deutlicher Anspielung auf Hitlers Vordringen in den 1930er Jahren und das westliche Unvermögen, ihn aufzuhalten – die «Domino-Theorie» geboren, die bis zum Höhepunkt des Vietnamkrieges die amerikanische Asienpolitik geradezu zwanghaft bestimmen sollte. Die schon früher konzipierte und praktizierte Strategie der «Eindämmung» des Kommunismus wurde nun militarisiert. Der kommunistischen Expansion sollte fortan nicht nur politisch durch Propaganda und indirekte Unterstützung «freier» Regierungen, sondern durch unmittelbaren Militäreinsatz begegnet werden.[63] In ganz Asien war 1950 eine Verhärtung der amerikanischen Haltung spürbar. Im Frühjahr beendeten die USA ihre «neutrale» Haltung im Konflikt zwischen der Kolonialmacht Frankreich und den Vietminh, den sie noch 1946/47 als spätkolonialistische Aktion verdammt hatten, und gaben der IV. Republik erste Hilfsversprechen im Kampf gegen den indochinesischen Nationalkommunismus.[64] Japan wurde nun endgültig in die antikommunistische Front eingebunden. Die von vielen Japanern gewünschte wirtschaftliche Orientierung nach China hin wurde von der Besatzungsmacht durchkreuzt, die ein Embargo gegen die VRCh verhängte. Unter amerikanischem Druck willigte Japan im Juli 1950 in den Aufbau einer «Nationalen Polizeireserve» ein, also einer eigenen Armee.[65] Korea war der mit Abstand wichtigste Anwendungsfall der neuen Doktrin militärischer Eindämmung. Ein alles andere als freiheitlich regiertes Territorium, das bis dahin als für die nationalen Sicherheitsinteressen der USA wenig erheblich betrachtet worden und noch am 12. Januar 1950 von Secretary of State Dean Acheson außerhalb des asiatischen «Verteidigungs-Perimeters» situiert worden war, wurde im Juni 1950 zum schutzwürdigen «vital interest» erhoben, zum Frontstaat in der weltumspannenden militärischen Eindämmungslinie. Der Kriegseintritt der VRCh schien die Richtigkeit dieser Analyse und der daraus abgeleiteten Politik zu bestätigen.[66]

Dabei handelte es sich teilweise um eine «self-fulfilling prophecy». Die Volksrepublik hegte keine aggressiven Absichten gegen eines ihrer Nachbarländer. Sie war im Sommer 1950 mit der gerade begonnen Agrarreform beschäftigt und hatte sogar Anfang Juni eine Teildemobilisierung ihrer Streitkräfte begonnen, um Ressourcen für den wirtschaftlichen

Aufbau freizusetzen. Beijing hatte die Sperrung der Straße von Taiwan durch die 7. US-Flotte als aggressiven Akt verdammt, sah sich aber erst dann ernsthaft bedroht, als die US/UNO-Truppen, ihre am 15. September erfolgreich begonnene Gegenoffensive vorantreibend, am 1. Oktober den 38. Breitengrad überschritten, also die Demarkationslinie zwischen den beiden koreanischen Staaten. Damit war eine Situation entstanden, in der die VRCh nicht nur eine Bedrohung Shanghais und der Ostküste von Taiwan aus, sondern gleichzeitig auch einen Verlust des nordkoreanischen Puffers, wenn nicht gar einen feindlichen Vorstoß gegen die geopolitisch stets empfindliche Mandschurei gewärtigen mußte. Der Kriegseintritt erfolgte deshalb, nach mehreren Warnungen an die Adresse der Amerikaner, in erster Linie aus einem defensiven Reflex.[67] Genauer gesagt, sie war ein Resultat des Versagens von Abschreckung. China griff ein, als die USA von der Eindämmung und der Wiederherstellung des durch Nordkorea verletzten *status quo ante* zum «roll back» übergingen, zum Zurückdrängen der kommunistischen Kontrolle auf dem asiatischen Kontinent.

Als der Koreakrieg im Juli 1953 mit einem Waffenstillstand endete, waren die weltpolitischen Weichen in Asien für den Rest des Jahrzehnts gestellt, in mancher Hinsicht sogar für eine Weile darüber hinaus. Die Volksrepublik China hatte ihre Leistungsfähigkeit als eine Militärmacht unter Beweis gestellt, die sich nicht ungestraft provozieren ließ und ihre Grenzen zu verteidigen wußte. Zugleich hatte sie Schwächen ihrer militärischen Organisation und Strategie offenbart, denen in den folgenden Jahren durch Modernisierung der Streitkräfte entgegengewirkt wurde.[68] Im Innern hatte der Krieg zur Festigung der Parteiherrschaft geführt, jedoch den wirtschaftlichen Aufbau gebremst. Außenpolitisch stand die VRCh nach Kriegsende schlechter da als drei Jahre zuvor. Die USA waren nun fest und mit eindeutig feindseliger Absicht in Asien engagiert. Nach der unmittelbaren Nachkriegsphase eines begrenzten Disengagement in der Region hatte der Koreakrieg die USA zu einer beipiellos ehrgeizigen Bündnis- und Aufrüstungspolitik in Asien verleitet, einer östlichen Ergänzung zur Formierung eines «freiheitlichen» Lagers im atlantischen Raum. Japan, die Philippinen, Südkorea, Taiwan und in den sechziger Jahren auch Südvietnam wurden zu amerikanischen Militärposten, von denen aus die Volksrepublik sich unablässig bedroht fühlen mußte.[69] Die Eisenhower/ Dulles-Administration, in deren Amtszeit die Konfrontation zwischen China und den USA ihren Höhepunkt erreichte, hatte die Grundlinien ihrer Ostasienpolitik von der Regierung Truman/Acheson übernommen. 1950 war das Jahr der weltpolitischen Wende im pazifischen Raum. Zwischen den USA und der VRCh herrschte fortan, angeheizt durch exaltierte Rhetorik auf beiden Seiten, erbitterte Feindschaft. Dulles' Weigerung, 1954 in Genf Zhou Enlais Hand zu schütteln, war ein sinnfälliger Ausdruck dieses Antagonismus. Die Gegnerschaft nahm um so stärker zu, je mehr China eine wachsende Einkreisung – etwa durch den 1954 gegründeten Südostasienpakt (SEATO) – fürchtete und die Amerikaner ihre Unterstützung für Jiang Kaishek verstärkten. Die Stationierung amerikanischer Kurzstreckenraketen auf Taiwan im Mai 1957 war hier ein besonders ernster Schritt. 1954/55 und 1958 kam es zu Krisen um kleine Inseln (besonders Jinmen/Quemoy und Mazu) unmittelbar vor der chinesischen Küste, die sich in Jiang Kaisheks Hand befanden und von denen einige mit amerikanischer Hilfe zu artilleriebestückten Festungen ausgebaut worden waren. Der amerikanische «Verteidigungs-Perimeter» wurde auf diese Inseln ausgedehnt und reichte nunmehr bis auf Sichtweite vor die Küste der Provinz Fujian.[70] Trotz aller Animosität schreckten beide Seiten jedoch vor Aktionen zurück, die zum offenen Krieg hätten führen können. Die USA versagten sich den zahllosen Versuchen Jiang Kaisheks, sie in einen Angriff auf die «kommunistischen Banditen» hineinzuziehen.[71] Es war ein Axiom aller amerikanischen Regierungen, sich nicht durch Jiang die eigene Chinapolitik diktieren zu lassen. Die Volksrepublik ihrerseits trieb während der Jahre 1953 bis 1969 gegenüber den Vereinigten Staaten eine selbstbewußte, amerikanische Drohgebärden zurückweisende, aber nicht gewollt provokatorische Diplomatie des begrenzten Risikos. Zwischen den beiden Großmächten herrschte eine Art von feindlicher Koexistenz, stabilisiert durch eine faktische Zwei-China-Politik der USA und eine zuweilen sichtbare Kompromißbereitschaft Beijings in der Taiwanfrage. Auf beiden Seiten wurden solche konzilianten Regungen durch heftige Rhetorik des Kalten Krieges überdeckt.[72] Schon 1955 hatte John Foster Dulles dem nationalchinesischen Botschafter erklärt, daß es *de facto* zwei chinesische Staaten gebe, nicht anders als zwei Deutschlands, zwei Koreas, zwei Vietnams, und er hatte Jiang Kaishek die Geduld Konrad Adenauers empfohlen.[73] Spätestens 1963 akzeptierten die USA offiziell, daß sie mit einem kommunistischen Regime in China auf Dauer würden leben müssen.[74] Damit waren Jiang Kaisheks Träume von einer Rückeroberung des Festlandes endgültig begraben.

Ebenso wie die chinesisch-amerikanische Annäherung von 1971/72 nicht völlig aus heiterem Himmel kam, sondern an gewisse versöhnliche Einsprengsel in einem überwiegend feindseligen Verhältnis anknüpfen konnte, so wurden die Keime des Bruchs zwischen China und der Sowjetunion schon früh gelegt. Auch hier wieder spielt der Koreakrieg eine Rolle. Die wichtigsten außenpolitischen Ziele der jungen Volksrepublik waren die Sicherung ihrer territorialen Integrität einschließlich der Wiedergewinnung Taiwans, die Wiederherstellung außenpolitischer Handlungsfreiheit sowie der Aufbau einer autonomen Landesverteidigung. Hinzu kam, daß auch der wirtschaftliche Wiederaufbau und die geplanten gesellschaftlichen Umwälzungen eines günstigen internationalen Klimas bedurften. Diese Ziele glaubte die chinesische Führung allein in Anlehnung an die Sowjetunion erreichen zu können. Im Dezember 1949 war Mao Zedong persönlich nach Moskau gefahren. Es war seine erste

Auslandsreise überhaupt, und die Tatsache, daß sich der politische Führer eines neuetablierten Staates für zweieinhalb Monate von den Fragen der inneren Neuordnung entfernte, zeigt, wie wichtig ihm das Verhältnis zur Sowjetunion war. Mao, nicht Stalin war die treibende Kraft. Nach Verhandlungen, die Mao später als äußerst hart beschrieb, wurden am 14. Februar 1950 ein Vertrag über Frieden, Freundschaft und gegenseitige Hilfe sowie eine Reihe von Wirtschaftsabkommen unterzeichnet.

Die ideologische Nähe zum «Mutterland des Sozialismus» war gewiß nicht das unwichtigste Motiv hinter der chinesischen Politik des *yibiandao*, des «Sich-auf-eine-Seite-Lehnens». Doch waren in erster Linie pragmatische Gründe bestimmend. Die Sowjetunion war der bedeutendste Nachbarstaat Chinas und die stärkste eurasische Militärmacht. Sie besaß beträchtliche Möglichkeiten des Eingriffs in die chinesische Innenpolitik, besonders in der alten russischen Einflußzone, der Mandschurei, wo sie sich im Chinesisch-Russischen Vertrag von August 1945 erhebliche Privilegien gesichert hatte. Ein gutes Verhältnis zu dem mächtigen Nachbarn sollte der Stabilität des neuen Regimes dienen und zugleich die Chance eröffnen, Stalin zum Rückzug von seinen spätkolonialen Positionen in der Mandschurei bewegen zu können.[75] Von der Sowjetunion war am ehesten wirtschaftliche Hilfe zu erwarten. Sie befand sich bereits in einem sozialökonomischen Entwicklungsstadium, das die VRCh erst noch zu erreichen hoffte. Selbst wenn die amerikanische Diplomatie im Herbst 1949 deutlichere Verständigungssignale nach Beijing gesendet hätte, wäre ein Hinneigen zu den USA keine realistische Möglichkeit gewesen. Die Unterstützung der Truman-Administration für Jiang Kaishek war unvergessen, die Wankelmütigkeit der Washingtoner Politik flößte ebensosehr Mißtrauen ein wie die ersten Anzeichen der amerikanischen Rehabilitation Japans, und der amerikanische Kapitalismus wies dem chinesischen Sozialismus keinen Weg in die Zukunft. Eine neutrale Stellung zwischen den Blöcken, deren Formation 1949 in Europa in vollem Gange war, kam für die VRCh erst recht nicht in Betracht. Es gab zur sowjetischen Allianz keine Alternative. Aus strategischen, ökonomischen und ideologischen Gründen (in etwa dieser Reihenfolge) war sie unausweichlich.

Schon ein flüchtiger Blick zurück in die Geschichte hätte jene Zeitgenossen, die nur den propagandistischen Freundschaftsbeteuerungen Aufmerksamkeit schenkten, auf die Brüchigkeit des Bündnisses hinweisen können. Mao hatte sich seit 1927 immer wieder dem unheilvollen Einfluß Stalins und der Komintern auf die chinesische Revolution widersetzt. Erst durch die «Berichtigungsbewegung» von 1942 hatte er eine stalinistische Fraktion innerhalb der Partei um Wang Ming (Chen Shaoyu) ausschalten können. Stalin hatte sich verächtlich über den Guerilla-Kommunismus der Yan'an-Zeit geäußert und 1945 in Jalta sowie im Vertrag mit der Guomindang-Regierung nationale Interessen Chinas geopfert und Jiang Kaishek politisch gestützt. Während des Bürgerkriegs war die sowjetische Hilfe für die Kommunisten bei weitem weniger umfangreich gewesen als die amerikanische für die Guomindang. Auf beiden Seiten, intensiver wohl auf der chinesischen, verband sich 1950 ein altes Mißtrauen mit neuen Erwartungen. Manche dieser Erwartungen wurden bald enttäuscht. Stalin hatte, so wurde ihm später vorgeworfen, im Bunde mit dem nordkoreanischen Parteichef Kim Il Sung die Volksrepublik leichtfertig einem Sicherheitsrisiko ausgesetzt und sie in einen Krieg mit der stärksten Weltmacht hineingelockt, den sie nicht gewollt hatte. Als China dann gleichsam als unfreiwilliger Stellvertreter der Sowjetunion gegen die USA kämpfte, lieferte Stalin zwar die erforderlichen Waffen, ließ sie sich aber auf Rubel und Kopeke und mit Verzinsung bezahlen. Etwa die Hälfte der Kredite, die China in den fünfziger Jahren von der UdSSR erhielt, wurden für den Koreakrieg aufgewendet.[76]

Der Rest ging in den wirtschaftlichen Aufbau. Auch hier war das Ergebnis aus zeitgenössischer chinesischer Einschätzung wie im historischen Urteil ambivalent. Auf der einen Seite leistete die Sowjetunion zweifellos einen wichtigen Beitrag zu Chinas ökonomischer Entwicklung. Nach sowjetischen Angaben baute die UdSSR ganze Industriezweige auf, die es in China bis dahin nicht oder nur rudimentär gegeben hatte, etwa die Automobil- und Traktorproduktion, die Flugzeugherstellung, die Schwermaschinenkonstruktion sowie Sektoren der feinmechanischen und der chemischen Industrie. Etwa 250 Fertigungsanlagen wurden mit sowjetischer Hilfe errichtet. 1960 stammten 30 % der Gußeisen- und 40 % der Stahlproduktion, 90 % aller Traktoren und 25 % aller Elektroenergie aus Betrieben, an deren Aufbau sowjetische Techniker beteiligt gewesen waren. Zwischen 1950 und 1960 waren 8500 solcher Techniker sowie 1500 Berater in Wissenschaft, Gesundheitswesen und Kultur in der VRCh tätig. 3000 chinesische Wissenschaftler und 11000 chinesische Studenten wurden in der Sowjetunion aus- und weitergebildet. Gleichzeitig erhielt China unentgeltlich 24000 Sätze wissenschaftlicher und technischer Dokumentationen.[77] Mehr als zwei Fünftel aller industriellen Investitionen unter dem Ersten Fünfjahresplan (1953–57) entfielen auf sowjetisch unterstützte Projekte. Die Chinesen bestreiten diese Daten nicht. Sie weisen jedoch auf eine andere Seite des Bildes hin: Bis auf die Lizenzen und technischen Pläne ließ sich die Sowjetunion ihre Hilfe bezahlen. Die sowjetischen Kredite, die zum Teil natural zurückgezahlt wurden, waren niedriger verzinst als die Anleihen, die damals die Weltbank Entwicklungsländern (selbstverständlich nicht China) gewährte, hatten aber viel kürzere Laufzeiten. China mußte einen großen Teil seiner landwirtschaftlichen und industriellen Kapazität für die Begleichung seiner zivilen und militärischen Schulden bei der UdSSR aufwenden. Diese gewann so – ähnlich wie übrigens das Deutsche Reich Mitte der 1930er Jahre[78] – Zugang zu dringend benötigten Rohstoffen, besonders solchen von militärischer

Bedeutung.[79] Zweifellos bestand zwischen der Sowjetunion und China in diesen Jahren eine «ungleiche» Beziehung, wie sie auch in kapitalistischen Zusammenhängen zwischen Ökonomien unterschiedlichen Entwicklungsgrades herrschen würde. Welcher der Partner davon mehr profitierte, läßt sich nicht eindeutig entscheiden. Mit Sicherheit hätte die VRCh, zumal nach dem westlichen Embargo vom Mai 1951, nirgendwo sonst in auch nur annäherndem Umfang moderne industrielle Technologien erhalten können. Ohne die sowjetische Hilfe wäre die Industrialisierung Chinas in den fünfziger Jahren, als eine industrielle Wachstumsrate von 18 % erzielt wurde,[80] erheblich langsamer verlaufen. Nie zuvor hatte außenwirtschaftlicher Kontakt eine ähnliche günstige Wirkung auf die chinesische Ökonomie gehabt.

Doch gerade der Erfolg der Industrialisierungsstrategie unter dem Ersten Fünfjahresplan gab Anlaß zu chinesischer Kritik. Sie richtete sich gegen zweierlei. Erstens war der Fünfjahresplan im Prinzip eine Kopie stalinistischer Entwicklungspolitik mit einem starken Akzent auf Schwerindustrie, kapitalintensiver Technologie, städtischer Entwicklng und diktatorischer Leitung der Produktion durch technische Kader. Schon 1956/57, als sich bei sensationellem Industriewachstum die Nahrungsmittelversorgung in den Städten verschlechterte und sich Nachschubprobleme bei landwirtschaftlichen Rohstoffen abzuzeichnen begannen,[81] wurden Stimmen laut, die an der Weisheit der Übertragung russischer Rezepte auf die ganz anderen Verhältnisse Chinas zweifelten. Vor allem die Vernachlässigung der Landwirtschaft erregte Mißfallen bei den Theoretikern und Praktikern der Bauernrevolution.[82] Zweitens wuchs die Sorge, sich zu stark vom Ausland abhängig und damit verwundbar zu machen. Wie berechtigt diese Befürchtung war, sollte sich im August 1960 erweisen, als die Sowjetunion – zu einem für China denkbar ungünstigen Zeitpunkt inmitten einer akuten Wirtschaftskrise – ihre verbliebenen 1390 Experten abzog und zahlreiche Kooperationsabkommen kündigte. Zwar hatte China in den vergangenen Jahren vieles an technischer Kompetenz gewonnen, doch war der Schaden beträchtlich. Auf vielen Baustellen und in manchen Laboratorien brach buchstäblich über Nacht die Arbeit ab; Kraftwerke mußten geschlossen werden, weil niemand sie zu bedienen wußte; Ersatzteile für sowjetische Anlagen waren nicht mehr zu beschaffen.

Dieser Schritt, der gewöhnlich als das sichtbarste Zeichen des «Bruches» zwischen China und der Sowjetunion gewertet wird, war nicht vorrangig das Ergebnis einer Krise der *wirtschaftlichen* Zusammenarbeit. Vielmehr kulminierte in ihm ein vielschichtiger Spannungsprozeß, der noch längst nicht vollkommen entschlüsselt ist.[83] Er «widersetzt sich einer einfachen historischen Zusammenfassung».[84] Relativ unbedeutend waren dabei zunächst die alten territorialen Streitigkeiten mit dem russischen Reich. Daß die Äußere Mongolei ein für allemal für China verloren sei, hatte Stalin bei den Moskauer Verhandlungen 1949/50 unmißverständlich klargestellt, und die chinesische Delegation hatte ihm dies zugestanden. Der Grenzverlauf im Gebiet von Amur und Ussuri sowie in West-Xinjiang, wie er unter den Zaren festgelegt worden war, sollte erst in den sechziger Jahren im sino-sowjetischen Konflikt an Bedeutung gewinnen.[85] Viel wichtiger waren ideologische Divergenzen. Die jahrzehntealten Meinungsverschiedenheiten über den richtigen revolutionären Kurs brachen nicht offen hervor, solange Stalin, wie widersprüchlich auch immer, die Einheit des Weltkommunismus verkörperte und solange die VRCh von der Sowjetunion militärisch und wirtschaftlich in höchstem Maße abhängig war. Nach Stalins Tod im März 1953 konnte sich Mao Zedong mit einigem Recht als der prestigereichste Revolutionär der Gegenwart fühlen, kaum bereit, sich Moskaus Dogma unterzuordnen, zumal nicht in der Beurteilung der Weltlage und der Empfehlung einer Politik für den gesamten sozialistischen Block. Nikita Chruščevs heftige Angriffe gegen Stalins Terror und Personenkult, die er im Februar 1956 ohne vorherige Absprache mit der KPCh auf dem 20. Parteitag der KPdSU vortrug und deren teilweise Berechtigung in Beijing nicht bestritten wurde, eröffneten einerseits mit der Demontage eines der mächtigsten kommunistischen Mythen Raum für eine ideologische Auffächerung des Weltkommunismus, die auch China entgegenkommen würde, schufen jedoch andererseits Anlässe für Angriffe auf das sozialistische System überhaupt, wie schon im Herbst 1956 die Krisen in Polen und Ungarn zeigen sollten. Überdies ließen sich manche der Vorwürfe gegen Stalin ohne weiteres auf Maos Führungsstil übertragen.[86] Die sowjetischen Methoden der Stalinkritik mehr noch als ihr Inhalt trafen in Beijing auf scharfe Kritik. Die chinesischen Stellungnahmen wurden auch in dem Maße heftiger, wie der sowjetische Entwicklungsweg zweifelhaft zu werden begann und die Schattenseiten der Abhängigkeit von Moskau deutlicher zutage traten.

Die ideologischen Differenzen, die 1960 offen ausgesprochen, doch erst 1963/64 zu einer grenzenlos polemischen Generaldebatte eskaliert werden sollten,[87] dürfen indessen nicht als die letzte unabhängige Variable bei der Genese des sino-sowjetischen Konflikts gesehen werden. Daß die beiden größten sozialistischen Staaten der Erde sich gegenseitig immer skeptischer betrachteten und daß sie Prestigeerwägungen und, wie es zunächst scheinen mochte, bloß taktische Unterschiede zu einem unversöhnlichen strategisch-ideologischen Antagonismus hochsteigerten, hing wesentlich mit ihrer jeweiligen Stellung im internationalen System zusammen. Chinas Erwartungen und ihre Enttäuschung durch die Sowjetunion waren hier der dynamische Faktor. Waren schon die sowjetische Wirtschaftshilfe und erst recht die Unterstützung während des Koreakrieges hinter Beijings anspruchsvollen Wünschen zurückgeblieben, so mußte die Außenpolitik der nach-stalinistischen Führung die KPCh geradezu erbittern.

Vieles spricht dafür, daß die ab 1958 vorhersehbare und im Juni 1959 offiziell erklärte Weigerung der Sowjetunion, China mit Nuklearwaffen bzw. der für ihre Herstellung erforderlichen Technologie auszustatten, als ein extrem unbrüderliches Verhalten interpretiert wurde, als Mißtrauenserklärung und Sabotage einer unabhängigen chinesischen Außenpolitik.[88] Nimmt man (1) den wachsenden chinesischen Eindruck hinzu, die UdSSR stehe in der Taiwanfrage nicht entschieden genug hinter den eigenen Revisionsbestrebungen, (2) die ersten Anzeichen einer – zunächst noch ganz oberflächlichen – Annäherung zwischen Washington und Moskau (Treffen Chruščev-Eisenhower in Camp David im Sommer 1959),[89] sowie (3) das Ausbleiben sowjetischer Unterstützung in Chinas Grenzstreitigkeiten mit Indien Ende 1959, dann sind die wichtigsten Elemente beieinander, die erklären, warum am Ende des Jahrzehnts die UdSSR in den Augen Maos und seiner Kollegen als ein höchst unzuverlässiger, ja verräterischer Bundesgenosse erschien. Umgekehrt war die VRCh in Moskauer Sicht als unsaturierte Großmacht mit ideologischen Unabhängigkeitsneigungen und einer kompromißlosen Haltung gegenüber den USA ein nicht minder unberechenbarer Partner. Vollends der Übergang der VRCh während der ungeheuren Massenkampagnen des «Großen Sprungs nach vorn» im Jahre 1958 von einer kollektivierten «Kolchosen»-Landwirtschaft sowjetischen Typs zur radikaler kommunistischen Organisationsform der Volkskommune war für die sowjetische Führung ein Fall fahrlässigen Abenteurertums.[90] Umgekehrt reagierten Mao und sein Zirkel, deren höchsteigene Politik sich im Großen Sprung gegen die vorsichtigeren Kräfte innerhalb der Parteiführung durchsetzte, überaus empfindlich auf Chruščevs öffentliche, jetzt als «revisionistisch» verdammte Kritik. Im November 1960 – die sowjetischen Techniker hatten China bereits verlassen – kam es in Moskau auf einer internationalen Konferenz (wie zuvor schon im September/Oktober auf einer kleineren Vorkonferenz) in Anwesenheit der Vertreter von 81 der 87 kommunistischen Parteien der Welt zu heftigsten Wortgefechten zwischen Chruščev und Deng Xiaoping, wobei der sowjetische Generalsekretär immer wieder den abwesenden Mao persönlich angriff. China wurde auf die Anklagebank des Weltkommunismus gesetzt, erlaubte sich aber eine brillante Verteidigung in den Hauptstreitpunkten: dem Charakter der gegenwärtigen Epoche, der Frage von Krieg und Frieden, dem Problem des friedlichen Übergangs zum Sozialismus, der Strategie der internationalen kommunistischen Bewegung. Einige Parteien unterstützten von Fall zu Fall die chinesische Position, doch einzig und allein Albanien stellte sich bedingungslos auf Chinas Seite. Die Volksrepublik war in der kommunistischen Weltbewegung isoliert. In Moskau wurde noch einmal ein gemeinsames Schlußdokument unterzeichnet, das einen verwaschenen Formelkompromiß enthielt.[91] Doch die zehn Jahre zuvor geschlossene sino-sowjetische Allianz bestand nur noch auf dem Papier.[92]

Der Konflikt zwischen China und der Sowjetunion, der sich seit 1956 vorbereitete, der 1960 zur faktischen Aufkündigung der Allianz, 1963 zu einer öffentlichen Polemik von unerhörter Schärfe und 1969 zu ernsten militärischen Grenzzwischenfällen führte, veränderte Chinas Stellung in der Welt in fundamentaler Weise. Er beendete Chinas Abhängigkeit von außen und trieb das Land zugleich in die weltpolitische Isolation. Die militärische, wirtschaftliche und teilweise auch ideologische Abhängigkeit von der Sowjetunion, die von der chinesischen Führung 1949/50 bewußt gesucht worden war, hatte dem jungen Staat das Überleben in einer unwirtlichen internationalen Umwelt erleichtert oder überhaupt erst ermöglicht. Eine solche Abhängigkeit stand durchaus nicht in völligem Gegensatz zur Tradition des chinesischen Nationalismus. Dieser hatte seit seinem Beginn um die Jahrhundertwende und in allen seinen Schattierungen Hilfe aus dem Ausland erstrebt und sie, wenn sie kam, willkommen geheißen. Der spätmaoistische Autarkiegedanke der sechziger und frühen siebziger Jahre war weniger die Erfüllung der nationalistischen Tradition als ihre uncharakteristische Zuspitzung.

Seit dem japanischen Beistand für Sun Yatsen in den ersten Jahren des 20. Jahrhunderts war ausländische Hilfe selten ohne eigennützige Beweggründe der Spender gegeben worden. Stalin hatte sogar seine Unterstützung noch 1950 an die Fortexistenz alter zaristischer Privilegien geknüpft und die Chinesen zur Annahme dieser Bedingungen bewegen können. In diesem Sinne war er der letzte und – mit seinem dauerhaften Gewinn der Äußeren Mongolei – auch der erfolgreichste territoriale Imperialist in China. Erst im Juni 1955 wurde der Flottenstützpunkt Port Arthur an China zurückgegeben, offenbar als konziliante Geste von Stalins Nachfolgern. Im Oktober 1954 stimmte die Sowjetunion der Übergabe ihrer Anteile an den verschiedenen sino-sowjetischen Gemeinschaftsunternehmen zu, auf deren Einrichtung Stalin bestanden hatte. Ab 1955 war das sino-sowjetische Verhältnis frei von solchen Resten «halbkolonialer» Kontrolle. Die *neue* Art der Abhängigkeit von der Sowjetunion wurde in dem Maße als unerträglich empfunden, wie China seine außenpolitische Handlungsfreiheit beschnitten sah und unter maoistischer Führung im Großen Sprung von 1958 ein Gesellschaftsmodell durchzusetzen begann, das vom sowjetischen Vorbild erheblich abwich: Kollektivierung nicht nur des Bodeneigentums, sondern teilweise auch des sozialen Lebens im abrupten «Übergang zum Kommunismus»; Abrücken vom Primat der kombinatartig konzentrierten Schwerindustrie und Aufbau dezentraler Kleinprojekte; Mobilisierung der Bevölkerung durch propagandistisch gelenkte Massenkampagnen; Betonung ideeller statt materieller Anreize zur Produktionssteigerung; Progagierung heroisch-asketischer Leitbilder im Gegenzug zu Chruščevs angeblichem «Gulaschkommunismus»; Abwertung von Expertentum und geistiger Arbeit; größere zivile Funktionen der Armee, usw. Die Distanzierung von der Sowjetunion und schließlich der

Bruch mit ihr war in einem wesentlichen Aspekt Voraussetzung ebenso wie Ergebnis der spezifisch maoistischen Linie, die China im Großen Sprung von 1958–60 und dann wieder in der «Großen Proletarischen Kulturrevolution» von 1966–69 verfolgte: beide Male bekanntlich mit katastrophalem Resultat.[93] Voraussetzung, denn unter den Fittichen Moskaus hätte sich das im Westen zeitweise bewunderte, im Nachhinein freilich als Fehlschlag erkannte «chinesische Entwicklungsmodell» nicht unverwässert realisieren lassen. Ergebnis, denn nach dem Abbruch der sowjetischen Hilfe 1960 blieb der Volksrepublik angesichts der fortdauernden Konfrontation mit den USA und ihren Verbündeten kaum eine Alternative zur – wie westliche Entwicklungsökonomen es nannten – «Dissoziation» von der Weltwirtschaft. Maos berühmte Parole von der «Wiedergeburt aus eigener Kraft» (*zili gengsheng*) war denn auch ebensosehr Ausdruck fundamentaler Überzeugung wie Rationalisierung einer Zwangslage.[94]

Die Isolierung, in welche die Volksrepublik zugleich mit der Verminderung äußerer Abhängigkeiten geriet, ist oft als unmittelbare Konsequenz von Weltbildern, Perzeptionen und großen, auf Prinzipien aufbauenden Strategien gedeutet worden, als beabsichtigte Wirkung einer revolutionären Diplomatie. Überhaupt hat man, beeindruckt von den eloquenten Grundsatzerklärungen Mao Zedongs und seiner Gruppe, die chinesische Außenpolitik für «ideologischer» und doktrinärer gehalten als die jeder anderen Großmacht, ja, in ihr gelegentlich einen völlig einzigartigen, sich von jedem rationalen Zweck-Mittel-Kalkül («Pragmatismus» in der Sprache mancher Chinabeobachter) entfernenden Typ internationalen Verhaltens sehen wollen.[95] Dies ist nicht ganz aus der Luft gegriffen. Fraglos hat sich die Beijinger Führung in guter leninistischer Tradition stets um ein konturiertes Bild der Weltlage bemüht und eine Abfolge außenpolitischer Doktrinen formuliert, wie sie mit ähnlicher rhetorischer Beharrlichkeit von anderen Staaten selten vertreten werden.[96] In den fünfziger Jahren verkündete man eine Theorie der «zwei Lager»: Der Hauptwiderspruch in der Welt bestehe zwischen dem kapitalistischen und dem sozialistischen Block. Sie wurde in den sechziger Jahren durch die Theorie der «Zwischenzonen» abgelöst, derzufolge die Herrschaft der beiden Blöcke durch die Länder der Dritten Welt (Erste Zwischenzone) sowie die nicht paktgebundenen Länder des industrialisierten Westens (Zweite Zwischenzone) eingehegt werden könne; die globalen Hauptwidersprüche bestanden danach zwischen den imperialistischen Staaten und den kolonialen und halbkolonialen Ländern Asiens, Afrikas und Lateinamerikas; der Kreml wurde nicht länger als Speerspitze des Kampfes gegen den Imperialismus angesehen. Nach der Annäherung an die USA schwenkte man 1974 auf eine «Drei-Welten-Theorie» um. Jetzt wurden die beiden «Supermächte» gemeinsam in der nach Hegemonie strebenden «Ersten Welt» klassifiziert, wobei die Einstufung der 1969 als «sozialimperialistisch» verdammten Sowjetunion eindeutig war, die der USA hingegen von Fall zu Fall variiert werden konnte. Die Staaten West- und Osteuropas sowie Japan, Kanada und Australien bildeten die Zweite Welt, die von der Ersten Welt abhängig war, gleichzeitig aber (wie diese) die Dritte Welt ausbeutete, zu der sich China mit Vorbehalt selbst rechnete.

Derlei Doktrinen wurden indessen im Ausland oft ernster genommen als in der chinesischen Diplomatie, die sich, solange sie nicht aus innenpolitischen Gründen (wie 1966–69) jedes Handlungsspielraums beraubt war, nicht ohne realpolitischen Sinn auf wechselnde Situationen einzustellen versuchte. Hinter aller oft extravaganten Rhetorik stand eine Politik, die dem Primat der Sicherheit verpflichtet war. Selbst in ihren radikalsten Phasen, als vom bevorstehenden Generalangriff auf das imperialistische Weltsystem die Rede war, hütete sich China, wesentlich mehr zu tun, als den unterdrückten Völkern den eigenen revolutionären Weg als Vorbild zu empfehlen. Direkte Militärhilfe für Befreiungsbewegungen hielt sich in bescheidenen Grenzen, und es gab nie ein chinesisches Gegenstück zur Entsendung kubanischer Kampftruppen ins überseeische Angola seit 1975.[97]

Die Konzentration der chinesischen Außenpolitik auf die Dritte Welt in den sechziger Jahren war Ausdruck nicht nur eines Programms, sondern auch einer Verlegenheit. Während sich das Verhältnis zur Sowjetunion zusehends verhärtete, hielt die Gegnerschaft zu den USA unvermindert an. Das unter Kennedy zunehmende und unter Johnson zum vollen Kriegseinsatz gesteigerte Engagement der Amerikaner in Vietnam verstärkte alte Einkreisungsängste.[98] Spielraum schien die chinesische Diplomatie einzig noch in der Dritten Welt zu haben. Hier konnte Beijing zunächst an Grundlagen anknüpfen, die in den ersten Jahren nach 1949 gelegt worden waren. Obwohl die VRCh damals fest zum Bündnis mit der Sowjetunion stand, gelang es ihr, sich unter den neu dekolonisierten Nationen und den nach Unabhängigkeit strebenden Völkern Asiens das Ansehen eines modernen, sich vorbildlich entwickelnden, bei unbeirrter Ablehnung des Kolonialismus in seinen außenpolitischen Methoden moderaten, gute Nachbarschaft pflegenden Landes zu erwerben, das mitnichten eine bloße Marionette Moskaus war. Daß gesamtasiatische Interessen bei China gut aufgehoben waren, zeigte die Genfer Indochinakonferenz von 1954, auf der Zhou Enlai maßgeblich am Zustandekommen einer Lösung mitwirkte, die den Rückzug Frankreichs besiegelte und einer Intervention anderer Großmächte in Vietnam vorzubeugen schien.[99] Im April des folgenden Jahres trat China auf der afro-asiatischen Konferenz von Bandung in Indonesien neben Indien als Hauptsprecherin einer sich nun formierenden Dritten Welt auf und beteiligte sich an der Kompromißformulierung von «Zehn Prinzipien der friedlichen Koexistenz».[100] Vielleicht der wichtigste Erfolg von Bandung war, daß die Volksrepublik, abermals durch ihren Ministerpräsidenten, den Meisterdiplomaten Zhou Enlai, vertreten, direkten Kontakt zu Regierungen aufnahm, mit denen sie bis dahin kaum verkehrt hatte. Die Volksrepublik trat in Bandung als eine

Kraft der Stabilität auf, die bestehende Grenzen und Regime anerkannte und ihren Nachbarn zusicherte, die auslandschinesischen Minderheiten sowie die da und dort existierende kommunistische Guerilla nicht als «Fünfte Kolonnen» zu mißbrauchen. Trotz der «Zwei-Lager-Theorie» versuchte Zhou keineswegs, die Staaten der Region an den sino-sowjetischen Block zu binden. Wie im Jahr zuvor in Genf ermutigte er vielmehr den asiatischen Neutralismus.[101] Mit der Konferenz von Bandung begann zwei Jahre nach dem Ende des Koreakrieges eine aktive chinesische Asienpolitik. Indiens Ministerpräsident Nehru hatte diesen gelungenen chinesischen Start maßgeblich ermöglicht.[102] Der «Geist von Bandung» hielt bis etwa 1959 an. In diesen Jahren gelang es China zwar nicht, die amerikanische Eindämmungspolitik in Ostasien zu unterminieren, aber es vermochte sie doch in vielen Fällen zu umgehen. Die USA verfehlten ihr Ziel, die VRCh international zu isolieren. Zhou Enlais geschmeidige Diplomatie nutzte die neutralistische Strömung in Asien zugunsten der chinesischen Sicherheitsinteressen.[103] Am Ende des Jahrzehnts unterhielt China gute, wenngleich selten freundschaftliche Beziehungen zu einer Mehrheit der Staaten Süd- und Südostasiens; auch in der arabischen Welt hatte es Kontakte knüpfen können.

Mit der Zuspitzung des sino-sowjetischen Gegensatzes veränderte sich der Charakter der chinesischen Politik in der Dritten Welt. Der Konflikt zwischen zwei Staaten, zwei Revolutionsstrategien und zwei Entwicklungspfaden wurde globalisiert und gerade auch auf Afrika ausgeweitet, das jetzt seine große Dekolonisationswelle erfuhr und wo die neuen Staaten nach Orientierung und Hilfe suchten. Mit Zhou Enlais Afrikareise an der Jahreswende 1963/1964 begann eine aktive chinesische Politik in Schwarzafrika. Die Volksrepublik China, ein Land mit einem der niedrigsten Pro-Kopf-Einkommen der Welt, wurde zur Spenderin von Entwicklungshilfe.[104] Galt es in der Bandung-Ära, den asiatischen Neutralismus gegen den amerikanischen Eindämmungsexpansionismus zu stärken, so setzte sich die chinesische Außenpolitik nunmehr das Ziel, neben dem amerikanischen (und dem taiwanesischen) auch dem sowjetischen Einfluß in Asien, Afrika und sogar in Lateinamerika entgegenzuwirken und gleichzeitig eine Mehrheit für die chinesische Aufnahme in die UNO zu gewinnen. Nicht Neutralität, sondern Parteinahme wurde jetzt gefordert. Zur gleichen Zeit, als China diesen «Sprung in die Weltpolitik»[105] unternahm, radikalisierten sich Theorie und Methoden seiner auswärtigen Beziehungen. Unter dem Motto einer «internationalistischen Einheitsfront» sollten nun die Völker der «Ersten Zwischenzone» in den Kampf gegen amerikanischen Imperialismus und zunehmend auch den sowjetischen Revisionismus geführt werden. Eine «Volksdiplomatie» sollte die «Staatendiplomatie» ergänzen oder ersetzen.[106] Blockiert in seiner Diplomatie gegenüber den Supermächten, setzte China in den sechziger Jahren auf die Karte der Revolution im Süden.

Die Praxis war weniger übersichtlich und weniger grandios als die Theorie. Selbst diese blieb von Widersprüchen nicht frei, denn wie wollte man zugleich auf Staatenebene zu einer Regierung Beziehungen im Sinne der «Prinzipien der friedlichen Koexistenz» unterhalten und auf «Volksebene» eine revolutionäre Bewegung gegen eben diese Regierung unterstützen? Die Realität sah denn auch weitaus weniger radikal aus, als die Rhetorik klang. Im Zweifelsfalle operierte China vorsichtig und im Einklang mit seinen Sicherheitsinteressen. Kein besseres Beispiel gab es dafür als die recht zaghafte militärische Unterstützung für Ho Chi Minh in seinem Kampf gegen Südvietnam und die USA. Während die maoistische Propaganda mit guten Ratschlägen an die Bruderpartei für einen «langhingezogenen Guerillakrieg» (im Unterschied zur strategischen Offensive, die Nordvietnam vorzog) nicht sparte, tat China schon vor der großen Eskalation des Krieges im Jahre 1965 den Schritt «von der konkreten Hilfszusage zum faktischen Interventionsverzicht».[107] Es war das chinesische Ziel, den Krieg, der Amerika schwächte, in Gang zu halten, ohne ihn jenen Punkt erreichen zu lassen, wo ein direktes chinesisches Eingreifen – wie 1950 in Korea – erforderlich werden würde. Die VRCh lieferte Nordvietnam große Mengen an Reis, leichten Waffen und Munition, doch nach 1965 war die Sowjetunion, die keine Einwände gegen Nordvietnams Strategie geltend machte, der bei weitem wichtigere Partner Hanois. Sie allein war politisch gewillt und technisch-wirtschaftlich imstande, schweres Kriegsgerät bereitzustellen. Zwischen 1965 und 1969 betrug die sowjetische Militärhilfe an Nordvietnam das Sieben- bis Zehnfache der chinesischen.[108] Hanoi gelang es dennoch, bis 1971 eine eindeutige Entscheidung für eine der beiden kommunistischen Großmächte zu vermeiden. Erst die bestürzende Ankündigung einer bevorstehenden Chinareise Präsident Richard Nixons vom Juli 1971 trieb Nordvietnam ins Lager der UdSSR.[109]

Allenthalben erwies sich, daß Beijings Prestige und seine materiellen Möglichkeiten nicht ausreichten, um erfolgreiche Weltpolitik zu betreiben. Keine einzige der revolutionären Bewegungen, auf die man gehofft hatte, setzte sich durch. In Lateinamerika blieb der chinesische Einfluß ganz unerheblich; nichts brachte die Achse Moskau-Havanna ins Wanken. In Afrika gewann die Sowjetunion, von wenigen Ausnahmen abgesehen, das Rennen um die Gunst der Neuen Nationen; Chinas einziger Trumpf waren dort nicht revolutionäre Bewegungen, sondern günstige Entwicklungshilfekonditionen, wie sie im großen afrikanischen Musterprojekt, dem Abkommen über den Bau der Tanzania-Zambia-Eisenbahn vom September 1967, niedergelegt waren, aber nirgendwo sonst in diesem Umfang abermals angeboten werden konnten. Besonders bedenklich war der Fehlschlag der chinesischen Politik in Asien. Der Himalaya-Krieg zwischen Indien und China von 1962 war weniger das Produkt eines lange heranreifenden Konflikts als das Ergebnis einer Kette kurzfristiger Mißverständnisse und Fehlreaktionen auf beiden Seiten. Nichtsdestoweniger zerstörte er das Einvernehmen zwischen den beiden größten Ländern Asiens, den Verbündeten von Bandung, und trieb Indien in die Nähe der USA und später der Sowjetunion.[110] Der VRCh blieben nur ein politischer Prestigeverlust, ein militärischer Prestigegewinn und die Freundschaft Pakistans, das seither Chinas verläßlichster Verbündeter im nichtkommunistischen Asien ist.[111] Das Land mit der drittgrößten Bevölkerung und der zweitgrößten Kommunistischen Partei Asiens schließlich, Indonesien, hätte das wichtigste Testfeld der revolutionären Einheitsfrontpolitik werden sollen. Statt dessen schlug sie nirgendwo so dramatisch fehl. Nach dem Putsch General Soehartos gegen Präsident Sukarno am 1. Oktober 1965 gingen der indonesische Kommunismus und mit ihm ein Teil der nicht politisch aktiven Bevölkerung chinesischer Herkunft in blutigen Massakern unter.[112] Das indonesische Fiasko entlarvte die Widersprüchlichkeit einer Politik, die den militanten Neutralisten Sukarno umwarb und zugleich eine kommunistische Partei förderte, die ihn zu stürzen trachtete.[113] Am Ende stand die für China ungünstigste Lösung: die enge Anlehnung eines großen asiatischen Nachbarlandes an die USA.

Waren die fünfziger Jahre trotz des Konflikts mit den Vereinigten Staaten für die chinesische Außenpolitik eine verhältnismäßig erfolgreiche Zeit gewesen, so folgten nach 1960 Jahre des Scheiterns. Zwar gab es einige wenige zukunftsweisende Ansätze wie die Intensivierung der Handelsbeziehungen mit Japan[114] und einigen Ländern Westeuropas sowie der Austausch von Botschaftern mit de Gaulles Frankreich, dem prototypischen Land der «Zweiten Zwischenzone», doch folgten im übrigen aus den anspruchsvollen Theorien der «Zwischenzonen» und der «Einheitsfront» keine Handlungsanweisungen für eine gedeihliche Außenpolitik. China mußte ohnmächtig mitansehen, wie sich die Beziehungen zwischen den USA und der Sowjetunion nach der Kuba-Krise von 1962 und auch unter den Nachfolgern des 1964 gestürzten Chruščev entspannten, während die «Einkreisung» Chinas sich festigte. Ein Ausweichen aus dieser Umklammerung in die Dritte Welt mißlang. Der erste Test einer ohne ausländische Hilfe konstruierten Atombombe am 16. Oktober 1964 (dem 1967 die Explosion der chinesischen Wasserstoffbombe folgte) signalisierte der Welt Kompetenz und Selbstbewußtsein der Chinesen und manchem auch eine fatale Bedrohung, vermochte aber weder den Manövrierraum der chinesischen Außenpolitik noch die nationale Sicherheit nennenswert zu steigern.[115] Schon bevor sich die Volksrepublik während der Kulturrevolution weitgehend von der Weltbühne zurückzog, war sie international isoliert. Keines ihrer außenpolitischen Hauptziele außer dem der Unabhängigkeit war erreicht: Handlungsfreiheit, Anschluß Taiwans, internationale Anerkennung, Sicherheit blieben weiterhin ungelöste Probleme. Ja, am Ende der sechziger Jahre mußte sich China unsicherer fühlen als je zuvor seit dem Ende des Koreakrieges.

Die Kulturrevolution[116] begann sich in der Außenpolitik bemerkbar zu machen, als Ende 1966 eine große Zahl von Botschaftern zurückgerufen wurde. 1967 unterhielt die VRCh nur mehr eine einzige Vertretung im nichtsozialistischen Ausland: in Kairo. Am 22. August 1967 erreichten die Eingriffe der Roten Garden in Chinas auswärtige Beziehungen ihren Höhepunkt mit der Erstürmung und dem Niederbrennen der britischen Vertretung in Beijing. Am folgenden Tag übernahm Premier Zhou Enlai wieder die Leitung der Außenpolitik, die fortan vor den Exzessen der kulturrevolutionären Linienkämpfe leidlich abgeschirmt blieb. Trotzdem gab es noch lange keine Rückkehr zu einer irgendwie gearteten Normalität des internationalen Umgangs. Der diplomatische Dienst wurde erst ab 1969 langsam wieder aufgebaut. Die meisten ausländischen Studenten waren schon im Herbst 1966 aus China vertrieben worden. Nur wenige Fremde wurden Augenzeugen der bürgerkriegsähnlichen Wirren in einem xenophobischen China. Ausländischer Kultureinfluß wurde geächtet; Auslandserfahrung, Fremdsprachenkenntnisse oder Beschäftigung mit «bürgerlicher» und «imperialistischer» Kultur genügten als Anlässe für brutale Verfolgung. Die Beteiligung Chinas am internationalen Handel, die seit 1960 teils aus Not nach der Verschlechterung der Beziehungen zur Sowjetunion, teils aufgrund der maoistischen Lehre von den Wohltaten des Vertrauens in die eigene Kraft zurückgegangen war, erreichte ihren Tiefpunkt.

Offiziell wurde die Kulturrevolution auf dem IX. Parteitag im April 1969 für beendet erklärt, doch blieb die Macht in den Händen ihres Urhebers, des greisen Mao Zedong, und seiner Verbündeten: zunächst des im September 1971 unter mysteriösen Umständen ausgeschalteten designierten Mao-Nachfolgers, des Verteidigungsministers Lin Biao, dann einer wechselnd zusammengesetzten kollektiven Führung, in der zum letzten Male vor seinem Tod im Januar 1976 der Überlebende aller Linienkämpfe, Zhou Enlai, einen mäßigenden Ton angeben konnte (und neben ihm seit 1973 der fünf Jahre zuvor als nach Liu Shaoqi wichtigster «Häuptling des chinesischen Revisionismus» verteufelte Deng Xiaoping), schließlich 1975/76 in einem bizarren Intermezzo der von ihren Gegnern so genannte «Viererbande» um Maos Ehefrau und Chinas selbsternannte Kulturzarin Jiang Qing. Erst mit dem Ableben des zweiundachtzigjährigen Großen Vorsitzenden am 9. September 1976 und der Verhaftung der «Viererbande» vier Wochen später endete die Kulturrevolution im weiteren Sinne, die Periode der «zehn Schreckensjahre» (*shinian haojie*), wie es heute in China heißt. Und es bedurfte einer weiteren Übergangszeit des Postmaoismus in maoistischem Gewande, bis sich auf dem III. Plenum des XI. Zentralkomitees im Dezember 1978 inmitten öffentlicher Forderungen nach Demokratie, Legalität und Menschenrechten der Reformflügel in der Partei um den alten revolutionären Kämpen Deng Xiaoping gegen die maoistische Restfraktion durchsetzte.[117] 1979 war das Jahr des

Übergangs zur Politik der Reform von oben. Mit ihm begann der Abschied vom maoistischen Menschenbild, Gesellschaftsmodell und Politikbegriff.[118] Mit ihm begann zugleich eine Neubestimmung von Chinas Stellung in der Welt.

Einige Jahre nach Maos Tod soll Chen Yun, Mitglied des Politbüros und einer von Chinas ranghöchsten Wirtschaftsplanern, vor einer nationalen Arbeitskonferenz der Partei gesagt haben: «Wäre der Vorsitzende Mao 1956 gestorben, so hätte kein Zweifel daran bestanden, daß er ein großer Führer des chinesischen Volkes war. ... Wäre er 1966 gestorben, hätte ein Schatten auf seinen Verdiensten gelegen, seine Leistungen wären dennoch sehr positiv beurteilt worden. Da er aber 1976 gestorben ist, läßt sich seine Reputation nicht retten.»[119] Viele Chinesen dürften diese Einschätzung teilen. Sie drängt sich auch dem Historiker auf. Maos historische Leistung konzentrierte sich auf die Zeit vor 1949 und die ersten Jahre der Volksrepublik. Vom Großen Sprung 1958 bis zu seinem Tod übte Mao einen vielfach ungünstigen Einfluß auf das Gemeinwesen aus, an dessen Zustandekommen er wie kein zweiter beteiligt gewesen war.[120] Besonders der entfesselte Spätmaoismus der Jahre von 1966 bis 1976 war für die Volksrepublik verhängnisvoll. Er führte das Land in wirtschaftliche Schwierigkeiten und politische Instabilität, in Konformismus und offene Gewalt, in eine kulturelle Wüstenei. Allerdings führte er die Volksrepublik auch aus ihrer außenpolitischen Isolation.

Zhou Enlai ist vermutlich der wichtigste Inspirator des «Großen Sprungs nach Westen» gewesen, doch Mao Zedong selbst traf ohne Zweifel die letztgültige Entscheidung. Die außenpolitische Wende war trotz des «Pragmatismus», der in ihr zum Ausdruck kam, maoistische Politik. Wie sich in den Richtungskämpfen der siebziger Jahre zeigen sollte, war sie der am wenigsten umstrittene Teil von Maos Erbe. Sie erfolgte nur kurz nach dem Scheitelpunkt des Radikalismus der Roten Garden und zu einer Zeit, als die VRCh mit einem abstrusen Personenkult um den «Großen Steuermann» und einer undurchsichtigen Affäre um Lin Biao, den zweiten Mann im Staate, alles andere als den Eindruck eines seriösen diplomatischen Akteurs und Partners erweckte. Doch die Daten lassen keinen Zweifel: Der Ausbruch aus der diplomatischen Isolation geschah vor dem Hintergrund der fortdauernden kulturrevolutionären Systemkrise. Oktober/November 1970 Aufnahme diplomatischer Beziehungen zu den NATO-Mitgliedern Kanada und Italien; November 1970 erstmals eine einfache, zunächst nur symbolisch wirksame Mehrheit für die Aufnahme der VRCh in die UNO; April 1971 Besuch einer amerikanischen Tischtennismannschaft in China und Empfang bei Zhou Enlai («Pingpong-Diplomatie»); 9.–11. Juli 1971 Geheimbesuch des amerikanischen Sicherheitsberaters Henry Kissinger in Beijing; 15. Juli 1971 Ankündigung Präsident Richard Nixons, bei einem Chinabesuch die «Normalisierung» der Beziehungen zwischen den beiden Ländern» anzustreben;

Oktober 1971 Aufnahme der VRCh in die UNO und Ausschluß der Vertreter Jiang Kaisheks aus der Weltorganisation; 21.–28. Februar 1972 Präsident Nixon in China; September 1972 Besuch des Ministerpräsidenten Tanaka Kakuei und Aufnahme diplomatischer Beziehungen zwischen China und Japan; Oktober 1972 diplomatische Beziehungen zwischen China und der Bundesrepublik Deutschland; September 1973 erster Besuch eines westeuropäischen Staatsoberhaupts (Georges Pompidou).

Unter all diesen dramatischen Bewegungen war keine spektakulärer als die Annäherung zwischen den alten Feinden USA und – wie es im Februar 1971 erstmals statt «Communist China» in einem US-Dokument hieß – der Volksrepublik China, den Widersachern in einem heißen Krieg in Korea und Protagonisten eines kalten Krieges nahezu in der ganzen Welt. Über die Motive auf beiden Seiten ist viel geforscht und noch mehr gerätselt worden.[121] Große strategische Überlegungen verbanden sich mit taktischen Vorteilen des Augenblicks. Auf einen allgemeinen Nenner gebracht, hatten sich sowohl die USA als auch die VRCh in außenpolitische Sackgassen manövriert. Obwohl sie mit wechselnden Methoden experimentierte,[122] hatte die amerikanische Asienpolitik während der sechziger Jahre an der militarisierten Eindämmung der Ära Dulles stur festgehalten und sich weiterhin von dogmatischen Überzeugungen wie der «Dominotheorie» und dem zunehmend wirklichkeitsfernen Glauben an die Existenz einer Achse Moskau-Beijing-Hanoi leiten lassen. Man sei in Vietnam, so hatte Präsident Johnsons Außenminister Dean Rusk erklärt, um «einer Milliarde atomar bewaffneter Chinesen» entgegenzutreten.[123] Johnson war an Vietnam gescheitert. Das erste Ziel seines Nachfolgers Nixon war es 1969, den Vietnamkrieg zu beenden, der nicht «gewonnen» werden konnte, der innenpolitisch keine Unterstützung mehr fand, der immer teurer wurde und der die Bewegungsfreiheit der amerikanischen Außenpolitik nicht nur in Asien, sondern auch gegenüber den europäischen Verbündeten und der Sowjetunion einengte. Eine Verständigung mit China sollte die Lösung des Vietnamproblems erleichtern, eine neue stabile Ordnung in Asien nach dem amerikanischen Rückzug aus Indochina vorbereiten und der internationalen Öffentlichkeit die wiedergewonnene Fähigkeit zu weltpolitischer Gestaltungskraft signalisieren.

Als Chinas außenpolitische Sackgasse erschien eine sich verstärkende «Einkreisung» durch die Sowjetunion und damit eine Wiederholung der Erfahrungen, die man in den fünfziger Jahren mit dem amerikanischen Eindämmungsring gemacht hatte.[124] Mehrere Ereignisse weckten schlimme Befürchtungen:[125] der sowjetische Einmarsch in Prag 1968, den man den verhöhnten «Revisionisten» nicht zugetraut hatte; die sowjetische Aufrüstung entlang der gemeinsamen Grenze und in der Mongolei seit Mitte der sechziger Jahre; verklausulierte sowjetische Drohungen mit einem präventiven Nuklearschlag gegen Chinas Atombewaffnung, gegen den die chinesische Abschreckung mangels einer Zweitschlagskapazität

wenig ausrichten konnte; der von China provozierte, von der Sowjetunion mit großer lokaler Überlegenheit beantwortete Grenzzwischenfall
vom März 1969; der Tod des um Balance zwischen Beijing und Moskau
bemühten vietnamesischen Führers Ho Chi Minh im September 1969 und
die (noch) stärkere Hinwendung Nordvietnams zur Sowjetunion unter
seinen Nachfolgern. Chinas Bedrohungsangst erhielt dann neue Nahrung,
als drei Wochen nach Kissingers erstem Besuch in Beijing die UdSSR und
Indien einen Freundschaftsvertrag abschlossen (9. August 1971).[126] Nicht
allein aus ideologischen, sondern aus ganz handfest machtpolitischen
Gründen wurde in Beijing ab 1968 die Sowjetunion als der gefährlichste
Gegner Chinas betrachtet. War einmal die von Lin Biao verfochtene Linie
des verschärften gleichzeitigen Konflikts mit beiden Weltmächten als
nachgerade selbstmörderisch verworfen worden, so blieb die Annäherung
an die USA die Alternative zu einer nur unter kapitulationsähnlichen
Bedingungen erreichbaren Verständigung mit Moskau. Ein Eingehen auf
amerikanische Verständigungssignale wurde deshalb in Beijing nicht als
eine vollkommene Kehrtwendung der eigenen Außenpolitik verstanden.
Es lag überdies in der Konsequenz der alten chinesischen Methode, die
Widersprüche im Weltsystem zum eigenen Vorteil auszubeuten. Man
hoffte, durch Annäherung an die USA die Rivalität der Supermächte
anzuheizen[127] und eine amerikanisch-russische Verständigung auf Kosten
Chinas – wenn man so will, eine neue Jalta-Lösung – zu vereiteln. Nicht
zuletzt bewirkte Nixons Einsicht in die weltpolitischen Realitäten, daß die
Volksrepublik endlich jenen geachteten Platz in der Völkergemeinschaft
einnehmen konnte, den ihr die Vormacht des Westens so lange verweigert
hatte.

Dieser letzte Punkt ist oft in seiner Bedeutung unterschätzt worden. Mit
dem Einzug der Volksrepublik in die Generalversammlung der Vereinten
Nationen und als Ständiges Mitglied in deren Sicherheitsrat sowie mit
ihrer Aufnahme in zahlreiche internationale Organisationen innerhalb und
außerhalb der UNO verlor die Volksrepublik ihre Paria-Rolle im internationalen System, in die sie während des Koreakrieges gedrängt worden
war. Die tiefsten Prestigebedürfnisse des chinesischen Nationalismus wurden befriedigt, und es ist kein Zufall, daß seit der weltpolitischen Rehabilitation der Volksrepublik (auf Kosten Taiwans) eine Mehrheit auch der
nichtkommunistischen Auslandschinesen das kommunistische Regime als
legitimen Vertreter der chinesischen Nation betrachtet hat. War die Republik China als Mitglied des Völkerbundes noch durch ihre politische
Schwäche und durch die rechtliche Bindung an die ungleichen Verträge
erheblich in Prestige und Wirkungsmöglichkeiten beeinträchtigt gewesen,
und hatte Taiwan niemals neben seiner Schutzmacht USA in der UNO
ein eigenes politisches Profil erstrebt, so trat mit der Volksrepublik erstmals ein chinesischer Staat unabhängig und ehrgeizig auf dem Weltforum
auf. Von Anfang an haben sich chinesische Vertreter dort nicht allein

bescheiden zu Themen des eigenen nationalen Interesses geäußert, sondern zu allen Menschheitsfragen grundsätzlich Stellung genommen.[128] Viel war in den siebziger Jahren die Rede von einem «Großen Dreieck» zwischen Washington, Moskau und Beijing, das an die Stelle der bis dahin vorherrschenden bipolaren Weltstruktur getreten sei.[129] Diese geometrische, von Henry Kissinger, Journalisten und Systemtheoretikern[130] gleichermaßen geschätzte Metapher hat sich schlecht bewährt. Abgesehen von der Überlegung, ob die Figur eines Fünfecks mit Westeuropa und Japan als weiteren Polen die weltpolitische Lage nicht angemessener wiedergäbe, sprechen zwei Gründe gegen die Existenz eines Dreiecks in den siebziger Jahren. Erstens war China nach keinem denkbaren Kriterium außer dem des Selbstbewußtseins seiner realitätsferneren Politiker eine Weltmacht mit globalem Aktionsradius wie die USA und die Sowjetunion. Es war als das bevölkerungsreichste Land der Welt gewiß ein potentiell wirkungskräftiger Faktor, aber auf absehbare Zeit und zumal in den innenpolitisch verworrenen siebziger Jahren zu einer konsistenten Weltpolitik nicht fähig: ein überaus schwacher Eckpunkt des triangulären Arrangements, der als einziger zu einer strategischen Bedrohung der anderen Pole unfähig war. Selbst Zhou Enlai und die geschickten Außenpolitiker seiner Schule vermochten den Mangel an militärischem und ökonomischem Gewicht nicht durch Rhetorik und Diplomatie zu überspielen. Zweitens waren die Beziehungen zwischen den drei angeblichen Eckmächten des Dreiecks höchst unterschiedlich ausgeprägt.[131] Die USA waren der einzige Pol, der mit beiden anderen hinlänglich gute Beziehungen unterhielt, während diese sich untereinander weiterhin heftig befehdeten. Eben darin lag der größte Erfolg der Nixon-Kissinger-Diplomatie: das Verhältnis zu China und zur Sowjetunion gleichzeitig zu entspannen.[132] Nur die USA waren deshalb in der Lage, innerhalb des «Dreiecks» eine Balancepolitik zu betreiben. Dies gelang indes in der Praxis weniger vollkommen als in den Planspielen amerikanischer Think Tanks. Das amerikanisch-sowjetische Verhältnis blieb infolge des fortgesetzten Rüstungswettlaufs weiterhin prekär.[133] Erst recht instabil war die neue Verbindung zwischen Washington und Beijing. Anders als mit Japan und den westeuropäischen Ländern war mit den USA Anfang der siebziger Jahre kein Austausch von Botschaftern vereinbart worden, so daß eine formelle Normalisierung der Beziehungen weiter auf der Tagesordnung stand; es waren die USA, die sich hier zurückhielten. Raum für amerikanische Manöver bot auch die Taiwanfrage, wo die USA jenseits der Anerkennung des Ein-China-Prinzips keine festen Zusagen machten. Zwischen 1972 und 1978 war die VRCh außenpolitisch weitaus abhängiger von den USA als umgekehrt, zumal nach dem Ende des Indochinakrieges 1975 ihr Einfluß in der Region für die Amerikaner nicht länger unmittelbar nützlich war. Jedes neue Anzeichen russisch-amerikanischer Freundlichkeit löste in Beijing Alarm aus, verstärkte eine hysterische Propaganda gegen den «Hegemonismus» der Sowjetunion und führte zu heftigen Bemühungen, Washington für eine festere Bindung an China zu gewinnen. [134] Daß chinesische Staatsmänner ihre westlichen Gesprächspartner bei jeder Gelegenheit vor den finsteren Absichten der Russen warnten und Deng Xiaoping seit dem Herbst 1977 in Abkehr von seiner «Drei-Welten-Theorie» auf die Bildung einer internationalen antisowjetischen Einheitsfront – selbst mit antikommunistischen Tyrannen wie Chiles Pinochet – zu drängen begann, [135] war nicht primär Ausdruck eines «ideologischen» Sinneswandels, sondern der Furcht vor einem globalen Kondominium der beiden Supermächte. In Deng Xiaopings Amerikareise vom Januar/Februar 1979, als der Vizepremier und «starke Mann» Chinas sich Coca Cola trinkend und mit einem Cowboyhut auf dem Kopf fotografieren ließ, war der Höhe- und Endpunkt dieser Phase erreicht.

Erst als 1979/80 der Entspannungsprozeß aus ganz anderen Gründen als der chinesischen Propaganda (Hauptmoment in einem komplexen Faktorenbündel war die sowjetische Invasion Afghanistans im Dezember 1979) zum Stillstand kam[136] und noch unter Präsident Carter, erst recht dann seit 1981/82 unter seinem Nachfolger Reagan und der Interimsführung Andropov/Černenko einer neuen Konfrontationspolitik wich, verbesserte sich die chinesische Position. Nun rückte die Volksrepublik einen Rang höher in der Hierarchie der Freunde Amerikas. Im Dezember 1978 spielten Präsident Jimmy Carter und sein Sicherheitsberater Zbigniew Brzezinski die «Chinakarte»[137] und verkündeten die diplomatische Anerkennung der Volksrepublik zum 1. Januar 1979 und den gleichzeitigen Abbruch der Beziehungen zu Taiwan; das restliche amerikanische Militär wurde von der Insel abgezogen, wenngleich sich Washington die Möglichkeit von Waffenlieferungen an die Republik China offenhielt. Die «Chinakarte» war in erster Linie eine Bewegung gegen die UdSSR, deren Aktivitäten namentlich in Afrika man im Weißen Haus mit rasch wachsendem Mißtrauen betrachtete. Die VRCh wurde nun in die neue Eindämmungsstrategie der späten Carter-Ära einbezogen; im Januar 1980 erklärten die USA ihre Bereitschaft, China mit «military equipment» zu beliefern, und gewährten Meistbegünstigungsstatus.[138] Die «Chinakarte» bedeutete aber auch ein Entgegenkommen gegenüber der kommunistischen Führung in Beijing, die nun mit dreißigjähriger Verspätung die zuletzt Anfang 1950 in den USA erwogene Anerkennung erfuhr und die letzte Demütigung der Guomindang erleben durfte.[139] Sichtbar wurde diese historische Dimension etwa daran, daß im März 1979 chinesische Guthaben in Höhe von 80 Millionen US $ freigegeben wurden, die während des Koreakrieges eingefroren worden waren. Umgekehrt zahlte China dieselbe Summe an die USA als Regelung von Entschädigungsforderungen amerikanischer Bürger und Unternehmen aus den Jahren unmittelbar nach 1949. [140]

Als «Karte» in einem weltpolitischen Poker eingesetzt zu werden, widerstrebte freilich chinesischem Stolz und chinesischer Vorsicht. Paradoxerweise verhalf gerade die beispiellos nachdrückliche Zuwendung der USA zu China in den Jahren 1979/80 diesem zu neuem außenpolitischem Spielraum. Die Volksrepublik wurde plötzlich von den USA umworben.

Als sich unter Reagan dann der «Neue Kalte Krieg» globalisierte, verlor die VRCh wieder innerhalb der amerikanischen Strategie an Gewicht; sie war nunmehr eine von vielen Eindämmungsfronten gegen das «Reich des Bösen», als das der Präsident 1983 die Sowjetunion brandmarkte. Japan wurde unter Reagan und Außenminister George Shultz eindeutig wieder zu Amerikas wichtigstem Sicherheitspartner in Asien.[141] Am Anfang der achtziger Jahre hatte China einerseits gelernt, vor einer zu engen Abhängigkeit von der sprunghaften Außenpolitik der USA auf der Hut zu sein. Andererseits hatte es seine Furcht davor verloren, von den USA dem übergeordneten Ziel der russisch-amerikanischen Détente geopfert zu werden. Die VRCh wagte 1981, die USA energischer als in den Jahren davor zur Verminderung ihrer Militärhilfe für Taiwan zu drängen; auch aus innenpolitischen Gründen brauchte Deng Xiaoping Fortschritte in der Taiwanfrage.[142] Gleichzeitig sah sich die Volksrepublik erstmals in der Lage, der Sowjetunion von einer Position relativer Stärke aus Verständigungssignale zu senden und auf Moskauer Zeichen zu antworten. Verbesserte Beziehungen zur UdSSR versprachen mehr Spielraum im Umgang mit den Vereinigten Staaten. Zu ersten Konsultationen kam es 1979. Seit 1980 mäßigte sich deutlich der chinesische Ton gegenüber Moskau; die alte maoistische Doktrin von der Unvermeidbarkeit eines neuen Weltkrieges wurde aufgegeben.[143] Die gegenseitige Polemik über den richtigen Weg zum Sozialismus ist dann im Laufe der achtziger Jahre fast ganz verschwunden und hat einer prinzipiellen Zustimmung zur Reformpolitik des anderen Platz gemacht.[144] Der Beginn eines zaghaften sino-sowjetischen Entspannungsprozesses im Jahre 1982 schuf erstmals die Voraussetzungen für ein wirkliches strategisches Dreieck, da nunmehr alle drei Partner jenes Minimum an Beziehungen miteinander unterhalten, das eine trilaterale Diplomatie erst ermöglicht.[145] Nach dem Amtsantritt Michail Gorbačevs im März 1985 forcierte die UdSSR diesen Entspannungsprozeß.[146] Im Juli 1986 unterbreitete der Generalsekretär in einer Rede in Vladivostok ein ganzes Bündel konzilianter Vorschläge, auf die China sehr differenziert reagierte und die in der Folgezeit teilweise schon realisiert wurden. Das größte Hindernis einer außenpolitischen Annäherung blieb aus Beijings Sicht Anfang 1989 der fortdauernde Einfluß der Sowjetunion in Indochina, besonders die vietnamesische Okkupation Kambodschas. Der sowjetische Rückzug aus Afghanistan im Februar 1989 sowie die (noch sehr zaghafte) Verminderung der sowjetischen Truppenpräsenz an der innerasiatischen Grenze kamen jedoch Chinas Bedingungen für eine Normalisierung zwischen den beiden Staaten entgegen.[147] Zögerlicher verlief die Annäherung zwischen den kommunistischen Parteien. Obwohl die KPCh 1986/87 ihre Kontakte zu den meisten kommunistischen Parteien des Warschauer Pakts reaktivierte, etwa diejenigen zur SED bei Erich Honeckers Chinabesuch im Oktober 1986,[148] ruhten weiterhin die 1966 gekappten Beziehungen zur KPdSU. Die Reise von Generalsekretär Gorbačev nach China Mitte Mai 1989, die in Beijing und anderen großen Städten von einer Woge des Massenprotests gegen die Verweigerung politischer Reformen begleitet war, führte dann zum großen Durchbruch: Sowohl die Beziehungen zwischen den Staaten als auch die zwischen den Parteien wurden, wie beide Seiten erklärten, «normalisiert». Gorbačev versprach ein Verhältnis auf der Basis von Nichteinmischung, strikter Gleichheit und dem Verzicht auf Hegemonialpolitik. Er kündigte eine weitgehende Entmilitarisierung der chinesisch-russischen bzw. chinesisch-mongolischen Grenze an und interpretierte die Annäherung zwischen Moskau und Beijing als einen gegen kein drittes Land gerichteten Beitrag zu einem gesamtasiatischen Friedensprozeß. Machte Gorbačev die weitergehenden Zugeständnisse, so legte Deng Xiaoping Nachdruck auf die Feststellung, er selbst habe das erste Versöhnungssignal ausgesandt. Drei Jahrzehnte nach dem Ausbruch offenen Streits zwischen den beiden Führungsmächten des Weltkommunismus und stärksten militärischen Potenzen Asiens wurde so mit dem historischen Handschlag zwischen Gorbačev und Deng am 16. Mai 1989 einer der tiefsten weltpolitischen Konflikte der Nachkriegszeit beigelegt.

Außerordentliche Fortschritte wurden bereits in vielen Bereichen der wirtschaftlichen, technischen und wissenschaftlichen Zusammenarbeit erzielt.[149] Der sino-sowjetische Handel verzehnfachte sich zwischen 1981 und 1986. Hatte der Warenaustausch mit der UdSSR 1981 nur 0,6% des gesamten chinesischen Außenhandels ausgemacht, so 1985 3,2%. Die Sowjetunion war damit nach Japan (28%), Hongkong (16%), den USA (11%) und der Bundesrepublik (5%) zu Chinas fünftwichtigstem Handelspartner aufgerückt. Allerdings hatte ihr Anteil an Chinas Außenhandel 1959, gegen Ende der sino-sowjetischen Allianz, 47,9% und 1966 immerhin noch (auf Platz 3) 8% betragen.[150] Handels- und Kulturabkommen wurden geschlossen; 1985 wurden die Konsulate in Leningrad und Shanghai wiedereröffnet. Die Sowjetunion verpflichtete sich zum Bau einer Anzahl neuer und zur Modernisierung bestehender Industrieanlagen, von denen die meisten in den fünfziger Jahren mit sowjetischer Hilfe errichtet worden waren, sowie zur Lieferung von Großgeneratoren für vier chinesische Wärmekraftwerke. Erstmals seit 1960 wurden wieder sowjetische Ingenieure als Berater tätig. Erste Gemeinschaftsunternehmen (*joint ventures*) wurden 1987 als Pilotprojekte gegründet. Wissenschaftliche Kooperation auf vielen Gebieten ist in Gang gekommen. In den achtziger Jahren hat ein neuer Abschnitt in den Beziehungen zwischen China und der Sowjetunion begonnen, ein Abschnitt, der weder zur Allianz der fünfziger noch zur Gegnerschaft der sechziger und siebziger Jahre zurückzuführen scheint. China hat nicht nur zu Japan, den Vereinigten Staaten und Westeuropa, sondern auch zu seinem nördlichen Nachbarn eine Tür geöffnet.

In den achtziger Jahren sind Chinas Einkreisungsängste einem gelasse-
neren Selbstbewußtsein gewichen, während Moskau die nun geschäfts-
mäßig-distanzierteren Beziehungen zwischen China und den Vereinigten
Staaten, zumal nach den Abrüstungserfolgen der Gorbačev-Reaganschen
Gipfeldiplomatie, für weniger bedrohlich hält als die hitzigen sino-amerikanischen Verbrüderungsgesten der Ära Jimmy Carter. Die allgemeine
Tendenz der chinesischen Außenpolitik zu Unabhängigkeit ohne Isolierung zeigte sich auch auf militärischem Gebiet. In den achtziger Jahren hat
die Volksrepublik die vierte der 1975 noch von Zhou Enlai proklamierten
«Vier Modernisierungen», die der Landesverteidigung, mit Nachdruck
vorangetrieben.[151] Die maoistische Doktrin vom Volkskrieg, derzufolge
eine Invasionsarmee weit ins Land hinein gelassen und im «Meer» des
bewaffneten Volkes «ertränkt» werden soll,[152] wurde zugunsten einer
konventionelleren Verteidigungsstrategie aufgegeben.[153] Die Mannschaftsstärke der VBA wurde reduziert, ihre Organisation reformiert, die
Ausbildung technischer Spezialeinheiten verbessert. Eine zurückhaltende
Modernisierung der Waffensysteme wurde weitgehend ohne Importe aus
eigenen Ressourcen (und mit teilweise rückständiger Technologie) bestritten; vor allem die zeitweiligen Hoffnungen der amerikanischen Rüstungsindustrie auf riesige chinesische Aufträge erfüllten sich nicht. China hat
sich auch weitgehend von Programmen einer stärker sicherheits- als
wirtschaftspolitisch motivierten Industrialisierung des Landesinneren verabschiedet, die zwischen 1964 und 1971 einen großen Teil der Kräfte
banden und einen außerordentlich nachteiligen Einfluß auf die Wirtschaftsentwicklung ausübten.[154]

Die Armee hat sich auf ein weniger politisches, ein im engeren Sinne
militärisches Rollenverständnis besonnen. Sie hat sich stärker von der
Gesellschaft zurückgezogen. Zugleich hat sie aber auch den Anschluß an
die Dynamik der sozialökonomischen Entwicklung verloren. Die Angehörigen der VBA werden schlecht bezahlt; ihr Sozialprestige ist gefallen.
Die Moral vieler Truppenteile ist niedrig, ihre Bereitschaft, «dem Volke zu
dienen», gering.

Die Volksrepublik hat ihr nukleares Abschreckungsspektrum verbrei-
tert. Sie hat durch Interkontinentalraketen und – erstmals in der chinesischen Geschichte seit dem 15. Jahrhundert – den Aufbau einer hochseetüchtigen Kriegsflotte[155] ihren strategischen Aktionskreis ausdehnen können,
ohne indessen auch nur annähernd über die Möglichkeiten einer weltweit
operierenden Groß- oder gar «Super»-Macht zu verfügen. In den achtziger
Jahren ist die VRCh, die in der Phase ihrer «revolutionären» Außenpolitik
in bescheidenem Umfang Waffen *verschenkte*, zum viertgrößten Waffen-
händler der Welt geworden. Spätestens der Einsatz von «Seidenraupen»-
Raketen im Golfkrieg hat die Weltöffentlichkeit auf diese neue chinesische
Rolle aufmerksam gemacht. Die chinesischen Rüstungsexporte, die im
Golfkrieg an beide gegnerischen Lager gingen, dienen eher der Beschaffung

von Devisen als einer gezielten Ausweitung politischen Einflusses.[156] Doch sind auch sie ein weiteres Indiz für den allmählich expandierenden Handlungshorizont der VRCh in der internationalen Politik.

Die militärische Modernisierung gibt China die Mittel an die Hand, um die Ziele außenpolitischer Unabhängigkeit und einer dem wirtschaftlichen Aufbau förderlichen äußeren Stabilität zu verfolgen. Ökonomische Entwicklung und politisch-militärische Stärkung des Landes werden im Konzept der umfassenden Modernisierung als zwei Seiten desselben Wachstumsprozesses betrachtet. Deutlicher noch als im Verhältnis zu USA und UdSSR kommt diese Stärkung des nachmaoistischen China im regionalen Umfeld zur Geltung.[157] Hier liegen vermutlich auch die größten Potentiale für künftige Instabilität. Ihren effektiven Möglichkeiten nach betrachtet, ist die VRCh keine Welt-, wohl aber die stärkste asiatische Regionalmacht. Das Bild, das sich viele Nationen des Pazifischen Raumes von China machen, ist weniger das eines sanftmütigen großen Nachbarn als das eines unruhigen Giganten.[158] Alle kriegerischen Einsätze der VBA seit Korea mit Ausnahme der sino-sowjetischen Zusammenstöße am Ussuri und in Xinjiang 1969 richteten sich gegen asiatische Nachbarn der «Dritten Welt», zuletzt die für China politisch schädliche und militärisch blamable «Strafaktion» gegen Vietnam im Februar 1979, der blutigste Konflikt zwischen kommunistischen Bruderländern, den es je gegeben hat.[159] Wie auch immer man die besonderen Umstände des Krieges von 1979 beurteilen mag: Er widerlegte den Glauben mancher westlicher Beobachter, ein vom weltrevolutionären Verbalradikalismus der spätmaoistischen Periode genesenes China habe sich zu einem Land von selbstgenügsamer Friedfertigkeit geläutert. Die VRCh der achtziger Jahre orientiert sich vor dem Hintergrund geostrategischer Überlegungen gerade im regionalen Bereich an – gewiß nicht immer aufgehenden – Kosten-Nutzen-Kalkülen nach Maßgabe ihrer nationalen Interessen. Die Unterstützung von Aufstandsbewegungen in Asien (mit Ausnahme der Roten Khmer) ist ebenso eingestellt worden wie wirtschaftliche Entwicklungshilfe größeren Stils.[160] Ironischerweise hat sich ausgerechnet eine schnell wachsende und reicher werdende Volksrepublik von einem Spender in einen Empfänger von Entwicklungshilfe gekehrt und steht nunmehr im Wettbewerb mit anderen asiatischen Ländern um Unterstützung durch Weltbank, UN-Programme und die japanische Regierung.[161]

Kein asiatisches Land ist für China wichtiger als Japan.[162] Seit der Aufnahme diplomatischer Beziehungen im September 1972 und dem Abschluß eines langfristigen Handelsabkommens im Februar 1978 sowie eines strategisch gegen die Sowjetunion gerichteten Friedens- und Freundschaftsvertrages im August 1978 sind aus den einstigen Erzfeinden Partner geworden, ohne daß China die Vergangenheit verdrängt hätte.[163] Die Sonderstellung Japans in den auswärtigen Beziehungen der VRCh wird durch den Umstand illustriert, daß allein mit Japan regelmäßige Ministertreffen stattfinden.[164] Noch immer achtet China auf Anzeichen eines Wiedererwachens des japanischen Militarismus, hat aber seit 1972 einen militärischen Aufbau in Japan ohne Protest hingenommen, ihn zuweilen gar ermutigt. Mit zunehmender chinesischer Äquidistanz zu den beiden Supermächten (heute freilich hat die VRCh noch bessere und engere Beziehungen zu den USA als zur UdSSR) wird jedoch die enge sicherheitspolitische Anlehnung Japans an die Vereinigten Staaten kritischer beurteilt.[165] Umgekehrt sieht sich Japan in Nordostasien durch die Sowjetunion und Nordkorea, nicht aber durch China bedroht.[166] Die alten Feindbilder zwischen den beiden Ländern beginnen zu verblassen. Japan ist wieder, wie schon vor achtzig Jahren, zu Chinas wichtigstem ausländischem Vorbild geworden.[167]

China ist sich der Tatsache seines gewaltigen ökonomischen Rückstandes gegenüber Japan deutlich bewußt. Enge Wirtschaftsbeziehungen zu Japan sollen Chinas nachholende Modernisierung beschleunigen. Japan seinerseits wünscht eine solche Modernisierung, erhofft es sich von China doch nicht allein, wie schon während der ersten Hälfte des 20. Jahrhunderts, Absatz- und Investitionschancen sowie den Zugang zu Rohstoffen, sondern erwartet auch von steigendem Wohlstand auf dem Kontinent eine Stabilisierung der chinesischen Politik nach innen wie nach außen.[168] Die Strategie der Periode 1895–1945, ein schwaches, zersplittertes und gefügiges China als agrarisches Komplement zum industrialisierten Japan zu favorisieren, ist in der Nachkriegszeit *ad acta* gelegt worden. Die beiden Volkswirtschaften verhalten sich immer noch komplementär zueinander, doch auf verwickeltere Weise. Hatte Japan am Beginn des 20. Jahrhunderts das Zentrum einer eigenständigen chinesischen Eisen- und Stahlindustrie, den Hanyeping-Komplex, ökonomisch ausgehöhlt und zu einem Rohstofflieferanten für die japanische Stahlindustrie reduziert,[169] so beteiligte es sich in den siebziger und achtziger Jahren am Aufbau des riesigen Stahlkombinats Baoshan am Stadtrand von Shanghai.[170] Die prinzipielle Komplementarität der beiden Volkswirtschaften hat sich jedoch nicht problemlos in den ökonomischen Alltag umsetzen lassen. Die Grundidee, Technologie gegen Energie (hauptsächlich Erdöl und Kohle) zu tauschen, hat sich nur partiell bewährt. Chinas Erdölexporte aus Daqing in der Nordmandschurei und von den Bohrinseln im Chinesischen Meer haben sich nicht im erhofften Tempo entwickelt. Die Förderung lief langsam an und wurde zunehmend vom binnenwirtschaftlichen Energiebedarf absorbiert; außerdem bekam China den Verfall der Weltölpreise Mitte der achtziger Jahre zu spüren: eine Warnung vor den für die VRCh ungewohnten Risiken des Weltmarktes. Importe aus China machen nach einem Jahrzehnt der Zusammenarbeit nur 5 % der gesamten japanischen Energieimporte aus. Dennoch bleibt Japan weiterhin an gemeinsamen Off-shore-Projekten interessiert. MITI, das mächtige japanische Ministerium für Internationalen Handel und Industrie,[171] ist bestrebt, Japan die Mitwirkung an der Produktion zumindest eines Teils seiner Importenergie zu sichern.[172] Umgekehrt hat der erhoffte Technologietransfer aus Japan die Erwartungen vieler chinesischer Wirtschaftsplaner enttäuscht. Die Möglichkeiten zu Direktinvestitionen, von den Chinesen vorrangig als Vehikel zur Übermittlung von ausländischem Know-how verstanden, haben die Japaner nur zögernd in Anspruch genommen. Anfang 1987 befanden sich nur 13 % des in der VRCh angelegten Auslandskapitals in japanischen Händen,[173] während Japan in den achtziger Jahren ziemlich konstant für ein Viertel des chinesischen Außenhandels aufkommt. Immer noch bevorzugen japanische Konzerne Taiwan, Südkorea und Singapore als Investitionsstandorte. Durch das rasante Aufholen Südkoreas gewarnt, widersetzt sich Japan stärker als etwa Westeuropa dem chinesischen Verlangen nach fortgeschrittener Technologie und versucht, einen technologischen Vorsprung von mindestens einem Jahrzehnt zu bewahren. China wiederum läßt durchblicken, daß es japanische Unterstützung für seine Modernisierung – und dabei vorrangig Technologietransfer – als Teil einer historischen Schuld betrachtet, deren Begleichung von Japan erwartet wird.[174] Zum bevormundeten «jüngeren Bruder» will sich China nicht wieder reduzieren lassen. Japan hat vier Jahrzehnte nach Kriegsende ungefähr jene Stellung auf dem chinesischen Markt wiedererlangt, die es in den frühen dreißiger Jahren besaß.[175] Die machtpolitischen Umstände sind indessen völlig andere.

Chinas Handel mit Japan, seinem wichtigsten Partner, ist durch ein chronisches Defizit gekennzeichnet. Er ist damit Teil einer größeren Konfiguration, in der China im Warenverkehr mit entwickelten Ländern Defizite erzielt, die es teilweise, aber nicht ganz, mit weniger entwickelten Ländern in Asien und im Vorderen Orient kompensiert. Solche Ungleichgewichte ergeben sich aus der schnellen Integration einer unterentwickelten Ökonomie in die Weltwirtschaft. Noch zu Lebzeiten Maos und in krassem Gegensatz zur isolationistischen Rhetorik der «Viererbande» und anderer seiner Anhänger hatte die VRCh ihre Strategie des «Vertrauens auf die eigene Kraft» langsam preisgegeben. Ihr Außenhandelsvolumen wuchs von 4,9 Milliarden US $ im Jahre 1971 auf 13,4 Milliarden US $ im Jahre 1976. Diese Expansion geschah ohne nennenswerte Handelsbilanzdefizite, wie sie dann 1978 im Zuge eines Wachstums auftraten, das den Außenhandel auf 69,7 Milliarden US $ im Jahre 1985 ansteigen ließ.[176] Diese Entwicklung vor allem, die Chinas in den siebziger Jahren angehäufte Devisenbestände stark belastete, bewog die Führung, sich seit 1978 um ausländische Kredite zu bemühen. Damit war ein doppeltes maoistisches Tabu gebrochen worden, denn nicht nur lag auf der Idee der Auslandsverschuldung das Odium des alten Finanzimperialismus, sondern sie erinnerte auch an die Verpflichtungen gegenüber der Sowjetunion, die China Anfang der sechziger Jahre zähneknirschend, aber penibel getilgt hatte. China hat nicht nur die Erfahrung seiner eigenen Geschichte, sondern auch die Überschuldung vieler anderer Länder der Dritten Welt vor Augen und hat deshalb bis Mitte der achtziger Jahre eine vorsichtige Anleihenpolitik betrieben, die langfristige Verbindlichkeiten vermied. Für 1986 hat die Weltbank die gesamte Auslandsverschuldung der VRCh auf 22,7 Milliarden US $ geschätzt. Dies entspricht etwa der Verschuldung Nigerias, Jugoslawiens oder Chiles, liegt deutlich unter derjenigen Indiens (41 Milliarden) und Indonesiens (42 Milliarden) und beträgt weniger als ein Fünftel der Auslandsschulden des Spitzenreiters unter den Entwicklungsländern, Brasilien (111 Milliarden).[177] Bemerkenswert ist bislang weniger das Ausmaß der Verbindlichkeiten als die Tatsache, daß die Volksrepublik überhaupt die internationalen Kapitalmärkte in Anspruch nimmt und mit Organisationen wie der Weltbank und dem Internationalen Währungsfond zusammenarbeitet, die in der Dritten Welt vielfach, wie noch vor wenigen Jahren auch in China, als Ausgeburten eines perfektionierten westlichen Imperialismus beurteilt werden.

Nicht zuletzt mit der Absicht, durch Verbesserung der industriellen Produktion die eigene Exportkraft zu steigern, wirbt die VRCh seit 1978 um ausländische Direktinvestitionen und setzt sich damit über ein weiteres maoistisches Dogma hinweg. Am Ende der achtziger Jahre existiert ein breites Spektrum rechtlicher Möglichkeiten für ausländische Investoren: von steuer- und zollbegünstigten «Wirtschaftssonderzonen» (am wichtigsten Shenzhen in der Nähe von Hongkong) über «offene Städte» zu Joint-Venture-Modellen verschiedenster Art bis hin zu Unternehmen im alleinigen Eigentum von Ausländern.[178] Zwischen 1979 und 1986 hat die VRCh damit ausländische Direktinvestitionen in Höhe von 8,2 Milliarden US $ ins Land holen können: weit weniger, als man in Beijing erhofft hatte.[179] Viele der bekanntesten Konzerne der Welt produzieren heute in China: Volkswagen und General Motors, IBM und Mitsui, Gillette und Coca Cola. Nicht nur in der sino-japanischen Zusammenarbeit haben sich indessen die anfangs hochgespannten Erwartungen nur zum Teil erfüllt. Die chinesische Seite beklagt, daß ein wirklich substantieller Transfer von Kapital und Technologie selten stattfinde; die meisten der neuen Unternehmungen mit ausländischer Beteiligung – vor allem in den Wirtschaftssonderzonen – sind Gründungen von Chinesen aus Hongkong und Südostasien, die einfache Produktionstechniken und relativ wenig Kapital einsetzen. Ausländische Investoren fürchten ihrerseits nicht allein einen antiliberalen Rückschlag in der chinesischen Politik, sondern registrieren auch erhebliche Abweichungen zwischen den großzügigen Konditionen, die ihnen auf dem Papier eingeräumt werden, und den Schwierigkeiten, denen sie in der Praxis begegnen.[180]

Hinter Irritationen des Augenblicks verbergen sich grundsätzlichere Probleme. Wie im 19. Jahrhundert nach dem Eindringen der Fremden zwei ganz unterschiedlich beschaffene Wirtschaftskulturen aufeinandertrafen und Mechanismen des Kontakts entwickelten: das Treaty-Port-System, die synarchische Zollverwaltung, die soziale Rolle des Kompra-

dors, usw. , so gibt es in der Gegenwart Widersprüche und Anpassungs-
probleme zwischen Chinas sozialistischer Ökonomie und den Verfahrens-
normen der kapitalistischen Weltwirtschaft. Die bürokratische Plan- und
Kommandowirtschaft zeigt sich in vielen Bereichen, etwa der Preisbil-
dung und der Währungsanpassung, gegenüber den Erfordernissen ausländischer Unternehmen ineffizient und inflexibel; das Experimentieren mit
immer neuen Organisationsformen trägt zur Unsicherheit bei.[181] Umgekehrt läßt sich heute die Technologie, das *yong* in der Sprache der
Reformautoren des 19. Jahrhunderts, noch viel weniger von ihrem gesellschaftlichen und kulturellen Umfeld trennen als zu den Zeiten Li Hongzhangs. An die Stelle der kulturellen Substanz des Spätkonfuzianismus
(des *ti*), den man damals gegen die westliche Apparatewelt abzuschirmen
trachtete, ist ein – zumal nach dem Bankrott des maoistischen Gesell-
schaftsmodells in den Schrecken der Kulturrevolution – viel wolkiger
definierter, gegen kapitalistische Kräfte viel weniger resistenter Sozialismus getreten. Die Öffnung des chinesischen Marktes für importierte
Konsumgüter und die sozialen Nebeneffekte, die nicht ausbleiben, wenn
eine wachsende Zahl von Chinesen in ausländisch (mit-)geführten Firmen
arbeiten, haben Auswirkungen auf Verhaltensweisen und Einstellungen
der Menschen, die noch kaum abzusehen sind.

Die Öffnung Chinas zur Weltwirtschaft ist nur ein Teil des großen
Reformexperiments, mit dem die nachmaoistische Führung den Rückstand des Landes gegenüber ehrgeizig bewunderten Vorbildern wie Japan,
den Vereinigten Staaten oder auch den kapitalistischen chinesischen
Boomökonomien Taiwan, Hongkong und Singapore aufzuholen trachtet.
Ihre Zukunft ist mit dem Schicksal des Reformprogramms als Ganzem
eng verbunden. Anfang 1989, also nach gerade einem Jahrzehnt der
Reformen, ist nur eine vorsichtige Zwischenbilanz gestattet. China ist
heute ein «offenes» Land nicht länger für einige tausend Missionare und
rechtlich privilegierte Geschäftsleute, sondern für Hunderttausende zah-
lender, von einer großen Sightseeing-Bürokratie verwalteter Touristen.[182]
Nach mehreren Anläufen seit der Mitte des 19. Jahrhunderts hat es in
beispiellosem Ausmaß begonnen, «vom Westen zu lernen». Über 70 000
Studenten gingen seit 1978 ins Ausland; der Langzeiteffekt ihrer Qualifi-
kationen bleibt abzuwarten. China hat sich wieder, wie schon in den vier
Jahrzehnten vor 1937, für die Weltkultur geöffnet, auch wenn politische
Ideen, die das Herrschaftsmonopol der KPCh (wie vor 1937 das der
Guomindang) in Frage stellen, brutal unterdrückt werden. Es unterhält
engere Beziehungen zur Weltwirtschaft als jemals seit 1937, ohne indessen
eine «open economy» zu werden. Der wirtschaftliche Wachstumsprozeß
wird in erster Linie von binnenwirtschaftlichen Kräften, nicht wie zum
Beispiel in Taiwan, Südkorea oder auch Indonesien vom Export angetrieben. Ausländisches Kapital, seien es Anleihen, seien es Direktinvestitionen, wird selektiv nach den Vorstellungen der Wirtschaftsplaner einge-

setzt. Eine verwundbar machende Abhängigkeit von der Weltwirtschaft im allgemeinen und von einzelnen ausländischen Partnern im besonderen soll vermieden werden. Geballter ausländischer Einfluß wie im alten Shanghai wäre heute undenkbar. Anders als unter den Bedingungen der «Open Door» vor 1937 herrscht kein Freihandelsregime. Der Staat, nicht der Markt bleibt die Hauptinstanz bei der Allokation ausländischen Kapitals. Auch bei weiterer wirtschaftlicher Liberalisierung ist eine Abkehr der Volksrepublik von einer neomerkantilistischen Wirtschaftspolitik nicht zu erwarten. Außenhandel und ausländische Investitionen unterliegen nach wie vor staatlicher Regulierung. Sie sind weithin abhängige Variablen und werden als Mittel zum langfristigen Zweck des Aufbaus einer leistungsfähigen und vor weltwirtschaftlichen Schwankungen abgepolsterten Volkswirtschaft eingesetzt. Die neue Wirtschaftspolitik läßt zwar ausländische Unternehmen wieder ins Land, die in den frühen 1950er Jahren hinausgedrängt wurden, dreht aber das Rad der Geschichte nicht zurück hinter den epochalen Einschnitt der Durchsetzung eines starken Staates. Hier berührt sie sich mit Chinas außenpolitischer Haltung. Den dreifachen Akt der Befreiung erst vom japanischen, dann vom amerikanisch-europäischen Imperialismus und schließlich von der brüderlichen Bevormundung durch die Sowjetunion mag niemand in China rückgängig machen, und auch als «Karte» will China sich nicht abermals mißbrauchen lassen. Die chinesische Außen- und Außenwirtschaftspolitik erstrebt Unabhängigkeit ohne Isolation. Eine friedliche und sichere internationale Umwelt soll den wirtschaftlichen Aufbau ermöglichen, der wiederum die Basis für künftige militärische Stärke und internationale Bedeutung bilden soll. Chinas Führung verfolgt dieses Ziel mit rationalem Kalkül innerhalb der Grenzen jener Irrationalitäten, die in das politische System bürokratischer Parteiherrschaft eingebaut sind. Die Volksrepublik China fügt sich in eine Weltgesellschaft ein, von der sie sich lange Zeit teils zurückgestoßen sah, teils aus eigenem Antrieb absonderte. Diese Integration ist nicht einfach ein freudiger Empfang des verlorenen Sohnes in der «Familie der Völker». Sie ist ein widersprüchlicher, ein risikoreicher Prozeß. Ob die alte Gesetzmäßigkeit der zyklischen Öffnung und Schließung des Landes ihre Geltung verloren hat, steht weiter dahin.

Schluß:

Einige Leitmotive

Vielschichtige und in sich widerspruchsvolle historische Prozesse sperren sich gegen ein Resümee. Am Ende dieser Darstellung soll deshalb nicht der Versuch stehen, die Quintessenz eines Vierteljahrtausends moderner Weltgeschichte in wenige Sätze zu fassen. Vielmehr sollen einige Leitmotive in Erinnerung gerufen werden, die vom Mandschureich bis zur Volksrepublik das Verhältnis Chinas zur Welt und das der Welt zu China charakterisiert haben. Diese Leitmotive lassen sich in drei Perspektiven einordnen: (1) Chinas Haltung zur Außenwelt, (2) China als Ziel der europäisch-amerikanisch-japanischen Expansion, (3) Chinas Integration in die Weltgesellschaft. Knapp etikettiert, handelt es sich um eine indigene, eine imperiale und eine globale Perspektive.[1]

Chinas Haltung zur Außenwelt. Vom Blickpunkt des späten 20. Jahrhunderts ist dies vorab die Frage nach dem Grad der Traditionsbestimmtheit chinesischer Außenpolitik. Folgt die Außenpolitik der VR China in erster Linie marxistisch-maoistischen Ideologievorgaben, die mit dem vorrevolutionären China wenig gemein haben? Folgt sie einem kurzfristigen situationsgebundenen Interessenkalkül, das sich von Ideologien, Traditionen und überhaupt jedem historischen Ballast wenig beeinflussen läßt und ihm allenfalls rhetorische Reverenz erweist? Oder setzt sie mit nur oberflächlicher Anpassung an die Realitäten der Gegenwart das alte imperiale Bemühen um eine «sinozentrische» Weltordnung fort – nunmehr im modernen Gewande regionalen Hegemonieverlangens und des Anspruchs, als Quelle weltpolitischer Weisheit universales Gehör zu finden? Lastet auf ihr, kurz gesagt, das Bleigewicht der einheimischen Vergangenheit, orientiert sie sich an einer traditionsfremden, von außen importierten Ideologie oder befleißigt sie sich der Kriegslisten eines zeitlosen Machiavellismus?

Den Einfluß der Ideologie auf die Außenpolitik der VR China hat man oft überschätzt. Man hat übersehen, daß die außenpolitische Praxis nicht selten die propagandistischen Verlautbarungen Lügen strafte, daß manches an weltpolitischen Grundsatzbeteuerungen – wie in ganz anders gearteten politischen Systemen auch – hauptsächlich für die heimische Öffentlichkeit bestimmt war und daß selbst Mao Zedong, in westlichen Augen der «Ideologe» schlechthin, selten zögerte, Teile seiner Lehre preiszugeben, wenn die Macht der Umstände eine Kurskorrektur nahelegte. Auch wird immer deutlicher, daß sich hinter der angeblich «pragmatisch-rationalen» Außenpolitik der westlichen Demokratien, von der man die «ideologische» Außenpolitik Chinas abzugrenzen liebt, Weltanschauungen, Weltbilder und nationale «Stile» außenpolitischen Verhaltens verbergen.[2] Staaten unterscheiden sich nach dem *Grade* orthodoxer Geltung, die sie derlei «belief systems» einzuräumen bereit sind, nicht danach, ob sie *entweder* «ideologische» *oder* «pragmatische» Außenpolitik betreiben. China bildet keine «ideologische» Abweichung von einer «unideologischen» Norm. Es differiert von der weltweit üblichen Staatspraxis auch nicht dadurch, daß es ein listig-opportunistisches Interessenkalkül im Dienste nationalegoistischer Ziele verschmähen würde. Im Gegenteil hat die chinesische Außenpolitik stets aufs neue zu erkennen gegeben, daß sie die amoralisch-pragmatischen Staatsmaximen des Legismus, des, wie man vergröbernd vielleicht sagen darf, «chinesischen Machiavellismus», niemals vergessen hat.[3]

Sind also Modelle der «rationalen Wahl» («rational choice»), wie sie die Lehre von den internationalen Beziehungen heute oft verwendet, dem außenpolitischen Handeln der VRCh durchaus nicht weniger angemessen als dem anderer Großmächte, so zeigt schon das Beispiel der Fortwirkung einer zweitausend Jahre alten Staatslehre, daß die aktuelle Politik ohne Berücksichtigung historischer Hintergründe kaum verstanden werden kann. Die dritte Auffassung vom Wesen chinesischer Außenpolitik betont diesen Gesichtspunkt, hat ihn aber nicht selten zu einer Art von historischem Determinismus überspitzt. Ebenso wie man nach einem beliebten Klischee in Stalin wenig mehr hat sehen wollen als einen Ivan Groznyj *redivivus*,[4] den Testamentsvollstrecker eines angeblichen altrussischen Expansionismus, so hat man in der Außenpolitik der VRCh das Erbe übermächtiger Traditionen aus einer oft nicht weiter präzisierten Vergangenheit des «alten» China ausfindig gemacht: Unterordnung des Militärs unter zivile Herrschaft, «Sinozentrismus», defensiv-passive Militärstrategie, Betonung menschlicher Kampfmoral und Geringschätzung materieller Rüstung, Vernachlässigung der maritimen Grenze, Kunst des Ausspielens der «Barbaren» gegeneinander, usw. Alles das hat es zweifellos irgendwann in der chinesischen Geschichte gegeben. Und es ist ebenso richtig, daß China bis heute ein Land mit einem außerordentlich hohen Maß an popularem Geschichtsbewußtsein geblieben ist: Historisch verbürgte Herrscher, Staatsmänner, Rebellen und Gelehrte sind ebenso präsent wie die mythisch-halbfiktiven Helden und Schurken der Volksliteratur; selbst die innerparteilichen Richtungskämpfe der sechziger und siebziger Jahre wurden vielfach mit den Waffen feinsinniger historischer Anspielungen ausgetragen. Die Existenz einer reichen historischen Erfahrung und ein lebendiges Bewußtsein von ihr genügen aber nicht, um die These von einer zwingenden Traditionsbindung heutiger chinesischer Außenpolitik glaubhaft zu begründen.

In dreifacher Hinsicht muß differenziert werden. Erstens wird das außenpolitische Verhalten der Volksrepublik stärker durch die geographischen Gegebenheiten des Landes und durch die Funktionsweise seines politischen Systems geprägt als durch geschichtlich eingeschliffene Aktions- und Reaktionsmuster.[5] Zweitens ist die historische Tradition Chinas zu reichhaltig und vielfältig, um sich auf einen kleinen Grundstock «typisch chinesischer» Eigenarten und Prinzipien reduzieren zu lassen. Neben dem moralisierenden Konfuzianismus steht die heterodoxe Tradition des amoralischen Staatsraisondenkens der Legisten. Das immer wieder angeführte «sinozentrische» Tributsystem war im 18. Jahrhundert, dem letzten Zeitalter imperialer Herrschaftsfülle, nur eines unter mehreren Modellen zur Gestaltung der auswärtigen Beziehungen des Qing-Reiches; die Beziehungen zu Rußland, Japan, den innerasiatischen Völkern und den europäischen Seemächten entsprachen anderen, durchaus flexibel den Umständen angepaßten Ordnungskonzepten. Und die Breite von Chinas militärischer Erfahrung entzieht sich nicht weniger der Festlegung auf eine kleine Zahl angeblich charakteristischer Merkmale;[6] nur mit sehr großen Unsicherheiten läßt sich Chinas heutiges militärisches Verhalten aus den Gepflogenheiten der Kaiserzeit vorhersagen. Drittens ist die persönliche historische Erfahrung der mittleren und älteren Generation unter den heutigen Chinesen nicht die eines großmächtigen Kaiserreichs, sondern die der dreißiger und vierziger, bisweilen noch der zwanziger Jahre dieses Jahrhunderts. Vor allem gilt dies auf der Ebene der politischen Führung, wo – einzigartig in ganz Asien – die Generation der Befreiungskämpfer (Deng Xiaoping: Jahrgang 1904) nach wie vor einige der wichtigsten Machtpositionen besetzt hält.[7] Die lebensgeschichtlich bedeutsame Erfahrung im außenpolitischen Feld ist mithin die eines zerrissenen, schwachen, sich gegen Eindringlinge bewaffnet zur Wehr setzenden China. Liegt die imperiale Größe des Qing-Reiches immerhin nicht mehr als zweieinhalb Jahrhunderte zurück, also keineswegs in einem «pharaonischen» Altertum, so dürfte doch das Erlebnis nationaler Hilflosigkeit einen größeren Einfluß auf das historische Bewußtsein heutiger Chinesen ausüben als die Erinnerung an ein Staatswesen, das sich nicht ganz zu Unrecht als Mittelpunkt des ihm bekannten Erdkreises wähnen konnte.

Stellt man im Blick auf diese Differenzierungen erneut die Frage nach den historischen Voraussetzungen von Chinas heutiger Haltung zur Außenwelt, so kann die Antwort weniger auf eine Sammlung verbindlicher, geschichtlich beglaubigter Maximen verweisen, als auf einige allgemeine Orientierungen, wie sie leitmotivisch die Darstellung in den voraufgegangenen Kapiteln durchzogen.[8] Drei davon sind besonders wichtig.

Erstens legt China ein großes Gewicht auf seine territoriale Sicherheit. Nach den Erfahrungen der letzten anderthalb Jahrhunderte, als die hanchinesischen Kernregionen (bis auf die wenigen Jahre von 1937 bis 1945) im großen und ganzen unversehrt blieben, bedeutet dies vornehmlich die Sicherheit jener peripheren Gebiete, die spätestens im 18. Jahrhundert in den Reichsverband einbezogen wurden: die Siedlungs- und Industrielandschaft der Mandschurei, die heute zu 85% von Han-Chinesen bewohnte (Innere) Mongolei, das kulturell wenig assimilierte, als Basis der chinesischen Nuklearrüstung dienende Xinjiang und das in den achtziger Jahren – freilich ohne die Möglichkeit der Intervention einer dritten Macht – wieder nationalistisch aufbegehrende Tibet. Dazu gehören ferner die Insel Taiwan, die längst kein akutes Sicherheitsrisiko für das Festland mehr darstellt, deren Rückführung unter Beijings Jurisdiktion jedoch zu den Zielen einer nationalistisch begründeten Politik der Wiedergewinnung der einstigen Qing-Peripherie gehört, sowie die Handelsenklaven Hongkong und Macau, deren Anschluß an die Volksrepublik für 1997 und 1999 vereinbart wurde. Jenseits der alten Peripherie des Kaisers Qianlong erstrebt die Volksrepublik keine direkte Herrschaft, bemüht sich aber, äußerstenfalls (wie 1950 in Korea und 1979 gegenüber Vietnam) sogar mit militärischen Mitteln, das Festsetzen und Erstarken feindlicher Militärmächte im einstigen Tributgürtel der Qing zu verhindern: ein außenpolitisches Ziel, das sich aus der zivilisatorisch neutralen Logik der Grenzsicherung[9] ergibt und nur ergänzend und hinsichtlich mancher seiner Realisierungsformen, etwa der Interpretation des Vorgehens gegen Vietnam als «Strafexpedition», aus einer spezifisch chinesischen Tradition «sinozentrischer Weltordnung» erklärt zu werden braucht. Im 19. Jahrhundert spürte das Qing-Reich seine Schwäche und Verwundbarkeit in nichts anderem so sehr wie in der Unterminierung oder gar Abtrennung seiner peripheren Gebiete und in der Invasion seiner tributären Pufferzone durch die europäischen Mächte und Japan. In der zweiten Hälfte des 20. Jahrhunderts legt die Volksrepublik größtes Gewicht auf die Integrität jener Grenzregionen und greift dort, wo sie es für nötig hält, auf das reichhaltige Herrschaftsinstrumentarium des internen Kolonialismus zurück, das bereits den Qing zu Gebote stand. Daß die VRCh im Vergleich zu Qing-Dynastie und auch zu einigen Staaten des gegenwärtigen Süd- und Südostasiens eine relativ behutsame Politik gegenüber den «nationalen Minderheiten» betreibt, die diese zugleich stärker als je zuvor in gesamtnationale Zusammenhänge einbezieht, schließt nicht aus, daß in Krisensituationen, wie in den 1980er Jahren in Tibet, zu harten Disziplinierungsmaßnahmen gegriffen wird. Hier könnte sich die VRCh zwar nicht auf Präzedenzen aus grauer Vorzeit (dem diffusen «alten China» der westlichen Populärliteratur) berufen, wohl aber auf die Politik der Qing im frühen und mittleren 18. Jahrhundert. Bei einem neuartigen Problem, das sich zunehmend in den Vordergrund chinesischen Interesses schiebt, werden die alten Qing-Rezepte indessen nutzlos sein: bei der für China nahezu beispiellosen Herausforderung, sozialökonomisch fortgeschrittene Gebiete wie Hongkong und Taiwan in den Nationalverband zu integrieren.

Zweitens hat die Volksrepublik aus der Vergangenheit des Landes seit 1842 die chronische Problemlage des schwächeren Dritten übernommen. Seit eh und je hat man in China Diplomatie getrieben: zwischen den «streitenden Reichen» und dann nach der Gründung des kaiserlichen Einheitsstaates mit einer Vielzahl teilweise überlegener Nachbarn.[10] Noch die Regelung von Kjachta (1727) war ein Triumph solcher Diplomatie, und gegenüber der Macartney-Mission von 1793 glaubte man aus einer Position von Desinteresse und Machtbewußtsein heraus auf Diplomatie überhaupt verzichten zu können. Nach dem Opiumkrieg und besonders nach der Treaty-Regelung von 1860 mußten die Machthaber Chinas die Kunst der Selbstbehauptung des Schwachen in feindlicher Umwelt neu oder wieder erlernen. Es stellte sich die grundsätzliche Alternative von Widerstand oder Anpassung und nicht selten auch das Folgeproblem der Entscheidung zwischen gegnerischen äußeren Machtblöcken. Schematisch typologisiert, boten sich mehrere Möglichkeiten. Zunächst konnte sich China unter populistischer Mobilisierung der Kampfbereitschaft des «Volkes» einsam dem Rest der Welt widersetzen. Es tat dies in der Phase zwischen den beiden Treaty-Regelungen von 1842 und 1858/60, in den Boxer-Jahren 1899–1901 und zuletzt 1960–70. Sodann konnte es sich an einen auswärtigen Partner anlehnen und den offenen Konflikt mit dessen Gegnern riskieren, wie es Guomindang und KPCh zwischen 1923 und 1927 gegenüber Komintern und UdSSR, die Nationalregierung seit 1941 gegenüber den USA und die Volksrepublik in den 1950er Jahren gegenüber der Sowjetunion und in schwächerer Form in den 1970er Jahren gegenüber den Vereinigten Staaten praktizierten; die Gegner waren dabei die Westmächte, Japan, die USA und zuletzt die UdSSR. Dies war stets die innenpolitisch heikelste Lösung, galt es doch, ein Übermaß an Abhängigkeit vom Patron zu vermeiden (die Chinesen waren notorisch unzuverlässige Kollaborateure). Schließlich gab es die Option des taktischen Schaukelns zwischen mehreren übermächtigen Kontrahenten mit dem Ziel, eine Einheitsfront der Mächte gegen China zu verhindern und von der Rivalität zwischen ihnen zu profitieren. Dies war die Politik Li Hongzhangs im letzten Drittel des 19. Jahrhunderts, Yuan Shikais und der frühen Beijing-Regierungen, Jiang Kaisheks zwischen 1928 und 1937, und es ist die Politik Deng Xiaopings in den 1980er Jahren. Sie setzt, um erfolgreich zu sein, ein Grundmaß an chinesischer Stärke und eine nicht akut kriegsträchtige internationale Umwelt voraus. Erst in der Gegenwart scheinen diese Bedingungen vorzuliegen. Doch immer noch ist China, obzwar weit über seine ohnmächtige Lage während der ersten Hälfte des 20. Jahrhunderts hinausgewachsen, ein nicht erstrangiger Akteur der Weltpolitik, der schwächere Dritte im Dreieck der Mächte. Kein Weg führt zurück zur Sicherheit des Jahres 1760.

Auch die letzte der drei Grundorientierungen schließt wie die zweite dichter an die Erfahrung nach dem Opiumkrieg als an die frühere Zeit des klassischen China an. Es ist die lernende Wendung nach außen. Schon das späte 17. und das frühe 18. Jahrhundert deuten in einem Punkt auf Späteres voraus: Wenn China lernt, dann lernt es selektiv. Unter Kaiser Kangxi und seinen beiden Nachfolgern sahen sich die Jesuiten, die nach China gekommen waren, um Hof und Beamtenschaft zu missionieren, mit sanftem Druck in die Rollen von Fachberatern oder gar Domestiken versetzt. Kangxi hatte wenig Sinn für ihre missionarischen Bemühungen, wußte sie aber mit großem Geschick als Unterhändler und Übersetzer, Astronomen und Kartographen, Baumeister und Musikanten zu beschäftigen. Das europäische Stereotyp vom selbstgefällig verstockten Reich der Mitte hat dennoch ohne Frage für das 18. Jahrhundert eine große Berechtigung, und nach der «Öffnung» durch den Opiumkrieg kam das Lernen vom Ausland sehr langsam in Gang, viel langsamer als in Japan, das an die nützliche Tradition der «Hollandstudien» anknüpfen konnte, oder in Indien, wo eine winzige Bildungselite gründlich mit den Werten und zivilisatorischen Techniken des kolonisierenden Landes vertraut gemacht wurde. Trotzdem darf eine lange und tiefe, eine immer wieder unterbrochene und stets wieder aufgenommene Geschichte des chinesischen «Kosmopolitismus» (Joseph R. Levenson)[11] nicht übersehen werden, einer kulturell-mentalen Hinwendung zur Außenwelt, die mit den überwölbenden Zyklen von Öffnung und Schließung verbunden ist.[12] Von den «Auslandskundigen» Wei Yuan und Xu Jiyu in den 1840er Jahren über Yan Fu, den großen Übersetzer, im späten 19. Jahrhundert, über die nach Japan, Amerika und Europa reisenden Reformer und Revolutionäre der letzten Qing-Jahre, die für Wissenschaft, Demokratie und Sozialismus aufgeschlossene Generation der Aktivisten des 4. Mai 1919, die westlich geschulten Technokraten des Nanjing-Jahrzehnts, die nach neuen Wegen für China suchenden Intellektuellen der Kriegs- und Bürgerkriegszeit zieht sich eine Linie der Weltoffenheit durch die neuere chinesische Geschichte, die bis zu den urbaneren Reformbürokraten unserer Tage und ihren Kritikern, den Anwälten von Freiheit und Menschenrechten, reicht.[13] China hat dabei Bekanntschaft mit einer Vielzahl ausländischer Kulturwelten und Entwicklungsvorbilder gemacht und manche von ihnen freiwillig oder unter äußerem Druck am eigenen Leibe erfahren. Heute findet es sich erstmals in einer Lage, wo es verhältnismäßig frei unter den soziokulturellen Angeboten des Auslands wählen kann. Es hat Zeit gehabt, solche Selektivität zu üben. Chinas Selbstöffnung in der Gegenwart ist alles andere als das Erwachen eines jahrtausendelang vor sich hindämmernden, zuletzt vom maoistischen Alptraum geschüttelten Riesen (wie es westliche Trivialmythen anzunehmen lieben). Sie findet ihre Orientierung in mehr als einem Jahrhundert neuerer Geschichte.

China als Ziel der europäisch-amerikanisch-japanischen Expansion. Dies war das Hauptthema der Darstellung, und es mag genügen, vier Leitmotive kurz in Erinnerung zu rufen. Erstens die Vielfalt der Formen exogener Einwirkung. Abgesehen von einem agrarischen Siedlerkolonialismus (wie es ihn etwa in Nord- und Ostafrika und in der karibischen Plantagenwirtschaft gab) und der folkloristischen Farbigkeit aristokratischer Kolonialregime wie des britischen Raj in Indien[14] finden sich in China alle Erscheinungsformen dessen, was in einem weiten Sinne als Kolonialismus und Imperialismus bezeichnet werden kann: vom Prototyp eines Informal Empire über eine vollentwickelte Heidenmission bis hin zu avanciertem Finanzimperialismus, zu einzigartig modernen Ausprägungen von Handels- (Hongkong) und Industriekolonien (Taiwan, Mandschurei/«Mandschukuo»), schließlich zu dem gewaltsamsten Unterwerfungskrieg in der neueren außereuropäischen Geschichte. China war das weltgeschichtlich formenreichste Experimentierfeld für imperialistische Politik. Hier war es, wie der britische Ökonom und Sozialkritiker John A. Hobson kurz nach dem Boxeraufstand und nicht lange vor der großen Reorganisationsanleihe schrieb, wo der westliche Imperialismus seine entscheidende Bewährungsprobe bestehen mußte, wo er seine fortgeschrittensten Verfahren ausprobieren konnte.[15]

Zweitens trafen in China – und weltweit einzig in China – alle nationalen Imperialismen des 19. und 20. Jahrhunderts zusammen.[16] Sie können in der chinesischen Arena separat studiert, sie können und müssen aber auch in ihrer Beziehung zueinander gesehen werden. Die europäische Geschichtsschreibung hat sich für jene Perioden besonders interessiert, in welchen Ostasien zu einem Krisenherd der Weltpolitik wurde, wo also Entwicklungen im Fernen Osten unmittelbar auf die politischen Kräfteverhältnisse in Europa zurückschlugen: 1895–1905, 1931–1945, 1950– 1953. Liest man allgemeine Darstellungen, die den universalhistorischen Lichtkegel nur in solchen Spannungsphasen auf Ostasien lenken, so stellt sich leicht der Eindruck ein, China sei hauptsächlich eine Kampfarena nationaler Expansionskräfte gewesen. Ein solches Bild läßt nur die eine Seite der historischen Wirklichkeit erkennen. Der Imperialismus in China entfaltete sich in der Spannung von Konflikt und Kooperation. Bis zur japanischen Besetzung der Mandschurei im September 1931, wenn nicht gar bis zur faktischen Zerschlagung des Treaty-Port-Systems durch den japanischen Eroberungszug von 1937/38, wurde die Anwesenheit der Großmächte auf dem ostasiatischen Festland durch ein fundamentales Einvernehmen getragen. Dieser multinationale Charakter der fremden Präsenz fand Ausdruck in einer langen Reihe von Institutionen: dem über die Meistbegünstigung automatisch verallgemeinerten System der ungleichen Verträge; den Treaty Ports, die auf der Grundlage dieser Verträge eingerichtet wurden; dem kosmopolitischen Sonderstatus der Internationalen Niederlassung in Shanghai; dem Seezollamt und dem Salzinspektorat als chinesischen Behörden unter ausländischer Kontrolle; der mächtigen Nebenregierung des Diplomatic Body in Beijing; dem koordinierten Militärkommando bei der Acht-Mächte-Expedition zur Befreiung der ausländischen Geiseln aus der Belagerung durch die Yihetuan (Boxer); den beiden China-Konsortien und vielen anderen Organisationsformen finanzieller Kooperation, besonders bei der Eisenbahnfinanzierung; den China-

Konferenzen, die sich von Versailles bis Jalta Entscheidungsgewalt über Wohl und Wehe des Landes anmaßten; nicht zuletzt auch den vielen, nur aus der diplomatischen und konsularischen Routinekorrespondenz rekonstruierbaren gemeinsamen Demarchen und Kanonenbootpressionen «on the spot». Imperialismus unter halbkolonialen Bedingungen, also diesseits der kolonialen Übernahme der Staatsgewalt durch eine fremde Macht, führt typischerweise (1) zu bilateraler Abhängigkeit wie etwa im Verhältnis einiger lateinamerikanischer Staaten zuerst zu Großbritannien, dann zu den USA;[17] oder (2) zur Abgrenzung von Einflußsphären wie in Persien zwischen Rußland und Großbritannien 1907;[18] oder (3) zur Ausbildung multinationaler Kontroll- und Interventionsorgane wie im Osmanischen Reich. China war ein weiteres Paradebeispiel für diesen dritten Fall. Zugleich war es ein Exempel für den Zusammenbruch eines solchen kooperativen Open-Door-Imperialismus unter dem Ansturm einer revisionistischen Macht.

Alle wichtigen Imperialismen trafen in China zusammen und aufeinander. Doch sie unterschieden sich in Zielen, Mitteln, Ideologien, Intensitäten, geopolitischen Voraussetzungen und innergesellschaftlichen Trägern und Funktionen.[19] Ergibt sich in der «synchronen» Dimension der Gleichzeitigkeit das Bild einer immerwährenden Spannung zwischen Kooperation und Konflikt unter den Mächten, so läßt eine langfristige «diachrone» Betrachtung – und dies ist das dritte Leitmotiv – eine sich überlappende Abfolge verschiedener imperialer Zyklen erkennen.[20] Jeder dieser Zyklen beginnt mit der Einforderung von Privilegien von einem schwachen China oder gar, wie in Falle Japans, mit der Aneignung von Territorien. Er endet mit dem Zusammenbruch oder der Auflösung der jeweiligen asymmetrischen Beziehung. Über genaue Datierungen läßt sich streiten. Britischer Zyklus: 1842–1937; amerikanischer Zyklus: 1844–1947/49; russischer Zyklus: 1858–1918 oder 1954/60; japanischer Zyklus: 1874–1945; dies dürften plausible Eckdaten sein. Jeder einzelne Zyklus, der durchaus nicht stetig und ohne Rückschläge zu verlaufen braucht, kulminiert in einer Periode der Maximierung von Macht und Einfluß in China: 1860–1895 für Großbritannien, 1895–1905 (wenngleich nur mit einem dünnen Vorsprung vor den Konkurrenten) für Rußland (und vielleicht auch wieder 1950–58); 1931–1945 für Japan; 1945–1947 für die USA. Die «Dekolonisation» Chinas manifestiert sich im Niedergang dieser Zyklen. Sie endet mit der Aufkündigung aller Gehorsamsverhältnisse durch das Neue Regime der siegreichen Revolution.

Viertens läßt sich der Bogen zurückspannen zur Haltung Chinas zur Außenwelt. Denn auf wie vielen Gebieten auch immer China zum Opfer fremder Mächte wurde, es war nie ein vollkommen wehrloses Opfer. Mit Recht hat schon in den dreißiger Jahren der amerikanische Ökonom Eugene Staley auf das einzigartig dichte Konfliktgemenge hingewiesen, das China von allen anderen Zielgebieten der kapitalistischen Expansion unterschied. Staley fragte in einem weltweiten Vergleich nach den politischen Bedingungen von Auslandsinvestitionen. Er differenzierte dabei, gewiß sehr grob, zwischen «A-Konflikten», die sich unter den kapitalexportierenden Metropolen abspielen (um die Bagdadbahn, um den Kongo, um Marokko, um mesopotamisches Öl, usw.), und «B-Konflikten», bei denen die Peripherie sich gegen die Metropole wendet (alle kolonialen Aufstände, der Burenkrieg, der mexikanische und iranische Widerstand gegen die Ölgesellschaften in den 1930er Jahren, in einem weiteren Sinne auch die Enteignung ausländischen Besitzes in der Sowjetunion).[21] Charakteristisch für China war nun, daß es einerseits die Region mit der größten Konflikthäufigkeit überhaupt war, daß andererseits *reine* A-Konflikte nicht vorkamen.[22] Mit anderen Worten: selbst in Momenten größter Schwäche war China niemals ein bloß passiver Zuschauer, wenn die Mächte um sein Geschick stritten. Vom Anti-Opium-Kommissar Lin Zexu und den fremdenfeindlichen Bauernmilizen von Sanyuanli bis hin zu Mao Zedong und seinen antijapanischen Freischärlern zieht sich der «ordnungsfeindliche Guerillageist» gegenüber den Eindringlingen durch die neuere chinesische Geschichte, den Hobson in den Tagen des Boxeraufstandes nicht ohne Verständnis registrierte.[23] Im Spektrum zwischen Befreiungskrieg und der Distanziertheit selbst williger Kollaborateure[24] äußerte sich ein Widerstandswille, der China zu einem widerspenstigen Objekt fremden Ehrgeizes machte.

Chinas Integration in die Weltgesellschaft. In globaler Perspektive schließlich kann an die beiden «Geschichten» von Chinas Einbindung in universale Zusammenhänge erinnert werden.[25] Die Geschichte seiner politischen Integration verwandelte ein in sich ruhendes Weltreich, eine wenn nicht hermetisch abgekapselte, so doch seit dem 15. Jahrhundert auf Kontakte zu anderen Zivilisationen wenig erpichte «chinesische Welt» (wie der schöne Titel von Jacques Gernets meisterlichem Buch lautet), in einen Akteur auf vielen internationalen Bühnen. China fügt sich heute in jenes System von Nationalstaaten ein, das in einem kleinen Winkel der Welt entstand, dem nachmittelalterlichen Europa, und vom achtzehnten Jahrhundert bis hin zur Epoche der Dekolonisation und der Bildung neuer Nationen in der Mitte des zwanzigsten auf den gesamten Erdball projiziert wurde. Es betätigt sich auch in jenen Organisationen, die dieses Staatensystem in der Gegenwart supranational überwölben. Es ist, legt man den Maßstab der endlosen Zeiträume chinesischer Geschichte an, in der *allerjüngsten* Zeit zu einem Mitglied der «family of nations» geworden. So jedenfalls das Fazit aus der Sicht eines liberalen Internationalismus. Dennoch: Es bleibt ein Rest, der in dieser Schlußfolgerung nicht ausgesprochen ist, ein Rest, der unserem Weltverständnis erhebliche Anstrengungen abverlangt. Denn China ist eben nicht ein beliebiger «Akteur» wie zahlreiche andere. Es ist die zivilisatorische und staatliche Organisationsform eines Viertels der Weltbevölkerung. In der VRCh leben ebensoviele

Menschen, wie sich in Europa und Nordamerika auf mehr als dreißig selbständige und souveräne Nationalstaaten verteilen. Auch wenn die Volksrepublik ihr demographisches Gewicht nur sehr gebrochen in internationalen Einfluß umzusetzen vermag und Napoleons berühmte, immer wieder klischeehaft nachgebetete Warnung vor dem erwachenden Riesenreich die Dinge gewaltig übertreibt, so bleibt doch die vorsichtige Selbstöffnung Chinas in der Gegenwart ein gigantisches Experiment interzivilisatorischer Begegnung, dessen Fortgang seriös nicht prognostiziert werden kann.

Die Ausdehnung des Landes, seine Menschenfülle und die Vielgestaltigkeit seiner Lebensräume verleihen auch der zweiten «Geschichte», der von Chinas Einbeziehung in globale Wirtschaftszusammenhänge, ihr besonderes Gepräge. Schon im 18. Jahrhundert, als der Tee- und Seidenhandel das Qing-Imperium in die entstehende Weltwirtschaft einknüpfte, standen die verschiedenen Makroregionen des chinesischen Kernlandes und erst recht die peripheren Gebiete auf unterschiedlichen Stufen sozialökonomischer Entwicklung. Das hochkommerzialisierte Yangzi-Delta hatte wenig gemein mit den kargen Subsistenzräumen etwa des Nordwestens oder den Kolonisierungsgrenzen im hohen Norden und im tiefen Süden.[26] Zu den vielen Legenden, die sich um die «Öffnung» Chinas ranken, gehört die Vorstellung, die Kräfte des Weltmarktes seien in ein homogenes, wenig differenziertes Wirtschaftssystem eingedrungen und hätten seine unschuldige Harmonie zerstört. Vielmehr hakten sie sich in Nischen fest, suchten den indirekten Anschluß an die relativ hochentwickelten Produktionszentren und potentiellen Märkte Zentralchinas und – angefangen mit Macau und dem holländischen Formosa-Projekt – die direkte Verwurzelung in den eher rückständigen Randzonen: Taiwan, der süd- und südöstlichen Küste, später dann der Mandschurei. Die Einwirkung exogener Wirtschaftskräfte – des Außenhandels, des Treaty-Port-Systems, des Kapitalexports nach China – hat zwar bestehende Unterschiede zwischen den Regionen nicht selten verstärkt und manches neue Gefälle geschaffen; sie hat vor allem das Emporkommen von Wachstumskernen an der chinesischen Peripherie gefördert: Shanghai, Hongkong, die Südmandschurei. Aber die Ursache für das Entstehen solcher regionaler Entwicklungsdifferenzen war sie nicht. Wie der Wirtschaftshistoriker Ji Chaoding (Chi Ch'ao-ting) schon in den dreißiger Jahren gezeigt hat, verlagerte sich in der chinesischen Geschichte immer wieder das dynamische Zentrum der Wirtschaftsentwicklung und mit ihm der periphere Kreis, der es umgab.[27] Als die Ausländer in der Mitte des 19. Jahrhunderts Shanghai zum Brückenkopf ihrer Penetrationsversuche machten, war sein Hinterland, das Yangzi-Delta, längst zu einer solchen «key economic area» geworden. Man paßte sich also auch wirtschaftsgeographisch an bestehende Strukturen an. Allein die Erschließung der Mandschurei durch Russen und Japaner seit den letzten Jahren des 19. Jahrhunderts bedeutete einen wirklichen Neubeginn, obwohl die langsame han-chinesische Besiedlung der großen Weiten des Nordostens seit dem 18. Jahrhundert schon eine elementare Infrastruktur geschaffen hatte.

Neben der Verschiedenartigkeit der chinesischen Teilsysteme und der Modifikation des äußeren Einwirkens durch die jeweilige Besonderheit der Zielregionen ist die Kreativität der chinesischen «Reaktion» auf die westlich-japanische «Expansion» ein weiteres Leitmotiv dieser Darstellung gewesen. Wer nur, wie einige Modernisierungstheoretiker, die angebliche Trägheit und Lernunwilligkeit der politischen «Eliten» beachtet, übersieht die Anpassungsfähigkeit mancher Teile des chinesischen Wirtschaftssystems. Der Vergleich mit Meiji-Japan hat hier, da er oft ohne die nötige methodische Vorsicht gehandhabt worden ist, mehr Verwirrung als Klarheit gestiftet, setzt er doch die Annahme voraus, «eigentlich» hätte der chinesische Staat in der zweiten Hälfte des 19. Jahrhunderts dieselbe Strategie einer «Revolution von oben» einschlagen müssen, also einen Weg beschreiten sollen, der doch eher eine unter ganz untypischen Bedingungen realisierte weltgeschichtliche Ausnahme als die allen «nachholenden Modernisierern» bei hinreichender Willensanstrengung erreichbare Norm darstellt. Das Bild von der unerschütterlichen Beharrung eines versteinerten China relativiert sich beim Blick auf Marktvorgänge. Im 18. Jahrhundert ergriffen die Baumwoll- und Porzellanproduzenten in einem an seinen Grenzen noch ganz dichten Qing-Reich rasch und erfolgreich die Chancen, die ihnen die europäische Nachfrage bot. Im 19. Jahrhundert übernahmen im «geöffneten» China die landesweit operierenden Kaufmannsgilden das Importgeschäft «up-country» und beschränkten die fremden Kaufleute auf eine Handvoll der großen Treaty Ports, wo ihnen Kompradore unentbehrlich wurden. Im frühen 20. Jahrhundert rückte eine neue einheimische Industrie- und Finanzbourgeoisie in solche Bereiche des «modernen» Wirtschaftssektors vor, in denen ausländisches Kapital zunächst unangefochten zu dominieren schien. Es trifft nicht zu, daß in China zwischen 1842 und 1937 Ausländer die einzige belebende Kraft gewesen seien.[28] Der merkantile Kapitalismus in den Treaty Ports vor 1895 beruhte wesentlich auf einheimischer Mitwirkung, und der Industriekapitalismus der «nationalen Bourgeoisie» zwischen etwa 1915 und 1937 war bei all seiner Schwäche und Abhängigkeit mehr als ein kraftloser Appendix des internationalen Kapitals.[29] Nicht nur auf ökonomischem Gebiet, sondern auch kulturell erlitt China nicht bloß passiv eine übermächtige Invasion, sondern bemühte sich immer wieder und oft erfolgreich um eine aktive Anverwandlung der von außen eingeführten Modelle und Zivilisationselemente.[30] Neben die teilweise Sinisierung ausländischer Unternehmungen in den Treaty Ports[31] trat die gründliche Sinisierung der ausländischen Lehren von Marx und Lenin in den Lößhöhlen von Yan'an. Keinen deutlicheren Ausdruck fand am Ende des «offenen» Jahrhunderts das chinesische Bestreben, die Ausländer mit ihren eigenen Waffen zu schlagen, als den nicht zuletzt mit erbeuteter amerikanischer Artillerie erfochtenen Sieg der Volksbefreiungsarmee 1948/49.

Derlei Hinweise nicht nur auf die passive Undurchdringlichkeit eines «traditionalen» China, sondern auch auf den aktiven Widerstand in mannigfacher Form, mit dem sein sozialökonomisches System den Kräften des Weltmarktes begegnete, werfen um so nachdrücklicher erneut die Frage nach einer Gesamtbilanz des Jahrhunderts ökonomischer Öffnung auf. In der heutigen Situation zügig voranschreitender Forschung und eines unentschiedenen Theorienstreits[32] wird man die alten Lobpreisungen und Verdammungen des wirtschaftlichen «Imperialismus» weniger unbefangen wiederholen, als sie noch vor anderthalb Jahrzehnten, oft im empiriefreien Raum, ausgesprochen wurden. Man wird sogar die Formulierung selbstverständlich gewordener Fragen neu überdenken müssen. Hier kommen vorab die Risiken des historischen Vergleichs ins Spiel. Unzweifelhaft richtig ist das von Christian Meier aufgestellte Prinzip der Unausweichlichkeit des Vergleichens: «Die Besonderheit einer fremden Kultur aber läßt sich nicht begreifen, ohne daß man sie gegen eine andere, jedenfalls gegen die eigene absetzt. Und das muß im wesentlichen explizit geschehen. Daher geht es hier nicht zuletzt darum, geeignete Kategorien zu entwickeln, durch die das Besondere erst als Besonderes, und das heißt im Kontext eines Allgemeinen erfaßt werden kann.»[33] Geschlossene oder idealtypisch als geschlossen vorgestellte Zivilisations*systeme* lassen sich dabei jedoch leichter vergleichen als historische *Prozesse*, die neben einer Form auch eine Richtung besitzen. Im Falle des neuzeitlichen China stellt sich ein doppeltes Problem der Vergleichbarkeit. Einmal das des wertenden Bezugs auf eine als realisiert oder als erwünscht aufgefaßte Normalität: Warum hat China *keinen* universalisierungsfähigen Rationalisierungsprozeß (einschließlich der Ausprägung einer kapitalistischen Wirtschaftsweise) späteren europäischen Typs hervorgebracht, obwohl seit der Song-Zeit wichtige Voraussetzungen dafür zu bestehen schienen? Und warum hat es im 19. Jahrhundert *nicht* den japanischen Weg einer nachholenden Modernisierung «von oben» eingeschlagen?[34] Versuche, solche Fragen zu beantworten, versprechen viel eher konstrative Aufschlüsse über die eingetretenen als über die ausgebliebenen Entwicklungen. Es waltet hier eine Art von Asymmetrie des komparativen Ertrags. Der Vergleich sagt mehr und Genaueres über Europa oder Japan als über das (angebliche) Null-Exempel China.[35]

Wird bei solchen Fragestellungen *explizit* verglichen, so schleichen sich oft unausgesprochene Annahmen kontrafaktischen Charakters ein, die als Vergleichsmaßstäbe dienen. So verhält es sich weithin bei der Diskussion um die wirtschaftlichen Auswirkungen des Imperialismus in China. Dabei wird gewöhnlich unterstellt, daß erstens die chinesische Wirtschaftsentwicklung zwischen 1842 und 1949 krankhaft und mißlungen gewesen sei und daß zweitens das implizierte Gegenmodell, wenn es verwirklicht

worden wäre, eine solche pathologische Verkümmerung abgebremst oder
vermieden hätte. Vier unausgesprochene kontrafaktische Annahmen sind
besonders verbreitet:[36] Erstens gründen manche Autoren ihre Kritik am
Imperialismus auf die (stillschweigende) Vermutung, ohne den Opiumkrieg und seine langfristigen Folgen hätten Wirtschaft und Gesellschaft
Chinas die ihnen innewohnenden Entwicklungspotentiale (die «Keime des
Kapitalismus» oder wie immer man sie nennen will) ungestört zur Entfaltung bringen können. Andere Historiker versuchen, zweitens, sich ein
China mit intensiven äußeren Handelskontakten, aber ohne den Zufluß
ausländischen Kapitals vorzustellen (und kommen vor diesem Hintergrund zu ganz unterschiedlichen Schlußfolgerungen). Ein drittes, ein im
wirtschaftswissenschaftlichen Sinne «neo-klassisches» Argument setzt
voraus, daß es vollkommen freie Wettbewerbsverhältnisse auf dem chinesischen Markt hätte geben können, also weder ein «Chinesisches Monopol» noch die außerökonomische Bevorrechtung der Fremden durch die
ungleichen Verträge; es wird dann darüber spekuliert, wie sich unter
solchen gedachten Laborbedingungen die einheimische Wirtschaft gegen
Ausländer hätte behaupten können und ob sie aus eigenen Kräften zur
Modernisierung des Landes fähig gewesen wäre. Viertens schließlich
versucht man sich bisweilen auszumalen, was geschehen wäre, wenn es
schon Jahrzehnte früher den starken Staat von 1949 (oder eben ein
Analogon zum japanischen Meiji-Staat von 1868) gegeben hätte. Die
Yangwu-Reformbürokraten, die Politiker der frühen Republik oder die
Guomindang der Nanjing-Periode werden in dieser Sicht für ihren Mangel an Weitsicht und Modernisierungswillen zur historischen Rechenschaft
gezogen. Dieser vierte Ansatz liefert sicher die lehrreichsten Einsichten,
doch auch er bewertet die geschehene Geschichte vor der Folie einer
imaginären Alternative, deren möglichen Erfolg selbst das scharfsinnigste
Denkexperiment nicht beweisen kann.

Wer ohne solche fiktionalen Gedankenspiele zu einer Gesamtbewertung
der wirtschaftlichen Auswirkungen aller Formen von Imperialismus auf
China gelangen will, wird jenseits der zahlreichen Analysen «mittlerer
Reichweite» zu einzelnen Regionen, Perioden und Wirtschaftssektoren,
wie sie in diesem Buche vorgelegt wurden, nur wenige allgemeine
Schlußfolgerungen riskieren. Erstens läßt sich nach unserer heutigen
Kenntnis die These vom Opiumkrieg als Quell allen Übels und Nullpunkt
der neueren chinesischen Geschichte nicht länger aufrechterhalten. Die
britischen Kanonen «öffneten» ein Land, das einerseits schon mit manchen
seiner Regionen tief in außenwirtschaftliche Beziehungen verstrickt und
andererseits aus inneren Ursachen krisenhaft geschwächt war; beide Komponenten trafen sich in der Opium-Silber-Krise der 1830er Jahre, mit der
eine chronische Destabilisierung des Qing-Reiches akute Formen annahm.

Zweitens bedeuten die frühen 1930er Jahre einen tiefen Einbruch in der
Wirtschafts- und Sozialgeschichte Chinas. Die Weltwirtschaftskrise zog

Teile der ländlichen Bevölkerung in Mitleidenschaft, die bis dahin von den Auswirkungen des ökonomischen Außenkontakts kaum berührt worden waren, und die japanische Aggression in ihrer «heißen» Phase zwischen 1937 und 1945 richtete materielle Verwüstungen und strukturelle Verzerrungen an, wie China sie seit den Taiping-Jahren nicht erlebt hatte und wie sie dem Land von den ausländischen Mächten bis dahin auch nicht in annäherndem Ausmaß zugefügt worden waren. Der Bürgerkrieg von 1945/46 bis 1949 vermochte kaum eine dieser Wunden zu heilen. Der Japanisch-Chinesische Krieg von 1937 bis 1945, den die Imperialismusdiskussion allzu eilfertig ausklammert und den wenigen an Ostasien interessierten Militärhistorikern überläßt, war der Höhepunkt der ausländischen Einwirkung auf Wirtschaft und Gesellschaft Chinas.

Für die Zeit zwischen 1842 und 1931/37 sind klare Aussagen schwieriger zu treffen. Am Treaty-Port-System der Jahre von etwa 1860 bis 1895 fällt – dies ist der dritte allgemeine Punkt – seine relativ geringe Penetrationswirkung auf. Exporte und Importe von und nach China expandierten weniger schnell als das Volumen des Welthandels in derselben Periode; daß die Chinesen nach wie vor hauptsächlich Opium kauften, sprach gegen ihre Aufnahmefähigkeit für die Industrieprodukte Europas; bis auf die Dampfschiffahrt fanden die Ausländer kein Mittel, um im Inneren des Landes tatsächlich Fuß zu fassen. Für diese Periode gilt Tawneys Charakterisierung der fremden Wirtschaftspräsenz als einer neuen Bordüre, die einem alten, noch durchaus tragfähigen Gewand aufgesetzt wurde.[37] 1895 begann dann das Zeitalter des territorialen Kolonialismus (Taiwan), des Kapitalexports (Anleihen, Eisenbahnen, Fabrikgründungen) und der generalstabsmäßigen Markteroberung (durch die multinationalen Konzerne).

Keine Neuerung war dabei, viertens, folgenreicher als die Schwächung des chinesischen Zentralstaates durch die Anleihen- und Indemnitätenpolitik der Großmächte und der internationalen Hochfinanz. Indem sie eine säkulare Tendenz zur Unterminierung der Zentralgewalt verstärkte und genau an einer der empfindlichsten Stellen der chinesischen Staatsorganisation, ihrer geringen Leistungsfähigkeit als «Steuerstaat» (Schumpeter), ansetzte,[38] entzog sie zugleich der wichtigsten Erfolgsbedingung des informellen Imperialismus, der Existenz einer gefügigen, aber nach innen hinreichend durchsetzungsfähigen Zentralregierung, ihre Grundlage. Zwischen 1915 und 1949 sollte trotz der vorübergehenden Einigungserfolge Jiang Kaisheks 1934–36 eine politische Re-Integration an der Spitze nicht wieder gelingen. Obwohl die «nationale Bourgeoisie» der Industriellen und eines Teils der Finanziers niemals vorher oder später so sehr prosperierte wie im zweiten und dritten Jahrzehnt des 20. Jahrhunderts, als zumindest die städtische Wirtschaft in einzigartiger Weise von staatlichen Interventionen verschont blieb,[39] war der infolge ausländischer Finanzstrategien beschleunigte Verfall der zentralen Staatsautorität für China insgesamt verhängnisvoll.

Der Staat bildet auch das wichtigste Bindeglied zwischen Imperialismus und Revolution in China. In dem Maße, wie der Taiping-Aufstand auf eine Krise zurückgeführt werden kann, die in den zerrüttenden Wirkungen der neu geöffneten Treaty Ports ihren Ursprung hatte, bestand schon im 19. Jahrhundert ein Kausalverhältnis zwischen Imperialismus und Aushöhlung der Zentralgewalt.[40] Ende des Jahrhunderts erneuerte sich dieser Zusammenhang. Die hohe Belastung Chinas durch Zwangskontributionen, vor allem die Boxer-Entschädigung, und durch Tilgung der zahlreichen Anleihen schwächte nicht nur Handlungsfähigkeit und Legitimation des Staates (der als eine Art von Finanzbüttel der Großmächte auftreten mußte), sondern bedeutete auch eine finanzielle Bürde, die von großen Teilen der chinesischen Bevölkerung getragen wurde und die materielle Lage vieler Chinesen berührte. Der Kapitalabfluß als Folge dieser Zahlungen verminderte außerdem die Finanzierungschancen staats- wie privatwirtschaftlicher Modernisierungsprojekte, die infolge chronisch hoher Zinsen und der Unfähigkeit des Staates, systematisch einen Industrialisierungsbeitrag der Landwirtschaft zu mobilisieren, ohnehin eng begrenzt waren.[41]

Dies ist freilich nur eine einzige unter zahlreichen Verbindungslinien zwischen Imperialismus, Staat und Revolution, mit Sicherheit jedoch die am besten nachweisbare Einwirkung externer Wirtschaftskräfte auf Chinas politisches System vor 1937. Weniger eindeutig läßt sich die verbreitete Behauptung belegen, ökonomische Eingriffe von außen (etwa Importe, denen das bäuerliche Handwerk zum Opfer gefallen sei) hätten die Bauernschaft in Elend und Rebellionsbereitschaft getrieben. Pauschal auf größere Gebiete, gar auf das ganze Land angewandt, ist diese These selbst für die katastrophalen Jahre der akuten Silberkrise 1933–35 zweifellos falsch. Damals wurde das chinesische Dorf mit beispielloser Wucht von Veränderungen in der Weltwirtschaft getroffen, ohne daß aus einer *potentiell* agrarrevolutionären Situation der große Bauernkrieg aufgeflammt wäre. Die Verschärfung der sozialen Frage war in den frühen dreißiger Jahren außerhalb der kommunistischen Basisgebiete eher von einer Schwächung als von einem Erstarken der sozialen Bewegungen begleitet.[42] Lebensbedrohlich und hautnah erfahrbar wurde der «Imperialismus» für die Mehrheit chinesischer Bauern erst in Gestalt der japanischen Armee nach 1937. Schuf die *allmähliche wirtschaftliche* Invasion Chinas hier und dort (aber nicht überall) auf dem Lande Bedingungen, die revolutionärer Aktivität latent förderlich waren, so löste doch erst die *plötzliche militärische* Aggression jenen Bauernnationalismus aus, der die KPCh maßgeblich, wenngleich nicht ausschließlich, an die Macht trug.[43] Die chinesische Revolution des 20. Jahrhunderts *begann* in den Küstenstädten, zumal Shanghai und Kanton, in jenem Teil Chinas also, der durch den Kontakt mit dem Westen am tiefsten verändert worden war. Auch die kommunistische Bauernbewegung erzielte ihre ersten Organisationserfolge in küstennahen Gegenden, wo die Lebenshaltung der Landbevölkerung von den Schwankungen des Weltmarktes abhing. Zum *Sieg* gelangte die revolutionäre Bewegung aber erst, nachdem Millionen von Bauern mobilisiert wurden, deren Leben von äußeren wirtschaftlichen Kräften *nicht* prägend erfaßt worden war. Selbst die ungünstigsten Wirkungen des ökonomischen Außenkontakts waren zwar eine notwendige, aber keine hinreichende Bedingung für den Systemwechsel von 1949.

Die chinesische Revolution war keine «Revolution von außen»,[44] keine «importierte» und vom Ausland induzierte Revolution, so wichtig ein scharfer antiimperialistischer Nationalismus stets für ihr Selbstverständnis blieb, so kräftig die Traditionen des europäischen Radikalismus auf sie wirkten und so unerläßlich für den Sieg der Kommunisten deren Bewährung im Kampf gegen die Japaner wurde. Unzählige Anstöße und Anlässe kamen zwar von außen, und ihre Wehrlosigkeit vor einer langen Reihe von Aggressoren war ein krasses Symptom der Unzulänglichkeit der Alten Regime seit 1842. Doch die wichtigsten Ursachen und Kraftquellen der Revolution lagen in China selbst.[45] Nur weil die Revolution aus inneren Energien gespeist wurde, nur weil die politische, die wirtschaftliche und die kulturelle Kolonisation des riesigen Landes trotz eifrigster Bemühungen letztlich mißlang, nur deshalb konnte in der Mitte des 20. Jahrhunderts in China einer der wenigen «starken» Staaten der außereuropäischen Welt entstehen:[46] ein Staat, der sich ungebetener Gäste entledigte und sich die Freiheit nimmt, Chinas Stellung in der Weltgesellschaft selbst zu bestimmen.

Anhang

Hinweise zu Transkription und Verwendung
chinesischer Bezeichnungen

Zur Transkription chinesischer Namen, Ausdrücke und bibliographischer Angaben wird *pinyin*, die offizielle Umschrift der Volksrepublik China, verwendet. Ausnahmen sind Kanton (*pinyin*: Guangzhou), Hongkong (Xianggang), Macau (Aomen), Jiang Kaishek (Jiang Jieshi) und Sun Yatsen (Sun Yixian, auch Sun Zhongshan). Bei chinesischen und japanischen Eigennamen wird der Familienname generell vorangestellt. Bei geographischen Namen wird nicht durchweg die jeweilige historische Bezeichnung verwendet (z. B. Beiping statt Beijing für die Jahre 1928–1949). Es gilt das Prinzip, daß der Leser imstande sein sollte, die Orte auf einer modernen westlichen Karte Chinas zu finden. In einigen Fällen werden historische und im Westen heute noch gebräuchliche Bezeichnungen statt der gegenwärtigen chinesischen Namen benutzt (z. B. Mandschurei statt Dongbei, gelegentlich als «der Nordosten» übersetzt; Yangzi[jiang] statt Changjiang).

Chinesische Maße, Gewichte und Währungsangaben werden im Text in westliche Äquivalente umgerechnet, sofern dies der Anschaulichkeit dient.

Aussprache der chinesischen Pinyin-Umschrift
(Vom Deutschen abweichende Laute)

im Silbenanlaut

c	z wie in Zeile	s	stimmloses s wie in englisch song
ch	tsch wie in deutsch		
h	ch wie in Loch (Rachenlaut)	sh	sch wie in schwer
		w	englisch ausgesprochenes w (wie in water)
j	dj (Gaumenlaut)		
q	tj (Gaumenlaut)	x	ch wie in ich (Gaumenlaut)
r	ähnlich dem englischen r, etwa in red	y	j wie in Jahr
		z	ds mit stimmhaftem s, etwa im englischen hands
		zh	dsch wie in Dschunke

im Silbenauslaut

ai	wie in Kai	iao	jau wie in jaulen
an	wie in Mann (Ausnahme: yan wird jän gesprochen)	iong	jung
		iu	ju
ao	au wie in Bau	ong	ung wie in Lunge
e	kurzes, sehr offenes e hin zum ö wie in Schöffe	ou	wie in englisch low
		u	u wie in du; nach j, q, x: ü wie in grün
ei	wie in englisch eight		
eng	Vokal zwischen a und e, leicht nasal gesprochen, wie in französisch angoisse	uai	wai wie in englisch wife
		wan	wan wie in Luanda; nach j, q, x: üän mit langem ä wie in Hyäne
i nach ⎫ c, s, z, ⎪ ch, sh, ⎬ zhundr⎭	Der Vokal wird zusammen mit dem vorangehenden Konsonanten lang und weich ausgesprochen.		
		üe	(nach j, q, x: ue) ü + kurzes e.
ian	mit kurzem e wie in französisch Etienne	ui	wie englisch way
		un	un wie in Hund; nach j, q, x: ün wie in Münster
iang	jang	uo	u + kurzes offenes o

Erläuterung zur Zitierweise

Bücher sowie einige Aufsätze, die in mehr als einem Kapitel zitiert werden, sind im «Verzeichnis der abgekürzt zitierten Literatur» (S. 415–430) zusammengestellt. Sie werden mit Kurztiteln zitiert In den Anmerkungen ist diese Zitierweise daran zu erkennen, daß auf den Namen des Autors ein *Doppelpunkt* (statt eines Kommas) folgt. Alle übrigen Werke werden bei der ersten Nennung innerhalb eines Kapitels mit vollen Angaben zitiert, danach in abgekürzter Form.

Titel chinesischer Bücher und Aufsätze werden nicht immer mit letzter philologischer Exaktheit übersetzt, sondern in einer Weise, die auch dem Nichtsinologen den jeweiligen Gegenstand erkennbar macht.

Abkürzungsverzeichnis

AA	Acta Asiatica (Tokio)
AAAPSS	Annals of the American Academy of Political and Social Science (Philadelphia)
AfK	Archiv für Kulturgeschichte (Köln/Wien)
AfSS	Archiv für Sozialwissenschaft und Sozialpolitik (Tübingen)
AHR	American Historical Review (New York)
AJS	American Journal of Sociology (Chicago)
AP	Asian Profile (Hongkong)
APC	Asiatic Petroleum Company
APSR	American Political Science Review (Baltimore)
ASR	American Sociological Review (Washington, D. C.)
BAT	British and American Tobacco Corporation
BCAS	Bulletin of Concerned Asian Scholars (Cambridge, Mass.)
BDXB	Beijing daxue xuebao (Zeitschrift der Universität Beijing)
BH	Business History (London)
BHR	Business History Review (Boston)
BJOAF	Bochumer Jahrbuch zur Ostasienforschung (Bochum)
BJS	British Journal of Sociology (London)
BSOAS	Bulletin of the School of Oriental and African Studies (London)
CEJ	Chinese Economic Journal (Beijing)
CHOC	Cambridge History of China (siehe Literaturverzeichnis)
CIM	China Inland Mission
CMC	Chinese Maritime Customs
CQ	China Quarterly (London)
CR	China Report (New Delhi)
CSH	Chinese Studies in History (White Plains, N. Y.)
CSPSR	Chinese Social and Political Science Review (Beijing)
CSSH	Comparative Studies in Society and History (Cambridge)
CSWT	Ch'ing-shih wen-t'i (New Haven)
CWR	China Weekly Review (Shanghai)
DFZZ	Dongfang zazhi (»Eastern Miscellany«) (Shanghai)
DH	Diplomatic History (Wilmington, Del.)
EcHR	Economic History Review, 2nd series (Oxford)
EDCC	Economic Development and Cultural Change (Chicago)
EEcH	Explorations in Economic History (Cambridge, Mass.)
EG	Economic Geography (Concord, N. H.)
EHR	English Historical Review (London)
EIC	East India Company
E&S	Economy and Society (London)
FA	Foreign Affairs (New York)
F&C	Finance and Commerce (Shanghai)
FDXB	Fudan xuebao (Zeitschrift der Fudan-Universität) (Shanghai)
FEQ	Far Eastern Quarterly (Ann Arbor)
FES	Far Eastern Survey (New York)

FRUS	Foreign Relations of the United States (siehe Literaturverzeichnis)
GG	Geschichte und Gesellschaft (Göttingen)
GR	Geographical Review (New York)
GSZL	Gongshang ziliao (Materialien zu Industrie und Handel) (Beijing)
GWU	Geschichte in Wissenschaft und Unterricht (Stuttgart)
HDXB	Hangzhou daxue xuebao (Zeitschrift der Universität Hangzhou) (Hangzhou)
HJ	Historical Journal (Cambridge)
HJAS	Harvard Journal of Asiatic Studies (Cambridge, Mass.)
HJb	Historisches Jahrbuch (München/Freiburg i. Br.)
HZ	Historische Zeitschrift (München)
IA	International Affairs (London)
ICI	Imperial Chemical Industries
IESHR	Indian Economic and Social History Review (Delhi)
IO	International Organization (Boston)
IRSH	International Review of Social History (Amsterdam)
JAAS	Journal of Asian and African Studies (Leiden)
JAH	Journal of Asian History (Wiesbaden)
JAS	Journal of Asian Studies (Ann Arbor)
JCCH	Journal of Comparative and Commonwealth History (London)
JCH	Journal of Contemporary History (London)
JDSYJ	Jindai shi yanjiu (Forschungen zur neueren Geschichte) (Beijing)
JDSZL	Jindai shi ziliao (Materialien zur neueren Geschichte) (Beijing)
JEEH	Journal of European Economic History (Rom)
JEH	Journal of Economic History (New York)
JESHO	Journal of the Economic and Social History of the Orient (Leiden)
JfG	Journal für Geschichte (Weinheim)
JGO	Jahrbücher für Geschichte Osteuropas (Stuttgart)
JHKBRAS	Journal of the Hong Kong Branch of the Royal Asiatic Society (Hongkong)
JICH	Journal of Imperial and Commonwealth History (London)
JIH	Journal of Indian History (University of Kerala)
JJLW	Jingji lunwen (Ökonomische Abhandlungen) (Taibei)
JJYJ	Jingji yanjiu (Wirtschaftsforschung) (Beijing)
JMH	Journal of Modern History (Chicago)
JOS	Journal of Oriental Studies (Hongkong)
JPS	Journal of Peasant Studies (London)
JSEAS	Journal of Southeast Asian Studies (Singapore)
JUH	Journal of Urban History (Beverly Hills)
JYJK	Jingji yanjiusuo jikan (Vierteljahresschrift des Ökonomischen Instituts an der Chinesischen Akademie der Sozialwissenschaften) (Beijing)
KMA	Kailuan Mining Administration
KPCh	Kommunistische Partei Chinas (Zhongguo gongchandang)
KZfSS	Kölner Zeitschrift für Soziologie und Sozialpsychologie (Opladen)
LSJX	Lishi jiaoxue (Geschichtsunterricht) (Beijing)
LSXB	Lishi xuebao (Bulletin der Geschichtsforschung, Taiwan Normal University) (Taibei)
LSYJ	Lishi yanjiu (Historische Forschung) (Beijing)
LSYYJ	Lishi yuyan yanjiusuo jikan (Bulletin des Instituts für Geschichte und Philologie an der Academia Sinica) (Taibei)
MAS	Modern Asian Studies (Cambridge)
MC	Modern China (Beverly Hills)
MGM	Militärgeschichtliche Mitteilungen (Freiburg i. Br.)

MS	Monumenta Serica (Tokio)
NAA	Narody Azii i Afriki (Moskau)
NCH	North China Herald (Shanghai)
NDXB	Nanjing daxue xuebao (Zeitschrift der Universität Nanjing) (Nanjing)
NKXB	Nankai xuebao (Zeitschrift der Nankai-Universität) (Tianjin)
NOAG	Nachrichten der Gesellschaft für Natur- und Völkerkunde Ostasiens (Tokio/Wiesbaden)
NPL	Neue Politische Literatur (Wiesbaden)
NSEQ	Nankai Social and Economic Quarterly (Tianjin)
OE	Oriens Extremus (Wiesbaden)
OR	Ostasiatische Rundschau (Berlin)
PA	Pacific Affairs (Honolulu/New York)
PC	Papers on China (Cambridge, Mass.)
PFEH	Papers on Far Eastern History (Canberra)
PHR	Pacific History Review (Glendale, Calif.)
P&P	Past and Present (Cambridge)
PS	Peasant Studies (Salt Lake City)
QSL	Qingshi luncong (Beiträge zur Geschichte der Qing-Dynastie) (Beijing)
RC	Republican China (Urbana, Ill.)
RH	Revue Historique (Paris)
SBYK	Shenbao yuekan (Shenbao-Monatsschrift) (Shanghai)
SDXB	Sichuan daxue xuebao (Zeitschrift der Universität von Sichuan) (Chengdu)
SEER	Slavonic and East European Review (London)
SJLS	Shijie lishi (Weltgeschichte) (Beijing)
SK	Shehui kexue (Sozialwissenschaft) (Shanghai)
SKZ	Shehui kexue zhanxian (Die sozialwissenschaftliche Front) (Changchun)
SR	Social Research (New York)
SSC	Social Sciences in China (Beijing)
SXZX	Sixiang zhanxian (Front des Denkens) (Kunming)
Th&S	Theory and Society (Amsterdam)
TP	T'oung Pao (Leiden)
UM	University Microfilms (Ann Arbor)
VBA	Volksbefreiungarmee (Zhongguo jiefangjun)
VfZG	Vierteljahreshefte für Zeitgeschichte (Stuttgart)
VI	Voprosy istorii (Moskau)
VOC	Verenigde Oostindische Compagnie
VRCh	Volksrepublik China (Zhonghua renmin gongheguo)
VSWG	Vierteljahresschrift für Sozial- und Wirtschaftsgeschichte (Stuttgart)
WDXB	Wuhan daxue xuebao (Zeitschrift der Universität Wuhan)
WP	World Politics (New Haven)
WSZ	Wen shi zhi (Literatur, Geschichte, Philosophie: Zeitschrift der Universität Shandong) (Jinan)
WWA	Weltwirtschaftliches Archiv (Kiel)
XSYJ	Xueshu yanjiu (Akademische Forschung) (Beijing)
ZDMG	Zeitschrift der Deutschen Morgenländischen Gesellschaft (Wiesbaden)
ZDXB	Zhongshan daxue xuebao (Zeitschrift der Sun-Yatsen-Universität) (Kanton)
ZfP	Zeitschrift für Politik (München)
ZHF	Zeitschrift für historische Forschung (Berlin)
ZSJSL	Zhongguo shehui jingji shi luncong (Beiträge zur chinesischen Sozial- und Wirtschaftsgeschichte) (Taiyuan)
ZSJSY	Zhongguo shehui jingji shi yanjiu (Forschungen zur chinesischen Wirtschafts- und Sozialgeschichte) (Beijing)

ZSYJ   Zhongguo shi yanjiu (Forschungen zur chinesischen Geschichte) (Beijing)
ZYJYJ   Zhongyang yanjiuyuan jindaishi yanjiusuo jikan (Bulletin des Instituts für Neuere Geschichte an der Academia Sinica) (Taibei)

Abgekürzt zitierte Literatur

Adshead: World History = S. A. M. Adshead, China in World History, Basingstoke/London 1988.

Albertini: Kolonialherrschaft = Rudolf von Albertini, in Verbindung mit Albert Wirz, Europäische Kolonialherrschaft 1880–1940, Zürich/Freiburg i. Br. 1976.

Allen/Donnithorne: Enterprise = G. C. Allen/Audrey G. Donnithorne, Western Enterprise in Far Eastern Economic Development, London 1954.

Arnold: China = Julean Arnold, China: A Commercial and Industrial Handbook, Washington, D. C. 1926.

Bairoch: Development = Paul Bairoch, The Economic Development of the Third World since 1900, London 1975.

Barnett/Fairbank: Christianity = Suzanne W. Barnett/John K. Fairbank (Hrsg.), Christianity in China, Cambridge, Mass. 1985.

Bartlett: Conflict = C. J. Bartlett, The Global Conflict: The International Rivalry of the Great Powers, 1880–1970, London 1984.

Bastid: L'évolution = Marianne Bastid, L'évolution de la société chinoise à la fin de la dynastie des Qing, 1873–1911, Paris 1979.

Bauer: China = Wolfgang Bauer (Hrsg.), China und die Fremden. 3000 Jahre Auseinandersetzung in Krieg und Frieden, München 1980.

Beasley: Imperialism = W. G. Beasley, Japanese Imperialism 1894–1945, Oxford 1987.

Beasley: Japan = W. G. Beasley, The Modern History of Japan, 2nd ed., London 1967.

Becker/Wells: Economics = William H. Becker/Samuel F. Wells, Jr. (Hrsg.), Economics and World Power: An Assessment of American Diplomacy since 1789, New York 1984.

Bergère: L'âge d'or = Marie-Claire Bergère, L'âge d'or de la bourgeoisie chinoise 1911–1937, Paris 1986.

Bianco: Asien = Lucien Bianco (Hrsg.), Das moderne Asien, Frankfurt a. M. 1969 (= Fischer-Weltgeschichte, Bd. 33)

Bianco: Revolution = Lucien Bianco, Der Weg zu Mao. Die Ursprünge der chinesischen Revolution, Berlin/Frankfurt a. M. 1969.

Blussé: History = Leonard Blussé/H. L. Wesseling/G. D. Winius (Hrsg.), History and Underdevelopment: Essays on Underdevelopment and European Expansion in Asia and Africa, Leiden 1980.

Blussé/Gaastra: Companies = Leonard Blussé/Femme Gaastra (Hrsg.), Companies and Trade: Essays on Overseas Trading Companies during the Ancien Régime, Leiden 1981.

Boorman/Howard: Dictionary = Howard L. Boorman/Richard C. Howard (Hrsg.), Biographical Dictionary of Republican China, 4 Bde., New York/London 1967–1971.

Borg/Heinrichs: Uncertain Years = Dorothy Borg/Waldo Heinrichs (Hrsg.), Uncertain Years: Chinese-American Relations, 1947–1950, New York 1980.

Borsa: Nascita = Giorgio Borsa, La nascita del mondo moderno in Asia Orientale: La penetrazione Europea e la crisi delle società tradizionali in India, Cina e Giaponne, Mailand 1977.

Braudel: Sozialgeschichte = Fernand Braudel, Sozialgeschichte des 15.–18. Jahrhunderts, 3 Bde., München 1985–86.

Buck: Urban Change = David D. Buck, Urban Change in China: Politics and Development in Tsinan, Shantung, 1890–1949, London 1978.

Bull/Watson: Expansion = Hedley Bull/Adam Watson (Hrsg.), The Expansion of International Society, Oxford 1984.

Burns/Bennett: Diplomats = Richard Dean Burns/Edward M. Bennett (Hrsg.), Diplomats in Crisis: United States-Chinese-Japanese Relations, 1919–1941, Santa Barbara/ Oxford 1974.

Cain: Foundations = Peter J. Cain, Foundations of British Overseas Expansion 1815–1914, London 1980.

Cain/Hopkins: Capitalism = Peter J. Cain/A. G. Hopkins, Gentlemanly Capitalism and British Expansion Overseas, in: EcHR 39 (1986), S. 501–25; 40 (1987), S. 1–26.

Cameron: Barbarians = Nigel Cameron, Barbarians and Mandarins: Thirteen Centuries of Western Travelers in China, Chicago/London 1970.

Cameron: Bondage = Nigel Cameron, From Bondage to Liberation: East Asia 1860–1952, Hongkong 1975.

Carlson: Kaiping = Ellsworth C. Carlson, The Kaiping Mines, 1877–1912, 2nd ed., Cambridge, Mass. 1971.

Chan: Crossroads = F. Gilbert Chan (Hrsg.), China at the Crossroads: Nationalists and Communists, 1927–1949, Boulder, Col. 1980.

Chan/Etzold: China = F. Gilbert Chan/Thomas H. Etzold (Hrsg.), China in the 1920s: Nationalism and Revolution, New York 1976.

Chang: Food = Chang Kwang-chih (Hrsg.), Food in Chinese Culture: Anthropological and Historical Perspectives, New Haven 1977.

Chang: Struggle = Chang Kia-ngau, China's Struggle for Railroad Development, New York 1943.

Chao: Cotton = Chao Kang, The Development of Cotton Textile Production in China, Cambridge, Mass. 1977.

Chao: Land = Chao Kang, Man and Land in Chinese History: An Economic Analysis, Stanford 1986.

Chao: Manchuria = Chao Kang, The Economic Development of Manchuria: The Rise of a Frontier Economy, Ann Arbor 1982.

Chaudhuri: Development = K. N. Chaudhuri (Hrsg.), The Economic Development of India under the East India Company, 1814–58, Cambridge 1971.

Chaudhuri: Indian Ocean = K. N. Chaudhuri, Trade and Civilization in the Indian Ocean: An Economic History from the Rise of Islam to 1750, Cambridge 1985.

Chaudhuri: Trading World = K. N. Chaudhuri, The Trading World of Asia and the English East India Company 1660–1760, Cambridge 1978.

Chen: Gongye shi = Chen Zhen (Hrsg.), Zhongguo jindai gongye shi ziliao (Materialien zur Geschichte der chinesischen Industrie 1914–1949), 4 Teile in 6 Bdn., Beijing 1957–61.

Chen: Jindai shi = Chen Zhenjiang u. a., Zhongguo jindai shi xin bian (Neue Geschichte des modernen China), Bd. 1 (ca. 1830–1864), Beijing 1981.

Chen: Jindai Zhongguo = Chen Xulu u. a., Jindai Zhongguo bashi nian (Achtzig Jahre des modernen China, ca. 1840–1919), Shanghai 1983.

Chen: Taiwan = Chen Bisheng, Taiwan difang shi (Geschichte Taiwans), Beijing 1982.

Ch'en: Military-Gentry Coalition = Jerôme Ch'en, The Military-Gentry Coalition: China under the Warlords, Toronto 1979.

Ch'en: West = Jerôme Ch'en, China and the West: Society and Culture, 1815–1937, London 1979.

Ch'en/Tarling: Studies = Jerôme Ch'en/Nicholas Tarling (Hrsg.), Studies in the Social History of China and South-East Asia, Cambridge 1970.

Cheng: Foreign Trade = Cheng Yu-kwei, Foreign Trade and Industrial Development of

China: An Historical Inquiry and Integrated Analysis through 1948, Washington, D. C. 1956.

Cheng: Guangzhou = Cheng Hao, Guangzhou gang shi (Geschichte des Hafens von Kanton, 18. Jahrhundert bis 1949), Beijing 1985.

Chesneaux: Geschichte = Jean Chesneaux, Geschichte Ost- und Südostasiens im 19. und 20. Jahrhundert, Köln 1969.

Chesneaux: Liberation = Jean Chesneaux/Françoise Le Barbier/Marie-Claire Bergère, China from the 1911 Revolution to Liberation, New York 1977.

Chesneaux: Opium Wars = Jean Chesneaux/Marianne Bastid/Marie-Claire Bergère, China from the Opium Wars to the 1911 Revolution, New York 1976.

China Proper = China Proper, hrsg. v. United Kingdom. Naval Intelligence Division, 3 Bde., London 1945.

Chiu: Hong Kong = T. N. Chiu, The Port of Hong Kong: A Survey of Its Development, Hongkong 1973.

CHOC = John K. Fairbank/Denis Twitchett (Hrsg.), The Cambridge History of China, Cambridge. Bd. 7 (1988), Bd. 10 (1978), Bd. 11 (1980), Bd. 12 (1983), Bd. 13 (1986), Bd. 14 (1987).

Cipolla/Borchardt: Wirtschaftsgeschichte = Carlo M. Cipolla/Knut Borchardt (Hrsg.), Europäische Wirtschaftsgeschichte, 5 Bde., Stuttgart 1983–86.

Clubb: China = O. Edmund Clubb, Twentieth-Century China, 2nd ed., New York 1972.

Clubb: Russia = O. Edmund Clubb, China and Russia: The «Great Game», New York 1971.

Clyde/Beers: Far East = Paul Hibbert Clyde/Burton F. Beers, The Far East: A History of the Western Impact and the Eastern Response (1830–1970), 6th ed., Englewood Cliffs, N. J. 1975.

Cochran: Big Business = Sherman G. Cochran, Big Business in China: Sino-Foreign Rivalry in the Cigarette Industry, 1890–1930, Cambridge, Mass. 1980.

Cohen: Frontiers = Warren I. Cohen (Hrsg.), New Frontiers in American-East Asian Relations: Essays Presented to Dorothy Borg, New York 1983.

Cohen: History = Paul A. Cohen, Discovering History in China: American Writing on the Recent Chinese Past, New York 1986.

Cohen/Schrecker: Reform = Paul A. Cohen/John E. Schrecker (Hrsg.), Reform in Nineteenth-Century China, Cambridge, Mass. 1976.

Collotti Pischel: Storia = Enrica Collotti Pischel, Storia della rivoluzione cinese, Rom 1982.

Coox/Conroy: China = Alvin D. Coox/Hilary Conroy (Hrsg.), China and Japan: Search for Balance since World War II, Santa Barbara/Oxford 1978.

Cowan: Development = C. D. Cowan (Hrsg.), The Economic Development of China and Japan, London 1964.

Crowley: East Asia = James B. Crowley (Hrsg.), Modern East Asia: Essays in Interpretation, New York 1970.

Curtin: Trade = Philip D. Curtin, Cross-Cultural Trade in World History, Cambridge 1984.

Davis: Industrial Revolution = Ralph Davis, The Industrial Revolution and British Overseas Trade, Leicester 1979.

Dayer: Bankers = Roberta A. Dayer, Bankers and Diplomats in China 1917–1925: The Anglo-American Relationship, London 1981.

Dermigny: La Chine = Louis Dermigny, La Chine et l'Occident: Le commerce à Canton au XVIIIe siècle, 1719–1833, 3 Bde. und Album, Paris 1964.

Diguozhuyi yu Zhongguo haiguan = Diguozhuyi yu Zhongguo haiguan (Der Imperialismus und und der chinesische Seezoll), 8 Bde., Neuausgabe, Beijing 1983.

Ding: Diguozhuyi = Ding Mingnan u. a., Diguozhuyi qin Hua shi (Geschichte der imperialistischen Aggression gegen China), 2 Bde., Beijing 1958/1986.

Domes: Revolution = Jürgen Domes, Vertagte Revolution. Die Politik der Kuomintang in China, 1923–1937, Berlin 1969.

Du Halde: Description = Jean-Baptiste Du Halde, Description géographique, historique, chronologique, politique, et physique de l'Empire de la Chine et de la Tartarie Chinoise, 4 Bde., Paris 1735.

Eastman: Family = Lloyd E. Eastman, Family, Fields, and Ancestors: Constancy and Change in China's Social and Economic History, 1550–1949, New York 1988.

Eikemeier: Ch'en-yüeh chi = Dieter Eikemeier u. a. (Hrsg.), Ch'en-yüeh chi: Tilemann Grimm zum 60. Geburtstag, Tübingen 1982.

Eldridge: Imperialism = C. C. Eldridge (Hrsg.), British Imperialism in the Nineteenth Century, London 1984.

Elvin: Pattern = Mark Elvin, The Pattern of the Chinese Past, London 1973.

Elvin/Skinner: City = Mark Elvin/G. William Skinner (Hrsg.), The Chinese City between Two Worlds, Stanford 1974.

Endacott: Hong Kong = George B. Endacott, A History of Hong Kong, revised ed., Hongkong 1973.

Eng: Imperialism = Robert Y. Eng, Economic Imperialism in China: Silk Production and Exports, 1861–1932, Berkeley 1986.

Etô/Schiffrin: 1911 Revolution = Etô Shinkichi/Harold Z. Schiffrin (Hrsg.), The 1911 Revolution in China: Interpretative Essays, Tokio 1984.

Fairbank: East Asia = John K. Fairbank/Edwin O. Reischauer/Albert M. Craig, East Asia: Tradition and Transformation, London 1973.

Fairbank: Missionary Enterprise = John K. Fairbank (Hrsg.), The Missionary Enterprise in China and America, Cambridge, Mass. 1974.

Fairbank: Revolution = John K. Fairbank, The Great Chinese Revolution, 1800–1985, New York 1986.

Fairbank: Thought = John K. Fairbank (Hrsg.), Chinese Thought and Institutions, Chicago 1957.

Fairbank: Trade = John K. Fairbank, Trade and Diplomacy on the China Coast: The Opening of the Treaty Ports, 1842–1854, new ed., Stanford 1969.

Fairbank: United States = John K. Fairbank, The United States and China, 4th ed., Cambridge, Mass. 1979.

Fairbank: World Order = John K. Fairbank (Hrsg.), The Chinese World Order: Traditional China's Foreign Relations, Cambridge, Mass. 1968.

Fang: Zhongguo jingji yanjiu = Fang Xianting (Hrsg.), Zhongguo jingji yanjiu (Studien zur chinesischen Wirtschaft), 2 Bde., Changsha 1938.

Farmer: History = Edward L. Farmer u. a., Comparative History of Civilizations in Asia, 2 Bde., Reading, Mass. 1977.

Feuerwerker: Approaches = Albert Feuerwerker/Rhoads Murphey/Mary C. Wright (Hrsg.), Approaches to Modern Chinese History, Berkeley 1967.

Feuerwerker: Economic History = Albert Feuerwerker (Hrsg.), Chinese Social and Economic History from the Song to 1900: Report of the American Delegation to a Sino-American Symposium, Ann Arbor 1982.

Feuerwerker: Establishment = Albert Feuerwerker, The Foreign Establishment in China in the Early Twentieth Century, Ann Arbor 1976.

Feuerwerker: State = Albert Feuerwerker, State and Society in Eighteenth-Century China: The Ch'ing Empire in Its Glory, Ann Arbor 1976.

Fieldhouse: Empire = David K. Fieldhouse, Economics and Empire 1830–1914, London 1973.

Fischer: Handbuch = Wolfram Fischer u. a. (Hrsg.), Handbuch der europäischen Wirtschafts- und Sozialgeschichte, Stuttgart. Bd. 2 (1980), Bd. 3 (1986), Bd. 5 (1985), Bd. 6 (1987).

Fischer: World Economy = Wolfram Fischer/R. Marvin McInnis/Jürgen Schneider (Hrsg.), The Emergence of a World Economy 1500–1914, 2 Bde., Wiesbaden 1986.

Fogel/Rowe: Perspectives = Joshua A. Fogel/William T. Rowe (Hrsg.), Perspectives on a Changing China, Boulder, Col. 1979.

Foreman-Peck: World Economy = James Foreman-Peck, A History of the World Economy: International Economic Relations since 1850, Brighton 1983.

Franke: Abendland = Wolfgang Franke, China und das Abendland, Göttingen 1962.

Franke: China-Handbuch = Wolfgang Franke, unter Mitarbeit von Brunhild Staiger (Hrsg.), China-Handbuch, Düsseldorf 1973.

Franke: Jahrhundert = Wolfgang Franke, Das Jahrhundert der chinesischen Revolution 1851–1949, 2. Aufl., München 1980.

Franke/Trauzettel: Kaiserreich = Herbert Franke/Rolf Trauzettel, Das Chinesische Kaiserreich, Frankfurt a. M. 1968 (= Fischer-Weltgeschichte, Bd. 19).

FRUS = Papers Relating to the Foreign Relations of the United States, compiled by the Department of States, Washington, D. C. (Jahresbände).

Fu: Chronicle = Fu Lo-shu (Hrsg.), A Documentary Chronicle of Sino-Western Relations (1644–1820), Tucson, Ariz. 1966.

Furber: Empires = Holden Furber, Rival Empires of Trade in the Orient, 1600–1800, Minneapolis 1976.

Furth: Limits = Charlotte Furth (Hrsg.), The Limits of Change: Essays on Conservative Alternatives in Republican China, Cambridge, Mass. 1976.

Gernet: Welt = Jacques Gernet, Die chinesische Welt, Frankfurt a. M. 1979.

Geyer: Russischer Imperialismus = Dietrich Geyer, Der russische Imperialismus. Studien über den Zusammenhang von innerer und auswärtiger Politik 1860–1914, Göttingen 1977.

Gillard: Struggle = David Gillard, The Struggle for Asia 1828–1914: A Study in British and Russian Imperialism, London 1977.

Girault: Diplomatie = René Girault, Diplomatie européenne et impérialismes: Histoire des relations internationales contemporaines, Bd. 1: 1871–1914, Paris 1979.

Gittings: World = John Gittings, The World and China 1922–1972, London 1974.

Gong: Standard = Gerrit W. Gong, The Standard of «Civilization» in International Society, Oxford 1984.

Graham: China Station = Gerald S. Graham, The China Station: War and Diplomacy 1830–1860, Oxford 1978.

Graham: Empire = Gerald S. Graham, A Concise History of the British Empire, London 1970.

Gray: Search = Jack Gray (Hrsg.), Modern China's Search for a Political Form, London 1969.

Greenberg: Trade = Michael Greenberg, British Trade and the Opening of China 1800–42, Cambridge 1951.

Grieder: Intellectuals = Jerome B. Grieder, Intellectuals and the State in Modern China: A Narrative History, New York 1981.

Grove/Daniels: State = Linda Grove/Christian Daniels (Hrsg.), State and Society in China: Japanese Perspectives on Ming-Qing Social and Economic History, Tokio 1984.

Grunfeld: Tibet = A. Tom Grunfeld, The Making of Modern Tibet, London 1987.

Gull: Interests = E. Manico Gull, British Economic Interests in the Far East, London 1943.

Guo: Jindai Zhongguo = Guo Tingyi, Jindai Zhongguo shigang (Abriß der neueren chinesischen Geschichte, ca. 1800–1950), Taibei 1979.

Hao: Comprador = Hao Yen-p'ing, The Comprador in Nineteenth-Century China: Bridge between East and West, Cambridge, Mass. 1970.

Hao: Revolution = The Commercial Revolution in Nineteenth-Century China: The Rise of Sino-Western Mercantile Capitalism, Berkeley 1986.

Harding: Foreign Relations = Harry Harding (Hrsg.), China's Foreign Relations in the 1980s, New Haven 1984.

Harrison: Marsch = John P. Harrison, Der lange Marsch zur Macht. Die Geschichte der Kommunistischen Partei Chinas von ihrer Gründung bis zum Tode Mao Tse-tungs, Stuttgart/Zürich 1978.

Hart: Journals = Entering China's Service: Robert Hart's Journals, 1854- 1863, hrsg. v. Katherine Frost Bruner u. a., Cambridge, Mass. 1986.

Hart: Letters = The I. G. in Peking: Letters of Robert Hart, Chinese Maritime Customs, 1868–1907, hrsg. v. John K. Fairbank u. a., 2 Bde., Cambridge, Mass. 1975.

Hayhoe/Bastid: Education = Ruth Hayhoe/Marianne Bastid (Hrsg.), China's Education and the Industrialized World: Studies in Cultural Transfer, Armonk, N. Y. 1987.

Headrick: Tentacles = Daniel R. Headrick, The Tentacles of Progress: Technology Transfer in the Age of Imperialism, 1850–1940, New York 1988.

Headrick: Tools = Daniel R. Headrick, The Tools of Empire: Technology and European Imperialism in the Nineteenth Century, New York 1981.

Heller: Handel = Klaus Heller, Der Russisch-Chinesische Handel von seinen Anfängen bis zum Ausgang des 19. Jahrhunderts, Erlangen 1980.

Hertslet: Treaties = Godfrey E. P. Hertslet (Hrsg.), Treaties &c. between Great Britain and China and between China and Foreign Powers . . ., Bd. 1, London 1908.

Hinsley: British Foreign Policy = F. H. Hinsley (Hrsg.), British Foreign Policy under Sir Edward Grey, Cambridge 1977.

Ho: Studies = Ho Ping-ti, Studies in the Population of China, 1368–1953, Cambridge, Mass. 1959.

Ho: Taiwan = Samuel P. S. Ho, Economic Development of Taiwan, 1860–1970, New Haven 1978.

Ho/Tang; Crisis = Ho Ping-ti/Tang Tsou (Hrsg.), China in Crisis, 2 Bde., Chicago 1968.

Hobsbawm: Capital = Eric J. Hobsbawm, The Age of Capital 1848–1875, London 1975.

Hobsbawm: Empire = Eric J. Hobsbawm, The Age of Empire 1875–1914, London 1987.

Hoffmann: Traditionale Gesellschaft = Rainer Hoffmann, Traditionale Gesellschaft und moderne Staatlichkeit. Eine vergleichende Untersuchung der chinesischen und europäischen Entwicklungstendenzen, München 1987.

Hoffmann: Untergang = Rainer Hoffmann, Der Untergang des konfuzianischen China. Vom Mandschureich zur Volksrepublik, Wiesbaden 1980.

Hou: Investment = Hou Chi-ming, Foreign Investment and Economic Development in China, 1840–1937, Cambridge, Mass. 1965.

Hou/Yu: Agricultural Development = Hou Chi-ming/Yu Tzong-shian (Hrsg.), Agricultural Development in China, Japan, and Korea, Taibei 1982.

Hou/Yu: Economic History = Hou Chi-ming/Yu Tzong-shian (Hrsg.), Modern Chinese Economic History, Taibei 1979.

Hsiao: Statistics = Hsiao Liang-lin, China's Foreign Trade Statistics, 1864–1949, Cambridge, Mass. 1974.

Hsü: Entrance = Immanuel C. Y. Hsü, China's Entrance into the Familiy of Nations: The Diplomatic Phase 1858–1880, Cambridge, Mass. 1960.

Hsü: Rise = Immanuel C. Y. Hsü, The Rise of Modern China, 2nd ed., New York 1975.

Hu: Imperialism = Hu Sheng, Imperialism and Chinese Politics, Beijing 1982.

Hu: Yapian Zhanzheng = Hu Sheng, Cong Yapian Zhanzheng dao Wu Si Yundong (Vom Opiumkrieg zur Bewegung vom 4. Mai 1919), 2 Bde., Beijing 1981.

Huang: Maiban jieji = Huang Yifeng, Jiu Zhongguo de maiban jieji (Die Kompradoren-klasse in China vor 1949), Shanghai 1982.

Huang: Peasant Economy = Philip C. Huang, The Peasant Economy and Social Change in North China, Stanford 1985.

Huang: Xiandai shi = Huang Yuanqi u. a., Zhongguo xiandai shi (Neueste Geschichte Chinas), 2 Bde., o. O. 1982.

Huang/Jiang: Jingji shi = Huang Yifeng/Jiang Duo, Zhongguo jindai jingji shi lunwen ji (Aufsätze zur neueren chinesischen Wirtschaftsgeschichte), Yangzhou 1981.

Hubei daxue: Jingji shi = Hubei daxue zhengzhi jingjixue jiaoyanshi (Lehr- und Forschungsabteilung für politische Ökonomie der Universität Hubei), Zhongguo jindai guomin jingji shi jiangyi (Unterrichtsmaterial zur modernen chinesischen Wirtschaftsgeschichte, 1842–1949), Beijing 1958.

Huenemann: Dragon = Ralph W. Huenemann, The Dragon and the Iron Horse: The Economics of Railroads in China, 1876–1937, Cambridge, Mass. 1984.

Hummel: Eminent Chinese = Arthur W. Hummel, Eminent Chinese of the Ch'ing Period (1644–1912), Washington, D. C. 1943.

Hunt: Relationship = Michael H. Hunt, The Making of a Special Relationship: The United States and China to 1914, New York 1983.

Hyde: Trade = Francis E. Hyde, Far Eastern Trade 1860–1914, London 1973.

Idema: Leyden Studies = W. L. Idema (Hrsg.), Leyden Studies in Sinology, Leiden 1981.

Iriye: Chinese = Akira Iriye (Hrsg.), The Chinese and the Japanese: Essays in Political and Cultural Interactions, Princeton 1980.

Iriye: Cold War = Akira Iriye, The Cold War in Asia: A Historical Introduction, Englewood Cliffs, N. J. 1974.

Iriye: Imperialism = Akira Iriye, After Imperialism: The Search for a New Order in the Far East, 1921–1931, Cambridge, Mass. 1965.

Iriye: Second World War = Akira Iriye, The Origins of the Second World War in Asia and the Pacific, London 1987.

Jansen: Japan = Marius B. Jansen, Japan and China: From War to Peace, 1894–1972, Chicago 1975.

Jiang: Jingji shi = Jiang Jianping, Jianming Zhongguo jindai jingji shi (Kurzgefaßte Wirtschaftsgeschichte des modernen China, ca. 1800- 1949), Beijing 1985.

Jörg: Porcelain = C. A. J. Jörg, Porcelain and the Dutch China Trade, Den Haag 1982.

Johnson: Popular Culture = David Johnson/Andrew J. Nathan/ Evelyn S. Rawski (Hrsg.), Popular Culture in Late Imperial China, Berkeley 1986.

Jones: Miracle = Eric L. Jones, The European Miracle: Environments, Economies and Geopolitics in the History of Europe and Asia, Cambridge 1981.

Jones: Shanghai = F. C. Jones, Shanghai and Tianjin, London 1940.

Kamachi: Japanese Studies = Kamachi Noriko/John K. Fairbank/ Ichiko Chûzô, Japanese Studies of Modern China since 1953, Cambridge, Mass. 1975.

Kennedy: Great Powers = Paul M. Kennedy, The Rise and Fall of the Great Powers: Economic Change and Military Conflict from 1500 to 2000, London 1988.

Kennedy: Naval Mastery = Paul M. Kennedy, The Rise and Fall of British Naval Mastery, London 1983.

Kenwood/Lougheed: Growth = A. G. Kenwood/A. L. Lougheed, The Growth of the International Economy 1820–1980, London 1983.

Keylor: World = William R. Keylor, The Twentieth-Century World: An International History, New York 1984.

Kiernan: Empires = Victor G. Kiernan, European Empires from Conquest to Collapse, London 1982.

Kim: Last Phase = Key-hiuk Kim, The Last Phase of the East Asian World Order: Korea, Japan, and the Chinese Empire, 1860–1882, Berkeley 1980.

Kindermann: Ferner Osten = Gottfried-Karl Kindermann, Der Ferne Osten in der Weltpolitik des industriellen Zeitalters, München 1970.

Kindermann: Sun Yat-sen = Gottfried-Karl Kindermann (Hrsg.), Sun Yat-sen: Founder and Symbol of China's Revolutionary Nation-Building, München/Wien 1982.

King: Banking = F. H. H. King (Hrsg.), Eastern Banking: Essays in the History of the Hongkong and Shanghai Banking Corporation, London 1983.

King: Economic History = F. H. H. King, A Concise Economic History of Modern China, 1840–1961, New York 1969.

King: Hongkong Bank = F. H. H. King, The History of the Hongkong and Shanghai Banking Corporation, Cambridge. Bd. 1 (1987).

Kirby: Germany = William F. Kirby, Germany and Republican China, Stanford 1984.

Knapp: Island Frontier = Ronald G. Knapp (Hrsg.), China's Island Frontier: Studies in the Historical Geography of Taiwan, Honolulu 1980.

Kuo: Barbaren = Kuo Heng-yü, China und die «Barbaren». Eine geistesgeschichtliche Standortbestimmung, Pfullingen 1967.

Kuo: Berlin = Kuo Heng-yü (Hrsg.), Berlin und China. Dreihundert Jahre wechselvoller Beziehungen, Berlin 1987.

Kuo: Kolonialpolitik = Kuo Heng-yü (Hrsg.), Von der Kolonialpolitik zur Kooperation. Studien zur Geschichte der deutsch-chinesischen Beziehungen, München 1986.

Lama: Congress = Graciela de la Lama (Hrsg.), 30th International Congress of Human Sciences in Asia and North Africa: China, 5 Bde., Mexico City 1982.

Lamb: India = Alastair Lamb, British India and Tibet 1766–1910, 2nd ed., London/New York 1986.

Langer: Diplomacy = William L. Langer, The Diplomacy of Imperialism 1890–1902, 2nd ed., New York 1951.

Lanning/Couling: Shanghai = G. Lanning/S. Couling, The History of Shanghai, Shanghai 1921.

Latham: Depression = A. J. M. Latham, The Depression and the Developing World, 1914–1939, London 1981.

Latham: International Economy = A. J. M. Latham, The International Economy and the Underdeveloped World, 1865–1914, Totowa, N. J. 1978.

Lee: Korea = Lee Ki-baik, A New History of Korea, Cambridge, Mass. 1984.

LeFevour: Western Enterprise = Edward LeFevour, Western Enterprise in Late Ch'ing China: A Selective Study of Jardine, Matheson & Company's Operations, 1842–1895, Cambridge, Mass. 1968.

Levenson: Confucian China = John R. Levenson, Confucian China and Its Modern Fate: A Trilogy, 3 Bde., Berkeley 1958–1965.

Lévy: French Interests = Roger Lévy/Guy Lacam/Andrew Roth, French Interests and Policies in the Far East, New York 1941.

Li: Minguo shi = Li Xin u. a., Zhonghua minguo shi (Geschichte der Chinesischen Republik), Beijing 1981 ff.

Li: Silk Trade = Lillian M. Li, China's Silk Trade: Traditional Industry in the Modern World, 1842–1937, Cambridge, Mass. 1981.

Li: Xiandaihua = Li Guoqi, Zhongguo xiandaihua de quyu yanjiu: Min Zhe Tai diqu, 1860–1916 (Modernisierung in China: Eine regionale Studie über Fujian, Zhejiang und Taiwan), Taibei 1982.

Link: China = Hans Link u. a., China. Kultur, Politik und Wirtschaft. Festschrift für Alfred Hoffmann zum 65. Geburtstag, Tübingen 1976.

Lippit: Development = Victor D. Lippit, The Economic Development of China, Armonk, N. Y. 1987.

Liu: Waijiao shi = Liu Yan, Zhongguo waijiao shi (Geschichte der chinesischen Außenbeziehungen), 2 Bde., Taibei 1962.

Liu: Waizhai shigao = Liu Binglin, Jindai Zhongguo waizhai shigao (Geschichte der Auslandsanleihen im modernen China), Beijing 1962.

Lörincz: Mongolie = László, Lörincz, Histoire de la Mongolie des origines à nos jours, Budapest 1984.

Lorenz: Umwälzung = Richard Lorenz (Hrsg.), Umwälzung einer Gesellschaft. Zur Sozialgeschichte der chinesischen Revolution (1911–1949), Frankfurt a. M. 1977.

Louis: Imperialism = Wm. Roger Louis (Hrsg.), Imperialism: The Robinson and Gallagher Controversy, New York/London 1976.

Louis: Imperialism at Bay = Wm. Roger Louis, Imperialism at Bay, 1941–1945: The United States and the Decolonization of the British Empire, Oxford 1977.

Louis: Strategy = Wm. Roger Louis, British Strategy in the Far East, 1919–1939, Oxford 1971.

Lowe: Britain = Peter Lowe, Britain in the Far East: A Survey from 1919 to the Present, London 1981.

Macartney: Embassy = An Embassy to China. Being the Journal Kept by Lord Macartney during His Embassy to the Emperor Ch'ien-lung 1793–1794, hrsg. v. J. L. Cranmer-Byng, London 1962.

Mackerras: China = Colin Mackerras (Hrsg.), China: The Impact of Revolution, Hawthorn (Victoria) 1976.

Mackerras: Chronology = Colin Mackerras, Modern China: A Chronology from 1842 to the Present, London 1982.

MacMurray: Treaties = J. V. A. MacMurray (Hrsg.), Treaties and Agreements with and Concerning China, 1894–1919, 2 Bde., New York 1921.

Mancall: Center = Mark Mancall, China at the Center: 300 Years of Foreign Policy, New York 1984.

Martin: Beraterschaft = Bernd Martin (Hrsg.), Die deutsche Beraterschaft in China 1927–1938. Militär, Wirtschaft, Außenpolitik, Düsseldorf 1981.

May/Fairbank: Trade = Ernest R. May/John K. Fairbank (Hrsg.), America's China Trade in Historical Perspective: The Chinese and American Performance, Cambridge, Mass. 1986.

May/Thomson: Relations = Ernest R. May/James C. Thomson, Jr. (Hrsg.), American-East Asian Relations, Cambridge, Mass. 1972.

Meliksetov: Gomin'dan = A. V. Meliksetov, Social'no-ekonomičeskaja politika Gomin'dana v Kitae 1927–1949, Moskau 1977.

Meskill: Introduction = John Meskill (Hrsg.), An Introduction to Chinese Civilization, New York 1973.

Metzger: Escape = Thomas A. Metzger, Escape from Predicament: Neo-Confucianism and China's Evolving Political Culture, New York 1977.

Mi: Diguozhuyi = Mi Rucheng, Diguozhuyi yu Zhongguo tielu 1847–1949 (Der Imperialismus und die chinesischen Eisenbahnen), Shanghai 1980.

Mi: Tielu shi = Mi Rucheng, Zhongguo jindai tielu shi ziliao, 1863–1911 (Materialien zur Geschichte der chinesischen Eisenbahnen), 3 Bde., Beijing 1963.

Michael/Taylor: Far East = Franz Michael/George E. Taylor, The Far East in the Modern World, 3rd ed., Hinsdale 1975.

Miners: Hong Kong = Norman J. Miners, Hong Kong under Imperial Rule, 1912–1941, Hongkong 1987.

Mitchell: Asia = Brian R. Mitchell, International Historical Statistics: Africa and Asia, New York 1982.

Mitchell: Europe = Brian R. Mitchell, European Historical Statistics 1750–1950, abridged ed., London 1975.

Mommsen: Imperialismus = Wolfgang J. Mommsen, Der europäische Imperialismus. Aufsätze und Abhandlungen, Göttingen 1979.

Mommsen/Osterhammel: Imperialism = Wolfgang J. Mommsen/Jürgen Osterhammel (Hrsg.), Imperialism and After: Continuities and Discontinuities, London 1986.

Moore: Ursprünge = Barrington Moore, Soziale Ursprünge von Diktatur und Demokratie. Die Rolle der Grundbesitzer und Bauern bei der Entstehung der modernen Welt, Frankfurt a. M. 1966.

Morley: Quagmire = James William Morley (Hrsg.), The China Quagmire: Japan's Expansion on the Asian Continent 1933–1941. Selected Translations from «Taiheiyô sensô no michi: kaisen gaikô shi», New York 1983.

Morrison: Correspondence = George Ernest Morrison, The Correspondence, hrsg. v. Lo Hui-min, 2 Bde., Cambridge 1976–78.

Morse: Chronicles = Hosea Ballou Morse, The Chronicles of the East India Company Trading to China 1635–1834, 5 Bde., Oxford 1926–29.

Morse: Relations = Hosea Ballou Morse, The International Relations of the Chinese Empire, 3 Bde., London 1910–1918.

Morse: Trade = Hosea Ballou Morse, The Trade and Administration of the Chinese Empire, Shanghai 1908.

Moses/Kennedy: Germany = John A. Moses/Paul M. Kennedy (Hrsg.), Germany in the Pacific and Far East, 1870–1914, St. Lucia (Queensland) 1977.

Moulder: Japan = Frances V. Moulder, Japan, China and the Modern World Economy: Towards a Reinterpretation of East Asian Development ca. 1600 to ca. 1918, Cambridge 1977.

Murphey: Outsiders = Rhoads Murphey, The Outsiders: The Western Experience in India and China, Ann Arbor 1977.

Murphey: Shanghai = Rhoads Murphey, Shanghai: Key to Modern China, Cambridge, Mass. 1953.

Myers/Peattie: Empire = Ramon H. Myers/Mark R. Peattie (Hrsg.), The Japanese Colonial Empire, 1895–1945, Princeton 1984.

Nagai/Iriye: Origins = Nagai Yônosuke/Iriye Akira (Hrsg.), The Origins of the Cold War in Asia, New York 1977.

Naquin/Rawski: Eighteenth Century = Susan Naquin/Evelyn S. Rawski, Chinese Society in the Eighteenth Century, New Haven 1987.

Nepomnin: Ekonomičeskaja istorija = O. E. Nepomnin, Ekonomičeskaja istorija Kitaja (1864–1894 gg.). Moskau 1974.

Nepomnin: Social'no-ekonomičeskaja istorija = O. E. Nepomnin, Social'no-ekonomičeskaja istorija Kitaja 1894–1914, Moskau 1980.

Neueste Geschichte = Neueste Geschichte Chinas. Von 1917 bis zur Gegenwart, Berlin (DDR) 1975.

Nish: Japanese Foreign Policy = Ian Nish, Japanese Foreign Policy 1869–1942: Kasumigaseki to Miyakezaka, London 1977.

Opitz: Konfuzianismus = Peter J. Opitz (Hrsg.), Vom Konfuzianismus zum Kommunismus, München 1969.

Opitz: Wandlung = Peter J. Opitz (Hrsg.), Chinas große Wandlung. Revolutionäre Bewegungen im 19. und 20. Jahrhundert, München 1972.

Osterhammel: British Business = Jürgen Osterhammel, British Business in China 1860s–1950s, in: R. T. P. Davenport-Hines/Geoffrey Jones (Hrsg.), British Business in Asia since 1860, Cambridge 1989, S. 189–216, 279–88.

Osterhammel: Imperialismus = Jürgen Osterhammel, Britischer Imperialismus im

Fernen Osten. Strukturen der Durchdringung und einheimischer Widerstand auf dem chinesischen Markt 1932–1937, Bochum 1982.

Osterhammel: Modernisierungstheorie = Jürgen Osterhammel, Modernisierungstheorie und die Transformation Chinas 1800–1949, in: Saeculum 35 (1984), S. 31–72.

Osterhammel: Übersee-Expansion = Jürgen Osterhammel (Hrsg.), Britische Übersee-Expansion und britisches Empire vor 1840, Bochum 1987.

Otte: Landeskunde = Friedrich Otte, China. Wirtschaftspolitische Landeskunde, Gotha 1927.

Owen: Middle East = Roger Owen, The Middle East in the World Economy 1800–1914, London/New York 1981.

Peng: Shougongye = Peng Zeyi (Hrsg.), Zhongguo jindai shougongye shi ziliao (Materialien zur Geschichte des chinesischen Handwerks, 17. Jahrhundert bis 1949), 4 Bde., Beijing 1962.

Perkins: Development = Dwight H. Perkins, Agricultural Development in China, 1368-1968, Chicago 1969.

Perkins: Economy = Dwight H. Perkins (Hrsg.), China's Modern Economy in Historical Perspective, Stanford 1975.

Perry: Rebels = Elizabeth J. Perry, Rebels and Revolutionaries in North China, 1845–1945, Stanford 1980.

Platt: Business Imperialism = D. C. M. Platt (Hrsg.), Business Imperialism 1840–1930: An Inquiry Based on British Experience in Latin America, Oxford 1977.

Pong/Fung: Ideal = David Pong/Edmund S. K. Fung (Hrsg.), Ideal and Reality: Social and Political Change in Modern China, 1860–1949, London 1985.

Pritchard: Crucial Years = Earl H. Pritchard, The Crucial Years of Early Anglo-Chinese Relations, 1750–1800, in: Research Studies of the State College of Washington 4 (1939) S. 94–442.

Quan: Hanyeping = Quan Hansheng, Hanyeping Gongsi shilüe (Kurze Geschichte der Hanyeping Eisen- und Kohlegesellschaft, ca. 1890–1926), Hongkong 1972.

Quan: Luncong = Quan Hansheng, Zhongguo jingji shi luncong (Gesammelte Aufsätze zur chinesischen Wirtschaftsgeschichte), 2 Bde., Taibei o. J. (1974).

Quan: Yanjiu = Quan Hansheng, Zhongguo jingji shi yanjiu (Studien zur chinesischen Wirtschaftsgeschichte), 3 Bde., Hongkong 1976.

Quested: Sino-Russian Relations = Rosemary K. I. Quested, Sino-Russian Relations: A Short History, Sidney 1984.

Qin: Ming = Qin Peiheng, Ming Qing shehui jingji shi lungao (Abriß der Sozial- und Wirtschaftsgeschichte der Ming- und Qing-Zeit), Zhengzhou 1984.

Ratenhof: Chinapolitik = Udo Ratenhof, Die Chinapolitik des Deutschen Reiches 1871 bis 1945. Wirtschaft, Rüstung, Militär, Boppard 1987.

Reinhard: Expansion = Wolfgang Reinhard, Geschichte der europäischen Expansion, Stuttgart. Bd. 1 (1983), Bd. 2 (1985), Bd. 3 (1988).

Remer: Boycotts = C. F. Remer, A Study of Chinese Boycotts, Baltimore 1933.

Remer: Investments = C. F. Remer, Foreign Investments in China, New York 1933.

Remer: Trade = C. F. Remer, The Foreign Trade of China, Shanghai 1926.

Richthofen: China = Ferdinand Freiherr von Richthofen, China. Ergebnisse eigener Reisen und darauf gegründeter Studien, 5 Bde., Berlin 1877–1912.

Richthofen: Tagebücher = Ferdinand Freiherr von Richthofen, Tagebücher aus China, hrsg. v. Ernst Tiessen, 2 Bde., Berlin 1907.

Rodzinski: History = Witold Rodzinski, A History of China, 2 Bde., Oxford 1979–1983.

Rossabi: Inner Asia = Morris Rossabi, China and Inner Asia: From 1368 to the Present Day, London 1975.

Rothermund: Indien = Dietmar Rothermund, Indiens wirtschaftliche Entwicklung. Von der Kolonialherrschaft bis zur Gegenwart, Paderborn 1985.

Rothermund: Merkantilismus = Dietmar Rothermund, Europa und Asien im Zeitalter des Merkantilismus, Darmstadt 1978.

Rothermund: Peripherie = Dietmar Rothermund (Hrsg.), Die Peripherie in der Weltwirtschaftskrise. Afrika, Asien und Lateinamerika 1929–1939, Paderborn 1983.

Rowe: Approaches = William T. Rowe, Approaches to Modern Chinese Social History, in: Oliver Zunz (Hrsg.), Reliving the Past: The Worlds of Social History, Chapel Hill 1985, S. 236–296.

Rowe: Hankow = William T. Rowe, Hankow: Commerce and Society in a Chinese City, 1796–1889, Stanford 1984.

Rozman: Modernization = Gilbert Rozman u. a., The Modernization of China, New York 1981.

Rozman: Soviet Studies = Gilbert Rozman (Hrsg.), Soviet Studies of Premodern China: Assessments of Recent Scholarship, Ann Arbor 1984.

Sartorius von Waltershausen: Weltwirtschaft = A. Sartorius von Waltershausen, Die Entstehung der Weltwirtschaft. Geschichte des zwischenstaatlichen Wirtschaftslebens vom letzten Viertel des 18. Jahrhunderts bis 1914, Jena 1931.

Scalapino/Yu: Modern China = Robert A. Scalapino/George T. Yu, Modern China and Its Revolutionary Process: Recurrent Challenges to the Traditional Order, 1850–1920, Berkeley 1985.

Schaller: United States = Michael Schaller, The United States and China in the 20th Century, New York/Oxford 1979.

Schirokauer: Modern China = Conrad Schirokauer, Modern China and Japan: A Brief History, New York 1982.

Schluchter: Max Webers Studie = Wolfgang Schluchter (Hrsg.), Max Webers Studie über Konfuzianismus und Taoismus. Interpretation und Kritik, Frankfurt a. M. 1983.

Schmidt: Imperialismus = Gustav Schmidt, Der europäische Imperialismus, München 1985.

Schöllgen: Imperialismus = Gregor Schöllgen, Das Zeitalter des Imperialismus, München 1986.

Schram: Foundations = Stuart R. Schram (Hrsg.), Foundations of State Power in China, London/Hongkong 1987.

Schram: Scope = Stuart R. Schram (Hrsg.), The Scope of State Power in China, London 1985.

Schulin: Universalgeschichte = Ernst Schulin (Hrsg.), Universalgeschichte, Köln 1974.

Senghaas: Weltökonomie = Dieter Senghaas (Hrsg.), Kapitalistische Weltökonomie. Kontroversen über ihren Ursprung und ihre Entwicklungsdynamik, Frankfurt a. M. 1979.

Sha-E qin Hua shi = Sha-E qin Hua shi (Geschichte der zaristischen Aggression gegen China), hrsg. vom Institut für Moderne Geschichte an der Chinesischen Akademie der Sozialwissenschaften, 2 Bde., Beijing 1978.

Sheridan: Disintegration = James E. Sheridan, China in Disintegration: The Republican Era in Chinese History, 1912–1949, New York 1975.

Shi: Huobi shi = Shi Yufen, Zhongguo huobi jinrong shilüe (Abriß der chinesischen Geld- und Währungsgeschichte), Tianjin 1984.

Skinner: City = G. William Skinner (Hrsg.), The City in Late Imperial China, Stanford 1977.

Skinner: Marketing = G. William Skinner, Marketing and Social Structure in Rural China, in: JAS 24 (1964/65), S. 3–43, 195–228, 363–399.

Skinner: Structure = G. William Skinner, Structure of Chinese History, in: JAS 44 (1985), S. 271–92.

Skocpol: States = Theda Skocpol, States and Social Revolutions: A Comparative Analysis of France, Russia and China, Cambridge 1979.

Sladkovskij: Istorija = M. I. Sladkovskij, Istorija torgovo-ekonomičeskich otnošenij narodov Rossii c Kitaem (do 1917 g.), Moskau 1974.

Sladkovskij: Novejšaja istorija = M. I. Sladkovskij u. a., Novejšaja istorija Kitaja 1917–1927, Moskau 1983.

Sladkovskij: Relations = M. I. Sladkovskij, History of Economic Relations between Russia and China, Jerusalem 1966.

Smith: Heritage = Richard J. Smith, China's Cultural Heritage: The Ch'ing Dynasty, 1644–1912, Boulder, Col. 1981.

Smith: Imperialism = Tony Smith, The Pattern of Imperialism: The United States, Great Britain, and the Late-Industrializing World since 1815, Cambridge 1981.

So: Silk District = Alvin Yiu-cheng So, The South China Silk District: Local Historical Transformation and World-System Theory, Albany, N. Y. 1986.

Spence: Advisers = Jonathan D. Spence, To Change China: Western Advisers in China 1620–1960, Boston 1969.

Spence: Tor = Jonathan D. Spence, Das Tor des Himmlischen Friedens. Die Chinesen und ihre Revolution 1895–1980, München 1985.

Spence/Wills: Ming = Jonathan D. Spence/John E. Wills, Jr. (Hrsg.), From Ming to Ch'ing: Conquest, Region and Continuity in Seventeenth-Century China, New Haven 1979.

Staiger: China = Brunhild Staiger (Hrsg.), China, Tübingen/Basel 1980.

Stavrianos: Rift = Leften S. Stavrianos, Global Rift: The Third World Comes of Age, New York 1981.

Sun: Kang ge ji = Su Yutang, Kang ge ji (Aufsätze über den Imperialismus in China, ca. 1842–1922), Beijing 1981.

Sun/Huenemann: Manchuria = Kungtu C. Sun/Ralph W. Huenemann, The Economic Development of Manchuria in the Twentieth Century, Cambridge, Mass. 1969.

Tamagna: Banking = Frank M. Tamagna, Banking and Finance in China, New York 1942.

Teichman: Affairs = Sir Eric Teichman, Affairs of China: A Survey of the Recent History and Present Circumstances of the Republic of China, London 1938.

Teng/Fairbank: Response = Teng Ssu-yü/John K. Fairbank (Hrsg.), China's Response to the West: A Documentary Survey, 1839–1923, Cambridge, Mass. 1954.

Thomas: Intervention = Stephen C. Thomas, Foreign Intervention and China's Industrial Development, 1870–1911, Boulder, Col. 1984.

Thomson: Imperialists = James C. Thomson, Jr./Peter W. Stanley/John Curtis Perry, Sentimental Imperialists: The American Experience in East Asia, New York 1981.

Thorne: Allies = Christopher Thorne, Allies of a Kind: The United States, Britain and the War against Japan, 1941–1945, Oxford 1978.

Thorne: Issue = Christopher Thorne, The Issue of War: States, Societies and the Far Eastern Conflict of 1941–45, London 1985.

Thorne: Limits = Christopher Thorne, The Limits of Foreign Policy: The West, the League and the Far Eastern Crisis of 1931–33, London 1972.

Thornton: China = Richard C. Thornton, China: A Political History, 1917–1980, Boulder, Col. 1982.

Tichvinskij: Chapters = S. L. Tichvinskij (Hrsg.), Chapters from the History of Russo-Chinese Relations, 17th to 19th Centuries, Moskau 1985.

Tichvinskij: Domination = S. L. Tichvinskij (Hrsg.), La domination mandchoue en Chine, Moskau 1982.

Tichvinskij: Modern History = S. L. Tichvinskij u. a., Modern History of China, Moskau 1983.

Tilly: Formation = Charles Tilly (Hrsg.), The Formation of National States in Western Europe, Princeton 1975.

Tong: Shougongye = Tong Shuyue, Zhongguo shougongye shangye fazhan shi (Die Entwicklung von Handel und Gewerbe in China), Jinan 1981.

Treadgold: West = Donald W. Treadgold, The West in Russia and China. Bd. 2: China, 1582–1949, Cambridge 1973.

Tung: Institutions = William L. Tung, The Political Institutions of Modern China, Den Haag 1968.

Tung: Powers = William L. Tung, China and the Foreign Powers: The Impact of and Reaction to Unequal Treaties, Dobbs Ferry, N. Y. 1970.

Vucinich: Russia = Wayne S. Vucinich (Hrsg.), Russia and Asia: Essays on the Influence of Russia on the Asian Peoples, Stanford 1972.

Wakeman: Fall = Frederic Wakeman, Jr., The Fall of Imperial China, New York 1975.

Wakeman/Grant: Conflict = Frederic Wakeman, Jr./Carolyn Grant (Hrsg.), Conflict and Control in Late Imperial China, Berkeley 1975.

Wallerstein: World Economy = Immanuel Wallerstein, The Capitalist World-Economy: Essays, Cambridge/Paris 1979.

Wallerstein: World System = Immanuel Wallerstein, The Modern World System, New York, Bd. 1 (1974), Bd. 2 (1980).

Wang: Gengzi peikuan = Wang Shuhuai, Gengzi peikuan (Die Boxer-Entschädigung), Taibei 1974.

Wang: Gongye shi = Wang Jingyu (Hrsg.), Zhongguo jindai gongye shi ziliao, dier ji, 1895–1914 (Materialien zur Geschichte der modernen Industrie in China, 2. Sammlung), 2 Bde., Beijing 1957.

Wang: Jingji qinlüe = Wang Jingyu, Shijiu shiji xifang zibenzhuyi dui Zhongguo de jingji qinlüe (Die wirtschaftliche Invasion Chinas durch den westlichen Kapitalismus während des 19. Jahrhunderts), Beijing 1983.

Wang: Taxation = Wang Yeh-chien, Land Taxation in Imperial China, 1759–1911, Cambridge, Mass. 1973.

Weber: Konfuzianismus = Max Weber, Konfuzianismus und Taoismus, in: ders., Gesammelte Aufsätze zur Religionssoziologie, Bd. 1, Tübingen 1920, S. 276–536.

Weber: Wirtschaft und Gesellschaft = Max Weber, Wirtschaft und Gesellschaft, 5. Aufl., Tübingen 1972.

Weber: Wirtschaftsgeschichte = Max Weber, Wirtschaftsgeschichte. Abriß der universalen Sozial- und Wirtschaftsgeschichte, 3. Aufl., Berlin 1958.

Weggel: Rechtsgeschichte = Oskar Weggel, Chinesische Rechtsgeschichte, Leiden/ Köln 1980 (= Handbuch der Orientalistik, 4. Abt., 6. Bd.).

Wehler: Außenpolitik = Hans-Ulrich Wehler, Grundzüge der amerikanischen Außenpolitik 1750–1900, Frankfurt a. M. 1984.

Wehler: Imperialismus = Hans-Ulrich Wehler (Hrsg.), Imperialismus, Königstein 1979.

Weiers: Mongolen = Michael Weiers (Hrsg.), Die Mongolen. Beiträge zu ihrer Geschichte und Kultur, Darmstadt 1986.

Wesseling: Expansion = H. L. Wesseling (Hrsg.), Expansion and Reaction, Leiden 1978.

Wiethoff: Ältere Geschichte = Bodo Wiethoff, Grundzüge der älteren chinesischen Geschichte, Darmstadt 1971.

Wiethoff: Neuere Geschichte = Bodo Wiethoff, Grundzüge der neueren chinesischen Geschichte, Darmstadt 1977.

Willmott: Organization = W. E. Willmott (Hrsg.), Economic Organization in Chinese Society, Stanford 1972.

Willoughby: Rights = Westel W. Willoughby, Foreign Rights and Interests in China, 2 Bde., Baltimore 1927.

Wittfogel: Despotie = Karl August Wittfogel, Die Orientalische Despotie. Eine vergleichende Untersuchung totaler Macht, Köln/Berlin 1962.

Wittfogel: Wirtschaft = Karl August Wittfogel, Wirtschaft und Gesellschaft Chinas. Versuch einer wissenschaftlichen Analyse einer großen asiatischen Agrargesellschaft, Leipzig 1931.

Wolf: Studies = Arthur P. Wolf (Hrsg.), Studies in Chinese Society, Stanford 1978.

Wolf: Völker = Eric R. Wolf, Die Völker ohne Geschichte. Europa und die andere Welt seit 1400, Frankfurt a. M./New York 1986.

Woodruff: Impact = William Woodruff, Impact of Western Man: A Study of Europe's Role in the World Economy, 1750–1960, London 1966.

Woodruff: Struggle = William Woodruff, The Struggle for World Power 1500–1980, London 1981.

Wright: Coal Mining = Tim Wright, Coal Mining in China's Economy and Society, 1895–1937, Cambridge 1984.

Wright: Revolution = Mary C. Wright (Hrsg.), China in Revolution: The First Phase, New Haven 1968.

Wright: Tariff Autonomy = Stanley F. Wright, China's Struggle for Tariff Autonomy, 1843–1938, Shanghai 1938.

Wu: Diguozhuyi = Wu Chengming, Diguozhuyi zai jiu Zhongguo de touzi (Imperialistische Investitionen in China vor 1949), Beijing 1958.

Wyatt: Thailand = David K. Wyatt, Thailand: A Short History, New Haven 1984.

Xiao: Geming shi = Xiao Chaoran u. a., Zhongguo geming shigao (Historische Skizze der Chinesischen Revolution), Beijing 1984.

Xu: Shanghai = Xu Gongsu u. a., Shanghai gonggong zujie shi gao (Skizze einer Geschichte der Internationalen Niederlassung in Shanghai), Shanghai 1980.

Yan: Tongji ziliao = Yan Zhongping u. a., Zhongguo jindai jingji shi tongji ziliao xuanji (Ausgewählte Statistiken zur modernen chinesischen Wirtschaftsgeschichte), Beijing 1955.

Yang: Money = Yang Lien-sheng, Money and Credit in China: A Short History, Cambridge, Mass. 1952.

Yen: Baumwollindustrie = Yen Chung-ping (d. i. Yan Zhongping), Geschichte der Baumwollindustrie in China bis 1937, in: Jürgen Kuczynski, Die Geschichte der Lage der Arbeiter unter dem Kapitalismus, Bd. 28, Berlin (DDR) 1964, S. 11–107.

Ying-Mei Yan Gongsi = Ying-Mei Yan Gongsi zai Hua qiye ziliao huibian (Materialien zu den Unternehmungen der British-American Tobacco Corporation in China), hrsg. vom Ökonomischen Forschungsinstitut an der Akademie der Sozialwissenschaften zu Shanghai, 4 Bde., Beijing 1983.

Young: Effort = Arthur N. Young, China's Nation-Building Effort, 1927–1937: The Financial and Economic Record, Stanford 1971.

Zhang: Jindai xiandai shi = Zhang Yufa, Zhongguo jindai xiandai shi (Neuere und neueste Geschichte Chinas), 3. Aufl., Taibei 1980.

Zhang: Minguo shigang = Zhang Xianwen u. a., Zhonghua Minguo shigang (Geschichte der chinesischen Republik 1912–1949), o. O. (Kaifeng) 1985.

Zhang: Nongye shi = Zhang Youyi (Hrsg.), Zhongguo jindai nongye shi ziliao (Materialien zur Geschichte der Landwirtschaft im neuzeitlichen China), 3 Bde., Beijing 1958.

Zhang: Xiandaihua = Zhang Yufa, Zhongguo xiandaihua de quyu yanjiu: Shandong sheng, 1860–1916 (Modernisierung in China: Eine regionale Studie über die Provinz Shandong), 2 Bde., Taibei 1982.

Zhang: Xiandai shi = Zhang Yufa, Zhongguo xiandai shi (Geschichte Chinas 1911–1949), 2 Bde., Taibei 1976/77.

Zhang: Yinhangye = Zhang Yulan, Zhongguo yinhangye fazhan shi (Die Entwicklung des chinesischen Bankwesens), Shanghai 1957.

Zhong-Ri guanxi = Zhong-Ri guanxi shi luncong (Beiträge zur Geschichte der chinesisch-japanischen Beziehungen), Bd. 1, Shenyang 1982.

Zhu: Zhongwai guanxi = Zhu Jieqin, Zhongwai guanxi shi lunwen ji (Abhandlungen zur Geschichte der chinesischen Außenbeziehungen), Zhengzhou 1984.

Ziebura: Weltwirtschaft = Gilbert Ziebura, Weltwirtschaft und Weltpolitik 1922/24–1931. Zwischen Rekonstruktion und Zusammenbruch, Frankfurt a. M. 1984.

Anmerkungen

Einleitung

[1] Max Weber, Gesammelte Aufsätze zur Sozial- und Wirtschaftsgeschichte, Tübingen 1924, S. 291. Der «Chinese» als zivilisatorischer Gegentyp erscheint auch in Webers Aufsatz «Die ‹Objektivität› sozialwissenschaftlicher und sozialpolitischer Erkenntnis» (1904), in: ders., Gesammelte Aufsätze zur Wissenschaftslehre, 3. Aufl., Tübingen 1968, S. 155 f.

[2] Vgl. Weber: Konfuzianismus. Dazu einleitend Schluchter: Max Webers Studie.

[3] Vgl. Kuo Heng-yü, Li Hongzhangs Besuch in Berlin 1896, in Kuo: Berlin, S. 71–78.

[4] Paul Valéry, Orient et Occident, in: ders., Regards sur le monde actuelle, Paris 1945, S. 183.

[5] Vgl. aus einer inzwischen kaum überschaubaren Literatur: Urs Bitterli, Die «Wilden» und die «Zivilisierten». Grundzüge einer Geistes- und Kulturgeschichte der europäisch-überseeischen Begegnung, München 1976; ders., Alte Welt – Neue Welt. Formen des europäisch-überseeischen Kulturkontakts vom 15. bis zum 18. Jahrhundert, München 1986; Karl-Heinz Kohl, Entzauberter Blick. Das Bild vom Guten Wilden und die Erfahrung der Zivilisation, Berlin 1981.

[6] Vgl. Arnaldo Momigliano, Persian Empire and Greek Freedom, in: Alan Ryan (Hrsg.), The Idea of Freedom: Essays in Honour of Isaiah Berlin, Oxford 1979, S. 139–51. Von grundsätzlicher Bedeutung für die Konstruktion des «Anderen» in der griechischen Antike: François Hartog, Le miroir d'Hérodote: Essai sur la représentation de l'autre, Paris 1980. Daneben auch Steven W. Hirsch, The Friendship of the Barbarians: Xenophon and the Persian Empire, Hanover/London 1985.

[7] Dazu zuletzt: Philippe Sénac, L'image de l'autre: Histoire de l'Occident médiéval face à l'Islam, Paris 1983; Benjamin Z. Kedar, Crusade and Mission: European Approaches toward the Muslims, Princeton 1984; Ekkehart Rotter, Abendland und Sarazenen. Das okzidentale Araberbild und seine Entstehung im Frühmittelalter, Berlin/New York 1986.

[8] Ich folge Gellners Unterscheidung von vier «major literate world civilizations» in der nachmittelalterlichen Welt. Vgl. Ernest Gellner, Muslim Society, Cambridge 1981, S. 4.

[9] David A. Pailin, Attitudes to Other Religions: Comparative Religion in Seventeenth- and Eighteenth-Century Britain, Manchester 1984, S. 99.

[10] Vgl. Frederick W. Mote, The Cosmological Gulf between China and the West, in: David C. Buxbaum/Frederick W. Mote (Hrsg.), Transition and Permanence: Chinese History and Culture, Hongkong 1972, S. 3–21, bes. 4 f., 11.

[11] Valéry, Orient, S. 201. Zu den weltentrückten Aspekten der europäischen Indienwahrnehmung vgl. besonders A. Leslie Willson, A Mythical Image: The Idea of India in German Romanticism, Durham, N. C., 1964, bes. S. 127 ff.

[12] Über den Konfuzianismus gewann man in Europa schon um 1700 ein leidlich korrektes Bild, über den Hinduismus erst im späten 18., über den Buddhismus überhaupt erst im 19. Jahrhundert. Vgl. P. J. Marshall (Hrsg.), The British Discovery of Hinduism in the Eighteenth Century, Cambridge 1970; Henri de Lubac, La reconte du Bouddhisme et de l'Occident, Paris 1952, S. 82 ff.

[13] Den Verbindungen zwischen Antiken- und Orienterfahrung geht jetzt nach: Mar-

tin Bernal, Black Athena: The Afroasiatic Roots of Classical Civilization, Bd. 1, London 1987.

[14] Vgl. ausführlicher: Jürgen Osterhammel, Distanzerfahrung. Darstellungsweisen des Fremden im 18. Jahrhundert, in: ZHF. Beiheft 7 (1989), S. 9–42.

[15] Vgl. zusammenfassend: Adolf Reichwein, China und Europa. Geistige und künstlerische Beziehungen im 18. Jahrhundert, Berlin 1923; Raymond Dawson, The Chinese Chameleon: An Analysis of European Conceptions of Chinese Civilization, London 1967; Ingrid Schuster, China und Japan in der deutschen Literatur 1890–1925, Bern 1977.

[16] Wolfgang Schluchter, Max Webers Konfuzianismusstudie. Versuch einer Einordnung, in Schluchter: Max Webers Studie, S. 15.

[17] Friedrich Nietzsche, Werke in drei Bänden, hrsg. v. Karl Schlechta, Bd. 3, München 1966, S. 628.

[18] Arnold Herrmann Ludwig Heeren, Handbuch der Geschichte des Europäischen Staatensystems und seiner Colonien [1800], in: ders., Historische Werke, Bd. 8, Göttingen 1822, S. 7.

[19] So der präzise zutreffende Buchtitel bei Theodor Schieder, Staatensystem als Vormacht der Welt 1848–1914, Frankfurt a. M. 1975, dort auch S. 249 ff.

[20] Zur Song-Zeit als der Periode der endgültigen Formierung des «Mandarinenstaates» vgl. Charles O. Hucker, China's Imperial Past: An Introduction to Chinese History and Culture, London 1975, S. 315–23; Dieter Kuhn, Die Song-Dynastie (960–1279). Eine neue Gesellschaft im Spiegel ihrer Kultur, Weinheim 1987, S. 81 ff. Verfassungsrechtlich wurde das *ancien régime* im Jahre 1912 beendet.

[21] «Allein in China kann man noch ... lebendige Spuren jener primitiven politischen Institutionen der alten orientalischen Monarchien erkennen, die andernorts zu Grabe gelegt und allenfalls in verstreuten Resten erhalten sind.» G. Pauthier/ M. Bazin, Chine moderne ou Description historique, géographique et littéraire de ce vaste Empire, Paris 1853, S. 130f.

[22] Vgl. jetzt die Interpretation bei Lucian W. Pye/Mary W. Pye, Asian Power and Politics: The Cultural Dimensions of Authority, Cambridge, Mass./London 1985.

[23] Vgl. Jeanette Mirsky (Hrsg.), The Great Chinese Travellers, Chicago/London 1964.

[24] Thomas O. Höllmann, Das Reich ohne Horizont. Berührungen mit dem Fremden jenseits und diesseits der Meere (14. bis 19. Jahrhundert), in: Bauer: China, S. 162–71; Roderich Ptak, China: Größte Seemacht der Welt im frühen 15. Jahrhundert, in: Ruperto Carola. Heidelberger Universitätshefte 39 (1987), S. 67–83. Vergleichende Untersuchungen haben neuerdings die Ansicht bestätigt, China sei im frühen 15. Jahrhundert vor Venedig und Portugal die größte Seemacht der Welt gewesen: «... in der Morgenfrühe der Neuzeit besaß China das Potential für eine weltweite See-Expansion.» George Modelski/William R. Thompson, Seapower in Global Politics, 1494–1993, Basingstoke 1988, S. 337.

[25] Auf diese Koinzidenz weist hin: He Fangchuan, Shiwu shiji Zhong-Xi san da chuanhai huodong bijiao chutan [Vergleichende Diskussion der drei großen ozeanischen Bewegungen in China und dem Westen im 15. Jahrhundert], in: BDXB 1983/6, S. 81–91. Allerdings verliefen die chinesischen Expeditionen bei weitem friedlicher als das Eindringen der Portugiesen nach Asien im 16. Jahrhundert. Vgl. dazu Reinhard: Expansion, Bd. 1, S. 53 ff.

[26] Helwig Schmidt-Glintzer, Ausdehnung der Welt und innerer Zerfall (3. bis 8. Jahrhundert), in: Bauer: China, S. 84 ff. Grundlegend ist Erik Zürcher, The Buddhist Conquest of China, 2 Bde., Leiden 1959; auch Stanley Weinstein, Buddhism under the T'ang, Cambridge 1987. Zur Schwäche der chinesischen Missionsdynamik auch Wang Gungwu, The Chinese Urge to Civilize: Reflections on Change, in: JAH 18 (1984), S. 5f.

27 Siehe unten Kapitel 6.

28 Dazu jetzt Morris Rossabi, Khubilai Khan: His Life and Times, Berkeley 1988, S. 99–103, 207–12.

29 Das Unbekannte, ja Exotische der südlichen Grenzregionen hat in bedeutenden kulturgeschichtlichen Untersuchungen Edward H. Schafer anschaulich gemacht. Vgl. seine Bücher The Golden Peaches of Samarkand: A Study of T'ang Exotics, Berkeley/ Los Angeles 1963, und The Vermillion Bird: T'ang Images of the South, Berkeley/Los Angeles 1967. Zum Prozeß der Südexpansion auch C. P. Fitzgerald, The Southern Expansion of the Chinese People: «Southern Fields and Southern Ocean», London 1972, sowie Herold J. Wiens, China's March Towards the Tropics, New Haven 1954.

30 Fairbank: Revolution, S. 5.

31 Vgl. dazu die wegweisende Untersuchung von Clifford Geertz, Agricultural Involution: The Process of Ecological Change in Indonesia, Berkeley 1963, bes. S. 32–37, 90–103, sowie Francesca Bray, Patterns of Evolution in Rice-Growing Societies, in: JPS 11 (1983), S. 3–33, bes. 9–13.

32 Herbert Lüthy, Die Epoche der Kolonisation und die Erschließung der Erde, in Schulin: Universalgeschichte, S. 245 f. Ähnlich auch der historiographische Ansatz bei William H. McNeill, A World History, new ed., Oxford 1979.

33 Schätzung auf der Grundlage u. a. von Hwang Tsong, Methode und Ergebnisse der neuesten Bevölkerungsstatistik Chinas, Leipzig/Berlin 1933 (= Ergänzungshefte zum Deutschen Statistischen Zentralblatt, 13), S. 71. Diese Zahl schließt die Ausländer in Hongkong ein. Sie enthält nicht die Russen, die seit 1917 vor der bolschewistischen Revolution geflohen waren (in der Mitte der 1920er Jahre etwa 80 000 Personen).

34 Vgl. dazu besonders Bodo Wiethoff, Die chinesische Seeverbotspolitik und der private Überseehandel von 1368 bis 1567, Hamburg 1963; ders., Chinas dritte Grenze: Der traditionelle chinesische Staat und der küstennahe Seeraum, Wiesbaden 1969 (vor allem S. 41 ff. über die Methoden maritimer Grenzkontrolle).

35 Vgl. die Tabelle der Indikatoren in: World Bank, World Development Report 1987, New York 1987, S. 202 f.

36 Vgl. Jonathan D. Pollack, China and the Global Strategic Balance, in Harding: Foreign Relations, S. 169 f.; Jürgen Osterhammel, China in der Weltpolitik der achtziger Jahre, in: NPL 32 (1987), S. 408–21.

37 Dazu jetzt grundlegend François Joyaux, La Chine et le règlement du premier conflit d'Indochine: Genève 1954, Paris 1979; ders., La nouvelle question d'Extrême-Orient: L'ère de la guerre froide (1945–1959), Paris 1985, S. 253 ff., 311 ff.

38 Henry Kissinger, Memoiren 1968–1973, München 1979, S. 1117 (Übersetzung geringfügig revidiert).

39 Vgl. Donald J. Munro, The Concept of Man in Contemporary China, Ann Arbor 1977, S. 15 ff., 57 ff.

40 Vgl. hier die aufschlußreichen Untersuchungen von Gilbert Rozman über die gegenseitige Wahrnehmung von Russen und Chinesen seit den 1970er Jahren: A Mirror for Socialism: Soviet Criticisms of China, Princeton 1985; ders., The Chinese Debate about Soviet Socialism, 1978–1985, Princeton 1987.

41 Vgl. besonders den Versuch, den Erfolg der japanischen Wirtschaft aus einheimischen soziokulturellen Voraussetzungen zu erklären, bei Morishima Michio, Warum Japan so erfolgreich ist. Westliche Technologie und japanisches Ethos, München 1985, sowie Ronald P. Dore, Taking Japan Seriously: A Confucian Perspective on Leading Economic Issues, Stanford 1987, bes. S. 85 ff.

42 Edward A. Tiryakhian, The Changing Centers of Modernity, in: Erik Cohen u. a. (Hrsg.), Comparative Social Dynamics: Essays in Honor of S. N. Eisenstadt, Boulder, Col. 1985, S. 131–47, bes. 141–44.

43 David E. Mungello, Curious Land: Jesuit Accomodation and the Origins of Sinology, Stuttgart 1985, S. 13 f. und passim.

⁴⁴ Vgl. Raymond Schwab, La Renaissance orientale, Paris 1950, S. 73 ff.; Paul Demié-
ville, Aperçu historique des études sinologiques en France, in: AA 11 (1966), S. 56–110,
besonders S. 74 ff. Frankreich war dabei zunächst das führende Land.
⁴⁵ Vgl. W. Barthold, Die geographische und historische Erforschung des Orients mit
besonderer Berücksichtigung der russischen Arbeiten, Leipzig 1913, S. 76; Otto Franke,
Geschichte des Chinesischen Reiches, Bd. 1, Berlin 1930, S. xv–xvii. Durchaus verallge-
meinerbar ist das Urteil Benjamins über den berühmten Sinologen J. J. M. de Groot:
«... daß das alte China diesen Mann sich völlig versklavt hat und ihn geistig unerbitt-
lich gefesselt hält». Walter Benjamin, Briefe, hrsg. von Gershom Scholem und Theodor
W. Adorno, Frankfurt a. M. 1966, S. 205 (Brief an Ernst Schoen, 29. 1. 1919).
⁴⁶ Dies gilt auch für solch verdienstvolle und wegen ihres Materialreichtums auch
heute noch nützliche Werke wie Henri Cordier, Histoire des relations de la Chine avec
les puissances occidentales 1860–1902, 3 Bde., Paris 1901–1902, und Hosea Ballou
Morse, The International Relations of the Chinese Empire, 3 Bde., New York 1910–18.
Morses Pionierleistung würdigt John K. Fairbank, Chinabound: A Fifty-Year Memoir,
New York 1982, S. 20–22.
⁴⁷ Bahnbrechend war dabei Fairbank: Trade (1953), ein Buch, das auf Forschungen
des Autors während der dreißiger Jahre beruht. Vorbildlich sind heute etwa die Arbeiten
von Michael H. Hunt und Mark Mancall.
⁴⁸ Theodor H. von Laue, The World Revolution of Westernization, Oxford 1987.
⁴⁹ Freilich mit Ausnahmen, vgl. Jan Vansina, Towards a History of Lost Corners of
the World, in: EcHR 35 (1982), S. 165–78.
⁵⁰ So jetzt Ernest Gellner, Plough, Sword and Book: The Structure of Human
History, London 1988, oder Michael Mann, The Sources of Social Power, 3 Bde., bisher
Bd. 1, Cambridge 1986.
⁵¹ Benjamin Nelson, Zivilisatorische Komplexe und interzivilisatorische Begegnun-
gen, in: ders., Der Ursprung der Moderne. Vergleichende Studien zum Zivilisations-
prozeß, Frankfurt a. M. 1977, S. 58–93.
⁵² Ebd., S. 72.
⁵³ Vgl. dazu jetzt das bedeutende (leider unter einem albernen Titel übersetzte) Buch
von Jacques Gernet, Christus kam bis nach China. Eine erste Begegnung und ihr
Scheitern, Zürich 1984. Aus westlicher Sicht demnächst eine Studie des Münchner
Historikers Walter Demel. Siehe auch unten Kapitel 1.
⁵⁴ So der Titel einer berühmten Quellensammlung: Teng Ssu-yü/ John K. Fairbank
(Hrsg.), China's Response to the West: A Documentary Survey, 1839–1923, Cambridge, Mass. 1954.
⁵⁵ Zur Geschichte und Kritik dieses modernisierungstheoretischen Entwicklungsden-
kens vgl. Osterhammel: Modernisierungstheorie (mit weiterführenden Literaturanga-
ben); Leonard Binder, The Natural History of Development Theory, in: CSSH 28
(1986), S. 3–33.
⁵⁶ So ein charakteristischer Buchtitel bei Hsü: Entrance.
⁵⁷ Diesem Urteil hat die neuere Forschung entgegengewirkt. Vgl. Furth: Limits,
sowie zusammenfassend dies., Intellectual Change: From the Reform Movement to the
May Fourth Movement, 1895–1920, in CHOC, Bd. 12, S. 322–405, bes. 350 ff. Zur
Kritik der älteren Sicht: Cohen: History, S. 40 ff.
⁵⁸ Zur Kritik an einer simplifizierenden Gegenüberstellung von «chinesischer Tradition» und «westlicher Moderne» auch: Benjamin I. Schwartz, The Limits of «Tradition
versus Modernity» as Categories of Explanation: The Case of the Chinese Intellectuals,
in: Daedalus 101 (1972), S. 71–88, bes. 83. Analoge Überlegungen für den japanischen
Fall finden sich bei Ikeda Takeshi, Japanese Political Culture: Change and Continuity,
New Brunswick/London 1983, S. 69 ff.
⁵⁹ Besonders deutlich wird die Spannung zwischen Ost und West, Alt und Neu in den
biographischen Studien in Spence: Tor. Eine philosophischere Behandlung des Themas

findet sich bei Metzger: Escape, bes. S. 191 ff. Die Legende von der geistigen Sterilität Chinas vor der westlichen Invasion in der Mitte des 19. Jahrhunderts widerlegt einmal mehr Benjamin A. Elman, From Philosophy to Philology: Intellectual and Social Aspects of Change in Late Imperial China, Cambridge, Mass. 1984.

⁶⁰ Vgl. Cohen: History, S. 52 f.

⁶¹ So etwa bei der Einführung sozialistischer Ideen. Vgl. Li Yu-ning, The Introduction of Socialism into China, New York/London 1971, und vor allem die gründliche Untersuchung von Wolfgang Lippert, Entstehung und Funktion einiger chinesischer marxistischer Termini. Der lexikalisch-begriffliche Aspekt der Rezeption des Marxismus in Japan und China, Wiesbaden 1979. In Japan wiederum hatten seit den 1880er Jahren besonders der russische Populismus und die deutsche Sozialdemokratie Interesse gefunden. Vgl. John Crump, The Origins of Socialist Thought in Japan, London/ Canberra 1983, S. 29 ff.

⁶² Vgl. dazu als Überblicksskizze Gong: Standard, S. 130–63; ders., China's Entry into International Society, in Bull/ Watson: Expansion, S. 171–83.

⁶³ Damit ist gemeint, daß in den 1880er Jahren die internationalen Beziehungen *im allgemeinen* – und nicht bloß die Außen- und Imperialpolitik *einzelner* Mächte (zuerst Großbritanniens) – in einer bis dahin unbekannten Weise wahrhaft globale Reichweite gewannen. Fortan blieb kaum eine Region der Erde von größeren Machtverschiebungen im internationalen System unberührt. Vgl. Schieder, Staatensystem, S. 260 ff.; Bartlett: Conflict, S. 4 ff.; Keylor: Twentieth-Century, S. 3 ff.; Pierre Guillen, L'expansion 1881–1898, Paris 1985. Der «neue, in den 80er Jahren vehement einsetzende imperialistische Schub» (Schöllgen: Imperialismus, S. 7) ist einer unter mehreren Aspekten dieser Globalisierung.

⁶⁴ Mit Sartorius von Waltershausen (Weltwirtschaft, S. 11–13) setzen wir die *Entstehung* einer «Weltwirtschaft» für das Ende des 18. Jahrhunderts an, ihren *Ausbau* für die Zeit zwischen ca. 1880 und 1914. Gegen Immanuel Wallerstein u. a., die das 16. Jahrhundert als die Ursprungszeit einer «European world-economy» sehen, hat O'Brien überzeugend geltend gemacht, «daß Quantensprünge im Welthandel und die Entstehung einer Weltwirtschaft nicht als Voraussetzungen, sondern als Resultate der Industrialisierung Westeuropas gesehen werden müssen»: Patrick O'Brien, Europe in the World Economy, in Bull/Watson: Expansion, S. 50 f. Ähnlich auch Peter Mathias, The Emergence of a World Economy 1500–1914, in: VSWG 74 (1987), S. 11 f. Von diesem Begriff der «Weltwirtschaft» ist Braudels Begriff der «économie-monde» zu unterscheiden: «ein wirtschaftlich autonomer Sektor unseres Planeten, der sich im wesentlichen selbst versorgen kann und aufgrund seiner Verbindungen und seines internen Austauschs eine gewisse organische Einheitlichkeit aufweist» (Braudel: Sozialgeschichte, Bd. 3, S. 18). Fraglos war China spätestens seit dem 11. Jahrhundert eine solche «économie-monde». Die «Weltwirtschaft» in unserem Sinne entstand durch Absorption mehrerer «économies-monde» in einem primär, aber nicht ausschließlich von Europa aus strukturierten globalen Zusammenhang.

⁶⁵ Zu diesen Begriffen vgl. die Einleitung der Herausgeber in Bull/Watson: Expansion, S. 1–9, bes. 4–7, sowie Hedley Bull, The Anarchical Society: A Study on Order in World Politics, London 1977, S. 13 ff.

⁶⁶ Die neueste Formulierung dieses Ansatzes findet sich bei Terence K. Hopkins/ Immanuel Wallerstein, Capitalism and the Incorporation of New Zones into the World-Economy, in: Review 10 (1987), S. 763–79. Ausführlicher eine ältere Version: dies., Grundzüge der Entwicklung des modernen Weltsystems. Entwurf für ein Forschungsvorhaben, in Senghaas: Weltökonomie, S. 151–200.

⁶⁷ Dazu existiert inzwischen eine umfangreiche Literatur von Wallerstein selbst, seinen Schülern und seinen Kritikern. Zur Einführung vgl. Charles Ragin/Daniel Chirot, The World System of Immanuel Wallerstein: Sociology and Politics as History, in: Theda Skocpol (Hrsg.), Vision and Method in Historical Sociology, Cambridge

1984, S. 276–312. Ein deutscher Versuch auf Wallersteinscher Basis ist Hans-Heinrich Nolte, Die eine Welt. Abriß der Geschichte des internationalen Systems, Hannover 1982. Besonders überzeugende Ergebnisse hat die Wallerstein-Schule bisher zur Inkorporation des Osmanischen Reiches in die Weltwirtschaft vorgelegt. So zuletzt Huri Islamoğlu-Inan (Hrsg.), The Ottoman Empire and the World-Economy, Cambridge 1987. Vergleichbare Untersuchungen zu Ostasien stehen noch aus. Moulder: Japan ist ein anregender, aber letztlich mißlungener erster Entwurf.

68 In der neueren Imperialismustheorie ist dies unter dem Stichwort der «Kollaboration» angesprochen worden. Vgl. besonders Ronald Robinson, Non-European Foundations of European Imperialism: Sketch for a Theory of Collaboration, in: Roger Owen/ Bob Sutcliffe: Studies in the Theory of Imperialism, London 1972, S. 117–42; ders., The Excentric Idea of Imperialism, with or without Empire, in Mommsen/Osterhammel: Imperialism, S. 267–89.

69 Wichtige Grundsatzüberlegungen jenseits des sterilen Gegensatzes von ökonomischen und politischen Imperialismusinterpretationen finden sich bei Ziebura: Weltwirtschaft, S. 14–27; mit Bezug auf die internationalen Beziehungen der Gegenwart auch Gustav Schmidt, Sicherheitsbelange und Wirtschaftsfragen in den internationalen Beziehungen, in: NPL. Beiheft 1 (1985), S. 81–118; auch Schmidt: Imperialismus, S. 114ff.

70 Auf die Fruchtbarkeit einer eurasiatischen Perspektive weist hin: Marshall G. S. Hodgson, Die wechselseitigen Beziehungen von Gesellschaften in der eurasiatischen Geschichte, in Schulin: Universalgeschichte, S. 189–213. Eine wichtige neuere Arbeit in solcher Sicht ist Jones: Miracle. Sehr materialreich jetzt Adshead: World History (von 200 v. Chr. bis zur Gegenwart).

71 Die nach wie vor beste Einführung ist Franke: Abendland. Dazu die Dokumentensammlung Wm. Theodore de Bary u. a. (Hrsg.), Sources of Chinese Tradition, Bd. 2. New York 1960. Weiterführende Texte sind Treadgold: West; Grieder: Intellectuals (trotz des eng gefaßten Titels beinahe eine – vorzügliche – Ideengeschichte des modernen China); Scalapino/Yu: Modern China (sehr materialreich, nicht immer überzeugende Verbindung von Ideen- und Politikgeschichte); Chester C. Tan, Chinese Political Thought in the Twentieth Century, Newton Abbot 1972; Chang Hao, Chinese Intellectuals in Crisis: Search for Order and Meaning (1890–1911), Berkeley 1987 (vier Fallstudien von symptomatischem Wert); Kuo Heng-yü, China und die «Barbaren». Eine geistesgeschichtliche Standortbestimmung, Pfullingen 1967 (vor allem S. 36–110); Wolfgang Bauer, China und die Hoffnung auf Glück. Paradiese, Utopien, Idealvorstellungen, München 1971, bes. S. 375ff., sowie die Beiträge in Bauer: China, Opitz: Konfuzianismus (am besten S. 7–33, 61–105), und Opitz: Wandlung (am besten S. 82–162). Anspruchsvolle kulturphilosophische Interpretationen sind Metzger: Escape; Levenson: Confucian China; Joseph R. Levenson, Revolution and Cosmopolitanism: The Western Stage and the Chinese Stages, Berkeley 1971. Aus einer Fülle von Monographien über einzelne chinesische Intellektuelle sind unter dem Gesichtspunkt der Auseinandersetzung mit dem Westen besonders interessant: Paul A. Cohen, Between Tradition and Modernity: Wang T'ao and Reform in Late Ch'ing China, Cambridge, Mass. 1974; Benjamin I. Schwartz, In Search of Wealth and Power: Yen Fu and the West, Cambridge, Mass. 1964; Joseph R. Levenson, Liang Ch'i-ch'ao and the Mind of Modern China, London 1953; Philip C. Huang, Liang Ch'i-ch'ao and Modern Chinese Liberalism. Seattle/London 1972; Chang Hao, Liang Ch'i-ch'ao and Intellectual Transition in China, 1890–1907, Cambridge, Mass. 1971; Lawrence A. Schneider, Ku Chiehkang and China's New History, Berkeley 1962; Jerome B. Grieder, Hu Shih and the Chinese Renaissance: Liberalism in the Chinese Revolution, 1917–1937, Cambridge, Mass. 1970; Chou Min-chih, Hu Shih and Intellectual Choice in Modern China, Ann Arbor 1984; Charlotte Furth, Ting Wen-chiang: Science and China's New Culture, Cambridge, Mass. 1970. Viele dieser chinesischen Autoren treten auch auf in Spence: Tor.

[72] Der Bruch mit der Sowjetunion 1959/60 setzte dann auch den Einflußmöglichkeiten des «Mutterlandes des Sozialismus» ein Ende.

[73] Die chinesische Revolution wird im Kontext der gesamtasiatischen Dekolonisationsbewegung interpretiert bei A. P. Thornton, Imperialism in the Twentieth Century, London 1978, S. 198–204. Vgl. auch Jürgen Osterhammel, Die Chinesische Revolution als Prozeß der Dekolonisation, in: Wolfgang J. Mommsen (Hrsg.), Dekolonisation und die Politik der Großmächte, Frankfurt a. M. 1989.

[74] Vgl. dazu die für jede Geschichtsschreibung einer Revolution lehrreichen Überlegungen bei François Furet, 1789 – Vom Ereignis zum Gegenstand der Geschichtswissenschaft, Frankfurt a. M. 1980, S. 8–39, bes. 17–26.

[75] So ansatzweise in dem sonst verdienstvollen Werk von Jean Chesneaux u. a., La Chine: La marche de la révolution 1921–1949, Paris 1975, dessen Titel bereits die Grundthese ausspricht (ins Englische übersetzt als S. 104–349 von Chesneaux: Liberation).

[76] Für die chinesischen Außenbeziehungen in älterer Zeit vgl. neben den allgemeinen Geschichtswerken (Gernet: Welt; Franke/Trauzettel: Kaiserreich; Wiethoff: Ältere Geschichte, usw.) vor allem Bauer: China und Adshead: World History.

[77] Dabei immer eingedenk Collingwoods Warnung, die Zumessung von Licht und Schatten an historische Perioden sei «eine optische Illusion, die sich aus der Verteilung von Kenntnis und Unwissenheit des Historikers ergibt» (R. G. Collingwood, The Idea of History, Oxford 1946, S. 328).

[78] Keine Einigkeit herrscht über weltgeschichtliche Periodisierung. Selbst gegen die Epochenschwelle «industrielle Revolution» ist nicht ohne Berechtigung geltend gemacht worden, daß sich die europäische Industrialisierung erst mit und nach der Einführung und weltweiten Verbreitung von Dampfschiff und Eisenbahn nach 1860 global durchschlagend ausgewirkt habe (J. Auber, Histoire de l'océan indien, Tananarive 1955, S. 325 ff.). Ein gewisser Konsens scheint jedoch darüber zu bestehen, daß sich im dritten Quartal des 18. Jahrhunderts der Charakter des internationalen Systems veränderte: Dekolonisation Nordamerikas, Durchsetzung der britischen Seeherrschaft am Ende des Siebenjährigen Krieges und Ablösung des Handels- durch den Industriekapitalismus werden am häufigsten als Zeichen einer neuen Zeit genannt (Stavrianos: Rift, S. 41; Woodruff: Struggle, S. 76 ff.; Glyndwr Williams, The Expansion of Europe in the Eighteenth Century, London 1966, S. 187 ff.; Peter Worsley, The Three Worlds: Culture and World Development, London 1984, S. 12). Chaudhuri (Indian Ocean, S. 9) spricht sogar vom «Anfang des europäischen Imperialismus in den 1750er Jahren». Die nächste weltgeschichtliche Zäsur wird weithin ins Jahr 1815 gelegt, so bei Kennedy (Great Powers, S. 143 ff.), Smith (Imperialism), Kiernan (Empires), auch schon – aus keineswegs eurozentrischen Gründen – bei Eduard Fueter, Weltgeschichte der letzten hundert Jahre 1815–1920, Zürich 1921.

[79] Alles in allem sind wohl die 1870er Jahre das welthistorische Umbruchjahrzehnt gewesen. Vgl. Hobsbawm: Capital, S. 354 ff.; Hobsbawm: Empire, S. 13 ff.; James Joll, Europe since 1870: An International History, 2nd ed., Harmondsworth 1976.

[80] Vor allem Mary Wright hat das Verdienst, gegenüber der Überbewertung der Revolution von 1911 auf die Jahrhundertwende als den entscheidenden Epochenbruch hingewiesen zu haben. Vgl. ihre glänzende «Introduction» in Wright: Revolution, S. 1–63. Jetzt vor allem Fairbank: Revolution, S. 123 ff.

[81] Vgl. Sladkovskij: Novejšaja istoria, S. 4 ff.

[82] Ziebura: Weltwirtschaft, S. 177 ff. Die Bezeichnung als «schreckliches Jahr» stammt von dem Historiker Arnold Toynbee. Auch Klaus Hildebrand sieht 1931 als den «Scheitelpunkt der Zeiträume zwischen Frieden und Krieg»: Krieg im Frieden und Frieden im Krieg. Über das Problem der Legitimität in der Geschichte der Staatengesellschaft 1931–1941, in: HZ 244 (1987), S. 2.

[83] Es herrscht kein Mangel an guten Gesamtdarstellungen der neueren chinesischen

Geschichte, leider auch nicht an schlechten. Gernets Meisterwerk (Welt) behandelt das 18.–20. Jahrhundert auf S. 400–562. Franke/Trauzettels bewährtes «Kaiserreich» endet leider 1911. Für die Zeit danach ist Franke: Jahrhundert trotz einer gewissen Revisionsbedürftigkeit noch immer der beste Text. Kindermann: Ferner Osten ist diplomatiegeschichtlich orientiert und ebenfalls streckenweise veraltet. Chesneaux: Geschichte ist lehrreich wegen seiner kolonialgeschichtlichen Perspektive. Wiethoff: Neuere Geschichte ist eher eine methodologische Vorstudie als eine ausgearbeitete Darstellung und erreicht nicht das Niveau der «Älteren Geschichte» desselben Autors. Ganz konventionell, oft phrasenhaft und dabei im Detail unzuverlässig ist das weit verbreitete Buch von Georg Franz-Willing, Neueste Geschichte Chinas. 1840 bis zur Gegenwart, Paderborn 1975. Großartig dagegen Spence: Tor, allerdings keine systematische, sondern eine packende impressionistische Darstellung von hohem literarischem Rang. «Neueste Geschichte» ist eine Bearbeitung eines sowjetischen Lehrbuchs, durchweg brauchbar, aber dort voreingenommen, wo es um die Geschichte der KPCh geht. Glücklicherweise ist Harrisons ausgezeichnete Geschichte der KPCh übersetzt worden (Marsch). Die Sozial- und Wirtschaftsgeschichte der Republik (1911–1949) behandeln die Aufsätze in Lorenz: Umwälzung. Für Fortgeschrittene können die interpretierenden Bücher von Bianco (Revolution) und Hoffmann (Traditionale Gesellschaft; Untergang) empfohlen werden, daneben auch das China-Kapitel in Moore (Ursprünge, S. 196–269), das freilich im Zusammenhang des ganzen Werkes studiert werden sollte. – Ausgangspunkt aller intensiveren Beschäftigung mit chinesischer Geschichte ist die mehrbändige Cambridge History of China, bes. die Bände 10–13. Seriöse, aber verständlich geschriebene und hilfreich illustrierte Einführungen in das moderne Ostasien als Ganzes sind Cameron: Bondage, Schirokauer: Modern China und Fairbank u. a.: East Asia. Die solideste und ausführlichste einbändige Geschichte Chinas seit der Qing-Zeit ist Hsü: Rise. Im Vergleich damit sollte Rodzinski: History, Bd. 2 (1914–1949) gelesen werden. Stärker sozialgeschichtlich ausgerichtet als diese beiden sind die Bücher von Chesneaux u. a. Diplomatiegeschichtlich in einem altmodischen Sinne, dabei aber sehr ausführlich sind Clyde/Beers: Far East und Michael/Taylor: Far East. Thornton: China präsentiert die interne politische Geschichte Chinas aus «rechter», Collotti Pischel: Storia aus eher «linker» Sicht. Beide sagen wenig zu Wirtschaft und Gesellschaft. Clubb: China profitiert von den Erfahrungen des Verfassers als amerikanischer Diplomat. Brillant, aber Grundkenntnisse voraussetzend ist Wakeman: Fall. Sheridan: Disintegration, in derselben Reihe erschienen, ist vorzüglich zur Militärgeschichte, aber schwach zu sozialökonomischen Themen. King: Economic History ist durch die Kapitel von Feuerwerker in Bd. 11 und 12 der Cambridge History of China teilweise überholt worden. Daten schlägt man nach in Mackerras: Chronologie, Lebensläufe in Hummel: Eminent Chinese, Boorman/Howard: Dictionary und Wolfgang Bartke, Die großen Chinesen der Gegenwart, Frankfurt a. M. 1985. Unentbehrlich sind die Chinakarten in Geoffrey Barracloughs großartigem Times Atlas of World History, London 1978, für Chinesischkundige auch das Kartenmaterial in Zhang Haipeng (Hrsg.), Zhongguo jindai shigao ditu ji [Atlas zur neueren chinesischen Geschichte], Shanghai 1984.

[84] Zur Begründung eines solchen Vorgehens im Zusammenhang der Imperialismusanalyse vgl. Jürgen Osterhammel, Semi-Colonialism and Informal Empire in Twentieth-Century China: Towards a Framework of Analysis, in Mommsen/Osterhammel: Imperialism, S. 290–314, bes. 292–99. Zur theoretischen Erfassung der internen Geschichte Chinas vgl. ders.: Modernisierungstheorie.

[85] Für eine Zusammenstellung solcher Formen imperialistischer Präsenz vgl. Osterhammel, Semi-Colonialism, S. 290f.

[86] Josué de Castro, The Geopolitics of Hunger [1952], new ed., New York/London 1977, S. 258.

[87] Für einen solchen zeitlich lang erstreckten, keineswegs auf die Ereignisse der 1940er Jahre oder selbst die Zeit seit 1900 (so Wright: Revolution, S. 1–3) begrenzten Begriff

von «chinesischer Revolution» plädiert jetzt Fairbank: Revolution: «Chinas große Revolution des 20. Jahrhunderts begann mit den Katastrophen des 19., deren Wurzeln wiederum im 18. Jahrhundert lagen.» (S. 41) Ähnlich auch schon Franke: Jahrhundert, S. 276f.

[88] Chalmers Johnson, Revolutionary Change, 2nd ed., London 1983, S. 126. Die französische und die russische Revolution sind die beiden anderen Beispiele für diesen Typus.

1. Berichte aus dem Reich der Mitte

[1] The History of the Great and Mighty Kingdom of China and The Situation Thereof. Compiled by the Padre Juan Gonzalez de Mendoza and Now Reprinted from the Early Translation of R. Parke, ed. by Sir George T. Staunton, 2 Bde., London 1853/ 54 (= Hakluyt Society, 14/15). Vgl. dazu Donald F. Lach, Asia in the Making of Europe, Bd. 1, 2. Halbband, Chicago 1965, S. 743–94.

[2] Mendoza, The History, Bd. 1, S. 13, 60, 66f., 93f., Bd. 2, S. 167, 285.

[3] Vgl. die bibliographischen Angaben bei Henri Cordier, Bibliotheca Sinica: Dictionnaire bibliographique des ouvrages relatifs à l'Empire Chinois, Bd. 2, Paris 1905, Sp. 809–11.

[4] Vgl. aus der umfangreichen Literatur vor allem: Wolfgang Reinhard, Gelenkter Kulturwandel im siebzehnten Jahrhundert. Akkulturation in den Jesuitenmissionen als universalhistorisches Problem, in: HZ 223 (1976), S. 529–90, bes. 548ff. (mit umfassenden Literaturhinweisen). Grundlegend bleibt Henri Bernard, S. J., Le Père Matthieu Ricci et la société chinoise de son temps, 2 Bde., Tianjin 1937. Jetzt auch Jacques Gernet, Christus kam bis nach China. Eine erste Begegnung und ihr Scheitern, Zürich 1984, passim; Jonathan D. Spence, The Memory Palace of Matteo Ricci, London 1985; Paul A. Rule, K'ung-tzu or Confucius? The Jesuit Interpretation of Confucianism, Sidney 1986, S. 10ff.; Michel Cartier, Aux origines de la politique des Lumières: La Chine vue par Matteo Ricci, in: La Chine au temps des Lumières, Bd. 4, Paris 1980, S. 39–48 (über Riccis Beschönigung der politischen Zustände unter der niedergehenden Ming-Dynastie). Wilhelm E. Mühlmann (Geschichte der Anthropologie, 4. Aufl., Wiesbaden 1986, S. 45) hat Ricci zu Recht als einen Pionier der Methode der teilnehmenden Beobachtung bezeichnet.

[5] Matteo Ricci, Storia dell'Introduzione del Christianesimo in Cina, hrsg. v. Pasquale M. D'Elia, S. J., Bd. 1, Rom 1942 (= Fonti Ricciane, 1), S. 6. Dies ist die kritische Ausgabe von Riccis vorher nicht veröffentlichtem italienischem Text. Etwas abweichend die redigierte zeitgenössische Fassung: Nicolaus Trigautius, De Christiana expeditione apud Sinas suscepta ab Societate Iesu, ex P. Matthaei Riccii eiusdem Societatis commentariis, libri V, Augsburg 1615, S. 3.

[6] Ricci, Storia, S. 17ff., 37f.

[7] Trigautius, De Christiana expeditione, S. 6.

[8] Ebd., S. 8; Ricci, Storia, S. 16.

[9] Mendoza, History, Bd. 1, S. 80f., versucht eine Statistik der tributzahlenden Untertanen aufzustellen. Gründlicher mit den amtlichen chinesischen Zensuszahlen beschäftigt sich Ricci (Storia, S. 14f.).

[10] Wir benutzen die englische Übersetzung: Alvarez Semedo, The History of That Great and Renowned Monarchy of China, Wherein all the Particular Provinces are Accurately Described…, London 1655, S. 3. Die spanische Erstausgabe (Imperio de la China) erschien 1642. Eine deutsche Übersetzung des Werks scheint es nicht gegeben zu haben. Über den Verfasser vgl. David E. Mungello, Curious Land: Jesuit Accomodation and the Origins of Sinology, Stuttgart 1985, S. 74–90.

[11] Semedo, History, S. 4. Diese Bemerkung ist vermutlich vor dem Hintergrund eines Rückgangs der Fleischversorgung im frühneuzeitlichen Europa gegenüber dem

Spätmittelalter zu sehen. Dazu Wilhelm Abel, Massenarmut und Hungerkrisen im vorindustriellen Deutschland, 2. Aufl., Göttingen 1977, S. 64f.; Hans J. Teuteberg/ Günter Wiegelmann, Unsere tägliche Kost, Münster 1986, S. 65–67. Freilich waren die Chinesen zu Semedos Zeit ebensowenig große Fleischesser, wie sie es heute sind. Um so ungünstiger fällt der Vergleich für Europa aus. Vgl. Frederick W. Mote, Yüan and Ming, in Chang: Food, S. 201.

[12] Semedo, History, S. 7.

[13] Ebd., S. 7, 29.

[14] Ebd., S. 27, 37.

[15] Ebd., S. 96–100.

[16] Auch die später immer wieder geschmähte chinesische Strafjustiz findet sein qualifiziertes Wohlwollen: die Folter- und Hinrichtungsmethoden seien weniger grausam als die in Europa. Ebd., S. 26, auch 135–42.

[17] Ebd., S. 28.

[18] Hier zitiert nach der Ausgabe Nouveaux mémoires sur l'état present de la Chine, par le R. P. Louis Le Comte de la Compagnie de Jesus, Mathématicien du Roy, 2 Bde., Amsterdam 1697 (offenbar ein Nachdruck der Pariser Ausgabe von 1696). Le Comte hielt sich zwischen Juli 1687 und Ende 1691 in China auf. Vgl. Joseph Dehergne, S. J., Répertoire des Jésuites de Chine de 1552 à 1800, Rom/Paris 1973, S. 146.

[19] Vgl. dazu jetzt das monumentale Werk von Frederic Wakeman, Jr., The Great Enterprise: The Manchu Reconstruction of Imperial Order in Seventeenth-Century China, 2 Bde., Berkeley 1986.

[20] Le Comte, Nouveaux mémoires, Bd. 2, S. 23.

[21] Ebd., Bd. 1, S. 89, 133.

[22] Ebd., S. 369.

[23] Ebd., S. 346, 362, Bd. 2, S. 64 f.

[24] Ebd., Bd. 2, S. 51: «... la fortune des Chinois dépend absolument de leur capacité.»

[25] Ebd., S. 57 f. Ein Wink an den König von Frankreich?

[26] Ebd., Bd. 1, S. 190: «... on y vit à peu près comme nous vivons en Europe.»

[27] Die maßgebende Kompilation der jesuitischen Berichte war Du Halde: Description, weniger originell als Le Comte, von dem viele Urteile übernommen werden, aber in vier Foliobänden erheblich materialreicher. Der letzte Versuch einer Synthese des jesuitischen Materials war Abbé Grosier, Description générale de la Chine ou Tableau de l'état actuel de cet Empire, Paris 1785, ein durchaus seriöses Werk, das jedoch von der neuen Welle der britischen Reiseberichte rasch überholt wurde; allerdings erschien noch 1818–1820 eine erheblich erweiterte dritte Auflage in 7 Bänden.

[28] Macartney: Embassy, dort auch auf S. 342–52 eine kommentierte Bibliographie der im Zusammenhang mit der Gesandtschaft entstandenen Primärliteratur. Über die Mission immer noch: Pritchard: Crucial Years, S. 272–384, und populärhistorisch Cameron: Barbarians, S. 288–316. Über die Hintergründe auf britischer Seite: Vincent T. Harlow, The Founding of the Second British Empire, 1763–1794, Bd. 2, London 1964, S. 544–94. Über die chinesische Reaktion: J. L. Cranmer-Byng, Lord Macartney's Embassy to Peking in 1793, in: JOS 4 (1957/58), S. 117–83. Über Lord Macartney: Peter Roebuck (Hrsg.), Macartney of Lisanoure 1737–1806: Essays in Biography, Belfast 1983, darin besonders J. L. Cranmer-Byng, China 1792–94 (S. 216–43). Über die große Resonanz, die die Berichte der Gesandtschaftsteilnehmer in der britischen Öffentlichkeit fanden, vgl. William W. Appleton, A Cycle of Cathay: The Chinese Vogue in England during the 17th and 18th Centuries, New York 1951, S. 169–72. Aus chinesischer Sicht jetzt Zhu Jieqin, Yingguo diyici shituan lai Hua de mudi he yaoqiu [Ziele und Forderungen der ersten britischen Gesandtschaft nach China], in: SJLS 1980/3, S. 24–31. Über den deutschen Teilnehmer an der Macartney-Mission, Johann Christian Hüttner, vgl. Jürgen Osterhammel, Reisen an die Grenzen der Alten Welt. Asien im Reisebericht

des 17. und 18. Jahrhunderts, in: Peter J. Brenner (Hrsg.), Der Reisebericht, Frankfurt a. M. 1989, S. 240f.

[29] Tagebucheintragung vom 15. Januar 1794, am Ende des Aufenthalts in China. Macartney: Embassy, S. 219.

[30] John Barrow, Travels in China: Containing Descriptions, Observations and Comparisons, Made and Collected in the Course of a Short Residence at the Imperial Palace of Yuen-Min-Yuen, and on a Subsequent Journey through the Country from Pekin to Canton, London 1804, hier zitiert nach der 2. Aufl. London 1806.

[31] Ebd., S. 30f.

[32] Ebd., S. 3.

[33] Ebd., S. 4.

[34] Vgl. im Überblick: Appleton, Cycle, S. 53 ff.; Basil Guy, The French Image of China before and after Voltaire, Genf 1963, S. 194 ff., 285 ff., 325 ff.; P. J. Marshall/ Glyndwr Williams, The Great Map of Mankind: British Perceptions of the World in the Age of Enlightenment, London 1982, S. 169 ff.

[35] Der eigentliche Verfasser des Berichts A Voyage round the World in the Years MDCCXL, I, II, III, IV. By George Anson, Esq. (London 1748) war der Schiffskaplan Richard Walter. Zur Wirkung des Berichts vgl. etwa Sergio Zoli, La Cina e l'età dell'illuminismo in Italia, Bologna 1974, S. 31 ff.

[36] John Bell, A Journey from St. Petersburg to Pekin 1719–22, hrsg. von J. L. Stevenson, Edinburgh 1965.

[37] Barrow, Travels, S. 355, auch 28 f.

[38] Ebd., S. 384. Interessanterweise fehlt der Vergleich mit Rußland bei Lord Macartney, der als früherer Gesandter in St. Petersburg das Zarenreich im Unterschied zu Barrow aus erster Hand kannte. Kluge Bemerkungen über die Abscheu vor historischem Altern, wie sie hier bei Barrow zum Ausdruck kommt, finden sich bei David Lowenthal, The Past is a Foreign Country, Cambridge 1985, S. 127–48.

[39] Barrow, Travels, S. 138. Das Kriterium der Rolle der Frau in unterschiedlichen Gesellschaften spielt schon eine große Rolle in der schottischen Aufklärung, besonders bei John Millar, Vom Ursprung des Unterschieds in den Rangordnungen und Ständen der Gesellschaft [1771], übers. v. Herbert Zirker, Frankfurt a. M. 1967, S. 58 ff.

[40] Barrow, Travels, S. 400, 403. Zur Besteuerung in China siehe unten Kapitel 5.

[41] Ebd., S. 400f.

[42] Thomas Robert Malthus, First Essay on Population [1798], Reprint London 1926, S. 335.

[43] Barrow, Travels, S. 401. Das chinesische Familiensystem sei die beste und billigste Sozialfürsorge.

[44] Wie immer ist Barrow der kühnere Beurteiler und keckere Literat, sein Chef Macartney der gewissenhaftere Beobachter und differenziertere Analytiker. Macartney sieht in China nicht den Massenmarkt für die Konsumprodukte der jungen britischen Industrien, sondern einen Abnehmer für Produktionsgüter («everything in iron»), die in Birmingham kostengünstiger hergestellt werden könnten als in Nanjing. China wird also noch als industrieller Produzent ernstgenommen. Vgl. Macartney: Embassy, S. 258.

[45] Über die wichtigsten westlichen Chinareisenden dieser Zeit vgl. Jürgen Osterhammel, Forschungsreise und Kolonialprogramm. Ferdinand von Richthofen und die Erschließung Chinas im 19. Jahrhundert, in: AfK 69 (1987), S. 150–95. Für Frankreich vgl. jetzt die sorgfältige Studie von Numa Broc, Les voyageurs français et la connaissance de la Chine (1860–1914), in: RH 559 (1986), S. 85–131. Den besten Überblick über die Chinareisen der Jahrhundertmitte gibt immer noch Richthofen: China, Bd. 1, S. 705 ff.

[46] Über den Aufbau von Nachrichtennetzen in China vgl. Robert W. Desmond, Windows on the World: The Information Process in a Changing Society, 1900–1920,

Iowa City 1980, S. 11 f., 23–26, bes. 200 ff. Als erster ständiger Korrespondent erschien bereits 1857 ein Vertreter der Londoner *Times*. Aber vor dem Chinesisch-Japanischen Krieg von 1894/95 waren erst wenige Zeitungen und Agenturen permanent vertreten.

[47] Vgl. als Versuch einer Ordnung des Materials Mary Gertrude Mason, Western Concepts of China and the Chinese, 1840–1876, New York 1939.

[48] Vgl. Ernst Schulin, Die weltgeschichtliche Erfassung des Orients bei Hegel und Ranke, Göttingen 1958, S. 69; Marian Sawer, Marxism and the Question of the Asiatic Mode of Production, Den Haag 1977, S. 23–29. Freilich dürfte sich die Stagnationsthese unterhalb der Ebene hoher Philosophie tradiert haben.

[49] Arthur H. Smith, Chinese Characteristics, revised ed., New York 1894, S. 325.

[50] George Nathaniel Curzon, Problems of the Far East: Japan-Korea-China, London 1894, S. 370.

[51] Vgl. etwa Paul Richard Bohr, Famine in China and the Missionary: Timothy Richard as Relief Administrator and Advocate of National Reform, 1876–1884, Cambridge, Mass. 1972. Auch daß in Teilen Chinas die in Europa längst unbekannte Pest weiter grassierte, fiel nun deutlicher auf. Dazu jetzt Carol Benedict, Bubonic Plague in Nineteenth-Century China, in: MC 14 (1988), S. 107–55.

[52] Der volle Titel lautet: The Middle Kingdom: A Survey of the Geography, Government, Literature, Social Life, Arts and History of the Chinese Empire and its Inhabitants, 2 Bde., New York 1883. Williams war am Ende seiner Laufbahn Professor für chinesische Sprache und Literatur am Yale College.

[53] Ebd., Bd. 2, S. 64.

[54] Er steht damit im Gegensatz zu Friedrich List, der noch zur Zeit des Opiumkrieges geschrieben hatte: «[...] in kommerzieller und überhaupt in ökonomischer Beziehung stehen die Chinesen nicht so gar weit hinter den Europäern zurück.» (List, Schriften, Reden, Briefe, hrsg. v. Erwin von Beckerath u. a., Bd. 7, Berlin 1931, S. 242).

[55] Williams, The Middle Kingdom, Bd. 2, S. 18.

[56] Macartney: Embassy, S. 244.

[57] Williams, The Middle Kingdom, Bd. 2, S. 18.

[58] Für den weiteren Kontext, in den auch Barrow einzuordnen wäre, vgl. Eric Stokes, The English Utilitarians and India, Oxford 1959; John W. Burrow, Evolution and Society: A Study in Victorian Social Theory, Cambridge 1966, bes. S. 16 ff., 65 ff.

[59] Williams, The Middle Kingdom, Bd. 1, S. 836.

[60] Ebd., Bd. 2, S. 463 ff.

[61] Heinz Gollwitzer, Die gelbe Gefahr. Geschichte eines Schlagworts. Studien zum imperialistischen Denken, Göttingen 1962.

2. Die Statistik des Weltgefälles

[1] Gernet: Welt, S. 66.

[2] So etwa Lord Macartney persönlich (vgl. Embassy, S. 254–57). Die Überlegungen der Jesuiten werden zusammengefaßt bei Abbé Grosier, Description générale de la Chine ..., Paris 1785, S. 268–90.

[3] Georg Wilhelm Friedrich Hegel, Vorlesungen über die Philosophie der Weltgeschichte, Bd. 2: Die orientalische Welt, hrsg. v. Georg Lasson, 2. Aufl., Hamburg 1923, S. 276. Die Qualität der chinesischen Daten wird diskutiert bei Ho: Studies, S. 38 ff.; Perkins: Development, S. 192 ff.; Zhou Yuanhe, A Study of China's Population during the Qing Dynasty, in: SSC 3:3 (September 1982), S. 61–105.

[4] Näheres bei Gernet: Welt, S. 410 f.; Elvin: Pattern, S. 309–12.

[5] Für China werden dabei die unteren Schätzwerte verwendet. Die Daten nach Tabelle 1, sowie Mitchell: Europe, S. 3–9; Carlo M. Cipolla, Before the Industrial Revolution: European Society and Economy, 1000–1700, London 1976, S. 4, Tabelle 1-1).

⁶ So etwa in den 1870er Jahren bei v. Richthofen (vgl. Tagebücher, Bd. 1, S. 55, 64, 284).

⁷ Dies ist die niedrigste Angabe, die sich in der Literatur findet: G. William Skinner, Introduction: Urban Development in Imperial China, in Skinner: City, S. 30. Andere Autoren sprechen sogar von 5 Millionen, z. B. Shiba Yoshinobu, Urbanization and the Development of Markets in the Lower Yangtze Valley, in: John Winthrop Haeger (Hrsg.), Crisis and Prosperity in Sung China, Tuscon, Ariz. 1975, S. 22 f.

⁸ Vgl. Alvise Zorzi, Marco Polo. Eine Biographie, Düsseldorf 1983, S. 230 ff.; Jacques Gernet, La vie quotidienne en Chine à la veille de l'invasion mongole, 1250–1276, Paris 1959, S. 21 ff.; Etienne Bálazs, Marco Polo in the Capital of China, in: ders., Chinese Civilization and Bureaucracy: Variations on a Theme, New Haven 1964, S. 79–100. Allgemein zum Zeithintergrund: Leonardo Olschki, Marco Polo's Asia: An Introduction to His ‹Description of the World›, Berkeley 1960.

⁹ Frederic C. Lane, Venice: A Maritime Republic, Baltimore 1973, S. 18; Tertius Chandler/Gerald Fox, 3000 Years of Urban Growth, New York 1974, S. 355.

¹⁰ Etwa Du Halde: Description, Bd. 1, S. 175.

¹¹ Chandler/Fox, 3000 Years of Urban Growth, S. 368 f. Die Autoren nennen für China sehr niedrige Zahlen und stehen nicht in der Gefahr, Legenden vom märchenhaften Orient aufzusitzen.

¹² Zu Ursachen und Folgen dieser Entwicklung vgl. E. A. Wrigley, A Simple Model of London's Importance in Changing English Society and Economy, 1650–1750, in: Philip Abrams/E. A. Wrigley (Hrsg.), Towns in Societies: Essays in Economic History and Historical Sociology, Cambridge 1978, S. 215–43.

¹³ Vgl. Murphey: Shanghai, sowie unten Kapitel 11.

¹⁴ Smith: Heritage, S. 75. Umstritten ist allerdings, ob es in der frühen Qing-Zeit eine Verstärkung oder eine Ausdünnung der Ebene der Städte mittlerer Größenordnung gab. Die Argumente referiert: Susan Mann, Urbanization and Historical Change in China, in: MC 10 (1984), S. 80–85.

¹⁵ [Ferdinand Freiherr von Richthofen], Baron Richthofen's Letters 1870–1872, Shanghai 1872, S. 117.

¹⁶ Richthofen: Tagebücher, Bd. 2, S. 254.

¹⁷ Ebd., Bd. 1, S. 108 f.

¹⁸ «Soweit wir die Geschichte der chinesischen Zivilisation zurückverfolgen können, gibt es die Stadt.» Michel Cartier, Une tradition urbaine: Les villes dans la Chine antique et médiévale, in: Annales, E. S. C. 25 (1970), S. 831.

¹⁹ Shiba Yoshinobu, Commerce and Society in Sung China, Ann Arbor 1970, S. 126 ff.

²⁰ Gilbert Rozman, Urban Networks in Ch'ing China and Tokugawa Japan, Princeton 1973, S. 279–83, Tabellen 42–45 (eigene Berechnung); zur Definition von «Stadt» dort S. 14, 60.

²¹ G. William Skinner, Regional Urbanization in Nineteenth-Century China, in Skinner: City, S. 229.

²² Wolfram Fischer, Wirtschaft und Gesellschaft Europas 1850–1914, in Fischer: Handbuch, Bd. 5, S. 41.

²³ Skinner, Introduction, S. 28 f.

²⁴ Und dann auch in Japan. Siehe die kultur- und sozialgeschichtliche Darstellung bei Edward Seidensticker, Low City, High City: Tokyo from Edo to the Earthquake, London 1983, bes. S. 252 ff.

²⁵ Gemeint ist hier nicht die «okzidentale» Stadt Max Webers, sondern die Metropole des späten 19. Jahrhunderts. Vgl. dazu jetzt die Fallstudien in Anthony Sutcliffe (Hrsg.), Metropolis 1890–1940, London 1984; Donald J. Olsen, Die Stadt als Kunstwerk. London, Paris, Wien; Frankfurt a. M. 1988.

²⁶ Für den Geographen Karl Haushofer etwa war Shanghai «der am meisten labile,

fallsüchtige und überreizte Verstädterungsgau der Erde». Zitiert bei Wilhelm Schüler, Schanghai, in: Sinica 8 (1933), S. 92. Vgl. auch Jürgen Osterhammel, Shanghai vor der Revolution, in: JfG 1985, Heft 6, S. 43–51.

[27] Paul Bairoch, Le bilan économique du colonialisme: Mythes et réalités, in Blussé: History, S. 34 f.

[28] Paul Bairoch, Historical Roots of Economic Underdevelopment: Myths and Realities, in Mommsen/Osterhammel: Imperialism, S. 194.

[29] Paul Bairoch, International Industrialization Levels from 1750 to 1980, in: JEEH 11 (1982), S. 292, 296.

[30] Zusammengestellt aus ebd., S. 296 (Tabelle 10) und 304 (Tabelle 13).

[31] Bairoch verwendet einen sehr allgemeinen Begriff der Industrialisierung, der jede Form von mechanisierter gewerblicher Produktion einschließt.

[32] Ebd., S. 294 (Tabelle 9).

[33] Ebd., S. 302 (Tabelle 12).

[34] Besonders prägnant formuliert in der Einleitung der Herausgeber in Paul Bairoch/ Maurice Lévy-Leboyer (Hrsg.), Disparities in Economic Development since the Industrial Revolution, London 1981, S. 7.

[35] So etwa die Auffassung bei Jones: Miracle, S. 5 f., wo Bairoch allerdings nicht namentlich angesprochen wird.

[36] So der suggestive Buchtitel bei Stavrianos: Rift, einer nützlichen, aber methodisch konventionellen universalhistorischen Synthese. Bairochs Forschungen werden nicht verwertet.

[37] Angus Maddison, A Comparison of the Levels of GDP per capita in Developed and Developing Countries, 1700–1980, in: JEH 42 (1983), S. 30 (Tabelle 2).

[38] Braudel: Sozialgeschichte, Bd. 2, S. 138. Die Erklärung dieses Weltgefälles sei das «Kernproblem der Geschichte der Neuzeit» (ebd.).

[39] Um 1750 «hob sich Qing-China als ein wohlhabend erscheinender Koloß aus der Menge der vormodernen Gesellschaften hervor». Rozman: Modernization, S. 141. Ähnliche Urteile bei Elvin: Pattern, S. 285 ff.; Charles O. Hucker, China's Imperial Past, London 1975, S. 342.

[40] Für den Versuch einer vergleichenden Bestimmung nationalen Wohlstandes vgl. Irma Adelman/Cynthia Taft Morris, A Typology of Poverty in 1850, in: EDCC 25 (1977), Supplement, S. 314–43, bes. 331 f.; über China: dies., Institutional Influences on Poverty in the Nineteenth Century: A Quantitative Comparative Study, in: JEH 43 (1983), S. 43–55, bes. 49 f.; dies., Comparative Patterns of Economic Development, 1850–1914, Baltimore 1988, S. 178 ff.

3. Das 18. Jahrhundert als Epoche des Übergangs

[1] Adam Smith, Der Wohlstand der Nationen [1776], übers. von Horst Claus Recktenwald, München 1974, S. 526: ein Echo des Eingangssatzes der einflußreichen Histoire philosophique et politique des établissements & du commerce des Européens dans les deux Indes [1762] von Abbé Guillaume-Thomas Raynal und Denis Diderot.

[2] Eric J. Hobsbawm, The Age of Revolution: Europe 1789–1848, London 1962, S. 22.

[3] Ausgangspunkt war 1793 der «Code of Regulations» des Generalgouverneurs von Indien, Lord Cornwallis. Wie oberflächlich die Einwirkung der Kolonialmacht auf die einheimische Gesellschaft auch danach noch blieb, zeigt brillant C. A. Bayly, Indian Society and the Making of the British Empire, Cambridge 1988 (= The New Cambridge History of India, Bd. II, 1).

[4] Siehe oben Kapitel 2.

[5] Diese Vergleichbarkeit war die Voraussetzung für Reformvorschläge, welche chinesische Institutionen direkt auf Frankreich übertragen wollten, wie etwa Vaubans steuer-

politischer Plan von 1707 einer «dîme royale» (dazu Heinz Gollwitzer, Geschichte des weltpolitischen Denkens, Bd. 1, Göttingen 1972, S. 198 ff.). Derlei wäre im 19. Jahrhundert undenkbar gewesen.

⁶ Weber: Konfuzianismus, S. 278–90, hat zu Recht auf die Rückständigkeit des chinesischen Geldwesens hingewiesen. Worum es hier geht, ist die Tatsache, daß trotzdem die Phase des Naturaltauschs in allen Zivilisationen überwunden war.

⁷ Dazu für Asien vor allem Frank Perlin, Proto-Industrialization and Pre-Colonial South Asia, in: P&P 98 (1983), S. 30–95; ders., Scrutinizing which Moment?, in: E&S 14 (1985), S. 374–98. Vergleichbare theoretisch geleitete Untersuchungen fehlen für China. Als Berichte über die Diskussion des Konzepts der Proto-Industrialisierung vor allem: Geoff Eley, The Social History of Industrialization: «Proto-Industry» and the Origins of Capitalism, in: E&S 13 (1984), S. 519–39; Wolfgang Mager, Protoindustrialisierung und Protoindustrie. Vom Nutzen und Nachteil zweier Konzepte, in: GG 14 (1988), S. 275–303.

⁸ Für Europa vgl. Emmanuel Le Roy Ladurie, La civilisation rurale, in: ders., Le territoire de l'historien, Paris 1973, S. 141–68, hier 153.

⁹ Jones: Miracle, S. 28–31.

¹⁰ Vgl. den wichtigen Aufsatz R. Bin Wong, Les émeutes de subsistance en Chine et en Europe occidentale, in: Annales, E. S. C. 38 (1983), S. 234–58; vgl. auch ders., Food Riots in the Qing Dynasty, in: JAS 41 (1982), S. 767–88. Zu Europa (mit ausführlichen Literaturhinweisen): Heinz-Dietrich Löwe, Teuerungsrevolten, Teuerungspolitik und Marktregulierung im 18. Jahrhundert in England, Frankreich und Deutschland, in: Saeculum 37 (1986), S. 291–312.

¹¹ Emmanuel Le Roy Ladurie, L'histoire immobile, in: Annales, E. S. C. 29 (1974), S. 673–92, bes. 679 ff. Allerdings ist diese Konzeption nicht unumstritten geblieben. Vgl. den Diskussionsbericht bei Bob Scribner, Understanding Early Modern Europe, in: HJ 30 (1987), S. 743–58, bes. 748, 756.

¹² Jerome Blum, The End of the Old Order in Rural Europe, Princeton 1978, S. 147.

¹³ Den regionalen Charakter der frühen Industrialisierung betont Sidney Pollard, Peaceful Conquest: The Industrialization of Europe 1760–1970, Oxford 1981, S. vii und passim.

¹⁴ Zu dieser neuen, «revisionistischen» Sicht vgl. Rondo Cameron, A New View of European Industrialization, in: EcHR 38 (1985), S. 1–23; N. F. R. Crafts, British Economic Growth during the Industrial Revolution, Oxford 1985; Cain/Hopkins: Capitalism, Teil 1, sowie die Beiträge von N. F. R. Crafts, Jeffrey G. Williamson und Joel Mokyr in EEcH 24 (1987), S. 245–325.

¹⁵ Braudel: Sozialgeschichte, Bd. 1, S. 12.

¹⁶ Arnd Morkel, Montesquieus Begriff der Despotie, in: ZfP 13 (1966), S. 14–32, bes. 27.

¹⁷ Dazu die Sektion «Monarchie absolue en Europe et en Asie» auf dem Internationalen Historikertag in Stuttgart 1985. Einige der Diskussionsbeiträge sind abgedruckt in den «Actes» des Kongresses, Bd. 3, Stuttgart 1986, S. 183–92. Sehr anregend ist Roland Mousnier, Quelques remarques pour une comparaison des monarchies absolues en Europe et en Asie, in: RH 551 (1984), S. 29–44. Die Möglichkeiten eines ost-westlichen Vergleichs demonstrieren jetzt eindrucksvoll: Jack A. Goldstone, East and West in the Seventeenth Century: Political Crises in Stuart England, Ottoman Turkey, and Ming China, in: CSSH 30 (1988), S. 103–41; Chris Wickham, The Uniqueness of the East, in: Jean Baechler/John A. Hall/ Michael Mann (Hrsg.), Europe and the Rise of Capitalism, Oxford 1988, S. 66–100; Qi Guogan, Shiliu shiji Zhong Ying zhengzhi zhidu bijiao [Ein Vergleich des chinesischen und des englischen politischen Systems im 16. Jahrhundert], in: LSYJ 1987/4, S. 9–27.

¹⁸ Vgl. zur traditionellen Politikauffassung in China zusammenfassend: Jacques Gernet, Introduction, in Schram: Scope, S. xxvii–xxxiv.

[19] So etwa der Ansatz bei Stefan Breuer, Imperien der Alten Welt, Stuttgart usw. 1987.

[20] Im Sinne von Arno J. Mayer, Adelsmacht und Bürgertum. Die Krise der europäischen Gesellschaft 1848–1914, München 1984, bes. Kap. 3.

[21] Vor der Macartney-Mission von 1793 scheint die Erfüllung des chinesischen Hofzeremoniells nicht als ernsthaftes Problem aufgefaßt worden zu sein. Vgl. dazu Earl H. Pritchard, The Kotow in the Macartney Embassy to China in 1793, in: FEQ 2 (1942/43), S. 163–203. Noch 1787 bestand auf britischer Seite die Bereitschaft, das gesamte strapaziöse Ritual zu absolvieren. Vgl. James M. McCutcheon, «Tremblingly Obey»: British and Other Western Responses to China and the Chinese Kowtow, in: The Historian 33 (1971), S. 563 f. Bei den älteren portugiesischen und holländischen Gesandtschaften gab es ohnehin keine zeremoniellen Vorbehalte. Vgl. John E. Wills, Jr., Embassies and Illusions: Dutch and Portuguese Envoys to K'ang-hsi, 1666–1687, Cambridge, Mass. 1984. Noch die letzte holländische Gesandtschaft (weniger aus der Heimat denn aus Niederländisch-Ostindien an autoritäre Verfahrensweisen gewöhnt) «unterwarf sich ohne Murren der chinesischen Hofetikette». J. J. L. Duyvendak, The Last Dutch Embassy to the Chinese Court (1794–1795), in: TP 34 (1938), S. 1.

[22] Ein Beispiel sind die von Liberalen verdammten staatlichen Wirtschaftsmonopole, wie es sie in jedem komplexeren Gemeinwesen der vormodernen Welt gab, etwa das Salzmonopol. Allgemeine Strukturmerkmale, welche die Salzgabelle zu einem «charakteristischen Organ des vormodernen Staates» in Ost und West machten, untersucht an einem Vergleich zwischen China, Indien, dem Osmanischen Reich, Frankreich und Venedig: S. A. M. Adshead, Un cycle bureaucratique: L'administration du sel en Orient et en Occident, in: Annales, E. S. C. 38 (1983), S. 221–33 (Zitat S. 228).

[23] William Doyle, The Old European Order 1660–1800, Oxford 1978, S. 267–9; Derek McKay/H. M. Scott, The Rise of the Great Powers, 1648–1815, London 1983, S. 201–14.

[24] M. S. Anderson, Europe in the Eighteenth Century 1713–1783, London 1961, S. 153. Über den Wandel der Konzepte während der beiden letzten Jahrzehnte des 18. Jahrhunderts vgl. Felix Gilbert, The «New Diplomacy» of the Eighteenth Century, in: ders., History: Choice and Commitment, Cambridge, Mass. 1977, S. 323–49.

[25] Der Dreibund des Osmanischen Reiches mit Großbritannien und Rußland 1799 kann als die faktische Einbindung Istanbuls in das europäische Staatensystem angesehen werden. Vgl. Thomas Naff, The Ottoman Empire and the European States System, in Bull/Watson: Expansion, S. 162 f.

[26] Vgl. zur Charakterisierung des Typus: Reinhard: Expansion, Bd. 1, S. 156 ff.; Chaudhuri: Indian Ocean, S. 80–97. Zum Forschungsstand jetzt Horst-Joachim Leue, Die europäischen Asien-Kompanien 1600–1800, in: Geschichte, Politik und ihre Didaktik 15 (1987), S. 12–28. Die institutionelle Innovation, die mit den Asienkompanien des 17. Jahrhunderts verbunden war, hat besonders Niels Steensgaard betont: The Companies as a Specific Institution in the History of European Expansion, in: Blussé/Gaastra: Companies, S. 245–64; ders., The Dutch East India Company as an Institutional Innovation, in: Maurice Aymard (Hrsg.), Dutch Capitalism and World Capitalism, Cambridge 1982, S. 253–57. Siehe auch unten Kapitel 7.

[27] Vgl. Philip D. Curtin, The Atlantic Slave Trade: A Census, Madison, Wisc., 1969, S. 266. Zum Slavenhandel einführend: Albert Wirz, Sklaverei und kapitalistisches Weltsystem, Frankfurt a. M. 1984, S. 12–40; Horst Pietschmann, Der atlantische Sklavenhandel bis zum Ausgang des 18. Jahrhunderts. Eine Problemskizze, in: HJb 107 (1987), S. 122–133; Wolfgang Reinhard, Frühneuzeitliche Negersklaverei und ihre Bedeutung für Wirtschaft und Gesellschaft, in: GWU 37 (1986), S. 660–72.

[28] Vgl. die Hinweise bei Stig Förster, Imperialismus aus Versehen? Die britische Eroberung Indiens 1798–1819, in Osterhammel: Übersee-Expansion, S. 154–206, bes. S. 155 f.

²⁹ Über den Globalismus der britischen Politik vgl. die Fallstudie von Michael Wagner, Zwischen Kolonialexpansion und gegenrevolutionärer Solidarität: Die englische Intervention auf Saint-Domingue 1793–1798, in: ebd., S. 120–53, bes. S. 120–26.

³⁰ Vgl. Bernard Lewis, The Emergence of Modern Turkey, 2nd ed., London 1968, S. 59 ff.; ders., The Muslim Discovery of Europe, London 1982, S. 51 ff.; Stanford J. Shaw, Between Old and New: The Ottoman Empire under Sultan Selim II, 1789–1807, Cambridge, Mass. 1971, bes. S. 71 ff.; Marshall G. S. Hodgson, The Venture of Islam, Bd. 3, Chicago 1974, S. 176 ff.

³¹ Vgl. als Überblick Grant K. Goodman, Japan: The Dutch Experience, London 1986; Bob Tadashi Wakabayashi, Anti-Foreignism and Western Learning in Early-Modern Japan, Cambridge, Mass. 1986, S. 40 ff.; daneben immer noch das ältere Werk von Donald Keene, The Japanese Discovery of Europe, 1720–1830, revised ed., Stanford 1969, S. 16 ff.

³² Der letzte große Gelehrte unter den Jesuiten in Beijing, Joseph Amiot, wurde zum vielleicht fernsten Opfer der Französischen Revolution. Wenige Stunden, nachdem er die Nachricht von der Hinrichtung Ludwigs XVI. empfangen hatte, erlag er am 8. Oktober 1793 einem Schlaganfall, angeblich ausgelöst durch Schock und Verzweiflung. Vgl. Cammille de Rochemonteix, Joseph Amiot et les derniers survivants de la mission française à Pékin (1750–1795), Paris 1915, S. 430 f. Die Nachricht, ohne Verzug abgesandt, traf erst mehr als acht Monate nach dem Ereignis in Beijing ein!

³³ Fortan wird – nicht ganz korrekt, aber einfacher – die Herrschaftsdevise als Eigenname behandelt. Die richtige Bezeichnung «der Qianlong-Kaiser» wird also bisweilen durch «Qianlong» ersetzt. Entsprechend wird bei anderen Herrschern verfahren.

³⁴ Vgl. zu dieser späten Phase die geistreiche Untersuchung von Harold L. Kahn, Monarchy in the Emperor's Eyes: Image and Reality in the Ch'ien-lung Reign, Cambridge, Mass. 1971, S. 231 ff.

³⁵ 1759 ca. 11,5 Mio. km². Die VRCh umfaßt heute 9,7 Mio. km².

³⁶ Die gültige Analyse stammt von Owen Lattimore; vgl. besonders sein Meisterwerk Inner Asian Frontiers of China, Boston 1962 (zuerst 1940), sowie seine Studies in Frontier History: Collected Papers 1928–1958, London 1962.

³⁷ Lörincz: Mongolie, S. 136 f.

³⁸ Isabel de Madariaga, Russia in the Age of Catherine the Great, London 1981, S. 205 ff.; Muriel Atkin, Russia and Iran, 1780–1828, Minneapolis 1980, bes. S. 22–45.

³⁹ Vgl. Sir George Sansom, A History of Japan, Bd. 2, London 1961, S. 352–62; Arcadio Schwade, Der China-Eroberungsplan des Toyotomi Hideyoshi, in Link: China, S. 164–82.

⁴⁰ Vgl. Ronald P. Toby, State and Diplomacy in Early Modern Japan: Asia in the Development of the Tokugawa Bakufu, Princeton 1984, S. 23 ff.

⁴¹ Mayura Jang Kunwar, China and the War in the Himalayas, 1792–3, in: EHR 77 (1962), S. 283–97.

⁴² Ausführlich dazu Frederic Wakeman, The Manchu Restoration of Imperial Order in Seventeenth-Century China, 2 Bde., Berkeley 1986.

⁴³ Zum Verlauf dieser Feldzüge vgl. Franke/Trauzettel: Kaiserreich, S. 289–95; Tichvinskij: Modern History, S. 40–49. Siehe auch unten Kapitel 6.

⁴⁴ Lü Wanhe/Luo Shuwei, Xixue zai fengjian moqi de Zhongguo he Riben [Das Studium des Westens im spätfeudalen China und Japan], in: LSYJ 1981/3, S. 18–30, hier 24–27; Lü Wanhe, Western Learning and the Meiji Ishin, in: Nagai Michio/Miguel Urrutia (Hrsg.), Meiji Ishin: Restoration and Revolution, Tokio 1985, S. 154 f.

⁴⁵ Zu dieser Interpretationsfigur der Imperialismusforschung vgl. John S. Galbraith, Die «unruhige» Grenze als Faktor britischer Expansion, in: Rudolf von Albertini (Hrsg.), Moderne Kolonialgeschichte, Köln 1970, S. 41–59.

⁴⁶ Siehe unten Kapitel 6.

4. Die wirtschaftlichen Grundlagen

[1] Josef Matuz, Das Osmanische Reich. Grundlinien seiner Geschichte, Darmstadt 1985, S. 98.

[2] *Innerhalb* der 18 Provinzen waren das ökonomische und das politische Zentrum allerdings keineswegs kongruent. Der Große Kanal oder Kaiserkanal wurde angelegt, um den Abstand zwischen der Hauptstadt und dem fruchtbaren Yangzidelta zu überbrücken. Vgl. das klassische Werk Chi Ch'ao-ting, Key Economic Areas in Chinese History, London 1936.

[3] Joshua A. Fogel, Politics and Sinology: The Case of Naitô Konan (1866–1934), Cambridge, Mass. 1984, S. xvf., 168 ff. Der amerikanische Universalhistoriker William H. McNeill hat sich diese Ansicht weitgehend zu eigen gemacht. Er sieht im China der Song-Zeit das weltgeschichtlich erste maßgebliche Auftreten marktwirtschaftlicher Prinzipien (Krieg und Macht. Militär, Wirtschaft und Gesellschaft vom Altertum bis heute, München 1984, S. 32 ff.); auch E. L. Jones, Growth Recurring: Economic Change in World History, Oxford 1988, S. 73–84.

[4] Das Folgende nach: Elvin: Pattern, S. 113–99; Gernet: Welt, S. 256–81; Franke/Trauzettel: Kaiserreich, S. 191–97; Herbert Franke, Neue Staatengründungen in Ostasien (906–1206), in: Saeculum Weltgeschichte, Bd. 4, Freiburg i. Br. 1967, S. 461–541, hier 500–508; Shiba Yoshinobu, Commerce and Society in Sung China, Ann Arbor 1970; Michel Cartier, L'Asie Orientale du XIe au XIIIe siècle, in: Georges Duby/Robert Mantran (Hrsg.), L'Eurasie XIe–XIIIe siècles, Paris 1982, S. 480–502, hier 483–86; Peter J. Golas, Rural China in the Song, in: JAS 39 (1980), S. 291–325, hier 295–99; Francesca Bray, The Rice Economies, Oxford 1986, S. 203–206; dies., Patterns of Evolution in Rice-Growing Societies, in: JPS 11 (1983), S. 3–33, hier S. 15–17; Joseph Needham/Francesca Bray, Science and Civilisation in China, Bd. 6: Biology and Biological Technology, Teil 2: Agriculture, Cambridge 1984, S. 597–615; Dieter Kuhn, Die Song-Dynastie (960–1279). Eine neue Gesellschaft im Spiegel ihrer Kultur, Weinheim 1987, S. 127 ff., 189 ff.; Chao: Land, S. 49 ff. Vergleichbare Entwicklungen setzten sich in Europa erst im 16. Jahrhundert durch. Vgl. Peter Kriedte, Spätfeudalismus und Handelskapital. Grundlinien der europäischen Wirtschaftsgeschichte vom 16. bis zum Ausgang des 18. Jahrhunderts, Göttingen 1980, S. 28 ff.

[5] Gernet: Welt, S. 273; Mitchell: Europe, S. 215.

[6] Michael Freeman, Sung, in Chang: Food, S. 141–76, hier 145–58; Shiba, Commerce and Society in Sung China, S. 202 ff.

[7] Elvin: Pattern, S. 113.

[8] Die Mongolenherrschaft beginnt tatsächlich früher. Bereits 1215 wurde Beijing eingenommen. Zu dieser Periode vor allem Herbert Franke, Geld und Wirtschaft in China unter der Mongolenherrschaft, Leipzig 1949; John D. Langlois (Hrsg.), China under Mongol Rule, Princeton 1981.

[9] Wu Chengming, Lun Qingdai qianqi woguo guonei shichang [Der chinesische Binnenmarkt während der frühen Qing-Zeit], in: LSYJ 1983/1, S. 99.

[10] G. William Skinner, Introduction, in Skinner: City, S. 9–16.

[11] Dazu besonders Skinner: Marketing, S. 5 ff. Neuerdings ist eingewandt worden, daß Skinners Modell die landwirtschaftliche Produktion ungenügend erfasse, die keineswegs immer auf die Marktsysteme hin angelegt sei. So Barbara Sands/Ramon H. Myers, The Spatial Approach to Chinese History: A Test, in: JAS 45 (1986), S. 737 f.

[12] Skinner: Structure, S. 281 ff.

[13] Etwa Albert Feuerwerker, The State and the Economy in Late Imperial China, in: Th&S 13 (1984), S. 297–326. Elvin setzt 1350 und 1900 als die ungefähren Eckdaten für «late traditional China»: Mark Elvin, The Technology of Farming in «Late Traditional China», in: Randolph Baker/Radha Sinha (Hrsg.), The Chinese Agricultural Economy, Boulder, Col., 1982, S. 15.

[14] Agrargeschichte gehört zu den strittigsten Feldern der Historiographie Chinas. Über den Forschungsstand und die wichtigsten Debatten unterrichten: Rowe: Approaches, S. 241–55; Linda Grove/Joseph W. Esherick, From Feudalism to Capitalism: Japanese Scholarship on the Transformation of Chinese Rural Society, in: MC 6 (1980), S. 397–438, bes. 401–19; Huang Qichen, Zhongguo fengjian shehui jingji jiegou xueshu taolunhui zongshu [Bericht über die wissenschaftliche Konferenz über die Wirtschaftsstruktur der chinesischen Feudalgesellschaft], in: ZDXB 1983/1, S. 85–93.

[15] Zu diesem Motiv in der westlichen Asienliteratur vgl. Lawrence Krader, The Asiatic Mode of Production, Assen 1975, S. 24 ff.

[16] Golas, Rural China in the Song, S. 299; Bray, The Rice Economies, S. 206; Richard Lorenz, Die traditionale chinesische Gesellschaft. Eine Interpretation sowjetischer Forschungsergebnisse, in Lorenz: Umwälzung, S. 53 f.

[17] Chao: Land, S. 149–57. Den Wandel der Arbeitsbeziehungen im 18. Jahrhundert untersuchen Wu Liangkai, Qingdai Qianlong shiqi nongye jingji guanxi de yanbian he fazhan [Wandel und Entwicklung der ökonomischen Beziehungen in der Landwirtschaft unter der Regierung des Kaisers Qianlong, 1736–96], in: QSL 1 (1979), S. 5–36; Jing Junjian, Lun Qingdai shehui de dengji jiegou [Die soziale Schichtung im China der Qing-Dynastie], in: Zhongguo Shehui Kexueyuan [Chinesische Akademie der Sozialwissenschaften], Jingji yanjiusuo jikan [Papiere des Ökonomischen Forschungsinstituts], Bd. 3, Beijing 1981, S. 1–64, bes. 23 ff. Sklaverei als Rechtsinstitution wurde erst 1909 abgeschafft, als sie faktisch schon längst bedeutungslos geworden war.

[18] Jerome Blum, The End of the Old Order in Rural Europe, Princeton 1978, S. 39 ff.; Perry Anderson, Die Entstehung des absolutistischen Staates, Frankfurt a. M. 1979, S. 237 ff. Zu den Analogien zwischen russischer Leibeigenschaft und amerikanischer Sklaverei vgl. das wichtige Werk von Peter Kolchin, Unfree Labor: American Slavery and Russian Serfdom, Cambridge, Mass. 1987.

[19] Richard Hellie, Slavery in Russia, 1450–1725, Chicago 1982, S. 710 f.

[20] «[...] keiner der aus der Ming-Qing-Periode überlieferten Pachtverträge erlaubt den Schluß, daß der Pächter etwas anderes war als ein freier Mann.» Chao: Land, S. 183.

[21] Naquin/Rawski: Eighteenth Century, S. 100.

[22] Vgl. historiographiegeschichtlich: Arif Dirlik, Revolution and History: The Origins of Marxist Historiography in China, 1919–1937, Berkeley 1978, S. 59 ff.; ders., The Universalisation of a Concept: «feudalism» to «Feudalism» in Chinese Marxist Historiography, in: JPS 12 (1985), S. 197–227.

[23] Fang Xing, Lun Qingdai qianqi dizhuzhi jingji de fazhan [Die Entwicklung des Grundherrensystems in der frühen Qing-Zeit], in: ZSYJ 1983/2, S. 88–98; Li Wenzhi, Dizhu jingji yu Zhongguo fengjian shehui changqi yanxu wenti lungang [Das Grundherrensystem und die Beständigkeit der Feudalgesellschaft in China], in: ZSYJ 1983/1, S. 37–50; ders., China's Landlord Economy and the Sprouts of Capitalism in Agriculture, in: SSC 2:1 (März 1981), S. 68–89. Am älteren Feudalismusbegriff hält z. B. fest: Fu Zhufu, The Economic History of China, in: MC 7 (1981), S. 3–30.

[24] Chang Chung-li, The Chinese Gentry: Studies on Their Role in Nineteenth-Century Chinese Society, 3rd ed., Seattle/London 1967, S. 32–51.

[25] Huang Qichen betont, daß die in Land investierenden Kaufleute nicht als agrarische Unternehmer tätig geworden seien, also eine kapitalistische Entwicklung in der Landwirtschaft nicht gefördert hätten: Shilun Ming Qing shiqi shangye ziben liu xiang tudi de wenti [Das Abfließen von Handelskapital in Grundbesitz unter den Dynastien Ming und Qing], in: ZDXB 1983/1, S. 72; auch Chao: Land, S. 106 f.

[26] Beispiele für den Aufstieg von Bauern zu Grundherren gibt Fang Xing, Lun Qingdai qianqi dizhuzhi jingji de fazhan, S. 88–90; auch ders., The Economic Structure of Chinese Feudal Society and the Seeds of Capitalism, in: SSC 2:4 (Dezember 1981), S. 138 f. Natürlich gab es bei diesem Aufstieg Zwischenstufen, etwa den «reichen» Bauern, der Lohnarbeiter beschäftigte. Über vertikale soziale Mobilität im 18. Jahrhun-

dert vgl. Ho Ping-ti, The Ladder of Success in Imperial China: Aspects of Social Mobility, 1368–1911, New York/London 1962, S. 168 ff.

[27] Vgl. etwa Emmanuel Le Roy Ladurie, Peasants, in: Peter Burke (Hrsg.), The New Cambridge Modern History, Bd. 13, Cambridge 1979, S. 115 f. Dieser «Yeoman»-Typus findet sich in allen westeuropäischen Ländern, am deutlichsten in England.

[28] Dies hat vor allem Muramatsu Yûji gezeigt. Vgl. Kamachi: Japanese Studies, S. 376.

[29] Elvin: Pattern, S. 244–47, mißt diesen Aufständen große Bedeutung bei. Zur Ereignisgeschichte vor allem James Bunyan Parsons, The Peasant Rebellions of the Late Ming Dynasty, Tuscon, Ariz., 1970; W. Andreas Mixius, «Nu-Pien» und die «Nu- P'u» von Kiangnan. Aufstände Abhängiger und Unfreier in Südchina 1644/45, Hamburg 1980.

[30] Mi Chu Wiens, Lord and Peasant: The Sixteenth to the Eighteenth Century, in: MC 6 (1980), S. 12–16. Zur Übertragung des Konzepts der «moral economy» (E. P. Thompson) auf asiatische Agrargesellschaften vgl. James C. Scott, The Moral Economy of the Peasant: Rebellion and Subsistence in Southeast Asia, New Haven 1976, S. 13 ff. Zur jüngeren Debatte: Edwin E. Moise, The Moral Economy Dispute, in: BCAS 14:1 (1982), S. 72–77; Michael G. Peletz, Moral and Political Economies in Rural Southeast Asia, in: CSSH 25 (1983), S. 731–39.

[31] Fang Xing, The Economic Structure, S. 139 f.; Fu Yiling, A New Assessment of the Rural Social Relationship in Late Ming and Early Qing China, in: CSH 15 (1981/82), S. 68 f. Elvin geht so weit zu behaupten: «Financial resources were thus [in the 18th century] in many ways becoming a more important source of social and economic power in the countryside than ownership of land.» (Pattern, S. 250)

[32] Fan Shuzhi, Ming Qing zudian qiyue guanxi de fazhan [Die Entwicklung der Pachtvertragsbeziehungen unter den Dynastien Ming und Qing], in: FDXB 1983/1, S. 62.

[33] Chao Kang, Tenure Systems in Traditional China, in Hou/Yu: Agricultural Development, S. 282–87; Chao: Land, S. 168–77; Li Wenzhi, Ming Qing shidai de dizu [Die Landpacht unter den Dynastien Ming und Qing], in: LSYJ 1986/1, S. 119 f.

[34] Zum folgenden vor allem Rowe: Approaches, S. 254–52; Fu Yiling, Ming Qing fengjian ge jieji de shehui goucheng [Die gesellschaftliche Zusammensetzung der feudalen Klassen unter den Dynastien Ming und Qing], in: ZSJSY 1982/1, S. 7–20, bes. 11.

[35] Vgl. Jing Su/Luo Lun, Landlord and Labour in Late Imperial China: Case Studies from Shandong, Cambridge, Mass. 1978, S. 157 ff.; Qin: Ming, S. 8–14; Chao: Land, S. 147–49. Der Terminus für solche «managerial landlords» ist *jingying dizhu*, (im Unterschied zu *zudian dizhu* oder «rentier landlords»). Es fragt sich allerdings, ob hier die Grenze zwischen «Grundherren» und «reichen Bauern» überhaupt klar gezogen werden kann.

[36] Chao Kang, New Data on Land Ownership Patterns in Ming-Ch'ing China: A Research Note, in: JAS 40 (1981), S. 733.

[37] Fu Yiling, Capitalism in Chinese Agriculture: On the Laws Governing its Development, in: MC 6 (1980), S. 314. Eine instruktive Fallstudie ist: Stephen C. Averill, The Shed People and the Opening of the Yangzi Highlands, in: MC 9 (1983), S. 84–126, bes. 91 ff. Vgl. auch Naquin/Rawski: Eighteenth Century, S. 130–33, 184–212.

[38] Etwa schon Du Halde: Description, Bd. 2, S. 64 f. Bekannt sind die Beschreibungen Richthofens, die Wittfogel (Wirtschaft, S. 337–47) ausgewertet hat. Jetzt Needham/Bray, Science and Civilization, Bd. 6/2, S. 133.

[39] Vgl. in diesem Zusammenhang auch neuere Studien zur Kommerzialisierung in der Provinz Hunan während des 18. Jahrhunderts. Die Entwicklung des Reishandels spielte dabei die entscheidende Rolle: Evelyn S. Rawski, Agricultural Change and the Peasant Economy of South China, Cambridge, Mass. 1972, S. 101 ff.

[40] Zur Wiederaufbau- und Reformpolitik unter Kangxi und Yongzheng vgl. Shang Hung-k'uei, The Process of Economic Recovery, Stabilization, and Its Accomplishments in the Early Ch'ing, 1681–1745, in: CSH 15 (1981/82), S. 19–61.

[41] Du Halde: Description, Bd. 2, S. 145.

[42] Lillian M. Li, Introduction: Food, Famine, and the Chinese State, in: JAS 41 (1982), S. 689 (als Zusammenfassung von Konferenzbeiträgen).

[43] Perkins: Development, S. 185.

[44] Ho: Studies, S. 183–92. Zur Song-Entwicklung jetzt Needham/Bray, Science and Civilization, Bd. 6/2, S. 597–608.

[45] Perkins: Development, S. 23, 51, 186f.; John C. H. Fei/Liu Ts'ui-jung, Population Dynamics of Agrarianism in Traditional China, in Hou/Yu: Economic History, S. 25f.

[46] James Lee, Food Supply and Population Growth in Southwest China, 1250–1850, in: JAS 41 (1982), S. 743.

[47] Ho: Studies, S. 213–15.

[48] So auch Rozman: Modernization, S. 139.

[49] Jiang Shoupeng, Qingdai qianqi Guangdong shangyexing nongye de fazhan [Die Kommerzialisierung der Landwirtschaft in Guangdong während der frühen Qing-Zeit], in: Huanan shifan daxue xuebao [Zeitschrift der Pädagogischen Hochschule Guangzhou], 1983/4, S 65; Yu Siwei, Qingdai qianqi Guangzhou yu Dongnanya de maoyi guanxi [Die Handelsbeziehungen zwischen Kanton und Südostasien in der frühen Qing-Zeit], in: ZDXB 1983/2, S. 74.

[50] Chao: Cotton, S. 103–105.

[51] Etwa bei Du Halde: Description, Bd. 2, S. 206.

[52] Abbé Grosier, Description générale de la Chine, Paris 1785, S. 639; Braudel: Sozialgeschichte, Bd. 1, S. 350.

[53] So der englische Botaniker Robert Fortune, zitiert bei E-tu Zen Sun, Sericulture and Silk Textile Production in Ch'ing China, in Willmott: Organization, S. 80.

[54] Zur Technologie der Seidenproduktion grundlegend: Joseph Needham/Dieter Kuhn, Science and Civilization in China, Bd. 5: Chemistry and Chemical Technology, Teil 9: Textile Technology. Spinning and Reeling, Cambridge 1988, S. 285–433.

[55] Needham/Bray, Science and Civilization, Bd. 6/2, S. 111, 115.

[56] Macartney: Embassy, S. 182.

[57] Peng Zeyi, Qingdai qianqi shougongye de fazhan [Die Entwicklung des Handwerks in der frühen Qing-Zeit], in: ZSYJ 1981/1, S. 43f.

[58] Li: Silk Trade, S. 42f.

[59] Shih Min-hsiung, The Silk Industry in Ch'ing China, Ann Arbor 1976, S. 49.

[60] Chao Kang, La production textile dans la Chine traditionelle, in: Annales, E. S. C. 39 (1984), S. 965; Fu Chonglan, Lun Ming Qing shiqi Hangzhou chengshi de fazhan [Die Entwicklung Hangzhous in der Ming- und Qing-Zeit], in: ZSYJ 1983/4, S. 74f.

[61] Paolo Santangelo, The Imperial Factories of Suzhou: Limits and Characteristics of State Intervention during the Ming and Qing Dynasties, in Schram: Scope, S. 292.

[62] Der chinesische Terminus für diese Werkstätten (*jihu*) deutet auf den Familienbetrieb als die ursprüngliche Form hin. Vgl. aber zur großen Spannweite des Begriffs: Liu Yung-ch'eng, The Handicraft Guilds in Soochow during the Ch'ing Dynasty, in: CSH 15 (1981/82), S. 150f.

[63] Chao, La production textile, S. 965.

[64] Shih, The Silk Industry, S. 35; Li: Silk Trade, S. 50–57.

[65] Den privatwirtschaftlichen Charakter des Handwerks im 18. Jahrhundert stellt auch eine schöne Fallstudie heraus: Luo Yixing, Lun Ming Qing shiqi Foshan chengshi jingji de fazhan [Die wirtschaftliche Entwicklung der Stadt Foshan in Guangdong unter den Dynastien Ming und Qing], in: ZSYJ 1985/3, S. 117.

[66] Dabei ist zwischen landsmannschaftlichen *huiguan* und berufsspartenorientierten *gongsi* oder *hanghui* zu unterscheiden.

[67] Über China: Liu Yung-ch'eng, The Handicraft Guilds in Soochow, S. 140f.; Peter J. Golas, Early Ch'ing Guilds, in Skinner: City, S. 565; wenig ergiebig dagegen Timothy R. Bradstock, Ch'ing Dynasty Craft Guilds and Their Monopolies, in: Tsing Hua Journal of Chinese Studies, n.s., 15 (1983), S. 143–53.

[68] Für Europa etwa Peter Kriedte/Hans Medick/Jürgen Schlumbohm, Industrialisierung vor der Industrialisierung: Gewerbliche Warenproduktion auf dem Land in der Formationsperiode des Kapitalismus, Göttingen 1977, S. 59.

[69] Cong Hanxiang, Shishu Mingdai zhimian he mianfangzhiye de fazhan [Die Entwicklung von Baumwollanbau und Textilproduktion unter der Ming-Dynastie], in: ZSYJ 1981/1, S. 61, 75–78.

[70] Craig Dietrich, Cotton Culture and Manufacture in Early Ch'ing China, in Willmott: Organization, S. 111.

[71] Marx spricht 1857/58 bei seiner Erörterung der «asiatischen Grundformen» von der «Kombination von Manufaktur und Agrikultur innerhalb der kleinen Gemeinde, die so durchaus self-sustaining wird und alle Bedingungen der Reproduktion und Mehrproduktion in sich selbst enthält» (Grundrisse der Kritik der politischen Ökonomie, Moskau 1939, S. 377). Daß dies beim damaligen Kenntnisstand eine durchaus plausible Schlußfolgerung war, rechtfertigt nicht ihre spätere Kanonisierung.

[72] Die Baumwollindustrie von Jiangsu deckte im 18. Jahrhundert ihren Restbedarf an Rohbaumwolle durch Einfuhren aus Indien. Quan Hansheng, Yapian Zhanzheng qian Jiangsu de mianfang zhiye [Die Baumwollindustrie der Provinz Jiangsu vor dem Opiumkrieg], in Quan: Luncong, Bd. 2, S. 631.

[73] Nishijima Sadao, The Formation of the Early Chinese Cotton Industry, in Grove/Daniels: State, S. 19.

[74] Vgl. Xu Xinwu, Zhongguo he Riben mianfangzhiye ziben zhuyi mengya de bijiao yanjiu [Ein Vergleich der Keime des Kapitalismus in der Baumwollindustrie Chinas und Japans], in: LSYJ 1981/6, S. 69–80, bes. 69–72.

[75] Dieser Handel wurde dadurch gefördert, daß Grundherren mitunter einen Teil der Pacht natural in Baumwollstoffen verlangten. Vgl. Nishijima, The Formation, S. 45.

[76] Chao: Cotton, S. 31.

[77] Es gilt hier die Analyse von Medick, in: Kriedte u. a., Industrialisierung vor der Industrialisierung, S. 90ff.

[78] Quan Hansheng (Yapian Zhanzheng, S. 629) weist darauf hin, daß das Zentrum der Baumwollverarbeitung, Jiangsu, gleichzeitig die Provinz mit der höchsten Bevölkerungsdichte war.

[79] Reinhard: Expansion, Bd. 1, S. 19.

[80] Kathryn Reyerson, Medieval Silk in Montpellier: The Silk Market ca. 1250–ca. 1350, in: JEEH 11 (1982), S. 128.

[81] Gernet: Welt, S. 119.

[82] Chen Yan, Lüelun haishang «sichou zhilu» [Die ozeanische «Seidenstraße»], in: LSYJ 1982/3, S. 161–77, bes. 166–69.

[83] Vgl. Chuan Han-sheng [d. i. Quan Hansheng], The Chinese Silk Trade with Spanish America from the Late Ming to the Mid-Ch'ing Period, in: Laurence G. Thompson (Hrsg.), Studia Asiatica, San Francisco 1975, S. 99–117. Zum Umfang der chinesischen Seidenexporte vgl. Sha Ding/Wang Dianqiu, Zhongguo he Lading Meizhou de zaoqi maoyi guanxi [Frühe Handelsbeziehungen zwischen China und Lateinamerika], in: LSYJ 1984/4, S. 115–17; zur Organisation des Handels: John Villiers, Silk and Silver: Macau, Manila and Trade in the China Seas in the Sixteenth Century, in: JHKBRAS 20 (1980), S. 66–80.

[84] Earl H. Pritchard, Anglo-Chinese Relations during the Seventeenth and Eighteenth Centuries, Urbana, Ill., 1929, S. 54.

[85] Pritchard: Crucial Years, S. 164,167.

[86] Zu den vielfältigen Arten von Seidenstoffen, die nach Europa gelangten, vgl.

Leanna Lee-Whitman, The Silk Trade: Chinese Silks and the British East India Company, in: Winterthur Portfolio. A Journal of American Material Culture 17 (1982), S. 21–41, bes. S. 24 ff.

[87] Dermigny: La Chine, Bd. 3, S. 1286.

[88] Davis: Industrial Revolution, S. 14–16.

[89] Dermigny: La Chine, Bd. 3, S. 1287.

[90] Greenberg: Trade, S. 1.

[91] Dermigny: La Chine, Bd. 1, S. 391.

[92] Du Halde, Description, Bd. 2, S. 177–204. Über D'Entrecolles als Kenner chinesischen Porzellans vgl. Yves Thomaz de Bossière, François Xavier Dentrecolles et l'apport de la Chine à l'Europe du XVIIIe siècle, Paris 1982, S. 105–14.

[93] Jörg: Porcelain, S. 125.

[94] Jiang: Jingji shi, S. 23.

[95] Richthofen: China, Bd. 3, S. 610.

[96] Über diese Arbeitsteilung anschaulich (aber auf der Grundlage von Material aus dem 20. Jahrhundert): Wittfogel: Wirtschaft, S. 561.

[97] Jörg: Porcelain, S. 124.

[98] Richthofen: China, Bd. 3, S. 610.

[99] Das Folgende nach: Michael Dillon, Jingdezhen as a Ming Industrial Center, in: Ming Studies 6 (1978), S. 37–44; Yuan Tsing, The Porcelain Industry at Ching-te-chen, 1550–1700, in: ebd., S. 45–53; Harriet T. Zurndorfer, Chinese Merchants and Commerce in Sixteenth-Century China: The Role of the State in Society, in Idema: Leyden Studies, S. 80–84.

[100] Das Folgende vor allem nach dem vorzüglichen Aufsatz: Wang Yuxin, Ming Qing liangdai Jiangxi Jingdezhen de guanyao shengchan yu taozheng [Porzellanpolitik und die Herstellung staatlichen Porzellans in Jingdezhen, Provinz Jiangxi, unter den Dynastien Ming und Qing], in: QSL 2 (1982), S. 80–99. Wang spricht hier ausdrücklich von einer staatlichen (*guanying*) Manufaktur (*shougong gongchang*) (S. 83).

[101] Zurndorfer, Chinese Merchants, S. 81.

[102] Wang Yuxin, Ming Qing liangdai, S. 85.

[103] Ebd., S. 92 f.

[104] In seinem berühmten Brief über das Porzellan vom 1. September 1712, hier zitiert nach Lettres édifiantes et curieuses, écrites des missions étrangerès, Bd. 18, Paris 1781, S. 277.

[105] Wittfogel (Wirtschaft, S. 509) bezieht diese Äußerung offenbar auf die *gesamte* «feudale» Epoche Chinas.

[106] Vgl. die Abbildungen in Jörg: Porcelain, S. 123, und Thomaz de Bossierre, François Xavier Dentrecolles, S. 110. Häufig bestellten kantonesische Kaufleute in Jingdezhen weißes Porzellan, das sie in Kanton mit europäischen Motiven bemalen ließen. Vgl. Zhu Jieqin, Shiqi, ba shiji Hua ci chuanru Ouzhou de jinguo ji qi xianghu yingxiang [Die Einführung von chinesischem Porzellan nach Europa und die Wechselwirkung von chinesischer und europäischer Porzellanherstellung im 17. und 18. Jahrhundert], in: ZSYJ 1980/4, S. 118.

[107] Lettres édifiantes et curieuses, Bd. 18, S. 277, 283.

[108] Cartier hat die These aufgestellt, es sei bis ins 18. Jahrhundert mit einer von Europa noch relativ unabhängigen ostasiatischen Konjunktur zu rechnen, deren Motor bis um 1700 Japan gewesen sei. Vgl. Michel Cartier, Les importations de métaux monétaires en Chine: Essai sur la conjoncture chinoise, in: Annales, E. S. C. 36 (1981), S. 454–66, bes. 462 f.

[109] Grundsätzlich dazu K. N. Chaudhuri, The Economic and Monetary Problem of European Trade with Asia during the Seventeenth and Eighteenth Centuries, in: JEEH 4 (1975), S. 323–58, bes. S. 334; J. H. Elliott, The Old World and the New 1492–1650, Cambridge 1970, S. 60 ff.; Om Prakash, Precious Metal Flows in Asia and World

Economic Integration in the Seventeenth Century, in Fischer: World Economy, Bd. 1, S. 83–96.

[110] Über die Gründe für das chinesische Interesse am Silber vgl. Yuan Tsing, The Silver Trade between America and China, 1550–1700, in: Hermann Kellenbenz (Hrsg.), Precious Metals in the Age of Expansion, Stuttgart 1981, S. 266. Ähnliche Effekte machten sich auch in der Wirtschaft Indiens bemerkbar. Dort verdreifachte sich zwischen 1591 und 1639 die Silberzirkulation. Vgl. Rothermund: Indien, S. 19.

[111] William S. Atwell, Notes on Silver, Foreign Trade, and the Late Ming Economy, in: CSWT 3:8 (Dezember 1977), S. 1–33; ders., International Bullion Flows and the Chinese Economy, circa 1530–1650, in: P&P 95 (1982), S. 86–89.

[112] Vgl. Mio Kishimoto-Nakayama, The Kangxi Depression and Early Qing Local Markets, in: MC 10 (1984), S. 229–36.

[113] Quan Hansheng, Meizhou baiyin yu shiba shiji Zhongguo wujia geming de guanxi [Zusammenhänge zwischen amerikanischem Silber und der Preisrevolution in China im 18. Jahrhundert], in Quan: Luncong, Bd. 2, S. 507; Peng Zeyi, Qingdai qianqi shougongye de fazhan, S. 44.

[114] Ebd., S. 45, 49–50.

[115] Silber zirkulierte nur in ungemünzter Form. Vgl. Yang: Money, S. 47. Die zentralstaatliche Geldpolitik befaßte sich nahezu ausschließlich mit Kupfer; Silber fand erst in den 1820er Jahren ihre Aufmerksamkeit. Vgl. Hans Ulrich Vogel, Chinese Central Monetary Policy, 1644–1800, in: Late Imperial China 8 (1987).

[116] Hans Ulrich Vogel, Der Kupferbergbau in der chinesischen Provinz Yunnan vom 18. bis zur Mitte des 19. Jahrhunderts: Produktion, Administration, Finanzierung, in: Der Anschnitt 41 (1989).

[117] Peng Yuxin, Qingdai qianqi Yunnan tongkuangye ji qi shengchan xingzhi de tantao [Der Kupferbergbau von Yunnan und seine Produktionsformen in der frühen Qing-Zeit], in: WDXB 1984/5, S. 80f., 83f.

[118] E-tu Zen Sun, Ch'ing Government and the Mineral Industries before 1800, in: JAS 27 (1967/68), S. 843.

[119] Wang Minglun, Yapian Zhanzheng qian Yunnan tongkuangye zhong de ziben zhuyi mengya [Keime des Kapitalismus im Kupferbergbau der Provinz Yunnan vor dem Opiumkrieg], in: LSYJ 1956/3, S. 43.

[120] Du Halde: Description, Bd. 2, S. 169.

[121] Ebd., S. 170.

[122] Quan Hansheng, Qingchao zhongye Suzhou de miliang maoyi [Der Reishandel in Suzhou in der Mitte der Qing-Dynastie], in: Lishi yanjiusuo jikan [Vierteljahresschrift des Instituts für Geschichte an der Academia Sinica, Taibei] 39, Teil 2 (1969), S. 71–86, bes. 76ff.; ders., Nan-Song miliang de shengchan yu yunxiao [Produktion und Vermarktung von Getreide unter der Südlichen Song-Dynastie], in Quan: Luncong, Bd. 1, S. 265–94, bes. 278–84; auch Kuhn, Die Song-Dynastie, S. 143–51.

[123] Vgl. Zhang Peigang/Zhang Zhiyi, Zhejiang sheng shiliang zhi yunxiao [Der Getreidemarkt in der Provinz Zhejiang], Changsha 1940, S. 36f.

[124] Über deren Organisation vgl. Timothy Brook, The Merchant Network in 16th Century China: A Discussion and Translation of Zhang Han's «On Merchants», in: JESHO 24 (1980), S. 168f. Zu den landesweiten Operationen von Kaufleuten aus der Provinz Guangdong vgl. Li Hua, Qingchao qianqi Guangdong de shangye yu shangren [Handel und Händler in Guangdong in der frühen Qing-Zeit], in: XSYJ 1982/2, S. 41f.

[125] Vgl. Shiba Yoshinobu, Ningpo and its Hinterland, in: Skinner: City, S. 403. Über die Shanxi-Banken ausführlich: Wei Juxian, Shanxi piaohao [Die Shanxi-Geldläden], Taibei 1978.

[126] So im Konzept der «tributären Produktionsweise» bei Samir Amin, Die ungleiche Entwicklung. Essay über die Gesellschaftsformation des peripheren Kapitalismus, Hamburg 1975.

[127] Siehe unten Kapitel 7.

[128] Vgl. jetzt auch Zhang Kai, Wan-Ming Zhongguo shichang yu shijie shichang [Chinesischer Markt und Weltmarkt in der späten Ming-Zeit], in: ZSYJ 1988/3, S. 3–15, wo die *günstigen* Wirkungen der Außenkontakte betont werden.

5. Die schwache Despotie

[1] Hosea Ballou Morse, The Gilds of China, London 1909, S. 20.

[2] Morse: Trade, S. 46.

[3] Ein prominenter Vertreter dieser These ist der Sozialanthropologe und Soziologe Fei Xiaotong. Vgl. Fei Hsiao-tung, Basic Power Structure in Rural China, in: ders., China's Gentry: Essays on Rural-Urban Relations, Chicago 1953, S. 75–89. Zum wissenschafts-geschichtlichen Hintergrund vgl. R. David Arkush, Fei Xiaotong and Sociology in Revolutionary China, Cambridge, Mass. 1981; René König, Fei Xiaotong. Ein Sozio-loge in den Turbulenzen des sozialen Wandels, in: KZfSS 37 (1985), S. 172–75; Li Hanlin u. a., Chinese Sociology 1898–1986, in: Social Forces 65 (1987), S. 626f.

[4] Etienne Balázs, China as a Permanently Bureaucratic Society, in: ders., Chinese Civilization and Bureaucracy: Variations on a Theme, New Haven 1964, S. 13–27. Dazu Rolf Trauzettel, Stabilität und Kontinuität der chinesischen Gesellschaft. Bemerkungen zum Werk des Sinologen Etienne Balázs (1905–1963), in: Saeculum 18 (1967), S. 264–77. In der neueren Forschung ähnlich Hsiao Kung-chuan, Rural China: Imperial Control in the Nineteenth Century, Seattle 1960; Qian Wen-yuan, The Great Inertia: Scientific Stagnation in Traditional China, London 1984.

[5] Der Kyoto-Schule, begründet von Naitô Konan. Rowe: Approaches, S. 261f.

[6] Vgl. Gilbert Rozman, Soviet Reinterpretations of Chinese Social History: The Search for the Origins of Maoism, in: JAS 34 (1974/75), S. 65.

[7] So etwa bei dem Schweizer Soziologen Leuenberger, der von «bürokratischer Zwangsjacke» und «bürokratischem Staatskapitalismus» spricht und die selbst für graue Vorzeiten problematische Wittfogel-These von der «Wasserbaubürokratie» bis 1911 (!) für gültig hält. Theodor Leuenberger, Zur Entstehung und Entwicklung von Bürokra-tien am Beispiel von China, in: ders./Karl-Heinz Ruffmann (Hrsg.), Bürokratie: Motor oder Bremse der Entwicklung? Bern 1977, S. 38.

[8] So zu Recht Jacques Gernet, Introduction, in Schram: Scope, S. xviii; auch Wolfram Eberhard, Die institutionelle Analyse des vormodernen China. Eine Einschätzung von Max Webers Ansatz, in: Schluchter: Max Webers Studie, S. 57. Unterschiede zwischen den großen Dynastien betont besonders Ch'ien Mu, Traditional Government in Impe-rial China: A Critical Analysis, Hongkong 1982 (zuerst chinesisch 1955).

[9] Dazu im Überblick Hsü: Rise, S. 55–91; Smith: Heritage, S. 31–54; Feuerwerker: State, S. 35–54. Für institutionengeschichtliche Details immer noch: Hsieh Pao-chao, The Government of China (1644–1911), Baltimore 1925.

[10] Ausgangspunkt dafür wäre die tiefsinnige Deutung bei Levenson: Confucian China, Bd. 2. Zur klassischen politischen Theorie der Chinesen vgl. die Standardwerke Alfred Forke, Geschichte der alten chinesischen Philosophie, Hamburg 1927; ders., Geschichte der mittelalterlichen chinesischen Philosophie, Hamburg 1934; ders., Ge-schichte der neueren chinesischen Philosophie, Hamburg 1938; Fung Yu-lan, A History of Chinese Philosophy, 2 Bde., Princeton 1952/53; Hsiao Kung-chuan, A History of Chinese Political Thought, Bd. 1, Princeton 1979; Benjamin I. Schwartz, The World of Thought in Ancient China, Cambridge, Mass. 1985. Leicht verständlich ist die am Ideal der Dynastien Tang und Song orientierte Darstellung bei E. A. Kracke, Jr., The Chinese and the Art of Government, in: Raymond Dawson (Hrsg.), The Legacy of China, London 1964, S. 309–39. Sehr lehrreich auch die Analyse eines Fürstenspiegels von 1662: Wm. Theodore de Bary, Chinese Despotism and the Confucian Ideal: A Seventeenth-Century View, in Fairbank: Thought, S. 163–203, bes. 170ff.

[11] Die Geschichte erzählt prägnant Charles O. Hucker, The Ming Dynasty: Its Origins and Evolving Institutions, Ann Arbor 1978, S. 15–23.

[12] Wolfgang Franke, China 1368 bis 1780, in: Saeculum-Weltgeschichte, Bd. 6, Freiburg i. Br. 1971, S. 240. Allerdings hat die Mongolenherrschaft die Herausbildung eines Systems despotischer Herrschaft nicht maßgeblich begünstigt. Vgl. dazu jetzt Elizabeth Endicott-West, Imperial Governance in Yüan Times, in: HJAS 46 (1986), S. 523–49. In milderem Licht – als gutwilliger Reformer, der sich bisweilen in den Mitteln vergriff – erscheint der Hongwu-Kaiser in einer neuen revisionistischen Studie: John W. Dardess, Confucianism and Autocracy: Professional Elites in the Founding of the Ming Dynasty, Berkeley 1983, S. 183 ff.

[13] Zum folgenden Franke, China 1368 bis 1780, S. 237–41; Hucker, The Ming Dynasty, S. 66–73; Edward L. Dreyer, Early Ming China: A Political History, 1355–1435, Stanford 1982, S. 147 ff.; John D. Langlois, Jr., The Hung-wu Reign, 1368–1398, in CHOC, Bd. 7, S. 107–81, bes. 139 ff.

[14] Vgl. Peter Greiner, Die Brokatuniform-Brigade (chin-i wei) der Ming-Zeit von den Anfängen bis zum Ende der T'ien-shun-Periode (1368–1464), Wiesbaden 1975, bes. S. 159 ff.

[15] Sie waren ursprünglich Handlanger des Kaisers, die aus der Bürokratie heraus rekrutiert wurden, wandelten sich aber um die Mitte der Dynastie zu selbständigeren politischen Entscheidungsträgern. Ray Huang, 1587: A Year of No Significance: The Ming Dynasty in Decline, New Haven 1981, S. 18.

[16] Zitiert bei Tilemann Grimm, State and Power in Juxtaposition: An Assessment of Ming Despotism, in Schram: Scope, S. 34.

[17] Vgl. Harold L. Kahn, Monarchy in the Emperor's Eyes: Image and Reality in the Ch'ien-lung Reign, Cambridge, Mass. 1971; Frederic Wakeman, Jr., High Ch'ing, 1683–1839, in Crowley: East Asia, S. 6-8.

[18] Die wichtigste Neuerung war die Schaffung des Großrats (junjichu) 1729. Ch'ien Mu, Traditional Government, S. 127.

[19] Vgl. Albert Chan, The Glory and Fall of the Ming Dynasty, Norman, Okla. 1982, S. 154 f.

[20] Dies hat schön nachgewiesen: Bernd-Michael Linke, Zur Entwicklung des mandjurischen Khanats zum Beamtenstaat. Sinisierung und Bürokratisierung der Mandjuren während der Erobererzeit, Wiesbaden 1982, bes. S. 29–59. Überhaupt fielen die Mandschus keineswegs als wilde Barbaren in eine ihnen fremde Hochkultur ein. Vgl. Gertraude Roth, The Manchu-Chinese Relationship, 1618–1636, in Spence/Wills: Ming, S. 1–38.

[21] Vgl. die Darstellung der sechs «Südreisen», die der Kangxi-Kaiser zwischen 1684 und 1707 unter anderem in solch kontrollierender Absicht unternahm, bei Jonathan Spence, Ts'ao Yin and the K'ang-hsi Emperor: Bondservant and Master, New Haven 1966, S. 124 ff.

[22] Vgl. Ray Huang, 1587, S. 93 und passim.

[23] Silas H. L. Wu, Communication and Imperial Control in China: Evolution of the Palace Memorial System, 1693–1735, Cambridge, Mass. 1970, S. 115 ff.

[24] Huang Pei, Autocracy at Work: A Study of the Yung-cheng Period, 1723–1735, Bloomington/London 1974, S. 113 ff.

[25] Für einen Vergleich zwischen China und Indien, der zu diesem Ergebnis kommt, vgl. Paul R. Greenough, Comments from a South Asian Perspective: Food, Famine and the Chinese State, in: JAS 41 (1982), S. 789–97, bes. 791 f., 794 f.

[26] Weber: Wirtschaft und Gesellschaft, S. 134. Webers Interpretation der chinesischen Herrschaftsordnung kann hier nicht erörtert werden. Eine gute Zusammenfassung gibt Stefan Breuer, Imperium und Rechtsordnung in China, in: ders./Hubert Treiber (Hrsg.), Die Rechtssoziologie Max Webers. Interpretation, Kritik, Weiterentwicklung, Opladen 1984, S. 70–91.

27 Zu den erstaunlichen Arbeitspensen der Mandschu-Kaiser vgl. Silas H. L. Wu, Emperors at Work: The Daily Schedules of the K'ang-hsi and Yung-cheng Emperors, 1661–1735, in: Tsinghua Journal of Chinese Studies, n. s. 8 (1970), S. 210–27. Auch die beiden Nachfolger Qianlongs, sein Sohn Jiaqing (1796–1820) und sein Enkel Daoguang (1821–1850), bemühten sich noch, dem Muster des omnipotenten und omnikompetenten Autokraten zu entsprechen, allerdings unter ungünstigeren Bedingungen und mit viel geringerem Erfolg. Vgl. F. W. Mote in Rozman: Modernization, S. 56 f.

28 Zit. Ray Huang, The Merger of Chinese History with Western Civilization, in: CSH 20 (1986), S. 102.

29 Kurz zur Geschichte: Wolfgang Franke, The Reform and Abolition of the Traditional Chinese Examination System, S. 1 ff.; zum Verfahren: Miyazaki Ichisada, China's Examination Hell: The Civil Service Examinations of Imperial China, New Haven 1976. Eine anschauliche Schilderung eines der letzten Examina findet sich bei Chiang Monlin, Tides from the West: A Chinese Autobiography, New York 1947, S. 54 ff.

30 Miyazaki, China's Examination Hell, S. 119–21; Ho Ping-ti, The Ladder of Success in Imperial China: Aspects of Social Mobility, 1368–1911, New York 1962, S. 190–94. Auch Chou Hsiu-fen Vetter, Korruption und Betrug im traditionellen Prüfungssystem Chinas, Freiburg i. Br. 1985, wo jedoch zu wenig epochenspezifisch differenziert wird.

31 Wakeman: Fall, S. 22.

32 Smith: Heritage, S. 50.

33 Ho Ping-ti, The Ladder of Success, S. 119.

34 Das berühmteste Beispiel ist die Karriere des Heshen, eines Mandschu mit dem untersten Prüfungsgrad und Mitglieds der kaiserlichen Leibgarde, der 1775, 25jährig, durch Qianlong erhöht wurde und in den letzten Lebensjahren des Kaisers einen diktatorischen Einfluß ausübte. Vgl. Hummel: Eminent Chinese, S. 288–90.

35 Vgl. für das 19. Jahrhundert: James H. Cole, Shaohsing: Competition and Cooperation in Nineteenth-Century China, Tucson, Ariz. 1986, S. 73 ff.

36 Montesquieu, De l'Esprit des lois, III/9.

37 Zur einführenden Charakterisierung des Legismus vgl. Wolfgang Bauer, China und die Hoffnung auf Glück. Paradiese, Utopien, Idealvorstellungen, München 1971, S. 93 ff. Ausführlich Hsiao Kung-chuan, History of Chinese Political Thought, Bd. 1, S. 368 ff. Quellentexte in Wm. Theodore de Bary u. a. (Hrsg.), Sources of Chinese Tradition, Bd. 1, New York 1960, S. 122–49.

38 Thomas A. Metzger, The Internal Organization of Ch'ing Bureaucracy: Legal, Normative and Communicative Aspects, Cambridge, Mass. 1973, S. 404 f.

39 Levenson: Confucian China, Bd. 2, S. 48.

40 Vgl. die Fallstudien in Klaus Malettke (Hrsg.), Ämterkäuflichkeit. Aspekte sozialer Mobilität im europäischen Vergleich (17. und 18. Jahrhundert), Berlin 1980.

41 Wang: Taxation, S. 9.

42 Gabriel Ardant, Financial Policy and Economic Infrastructure in Modern States and Nations, in Tilly: Formation, S. 180.

43 Chiang Tao-chang, The Production of Salt in China, 1644–1911, in: Annals of the Association of American Geographers 66 (1976), S. 516–30; ders., The Salt Trade in Ch'ing China, in: MAS 17 (1983), S. 197–219. Grundlegend jetzt Hans Ulrich Vogel, Untersuchungen über die Salzgeschichte von Sichuan (311 v. Chr. – 1911). Strukturen des Monopols und der Produktion, Habilitationsschrift, Heidelberg 1988, bes. S. 58 ff., sowie Xiao Guoliang, Lun Qingdai gangyan zhidu [Das Salztransportsystem der Qing-Zeit], in: LSYJ 1988/5, S. 64–73.

44 Thomas A. Metzger, The Organizational Capabilities of the Ch'ing State in the Field of Commerce: The Liang-huai Salt Monopoly, 1740–1840, in Willmott: Organization, S. 19 f.

45 Ho Ping-ti, The Salt Merchants of Yang-chou: A Study of Commercial Capitalism in Eighteenth Century China, in: HJAS 17 (1954), S. 149.

[46] Wang Sizhi/Jin Chengji, Qingdai qianqi Lianghuai yanshang de shengshuai [Blüte und Niedergang der Salzkaufleute der Lianghuai-Region in der frühen Qing-Zeit], in: ZSYJ 1981/2, S. 66–84, hier 73–75.

[47] Der tael (auch liang) war die Rechnungseinheit der chinesischen Silberwährung. Eine Umrechnung in heutige Äquivalente ist sinnvoll nicht möglich.

[48] Ye Xian'en, Hui shang lirun de fengjianhua yu ziben zhuyi mengya [Die Feudalisierung der Profite der Huizhou-Kaufleute und die Keime des Kapitalismus], in: ZDXB 1983/1, S. 49. Grundsteuer nach Feuerwerker: State, S. 91, Tabelle 5, Beamtengehälter nach Madeleine Zelin, The Magistrate's Tael: Rationalizing Fiscal Reform in Eighteenth-Century Ch'ing China, Berkeley 1984, S. 27, Tabelle 2. 7. Zum Reichtum der Salzkaufleute vgl. Wakeman: Fall, S. 47–50; Ho Ping-ti, Salt Merchants, S. 153 f.

[49] Wang: Taxation, S. 80.

[50] Zur Rechtslage ebd., S. 130–32.

[51] Feuerwerker: State, S. 90–92.

[52] Ch'ü T'ung-tsu, Local Government in China under the Ch'ing, Stanford 1962, S. 139.

[53] Wang: Taxation, S. 26f.

[54] Vgl. ebd., S. 29.

[55] Weber: Konfuzianismus, S. 342.

[56] Wang: Taxation, S. 27–29.

[57] Hsiao Kung-chuan, Rural China, S. 508.

[58] Immer wieder wird im 18. Jahrhundert Du Haldes Aussage zitiert, «qu'on peut dire que le gouvernement Chinois ne subsiste guères que par l'exercise du bâton» (Description, Bd. 2, S. 134). Allerdings ist der Kontext eine Diskussion des chinesischen Strafvollzugs. Du Haldes Ansichten über chinesische Politik waren durchaus differenzierter.

[59] Albert Feuerwerker, The State and the Economy in Late Imperial China, in: Th&S 13 (1984), S. 300, Tabelle 1.

[60] Carlo Cipolla, Before the Industrial Revolution: European Society and Economy, 1000–1700, London 1976, S. 47.

[61] So etwa Louis Le Comte, Nouveaux mémoires sur l'état present de la Chine, Amsterdam 1697, Bd. 2, S. 11.

[62] Vor allem das berühmte «Ein-Peitsche-System» (yitiaobian). Vgl. Ray Huang, Taxation and Government Finance in Sixteenth-Century Ming China, Cambridge 1974.

[63] Wang: Taxation, S. 131; Zelin, The Magistrate's Tael, Kap. 1 und passim.

[64] Vgl. Wittfogel: Despotie, bes. S. 25. Zu Wittfogel vgl. Gary L. Ulmen, The Science of Society: Toward an Understanding of the Life and Work of Karl August Wittfogel, Den Haag 1979; Dieter Senghaas, Wittfogel redivivus, in: Leviathan 8 (1980), S. 133–41. Eine chinesische Wittfogel-Diskussion hat begonnen mit einem Aufsatz von Wu Dakun in LSYJ 1982/4, S. 27–36. Der weitere Kontext der Diskussion um die «asiatische Produktionsweise» kann hier nicht skizziert werden. Vgl. dazu aus der neueren Literatur: Reinhart Kößler, Dritte Internationale und Bauernrevolution. Die Herausbildung des sowjetischen Marxismus in der Debatte um die «asiatische» Produktionsweise, Frankfurt/New York 1982; Stephen P. Dunn, The Fall and Rise of the Asiatic Mode of Production, London 1982; Alfons Esser, Die gegenwärtige Diskussion der asiatischen Produktionsweise in der Volksrepublik China, Bochum 1982; vor allem Joshua A. Fogel, The Debate over the Asiatic Mode of Production in Soviet Russia, China and Japan, in: AHR 93 (1988), S. 56–79.

[65] «In general, the Qing approach to agrarian problems was more technological than redistributionist.» Peter C. Perdue, Exhausting the Earth: State and Peasant in Hunan, 1500–1800, Cambridge, Mass. 1987, S. 16.

[66] Feuerwerker, The State and the Economy, S. 313.

[67] Vgl. Jerome Blum, Lord and Peasant in Russia: From the Ninth to the Nineteenth Century, Princeton 1961, S. 475 ff.

[68] Eine kurze Übersicht über diese klassischen Bauten findet sich bei Yang Lien-sheng, Economic Aspects of Public Works in Imperial China, in: ders., Excursions in Sinology, Cambridge/Mass. 1969, S. 191–248, hier 202–204.

[69] Wir beschränken uns hier auf die Wasserregulierung. Zur Getreidespeicherung sei verwiesen auf die meisterhafte Analyse bei Pierre-Etienne Will, Bureaucratie et famine en Chine au 18e siècle, Paris 1980; ders., Le stockage public des grains en Chine à l'époque des Qing (1644–1911): Problèmes de gestion et problèmes de contrôle, in: Annales, E. S. C. 38 (1983), S. 259–78. Wills Forschungen werden diskutiert bei R. Bin Wong/Peter C. Perdue, Famine's Foes in Ch'ing China, in: HJAS 43 (1983), S. 291–332.

[70] Vgl. als Fallstudie Klaus Flessel, Der Huang-ho und die historische Hydrotechnik in China. Unter besonderer Berücksichtigung der nördlichen Sung-Zeit und mit einem Ausblick auf den vergleichbaren Wasserbau in Europa, Tübingen 1974, bes. S. 87–106.

[71] Naquin/Rawski: Eighteenth Century, S. 23 f.

[72] Die erste Fassung dieser Interpretation findet sich in Pierre-Etienne Will, Un cycle hydraulique en Chine: La province de Hubei du XVIe au XIXe siècle, in: Bulletin de l'Ecole Française d'Extrême-Orient 68 (1980), S. 261–87; zuletzt ders., On State Management of Water Conservancy in Late Imperial China, in: PFEH 36 (1987), S. 71–91.

[73] Ders., State Intervention in the Administration of a Hydraulic Infrastructure: The Example of Hubei Province in Late Imperial Times, in: Schram: Scope, S. 295–347.

[74] Ebd., S. 327. Eine eindringliche Illustration bietet: Peter C. Perdue, Water Control in the Dongting Lake Region during the Ming and Qing Period, in: JAS 41 (1982), S. 747–65; ders., Exhausting the Earth, S. 197ff. Vgl. auch Antonia Finnane, Bureaucracy and Responsibility: A Reassessment of the River Administration under the Qing, in: PFEH 30 (1984), S. 161–98.

[75] Will, State Intervention, S. 339.

[76] Vgl. dazu etwa auch die ausführliche Fallstudie: Jian Rui, Qingdai Sichuan yanye chuxian ziben zhuyi mengya de tiaojian [Bedingungen für das Auftreten kapitalistischer Keime in der Salzwirtschaft der Provinz Sichuan während der Qing-Zeit], in: ZSJSL 2 (1982), S. 470–97, bes. 483 f.

[77] Vgl. Susan Mann, Brokers as Entrepreneurs in Presocialist China, in: CSSH 26 (1984), S. 614–36.

[78] Chiang Tao-chang, The Salt Trade in Ch'ing China, S. 205.

[79] Die Söhne der Salzkaufleute erhielten die beste Erziehung im gesamten chinesischen Reich. Ho Ping-ti, Salt Merchants, S. 165.

[80] Xiao Guoliang, Qingdai Lianghuai yanshang de shechixing xiaofei ji qi jingji yingxiang [Der Luxuskonsum der Salzkaufleute der Lianghuai-Region und seine Auswirkungen auf die Ökonomie der Qing-Zeit], in: LSYJ 1982/4, S. 136–44; Ye Xian'en, Hui shang lirun, S. 50–53, 55.

[81] Wei Qingyuan/Wu Qiyan, Qingdai zhuming huangshang Fan shi de xingshuai [Aufstieg und Fall der berühmten «kaiserlichen» Kaufmannsfamilie der Fan in der Qing-Zeit], in: LSYJ 1981/3, S. 127–44, hier 139–43.

[82] Vgl. Thomas A. Metzger, T'ao Chu's Reform of the Huaipei Salt Monopoly (1831–1833), in: PC 16 (1962), S. 1–39.

[83] Daß es sich dabei weitgehend um rituell und gewohnheitsmäßig wiederholte literarische Topoi handelte, aus denen nicht ohne weiteres auf die Praxis geschlossen werden darf, betont Thomas A. Metzger, The State and Commerce in Imperial China, in: Asian and African Studies 6 (1970), S. 23–46, hier 25–32.

[84] Daß im kaiserlichen China von keiner gesellschaftlichen Gruppe so wenig Gefahr für das politische System ausging wie von den Kaufleuten, daß der imperiale Staat sich also gar nicht die Mühe machen mußte, sie (wie gelegentlich rebellische Bauern und widerspenstige Gentry) zu disziplinieren, zeigt Yang Lien-sheng, Government Control of the Urban Merchant in Traditional China, in: Tsing Hua Journal of Chinese Studies, n. s., 8 (1970), S. 186–209, hier 199–203.

[85] So jetzt auch das Urteil bei Naquin/Rawski: Eighteenth Century, S. 26.

[86] Vgl. Edwin G. Beal, The Origins of Likin, 1853–1864, Cambridge, Mass. 1958.

[87] Yang Lien-sheng, Government Control, S. 197.

[88] Auf die welthistorische Ausnahmestellung einer tendenziell staatsfreien Marktwirtschaft hat bekanntlich Karl Polanyi hingewiesen (The Great Transformation: The Political and Economic Origins of Our Time, New York 1944).

[89] Die Gegenüberstellung von «Staat» und «Gesellschaft» erfolgt hier zum Zwecke der Verdeutlichung in potentiell vergleichender Absicht. Es muß daran erinnert werden, daß in der chinesischen Weltsicht oder Kosmologie (im Sinne von Sir Edmund Leach: «the ideological superstructure which serves as a justification for everything that goes on», Social Anthropology, London 1982, S. 213) der Gegensatz zwischen Staat und Gesellschaft, «öffentlich» und «privat», zwar nicht ganz fehlt, aber weniger scharf gefaßt wird als im Westen. Eine ungefähre Parallele ist die wichtige chinesische Unterscheidung zwischen guan, den Angehörigen der machthabenden Beamtenhierarchie, und min, dem Rest der Gesellschaft, dem «Volk». Wenn Gernet (Introduction, S. xxx) mit Recht die Frage stellt, ob es in China überhaupt die Vorstellung von einer autonomen Sphäre der «Ökonomie», in die der «Staat» von außen eingreift, gegeben habe, so ist die Frage allerdings auch an das vorliberale Europa zu richten. Auch in diesem Punkt dürften die ancien régimes der vorindustriellen Welt nicht extrem weit voneinander entfernt sein. Zu den Polaritäten innerhalb der chinesischen Kosmologie vgl. Peter Weber-Schäfer, Staat und Gesellschaft in China. Über die Anwendbarkeit sozialwissenschaftlicher Kategorien, in Link: China, S. 243–60, bes. 249; Benjamin I. Schwartz, Some Polarities in Confucian Thought, in: Arthur F. Wright (Hrsg.), Confucianism and Chinese Civilization, Chicago 1964, S. 3–15. Zur Besonderheit des chinesischen Rechtsverständnisses vgl. Oskar Weggel, Chinesische Rechtsgeschichte, Leiden/Köln 1980, S. 216–35, bes. 220–22.

[90] So die These bei Feuerwerker, The State and the Economy, S. 322.

[91] Jerome Blum, The Internal Structure and Polity of the European Village Community from the Fifteenth to the Nineteenth Century, in: JMH 43 (1971), S. 541.

[92] Ramon H. Myers, Cooperation in Traditional Agriculture and Its Implications for Team Farming in the People's Republic of China, in Perkins: Economy, S. 261.

[93] Zu den traditionalen Formen der Arbeitskooperation vgl. Joachim Durau, Arbeitskooperation in der chinesischen Landwirtschaft. Die Veränderung bäuerlicher Produktionsbeziehungen zwischen Agrarrevolution und Kollektivierung (1927–1957), Bochum 1983, S. 10–19.

[94] Ch'ü T'ung-tsu, Local Government, S. 2; Hsiao Kung-chuan, Rural China, S. 281–84. Für einen instruktiven Vergleich zwischen China und Japan vgl. Fukutake Tadashi, Rural Society: China, India, Japan, Tokio 1967, S. 12 ff.

[95] Teodor Shanin, Russia as a «Developing Society», Basingstoke 1985, S. 75.

[96] Wang: Taxation, S. 41. Trotz Wangs vorzüglicher Analyse fehlt eine Darstellung der Steuererhebungsmethoden der Qing-Zeit von der Ausführlichkeit wie Ray Huang, Taxation and Government Finance in Sixteenth-Century Ming China, S. 141 ff.

[97] Furushima Kazuo, Village Society in Prerevolutionary China, in: The Developing Economies 10 (1972), S. 219.

[98] Vgl. Morton H. Fried, China: An Anthropological Overview, in: Meskill: Introduction, S. 369 f. Die inzwischen sehr umfangreiche Literatur zur Sozialanthropologie des chinesischen Dorfes kann hier nicht angeführt werden.

[99] Die grundlegende Arbeit ist Skinner: Marketing, jetzt leicht verständlich resümiert bei Eastman: Family, S. 115–20.

[100] G. William Skinner, Chinese Peasants and the Closed Community: An Open and Shut Case, in: CSSH 13 (1971), S. 272.

[101] Vgl. Johnson: Popular Culture.

[102] Vgl. Perry: Rebels, S. 80–94.

[103] Skinner, Chinese Peasants and the Closed Community, S. 281.
[104] John K. Fairbank, Introduction: The Old Order, in CHOC, Bd. 10, S. 21.
[105] Über Funktionen und Rekrutierung dieser Beamten vgl. John R. Watt, The District Magistrate in Late Imperial China, New York 1972, S. 11 ff.
[106] Ray Huang/Joseph Needham, The Nature of Chinese Society: A Technical Interpretation, in: JOS 12 (1974), S. 7.
[107] Eine gute Skizze dieser «gentry» (shenshi) gibt Wakeman: Fall, S. 19–37. Zu ihrer politisch-administrativen Rolle vgl. vor allem Rozman: Modernization, S. 82–97. Wolfram Eberhard hat gar die Geschichte Chinas weithin am Leitfaden der wechselnden Rolle der «gentry» geschrieben: Geschichte Chinas. Von den Anfängen bis zur Gegenwart, Stuttgart 1971. Schöne Fallstudien sind Cole, Shaohsing, S. 14 ff.; Hilary J. Beattie, Land and Lineage in China: A Study of T'ung-ch'eng County, Anhwei, in the Ming and Ch'ing Dynasties, Cambridge 1979. Kap. 1 und 3.
[108] Chang Chung-li, The Chinese Gentry, S. 113.
[109] Vgl. Hoffmann: Traditionale Gesellschaft, S. 65–70; Paolo Santangelo, Alcuni elementi della società cinese nel periodo Ming e Qing, Neapel 1987, S. 55–73.

6. Expansion, Grenzsicherung und Tributkonventionen im kontinentalasiatischen Raum

[1] Vgl. Robert H. G. Lee, Frontier Politics in the Southwestern Sino-Tibetan Borderlands during the Ch'ing Dynasty, in: Fogel/Rowe: Perspectives, S. 35–68; sowie die exzellente Monographie: Claudine Lombard-Salmon, Un exemple d'acculturation chinoise: La province du Gui Zhou au XVIIIe siècle, Paris 1972, bes. S. 163 ff.
[2] Vgl. Alan S. Whiting, China Crosses the Yalu: The Decision to Enter the Korean War, Stanford 1960, S. 114; Peter Lowe, Origins of the Korean War, London 1986, S. 150 ff. Siehe unten S. 360 f.
[3] Vgl. Wei Nengtao, Ming Qing shiqi Zhong-Ri Changqi shangchuan maoyi [Dschunkenhandel in Nagasaki während der Dynastien Ming und Qing], in: ZSYJ 1986/2, S. 49–64; Iwao Seiichi, Japanese Foreign Trade in the 16th and 17th Centuries, in: AA 30 (1976), S. 1–18, bes. 10–14. Über die Bedeutung von Importen für die Wirtschaft der Tokugawa-Zeit vgl. Robert L. Innes, The Door Ajar: Japan's Foreign Trade in the Seventeenth Century, Ph. D. thesis, University of Michigan 1980, S. 474 ff. Das Bild von einer totalen Isolierung Japans relativiert auch Ronald P. Toby, State and Diplomacy in Early Modern Japan: Asia in the Development of the Tokugawa Bakufu, Princeton 1984.
[4] Die extrem komplizierten Verhältnisse in Zentralasien können hier nur in den gröbsten Züge dargestellt werden. Für eine grandiose Analyse der ökologischen, geopolitischen und welthistorischen Ausgangslage sei abermals auf die Studien Owen Lattimores verwiesen. Zur Einführung geeignet: Studies in Frontier History. Collected Papers 1928–1958, London 1962, S. 501–13; sowie Owen and Eleanor Lattimore, The Making of Modern China, New York 1944, S. 41–52.
[5] Die Mandschurei diente auch als Übungsplatz für die manöverähnlichen Jagden, bei denen die Kaiser Urlaub, Sport, Selbststilisierung als Kämpfer und körperliche Strapazierung des Hofstaats miteinander verbanden. Vgl. Hou Ching-lang/Michèle Pirazzoli, Les chasses d'automne de l'empereur Qianlong à Moulan, in: TP 65 (1979), S. 13–50, bes. 38–40.
[6] Naquin/Rawski: Eighteenth Century, S. 207.
[7] Chao: Manchuria, S. 2 f.; Tian Zhihe, Qingdai Dongbei Mengdi kaifa shuyao [Die Öffnung und Erschließung von Mandschurei und Mongolei in der Qing-Zeit], in: Dongbei shida xuebao [Wissenschaftliche Zeitschrift der Pädagogischen Hochschule der Mandschurei] 1984/1, S. 87–93, bes. 92.
[8] Joseph Fletcher, Ch'ing Inner Asia c. 1800, in CHOC, Bd. 10, S. 39–47; Robert H. G. Lee, The Manchurian Frontier in Ch'ing History, Cambridge, Mass. 1970.

⁹ Veronika Veit, Die mongolischen Völkerschaften vom 15. Jahrhundert bis 1691, in Weiers: Mongolen, S. 386–89; Luc Kwanten, Imperial Nomads: A History of Central Asia, 500–1500, Leicester 1979, Kap. 10.

¹⁰ David M. Farquhar, The Origins of the Manchu's Mongolian Policy, in Fairbank: World Order, S. 204; ders., Mongolian versus Chinese Elements in the Early Manchu State, in: CSWT 2:6 (1971), S. 11–23.

¹¹ Zu Organisation und Funktionen des *lifanyuan* vgl. Hsieh Pao-chao, The Government of China (1644–1911), Baltimore 1925, S. 321–41; Zhao Yuntian, Lifanyuan, in: Qingshi yanjiu ji [Forschungsbeiträge zur Geschichte der Qing-Dynastie], Bd. 2, Beijing 1982, S. 238–45.

¹² Veronika Veit, Qalqa 1691 bis 1911, in Weiers: Mongolen, S. 437–39; Hans-Rainer Kämpfe, Die Innere Mongolei von 1691 bis 1911, in ebd., S. 414–16.

¹³ Rossabi: Inner Asia, S. 141–49, stellt die Hintergründe übersichtlich dar.

¹⁴ Eine immer noch lesenswerte hochdramatische Schilderung der Ereignisse findet sich bei Maurice Courant, L'Asie centrale aux XVIIe et XVIIIe siècles: Empire Kalmouk ou Empire Mantchou? Lyon/Paris 1912, S. 106–14.

¹⁵ Tichvinskij: Modern History, S. 44.

¹⁶ Über Xinjiang in souveränem Überblick: Lattimore, Studies in Frontier History, S. 183–99; über die Umorganisation zur Provinz vgl. Nailene Josephine Chou, Frontier Studies and Changing Frontier Administration in Late Ch'ing China: The Case of Sinkiang 1759–1911, Ph. D. thesis, University of Washington 1976, S. 214ff.

¹⁷ Allein zwischen 1753 und 1757 wurden von den Qalqa-Mongolen konfisziert oder zu künstlich gedrückten Preisen gekauft: 150 000 Pferde, 221 000 Kamele, 22 300 Rinder und 469 000 Schafe. Veit, Qalqa 1691 bis 1911, S. 454.

¹⁸ Rossabi: Inner Asia, S. 149; Joseph Fletcher, China and Central Asia, 1368–1884, in Fairbank: World Order, S. 216–19.

¹⁹ Fletcher, Ch'ing Inner Asia, S. 77.

²⁰ Zu Theorie und Praxis einleitend: Michael Crowder, West Africa under Colonial Rule, London 1968, S. 216ff.

²¹ Vgl. Peter Worsley, The Three Worlds: Culture and World Development, London 1984, S. 5.

²² Lattimore, Studies in Frontier History, S. 197.

²³ Lörincz: Mongolie, S. 149.

²⁴ Veit, Qalqa 1691 bis 1911, S. 447f.

²⁵ Ebd., S. 448f.

²⁶ Ebd., S. 460–62. Vgl. auch die Studien über die chinesische Penetration des Geldwesens von Qalqa bei M. Sanjdorj, Manchu Chinese Colonial Rule in Northern Mongolia, London 1980, S. 40ff.

²⁷ Fletcher, Ch'ing Inner Asia, 52.

²⁸ Erst um die Mitte des 19. Jahrhunderts begann mit der Umwandlung von Weide- in Ackerland die agrikulturelle Kolonisierung der Inneren Mongolei durch han-chinesische Siedler. Vgl. Joseph Fletcher, The Heyday of the Ch'ing Order in Mongolia, Sinkiang and Tibet, in CHOC, Bd. 10, S. 356–58.

²⁹ Kämpfe, Die Innere Mongolei von 1691 bis 1911, S. 427.

³⁰ Fletcher, Ch'ing Inner Asia, S. 54.

³¹ Larry Moses/Stephen A. Halkovic, Jr., Introduction to Mongolian History and Culture, Bloomington 1985, S. 225.

³² Die Kolonialmacht achtete sorgfältig darauf, daß die Reinkarnationen nicht unter den Sprößlingen mongolischer *Adels*familien gefunden wurden. Vgl. Wang Chen-main, The Ch'ing Dynasty and Its Influence and Effects on Mongolia, in: Chinese Culture 26 (1985), S. 79f.

³³ Neun Phasen im Prozeß der Unterwerfung Tibets unterscheidet A. S. Mart'ynov, Quelques particularités de la politique du gouvernement Qing au Tibet à la fin du

XVIIIe siècle, in Tichvinskij: Domination, S. 222 f.; ders., Status Tibeta v XVII-XVIII vekach v tradicionnoj kitajskoj sisteme političeskich predstavlenij, Moskau 1978, S. 134 ff. Über die chinesische Tibetpolitik im 18. Jahrhundert vgl. auch Luciano Petech, China and Tibet in the Early Eighteenth Century: History of the Establishment of a Chinese Protectorate in Tibet, Leiden 1972, bes. S. 236 ff.; Fletcher, Ch'ing Inner Asia, S. 90–106; Grunfeld: Tibet, S. 42–45.

[34] Der Vergleich findet sich kurz bei Franke/Trauzettel: Kaiserreich, S. 292.

[35] Über die inneren Verhältnisse in Tibet vgl. Luciano Petech, Aristocracy and Government in Tibet 1728–1959, Rom 1973 (eine hauptsächlich prosopographische Studie).

[36] Lattimore, Inner Asian Frontiers, S. 137.

[37] Vgl. etwa Barry Hindess/Paul Q. Hirst, Vorkapitalistische Produktionsweisen, Frankfurt a. M. 1981, S. 140 ff., bes. 160; bezogen auf China: Ulrich Menzel, Theorie und Praxis des chinesischen Entwicklungsmodells. Ein Beitrag zum Konzept autozentrierter Entwicklung, Opladen 1978, S. 21 ff.

[38] Die klassische Analyse des Tributsystems ist John K. Fairbank/Teng Ssu-yu, On the Ch'ing Tributary System, in: HJAS 6 (1941), S. 135–246. Gute kurze Darstellungen finden sich bei Hsü: Rise, S. 181–85; Wiethoff: Ältere Geschichte, S. 200 ff.

[39] Franke: Abendland, S. 24.

[40] Arthur F. Wright, On the Uses of Generalization in the Study of Chinese History, in: Louis Gottschalk (Hrsg.), Generalization in the Writing of History, Chicago 1963, S. 40. Als Kritik an dieser Deutung vgl. Heiner Roetz, Mensch und Natur im alten China. Zum Subjekt-Objekt-Gegensatz in der klassischen chinesischen Philosophie. Zugleich eine Kritik des Klischees vom «chinesischen Universismus», Frankfurt a. M. 1984, S. 78 ff.

[41] Wang Gungwu, The Rhetoric of a Lesser Empire: Early Sung Relations with Its Neighbors, in: Morris Rossabi (Hrsg.), China Among Equals: The Middle Kingdom and Its Neighbors, 10th to 14th Centuries, Berkeley 1983, S. 50.

[42] Hochinteressant dazu die in andere Richtung zielenden Überlegungen bei Karl Bünger, Concluding Remarks on Two Aspects of the Chinese Unitary State as Compared with the European State System, in Schram: Foundations, S. 313–23.

[43] Vgl. zuletzt Otto Kimminich, Die Entstehung des neuzeitlichen Völkerrechts, in: Iring Fetscher/Herfried Münkler (Hrsg.), Pipers Handbuch der politischen Ideen, Bd. 3, München 1985, S. 73–100; Harm Klueting, Die Lehre von der Macht der Staaten. Das außenpolitische Machtproblem in den «politischen Wissenschaften» und in der praktischen Politik im 18. Jahrhundert, Berlin 1986; Herfried Münkler, Im Namen des Staates. Die Begründung der Staatsraison in der Frühen Neuzeit, Frankfurt a. M. 1987.

[44] Auch Fairbank, der einflußreichste neuere Historiker des Tributsystems, hat dies eingeräumt: «Taken together, these practices constituted the tribute system.» John K. Fairbank, A Preliminary Framework, in Fairbank: World Order, S. 10. Der Vorwurf, Fairbank hypostasiere ein nur im Bewußtsein des Historikers existierendes «Tributsystem», zielt auf das richtige Sachproblem, trifft aber den falschen Autor: Tan Chung, Interpretations of the Opium War (1840–42): A Critical Appraisal, in: CSWT 3, Supplement 1 (Dez. 1977), S. 34 f.

[45] Mancall: Center, S. 13 f.

[46] Fletcher, China and Central Asia, S. 210 ff., 224.

[47] Erhard Rosner, Die «Familie der Völker» in der Diplomatiegeschichte Chinas, in: Saeculum 32 (1981), S. 103–16, bes. 111–16.

[48] Siehe unten Kapitel 7.

[49] Sie wurden noch 1899, als sie bis auf Siam längst unter europäische Kolonialherrschaft gefallen waren, in Qing-Dokumenten als Tributstaaten aufgeführt. Vgl. Fairbank/Teng, On the Ch'ing Tributary System, S. 174.

[50] Fairbank, A Preliminary Framework, S. 11.

[51] Lee: Korea, S. 215 f.

[52] Erling von Mende. China und die Staaten auf der koreanischen Halbinsel bis zum 12. Jahrhundert. Eine Untersuchung zur Entwicklung der Formen zwischenstaatlicher Beziehungen in Ostasien, Wiesbaden 1982, S. 18. Immer noch grundlegend ist M. Frederick Nelson, Korea and the Old Orders in Eastern Asia, Baton Rouge 1945.

[53] Fairbank: East Asia, S. 306.

[54] Kim: Last Phase, S. 6–9.

[55] Chun Hae-jong, Sino-Korean Tributary Relations in the Ch'ing Period, in Fairbank: World Order, S. 90–111, bes. 102–109.

[56] Deren eigentümliche doppelte Loyalität zu China wie zu Japan untersuchen Robert K. Sakai, The Ryûkyû (Liu-ch'iu) Islands as a Fief of Satsuma, in Fairbank: World Order, S. 112–34, und Ch'en Ta-tuan, Investiture of Liu-ch'iu Kings in the Ch'ing Period, in: ebd., S. 135–64.

[57] Vgl. Alexander B. Woodside, Vietnam and the Chinese Model: A Comparative Study of Nguyen and Ch'ing Administration in the First Half of the Nineteenth Century, Cambridge, Mass. 1971, S. 234–46.

[58] Über die Mannigfaltigkeit der politischen Formen in Südostasien während des 18. Jahrhunderts vgl. David Joel Steinberg u. a., In Search of Southeast Asia: A Modern History, Honolulu 1985, S. 59–91, dort S. 62–64 über Siam.

[59] Wyatt: Thailand, S. 145–61. Die absolute Monarchie wurde in Siam erst 1932 abgeschafft. Zur Vorgeschichte vgl. Benjamin A. Batson, The End of the Absolute Monarchy in Siam, Singapore 1984, S. 1–25.

[60] In kleinem Umfang gab es auch Überlandhandel. Dazu sehr detailliert Andrew D. W. Forbes, The «Cin-Ho» (Yunnanese Chinese) Caravan Trade with North Thailand during the Late Nineteenth and Early Twentieth Centuries, in: JAH 21 (1987), S. 1–47.

[61] Vgl. Jennifer W. Cushman, Fields from the Sea: Chinese Junk Trade with Siam During the Late Eighteenth and Early Nineteenth Centuries, Ph. D. thesis, Cornell University 1975.

[62] Sarasin Viraphol, Tribute and Profit: Sino-Siamese Trade, 1652–1853, Cambridge, Mass. 1977, S. 70 ff., 248.

[63] Ebd., S. 145, 244.

[64] Ebd., S. 123–25.

[65] Ebd., S. 158 f.

[66] Subsaeng Promboon, Sino-Siamese Tributary Relations, 1282–1853, Ph. D. thesis, University of Wisconsin 1971, S. 288, 294 f.

[67] Wyatt: Thailand, S. 183–85.

[68] Zur Organisation vgl. die gründliche Studie von Ng Chin-keong, Trade and Society: The Amoy Network on the China Coast, 1683–1735, Singapore 1983, bes. S. 95 ff. Jetzt auch Guo Yunjing, Qianlun Kangxi shiqi de duiwai maoyi [Der Außenhandel unter dem Kangxi-Kaiser], in: Qiushi xuebao 1984/4, S. 71–77, bes. 75 f.

[69] V. S. Mjasnikov, The Ch'ing Empire and the Russian State in the 17th Century, Moskau 1985, S. 64–72.

[70] Rolf Trauzettel, Anfänge chinesischer Landesbeschreibung der Grenzzone Chinas mit Sibirien in der frühen Neuzeit, in: Hans-Bernd Harder (Hrsg.), Landesbeschreibungen Mitteleuropas im 15. bis 17. Jahrhundert, Köln/Wien 1983, S. 266; V. S. Mjasnikov First Chinese Russologists, in: Cina (1988), S. 233–43.

[71] Giovanni Stary, Chinas erste Gesandte in Rußland, Wiesbaden 1976, S. 5.

[72] Mjasnikov, The Ch'ing Empire, S. 81 ff.

[73] Über diese Missionen vgl. ebd., S. 99 ff.; Mark Mancall, Russia and China: Their Diplomatic Relations to 1728, Cambridge, Mass. 1971, S. 9–140; Beate Hill-Paulus, Nikolaj Gavrilovič Spatharij (1636–1708) und seine Gesandtschaft nach China, Hamburg 1978. Zur kurzen Einführung vgl. Clubb: Russia, S. 19–29, sowie Alexandre Bennigsen, Russes et Chinois avant 1917, Paris 1974, S. 53–62. Aus der älteren Literatur

hat sich behauptet: Gaston Cahen, Histoire des relations de la Russie avec la Chine sous Pierre le Grand (1689–1730), Paris 1911.

[74] Englische Übersetzung des Vertrages von Nerčinsk bei Mancall, Russia and China, S. 280–83; die verbindlichen Originale in russischer, lateinischer und mandschurischer Sprache bei Michael Weiers (Hrsg.), Die Verträge zwischen Rußland und China 1689–1881, Bonn 1979, S. 1–10. Eine deutsche Übersetzung findet sich bei Walter Fuchs, Der russisch-chinesische Vertrag von Nertschinsk vom Jahre 1689. Eine textkritische Betrachtung, in: MS 4 (1939/40), S. 586–89.

[75] Kangxi prophezeite aber schon 1693: «... Wir fürchten, daß Rußland uns nach vielen Generationen Schwierigkeiten bereiten wird.» Zit. nach Fu: Chronicle, S. 106.

[76] Mjasnikov, The Ch'ing Empire, S. 283 f.; Mancall, Russia and China, S. 149.

[77] Heller: Handel, S. 22–27.

[78] Arthur Attman, The Bullion Flow between Europe and the East, 1000–1750, Göteborg 1981, S. 118.

[79] Mancall, Russia and China, S. 179 f., 201.

[80] Vertragstexte in ebd., S. 302–10; Weiers (Hrsg.), Die Verträge zwischen Rußland und China, S. 61–83. Zum Übergang von Nerčinsk nach Kjachta vgl. V. S. Mjasnikov/ N. V. Sepeleva, Imperija Cin i Rossija v XVII – načale XX v., in S. L. Tichvinskij (Hrsg.), Kitaj i sosedi, Moskau 1982, S. 34–87, hier 54–57.

[81] A. N. Khokhlov, The Kyakhta Trade and Its Effects on Russian and Chinese Policy in the 18th and 19th Centuries, in Tichvinskij: Chapters, S. 100.

[82] Siehe unten Kapitel 7.

[83] Clifford M. Foust, Muscovite and Mandarin: Russia's Trade with China and Its Setting, 1727–1805, Chapel Hill, N. C. 1969, S. 77–82.

[84] Ebd., S. 159.

[85] Sladkovskij: Istorija, S. 142.

[86] Foust, Muscovite and Mandarin, S. 160 f.

[87] William H. McNeill, The Eccentricity of Wheels, or Eurasian Transportation in Historical Perspective, in: AHR 92 (1987), S. 1121.

[88] Sladkovskij: Istorija, S. 173.

[89] Ebd., S. 168; Foust, Muscovite and Mandarin, S. 231. Über den transkontinentalen Pelzhandel vgl. auch Wolf: Völker, S. 228–77, bes. 261 ff.; Curtin: Trade, S. 207–29. Über die Zusammenhänge zwischen Pelzhandel und russischer Asienpolitik bes. Glynn Barratt, Russia in Pacific Waters, 1715–1825: A Survey of the Origins of Russia's Naval Presence in the North and South Pacific, Vancouver 1981, S. 100 ff.

[90] Khokhlov, The Kyakhta Trade, S. 78 f.

[91] Foust, Muscovite and Mandarin, S. 355.

[92] Damit war nicht unbedingt die «Erniedrigung» verbunden, die seit der Macartney-Mission die europäischen Gemüter empörte. Der Botschafter Lev Vasilevič Izmailov vollzog 1720 den ketou («Kowtow»: dreimaliges Niederknien mit neunmaligem Niederbeugen des Kopfes auf die Erde) vor Kangxi, verlangte aber, daß eine künftige chinesische Delegation dasselbe vor dem russischen Herrscher tun sollte. Tatsächlich praktizierte 1731 eine Mandschu-Delegation den ketou vor der Zarin Anna. Vgl. Stary, Chinas erste Gesandte in Rußland, S. 158.

[93] So Henning Scheu, Das Völkerrecht in den Beziehungen Chinas zu den europäischen Seemächten und zu Rußland. Ein Beitrag zur Geschichte des Völkerrechts, jur. Diss. Frankfurt a. M. 1971, S. 96 f.; Wolfgang Preiser, Frühe völkerrechtliche Ordnungen der außereuropäischen Welt. Ein Beitrag zur Geschichte des Völkerrechts, Wiesbaden 1976, S. 183.

[94] Mancall: Center, S. 79.

[95] Horst Pommerening, Der chinesisch-sowjetische Grenzkonflikt. Das Erbe der ungleichen Verträge, Olten/Freiburg i. Br. 1968, S. 125.

[96] Näheres zum Kanton-System unten in Kapitel 7.

[97] Es gab in Beijing eine russische Kirche mit angeschlossener Sprachschule. Die russischen Geistlichen hatten keinen solchen Zugang zu höchsten Hofkreisen, wie ihn zu früheren Zeiten die Jesuiten besessen hatten. Aber nach der Aufhebung des Jesuitenordens und dem Niedergang der westeuropäischen Mission waren die Russen die einzigen, die in Beijing ständige Berichterstatter «vor Ort» stationiert hatten. Viel früher als etwa die Briten verfügten die Russen über einen Stab von Chinaspezialisten. Vgl. ausführlich Eric Widmer, The Russian Ecclesiastical Mission in Peking in the 18th Century, Cambridge, Mass. 1977.

7. Indien, Südchina und der europäische Asienhandel in der Ära der Kompanien

[1] Reinhard: Expansion, Bd. 1, S. 75; Roderich Ptak, Portugal in China. Kurzer Abriß der portugiesisch-chinesischen Beziehungen und der Geschichte Macaus im 16. und beginnenden 17. Jahrhundert, 2. Aufl., Heidelberg 1982, S. 20–27.

[2] Ebd., S. 66–69. Im gleichen Jahr 1622, in dem sie Macau verteidigten, verloren die Portugiesen ihren Stützpunkt Hormuz am Persischen Golf und damit «one of the buttresses of their Empire» (Niels Steensgaard, The Asian Trade Revolution of the Seventeenth Century, Chicago 1973, S. 346). Der Fall von Hormuz, nicht die Behauptung Macaus, lag im Trend der historischen Entwicklung.

[3] Zum folgenden auf der Grundlage der älteren westlichen Literatur: O. H. K. Spate, The Pacific Since Magellan, Bd. 2: Monopolists and Freebooters, London 1983, S. 78–84. Zu Verlauf und Ausmaß der Okkupation bes. Chen: Taiwan, S. 60f.

[4] Vgl. dazu bes. die Forschungen von Bodo Wiethoff, zusammengefaßt in: Tribut und Handel. Chinesische Seeräuber und Überseehändler im 16. Jahrhundert, in: Saeculum 15 (1964), S. 230–48, bes. 235ff. Zur Frage der chinesischen Kontrolle bes. Wong Young-tsu, Security and Warfare on the China Coast: The Taiwan Question in the Seventeenth Century, in: MS 35 (1981–83), S. 111–96. Den weiteren Kontext rekonstruiert C. R. Boxer, War and Trade in the Indian Ocean and the South China Sea, 1600–1650, in: The Great Circle. Journal of the Australian Association for Maritime History 1 (1979), S. 3–17.

[5] Vgl. C. R. Boxer, The Dutch Seaborne Empire 1600–1800, London 1965, S. 144f. Der beste kurze Überblick über die inneren Verhältnisse Taiwans ist Hsu Wen-hsiung, From Aboriginal Island to Chinese Frontier: The Development of Taiwan before 1683, in Knapp: Island Frontier, S. 3–29. Grundlegend für die Zeit nach der chinesischen Eroberung: Gudula Linck-Kesting, Ein Kapitel chinesischer Grenzgeschichte. Han- und Nicht-Han im Taiwan der Qing-Zeit 1683–1895, Wiesbaden 1979 (S. 106ff. über das Erbe der Holländer).

[6] Auf den Ausnahmecharakter der Taiwan-Episode weist hin: Denys Lombard, Questions on the Contact between European Companies and Asian Societies, in Blussé/Gaastra: Companies, S. 184.

[7] Vgl. Leonard Blussé, The VOC as Sorcerer's Apprentice: Stereotypes and Social Engineering on the China Coast, in Idema: Leyden Studies, S. 93ff.

[8] Zur Ausbreitung der Qing-Herrschaft nach Süden vgl. Lynn A. Struve, The Southern Ming, 1644–1662, New Haven 1984, bes. S. 167ff.

[9] Er wurde postum zu einem Modell des nationalistischen Helden, der die Ausländer vertrieben und der Fremddynastie widerstanden hatte. Vgl. Ralph C. Croizier, Koxinga and Chinese Nationalism: History, Myth, and the Hero, Cambridge, Mass. 1977, bes. S. 50ff.

[10] Zu dieser Phase vgl. vor allem John E. Wills, Jr., Pepper, Guns and Parleys: The Dutch East India Company and China, 1662–1681, Cambridge, Mass. 1977. Breitere Perspektiven eröffnet ders., Maritime China from Wang Chih to Shih Lang: Themes in Peripheral History, in Spence/Wills: Ming, S. 201–38.

[11] Zu den neueren Forschungskontroversen vgl. den Literaturbericht von Dietmar Rothermund, in: HZ. Beiheft 10, München 1982, S. 229 ff.

[12] Chaudhuri: Trading World, S. 51, auch S. 113 f., 120; Chaudhuri: Indian Ocean, S. 88.

[13] Vgl. dazu G. M. Scammell, The World Encompassed: The First European Maritime Empires, c. 800–1650, London 1981, S. 184 ff.

[14] C. R. Boxer, Macao as a Religious and Commercial Entrepôt in the 16th and 17th Centuries, in: AA 26 (1974), S. 84.

[15] George Bryan Souza, The Survival of Empire: Portuguese Trade and Society in China and the South China Sea, 1630–1754, Cambridge 1986, S. 227 f.

[16] C. A. Montalto de Jesus, Historic Macao, 2nd ed. 1926, Reprint Hongkong 1984, S. 432–36.

[17] Furber: Empires, S. 299.

[18] J. Baylin, Pratique commerciale en Chine, Beijing 1924, S. 17; Siegfried Berliner, Organisation und Betrieb des Import-Geschäfts in China, Hannover 1920, S. 15.

[19] Anschaulich beschrieben bei John E. Wills, Jr.: Embassies and Illusions: Dutch and Portuguese Envoys to K'ang-hsi, 1666–1687, Cambridge, Mass. 1984, Kap. 1. Vgl. auch oben Kapitel 3, Anm. 21.

[20] Ebd., S. 170 ff.

[21] Eine «histoire totale» des Chinahandels und seiner vielfältigen Kontexte hat Louis Dermigny in seinem trotz mancher Korrekturbedürftigkeit im Lichte neuerer Forschungen immer noch maßstäblichen Monumentalwerk vorgelegt (Dermigny: La Chine).

[22] Wakeman: Fall, S. 129, Fn. 5; Peng Zeyi, Qingchu si queguan didian he maoyiliang de kaoji [Lokalisierung der vier Zollstationen und Umfang ihres Handelsverkehrs in der frühen Qing-Zeit], in: SKZ 1984/3, S. 128.

[23] Kristof Glamann, Dutch-Asiatic Trade 1620–1740, Kopenhagen 1958, S. 216; Ts'ao Yung-ho, Pepper Trade in East Asia, in: TP 68 (1982), S. 245. Während der ersten drei Jahrzehnte des 18. Jahrhunderts waren die Holländer zum letzten Mal auf den Zwischenhandel der chinesischen Dschunken angewiesen. Gleichzeitig machte der Aufbau einer Plantagenwirtschaft die Chinesen auch in anderen Sektoren der indonesischen Wirtschaft teilweise entbehrlich. Vgl. A. R. T. Kemasang, The 1740 Massacre of Chinese in Java: Curtain Raiser for the Dutch Plantation Economy, in: BCAS 14 (1982), S. 63–65. Den strukturellen Kontext des chinesischen Dschunkenhandels in Batavia und seine Entwicklung (die zwischen 1690 und 1740 kulminierte) schildert jetzt Leonard Blussé, Strange Company: Chinese Settlers, Mestizo Women and the Dutch in VOC Batavia, Dordrecht 1987, S. 97–155. Zur Vorgeschichte des Massakers von 1740 vgl. dort S. 81–96.

[24] Earl H. Pritchard, Anglo-Chinese Relations during the 17th and 18th Centuries, Urbana, Ill. 1929, S. 77–80; Dermigny: La Chine, Bd. 1, S. 147–54; Chaudhuri: Trading World, S. 388. Der englische Chinahandel des 18. Jahrhunderts setzt natürlich das allmähliche Vordringen der Briten in Asien während des 17. Jahrhunderts voraus. Vgl. dazu als übersichtliche Darstellung: D. K. Bassett, Early English Trade and Settlement in Asia, 1602–1690, in: J. S. Bromley/E. H. Kossmann (Hrsg.), Britain and the Netherlands in Europe and Asia, London 1968, S. 83–109.

[25] Zu der französischen Compagnie und den kleineren Ostindiengesellschaften vgl. Furber: Empires, S. 201–26; Reinhard: Expansion, Bd. 1, S. 146–53; Dermigny: La Chine, Bd. 1, S. 155–57, 160–200; Blussé/Gaastra: Companies; J. van Goor (Hrsg.), Trading Companies in Asia, 1600–1800, Utrecht 1986.

[26] Dermigny: La Chine, Bd. 1, S. 191. Vgl. für den Kontext: Eberhard Schmitt, The Brandenburg Overseas Trading Companies in the 17th Century, in: Blussé/Gaastra: Companies, S. 159 ff.

[27] Zu den technischen und nautischen Vorteilen der chinesischen Dschunke vgl. Chaudhuri: Indian Ocean, S. 155–57. Andere Autoren betonen hingegen die relative

Rückständigkeit des chinesischen Dschunkenhandels, z. B.: T'ien Ju-k'ang, Causes of the Decline in China's Overseas Trade between the Fifteenth and Eighteenth Centuries, in: PFEH 25 (1982), S. 40–43.

[28] Jörg: Porcelain, S. 74–76.

[29] Ebd., S. 77. Vgl. ausführlich Dermigny: La Chine, Bd. 1, S. 406 ff.

[30] Ebd., S. 379, 381.

[31] Edward H. Schafer, T'ang, in Chang: Food, S. 122 f. Eine intensive Studie zur Bedeutung des Tees im «mittelalterlichen» China ist Jia Daquan, Songdai Sichuan diqu de chaye he chazheng [Teewirtschaft und Teepolitik im Sichuan der Song-Zeit], in: LSYJ 1980/4, S. 109–24.

[32] Diesen Gesichtspunkt betont (nicht auf Tee beschränkt): Woodruff Smith, The European-Asian Trade of the Seventeenth Century and the Modernization of Commercial Capitalism, in: Itinerario 6 (1982), S. 68–90.

[33] Reinhard: Expansion, Bd. 1, S. 175; Cipolla/Borchardt: Wirtschaftsgeschichte, Bd. 2, S. 78 f.

[34] Chaudhuri: Trading World, S. 385; Sidney W. Mintz, Sweetness and Power: The Place of Sugar in Modern History, New York 1985, S. 148 (der aber betont, daß der Zuckerkonsum der «labouring poor» erst nach 1850 bedeutende Ausmaße erreichte).

[35] Braudel: Sozialgeschichte, Bd. 1, S. 270. Auch Wolfgang Schivelbusch (Das Paradies, der Geschmack und die Vernunft. Eine Geschichte der Genußmittel, München 1980, S. 90–95) steht ratlos vor dem Teeproblem.

[36] Nach Reinhard: Expansion, Bd. 1, S. 176 (Tabelle 26).

[37] Jörg: Porcelain, S. 39.

[38] Ebd., S. 81.

[39] Zum Unterschied zwischen den kantonesischen *hang* der Ming- und denen der Qing-Zeit vgl. Li Longqian, Mingdai Guangdong sanshiliu hang kaoshi [Die 36 Hang in der Provinz Guangdong während der Ming-Zeit], in: ZSYJ 1982/3, S. 45.

[40] Auch sie lassen sich auf ältere Ursprünge zurückführen. Vgl. die Diskussion der Forschungsprobleme in Peng Zeyi, Guangdong shisan hang xutan [Neuerliche Untersuchung der 13 Hang von Kanton], in: LSYJ 1981/4, S. 110–25.

[41] «Die folgenreichste und revolutionärste Wirkung der Chartered Companies lag darin, daß sich das Publikum nun an den Gedanken gewöhnte, daß die Verpflichtungen einer kommerziellen Körperschaft zugleich die Aktiva anderer Leute sein können.» Chaudhuri: Indian Ocean, S. 95.

[42] Nachdem in der älteren Forschung die Handelsgeschäfte der EIC sowie ihre Rolle in der britischen Politik im Vordergrund standen (etwa bei Cyril H. Philips, The East India Company 1784–1834, 2nd ed. Manchester 1961), hat jetzt vor allem Chaudhuri die internen Organisationsstrukturen der EIC herausgearbeitet und ihre vorausweisende Modernität betont. Vgl. Chaudhuri: Trading World, S. 19 ff. und passim; am deutlichsten: ders., The English East India Company in the 17th and 18th Centuries: A Premodern Multinational Organization, in: Blussé/Gaastra: Companies, S. 29–46, bes. S. 38 ff. Weniger prägnant ders., The World-System East of Longitude 20: The European Role in Asia 1500–1750, in: Review 5 (1981), S. 219–45.

[43] Selbst die gebräuchliche Bezeichnung der Co-Hong als «Gilde» scheint einen zu hohen Integrationsgrad zu suggerieren, wenn dabei an die Gilden des europäischen Mittelalters gedacht wird.

[44] Dermigny: La Chine, Bd. 1, S. 324 f.

[45] Jörg: Porcelain, S. 66 f.

[46] Zu den Finanzen des Hofes vgl. Preston M. Torbert, The Ch'ing Imperial Household Department: A Study of Its Organization and Principal Functions, 1662–1796, Cambridge, Mass. 1977.

[47] Wakeman: Fall, S. 121.

[48] Zu dieser Episode vgl. Dermigny: La Chine, Bd. 2, S. 502–504.

49 Es ist oft beschrieben worden. Das Folgende nach: Hsü: Rise, S. 192–205; Jörg: Porcelain, S. 46–73 (die anschaulichste neuere Darstellung); Dermigny: La Chine, Bd. 2, S. 496–516; Pritchard: Crucial Years, S. 119–41; Randle Edwards, The Old Canton System of Foreign Trade, in: Victor H. Li (Hrsg.), Law and Politics in China's Foreign Trade, Seattle 1977, S. 360–78. Dokumente zu den Neuregelungen von 1759/60 finden sich in Fu: Chronicle, S. 224 ff., sowie in Morse: Chronicles, Bd. 5, S. 94–98.

50 Die Co-Hong wurde allerdings zwischen 1771 und 1782 abermals suspendiert.

51 Wie viele Ämter in der chinesischen Bürokratie wurde auch das des Hoppo alle drei Jahre neu besetzt.

52 W. E. Cheong, Canton and Manila in the Eighteenth Century, in Ch'en/Tarling: Studies, S. 233.

53 Trotzdem fallierten die Hong-Kaufleute in großer Zahl. Nur eine Minderheit der Firmen erreichte die zweite Generation.

54 Frederic Wakeman, Jr., The Canton Trade and the Opium War, in CHOC, Bd. 10, S. 166.

55 Zu den traditionellen chinesischen Kreditinstitutionen vgl. Yang: Money, S. 71–80.

56 C. R. Boxer, All the Company's Men, in: Times Literary Supplement, 7. August 1981, S. 913.

57 Vgl. Curtin: Trade, S. 177.

58 Teehandel und Teeschmuggel behandelt in größter Ausführlichkeit Dermigny: La Chine, Bd. 2, S. 517–685; Bd. 3, S. 971–1043.

59 Pritchard: Crucial Years, S. 163 f., 166.

60 Vincent Harlow, The Founding of the Second British Empire, Bd. 2, London 1964, S. 544.

61 Ebd., S. 141, 146–51; Dermigny: La Chine, Bd. 3, S. 971 ff. Der Text der Commutation Act findet sich in P. J. Marshall, Problems of Empire: Britain and India 1757–1813, London 1968, S. 205 f.

62 Über die Organisation des Teehandels im Vereinigten Königreich vgl. Hoh-cheung Mui/Lorna H. Mui, The Management of Monopoly: A Study of the English East India Company's Conduct of Its Tea Trade, 1784–1833, Vancouver 1984, S. 12–22. Die EIC importierte den Tee nur, sie verbreitete ihn nicht im Lande selber.

63 Dermigny: La Chine, Bd. 3, S. 1020 ff.

64 Errechnet nach den Daten in ebd., Bd. 2, S. 539.

65 Man hat von «dem ersten großen Triumph der Prinzipien Adam Smiths» gesprochen. Davis: Industrial Revolution, S. 46.

66 Dermigny: La Chine, Bd. 3, S. 1004.

67 Ebd., Bd. 3, S. 1012.

68 Ebd., S. 1015–17. Die Muis führen das fortschreitende Wachstum der Nachfrage bei steigenden Zöllen auf die geschickte Preispolitik der EIC zurück. Vgl. The Management of Monopoly, S. 52 f.

69 Greenberg: Trade, S. 3.

70 Marshall, Problems of Empire, S. 93 f.; Rothermund: Indien, S. 27 f.

71 Eine weitere Funktion des anglo-indisch-chinesischen Handels bestand im «bargeldlosen» Transfer von in Indien angehäuften Privatvermögen ins Mutterland. Den Mechanismus beschreibt P. J. Marshall, East Indian Fortunes: The British in Bengal in the Eighteenth Century, Oxford 1976, S. 97–99.

72 Für eine detaillierte Analyse der Importe der EIC nach Kanton vgl. Pritchard: Crucial Years, S. 154–60. Die gesamteuropäische Perspektive, wie immer, bei dem großartigen Dermigny: La Chine, Bd. 2, S. 686 ff.

73 Greenberg: Trade, S. 8.; Janardan Kumar, Indo-Chinese Trade 1793–1833, Bombay 1974, S. 3. Über die verzweigten Wege, auf denen Silber und Gold nach China gelangten, vgl. Dermigny: La Chine, Bd. 2, S. 734 ff.

74 Vgl. Judith Blow Williams, British Commercial Policy and Trade Expansion

1750–1850, Oxford 1972, S. 292 ff. Unter entdeckungsgeschichtlichem Gesichtspunkt jetzt David Mackay, In the Wake of Cook: Exploration, Science and Empire, 1780–1801, New York 1985.

[75] Dessen komplizierte Mechanismen können hier nur angedeutet werden. Grundlegend bleibt Dermigny: La Chine, Bd. 3, passim.

[76] Pritchard: Crucial Years, S. 197.

[77] Kumar, Indo-Chinese Trade, S. 38 f.

[78] Sheng Dingping, Cong guoji shichang de shangpin jingzheng kan Ming Qing zhiji de shengchan fazhan shuiping [Das Niveau der chinesischen Produktion zwischen Ming- und Qingzeit im Lichte der Welthandelskonkurrenz], in: LSYJ 1988/3, S. 21.

[79] Vgl. oben Kapitel 2 und 4.

[80] Die Übersetzung «Landhandel», die Wolfgang Reinhard (Expansion, Bd. 1, S. 180) trotz kritischer Einschränkungen doch übernimmt, scheint uns zu mißverständlich zu sein. Der Terminus ist im Deutschen nicht präzise wiederzugeben.

[81] Eine schon klassische Darstellung findet sich bei Furber: Empires, S. 264–97. Neuerdings hervorragend: P. J. Marshall, Private British Trade in the Indian Ocean before 1800, in: Ashin Das Gupta/ M. N. Pearson (Hrsg.), India and the Indian Ocean 1500–1800, Kalkutta 1987, S. 276–300. Dermigny weist darauf hin, daß der Country Trade ein extrem wichtiger Faktor bei der Konsolidierung des europäischen Asienhandels im allgemeinen und der Vorherrschaft einzelner europäischer Nationen im besonderen war: «Im Country Trade sedimentieren sich die merkantilen Vorherrschaftsverhältnisse, die in Asien aufeinander folgten, denn er schuf ihnen das Mittel zur Selbstfinanzierung. Eine Nation oder eine Kompanie setzte sich in dem Maße gegenüber ihren Konkurrenten durch, wie der jeweilige Country Trade sich regionalisierte und seine Aktivitäten asiatisierte, d. h. sich in bestehende Handelsströme einschaltete oder neue schuf, in dem Maße also, in dem er die Funktion des regionalen ‹Fuhrkutschers› auf den indischen und chinesischen Meeren übernahm.» (La Chine, Bd. 2, S. 769)

[82] Statistische Angaben in Serafin D. Quiason, English «Country Trade» with the Philippines, 1644–1765, Quezon City 1966, S. 74–81. Eine Fallstudie ist W. E. Cheong, An Anglo-Spanish-Portuguese Clandestine Trade between the Ports of British India and Manila, 1785–1790, in: Philippine Historical Review 1 (1965), S. 80–94. Seit den 1760er Jahren verlor der Manila-Handel allerdings schnell an Bedeutung. Vgl. dazu und zu den Prozeduren des Handels: ders., Canton and Manila, S. 237 ff.

[83] Furber: Empires, S. 279. Vgl. auch Earl H. Pritchard, Private Trade Between England and China in the Eighteenth Century, in: JESHO 1 (1957/58), S. 108–37, 221–56 (vorwiegend statistisch).

[84] Wakeman, The Canton Trade and the Opium War, S. 167.

[85] Vgl. dazu die wegweisende Untersuchung von P. J. Marshall: East Indian Fortunes, passim, bes. S. 47–50.

[86] Furber: Empires, S. 290. Eine genaue zeitgenössische Beschreibung der Funktionen eines Agency House findet sich in Chaudhuri: Development, S. 217 ff.

[87] Harlow, The Founding, Bd. 2, S. 570.

[88] Die Gesandtschaft kostete über £ 80 000. Sie war «vermutlich die teuerste diplomatische Mission, die jemals die britischen Inseln verließ». Ebd., S. 578.

[89] Von ihrer *bewußtseins*geschichtlichen Wirkung war bereits die Rede. Siehe oben Kapitel 1. Dort auch (Anm. 28) zur Literatur.

[90] Ebd., S. 553, 556 f., 565, 567 f.

[91] Vgl. immer noch die Studie von Holden Furber, Henry Dundas, First Viscount Melville, 1742–1811: Political Manager of Scotland, Statesman, Administrator of British India, London 1931. Manches über Dundas in John Ehrman, The Younger Pitt: The Years of Acclaim, London 1969. Zu Dundas' Bedeutung für die britische Indienpolitik vgl. Stig Förster, Präventiver Imperialismus und Pax Britannica. Die britische Expansionspolitik in Indien 1793–1819, Habilitationsschrift, Universität Düsseldorf 1989.

[92] Text in Morse: Chronicles, Bd. 2, S. 232–42.

[93] Pritchard: Crucial Years, S. 295f., 309.

[94] Übersetzt in: J. L. Cranmer-Byng, Lord Macartney's Embassy to Peking in 1793, in: JOS 4 (1957/58), S. 134–37.

[95] Aus den Übersetzungen der damaligen Zeit (ins Lateinische und von dort ins Englische) war das volle Ausmaß dieser Herablassung nicht zu erkennen.

8. Chinesischer Niedergang und Pax Britannica

[1] «Der Opiumkrieg zwischen Großbritannien und China von 1840 bis 1842 leitete eine neue Epoche in der Geschichte der Menschheit ein...» Georg Franz-Willing, Neueste Geschichte Chinas, Paderborn 1975, S. 23. Eine repräsentative Formulierung.

[2] Hu: Yapian Zhanzheng, Bd. 1, S. 1.

[3] Kanonenbootdiplomatie sei definiert als «die Anwendung oder Androhung von begrenzter Flottengewalt außerhalb eines Kriegszustandes zum Zwecke der eigenen Vorteilssicherung oder der Vermeidung eigenen Schadens [...] gegen fremde Staatsangehörige innerhalb deren eigenen Hoheitsgebiets». Sir James Cable, Gunboat Diplomacy: Political Applications of Limited Naval Force, London 1971, S. 21, 175.

[4] Über die chinesische Wahrnehmung der Außenwelt in den kritischen 1830er und 1840er Jahren vgl. Kuo: Barbaren, S. 36–53; Jane Kate Leonard, Wei Yuan and China's Rediscovery of the Maritime World, Cambridge, Mass. 1984; Peter M. Mitchell, The Limits of Reformism: Wei Yüan's Reaction to Western Intrusion, in: MAS 6 (1972), S. 175–204; Fred W. Drake, China Charts the World: Hsu Chi-yü and His Geography of 1848, Cambridge, Mass. 1975. Einiges weniger bekannter Autoren werden vorgestellt in Hu Fengxiang, Yapian Zhanzheng shiqi Zhongguo de shijie shi di yanjiu [Chinesische Forschungen über Weltgeschichte und Weltgeographie zur Zeit des Opiumkrieges], in: Huadong shifan daxue xuebao [Wissenschaftliche Zeitschrift der Ostchinesischen Pädagogischen Hochschule] 1984/4, S. 87–95, sowie vor allem in Pan Zhenping, Yapian Zhanzheng hou de «kaiyan kan shijie» sixiang [Die Idee des «Die Augen öffnen und den Westen betrachten» nach dem Opiumkrieg], in: LSYJ 1986/1, S. 138–53.

[5] Vgl. Morse: Chronicles, Bd. 3, S. 256ff.; Fu: Chronicle, S. 402ff.; Henry Ellis, Journal of the Proceedings of the Late Embassy to China, 2 Bde., London 1818. Das Wichtigste bei Hsü: Rise, S. 214–19.

[6] Vgl. Hsü: Entrance.

[7] Siehe unten Kapitel 9.

[8] So der Jiaqing-Kaiser in seinem Edikt vom 30. August 1816, in Fu: Chronicle, S. 404f.

[9] Über ihn und seine Zeit gibt es noch keine Monographie. A. E. Grantham, A Manchu Monarch: An Interpretation of Chia Ch'ing, London 1934, ist unzulänglich. Einstweilen daher Hummel: Eminent Chinese, S. 965–69.

[10] Ebd., S. 574–76. Eine knappes Porträt zeichnet Fairbank: Revolution, S. 22ff.

[11] Vgl. Fernando Bortone, I Gesuiti alla corte di Pechino, Rom 1969, S. 220ff. Die Jesuiten waren 1784 von den Lazaristen abgelöst worden. Zwischen 1784 und 1830 waren nur 18 Mitglieder des Ordens in China und 14 in Macau tätig. Vgl. Arnold H. Rowbotham, Missionary and Mandarin: The Jesuits at the Court of China, Berkeley 1942, S. 211.

[12] Doch waren der Jiaqing- wie der Daoguang-Kaiser «fähige und kluge Herrscher, durchaus auch mit sympathischen Charakterzügen ausgestattet» (Franke/Trauzettel: Kaiserreich, S. 311).

[13] Allgemeine Niedergangsszenarien entwerfen (mit je unterschiedlicher Akzentuierung): Fairbank: East Asia, S. 238–43; Rodzinski: History, Bd. 1, S. 243f.; Gernet: Welt, S. 415–17, 447–55; Hsü: Rise, S. 172–81; Tichvinskij: Modern History, S. 96–111; Franke/Trauzettel: Kaiserreich, S. 311–13; Chesneaux: Opium Wars, S. 38–49. Den

neuesten Forschungs- und Diskussionsstand repräsentieren: Susan Mann Jones/Philip A. Kuhn, Dynastic Decline and the Roots of Rebellion, in CHOC, Bd. 10, S. 107–62; Naquin/Rawski: Eighteenth Century, S. 217–36; Fairbank: Revolution, S. 63–73; Chen: Jindai shi, Bd. 1, S. 1–12.

[14] Ho: Studies, S. 64. Das Bevölkerungswachstum verlangsamte sich um die Mitte der 1790er Jahre.

[15] Vgl. dazu die schöne Fallstudie: Susan Naquin, Shantung Rebellion: The Wang Lun Uprising of 1774, New Haven 1981. Die Autorin erwähnt nicht den expressionistischen Roman Die drei Sprünge des Wang Lun (1915) von Alfred Döblin, der diese historische Erhebung zur Vorlage nimmt.

[16] Naquin/Rawski: Eighteenth Century, S. 227f.; Jones/Kuhn, Dynastic Decline, S. 132. Daneben konnte auch Migration zwischen den dichter besiedelten Kernprovinzen zu sozialen Spannungen führen. Vom Widerstand der Hunanesen gegen Einwanderer aus dem benachbarten Jiangxi berichtet Peter C. Perdue, Insiders and Outsiders: The Xiangtan Riot of 1819 and Collective Action in Hunan, in: MC 12 (1986), S. 166–201.

[17] Vgl. Susan Naquin, Millenarian Rebellion in China: The Eight Trigrams Uprising of 1813, New Haven 1976, S. 270; Elizabeth J. Perry, Millenarianism and Rural Rebellion in China, in: PS 10 (1982), S. 60, 64. Zur Forschungslage vgl. außerdem: Frederick Wakeman, Jr., Rebellion and Revolution: The Study of Popular Movements in Chinese History, in: JAS 36 (1977), S. 205–12; ders. (Hrsg.), Ming and Qing Studies in the People's Republic of China, Berkeley 1980, S. 104–112; Harriet T. Zurndorfer, Violence and Political Protest in Ming and Qing China: Review and Commentary on Recent Research, in: IRSH 28 (1983), S. 316f.

[18] Vgl. Chen: Jindai shi, Bd. 1, S. 12. Eine statistische Untersuchung verzeichnet folgende Zahlen von sozialen Protestbewegungen: 1796–1805: 107, 1806–15: 131, 1816–25: 117, 1826–35: 206, 1836–45: 248. C. K. Yang, Some Preliminary Statistical Patterns of Mass Actions in Nineteenth-Century China, in Wakeman/Grant: Conflict, S. 177 (Tabelle 1), vgl. auch S. 209 (Tabelle der wichtigsten Bewegungen).

[19] Jones/Kuhn, Dynastic Decline, S. 144.

[20] Siehe oben Kapitel 4.

[21] Jones/Kuhn, Dynastic Decline, S. 127. Pierre-Etienne Will, der beste Kenner des Getreidespeicherwesens, läßt dessen Niedergang in der Daoguang-Zeit (1821–50) beginnen. Vgl. Bureaucratie et famine en Chine au 18e siècle, Paris 1980, S. 254.

[22] Ku Hung-ting, Upward Career Mobility of High-Ranking Officials in Ch'ing China, in: PFEH 29 (1984), S. 63f.

[23] Vgl. Weber: Wirtschaft und Gesellschaft, S. 608ff.

[24] Siehe oben Kapitel 5.

[25] Vgl. Thomas A. Metzger, T'ao Chu's Reform of the Huaipei Salt Monopoly (1831–1833), in: PC 16 (1962), S. 1–39.

[26] Asa Briggs, The Age of Improvement 1783–1867, London 1959.

[27] Siehe auch oben im 1. Kapitel die Analyse von Sir John Barrows China-Buch.

[28] George Modelski/William R. Thompson, Seapower in Global Politics, 1494–1993, Basingstoke 1988, S. 104ff., 208–10; Kennedy: Great Powers, S. 154.

[29] Vgl. C. J. Bartlett, Great Britain and Sea Power 1815–1853, Oxford 1963, S. 13ff.

[30] Kennedy: Naval Mastery, S. 163.

[31] Gerald S. Graham, Tides of Empire: Discursions on the Expansion of Britain Overseas, Montreal 1972, S. 80.

[32] Vgl. etwa Magali Morsy, North Africa 1800–1900, London 1984, S. 131ff.; A. Jardin/A.-J. Tudesq, La France des notables, Bd. 1, Paris 1973, S. 192–201. Zum weiteren imperialhistorischen Zusammenhang vgl. Peter von Sievers, Nordafrika in der Neuzeit, in: Ulrich Haarmann (Hrsg.), Geschichte der arabischen Welt, München 1987, S. 531ff.

[33] D. A. G. Waddell, International Politics and Latin American Independence, in:

Leslie Bethell (Hrsg.), The Cambridge History of Latin America, Bd. 3: From Independence to c. 1870, Cambridge 1985, S. 224.

[34] Vgl. Christopher Lloyd, The Navy and the Slave Trade: The Suppression of the African Slave Trade in the Nineteenth Century, new impression, London 1968.

[35] Gerald S. Graham, Great Britain in the Indian Ocean: A Study of Maritime Enterprise 1810–1850, Oxford 1967, S. 237–62; J. B. Kelly, Britain and the Persian Gulf 1795–1880, Oxford 1968, S. 99 ff.

[36] Vgl. Grace Fox, British Admirals and Chinese Pirates 1832–1869, London 1940. Für das 20. Jahrhundert etwa der journalistische Bericht in John Pal, Shanghai Saga, London 1963, S. 195 ff.

[37] R. J. Gavin, Aden under British Rule, 1839–1967, London 1975.

[38] Graham, Great Britain in the Indian Ocean, S. 329–46; C. M. Turnbull, A History of Singapore 1819–1975, Kuala Lumpur 1977, S. 6–27; C. E. Wurtzburg, Raffles of the Eastern Isles, London 1954, Neuausgabe Oxford 1986, Kap. 22.

[39] Cain: Foundations, S. 28 f.

[40] Bartlett, Great Britain and Sea Power, S. 135–47; M. S. Anderson, The Eastern Question 1774–1923: A Study in International Relations, London 1961, S. 88–109, bes. 103; William L. Langer, Political and Social Upheaval 1832–1852, New York 1969, S. 299–306; Kenneth Bourne, Palmerston: The Early Years 1784–1841, London 1982, S. 594–620; Afaf Lutfi al-Sayyid Marsot, Egypt in the Reign of Muhammad Ali, Cambridge 1984, S. 245 f.

[41] Bernard Semmel, Liberalism and Naval Strategy: Ideology, Interest, and Sea Power during the Pax Britannica, Boston 1986, S. 39.

[42] Wir folgen hier Owen: Middle East, S. 75 (dort S. 64–74 eine vorzügliche Darstellung der Wirtschaftspolitik Muhammad Alis). Zu einem günstigeren Urteil kommt al-Sayyid Marsot, Egypt in the Reign of Muhammad Ali, S. 246 f.

[43] Reinhard: Expansion, Bd. 1, S. 229.

[44] Dies kann den Büchern von Edward Ingram vorgeworfen werden: The Beginning of the Great Game in Asia, 1828–1834, Oxford 1979; ders., Commitment to Empire: Prophecies of the Great Game in Asia, 1797–1800, Oxford 1981. Vgl. zur Kritik Garry Alder, Big Game Hunting in Central Asia, in: JICH 9 (1981), S. 318–30.

[45] Vgl. die brillante Analyse bei Gillard: Struggle, S. 18 ff., bes. 28 f.

[46] Ebd., S. 38.

[47] Ebd., S. 43. Die maßgebende Analyse *en détail* ist M. E. Yapp, Strategies of British India: Britain, Iran and Afghanistan 1798–1850, Oxford 1980. Weniger überzeugend zu den Jahren davor Edward Ingram, The Beginning of the Great Game in Asia, 1828–1834, Oxford 1979. Vgl. auch ders., In Defence of British India: Great Britain in the Middle East, 1775–1842, London 1984. Im breiteren Zusammenhang des Entstehens der «Eastern Question»: M. E. Yapp, The Making of the Modern Near East, 1792–1923, London 1987, S. 47–96.

[48] Ronald Robinson/John Gallagher, Der Imperialismus des Freihandels, in Wehler: Imperialismus, S. 183–200. Der Text und die durch ihn ausgelöste Kontroverse sind wiederabgedruckt in Louis: Imperialism, S. 53 ff. Unabhängig von der Robinson/Gallagher-Diskussion hat Bernard Semmel die zeitgenössischen Debatten um Freihandel und Imperialismus rekonstruiert: The Rise of Free Trade Imperialism: Classical Political Economy, the Empire of Free Trade and Imperialism 1750–1850, Cambridge 1970.

[49] Diese Frage hat D. C. M. Platt in seiner Kritik an Robinson und Gallagher sowie in eigenen Forschungsarbeiten gestellt, besonders in Finance, Trade and Politics in British Foreign Policy 1815–1914, Oxford 1968.

[50] Cain/Hopkins: Gentlemanly Capitalism, Teil I, S. 523.

[51] Ebd.

[52] Vgl. Eric Stokes, The English Utilitarians and India, Oxford 1959.

[53] Charles A. Fisher, The Britain of the East? A Study in the Geography of Imitation, in: MAS 2 (1968), S. 343–76. Zur zeitgenössischen Idee «besonderer Affinitäten» zwischen Großbritannien und Japan vgl. Toshio Yokoyama, Japan in the Victorian Mind: A Study of Stereotyped Images of a Nation 1850–80, Basingstoke 1987, S. 46ff.

[54] Vgl. F. C. Jones, Extraterritoriality in Japan, New Haven 1931.

[55] So der Tenor des im September 1926 beschlossenen Berichts der Beijinger Exterritorialitätskommission (der 13 Mächte angehörten): Report of the Commission on Extraterritoriality in China Presented by the Secretary of State for Foreign Affairs to Parliament by Command of His Majesty, London 1926 (Cmd. 2774), besonders die «Recommendations» (S. 93–96).

[56] Auch die Idee von einem universal verbindlichen «standard of civilization» stammt aus dieser Zeit. Sie wurde in überaus einflußreicher Weise artikuliert in den Elements of International Law (1836) des amerikanischen Diplomaten und Rechtsgelehrten Henry Wheaton. Vgl. Gong: Standard, S. 26f.

[57] Vgl. dazu aus einer umfangreichen Literatur: Victor G. Kiernan, The Lords of Human Kind: European Attitudes to the Outside World in the Imperial Age, Harmondsworth 1972; Kiernan: Empires, S. 146–66; Raymond F. Betts, The False Dawn: European Imperialism in the Nineteenth Century, Minneapolis 1976, S. 20f., 150ff.

[58] «Die erste Hälfte des 19. Jahrhunderts könnte durchaus das Zeitalter der Missionare genannt werden.» Graham: Empire, S. 140.

[59] Vgl. Cornelia Witz, Religionspolitik in Britisch-Indien 1793–1813. Christliches Sendungsbewußtsein und Achtung hinduistischer Tradition im Widerstreit, Stuttgart 1985, S. 37ff., 95ff.

9. Opiuminvasion und Öffnungskriege

[1] Peter W. Fay, The Protestant Mission and the Opium War, in: PHR 40 (1971), S. 146, 149, 160f. Fallstudien früher Missionare sind: Barnett/Fairbank: Christianity (mit Bibliographie!); Herman Schlyter, Karl Gützlaff als Missionar in China, Lund 1946, S. 33ff.; ders., Der China-Missionar Karl Gützlaff und seine Heimatbasis, Lund 1976; Edward V. Gulick, Peter Parker and the Opening of China, Cambridge, Mass. 1973, S. 80ff. Zum ideen- und sozialgeschichtlichen Hintergrund vgl. die umfangreiche Literatur zum «evangelical revival», zuletzt Boyd Hilton, The Age of Atonement, Oxford 1988.

[2] Peter W. Fay, The French Catholic Mission in China during the Opium War, in: MAS 4 (1970), S. 115–28.

[3] Damit wurde erstmals privater Handel zwischen Indien und Großbritannien zulässig.

[4] Dermigny: La Chine, Bd. 3, S. 1387–89; Greenberg: Trade, S. 179–84, 191–95.

[5] Dazu sehr materialreich: Matthias Seefelder, Opium. Eine Kulturgeschichte, Frankfurt a. M. 1987.

[6] Bis auf Wordsworth ist von allen englischen Romantikern bekannt, daß sie mit Opium experimentierten. Vgl. Alethea Hayter, Opium and the Romantic Imagination, London 1968, S. 30. Größte literarische Bedeutung hat die Droge bei Thomas de Quincey und Samuel Taylor Coleridge. Auch Novalis, E. T. A. Hoffmann, Christian Dietrich Grabbe, Edgar Allan Poe, Charles Baudelaire u. a. nahmen Opium.

[7] Vgl. Virginia Berridge/Griffith Edwards, Opium and the People: Opiate Use in Nineteenth-Century England, London 1981, S. 21ff.

[8] Charles C. Stelle, American Trade in Opium to China, Prior to 1820, in: PHR 9 (1940), S. 429–31.

[9] Über die erste Schiffspassage von Neuengland nach China vgl. Philip C. F. Smith, The Empress of China, Philadelphia 1984.

[10] Alfred D. Chandler/Richard S. Tedlow, The Coming of Managerial Capitalism,

Homewood, Ill. 1985, S. 60–73. Zum frühen amerikanischen Chinahandel vgl. Jonathan Goldstein, Philadelphia and the China Trade 1682–1846: Commercial, Cultural and Attitudinal Effects, University Park, Penn. 1978, S. 25 ff.

[11] Zum Pelzhandel vgl. Wang Xi/Zou Mingde, Yapian Zhanzheng qian de Zhong-Mei maoyi [Der chinesisch-amerikanische Handel vor dem Opiumkrieg], in: FDXB 1982/4, S. 93 f. Zur Organisation des Opiumhandels vgl. Jacques M. Downs, American Merchants and the China Opium Trade, 1800–1840, in: BHR 42 (1968), S. 422–24, 428–34; daneben immer noch Charles S. Stelle, American Trade in Opium to China, 1821–39, in: PHR 10 (1941), S. 57–74.

[12] Lange hat die US-Geschichtsschreibung die amerikanische Beteiligung am Opiumhandel bagatellisiert (typisch: S. E. Morison, The Maritime History of Massachusetts 1783–1860, new ed., Boston 1961, S. 278). Tatsächlich spielten US-Händler als Besitzer der damals technisch fortgeschrittensten Segelschiffe eine wichtige logistische Rolle im Opiumschmuggel, auch wenn ihre eigenen Opiumumsätze deutlich kleiner als die der Briten waren. Vgl. Dilip K. Basu, The Opium War and the World Trade System, in: CSWT 3, Supplement 1 (1977), S. 56–59.

[13] B. Chaudhuri, Eastern India, in: Dharma Kumar (Hrsg.), The Cambridge Economic History of India, Bd. 2, Cambridge 1983, S. 312; A. C. Sahu, Genesis and Growth of Indo-Chinese Opium Monopoly under East India Company, in: JIH 57 (1979), S. 163 f.

[14] Eine gewisse Rolle spielten daneben indische Parsen, die später als Pioniere der indischen Industrie wichtig wurden. Mancher Vermögensgrundstock wurde im Opiumschmuggel gelegt. Vgl. Rothermund: Indien, S. 40.

[15] Wolfgang Schivelbusch, Das Paradies, der Geschmack und die Vernunft. Eine Geschichte der Genußmittel, München 1980, S. 234.

[16] John K. Fairbank, The Motive Power of Opium, in: ders., China Watch, Cambridge, Mass. 1987, S. 13.

[17] Ähnlich 1859 selbst der großherzige John Stuart Mill: Das Verbot der Opiumeinfuhr nach China sei (neben anderen ähnlichen Maßnahmen) «zu verwerfen, nicht als Einmischung in die Freiheit der Hersteller oder Verkäufer, sondern in die der Käufer». Über die Freiheit, hrsg. v. Manfred Schlenke, Stuttgart 1974, S. 131.

[18] So der Dichter Rudyard Kipling 1888: «Der gelbe Mann ist anders beschaffen. Opium hinterläßt bei ihm fast keine Spuren.» Zit. in Brian V. Street, The Savage in Literature: Representations of «Primitive» Society in English Fiction 1858–1920, London 1975, S. 75.

[19] Das Thema ist wenig untersucht worden. Vgl. Stuart C. Miller, The American Trader's Image of China, 1785–1840, in: PHR 36 (1967), S. 375–95, bes. 383 ff., und vor allem Jacques M. Downs, Fair Game: Exploitive Role-Myths and the American Opium Trade, in: PHR 41 (1972), S. 133–49.

[20] Vgl. Berridge/Edwards, Opium and the People, S. 50 ff. Ansätze zu ähnlichen Überlegungen jetzt bei Guo Xixiao, Diyici Yapian Zhanzheng hou de yapian wenti [Die Opiumfrage nach dem Ersten Opiumkrieg], in: JDSYJ 1987/4, S. 20.

[21] Dies schloß natürlich Eingriffe der EIC in die Textilproduktion nicht aus. Vgl. dazu für die erste Hälfte des 18. Jahrhunderts die außerordentlich sorgfältige Studie: Sergio Aiolfi, Calicos und gedrucktes Zeug. Die Entwicklung der englischen Textilveredelung und der Tuchhandel der East India Company 1650–1750, Stuttgart 1987, bes. S. 292 ff.

[22] Tan Chung, The Britain-China-India Trade Triangle (1771–1840), in: IESHR 11 (1974), S. 422; J. Kumar, Indo-Chinese Trade 1793–1833, Bombay 1974, S. 92.

[23] Nach dem Urteil eines indischen Historikers hat die EIC als Regierung Indiens die indische Opiumwirtschaft aktiv und völlig bedenkenlos gefördert: ebd., S. 165 f.

[24] Dermigny spricht von «le triomphe de la notion de masse dans le domaine de la drogue» (La Chine, Bd. 3, S. 1313).

[25] Vgl. W. E. Cheong, The Beginnings of Credit Finance on the China Coast: The Canton Financial Crisis of 1812–1815, in: BH 13 (1971), S. 87–103; ders., China Houses and the Bank of England Crisis of 1825, in: BH 15 (1973), S. 56–73; ders., China Agencies and the Anglo-American Financial Crisis, 1834–1837, in: Revue internationale de l'histoire de la banque 9 (1974), S. 134–59.

[26] W. E. Cheong, Mandarins and Merchants: Jardine Matheson & Co., a China Agency of the Early Nineteenth Century, London 1979, S. 114, 207ff., 263.

[27] Gleichzeitig mit dem sprunghaften Anstieg des Opiumhandels begannen auch die Exporte britischer Baumwollerzeugnisse nach China, zunächst noch in kleinen Mengen. Vgl. Hamashita Takeshi, Foreign Trade Finance in China, 1810–50, in Grove/ Daniels: State, S. 387f.

[28] Über die beiden bes. Peter W. Fay, The Opium War 1840–1842, Chapel Hill, N. C. 1975, S. 45ff., 190ff.

[29] Chang Hsin-pao, Commissioner Lin and the Opium War, Cambridge, Mass. 1964, S. 32–36; Jonathan Spence, Opium Smoking in Ch'ing China, in Wakeman/Grant: Conflict, S. 161–67; Hao: Revolution, S. 118ff.

[30] Wichtige Bemerkungen dazu bei Wolfgang Bauer, China und die Hoffnung auf Glück. Paradiese, Utopien, Idealvorstellungen, München 1971, S. 378–83.

[31] Spence, Opium Smoking, S. 153.

[32] Maximilian von Brandt, Dreiunddreissig Jahre in Ost-Asien. Erinnerungen eines deutschen Diplomaten, Bd. 3, Leipzig 1901, S. 109.

[33] Spence, Opium Smoking, S. 168; Hao: Revolution, S. 55–58.

[34] Vgl. Fairbank: Trade, S. 133–51.

[35] Morse: Relations, Bd. 1, S. 556. Zur Organisation des Opiumhandels in den 1850er Jahren vgl. Nie Baozhang, Shijiu shiji zhongye zai Hua yanghang shili de kuozhang yu baoli lüeduo [Die Ausweitung des Einflusses ausländischer Firmen in China in der Mitte des 19. Jahrhunderts und ihre Methoden gewalttätiger Plünderung], in: JDSYJ 1981/2, S. 94–126, hier 115–21.

[36] LeFevour: Western Enterprise, S. 22–30; Stephen C. Lockwood, Augustine Heard and Company, 1858–1862: American Merchants in China, Cambridge, Mass. 1971, S. 22–30.

[37] Eigene Umrechnung nach Hsiao: Statistics, S. 52 (Tabelle 2).

[38] Berechnung nach Spence, Opium Smoking, S. 154. Die zweite Zahl aus S. A. M. Adshead, Province and Politics in Late Imperial China: Viceregal Government in Szechwan, 1898–1911, London 1984, S. 51.

[39] Leonard P. Adams, China: The Historical Setting of Asia's Profitable Plague, Anhang zu: Alfred W. McCoy, The Politics of Heroin in Southeast Asia, New York 1973, S. 361.

[40] Royal Commission on Opium, Final Report, Bd. 6, London 1895, S. 52 (Ziffer 147).

[41] J. C. S. Hall, The Yunnan Provincial Faction, 1927–1937, o. O. [Canberra] 1976, S. 99–118.

[42] David E. Owen, British Opium Policy in China and India, New Haven 1939, S. 311ff.

[43] Ebd., S. 332ff.; Thomas D. Reins, China and the International Politics of Opium, 1900–1937: The Impact of Reform, Revenue, and the Unequal Treaties, Ph. D. thesis, Clarmont Graduate School 1981, S. 15ff. Eine immer noch brauchbare Darstellung ist Meribeth E. Cameron, The Reform Movement in China, 1898–1912, Stanford 1931, S. 136–59.

[44] Sheridan: Disintegration, S. 86f.; 102f. Die beste Fallstudie ist Hall, Yunnan Provincial Faction. Über den notorischen Opiumherd Sichuan: Lin Chourong/Long Dai, Sichuan junfa yu yapian yan [Die Warlords von Sichuan und das Opium], in: SDXB 1984/3, S. 101–106.

⁴⁵ Parks M. Coble, The Shanghai Capitalist Class and the Nationalist Government, 1927–1937, Cambridge, Mass. 1980, S. 114f.; Adams, China, S. 373 f.; Sir Frederick Leith-Ross, Money Talks: Fifty Years of International Finance, London 1968, S. 209.

⁴⁶ Zum Beispiel: 1936 richtete die Provinzregierung von Sichuan 20. 000 (!) neue Verkaufsstellen für Opium ein. CWR, 18. 7. 1936, S. 258.

⁴⁷ N. J. Miners, The Hong Kong Government Opium Monopoly, 1914–1941, in: JICH 11 (1983), S. 275–99; Miners: Hong Kong, S. 207 ff. Über das Opium-Monopol im britischen Singapore vgl. Carl A. Trocki, The Rise of Singapore's Great Opium Syndicate, 1840–86, in: JSEAS 18 (1987), S. 58–80; Otte: Landeskunde, S. 44 f.

⁴⁸ Die Schlüsselstelle ist Artikel 4 des amerikanisch-japanischen Handelsvertrages vom 29. Juli 1858. Text in: W. G. Beasley (Hrsg.), Select Documents on Japanese Foreign Policy 1853–1868, London 1955, S. 186: «The importation of opium is prohibited.»

⁴⁹ Reins, China, S. 205 ff.

⁵⁰ CWR, 9. 4. 1932, S. 179f.; 4. 6. 1932, S. 3.

⁵¹ Ezra Vogel, Canton under Communism: Programs and Politics in a Provincial Capital, 1949–1968, Cambridge, Mass. 1969, S. 65 f.

⁵² Chang, Commissioner Lin, S. 165f.

⁵³ Ebd., S. 20; Spence, Opium Smoking, S. 158; Wei Peh-t'i, Juan Yüan's Management of Sino-British Relations in Canton 1817–1826, in: JHKBRAS 21 (1981), S. 156–58.

⁵⁴ W. C. Costin, Great Britain and China 1833–1860, Oxford 1937, S. 21.

⁵⁵ Diese Politisierung der anglo-chinesischen Beziehungen nach 1834 betont besonders Qian Jiaju, Lun Yingguo de chanye geming yu Yapian Zhanzheng [Die industrielle Revolution in England und der Opiumkrieg], in: SXZX 1984/3, S. 27 f.

⁵⁶ Zur Napier-Episode, die mit Scheitern und Tod des Gesandten endete, vgl. Graham: China Station, S. 44–64.

⁵⁷ Zur «Great Debate» vgl. Chang, Commissioner Lin, S. 92–98; Frederic Wakeman, Jr., The Canton Trade and the Opium War, in CHOC, Bd. 10, S. 178–85; Chen: Jindai shi, Bd. 1, S. 57–64; Bernhard Hellig, Chinas Außenpolitik am Vorabend des «Opiumkrieges» (1839–1842). Politische und kulturelle Souveränität in der Begegnung mit dem Westen: Das Beispiel England, Wuppertal/Witten 1987, S. 160 ff.

⁵⁸ Naquin/Rawski: Eighteenth Century, S. 234.

⁵⁹ Shi: Huobi shi, S. 118.

⁶⁰ Siehe oben Kapitel 8. Über die Erosion der sozialen Ordnung in Südchina jetzt eine faszinierende Studie: Dian Murray, Pirates of the South China Coast, 1790–1810, Stanford 1987, bes. S. 57 ff.

⁶¹ Zur Währungs- und Finanzkrise der 1820er und 1830er Jahre vgl. Fairbank: Trade, S. 75–77 (der die Auswirkungen aber vermutlich unterschätzt). Ergebnisse neuerer Forschung bei John Nolde, A Plea for a Regional Approach to Chinese History: The Case of South China Coast, in: JHKBRAS 6 (1966), S. 17; Wang Yeh-chien, Evolution of the Chinese Monetary System, 1644–1850, in Hou/Yu: Economic History, S. 442–45; Ramon H. Myers, Economic Structure and Growth, in Rozman: Modernization, S. 114f. Vgl. jetzt auch Chen Chunsheng, Qingdai Guangdong yin qian bijia [Der Wechselkurs von Silber und Kupfer in der Provinz Guangdong während der Qing-Zeit], in: ZDXB 1986/1, S. 102f. Eine wichtige chinesische Quelle übersetzt Franke: Jahrhundert, S. 41–45.

⁶² Selbstverständlich floß nur ein Bruchteil der Erlöse aus dem Opiumhandel an die indischen Mohnbauern zurück. Vgl. Kumar, Indo-Chinese Trade, S. 169f.

⁶³ Tan Chung, Foreign Mud on Good Earth: British Opium Enterprise vis-à-vis China, in: CR 17 (1981), S. 21 f., der hier eine zeitgenössische Analyse des britischen Konsuls in China, Sir Rutherford Alcock, zitiert. Vgl. auch Tan Chung, A New Look at the Causes of the First Opium War 1840–1842, in Lama: Congress, Bd. 5, S. 292–305.

[64] Für den weiteren imperialen Zusammenhang vgl. John P. Halstead, The Second British Empire: Trade, Philanthropy, and Good Government, 1820–1890, Westport, Conn. 1983, S. 13 ff.

[65] Peter W. Fay, Was the Opium War of 1840–1842 a Just War?, in Lama: Congress, Bd. 5, S. 283.

[66] Jede der allgemeinen Darstellungen behandelt sie ausführlich. Die besten Gesamtanalysen sind Fay, Opium War, und (allerdings nur aus britischer Sicht) Graham: China Station. Gut lesbare populärwissenschaftliche Erzählungen sind Brian Inglis, The Opium War, London 1976 (mit starkem Akzent auf der Vorgeschichte); Jack Beeching, The Chinese Opium Wars, London 1975 (über die Ereignisse 1840–60); sowie thematisch breiter angelegt: John Selby, The Paper Dragon: An Account of the China Wars, 1840–1900, London 1968. Den lebendigsten Eindruck vermittelt immer noch Arthur Waley, The Opium War through Chinese Eyes, London 1958. Keines dieser Bücher geht allerdings auf die Interpretationsprobleme ein, die die neueste Forschung beschäftigen. Vgl. dazu Dilip K. Basu, The Opium War and the Opening of China: A Historiographical Note, in: CSWT 3, Supplement 1 (1977), S. 2–16. Basus eigene (unbefriedigende) Deutung im Sinne Wallersteinscher «Weltsystemanalyse»: The Peripheralization of China: Notes on the Opium Connection, in: Walter L. Goldfrank (Hrsg.), The World-System of Capitalism: Past and Present, Beverly Hills 1979, S. 171–87.

[67] Kenneth Bourne, Palmerston: The Early Years 1784–1841, London 1982, S. 588.

[68] Dieser Populärmythos knüpft sich an den Sanyuanli-Zwischenfall, ein Scharmützel zwischen britischen Truppen und einer Volksmenge in der Nähe von Kanton Ende Mai 1841. Vgl. Frederic Wakeman, Jr., Strangers at the Gate: Social Disorder in South China, 1839–1861, Berkeley 1966, S. 11–21. In der VR China wurde des Ereignisses 1978 durch einen umfangreichen Materialienband gedacht: Sanyuanli remin kang Ying douzheng shiliao [Historische Dokumente zum Kampf des Volkes von Sanyuanli gegen die Engländer].

[69] Graham: China Station, S. 18 f., 140, 147, 153–55; Headrick: Tools, S. 18 f., 43–57.

[70] Text des Vertrages von Nanjing in Hertslet: Treaties, S. 7–12.

[71] Sze Tsung-yu, China and the Most-Favored-Nation Clause, New York 1925, S. 30 ff.

[72] Für den Historiker am nützlichsten ist Tung: Powers. Willoughby: Rights ist gut für die späteren Entwicklungen, aber zu knapp zu den Anfängen. Enzyklopädisch zu einer der juristischen Hauptfragen: G. W. Keeton, The Development of Extraterritoriality in China, 2 Bde., London 1928.

[73] Die maßgeblichen Dokumente sind der anglo-chinesische Vertrag von Tianjin vom 26. August 1858 und die Konvention von Beijing vom 24. Oktober 1860. Texte in Hertslet: Treaties, S. 18–52. Zur Entstehungsgeschichte am besten die Übersichten bei Hsü: Rise, S. 249–76, und John K. Fairbank, The Creation of the Treaty System, in CHOC, Bd. 10, S. 237–61.

[74] Da Englisch die *lingua franca* an der Chinaküste wurde, verwenden wir gelegentlich die englischen Bezeichnungen.

[75] Über ihn gibt es eine riesige Literatur (eine chinesische Bibliographie von 1983 umfaßt 680 Seiten). Zur ersten Orientierung: Gernet: Welt, S. 458–65; Franke: Jahrhundert, S. 37–65; Franz Michael, Die Taiping Rebellion, in Opitz: Konfuzianismus, S. 35–60; und Peter J. Opitz, Die Taiping-Bewegung, in Opitz: Wandlung, S. 23–54. Unter den englischsprachigen Gesamtdarstellungen besonders Rodzinski: History, Bd. 1, S. 262–86; Chesneaux: Opium Wars, S. 85–128; Philip A. Kuhn, The Taiping Rebellion, in CHOC, Bd. 10, S. 264–317. Allmählich veraltend, aber als narrative Darstellung noch nicht ersetzt: Franz Michael, The Taiping Rebellion, Bd. 1, Seattle 1966. Monumental zum Verlauf, aber ohne jeden Versuch einer Erklärung: Jen Yu-wen, The Taiping Revolutionary Movement, New Haven 1973. Eine gute Diskussion der (bes. sozialökonomischen) Ursachen des Aufstandes hingegen bei Hans Ulrich Vogel,

Lokale Administration und Bodenpolitik der Himmlischen Dynastie des Großen Friedens (Taiping Tianguo, 1850–1864), Hamburg 1981, S. 21–43. Anschaulich und instruktiv die kommentierten Dokumente in Prescott Clarke/ J. S. Gregory (Hrsg.), Western Reports on the Taiping, London 1982, und ein einziges großes Dokument in C. A. Curwen, Taiping Rebel: The Deposition of Li Hsi-ch'eng, Cambridge 1977. Zur Taiping-Diskussion in der VR China vgl. Robert P. Weller, Historians and Consciousness: The Modern Politics of the Taiping Heavenly Kingdom, in: SR 54 (1987), S. 731–55.

[76] Perkins: Development, S. 28 f. Nach einer neueren Berechnung fiel die Gesamtbevölkerungszahl von 412 Millionen 1850 auf 358 Millionen 1870! Liu Kezhi/Huang Guoshu, Shiwu shiji yilai Zhongguo renkou yu jingji chengzhang [Bevölkerungs- und Wirtschaftswachstum in China seit dem 15. Jahrhundert], in: JJLW 6:1 (März 1978), S. 30 (Tabelle A. 1).

[77] Ebd., S. 29–30. Eigene Umrechnung von *mu* in Hektar. Einer der führenden chinesischen Wirtschaftshistoriker, Luo Ergang, schätzt, daß beim technologischen Stand Mitte des 19. Jahrhunderts zur Bestreitung des Existenzminimums durchschnittlich 3 *mu* notwendig gewesen wären. Zitiert bei Zhou Yuanhe, A Study of China's Population during the Qing Dynasty, in: SSC 3 (1982), S. 89.

[78] Wir vermeiden die schwierige Diskussion, ob das Taiping-Phänomen als Revolution oder Rebellion bezeichnet werden sollte. «Bewegung» mag als Kompromiß dienen.

[79] Wichtige, auch methodisch anregende neuere Beiträge sind: Philip A. Kuhn, Origins of the Taiping Vision: Cross-Cultural Dimensions of a Chinese Rebellion, in: CSSH 19 (1977), S. 350–66; Rudolf G. Wagner, Reenacting the Heavenly Vision: The Role of Religion in the Taiping Rebellion, Berkeley 1983.

[80] Rudolf G. Wagner, God's Country in the Family of Nations: The Logic of Modernism in the Taiping Doctrine of International Relations, in: János M. Bak/Gerhard Benecke (Hrsg.), Religion and Rural Revolt, Manchester 1984, S. 354–72, bes. 359–61.

[81] Von 1844 bis 1855 fiel der Außenhandel Kantons von 33,4 Mio. auf 6,5 Mio. $, während der von Shanghai von 4,8 Mio. auf 23,3 Mio. anstieg. Huang Wei, Shanghai kaipi chuqi duiwai maoyi yanjiu [Der Außenhandel Shanghais in der Frühphase der Öffnung, 1843–1863], Shanghai 1961, S. 71. Vgl. auch Cheng: Guangzhou, S. 51–63.

[82] Kuhn, Taiping Rebellion, S. 264f; Wakeman, Strangers at the Gate, S. 100; So: Silk District, S. 64.

[83] Vgl. Liu Kwang-ching, The Ch'ing Restoration, in CHOC, Bd. 10, S. 456–77.

[84] 1856 kam es auch zu einer kurzen amerikanischen Marineaktion gegen China. Vgl. Yi Tingzhen, Dierci Yapian Zhanzheng chuqi Meiguo dui Hua junshi xingdong shimo [Der amerikanische Militäreinsatz gegen China am Anfang des Zweiten Opiumkrieges], in: NKXB 1984/3, S. 18–25. Zur französischen Beteiligung immer noch Henri Cordier, L'expédition de Chine de 1857–58, Paris 1905; ders., L'expédition de Chine de 1860, Paris 1906.

[85] Vgl. für Kanton und Südchina: J. Y. Wong, Yeh Ming-ch'en: Viceroy of Liang Kuang 1852–8, Cambridge 1976, bes. S. 36, 119, 186.

[86] Macartney: Embassy, S. 367, Anm. 27.

[87] Zu Elgin jetzt auch die Geschichte seiner Familie aus der Feder eines führenden schottischen Sozial- und Wirtschaftshistorikers: Sydney Checkland, The Elgins, 1766–1917: A Tale of Aristocrats, Proconsuls and their Wives, Aberdeen 1988, S. 164ff.

[88] Zur westlichen Intervention gegen die Taiping, die 1862–64 ihren Höhepunkt erreichte, vgl. J. S. Gregory, Great Britain and the Taipings, London 1969, S. 111 ff.; S. Y. Teng, The Taiping Rebellion and the Western Powers, Oxford 1971, bes. S. 284 ff.; Richard J. Smith, Mercenaries and Mandarins: The Ever-Victorious Army in Nineteenth Century China, New York 1978, S. 24 ff.; Charles Chenevix Trench, Charley Gordon: An Eminent Victorian Reassessed, London 1978, S. 33 ff.

10. Diplomatie und «Informal Empire»

[1] So die Untertitel der drei Bände von Morse: Relations.

[2] J. V. A. MacMurray, Problems of Foreign Capital in China, in: FA 3 (1925), S. 412.

[3] Eine sorgfältige Analyse gibt z. B. Horst Pommerening, Der chinesisch-sowjetische Grenzkonflikt. Das Erbe der ungleichen Verträge, Olten 1968, S. 34 ff. Grundlegend für den weiteren Zusammenhang ist Jörg Fisch, Die europäische Expansion und das Völkerrecht. Die Auseinandersetzungen um den Status der überseeischen Gebiete vom 15. Jahrhundert bis zur Gegenwart, Stuttgart 1984.

[4] Er wurde 1915 abgeschlossen. Text in MacMurray: Treaties, Bd. 2. S. 1190 f.

[5] Dies übersieht z. B. Adam Watson, der noch jüngst das System der China-Verträge als «die eindrucksvollste Leistung des Konzerts der Mächte in Übersee» gefeiert hat (European International Society and Its Expansion, in Bull/Watson: Expansion, S. 31).

[6] Vgl. Alexander Schölch, Ägypten den Ägyptern! Die politische und gesellschaftliche Krise der Jahre 1878–1882 in Ägypten, Zürich 1972.

[7] Der Höhepunkt der britischen Weltmachtstellung kann auf 1848–70 datiert werden. Vgl. Bernard Porter, Britain, Europe and the World 1850–1986: Delusions of Grandeur, London 1983, S. 1 ff.

[8] Kennedy: Great Powers, S. 198 ff.

[9] Zur neuen Etappe der USA in Übersee seit etwa 1860 vgl. Wehler: Außenpolitik, S. 168 ff. Das Standardwerk über die amerikanisch-chinesischen Beziehungen im 19. Jahrhundert ist Hunt: Relationship. Zur heutigen Forschungslage vgl. Michael H. Hunt, New Insights But No New Vistas: Recent Work on Nineteenth-Century American-East Asian Relations, in Cohen: Frontiers, S. 17–43; Wang Xi/Wang Bangxian, Woguo sanshiwu nian lai de Zhong Mei guanxi shi yanjiu [Chinesische Forschungen seit 1949 zur Geschichte der sino-amerikanischen Beziehungen], in: FDXB 1984/5, S. 73–76. Neuerdings David L. Anderson, Imperialism and Idealism: American Diplomats in China 1861–1898, Bloomington 1985.

[10] Yü Wen-tang, Die deutsch-chinesischen Beziehungen von 1860–1880, Bochum 1981, S. 44 ff.; Holmer Stahncke, Die diplomatischen Beziehungen zwischen Deutschland und Japan 1854–1868, Stuttgart 1987, S. 88–119; Bernd Martin, The Prussian Expedition to the Far East (1860–1862), in: Newsletter for Modern Chinese History 6 (1988), S. 38–52.

[11] Von mehr als «tastender Expansion» kann vor 1897 nicht die Rede sein. Vgl. Hans-Ulrich Wehler, Bismarck und der Imperialismus, Köln 1969, S. 194 ff.

[12] Eine neuere Biographie in einer westlichen Sprache fehlt. Daher immer noch Hummel: Eminent Chinese, S. 464–71. Lesenswert trotz kräftiger Vorurteile bleibt J. O. P. Bland, Li Hung-chang, London 1917.

[13] Die chinesische Geschichtsschreibung hat ihn lange als «Kapitulanten» gesehen. Etwa: Fan Wön-lan, Neue Geschichte Chinas, Bd. 1, Berlin (DDR) 1959, S. 296 ff.; Hu Sheng, Imperialism and Chinese Politics, Beijing 1981, S. 102 f. Allmählich setzt sich in China eine differenziertere Bewertung durch.

[14] Masataka Banno, China and the West, 1858–1961: The Origins of the Tsungli Yamen, Cambridge, Mass. 1964, S. 219 ff.; Hsü: Entrance, S. 105 ff.

[15] Hochinteressant sind die Aufzeichnungen des Gesandten und seiner Mitarbeiter: J. D. Frodsham (Hrsg.), The First Chinese Embassy to the West: The Journals of Kuo Sung-t'ao, Liu Hsi-hung and Chang Te-yi, Oxford 1974. Die vielbändigen Reiseaufzeichnungen von Zhang Deyi (Chang Te-yi) werden gegenwärtig in der Volksrepublik China ediert. Zu den frühen diplomatischen Beziehungen auch Earl Swisher, Chinese Representation in the United States, 1861–1912, in: Kenneth W. Rea (Hrsg.), Early Sino-American Relations, 1841–1912: The Collected Articles of Earl Swisher, Boulder, Col. 1977, S. 163–203.

[16] Gong: Standard, S. 151.

17 Text in Hertslet: Treaties, Bd. 1, S. 73–80.

18 S. T. Wang, The Margary Affair and the Chefoo Agreement, London 1940, S. 66 ff.

19 Das Nötige bei Hsu: Rise, S. 368–72. Zum chinesischen Hintergrund vgl. die meisterhafte Fallstudie John K. Fairbank, Patterns behind the Tientsin Massacre, in: HJAS 20 (1957), S. 480–511. Eine lehrreiche Analyse eines späteren Falles (1902) unternimmt Aadel Brun Tschudi, The Chenzhou Murder Case, in: Proceedings of the First International Symposium on Asian Studies, Bd. 1, Hongkong 1979, S. 291–305. Nach den relativ ruhigen 1880er Jahren lebten antimissionarische Aktivitäten nach 1891 wieder auf. Vgl. Edmund S. Wehrle, Britain, China, and the Antimissionary Riots, 1891–1900, Minneapolis 1966.

20 Britten Dean, China and Great Britain: The Diplomacy of Commercial Relations, 1860–1864, Cambridge, Mass. 1974, S. 120 ff., bes. 132; Alexander Michie, The Englishman in China during the Victorian Era, Bd. 1, Edinburgh 1900, S. 402.

21 1925 patrouillierten auf dem Yangzi 14 amerikanische, 14 japanische, 12 britische, 5 französische und 4 italienische Kanonenboote. Zhang: Xiandai shi, Bd. 1, S. 210.

22 Der amerikanische Konteradmiral John Lee Davis 1884, zit. in Kenneth J. Hagan, American Gunboat Diplomacy and the Old Navy, 1877–1889, Westport, Conn. 1973, S. 124.

23 Victor G. Kiernan, British Diplomacy in China 1880 to 1885, Cambridge 1939, S. 143.

24 Alle typischen Elemente dieser Konstellation finden sich bereits 1868 bei einem Konflikt auf Taiwan: ausländerfeindliche Chinesen, aggressive Kaufleute, Konsuln und Marineoffiziere, mäßigende Diplomaten und Beijing. Vgl. Leonard H. D. Gordon, Taiwan and the Limits of British Power, 1868, in: MAS 22 (1988), S. 225–35. Zur Rolle der britischen Konsuln in China vgl. D. C. M. Platt, The Cinderella Service: British Consuls since 1825, London 1971, S. 165 ff; P. D. Coates, The China Consuls: British Consular Officers, 1843–1943, Hongkong 1988.

25 Clarendon an Alcock, 28. Januar 1869, zit. in Nathan A. Pelcovits, Old China Hands and the Foreign Office, New York 1948, S. 56.

26 Der letzte größere britische Flottenangriff im Inneren Chinas war die Bombardierung der Stadt Changsha in Hunan im Sommer 1930. Amerikanische Kanonenboote wurden zuletzt 1934 vor Fuzhou eingesetzt. Vgl. Kemp Tolley, Yangtze Patrol: The U. S. Navy in China, Annapolis 1971, S. 193. Noch in den 1920er Jahren befehligte der italienische Gesandte persönlich Kanonenbooteinsätze zur Bestrafung von Übergriffen auf Missionare. Vgl. Daniele Varè, Laughing Diplomat, London 1938, S. 299.

27 Vgl. Marina Warner, Die Kaiserin auf dem Drachenthron. Leben und Welt der chinesischen Kaiserin-Witwe Tz'u-hsi, 1835–1908, Würzburg 1974. Verfassungsgeschichtlich gesehen bedeutete Cixis fragwürdig legitimierte Herrschaft den institutionalisierten Ausnahmezustand. Vgl. Luke S. K. Kwong, Imperial Authority in Crisis: An Interpretation of the Coup d'état of 1861, in: MAS 17 (1983), S. 237.

28 Alastair Lamb, British India and Tibet 1766–1910, 2nd ed., London 1986, S. 88 ff., bes. 134 f. Die westlichen Versuche des Eindringens nach Tibet schildert anschaulich Peter Hopkirk, Trespassers on the Roof of the World: The Race for Lhasa, Oxford 1982.

29 Das Standardwerk ist immer noch John F. Cady, The Roots of French Imperialism in Eastern Asia, new ed., Ithaca, N. Y. 1967.

30 Milton Osborne, River Road to China: The Mekong River Expedition 1866–1873, London 1975, S. 30 ff.

31 Dieter Brötel, Französischer Imperialismus in Vietnam. Die koloniale Expansion und die Errichtung des Protektorates Annam-Tongking 1880–1885, Freiburg i. Br. 1971, bes. S. 119 ff.

32 Ebd., S. 275 ff., 305 ff.; Hsü: Rise, S. 398–403; Mancall: China, S. 156 f.; Immanuel C. Y. Hsü, Late Ch'ing Foreign Relations, 1866–1905, in CHOC, Bd. 11, S. 96–101;

Jean Ganiage, L'expansion coloniale de la France sous la Troisième République (1871–1914), Paris 1968, S. 120 ff.; Marwyn S. Samuels, Contest for the South China Sea, New York 1982, S. 42–48; Pierre Guillen, L'expansion 1881–1898, Paris 1984, S. 185 ff. (bes. über die internationalen Umstände des Krieges).

[33] Zur Vorgeschichte D. G. E. Hall, A History of South-East Asia, 3rd ed., London 1968, S. 618 ff. Zu den wirtschaftlichen Hintergründen vorzüglich: D. R. SarDesai, British Trade and Expansion in Southeast Asia 1830–1914, New Delhi 1977, S. 177–219.

[34] Dieter Brötel, Frankreichs ökonomische Penetration auf dem China-Markt 1885–1895, in: Peter Hablützel u. a. (Hrsg.), Dritte Welt: Historische Prägung und politische Herausforderung. Festschrift zum 60. Geburtstag von Rudolf von Albertini, Stuttgart 1983, S. 55.

[35] Zum folgenden Hsü, Late Ch'ing Foreign Relations, S. 101–109; Beasley: Imperialism, S. 41–54; Hilary Conroy, The Japanese Seizure of Korea, Philadelphia 1960; Martina Deuchler, Confucian Gentlemen and Barbarian Envoys: The Opening of Korea, 1875–1885, Seattle 1977; Robert R. Swartout, Jr., Mandarins, Gunboats and Power Politics: Owen Nickerson Denny and the International Rivalries in Korea, Honolulu 1980, bes. S. 23 ff.; Hang-Soo Kim, Korea und der «Westen» von 1860 bis 1900, Frankfurt a. M. 1986, S. 22 ff. Am besten zur Rolle Chinas: Kim: Last Phase. Für die spätere Zeit und mit starker Berücksichtigung der russischen Politik: George Alexander Lensen, Balance of Intrigue: International Rivalry in Korea and Manchuria, 1884–1899, 2 Bde., Tallahassee, Fla. 1982.

[36] Edwin Pak-Wah Leung, The Quasi-War in East Asia: Japan's Expedition to Taiwan and the Ryûkyû Controversy, in: MAS 17 (1983), S. 257–81.

[37] Zur überaus komplizierten zentralasiatischen Machtpolitik der 1870er und 1880er Jahre vgl. Liu Kwang-ching/Richard J. Smith, The Military Challenge: The North-West and the Coast, in CHOC, Bd. 11, S. 221–43; Rossabi: Inner Asia, S. 179–91; Gerald Morgan, Anglo-Russian Rivalry in Central Asia, 1810–1895, London 1981, S. 151–69; Baymirza Hayit, Turkestan zwischen Rußland und China, Amsterdam 1971, S. 131–50.

[38] R. K. I. Quested, The Expansion of Russia in East Asia 1857–1860, Kuala Lumpur 1968; Joseph Fletcher, Sino-Russian Relations, 1800–62, in CHOC, Bd. 10, S. 333 ff; L. G. Beskrovnyj/A. L. Narocnickij, K istorii vnešnej politiki Rossii na Dal'nem Vostoke v XIX veke, in: VI 1974/6, S. 14–36, bes. 25–30; Sha-E qin Hua shi, Bd. 2, S. 53 ff. Zu demographischen Aspekten: Xu Changhan, Shijiu shiji xiabanye Sha-E dui Heilongjiang yibei Wusulijiang yidong diqu zhimin [Die russische Kolonisierung nördlich des Heilongjiang und östlich des Ussuri in der zweite Hälfte des 19. Jahrhunderts], in: Qiushi xuekan 1983/5, S. 100–104.

[39] Hélène Carrère d'Encausse, Systematic Conquest, in: Edward Allworth (Hrsg.), Central Asia: A Century of Russian Rule, New York 1967, S. 131–50. Seymour Becker, Russia's Protectorates in Central Asia: Bukhara and Khiva, 1865–1924, Cambridge, Mass. 1968, S. 3–78.

[40] Immanuel C. Y. Hsü, The Ili Crisis: A Study of Sino-Russian Diplomacy, 1871–1881, Oxford 1965; B. P. Gurevich, History of the «Ili Crisis», in Tichvinskij: Chapters, S. 301–26 (mit positiver Bewertung der russischen Politik); Wang Shengzu, Zhong-Ying guanxi shi luncong [Beiträge zur Geschichte der chinesisch-britischen Beziehungen], Beijing 1981, S. 159–95.

[41] Wir werden auf die bewegte Geschichte Xinjiangs nach 1884 später nicht eingehen. Sie ist nachzulesen in: Oskar Weggel, Xinjiang/Sinkiang: Das zentralasiatische China. Eine Landeskunde, 2. Aufl., Hamburg 1985, S. 27–35; Lars-Erik Nyman, Great Britain and Chinese, Russian and Japanese Interests in Sinkiang, 1918–1934, Stockholm 1977; Han-jung Ziemann, Die Beziehungen Sinkiangs (Ostturkestans) zu China und der UdSSR 1917–1945, Bochum 1984; Andrew D. W. Forbes, Warlords and Muslims in Chinese Central Asia: A Political History of Republican Sinkiang 1911–1949, Cambridge 1986.

[42] Vgl. Immanuel C. Y. Hsü, The Great Policy Debate in China, 1874: Maritime Defense versus Frontier Defense, in: HJAS 25 (1965), S. 212–28.

[43] Vgl. John L. Rawlinson, China's Struggle for Naval Development, 1839–1895, Cambridge, Mass. 1967.

[44] Zuo Zongtangs Erfolge gegen die Rebellen im Nordwesten und gegen Rußland waren nur möglich aufgrund von fünf Anleihen bei britischen Banken. Sie wurden aus Seezollmitteln getilgt. Vgl. Kuo Ting-yee/Liu Kwang-ching, Self-Strengthening: The Pursuit of Western Technology, in CHOC, Bd. 11, S. 515.

[45] Liu/Smith, The Military Challenge, S. 268f. Die tatsächliche Unterlegenheit der einzigen einsatzfähigen Marinestreitmacht, Li Hongzhangs Beiyang-Flotte, demonstriert Guan Jie, Jiawu Zhanzheng qian Zhong-Ri haijun liliang zhi duibi [Die Kräfteverteilung zwischen den Flotten Chinas und Japans am Vorabend des Krieges von 1894/95], in: Dongbei shida xuebao [Zeitschrift der Pädagogischen Hochschule der Mandschurei] 1982/1, S. 55–60, bes. 59.

[46] Arthur Holitscher, Das unruhige Asien, Berlin 1926, S. 275.

[47] Richthofen: Tagebücher, Bd. 1, S. 24.

[48] Ebd.

[49] Die grundlegende Biographie ist Stanley F. Wright, Hart and the Chinese Customs, Belfast 1950. Eine Würdigung der Person und ihres Wirkens durch den besten heutigen Kenner: John K. Fairbank, Epilogue: The Impact of Robert Hart's Administration, in Hart: Journals, S. 319–38. Über Funktion und Geschichte der Seezollbehörde bes. L. K. Little, Introduction, in Hart: Letters, Bd. 1, S. 3–34. Aus der älteren Literatur: Ting Tso-chao, La douane chinoise, Paris 1931; Morse: Trade, S. 352–76; Teichman: Affairs, S. 116–25; Otte: Landeskunde, S. 9f.

[50] Zur Frühphase bes. Jack J. Gerson, Horatio Nelson Lay and Sino-British Relations, 1854–1864, Cambridge, Mass. 1972, S. 50ff.; Hart: Journals, S. 161ff., 230ff. Hart hatte schon seit 1861 kommissarisch die Geschäfte des I. G. geführt.

[51] Fairbank, Epilogue, S. 324; Morse: Trade, S. 364.

[52] Henri Cordier, Les Douanes Impériales Maritimes Chinoises, in: ders., Mélanges, Bd. 2, Paris 1920, S. 219.

[53] Hart prophezeite 1906: «Ich zweifle daran, daß es im Jahr 1930 überhaupt noch Ausländer in der Zollbehörde geben wird.» (Hart: Letters, Bd. 2, S. 1511). Aber die Sinisierung des Amtes begann erst um 1930.

[54] So Fairbanks Einschätzung. Vgl. sein «Foreword» in Hart: Letters, Bd. 1, S. xi.

[55] Vgl. Weber: Wirtschaft und Gesellschaft, S. 610.

[56] Michie, The Englishman in China, Bd. 2, S. 160.

[57] Zit. in Michael Edwardes, The West in Asia 1850–1914, New York 1967, S. 167.

[58] 40 % der Seezolleinnahmen blieben in Beijing, 60 % wurden an die Provinzen verteilt, dort aber teilweise für Projekte verwendet, die von der Zentrale gesteuert wurden. Vgl. Kuo/Liu, Self-Strengthening, S. 515.

[59] Cheng Ying-wan, Postal Communication in China and Its Modernization, 1860–1896, Cambridge, Mass. 1970, S. 63ff.; Huang Cheng, Qingmo jindai youzheng de chuangban he fazhan [Errichtung und Entwicklung einer modernen Post am Ende der Qing-Zeit], in: HDXB 1983/3, S. 101–13, bes. 101–106. Die USA hatten ihre eigene Post in China. Vgl. Peter L. Koffsky, The Consul General's Shanghai Postal Agency, 1867–1907, Washington, D. C. 1972.

[60] Diese Interpretation geht zurück auf John K. Fairbank, Synarchy under the Treaties, in Fairbank: Thought, S. 204–31. Dort die Definition von «synarchy» als «joint Sino-foreign administration of the government of China under a foreign [i. e. Manchu] dynasty» (S. 212). Vgl. auch Rudolf G. Wagner, Staatliches Machtmonopol und alternative Optionen. Zur Rolle der «westlichen Barbaren» im China des 19. Jahrhunderts, in: Jan-Heeren Grevemeyer (Hrsg.), Traditionale Gesellschaften und europäischer Kolonialismus, Frankfurt a. M. 1981, S. 119–23, 132f.

[61] Zur Geschichte Shanghais einführend: Brunhild Staiger, Shanghais politische, wirtschaftliche und kulturelle Entwicklung in historischer Perspektive, in: Institut für Asienkunde (Hrsg.), Shanghai: Chinas Tor zur Welt, Hamburg 1986, S. 7–49; Folker Reichert, «Heimat der Ballen und Fässer». Grundzüge einer Stadtgeschichte, in: Siegfried Englert/Folker Reichert (Hrsg.), Shanghai. Stadt über dem Meer, Heidelberg 1985, S. 41–89. Das richtige «koloniale» Flair vermitteln freilich nur die alten Texte, etwa F. L. Hawks Pott, A Short History of Shanghai, Shanghai 1928, oder das ausführlichere Werk Lanning/Couling: Shanghai.

[62] Leider fehlt eine Geschichte Hongkongs im 19. Jahrhundert, die heutigen historiographischen Ansprüchen genügt. Zur politischen Geschichte: G. B. Endacott, A History of Hong Kong, rev. ed., Hongkong 1973; Ernst Johann Eitel, Europe in China, Shanghai 1895, Reprint Oxford 1983; Geoffrey R. Sayer, Hong Kong 1841–1862: Birth, Adolescence and Coming of Age, Hongkong 1937; ders., Hong Kong 1862–1919: Years of Discretion, Hongkong 1975. Zu den Phasen von Hongkongs kolonialer Geschichte jetzt auch Chen Shenglin, Xianggang diqu beipo «gerang» yu «zujie» de lishi zhenxiang [Die Wahrheit über die erzwungene «Abtretung» und «Pachtung» Hongkongs], in: XSYJ 1983/2, S. 89–94; 1983/3, S. 85–95.

[63] Wong Siu-lun, The Migration of Shanghai Entrepreneurs to Hong Kong, in: David Faure u. a. (Hrsg.), From Village to City: Studies in the Traditional Roots of Hong Kong Society, Hongkong 1984, S. 206–27.

[64] Chiu: Hong Kong, S. 24–26, 29.

[65] Baruch Boxer, Ocean Shipping in the Evolution of Hong Kong, Chicago 1961.

[66] Remer: Investments, S. 395 (Tabelle 13).

[67] D. K. Lieu, The Growth and Industrialization of Shanghai, Shanghai 1936, S. 13 f.

[68] Zahlen für Hongkong aus Chiu: Hong Kong, S. 29, 50; für Shanghai aus Zhou Yuanhe/Wu Shenyuan, Shanghai lishi renkou yanjiu [Die historische Bevölkerung Shanghais], in: FDXB 1985/4, S. 95.

[69] Zit. in Endacott, A History of Hong Kong, S. 18.

[70] Susan Mann Jones, The Ningpo Pang and Financial Power at Shanghai, in Elvin/Skinner: City, S. 74, 76; dies., New Perspectives on Chinese Urbanization, in: JUH 13 (1986), S. 74 f.; Pan Junxiang/Chen Liyi, Shijiu shiji houban qi Shanghai shangye de yanbian [Der Wandel des Handels von Shanghai in der 2. Hälfte des 19. Jahrhunderts], in: LSYJ 1986/1, S. 154.

[71] Sehr anschaulich werden die Vorzüge Shanghais in einer Beschreibung, die der englische Botaniker Robert Fortune von einem Besuch 1843, ein Jahr nach der Öffnung, gab. Vgl. Three Years Wanderings in the Northern Provinces of China, London 1847, S. 115–27.

[72] Dazu vor allem Shiba Yoshinobu. Ningpo and Its Hinterland, in Skinner: City, S. 391–439; Murphey: Shanghai, S. 29 ff.

[73] Hartnäckigen Legenden zum Trotz war dieser Schutz nicht absolut. Die britischen Instanzen haben immer wieder chinesische Revolutionäre an die chinesische Polizei ausgeliefert, vor allem nach 1927.

[74] Immer noch hilfreich zur typologischen Abgrenzung und zum globalen Vergleich ist Ernst Grünfeld, Hafenkolonien und kolonieähnliche Verhältnisse in China, Japan und Korea. Eine kolonialpolitische Studie, Jena 1913. Für China: Wilhelm Wagner, Aufenthalt und Niederlassung Fremder in China, Berlin 1918; A. Nord, Die Handelsverträge Chinas, Leipzig 1920, S. 188 ff.; Friedrich Otte, Niederlassungen, Konzessionen und Pachtgebiete, in: ZfP 16 (1927), S. 603–13.

[75] Gemeint sind hier Treaty Ports im engeren Sinne, in denen ein Zollkommissariat bestand. Vgl. die Angaben in Chong Su-see, The Foreign Trade of China, New York 1919, S. 396 f.; auch Bernhard Großmann, Vertragshäfen, in: Franke: China-Handbuch, Sp. 1473–76.

[76] Dazu Rüdiger Machetzki, Konzessionen und Niederlassungen, in ebd., Sp. 676–82.

Zu den Phasen der Konzessionsbildung bis 1900 vgl. Dai Yifeng, Jianshu jindai Zhongguo zujie de xingcheng he kuozhan [Bildung und Ausweitung von Konzessionen im modernen China], in: ZSJSY 1982/4, S. 68–77.

[77] Das Verfahren ist nicht ohne Vorbild. Ähnlich ging die East India Company in Kalkutta vor der Ära ihrer Territorialherrschaft vor. Vgl. P.J. Marshall, East India Fortunes, Oxford 1976, S. 25.

[78] Grover Clark, Economic Rivalries in China, New Haven 1932, S. 50.

[79] Übersicht in Tung: Powers, S. 71–73.

[80] Jones: Shanghai, S. 120ff.; Lu Sheng, Tianjin jindai chengshi jianzhu jianshi [Der Aufbau der modernen Stadt Tianjin], in: Tianjin wenshi ziliao xuanji [Materialien zu Kultur und Geschichte von Tianjin], Bd. 24, Tianjin 1983, S. 1–47, hier 6–12.

[81] Xiao Zhizhi, Hankou zujie [Die Konzessionen von Hankou], in: WDXB 1978/4, S. 77–80.

[82] Grünfeld, Hafenkolonien, S. 163.

[83] Zum folgenden gibt es eine riesige zeitgenössische Literatur. Eine glasklare Analyse ist Sir John T. Pratt, The International Settlement and the French Concession at Shanghai, in: British Yearbook of International Law 90 (1938), S. 1–18. Daneben Jones: Shanghai. Zur Verwaltungsgeschichte: J.H. Haan, Origin and Development of the Political System in the Shanghai International Settlement, in: JHKBRAS 22 (1982), S. 31–64. Das maßgebende chinesische Werk ist Xu: Shanghai (die Neuausgabe eines zuerst 1933 erschienenen Textes).

[84] Zu dessen innerer Ordnung vgl. Mark Elvin, The Gentry Democracy in Chinese Shanghai, 1905–1914, in Gray: Search, S. 41–65; ders., The Administration of Shanghai, 1905–1914, in Elvin/Skinner: City, S. 239–62. Elvin korrigiert hier Max Webers berühmte These vom Fehlen einer munizipalen Selbstregierung in der chinesischen Stadt.

[85] Errechnet nach Zhou Yuanhe/Wu Shenyuan, Shanghai lishi renkou yanjiu, S. 96.

[86] 1915 wurden die Briten als die größte Ausländergruppe von den Japanern überholt: ein Symptom für die Verlagerung der ausländischen Vorherrschaft! Vgl. Xie Junmei, Shanghai lishi shang renkou de bianqian [Historische Bevölkerungsbewegungen in Shanghai], in: SK 1980/3, S. 112.

[87] Annual Report of the Shanghai Municipal Council 1935, Shanghai 1935, S. 50f.

[88] Vgl. die Studien in Robert J. Ross/Gerard J. Telkamp (Hrsg.), Colonial Cities, Leiden 1985. Darin kein Beitrag über Shanghai. Allerdings lagen die Zahlen der westlichen Ausländer z.B. in Ägypten erheblich über denen in China. Die ägyptische Statistik zählte für 1917 143.000 angesiedelte Europäer. Vgl. Robert Tignor, The Economic Activities of Foreigners in Egypt, 1920–1950: From Millet to Haute Bourgeoisie, in: CSSH 22 (1980), S. 421.

[89] Wie in Hongkong durch Artikel 3 des Vertrages von Nanjing von 1842 und durch die Konvention von Beijing von 1860. Eine klare Analyse der völkerrechtlichen Stellung Hongkongs gibt Anthony Dicks, Treaty, Grant, Usage or Sufferance? Some Legal Aspects of the Status of Hong Kong, in: CQ 95 (September 1983), S. 427–55, bes. 441–51.

[90] Im getragen-heroischen Stil französischer Kolonialgeschichtsschreibung das maßgebende Werk: Ch.–B. Maybon/Jean Frédet, Histoire de la Concession Française de Changhai, Paris 1929, S. 24ff. Eine neuere Studie zur Geschichte der Konzession fehlt.

[91] Um 1930 waren nur etwa 12% der Ausländer (!) im International Settlement wahlberechtigt; es herrschten also Zustände wie im frühkonstitutionellen Europa. William W. Lockwood, Jr., The International Settlement at Shanghai, 1924–1934, in: APSR 28 (1934), S. 1034, Fn. 4.

[92] Eine sehr vorsichtige Schätzung spricht für 1926 von 37%. Report of the Hon. Richard Feetham, C.M.G., to the Shanghai Municipal Council, Shanghai 1931, Bd. 1, S. 323, dort auch 319–21 zur Rechtslage. Schon 1893 hieß es, der wertvollste Grund und Boden in Shanghai befinde sich im Besitz chinesischer Kaufleute und Beamter im

Ruhestand: Imperial Maritime Customs, Decennial Reports 1882–91, Shanghai 1893, S. 332.
[93] Vgl. ausführlicher Osterhammel: Imperialismus, S. 120–23.
[94] Zum folgenden ausführlicher: Jürgen Osterhammel, Semi-Colonialism and Informal Empire in Twentieth-Century China: Towards a Framework of Analysis, in Mommsen/Osterhammel: Imperialism, S. 290–314, bes. 297f. Dort auch Nachweise der imperialismustheoretischen Literatur. Etwas andere Akzente setzen Britten Dean, British Informal Empire: The Case of China, in: JCCP 14 (1976), S. 64–81; J. Y. Wong, The Building of an Informal British Empire in China in the Middle of the Nineteenth Century, in: Bulletin of the John Rylands Library of Manchester 59 (1976), S. 472–85.
[95] Man hat daher mit Recht von «Imperialismus ohne Verantwortung» gesprochen: Tan Chung, The Unequal Treaty System: Infrastructure of Irresponsible Imperialism, in: CR 17:5 (Sept.–Okt. 1981), S. 3–33.
[96] So Levenson: Confucian China, Bd. 1, S. 153.

11. Die Grenzen des Chinamarktes

[1] Zit. in A. J. Sargent, Anglo-Chinese Commerce and Diplomacy, Oxford 1907, S. 106.
[2] Sir Hughe Knatchbull-Hugessen, Diplomat in War and Peace, London 1949, S. 96, der hier seine Gedanken bei einer Reise durch Mittelchina im Sommer 1936 aufzeichnet.
[3] Harry F. Burrill, Southern China, in: ders./Raymond F. Christ, Report on Trade Conditions in China, Washington, D. C. 1906, S. 14.
[4] Zahlen bis 1921 aus Remer: Trade, S. 125, 233; für 1929 und 1936 (beide ohne Mandschurei) aus League of Nations. Economic Intelligence Service, Review of World Trade 1936, Genf 1937, S. 25; für 1960er Jahre: Mah Feng-hwa, The Foreign Trade of Mainland China, Edinburgh 1972, S. 187 (Tabelle 6–2, ausgeschlossen ist hier der Handel Taiwans und Hongkongs sowie der zwischen der VRCh und Nordkorea, Nordvietnam und der Mongolischen Volksrepublik).
[5] Wolfram Fischer, Die Weltwirtschaft im 20. Jahrhundert, Göttingen 1979, S. 11–13. Fischers Terminologie.
[6] Paul A. Cohen, Between Tradition and Modernity: Wang T'ao and Reform in Late Ch'ing China, Cambridge, Mass. 1974, S. 202–205.
[7] Shi Quansheng, Lun Zheng Guanying de jingji sixiang [Die ökonomischen Ideen Zheng Guanyings], in: NDXB 1980/2, S. 40f; Chang Ruqi, Zheng Guanying de shangzhan lun [Zheng Guanyings Doktrin des Wirtschaftskrieges], in: XSYJ 1984/5, S. 69–72. Zu Zheng Vorstellungen von nationalem Kapitalismus bes.: Wang Xi, Lun Zheng Guanying [Über Zheng Guanying], in: LSYJ 1982/1, S. 26ff. Zum Gesamtbild der Person auch Johannes Kehnen, Cheng Kuan-ying. Unternehmer und Reformer der späten Ch'ing-Zeit, Wiesbaden 1975.
[8] Chang Hao, Liang Ch'i-ch'ao and Intellectual Transition in China, 1890–1907, Cambridge, Mass. 1971, S. 161–67, 254–70.
[9] Sun Yatsen, Wang Tao, Zheng Guanying u. a. waren durchaus beeindruckt von gewissen Reformmaßnahmen in den Kolonien, gerade auch in Hongkong. Sie kontrastierten sie mit der «Ausbeutung ohne Verantwortung» in der «Hypo-Kolonie» China. Vgl. Sally Borthwick, Education and Social Change in China: The Beginnings of the Modern Era, Stanford 1983, S. 40f., 44.
[10] Sun spricht von _jin gong,_ Tribut zahlen. Man fühlt sich an die gleichzeitigen «drain of wealth»-Thesen indischer Ökonomen erinnert (R. C. Dutt).
[11] So Sun in seinem zweiten Vortrag über das «Nationale Prinzip» am 3. Februar 1924. Sun Zhongshan xuanji [Ausgewählte Werke Sun Yatsens], Beijing 1956, S. 602–15, bes. 609–14.
[12] Vor allem das materialreiche Kompendium von Qi Shufen, Jingji qinlüe xia zhi

Die Grenzen des Chinamarktes 487

Zhongguo [China als Opfer wirtschaftlicher Aggression], Shanghai 1925. Wichtig auch Chen Mingxun, Jingji gaizao zhong zhi Zhongguo gongye wenti [Die wirtschaftliche Umgestaltung und die chinesische Industrie], Shanghai 1928, bes. S. 120ff.

[13] Vgl. Arif Dirlik, Revolution and History: The Origins of Marxist Historiography in China, 1919–1937, Berkeley 1978, S. 75–87; Ye Guisheng/Liu Maolin, Zhongguo shehui shi lunzhan yu Makesi zhuyi lishixue de xingcheng [Der Theorienstreit über chinesische Sozialgeschichte und die Herausbildung einer marxistischen Geschichtswissenschaft], in: ZSYJ 1983/1, S. 3–16.

[14] Jiang besonders in: Chiang Kai-shek, China's Destiny, New York 1947, S. 63–68. Zu Jiangs Imperialismusverständnis vgl. Marie-Luise Näth, Chinas Weg in die Weltpolitik: Die nationalen und außenpolitischen Konzeptionen Sun Yat-sens, Chiang Kai-sheks und Mao Tse-tungs, Berlin 1976, S. 120–24. Eine volkschinesische Variante in Liu Danian, Zhongguo jindai shi wenti [Probleme der neueren chinesischen Geschichte], Beijing 1978, S. 73f.

[15] Oder präzisere Fassungen solcher Dialektik: Der Imperialismus erschließe die peripheren Länder zum Zwecke des Warenexports, ohne daß ihre Industrialisierung zugelassen werde; seine eigene Dynamik treibe ihn aber ins Stadium des Kapitalexports; dieser wiederum führe letztlich zur Industrialisierung der Peripherie, die sich dann aus ihrer Abhängigkeit befreien könne. So für China die Prognose bei Xu Zongshi, Zhongguo gongyehua wenti [Probleme der chinesischen Industrialisierung], in: Guoli zhongyang daxue banyuekan [Halbmonatsschrift der Zentralen Nationaluniversität] 2:7 (1. Januar 1931), S. 128f.

[16] Formuliert in seiner Schrift «Der Imperialismus als höchstes Stadium des Kapitalismus» von 1916. Dazu einführend Hans-Christoph Schröder, Sozialistische Imperialismusdeutung. Studien zu ihrer Geschichte, Göttingen 1973, S. 40ff.

[17] «Die chinesische Revolution und die Kommunistische Partei Chinas», in: Mao Tse-tung, Ausgewählte Werke, Bd. 2, Beijing 1968, S. 362f. Dieser Aufsatz ist Maos wichtigster Text zur Interpretation der neueren chinesischen Geschichte.

[18] Zhou Gucheng, Zhongguo shehui zhi jiegou [Die Struktur der chinesischen Gesellschaft], Shanghai 1935, S. 350.

[19] Zum Beispiel Tao Xisheng, 1934–37 Professor für Sozialgeschichte an der Universität Beijing, später «Ghostwriter» Jiang Kaisheks und einer der wichtigsten Gelehrten auf Taiwan. Vgl. vor allem seine Bücher Zhongguo shehui yu Zhongguo geming [Die chinesische Gesellschaft und die chinesische Revolution], Shanghai 1931, und Zhongguo shehui shi de fenxi [Analyse der chinesischen Sozialgeschichte], Shanghai 1933.

[20] Die wichtigsten Texte sind: Ronald Robinson, Non-European Foundations of European Imperialism: Sketch for a Theory of Collaboration, in: Roger Owen/Bob Sutcliffe (Hrsg.), Studies in the Theory of Imperialism, London 1972, S. 117–42; Johan Galtung, Eine strukturelle Theorie des Imperialismus, in: Dieter Senghaas (Hrsg.), Imperialismus und strukturelle Gewalt. Analysen über abhängige Reproduktion, Frankfurt a. M. 1972, S. 29–104. Der Begriff der «Kompradorenbourgeoisie» wurde in die neuere marxistische Diskussion eingeführt von Paul A. Baran, Politische Ökonomie des wirtschaftlichen Wachstums, Neuwied 1966 (zuerst engl. 1957).

[21] Zhongguo jingji yuanlun. Eine erweiterte Neufassung, die 1957 in Beijing publiziert wurde, trägt den Titel Zhongguo banfengjian banzhimindi jingji xingtai de yanjiu [Untersuchungen zur Form der halbfeudalen-halbkolonialen Wirtschaft Chinas]. Über Wang Yanan vgl. den biographischen Artikel in Zhongguo xiandai shehui kexuejia zhuanlüe [Biographien moderner chinesischer Sozialwissenschaftler], Bd. 1, Taiyuan 1982, S. 8-19; sowie Chen Kejian/Gan Minzhong, Wang Yanan jingji sixiang chutan [Das ökonomischen Denken Wang Yanans], in: Xiamen daxue xuebao [Zeitschrift der Universität Amoy] 1981/1, S. 1–11, 1981/2, S. 50–62, 1981/8, S. 94–102.

[22] Zur Darstellung und Kritik dieser Positionen vgl. Jürgen Osterhammel, Semi-Colonialism and Informal Empire in Twentieth-Century China: Towards a Framework

of Analysis, in Mommsen/Osterhammel: Imperialism, S. 292–95 (mit Literaturhinweisen auf die wichtigsten Autoren). Mit etwas anderer Akzentuierung Cohen: History, S. 97–147; David D. Buck, Themes in the Socioeconomic History of China, 1840–1949, in: JAS 43 (1984), S. 463–68.

[23] Hauptvertreter dieser Auffassung ist Murphey: Outsiders. In prägnanterer Fassung auch sein Aufsatz The Treaty Ports and China's Modernization, in Elvin/Skinner: City, S. 17–72.

[24] Albert Feuerwerker, Characteristics of the Chinese Economic Model Specific to the Chinese Environment, in: Robert F. Dernberger (Hrsg.), China's Development Experience in Comparative Perspective, Cambridge, Mass., 1980, S. 289f.

[25] Eine klare Darlegung der ökonomischen Logik dieses Arguments gibt Robert F. Dernberger, The Role of the Foreigner in China's Economic Development, 1840–1949, in Perkins: Economy, S. 19–47. Auch Hou: Investment, S. 216–21; Elvin: Pattern, S. 312–16. Zur Kritik der modernisierungstheoretischen Annahmen dieser Richtung vgl. Osterhammel: Modernisierungstheorie.

[26] Moulder: Japan ist die bekannteste neuere Formulierung dieser Position, allerdings auch immanent schon sehr anfechtbar. Gute Zusammenfassung der Hauptargumente bei A. K. Bagchi, The Political Economy of Underdevelopment, Cambridge 1982, S. 94–111. Zusammenstellung von Materialien in dieser Sicht bei Bobby Siu, Women of China: Imperialism and Women's Resistance, 1900–1949, London 1981, S. 15–72. Eine mittlere Linie zwischen Modernisierungs- und Abhängigkeitsargument verfolgt Lippit: Development, S. 35 ff.

[27] F&C, 24. April 1935, S. 471.

[28] Hao: Revolution, S. 201. Für das 20. Jahrhundert Osterhammel: Imperialismus, S. 228–35.

[29] Hou: Investment, S. 103.

[30] Vgl. dazu die wichtigen Studien in Platt: Business Imperialism.

[31] Heller: Handel, S. 60 ff.; A. N. Khochlov, The Kyakhta Trade and Its Effect on Russian and Chinese Policy in the 18th and 19th Centuries, in Tichvinskij: Chapters, S. 88 ff.; Liu Ts'ui-jung, Trade on the Han River and Its Impact on Economic Development, c. 1800–1911, Taibei 1980, S. 49–51.

[32] Philip S. Bagwell, The Transport Revolution from 1770, London 1974, S. 64.

[33] Gerald S. Graham, The Ascendancy of the Sailing Ship 1850–85, in: EcHR 9 (1956), S. 81.

[34] Basil Lubbock, The China Clippers, London 1914, S. 121 ff.

[35] Latham: International Economy, S. 28; Hyde: Trade, S. 25 f.; ders., British Shipping Companies and East and South-East Asia, 1860–1939, in Cowan: Development, S. 28; D. A. Farnie, East and West of Suez: The Suez Canal in History 1854–1956, Oxford 1969, S. 177–94; C. G. F. Simkin, The Traditional Trade of Asia, London 1968, S. 262–64; Headrick: Tentacles, S. 26 ff.

[36] B. M. Deakin, Shipping Conferences: A Study of Their Origins, Development and Economic Practices, Cambridge 1973, S. 29 ff.

[37] Headrick: Tools, S. 157–61; Headrick: Tentacles, S. 97–144; Jorma Ahvenainen, The Far Eastern Telegraphs: The History of Telegraphic Communications between the Far East, Europe and America before the First World War, Helsinki 1981, S. 44 f.; Wang Shu-huai, China's Modernization in Communications, 1860–1916, in Hou/Yu: Economic History, S. 335 f.

[38] Cheng Ying-wan, Postal Communication in China and Its Modernization, 1860–1896, Cambridge, Mass. 1970, S. 53 f.

[39] Wang: Jingji qinlüe, S. 166–70; Stephen C. Lockwood, Augustine Heard and Company, 1858–1982: American Merchants in China, Cambridge, Mass. 1971, S. 104–107.

[40] King: Hongkong Bank, Bd. 1, S. 41 ff.

[41] Hao: Revolution, S. 163 ff.

[42] Foreign Office, Diplomatic and Consular Reports on Trade and Finance. No. 1280: Report for the Year 1892 on the Foreign Trade of China, London 1893, S. 17.

[43] LeFevour: Western Enterprise, S. 48. Dazu auch ein Aufsatz von Mayako Ishii in: Shakai keizai shigaku 45 (1979), S. 357–89 (English summary, S. 481 f.), der die ganze Periode 1863–1895 als Krisen- und Experimentierzeit für Jardine Matheson & Co., die wichtigste britische Chinafirma, sieht.

[44] Wu: Diguozhuyi, S. 41.

[45] Rowe: Hankow, S. 81–85; Murphey: Shanghai, S. 125 ff.; Chang Ke-ming, A Study of the Import and Export Trade of Hankow, in: CSPSR 20 (1936), S. 296 f., 308.

[46] Imperial Maritime Customs, Decennial Reports 1882–91, Shanghai 1893, S. 367, 369.

[47] Inspectorate General of Customs, Reports on Trade at the Treaty Ports in China for the Year 1870, Shanghai 1871, S. 59.

[48] Paul A. Cohen, Christian Missions and Their Impact to 1900, in CHOC, Bd. 10, S. 554 f.

[49] Mit einer Bevölkerung von ca. 50 Millionen (um 1900) etwa dem gleichzeitigen Deutschen Reich äquivalent. Morse: Trade, S. 223; Mitchell: Europe, S. 4.

[50] James E. Spencer, Trade and Transshipment in the Yangtze Valley, in: GR 28 (1938), S. 120; A. D. Blue, Land and River Routes to West China, in: JHKBRAS 16 (1976), S. 171.

[51] United Kingdom, Diplomatic and Consular Reports. Miscellaneous Series, No. 458: Report on the Trade of Central and Southern China, London 1898, S. 51.

[52] Z. B. im Shan-Gebiet an der birmesisch-chinesischen Grenze: Archibald R. Colquhon, Across Chrysê, Being a Narrative of a Journey of Exploration through the South China Border Lands from Canton to Mandaley, London 1883, Bd. 2, S. 189. Die französische Mekong-Expedition mußte 1867 feststellen, daß sie im unwirtlichen Süd-Yunnan mit den sprichwörtlichen Glasperlen niemanden beeindrucken konnte. Westliche Konsumgüter waren dort wohlbekannt. Vgl. Milton Osborne, River Road to China: The Mekong River Expedition 1866–1873, London 1975, S. 143.

[53] 1885 machten Baumwollgarn und -stoffe 36% der registrierten Einfuhren aus und überholten damit zum ersten Mal das Opium. Vgl. Chinese Maritime Customs, Decennial Reports 1922–1931, Shanghai 1931, S. 180.

[54] Kang Chao, The Chinese-American Cotton-Textile Trade, 1830–1930, in: May/Fairbank: Trade, S. 116–18; Albert Feuerwerker, Economic Trends in the Late Ch'ing Empire, 1870–1911, in CHOC, Bd. 11, S. 50–53; Motono Eiichi, «The Traffic Revolution»: Remaking the Export Sales System in China, 1866–1875, in: MC 12 (1986), S. 75, 77.

[55] Ein komplizierter Vorgang. Ein Erklärungsversuch bei Osterhammel: Imperialismus, S. 137–40. Zu den Hintergründen jetzt auch William Lazonick, Industrial Organization and Technological Change: The Decline of the British Cotton Industry, in: BHR 57 (1983), S. 195–236, daneben immer noch Lars G. Sandberg, Lancashire in Decline: A Study in Entrepreneurship, Technology and International Trade, Columbus, Ohio 1974.

[56] Vgl. die Daten in Li Manhong, Duiwai huilü changqi xiadie dui Qingmo guoji maoyi yu wujia zhi yingxiang [Der Einfluß der langfristigen Silberabwertung auf Außenhandel und Preise in der späten Qing-Zeit, 1874–1911], in: Jiaoyu yu yanjiu 1 (Februar 1979), S. 148.

[57] D. A. Farnie, The English Cotton Industry and the World Market 1815–1896, Oxford 1979, S. 91, Tabelle 5.

[58] Ausführliche Nachweise der Kostendifferenzen zwischen Wasser- und Landtransport bei Laurence Evans, Junks, Rice, and Empire: Civil Logistics and the Mandate of Heaven, in: Historical Reflections 11 (1984), S. 271–313, bes. 282 ff.

[59] Sehr anregend Gary Hamilton, Chinese Consumption of Foreign Commodities: A

Comparative Perspective, in: ASR 42 (1977), S. 877–91; daneben auch Shannon R. Brown, The Partially Opened Door: Limitations on Economic Change in China in the 1860s, in: MAS 12 (1977), S. 181–83, 188.

[60] Die folgende Analyse verdankt wichtige methodische Anregungen dem Aufsatz von Robert Greenhill, Shipping 1850–1914, in Platt: Business Imperialism, S. 119–55.

[61] Indien hat vor 1950 niemals den chinesischen Umfang an dampfer- und motorgetriebener Schiffstonnage erreicht. Vgl. die Daten in Mitchell: Asia, S. 551–53.

[62] Die Entfernungen betrugen Shanghai–Hankou: 1121 km, Hankou–Yichang: 724 km, Yichang–Chongqing 650 km. Dampfer von weniger als 500 t konnten im Sommer von Chongqing noch 370 km weiter bis Yibin fahren. Vgl. die genauen nautischen Angaben bei Wang Xi, Shuidao yunshuxue [Die Lehre vom Wassertransport], Shanghai 1947, S. 72–79, hier 72. Hankou war von April bis Oktober für Ozeandampfer von maximal 10. 000 t erreichbar.

[63] E. K. Haviland, Early Steam Navigation in China: The Yangtze River, 1861–1867, in: American Neptune 43 (1983), S. 85–128, 186–221; Liu Kwang-ching, Anglo-American Steamship Rivalry in China, 1862–1874, Cambridge, Mass. 1962, bes. S. 37 ff.

[64] Vgl. Sheila Marriner/Francis E. Hyde, The Senior: John Samuel Swire, 1825–98. Management in Far Eastern Shipping Trades, Liverpool 1967; Sugiyama Shinya, A British Trading Firm in the Far East: John Swire & Sons, 1867–1914, in: Yonekawa Shinichi/Yoshihara Hideki (Hrsg.), Business History of General Trading Companies, Tokio 1987, S. 171–202.

[65] Zur Gründung von «China Merchants» vgl. Albert Feuerwerker, China's Early Industrialization: Sheng Hsuan-huai (1844–1916) and Mandarin Enterprise, Cambridge, Mass. 1958, S. 96 ff.; Hu Bin/Li Shiyue, Li Hongzhang he Lunchuan Zhaoshangju [Li Hongzhang und die China Merchants S. N. Co.], in: LSYJ 1982/4, S. 44–59. Zum späteren Zurückdrängen des privaten Elements vgl. Xia Dongyuan/Yang Xiaomin, Lun Qingji Lunchuan Zhaoshangju de xingzhi [Der Charakter der China Merchants S. N. Co. am Ende der Qing-Zeit], in: LSYJ 1980/4, S. 55–66, bes. 60–64. Zur Geschichte der Gesellschaft im 20. Jahrhundert vgl. Osterhammel: Imperialismus, S. 394 f.

[66] Zur Geschichte dieser Firmen vgl. Zhang Xincheng, Zhongguo xiandai jiaotong shi [Geschichte des chinesischen Verkehrs in der neuesten Zeit], Shanghai 1931, S. 272 ff.

[67] Dazu eingehend: William D. Wray, Mitsubishi and the N. Y. K., 1870–1914: Business Strategy in the Japanese Shipping Industry, Cambridge, Mass. 1984, S. 384 ff.

[68] Osterhammel: Imperialismus, S. 221. (Tab. 18).

[69] Sie wurde erst nach 1949 in nennenswerter Stärke aufgebaut. Vgl. David G. Muller, Jr., China as a Maritime Power, Boulder, Col. 1983, S. 58 ff.

[70] Zhu Jianbang, Yangzijiang hangye [Die Schiffahrt auf dem Yangzi], Shanghai 1937, S. 146 f. Es gab auch einen Markt für ausländische Flaggen. Die italienische konnte für 800 $ im Monat gemietet werden; die französische war teurer. Die Konsuln beider Länder bestanden darauf, daß das Schiff von einem ihrer Landsleute kommandiert wurde. Konsul E. W. P. Mills (Yichang) an Sir Alexander Cadogan, 11. 2. 1935, Public Record Office London FO 371/19264 (F2078).

[71] Nie Baozhang, Lunchuan de yinjin yu Zhongguo jindai shi [Die Einführung des Dampfschiffs und die neuere chinesische Geschichte], in: JDSYJ 1988/2, S. 141–61, hier 147–49.

[72] Osterhammel: Imperialismus, S. 229 (nach Daten im Swire-Archiv, London).

[73] Nie Baozhang, Lunchuan de yinjin, S. 141.

[74] Für London etwa: Gavin Weightman/Steve Humphries, The Making of Modern London 1815–1914, London 1983, S. 97 ff.

[75] Muller, China as a Maritime Power, S. 59.

[76] Osterhammel: Imperialismus, S. 493, Anm. 578 (Angaben aus dem Swire-Archiv).

[77] Allen/Donnithorne: Enterprise, S. 132.

[78] Sha Weikai, Zhongguo maibanzhi [Das Kompradorsystem in China], Shanghai

1930, S. 28–31; Nie Baozhang, Zhongguo maiban zichanjieji de fasheng [Die Entstehung der Kompradorenbourgeoisie in China], Beijing 1979, S. 18 ff.

⁷⁹ Am deutlichsten dazu zeitgenössische Beschreibungen wie: Günther Benecke, Der Komprador. Ein Beitrag zur Geschichte der einheimischen Handelsvermittlung in China, in: WWA 18 (1922), S. 377–413, 525–56; J. Baylin, Pratique commerciale en Chine, Beijing 1924, S. 17–22, 110–16; August Reiß, Innere Organisation fremder Firmen in China, in: Josef Hellauer (Hrsg.), China. Wirtschaft und Wirtschaftsgrundlagen, Berlin 1921, S. 163–67 (bes. zur juristischen Stellung des Kompradors).

⁸⁰ Waldemar Koch, Die Industrialisierung Chinas, Berlin 1910, S. 29.

⁸¹ Wang Shui, Qingdai maiban shouru de guji ji qi shiyong fangxiang [Eine Schätzung des Einkommens von Kompradoren und seiner Verwendung in der Qing-Zeit], in: Zhongguo shehui kexueyuan jingji yanjiusuo jikan 5 (1983), S. 301–307.

⁸² Vgl. Huang Yifeng, Guanyu jiu Zhongguo maiban jieji de yanjiu [Untersuchungen zur Kompradorenklasse in China vor 1949], in: LSYJ 1964/3, S. 92.

⁸³ Hao: Comprador. Als Zusammenfassung: ders., A «New Class» in China's Treaty Ports: The Rise of the Comprador-Merchants, in: BHR 44 (1970), S. 446–59.

⁸⁴ Huang Yifeng, Guanyu jiu Zhongguo, S. 92 f.

⁸⁵ Hao: Comprador, S. 44–63.

⁸⁶ Chen Shiqi, Lun Yapian Zhanzheng qian de maiban he jindai maibanjieji de chansheng [Kompradore vor dem Opiumkrieg und die Schaffung der modernen Kompradorenklasse], in: SKZ 1982/2, S. 150.

⁸⁷ Huang Yifeng, Guanyu jiu Zhongguo, S. 95.

⁸⁸ Huang: Maiban jieji, S. 29 ff.

⁸⁹ Die Hongkong and Shanghai Banking Corporation kassierte ihre letzte Kompradorenstelle jedoch erst 1965. Vgl. C. T. Smith, Compradores of the Hongkong Bank, in: King: Banking, S. 111. Von vielen kleinen Import-Export-Firmen ließ sich auch weiterhin sagen, daß «die fremden Firmenchefs nur die Einkaufsagenten ihrer Kompradors» seien. Richard Wilhelm, Chinesische Wirtschaftspsychologie, Leipzig 1930, S. 77.

⁹⁰ Bastid: L'évolution, S. 40.

⁹¹ Vgl. Xu Dixin, Zhongguo guomin jingji de biange [Die Transformation der chinesischen Volkswirtschaft], Beijing 1982, S. 112 f.; Huang Yifeng, Guanyu jiu Zhongguo, S. 93–100; Huang: Maiban jieji, S. 85 ff.

⁹² Zur Abgrenzung vgl. Ding Richu/Shen Zuwei, Duiwai maoyi tong Zhongguo jingji jindaihua de guanxi [Die Beziehungen des Außenhandels zur wirtschaftlichen Modernisierung in China], in: JDSYJ 1987/6, S. 42.

⁹³ Vgl. die Biographien in Huang: Maiban jieji, S. 240–75.

⁹⁴ Hao: Revolution, S. 212 ff.

⁹⁵ Grundlegend zum Investitionsverhalten der Kompradore: Wang Shui, Qingdai maiban shouru, S. 308 ff.

⁹⁶ Beispiele in Hao: Revolution, S. 258 ff.

⁹⁷ Hao: Revolution, S. 247–58; Hao: Comprador, S. 120–36; Wang: Jingji qinlüe, S. 483–537.

⁹⁸ Hao: Comprador, S. 136.

⁹⁹ Wang Shui, Qingdai maiban shouru, S. 312 f., 321.

¹⁰⁰ Chinesische Schätzungen der Opiumprofite kommen auf die erstaunliche Gesamtsumme von 1,5 Milliarden Mexikanische $. Jiang: Jingji shi, S. 126.

¹⁰¹ Darauf hat besonders Ronald Robinson aufmerksam gemacht. Zuletzt in: The Excentric Idea of Imperialism, with or without Empire, in Mommsen/Osterhammel: Imperialism, S. 270–72, 281 f.

¹⁰² Eine nützliche vergleichende Analyse ist Tom Kemp, Industrialization in the Non-Western World, London 1983.

¹⁰³ Der gesamte Vordere Orient in der 2. Hälfte des 19. Jahrhunderts «erfuhr viel weniger Industrialisierung als Lateinamerika und der Ferne Osten». Charles Issawi: An

Economic History of the Middle East and North Africa, London 1982, S. 155. Ein Industrialisierungsniveau, wie es China um 1870 erreichte, gab es in Ägypten, Iran und im Osmanischen Reich erst im 20. Jahrhundert.

¹⁰⁴ Sun: Kang ge ji, S. 117, 123. Angaben über die einzelnen ausländischen Industriebetriebe vor 1895 in ebd., S. 125–42; Yan: Tongji ziliao, S. 116–22. Die wichtigste Materialgrundlage zur frühen chinesischen Industriegeschichte ist: Sun Yutang (Hrsg.), Zhongguo jindai gongye shi ziliao diyiji [Materialien zur Geschichte der modernen chinesischen Industrie, 1. Sammlung: 1840–1895], 2 Bde., Beijing 1957.

¹⁰⁵ Remer: Investments, S. 70, Tabelle 5.

¹⁰⁶ Shannon R. Brown, The Transfer of Technology to China in the Nineteenth Century: The Role of Direct Foreign Investment, in: JEH 39 (1979), S. 181–97, sowie als Fallstudien ders., The Ewo Filature: A Study in the Transfer of Technology to China in the 19th Century, in: Technology and Culture 20 (1979), S. 550–68, bes. 567; ders., Cakes and Oil: Technology Transfer and Chinese Soybean Processing, 1860–1895, in: CSSH 23 (1981), S. 449–63.

¹⁰⁷ Zu diesen Projekten ist seit etwa 1960 eine umfangreiche Literatur entstanden. Vgl. zusammenfassend den recht konventionellen Beitrag Kuo Ting-yee/Liu Kwang-ching, Self-strengthening: The Pursuit of Western Technology, in CHOC, Bd. 10, S. 491–542; auch Liao Kuang-sheng, Antiforeignism and Modernization in China, 1860–1980, Hongkong 1984, S. 29–37. Originell und informativ dagegen Jerome Ch'en, State Economic Policy of the Ch'ing Government, 1840–1895, New York 1980, S. 75 ff. Die umfassendste Darstellung ist Zhang Guohui, Yangwu Yundong yu Zhongguo jindai qiye [Die Yangwu-Bewegung und Chinas moderne Unternehmen], Chongqing 1979. Am Abhängigkeitsparadigma orientiert ist Thomas: Intervention, S. 81–108. Zu einzelnen Projekten vgl. Chao: Cotton, S. 106–14; Thomas L. Kennedy, The Arms of Kiangnan: Modernization in the Chinese Ordnance Industry, 1860–1895, Boulder, Col. 1978. Zur Gedankenwelt der wichtigsten Modernisierer immer noch lesenswert: Stanley Spector, Li Hung-chang and the Huai Army: A Study in Nineteenth-Century Chinese Regionalism, Seattle 1964, S. 234–58; Lee Kuo-chi, Chang Chih-tungs Vorstellungen zur Modernisierung Chinas, in: OE 15 (1968), S. 1–33.

¹⁰⁸ Berechnet nach: Huang Rutong, Shilun Yangwupai qiye de xingzhi he zuoyong [Charakter und Funktion der Unternehmungen der Yangwu-Clique], in: ZSJSL 2 (1982), S. 521.

¹⁰⁹ Ebd., S. 512.

¹¹⁰ Carlson: Kaiping, S. 24–49; Shannon R. Brown/Tim Wright, Technology, Economics, and Politics in the Modernization of China's Coal Mining Industry, 1850–1895, in: EEcH 18 (1981), S. 76.

¹¹¹ Kennedy, The Arms of Kiangnan, S. 153 f.

¹¹² Feuerwerker, China's Early Industrialization, S. 190–207.

¹¹³ ders., China's Nineteenth-Century Industrialization: The Case of the Hanyehping Coal and Iron Company, Limited, in Cowan: Development, S. 79.

¹¹⁴ Zeng Jusheng, Fuzhou chuanzheng xuetang [Die Fuzhou- Marineakademie], in: HDXB 1983/2, S. 132–38; Kuo/Liu, Self-Strengthening, S. 532–37. Zum weiteren Zusammenhang der frühen Rezeption westlichen Wissens die (sehr knappe) Skizze: Gerhard Pfulb, Soziale Voraussetzungen der Rezeption westlichen Lernens in China zwischen 1840 und 1929, Bielefeld 1981, S. 52 ff.

¹¹⁵ «Zur Zeit des Chinesisch-Japanischen Krieges war das Qing-Militär kaum mehr als ein Sammelsurium verschiedener Armeen auf unterschiedlichen Entwicklungsstufen.» Richard J. Smith, Reflections on the Comparative Study of Modernization in China and Japan: Military Aspects, in: JHKBRAS 16 (1976), S. 15. Zur mangelnden militärischen Koordination auch John L. Rawlinson, China's Failure to Coordinate Her Modern Fleets in the Late 19th Century, in Feuerwerker: Approaches, S. 105–32. Zur japanischen Militärreform vor allem D. Eleanor Westney, The Military, in: Marius

B. Jansen/Gilbert Rozman (Hrsg.), Japan in Transition: From Tokugawa to Meiji, Princeton 1986, S. 168–94.

[116] Su Yu-feng, The Role of the Government in the Emergence of Heavy Industry in China, 1865–1911: A Comparative Study of Hupeh and Kiangsu Provinces, in: ZYJYJ 8 (1979), S. 184, 187, 191, 214f.

[117] Thomas: Intervention, S. 104. Hervorhebung von mir. J. O.

[118] Dies mißversteht Moulder: Japan und entwertet damit den Kern ihrer Argumentation. Wie ein Vergleich aussehen könnte, skizziere ich in der Studieneinheit «Aufbruch in Asien: Chinesische Revolution und Modernisierung Japans» des Funkkollegs «Jahrhundertwende», Studienbegleitbrief 7, Weinheim 1989, S. 100–41.

[119] Carl Riskin, Surplus and Stagnation in Modern China, in Perkins: Economy, S. 49–84.

[120] Wellington K. K. Chan, Merchants, Mandarins, and Modern Enterprise in Late Ch'ing China, Cambridge, Mass. 1977, S. 3–63.

[121] Belege etwa bei Hatano Yoshihiro, The Response of the Chinese Bureaucracy to Modern Machinery, in: AA 12 (1967), S. 13–28.

[122] Berühmt ist die Vorstellung, Eisenbahnen, Telegraphen, usw. würden die *fengshui*, die geomantischen Konstellationen, stören.

[123] Die Hanyang-Eisenwerke lagen extrem ungünstig sowohl zu den Kohlegruben von Pingxiang als auch zu den Erzminen von Daye und litten unter hohen Transportkosten. Die Standortwahl war primär politisch bedingt.

[124] Zu diesem Aspekt bes. Feuerwerker, China's Early Industrialization, passim; auch Su Yun-feng, The Role of the Government, S. 193 ff.

[125] Referat dieser Position in: Zhao Chunchen, Disijie Yangwu Yundong shi lunhui zhongshu [Resumé der 4. Tagung zur Geschichte der Yangwu-Bewegung im Dezember 1987 in Shantou], in: LSYJ 1988/2, S. 183. Deutlich ist dabei – und bei dem Lob der *yangwu*-Protagonisten für ihr Interesse am Westen – die Absicht, sie für die patriotische Ahnengalerie des weltoffenen Reformbürokratismus der Gegenwart zu reklamieren.

[126] Hier hat das wichtige Buch von Philip A. Kuhn, Rebellion and Its Enemies in Late Imperial China: Militarization and Social Structure, 1796–1864, Cambridge, Mass. 1970, ganz neue Perspektiven eröffnet.

[127] Dies zeigt brillant: James Polachek, Gentry Hegemony: Soochow in the T'ung-chih Restoration, in Wakeman/Grant: Conflict, S. 211–56. Eine allgemeinere Entfaltung dieser Idee scheint noch zu fehlen. Die neuere Forschung relativiert die akzeptierte These vom «Scheitern» der Tongzhi-Restauration (so das immer noch bedeutende Buch von Mary C. Wright, The Last Stand of Chinese Conservatism: The T'ung-Chih Restoration, 1862–1874, Stanford 1957). Im Mittelpunkt steht heute der Versuch, zwischen dem Niedergang der Qing-Dynastie und dem Niedergang der traditionalen chinesischen Gesellschaft als Ganzer zu unterscheiden (vgl. Kuhn, Rebellion, S. 1).

[128] Wakeman: Fall, S. 168.

[129] Vor einer Übertreibung der Regionalismus-These warnt allerdings begründet Liu Kwang-ching, The Limits of Regional Power in the Late Ch'ing Period: A Reappraisal, in: Tsing Hua Journal of Chinese Studies, n. s., 10 (1974), S. 207–23.

[130] Chao: Cotton, S. 109.

[131] Zu den erheblichen «inhaltlichen» Unterschieden dieser beiden historischen Prozesse am besten des klassische Werk von Moore: Ursprünge, Kap. 4 und 5.

[132] Kennedy, The Arms of Kiangnan, S. 105f.; Ratenhof: Chinapolitik, S. 75 ff.; Helmuth Stoecker, Deutschland und China im 19. Jahrhundert. Das Eindringen des deutschen Kapitalismus, Berlin (DDR) 1958, S. 90 ff.

[133] Daten bei Huang Rutong, Shilun Yangwupai, S. 502. Anleihen bei ausländischen Banken fielen dagegen zu dieser Zeit noch kaum ins Gewicht. Vgl. Zhang Guohui, Lun waiguo ziben dui Yangwu qiye de daikuan [Ausländische Kredite für Yangwu-Unternehmen], in: LSYJ 1982/4, S. 62. Erst nach 1895 kam es zu finanzieller Abhängigkeit.

[134] Beispiele in: Wang Xi, Lun Wan-Qing de guandu shangban [Das System der Aufsicht durch Beamte und des Managements durch Kaufleute in der späten Qing-Zeit], in: Lishixue jikan 1 (1979), S. 105.

[135] Thomas: Intervention sieht richtig die Bedeutung der Zäsur von 1895, malt aber ein zu rosiges Bild von den Zuständen davor.

[136] Errechnet nach Hsiao: Statistics, S. 117.

[137] Morse: Relations, Bd. 1, S. 366.

[138] Errechnet nach Vernon D. Wickizer, Tea under International Regulation, Stanford 1944, S. 184 (Tabelle 4). Sehr gut zur Analyse der Ursachen des Rückgangs: Franz Sabelberg, Tee, Leipzig 1938, S. 21 ff.

[139] F. A. O., Les grands produits agricoles, Rom 1948, S. 195.

[140] Robert P. Gardella, Fukien's Tea Industry and Trade in Ch'ing and Republican China: The Developmental Consequences of a Traditional Commodity Export, Ph. D. thesis, University of Washington 1976; ders., The Boom Years of the Fukien Tea Trade, 1842–1888, in May/Fairbank: Trade, S. 33–75; Rowe: Hankow, S. 122–57; Wang Jingyü, Zhongguo jindai chaye de duiwai maoyi he chaye de xiandaihua wenti [Tee-Export und Modernisierung der Teewirtschaft im modernen China], in: JDSYJ 1987/6, S. 1-23. Zum 20. Jahrhundert auch Osterhammel: Imperialismus, S. 187–96. Unentbehrlich ist immer noch die wirtschaftsanthropologische Feldstudie von T. H. Chu, Tea Trade in Central China, Shanghai 1936.

[141] In der hervorragenden neuen Literatur zur Wirtschaftsgeschichte der Seide reflektieren sich sehr klar die theoretischen Standpunkte. Das Modernisierungsargument verficht Li: Silk Trade; dies., Silks by Sea: Trade, Technology, and Enterprise in China and Japan, in: BHR 56 (1982), S. 193–217; dies., The Silk Export Trade and Economic Modernization in China and Japan, in May/Fairbank: Trade, S. 78–99. Unterschiedliche Varianten des Abhängigkeitsarguments bei Eng: Imperialism (im Anschluß an ältere Theorien des ökonomischen Imperialismus); ders., Chinese Entrepreneurs, the Government, and the Foreign Sector: The Canton and Shanghai Silk-Reeling Enterprises, in: MAS 18 (1984), S. 353–70; und So: Silk District (im Geiste Immanuel Wallersteins). Alle diese Studien beweisen übrigens, wie nützlich regionale Analysen sein können.

[142] Sir Percival Griffiths, The History of the Indian Tea Industry, London 1967, S. 125.

[143] Sehr gut dazu Eng: Imperialism, S. 137–46. Daß die Exportproduktion durchaus wohltätige Wirkungen haben konnte, erkennen jetzt auch Historiker aus der VRCh an, z. B. Ding Richu/Shen Zuwei, Duiwai maoyi, S. 41, 43.

[144] Wir spielen an auf die Debatte um die Rationalität und Marktlogik bäuerlichen Bewußtseins, die zwischen Anthropologen und Wirtschaftshistorikern geführt wird. Über die Hauptargumente orientiert: Michael G. Peletz, Moral and Political Economies in Rural Southeast Asia: A Review Article, in: CSSH 25 (1983), S. 731–39.

[145] Gardella, Fukien's Tea Industry, S. 212, 215.

[146] Eng: Imperialism, S. 12.

[147] Li: Silk Trade, S. 74–76 (Tabelle 9).

[148] Eva Flügge, Rohseide. Wandlungen in der Erzeugung und Verwendung der Rohseide nach dem Weltkrieg, Leipzig 1936, S. 22 ff.

[149] So jedenfalls eine Schätzung für Shanghai. Eng: Imperialism, S. 157.

[150] So: Silk District, S. 117, 121 f.

[151] *minzu zibenzhuyi* vs. *guanliao zibenzhuyi.*

[152] Eng: Imperialism, S. 70 ff. Außer der dort zitierten Literatur noch: Chen Ciyu, Jindai Jiangnan jixie zhaosi ye zhi fazhan [Die Entwicklung der mechanisierten Seidenindustrie in Jiangnan, ca. 1860–1930], in: Jingji lunwen (Taibei) 11 (1983), S. 81–106, bes. 85 ff.

[153] Sugiyama Shinya, Japan's Industrialization in the World Economy, 1859–1899: Export Trade and Overseas Competition, London 1988, S. 78 (Tabelle 4-1). Hier

(S. 77–139) jetzt die gültige Analyse der japanischen Seidenexporte im späten 19. Jahrhundert.

154 Flügge, Rohseide, S. 39.

155 Li: Silk Trade, S. 188–96; Eng: Imperialism, S. 130–36.

156 So: Silk District, S. 159, auch 82 ff.; Eng: Imperialism, S. 167 ff., 189. Was das konkret bedeutete, zeigt Mao Duns Erzählung «Seidenraupen» (Chun Can) von 1932.

157 Daß die *yanghang* aber dadurch imstande gewesen wären, «sich Rohseide unterhalb der Preise auf dem freien Markt anzueignen» (Eng: Imperialism, S. 93 f.), und daß dies letztlich auf ihre Exterritorialitätsrechte zurückzuführen sei, hat Eng in seiner sonst vorzüglichen Studie m. E. nicht beweisen können. Über die Praktiken bei Tee vgl. Wu Juenong/Fan Hejun, Zhongguo chaye wenti [Probleme der chinesischen Teewirtschaft], Shanghai 1937, S. 188 f., und für das 19. Jahrhundert: Wang Jingyu, Zhongguo jindai chaye, S. 19–21.

158 Dazu besonders So: Silk District, S. 86 f., 127.

159 Ost-Asien 1860–1862 in Briefen des Grafen Fritz zu Eulenburg, hrsg. von Graf Philipp zu Eulenburg-Hertefeld, Berlin 1900, S. 185.

160 H. G. W. Woodhead, The Yangtze and Its Problems, Shanghai 1931, S. 143.

161 A. H. Exner, China. Skizzen von Land und Leuten, Leipzig 1889, S. 40.

162 Dies zeigt jetzt meisterhaft C. A. Bayly, Indian Society and the Making of the British Empire, Cambridge 1988, bes. S. 136 ff. Vgl. auch den vorzüglichen Forschungsbericht D. A. Washbrook, Progress and Problems: South Asian Economic and Social History c. 1720–1860, in: MAS 22 (1988), S. 57–96.

163 Dies ist der Sinn der berühmten «ti-yong-Formel»: *Zhongxue wei ti xixue wei yong.* Vorzüglich zu diesen kulturellen Hintergründen ist Hoffmann: Untergang, S. 67 ff.

164 Zum wirtschaftsgeschichtlichen Konzept der «open economy» vgl. besonders A. G. Hopkins, An Economic History of West Africa, London 1973, S. 168–86.

12. «Open Door» und Kolonialpolitik: China als Objekt der Großmächte (1895–1931)

1 Vgl. den Titel eines berühmten und immer noch lesenswerten Werkes: Pierre Renouvin, La Question d'Extrême-Orient 1840–1940, Paris 1946 (weit mehr als «trokkene» Diplomatiegeschichte!). Ein anderer «Klassiker» ist G. F. Hudson, The Far East in World Politics, 2nd ed., Oxford 1939.

2 Eine neuere ausführliche Gesamtdarstellung der ostasiatischen Diplomatie der Jahrhundertwende, analog zu M. S. Andersons «The Eastern Question» (London 1966), fehlt. Ein glänzendes gesamtasiatisches Panorama bei Reinhard: Expansion, Bd. 3, Kap. 6 (dort weiterführende Literaturhinweise). Daneben immer noch Langer: Diplomacy; Philip Joseph, Foreign Diplomacy in China 1894–1900, London 1928. Unter den Lehrbüchern der Geschichte Chinas ist Hsü: Rise für Diplomatiegeschichte besonders verläßlich. Aus China vor allem Ding: Diguozhuyi, Bd. 2 (behandelt 1895–1919), daneben Hu: Yapian Zhanzheng, Bd. 2, S. 433 ff.; Liu: Waijiao shi, Bd. 1, S. 132 ff.

3 A. J. P. Taylor, The Struggle for Mastery in Europe 1848–1918, Oxford 1954, S. 391.

4 Rußland hatte auf dem Höhepunkt des Krieges etwa 1 300 000, Japan etwa 900 000 Soldaten im Felde. Allein bei der Schlacht um Mukden gab es 155 000 Tote. Ian H. Nish, The Origins of the Russo-Japanese War, London 1985, S. 2.

5 Im Kontext ostasiatischer Politik sind Deutschland und Frankreich niemals, die USA erst nach dem Ersten Weltkrieg in einem präzisen Sinne als Großmächte aufzufassen, definiert man nämlich eine «Großmacht» als «one whose reputation for existing or latent military strength may be equalled but not significantly surpassed by that of any other power». G. R. Berridge/John W. Young, What is «a Great Power»?, in: Political Studies 36 (1988), S. 224, 233.

[6] Albert Feuerwerker, Economic Trends in the Late Ch'ing Empire, 1870–1911, in CHOC Bd. 11, S. 64.

[7] Zitiert in Jerome Ch'en, Historical Background, in Gray: Search, S. 3.

[8] Die bekanntesten Urheber der Reformvorstellungen waren Kang Youwei, Liang Qichao und Tan Sitong. Eine neuere revisionistische Interpretation warnt davor, ihre Rolle zu überschätzen: «... die sogenannte Reformbewegung bestand aus unterschiedlichen, sogar widersprüchlichen Strömungen, unter denen Kang und Liang nur eine repräsentierten.» Luke S. K. Kwong, A Mosaic of the Hundred Days: Personalities, Politics, and Ideas of 1898, Cambridge, Mass. 1984, S. 230, auch S. 196–200.

[9] Zur Bedeutung des Epochenjahres 1900 besonders: Mary C. Wright, Introduction: The Rising Tide of Change, in Wright: Revolution, S. 1–63 (S. 3: «... 1900 war der wichtigste Wendepunkt in der neueren Geschichte Chinas»).

[10] Reiches Material in: Donald Keene, The Sino-Japanese War of 1894–95 and Its Cultural Effects in Japan, in: Donald H. Shively (Hrsg.), Tradition and Modernization in Japanese Culture, Princeton 1971, S. 121–75.

[11] Beasley: Imperialism, S. 68. Zur Rechtsgeschichte F. C. Jones, Extraterritoriality in Japan, New Haven 1931.

[12] Wie stark sich Japan durch Rußland und seine Verbündeten auch militärisch bedroht sah, bezeugen die Aufzeichnungen des damaligen japanischen Außenministers: Mutsu Munemitsu, Kenkenroku: A Diplomatic Record of the Sino-Japanese War, 1894–95, Princeton 1982, S. 205 ff. Zur deutschen Position vgl. Rolf-Harald Wippich, Japan und die deutsche Fernostpolitik 1894–1898. Vom Ausbruch des Chinesisch-Japanischen Krieges bis zur Besetzung der Kiautschou-Bucht. Ein Beitrag zur Wilhelminischen Weltpolitik, Stuttgart 1987, S. 143 ff.; zum russischen Standpunkt George Alexander Lensen, Balance of Intrigue: International Rivalry in Korea and Manchuria, 1884–1899, Tallahassee, Fla. 1982, Bd. 1, S. 282 ff.

[13] Wippich, Japan, S. 273 ff., 325 ff.; Werner Stingl, Der Ferne Osten in der deutschen Politik vor dem Ersten Weltkrieg (1902–14), Frankfurt a. M. 1978., Bd. 1, S. 122 ff.; Horst Gründer, Christliche Mission und deutscher Imperialismus. Eine politische Geschichte ihrer Beziehungen während der deutschen Kolonialzeit (1884–1914) unter besonderer Berücksichtigung Afrikas und Chinas, Paderborn 1982, S. 276 ff.

[14] Langer: Diplomacy, S. 475 f.; Jacques Thobie, La France impériale 1880–1914, Paris 1982, S. 162–66.

[15] Jürgen Osterhammel, Einfluß-Sphäre ohne Einfluß. Frankreichs «Interessengebiet» in Yunnan und Guizhou, in: Das Neue China 15:1 (Januar 1988), S. 28 f.; Wang Shuwu, Shijiu shiji Ying, Fa qinlüe Yunnan shi shulüe [Die britisch-französische Invasion Yunnans im 19. Jahrhundert], in: SXZX 1980/6, S. 25–30.

[16] 1905 konstatierte ein Bericht des deutschen Generalkonsulats: «Jahrelang hat die chinesische Regierung Konzession auf Konzession erteilt, ohne daß auch nur das geringste zur Ausführung geschah.» Zit. in Wilfried Feldenkirchen, Deutsches Kapital in China vor dem Ersten Weltkrieg, in: Bankhistorisches Archiv 9 (1983), S. 73, Anm. 58.

[17] Zu dessen Ursprung und Bedeutung immer noch: Andrew Malozemoff, Russian Far Eastern Policy 1881–1904, Berkeley 1958, S. 20 ff.

[18] Ausführlich dazu Nish, Origins of the Russo-Japanese War, Kap. 9–13.

[19] Ebd., S. 32–34; Beasley: Imperialism, S. 71–75.

[20] Er war 1888 aus einer privaten Eisenbahngesellschaft in den Staatsdienst übergewechselt.

[21] B. A. Romanov, Russia in Manchuria (1892–1906), Ann Arbor 1952, S. 62 ff.; Geyer: Russischer Imperialismus, S. 151.

[22] Ebd., S. 152.

[23] Hongkong war dabei durchaus kein Vorbild. Es wurde von England als nahezu unbewohnte Insel übernommen, während das Deutsche Reich sich 1897/98 ein dichtbesiedeltes Gebiet in einer der chinesischen Hauptprovinzen aneignete.

[24] Vgl. Stuart Creighton Miller, «Benevolent Assimilation»: The American Conquest of the Philippines, 1899–1903, New Haven 1982.

[25] Gillard: Struggle, S. 153 ff.; L. K. Young, British Policy in China 1895–1902, Oxford 1970, S. 40. Zu den geopolitischen Theorien der Zeit vgl. Paul Kennedy, Mahan versus Mackinder: Two Interpretations of British Sea Power, in: ders., Strategy and Diplomacy 1870–1945: Eight Studies, London 1983, S. 41–86, bes. 46–49; Geoffrey Parker, Western Geopolitical Thought in the Twentieth Century, London 1985; Pier Paolo Portinaro, Nel tramonto dell'Occidente: la geopolitica, in: Comunità 184 (1982), S. 1–42.

[26] Xiang Rong, On the «Open Door» Policy, in: CSH 16 (1982), S. 148, wo in diesem Sinne W. W. Rockhill zitiert wird, der intellektuelle Urheber der Open-Door-Doktrin.

[27] Hunt: Relationship, S. 148–52 über die neue ökonomische Aufmerksamkeit auf China, S. 153 f., 177–83 über die mobilisierende Wirkung der Open-Door-Doktrin, S. 351–54, 364–66 über die Open-Door-Diskussion in der Forschung. Die vielleicht abgewogenste Darstellung der Open-Door-Politik bei Marilyn B. Young, The Rhetoric of Empire: American China Policy, 1895–1901, S. 115–43, 160–71. Außerdem Hans-Ulrich Wehler, Der Aufstieg des amerikanischen Imperialismus. Studien zur Entwicklung des Imperium Americanum 1865–1900, Göttingen 1974, S. 259–70 (mit Nachweisen und Diskussion der älteren Literatur). Unsere These von einer flexibel gehandhabten Open-Door-Doktrin als langfristiger Orientierung der amerikanischen Chinapolitik findet sich auch bei Raymond A. Esthus, The Open Door and Integrity of China, 1899–1922: Hazy Principles for Changing Policy, in: Thomas H. Etzold (Hrsg.), Aspects of Sino-American Relations since 1784, New York 1978, S. 48–74. Die Open Door in Theorie und Praxis wird, weit über China hinaus, als Kernstück aller amerikanischen Außenpolitik bei William Appleman Williams und seinen Schülern gesehen. Vgl. etwa Williams, Die Tragödie der amerikanischen Diplomatie, Frankfurt a. M. 1973.

[28] Zusammenstellung bei David Steeds/Ian Nish, China, Japan and 19th Century Britain, Dublin 1977, S. 56f. Grundlegend bleibt Young, British Policy, S. 77 ff. Über die Erweiterung Hongkongs: Peter Wesley-Smith, Unequal Treaty 1898–1997: China, Great Britain and Hong Kong's New Territories, Hongkong 1983, S. 29 ff. Nahezu alles Wissenswerte über den kleinen Stützpunkt Weihaiwei bei Pamela Atwell, British Mandarins and Chinese Reformers: The British Administration of Weihaiwei (1898–1930) and the Territory's Return to Chinese Rule, Hongkong 1985. Zur britischen Dominanz in der Seezollbehörde vgl. Chan Lau Kit-ching, The Succession of Sir Robert Hart at the Imperial Chinese Maritime Customs Service, in: JAH 9 (1975), S. 1–33.

[29] Die tatsächliche Stärke Rußlands ist ein offener Punkt. Lensen, Balance of Intrigue, betont immer wieder die Schwäche und Verwundbarkeit der russischen Position in Ostasien (z. B. Bd. 2, S. 844). Zur Beurteilung Rußlands durch die anderen Mächte nach 1905 vgl. William C. Wohlforth, The Perception of Power: Russia in the Pre-1914 Balance, in: WP 39 (1987), S. 353–81; eine Skizze Rußlands als Großmacht in der Defensive bei D. C. B. Lieven, Russia and the Origins of the First World War, Basingstoke 1983, S. 5–27.

[30] Paul Kennedy, The Rise of Anglo-German Antagonism 1860–1914, London 1982, S. 249f. Zur Entstehung der Allianz: Ian H. Nish, The Anglo-Japanese Alliance: The Diplomacy of Two Island Empires, London 1966.

[31] Großbritannien war nur dann zur Unterstützung Japans verpflichtet, sollte dieses sich zwei Gegnern gleichzeitig gegenübersehen, also konkret wahrscheinlich einer französisch-russischen Allianz.

[32] Wir müssen auf eine Analyse verzichten. Maßgeblich ist jetzt Nish, Origins of the Russo-Japanese War. Zum Kriegsverlauf: J. N. Westwood, Russia against Japan, 1904–05: A New Look at the Russo-Japanese War, Basingstoke 1986. Zu den Friedens-

verhandlungen und der Vermittlerrolle Theodore Roosevelts: Raymond A. Esthus, Double Eagle and Rising Sun: The Russians and Japanese at Portsmouth in 1905, Durham, N. C. 1988, bes. S. 76 ff.

[33] Schöllgen: Imperialismus, S. 51.

[34] Langer: Diplomacy, S. 683; Giorgio Borsa, Italia e Cina nel secolo XIX, Mailand 1961, S. 97–124. Italien partizipierte aber seit 1866 am Treaty System und war Mitnutznießer der Boxer-Regelung von 1901. Vgl. Frank M. Tamagna, Italy's Interests and Policies in the Far East, New York 1941, S. 4 f.

[35] Vgl. Maos Schrift «Über den Widerspruch» (August 1937), in: Mao Tse-tung, Ausgewählte Werke, Beijing 1968, Bd. 1, S. 365 ff.

[36] Vgl. William J. Duiker, Cultures in Collision: The Boxer Rebellion, San Rafael, Cal. 1978, S. 145 ff.; Peter Fleming, The Siege at Peking, London 1959, S. 177 ff. Zwar gab es effektiv kein einheitliches Oberkommando, aber die strategische (wenn auch nicht immer die taktische) Koordination ergab sich aus dem gemeinsamen Zweck des Unternehmens. Die Posse um den deutschen «Weltmarschall» Graf Waldersee war politisch bedeutungslos: ein Lehrstück wilhelminischer Operettendiplomatie. Waldersee traf in China erst ein, als die Aktion vorüber war. «After his arrival Waldersee exercised little real control. The French and the Russians ignored him, the Japanese barely tolerated him, the Americans thought him amusing.» Young, British Policy, S. 157.

[37] Bis dahin hatte die Mandschurei einen Sonderstatus als Heimatgebiet der Dynastie. Vgl. Robert H. G. Lee, The Manchurian Frontier in Ch'ing History, Cambridge, Mass. 1970, S. 152 ff.

[38] Ernest Batson Price, The Russo-Japanese Treaties of 1907–1916 Concerning Manchuria and Mongolia, Baltimore 1933 (dort S. 99–123 die Texte in englischer Übersetzung). Zur verworrenen mandschurischen Diplomatie immer noch informativ: Sir Harold Parlett, A Brief Account of Diplomatic Events in Manchuria, Oxford 1929; unter Betonung der völkerrechtlichen Aspekte: C. Walter Young, The International Relations of Manchuria, New York 1929.

[39] Geyer: Russischer Imperialismus, S. 243, spricht von «Partnerschaft». Vgl. auch Quested: Relations, S. 86–88.

[40] Ian H. Nish, Alliance in Decline: Anglo-Japanese Relations, 1908–1923, London 1972, S. 81 ff.

[41] Hunt: Relationship, S. 209–16. Ausführlicher Michael H. Hunt, Frontier Defense and the Open Door: Manchuria in Chinese-American Relations, 1895–1911, New Haven 1973, S. 200–29. Zur weltweiten Bedeutung der Dollardiplomatie in der amerikanischen Außenpolitik zwischen 1909 und 1920 vgl. Robert D. Schulzinger, American Diplomacy in the Twentieth Century, New York 1984, S. 39–61. Großbritannien setzte sich in dieser Frage zwischen alle Stühle. Vgl. E. W. Edwards, Great Britain and the Manchurian Railway Question 1909–10, in: EHR 81 (1966), S. 740–69.

[42] Gillard: Struggle, S. 176 f. Eine vorzügliche Analyse aus britischer Sicht gibt Klaus Wormer, Großbritannien, Rußland und Deutschland. Studien zur britischen Weltreichspolitik am Vorabend des Ersten Weltkriegs, München 1980, S. 86 ff., der die Asienkonvention im globalen Rahmen interpretiert.

[43] Andreas Hillgruber, Deutschlands Rolle in der Vorgeschichte der beiden Weltkriege, 2. Aufl., Göttingen 1979, S. 23.

[44] Angesichts der Erfahrungen des frühen 20. Jahrhunderts mußte diese Doktrin aufgegeben werden. Li Hongzhang war ihr letzter wichtiger Vertreter. Vgl. Hu: Yapian Zhanzheng, Bd. 2, S. 461–67.

[45] Vgl. Cho Tsun-hung, Currency Reform in Late Ch'ing China, 1887–1912, in: National Taiwan Normal University. Bulletin of Historical Research 11 (1983), S. 322–78, bes. 362 f.; Hamashita Takeshi, International Financial Relations behind the 1911 Revolution: The Fall in the Value of Silver and Reform of the Monetary System, in: Etô/Schiffrin: 1911 Revolution, S. 227–55, bes. 240 ff.

[46] Überhaupt floß vor 1914 relativ wenig Kapital in die Kolonialreiche. 1914 waren 9% des französischen Auslandskapitals in den Kolonien investiert und 11% der britischen Auslandsanlagen im afro-asiatischen Empire (daneben 34% in den «weißen» Kolonien). Girault: Diplomatie, S. 43. Zur theoretischen Interpretation der britischen Daten vgl. jetzt Sidney Pollard, Britain's Prime and Britain's Decline: The British Economy 1870–1914, London 1989, S. 58–114.

[47] Nathan A. Pelcovits, Old China Hands and the Foreign Office, New York 1948, S. 233.

[48] Jüngst wieder Schöllgen: Imperialismus, S. 51 f. Von einem «entschiedenen Auftreten» der USA in China um die Jahrhundertwende, das maßgeblich die Aufteilung verhindert habe (ebd.), kann übrigens keine Rede sein.

[49] Wir nähern uns Überlegungen bei Wolfgang J. Mommsen, Europäischer Finanzimperialismus vor 1914. Ein Beitrag zu einer pluralistischen Theorie des Imperialismus, in Mommsen: Imperialismus, S. 92 f.

[50] Seine *Folgen* machten sich selbstverständlich noch jahrzehntelang bemerkbar.

[51] So Mitte der dreißiger Jahre die Ansicht des Chief Economic Adviser des britischen Kabinetts. Vgl. den Bericht über seine Mission in China: «Notes of Sir Frederick Leith-Ross on his Mission to China [undatiert, 1936]», S. 22 f. Public Record Office London, T 188/122.

[52] Zu China fehlen Untersuchungen wie die meisterhaften Analysen von René Girault zu Rußland (Emprunts russes et investissements français en Russie 1887–1914, Paris 1973) und Jacques Thobie zum Osmanischen Reich (Intérêts et impérialisme français dans l'Empire ottoman 1895–1914, Paris 1977). Vorzüglich in Empirie und Analyse – das beste Werk über Finanzimperialismus in China! – ist G. Kurgan-van Hentenryk, Léopold II et les groupes financiers belges en Chine: La politique royale et ses prolongements (1895–1914), Brüssel 1972 – aber eben nur über einen Spezialaspekt. Eine Menge firmengeschichtlichen Rohmaterials in King: Hongkong Bank (bisher ein Band über die Zeit 1864–1902), ein Werk, das leider nicht das Niveau des Zwillingsprojekts erreicht: Geoffrey Jones, Banking and Empire: The History of the British Bank of the Middle East, 2 Bde., Cambridge 1986/87. Als Ausgangspunkt noch brauchbar, aber doch veraltet ist T. W. Overlach, Foreign Financial Control in China, New York 1919.

[53] Hou: Investment, S. 29 (Tab. 7). Hou (S. 23) findet die erste chinesische Auslandsanleihe 1861. In der chinesischen Literatur wird sie auf 1853 datiert. Vgl. Zhongyang caizheng jinrong xueyuan caizheng jiaoyanshi [Finanzpolitische Lehr- und Forschungsabteilung der Zentralen Finanzakademie], Zhongguo caizheng jianshi [Kurze Finanzgeschichte Chinas], Beijing 1980, S. 190f.

[54] So auch neue japanische Forschungen, referiert bei Motono Eiichi/Sakamoto Hiroko, Japanese Studies of Post-Opium War China 1985, in: MC 14 (1988), S. 225.

[55] Hou: Investment, S. 29 (Tabelle 7). Ausführlicher jetzt King: Hongkong Bank, Bd. 1, S. 547–53.

[56] 1898 scheiterte der erste Versuch einer Staatsanleihe am Mangel an Interessenten. Vgl. Feuerwerker, Economic Trends, S. 66.

[57] Zum folgenden Gull: Interests, S. 75 f.; Arthur Gardiner Coons, The Foreign Public Debt of China, Philadelphia 1930, S. 6–14; David McLean, The Foreign Office and the First Chinese Indemnity Loan, 1895, in: HJ 16 (1973), S. 303–21; Liu: Waizhai shigao, S. 13–22; E. W. Edwards, British Diplomacy and Finance in China, 1895–1914, Oxford 1987, S. 8–29; Fritz Seidenzahl, Als in Europa noch chinesische Anleihen emittiert wurden, in: Deutsche Bank (Hrsg.), Beiträge zur Wirtschafts- und Währungsfragen und zur Bankgeschichte, Mainz 1984, S. 35–41. Wenig Neues bei Maria Möring, Die chinesischen Anleihen von 1896 und 1898, in: Zeitschrift für Unternehmensgeschichte 29 (1984), S. 180–84. Detaillierte finanztechnische Angaben zu allen Anleihen in: Bank of China. Research Department, Chinese Government Foreign Loan Obligations, Shanghai 1935.

[58] Vgl. David McLean, Commerce, Finance and British Diplomatic Support in China, 1885–86, in: EcHR 26 (1973), S. 475.

[59] Artikel 4 des Anleiheabkommens. MacMurray: Treaties, Bd. 1, S. 41.

[60] «Bondage». Hart an Campbell, 24. November 1895. Hart: Letters, Bd. 2, S. 1042 (Nr. 997).

[61] Die Statistik liegt dabei sehr im argen. Die wirklich interessanten Daten sind die über die tatsächlich an die Schuldner ausgezahlten Beträge. Sie lassen sich aus den Anleiheverträgen und publizierten Quellen der Zeit selten ersehen und meist nur aus Bankarchiven ermitteln. Solche Forschungen sind zu China noch kaum angestellt worden.

[62] MacMurray: Treaties, Bd. 1, S. 109.

[63] Morse: Relations, Bd. 2, S. 405.

[64] Ursprünge und Charakter der Yihetuan-Bewegung können hier nicht erörtert werden. Zur Einführung: Tilemann Grimm, Die Boxerbewegung in China 1898–1901, in: HZ 224 (1977), S. 615–34; Qi Qizhang, Stages in the Development of the Boxer Movement and their Characteristics, in: CSH 20 (1987), S. 11–336; Hsü: Rise, S. 470–98; Chesneaux: Opium Wars, S. 324–37; Rodzinski: History, Bd. 1, S. 374–87. Jetzt das großartige Werk Joseph W. Esherick, The Origins of the Boxer Movement, Berkeley 1987 (mit ausführlichem Nachweis der chinesischen, japanischen und englischsprachigen Literatur). In der Volksrepublik China wird die Beurteilung der Yihetuan sehr kontrovers diskutiert: Waren sie eine heldenhafte, letztlich von der «feudalen Reaktion» der Qing verratene Bewegung gegen die Aufteilung Chinas durch die Imperialisten? Oder waren sie eine kurzsichtige und rückwärtsgewandte Bewegung, die verhängnisvollerweise eine Intervention der imperialistischen Mächte provozierte und, anders als die Yangwu-Bewegung vor 1895 und die Reformbewegung von 1898, nicht in den vorwärtsweisenden «Hauptstrom» der chinesischen Geschichte gehört? So etwa Li Shiyue, Zhongguo jindaishi zhuyao xiansuo ji qi biaozhi zhi woguan [Meine Ansicht zu den Hauptlinien der modernen chinesischen Geschichte und ihrer Bedeutung], in: LSYJ 1984/2, S. 129–31.

[65] Text in MacMurray: Treaties, Bd. 1, S. 278–308. Die maßgebliche Darstellung des «Boxer Settlement» ist immer noch Morse: Relations, Bd. 3, S. 290–400.

[66] Belagerung und Befreiung der Gesandtschaften waren unter den damaligen Bedingungen erschwerter Kommunikation ein Medienereignis ersten Ranges. Viele der Beteiligten veröffentlichten ihre Erinnerungen. Vgl. Philip Knightley, The First Casualty: The War Correspondent as Hero, Propagandist and Myth Maker, London 1975, S. 59–61; Jean Mabire, Blutiger Sommer in Peking. Der Boxeraufstand in Augenzeugenberichten, Berlin 1978.

[67] Fleming, The Siege at Peking, S. 242f.; Duiker, Cultures in Collision, S. 182; Young: British Policy, S. 193f.; Ding: Diguozhuyi, Bd. 2, S. 122–25. Über die zivilisierter auftretenden Amerikaner vgl. den vorzüglichen Aufsatz Michael H. Hunt, The Forgotten Occupation: Peking, 1900–1901, in: PHR 48 (1979), S. 501–29. Leider scheinen zu den anderen Besatzern keine ähnlichen Studien zu existieren.

[68] Zit. nach der kritisch rekonstruierten Fassung in Bernd Soesemann, Die sog. Hunnenrede Wilhelms II. Textkritische und interpretatorische Bemerkungen zur Ansprache des Kaisers vom 27. Juli 1900 in Bremerhaven, in: HZ 222 (1976), S. 350. Über die Hintergründe auch M. Michael, Zur Entsendung einer deutschen Expeditionstruppe nach China während des Boxeraufstandes, in Kuo: Kolonialpolitik, S. 141–61.

[69] Duiker, Cultures in Collision S. 184–86; Ratenhof: Chinapolitik, S. 167.

[70] Vgl. Stefanie Hetze, Feindbild und Exotik. Prinz Chun zur «Sühnemission» in Berlin, in Kuo: Berlin, S. 79–88.

[71] Nach einem Zusatzabkommen vom 15. 7. 1902. MacMurray: Treaties, Bd. 1, S. 316.

[72] Jean Escarra, La Chine et le droit international, Paris 1931, S. 134.

[73] Cho Tsun-hung, Currency Reform, S. 357.

[74] Wang: Taxation, S. 62.

[75] Ebd., S. 62–64; Wang: Gengzi peikuan, S. 134–83. Die Salzsteuer, das flexibelste Steuerinstrument der Qing-Zeit, war die wichtigste Quelle. Ebd., S. 163.

[76] Feuerwerker, Economic Trends, S. 68.

[77] Zum folgenden Wang: Gengzi peikuan, S. 269 ff.; Michael H. Hunt, The American Remission of the Boxer Indemnity: A Reappraisal, in: JAS 31 (1971/72), S. 539–59; Osterhammel: Imperialismus, S. 101–8.

[78] Vgl. Qinghua daxuexiao shigao [Geschichte der Qinghua-Schule und -Universität], Beijing 1981, S. 4–6. Über andere Verwendungen der Mittel vgl. Peter Buck, American Science and Modern China, 1876–1936, Cambridge 1980, S. 74 ff.

[79] Madeleine Chi, China Diplomacy, 1914–1918, Cambridge, Mass. 1970, S. 129.

[80] Wang: Gengzi peikuan, S. 571.

[81] Wir übergehen hier die spärlichen Anfänge des chinesischen Eisenbahnbaus vor 1895 (370 Streckenkilometer!). Dazu Mi: Diguozhuyi, S. 25–65. Der beste kurze Abriß der chinesischen Eisenbahngeschichte ist immer noch Grover Clark, Economic Rivalries in China, New Haven 1932, S. 18–31; wichtig für die langfristigen Entwicklungslinien (bis 1952) ist E-tu Zen Sun, The Pattern of Railway Development in China, in: FEQ 14 (1955), S. 179–99.

[82] Über die Erschließung Amerikas, Asiens und Afrikas vgl. den vorzüglichen Überblick in Woodruff: Impact, S. 225–36; eine schöne Fallstudie zu Indien in Headrick: Tentacles, S. 49–96.

[83] Mi: Diguozhuyi, S. 355, Fn. 3. Manchmal wurde mit großen Menschenverlusten gearbeitet. Mi (S. 359) zitiert eine Quelle, die die Zahl der beim Bau der Yunnan-Bahn, dem technisch schwierigsten Projekt überhaupt, umgekommenen chinesischen Arbeiter auf 180. 000 beziffert!

[84] China. Ministry of Railways, Statistics of Chinese National Railways for the 23rd Fiscal Year (July 1, 1934 to June 30, 1935), Nanjing 1935, S. 93.

[85] Zu den Organisationen und Kämpfen der Eisenbahnarbeiter vgl. Mi: Diguozhuyi, S. 565–87; Jean Chesneaux, The Chinese Labor Movement, 1919–1927, Stanford 1968, passim; Angus W. McDonald, Jr., The Urban Origins of Rural Revolution: Elites and Masses in Hunan Province, China, 1911–1927, Berkeley 1978, S. 172–79.

[86] Zu einigen ökonomischen Aspekten siehe unten Kapitel 13.

[87] Yan: Tongji ziliao, S. 180; Mitchell: Asia, S. 506; Mitchell: Europe, S. 319.

[88] Yan: Tongji ziliao, S. 180; Huenemann: Dragon, S. 95.

[89] Albert Feuerwerker, Economic Trends, 1912–1949, in CHOC, Bd. 12, S. 95.

[90] Anschaulich beschreibt solche Zustände am Beispiel der russischen Ostchinesischen Eisenbahn: R. K. I. Quested, «Matey» Imperialists? The Tsarist Russians in Manchuria, 1895–1917, Hongkong 1982, S. 163–80.

[91] Vera Schmidt, Die deutsche Eisenbahnpolitik in Shantung 1898–1914. Ein Beitrag zur Geschichte des deutschen Imperialismus in China, Wiesbaden 1976, S. 65 ff.

[92] Der südliche Terminus Pukou liegt am Nordufer des Yangzi gegenüber von Nanjing. Vor der Eröffnung der großen Yangzi-Brücke 1969 mußte der Anschluß an die Nanjing-Shanghai-Bahn per Fähre hergestellt werden. Abgesehen von dieser Yangzi-Lücke bestand seit 1912 damit eine Nord-Süd-Verbindung zwischen Tianjin und Shanghai, den beiden wichtigsten Wirtschaftszentren Chinas.

[93] Detaillierte Angaben zu allen einzelnen Bahnen finden sich in dem wertvollen Werk von Chao Yung Seen, Les chemins de fer chinois: Étude historique, politique, économique et financière, Paris 1939 (über Tianjin-Pukou: S. 83–95). Die beiden anderen Datenwerke zur chinesischen Eisenbahngeschichte sind Chang: Struggle und Mi: Diguozhuyi. Huenemann: Dragon ist noch nicht das versprochene moderne Standardwerk.

[94] Die Texte sind gesammelt in MacMurray: Treaties.

[95] Chen Hui, Zhongguo tielu wenti [Probleme der chinesischen Eisenbahnen], Neu-ausgabe Beijing 1955, S. 77 (zuerst 1936).

[96] King: Hongkong Bank, Bd. 1, S. 460.

[97] Grundlegend: D. C. M. Platt, Finance, Trade and Politics in British Foreign Policy, 1815–1914, Oxford 1968.

[98] Deren Firmengeschichte ist: Compton Mackenzie, Realms of Silver: One Hundred Years of Banking in the East, London 1954, bes. S. 52 ff.

[99] King: Hongkong Bank, Bd. 1, S. 135–44, 166–81, 335–39, 544–47.

[100] Feldenkirchen, Deutsches Kapital, S. 67.

[101] David McLean, Finance and «Informal Empire» before the First World War, in: EcHR 29 (1976), S. 304 f.; ders., International Banking and Its Political Implications: The Hongkong and Shanghai Banking Corporation and the Imperial Bank of Persia, 1889–1914, in King: Banking, S. 6, 9, 12 f. Den internationalen Vergleich zieht Momm-sen: Imperialismus, S. 109–16.

[102] Edwards, British Diplomacy, S. 125.

[103] E. W. Edwards, The Origins of British Financial Co-operation with France in China, 1903–1906, in: EHR 86 (1971), S. 300–6, 315–17; ders., Great Britain and China, 1905–1911, in Hinsley: British Foreign Policy, S. 355–58.

[104] Genau gesagt, trat das Konsortium erstmals in der «Währungsreform-Anleihe» von 1910 in Erscheinung. Vgl. Edwards, British Diplomacy, S. 151 f.; Roberta Allbert Dayer, Finance and Empire: Sir Charles Addis, 1861–1945, Basingstoke 1988, S. 61–64.

[105] Der versuchte Beweis des Gegenteils bei Huenemann: Dragon, S. 126–32, leuchtet mir nicht ein.

[106] Hou: Investment, S. 35; Huenemann: Dragon, S. 114–22, 261–65.

[107] Coons, Foreign Public Debt, S. 27–42; Chen Hui, Zhongguo tielu wenti, S. 78–117; E-tu Zen Sun, Chinese Railways and British Interests, 1898–1911, New York 1954, S. 39 ff. und passim.

[108] Kate L. Mitchell, Revitalizing British Interests in China, in: FES 6:13 (23. Juni 1937), S. 144.

[109] MacMurray: Treaties, Bd. 1, S. 402–404. Dazu vor allem E-tu Zen Sun, Chinese Railways, S. 37–60.

[110] MacMurray: Treaties, Bd. 1, S. 684–92; Sun, Chinese Railways, S. 134–36. Von einem «beispiellosen Triumph der chinesischen Eisenbahndiplomatie» spricht Lee En-han, China's Quest for Railway Autonomy, 1904–1911: A Study of the Chinese Railway-Rights Recovery Movement, Singapore 1977, S. 181. Zu den Verhandlungen am besten Hsu Cheng-kuang, Foreign Interests, State and Gentry-Merchant Class: Railway Development in Early Modern China, 1895–1911, Ph. D. thesis, Brown University 1984, S. 186–96.

[111] Frank Rhea, Far Eastern Markets for Railway Materials, Equipment, and Supplies, Washington, D. C. 1919, S. 82, 90–95, 104, 261 f.

[112] Chao, Les chemins de fer, S. 8 f., 67–70; He Hanwei, Jing-Han tielu chuqi shilüe [Abriß der Frühgeschichte der Beijing-Hankou-Eisenbahn], Hongkong 1979, S. 71–85.

[113] Wie sich in der Diskussion zunehmend als «national» wahrgenommener Probleme Beamte mit Meinungsführern außerhalb der Bürokratie zusammenfanden, Debattierge-sellschaften, Zeitungen, usw. gründeten, zeigt Mary Backus Rankin, «Public Opinion» and Political Power: Qingyi in Late Nineteenth Century China, in: JAS 41 (1982), S. 453–77. Zur sozialen Aufwertung der Kaufleute und ihrer Annäherung an die Beamten vor allem Joseph Fewsmith, From Guild to Interest Group: The Transforma-tion of Public and Private in Late Qing China, in: CSSH 25 (1983), S. 617–40. Zur Entstehung einer Massenpresse vgl. Andrew J. Nathan, The Late Ch'ing Press: Role, Audience and Impact, in: Proceedings of the International Conference on Sinology. Section on History and Archeology, Bd. 3, Taibei 1981, S. 1281–1308; Leo Ou-fan Lee/ Andrew J. Nathan, The Beginnings of Mass Culture: Journalism and Fiction in the Late

Ch'ing and Beyond, in Johnson: Popular Culture, S. 360–95. Auch hier erscheint das Jahr 1895 als Startpunkt neuer Entwicklungen (S. 361). Ein chinesisches Standardwerk ist Fang Hanqi, Zhongguo jindai baokan shi [Geschichte der modernen chinesischen Presse], 2 Bde., Taiyuan 1981.

[114] Zu den geistigen Strömungen in China im frühen 20. Jahrhundert gibt es eine umfangreiche Literatur. Vgl. zur Einführung die Kapitel von Chang Hao in Bd. 11 und von Charlotte Furth in Bd. 12 der CHOC, außerdem Scalapino/Yu: Modern China, S. 109 ff., und Spence: Tor. Die Zeit im Spiegel eines zentralen Autors grandios bei: Hsiao Kung-chuan, A Modern China and a New World: K'ang Yu-wei, Reformer and Utopian, 1858–1927, Seattle 1975. Zur Diskussion der Politik gegenüber dem Imperialismus in diesen Jahren vgl. Tilman Spengler, Sozialismus für ein neues China. Wirtschafts- und gesellschaftspolitische Themen in der Auseinandersetzung zwischen Reformern und Revolutionären gegen Ende des letzten Kaiserreiches, München 1983, S. 130 ff.

[115] yeman paiwai versus wenming paiwai. Vgl. Hu Sheng, Xinhai Geming zhong de fandi, minzhu, gongyehua wenti [Fragen von Antiimperialismus, Demokratie und Industrialisierung in der Revolution von 1911], in: LSYJ 1981/5, S. 5.

[116] Edward J. M. Rhoads, China's Republican Revolution: The Case of Kwangtung, 1895–1913, Cambridge, Mass. 1975, S. 83–91; Hunt: Relationship, S. 227–41; Delber L. McKee, Chinese Exclusion versus the Open Door Policy, 1900–1906: Clashes over China Policy in the Roosevelt Era, Detroit 1977; ders., The Chinese Boycott of 1905–1906 Reconsidered: The Role of Chinese Americans, in: PHR 55 (1986), S. 165–91.

[117] Mary C. Wright, Introduction, in Wright: Revolution, S. 17.

[118] Zit. in Madeleine Chi, Shanghai-Hangchow-Ningpo Railway Loan: A Case Study of the Rights Recovery Movement, in: MAS 7 (1973), S. 85.

[119] Fallstudien zur neuen politischen Beweglichkeit der Oberschichten in den sozialökonomisch am weitesten entwickelten Provinzen sind Charlton M. Lewis, Prologue to the Chinese Revolution: The Transformation of Ideas and Institutions in Hunan Province, 1891–1907, Cambridge, Mass. 1976, S. 110 ff.; Joseph W. Esherick, Reform and Revolution in China: The 1911 Revolution in Hunan and Hubei, Berkeley 1976, S. 34 ff.; Mary Backus Rankin, Elite Activism and Political Transformation in China: Zhejiang Province, 1865–1911, Stanford 1986, S. 170 ff. Zu den Wurzeln dieser Bewegungen im späten 19. Jahrhundert viele der Beiträge in Cohen/Schrecker: Reform.

[120] Zit. in Stingl, Der Ferne Osten, Bd. 2, S. 406.

[121] Daniel H. Bays, China Enters the Twentieth Century: Chang Chih-tung and the Issues of a New Age, 1895–1909, Ann Arbor 1978, S. 163–84; Lee En-han, China's Quest, S. 50–84; Kurgan-Van Hentenryk, Léopold II, S. 514 ff.; Vincent P. Carosso, The Morgans: Private International Bankers 1854–1913, Cambridge, Mass. 1987, S. 428 f. Morgan verdiente gut an einer Bahn, von der so gut wie nichts gebaut worden war.

[122] Zu diesem zweiten Feld vgl. Lee En-han, China's Response to Foreign Investment in Her Mining Industry (1902–1911), in: JAS 28 (1968/69), S. 55–76: eine Zusammenfassung von ders. [Li Enhan], Wan-Qing de shouhui kuangquan yundong [Die Bewegung zur Rückgewinnung von Bergbaurechten in der späten Qing-Zeit], Taibei 1963.

[123] Lee En-han, China's Quest, S. 276. Zur Kritik auch Wang Di, Qingmo «xin zheng» yu wanhui liquan [Die «neue Politik» der späten Qing-Zeit und die Rückgewinnung von Rechten], in: SDXB 1984/2, S. 91–101, hier 99 f.

[124] Die Beijing-Kalgan[Zhangjiakou]-Bahn wurde 1905–1909 mit chinesischem Kapital von dem in Amerika ausgebildeten Ingenieur Zhang Tianyu gebaut und galt auch bei Ausländern als technisches Meisterwerk. Vgl. Lee En-han, China's Quest, S. 122 f.; Chao Yung Seen, Les chemins de fer chinois, S. 114–25.

[125] Huenemann: Dragon, S. 78 (Tabelle 4).

[126] Vgl. Ho Hon Wai, A Final Attempt at Financial Centralisation in the Late Qing Period, 1909–11, in: PFEH 32 (1985), S. 9–56.

[127] Hou: Investment, S. 40.

[128] Zinsfuß berechnet von Huenemann: Dragon, S. 104. Zur Sammler-Ästhetik dieser Papiere vgl. Ulrich Drumm/Alfons W. Henseler, Historische Wertpapiere. Bd. 2: Chinesische Anleihen und Aktien, Frankfurt a. M. 1976.

[129] Dazu Huenemann: Dragon, S. 180ff.; zur Schuldenregelung in den 1930er Jahren Osterhammel: Imperialismus, S. 416f.

[130] Zum folgenden Ding: Diguozhuyi, Bd. 2, S. 366–92; Edwards, British Diplomacy, S. 114ff.; Anthony B. Chan, The Consortium System in Republican China 1912–1913, in: JEEH 6 (1977), S. 597–640; K. C. Chan, British Policy in the Reorganization Loan to China 1912–13, in: MAS 5 (1971), S. 355–72; dies., Anglo-Chinese Diplomacy in the Careers of Sir John Jordan and Yüan Shih-k'ai, 1906–1920, Hongkong 1978, S. 55–62, 71f.; Carosso, The Morgans, S. 564–78; Marianne Bastid, La diplomatie française et la révolution chinoise de 1911, in: Jean Bouvier/René Girault (Hrsg.), L'impérialisme français d'avant 1914, Paris 1976, S. 127–52, bes. 140–46; Stingl, Der Ferne Osten, Bd. 2, S. 883–706; Jerome Ch'en, Yuan Shih-k'ai 1859–1916, Stanford 1961, S. 146, 156–64; Ernest P. Young, The Presidency of Yuan Shih-k'ai: Liberalism and Dictatorship in Early Republican China, Ann Arbor 1977, S. 122–29; Xia Liangcai, Guoji yinhangtuan he Xinhai Geming [Das internationale Bankenkonsortium und die Revolution von 1911], in: JDSYJ 1982/1, S. 188–215; Liu Shuyong, Sha-E zai Hua guoji yinhangtuan [Das zaristische Rußland im internationalen China-Konsortium], in: JDSYJ 1983/3, S. 185–208; Zhang Shuimu, Minguo er nian lieqiang yinhangtuan dui Hua Shanhou da jiekuan ji Zhongguo zhengzhi fengchao zhi jidang [Die Reorganisationsanleihe des Bankenkonsortiums der Großmächte an China 1913 und das Toben des politischen Sturms], in: Lishi xuebao [Historische Zeitschrift der Tunghai-Universität, Taiwan] 3 (1979), S. 33–81.

[131] A. M. Kotenev, Shanghai: Its Mixed Court and Council, New York 1925, S. 162ff., 273ff.

[132] Zitate zur Illustration dieser Einstellung in Young, The Presidency of Yuan Shih-k'ai, S. 46–48.

[133] Zit. in Edwards, British Policy, S. 158.

[134] Stephen R. MacKinnon, Power and Politics in Late Imperial China: Yuan Shi-kai in Beijing and Tianjin, 1901–1908, Berkeley 1980, S. 182–86, 217f.; Chan, Anglo-Chinese Diplomacy, S. 11ff.

[135] C. Martin Wilbur, Sun Yat-sen: Frustrated Patriot, New York 1976, S. 74f.

[136] Zhang Shuimu, Minguo er nian, S. 41f. Über die französischen Hintergründe des russischen Kapitalexports vgl. Girault, Emprunts russes, sowie für Ostasien (allerdings nur bis 1909): R. K. I. Quested, The Russo-Chinese Bank: A Multi-National Financial Base of Tsarism in China, Birmingham 1977, S. 3ff.

[137] Zhang Shuimu, Minguo er nian, S. 48. Über die Rolle Songs als politischer Gegenpol zu Yuan Shikai vgl. K. S. Liew, Struggle for Democracy: Sung Chiao-jen and the 1911 Chinese Revolution, Berkeley 1971, S. 152ff.

[138] MacMurray: Treaties, Bd. 2, S. 1007–38. Präsident Woodrow Wilson hatte kurz zuvor den Rückzug J. Pierpont Morgans aus dem Konsortium veranlaßt. Dieses bestand danach aus der Hongkong and Shanghai Banking Corporation, der Banque de l'Indochine, der Deutsch-Asiatischen Bank, der Yokohama Specie Bank und der Russisch-Asiatischen Bank.

[139] So bei Young, The Presidency, der Yuan vor allem als Opfer des Imperialismus sieht, nicht so sehr als dessen willigen Komplizen.

[140] Edwards, British Diplomacy, S. 176ff.

[141] R. P. T. Davenport-Hines, The British Engineers' Association and Markets in China 1900–1930, in: ders. (Hrsg.), Merchants and Bagmen, London 1986, S. 111. Für Deutschland vgl. Peter Mielmann, Deutsch-chinesische Handelsbeziehungen am Beispiel der Elektroindustrie, 1870–1949, Frankfurt a. M. 1984, S. 74ff.

[142] Ding: Diguozhuyi, Bd. 2, S. 226, betont zu Recht diese Akzentverlagerung von Konflikt zu Kooperation zwischen den Großmächten in China.

[143] Parshotam Mehra, The McMahon Line and After: A Study of the Triangular Contest on India's North-eastern Frontier Between Britain, China and Tibet, 1904–47, Delhi 1974, S. 123 ff.; Grunfeld: Tibet, S. 62 ff.

[144] Vgl. Thomas E. Ewing, Ch'ing Policy in Outer Mongolia, 1900–1911, in: MAS 14 (1980), S. 145–57; ders., Revolution on the Chinese Frontier: Outer Mongolia in 1911, in: JAH 12 (1978), S. 101–19; ders., China and the Origins of the Mongolian People's Republic, 1911–21: A Reappraisal, in: SEER 58 (1980), S. 399–421; Ding: Diguozhuyi, Bd. 2, S. 410–37.

[145] Man unterscheide die zwei Bedeutungen von «Konzession»: (1) ein durch die chinesische Regierung verpachtetes Wohngebiet für Ausländer innerhalb eines Treaty Ports, (2) Nutzungs- und Ausbeutungsrechte im Eisenbahn- und Bergbau. Hier ist die zweite Bedeutung gemeint.

[146] Stanley F. Wright, The Collection and Disposal of the Maritime and Native Customs Revenue since the Revolution of 1911, Shanghai 1925, S. 1–7.

[147] Alexander Schölch, Wirtschaftliche Durchdringung und politische Kontrolle durch die europäischen Mächte im Osmanischen Reich (Konstantinopel, Kairo, Tunis), in: GG 1 (1975), S. 417 f., 424–26, 436 f.; Thobie, Intérêts et impérialisme, S. 101 ff., 221 ff.

[148] Marie-Claire Bergère, The Issue of Imperialism and the 1911 Revolution, in Etô/ Schiffrin: 1911 Revolution, S. 269: die finanztechnischen Details bei Wright, Collection, S. 145–72.

[149] Owen: Middle East, S. 108.

[150] Zum Ausmaß der Schuldenverweigerung im frühen 20. Jahrhundert vgl. Max Winkler, Foreign Bonds: An Autopsy. A Study of Defaults and Repudiations of Government Obligations, Philadelphia 1933, bes. S. 34 f.; Charles P. Kindleberger, Historical Perspectives on Today's Third World Debt Problem, in: ders., Keynesianism vs. Monetarism and Other Essays in Financial History, London 1985, S. 201 f.

[151] John V. A. MacMurray, Problems of Foreign Capital in China, in: FA 3 (1925), S. 415.

[153] «Assistant», weil der Chefinspektor in der nach wie vor chinesischen Behörde ein Chinese war (anders als im Seezollamt).

[153] S. A. M. Adshead, The Modernization of the Chinese Salt Administration, 1900–1920, Cambridge, Mass. 1970, S. 90 ff. und passim. Hier wird die These vertreten, Danes Reform der Salzverwaltung habe mit Imperialismus nichts zu tun (bes. S. 204, 210, 214). Das Gegenteil meint Wang Zhong, Yuan Shikai tongzhi shiqi de yanwu he «yanwu gaige» [Das Salzwesen und seine «Reform» während der Herrschaft Yuan Shikais], in: JDSYJ 1987/4, S. 95–121, der darauf hinweist, daß die gesamte «Reform» den kurzfristigen Fiskalinteressen Yuans und der Mächte unterworfen war.

[154] Ebd., S. 114; Wang: Taxation, S. 30.

[155] E. W. Mead, memo, 13. 7. 1927, Public Record Office London, FO 405/254, Nr. 86 (F7389).

[156] Anthony Clayton, The British Empire as a Superpower, 1919–39, Basingstoke 1986, S. 190, 196. Claytons Chinakapitel trägt die lokalchinesische Komponente nach, die ausgespart bleibt bei Paul Haggie, Britain at Bay: The Defence of the British Empire against Japan, 1931–1941, Oxford 1981.

[157] NCH, 23. Mai 1934, S. 264.

[158] Zahlen nach den jährlichen Reports of the Secretary of War to the President, Washington, D. C.

[159] Clayton, The British Empire, S. 207 f. Über die Maßnahmen zur Verteidigung Shanghais gegen revolutionäre Truppen Anfang 1927: Bernard D. Cole, Gunboats and Marines: The United States Navy in China, 1925–1928, Newark 1983, S. 98–109.

¹⁶⁰ Vgl. Etô Shinkichi, China's International Relations 1911–1931, in CHOC, Bd. 13, S. 92–100; Beasley: Imperialism, S. 108–15.

¹⁶¹ Zur «realistischen» Linie vgl. am besten Leong Sow-theng, Sino-Soviet Diplomatic Relations 1917–1926, Canberra 1976; zur «revolutionären» Günter Kleinknecht, Die kommunistische Taktik in China 1921–1927. Die Komintern, die koloniale Frage und die Politik der KPCh, Köln 1980; Kuo Heng-yü, Die Komintern und die Chinesische Revolution. Die Einheitsfront zwischen der KP Chinas und der Kuomintang 1924–1927, Paderborn 1979.

¹⁶² Daß Frankreich sein Kolonialreich vor 1914 keineswegs ökonomisch «vernachlässigt» hat, zeigt Jacques Marseille, The Phases of French Colonial Imperialism: Towards a New Periodization, in: JICH 13 (1985), S. 127–40, bes. 128–34.

¹⁶³ Vgl. Christopher M. Andrew/A. S. Kanya-Forstner, France Overseas: The Great War and the Climax of French Imperial Expansion, London 1981. Roger Lévy/Guy Lacam/Andrew Roth, French Interests and Policies in the Far East, New York 1941, geben einen sehr informativen Überblick. Viel Material über die wichtigste französische Wirtschaftsinstitution in Asien, die Banque de l'Indochine, nach 1918 findet sich in Martin J. Murray, The Development of Capitalism in Colonial Indochina (1870–1940), Berkeley 1980, S. 132 ff.

¹⁶⁴ Thomas H. Buckley, The United States and the Washington Conference, 1921–1922, Knoxville, Tenn. 1970; Roger Dingman, Power in the Pacific: The Origins of Naval Arms Limitation, 1914–1922, Chicago 1976; Iriye Akira, After Imperialism: The Search for a New Order in the Far East, 1921–1931, Cambridge, Mass. 1965, S. 13 ff.; Nish: Japanese Foreign Policy, S. 133–45. Den ökonomischen Gehalt des «Washingtoner Systems» arbeitet sehr klar heraus Ziebura: Weltwirtschaft, S. 124–44 (dort allerdings Mißverständnisse über die Lage in China). Die beste Gesamtinterpretation ist jetzt Lloyd C. Gardner, Safe for Democracy: The Anglo-American Response to Revolution, 1913–1923, New York 1983, S. 305–23. Als Forschungshilfe: Hannsjörg Kowark, Die Konferenz von Washington 1921–1922. Archivalien, Literaturbericht und Bibliographie, in: Jahresbibliographie der Bibliothek für Zeitgeschichte 45 (1973), S. 473–503.

¹⁶⁵ Ziebura: Weltwirtschaft, S. 125. Die ausgiebigen Forschungsdebatten über Amerikas Chinapolitik in der Zwischenkriegszeit können hier nicht gewürdigt werden. Vgl. die Kapitel von Dingman, Iriye und Heinrichs in May/Thomson: Relations, sowie Waldo Heinrichs, The Middle Years, 1900–1945, and the Question of a Large U. S. Policy for East Asia, in Cohen: Frontiers, S. 77–106.

¹⁶⁶ Das «Washingtoner System» brach spätestens in der Mandschureikrise von 1931 zusammen. Iriye datiert seinen Kollaps sogar schon auf 1926: «Die alte Ordnung verschwand, und nichts Stabiles trat an ihre Stelle.» (After Imperialism, S. 88).

¹⁶⁷ So etwa Robert A. Hart, The Eccentric Tradition: American Diplomacy in the Far East, New York 1976, S. 99: Die USA hätten sich ihrer Verantwortlichkeit für China entzogen.

¹⁶⁸ Louis: Strategy, S. 17.

¹⁶⁹ Vgl. die exzellente Fallstudie Joseph T. Chen, The May Fourth Movement in Shanghai, Leiden 1971.

¹⁷⁰ Einen knappen Überblick über diese Periode gibt Gerhard Krebs, Die Taisho-Zeit: Lernphase der Demokratie (1918–1932), in: Manfred Pohl (Hrsg.), Japan, Stuttgart 1986, S. 99 ff. Zur internationalistischen Diplomatie, die mit dem Namen Baron Shidehara Kijûrôs verbunden ist, vgl. Nish: Japanese Foreign Policy, S. 126–51, 165–74.

¹⁷¹ Der glänzendste Vertreter dieses neuen Diplomatentypus war Gu Weijun alias Dr. V. K. Wellington Koo: Geboren 1887, Ausbildung u. a. an der Columbia University in New York, 27jährig Gesandter in Mexiko, Delegierter auf der Pariser Friedenskonferenz, in Washington (und überall sonst, wo China diplomatische Verhandlungen führte), 1922–28 Minister in verschiedenen Funktionen und Kabinetten, nach seiner Annäherung

an Jiang Kaishek 1931–49 wieder in unzähligen diplomatischen Missionen eingesetzt. Er beendete seine Laufbahn achtzigjährig als Vizepräsident des Internationalen Gerichtshofs in Den Haag. Boorman/Howard: Dictionary, Bd. 2, S. 255–59; William L. Tung, V. K. Wellington Koo and China's Wartime Diplomacy, New York 1977.

172 Pratt, War and Politics in China, S. 201. Zur Beijinger Zollkonferenz vgl. Wright: Tariff Autonomy, S. 461–600.

173 Teng Ssu-yü, A Decade of Challenge, in Chan/Etzold: China, S. 8. In diesem Sinne – also gegen die in Lehrbüchern verbreitete Idealisierung der Washingtoner Konferenz als Überwindung des alten Imperialismus – zu Recht auch Dayer: Bankers, S. 96–107.

174 Chan Lau Kit-ching, The Lincheng Incident: A Case Study of British Policy in China between the Washington Conference (1921–22) and the First Nationalist Revolution (1925–28), in: JOS 10 (1972), S. 172–86; Diana Lary, Warlord Soldiers: Chinese Common Soldiers, 1911–1937, Cambridge 1985, S. 65 f.

175 Nur ein Beispiel: «Die ‹Witwe Chang›, eine berüchtigte Banditenführerin in der Provinz Honan, ist von der Nankinger Regierung mit der Führung einer Brigade der Nationalen Armee betraut worden; ihre Bande von 3000 gut ausgebildeten Männern ist der 4. Division unter General Fan Tso-yuan einverleibt worden.» OR 11 (1930), S. 766.

176 Vgl. Jacob Black-Michaud, Feuding Societies, Oxford 1975.

177 Zhou Gucheng, Zhongguo shehui zhi xianzhuang [Der gegenwärtige Zustand der chinesischen Gesellschaft] Shanghai 1933, S. 184.

178 So der Titel der freien Nacherzählung von Franz Kuhn aus dem Jahre 1953. Das Shuihu zhuan, das auf älteres Material zurückgeht, erhielt seine bis heute tradierte Form in der Mitte des 17. Jahrhunderts.

179 Phil Billingsley, Bandits, Bosses, and Bare Sticks: Beneath the Surface of Local Control in Early Republican China, in: MC 7 (1981), S. 237; ders., Bandits in Republican China, Stanford 1988.

180 Auch dieser Typus verschwand nicht. Die wichtigsten Vertreter (obwohl keineswegs eines rein klassenbasierten Sozialrebellentums) in Nordchina waren die «Roten Speere» (*Hongqianghui*), die um 1921 aktiv wurden. Vgl. Roman Sławinski, La Société des Piques Rouges et le mouvement paysan en Chine en 1926–27, Warschau 1975; sowie die Übersetzung einer chinesischen Monographie: Tai Hsüan-chih, The Red Spears, 1916–1949, Ann Arbor 1985 (mit einer Einleitung von Elizabeth Perry, die weitere Forschungen auswertet: S. vii–xxi). Die Begriffsbildung geht zurück auf Eric J. Hobsbawm, Sozialrebellen, Neuwied 1962; ders., Die Banditen, Frankfurt a. M. 1972. Das reinste Beispiel eines chinesischen Robin Hood war Bai Lang, der Weiße Wolf (1873–1914). Dazu Elizabeth J. Perry, Social Banditry Revisited: The Case of Bai Lang, a Chinese Brigand, in: MC 9 (1983), S. 355–82.

181 Dazu grundlegend Perry: Rebels, S. 48 ff. Zu den *bingfei* vor allem der vorzügliche Aufsatz von R. G. Tiedemann, The Persistence of Banditry: Incidents in Border Districts of the North China Plain, in: MC 8 (1982), S. 395–433, hier 416–24; sowie eines der wichtigsten Bücher zur neueren chinesischen Sozialgeschichte überhaupt: Lary, Warlord Soldiers, S. 59 ff.

182 Edmund S. K. Fung, The Military Dimension of the Chinese Revolution: The New Army and Its Role in the Revolution of 1911, Vancouver 1980.

183 Zu den Zahlen und der Vielfalt von Formen der Militarisierung von disziplinierten Feldarmeen bis zu Schlägertrupps örtlicher Grundherren vgl. Lary: Warlord Soldiers, S. 2–4 und passim.

184 Tiedemann, The Persistence of Banditry, S. 416.

185 Vgl. Tilemann Grimm, Anti-imperialistische Bauernaufstände in China, in: GWU 29 (1978), S. 361–64; sowie die Fallstudie: Cai Saoqing, Lun Changjiang jiao'an yu Gelaohui de guanxi [Die Beziehungen zwischen den Missionszwischenfällen am Yangzi 1891 und der Geheimgesellschaft der «Älteren Brüder»], in: NDXB 1984/2, S. 101–12.

[186] James E. Sheridan, The Warlord Era: Politics and Militarism under the Peking Government, 1916–28, in CHOC, Bd. 12, S. 303 f.

[187] Keineswegs handelte es sich, wie man gelegentlich noch liest, um Scheinscharmützel zwischen Operettengenerälen (wie dem General Boum in Offenbachs *Grande Duchesse de Gerolstein*). Allein der Krieg zwischen Yan Xishan und Feng Yuxiang auf der einen, Jiang Kaishek auf der anderen Seite 1929–30 forderte mehr als 300.000 Opfer. Sheridan: Disintegration, S. 89.

[188] Dies belegt für Deutschland Ratenhof: Chinapolitik, S. 100–102, 117–22, 144–46, 183–85, 220–23.

[189] Vgl. Noel H. Pugach, Anglo-American Aircraft Competition and the China Arms Embargo, 1919–1921, in: DH 2 (1978), S. 351–71.

[190] Anthony B. Chan, Arming the Chinese: The Western Armaments Trade in Warlord China, 1920–1928, Vancouver 1982, S. 45 ff. Dort nicht zitiert: Chen Cungong, Min-chu lujun junhuo zhi shuru [Der Import von Waffen und Munition für die Armee in der frühen Republikzeit, 1911–1928], in: ZYJYJ 6 (1977), S. 237–309 (mit umfangreichen Versuchen der Quantifizierung).

[191] Chan, Arming the Chinese, S. 133; Ch'i Hsi-sheng, Warlord Politics in China, 1916–1928, Stanford 1976, S. 123.

[192] James E. Sheridan, Chinese Warlord: The Career of Feng Yü-hsiang, Stanford 1966, S. 163–69, 177–79, 197–202; Liu Peiqing, Shandong junfa Zhang Zongchang [Zhang Zongchang, Warlord von Shandong], in: WSZ 1983/4, S. 30–35, 92: Zhang Zongchang sei der «leibhaftige Satan» *(hunshi mowang)* gewesen (S. 33). Eine Klassifikation der Warlords auf einer Skala zwischen «reaktionär» und «revisionistisch» versucht Sheridan: Disintegration, S. 59–77. Als Übersicht vor allem ders., The Warlord Era. Die beste Gesamtinterpretation ist Ch'en: Military-Gentry Coalition. Zum Forschungs- und Diskussionsstand: Diana Lary, Warlord Studies, in: MC 6 (1980), S. 439–70; Edward McCord, Recent Progress in Warlord Studies in the PRC, in: RC 9 (1984), S. 40–47; James E. Sheridan, Chinese Warlords: Tigers or Pussycats?, in: RC 10 (1985), S. 35–41 (eine akzeptable Kritik der «revisionistischen» Ansicht, die Herrschaft der Warlords sei so schlimm gar nicht gewesen). Auch Jürgen Osterhammel, Anfänge der chinesischen Revolution: Die zwanziger Jahre, in: NPL 27 (1982), S. 84–115, hier 103–11.

[193] Odoric Y. K. Wou, Militarism in Modern China: The Career of Wu P'ei-fu, 1916–39, Dawson 1978, S. 151–97.

[194] Diese Cliquen oder Faktionen sind das Hauptthema in Ch'i Hsi-sheng, Warlord Politics (bes. S. 10–76).

[195] Am übersichtlichsten zur Personalpolitik der Warlord-Zeit sind immer noch die biographischen Artikel in Boorman/Howard: Dictionary (zu Duan Qirui: Bd. 3, S. 330–35). Ausführlich Andrew J. Nathan, Peking Politics, 1918–1923: Factionalism and the Failure of Constitutionalism, Berkeley 1976.

[196] Jansen: Japan, S. 221 f. Ausführlicher zu den Nishihara-Anleihen (Nishihara Kamezô war der mit ihrer Plazierung beauftragte Agent): Madeleine Chi, Ts'ao Ju-lin (1876–1966): His Japanese Connections, in Iriye: Chinese, S. 140–60, bes. 145–55; Liu: Waizhai shigao, S. 125 ff. Ohne die Anleihen wäre das frühe Warlordregime nicht überlebensfähig gewesen. So Ch'en: Military-Gentry Coalition, S. 136. Zum ökonomischen Gehalt dieser Politik: Pei Changhong, Nishihara jiekuan yu Terauchi neige dui Hua celüe [Die Nishihara-Anleihen und die Taktik des Terauchi-Kabinetts gegenüber China], in: LSYJ 1982/5, S. 21–38, bes. 24–29.

[197] Beasley: Imperialism, S. 118–21.

[198] Gavan MacCormack, Chang Tso-lin in Northeast China, 1911–1928: China, Japan, and the Manchurian Idea, Folkestone 1977, S. 254. Ähnlich jetzt auch G. C. Karetina, Čžan Czolin' i političeskaja bor'ba v Kitae v 20-e gody XX v., Moskau 1984, S. 144 ff.

[199] Zu den Hintergründen vgl. William Fitch Morton, Tanaka Giichi and Japan's China Policy, Folkestone 1980, S. 130–34.

[200] Das riesige Thema der Beziehungen zwischen der Sowjetunion und den chinesischen Revolutionären in den 1920er Jahren kann hier nicht vertieft werden. Es ist Gegenstand einer ebenso umfangreichen wie kontroversen Literatur. Vgl. im kritischen Überblick Osterhammel, Anfänge der chinesischen Revolution, S. 87–96. Grundlegend sind jetzt in CHOC, Bd. 12, die Kapitel von Jerome Ch'en (The Chinese Communist Movement to 1927, S. 505–26) und C. Martin Wilbur (The Nationalist Revolution: from Canton to Nanking, S. 527–721, bes. 566–73). Die beste Gesamtdarstellung der Geschichte der KPCh in deutscher Sprache ist Harrison: Marsch. Für die zwanziger Jahre besonders Kleinknecht, Die kommunistische Taktik in China.

[201] Vgl. Dieter Heinzig, Sowjetische Militärberater bei der Kuomintang 1923–1927, Baden-Baden 1978; daneben Domes: Revolution, S. 83 ff.

[202] Dies wird etwa deutlich in Dan N. Jacobs, Borodin: Stalin's Man in China, Cambridge, Mass. 1981, S. 212 ff.

[203] Vermutlich muß man den Beginn der antikommunistischen Säuberungen sogar ein wenig vordatieren. In Chongqing, der Hauptstadt der Provinz Sichuan, kam es in der Nacht vom 30. zum 31. März 1927 zu einem Massaker an Kommunisten. Fortan galt die Provinz als «quiet with no anti-foreign feeling». Sir Miles Lampson an Sir Austen Chamberlain, 31. 1. 1928, Public Record Office London, FO 371/13183 (F1397). Der Klassiker zum chinesischen Jahr 1927 ist Harold R. Isaacs, The Tragedy of the Chinese Revolution, London 1938, 2nd ed. Stanford 1951.

[204] Zum folgenden Peter G. Clark, Britain and the Chinese Revolution 1925–1927, Ph. D. thesis, University of California Berkeley, 1973, S. 234 ff.; Robert A. Kapp, Szechwan and the Chinese Republic: Provincial Militarism and Central Power, 1911–1938, New Haven 1973, S. 76; Richard Stremski, The Shaping of British Policy during the Nationalist Revolution in China, Taibei 1979, S. 90 f.

[205] Geöffnet 1917; ca. 150000 Einwohner; Handel nur im lokalen Einzugsbereich; Hauptexport: Pflanzenöle. Vgl. China Proper, Bd. 3, S. 370–72.

[206] Ma Xuanwei/Xiao Bo, Sichuan junfa Yang Sen [Yang Sen, Warlord von Sichuan], Chengdu 1983, S. 62; Agnes Smedley, The Great Road: The Life and Times of Chu Teh, New York 1956, S. 174. Zhu De, der spätere Führer der Roten Armee, war damals Leiter der Politischen Abteilung in der Armee Yang Sens.

[207] Osterhammel: Imperialismus, S. 255.

[208] Über die Strategie des Boykotts allgemein und ihre Anwendung in China vgl. Osterhammel: Imperialismus, S. 243–70; Remer: Boycotts. Geringere Erfolge der chinesischen Boykotte vermutet Donald A. Jordan, China's Vulnerability to Japanese Imperialism: The Anti-Japanese Boycott of 1931–1932, in Chan: Crossroads, S. 91–123.

[209] Selbstverständlich war ausländisches Eigentum im Landesinneren *abseits* der großen Flüsse erst recht nicht zu verteidigen. Vor allem Bergwerke, wenn sie nicht nahe am Meer lagen, waren vollkommen ungeschützt. Beispiele in Osterhammel: Imperialismus, S. 367 ff.

[210] So ähnlich formulierte es ein scharfsichtiger britischer Chinafachmann: Sir John T. Pratt, Aktennotiz, 14. 3. 1935, Public Record Office London, FO 371/19287 (F1623).

[211] In der Literatur finden sich ganz unterschiedliche Angaben über die Zahl der Opfer. Ich folge Wilbur, The Nationalist Revolution, S. 548 f. Huang u. a.: Xiandai shi, Bd. 1, S. 143, sprechen von «ca. 90 Toten und Verwundeten».

[212] Zahlen nach ebd., S. 148.

[213] Aus einer umfangreichen Literatur: Chesneaux, The Chinese Labor Movement; Richard W. Rigby, The May 30 Movement: Events and Themes, Canberra 1980 (rein narrativ); Nicholas R. Clifford, Shanghai, 1925: Urban Nationalism and the Defense of Foreign Privilege, Ann Arbor 1979 (bessere Analyse als bei Rigby, aber auf chinesisch-britisches Verhältnis konzentriert); Ku Hung-ting, Urban Mass Movement: The May

Thirtieth Movement in Shanghai, in: MAS 13 (1979), S. 197–216; Guido Samarani, Il «30 maggio 1925»: svolta storica nel raporto tra movimento operaio e rivoluzione nazionale in Cina, in: Cina 15 (1979), S. 143–66; Li Jianmin, Wu-Sa Can'an hou de fan-Ying xuanchuan [Anti-britische Propaganda nach dem Massaker vom 30. Mai 1925], in: ZYJYJ 10 (1981), S. 245–81.

[214] United Kingdom. Department of Overseas Trade, Report on the Commercial, Industrial and Economic Situation in China to 30th June, 1926, London 1926, S. 44.

[215] Chinese Maritime Customs, Chinwangtao and Tientsin Annual Trade Report and Returns 1925, Shanghai 1926, S. 1.

[216] Clifford, Shanghai, S. 70; William W. Lockwood, Jr., Some Recent Changes in the Status of the International Settlement, in: CWR, 23. 6. 1934, S. 141 f.

[217] Wright: Tariff Autonomy, S. 598.

[218] So heißt die Zeit von 1925 bis 1927 heute in China: *da geming*.

13. Neue Formen wirtschaftlicher Durchdringung

[1] Ein umfangreiches Spezialthema kann in diesem Buch nicht behandelt werden: die Chinesen außerhalb Chinas, also die chinesische Emigration (besonders in Gestalt des «coolie trade»), die Entstehung eines überseechinesischen Kapitalismus (besonders in Südostasien) und seine Rückwirkung auf Politik und Wirtschaft des Mutterlandes. Einen guten Überblick über die Chinesen in Amerika geben Ch'en: West, S. 234–62, und Hunt: Relationship, S. 61–73,108–14,227–41. Ein Standardwerk ist Victor Purcell, The Chinese in Southeast Asia, 2nd ed., Kuala Lumpur 1965. Es gibt jetzt eine Reihe vorzüglicher Studien: Wang Sing-wu, The Organization of Chinese Emigration, 1848–1888, San Francisco 1978; Yen Ching-hwang, The Overseas Chinese and the 1911 Revolution, Kuala Lumpur 1976; ders., The Overseas Chinese and Late Ch'ing Economic Modernization, in: MAS 16 (1982), S. 217–32; ders., Coolies and Mandarins: China's Protection of Overseas Chinese during the Late Ch'ing Period (1851–1911), Singapore 1985; Robert L. Irick, Ch'ing Policy toward the Coolie Trade, Taibei 1982; Michael R. Godley, The Mandarin-Capitalists from Nanyang: Overseas Chinese Enterprise in the Modernization of China 1893–1911, Cambridge 1981; Patricia Cloud, Chinese Immigration and Contract Labor in the Late Nineteenth-Century, in: EEcH 24 (1987), S. 22–42; sowie (Sozial- und Wirtschaftsgeschichte erster Güte!) Peter Richardson, Chinese Mine Labour in the Transvaal, London 1982; ders., Coolies, Peasants, and Proletarians: The Origins of Chinese Indentured Labour in South Africa, 1904–1907, in: Shula Marks/Peter Richardson (Hrsg.), International Labour Migration: Historical Perspectives, London 1984, S. 167–85. Als gute populärwissenschaftliche Darstellung: Stan Steiner, Fusang: The Chinese Who Built America, New York 1979. Ein Zeugnis früher europäischer Aufmerksamkeit ist Friedrich Ratzel, Die chinesische Auswanderung, Breslau 1876; später Hans Mosolff, Die chinesische Auswanderung, Rostock 1932. Ein wichtiger interpretierender Versuch über die Rolle der Auslandschinesen bei der Modernisierung Chinas ist Michael Godley, The Treaty Port Connection: An Essay, in: JSEAS 12 (1981), S. 249–59. Den methodischen Rahmen, in den auch der chinesische Fall vergleichend einzufügen wäre, skizziert Klaus J. Bade, Sozialhistorische Migrationsforschung, in: Ernst Hinrichs/Henk van Zon (Hrsg.), Bevölkerungsgeschichte im Vergleich: Studien zu den Niederlanden und Nordwestdeutschland, Aurich 1988, S. 63–74.

[2] Vgl. Theodore H. von Laue, The World Revolution of Westernization: The Twentieth Century in Global Perspective, Oxford 1987.

[3] Vgl. Ichiko Chuzo, Political and Institutional Reform, 1901–11, in CHOC, Bd. 11, S. 375–415; Wright: Revolution. Zu der vielleicht wichtigsten Einzelreform: Wolfgang Franke, The Reform and Abolition of the Traditional Chinese Examination System, Cambridge, Mass. 1960.

[4] Deutsch als: China unter der Kaiserin Witwe, Berlin 1912. Über den genialen

Sinologen, Fälscher und Hochstapler Backhouse vgl. Hugh Trevor-Roper, A Hidden Life: The Enigma of Sir Edmund Backhouse, London 1976.

[5] Grundlegend dazu Chow Tse-tsung, The May Fourth Movement: Intellectual Revolution in Modern China, Cambridge, Mass. 1960; Wolfgang Franke, Chinas kulturelle Revolution. Die Bewegung vom 4. Mai 1919, München 1957. Aus der neueren Literatur bes. Lin Yü-sheng, The Crisis of Chinese Consciousness: Radical Antitraditionalism in the May Fourth Era, Madison, Wisc. 1979; Vera Schwarcz, The Chinese Enlightenment: Intellectuals and the Legacy of the May Fourth Movement of 1919, Berkeley 1986; dies., Remapping May Fourth: Between Nationalism and Enlightenment, in: RC 12 (1986), S. 20–35.

[6] Die wichtigste unter ihnen verfolgte sogar eine Politik der kulturellen «Indigenisierung». Vgl. Philip West, Yenching University and Sino-Western Relations, 1916–1952, Cambridge, Mass. 1976, S. 48. Trotzdem darf die ausländische Dominanz dieser Institutionen nicht übersehen werden: «An manchen Missionsuniversitäten erhielt auch noch nach dem Zweiten Weltkrieg der als Hochschullehrer wirkende Missionar mehr als das zwanzigfache Gehalt seines chinesischen Kollegen, der vielleicht selbst im Ausland eine weit bessere Vorbildung und Qualifikation erhalten hatte als der betreffende Ausländer.» Wolfgang Franke, Zur anti-imperialistischen Bewegung in China, in: Saeculum 5 (1954), S. 349. Selbstverständlich beruhte die Existenz der Missionsuniversitäten teilweise auf ihrer Exterritorialität als ausländische Rechtssubjekte. Belege bei Li Qingsong/ Gu Yuezhong, Diguozhuyi zai Shanghai de jiaoyu qinlüe huodong ziliao jianbian [Materialien zur imperialistischen Erziehungsaggression in Shanghai], Shanghai 1982, S. 108 ff.

[7] Eine von Chinesen in anderen Sprachen geschriebene Literatur hat es als Kollektiverscheinung nicht gegeben. Ausnahmen wie Lin Yutang bestätigen diese Regel. Zur ganz anderen kulturellen Entwicklung in Indien vgl. etwa K. S. Ramamurti, The Rise of the Indian Novel in English, New Delhi 1987.

[8] Abe Hiroshi, Borrowing from Japan: China's First Modern Educational System, in Hayhoe/Bastid: Education, S. 75; Marius B. Jansen, Japan and the Chinese Revolution of 1911, in CHOC, Bd. 11, S. 350. Eine andere Quelle nennt sogar 13 000: Sally Borthwick, Education and Social Change in China: The Beginnings of the Modern Era, Stanford 1983, S. 84.

[9] Das zweitwichtigste ausländische Modell war in den ersten Jahren des 20. Jahrhunderts Rußland: teils das historische Rußland des großen Reformdespoten Peter d. Gr., teils das revolutionär gärende, sich 1905 erhebende Rußland der Gegenwart. Vgl. Don C. Price, Russia and the Roots of the Chinese Revolution, 1896–1911, Cambridge, Mass. 1974, S. 29 ff. und passim.

[10] Vgl. Wolfgang Lippert, Entstehung und Funktion einiger chinesischer marxistischer Termini. Der lexikalisch-begriffliche Aspekt der Rezeption des Marxismus in Japan und China, Wiesbaden 1979. Einen guten Überblick über die Strömungen des chinesischen Radikalismus im frühen 20. Jahrhundert geben (mit reichen Literaturnachweisen) Scalapino/Yu: Modern China. Vgl. auch Opitz: Wandlung (darin bes. die Beiträge von Daniel W. Y. Kwok und Tilman Spengler).

[11] Ch'en: West, S. 169.

[12] Seit 1903 entstanden in China eine Reihe von Militärakademien, an denen vor allem deutsche und, diese immer mehr verdrängend, japanische Instrukteure lehrten. Vgl. Bastid: L'évolution, S. 23 f.; Ratenhof: Chinapolitik, S. 171–74.

[13] S. I. Hsiung, The Life of Chiang Kai-shek, London 1948, S. 55–62.

[14] Grundsätzlich wichtig dazu: Ernest P. Young, Chinese Leaders and Japanese Aid in the Early Republic, in Iriye: Chinese, S. 124–39.

[15] Zhou hielt sich 1920–24 in Europa auf, Deng 1920–25. Über das Frankreichprogramm vgl. Paul Bailey, The Chinese Work-Study Movement in France, in: CQ 115 (1988), S. 441–61. Die spärlichen Informationen über den jungen Deng Xiaoping in

Frankreich stellt zusammen: Nora Wang, Deng Xiaoping: The Years in France, in: CQ 92 (1982), S. 698–705. Über eine Migration ganz anderer Größenordnung, den Einsatz von 100 000 durch die Briten rekrutierten chinesischen Arbeitern an der französischen Front, vgl. Michael Summerskill, China on the Western Front: Britain's Chinese Work Force in the First World War, London 1982.

[16] Ch'en: West, S. 126, 409. Über die Missionserziehung einführend ebd., S. 122–29. Das Standardwerk ist Jessie G. Lutz, China and the Christian Colleges, 1850–1950, Ithaca 1971. Zur Geschichte des chinesischen Erziehungswesens im 19. und 20. Jahrhundert vor allem: Evelyn S. Rawski, Education and Popular Literacy in Ch'ing China, Ann Arbor 1979 (behandelt auch kurz die Republikzeit, S. 155–80). Einen Überblick gibt Rozman: Modernization, S. 183–202, 401–42.

[17] West, Yenching University, S. 12. Die Missionsgeschichte ist wegen der Vielzahl der beteiligten Institutionen ein sehr unübersichtliches Feld. Es waren in China insgesamt 62 europäische und 59 amerikanische protestantische Missionsgesellschaften tätig; fast jede produzierte eine eigene Literatur und besaß eigene Archive. Vgl. die sehr detaillierte Übersicht Cha Shijie, Minguo Jidujiao hui shi [Geschichte der protestantischen Missionsgesellschaften in der chinesischen Republik], in: Lishi xuexi xuebao 8 (1981), S. 109–45, 9 (1982), S. 257–94, hier S. 124.

[18] Vgl. Jonathan D. Spence, Aspects of Western Medical Experience in China, 1850–1910, in: John Z. Bowers/Elizabeth F. Purcell (Hrsg.), Medicine and Society in China, New York 1974, S. 40–54. Kritisch zum ideologischen Hintergrund: Peter Buck, American Science and Modern China, 1876–1936, Cambridge 1980, S. 8 ff. Humanitär bedeutsam war auch die Kampagne der Missionare gegen die chinesische Sitte des Fußbindens bei jungen Mädchen. Vgl. Howard S. Levy, Chinese Footbinding: The History of a Curious Erotic Custom, New York 1966.

[19] Ch'en: West, S. 134–37. Als Fallstudien: James C. Thomson, Jr., While China Faced West: American Reformers in Nationalist China, 1928–1937, Cambridge, Mass. 1969; Randall E. Stross, The Stubborn Earth: American Agriculturalists on Chinese Soil, 1898–1937, Berkeley 1986 (nicht alle der hier behandelten Reformer waren Missionare). Aus solchen Projekten gingen mehrere wichtige soziologische Forschungsarbeiten hervor, z. B. Sidney D. Gamble, Ting Hsien: A North China Rural Community, Stanford 1954, sowie die einflußreiche Studie von John Lossing Buck, Land Utilization in China, 3 Bde., Nanjing 1937.

[20] Sicher zu hart, in der Tendenz aber wohl richtig ist das Urteil eines der besten Landeskenner: «Die katholischen Missionare waren schwächliche Epigonen ihrer berühmten Vorväter. ... Sie traten, mit der französischen Schutzmacht im Rücken, herrisch und anmaßend auf und mischten sich mit Vorliebe in Angelegenheiten der chinesischen Landeshoheit ein, die sie nichts angingen. ... Die protestantische Mission, meist anglo-amerikanischen Gepräges, bestand zum größten Teil leider aus wenig gebildeten Leuten, die ihr verwässertes Christentum auf Gassen und Märkten an den Mann zu bringen suchten. Sie fielen zwar in ihrer Harmlosigkeit den Beamten nicht so stark auf die Nerven wie die Katholiken, waren aber ein Gespött der Literaten und kompromittierten den abendländischen Bildungsstand.» Otto Franke, Erinnerungen aus zwei Welten, Berlin 1954, S. 174. Für Deutschland vgl. etwa das Porträt des streitlustigen Missionsbischofs Anzer in Horst Gründer, Christliche Mission und deutscher Imperialismus, Paderborn 1982, S. 263 ff. Jetzt auch grundlegend Karl Josef Rivinius, Weltlicher Schutz und Mission. Das Protektorat über die katholische Mission von Süd-Shantung, Köln/Wien 1987. Freilich: Zahlreiche Ausnahmen relativieren diese Einschätzung. Vgl. etwa die eindrucksvolle Biographie eines «radikalen» kanadischen Missionars und Friedenskämpfers, der sich nach 1949 bester Beziehungen zur kommunistischen Führung erfreute: Stephen L. Endicott, James G. Endicott: Rebel out of China, Toronto 1980. Oder neuestens die halb dokumentarische, halb fiktionale Lebensbeschreibung des amerikanischen Missionars David Treadup: John Hersey, The Call, New

York 1985. Einen Überblick über die neuere Missionsforschung geben die Beiträge in Fairbank: Missionary Enterprise. Das Thema kann hier nicht vertieft werden.

[21] Immer noch vorzüglich: Norton S. Ginsburg, Ch'ing-tao: Development and Land Utilization, in: EG 24 (1948), S. 181–220, hier 189–91; daneben Wilson L. Godshall, Tsingtau under Three Flags, Shanghai 1929. Über die deutsche Periode Jork Artelt, Tsingtau. Deutsche Stadt und Festung in China 1897–1914, Düsseldorf 1984, S. 14ff.; Joachim Schultz-Naumann, Unter Kaisers Flagge. Deutschlands Schutzgebiete im Pazifik und in China einst und heute, München 1985, S. 173ff.

[22] Gong Jun, Zhongguo dushi gongyehua chengdu zhi tongji [Statistische Analyse des Industrialisierungsstandes chinesischer Großstädte], Shanghai 1934, S. 162–69; Buck: Urban Change, S. 83, 110, 173.

[23] Die Shanghai Power Co., seit 1893 vom Municipal Council (Stadtverwaltung) geführt, wurde an eine Tochter des amerikanischen General Electric-Konzerns verkauft.

[24] Dieses Konzept stand bereits am Anfang des Settlement. Vgl. Lynn T. White III, Non-Governmentalism in the Historical Development of Modern Shanghai, in: Laurence J. C. Ma/Edward W. Hanten (Hrsg.), Urban Development in Modern China, Boulder, Col. 1981, S. 23 und passim.

[25] Eine Beschreibung der Wohngeographie von Shanghai gibt Emily Honig, Sisters and Strangers: Women in the Shanghai Cotton Mills, 1919–1949, Stanford 1986, S. 22–26.

[26] Ch'en: West, S. 217f. Noch 1974 wirbt ein «Old China Hand» um Verständnis: Die Weißen hätten die Metropole Shanghai auf einem «malariaverseuchten Sumpf» in die Höhe gezogen; als Belohnung dürften sie sich wohl noch einen kleinen exklusiven Park leisten. James R. Paton, Wide Eyed in Old China, Edinburgh 1974, S. 22f.

[27] Allister Macmillan, Seaports of the Far East: Historical and Descriptive Commercial and Industrial Facts, Figures and Resources, 2nd ed., London 1925, S. 65.

[28] British Chamber of Commerce Journal (Shanghai) 19:12 (Dezember 1934), S. 249f.

[29] John J. Stephan, The Russian Fascists: Tragedy and Farce in Exile, 1925–1945, London 1978, S. 33–36. Diese Russen waren auch ein beliebtes Thema der Reportageliteratur, z. B. John Pal, Shanghai Saga, London 1963, S. 84ff. Zu einer nicht nur von Russen gepflegten Seite des Shanghaier Nachtlebens vgl. Renate Scherer, Das System der chinesischen Prostitution, dargestellt am Beispiel Shanghais in der Zeit von 1840 bis 1949, phil. Diss. FU Berlin 1983.

[30] Vgl. die reich dokumentierte Studie von David Kranzler, Japanese, Nazis and Jews: The Jewish Refugee Community in Shanghai, 1938–1945, New York 1976 (Zitat S. 19).

[31] Als industrielle Gründerzeit Shanghais wird die Periode 1895–1911 geschildert bei Chen Zhengshu, Shanghai jindai gongye zhongxin de xingcheng [Die Entstehung des modernen Industriezentrums Shanghai], in: Shilin 1987/4, S. 114–22.

[32] F. L. Hawks Pott, A Short History of Shanghai, Shanghai 1928, S. 186. Ganz anders natürlich die chinesische Perspektive, vgl. Mark Elvin, The Revolution of 1911 in Shanghai, in: PFEH 29 (1984), S. 119–61, bes. 140ff.

[33] Kurz dazu Marie-Claire Bergère, «The Other China»: Shanghai from 1919 to 1949, in: Christopher Howe (Hrsg.), Shanghai: Revolution and Development in an Asian Metropolis, Cambridge 1981, S. 3–6; ausführlicher dies., L'âge d'or, S. 69ff.

[34] Edward Bing-shuey Lee, Modern Canton, Shanghai 1936, S. 5, 13–15, 51f., 62.

[35] Eine solche, eine neuere Forschung verwertende Gesellschaftsgeschichte des modernen China ist noch nicht geschrieben worden. Ganz unzureichend ist das anspruchsvoll betitelte Buch von Rosemarie Juttka-Reisse, Geschichte und Struktur der chinesischen Gesellschaft, Stuttgart 1977; besser, aber zuverlässiger für die Volksrepublik als für die Zeit vor 1949 ist Ulrich Menzel, Wirtschaft und Politik im modernen China. Eine Sozial- und Wirtschaftsgeschichte von 1842 bis nach Maos Tod, Opladen 1978. Aus dem angelsächsischen Bereich vor allem Ch'en: West und Rozman: Modernization, aus Europa die Bücher von Jean Chesneaux. Besonders taiwanesische Historiker haben in

den letzten Jahren wichtige Vorarbeiten geleistet. Vgl. die Zusammenfassung einiger Ergebnisse bei Lee Kuo-chi, Die sozialen und ökonomischen Wandlungen im China der späten Ch'ing-Zeit, in Eikemeier: Ch'en-yüeh chi, S. 149–71; Chang Yu-fa, Trends of Modernization in Late Ch'ing China, 1860–1911, in: Issues & Studies 21:5 (Mai 1985), S. 73–85. Diesen höchst verdienstvollen Forschungen liegen allerdings ziemlich biedere Annahmen aus der Modernisierungstheorie der 1950er und 1960er Jahre zugrunde.

³⁶ Im engeren Sinne versteht man unter «Sinisierung» des Marxismus seine bewußte Umdeutung durch Mao Zedong und seine Helfer. Dazu vor allem Raymond Wylie, The Emergence of Maoism: Mao Tse-tung, Ch'en Po-ta, and the Search for Chinese Theory, 1935–1945, Stanford 1980. Zu denken ist aber auch allgemeiner an die Anpassung von Ideen des europäischen Marxismus an die besonderen Verhältnisse Chinas, wie sie sich schon bei den ersten sozialistischen und marxistischen Theoretikern in China erkennen läßt. Vgl. etwa Scalapino/Yu: Modern China, S. 486 ff. (mit ausführlichem Nachweis der älteren Literatur!); Maurice Meisner, Li Ta-chao, in Opitz: Konfuzianismus, S. 149–86, bes. 166 ff.

³⁷ Die kolonialen Verhältnisse auf Taiwan und in der Mandschurei behandelt Kapitel 14 (S. 279–87).

³⁸ Zu den Ausfuhrgütern in erschöpfender Ausführlichkeit Arnold: China, S. 206–61 (Schätzung der Eierproduktion, S. 219).

³⁹ Ausführlich zur Exportorganisation Osterhammel: Imperialismus, S. 182–217.

⁴⁰ Siehe unten Kapitel 14. Über die besonderen Bedingungen in der Seidenwirtschaft siehe Kapitel 11 (S. 197–200).

⁴¹ Cheng: Foreign Trade, S. 85–93.

⁴² Das Folgende stützt sich auf Statistiken in Hsiao: Statistics, S. 27–70; Yan: Tongji ziliao, S. 70–82; Tim Beal, The China Trade, Sheffield 1982, S. 80 f. Außerdem Remer: Trade, S. 150–60, 195–200; Cheng: Foreign Trade, S. 15–17, 30–37.

⁴³ Vgl. die Analyse des Zuckermarktes in Osterhammel: Imperialismus, S. 172–82. Jetzt auch eine wichtige Fallstudie: Fan Yijun, Guangdong Han Mei liuyu de tangye jingji [Die Zuckerwirtschaft im Gebiet der Flüsse Han und Mei in der Provinz Guangdong], in: ZYJYJ 12 (1983), S. 127–61. In diesem Gebiet war nach der Öffnung des Vertragshafens Shantou (Swatow) 1860 ein exportorientiertes Zuckergewerbe entstanden, das den Höhepunkt seiner Blüte in den letzten Jahren des 19. Jahrhunderts erreichte. Nach 1926 brach es rasch zusammen. Ein Faktor war dabei die Verdrängung durch Importzucker (ebd., S. 149, 157–61).

⁴⁴ Vgl. John Joseph Beer, The Emergence of the German Dye Industry, Urbana, Ill. 1959, S. 95; Arnold: China, S. 61 f.

⁴⁵ So der Titel eines Romans: Alice Tisdale Hobart, Oil for the Lamps of China, Indianapolis 1933. Er spielt im Milieu der Standard-Oil-Agenten in der Mandschurei.

⁴⁶ Zum folgenden Osterhammel: Imperialismus, S. 47–49, 144–54, 321–27; Cheng Chu-yuan, The United States Petroleum Trade with China, 1876–1949, in May/Fairbank: Trade, S. 205–33.

⁴⁷ Über deren Vertriebssystem Cochran: Big Business, S. 16–19, 27–35, 130–34; Osterhammel: Imperialismus, S. 154–59; Zhang Zhongli, Jiu Zhongguo waizi qiye fazhan de tedian [Merkmale der Entwicklung ausländischer Unternehmen im alten China], in: SK 1980/6, S. 52–56, bes. 55; Wang Xi, Yige guoji tuolasi zai Zhongguo de lishi jilu [Die historische Hinterlassenschaft eines internationalen Trusts in China], in: FDXB 1983/5, S. 55–61; Chen Zengnian, Ying-Mei Yan Gongsi zai Zhongguo de xiaoshouwang [Das Vertriebsnetz von BAT in China], in: Xueshu yuekan 1981/1, S. 16–21 (benutzt im Nachdruck in: Fuyin baokan ziliao: Jingji shi [Nachgedrucktes Material: Wirtschaftsgeschichte] 1981/6, S. 123–28). Zu BAT jetzt auch eine große Quellenedition: Ying-Mei Yan Gongsi (1983, siehe Literaturverzeichnis!).

⁴⁸ Die klassische Analyse ist Alfred D. Chandler, Jr., The Visible Hand: The Managerial Revolution in American Business, Cambridge, Mass. 1977, S. 285 ff. Für

Deutschland etwa Fritz Blaich, Absatzstrategien deutscher Unternehmen im 19. und in der ersten Hälfte des 20. Jahrhunderts, in: Zeitschrift für Unternehmensgeschichte, Beiheft 23, Wiesbaden 1982, S. 5–46.

[49] Vgl. Robert Bruce Davies, Peacefully Working to Conquer the World: Singer Sewing Machines in Foreign Markets, New York 1976.

[50] Vgl. Stanley D. Chapman, The Rise of Merchant Banking, London 1984, S. 142 f.; ders., British-based Investment Groups Before 1914, in: EcHR 38 (1985), S. 230–47; Mira Wilkins, The Free-Standing Company, 1870–1914: An Important Type of British Foreign Direct Investment, in: EcHR 41 (1988), S. 259–82.

[51] Für das 19. Jahrhundert LeFevour: Western Enterprise, für das 20. einstweilen die offiziell-unkritische Sammlung Maggie Keswick (Hrsg.), The Thistle and the Jade: A Celebration of 150 Years of Jardine, Matheson and Co., London 1982.

[52] Zu deren Struktur Osterhammel: Imperialismus, S. 167–72.

[53] Vgl. als Überblick John H. Dunning, Changes in the Level and Structure of International Production: The Last One Hundred Years, in: Mark Casson (Hrsg.), The Growth of International Business, London 1983, S. 92 f. Als allgemeine historische Interpretation der Rolle multinationaler Konzerne in der Weltwirtschaft auch ders., The Organisation of International Economic Interdependence: An Historical Excursion, in: ders./Mikoto Usui (Hrsg.), Structural Change, Economic Interdependence and World Development, Bd. 4, Basingstoke 1987, S. 3–18, bes. 8–11.

[54] Mira Wilkins, The Impacts of American Multinational Enterprise on American-Chinese Economic Relations, 1786–1949, in May/Fairbank: Trade, S. 276 f.; Karl-Gustav Hildebrand, Expansion, Crisis, Reconstruction, 1917–1939, Stockholm 1985, S. 160–62.

[55] Noel H. Pugach, Standard Oil and Petroleum Development in Early Republican China, in: BHR 45 (1971), S. 469.

[56] «Memorandum of Meeting at Petroleum Division on 30 August 1946». Public Record Office London, FO 371/53597 (F12898).

[57] Ein anderes Beispiel dafür: das 1930 abgeschlossene internationale Farbenkartell für den chinesischen Markt. Vgl. Harm G. Schröter, Kartelle als Form industrieller Konzentration: Das Beispiel des internationalen Farbstoffkartells von 1927 bis 1939, in: VSWG 74 (1987), S. 508 f.

[58] Zu diesem «kantonesischen Petroleumkrieg» vgl. Osterhammel: Imperialismus, S. 321 ff.

[59] P. D. Coates, Aktennotiz, 29. 1. 1949, Public Record Office London, FO 371/75864 (F1472).

[60] Siehe oben Kapitel 11 (S. 175 f.).

[61] American Petroleum Institute, Petroleum Facts and Figures, 5th ed., New York 1937, S. 24; Boris Torgasheff, Digest of Coal, Iron and Oil in the Far East, Honolulu 1929, S. 54.

[62] Shenbao, 20. August 1934, zit. in Zhang Zhongli, Jiu Zhongguo waizi qiye fazhan de tedian, S. 55.

[63] Chen Zengnian, Ying-Mei Yan Gongsi, S. 128.

[64] Das «Markenartikelbewußtsein» der Chinesen hat ausländische Beobachter immer wieder verblüfft. Vgl. die Kommentare eines amerikanischen Werbefachmanns: Carl Crow, Four Hundred Million Customers, London 1927, S. 15 ff. Eine seiner Folgen war natürlich Imitation (ebd. S. 37). Crows Buch schildert sehr anschaulich die chinesischen Geschäftspraktiken. Dazu auch Frank R. Eldridge, Oriental Trade Methods, New York 1923, S. 183 ff.

[65] Chang Yu-fa, China's Agricultural Improvement, 1901–1916: Regional Studies on Thirteen Provinces, in Hou/Yu: Economic History, S. 149 f.; Chinese Maritime Customs, Decennial Reports, 1922–1931, Shanghai 1933, Bd. 2, S. 529. Chinesische Autoren plädierten für den Ersatz der chemischen Importe durch eine rationalere Verwendung natürlicher Düngemittel, so etwa Cai Binxian, Zhongguo nongcun bengkui de

zhenshixing ji qi zijiu u [Der Zusammenbruch des chinesischen Dorfes und seine Selbstrettung], in: SBYK 3:8 (August 1934), S. 19–25, hier 24f.

[66] Perkins: Development, S. 70, 74, 128.

[67] Thomas G. Rawski, China's Transition to Industrialism: Producer Goods and Economic Development in the Twentieth Century, Ann Arbor 1980, S. 16–21; Osterhammel: Imperialismus, S. 170–72. Über den Chemiker und Unternehmer Fan Xudong, der Yongli aufbaute, vgl. Gongshang jingji shiliao congkan [Materialien zur Industrie- und Handelsgeschichte], Bd. 2, Beijing 1983, S. 1–33; Zhang Nengyuan, Fan Xudong zhuanlüe [Biographie Fan Xudongs], in: Minguo dang'an [Republikanische Archive] 1988/1, S. 129–36.

[68] Cheng Chu-yuan, The United States Petroleum Trade with China, S. 225–33.

[69] Die Schätzungen für 1902–1931 stammen aus Remer: Investments, die für 1936 aus japanischen Quellen (vgl. Hou: Investment, S. 13, Quellen zu Tabelle 1).

[70] Vgl. Chang Tao Shing, International Controversies over the Chinese Eastern Railway, Shanghai 1936, S. 190–214; Sladkovskij: Relations, S. 189–91.

[71] Hou: Investment, S. 18. Für die Zeit danach fehlen Schätzungen. Der Anteil muß aber angesichts der industriellen Entwicklung «Mandschukuos» gestiegen sein.

[72] Cheng: Foreign Trade, S. 20, 48.

[73] Die anderen beiden waren die Hongkong and Shanghai Banking Corporation und die Yokohama Specie Bank. Vgl. Harold van B. Cleveland/Thomas F. Huertas, Citibank, 1812–1970, Cambridge, Mass. 1970, S. 150f.

[74] Anon., Foreign Banks of Shanghai, in: CEJ 16:1 (Januar 1935), S. 70f. Eine interessante Sonderentwicklung war die Chinese-American Bank of Commerce, ein «joint venture», vgl. Noel H. Pugach, Keeping an Idea Alive: The Establishment of a Sino-American Bank, 1910–1920, in: BHR 56 (1982), S. 265–93.

[75] Mira Wilkins, The Emergence of Multinational Enterprise, Cambridge, Mass. 1970, S. 205.

[76] William Woodruff, America's Impact on the World: A Study of the Role of the United States in the World Economy, 1750–1970, London 1975, S. 238 (Tabelle IV-B).

[77] Ebd. Nach anderer Berechnung nur 1,5 %. Vgl. Mira Wilkins, The Maturing of Multinational Enterprise: American Business Abroad from 1911 to 1970, Cambridge, Mass. 1974, S. 58.

[78] 1914: Albert Fishlow, Lessons from the Past: Capital Markets during the 19th Century and the Interwar Period, in: IO 39 (1985), S. 394 (Tabelle 2); 1938: Woodruff: Impact, S. 154, 156.

[79] Remer (Investments, S. 548) beziffert die gesamten japanischen Investitionen in China für 1930 auf Yen 2. 274 Mio. William W. Lockwood (The Economic Development of Japan, expanded edition, Princeton 1968, S. 261, Fn. 36) schätzt die gesamten japanischen Investitionen im Ausland für 1931 auf Yen 2. 500 Mio.

[80] Fishlow, Lessons, S. 394.

[81] Remer: Investment, S. 470. Eigene Umrechnung von Yen in $.

[82] Ebd., S. 395.

[83] Mira Wilkins, Japanese Multinational Enterprise before 1914, in: BHR 60 (1986), S. 217.

[84] Wright: Coal Mining, S. 5, 9. Ich stütze mich im folgenden weitgehend auf dieses exzellente Werk. Noch nicht ganz überholt ist daneben C. Y. Hsieh/M. C. Chu, Foreign Interest in the Mining Industry in China, Shanghai 1931.

[85] Carlson: Kaiping, S. 1.

[86] Wright: Coal Mining, S. 10 (Tabelle 1). Eine solche Jahresgesamtförderung in Höhe von 40 Mio. t entsprach etwa der gleichzeitigen Produktion Polens oder derjenigen des Deutschen Reiches Ende der 1870er Jahre. Mitchell: Europe, S. 186, 191.

[87] Wright: Coal Mining, S. 23f. Auf S. 2 spricht Wright von 270000 Arbeitern im Bergbau. Das scheint zu hoch zu sein.

[88] Bis auf 1932, als die Folgen der Mandschurei-Besetzung zu spüren waren. Wright: Coal Mining, S. 91.

[89] International Labour Office, The World Coal-Mining Industry, Genf 1938, Bd. 1, S. 116 (Tabelle 3).

[90] China *importierte* vielmehr Kohle aus Britisch-Indien.

[91] Details bei W. F. Collins, Mineral Enterprise in China, revised ed., Tianjin 1922, S. 54–60; Hsieh/Chu, Foreign Interest, S. 6–15; Ding: Diguozhuyi, Bd. 2, S. 88–91.

[92] Wang: Gongye shi, Bd. 1, S. 92.

[93] Zur Geschichte des Pekin Syndicate vgl. Hou: Investment, S. 71–73; Osterhammel: Imperialismus, S. 51–53, 367–82.

[94] Carlson: Kaiping, S. 54f.; Chen Jiang, Kaiping Kuangwuju jingji huodong shixi (1878–1900) [Analyse der Wirtschaftstätigkeit des Kaiping-Bergbauamtes], in: FDXB 1983/3, S. 91.

[95] Carlson: Kaiping, S. 57–69, 71–74; Vera Schmidt, Aufgabe und Einfluß der europäischen Berater in China: Gustav Detring (1842–1913) im Dienste Li Hung-changs, Wiesbaden 1985, S. 99–108; George H. Nash, The Life of Herbert Hoover: The Engineer, 1874–1914, New York 1983, S. 117–59; G. Kurgan-Van Hentenryk, Léopold II et les groupes financiers belges en Chine, Brüssel 1972, S. 672–716. In den folgenden Jahren ging der belgische Kapitalanteil zugunsten des britischen zurück. Die entscheidende Position des Generalmanagers der Kaiping-Gesellschaft war seit 1904 in britischer Hand.

[96] Guo Shihao/Yan Guanghua, Jiu Zhongguo Kailuan meikuang gongren duiwu de xingcheng [Die Herausbildung der Arbeiterschaft der KMA vor 1949], in: NKXB 1984/4, S. 65.

[97] Teichman: Affairs, S. 275.

[98] Vgl. Xu Gengsheng, Zhong-wai heban meikuangye shihua [Geschichte der chinesisch-ausländischen Gemeinschaftsunternehmen im Kohlebergbau], Shanghai 1947, S. 14–20.

[99] Noch 1928 wurden britische Truppen zum Schutz der Bergwerke eingesetzt. Dieser Schutz wurde ab 1933 grundsätzlich verweigert. Siehe Sir R. Vansittart an Sir M. Lampson, 27. 1. 1933, Documents on British Foreign Policy 1919–1939, 2nd series, Bd. 9, London 1965, Nr. 253.

[100] B. Winston Kahn, Doihara Kenji and the North China Autonomy Movement, 1935–1936, in Coox/Conroy: China, S. 177–207. Siehe dazu auch Kapitel 14 und 15.

[101] Karl Bünger, Das neue Chinesische Berggesetz von 1930, in: Zeitschrift für Bergrecht 73 (1932), S. 152–74.

[102] Als Fallstudie vgl. Tim Wright, Sino-Japanese Business in China: The Luda Company, 1921–1937, in: JAS 39 (1979/80), S. 711–27, bes. 718–22.

[103] Das größte rein chinesische Bergwerk war Zhongxing in der Provinz Shandong. Seine Förderung betrug nur etwa ein Fünftel derjenigen der KMA. Einen guten Eindruck von den Operationen kleinerer chinesischer Bergwerke vermittelt Rainer Falkenberg, Der Kohlenbergbau in Boshan-xian, Shandong, im ersten Drittel des 20. Jahrhunderts, Bonn 1984.

[104] Ich folge dem Urteil des besten westlichen Kenners: Wright: Coal Mining, S. 135–37.

[105] Auf diesen fundamentalen Sachverhalt weist hin Diana Lary, Violence, Fear and Insecurity: The Mood of Republican China, in: RC 10:2 (April 1985), S. 55–63. Vgl. auch die eindrucksvolle Sammlung zeitgenössischer Dokumente in Sherman Cochran/Andrew C. K. Hsieh/Janis Cochran, One Day in China: May 21, 1936, New Haven 1983.

[106] Wright: Coal Mining, S. 165. Im europäischen Bergbau gab es sie im 17. und noch im 18. Jahrhundert, etwa in Schottland. Vgl. T. C. Smout, A History of the Scottish People 1560–1830, London 1969, S. 168–70.

[107] Vgl. das beklemmende Material in Wright: Coal Mining, S. 171–76.

[108] So deute ich die schwierig interpretierbaren Daten in: Nankai Daxue Jingji Yanjiusuo [Ökonomisches Forschungsinstitut der Nankai-Universität], Jiu Zhongguo Kailuan Meikuang de gongzi zhidu he baogong zhidu [Lohnsystem und System der Kontraktarbeit bei der KMA vor 1949], Tianjin 1983, S. 150–54.

[109] Die «Shen Xin No. 9 Fabrik» mit ca. 5000 Beschäftigten. Vgl. Rongjia qiye shiliao [Historisches Material zu den Unternehmen der Rong-Familie], 2. Aufl., Shanghai 1980, Bd. 1, S. 556.

[110] Emily Honig, Sisters and Strangers: Women in the Shanghai Cotton Mills, 1919–1949, Stanford 1986, S. 140f., 178f.

[111] So kann man wohl die differenzierten Überlegungen bei Chao: Cotton, S. 155–64, zusammenfassen. Ein deutlicheres Urteil bei (von Chao nicht erwähnt): R. Q. P. Chin, Management, Industry and Trade in Cotton Textiles, New Haven 1965, S. 98–101.

[112] Wang: Gongye shi, Bd. 1, S. 49.

[113] Wilkins, Japanese Multinational Enterprise, S. 208–10.

[114] Chao: Cotton, S. 117.

[115] Lockwood, The Economic Development of Japan, S. 29; Rothermund: Indien, S. 70.

[116] Genaue Daten in Chao: Cotton, S. 301–307 (Tabellen 40, 41).

[117] John K. Chang, Industrial Development in Pre-Communist China: A Quantitative Analysis, Chicago 1969, S. 71; Alexander Eckstein, China's Economic Revolution, Cambridge 1977, S. 219.

[118] Vgl. James Morell, Two Early Chinese Cotton Mills, in: PC 21 (1968), S. 43–98.

[119] Samuel Chu, Reformer in Modern China: Chang Chien, 1852–1926, London 1965; Zhang Kaiyuan, Duiwai jingji guanxi yu Dasheng ziben jituan de xingshuai [Wirtschaftsbeziehungen zum Ausland und der Aufstieg und Fall des Dasheng-Konzerns], in: JDSYJ 1987/5, S. 49–64.

[120] Wright: Coal Mining, S. 145–52.

[121] Allmählich klärt sich, vor allem dank sorgfältiger französischer Forschungen, die Sozialgeschichte dieser oft beschworenen Klasse. Vgl. Marie-Claire Bergère, Essai de prosopographie des élites shanghaiennes a l'époque républicaine, 1911–1949, in: Annales E.S.C. 40 (1985), S. 901–29; Bergère: L'âge d'or, passim. Über die Anfänge auch Nepomnin: Social'no-ekonomičeskaja istorija, S. 237ff.

[122] So die beste westliche Kennerin der Wirtschafts- und Sozialgeschichte der chinesischen Bourgeoisie: Bergère: L'âge d'or, S. 67ff.; dies., The Chinese Bourgeoisie, 1911–1937, in CHOC, Bd. 12, S. 721–825, bes. 745–62.

[123] Dazu neben Bergère: L'âge d'or, S. 98–104, die deutsche Übersetzung eines wichtigen chinesischen «Klassikers»: Yen: Baumwollindustrie, S. 43–58.

[124] F&C, 2. 4. 1934, S. 523; 18. 3. 1936, S. 308.

[125] Gail Hershatter, The Workers of Tianjin, 1900–1949, Stanford 1986, S. 35–38.

[126] Rongjia qiye shiliao, Bd. 1, S. 107, 109. Als Auswertung dieser umfangreichen Quellenbände, die 1962 in erster Auflage erschienen, vgl. Huang Yifeng, Jiu Zhongguo Rongjia ziben de fazhan [Die Entwicklung des Kapitals der Rong-Familie vor 1949], in Huang/Jiang: Jingji shi, S. 39–56, hier S. 40.

[127] Vgl. Alexander Gerschenkron, Economic Backwardness in Historical Perspective: A Book of Essays, Cambridge, Mass. 1962, S. 5–30, deutsch in Hans-Ulrich Wehler (Hrsg.), Geschichte und Ökonomie, Köln 1973, S. 121–39.

[128] Genaue Daten bei Zhang: Yinhangye, S. 29, 51.

[129] Beispiele in dem vorzüglichen Aufsatz: Jiang Duo, Lüelun jiu Zhongguo san da caituan [Die drei großen Finanzgruppen in China vor 1949], in: SKZ 1982/3, S. 186–99, hier 188–90.

[130] Eine differenzierte Diskussion dieser Zusammenhänge findet sich bei Chao: Cotton, S. 135–64.

[131] Bergère, The Chinese Bourgeoisie, S. 790 f.

[132] Xu Xinwu, The Struggle of the Handicraft Cotton Industry against Machine Textiles in China, in: MC 14 (1988), S. 34.

[133] Chao: Cotton, S. 229, 232, 236.

[134] Xu Xinwu, The Struggle, S. 41 (Tabelle 3).

[135] Ausführlich dazu Chao: Cotton, S. 197–217.

[136] Chao Kang, The Growth of Modern Cotton Textile Industry and the Competition with Handicrafts, in Perkins: Economy, S. 167–201, hier 180 (dieser Aufsatz macht Chaos Forschungen leichter zugänglich als sein Buch).

[137] Bruce Lloyd Reynolds, The Impact of Trade and Foreign Investment on Industrialization: Chinese Textiles, 1875–1931, Ph. D. thesis, University of Michigan 1975, S. 69.

[138] Xu Xinwu, The Struggle, S. 43 (Tabelle 4).

[139] Daß Bauern, die sich marktkonform verhielten, in der Regel nicht offensiv «Chancen» ergriffen, sondern defensiv unter zunehmend fluktuierenden Marktbedingungen durch Anpassung zu überleben suchten, betont zu Recht Alvin Y. So, Foreign Capitalism and Chinese Rural Industry: A Re-examination of the Destruction Thesis, in: AP 9 (1981), S. 487.

[140] Wang Jingyu, Lüelun Zhongguo zibenzhuyi shengchan de lishi tiaojian [Die historischen Bedingungen der kapitalistischen Produktion in China], in: LSYJ 1984/2, S. 102.

[141] Wir übergehen hier die in China besonders heftig diskutierte und neuerdings auch gründlich untersuchte Frage der Rolle einer «Bourgeoisie» in der Revolution von 1911. Dazu mehrere chinesische Beiträge in Übersetzung in CSH, Heft 17:4 (Sommer 1984), mit einem einleitenden Kommentar von Jerome Ch'en (S. 3–24). Chinesische Aufsätze zur Bourgeoisie, publiziert zwischen 1923 und 1982, sind gesammelt in: Fudan Daxue Lishixi [Fakultät für Geschichte der Fudan-Unversität, Shanghai], Jindai Zhongguo zichan jieji yanjiu [Forschungen zur Bourgeoisie im modernen China], Shanghai 1983. Von einem Altmeister der Sozialgeschichte: He Ganzhi, Zhongguo minzu geming shiqi de zichan jieji [Die Bourgeoisie in der Epoche der chinesischen nationalen Revolution], Shanghai 1980 (bes. über die 1920er und 1930er Jahre).

[142] Reiches Datenmaterial zu diesen Industrien in Chen: Gongye shi, sowie (in übersichtlich aufbereiteter Form) in Liu Cuirong, Minguo chunian zhizaoye zhi fazhan [Die Entwicklung der verarbeitenden Industrie in der frühen Republik], in: JJLW 11 (1983), S. 69–127.

[143] China erhielt 1930 seine Zollautonomie, doch der erste einigermaßen protektive Zolltarif wurde erst 1933 eingeführt. Vgl. Young: Effort, S. 50–54.

[144] Rawski, China's Transition to Industrialism, S. 9.

[145] Xiong Fu, Shilun Minsheng Gongsi de fazhan [Die Entwicklung der Minsheng-Gesellschaft], in: SDXB 1981/4, S. 34–39.

[146] So am erfolgreichsten der Wing-On-Konzern. Vgl. Shanghai Shehui Kexueyuan Jingji Yanjiusuo [Ökonomisches Forschungsinstitut der Akademie der Sozialwissenschaften zu Shanghai], Shanghai Yong'an Gongsi de chansheng, fazhan he gaizao [Entstehung, Entwicklung und Umwandlung der Wing-On-Gesellschaft in Shanghai], Shanghai 1981, S. 48 f.

[147] Vgl. ausführlich zum Maschinenbau: Shanghai Shi Gongshang Xingzheng Guanliju [Verwaltungsamt für Industrie und Handel der Stadt Shanghai], Shanghai minzu jiqi gongye [Die nationale Maschinenbauindustrie in Shanghai], Beijing 1966, Bd. 1, S. 311 ff.

[148] W. K. K. Chan, The Organizational Structure of the Traditional Chinese Firm and Its Modern Reform, in: BHR 46 (1982), S. 218–35, hier 233; Bergère, L'âge d'or, S. 159–71; Wong Siu-lun, The Chinese Family Firm: A Model, in: BJS 36 (1985), S. 58–72; Andrea McElderry, Confucian Capitalism? Corporate Values in Republican Banking, in: MC 12 (1986), S. 401–16, bes. 411–14 (über Familienbeziehungen).

[149] Das folgende nach Cochran: Big Business, S. 54 ff.; Wang Ju, Diyici Shijie Dazhan qijian minzu juanyan gongye fazhan yuanyin bianxi [Die Gründe für die Entwicklung der nationalen Zigarettenindustrie während des Ersten Weltkriegs], in: Zhongguo jindai jingjishi yanjiu ziliao [Forschungsmaterialien zur modernen chinesischen Wirtschaftsgeschichte], Bd. 6, Shanghai 1987, S. 24–37, bes. 31–33.

[150] Ying-Mei Yan Gongsi, Bd. 1, S. 236.

[151] Zur Literatur siehe oben S. 514, Anm. 47. Die folgende Schilderung bezieht sich auf die Verhältnisse Mitte der dreißiger Jahre.

[152] Yen: Baumwollindustrie, S. 80–85; Zhang: Nongye shi, Bd. 3, S. 585–90.

[153] Maßgebend ist eine zeitgenössische Untersuchung: Chen Han-seng, Industrial Capital and the Chinese Peasants: A Study of the Livelihood of Chinese Tobacco Cultivators, Shanghai 1939. Quellen bei Zhang: Nongye shi, Bd. 3, S. 454–63; jetzt auf der Grundlage der in China zurückgebliebenen BAT-Archive: Ying-Mei Yan Gongsi, Bd. 1, S. 239–422.

[154] Das buchhalterische Material in Ying-Mei Yan Gongsi, Bd. 4, S. 1469–1612, bedarf noch einer genauen Auswertung.

[155] Daten nach Quan: Hanyeping, S. 4–5 (Tabelle 1).

[156] Ebd., S. 91 ff., 167 ff.; Wang Xi, Cong Hanyeping Gongsi kan jiu Zhongguo yinjin waizi de jingyan jiaoxun [Die Lehren aus der Einführung von Auslandskapital in China vor 1949 am Beispiel der Hanyeping-Gesellschaft], in: FDXB 1979/6, S. 16– 30, bes. 19–23 über die Formen, in welchen diese Anleihen Abhängigkeit förderten.

[157] Der Nationalisierungsplan war für Japan ein Anlaß für die Einundzwanzig Forderungen von 1915. In einem Notenwechsel sagte China zu, Hanyeping nicht ohne japanische Zustimmung zu verstaatlichen oder es zum Aufnehmen nicht-japanischer Kredite zu veranlassen. Beasley: Imperialism, S. 114 f.

[158] Errechnet nach J. H. Ehlers, Raw Materials Entering into the Japanese Iron and Steel Industry, Washington, D. C. 1928, S. 13.

[159] Quan: Hanyeping, S. 237–59; Albert Feuerwerker, China's Nineteenth-Century Industrialization: The Case of the Hanyehping Coal and Iron Company Limited, in Cowan: Development, S. 79–110, hier 94–106.

[160] Nicht zugänglich war mir Chang Jui-te, Ping-Han tielu yu Huabei de jingji fazhan (1905–1937) [Die Beijing-Hankou-Bahn und die wirtschaftliche Entwicklung Nordchinas], Taibei 1987 (vgl. Rezension in CQ 115, 1988, S. 484 f.).

[161] Nach Arnold: China, S. 274.

[162] Eine Ausnahme war wohl der landschaftlich karge und dünnbesiedelte Nordwesten, der aber über keine großen Import- und Exportkapazitäten verfügte. Vgl. Mi: Diguozhuyi, S. 591.

[163] Wang Shu-hwai, The Effect of Railroad Transportation in China, 1912–1927, in: CSH 17 (1984), S. 58 f. Huenemann: Dragon, S. 197, schätzt diesen Effekt weniger hoch ein.

[164] Wright: Coal Mining, S. 84 f.

[165] Wang, The Effect, S. 82 f.

[166] Ramon H. Myers, The Chinese Peasant Economy: Agricultural Development in Hopei and Shantung, 1890–1949, Cambridge, Mass. 1970, S. 194–97; Ernest P. Liang, China, Railways and Agricultural Development 1875–1935, Chicago 1982, S. 61 ff. (These: Eisenbahnen führen zu landwirtschaftlicher Modernisierung); ders., Market Accessibility and Agricultural Development in Prewar China, in: EDCC 30 (1981), S. 77–105, bes. 97–100.

[167] Z. B. der Tabakanbau in Henan für die BAT. Vgl. He Hanwei, Jing-Han tielu chuqi shilüe [Frühgeschichte der Beijing-Hankou-Eisenbahn], Hongkong 1979, S. 168–70.

[168] Gegen Myers vor allem Arthur Rosenbaum, Railway Enterprise and Economic Development: The Case of the Imperial Railways of North China, 1900–1911, in: MC 2

(1976), S. 227–72, hier 251, 255–59; auch Vera Schmidt, Die deutsche Eisenbahnpolitik in Shantung 1898–1914, Wiesbaden 1976, S. 98.

[169] Dayer: Bankers, S. 57–64, betont diesen Aspekt gegenüber der älteren Forschung, die im Neuen Konsortium hauptsächlich ein britisch-amerikanisches Instrument zur Zügelung Japans sah. Beide Gesichtspunkte treffen zu; sie schließen einander nicht aus.

[170] Ebd., S. 82.

[171] Ebd., S. 199 ff. Zu den wichtigsten Bankiers innerhalb des Konsortiums vgl. Roberta Allbert Dayer, Finance and Empire: Sir Charles Addis, 1861–1945, Basingstoke 1988, S. 123–28, 253–62; Warren I. Cohen, The Chinese Connection: Roger S. Greene, Thomas W. Lamont, George Sokolsky and American-East Asian Relations, New York 1978 (Lamont war der Vertreter J. P. Morgans im Konsortium, bes. S. 91–119). Über ihre Kredite an Japan versuchten die USA jedoch nicht, Einfluß auf die japanische Politik in China zu nehmen. Während die USA weiterhin der Open-Door-Rhetorik anhingen, wurde sogar amerikanisches Kapital zur Finanzierung der japanischen Kolonisierung der Mandschurei eingesetzt. Vgl. Joan Hoff Wilson, American Business and Foreign Policy, 1920–1933, Lexington 1971, S. 211–14. Über die antagonistische Kooperation zwischen Banken und Regierungen nach dem Ersten Weltkrieg vgl. auch Clarence B. Davis, Financing Imperialism: British and American Bankers as Vectors of Imperial Expansion in China, 1908–1920, in: BHR 56 (1982), S. 236–64, bes. 256 ff.

[172] Zum folgenden hauptsächlich Tamagna: Banking, S. 89–120.

[173] Report of the Hon. Mr. Justice Feetham, C. M. G., to the Shanghai Municipal Council, Shanghai 1931, Bd. 1, S. 304.

[174] Wang Yeh-chien, The Growth and Decline of Native Banks in Shanghai, in Lama: Congress, Bd. 4, S. 63–87, hier 72–79. Auch Andrea L. McElderry, Shanghai Old-Style Banks (ch'ien-chuang), 1800–1935, Ann Arbor 1976, S. 21 f.; King: Hongkong Bank, Bd. 1, S. 503–509 (am Beispiel der Finanzierung des Teehandels). Jetzt auch aufschlußreich zu Nordchina: Yang Guzhi u. a., Tianjin qianye shilüe [Geschichte des Bankwesens in Tianjin], in: Tianjin wenshi ziliao xuanji [Ausgewählte Materialien zur Kultur und Geschichte von Tianjin], Bd. 20, Tianjin 1982, S. 91–154, bes. 101–104.

[175] King: Hongkong Bank, Bd. 1, S. 161.

[176] Hou: Investment, S. 56–58, Zitat S. 57.

[177] Tamagna: Banking, S. 113. Viel Material zu den Silbergeschäften jetzt in King: Hongkong Bank, Bd. 1, vor allem S. 273–78, 400–404.

[178] Eine immer noch mustergültige Analyse der chinesischen Geld- und Währungsverhältnisse im frühen 20. Jahrhundert ist Miyashita Tadao, The Silver Tael System in modern China, in: Kobe University Economic Review 2 (1956), S. 11–32.

[179] Wei Juxian, Shanxi piaohao [Die Shanxi-Banken], Taibei 1978; Zhang Guohui, Shijiu shiji houbanqi Zhongguo piaohaoye de fazhan [Die Entwicklung der Shanxi-Banken in der 2. Hälfte des 19. Jahrhunderts], in: LSYJ 1985/2, S. 148–65.

[180] Ein Plan von 1903, China auf den Goldstandard umzustellen, wurde von den USA, Deutschland und Frankreich befürwortet, aber von Großbritannien und Rußland abgelehnt. Zhang Zhidongs Einspruch brachte das Projekt dann zu Fall. Vgl. Ichiko Chûzô, Political and Institutional Reform, in CHOC, Bd. 11, S. 404.

[181] Sugihara Kaoru, Patterns of Asia's Integration into the World Economy, 1880–1913, in Fischer: World Economy, Bd. 2, S. 723.

[182] Zu den Kosten dieser Kriege vgl. Peng Zeyi, Shijiu shiji wushi zhi qishi niandai Qingchao caizheng weiji he caizheng sougua de jiaju [Die fiskalische Krise der Qing-Dynastie von den fünfziger bis zu den siebziger Jahren des 19. Jahrhunderts und die Verschärfung der finanziellen Ausplünderung], in: Lishixue 2 (Juni 1979), S. 131–51, bes. Übersicht S. 151 (Taiping-Unterdrückung machte nur 40 % aus).

[183] Susan Mann, Local Merchants and the Chinese Bureaucracy, 1750–1950, Stanford 1987, S. 6, 94 f., 114, 120.

[184] Joseph W. Esherick, Reform and Revolution in China: The 1911 Revolution in Hunan and Hubei, Berkeley 1976, S. 113–16.

[185] Zhang: Xiandaihua, Bd. 1, S. 343f.; Wang Shuhuai, Qingmo Minchu Jiangsu sheng de caizheng [Die Finanzen der Provinz Jiangsu in der späten Qing-Zeit und der frühen Republik]. in: ZYJYJ 11 (1982), S. 89; Esherick, Reform, S. 113f.

[186] Ebd., S. 115.; S. A. M Adshead, Province and Politics in Late Imperial China: Viceregal Government in Szechwan, 1898–1911, London 1984, S. 33.

[187] Esherick, Reform, Kap. 3 (S. 66–105); Bastid, L'évolution, S. 37–49.

14. Stabilisierung: «Mandschukuo» und Guomindang-China

[1] Wu Shoupeng, Jinrong ziben yu Zhongguo [Das Finanzkapital und China], Shanghai 1934, S. 56.

[2] Dorothy J. Solinger, Regional Government and Political Integration in Southwest China, 1949–1954, Berkeley 1977, S. 68.

[3] Ratenhof: Chinapolitik, S. 251, auch 197.

[4] John E. Schrecker, Imperialism and Chinese Nationalism: Germany in Shantung, Cambridge, Mass. 1971, S. 235.

[5] Dies zeigt ausführlich Schrecker, ebd. Auch Wang Shouzhong, Deguo qinlüe Shandong shi [Geschichte der deutschen Aggression in Shandong], Beijing 1988, S. 241ff.

[6] Einblicke geben Firmengeschichten wie Heinz Beutler, Hundert Jahre Carlowitz und Co. Hamburg und China, rer. pol. Diss. Hamburg 1948 (Masch.); Dieter Glade, Bremen und der Ferne Osten, Bremen 1966, S. 105–17 (über Melchers & Co.); Maria Möring, Siemssen und Co., Hamburg 1971.

[7] Eine bemerkenswerte Ausnahme ist Fritz Sternberg, Kapitalismus und Sozialismus vor dem Weltgericht, Reinbek 1951.

[8] Zum Gesamtverlauf der japanischen Expansion vgl. Richard Storry, Japan and the Decline of the West in Asia 1894–1943, London 1979; Bernd Martin, The Politics of Expansion of the Japanese Empire: Imperialism or Pan-Asiatic Mission?, in Mommsen/ Osterhammel: Imperialism, S. 63–82; Ian H. Nish, Some Thoughts on Japanese Expansion, in ebd., S. 83–89. Die innergesellschaftlichen Hintergründe des japanischen Imperialismus vor 1941 können hier nicht behandelt werden. Eine souveräne Gesamtinterpretation ist jetzt Beasley: Imperialism. Aus der deutschen Literatur vor allem: Bernd Martin, Aggressionspolitik als Mobilisierungsfaktor. Der militärische und wirtschaftliche Imperialismus Japans 1931 bis 1941, in: Friedrich Forstmeier/Hans-Erich Volkmann (Hrsg.), Wirtschaft und Rüstung am Vorabend des Zweiten Weltkrieges, Düsseldorf 1975, S. 222–44; ders., Wirtschaftliche Konzentration und soziale Konflikte in Japan, in Rothermund: Peripherie, S. 197–223.

[9] Vgl. Gudula Linck-Kesting, Ein Kapitel chinesischer Grenzgeschichte: Han und Nicht-Han im Taiwan der Qing-Zeit, 1683–1895, Wiesbaden 1979; Johanna Menzel Meskill, A Chinese Pioneer Family: The Lins of Wu-feng, Taiwan, 1729–1895, Princeton 1979; Knapp: Island Frontier. Zu Taiwans Außenbeziehungen in dieser Zeit vgl. Chan Lien, Taiwan in China's External Relations, 1683–1874, in: Paul K. T. Sih (Hrsg.), Taiwan in Modern Times, Philadelphia 1973, S. 87–170.

[10] Eine Chronik dieses Interesses bei Wang Jingyu, Jiansheng qianhou de Taiwan jingji [Die Wirtschaft Taiwans 1874–1894], in: LSYJ 1987/5, S. 85–103, bes. 85–94. Wang betont den chinesischen Primat bei dieser wirtschaftlichen Modernisierung (S. 95), während Chen: Taiwan, S. 164ff. von «Halbkolonisierung» der Insel in dieser Periode spricht.

[11] Ho: Taiwan, S. 11.

[12] Berechnet nach Daten bei Robert P. Gardella, The Boom Years of the Fukien Tea Trade, in May/Fairbank: Trade, S. 44, 46. Vgl. auch P. Steven Sangren, Social Space and the Periodization of Economic History: A Case from Taiwan, in: CSSH 27 (1985), S. 540f.

[13] Eine übersichtliche Darstellung gibt Ulrich Menzel, In der Nachfolge Europas. Autozentrierte Entwicklung in den ostasiatischen Schwellenländern Südkorea und Taiwan, München 1985, S. 156–58.

[14] Schon zwischen 1878 und 1884 hatte Taiwan größere Mengen von Zucker nach Japan exportiert, 1880 ca. 62.000 t. Li: Xiandaihua, S. 353 (eigene Umrechung in Tonnen). Die Zuckerwirtschaft wurde also von den Japanern nicht vom Nullpunkt aufgebaut.

[15] Ho: Taiwan, S. 29, 31, 46, 84–86; Jack F. Williams, Sugar: The Sweetener in Taiwan's Development, in Knapp: Island Frontier, S. 231.

[16] Kaneko Fumio, Prewar Japanese Investments in Colonized Taiwan, Korea and Manchuria: A Quantitative Analysis, in: Annals of the Institute of Social Science, Tokyo, 23 (1982), S. 46 (Tabelle 5).

[17] Die Zuckerproduktion wuchs im gleichen Zeitraum um fast denselben Faktor: von 82000 auf 948000 t. Ho: Taiwan, S. 47, 72.

[18] Über die späten und bescheidenen Versuche der Briten vgl. Herward Sieberg, Colonial Development. Die Grundlegung moderner Entwicklungspolitik durch Großbritannien 1919–1949, Stuttgart 1985, sowie (besser für die Zeit vor 1940) Stephen Constantine, The Making of British Colonial Development Policy, 1914–1940, London 1984.

[19] Ho: Taiwan, S. 65.

[20] Vgl. William G. Beasley, The Meiji Restoration, Stanford 1973, S. 390 ff.

[21] Samuel P. S. Ho, Colonialism and Development: Korea, Taiwan and Kwangtung, in Myers/Peattie: Empire, S. 371 f.; ders., Agricultural Transformation under Colonialism: The Case of Taiwan, in: JEH 28 (1968), S. 313–40.

[22] Diese ungemein effizienten (und brutalen) Sicherheits- und Kontrollapparate waren vielleicht der prägnanteste japanische Beitrag zur Universalgeschichte des Kolonialismus. Vgl. ihre eingehende Darstellung bei Chen Ching-chih, Police and Community Control Systems in the Empire, in Myers/Peattie: Empire, S. 213–39.

[23] Hinzu kam, daß durch eine Rationalisierung des ineffizienten chinesischen Steuersystems (Einführung eines Katasters, einheitliche Steuersätze, Beseitigung vieler Korruptionschancen für Steuereinnehmer, usw.) die Steuererträge erheblich gesteigert werden konnten, ohne daß sich dies unmittelbar in einer entsprechenden Mehrbelastung der Bevölkerungsmehrheit niederschlug. Die Deutschen machten in Shandong nach 1904 dieselbe Erfahrung. Vgl. Schrecker, Germany, S. 214.

[24] Vgl. E. Patricia Tsurumi, Japanese Colonial Education in Taiwan, Cambridge, Mass. 1977, S. 110 ff.

[25] Ho: Taiwan, S. 96–98.

[26] Gustav Fochler-Hauke, Die Mandschurei. Eine geographisch-geopolitische Landeskunde, Heidelberg 1941, S. 209.

[27] Alvin D. Coox, Nomonhan: Japan Against Russia, 1939, Stanford 1985, Bd. 1, S. 3, 20.

[28] Ebd., S. 27.

[29] Lee Chong-sik, Revolutionary Struggle in Manchuria: Chinese Communism and Soviet Interest, 1922–1945, Berkeley 1983, S. 268 ff.

[30] «Mandschukuo» (Manzhouguo), im September 1932 als unabhängiger Staat von Japan anerkannt, war de facto ein Protektorat, in welchem japanische Behörden unter Mitwirkung chinesischer Kollaborateure die gesamte Macht innehatten. Die Unterschiede zu den Kolonien Korea und Taiwan im Grad der politischen Kontrolle waren unerheblich.

[31] Die Hafenstadt Dairen wurde nach 1905 in enger Analogie zum deutschen Qingdao als modernes Geschäfts- und Siedlungszentrum aufgebaut. Vgl. Bank of Chosen, Economic History of Manchuria, Seoul 1920, S. 82 ff.

[32] Roland Suleski, Regional Development in Manchuria: Immigrant Laborers and

Provincial Officials in the 1920s, in: MC 4 (1978), S. 419–34; ders., The Rise and Fall of the Fengtien Dollar, 1917–1928: Currency Reform in Warlord China, in: MAS 13 (1979), S. 643–60.

[33] Chao: Manchuria, S. 6–8.

[34] Japanische Feldstudien von 1934–36 aus 37 Landkreisen ergaben folgende Verteilung der Haushalte: 15 % nichtarbeitende Grundherren, 33 % Bauern auf Eigenland, 20 % Pächter, 23 % Lohnarbeiter, 9 % Sonstige (beschäftigt in Handel und Gewerbe, Bettler, usw.). Auf der Liaodong-Halbinsel besaßen ein Fünftel der Haushalte 1917 60 % des Landes. Großgrundbesitz dominierte in der dünn bevölkerten Nordmandschurei: 1931 besaßen dort 3 % der Bevölkerung 51 % der landwirtschaftlichen Nutzfläche. Ramon H. Myers, Socioeconomic Change in Villages of Manchuria during the Ch'ing and Republican Periods: Some Preliminary Findings, in: MAS 10 (1976), S. 600f., 617; ders./Thomas R. Ulie, Foreign Influence and Agricultural Development in Northeast China: A Case Study of the Liaotung Peninsula,1906–42, in: JAS 31 (1971/72), S. 333; Herbert P. Bix, Japanese Imperialism and the Manchurian Economy, 1900–31, in: CQ 51 (1972), S. 433. Zu den gesellschaftlichen Verhältnissen am Vorabend der kommunistischen Landrevolution vgl. Steven I. Levine, Anvil of Victory: The Communist Revolution in Manchuria, 1945–1949, New York 1987, S. 199ff. Anschaulich zu den Umständen von Immigration und Ansiedlung: Fochler-Hauke, Die Mandschurei, S. 277–87, zu den ländlichen Besitz- und Pachtverhältnissen dort S. 297–99.

[35] Die wichtigste Quelle in einer westlichen Sprache ist Baron Sakatani Yoshiro (revised by Grover Clark), Manchuria: A Survey of Its Economic Development, New York 1980. Es handelt sich um einen bis dahin unveröffentlichten Bericht, der 1932 unter Verwendung zahlreicher japanischer Materialien für das Carnegie Endowment for International Peace geschrieben wurde.

[36] Von 20 auf 35 Mio. acres. Suleski, Regional Development, S. 430f.

[37] Sun/Huenemann: Manchuria, S. 13f.

[38] Chao: Manchuria, S. 10 (nach Tabelle 3).

[39] Bix, Japanese Imperialism, S. 428.

[40] Chao: Manchuria, S. 10; Suleski, Regional Development, S. 426f.

[41] Bix, Japanese Imperialism, S. 431f. Daneben hielt sich, wie überall in China, die kleinbetriebliche Ölgewinnung mittels traditioneller Verfahren. Sie lag ausschließlich in chinesischer Hand. Vgl. Lei Hui'er, Dongbei douhuo de xiaoshou zhuangtai [Der Absatz mandschurischer Bohnenprodukte], in: LSXB 8 (1980), S. 358.

[42] Kamachi Noriko, The Chinese in Meiji Japan: Their Interaction with the Japanese before the Sino-Japanese War, in Iriye: Chinese, S. 66; Sakatani, Manchuria, S. 186.

[43] Lei, Dongbei douhou, S. 361.

[44] Vgl. die statistischen Reihen in Sun/Huenemann: Manchuria, S. 29 (Tab. 6) und S. 59 (Tab. 13).

[45] Chen Chao-shung, La vie de paysan en Manchourie, Paris 1937, S. 39.

[46] Kong Jingwei, Zhongguo jinbai nian jingji shigang [Chinesische Wirtschaftsgeschichte der letzten hundert Jahre], Changchun 1980, S. 201.

[47] Lee: Korea, S. 357. Es handelt sich bei diesen Zahlen um die jeweils in der Mandschurei lebenden Koreaner.

[48] Kaneko, Prewar Japanese Investments, S. 41. Es handelt sich um Schätzungen, deren methodische Basis unbekannt ist; aber Kaneko hält sie für plausibel.

[49] Beispiele gibt Kong Jingwei, Jiu Yiba qian Dongbei de Zhong-Ri «heban» shiye [Chinesisch-japanische «Gemeinschaftsunternehmen» in der Mandschurei vor dem 18. September 1931], in: Shixue yuekan [Geschichtswissenschaftliche Monatsschrift] 1959/ 11, S. 33–36. Über japanisches Kapital in chinesischen Eisenbahnen vgl. Sakatani, Manchuria, S. 65.

[50] Genaue Angaben über alle diese Linien ebd., S. 48ff.

[51] Diese bemerkenswerte Episode ist in der westlichen Literatur noch nicht ausführ-

lich untersucht worden. Einiges Material in: Wang Weiyuan, Lun Zhang Xueliang shiqi Dongbei jingji de fazhan [Die Entwicklung der mandschurischen Wirtschaft unter Zhang Xueliang 1928–31], in: Liaoning daxue xuebao [Zeitschrift der Universität von Liaoning] 1983/3, S. 55–59, 87. Über die Eisenbahnentwicklung kurz Chang: Struggle, S. 83–85.

⁵² Vgl. Coox, Nomonhan, Bd. 1, S. 17 ff. Für die Beziehung zwischen der Regierung in Tokio und dem «Subimperialismus» der Guandong-Offiziere immer noch Sadako N. Ogata, Defiance in Manchuria: The Making of Japanese Foreign Policy, 1931–1932, Berkeley 1964; japanische Analysen bei James W. Morley (Hrsg.), Japan Erupts: The London Naval Conference and the Manchurian Incident, 1928–1932, New York 1984, S. 119 ff.

⁵³ Zur Wirtschaftsplanung in Mandschukuo und ihren Organen vgl. F. C. Jones, Manchuria since 1931, London 1949, S. 140 ff. – trotz Korrekturbedürftigkeit im Detail immer noch das beste westliche Buch über die japanische Herrschaft in Nordostchina zwischen 1931 und 1945. Über die Gedankenwelt eines der führenden Mandschukuo-Strategen vgl. Mark R. Peattie, Ishiwara Kanji and Japan's Confrontation with the West, Princeton 1975, S. 141 ff.

⁵⁴ Chao: Manchuria, S. 16.

⁵⁵ Über die Anfänge vgl. Nakamura Takafusa, Japan's Economic Thrust into North China, 1933–1938: Formation of the North China Development Corporation, in Iriye: Chinese, S. 220–53.

⁵⁶ Berechnet nach Beasley: Imperialism, S. 212.

⁵⁷ John R. Stewart, Manchuria since 1931, New York 1946, S. 44. Interessant sind die hohen Maschinenimporte: Die relative Rückständigkeit einer eigenen mandschurischen Maschinenbauindustrie verriet eine Lücke in der Industrialisierungsstrategie, die sich hinderlich auswirkte. Vgl. Ramon H. Myers, The Japanese Economic Development of Manchuria, 1932 to 1945, New York 1982, S. 147.

⁵⁸ Beasley: Imperialism, S. 211 (Tabelle 9).

⁵⁹ Die berühmten Ölfelder von Daqing in der Provinz Heilongjiang, die Chinas Abhängigkeit von Erdölimporten nahezu eliminierten, wurden erst 1960 entdeckt.

⁶⁰ Christopher Howe, Japan's Economic Experience in China before the Establishment of the People's Republic of China: A Retrospective Balance-sheet, in: Ronald Dore/Radha Sinha (Hrsg.), Japan and World Depression, Basingstoke 1987, S. 165.

⁶¹ Schätzungen zu deren Ausmaß in Sun/Huenemann: Manchuria, S. 88.

⁶² M. Gardner Clark, Development of China's Steel Industry and Soviet Technical Aid, Ithaca, N. Y. 1973, S. 12.

⁶³ Ann Rasmussen Kinney, Investment in Manchurian Manufacturing, Mining, Transportation and Communications, 1931–1945, New York 1982, S. 148 f.

⁶⁴ Repräsentative Texte sind: Ralph Townsend, Ways That Are Dark: The Truth About China, New York 1933; H. G. W. Woodhead, The Truth About the Chinese Republic, London o. J. [1925]; J. O. P. Bland, China: The Pity of It, London 1932; Harold Stringer, China: A New Aspect, London 1929. Zur westlichen öffentlichen Reaktion auf den Mukden-Zwischenfall vom 18. September 1931 vgl. auch Thorne: Limits, S. 134–40.

⁶⁵ Solche Diplomatie mit erregten Volksmassen im Hintergrund war eine kurzlebige Spezialität von Eugene Ch'en (Chen Youren), dem temperamentvollen Außenpolitiker des linken Guomindang-Flügels, der im Februar/März 1927 die Rückgabe der britischen Konzessionen in Hankou und Jiujiang erreichte. Vgl. Xu Yijun, Shilun Guangzhou Wuhan shiqi guomin zhengfu de fandi waijiao celüe [Die antiimperialistische außenpolitische Taktik der Nationalregierung in den Kanton-Wuhan-Phase 1926/27], in: JDSYJ 1982/3, S. 31–48, bes. 34–43; Lee En-han, China's Recovery of the British Hankow and Kiukiang Concessions in 1927, Perth 1980; Edmund S. K. Fung, Anti-Imperialism and the Left Kuomintang, in: MC 11 (1985), S. 39–76.

⁶⁶ Über den Anti-Imperialismus der Guomindang während der Jahre 1923–28 vgl. Ku Hung-ting, The Emergence of the Kuomintang's Anti-Imperialism, in: JOS 16 (1978), S. 87–97.

⁶⁷ Enger scheinen die Kontakte zwischen Jiang Kaishek und den Japanern gewesen zu sein. Vgl. Shen Yu, «Si Yier» fan geming zhengbian yu diguozhuyi guanxi zai tantao [Neuerliche Untersuchung der Beziehungen zwischen dem konterrevolutionären Putsch vom 12. April 1927 und dem Imperialismus], in: LSYJ 1984/4, S. 46–58. Eine britische Verwicklung wird ausgeschlossen bei David Clive Wilson, Britain and the Kuomintang 1924–1928, Ph. D. thesis, University of London 1973, S. 623–33. Zu den Ereignissen in Shanghai vgl. Wu Tien-wei, Chiang Kai-shek's April 12th Coup of 1927, in Chan/ Etzold: China, S. 147–59, sowie die berühmte literarische Darstellung bei André Malraux, La condition humaine (1933, dt. u. d. T. So lebt der Mensch, 1955 u. ö.).

⁶⁸ Edmund S. K. Fung, The Sino-British Rapprochement, 1927–1931, in: MAS 17 (1983), S. 86.

⁶⁹ Zu diesem «Jinan-Zwischenfall» vgl. C. Martin Wilbur, The Nationalist Revolution: From Canton to Nanking, 1923–28, in CHOC, Bd. 12, S. 702–6. Wilburs Kapitel gibt die beste Darstellung des Nordfeldzugs, in dessen letzte Phase der Zwischenfall fällt. Wenig brauchbar ist dagegen Donald A. Jordan, The Northern Expedition: China's National Revolution of 1926–1928, Honolulu 1976.

⁷⁰ Ku Hung-ting, The U. S. A. versus China: The Nanking Incident in 1927, in: Tunghai Journal 25 (1984), S. 95–110.

⁷¹ Patrick Cavendish, Anti-Imperialism in the Kuomintang 1923–8, in Ch'en/Tarling: Studies, S. 51 f.

⁷² Zum diplomatischen Hintergrund vgl. Edmund S. K. Fung, Britain, Japan and Chinese Tariff Autonomy, 1927–1928, in: Proceedings of the British Association for Japanese Studies, Bd. 6, Teil 1, Sheffield 1981, S. 23–36.

⁷³ Vgl. Edward Hallett Carr, The Bolshevik Revolution 1917–1923, Bd. 2, Harmondsworth 1966, S. 143.

⁷⁴ Vgl. Hussey-Freke, Memo, 13. April 1927, Public Record Office London, FO 371/ 12447 (F5269); Li Jianchang, Guanliao ziben yu yanye [Das bürokratische Kapital und die Salzwirtschaft], Beijing 1963, S. 20 f.

⁷⁵ Stimson, Memo, 22. Juli 1929, in: FRUS 1929, Bd. II, Washington, D. C 1943, S. 222 f.

⁷⁶ Zum folgenden bes. Edmund S. K. Fung, Nationalist Foreign Policy, 1928–1937, in Pong/Fung: Ideal, S. 185–217, hier 191.

⁷⁷ Eine gute, allerdings rein diplomatiegeschichtliche Zusammenfassung: Wm. Roger Louis, The Road to Singapore: British Imperialism in the Far East, 1932–42, in: Wolfgang J. Mommsen/Lothar Kettenacker (Hrsg.), The Fascist Challenge and the Policy of Appeasement, London 1983, S. 352–88, hier 352–69. Ansonsten Thorne: Limits; Dorothy Borg, The United States and the Far Eastern Crisis of 1933–1938, Cambridge, Mass. 1964; Ann Trotter, Britain and East Asia 1933–1937, Cambridge 1975; E. M. Andrews, The Writing on the Wall: The British Commonwealth and Aggression in the East 1931–1935, Sydney 1987, bes. Kap. 2–3; John F. Laffey, French Far Eastern Policy in the 1930s, in: MAS 23 (1989), S. 117–49; James B. Crowley, Japan's Quest for Autonomy: National Security and Foreign Policy, 1930–1938, Princeton 1966. Die Sowjetunion reagierte rein defensiv auf das japanische Vorpreschen und kam als Garantin der Integrität Chinas nicht in Betracht. Vgl. Jonathan Haslam, Soviet Foreign Policy, 1930–33: The Impact of the Depression, London 1983, S. 71 ff. Zur Rolle Deutschlands vgl. Gabriele Ratenhof, Das Deutsche Reich und die internationale Krise um die Mandschurei 1931–1933, Frankfurt a. M. 1984.

⁷⁸ Zu dieser außenpolitischen Wende vgl. Lin Han-sheng, A New Look at Chinese Nationalist «Appeasers», in Coox/Conroy: China, S. 228. Eine lehrreiche historische Parallele zieht James T. C. Liu, Accomodation Politics: Southern Sung China and 1930's

China, in: Wolfgang Bauer (Hrsg.), Studia Sino-Mongolica. Festschrift für Herbert Franke, Wiesbaden 1979, S. 69–82.

[79] Die beste Darstellung der fünf Feldzüge gegen die Kommunisten und der sie flankierenden «politischen» Programme ist William Wei, Counterrevolution: The Nationalists in Jiangxi during the Soviet Period, Ann Arbor 1985. Über den Fall des Jiangxi-Sowjets und den Langen Marsch vgl. Harrison E. Salisbury, Der Lange Marsch, Frankfurt a. M. 1985.

[80] Iriye Akira, Japanese Aggression and China's International Position, in CHOC, Bd. 13, S. 514 f. Die Entstehung einer solchen Tradition geheimer Subversion innerhalb der Guandong-Armee schildert James E. Weland, The Japanese Army in Manchuria: Covert Operations and the Roots of Kwantung Army Insubordination, Ph. D. thesis, University of Arizona 1977, S. 82 ff.

[81] John Israel, Student Nationalism in China, 1927–1937, Stanford 1966, S. 111 ff.

[82] Die Studentenproteste vom Dezember 1935 waren der entscheidende Faktor, der Zhang Xueliang zu seiner patriotischen Verzweiflungstat von Xi'an motivierte. So Wu Tien-wei, The Sian Incident: A Pivotal Point in Modern Chinese History, Ann Arbor 1976, S. 72 f. Zur Entstehung der Zweiten Einheitsfront vgl. Lyman P. Van Slyke, Enemies and Friends: The United Front in Chinese Communist History, Stanford 1967, S. 48 ff. Neueste Forschungsergebnisse in: Jerome Ch'en, The Communist Movement 1927–1937, in CHOC, Bd. 13, S. 220–29; Wolfgang Lippert, Die Komintern, die Kommunistische Partei Chinas und die Anbahnung der antijapanischen Einheitsfront in China 1935–1936, in: JGO 32 (1984), S. 541–58; John W. Garver, The Origins of the Second United Front: The Comintern and the Chinese Communist Party, in: CQ 113 (1988), S. 29–59.

[83] Vgl. die Diskussion in Lloyd E. Eastman, Nationalist China during the Sino-Japanese War 1937–1945, in CHOC, Bd. 13, S. 547–54.

[84] William Ashworth, A Short History of the International Economy since 1850, 3rd ed., London 1975, S. 260.

[85] Vgl. Judith M. Brown, Modern India: The Origins of an Asian Democracy, Delhi 1985, S. 253 f.; Dietmar Rothermund, Die Interferenz von Agrarpreissturz und Freiheitskampf in Indien, in Rothermund: Peripherie, S. 127–44.

[86] Zum folgenden demnächst ausführlicher und mit weiteren Belegen: Jürgen Osterhammel, Weltwirtschaftskrise und revolutionärer Prozeß in China, in: Helmut Bley (Hrsg.), Die Weltwirtschaftskrise und die Dritte Welt, Hamburg 1990. Eine systematische Zusammenfassung der Auswirkungen der Depression gibt: Sun Huairen, Zhongguo jingji shang suo xianshi de biantai qingxing [Die veränderten wirtschaftlichen Verhältnisse in China], in: SBYK 3:7 (Juli 1934), S. 9–13.

[87] Lloyd Eastman, The Abortive Revolution: China under Nationalist Rule, 1927–1937, Cambridge, Mass. 1974, S. 185–88. Über die Funktionsweise der Silberwährung klärt vor allem die ältere Literatur auf: Dickson H. Leavens, Silver Money, Bloomington, Ind. 1939; Liao Bao-seing, Die Bedeutung des Silberproblems für die chinesischen Währungsverhältnisse, Berlin 1939.

[88] Beispiele geben Huang: Peasant Economy, S. 129–33; Chen Han-seng, Economic Disintegration in China, in: PA 6 (1933), S. 174 f.

[89] Für Vergleichsdaten vgl. Charles P. Kindleberger, Die Weltwirtschaftskrise 1929–1939, München 1973, S. 200–202.

[90] Eng: Imperialism, S. 158–60.

[91] United Kingdom. Department of Overseas Trade, Economic Conditions in China to August 30th, 1930. Report by E. G. Jamieson, London 1930, S. 45; Chinese Maritime Customs, Report on the Trade of China 1928, Shanghai 1929, S. 1.

[92] University of Nanking, The 1931 Flood in China, Nanjing 1932, S. 10, 35. Verfasser dieses Berichts war der bekannte amerikanische Missionar und Agronom John Lossing Buck.

[93] Zum nordchinesischen Hunger vor allem Andrew J. Nathan, A History of the China International Famine Relief Commission, Cambridge, Mass. 1965, S. 16–22. Man hat von drei Millionen Toten gesprochen (Ho: Studies, S. 233). Einen erschütternden Augenzeugenbericht gibt Lewis C. Arlington, Through the Dragon's Eye: Fifty Years Experience of a Foreigner in the Chinese Government Service, London 1931, S. 245 ff. Über die voraufgegangenen Hungersnöte der frühen Republikzeit: Walter H. Mallory, China: Land of Famine, New York 1926.

[94] CWR, 12. 10. 1935, S. 202 f. mit detaillierten Verlustzahlen. Über die Yangzi-Überschwemmungen 1931–35 vgl. Changjiang shuili shilüe [Geschichte des Wasserbaus am Yangzi], Beijing 1979, S. 186–92.

[95] Young: Effort, S. 44, 56.

[96] Vgl. Material in Zhang: Nongye shi, Bd. 3, S. 411 ff.

[97] David Faure, The Plight of the Farmers: A Study of the Rural Economy of Jiangnan and the Pearl River Delta, 1870–1937, in: MC 11 (1985), S. 29.

[98] US-Außenminister Cordell Hull, Memorandum vom 10. 8. 1933, in: FRUS 1933, Bd. 3, Washington, D. C. 1949, S. 508. Jetzt auch Zheng Huixin, 1933 nian de Zhong-Mei mianmai jiekuan [Die chinesisch-amerikanische Baumwoll-Weizen-Anleihe von 1933], in: LSYJ 1988/5, S. 128–37.

[99] Schon 1931 hatte China von der US-Regierung 450 000 t Weizen und Mehl gekauft. Hubei Daxue: Jingji shi, S. 357.

[100] Parks M. Coble, The Shanghai Capitalists and the Nationalist Government, 1927–1937, Cambridge, Mass. 1980, S. 148.

[101] Ma Yinchu, Shijie jingji konghuang ruhe yingxiang jiyu Zhongguo zhi duice [Der Einfluß der Weltwirtschaftskrise auf China und chinesische Gegenmaßnahmen], in: DFZZ 32:13 (1. 7. 1935), S. 5–41, hier 10.

[102] Sir Arthur Salter, China and the Depression, in: The Economist. Supplement, 10. Mai 1934, S. 11–16, hier 2.

[103] Oriental Economist 2:4 (April 1935), S. 57. Zur Lage der Chinesen in Südostasien vgl. Christopher Baker, Economic Reorganization and the Slump in South and South-east Asia, in: CSSH 23 (1981), S. 340 f.

[104] Vgl. Arthur F. Sewall, Key Pittman and the Quest for the China Market, 1933–1940, in: PHR 44 (1975), S. 351–71, bes. 366 f.

[105] Vgl. Stephen L. Endicott, Diplomacy and Enterprise: British China Policy 1933–1937, Manchester 1975, S. 102 ff.; Osterhammel: Imperialismus, S. 406 ff.

[106] Die japanische freilich nur beschränkt und zögerlich. Die Unterstützung der Reform war ein britischer Schachzug gegen Japan. Das betont zu Recht Meliksetov: Gomin'dan, S. 89 f. Mit der Währungsreform endete die Phase der engsten Annäherung zwischen Nanjing und Tokio (1933–35).

[107] Einen Eindruck von der Mikrodifferenzierung innerhalb einer einzigen Provinz vermittelt Robert Ash, Land Tenure in Pre-Revolutionary China: Kiangsu Province in the 1920s and 1930s, London 1976. Die erste methodisch zureichende landesweite Untersuchung der Verteilung von Grundeigentum und Pachtbeziehungen wurde erst 1935/36 unternommen; Vergleichsdaten für die Zeit vor der Weltwirtschaftskrise fehlen. Selbst aus der Studie von 1935/36 sind ganz unterschiedliche Schlußfolgerungen gezogen worden, etwa bei Ramon H. Myers, Land Distribution in Revolutionary China, 1890–1937, in: Chung Chi Journal 7 (1969), S. 62–77, und Joseph W. Esherick, Number Games: A Note on Land Distribution in Prerevolutionary China, in: MC 7 (1981), S. 387–411. Die konträren Grundpositionen bei der Interpretation der sozialökonomischen Verhältnisse auf dem Lande vergleichen Philip C. C. Huang, Analyzing the Twentieth-Century Chinese Countryside: Revolutionaries versus Western Scholarship, in: MC 1 (1975), S. 132–60, und Robert Y. Eng, Institutional and Secondary Landlordism in the Pearl River Delta, 1600–1949, in: MC 12 (1986), S. 3–37, hier 3–7. Zur Bewertung der Daten aus den 1930er Jahren vgl. Linda Gail Arrigo, Landownership

Concentration in China: The Buck Survey Revisited, in: MC 12 (1986), S. 259–360; Han Lingxuan, Dierci guonei geming zhanzheng shiqi Zhongguo nongcun shehui xingzhi de lunzhan [Die Kontroverse über den Charakter der chinesischen Agrargesellschaft, 1927–1937], in: WSZ 1982/1, S. 55–62. Kong Fanjian, The 1930s Debate on the Nature of China's Rural Economy, in: SSC 1989/1, S. 28–43.

[108] So das Fazit in der vorzüglichen Synthese bei Eastman: Family, S. 80–100, hier 98 f. Daneben zur chronischen Krise grundlegend: Joachim Durau, Die Krise der chinesischen Agrarökonomie, in Lorenz: Umwälzung, S. 94–193; Ramon H. Myers, The Agrarian System, in CHOC, Bd. 13, S. 230–69.

[109] Leonard T. K. Wu, Rural Bankruptcy in China, in: FES 5:20 (8. 10. 1936), S. 213.

[110] Eastman, Abortive Revolution, S. 190. Zur Landflucht auch Durau, Krise, S. 172–77.

[111] Zu solchen Überlebensstrategien vgl. Perry: Rebels, S. 48 ff.

[112] Diese These vom Verschwinden der «moralischen Ökonomie» findet sich vor allem bei Ralph Thaxton, China Turned Rightside Up: Revolutionary Legitimacy in the Peasant World, New Haven 1983, S. 36 ff. Heftige Kritik an dieser Auffassung üben Chen Yung-fa/Gregor Benton, Moral Economy and the Chinese Revolution: A Critique, Amsterdam 1986, S. 5 ff. Zweifellos überzieht Thaxton sein Argument. Von einer «moral economy» kann unter Bedingungen eines nichtfeudalen Grundherren-Systems nur bedingt und sporadisch die Rede sein.

[113] Eastman, Abortive Revolution, S. 194–208.

[114] Dies wurde offiziell eingestanden: China. Ministry of Industries, Silver and Prices in China, Shanghai 1935, S. 137.

[115] Vgl. Thaxton, China, S. 78 ff.; Roy Hofheinz, Jr., The Broken Wave: The Chinese Communist Peasant Movement, 1922–1928, Cambridge, Mass. 1977, S. 263 ff.; Robert Marks, Rural Revolution in South China: Peasants and the Making of History in Haifeng County, 1570–1930, Madison, Wisc. 1984, S. 230–81; Werner Meißner, Das rote Haifeng. Peng Pais Bericht über die Bauernbewegung in Südchina, München 1987 (Dokumente mit einer vorzüglichen Einleitung, S. 11–67); überragend jetzt Fernando Galbiati, P'eng P'ai and the Hai-Lu-Feng Soviet, Stanford 1985.

[116] «Lokale Tyrannen und böse Gentry»: eine in der zeitgenössischen chinesischen Literatur verbreitete Bezeichnung (vgl. Mao Tse-tung, Ausgewählte Werke, Bd. 1, Beijing 1968, S. 23 f.), die weder eine formale Statusbezeichnung noch eine Kategorie soziologischer Analyse, sondern ein Schimpfwort und polemisches Kampfetikett war. Es handelt sich um Personen, die – meist als soziale Aufsteiger über den Erwerb von Land – lokale Machtpositionen errangen, die sie zur Unterdrückung und Ausbeutung der einfachen Bevölkerung ausnutzten. Ihr Hervortreten war ein Resultat des wachsenden Absentismus, der die großen Landbesitzer und Nachfolger der hohen Gentry aus kaiserlichen Tagen in die Städte trieb. Auf dem Lande blieben die *tuhao lieshen* zurück: «die Überreste der niederen ländlichen Elite aus dem Kaiserreich, eingeengt durch das Verschwinden der traditionellen Kanäle sozialen Aufstiegs, verhältnismäßig erfolglos bei der Anpassung an die neuen Zeiten und nur über immer schwächer werdende soziale Verbindungen zur höheren Elite in den Städten verfügend». Philip A. Kuhn, Local Self-Government under the Republic: Problems of Control, Autonomy, and Mobilization, in Wakeman/Grant: Conflict, S. 293. Gegen diese sozialen Elemente richtete sich die heftigste Wut der Bauern in der Landrevolution der späten 1940er Jahre.

[117] Vgl. Trygve Lötveit, Chinese Communism 1931–1934: Experience in Civil Government, Lund 1973, S. 145 ff.; Ilpyong J. Kim, The Politics of Chinese Communism: Kiangsi under the Soviets, Berkeley 1973, S. 120 ff.; Hsu King-yi, Political Mobilization and Economic Extraction: Chinese Communist Agrarian Policies during the Kiangsi Period, New York 1980. Über die Anfänge der KP-Aktivität auf dem Lande nach dem April 1927 jetzt Marcia R. Ristaino, China's Art of Revolution: The Mobilization of Discontent, 1927 and 1928, Durham, N. C. 1987.

[118] Jin Yingxi, Cong «Si Yier» dao «Jiu Yiba» de Shanghai gongren yundong [Die Arbeiterbewegung von Shanghai zwischen April 1927 und September 1931], in: ZDXB 1957/2, S. 74–94; V. I. Chor'kov, Nankinskij Gomin'dan i rabočij vopros 1927–1932, Moskau 1977, S. 76–80.

[119] Eng: Imperialism, S. 158. Die Effekte der Krise auf die Seidenindustrie schildert der Roman «Ziye» von Mao Dun (1933), dt. u. d. T. Shanghai im Zwielicht, Frankfurt a. M. 1983. Zum wirtschaftsgeschichtlichen Hintergrund vgl. Kong Lingren, «Ziye» yu 1930 nian qianhou de Zhongguo jingji [»Ziye» und die chinesische Wirtschaft um 1930], in: WSZ 1979/5, S. 60–67.

[120] Bank of China, Annual Report for 1935, Shanghai 1936, S. 32.

[121] Cheng Haifeng, Yijiusanwu nian zhi Zhongguo laodongjie [Die Welt der Arbeit in China im Jahre 1936], in: DFZZ 33:17 (1. 9. 1936), S. 157.

[122] Zur Rolle der mächtigsten kriminellen Organisation, der «Grünen Bande» (Qingbang), mit der Jiang Kaishek persönlich verbunden war, bei der Kontrolle der Arbeiter in Shanghai jetzt sehr instruktiv: Emily Honig, Sisters and Strangers: Women in the Shanghai Cotton Mills, 1919–1949, Stanford 1986, S. 4–7, 120–31.

[123] Weitere Belege bei Osterhammel: Imperialismus, S. 270–96.

[124] Dies zeigt am Beispiel einer der wirtschaftlich am höchsten entwickelten Provinzen: R. Keith Schoppa, Chinese Elites and Political Change: Zhejiang Province in the Early Twentieth Century, Cambridge, Mass. 1982, S. 175 ff.

[125] Zur Unterstützung der Bourgeoisie für Jiang Kaishek im Frühjahr 1927 vgl. Bergère: L'âge d'or, S. 239–43.

[126] Über die Unterwelt von Shanghai in der republikanischen Periode vorzüglich: Frederic Wakeman, Jr., Policing Modern Shanghai, in: CQ 115 (1988), S. 408–40. Dramatisch geschrieben, aber oberflächlich recherchiert: Sterling Seagrave, Die Soongs. Eine Familie beherrscht China, Zürich 1986, S. 377–95.

[127] Vgl. Parks M. Coble, The Kuomintang Regime and the Shanghai Capitalists, 1927–1929, in: CQ 77 (1979), S. 1–23. Über den führenden Gangsterboß (und einen der mächtigsten Männer im republikanischen China) vgl. Y. C. Wang, Tu Yue-sheng (1888–1951): A Tentative Political Biography, in: JAS 26 (1966/67), S. 394–414; Zhu Hua/ Su Zhiliang, Du Yuesheng qiren [Du Yuesheng: die Person], in: LSYJ 1988/2, S. 102–15. Über Dus Organisation, die «Grüne Bande», vgl. bes. Hu Chusheng, Qingbang shi chutan [Zur Geschichte der «Grünen Bande»] in: Lishixue jikan [Vierteljahresschrift für Geschichtswissenschaft] 3 (1979), S. 102–20.

[128] Marie-Claire Bergère, The Chinese Bourgeoisie, 1911–37, in CHOC, Bd. 12, S. 815. Der 3. Parteikongreß bestätigte den Sieg der Konservativen im Guomindang. Vgl. Domes: Revolution, S. 323–27; Zhang: Minguo shigang, S. 357.

[129] Richard C. Bush, The Politics of Cotton Textiles in Kuomintang China, 1927–1937, New York 1982, S. 271 ff.

[130] Katherine Vine, The Metamorphosis of the Chinese Salt Administration: Institutions and Images, 1930–1960, in: AP 12 (1984), S. 98. In der reorganisierten Salzverwaltung fehlte das 1913 eingeführte ausländische Element. Sie stand unter effektiver Kontrolle der chinesischen Regierung, auch wenn es weiterhin ausländische (meist amerikanische) Assistant Chief Inspectors gab.

[131] Nach Tien Hung-mao, Government and Politics in Kuomintang China, 1927–1937, Stanford 1972, S. 83 (Tabelle 4).

[132] Vorzüglich dazu die Analyse bei Coble, The Shanghai Capitalists, S. 67–78. Auch Qian Jiaju (Hrsg.), Jiu Zhongguo gongzhai shi ziliao [Materialien zur Geschichte der Staatsanleihen in China, 1894–1949], Beijing 1984, S. 26f. (Einleitung).

[133] Ein chinesischer Kenner schätzte 1933, daß 85 % der Staatsanleihen dem Militär zugute kämen, während das Finanzministerium offiziell nur von 20 % sprach. Zit. in Frederick H. Field (Hrsg.), Economic Handbook of the Pacific Area, Garden City, N. Y. 1934, S. 221.

[134] Daten bei Liu Bing, 1927–1933 nian Nanjing Guomindang zhengfu banli tongshui jianshu [Die Handhabung der Einheitssteuer durch die Guomindang-Regierung in Nanjing, 1927–1933], in: Minguo dang'an [Republikanische Archive] 1987/3, S. 96–99. Auch die Salzsteuer, die fast jeden Chinesen traf, wurde zwischen 1931 und 1934 kräftig erhöht.

[135] Coble, The Shanghai Capitalists, S. 125 f.

[136] Vgl. Jürgen Osterhammel, «Technical Co-operation» between the League of Nations and China, in: MAS 13 (1979), S. 661–80.

[137] Coble, The Shanghai Capitalists, S. 129–37. Nichts beweist dies besser als die Proteste der chinesischen Industriellen gegen und das Lob der japanischen Presse für den neuen Zolltarif. Vgl. CWR 14. Juli 1934, S. 262.

[138] H. D. Fong, Toward Economic Control in China, Tianjin 1936, S. 38 f.

[139] Das folgende nach Osterhammel: Imperialismus, S. 354–66.

[140] Dazu die immer noch gültige zeitgenössische Analyse: Leonard G. Ting, Chinese Modern Banks and the Finance of Government and Industry, in: NSEQ 8 (1935), S. 578–616.

[141] Coble, The Shanghai Capitalists, S. 162 f. Zu Kongs Aufstieg auch Gu Seng, Kong Xiangxi yu Zhongguo caizheng [H. H. Kung und die chinesische Finanzpolitik], Taibei 1979, S. 61 ff.

[142] Dies war das Ergebnis der Maßnahme. Die Arrangements im einzelnen waren natürlich viel komplizierter. Vgl. Coble, The Shanghai Capitalists, S. 180 f.

[143] Vgl. Yu Baotang, Yijiusanwu nian Guomindang zhengfu bizhi gaige chutan [Die Währungsreform der Guomindang-Regierung von 1935], in: Huadong shifan daxue xuebao [Zeitschrift der Pädagogischen Hochschule von Ostchina] 1982/4, S. 29. In China zeigt sich heute eine positive Einschätzung der *Prinzipien* der Währungsreform; sie sei nur später von der Guomindang-Regierung inkompetent durchgeführt worden. Vgl. Li Zongyi, Report on the First Symposium on Republican History in the People's Republic of China, in: RC 10 (1985), S. 74. Auch Shi: Huobi shi, S. 279–84, gibt eine sachliche und abgewogene Einschätzung.

[144] Darauf weist hin Hubei Daxue: Jingji shi, S. 370.

[145] Zhang: Yinhangye, S. 112.

[146] Coble, The Shanghai Capitalists, S. 224.

[147] Boorman/Howard: Dictionary, Bd. 1, S. 26–30. Andere Karrieren nach ähnlichem Muster stellt Bergère, The Chinese Bourgeoisie (S. 816 f.), zusammen.

[148] Zum Begriff der Staatsklasse vgl. Hartmut Elsenhans, Nord-Süd-Beziehungen, Geschichte. Politik. Wirtschaft, 2. Aufl., Stuttgart 1987, S. 63 ff.; ders., Abhängiger Kapitalismus oder bürokratische Entwicklungsgesellschaft. Versuch über den Staat in der Dritten Welt, Frankfurt a. M. 1981, S. 13 ff.

[149] Ch'ien Tuan-sheng, The Government and Politics of China, 1912–1949, Cambridge, Mass. 1950, S. 136; Tung: Institutions, S. 135–37.

[150] Über Affinitäten zwischen Teilen der Guomindang und dem Faschismus vgl. Eastman, Abortive Revolution, S. 31–84. Über Italien und Deutschland als Vorbilder vgl. Michael R. Godley, Fascismo e nazionalismo cinese: 1931–1938. Note preliminari allo studio dei rapporti italo-cinesi durante il periodo fascista, in: Storia contemporanea 4 (1973), S. 739–77, bes. 760 ff.; Kirby: Germany, S. 145 ff.

[151] Tung: Institutions, S. 119 ff; Edgar Tomson, Die Verfassungsentwicklung in China seit dem Beginn des 20. Jahrhunderts, in: Osteuropa-Recht 20 (1974), S. 114–24, bes. 118; eher politologisch als verfassungsgeschichtlich die Darstellung bei Robert E. Bedeski, State-Building in Modern China: The Kuomintang in the Prewar Period, Berkeley 1981, S. 79–96.

[152] Der mit diesen informellen Strukturen angesprochene tiefere Charakter des politischen Systems während der Nanjing ist seit langem Gegenstand heftiger Kontroversen. Die wichtigsten neueren Positionen referiert und kritisiert Lloyd E. Eastman, New

Insights into the Nature of the Nationalist Regime, in: RC 9 (1984), S. 8–18, sowie die Antikritiken von Fewsmith und Geisert im selben Heft. Neuerdings hat man das System als «autoritär-korporatistisch» interpretieren wollen: Joseph Fewsmith, Party, State, and Local Elites in Republican China: Merchant Organizations and Politics in Shanghai, 1890–1930, Honolulu 1985, S. 169 ff.

[153] Tien, Government and Politics, S. 45.

[154] Jiang übernahm dabei die Rolle des über der Parteiorganisation und den Cliquen stehenden Führers, wie sie schon Sun Yatsen für sich selbst zugeschneidert hatte. Vgl. Yamada Tatsuo, The Foundations and Limits of State Power in Guomindang Ideology: Government, Party and People, in Schram: Foundations, S. 192 f.

[155] Lloyd E. Eastman, Nationalist China during the Nanking Decade 1927–1937, in CHOC, Bd. 13, S. 116–67, hier 136. Dieser Text ist jetzt die Standarddarstellung des Nanjing-Regimes.

[156] Domes: Revolution, S. 99 f.; Richard B. Landis, Training and Indoctrination at the Whampoa Academy, in Chan/Etzold: China, S. 73–93.

[157] Boorman/Howard: Dictionary, Bd. 1, S. 206–11, hier 207. Zu Chen Lifu als Haupt (mit seinem Bruder Chen Guofu) der «CC- Clique» vgl. Tien, Government, S. 47–49.

[158] Wie ein Musterkatalog werden diese Modelle ausgebreitet bei Luo Dunwei, Zhongguo tongzhi jingji lun [Über Wirtschaftskontrolle in China], 2. Aufl., Shanghai 1935, S. 20–35.

[159] William M. Leary, Jr., The Dragon's Wings: The China National Aviation Corporation and the Development of Commercial Aviation in China, Athens, Ohio 1976; Bodo Wiethoff, Luftverkehr in China 1928–1949. Materialien zu einem untauglichen Modernisierungsversuch, Wiesbaden 1975, S. 116 ff., 132 ff.; Godley, Fascismo e nazionalismo, S. 754 f.

[160] Vgl. als ein Beispiel das schöne Portrait des amerikanischen Ingenieurs O. J. Todd in Spence: Advisers, S. 205–16.

[161] Vgl. zur Einführung: Bernd Martin, Die deutsche Beraterschaft. Ein Überblick, in Martin: Beraterschaft, S. 15–53; auch ders., Das Deutsche Reich und Guomindang-China, 1927–1941, in Kuo: Kolonialpolitik, S. 325–75. Zur Gedankenwelt Bauers und seiner Kollegen vgl. Ratenhof: Chinapolitik, S. 367 ff. Zum Ende der Affäre vor allem Liang Hsi-huey, The Sino-German Connection: Alexander von Falkenhausen between China and Germany 1900–1941, Assen 1978, S. 158 ff.; auch Hartmut Bloß, Die Abberufung der Beraterschaft (April–Juli 1938), in Martin: Beraterschaft, S. 249–71.

[162] Vgl. Burkhard Schmidt, Die China-Studienkommission des «Reichsverbandes der Deutschen Industrie» im Jahre 1930, in: Kuo Heng-yü/Mechthild Leutner (Hrsg.), Beiträge zu den deutsch-chinesischen Beziehungen, München 1986, S. 67–90.

[163] Kirby: Germany, S. 78–101.

[164] Ebd., S. 105–108.

[165] Martin, Die deutsche Beraterschaft, S. 38. Die beste Analyse der Ziele auf deutscher Seite gibt John P. Fox, Germany and the Far Eastern Crisis 1931–1939: A Study in Diplomacy and Ideology, Oxford 1982.

[166] Daneben gab es auch enge Kontakte zwischen deutschen Stellen und der autonomen Provinzregierung von Kanton.

[167] Die Zahl nach Sun Keda, Guomindang zhengfu zhong de Deguo junshi guwen shulun [Deutsche Militärberater bei der Guomindang-Regierung], in: JDSYJ 1988/6, S. 131.

[168] Daß der deutsche Beitrag wenig erheblich war, zeigt Wei, Counterrevolution in China, S. 108 f.

[169] Zu den Plänen und den Anfängen ihrer Realisierung vgl. Kirby: Germany, S. 206–17, dessen Schlußfolgerung, die Errungenschaften seien «dramatisch» gewesen (S. 210), sich aus seiner Darstellung allerdings kaum begründen läßt.

[170] Über eines der wichtigsten Projekte vgl. Rotraut Bieg-Brentzel, Die Tongji-

Universität. Zur Geschichte deutscher Kulturarbeit in Shanghai, Frankfurt a. M. 1984. Umfassend jetzt die vorzügliche Studie: Françoise Kreissler, L'action culturelle allemande en Chine: De la fin du XIXe siècle à la Seconde Guerre Mondiale, Paris 1989.

[171] Gemeint ist der «HAPRO-Vertrag», der 1934 ausgehandelt, aber erst 1936 in Kraft gesetzt wurde. Vgl. Kirby: Germany, S. 125f.

[172] Zu den Schwierigkeiten ihrer Quantifizierung vgl. Kirby: Germany, S. 220f. Ratenhof: Chinapolitik, S. 477, spricht für 1936 von einem chinesischen Anteil von 45 % an den deutschen Waffenexporten.

[173] Ihn hatte in einem Teilbereich die deutsche Farbenindustrie schon erfolgreich kultiviert.

[174] Vgl. Peter Mielmann, Deutsch-chinesische Handelsbeziehungen am Beispiel der Elektroindustrie, 1870–1949, Frankfurt a. M. 1984, S. 246–304.

[175] Deutschland war tatsächlich vorerst «die einzige Nation, die bereit war, in Chinas industrielle Zukunft zu investieren». Kirby: Germany, S. 262. Britische Handelsstrategen wie Sir Frederick Leith-Ross oder Sir Louis Beale, der Commercial Councillor in Shanghai, drängten ihre Landsleute jedoch in dieselbe Richtung. Vgl. Osterhammel: Imperialismus, S. 97–99.

[176] Vgl. dazu eine brillante zeitgenössische Analyse: George E. Taylor, The Reconstruction Movement in China, in: William L. Holland/Kate L. Mitchell (Hrsg.), Problems of the Pacific, Chicago 1936, S. 376–408, hier 385–88.

[177] Zu den wirtschaftspolitischen Kontroversen ausführlicher Jürgen Osterhammel, State Control of Foreign Trade in Nationalist China, 1927–1937, in: Clive Dewey (Hrsg.), The State and the Market: Studies in the Economic and Social History of the Third World, New Delhi 1987, S. 209–37, bes. 209–12.

[178] Den globalen Überblick gibt Derek H. Aldcroft, The Development of the Managed Economy before 1938, in: JCH 4 (1969), S. 117–37, bes. 123 ff.

[179] Nichts davon gelang. Vgl. als Fallstudie: Noel R. Miner, Agrarian Reform in Nationalist China: The Case of Rent Reduction in Chekiang, 1927–1937, in Chan: Crossroads, S. 69–89. Neben solchen technokratischen Initiativen gab es auch Versuche der ländlichen Erneuerung aus dem Geiste konfuzianischer Reformtraditionen, vgl. Guy S. Alitto, The Last Confucian: Liang Shu-ming and the Chinese Dilemma of Modernity, Berkeley 1979, S. 192 ff.

[180] Zur Praxis dieses Programms vgl. Wei, Counterrevolution, S. 126ff.; Stephen C. Averill, New Life in Action: The Nationalist Government in South Jiangxi, 1934–1937, in: CQ 88 (1981), S. 594–628.

[181] William Kirby, Developmental Aid or Neo-Imperialism? German Industry in China, in Martin: Beraterschaft, S. 203.

[182] Kirby: Germany, S. 210–12; Osterhammel: Imperialismus, S. 336–47. Auf der Basis des Archivs der NRC jetzt: Wu Taichang, Guomindang zhengfu de yihuo changzhai zhengce he Ziyuan Weiyuanhui de kuangchan guanzhi [Die Tauschkreditpolitik der Guomindang-Regierung und die Kontrolle der Bergbauproduktion durch die NRC], in: JDSYJ 1983/3, S. 83–102, wo gezeigt wird, daß es sich bis zu seinem Ende Mitte 1948 nie um etwas anderes als ein staatliches *Handels*monopol handelte. Zum Ausbau der Produktion in Bergbau und verarbeitender Industrie leistete die NRC keinen nennenswerten Beitrag.

[183] China. The Maritime Customs, The Trade of China 1937, Shanghai 1938, Bd. 1, S. 56.

[184] Ethel B. Dietrich, United States Commercial Relations with the Far East, 1930–39, New York 1939, S. 40.

[185] Das folgende nach Jürgen Osterhammel, Imperialism in Transition: British Business and the Chinese Authorities, 1931–1937, in: CQ 98 (1984), S. 260–86. Dort ausführliche Belege.

[186] CWR, 13. Juni 1936, S. 60.

[187] Über die Anleiheverhandlungen vgl. Endicott, Diplomacy and Enterprise, 165 ff.; Trotter, Britain and East Asia, S. 205 ff.; Young: Effort, S. 373 f.

[188] Die deutschen Anleihen wurden überwiegend nach dem Tauschhandelsprinzip organisiert: China zahlte in Rohstoffen.

[189] Endicott, Diplomacy and Enterprise, S. 138–45.

[190] Ausführlich dazu Osterhammel: Imperialismus, S. 367–82.

[191] Ebd., S. 382 ff.; David G. Brown, Partnership with China: Sino-Foreign Joint Ventures in Historical Perspective, Boulder, Col. 1986, S. 49 ff; William C. Kirby, Joint Ventures, Technology Transfer and Technocratic Organization in Nationalist China, 1928–1949, in: RC 12 (1987), S. 3–21.

[192] Thorne: Allies, S. 563.

[193] Grover Clark, The Great Wall Crumbles, New York 1935, S. 353.

15. Untergang und Übergang:
Krieg, Bürgerkrieg und revolutionärer Sieg (1937–1949)

[1] Gegen solche Euphemismen hat China stets heftig reagiert, etwa im «Schulbuchstreit» vom Sommer 1982. In Japan hat besonders Ienaga Saburô gegen die beschönigende Darstellung der jüngeren Vergangenheit gekämpft. Vgl. sein wichtiges Buch Japan's Last War: World War II and the Japanese, 1931–1945, Oxford 1979 (zuerst japanisch 1968). Über die chinesische Forschung zum Krieg 1937–45 unterrichtet: Huang Meizhen u. a., Jianguo yilai Kang-Ri Zhanzheng shi yanjiu shuping [Forschungen zur Geschichte des Widerstandskrieges gegen Japan seit 1949], in: Minguo dang'an [Republikanische Archive] 1987/4, S. 95–110.

[2] Vgl. Nieh Yu-hsi, Die Entwicklung des chinesisch-japanischen Konfliktes in Nordchina und die deutschen Vermittlungsbemühungen 1937–1938, Hamburg 1970, S. 143 ff. Nichts Neues bei Carl-Adolf Maschke, Friedensfühler. Die deutsche Vermittlung im chinesisch-japanischen Konflikt 1931–1941, phil. Diss. München 1980. Über die Rolle von Amerikanern und Briten immer noch maßgebend: Dorothy Borg, The United States and the Far Eastern Crisis of 1933–1938, Cambridge, Mass. 1964.

[3] Dies hat nachgewiesen: James B. Crowley, A Reconsideration of the Marco Polo Bridge Incident, in: JAS 22 (1963), S. 277–91. Den Hergang schildert auch Hata Ikuhiko, The Marco Polo Bridge Incident, 1937, in Morley: Quagmire, S. 243–54.

[4] John W. Garver, Chiang Kai-shek's Quest for Soviet Entry into the Sino-Japanese War, in: PSQ 102 (1987), S. 297, 306–15.

[5] Vgl. Marc R. Peattie, Ishiwara Kanji and Japan's Confrontation with the West, Princeton 1975, S. 294–303.

[6] Zit. in Michael A. Barnhart, Japan Prepares for Total War: The Search for Economic Security, 1919–1941, Ithaca/London 1987, S. 89.

[7] David Lu, Introduction, in Morley: Quagmire, S. 236.

[8] «Government by acquiescence». Nish: Japanese Foreign Policy, S. 222.

[9] Zur Eskalation im Spätsommer 1937 vgl. Tong Te-kong, China's Decision for War: The Lukouchiao Incident, in: Gary L. Ulmen (Hrsg.), Society and History: Essays in Honor of Karl August Wittfogel, Den Haag 1978, S. 411–36; Iriye: Second World War, S. 41–44.

[10] Ch'i Hsi-sheng, Nationalist China at War: Military Defeats and Political Collapse, 1937–45, Ann Arbor 1982, S. 42, 48. Zur militärischen Geschichte des Krieges daneben immer noch F. F. Liu, A Military History of Modern China, 1924–1949, Princeton 1956. Populärwissenschaftlich, aber in der Regel zuverlässig: Dick Wilson, When Tigers Fight: The Story of the Sino-Japanese War 1937–45, London 1982 (hier S. 36, 46).

[11] Besonders scharfe, aber weitgehend berechtigte Kritik am Oberkommandierenden Jiang Kaishek übte einer der später erfolgreichsten Feldherren der Nationalarmee,

General Li Zongren: Tong Te-kong/Li Tsung-jen, The Memoirs of Li Tsung-jen, Boulder, Col. 1979, S. 324ff. (auch sonst eine wichtige Quelle zur Geschichte der Republik!).

[12] John W. Dower, War without Mercy: Race and Power in the Pacific War, New York 1986, S. 43, 326, Anm. 26. Die grausigen Details schildert David Bergamini, Japan's Imperial Conspiracy, London 1971, S. 3–48.

[13] Lloyd E. Eastman, Nationalist China during the Sino-Japanese War 1937–1945, in CHOC, Bd. 13, S. 562f.

[14] Die Fluchterfahrung und ihre biographische Bedeutung für viele Kader nach 1949 untersuchen John Israel/Donald W. Klein, Rebels and Bureaucrats: China's December 9ers, Berkeley 1976, S. 137ff. Vgl. auch John Israel, Random Notes on Wartime Chinese Intellectuals, in: RC 9:3 (April 1984), S. 1–14.

[15] Erst seit August 1941 besaß Chongqing eine einigermaßen taugliche Luftabwehr. Vgl. Harold S. Quigley, Far Eastern War, New York 1943, S. 78f.

[16] Ausführlich Wilson, Tigers, S. 86–113.

[17] Eastman, Nationalist China, S. 566.

[18] Eine Typologie japanischer Kontrolle entwickelt Lincoln Li, The Japanese Army in North China, 1937–1941, Tokio 1975, S. 9f.

[19] Vgl. dazu eine der besten Arbeiten aus der bislang eher kargen Literatur zur Mikrogeschichte der Kriegsperiode: Lloyd E. Eastman, Facets of an Ambivalent Relationship: Smuggling, Puppets, and Atrocities during the War, 1937–1945, in Iriye: Chinese, S. 275–303, hier 275–84. Über die Verhältnisse in einer Provinz, in der sich Guomindang, KPCh, relativ unabhängige Warlords und japanische Okkupanten ablösten, vgl. Graham Hutchings, A Province at War: Guangxi during the Sino-Japanese Conflict, 1937–45, in: CQ 108 (1986), S. 652–79. Über das Ausmaß von Schmuggel und Schwarzmarkt und die Beteiligung hoher Guomindang-Funktionäre daran im Sommer 1944 berichtet ein belgischer Diplomat: Robert Rothschild, La chute de Chiang Kaï-shek: souvenirs d'un diplomate en China (1944–1949), Paris 1972, S. 63f. (übrigens der vielleicht beste westliche Augenzeugenbericht aus dieser Zeit, unbelastet von den diversen Chinamythen, die amerikanischen Beobachtern oft die Sicht trübten). Über die ökonomische Lage auf dem Lande vgl. Joachim Durau, Die chinesische Landwirtschaft während des antijapanischen Krieges (1937–1945), in: Bernd Martin/Alan S. Milward (Hrsg.), Agriculture and Food Supply in the Second World War, Stuttgart 1985, S. 242–68.

[20] Dazu gibt es zwei vorzügliche Monographien: John Hunter Boyle, China and Japan at War, 1937–1945: The Politics of Collaboration, Stanford 1972; Gerald E. Bunker, The Peace Conspiracy: Wang Ching-wei and the China War, 1937–1941, Cambridge, Mass. 1972. Aus japanischer Sicht: Usui Katsumi, The Politics of War, 1937–1941, in Morley: Quagmire, S. 309–435, hier 379–404. Die Beurteilung dieser chinesischen «Kollaborateure» ist umstritten: Waren sie schlichtweg «Landesverräter» oder haben sie «Schlimmeres verhindert»? Eine abwägende Einschätzung versucht Susan H. Marsh, Chou Fo-hai: The Making of a Collaborator, in Iriye: Chinese, S. 304–27.

[21] Vgl. Yao Hongzhuo, Kang-Ri Zhanzheng qianye diguozhuyi dui Tianjin fangzhi gongye de jianbing [Die imperialistische Annexion der Textilindustrie von Tianjin, ca. 1930–37], in: LSJX 1982/6, S. 19.

[22] Li, The Japanese Army in North China, S. 123f., 130f.; Nakamura Takafusa, Japan's Economic Thrust into North China, 1933–1938: Formation of the North China Development Corporation, in Iriye: Chinese, S. 243, 246f.; Buck: Urban Change, S. 192.

[23] Usui, The Politics of War, S. 429.

[24] Wu: Diguozhuyi, S. 165.

[25] Zhongguo renmin daxue zhengzhi jingji xuexi [Fakultät für Politische Ökonomie

an der Chinesischen Volksuniversität], Zhongguo jindai jingji shi [Geschichte der chinesischen Wirtschaft, 1840–1949], Beijing 1978, Bd. 2, S. 120.

[26] Vgl. Ch'en Kang, Changes at the Shanghai Harbor Docks, in: Chinese Sociology and Anthropology 5:3 (Frühjahr 1973), S. 70f.; 7:2 (Winter 1974/75), S. 7ff.; Shanghai shehui kexueyuan jingji yanjiusuo [Ökonomisches Forschungsinstitut der Akademie der Sozialwissenschaften zu Shanghai], Jiangnan Zaochuanchang chang shi [Geschichte der Jiangnan-Werft 1865–1949], Shanghai 1983, S. 236–42.

[27] Zhongguo renmin daxue, Zhongguo jindai jingji shi, Bd. 2, S. 121; Emily Honig, Sisters and Strangers: Women in the Shanghai Cotton Mills, 1919–1949, Stanford 1986, S. 30f., 36.

[28] Prasenjit Duara, Culture, Power, and the State: Rural North China, 1900–1942, Stanford 1988, S. 240f.; Li, The Japanese Army, S. 145f. Zu den Methoden einer wenig erfolgreichen «rural economic control» ebd., S. 153–81. Die Stellung Nordchinas in der gesamten Besatzungsökonomie beschreibt eine immer noch wertvolle zeitgenössische Studie: Kate L. Mitchell, Industrialization of the Western Pacific, New York 1942, S. 142ff., bes. 146–48.

[29] Die Geschichte der KP Chinas während des Krieges – ein ungeheuer komplexes Thema – ist nicht Gegenstand dieses Buches. Wichtige Monographien (mit oft ganz konträren Interpretationen) sind: Chalmers Johnson, Peasant Nationalism and Communist Power: The Emergence of Revolutionary China, 1937–1945, Stanford 1963; Mark Selden, The Yenan Way in Revolutionary China, Cambridge, Mass. 1971; Peter Schran, Guerilla Economy: The Development of the Shensi-Kansu-Ninghsia Border Region, 1937–1945, Albany, N. Y. 1976; Kataoka Tetsuya, Resistance and Revolution in China: The Communists and the Second United Front, Berkeley 1974; Claudia Lux, Der politisch-ökonomische Entscheidungsprozeß in China 1937–1945. Die Yan'an-Periode, Bochum 1986; Shum Kui-kwong, The Chinese Communists' Road to Power: The Anti-Japanese National United Front, 1935–1945, Oxford 1988, S. 105–230. Überragend jetzt Chen Yung-fa, Making Revolution: The Communist Movement in Eastern and Central China, 1937–1945, Berkeley 1986, und Dagfinn Gatu, Toward Revolution: War, Social Change and the Chinese Communist Party in North China 1937–45, Stockholm 1983. Eine vorzügliche Einführung gibt Lyman Van Slyke, The Chinese Communist Movement during the Sino-Japanese War 1937- 1945, in CHOC, Bd. 13, S. 609–722. Auf deutsch am besten Harrison: Marsch, Kap. 13–17. Zur militärischen Macht der KPCh vgl. Hektor Meyer, Die Entwicklung der kommunistischen Streitkräfte in China 1927 bis 1949. Dokumente und Kommentar, Berlin 1982, S. 240–499. Klassisch ist der 1937 veröffentlichte Dokumentarbericht des amerikanischen Journalisten Edgar Snow, der 1936 die Kommunisten in Yan'an aufsuchte: Roter Stern über China, Frankfurt a. M. 1974. Zu Entstehung und Wirkung von «Red Star over China»: John Maxwell Hamilton, Edgar Snow: A Biography, Bloomington, Ind. 1988, S. 60ff. Weniger einflußreich, aber nicht weniger lehrreich: Agnes Smedley, China Fights Back, London 1939. Über Smedley und andere Journalisten vgl. die faszinierende Studie Stephen R. MacKinnon/Oris Friesen, China Reporting: An Oral History of American Journalism in the 1930s and 1940s, Berkeley 1987.

[30] Van Slyke, The Chinese Communist Movement, S. 621.

[31] Mao hatte gefordert, der Partisan solle sich im Volke bewegen wie der Fisch im Wasser. Zur Strategie des Guerillakrieges vgl. seine berühmten Schriften vom Mai 1938: «Strategische Probleme des Partisanenkrieges gegen die japanische Aggression» und «Über den langwierigen Krieg», in: Mao Tse-tung, Ausgewählte Werke, Bd. 2, Beijing 1968, S. 83–228.

[32] Über den Aufstieg Maos zur unbestrittenen und bald auch durch Personenkult glorifizierten Führer- und Lehrerfigur in der KPCh vgl. Raymond F. Wylie, The Emergence of Maoism: Mao Tse-tung, Ch'en Po-ta, and the Search for Chinese Theory, 1935–1945, Stanford 1980 (chronologisch anschließend an das beste westliche

Buch über das Denken des frühen Mao: Brantly Womack, The Foundations of Mao Zedong's Political Thought, 1917–1935, Honolulu 1982). Auch Mechtild Leutner, Die Diskussion um die «Sinisierung» in der Zeit des anti-japanischen Widerstandskrieges. Ein Beitrag zur Modernisierung Chinas im ideologischen Bereich, in: BJOAF 2 (1978), S. 23–53. Umstritten ist immer noch, ab wann von Maos machtpolitischer Durchsetzung innerhalb der Partei die Rede sein kann. Meist wird sie auf die Zunyi-Konferenz des Politbüros der KPCh im Januar 1935 datiert. So jetzt Hu Chi-hsi, L'Armée Rouge et l'ascension de Mao, Paris 1982, S. 85 ff. Daß Zunyi aber nur eine Zwischenetappe war, zeigt Thomas Kampen, The Zunyi Conference and Further Steps in Mao's Rise to Pover, in: CQ. 117 (1989), S. 118–34. Aus der deutschsprachigen Mao-Literatur Thomas Scharping, Mao Chronik. Daten zu Leben und Werk, München 1976; Ross Terrill, Mao. Eine Biographie, Hamburg 1981; Tilemann Grimm, Mao Tse-tung, Reinbek 1968. Die maßgebliche Darstellung von Maos Denken ist Stuart Schram, Mao Tse-tung's Thought to 1949, in CHOC, Bd. 13, S. 789–870.

33 Miners: Hong Kong, S. 26.

34 G. B. Endacott, Hong Kong Eclipse, Hongkong 1978, S. 11 f., 23 f.; Chiu: Hong Kong, S. 62 f.

35 Zu dieser «Tianjin-Krise» ausführlich: Peter Lowe, Great Britain and the Origins of the Pacific War: A Study of British Policy in East Asia, 1937–1941, Oxford 1977, S. 72–102.

36 Nicholas R. Clifford, Retreat from China: British Policy in the Far East, 1937–1941, London 1967, S. 147 (vor der Öffnung der Archive geschrieben, aber als Analyse durch Lowe, Great Britain, noch nicht völlig überholt).

37 Die Szene beschreibt der damalige Korrespondent der New York Times: Hallett Abend, My Years in China, 1926–1941, London 1944, S. 267.

38 Zum Konzept der maritimen «forelands» vgl. G. G. Weigend, Some Elements in the Study of Port Geography, in: GR 48 (1958), S. 195.

39 Reichliches Material in: Robert W. Barnett, Economic Shanghai: Hostage to Politics, 1937–1941, New York 1941; Wei Dazhi, Shanghai «gudao jingji fanrong» shimo [Anfang und Ende des «Booms» Shanghais als einer «isolierten Insel»], in: FDXB 1985/4, S. 109–13. Wei setzt das Ende des Booms für Anfang 1941 an. Zu den Profiten britischer Firmen vgl. Osterhammel: British Business, S. 211.

40 Hallett Abend, Chaos in Asia, New York 1939, S. 27.

41 Zum Kriegsbeginn ausführlich Peter Herde, Pearl Harbor, 7. Dezember 1941. Der Ausbruch des Krieges zwischen Japan und den Vereinigten Staaten und die Ausweitung des europäischen Krieges zum Zweiten Weltkrieg, Darmstadt 1980; Frank P. Mintz, Revisionism and the Origins of Pearl Harbor, Lanham 1985. Enzyklopädisch ist Dorothy Borg/Okamoto Shumpei (Hrsg.), Pearl Harbor as History: Japanese-American Relations 1931–1941, New York 1973. Über die lange Vorgeschichte der pazifischen Expansionspläne Japans vgl. John J. Stephan, Hawaii under the Rising Sun: Japan's Plans for Conquest after Pearl Harbor, Honolulu 1984, S. 55–88. Zur Forschungslage bis in die 1970er Jahre vgl. Bernd Martin, Japan und der Krieg in Ostasien. Kommentierender Bericht über das Schrifttum, in: HZ. Sonderheft 8, München 1980, S. 79–220.

42 Endacott, Hong Kong Eclipse, S. 102. Einen dramatischen Dokumentarbericht gibt Oliver Lindsay, The Lasting Honour: The Fall of Hong Kong, 1941, London 1978. Über die Behandlung der Briten durch die Besatzungsmacht vgl. ders., At the Going Down of the Sun: Hong Kong and South-East Asia 1941–1945, London 1981. Über den Untergrundkampf gegen die Japaner vgl. Edwin Ride, BAAG: Hong Kong Resistance 1942–1945, Hongkong 1981. BAAG war die British Army Aid Group.

43 Endacott, Hong Kong Eclipse, S. 103.

44 Lynn T. White III, Non-Governmentalism in the Historical Development of Modern Shanghai, in: Laurence J. C. Ma/Edward W. Hanten (Hrsg.), Urban Development in Modern China, Boulder, Col. 1981, S. 50.

[45] K. C. Chan, The Abrogation of British Extraterritoriality in China 1942–43: A Study of Anglo-American-Chinese Relations, in: MAS 11 (1977), S. 257–91. Aufstieg und Fall des Treaty-Systems überblickt im historischen Längsschnitt Qian Tai, Zhongguo bupingdeng tiaoyue zhi yuanqi ji qi feichu zhi jingguo [Entstehung und Abschaffung der ungleichen Verträge in China], Taibei 1961.

[46] Eine Übersicht über die einzelnen bilateralen Vereinbarungen gibt Tung: Powers, S. 324.

[47] Gull: Interests, S. 177.

[48] Tsien Tai, China and the Nine Power Conference at Brussels in 1937, New York 1964; Bradford A. Lee, Britain and the Sino-Japanese War, 1937–1939: A Study in the Dilemmas of British Decline, Stanford 1973, S. 50–78. Ein wichtiger Zweck der Konferenz, nach Anthony Edens späterem Urteil sogar der wichtigste (ebd., S. 71), war die Befestigung der anglo-amerikanischen Solidarität; China war dafür ein eher beliebiger Anlaß.

[49] Englischer Text in Chinese Ministry of Information, China Handbook 1937–1944: A Comprehensive Survey of Major Developments in China in Seven Years of War, Chongqing 1944, S. 109f.

[50] Grundlegend ist jetzt John W. Garver, Chinese-Soviet Relations, 1937–1945: The Diplomacy of Chinese Nationalism, New York 1988, (S. 37–50 zur sowjetischen Hilfe an China 1937–39). Garver verwendet allerdings keine russischen Quellen. Deswegen immer noch nützlich: Jonathan Haslam, Soviet Aid to China and Japan's Place in Moscow's Foreign Policy, 1937–1939, in: Ian H. Nish (Hrsg.), Some Aspects of Soviet-Japanese Relations in the 1930s, London 1982, S. 35–58 (S. 38f. zusammenfassend zur sowjetischen Hilfe); V. I. Achkasov/M. F. Jur'ev, China's War of National Liberation and the Defeat of Imperialist Japan: The Soviet Role, in: Soviet Studies in History 24 (Winter 1985/86), S. 39–68, bes. 43–48. Allein auf gedrucktes englischsprachiges Material stützt sich Siegfried Thielbeer, Revolution oder Kollektive Sicherheit. Stalin, Mao und die Großmächte, Baden-Baden 1986, S. 203–43.

[51] Michael Schaller, The U. S. Crusade in China, 1938–1945, New York 1979, S. 27–29.

[52] Zit. in Margaret B. Denning, The Sino-American Alliance in World War II, Bern 1986, S. 33.

[53] Reiche Details in Arthur N. Young, China and the Helping Hand, 1937–1945, Cambridge, Mass. 1963, passim; ders., China's Wartime Finance and Inflation, 1937–1945, Cambridge, Mass. 1965, S. 97–108, 118–20.

[54] Daten in Mira Wilkins, The Role of U. S. Business, in: Borg/Okamoto (Hrsg.), Pearl Harbor as History, S. 371.

[55] Dazu grundlegend Gerhard Krebs, Japans Deutschlandpolitik 1935–1941. Eine Studie zur Vorgeschichte des Pazifischen Krieges, 2 Bde., Hamburg 1984.

[56] Die maßgebliche Darstellung ist jetzt Iriye: Second World War, passim. In Kurzform auch ders., Japanese Aggression and China's International Position 1931–1949, in: CHOC, Bd. 13, S. 492–546, hier 519–30 über die Periode 1937–41.

[57] Dies tut meisterhaft Thorne: Issue, ein Muster für eine der «histoire totale» angenäherte neue Diplomatiegeschichtsschreibung. Wichtig und anregend daneben für eine engere Thematik: Iriye Akira, Power and Culture: The Japanese-American War 1941–1945, Cambridge, Mass. 1981. Verläßliche Militärgeschichte konventionellen Typs bieten Basil Collier, The War in the Far East, London 1970, und Peter Calvocoressi/Guy Wint, Total War: Causes and Courses of the Second World War, London 1972, S. 573–890. Neuere journalistische (und z. T. recht anfechtbare) Darstellungen sind Edwin P. Hoyt, Japan's War: The Great Pacific Conflict, 1853–1952, London 1986; Michael Montgomery, Imperialist Japan: The Yen to Dominate, London 1987, S. 371ff.

[58] Auch hier bewährt sich selbstverständlich eine multinationale Sichtweise. Sie findet sich erfolgreich exemplifiziert bei Louis Allen, The End of the War in Asia, London

1976, sowie für die anschließenden Jahre bei François Joyaux, La nouvelle question d'Extrême-Orient: L'ère de la guerre froide (1945–1959), Paris 1985, S. 19–136.
    [59] Robert J. C. Butow, Japan's Decision to Surrender, Stanford 1954, S. 154; George Alexander Lensen, The Strange Neutrality: Soviet-Japanese Relations during the Second World War 1941–1945, Tallahassee, Fla. 1972, S. 156.
    [60] Alvin D. Coox, Recourse to Arms: The Sino-Japanese Conflict, 1937–1945, in Coox/Conroy: China, S. 304.
    [61] Eastman, Nationalist China, S. 581. Ausführlich zu der Operation: Ch'i, Nationalist China at War, S. 68–81.
    [62] Eine Quelle des politischen Prestigeverlusts war die völlige Unfähigkeit des Regimes, in seinem Herrschaftsbereich Hungersnöte zu verhindern oder zu lindern: eine der klassischen Funktionen des chinesischen Staates. Vgl. den Bericht eines amerikanischen Diplomaten über den Hunger in Henan 1942: Joseph W. Esherick (Hrsg.), Lost Chance in China: The World War II Dispatches of John S. Service, New York 1974, S. 9–19.
    [63] Über die Koalitionsregierung (24. April 1945), in: Mao Tse-tung, Ausgewählte Werke, Bd. 3, Beijing 1968, S. 250, 313.
    [64] «Plötzlich» war der Zusammenbruch natürlich nur in längerer historischer Perspektive. In der Praxis gab es Ausnahmen. Erst im November 1946 wurden die letzten japanischen Verbände in China entwaffnet. An vielen Orten bestanden nach der Kapitulation japanische und Kollaborationsverwaltungen noch eine Weile fort, viele von ihnen mit einem Interimsmandat der Guomindang. Vgl. Philip R. Piccigallo, The Japanese on Trial: Allied War Crimes Operations in the East, 1945–1951, Austin 1979, S. 158.
    [65] Vgl. Thorne: Allies, Kap. 7, 8, 13, 14, 20, 21, 27, 28; Wm. Roger Louis, Imperialism at Bay, 1941–1945: The United States and the Decolonization of the British Empire, Oxford 1977; John J. Sbrega, Anglo-American Relations and Colonialism in East Asia, 1941–1945, New York 1983.
    [66] Thorne: Allies, S. 552, 559.
    [67] Aron Shai, Britain and China 1941–47: Imperial Momentum, London 1984, S. 106–24; Chan Lau Kit-ching, The Hong Kong Question during the Pacific War (1941–45), in: JICH 2 (1973/74), S. 56–78; Steve Yui-sang Tsang, Democracy Shelved: Great Britain, China, and Attempts at Constitutional Reform in Hong Kong, 1945–1952, Hongkong 1988, S. 14–20.
    [68] Berechnung nach Daten in: G. V. Kitson, Memorandum «The British Position in China», 21. Januar 1947. Public Record Office London, FO 371/63282 (F846).
    [69] China Association, Annual Report 1950–51, London 1951, S. 2 (unveröffentlicht). School of Oriental and African Studies London, China Association Archives.
    [70] Shai, Britain and China, S. 151 f.; ders., Britain, China and the End of Empire, in: JCH 15 (1980), S. 295 f. Zum währungspolitischen Kontext vgl. Allister E. Hinds, Sterling and Imperial Policy, 1945–1951, in: JICH 15 (1987), S. 148–69.
    [71] Die Unfähigkeit des Regimes und seiner Sicherheitsorgane, nach 1945 trotz einer akuten Wirtschaftskrise die städtische Arbeiterschaft zu disziplinieren, gehört zu den deutlichsten Symptomen der Schwäche der Guomindang während der letzten Phase ihrer Herrschaft. Vgl. dazu Suzanne Pepper, Civil War in China: The Political Struggle, 1945–1949, Berkeley 1978, S. 98–112. Eine etwas vorsichtigere Einschätzung bei Gail Hershatter, The Workers of Tianjin, 1900–1949, Stanford 1986, S. 229–37.
    [72] Die wirtschaftspolitischen Alternativen nach 1945 erläutern sehr klar zwei zeitgenössische Kenner der Hintergründe: Wu Yuan-li, China's Economic Policy: Planning or Free Enterprise?, New York 1946, bes. S. 40 ff.; D. K. Lieu, China's Economic Stabilization and Reconstruction, New Brunswick 1948, S. 22 ff.
    [73] Detailliert auf der Basis von Archivquellen: Cheng Linsun, Lun Kang-Ri Zhanzheng shiqi ziliao weiyuanhui de qiye huodong ji qi lishi zuoyong [Die unternehmerischen Aktivitäten der Nationalen Ressourcenkommission 1937–45 und ihre historische

Funktion], in: Zhongguo jindai jingji shi yanjiu ziliao [Forschungsmaterialien zur modernen chinesischen Wirtschaftsgeschichte], Bd. 5, Shanghai 1986, S. 1–26.
[74] Consul-General, Shanghai, an Foreign Office, 22. Februar 1949. Public Record Office London, FO 371/75864 (F3530).
[75] Robert Dallek, Franklin D. Roosevelt and American Foreign Policy, 1932–1945, New York 1979, S. 389. Chinas ständige Mitgliedschaft im Sicherheitsrat der UNO ist das sichtbarste Resultat dieser Rooseveltschen Idee.
[76] Iriye, Japanese Aggression, S. 532 f.
[77] Keith Sainsbury, The Turning Point: Roosevelt, Stalin, Churchill, and Chiang Kai-Shek. The Moscow, Cairo, and Teheran Conferences, Oxford 1985, Kap. 5–7.
[78] Dazu Lloyd E. Eastman, Seeds of Destruction: Nationalist China in War and Revolution, 1937–1949, Stanford 1984, Kap. 1–6 (am besten Kap. 2, S. 45–70); systematischer: ders., Nationalist China, S. 566–75, 584–92, 601–8. Der eher günstige Tenor der Beiträge in Paul K. T. Sih (Hrsg.), Nationalist China during the Sino-Japanese War, 1937–1945, Hicksville, N. Y. 1977, kann Eastmans kritische Beurteilung nicht entkräften. Den besten Eindruck von den Lebensbedingungen in Guomindang-China während des Krieges vermittelt immer noch die zeitgenössische Reportageliteratur, vor allem Graham Peck, Two Kinds of Time, New York 1950; Theodore H. White/Annalee Jacoby, Donner aus China, Reinbek 1949; Lily Abegg, Chinas Erneuerung. Der Raum als Waffe, Frankfurt a. M. 1940; Edgar Snow, Scorched Earth, 2 Bde., New York 1941; Agnes Smedley, Battle Hymn of China, London 1944.
[79] Über Stilwell: Barbara W. Tuchman, Sand gegen den Wind. Amerika und China 1911–1945, Stuttgart 1973 (der genauere Originaltitel lautet: Stilwell and the American Experience in China, 1911–1945); Schaller, The U. S. Crusade, S. 94 ff., 125 ff. Die Anti-Jiang-Diplomaten wurden teilweise während der Hexenjagden der McCarthy-Zeit (1950–54) verfolgt, dann aber spätestens während der Debatten um den Vietnamkrieg rehabilitiert. Seitdem ist über sie viel geschrieben worden. Eine Zusammenfassung (mit Bibliographie) gibt Paul G. Lauren (Hrsg.), The China Hands' Legacy: Ethics and Diplomacy, Boulder, Col. 1987 (dort bes. S. 1–36 die Einleitung des Herausgebers). Die wichtigste Quellenedition ist Esherick (Hrsg.), Lost Chance in China.
[80] David D. Barrett, Dixie Mission: The United States Army Observer Group in Yenan, 1944, Berkeley 1970.
[81] Gittings: World, S. 90. Zu diesen frühen Kontakten vorzüglich James Reardon-Anderson, Yenan and the Great Powers: The Origins of Chinese Communist Foreign Policy, 1944–1946, New York 1980.
[82] Thorne: Allies, S. 567.
[83] Schaller, The U. S. Crusade, S. 190 f.
[84] Dies zeigt besonders Kenneth S. Chern, Dilemma in China: America's Policy Debate, 1945, Hamden, Conn. 1980.
[85] Schaller, The U. S. Crusade, S. 211; Diane Shaver Clemens, Yalta, London 1970, S. 250–52 ; Peter M. Kuhfus, Die Risiken der Freundschaft. China und der Jalta-Mythos, in: BJOAF 7 (1984), S. 247–86 (beleuchtet Jiangs keineswegs passive Rolle in der «Fernost-Schattendiplomatie», S. 275).
[86] Als Überblick: Heinz Brahm, Die fernöstliche Einflußsphäre der UdSSR, 1945–1949, in: Dietrich Geyer (Hrsg.), Osteuropa-Handbuch. Sowjetunion. Außenpolitik 1917–1955, Köln 1972, S. 572–81.
[87] Steven I. Levine, Anvil of Victory: The Communist Revolution in Manchuria, 1945–1948, New York 1987, S. 30 f.
[88] Rundschreiben über die Lage, in: Mao Tse-tung, Ausgewählte Werke, Bd. 4, Beijing 1968, S. 233.
[89] Als Interpretationsversuche vgl. Jürgen Domes, The Emergence of the People's Republic of China, in Chiu Hungdah/ Leng Shao-chuan (Hrsg.), China: Seventy Years after the 1911 Hsin-hai Revolution, Charlottesville, Va. 1984, S. 58–83; Suzanne Pepper,

The KMT-CCP Conflict 1945–1949, in CHOC, Bd. 13, S. 723–88. Zur Militärge-schichte des Bürgerkrieges noch immer am besten die Bücher zweier französischer Generäle: Lionel Max Chassin, The Communist Conquest of China: A History of the Civil War 1945–49, London 1965; Jacques Guillermaz, Histoire du parti communiste chinois (1921–1949), Paris 1968, S. 367–415.

[90] Die chinesische Literatur unterscheidet diesen umfassenden Bürgerkrieg (*quanmian neizhan*), der seit Juni 1946 im Gange war, zu Recht von den bürgerkriegsähnlichen Beziehungen zwischen Guomindang und KPCh, wie sie seit 1941 bestanden hatten. Etwa Huang: Xiandai shi, Bd. 2, S. 292.

[91] Der erste «revolutionäre Bürgerkrieg» war danach 1926/27 der Nordfeldzug der Ersten Einheitsfront gegen die Warlords, der zweite die Auseinandersetzungen zwischen Guomindang und KPCh 1927–1937. So zuletzt etwa Xiao: Geming shi.

[92] Gittings: World, S. 117f., mit anschaulicher Karte auf S. 118.

[93] Ebd., S. 124f.; G. K. Pickler, United States Aid to the Chinese Nationalist Air Force, 1931–1949, Ph. D. thesis, Florida State University 1971, S. 332ff., 428.

[94] Vgl. Pepper, Civil War, S. 52–58.

[95] Stilwell pflegte seinen nominellen Chef Jiang Kaishek intern nur «die Erdnuß» zu nennen. Im Juli 1944 notierte er: «Das Heilmittel für Chinas Probleme ist die Eliminie-rung Jiang Kaisheks.» Theodore H. White (Hrsg.), The Stilwell Papers, New York 1948, S. 321.

[96] Schließlich kam es so weit, daß die Bewohner ganzer Dörfer flüchteten, wenn Jiang Kaisheks Konskriptionstrupps nahten. Diese gingen dann dazu über, nachts Dörfer zu überfallen und die männlichen Einwohner in den Militärdienst zu pressen. Die Wohlha-benden konnten sich und ihre Söhne selbstverständlich freikaufen. Vgl. Eastman, Seeds of Destruction, S. 80f.

[97] United States Relations with China. With Special Reference to the Period 1944–1949, Washington, D. C. 1949, Neuausgabe u. d. T. The China White Paper, August 1949, with a New Introduction by Lyman P. Van Slyke, 2 Bde., Stanford 1967, Bd. 1, S. 350 (fortan: China White Paper).

[98] Ebd., Bd. 1, S. 338.

[99] So die Interpretation bei Levine, Anvil of Victory, S. 79.

[100] Ebd., S. 132.

[101] Interessanterweise ist in dem sowjetischen Standardwerk über chinesisch-russische Wirtschaftsbeziehungen für die Jahre 1946–49 von sowjetischen Beziehungen zu den chinesischen *Kommunisten* überhaupt nicht die Rede. Vgl. Sladkovskij: Relations, S. 221–31. Die wichtigste zivile Hilfe bestand wohl im teilweisen Wiederaufbau der mandschurischen Eisenbahnen, an deren Funktionieren die Sowjetunion freilich selbst interessiert war. Vgl. Details bei O. B. Borissow/B. T. Koloskow, Sowjetisch-chinesi-sche Beziehungen 1945–1970, Berlin (DDR) 1973, S. 38–40.

[102] Rede auf der Chengdu-Konferenz, 10. März 1958, in: Helmut Martin (Hrsg.), Mao intern. Unveröffentlichte Schriften, Reden und Gespräche Mao Tse-tungs 1949–1971, München 1974, S. 38.

[103] Zum folgenden China White Paper, Bd. 1, S. 354–409; Gittings: World, S. 125f.; Pepper, Civil War, S. 53.

[104] So im September 1947 Stilwells Nachfolger Generalleutnant Albert C. Wede-meyer im Bericht über seine China-Mission an den Präsidenten, in: China White Paper, Bd. 2, S. 769. Über die Entstehung dieses Berichts vgl. William Whitney Stueck, Jr., The Wedemeyer Mission: American Politics and Foreign Policy during the Cold War, Athens, Ga. 1984, S. 29ff., 70ff. Über Wedemeyers Funktion als Oberbefehlshaber der amerikanischen Truppen in China 1944–46 vgl. Keith E. Eiler (Hrsg.), Wedemeyer on War and Peace, Stanford 1987.

[105] Über diese «China Aid Bill» und ihre Folgen vgl. Tang Tsou, America's Failure in China 1941–1950, Chicago 1963, S. 470–86. Neue Forschungen zeigen, daß die Bill teils

ein Sieg der Pro-Jiang-Lobby in Kongreß und Öffentlichkeit war, teils aber auch ein Signal gegenüber Westeuropa und der Sowjetunion, daß die USA ihre Verbündeten auch in schweren Zeiten nicht im Stich lassen würden. Vgl. John H. Feaver, The China Aid Bill of 1948: Limited Assistance as a Cold War Strategy, in: DH 5 (1981), S. 117.

[106] Errechnet nach China White Paper, Bd. 2, S. 1043 f.

[107] Eastman, Seeds of Destruction, S. 160.

[108] Die seriöseste Formulierung dieser Einschätzung findet sich bei Tang, America's Failure in China, eine sehr krude, wissenschaftlich indiskutable Fassung in Anthony Kubek, How the Far East Was Lost, Chicago 1963. Zum Nachleben des Dauermotivs vom «Verlust» Chinas in der politischen Folklore der amerikanischen Rechten vgl. Michael W. Miles, The Odyssey of the American Right, New York 1980, S. 94 ff.

[109] Paul M. Evans, John Fairbank and the American Understanding of Modern China, Oxford 1988, S. 290. Hier auch S. 135–65 eine Darstellung der antikommunistischen Hexenjagd auf liberale amerikanische Chinaexperten. Eine vorzügliche Monographie ist Gary May, China Scapegoat: The Diplomatic Ordeal of John Carter Vincent, Washington, D. C. 1979. Den weiteren Kontext schildert David Caute, The Great Fear: The Anti-Communist Purge under Truman and Eisenhower, London 1978.

[110] Vgl. die Gedanken über eine «verpaßte Chance» 1945 bei Barbara Tuchman, Wenn Mao nach Washington gekommen wäre, in: dies., In Geschichte denken. Essays, Düsseldorf 1982, S. 217–38. Michael Hunt, Mao Tse-tung and the Issue of Accomodation with the United States, 1948–1950, in Borg/Heinrichs: Uncertain Years, S. 195–233, zeigt allerdings, wie eng Maos Handlungsspielraum Ende der 40er Jahre war.

[111] So der plausible Nachweis bei Steven M. Goldstein, Chinese Communist Policy Toward the United States: Opportunities and Constraints, 1944–1950, in Borg/Heinrichs: Uncertain Years, S. 235–78, bes. 260, und Okabe Tatsumi, The Cold War and China, in Nagai/Iriye: Origins. S. 224–51, bes. 241.

[112] Zum Verlauf der Mission (leider ohne Archivquellen und chinesisches Material): Bonner Russell Cohen, Marshall, Mao and Chiang. Die amerikanischen Vermittlungsbemühungen im chinesischen Bürgerkrieg, München 1984. Die Marshall-Mission endete offiziell am 6. Januar 1947. Aber ihr Fehlschlag wurde schon mit dem Ende des letzten Waffenstillstandes zwischen Guomindang und KPCh am 30. Juni 1946 offenbar.

[113] So Marshall in einer persönlichen Erklärung am 7. Januar 1947. China White Paper, Bd. 2, S. 688.

[114] Levine, Anvil of Victory, S. 46–55.

[115] John F. Melby, The Mandate of Heaven: Record of a Civil War, China 1945–49, Toronto 1968, S. 218. Tagebucheintrag vom 6. Januar 1947. Melby war einer der engsten Mitarbeiter Marshalls in China und später Hauptautor des China White Paper von 1949.

[116] Ernest R. May, The Truman Administration and China, 1945–1949, Philadelphia 1975, S. 31. Zu den amerikanischen Alternativen vgl. Russell D. Buhite, Soviet-American Relations in Asia, 1945–1954, Norman, Okla. 1981, S. 59–66; William P. Head, America's China Sojourn: America's Foreign Policy and Its Effects on Sino-American Relations, 1942–1948, Lanham 1983, S. 225–45. Die beste Analyse der US-Chinapolitik von 1947 ist jedoch William Whitney Stueck, Jr., The Road to Confrontation: American Policy toward China and Korea, 1947–1950, Chapel Hill, N. C. 1981, S. 54–72. Zu geringe Berücksichtigung der weltpolitischen Gesamtlage beim neuesten Versuch einer Synthese: Arnold Xiangze Jiang, The United States and China, Chicago 1988, S. 114–33.

[117] Daten zum Marshallplan finden sich in Wilfried Loth, Die Teilung der Welt. Geschichte des Kalten Krieges 1941–1955, München 1980, S. 205 f.

[118] Vgl. Russell D. Buhite, «Major Interests»: American Policy toward China, Taiwan, and Korea, 1945–1950, in: PHR 47 (1978), S. 425–51.

[119] Dies ist in der Forschung noch umstritten. Vgl. die Referate der verschiedenen

Positionen bei Ernest R. May, Military Affairs since 1900, in Cohen: Frontiers, S. 114–16; Akira Iriye, Contemporary History as History: American Expansion into the Pacific since 1941, in: PHR 53 (1984), S. 198–201.

[120] In die verzweigte Diskussion des Kalten Krieges führen ein: Michael Wolffsohn, Die Debatte über den Kalten Krieg. Politische Konjunkturen, historisch-politische Analysen, Opladen 1982; Kenneth W. Thompson, Cold War Theories, Bd. 1: World Polarization, 1943–1953, Baton Rouge, La. 1981; Richard A. Melanson, Writing History and Making Policy, Lanham 1983; Detlef Junker u. a., War der Kalte Krieg unvermeidlich?, in: Aus Politik und Zeitgeschichte B 25/83, 25. Juni 1983; John Lewis Gaddis, The Emerging Post-Revisionist Synthesis on the Origins of the Cold War, in: DH 7 (1983), S. 171–90.

[121] Dazu jetzt grundlegend Michael Schaller, The American Occupation of Japan: The Origins of the Cold War in Asia, New York 1985, bes. Kap. 2 und 4. Zur amerikanischen Okkupation gibt es inzwischen eine umfangreiche Literatur, zuletzt Robert E. Ward/Sakamoto Yoshikazu (Hrsg.), Democratizing Japan: The Allied Occupation, Honolulu 1987. Umstritten ist vor allem die Radikalität der Reformmaßnahmen unter der Okkupation: Neubeginn oder verschleierte Kontinuität? Die Zusammenhänge zwischen dem «Verlust» Chinas und dem Wiederaufbau Japans zeigt auch Robert A. Pollard, Economic Security and the Origins of the Cold War, 1945–1950, New York 1985, S. 168ff.

[122] Marc S. Gallicchio, The Cold War Begins in Asia: American East Asian Policy and the Fall of the Japanese Empire, New York 1988, S. 135.

[123] Brian Crozier, The Man Who Lost China, New York 1976, S. 318.

[124] Kenneth W. Rea/John C. Brewer (Hrsg.), The Forgotten Ambassador: The Reports of John Leighton Stuart, 1946–1949, Boulder, Col. 1981, S. 280. Ein anschauliches Bild von der Stimmung in China am Vorabend der kommunistischen Machtübernahme vermittelt ein Augenzeuge: A. Doak Barnett, China on the Eve of Communist Takeover, New York/London 1963.

[125] David McLean, American Nationalism, the China Myth, and the Truman Doctrine: The Question of Accomodation with Peking, 1949–50, in: DH 10 (1986), S. 38f.

[126] Manfred Vasold, Versäumte Gelegenheiten? Die amerikanische Chinapolitik im Jahr 1949, in: VfZG 31 (1983) S. 246f., 250f., 254–58.

[127] Ritchie Ovendale, Britain, the United States, and the Recognition of Communist China, in: HJ 26 (1983), S. 158; David C. Wolf, «To Secure a Convenience»: Britain Recognizes China, 1950, in: JCH 18 (1983), S. 310, 320.

[128] Die grundlegende Forschungsarbeit ist Nancy Bernkopf Tucker, Patterns in the Dust: Chinese-American Relations and the Recognition Controversy, 1949–1950, New York 1983 (These S. 194). Daneben Warren I. Cohen, Acheson, His Advisers, and China, 1949–1950, in: Borg/Heinrichs: Uncertain Years, S. 13–52; John Lewis Gaddis, Strategies of Containment: A Critical Appraisal of Postwar American National Security Policy, Oxford 1982, S. 68–70.

[129] Vgl. demnächst Wolfgang J. Mommsen (Hrsg.), Dekolonisation und die Politik der Großmächte, Frankfurt a. M. 1989, mit Beiträgen über alle diese Länder. Darin auch Jürgen Osterhammel, Die chinesische Revolution als Prozeß der Dekolonisierung.

[130] Siehe oben Kapitel 14.

[131] Dieses Urteil betrifft nur die politische Kraft, nicht die moralischen und staatsphilosophischen Qualitäten dieser Richtung. Die meisten Vertreter eines «dritten Weges» stellten sich gegen die Guomindang, begrüßten den Sieg der Kommunisten, konnten nach 1949 aber nur noch geringen Einfluß gewinnen und wurden während der Kampagne gegen «rechte Elemente» 1957/58 und dann während der Kulturrevolution (ab 1966) verfolgt. Ein Beispiel ist der bedeutende Politikwissenschaftler Qian Duansheng. Vgl. Boorman/Howard: Dictionary, Bd. 1, S. 376–79, sowie seine Analyse der chinesischen Situation in Ch'ien Tuan-sheng, The Government and Politics of China,

1912–1949, Cambridge, Mass. 1950, bes. Kapitel 18–25. Andere wie Zhang Jiasen (Zhang Junmai, Carsun Chang), einer der Führer der 1944 gegründeten «Demokratischen Liga», gingen ins Exil. Sein Buch «The Third Force in China» (New York 1952) ist die im Westen bekannteste Formulierung des «dritten Weges».

[132] So die landesweiten Proteste vom Mai 1947. Vgl. den Materialienband Wu-erling Yundong ziliao [Dokumente zur Bewegung vom 20. Mai 1947], Teil 1, Beijing 1985.

[133] Zur Eigenart des chinesischen Nationalismus vgl. Tilemann Grimm, Probleme des Nationalismus in China, in: Heinrich August Winkler (Hrsg.), Nationalismus in der Welt von heute, Göttingen 1982, S. 125–39.

[134] «All in all, China was the most momentous, the most explosive, the most damaging issue that Harry Truman confronted as president.» Robert J. Donovan, Tumultuous Years: The Presidency of Harry S. Truman, 1949–1953, New York 1982, S. 66.

[135] Vorzügliche Überblicke über die weltpolitischen Zusammenhänge dieser Jahre geben Loth, Die Teilung der Welt, Kap. 7–9; Joyce und Gabriel Kolko, The Limits of Power: The World and United States Foreign Policy, 1945–1954, New York 1972, Kap. 12–20; Walter LaFeber, America, Russia, and the Cold War, 1945–1980, 4th ed., New York 1980, S. 50–100; Bartlett: Conflict, S. 255–318.

16. Die Volksrepublik China in der Welt
(1949–1989)

[1] Aus der schier unermeßlichen Literatur zur Volksrepublik China können in diesem Kapitel nur einige wenige Werke zitiert werden. Drei hervorragende, in Gegenstandsbereich wie Informationsstand bis in die jüngste Vergangenheit fortgeführte Gesamtdarstellungen sind Maurice Meisner, Mao's China and After: A History of the People's Republic, New York 1986; Marie-Claire Bergère, La République populaire de Chine de 1949 à nos jours, Paris 1987; Jean-Luc Domenach/Philippe Richer: La Chine 1949–1985, Paris 1987. Analytisch weniger durchgearbeitet, aber als Lehrbuch besonders übersichtlich disponiert ist Craig Dietrich, People's China: A Brief History, Oxford 1986. Die großen Linien der politischen Entwicklung zieht ein polnischer Diplomat und Gelehrter: Witold Rodzinski, The People's Republic of China: Reflections on Chinese Political History since 1949, London 1988. Nichts Vergleichbares existiert in deutscher Sprache. Zur Geschichte der chinesischen Innenpolitik bis in die 70er Jahre zwei recht unterschiedliche Interpretationen führender Sachkenner: Jürgen Domes, Die Ära Mao Tsetung. Innenpolitik in der Volksrepublik China, 2. Aufl., Stuttgart 1972; Rainer Hoffmann, Kampf zweier Linien. Zur politischen Geschichte der chinesischen Volksrepublik 1949–1977, Stuttgart 1978. Daneben auch einführend die zeithistorischen Beiträge in Brunhild Staiger (Hrsg.), China, Stuttgart 1980 (= Ländermonographien, Bd. 12), sowie fünf systematisch, nicht historisch angelegte Landeskunden: Jürgen Domes, Politische Soziologie der Volksrepublik China, Wiesbaden 1980; ders., Government and Politics of the People's Republic of China, Boulder, Col. 1985; Werner Pfennig/Helmut Franz/Eckhardt Barthel, Volksrepublik China. Eine politische Landeskunde, Berlin 1983; Oskar Weggel, China. Zwischen Marx und Konfuzius, 2. Aufl. München 1987; Marc Blecher, China: Politics, Economics and Society, London 1986. Zwei anspruchsvolle politikwissenschaftliche Gesamtinterpretationen sind Franz Schurmann, Ideology and Organization in Communist China, 2nd ed., Berkeley 1968, und Lowell Dittmer, China's Continuous Revolution: The Post-Liberation Epoch, 1949–1981, Berkeley 1987. Die gründlichste zeithistorische Quellenstudie, die bisher zur inneren Entwicklung der Volksrepublik vorgelegt wurde, ist Roderick MacFarquhar, The Origins of the Cultural Revolution, 2 Bde., Oxford 1974/1983, 3. Band in Vorbereitung. Enzyklopädisch zur wirtschaftlichen Entwicklung: Carl Riskin, China's Political Economy: The Quest for Development since 1949, Oxford 1987; für die ältere Zeit auch Willy Kraus,

Wirtschaftliche Entwicklung und sozialer Wandel in der Volksrepublik China, Berlin 1979. Zur Außenpolitik im Überblick: Oskar Weggel, Weltgeltung der VR China. Zwischen Verweigerung und Impansionismus, München 1986; François Joyaux, La politique extérieure de la Chine populaire, Paris 1983; Joseph Camilleri, Chinese Foreign Policy: The Maoist Era and Its Aftermath, Seattle 1980. Zur Forschungs- und Literaturlage orientierend auch Jürgen Osterhammel, China in der Weltpolitik der achtziger Jahre, in: NPL 32 (1987), S. 408–21. Eine gute aktuelle Gesamtschau gibt Gerhard Will, Die außenpolitische Entwicklung der Volksrepublik in den achtziger Jahren, in: Aus Politik und Zeitgeschichte B 1/8, 1. Januar 1988, S. 35–45. Zu den Möglichkeiten und Grenzen heutiger Forschungen zur Volksrepublik China vor allem: Thomas Scharping, Probleme der westlichen China-Forschung: Interessen, Quellen und Paradigmen, Köln 1988 (= Berichte des Bundesinstituts für ostwissenschaftliche und internationale Studien, Nr. 14–1988); Michel Oksenberg, Politics Take Command: An Essay on the Study of Post-1949 China, in CHOC Bd. 14, S. 543–90; Kuo Tai-chun/Ramon H. Myers, Understanding Communist China: Communist China Studies in the United States and the Republic of China, 1949–1978, Stanford 1986.

[2] Ein anderer amerikanischer Politologe, Samuel P. Huntington, spricht von «complete revolutions»: Political Order in Changing Societies, New Haven 1968, S. 266.

[3] Freilich war das revolutionäre Frankreich kein ganz unschuldiges Opfer gegenrevolutionärer Intervention. Schon seit Ende 1791 hatten die Jakobiner für einen Präventivschlag gegen die Monarchien agitiert. Die Revolutionskriege begannen formal am 20. April 1792 mit einer französischen Kriegserklärung. Vgl. Michael Wagner, Revolutionskriege und revolutionäre Außenpolitik, in: Rolf Reichardt (Hrsg.), Ploetz: Die Französische Revolution, Freiburg/Würzburg 1988, S. 117 f.

[4] Vgl. die komparative Analyse in Theda Skocpol, Social Revolutions and Military Mass Mobilization, in: WP 40 (1988), S. 147–88, bes. 153, 157.

[5] Datierung nach Richard Lorenz, Sozialgeschichte der Sowjetunion, Bd. 1: 1917–1945, Frankfurt a. M. 1976, S. 95 f.

[6] Meisner, Mao's China, S. 81.

[7] Geoffrey Hosking, A History of the Soviet Union, London 1985, S. 65.

[8] Vgl. Allan K. Wildman, The End of the Russian Imperial Army. Bd. 2: The Road to Soviet Power and Peace, Princeton 1987, S. 36 ff. und passim.

[9] Zahlen nach Hektor Meyer, Die Entwicklung der kommunistischen Streitkräfte in China von 1927 bis 1949. Dokumente und Kommentar, Berlin 1982, S. 32, 523.

[10] Domes, Die Ära Mao Tse-tung, S. 32–34.

[11] Eine wertvolle vergleichende Studie ist Gary G. Hamilton, Regional Associations and the Chinese City: A Comparative Perspective, in: CSSH 21 (1979), S. 346–61.

[12] Mao Tse-tung, Über die Neue Demokratie (Januar 1940), in: ders., Ausgewählte Werke, Bd. 2, Beijing 1968, S. 404 f.

[13] Vgl. Steven M. Goldstein, The Chinese Revolution and the Colonial Areas: The View from Yenan, 1937–1941, in: CQ 75 (1978), S. 621 f.

[14] Dietrich Geyer, Voraussetzungen der sowjetischen Außenpolitik in der Zwischenkriegszeit, in: ders. (Hrsg.), Osteuropa-Handbuch: Sowjetunion. Außenpolitik 1917–1955, S. 30.

[15] Jan Romein, Das Jahrhundert Asiens. Geschichte des modernen asiatischen Nationalismus, Bern 1958, S. 373.

[16] John D. Hargreaves, Decolonization in Africa, London/New York 1988, S. xv (Hervorhebung von mir. J. O.).

[17] David E. Gardinier, Decolonization in French, Belgian and Portuguese Africa: A Bibliographical Essay, in: Prosser Gifford/Wm. Roger Louis (Hrsg.), The Transfer of Power in Africa: Decolonization 1940–1960, New Haven 1982, S. 516.

[18] Vgl. Nikki R. Keddie, Roots of Revolution: An Interpretive History of Modern Iran, New Haven 1981, S. 132–41.

[19] B. R. Tomlinson, Continuities and Discontinuities in Indo-British Economic Relations: British Multinational Corporations in India, 1920–1970, in Mommsen/Osterhammel: Imperialism, S. 163 f.; für die *longue durée* ders., British Business in India 1860–1970, in: R. P. T. Davenport-Hines/Geoffrey Jones (Hrsg.), British Business in Asia since 1860, Cambridge 1989, S. 92–116.

[20] Dies zeigt etwa für Großbritannien Miles Kahler, Decolonization in Britain and France: The Domestic Consequences of International Relations, Princeton 1984, S. 286, 290–93, 300.

[21] Mao Tse-tung, Ausgewählte Werke, Bd. 4, Beijing 1968, S. 174.

[22] Beverley Hooper, China Stands Up: Ending the Western Presence 1948–1950, Sidney 1986, S. 32 f. Über die Ungewißheit unter den Ausländern in Shanghai am Vorabend der kommunistischen Machtübernahme im Mai 1949 vgl. den anschaulichen Bericht in Noel Barber, The Fall of Shanghai: The Communist Take-Over in 1949, London 1979, S. 57 ff.

[23] P. D. Coates, Aktennotiz von Gespräch mit BAT, 29. Januar 1949, Public Record Office London, FO 371/75864 (F1472). Barber (The Fall of Shanghai, S. 61) zitiert einen der großen westlichen Geschäftsleute: «Of course the Commies will want to do business with us. They can't bloody well live without us.»

[24] 1928 wurden in 68 Konzessionsbetrieben (in den Bereichen Erdölförderung, Erzgewinnung, Holznutzung, usw.) nur 0,6 % der industriellen Produktion der Sowjetunion erwirtschaftet. Alec Nove, An Economic History of the U. S. S. R., London 1969, S. 89.

[25] Hooper, China Stands Up, S. 73.

[26] Unzählig oft hatte es in den vergangenen Jahrzehnten geheißen, der Chinese sei «der beste Diener der Welt» (Richthofen: China, Bd. 1, S. xxxviii). Damit war es nun ein für allemal vorbei. Übrigens hatte der scharfsichtige Richthofen bereits die Tücke in diesem Dienertum erkannt: «Die völlige Indifferenz der Europäer und Chinesen gegeneinander ist eine sehr wunderbare Erscheinung. Ich habe nicht einen einzigen Fall gesehen, wo sich ein Verhältnis der Anhänglichkeit gebildet hätte, höchstens in der Weise wie zwischen Herr und Hund.» (Tagebücher, Bd. 1, S. 144).

[27] China Association, Annual Report 1950–51, London 1951, S. 2.

[28] So der treffende Ausdruck bei Thomas N. Thompson, China's Nationalization of Foreign Firms: The Politics of Hostage Capitalism, 1949–57, Baltimore 1979. Das folgende nach Thompson, Hooper (China Stands Up, S. 85–108) sowie Aron Shai, Imperialism Imprisoned: The Closure of British Firms in the People's Republic of China, in: EHR 104 (1989), S. 88–109.

[29] Robert Boardman, Britain and the People's Republic of China 1949–74, London 1976, S. 79.

[30] Shai, Imperialism Imprisoned, S. 90. Die Zahl ist ein ganz vager Schätzwert. Während für ausländische Investitionen in China vor 1937 die sorgfältigen Studien von C. F. Remer sowie japanische Untersuchungen (verwertet in Hou: Investment) vorliegen, ist der Gesamtumfang des britischen Kapitals in China am Vorabend des Machtwechsels, wie der zuständige Interessenverband formulierte, «anyone's guess»: der Wert müsse irgendwo zwischen 170 und 1000 Millionen £ liegen. China Association, Memorandum «British Interests in China», 12. Januar 1949. Public Record Office London, FO 371/75864 (F723).

[31] Vgl. als Fallstudie das Kapitel über Jiang Jingguo und die gescheiterte Währungsreform von 1948 in Lloyd E. Eastman, Seeds of Destruction: Nationalist China in War and Revolution, 1937–1949, Stanford 1984, S. 172–202.

[32] Die wichtigste Analyse ist Chang Kia-ngau, The Inflationary Spiral: The Experience of China, 1939–1950, Cambridge, Mass. 1958; daneben Chou Shun-hsin, The Chinese Inflation, 1937–1949, New York 1963; Arthur N. Young, China's Wartime Finance and Inflation, 1937–1945, Cambridge, Mass. 1965.

³³ Victor H. Li, State Control of Foreign Trade after Liberation, in: ders. (Hrsg.), Law and Politics in China's Foreign Trade, Seattle/London 1977, S. 339.

³⁴ Zu seiner Funktionsweise in den ersten Jahren der Volksrepublik vgl. Mah Fenghwa, The Foreign Trade of Mainland China, Edinburgh 1972, S. 4–12, und ausführlich Audrey Donnithorne, China's Economic System, London 1967, S. 318–36. Eine überraschend wenig veraltete Arbeit über die chinesische Wirtschaft der 1950er Jahre ist Bernhard Großmann, Die wirtschaftliche Entwicklung der Volksrepublik China. Methoden und Probleme kommunistischer Entwicklungspolitik, Stuttgart 1960 (S. 238–52 über den Außenhandel).

³⁵ Thompson, China's Nationalization, S. 62; Boardman, Britain and the People's Republic of China, S. 102 ff.

³⁶ Zit. in Hooper, China Stands Up, S. 182.

³⁷ Zur Finanzierung der amerikanischen Mission mit allen Methoden des «fund raising» vgl. vor allem Valentin H. Rabe, The Home Base of American China Missions, 1880–1920, Cambridge, Mass. 1978, S. 109 ff. Eine Zusammenfassung dieses Buches ist ders., Evangelical Logistics: Mission Support and Resources to 1920, in Fairbank: Missionary Enterprise, S. 56–90.

³⁸ Eine kurze Skizze des missionarischen Chinabildes im 20. Jahrhundert gibt Harold R. Isaacs, Images of Asia: American Views of China and India, New York 1972, S. 124–40. Vgl. auch die Beiträge in Teil III von Fairbank: Missionary Enterprise.

³⁹ Das folgende nach Hooper, China Stands Up, S. 13–16, 38–44, 109–34, eine auf Missionsarchive und Interviews gegründete sorgfältige Studie.

⁴⁰ Ebd., S. 38.

⁴¹ Zit. ebd., S. 113.

⁴² Ebd., S. 21.

⁴³ Aufschlußreich sind hier zwei Fallstudien aus dem städtischen Bereich: Ezra Vogel, Canton under Communism: Programs and Politics in a Provincial Capital, 1949–1968, Cambridge, Mass. 1969, Kap. 2–4; Kenneth G. Lieberthal, Revolution and Tradition in Tientsin, 1949–1952, Stanford 1980, bes. Kap. 5 (und S. 42–52 über Liu Shaoqi in Tianjin). Allgemein auch Schurmann, Ideology and Organization, S. 371–80.

⁴⁴ Die Jahre 1952–55 waren die wichtigste Phase dieser organisatorischen Rationalisierung. Vgl. Harry Harding, Organizing China: The Problem of Bureaucracy, 1949–1976, Stanford 1981, S. 65 ff. (eine der besten Studien zur chinesischen Innenpolitik!). Einen guten Überblick über die Aufbauphase 1949–52 gibt Frederick C. Teiwes, Establishment and Consolidation of the New Regime, in CHOC, Bd. 14, S. 51–143, bes. 67–92.

⁴⁵ Ebd., S. 87. Die Standarddarstellungen sind Vivienne Shue, Peasant China in Transition: The Dynamics of Development toward Socialism, 1949–1956, Berkeley 1980; John Wong, Land Reform in the People's Republic of China: Institutional Transformation in Agriculture, New York 1973; Joachim Durau, Arbeitskooperation in der chinesischen Landwirtschaft. Die Veränderung bäuerlicher Produktionsbeziehungen zwischen Agrarrevolution und Kollektivierung (1927–1957), Bochum 1983, S. 127–211. Ein dokumentarisches Panorama entfaltet der Augenzeugenbericht William Hinton, Fanshen. Dokumentation über die Revolution in einem chinesischen Dorf, 2 Bde., Frankfurt a. M. 1972.

⁴⁶ Durau, Arbeitskooperation, S. 172.

⁴⁷ Riskin, China's Political Economy, S. 47, Tabelle 3. 1.

⁴⁸ Zur Praxis vgl. Delia Davin, Woman-Work: Women and the Party in Revolutionary China, Oxford 1976, S. 70 ff.; Gudula Linck, Frau und Familie in China, München 1988, S. 117 ff.

⁴⁹ Der *locus classicus* zur Analyse des Kaders in Theorie und Praxis ist Schurmann, Ideology and Organization, S. 162–72, auch 235–39, 427–42.

⁵⁰ Dies änderte sich erst nach der Genfer Indochinakonferenz von 1954. Über die kon-

krete Lage der britischen Vertreter in Beijing vgl. den Bericht des ehemaligen Geschäftsträgers: (Lord) Humphrey Trevelyan, Worlds Apart: China 1953–5, Soviet Union 1962–5, London 1971, Kap. 1–14. Zur Anerkennungsfrage und zur Behandlung der britischen Vertreter vgl. Edwin W. Martin, Divided Counsel: The Anglo-American Response to Communist Victory in China, Lexington 1986, S. 100–105,119–26, 139–45, 221–23.

[51] BAT, Washington, D. C., Memorandum, 18. August 1949. Public Record Office London, FO 371/75814 (F12958).

[52] Öffentlich verkündet wurde die «hands-off»-Politik gegenüber Taiwan von Truman am 5. Januar 1950. Zu den Hintergründen vgl. John Lewis Gaddis, The Strategic Perspective: The Rise and Fall of the «Defensive Perimeter» Concept, 1947–1951, in Borg/Heinrichs: Uncertain Years, S. 61–118, bes. 83 f. Das entscheidende Dokument, NSC 48/1, ist abgedruckt in Thomas H. Etzold/John Lewis Gaddis (Hrsg.), Containment: Documents in American Policy and Strategy, 1945–1950, New York 1978, S. 252–69. Zu den Meinungsverschiedenheiten in der Taiwanpolitik 1949/50 vgl. Robert M. Blum, Drawing the Line: The Origin of the American Containment Policy in East Asia, New York 1982, S. 165–77.

[53] Nie wird sich diese Frage völlig klären lassen. Die neueste Studie kommt zu dem Schluß, daß die USA am Vorabend des Koreakrieges auf eine Invasion Taiwans eingestellt waren, «but it cannot be stated with certainty that the State Department was willing to relinquish the island without a fight». June M. Grasso, Truman's Two-China Policy, 1948–1950, Armonk, N. Y. 1987, S. 140.

[54] Vgl. Jon W. Huebner, The Abortive Liberation of Taiwan, in: CQ 110 (1987), S. 256–75.

[55] Die Texte der Erklärungen Trumans and Zhou Enlais in Roderick MacFarquhar (Hrsg.), Sino-American Relations, 1949–1971, Newton Abbot 1972, S. 83 f.

[56] Über Erwägungen, schon kurz nach dem Kriegseintritt Chinas die Atombombe einzusetzen, vgl. Robert J. Donovan, Tumultuous Years: The Presidency of Harry S. Truman, 1949–1953, New York 1982, S. 308–10. Besonders der britische Premierminister Clement Attlee drängte die Truman-Administration zur Mäßigung. Vgl. Kenneth Harris, Attlee, London 1982, S. 461 ff. Wie stark die im Januar 1953 ins Amt gekommene Regierung Eisenhower/Dulles sich mit einem Atombombeneinsatz zur Beendigung des Krieges beschäftigte, zeigt Rosemary Foot, The Wrong War: American Policy and the Dimensions of the Korean Conflict, 1950–1953, Ithaca/London 1985, S. 204 ff. Der endgültige Waffenstillstand kam hauptsächlich deswegen zustande, weil die USA informell mit der Verwendung taktischer Atomwaffen drohten. So Callum A. MacDonald, Korea: The War before Vietnam, Basingstoke 1986, S. 177–79.

[57] Zit. in ebd., S. 258.

[58] Zur Rolle Japans im Koreakrieg vgl. Reinhard Drifte. Japans Verwicklung in den Koreakrieg, in: BJOAF 2 (1979), S. 416–34.

[59] Max Hastings, The Korean War, London 1987, S. xiii; John Gittings, The Role of the Chinese Army, London 1967, S. 75 f. François Joyaux (La nouvelle question d'Extrême-Orient: L'ère de la guerre froide, 1945–1959, Paris 1985, S. 166) zitiert eine relativ niedrige koreanische Schätzung, wonach auf allen Seiten insgesamt 1,06 Millionen Tote und 1,48 Millionen Verwundete zu beklagen waren. Das Buch des Militärpublizisten Hastings ist eine der beiden besten Gesamtdarstellungen des Koreakrieges. Die andere, aus US-kritischer Sicht, ist Jon Haliday/Bruce Cumings, Korea: The Unknown War. An Illustrated History, London 1988.

[60] So jetzt die monumentale, stark die sozialökonomische und lokalpolitische Situation in Korea betonende Studie von Bruce Cumings, The Origins of the Korean War: Liberation and the Emergence of Separate Regimes, 1945–47, Princeton 1981, sowie mit engerem Fokus Kim Byung-ung, Nationalismus und Großmachtpolitik. Das Dilemma des Nationalismus in Korea unter der US-Militärbesetzung 1945–1948, München 1981. Ein Phasenmodell wachsender Konfliktbereitschaft auf allen Seiten entwirft Okonogi

Masao, The Domestic Roots of the Korean War, in Nagai/Iriye: Origins, S. 123–46. Für die Jahre 1948–50 vgl. vor allem Peter Lowe, The Origins of the Korean War, London 1986 (mit Nachweisen der älteren Literatur).

[61] Über Problemlage und Forschungsstand: Geoffrey Warner, The Korean War, in: IA 56 (1980), S. 98–107; Bernd Bonwetsch/ Peter M. Kuhfus, Die Sowjetunion, China und der Koreakrieg, in: VfZG 33 (1985), S. 28–87; William W. Stueck, The Korean War as International History, in: DH 10 (1986), S. 291–309; Philip West, Interpreting the Korean War, in: AHR 94 (1989), S. 80–96. Für Großbritannien und die Commonwealth-Länder Ritchie Ovendale, The English-Speaking Alliance: Britain, the United States, the Dominions and the Cold War, 1945–1951, London 1985, S. 211–30.

[62] Text in Etzold/Gaddis (Hrsg.), Containment, S. 385–442.

[63] Über diesen Strategiewandel am Beispiel der Koreafrage vgl. David Allan Mayers, Cracking the Monolith: U. S. Policy against the Sino-Soviet Alliance, 1949–1955, Baton Rouge, La. 1986, S. 80ff., sowie unter besserer Berücksichtigung der weltpolitischen Dimension MacDonald, Korea, S. 22ff.

[64] George C. Herring, America's Longest War: The United States and Vietnam, 1950–1975, New York 1979, S. 11–13.

[65] Michael Schaller, The American Occupation of Japan: The Origins of the Cold War in Asia, New York 1985, S. 293.

[66] Auf die weltweiten Wirkungen des Ausbruchs des Koreakrieges können wir nicht eingehen. Seine Bedeutung etwa für die Geschichte der Bundesrepublik erläutern: Gunther Mai, Westliche Sicherheitspolitik im Kalten Krieg. Der Korea-Krieg und die deutsche Wiederbewaffnung 1950, Boppard 1977, sowie (teilweise gegen Mai argumentierend) Wilfried Loth, Der Koreakrieg und die Staatswerdung der Bundesrepublik, in: Josef Foschepoth (Hrsg.), Kalter Krieg und Deutsche Frage. Deutschland im Widerstreit der Mächte 1945–1952, Göttingen 1985, S. 335–61. Zur globalpolitischen Einbettung vor allem Walter LaFeber, America, Russia, and the Cold War, 1945–1980, 4th ed., New York 1980, S. 101–27.

[67] Dies hat zuerst nachgewiesen Allen S. Whiting, China Crosses the Yalu: The Decision to Enter the Korean War, Stanford 1960, Kap. 6–7 (eine unter Bedingungen des Kalten Krieges mustergültig sachliche Studie zur chinesischen Außenpolitik).

[68] Zu den strategischen Problemen vgl. Gerald Segal, Defending China, Oxford 1985, S. 99–105, 110; zur militärischen Modernisierung vgl. Gittings, The Role of the Chinese Army, S. 133–47.

[69] Vorzügliche neue Studien zum amerikanischen Sicherheitssystem in Ostasien sind Nam Joo-hong, America's Commitment to South Korea, Cambridge 1986, und John Welfield, An Empire in Eclipse: Japan in the Postwar American Alliance System, London 1988, S. 21 ff.

[70] Camilleri, Chinese Foreign Policy, S. 32–34. Die Krisen analysiert Segal, Defending China, S. 114–39.

[71] Vgl. Hsieh Chiao-chiao, Strategy for Survival: The Foreign Policy and External Relations of the Republic of China on Taiwan, 1949–79, London 1985, S. 89–117.

[72] Dazu vor allem J. H. Kalicki, The Pattern of Sino-American Crisis: Political-Military Interactions in the 1950s, Cambridge 1975.

[73] Warren I. Cohen, The United States and China since 1945, in Cohen: New Frontiers, S. 151.

[74] In einer Rede von Assistant Secretary of State for Far Eastern Affairs Roger Hilsman am 13. Dezember 1963, abgedruckt in MacFarquhar (Hrsg.), Sino-American Relations, S. 201–205.

[75] Diesen Punkt betont Nakajima Mineo, Foreign Relations: From the Korean War to the Bandung Line, in CHOC, Bd. 14, S. 264f.

[76] Ebd., S. 277f.; vgl. auch ders., The Sino-Soviet Confrontation in Historical Perspective, in Nagai/Iriye: Origins, S. 210, 215, 218f.

[77] O. B. Borissow/B. F. Koloskow [Pseud.], Sowjetisch-chinesische Beziehungen, Berlin (DDR) 1973, S. 169–73; John Gittings, Survey of the Sino-Soviet Dispute: A Commentary and Extracts from the Recent Polemics, 1963–1967, London 1968, S. 135.

[78] Siehe oben Kapitel 14.

[79] Camilleri, Chinese Foreign Policy, S. 52 f.; Riskin, China's Political Economy, S. 74–76.

[80] Im Durchschnitt der Jahre 1952–60. Vgl. Christopher Howe, China's Economy: A Basic Guide, London 1978, S. 98.

[81] Alexander Eckstein, China's Economic Revolution, Cambridge 1977, S. 54. Hier auch eine konzise Darstellung der «stalinistischen» Industrialisierungsstrategie in China (S. 50–54).

[82] Vgl. MacFarquhar, The Origins of the Cultural Revolution, Bd. 1, S. 57 ff.

[83] Eine umfassende Analyse dieses höchst komplexen Prozesses kann hier nicht unternommen werden. Aus der fast unübersehbaren Literatur zur Entstehung des sino-sowjetischen Konflikts sind dies einige der wichtigsten Titel: Donald Z. Zagoria, Der chinesisch-sowjetische Konflikt 1956–1961, München 1964 (zuerst Princeton 1962, eine vorzüglich informierte Analyse aus der CIA); Heinz Brahm, Die Sowjetunion und die VR China (1949–1959). Allianz, Dissens, Konflikt, Köln 1977 (Berichte des Bundesinstituts für ostwissenschaftliche und internationale Studien, Nr. 31–1977); Joachim Glaubitz, China und die Sowjetunion. Aufbau und Zerfall einer Allianz, Hannover 1973; George Ginsburgs/Carl F. Pinkele, The Sino-Soviet Territorial Dispute, 1949–1964, New York 1978; Allen S. Whiting, The Sino-Soviet Split, in CHOC, Bd. 14, S. 478–542 (behandelt die Jahre 1958–64); Harold C. Hinton, Sino-Soviet Relations: Background, in: Douglas T. Stuart/William T. Tow (Hrsg.), China, the Soviet Union, and the West: Strategic and Political Dimensions in the 1980s, Boulder, Col. 1982, S. 9–24.

[84] Whiting, The Sino-Soviet Split, S. 479.

[85] Zur Vorgeschichte die etwas unsystematische Analyse bei Wu Cheng-chi, Über die Ursprünge des Chinesisch-Sowjetischen Grenzkonfliktes, Bochum 1988, S. 15 ff. Kürzer, doch stärker auf das Wesentliche konzentriert ist Dieter Heinzig, Der sowjetisch-chinesische Grenzkonflikt. Ursachen, Ablauf, Perspektiven, Köln 1979 (= Berichte des Bundesinstituts für ostwissenschaftliche und internationale Studien, Nr. 17–1979).

[86] MacFarquhar, The Origins of the Cultural Revolution, Bd. 1, S. 43 f.

[87] Vgl. die Texte in Die Polemik über die Generallinie der internationalen kommunistischen Bewegung, Beijing 1965, wiederveröffentlicht Berlin 1970. Neu war 1963, daß die Chinesen von der Kritik der *Formen* sowjetischer Politik zur Analyse von deren *Ursachen* vorstießen und die «Degenerationserscheinungen» in der sowjetischen Gesellschaft anprangerten.

[88] Franz Schurmann sieht darin vermutlich zu Recht «the great blow that sparked the split between China and Russia» (The Logic of World Power, New York 1974, S. 302). Vgl. auch dort S. 307–10, 318–20.

[89] Zu Camp David vgl. Richard W. Stevenson, The Rise and Fall of Détente: Relaxations of Tensions in US-Soviet Relations 1953–1984, Basingstoke 1985, S. 63–102.

[90] Zur Volkskommunebewegung im Großen Sprung vgl. Jürgen Domes, Sozialismus in Chinas Dörfern. Ländliche Gesellschaftspolitik in der Volksrepublik China 1949–1977, Hannover 1977, S. 28–49; MacFarquhar, The Origins of the Cultural Revolution, Bd. 2, S. 77–116. Zur sowjetischen Kritik an den Volkskommunen vgl. Gilbert Rozman, A Mirror for Socialism: Soviet Criticisms of China, Princeton 1985, S. 76–78.

[91] Whiting, The Sino-Soviet Split, S. 518 f. Man hat die Moskauer Konferenz vom November 1960 «wahrscheinlich die wichtigste Versammlung dieser Art in der ganzen Geschichte des Kommunismus» genannt (Zagoria, Der chinesisch-sowjetische Konflikt,

S. 379). Auf besserer Quellengrundlage als Zagoria jetzt dazu MacFarquhar, The Origins of the Cultural Revolution, Bd. 2, S. 283–92.

[92] Der auf dreißig Jahre befristete Vertrag vom 14. Februar 1950 wurde niemals gekündigt. Im April 1979 beschloß der Ständige Ausschuß des V. Nationalen Volkskongresses, ihn nicht zu verlängern.

[93] Allein die Kosten an Menschenleben dieser beiden maoistischen Experimente waren gigantisch. Als Folge des wirtschaftlichen Scheiterns des Großen Sprunges fiel die chinesische Bevölkerung allein im Jahre 1960 um 10 Millionen. Die Gesamtzahl der Opfer der chinesischen Hungersnot von 1959–62 ist auf 15–25 Millionen Menschen geschätzt worden. Vgl. Nicholas R. Lardy, The Chinese Economy under Stress, 1958–1965, in CHOC, Bd. 14, S. 370–72. Die Kulturrevolution scheint zwischen 1966 und 1969 mindestens 400 000 Menschenleben gefordert zu haben. Vgl. Meisner, Mao's China, S. 371 f. Solche Zahlen lassen leicht die Auswirkungen auf die Überlebenden, also die Mehrheit der Betroffenen, vergessen. Dazu etwa die auf zahlreiche Interviews gestützte Studie Anne Thurston, Victims of China's Cultural Revolution: The Invisible Wounds, in: PA 57 (1984), S. 599–620; 58 (1985), S. 5–27.

[94] Auf Mao Zedongs Denken nach 1949 können wir hier nicht eingehen. Die maßgebliche Quellengrundlage in Original und Übersetzung ist Helmut Martin (Hrsg.), Mao Zedong Texte. Schriften, Dokumente, Reden, Gespräche, 6 Bde. in 7 Teilen, München 1979–82. Aus der umfassenden Literatur vor allem: Stuart Schram, The Marxist, in: Dick Wilson (Hrsg.), Mao Tse-tung in the Scales of History, Cambridge 1977, S. 35–69; Christopher Howe/Kenneth R. Walker, The Economist, in ebd., S. 174–222; John Bryan Starr, Continuing the Revolution: The Political Thought of Mao, Princeton 1979; Donald J. Munro, The Concept of Man in Contemporary China, Ann Arbor 1977; Ingo Schäfer, Mao Tse-tung. Eine Einführung in sein Denken, München 1978. Vgl. auch den Literaturbericht Stuart R. Schram, Mao Studies: Retrospect and Prospect, in: CQ 97 (1984), S. 95–125.

[95] Alle wichtigen deutschsprachigen Darstellungen der siebziger Jahre zur chinesischen Außenpolitik folgen diesem «intentionalistischen», Weltbilder und Absichtserklärungen in den Vordergrund stellenden Ansatz. Die von den Programmen oft abweichende Realität chinesischer Außenpolitik ist darüber nicht selten vernachlässigt worden. Vgl. Marie-Luise Näth, Strategie und Taktik der chinesischen Außenpolitik, Hannover 1978; Peter J. Opitz, Chinas Außenpolitik. Ideologische Prinzipien, strategische Konzepte, Zürich 1977; etwas weniger prononciert bei Oskar Weggel, Die Außenpolitik der VR China, Stuttgart 1977; ders., China und die drei Welten, München 1977. Ganz ideologiefixiert ist Greg O'Leary, The Shaping of Chinese Foreign Policy, London 1980. Von den chinesischen «Perzeptionen» geht aus Harish Kapur, The Awakening Giant: China's Ascension in World Politics, Alphen aan den Rijn 1981. Ein Modell für eine «realpolitische» Analyse ist dagegen Harold C. Hinton, China's Turbulent Quest: An Analysis of China's Foreign Relations since 1949, enlarged ed., New York 1972. Ein Grund für die Verbreitung intentionalistischer Interpretationen liegt darin, daß Sinologen und «China Watchers» eher in der Übersetzung und Deutung von Texten als in außenpolitischer Analyse geschult sind.

[96] Vgl. etwa Weggel, Weltgeltung der VR China, S. 43–45.

[97] Vgl. im Überblick Klaus von Beyme, Die Sowjetunion in der Weltpolitik, 2. Aufl., München/Zürich 1985, S. 158–63.

[98] Die chinesische Haltung zum Vietnamkrieg beleuchtet innerhalb eines globalen Kontexts das noch unvollendete Standardwerk Ralph B. Smith, An International History of the Vietnam War, Basingstoke. Bisher erschienen: Bd. 1. Revolution versus Containment, 1955–61 (1983); Bd. 2. The Struggle for South-East Asia, 1961–65 (1985). Aus einer umfangreichen Literatur zum Vietnamkrieg vgl. vor allem: Herring, America's Longest War; James Pickney Harrison, The Endless War: Fifty Years of Struggle in Vietnam, New York 1982; Stanley Karnow, Vietnam: A History, New York 1983;

Phillip P. Davidson, Vietnam at War: The History 1946–1975, London 1988. Weitere neuere Literatur diskutiert George C. Herring, America and Vietnam: The Debate Continues, in: AHR 92 (1987), S. 350–62. Über die Anfänge (und Verzögerungen) der amerikanischen Intervention vgl. neuerdings George McT. Kahin, Intervention, New York 1986, S. 3 ff.; Lloyd C. Gardner, Approaching Vietnam: From World War II through Dienbienphu, 1941–1954, New York 1988; Melanie Billings-Yun, Decision against War: Eisenhower and Dien Bien Phu, 1954, New York 1988.

[99] Vgl. die vermutlich beste Monographie, die bisher überhaupt über einen Spezialaspekt der jüngeren chinesischen Außenpolitik veröffentlicht worden ist: François Joyaux, La Chine et le règlement du premier conflit d'Indochine (Genève 1954), Paris 1979. Auf der Grundlage 1985 freigegebener Dokumente jetzt auch das Buch eines Konferenzteilnehmers: Sir John Cable, The Geneva Conference of 1954 on Indochina, Basingstoke 1986.

[100] Zehn Prinzipien gab es im Schlußkommuniqué. China hatte bereits 1954 mit Indien fünf allgemeiner gehaltene Prinzipien vereinbart: gegenseitiger Respekt für Souveränität und territoriale Integrität, gegenseitige Nichtangriffsverpflichtung, Verzicht auf Einmischung in die inneren Angelegenheiten des anderen, Gleichberechtigung und gegenseitiger Nutzen, friedliche Koexistenz.

[101] Vgl. Shao Kuo-kang, Zhou Enlai's Diplomacy and the Neutralization of Indo-China, 1954–55, in: CQ 107 (1986), S. 483–504.

[102] Die grundlegende Darstellung ist George McTurnan Kahin, The Asian-African Conference, Bandung, Indonesia, April 1955, Ithaca, N. Y. 1956. Unsere Einschätzung folgt Joyaux, La nouvelle question d'Extrême-Orient, S. 311–16.

[103] Am Beispiel der Beziehungen zu Burma zeigt dies Shao Kuo-kang, Chou En-lai's Approach to Non-aligned States in Asia, 1953–60, in: CQ 78 (1979), S. 324–38, bes. 332–37.

[104] Vgl. Bruce D. Larkin, China and Africa, 1949–1970: The Foreign Policy of the People's Republic of China, Berkeley 1971, S. 93–106; sowie die Übersicht über Chinas Hilfe in aller Welt bei Philippe Richer, La Chine et le Tiers Monde (1949–1969), Paris 1971, S. 327 ff.

[105] Wang Gungwu, China and the World since 1949: The Impact of Independence, Modernity and Revolution, London 1977, S. 83.

[106] Eine gute Darstellung dieser Einheitsfrontstrategie gibt Michael B. Yahuda, China's Role in World Affairs, London 1978, S. 145–66.

[107] Kay Möller, China und das wiedervereinigte Vietnam. Pax Sinica contra Regionalhegemonie, Bochum 1984, S. 218.

[108] Joyaux, La politique extérieure de la Chine Populaire, S. 73.

[109] Eugene K. Lawson, The Sino-Vietnamese Conflict, New York 1984, S. 253 f.

[110] Eine gute kurze Skizze des Krieges gibt Segal, Defending China, S. 140–57. Die maßgeblichen Darstellungen sind Neville Maxwell, India's China War, Harmondsworth 1972, und Allen S. Whiting, The Chinese Calculus of Deterrence: India and Indochina, Ann Arbor 1975. Daneben Doris Simon, Die Entwicklung des Grenzkonfliktes zwischen Indien und China bis zur militärischen Auseinandersetzung im Oktober 1962, phil. Diss. Regensburg 1979, Yaacov Y. I. Vertzberger, Misperceptions in Foreign Policymaking: The Sino-Indian Conflict, 1959–1962, Boulder, Col. 1984. Dokumente bei R. K. Jain (Hrsg.), China–South Asian Relations, 1947–1980, Bd. 1, Brighton (Sussex) 1981.

[111] Vgl. Yaacov Y. I. Vertzberger, The Enduring Entente: Sino-Pakistani Relations, 1960–1980, New York 1983, S. 15 ff.

[112] Die Zahl der Ende 1965/Anfang 1966 Ermordeten wird auf 500 000 geschätzt. Vgl. M. C. Ricklefs, A History of Modern Indonesia, London 1981, S. 274.

[113] Dies zeigt David Mozingo, Chinese Policy toward Indonesia, 1949–1967, Ithaca, N. Y. 1976, S. 234.

[114] Vgl. Lee Chae-jin, China and Japan: New Economic Diplomacy, Stanford 1984, S. 4–7.

[115] In vieler Hinsicht noch nicht überholt ist eine zeitgenössische Studie: Walter C. Clemens, Jr., The Arms Race and Sino-Soviet Relations, Stanford 1968, bes. S. 85 ff.

[116] Dieses erstaunliche Phänomen kann keineswegs als aufgeklärt gelten. Eine kurze Übersicht über die bisherigen Interpretationen gibt Lucian W. Pye, Reassessing the Cultural Revolution, in: CQ 108 (1986), S. 597–612. Eine übersichtliche Darstellung der Ereignisse findet sich bei Rodzinski, The People's Republic of China, S. 117–203. Aus der deutschsprachigen Literatur vor allem Rainer Hoffmann, Die politische Geschichte der Volksrepublik China: von Mao Zedong zu Hua Guofeng, in Staiger: China, S. 167–221, hier 190–216 (der Autor läßt die Kulturrevolution schon mit der Kulturkampagne vom September 1965 beginnen); Jürgen Domes/Marie-Luise Näth, Die Volksrepublik China als neuer Machtfaktor in der Weltpolitik, in: Fischer-Weltgeschichte, Bd. 36. Weltprobleme zwischen den Machtblöcken, Frankfurt a. M. 1981, S. 276–333 (darin S. 278–312 zur chinesischen Innenpolitik 1962–1979).

[117] Den Aufstieg Deng Xiaopings zu Chinas «führendem Politiker» skizziert Meisner: Mao's China, S. 451–58. Vgl. auch die journalistische Biographie: Uli Franz, Deng Xiaoping. Chinas Erneuerer, Stuttgart 1987.

[118] Daß es sich dabei nicht, wie im Westen oft angenommen, um eine glatte Wachablösung von «Ideologie» durch «Pragmatismus» handelte, sondern um vielschichtige und widersprüchliche Übergänge, zeigt etwa Stuart R. Schram, Ideology and Policy in China since the Third Plenum, 1978–84, London 1984 (Kurzfassung in CQ 99, 1984, S. 417–61). Das oft gedankenlose Gerede vom chinesischen «Pragmatismus» diskutiert kritisch: Lucian W. Pye, On Chinese Pragmatism in the 1980s, in: CQ 196 (1986), S. 207–34. Zu den Versuchen, die neue Politik mit alten marxistischen Kategorien zu begründen, vgl. Colin Mackerras, Chinese Marxism since Mao, in: ders./Nick Knight (Hrsg.), Marxism in Asia, London/Sydney 1985, S. 124–50.

[119] Nach Ming Pao, 15. Januar 1979, zitiert bei Harry Harding, China's Second Revolution: Reform after Mao, Washington, D. C. 1987, S. 29 f.

[120] Mao stand nach dem Fehlschlag des Großen Sprunges zwischen 1960 und 1965 in der chinesischen Politik in der Defensive.

[121] Dies ist eine von der deutschsprachigen Forschung besonders stark beachtete Episode der chinesischen Außenpolitik. Vgl. Peter J. Opitz (Hrsg.), China zwischen Weltrevolution und Realpolitik. Ursachen und internationale Konsequenzen der amerikanisch-chinesischen Annäherung, München 1979; Marie-Luise Näth, Die Entwicklung der amerikanisch-chinesischen Beziehungen seit 1972: Hintergründe, Probleme, Perspektiven, Köln 1979 (= Berichte des Bundesinstituts für ostwissenschaftliche und internationale Studien, Nr. 36–1979); Karl Grobe, Chinas Weg nach Westen. Pekings neue Außenpolitik und ihre Hintergründe, Frankfurt a. M. 1980; Werner Pfennig, Chinas außenpolitischer Sprung nach vorn. Die Außen- und Sicherheitspolitik der Volksrepublik China vom Ende der Kulturrevolution bis zum Vorabend der Chinareise Nixons (1969–1971), Paderborn 1980; Monika Bader, Der sino-amerikanische Normalisierungsprozeß. Vom Dogmatismus zum Pragmatismus? München 1983. Außerdem John W. Garver, China's Decision for Rapprochement with the United States, 1968–1971, Boulder, Col. 1982. Für den weiteren Zusammenhang auf chinesischer Seite: Robert G. Sutter, Chinese Foreign Policy after the Cultural Revolution, 1966–1977, Boulder, Col. 1978, bes. S. 15 ff., und der immer klug analysierende Camilleri, Chinese Foreign Policy, S. 109 ff. (über 1969–78). Für die amerikanische Seite: Gebhard Schweigler, Von Kissinger zu Carter, München/Wien 1982, S. 82–94; Christian Hacke, Die Ära Nixon-Kissinger 1969–1974. Konservative Reform der Weltpolitik, Stuttgart 1983, S. 44–78; ganz knapp auch ders., Von Kennedy bis Reagan. Grundzüge der amerikanischen Außenpolitik 1960–1984, Stuttgart 1984, S. 84–92; Robert G. Sutter, The China Quandary, Boulder, Col. 1983, S. 17 ff. Unentbehrlich als Quelle sind Henry

Kissingers Memoiren der Jahre 1968–73 (dt. Ausgabe München 1979). Dokumente zur chinesischen Außenpolitik der Jahre 1971–77 sind übersetzt in King C. Chen (Hrsg.), China and the Three Worlds: A Foreign Policy Reader, London 1979.

[122] Zu denken ist hier vor allem an die Betonung von Anti-Guerilla-Taktiken durch die Kennedy-Administration. Vgl. dazu D. Michael Shafer, Deadly Paradigms: The Failure of U. S. Counterinsurgency Policy, Princeton 1988, S. 20 ff.

[123] Zit. in Robert D. Schulzinger, American Diplomacy in the Twentieth Century, New York 1984, S. 289. Es ist im Nachhinein höchst erstaunlich, wie hartnäckig die Administrationen Kennedy und Johnson den unzweideutig dokumentierten Konflikt zwischen China und der Sowjetunion ignorierten.

[124] Auf zahlreiche Parallelen zwischen der Anlehnung an die Sowjetunion in den 1950er Jahren und der Annäherung an die USA 1971 weist hin: Michael Mandelbaum, The Fate of Nations: The Search for National Security in the Nineteenth and Twentieth Centuries, Cambridge 1988. S. 225–28. Mandelbaum interpretiert die chinesische Außenpolitik zwischen 1949 und 1976 als eine ziemlich konsistente «strategy of weakness» (S. 193–253).

[125] Die Debatte über eine Annäherung an die USA begann in Chinas Führungszirkeln im September 1968. Vgl. Garver, China's Decision, S. 151. Zur sino-sowjetischen Krise von 1968/69 am besten: Richard Wich, Sino-Soviet Crisis Politics: A Study of Political Change and Communication, Cambridge, Mass. 1980.

[126] Zu den Hintergründen vgl. Dietmar Rothermund, Indien und die Sowjetunion: Historische Perspektiven ihrer Beziehungen, in: Joachim Glaubitz/Dieter Heinzig (Hrsg.), Die Sowjetunion und Asien in den 80er Jahren. Ziele und Grenzen sowjetischer Politik zwischen Indischem Ozean und Pazifik, Baden-Baden 1988, S. 169–84, bes. 175–78.

[127] Zu einer Zeit begrenzter Entspannung: 1968 Unterzeichnung des Nichtverbreitungsvertrags, 1970 Moskauer Vertrag zwischen der UdSSR und der Bundesrepublik Deutschland. Zum Entspannungsprozeß der siebziger Jahre vgl. Werner Link, Der Ost-West-Konflikt. Die Organisation der internationalen Beziehungen im 20. Jahrhundert, Stuttgart 1980, S. 168–204.

[128] Eine monumentale Studie zur UNO-Politik der VRCh in den ersten Jahren ihrer Mitgliedschaft ist Samuel S. Kim, China, the United Nations, and World Order, Princeton 1979; daneben auch Werner Pfeifenberger, Die UNO-Politik der Volksrepublik China, Erlenbach/Zürich 1978. Chinas Position zu den «Großen Menschheitsfragen» resümiert Weggel, Weltgeltung der VR China, S. 251–66.

[129] Die wichtigste Literatur nennt Dieter Heinzig, Die Volksrepublik China zwischen den Supermächten 1949–1985. Zur Genese eines strategischen Dreiecks, Köln 1985 (= Berichte des Bundesinstituts für ostwissenschaftliche und internationale Studien, Nr. 49–1985), S. 37 f. (Anm. 1). Wir folgen weithin Heinzigs plausibler Analyse. Vgl. auch ders., China zwischen den USA und der UdSSR, in: Karl Kaiser/Hans-Peter Schwarz (Hrsg.), Weltpolitik. Strukturen, Akteure, Perspektiven, Stuttgart 1985, S. 583–94. Besonders sei hingewiesen auf eine ausgezeichnete Analyse der innenpolitischen Hintergründe der chinesischen Außenpolitik in den siebziger Jahren: Harry Harding, The Domestic Politics of China's Global Posture, 1973–78, in: Thomas Fingar (Hrsg.), China's Quest for Independence: Policy Evolution in the 1970s, Boulder, Col. 1980, S. 93–145.

[130] Vgl. beispielhaft Lowell Dittmer, The Strategic Triangle: An Elementary Game-Theoretical Analysis, in: WP 33 (1981), S. 485–515.

[131] Wir verzichten hier auf Bemerkungen zum sino-sowjetischen Verhältnis in den siebziger Jahren, einer Phase, die sich zunehmend als Übergangsstadium zwischen dem Tiefpunkt der Beziehungen 1969 und der Entspannung seit 1982 erweist. Vgl. dazu Herbert J. Ellison (Hrsg.), The Sino-Soviet Conflict: A Global Perspective, Seattle/London 1982; Douglas T. Stuart/William T. Tow (Hrsg.), China, the Soviet Union, and

the West: Strategic and Political Dimensions in the 1980s, Boulder, Col. 1982; Carl G. Jacobsen, Sino-Soviet Relations since Mao: The Chairman's Legacy, New York 1981 (wichtig wegen der Berücksichtigung Japans und Nordostasiens); Donald S. Zagoria (Hrsg.), Soviet Policy in East Asia, New Haven/ London 1982 (bes. die Einleitung des Herausgebers, S. 1–27).

[132] Zur amerikanischen Politik gegenüber der Sowjetunion (mit den Abkommen von 1972 als Höhepunkt) vgl. Hacke, Die Ära Nixon-Kissinger, S. 79–130. Die sowjetische Weltsicht und Interessenlage erläutern Robin Edmonds, Soviet Foreign Policy; The Brezhnev Years, Oxford 1983, S. 74 ff.; Adam B. Ulam, Dangerous Relations: The Soviet Union in World Politics, 1970–1982, New York 1983, S. 39 ff.

[133] Zu den Widersprüchen im amerikanisch-sowjetischen Verhältnis während der Ära Nixon/Kissinger vgl. die brillante Analyse bei Stanley Hoffmann, Primacy or World Order: American Foreign Policy since the Cold War, New York 1978, S. 57–65.

[134] Vgl. Robert S. Ross, International Bargaining and Domestic Politics: U. S.–China Relations since 1972, in: WP 38 (1986), S. 255–87, hier 262–67.

[135] Die Flexibilität der «Drei-Welten-Theorie» und ihren Bedeutungsverlust seit etwa 1979 demonstriert Herbert S. Yee, The Three World Theory and Post-Mao China's Global Strategy, in: IA 59 (1983), S. 239–49.

[136] Über diesen oft beschriebenen Prozeß etwa die knappe Skizze bei Seyom Brown, The Faces of Power: Constancy and Change in United States Foreign Policy from Truman to Reagan, New York 1983, S. 552–63.

[137] Ein zeitgenössischer Ausdruck. Vgl. die Analyse der verschiedenen Interpretationen bei Robert G. Sutter, Playing the China Card: Implications for United States-Soviet-Chinese Relations, Washington, D. C. 1979, S. 1 f.; ders., The China Quandary, S. 62 ff.

[138] Golam W. Choudhury, China in World Affairs: The Foreign Policy of the PRC since 1970, Boulder, Col. 1982, S. 190.

[139] Zu den amerikanischen Hintergründen der Anerkennungsentscheidung vgl. James E. Dougherty/Robert L. Pfaltzgraff, Jr., American Foreign Policy: FDR to Reagan, New York 1986, S. 302–306.

[140] International Herald Tribune, 3. März 1979. Die USA hatten zunächst Forderungen in Höhe von 197 Mio. US $ präsentiert.

[141] Vgl. Banning N. Garrett/Bonnie S. Glaser, From Nixon to Reagan: China's Changing Role in American Strategy, in: Kenneth A. Oye/Richard J. Lieber/Donald Rothchild (Hrsg.), Eagle Resurgent? The Reagan Era in American Foreign Policy, Boston 1987, S. 255–95, hier 270 f.

[142] Ross, International Bargaining, S. 281–83.

[143] Michael Yahuda, Towards the End of Isolationism: China's Foreign Policy after Mao, Basingstoke 1983, S. 180 f.

[144] Dabei hüten sich chinesische Sprecher vor einem Lob der *politischen* Reformen in der Sowjetunion. Die VRCh hat keine Lockerung der Parteiherrschaft und keine Ansätze zu chinesischer *glasnost'* erkennen lassen. Demokratische Bestrebungen sind immer wieder unterdrückt worden, zuletzt im Massaker vom 4. Juni 1989. Zur Geschichte demokratischer Ideen in der politischen Kultur Chinas bis zur Gegenwart vgl. die bedeutende Untersuchung: Andrew J. Nathan, Chinese Democracy, London 1986, bes. S. 87 ff., 224 ff. Zu den Veränderungen in den achtziger Jahren vgl. Harry Harding, China's Second Revolution: Reform after Mao, Washington, D. C. 1987, S. 172–201; Benedict Stavis, China's Political Reforms: An Interim Report, New York 1988.

[145] Heinzig, Die Volksrepublik China zwischen den Supermächten, S. 33. Das Startsignal auf sowjetischer Seite war dabei Leonid Brežnevs Rede in Taškent am 24. März 1982.

[146] Eine Ouvertüre war der spektakuläre Besuch des Ersten Stellvertretenden Mini-

sterpräsidenten Ivan Archipov in Beijing im Dezember 1984, also noch unter Černenko. Bei Černenkos Begräbnis titulierte der chinesische Chefdelegierte Li Peng (der bald das Amt des Premierministers übernehmen würde) Gorbačev sensationellerweise als «Genosse» (*tongzhi*).

[147] Eine systematische Übersicht über die Konfliktfelder gibt Thomas G. Hart, Sino-Soviet Relations: Re-examining the Prospects for Normalization, Aldershot 1987, S. 69–97. Stärker die gegenseitigen Perzeptionen als die tatsächlichen Problemlagen betonend: Alfred D. Low, The Sino-Soviet Confrontation since Mao Zedong: Dispute, Detente, or Conflict? New York 1987, S. 72 ff.

[148] Honecker und Deng Xiaoping stellten sich mit einiger Distanz zur historischen Wahrheit auf den Standpunkt, die Beziehungen seien nie abgebrochen worden und bedürften daher nicht der Wiederherstellung. Vgl. CQ 109 (März 1987), S. 166 (Quarterly Chronicle and Documentation).

[149] Das folgende nach Gerald Segal, Sino-Soviet Relations after Mao, London 1985 (= Adelphi Paper, Nr. 202), S. 24–29; Dieter Heinzig, Sowjetische China-Politik unter Gorbatschow, Köln 1987 (= Berichte des Bundesinstituts für ostwissenschaftliche und internationale Studien, Nr. 40–1987), S. 19–25; ders., Die sowjetische Politik gegenüber der Volksrepublik China, in: Glaubitz/Heinzig (Hrsg.), Die Sowjetunion und Asien in den 80er Jahren, S. 231–52, bes. 236–40.

[150] Mah Feng-hwa, The Foreign Trade of Mainland China, S. 22 f. (Tabelle 2–4).

[151] Ellis Joffe, The Chinese Army after Mao, London 1987; Gerald Segal, As China Grows Strong, in: IA (1988), S. 217–231; Paul H. B. Godwin, The Chinese Defence Establishment in Transition: The Passing of a Revolutionary Army, in: A. Doak Barnett/Ralph N. Clough (Hrsg.), Modernizing China: Post-Mao Reform and Development, Boulder, Col. 1986, S. 63–80; Eberhard Sandschneider, Militär und Politik in der Volksrepublik China 1969–1985, Hamburg 1987, S. 189–228; Johann Adolf Graf Kielmansegg/Oskar Weggel, Unbesiegbar? China als Militärmacht, Stuttgart 1985; Charles D. Lovejoy, Jr./Bruce W. Watson, China's Military Reforms: International and Domestic Implications, Boulder, Col. 1986.

[152] Näheres bei Oskar Weggel, Miliz, Wehrverfassung und Volkskriegsdenken in der Volksrepublik China, Boppard 1977, S. 20 ff.; Georges Tan Eng Bok, Strategic Doctrine, in: Gerald Segal/William T. Tow (Hrsg.), Chinese Defence Policy, Basingstoke 1984, S. 3–17.

[153] Vgl. Ellis Joffe, «People's War under Modern Conditions»: A Doctrine for Modern War, in: CQ 112 (1987), S. 555–71.

[154] So das Urteil bei Barry Naughton, The Third Front: Defence Industrialization in the Chinese Interior, in: CQ 115 (1988), S. 351–86, hier 351, 375–81.

[155] Vgl. David G. Muller, Jr., China as a Maritime Power, Boulder, Col. 1983, S. 151 ff.; Hervé Coutau-Bégarie, Géostratégie du Pacifique, Paris 1987, S. 183–222.

[156] Segal, As China Grows Strong, S. 230.

[157] Überblicke bei Weggel, Weltgeltung der VR China, S. 227–49; Gottfried-Karl Kindermann, Die Ostasienpolitik der Volksrepublik China, in: Ostkolleg der Bundeszentrale für politische Bildung (Hrsg.), VR China im Wandel, Bonn 1985, S. 105–16.

[158] Vgl. Robert A. Manning, The Third World Looks at China, in: Lillian Craig Harris/Robert L. Worden (Hrsg.), China and the Third World: Champion or Challenger, London/Sydney 1986, S. 139–55, bes. 140–47. Levine hat treffend ein Paradox der Perzeptionen formuliert: «China viewing itself in global terms, does not always recognize how strong it is when placed in regional context. The rest of Asia, viewing China in a regional perspective, does not always realize how weak it is on a global scale.» Steven I. Levine, China in Asia: The PRC as a Regional Power, in: Harding: Foreign Relations, S. 112. Zur umgekehrten Perspektive Chinas auf die Dritte Welt vgl. die Übersetzungen von Analysen chinesischer Regionalexperten in Harish Kapur (Hrsg.), As China Sees the World: Perceptions of Chinese Scholars, London 1987, Kap. 7–18.

[159] Zu deren Vorgeschichte, Verlauf und Ergebnis vgl. Möller, China und das wiedervereinigte Vietnam; Gerhard Will, Vietnam 1975–1979: Von Krieg zu Krieg, Hamburg 1987; William J. Duiker, China and Vietnam: The Roots of Conflict, Berkeley 1986; King C. Chen, China's War with Vietnam, 1979: Issues, Decisions, and Implications, Stanford 1987; Robert S. Ross, The Indochina Tangle: China's Vietnam Policy, 1975–1979, New York 1988. Wichtig auch Segal, Defending China, S. 211–30.

[160] Eine Übersicht über die kommunistischen Parteien Südostasiens und ihre (Nicht-) Beziehungen zu Beijing gibt Jacques de Goldfiem, Sous l'oeil du dragon: Les relations de la Chine avec les pays de l'ASEAN, Paris 1988, S. 250–54.

[161] Levine, China in Asia, S. 128. Die VRCh war 1986 vor den Philippinen mit 12,9 % der wichtigste Empfänger bilateraler Wirtschaftshilfe der japanischen Regierung. Vgl. Robert M. Orr, Jr., The Rising Sun: Japan's Foreign Aid to ASEAN, the Pacific Basin and the Republic of Korea, in: Journal of International Affairs 41 (1987/88), S. 39–62, hier 44 (Tabelle 2).

[162] Eine Dokumentargeschichte der Beziehungen in den ersten drei Nachkriegsjahrzehnten ist Rajendra Kumar Jain, China and Japan 1949–1980, 2nd ed., Oxford 1981. Zum Normalisierungsprozeß vgl. Robert E. Bedeski, The Fragile Entente: The 1978 Japan-China Peace Treaty in a Global Context, Boulder, Col. 1983; Ochi Hisashi, Der außenpolitische Entscheidungsprozeß Japans. Der zur Normalisierung der Beziehungen zwischen Japan und der Volksrepublik China führende politische Entscheidungsprozeß in Japan, München 1982, S. 74 ff.

[163] So kam es z. B. 1985 zu Studentendemonstrationen gegen die «neue japanische Invasion»: diesmal die ökonomische Penetration Chinas. Vgl. Laura Newby, Sino-Japanese Relations: China's Perspective, London 1988, S. 13 f.

[164] Reinhard Drifte, China and Japan, in: Harish Kapur (Hrsg.), The End of an Isolation: China after Mao, Dordrecht 1985, S. 64.

[165] Joseph Y. S. Cheng, China's Japan Policy in the 1980s, in: IA 61 (1985), S. 92, 96 f.

[166] Nishihara Masashi, The Security of North-East Asia, in: Robert O'Neill (Hrsg.), East Asia, the West and International Security, Basingstoke 1987, S. 161–71, bes. 162–64; William T. Tow, Japan: Security Role and Continuing Policy Debate, in: Young Whan Kihl/Lawrence E. Grinter (Hrsg.), Asian-Pacific Security: Emerging Challenges and Responses, Boulder, Col. 1986, S. 125–49, bes. 127–36.

[167] Vgl. Robert Taylor, The Sino-Japanese Axis: A New Force in Asia? London 1985, S. 22 ff.

[168] Ishikawa Shigeru, Sino-Japanese Economic Co-operation, in: CQ 109 (1987), S. 2.

[169] Siehe oben Kapitel 13.

[170] Dazu ausführlich Lee Chae-jin, China and Japan, S. 30–75, der die Anfangsschwierigkeiten beschreibt. Im September 1985 begann in Baoshan die Stahlproduktion. Die Kapazität wurde von den geplanten 6 Mio. t auf die Hälfte gekürzt.

[171] Vgl. Chalmers Johnson, MITI and the Japanese Miracle: The Growth of Industrial Policy, 1925–1975, Stanford 1982.

[172] Newby, Sino-Japanese Relations, S. 21–27.

[173] Ebd., S. 30.

[174] Ebd., S. 39.

[175] Bezieht man den sehr umfangreichen Schmuggel mit ein, den keine Statistik erfaßt, so dürfte Japan um 1935 Chinas wichtigster Handelspartner gewesen sein (ohne Mandschurei).

[176] Handelsziffern nach James T. H. Tsao, China's Development Strategies and Foreign Trade, Lexington, Mass. 1987, S. 156 f. (Tabelle B-7).

[177] Weltbank, Weltentwicklungsbericht 1988 (deutsche Fassung), New York 1988, S. 290 f. (Tabelle 16).

[178] Eine Übersicht gibt etwa Hans-Jürgen Süssespeck, Die Wirtschaftsbeziehungen der Volksrepublik China mit nichtsozialistischen Ländern, Bochum 1987, S. 266–85.

[179] Harding, Chinas Second Revolution, S. 154 (Tabelle 6–8). Eingeschlossen ist die ausländische Beteiligung an der Off-shore-Ölgewinnung.
[180] Darüber ist schon viel geschrieben worden. Vgl. als gute Diskussion der Schwierigkeiten (mit optimistischer Prognose): Willy Kraus, Joint-Venture-Erfahrungen in und mit der Volksrepublik China, in: Asien 16 (1985), S. 5–30.
[181] Vgl. Riskin, China's Political Economy, S. 329–38.
[182] Millionenzahlen kommen zustande, wenn man Auslandschinesen und den «kleinen Grenzverkehr» mitrechnet. 1984 wurde China von 12,8 Milionen Touristen besucht, darunter 11,7 Millionen Auslandschinesen sowie Einwohner von Hongkong und Macau. Ebd., S. 325 f.

Schluß: Einige Leitmotive

[1] Zur Unterscheidung solcher Perspektiven vgl. ausführlicher Osterhammel: British Business, S. 189, 214–16.
[2] Vgl. jüngst Richard Little/Steve Smith (Hrsg.), Belief Systems and International Relations, Oxford 1988. Mit Bezug zur amerikanischen Asien- und Chinapolitik auch Michael H. Hunt, Ideology and U. S. Foreign Policy, New Haven 1987.
[3] Der Legismus (fajia, mißverständlicher auch als «Legalismus» übersetzt) geht auf das 4. und 3. Jahrhundert v. Chr. zurück, also die Periode der Vorbereitung und Gründung des chinesischen Einheitsstaates. Der wichtigste weithin authentisch überlieferte Text ist das Hanfeizi des Han Fei (280?- 234 v. Chr.). Vgl. Han-fei-tzu, The Complete Works, ed. W. K. Liao, 2 Bde., London 1959; dazu Wu Geng, Die Staatslehre des Han Fei. Ein Beitrag zur chinesischen Idee der Staatsräson, Wien 1978. Siehe auch oben Kapitel 5.
[4] Etwa Lothar Ruehl, Rußlands Weg zur Weltmacht, Düsseldorf/ Wien 1981, und sehr viel differenzierter Alexander Yanov, The Origins of Autocracy: Ivan the Terrible in Russian History, Berkeley 1981 (etwa S. 59 f. die tabellarische Gegenüberstellung von Ivan dem Schrecklichen und Josef Stalin). Zur Kritik dieser Kontinuitätsthese auf außenpolitischem Gebiet etwa Dietrich Geyer, Modern Imperialism? The Tsarist and the Soviet Examples, in Mommsen/Osterhammel: Imperialism, S. 49–62.
[5] Zur Rolle von Geographie und Institutionen vgl. Gerald Segal, Defending China, Oxford 1985, S. 10–26, 63–79.
[6] Vgl. Frank A. Kierman, Jr./John K. Fairbank (Hrsg.), Chinese Ways in Warfare, Cambridge, Mass. 1974 (bes. Fairbanks Einleitung: Varieties of the Chinese Military Experience, S. 1–26).
[7] Übrigens ist dies auch ein bemerkenswerter Unterschied zur Sowjetunion. Trotz mancher prominenter Opfer der Kulturrevolution (besonders Liu Shaoqi, der 1969 umkam) hat sich Mao Zedong seiner Mitrevolutionäre der ersten Stunde nicht mit ähnlicher Gründlichkeit entledigt wie Stalin. Man stelle sich vor, daß nach Stalins Tod ein aus dem politischen Abseits hervorkommender fünfundsechzigjähriger Nikolaj Bucharin die Führung der UdSSR übernommen hätte!
[8] Wichtige Anregungen zum folgenden aus Michael H. Hunt, Chinese Foreign Relations in Historical Perspective, in Harding: Foreign Relations, S. 1–42, bes. 10–36; Mark Mancall, The Persistence of Tradition in Chinese Foreign Policy, in: AAAPSS 349 (1963), S. 14–16.
[9] Vgl. etwa Michael Greenfield Partem, The Buffer System in International Relations, in: Journal of Conflict Resolution 27 (1983), S. 3–26.
[10] Hier machte sich nach außen hin bemerkbar, was auch seit jeher chinesische Innenpolitik auszeichnet: Sie war und ist in hohem Maße Bündnispolitik. Vgl. John K. Fairbank, The Reunification of China, in CHOC, Bd. 14, S. 21, 28 f., 41.
[11] Am Beispiel des Erziehers Cai Yuanpei (1868–1940): Levenson: Confucian China, Bd. 1, S. 110–13, und allgemein Joseph R. Levenson, Revolution and Cosmopolitanism:

The Western Stage and the Chinese Stages, Berkeley 1971. Zur Interpretation vgl. etwa Ralph N. Croizier, China's Worlds: Cosmopolitanism, Nationalism, and the «Problem of Chinese Identity», in: Maurice Meisner/Rhoads Murphey (Hrsg.), The Mozartian Historian: Essays on the Work of Joseph R. Levenson, Berkeley 1976, S. 157–74.

[12] Siehe oben S. 8 f.

[13] Vgl. zur Spannweite der heutigen chinesischen Intelligentsia Merle Goldman, China's Intellectuals: Advice and Dissent, Cambridge, Mass. 1981; Carol Lee Hamrin/ Timothy Cheek (Hrsg.), China's Establishment Intellectuals, Armonk. N. Y. 1986.

[14] Über einen faszinierenden Spezialaspekt jetzt John M. MacKenzie, The Empire of Nature: Hunting, Conservation and British Imperialism, Manchester 1988, bes. Kap. 7 über die «Kaiserliche Jagd» in Indien (der britische Monarch war zugleich Kaiser von Indien).

[15] John A. Hobson, Imperialism: A Study, 3rd ed., London 1938, S. 304 (zuerst 1902).

[16] Zur Pluralität des Imperialismus und zu seiner Typologie (sowie zur Pluralbildung «Imperialismen») grundsätzlich wichtig: René Girault, Les impérialismes de la première moitié du XXe siècle, in: Relations internationales 7 (1976), S. 193–209.

[17] Über diesen Beziehungstyp von «Imperialismus ohne Imperium» vgl. jetzt die theoretisch ausgerichteten Studien in Jan F. Triska (Hrsg.), Dominant Powers and Subordinate States: The United States in Latin America and the Soviet Union in Eastern Europe, Durham, N. C. 1986.

[18] Zur Vorgeschichte in imperialismustheoretischer Sicht: Paul Luft, Strategische Interessen und Anleihenpolitik Rußlands in Iran, in: GG 1 (1975), S. 506–38. In China außerhalb der Mandschurei spielten Einflußsphären eine viel geringere Rolle als im «klassischen» Fall des Iran.

[19] Für Großbritannien, Rußland, Frankreich und das Deutsche Reich dazu am besten die Synthese bei Schmidt: Imperialismus, der auch die internationale Vernetzung der Hochfinanz angemessen betont (S. 31, 126, 136–38). Versuche, die «Gesamtphysiognomie» eines nationalen Imperialismus zu umreißen, sind selten erfolgreich unternommen worden. Vgl. als Ausnahmen von dieser Regel die Aufsätze von Rohe (Großbritannien), Wehler (USA) und Ziebura (Frankreich) in: Wolfgang J. Mommsen (Hrsg.), Der moderne Imperialismus, Stuttgart 1971; ders., Das Britische Empire. Strukturanalyse eines imperialistischen Herrschaftsverbandes, in: HZ 233 (1981), S. 317–61; Geyer: Russischer Imperialismus; Gottfried Schramm, Das Zarenreich: ein Beispielfall für Imperialismus, in: GG 7 (1981), S. 297–310; Beasley: Imperialism; Bernd Martin, The Politics of Expansion of the Japanese Empire: Imperialism or Pan-Asiatic Mission?, in: Mommsen/Osterhammel: Imperialism, S. 63–82.

[20] Siehe oben Kapitel 15, S. 338–42. Unsere Darstellung solcher Zyklen ist beeinflußt von John Gallagher, The Decline, Revival and Fall of the British Empire: The Ford Lectures and other Essays, Cambridge 1982; außerdem auch von der jüngsten Diskussion um lange Zyklen in der Weltpolitik, bes. Kennedy: Great Powers; Joshua S. Goldstein, Long Cycles: Prosperity and War in the Modern Age, New Haven 1988; George Modelski (Hrsg.), Exploring Long Cycles, Boulder, Col. 1987; Robert Gilpin, War and Change in World Politics, Cambridge 1981.

[21] Eugene Staley, War and the Private Investor: A Study in the Relations of International Politics and International Private Investment, Garden City, N. Y. 1935, S. 369f., 374–78.

[22] Vgl. die Übersicht über 34 Fälle aus aller Welt ebd., S. 370f.

[23] «A disorderly spirit of guerilla»: Hobson, Imperialism, S. 323.

[24] Die vermutlich einzige wirklich grenzenlos willfährige Marionette, die irgendeine fremde Macht in China fand, war der von den Japanern als «Kaiser von Mandschukuo» inthronisierte letzte Mandschuherrscher Henry Puyi. So das Urteil bei John Hunter Boyle, China and Japan at War, 1937–1945: The Politics of Collaboration, Stanford

1972, S. 10. Ironischerweise ist gerade Puyi durch Bernardo Bertoluccis Film «Der letzte Kaiser» im Westen zu einer der bekanntesten Figuren aus der chinesischen Geschichte geworden. Vgl. auch Neville J. Irons, The Last Emperor: The Life of the Hsüan-t'ung Emperor Aisin-Gioro P'u-yi, 1906–1967, London 1983.

[25] Siehe oben Einleitung, S. 14–16.

[26] Die Eigengesetzlichkeit der Teilsysteme betont vor allem Rolf Trauzettel, Probleme der Modernisierung in Ostasien, in: Saeculum 26 (1975), S. 193.

[27] Chi Ch'ao-ting, Key Economic Areas in Chinese History, London 1936.

[28] G. C. Allen, Western Enterprise in the Far East, in: IA 30 (1954), S. 298.

[29] Die sozial- und wirtschaftsgeschichtliche Forschung zu Asien und Afrika hat in den letzten Jahren an vielen Beispielen auf die Assimilations- und Adaptationskraft einheimischer – in der Sprache der Modernisierungstheorie «traditionaler» – Wirtschaftsinstitutionen aufmerksam gemacht. Vgl. etwa C. A. Bayly, Rulers, Townsmen and Bazaars: North Indian Society in the Age of British Expansion, 1770–1870, Cambridge 1983, S. 229–62; Raymond E. Dumett, African Merchants of the Gold Coast, 1860–1905: Dynamics of Indigenous Entrepreneurship, in: CSSH 25 (1983), S. 661–93; für die jüngste Vergangenheit z. B. Paul Kennedy, African Capitalism: The Struggle for Ascendency, Cambridge 1988, S. 104–34.

[30] Dies unterstreicht in einem der wichtigsten Beiträge überhaupt zum chinesisch-westlichen Kontakt: Erik Zürcher, «Western Expansion and Chinese Reaction: A Theme Reconsidered, in Wesseling: Expansion, S. 64f., 68–70, 77. Am Beispiel der Übernahme «alternativer Optionen» durch die Taiping auch (der beste deutsche Beitrag zum Thema) Rudolf G. Wagner, Staatliches Machtmonopol und alternative Optionen: Zur Rolle der «westlichen Barbaren» im China des 19. Jahrhunderts, in: Jan-Heeren Grevemeyer (Hrsg.), Traditionale Gesellschaften und europäischer Kolonialismus, Frankfurt a. M. 1981, S. 105–136, bes. 123–27, 131 f.

[31] Unter den Bedingungen der ungleichen Verträge und einer größeren sozialökonomischen Differenz zwischen kapitalexportierendem und kapitalimportierendem Land ging diese Sinisierung freilich nicht so weit wie der entsprechende Prozeß in Rußland. Vgl. dazu Walther Kirchner, Russian Entrepreneurship and the «Russification» of Foreign Enterprise, in: Zeitschrift für Unternehmensgeschichte 16 (1981), S. 79–103.

[32] Siehe zu den theoretischen Debatten Kapitel 11, S. 175f. sowie Ramon H. Myers, Society and Economy in Modern China: Some Historical Interpretations, in: ZYJYJ 11 (1982), S. 197–224; Susan Mann Jones, Misunderstanding the Chinese Economy: A Review Article, in: JAS 40 (1980/81), S. 539–57; David D. Buck, Themes in the Socioeconomic History of China, 1840–1949: A Review Article, in: JAS 43 (1983/84), S. 459–73. Etwas grobe, aber dafür deutlich konturierte Darlegungen gegensätzlicher Positionen finden sich bei Andrew J. Nathan, Imperialism's Effects on China, in: BCAS 4:4 (Dezember 1972), S. 3–8; Joseph W. Esherick, Harvard on China: The Apologetics of Imperialism, in: ebd., S. 9–16. Die alte Diskussion greift auf: Elizabeth Lasek, Imperialism in China: A Methodological Critique, in: BCAS 15:1 (Januar-Februar 1983), S. 50–64. Eine vorzüglich informierte, von altem Dogmatismus weitgehend freie chinesische Stellungnahme zu der Debatte ist Zhou Guanyuan, Diguozhuyi ruqin dui jindai Zhongguo jingji fazhan de yingxiang. Dui xifang xuezhe yixie guandian de pingjia [Der Einfluß der imperialistischen Invasion auf die wirtschaftliche Entwicklung Chinas. Einschätzung einiger Ansichten westlicher Wissenschaftler], in: LSYJ 1988/4, S. 66–78. Interessant dabei vor allem die Kritik an der «Dependenz- Schule» (Esherick, Moulder, u. a.), die chinesischen Auffassungen früher am nächsten kam.

[33] Christian Meier, Die Entstehung des Politischen bei den Griechen, Frankfurt a. M. 1980, S. 9.

[34] Muß China übrigens immer (nur) mit Japan verglichen werden? In mancher Hinsicht ist der Vergleich mit Indien mindestens ebenso lehrreich. Ansätze dazu bei Murphey: Outsiders, und Subramanian Swamy, The Response to Economic Challenge:

A Comparative Economic History of China and India, 1870–1952, in: Quarterly Journal of Economics 93 (1979), S. 25–46. Das asiatische Vergleichsdreieck schließt B. R. Tomlinson, Writing History Sideways: Lessons for Indian Economic Historians from Meiji Japan, in: MAS 19 (1985), S. 669–98.

[35] Sehr gut dazu Gary Hamilton, Why No Capitalism in China? Negative Questions in Historical Comparative Research, in: Journal of Developing Societies 1 (1985), S. 187–211, bes. 187–89, sowie in kritischem Anschluß an Max Webers vergleichende Chinastudien ders., Patriarchalism in Imperial China and Western Europe, in: Th&S 13 (1984), S. 393–425, bes. 393–404. Über drei Grundtypen makrohistorischen Vergleichens vgl. den ungemein präzisen Aufsatz: Theda Skocpol/Margaret Somers, The Uses of Comparative History in Macrosocial Inquiry, in: CSSH 22 (1980), S. 174–97. Der bislang erfolgreichste Versuch eines Vergleichs zwischen China, Europa und Japan (Hoffmann: Traditionale Gesellschaft) verzichtet auf eine methodologische Klärung.

[36] Das Folgende nach Tim Wright, Imperialism and the Chinese Economy: A Methodological Critique of the Debate, in: BCAS 18 (1986), S. 36–45, bes. 41–44.

[37] Richard H. Tawney, Land and Labour in China, London 1932, S. 13. Dies auch die Zentralthese in Murphey: Outsiders (fraglich ist allerdings, ob dies in Indien im 19. Jahrhundert, wie Murphey glaubt, so ganz anders war). Die chinesische Geschichtsschreibung spricht weniger von einer Ausgrenzung der Fremden als von einer (auch streckenweise politischen) Symbiose zwischen Imperialismus und Feudalismus. So zuletzt Wang Jingyu, Jindai Zhongguo zibenzhuyi de fazhan he bu fazhan [Entwicklung und Nicht-Entwicklung des Kapitalismus im modernen China], in: LSYJ 1988/5, S. 86–97, hier 88.

[38] Zur Gewichtung dieses fiskalischen Faktors innerhalb der Qing-Geschichte prägnant: Mary B. Rankin/John K. Fairbank/Albert Feuerwerker, Introduction: Perspectives on Modern Chinese History, in CHOC, Bd. 13, S. 1–73, hier 51–53.

[39] Man hat für diese Zeit und die Gegenden außerhalb der Warlord-Schlachtfelder sogar von einem «pays déserté par l'Etat» gesprochen. Marie-Claire Bergère, Les cycles de la modernisation en Chine (1842–1949), in: Vingtième Siècle. Revue d'Histoire 3 (1986), S. 3–16, hier 11; ähnlich R. Bin Wong, Naguère et aujourd'hui: Réflexions sur l'état et l'économie en Chine, in: Études chinoises 7 (1988), S. 7–28, hier 17.

[40] Dies betonen Moulder: Japan, S. 152–58, und Borsa: Nascita, S. 206f.

[41] Vgl. Albert Feuerwerker, Aspects of the Transition from Qing to Republican China, in: RC 10:2 (April 1985), S. 1–21, hier 18.

[42] Siehe oben Kapitel 14, S. 296ff., sowie Lucien Bianco, Les origines de la révolution chinoise 1915–1949, Paris 1967, S. 141–85, bes. 184f. (neben den Chinakapiteln in Moore: Ursprünge und Skocpol: States sowie Fairbank: Revolution und Hoffmann: Untergang eine der fünf besten Gesamtdeutungen in der westlichen Literatur).

[43] Der Guerillawiderstand gegen Japan verschaffte den Kommunisten eine breitere Massenbasis, als sie sie bis dahin besessen hatten, und machte sie überhaupt erst zu einer der Guomindang ebenbürtigen Kraft. Die entschiedene Reaktion der KPCh auf die brutale Kriegführung der Japaner gewann ihr viele Anhänger, die sie aus rein gesellschaftlichen Motiven vermutlich nicht unterstützt hätten. So weit hat Chalmers Johnsons Nachweis in seinem berühmten Buch Peasant Nationalism and Communist Power: The Emergence of Revolutionary China, 1937–1945, Stanford 1963, der Kritik standgehalten. Neben der nationalrevolutionären hat aber die sozialrevolutionäre Programmatik und Leistung der KPCh eine größere Rolle gespielt, als Johnson wahrhaben wollte. Nicht sehr erfolgreich sein Versuch, die alte These zu bestätigen, in ders., Peasant Nationalism Revisited: The Biography of a Book, in: CQ 72 (1977), S. 766–85.

[44] Vgl. den kurzen Vergleich zwischen Rußland und China bei Mary C. Wright, Revolution from Without? in: CSSH 4 (1962), S. 247–52. Die extremste, historisch völlig haltlose Form der These einer Revolution von außen ist die Vorstellung von einer

weltrevolutionären Verschwörung, wie sie Jiang Kaishek propagierte. Vgl. Chiang Kaishek, Soviet Russia in China: A Summing-Up at Seventy, London 1957.

[45] Einige Interpretationen, so die bekannte und wichtige in Barringtons Moores klassischem komparativem Werk (Moore: Ursprünge, S. 196–269), berücksichtigen exogene Faktoren überhaupt nicht. Auch Moores Schülerin Theda Skocpol, die den internationalen Kontext von Revolutionen stärker beachtet und staatlichen Strukturen größeres Gewicht beimißt als Moore, weiß über die äußeren Bedingungen und Bedingtheiten der chinesischen Revolution in ihrem bedeutenden Buch enttäuschend wenig zu sagen (Skocpol: States, bes. S. 73–78). Kein systematischer Vergleich, sondern eine methodisch anspruchslose Parallelgeschichte ist William G. Rosenberg/Marilyn B. Young, Transforming Russia and China: Revolutionary Struggle in the Twentieth Century, New York 1982.

[46] Eine neue vergleichende Untersuchung findet einen hohen Grad an «state capability» in Asien nur in Israel, Japan, Vietnam, den beiden koreanischen und den beiden chinesischen Staaten, nirgendwo in Afrika. Joel S. Migdal, Strong Societies and Weak States: State-Society Relations and State Capabilities in the Third World, Princeton 1988, S. 269. Vor einer zu raschen Gleichsetzung von starkem Staat und Entwicklungsorientierung warnen allerdings Cal Clark/Jonathan Lemco, The Strong State and Development: A Growing List of Caveats, in: Journal of Developing Societies 4 (1988), S. 1–8. Zu den Erfolgsbedingungen der Erneuerung des chinesischen Staates jetzt auch Tang Tsou, Marxism, the Leninist Party, the Masses, and the Citizens in the Rebuilding of the Chinese State, in: Schram: Foundations, S. 257–89.

Zeittafel

1271–95
Marco Polo in Asien.

1368
Zhu Yuanzhang (Hongwu-Kaiser) ruft die Ming-Dynastie aus.

1405–33
Übersee-Expeditionen des Admirals Zheng He.

1498
Entdeckung des Seewegs von Europa nach Indien.

1514
Die ersten Portugiesen an der Küste von Guangdong.

1520
Erster Einsatz europäischer Kanonen durch chinesische Truppen.

1521
Magellan auf den Philippinen.

1550–52
Letzte große mongolische Offensiven in Nordchina.

1557
Einnahme von Macau durch die Portugiesen.

1564–71
Die Spanier setzen sich auf den Philippinen fest.

um 1570
Beginn der chinesischen Importe von Silber aus Amerika.

1579
Der erste Engländer in Indien.

1582–1610
Matteo Ricci in China (seit 1601 in Beijing).

1585
Juan Gonzalez de Mendoza: *Gran Reyno de la China*.

1592–98
Vergebliche japanische Versuche unter Hideyoshi zur Eroberung Koreas.

1600–1868
Tokugawa-Herrschaft in Japan.

1600
Gründung der englischen East India Company.

1601
Erstes holländisches Schiff in Guangdong.

1602
Gründung der holländischen Verenigde Oostindische Compagnie (VOC).

um 1610
Erste Verbreitung von Tee in Europa.

1613
Gründung einer Faktorei der East India Company in Japan.

1615
Ricci/Trigault: *De Christiana expeditione apud Sinas.*

1618
Kosaken unter Ivan Petlin in Beijing: die erste russische Mission.

1624
Die Engländer ziehen sich aus Japan zurück.

1624–62
Die Holländer auf Formosa.

1627
Beginn der großen Aufstände, die zum Fall der Ming-Dynastie führen.

1627–36
Besetzung Koreas durch die Mandschus.

1635
Das erste englische Schiff in Kanton.

1639
Abschließung Japans gegen Fremde.

ab 1640
Russische Kolonisierung Ostsibiriens.

1642
Alvaro Semedo: *Imperio de la China.*

1644
Ende der Ming- und Errichtung der Qing-Dynastie durch die Mandschus.

1656
Russische Gesandtschaft unter F. I. Bajkov.
Erste holländische Gesandtschaft nach Beijing.

1661
Erster verbürgter Besuch eines Europäers in Lhasa.

1661–1722
Herrschaft des Kaisers Kangxi.

1680er Jahre
Höhepunkt der westmongolischen Macht.

1681
Abschluß der Durchsetzungskämpfe der Qing. Beginn der «Pax tatarica».

1683
Endgültige Besetzung Taiwans durch die Qing.

1684–85
Beseitigung von Beschränkungen des Seehandels im südöstlichen Küstenraum.

1688
Französische Jesuiten treffen in Beijing ein.

1688–91
Die östliche Mongolei wird Protektorat der Qing-Dynastie.

1689
Chinesisch-Russischer Vertrag von Nerčinsk.

1696
Louis Le Comte: *Nouveaux mémoires sur l'état present de la Chine.*

um 1700
Höhepunkt des Karawanenhandels zwischen Rußland und China.

nach 1700
Allmähliche Verstärkung des Qing-Einflusses in Tibet.

1702
Beginn der jesuitischen Chinaberichterstattung in den *Lettres édifiantes et curieuses.*

1713–23
Kangxis Steuerreform.

1715
Die East India Company gründet in Kanton ein Kontor.

1717
Die East India Company beginnt mit regelmäßigen Tee-Exporten aus Kanton.

1720
Gründung der Co-Hong in Kanton.

1720er Jahre
Aufhebung weiterer chinesischer Verbote des Handels mit Südostasien. Gleichzeitig fortschreitende Liberalisierung der Binnenwirtschaft.

ca. 1720–70
«High Ch'ing»: materielle Blüte unter den Qing.

ca. 1720–60
Aufbauphase des europäischen Chinahandels in der Ära der Ostindienkompanien.

1723–35
Herrschaft des Kaisers Yongzheng.

1727
Chinesisch-Russischer Vertrag von Kjachta.

um 1730
Erste chinesische Baumwollstoffe in Europa.
Beginn der Blütezeit des siamesisch-chinesischen Tributhandels (bis ca. 1830).

1735
Jean-Baptiste Du Halde: *Description ... de la Chine.*

1736–96
Herrschaft des Kaisers Qianlong (faktisch bis 1799).

1740
Massaker der Holländer an den Chinesen in Batavia.

1740er Jahre
Höhepunkt der Seidenproduktion in kaiserlichen Manufakturen.

um 1740
Der Aufstieg des privaten Country Trade in Südostasien beginnt.

1748
Bericht von Lord Ansons Weltumseglung wird veröffentlicht: Hauptquelle für negative Urteile über China.

1751
Festsetzung der Qing in Tibet.

1756–57
Vernichtung der westmongolischen Dsungaren durch die Streitkräfte der Qing.

1757
Schlacht von Plassey: Etappensieg der Briten in Indien.

1760
Systematisierung der Handelspraktiken an der südöstlichen Küste zum «Kanton-System».

ca. 1760–1860
Blütezeit des russisch-chinesischen Handels unter dem Kjachta-System.

1765
Die East India Company übernimmt die Territorialherrschaft in Bengalen.

1768
Errichtung des innerasiatischen Protektorats Xinjiang (wird 1884 Provinz).

nach 1770
Beginn der inneren Krise des Qing-Staates.

1773
Die East India Company errichtet in Bengalen ein Monopol für Gewinnung und Verkauf von Opium.

1784
Commutation Act: Senkung der britischen Teezölle verursacht sprunghaften Anstieg der Tee-Exporte aus China.
Das erste nordamerikanische Schiff («Empress of China») in China.

1791
Abkoppelung des anglo-indisch-chinesischen Dreieckshandels von der Silberversorgung aus Amerika.

1792
Gurkha-Krieg im Himalaya. Höhepunkt des Qing-Einflusses in Tibet (bis ca. 1800).

1793–94
Britische Gesandtschaft unter Lord Macartney am Hofe des Kaisers Qianlong.

1795
Tod des letzten der großen jesuitischen Gelehrten in Beijing, Joseph Amiot.
Letzte holländische Gesandtschaft zum Kaiser von China.

1796–1820
Herrschaft des Kaisers Jiaqing.

1796–1805
Weißer-Lotus-Aufstand. Seine Unterdrückung belastet die Qing-Finanzen.

1799
Aufhebung der Holländischen Ostindienkompanie (VOC).

1799–1818
Die Briten sichern sich die militärische Vormacht in Indien.

1804
Sir John Barrow: *Travels in China.*

1805
Beginn großer Christenverfolgungen in China.
Erste Opiumimporte nach China durch amerikanische Händler.

um 1805
Beginn der Vorherrschaft Großbritanniens auf den Weltmeeren.

1813
Ende des Handelsmonopols der East India Company in Indien; Aufhebung der Missionsverbote.
Verschärfung der bis dahin wenig wirksamen Opiumverbote in China.

1816
Fehlschlag der Gesandtschaft von Lord Amherst.

1819
Gründung der britischen Kolonie Singapore.

ab 1820
Steiler Aufschwung der Opiumexporte von Indien nach China. Opium ersetzt Baumwolle als führendes chinesisches Importgut.

1821–50
Herrschaft des Kaisers Daoguang.

um 1825
(Pidgin-)Englisch setzt sich gegenüber Portugiesisch als *lingua franca* des Handels in Ostasien durch.

1826
Erster Birma-Krieg: Briten stoppen die Expansion Birmas und oktroyieren einen Handelsvertrag.

1827
Beginn des Silberabflusses aus China: Auslöser einer ernsten Deflationskrise in (Süd-)China.

1830
Beginn der eigentlichen Kolonialperiode in Indonesien.

1832
Gründung von Jardine Matheson & Co., der größten westlichen Chinafirma des 19. und 20. Jahrhunderts.

1833/34
Ende des Monopols der East India Company im Chinahandel.

1833–41
Aggressive britische Überseepolitik unter Außenminister Lord Palmerston.

1834
Lord Napier, der erste Superintendent of Trade in Kanton, sucht den Konflikt mit China.

1836–39
Strategiedebatte an der Staatsspitze in Beijing über die Opium-Silber-Krise.

1838
Öffnung des Osmanischen Reiches für den britischen Freihandel.

1839
Kommissar Lin Zexu stoppt den Opiumhandel und vernichtet britisches Opium in Kanton.

1840
Zweite Muhammad-Ali-Krise im östlichen Mittelmeer.

1840–42
Anglo-chinesischer Opiumkrieg.

1842
29. 8.: Chinesisch-Britischer Vertrag von Nanjing, der erste «ungleiche Vertrag»: Öffnung von fünf Treaty Ports, Exterritorialität, Einschränkung der chinesischen Zollhoheit, Abtretung Hongkongs.

1843
Juni: Hong Xiuquan, der Gründer der Taiping-Bewegung, erfährt seine prophetische Erleuchtung aus christlichen Traktaten.
Ausländer treffen im geöffneten Shanghai ein; De-facto-Gründung einer ausländischen Enklave (ab 1863: International Settlement). Hongkong wird zur britischen Kronkolonie erklärt.
Wei Yuan: *Haiguo tuzhi* [Illustrierendes Buch der am Meer liegenden Nationen]: Grunddokument für die Kenntnis der Chinesen von der Außenwelt.

1844
Der Vertrag von Wangxia überträgt alle britischen Rechte aus dem Vertrag von Nanjing (1842) auf Staatsangehörige der USA.

1845–57
Immer wieder aufflammender Widerstand gegen die Fremden in Südchina (bes. in Kanton und Fuzhou).

um 1848
Beginn der organisierten chinesischen Emigration («Kuli-Handel») nach Südostasien, Südamerika, die USA, Australien, Neuseeland, Südafrika, usw. Bis 1900 verlassen ca. 2,4 Millionen Menschen auf diese Weise China.

1850
Xu Jiyu: *Yinghuan zhilüe* [Geographie der Welt]: Grundlegendes Dokument zu Chinas Kenntnis der Außenwelt.
Beginn des Taiping-Aufstandes in der südlichen Provinz Guangxi.
Das erste Dampfschiff fährt von Shanghai nach London.

1851–61
Herrschaft des Kaisers Xianfeng.

1852
Britische Annexion Unterbirmas.

1853
Die Taiping erobern Nanjing und machen es zu ihrer Hauptstadt.
Erste chinesische Auslandsanleihe. Bis 1895 bleibt die Auslandsverschuldung gering.
Letzte siamesische Tributgesandtschaft nach China.

1853/54
US-Flottille unter Commodore Perry löst «Öffnung» Japans aus.

1853–68
Großer Aufstand der Geheimsekte der Nian in Nordostchina.

1854
Beginn ausländischer Beteiligung an der chinesischen Zollverwaltung.

1855
Anglo-siamesischer Freihandelsvertrag.

1856
Hongkong löst Kanton als wichtigster Überseehafen in Südchina ab.
Wendejahr für die Taiping-Bewegung, die nun ihre Dynamik zu verlieren beginnt.

1856–73
Moslem-Aufstand in der Provinz Yunnan.

1857
Januar: Britischer Sturm auf Kanton als Reaktion auf Kaperung des britischen Schiffes *Arrow* durch chinesische Truppen (am 8. 10. 1856).

1857/58
Sepoy-Aufstand in Indien.

1858–60
«Zweiter Opiumkrieg» zwischen China einerseits, Großbritannien und Frankreich andererseits. Chinesische Niederlage trotz einiger militärischer Erfolge.

1858
Tianjin-Verträge Chinas mit Großbritannien, Frankreich und den USA: Öffnung des Landesinneren (bes. des Yangzi-Tales), Legalisierung der Opiumeinfuhr, Freizügigkeit für Ausländer im ganzen Land, Missionsfreiheit.
28. 5.: Chinesisch-russischer Vertrag von Aigun anerkennt russische Territorialgewinne nördlich des Amur.

ab 1858
«Ungleiche» Handelsverträge zwischen Japan und den Westmächten.

1859
Die Franzosen erobern Saigon.

1860er Jahre
Goldene Zeit der Tee-Clipper (Segelschiffe im chinesisch-britischen Direktverkehr).

1860
Britisch-französische Besetzung Beijings (13. 10.); Plünderung und Einäscherung des von Qianlong erbauten Sommerpalastes auf Befehl Lord Elgins (18.–20. 10.).
24. 10.: Chinesisch-britische Konvention von Beijing. Gleichzeitig Inkraftsetzung des Vertrages von Tianjin (von 1858). Das 1842 begonnene Treaty-System ist nun in seinen Grundzügen vollendet.
14. 11.: Chinesisch-russische Konvention von Beijing: Abtretung aller Gebiete östlich des Ussuri.
Gründung von Vladivostok.

1860–62
Preußische Ostasienexpedition. 2. 9. 1861: Deutsch-chinesischer Handelsvertrag.

seit etwa 1860
Langsam zunehmendes Interesse in der Gebildetenschicht an westlicher Kultur, zunächst hauptsächlich an ihren technischen Errungenschaften; allmählich zahlreichere Übersetzungen westlicher Bücher.
Beschleunigte han-chinesische Kolonisierung der Mandschurei.

1861
Li Hongzhangs Eintritt in die chinesische Politik auf Gouverneursebene. Bis 1901 bleibt er der leitende Außenpolitiker des Reiches.
20. 1.: Errichtung des *Zongli Yamen*, eines Proto-Außenamtes mit umfassenden Kompetenzen für die Modernisierungspolitik. Beginn der Einrichtung permanenter Gesandtschaften in Beijing.
11. 3.: Eine britische Flottille unter Sir Harry Parkes öffnet die zentralchinesische Millionenstadt Hankou als Treaty Port.
3. 4.: Öffnung des ersten Treaty Port in der Mandschurei (Niużhuang).

1861–74
Herrschaft des Kaisers Tongzhi. Die tatsächliche monarchische Gewalt liegt von nun an (ab 1875 mit kürzeren Zwischenphasen unumschränkt) bis 1908 in den Händen der Mutter des Tongzhi-Kaisers und Tante des ihm folgenden Guangxu-Kaisers, der Kaiserinwitwe Cixi.

1862
Ausländische Streitkräfte treten auf seiten der Qing in den Krieg gegen die Taiping ein. China kauft die ersten ausländischen Dampfschiffe. Am *Zongli Yamen* wird ein Fremdspracheninstitut eröffnet.

1863
Robert Hart wird zum Inspector General der Seezollbehörde (Imperial Maritime Customs) berufen (amtiert bis 1908).
Ein Gesuch britischer und amerikanischer Kaufleute, eine Eisenbahn zwischen Suzhou und Shanghai bauen zu dürfen, wird abgelehnt.

1864
Fall der Taiping-Hauptstadt Nanjing. Ende des Taiping-Aufstandes (letzte kleine Widerstandsgruppen werden 1866 vernichtet).
Gründung der Hongkong and Shanghai Banking Corporation.

1865
Gründung des Jiangnan-Arsenals in Shanghai: Beginn der staatlichen Rüstungsindustrialisierung (Waffenfabriken, Schiffswerften usw.).

1865–72
Russisches Vordringen nach Buchara und Chiva.

1867
Ganz Cochinchina (das südliche Vietnam) ist in französischer Hand.

1868
In Japan Ende des Tokugawa-Systems und Beginn einer radikalen Modernisierungspolitik («Meiji-Restauration»).
Fertigstellung des ersten Dampfschiffs durch die Jiangnan-Werft in Shanghai.

1868–69
Chinesische diplomatische Mission in die USA und nach Europa unter Leitung von Anson Burlingame, dem ehemaligen US-Gesandten in Beijing.

1869
Eröffnung des Suezkanals. Danach rasche Durchsetzung des Dampfschiffs im China-Europa-Verkehr.

1870er Jahre
Niedergang des sino-russischen Kjachta-Handels.

1870
21. 6.: «Tianjin-Massaker» an ausländischen Missionaren. Harte Repressalien folgen.

1870–77
Erhebung in Xinjiang unter Ya'qûb Beg.

ab 1871
Anschluß Chinas an internationale Telegraphennetze.

1872
Gründung von John Swires China Navigation Company, der wichtigsten Schiffahrtslinie im chinesischen Binnenvekehr.
Die ersten chinesischen Studenten werden in die USA entsandt (nach Europa erst 1876!).

1873
Li Hongzhang gründet die China Merchants Steam Navigation Company *(Zhaoshangju)*.

ab 1874
Umwandlung des chinesischen Tributsstaates Annam in ein französisches Protektorat.

1874
Mai–Dezember: Japanische Militärexpedition nach Taiwan.

1875–1908
Herrschaft des Kaisers Guangxu. Tatsächlich regiert Cixi (nur 1889–98 aktivere Rolle des Kaisers).

1876
13. 9.: Sino-britische Konvention von Zhifu als Kompensation für die Ermordung des Konsularbeamten A. Margary (8. 11. 1875): weitere Rechte für die Ausländer, bes. De-jure-Öffnung des Treaty Port Chongqing (de facto erst 1891).
Erste Eisenbahn in China (Shanghai–Wusong, schon 1877 stillgelegt und demontiert). Bis 1894 werden nur insgesamt etwa 500 km gebaut.
Die ersten chinesischen Studenten in Deutschland. 1877 Entsendung von Studenten nach Großbritannien und Frankreich.

1876–79
Hungerkatastrophe in Nordchina: 9–13 Millionen Tote.

1877
Akkreditierung des ersten chinesischen Botschafters im Ausland (Guo Songtao in London).

1877–1912
Ferdinand v. Richthofen: *China*, 5 Bde.: Das bedeutendste westliche Werk zur Geographie Chinas.

1878
11. 7.: Gründung des Kaiping-Kohlebergwerks im Zusammenhang bürokratischer Modernisierungsversuche.

1879
4. 4.: Japan annektiert die Ryûkyû-Inseln.
Höchststand der Opiumimporte nach China. Danach Rückgang als Folge von Importsubstitution.

nach 1880
Anfänge der Industrialisierung in Hongkong (zunächst Schiffbau und Zuckerfabrikation).
Als Folge u. a. der Einführung von Dampfkraft Aufschwung der chinesischen Rohseideproduktion.
Beginn des wirtschaftlichen «take-off» in Japan.

1881
24. 2.: Chinesisch-russischer Vertrag von St. Petersburg: Chinesische Territorialgewinne in Yili werden gegen Entschädigung festgeschrieben – ein relativer Erfolg für China.
Gleichzeitig erste französisch-chinesische Spannungen wegen Vietnam.
Beginn der Beschränkung der chinesischen Einwanderung in die USA (Angell-Vertrag).
Das erste Telefonsystem in China (in den ausländischen Sektoren von Shanghai).
Einführung von fließendem Wasser in Shanghai.

1882
Britische Okkupation Ägyptens.

1883
Samuel Wells Williams: *The Middle Kingdom*, 2. Aufl.
25. 8.: Errichtung eines französischen Protektorats über Annam und Tongking (das nördliche Vietnam): Ende der Unabhängigkeit Vietnams.

1884
17. 11.: Xinjiang wird als Provinz fester in den Reichsverband integriert. Taiwan wird 1885 Provinz.

1884–85
Berliner Westafrika-Konferenz der Großmächte.

1884–85
Chinesisch-französischer Krieg. China muß das französische Protektorat über Vietnam anerkennen, braucht aber keine Kriegsentschädigung zu zahlen (Vertrag vom 9. 6. 1885).

1885
Die Briten annektieren die noch unabhängigen Teile Birmas (von China am 24. 7. 1886 anerkannt; Birma darf aber noch weiter Tribut nach Beijing senden).
Sino-japanisches Ko-Protektorat über Korea (Li-Itô-Konvention von Tianjin, 18. 4.).
Baumwollstoffe werden Chinas wichtigstes Importgut; Petroleum (Kerosin) wird für Jahrzehnte der wichtigste Import aus den USA.
Gründung des indischen Nationalkongresses.

1886
Höhepunkt (in absoluten Mengen) der chinesischen Tee-Exporte.
Großbritannien stellt Versuche zur Öffnung Tibets einstweilen ein und erkennt chinesische Oberhoheit an; erst 1899 wird eine aktive britische Tibetpolitik weitergeführt werden.

1887
China erkennt erstmals die portugiesische Souveränität über Macau an (Lissabonner Protokoll, 26. 3.).
Der Hof in Beijing entscheidet sich erstmals grundsätzlich für den Bau von Eisenbahnen.

1889/90
Gründung der Hanyang-Eisenwerke durch Generalgouverneur Zhang Zhidong (Produktionsbeginn 1894).

1890
Die erste maschinelle Baumwollfabrik wird eröffnet: ein staatlich-privates *(guandu shangban)* Gemeinschaftsunternehmen in Shanghai.

ca. 1890–1930
Rohseide ist Chinas wichtigstes Exportprodukt.

1891
«Yangzi riots»: Höhepunkt einer Welle antimissionarischer Ausschreitungen, besonders in Mittelchina. Nächster Höhepunkt 1895.

1894
Standard Oil Co. führt neue Methoden der Markteroberung ein.
Japan schließt seinen ersten völkerrechtlichen Vertrag auf der Basis der Gleichberechtigung ab.
Juni: Chinesisch-japanischer Krieg um Korea beginnt (Kriegserklärung beider Seiten erst am 1.8.). Besiegelung der chinesischen Niederlage im Vertrag von Shimonoseki (17.4. 1895): China akzeptiert «Unabhängigkeit» Koreas, tritt an Japan Taiwan, die Liaodong-Halbinsel und die Pescadoren ab und übernimmt Zahlung einer Kriegsentschädigung von 200 Millionen taels. Chinas internationale Stellung wird drastisch geschwächt. Russisch-französisch-deutsche Tripelintervention vom 23.4. zwingt Japan zum Verzicht auf die Liaodong-Halbinsel.

1895
Proteste in China gegen den Vertrag von Shimonoseki. Der Gelehrte Kang Youwei und andere richten eine dringende Reformpetition an den Hof (2.5.). Fortan ständige Reformagitation.

1895–99
«Scramble for concessions» im Bergbau und Eisenbahnbau.

ab 1895
In größerem Umfang Aufbau ausländischer Industriebetriebe (bes. Baumwollspinnereien) in Shanghai, Hankou, Qingdao, Tianjin und anderen Treaty Ports.
Serie großer chinesischer Anleihen auf internationalen Kapitalmärkten. Umfunktionierung der Seezollbehörde in ein Werkzeug der ausländischen Banken. Beginn der Ära des Finanzimperialismus in China (bis 1914).

1896
Chinas führender Staatsmann Li Hongzhang auf Weltreise. 3.6.: Geheimvertrag von Moskau erlaubt russischen Bahnbau in der Mandschurei. 14.6.: Li bei Wilhelm II. in Berlin. 5.8. bei Queen Victoria in London. 31.8. bei Präsident Cleveland in Washington.

1897
14.11.: Nach der Ermordung zweier katholischer Missionare (1.11.) besetzen deutsche Marinetruppen die Region um Qingdao in der Provinz Shandong. Am 6.3. 1898 durch Pachtvertrag Regelung der deutschen Position in Shandong.

1898
Zugeständnisse Chinas an andere Mächte, u.a.: Erweiterung der Kolonie Hongkong um die New Territories (Pachtvertrag auf 99 Jahre); Pachtverträge mit Rußland (Port Arthur, Dalian), Großbritannien (Weihaiwei), Frankreich (Guangzhouwan). Italienische Forderungen kann China aber 1899 abwehren.

Die USA treten friedlich gegenüber China auf, schlagen aber den antikolonialen Widerstand auf den Philippinen blutig nieder.
Der Eisenbahnbau und seine Finanzierung durch ausländisches Kapital beginnen im großen Stil. 1912 besitzt China 9600 km Bahnstrecke.
Die von Kang Youwei, Liang Qichao, Tan Sitong u. a. angeregte Reformbewegung der «100 Tage» (16. 6.–21. 9.) wird von konservativen Kräften am Hofe um Cixi unterdrückt; der reformwillige Guangxu-Kaiser wird unter Hausarrest gestellt. Hinrichtung oder Flucht der Reformer.
Yan Fus kommentierende Übersetzung von T. H. Huxley, *On Evolution (Tianyan lun):* der erste Versuch seit den Jesuiten des 18. Jhs., den chinesischen Gebildeten zeitgenössisches westliches Denken als ernstzunehmende Philosophie nahezubringen.

um 1898
Wachsende Spannungen zwischen Missionaren und Geheimgesellschaften in Nordchina. Der Aufstand der Yihetuan («Boxer») bereitet sich vor.

ca. 1898–1914
Höhepunkt des japanischen Kultureinflusses auf die chinesische Bildungselite.

1899
US-Außenminister John Hay fordert Respektierung der «Open Door» in China (Note vom 6. 9., erneuert am 3. 7. 1900).
In Japan wird die Abschaffung der Exterritorialität wirksam (in China erst 1943!).

1900
Aufstand der Yihetuan («Boxer»): 1899 zunehmende Angriffe auf Missionare, Zusammenstöße zwischen Qing-Truppen und Yihetuan-Einheiten. 31. 5. 89: Entsendung von 430 ausländischen Soldaten zum Schutz der Ausländer in Beijing. 4. 6.: Große Yihetuan-Verbände erscheinen in der Hauptstadt. 17. 6.: Expeditionstruppen beginnen Vormarsch vom Meer nach Beijing. 20. 6.: Ermordung des deutschen Gesandten v. Ketteler, Beginn der Belagerung der Gesandtschaften. 21. 6.: Fremdenfeindliche Kräfte um die Kaiserinwitwe setzen sich durch und unterstützen die Yihetuan, Kriegserklärung an die Mächte. 12. 8.: Die Truppen der acht alliierten Mächte erobern Beijing. Es beginnt eine Periode von Plünderung und Massaker. Britisches und belgisches Kapital verschafft sich die Kontrolle über Chinas größtes Kohlebergwerk, Kaiping (1912 als Kailuan Mining Administration reorganisiert).

um 1900
Höhepunkt der sinophoben Stimmung in Europa und Nordamerika (Warnungen vor einer «gelben Gefahr», weitere Verschärfung von Immigrationsbestimmungen, Übergriffe gegen Chinesen usw.).

1900–4
Besetzung großer Teile der Mandschurei durch russische Truppen.

1901
24. 7.: Errichtung eines chinesischen Außenministeriums (*Waiwubu*) als Nachfolger des *Zongli Yamen*.
7. 9.: Boxer-Protokoll legalisiert Stationierung fremder Truppen in China und zwingt China eine riesige «Entschädigung» auf.
17. 9.: Die ausländischen Truppen (bis auf die Gesandtschaftswachen) verlassen Beijing.

1902
30. 1.: Anglo-japanische Allianz.
Die British-American Tobacco Corporation (BAT) nimmt die Zigarettenproduktion in China auf. Sie ist bald das größte und einflußreichste westliche Unternehmen in China. Das erste Automobil in Shanghai.

1903
Eröffnung einer durchgehenden Eisenbahnverbindung Moskau–Beijing.

1903–5
Yan Fu publiziert seine Übersetzungen von John Stuart Mill, *On Liberty* und *System of Logic*; Herbert Spencer, *Study of Sociology*; Montesquieu, *De l'esprit des lois.*

1903–10
Bau der französischen Yunnan-Bahn von Haiphong nach Kunming (Yunnanfu).

1903–11
Chinesische Versuche zur «Rückgewinnung» von Eisenbahn- und Bergbaukonzessionen.

1904
8. 4.: Entente Cordiale zwischen Frankreich und England.
6. 8.: Britische Truppen unter Sir Francis Younghusband nehmen Lhasa ein. Die Briten ziehen sich aber wieder aus Tibet zurück und erkennen 1906 die (faktisch sehr schwache) chinesische Oberhoheit über Tibet an.

1904–05
Ohne chinesische Beteiligung wird auf chinesischem Territorium der Russisch-japanische Krieg ausgetragen (Beginn 8. 2. 1904, 27. 5. Vernichtung der russischen Flotte bei Tsushima, 10. 3. 1905 japanischer Sieg in der Schlacht von Mukden/Shenyang). Im Vertrag von Portsmouth (5. 9. 1905) übernimmt Japan von Rußland das Pachtgebiet in Liaodong und die Eisenbahn von Port Arthur nach Changchun: Grundlage für die informelle japanische Durchdringung der Mandschurei. Seit 1907 Abgrenzung japanischer und russischer Einflußsphären in der Mandschurei.

1905
26. 5.–27. 9.: Großer Anti-USA-Boykott in Shanghai und Südchina wegen weiterer Beschränkungen der chinesischen Immigration nach Amerika.
2. 9.: Abschaffung der staatlichen Beamtenprüfungen und der Titelhierarchie.

1906
Reorganisation des Regierungsapparates: Einrichtung von Ministerien im westlichen Sinne. Ankündigung des Hofes, daß in unbestimmter Zukunft eine Verfassung erarbeitet werden wird (1. 9.).
20. 9.: Beginn einer Opiumunterdrückungspolitik durch die Qing-Regierung.

1907
31. 8.: Russisch-britische Asienkonvention beendet das «Great Game» in Asien.
30. 7.: Russisch-japanische Konvention bestätigt Chinas territoriale Integrität, teilt aber in einem Geheimartikel die Mandschurei in Interessensphären auf.

1907–14
Periode relativer Interessenharmonie der Großmächte in Ostasien.

1908
30. 11.: «Root-Takahira»-Notenwechsel zwischen Japan und den USA bestätigt «Open Door» und «Status quo» in China.
Die erste Straßenbahn in China (in Shanghai).

1908–12
Der letzte Kaiser von China: Xuantong (der 1906 geborene Puyi).

1910
29. 8.: Japan annektiert Korea.

1911
Gründung eines Konsortiums der Chinabanken.
Oktober: Die Xinhai-Revolution führt zum Sturz der Qing-Dynastie. Ab 1. Januar 1912 besteht eine Chinesische Republik. Ihr erster Präsident ist Sun Yatsen. Die Großmächte nutzen die revolutionären Wirren, um sich weitere Vorteile in China zu verschaffen.

1912
Das System der «Custodian Banks» verstärkt den ausländischen Zugriff auf den chinesischen Seezoll.
10. 3.: General Yuan Shikai wird Provisorischer Präsident (am 6. 10. 1913 Präsident) der Republik. Bis Ende 1915 ist er der starke Mann Chinas; die übrigen republikanischen Verfassungsorgane sind weithin machtlos (Tod Yuan Shikais am 6. 6. 1916).

1913
27. 4.: «Reorganisationsanleihe» des Internationalen Bankenkonsortiums zur Stützung des Regimes Yuan Shikai.
Reorganisation des Salzinspektorats unter ausländischer Ägide (vereinbart im Zusammenhang mit der Reorganisationsanleihe).
Die Tibeter nutzen die Wirren nach der Xinhai-Revolution und vertreiben die chinesische Garnison. Bis 1950 ist Tibet nun de facto unabhängig, auch wenn sich weiterhin vor allem Briten und Chinesen um Einfluß im Lande des Dalai Lama bemühen.
China muß die «Unabhängigkeit» der Äußeren Mongolei unter russischem Protektorat anerkennen.

um 1913
Chinas wichtigstes schwerindustrielles Unternehmen, die Hanyeping-Gesellschaft, gerät in Abhängigkeit von japanischen Gläubigern. Die Eisenproduktion wird bis 1925 schrittweise stillgelegt: bewußte De-Industrialisierung.

1914
September–November: Japan okkupiert die deutschen Besitzungen in Shandong; die Deutschen kapitulieren (7. 11. 1914).

1915
18. 1.: «Einundzwanzig Forderungen» Japans an China.
Gründung der Zeitschrift *Xin Qingnian* [Neue Jugend, erste Nummern noch unter dem Titel *Qingnian zazhi*, Magazin der Jugend]. Beginn der «Bewegung für Neue Kultur»: traditionskritisch und westlichem Denken aufgeschlossen.

1916
Nach Machtverfall und Tod Yuan Shikais zerfällt China bei nominell fortbestehender Zentralregierung in die Territorien einer Vielzahl von Militärmachthabern (Warlords, *junfa*). Diese politische Struktur bleibt bis Anfang der 1930er Jahre bestehen.

1917
14. 8.: China erklärt Deutschland und Österreich den Krieg.
2. 9.: Lansing-Ishii Agreement: Die USA erkennen Japans «special relationship» zu China an.
Oktoberrevolution in Rußland. Starke Wirkungen auf die chinesische Intelligentsia.

1917–18
Nishihara-Anleihen zur Stützung des pro-japanischen Warlords Duan Qirui.

1917–23
«Goldenes Zeitalter» des chinesischen nationalen Kapitalismus, besonders in der Leichtindustrie.

1919

Mai/Juni: Proteste von Studenten und anderen Teilen der Bevölkerung in Beijing, Shanghai und anderen Städten gegen die Mißachtung chinesischer Interessen auf der Versailler Friedenskonferenz und die Politik der Warlord-Regierung («Vierte-Mai-Bewegung»). Im Zusammenhang damit lebhafte literarische und politisch-agitatorische Aktivität: Höhepunkt der «Bewegung für Neue Kultur».
25. 7.: «Karachan-Manifest»: Die Sowjetregierung verzichtet auf die russischen Vorrechte in China aus zaristischer Zeit (ergänzend das 2. Karachan-Manifest vom 27. 9. 1920).

1919–29

Internationales Waffenembargo gegen China, das wirkungslos bleibt.

1920

Mai: Der erste Kominternagent (Grigorij N. Vojtinskij) kommt nach China.
Bildung eines «Neuen Konsortiums», das aber nie aktiv wird.

um 1920

Höhepunkt christlicher Missionstätigkeit in China.

1921

31. 7.: In Shanghai Gründung der Kommunistischen Partei Chinas durch eine Gruppe von Intellektuellen.
Höhepunkt des französischen Werkstudentenprogramms für Chinesen.

1921/22

12. 11.–6. 2.: Konferenz von Washington: Begrenzung der Flottenrüstung und Bekräftigung der Open Door in China (Neun-Mächte-Vertrag).

1922

Januar–März: Großer Seeleutestreik in Hongkong, weitgehend erfolgreich beendet.
Mai: Beginn der kommunistischen Bauernbewegung unter Peng Pai.
Dezember: Die Japaner ziehen sich aus Shandong zurück.

1923

6. 5.: Lincheng-Zwischenfall demonstriert die Folgen des politischen Chaos in China.

seit 1923

Die chinesischen Eisenbahnanleihen geraten in Tilgungsverzug.

1923/24

Mit Unterstützung durch die Sowjetunion und die Komintern errichtet Sun Yatsen, der Führer der Guomindang, seit Februar 1923 in Kanton eine revolutionäre Basis. Guomindang und KPCh bilden eine Einheitsfront. 1924 Gründung der Whampoa-(Huangpu-) Militärakademie.

1924

20.–30. 1.: Der 1. Nationalkongreß der Guomindang bestätigt die Reorganisation der Partei. 27. 1.–2. 3.: Sun Yatsen hält Vorträge über die «Drei Volksprinzipien»: Manifest des chinesischen Nationalismus.
31. 5.: Abkommen zwischen der UdSSR und der Warlord-Regierung in Beijing.
6. 6.: Deutschland und die Warlord-Regierung in Beijing normalisieren (nach einer ersten Vereinbarung am 20. 5. 1921) ihre Beziehungen auf der Basis der Gleichberechtigung.

1925

12. 3.: Sun Yatsen stirbt in Beijing.

1925–26
26. 10.–13. 5.: Zollkonferenz in Beijing: keine Fortschritte für China.

1925–27
«Große Revolution»: Nach dem Zwischenfall vom 30. Mai 1925 in Shanghai und dem Massaker von Kanton am 23. Juni 1925 Boykotte und Streiks gegen die fremden Mächte, bes. die Briten, in Shanghai, Kanton, Hongkong und anderen Städten; organisatorischer Aufschwung der Arbeiterbewegung und des Kommunismus.

1926
Jiang Kaishek, der militärische Führer der Guomindang, bricht am 1. 7. mit der Nationalarmee von Kanton aus zum Nordfeldzug *(beifa)* gegen die Warlords auf. Im März hatte er bereits mit ersten Aktionen gegen die Kommunisten begonnen.
5. 9.: Wanxian-Massaker entlarvt Wirkungslosigkeit von Kanonenbootpolitik.

1927
4. 1.: Eine chinesische Volksmenge besetzt die britische Konzession in Hankou. Diese wird am 15. 3. an China zurückgegeben.
12. 4.: Jiang Kaishek geht in Shanghai mit blutigen Säuberungen gegen die Kommunisten vor und beendet damit die Einheitsfront. In Nanjing proklamiert er am 18. April eine «Nationalregierung». Gegenrevolutionärer Terror in ganz China. Ende 1927 ist die kommunistische Bewegung in allen Städten Chinas unterdrückt (13. 12. Ende der «Kanton-Kommune»).

1928
3. 5.: Jinan-Zwischenfall: blutiger Zusammenstoß zwischen japanischem Militär und den Truppen Jiang Kaisheks in Shandong.
4. 6.: Japanische «men on the spot» ermorden Zhang Zuolin, den Warlord der Mandschurei; Beginn der politischen Destabilisierung des Nordostens.
Juni: Die KPCh faßt Fuß auf dem Lande, zunächst in den Jinggang-Bergen.
Abschluß des Nordfeldzugs. Ende des Jahres (zumindest nominelle) Einigung Chinas durch Loyalitätserklärung des mandschurischen Warlords Zhang Xueliang gegenüber Jiang Kaishek (29. 12.).

1928–30
Große Hungersnot in Nordchina.

1929
Februar: Anfänge eines kommunistischen Basisgebietes in der Provinz Jiangxi. Diese Basis wird in den nächsten Jahren ausgebaut (7. 11. 1931: Errichtung einer Chinesischen Sowjetrepublik in Ruijin) und gegen Angriffe der Guomindang-Truppen verteidigt.
1. 2.: Wiederherstellung der 1842 vertraglich beseitigten Zollautonomie (de facto erst nach Japans Zustimmung im Mai 1930).
Juli–Dezember: Chinas militärische Provokationen der UdSSR werden von dieser zurückgeschlagen und von den Westmächten verurteilt. Das Chabarovsk-Protokoll (22. 12.) bestätigt den *status quo*.

1930
1. 8.: Zusammenstöße in Changsha (Hunan) zwischen KPCh-Truppen und ausländischen Kanonenbooten: die einzige militärische Berührung zwischen der KPCh und den Westmächten in den 1930er Jahren.
1. 10.: Großbritannien gibt das kleine Pachtgebiet Weihaiwei an China zurück.
Höhepunkt der militärischen Auseinandersetzungen zwischen chinesischen Militärhabern: der Krieg zwischen Jiang Kaishek einerseits, den Warlords Feng Yuxiang und Yan Xishan andererseits.

1930–31

Chinesisch-britische Verhandlungen über Abschaffung der Exterritorialität («treaty revision»). Sie werden nach Ausbruch der Mandschureikrise abgebrochen.

1931

Große Überschwemmungen, besonders des Yangzi.
Die Weltwirtschaftskrise macht sich in China bemerkbar.
18. 9.: Nach dem Mukden-(Shenyang-)Zwischenfall Besetzung der gesamten Mandschurei durch die japanische Guandong-Armee (abgeschlossen am 6. 2. 1932). Obwohl seit 9. 3. 1932 als «Mandschukuo» (Manzhouguo) ein «selbständiger» Staat (ab März 1934 Kaiserreich), ist die Mandschurei bis 1945 faktisch eine Kolonie der Japaner.

1932

28. 1.–31. 5.: Japanischer Angriff auf Shanghai; heftiger Widerstand der 19. Armee.
12. 12.: Wiederaufnahme der am 14. 12. 1927 abgebrochenen diplomatischen Beziehungen zwischen China und der UdSSR.

1933

27. 2.: Die Japaner beginnen eine Offensive zur Eroberung der Provinz Rehe (Jehol).
27. 3.: Japan kündigt seinen Rückzug aus dem Völkerbund an.
22. 5.: Die Nanjing-Regierung verfügt den ersten wirksamen Schutzzoll in der chinesischen Geschichte.
31. 5.: Im Tanggu-Waffenstillstand erkennt China die japanische Kontrolle über die Mandschurei und Rehe an und willigt in eine partielle Entmilitarisierung Nordchinas ein.

1934

17. 4.: Amau-Erklärung: Japan erklärt seinen Widerstand gegen militärische, technische und wirtschaftliche Hilfe an China von seiten dritter Länder.
19. 6.: US Silver Purchase Act tritt in Kraft. Er bewirkt eine akute Verschlechterung der Wirtschaftslage in China.
3. 7.: Unter japanischem Druck entschärft China die Schutzwirkung seiner Importzölle.
16. 10.: Unter militärischem Druck durch Jiang Kaisheks Fünften Einkreisungsfeldzug beginnt die KPCh mit dem Rückzug aus dem Sowjetgebiet in Jiangxi. Beginn des Langen Marsches.

1934–37

Höhepunkt der Tätigkeit der deutschen Beraterschaft in China.

1935

6.–8. 1.: Zunyi-Konferenz des KPCh-Politbüros: eine wichtige Zwischenetappe in Maos Aufstieg zum unbestrittenen Parteiführer.
11. 3.: Die UdSSR verkauft ihren Anteil an der Ostchinesischen Eisenbahn an Japan bzw. Manzhouguo. Damit sind die russischen Direktinvestitionen in China weitgehend liquidiert.
23. 3.: Verstaatlichung der größten chinesischen Privatbanken durch die Nanjing-Regierung: ein Sieg des «bürokratischen Kapitals».
10. 6.: He-Umezu-Abkommen überläßt die Provinz Hebei mit Beijing faktisch der Kontrolle der japanischen Armee.
20. 10.: Ankunft der KPCh-Führung in Nord-Shaanxi. Ende des Langen Marsches.
3. 11.: Währungsreform: Die Silberwährung wird durch eine devisengedeckte Papierwährung ersetzt. Voraussetzung für die wirtschaftliche Erholung (1935 war der Tiefpunkt der chinesischen Konjunkturentwicklung).
9.–16. 12.: Große Studentendemonstrationen in Beijing gegen den japanischen Imperialismus und seine chinesischen Kollaborateure («Bewegung vom 9. Dezember»).

1936

Deutliche Erholung der chinesischen Konjunktur.

21. 1.: Außenminister Hirota Kôki verkündet «Drei Prinzipien» als Grundlage der japanischen Chinapolitik.

Juli: Die Nationalregierung setzt sich gegenüber der sezessionistischen Regierung in Guangdong durch. Zum ersten Male kontrolliert Jiang Kaishek nun fast ganz Mittel- und Südchina.

1. 9.: Durchgehende Bahnstrecke Beijing–Kanton eröffnet.

25. 9.: Deutschland und Japan unterzeichnen den Antikominternpakt.

12. 12.: Der Xi'an-Zwischenfall: Die Militärführer Zhang Xueliang und Yang Hucheng stellen Jiang Kaishek unter Hausarrest und verlangen, daß er den Krieg gegen die Kommunisten einstellt und bewaffneten Widerstand gegen Japan leistet (25. 12. Freilassung Jiangs).

1937

7. 7.: Scharmützel an der Marco-Polo-Brücke (Luguoqiao) löst den japanisch-chinesischen Krieg aus. In den folgenden Wochen rascher japanischer Vormarsch nach Süden.

13. 8.: Der Kampf um Shanghai beginnt (12. 11. chinesische Niederlage).

21. 8.: Sowjetisch-chinesischer Nichtangriffspakt.

3.–15. 11.: Konferenz von Brüssel verurteilt Japans Invasion.

12. 12.: Fall der Stadt Nanjing. In den folgenden Wochen Massenmord an chinesischen Kriegsgefangenen und an der Zivilbevölkerung («Vergewaltigung Nanjings»).

1937–41

Höhepunkt des (schwer)industriellen Wachstums im japanischen «Mandschukuo».

1938

7. 4.: Chinesischer Sieg in der Schlacht von Taierzhuang.

7. 6.: Jiang Kaishek läßt die Dämme des Gelben Flusses sprengen. Katastrophale Überschwemmungen folgen.

12. 6.: Die Schlacht um Wuhan beginnt.

Juli: Die letzten deutschen Militärberater ziehen sich auf Hitlers Weisung aus China zurück.

21. 10.: Die Japaner nehmen Kanton ein. Verwüstung der Stadt durch Brände.

26. 10.: Die Japaner schließen die Eroberung Wuhans ab. Die Nationalregierung wird von dort nach Chongqing in Sichuan verlegt (das schon seit Dezember 1937 Funktionen einer Kriegshauptstadt übernommen hatte).

13. 11.: Zerstörung der Stadt Changsha durch von chinesischen Behörden veranlaßte Brände.

Erste amerikanische Unterstützung für das kriegführende China. 1938/39 ist aber die Sowjetunion der wichtigste Verbündete Chinas.

1939

11. 5.–20. 8.: Schlacht von Nomonhan in der Mongolei zwischen Japan und der UdSSR. Eindeutiger sowjetischer Sieg.

14. 6.: Beginn der japanischen Blockade der britischen und französischen Konzessionen in Tianjin. Im Juni 1940 diplomatische Lösung des Konflikts.

26. 7.: Die USA kündigen die Beendigung des amerikanisch-japanischen Handels- und Schiffahrtsvertrages (von 1911) zum 26. 1. 1940 an.

1. 9.: Deutscher Überfall auf Polen. Beginn des Zweiten Weltkriegs in Europa.

1940

Zunehmende amerikanische Sanktionen gegen Japan; zugleich allmähliche Hinwendung der USA zu China.

30. 3.: Der (am 18. 12. 1938) aus Chongqing geflohene Guomindang-Führer Wang Jingwei errichtet eine von den Japanern abhängige «Nationalregierung» in Nanjing.

Juli–Oktober: Großbritannien schließt die Birma-Straße. Versorgungsprobleme für das «Freie China».

20. 8.: Beginn der «Hundert-Regimenter-Offensive» der kommunistischen Truppen in Nordchina gegen die Japaner. Die Operationen werden bis zum 5. 12. fortgesetzt.

1941
Die Japaner verschärfen die Taktik des Terrors gegen die Guerilla-Truppen und die sie unterstützende Zivilbevölkerung.

4.–15. 1.: Guomindang-Truppen überfallen und vernichten in Süd-Anhui Einheiten der kommunistischen Neuen Vierten Armee. Faktisches Ende der Einheitsfront zwischen KPCh und Guomindang.

13. 4.: Sowjetisch-japanischer Neutralitätspakt.

22. 6.: Deutscher Angriff auf die Sowjetunion.

2. 7.: Die Nationalregierung bricht die diplomatischen Beziehungen zu Deutschland und Italien ab; am 9. 12. erklärt sie beiden den Krieg.

7. 12.: Japanischer Luftangriff auf die US-Pazifikflotte in Pearl Harbor.

8. 12.: Japan erklärt den USA und Großbritannien den Krieg.

25. 12.: Hongkong kapituliert.

1942
15. 1.: Chinesischer Sieg in der Schlacht von Changsha.

1. 2.: Beginn der «Berichtigungs-Bewegung» im kommunistischen Hauptquartier Yan'an. Mao Zedong konsolidiert seine Position an der Parteispitze.

15. 2.: Die Japaner erobern Singapore.

2. 3.: Die Japaner erobern Batavia, die Hauptstadt von Holländisch-Ostindien.

4. 3.: US-General Joseph W. Stilwell wird Stabschef auf dem chinesischen Kriegsschauplatz.

4. 6.: Seeschlacht von Midway. Im Pazifik entwickelt sich der Krieg nun zuungunsten Japans.

1942–43
Hungerkatastrophe in der Provinz Henan.

1943
In Yan'an Bewegungen zur Erhöhung der Produktion: Wirtschaftliche Konsolidierung der kommunistischen Basisgebiete.

2. 2.: Deutsche Kapitulation bei Stalingrad.

1. 11.: Der im Januar 1943 vereinbarte Verzicht der USA und Großbritanniens auf Exterritorialitätsrechte wird wirksam. Damit ist das Treaty-System auch auf dem Papier beseitigt.

26. 11.: Jiang Kaishek konferiert mit Roosevelt und Churchill in Kairo.

1944
April–Dezember: «Operation Ichigo», die größte und erfolgreichste japanische Offensive in China seit Herbst 1938.

15. 6.: Erste Bomberangriffe (B 29) von Chengdu aus auf die japanischen Inseln.

Juni: Amerikanische Diplomaten beginnen die Regierung in Washington vor dem Verfall der Guomindang zu warnen.

2. 7.: Die amerikanische «Dixie»-Beobachtermission trifft im KPCh-Hauptquartier Yan'an ein.

5. 10.: Erklärung von Dumbarton Oaks: Für China ist ein permanenter Platz im Sicherheitsrat der zu gründenden Weltorganisation vorgesehen.

19. 10.: Auf Jiang Kaisheks Wunsch beruft Roosevelt den Jiang-Kritiker Joseph Stilwell ab: ein Sieg Jiangs über seine Gegner.

20. 10.: US-Truppen landen auf den Philippinen.

7. 11.: Roosevelts Sonderbotschafter Patrick Hurley besucht Mao Zedong in Yan'an. Man scheint sich auf eine Koalitionsregierung im Nachkriegschina verständigt zu haben.

1945

4.–11. 2.: Roosevelt, Churchill und Stalin konferieren in Jalta auf der Krim. Teilweise Verständigung über eine Nachkriegsordnung in Ostasien.

8. 5.: Ende des Zweiten Weltkrieges in Europa.

23. 4.–11. 6.: VII. Nationalkongreß der KPCh in Yan'an. Mao Zedong, nun unangefochten der Führer der Partei, zieht eine Bilanz der Kriegsjahre und skizziert ein Programm für die Zukunft (u. a. Forderung nach einer Koalitionsregierung).

26. 7.: Potsdamer Ultimatum an Japan.

6. 8.: Hiroshima.

8. 8.: Die UdSSR erklärt Japan den Krieg. Sowjetische Invasion der Mandschurei.

9. 8.: Nagasaki.

14. 8.: Sino-sowjetischer Freundschafts- und Bündnisvertrag wird in Moskau unterzeichnet. Die UdSSR will Jiang Kaishek stärken.

14. 8.: Japan kapituliert (am 2. 9. Unterzeichnung der Kapitulationsurkunde).

28. 8.–11. 10.: Mao Zedong und Jiang Kaishek verhandeln in Chongqing über die Vermeidung eines Bürgerkrieges.

August: Nationale Erhebung in Vietnam. 2. 9.: Proklamation der vietnamesischen Unabhängigkeit.

August/September: Russen und Amerikaner besetzen Korea. Teilung des Landes am 38. Breitengrad.

1. 9.: Großbritannien proklamiert eine Militärverwaltung über Hongkong.

20. 9.: US-Truppen treffen in Nordchina ein, um an der Entwaffnung der japanischen Verbände mitzuwirken.

Oktober–Dezember: US-Luftbrücke transportiert Guomindang-Truppen vom Süden in den Norden: ein Schachzug gegen die KPCh.

23. 12.–8. 1. 1947: Vermittlungsversuch von US-Sonderbotschafter George C. Marshall in China. Ab Juli 1946 ist Marshall vom Scheitern seiner Mission überzeugt.

1945–49

Umfangreiche amerikanische Wirtschaftshilfe für Jiang Kaishek. Die sowjetische Unterstützung für die KPCh ist dagegen relativ geringfügig.

1946

Hungersnöte in allen Provinzen (am schlimmsten in Hunan).

Januar/Februar: Umfangreiche industrielle Demontagen durch die Sowjetunion in der Mandschurei.

3. 5.: Die letzten sowjetischen Truppen verlassen die Mandschurei.

4. 5.: Das Zentralkomitee der KPCh beschließt eine Radikalisierung der während der Kriegsjahre vorübergehend gemäßigten Politik der Landreform.

Juni: Ein Bürgerkrieg großen Ausmaßes beginnt.

Dezember: Studentenproteste gegen die Anwesenheit von US-Truppen in China.

Herbst 1946 bis Frühjahr 1948: Höhepunkt des agrarrevolutionären Radikalismus in den «befreiten Gebieten» Nordchinas.

1947

Februar/März: Volksaufstand in Taiwan gegen die Diktatur der Guomindang. Er wird blutig unterdrückt.

März: Rückzug der letzten US-Truppen aus China.

12. 3.: Präsident Truman verkündet seine Doktrin der Eindämmung des Kommunismus.

Mai–Juni 1947: Verbreitete Demonstrationen gegen den Bürgerkrieg und die Tyrannei und Korruption der Guomindang.

um die Jahresmitte: Die Tendenz des Bürgerkriegs wendet sich allmählich zugunsten der KPCh.

15. 8.: Unabhängigkeit Indiens.

1948

Die um 1939 begonnene Inflation in den Guomindang-Gebieten erreicht katastrophale Ausmaße.

Immer häufiger laufen Guomindang-Truppen zu den Kommunisten über.

2. 4.: China Aid Bill vom US-Kongreß beschlossen: letztes amerikanisches Hilfspaket für Jiang Kaishek.

Mai: Studentendemonstrationen gegen die US-Unterstützung für den Wiederaufbau des japanischen Militarismus.

August: Letzter vergeblicher Versuch der Guomindang-Regierung, das ökonomische Chaos in den Städten zu zügeln.

September: Beginn der entscheidenden kommunistischen Offensive gegen die Guomindang-Truppen.

6. 11.–10. 1. 1949: Die siegreiche Huaihai-Kampagne der Volksbefreiungsarmee besiegelt das militärische Schicksal Jiang Kaisheks.

1949

Die großen Städte Chinas fallen an die Volksbefreiungsarmee: 15. 1. Tianjin, 22. 1. Beijing, 24. 3. Taiyuan, 23. 4. Nanjing, 17. 5. Wuhan, 20. 5. Xi'an, 22. 5. Nanchang, 25. 5. Shanghai, 2. 6. Qingdao, 14. 10. Kanton, 27. 12. Chengdu. Mit der Besetzung der Insel Hainan im April 1950 ist die kommunistische Eroberung Chinas abgeschlossen.

20. 2.: Die Guomindang hat sämtliche Goldreserven der chinesischen Zentralbank nach Taiwan gebracht.

25. 3.: Mao Zedong und die Parteiführung richten ihr Hauptquartier in Beijing ein.

2. 8.: US-Botschafter John Leighton Stuart verläßt China.

1. 10.: Mao Zedong proklamiert auf dem Tor des Himmlischen Friedens in Beijing die Gründung der Volksrepublik China.

2. 10.: Anerkennung der VRCh durch die Sowjetunion.

10. 12.: Jiang Kaishek flieht nach Taiwan.

16. 12.: Mao Zedong beginnt in Moskau seine Verhandlungen mit Stalin.

23. 12.: Dokument NSC 48/1 des Nationalen Sicherheitsrates schließt US-Truppeneinsatz zur Verteidigung Taiwans aus.

27. 12.: Unabhängigkeit Indonesiens.

1950

14. 1.: Die USA schließen ihre diplomatische Vertretung in Beijing.

14. 2.: Sino-sowjetischer Vertrag über Frieden, Freundschaft und gegenseitige Hilfe. Zusätzliche Abkommen über Wirtschaftshilfe.

25. 6.: Nordkoreanische Truppen überfallen den Süden. Beginn des Koreakrieges.

30. 6.: Agrarreformgesetz. Die Agrarreform ist im Frühjahr 1953 abgeschlossen.

27. 6.: Präsident Truman beordert die 7. US-Flotte in die Straße von Taiwan. Beginn des zwanzigjährigen kalten Krieges zwischen der VRCh und den USA.

25./26. 10.: Chinesische «Freiwillige» greifen in den Koreakrieg ein, der nun faktisch ein chinesisch-amerikanischer Krieg wird.

1951

Höhepunkt der staatlichen Massenverfolgungen von «Konterrevolutionären».

Verstaatlichung von Missionsbesitz (bes. der Universitäten).

ab Februar: Massives Vorgehen gegen «Konterrevolutionäre».

18. 5.: UN-Embargo gegen Lieferung militärischer Güter nach China.

9. 9.: Die Volksbefreiungsarmee beginnt mit der Besetzung Tibets.

1952

Perfektionierung des Systems des Staatshandels.

1. 6.: Erstes chinesisch-japanisches Handelsabkommen.

20. 11.: Die britischen öffentlichen Versorgungsbetriebe in Shanghai werden beschlagnahmt (französische Betriebe am 2. 11. 1953).

1953
5.3.: Tod Stalins.
27. 6.: Waffenstillstand von Panmumjom beendet Koreakrieg.

1953–57
Erster Fünfjahresplan. Wirtschaftsaufbau nach sowjetischem Vorbild.

1954
Nach einer Periode des «Geiselkapitalismus» erhalten die meisten großen britischen Firmen die Erlaubnis, China zu verlassen.
26. 4.–21. 7.: Genfer Indochinakonferenz mit maßgeblicher chinesischer Beteiligung.
12. 10.: China und eine sowjetische Delegation unter Nikita Chruščev vereinbaren in Beijing u. a. den militärischen Rückzug der UdSSR aus Port Arthur (Lüshun) und die Übergabe der sowjetischen Anteile an sino-sowjetischen Gemeinschaftsunternehmen.
2. 12.: Verteidigungsabkommen zwischen den USA und Taiwan.

1955
18.–24. 4.: Afro-asiatische Konferenz von Bandung (Indonesien).

1956
Januar: Die Nationalisierung («sozialistische Umwandlung») industrieller und merkantiler Privatunternehmen in den großen Städten gilt als abgeschlossen.
25. 6.: Chruščevs Moskauer Geheimrede auf dem 20. Parteitag der KPdSU über Stalins Verbrechen.
7. 4.: Mehrere neue Wirtschaftsabkommen zwischen der VRCh und der UdSSR. Höhepunkt der Zusammenarbeit zwischen den beiden Ländern.

1957
Mai: Die USA stationieren Kurzstreckenraketen auf Taiwan.
1. 5.–7. 7.: Höhepunkt der «Hundert-Blumen-Bewegung»: Ein breites Spektrum der Kritik wird öffentlich sichtbar, bisweilen gegen das sozialistische System selber gerichtet.
2.–20. 11.: Mao Zedongs zweite Moskaureise.
15. 10.: Sino-sowjetisches Abkommen über neue Technologien für die Landesverteidigung. Die UdSSR soll der VRCh Zugang zur Atombombentechnologie versprochen haben.

1958
29. 4.: Die erste «Volkskommune» wird errichtet: der Beginn des «Großen Sprungs nach vorn» (Vorbereitungen schon seit Ende 1957). Im Sommer und Herbst riesige frenetische Massenkampagnen.
31. 7.–3. 8.: Generalsekretär Chruščev in Beijing: Die Fassade der Einigkeit steht noch.
23. 8.–6. 10.: Von der VRCh provozierte militärische Krise um Inseln in der Straße von Taiwan. Höhepunkt der Spannungen zwischen China und den USA nach dem Koreakrieg.
2. 9.: Offizielle Eröffnung des chinesischen Fernsehens.
Am Jahresende ist fast die gesamte bäuerliche Bevölkerung in Volkskommunen organisiert.

1959
Während des Jahres mehren sich die Anzeichen, daß der Große Sprung ein ökonomischer Fehlschlag ist.
März: Aufstand in Tibet und Flucht des Dalai Lama nach Indien. Die Erhebung wird von der Volksbefreiungsarmee brutal unterdrückt.
August–Dezember: Spannungen an der indisch-chinesischen Grenze.
25.–27. 9.: Verhandlungen zwischen Präsident Eisenhower und Generalsekretär Chruščev in Camp David: Beginn des Entspannungsprozesses.
30. 9.–4. 10.: Chruščev in Beijing.

1960
Der Große Sprung endet in einem wirtschaftlichen Desaster. Katastrophale Hungersnöte brechen aus.
21. 6.: Heftige Angriffe Chruščevs gegen den chinesischen Marxismus.
16. 7.: Die UdSSR kündigt den Abzug aller ihrer Experten aus China innerhalb eines Monats an.
5. 11.–1. 12.: Moskauer Konferenz der Vertreter von 81 kommunistischen und Arbeiter-Parteien; heftige sino-sowjetische Polemik; zum letzten Mal wird eine gemeinsame Erklärung unterzeichnet.

1961
Die Hungerkatastrophe verschlimmert sich. Millionen von Toten.
14.–18. 1.: Das 9. Plenum des 8. Zentralkomitees beschließt Maßnahmen zur wirtschaftlichen Liberalisierung.
15.–23. 10.: Ministerpräsident Zhou Enlai in Moskau. Heftige Auseinandersetzungen mit Chruščev.

1962
10. 10.–20. 11.: Indisch-chinesischer Krieg im Himalaya, in dem sich China militärisch überlegen zeigt. Fortan gespannte Beziehungen zu Indien. Pakistan wird zum wichtigsten Verbündeten der VRCh in Asien.

1963
14. 6.: Offener Brief der KPCh (unter Mao Zedongs Federführung) an die KPdSU über die «Generallinie der internationalen kommunistischen Bewegung»: Beginn der ungehemmten Polemik zwischen den Parteien.
31. 7.: Die KPCh verurteilt den Atomwaffenteststopvertrag vom 25. 7.
14. 12.–5. 2.1964: Ministerpräsident Zhou Enlai besucht den Vorderen Orient und Schwarzafrika.

1964
27. 1.: Diplomatische Anerkennung der VRCh durch Frankreich.
4. 8.: Erste amerikanische Bombenangriffe auf Nordvietnam.
16. 10.: Erster chinesischer Atombombentest.
Am Ende des Jahres hat China diplomatische Beziehungen zu 50 Staaten.

1965
Entscheidende Verstärkung der US-Präsenz in Vietnam (ab März Einsatz von Bodentruppen).
5.–6. und 10.–11. 2.: Der sowjetische Ministerpräsident Kosygin besucht Beijing.
1. 10.: Militärputsch General Suhartos gegen Präsident Sukarno in Indonesien: Vernichtung des indonesischen Kommunismus und Massaker an der chinesischen Bevölkerungsminderheit.
17. 11.: Erstmals unentschiedenes Abstimmungsergebnis (47:47 bei 20 Enthaltungen) in der UNO zur Frage der Aufnahme der VRCh; nötig ist eine Zweidrittelmehrheit.

1966
Mai: Beginn der «Großen Proletarischen Kulturrevolution».
18. 8.: Erste Massenversammlung der Roten Garden auf dem Tiananmen-Platz in Beijing leitet radikalere Phase der Kulturrevolution ein.

1967
Das wildeste und gewaltsamste Jahr der Kulturrevolution.
Januar: Der im Vorjahr begonnene Rückruf der chinesischen Botschafter wird beschleunigt.

5. 2.: Proklamation der «Kommune von Shanghai». Das radikalste Experiment der Kulturrevolution beginnt.

17. 6.: Explosion der ersten chinesischen Wasserstoffbombe.

8. 8.: Die Roten Garden bemächtigen sich des Außenministeriums.

22. 8.: Rote Garden setzen die britische Gesandtschaft in Beijing in Brand.

5. 9.: Abkommen zwischen der VRCh, Tanzania und Zambia über den Bau der Tan-Zam-Eisenbahn: größtes chinesisches Entwicklungshilfeprojekt.

1968

Die Rolle der studentischen Roten Garden in der Kulturrevolution wird reduziert.

23. 8.: Heftige chinesische Verurteilung der Niederschlagung des «Prager Frühlings» durch sowjetische Truppen.

1. 10.: Eröffnung der großen Yangzi-Brücke von Nanjing: Prestigeprojekt des Aufbaus ohne fremde Hilfe.

1969

Januar: Höhepunkt der US-Militärpräsenz in Vietnam (542 400 Mann).

2. und 15. 3.: Heftige Zusammenstöße zwischen chinesischen und sowjetischen Truppen am Ussuri.

1.–24. 4.: IX. Parteitag der KPCh. Die Kulturrevolution wird offiziell für beendet erklärt.

13. 8.: Kämpfe an der sino-sowjetischen Grenze in Xinjiang. Die UdSSR droht indirekt mit einem Nuklearschlag.

3. 9.: Tod des relativ chinafreundlichen vietnamesischen Revolutionsführers Ho Chi Minh.

11. 9.: Kosygin und Zhou Enlai konferieren kurz in Beijing. Neun Tage später beginnen formelle Grenzverhandlungen.

12. 9.: Tod des ehemaligen Staatspräsidenten und Hauptwidersachers Maos, Liu Shaoqi, als Folge von Mißhandlungen durch Rote Garden.

1970

24. 4.: China startet seinen ersten Weltraumsatelliten.

17. 8.: Wiederaufnahme der 1958 abgebrochenen diplomatischen Beziehungen zu Jugoslawien.

13. 10.: Diplomatische Beziehungen mit Kanada.

6. 11.: Diplomatische Beziehungen mit Italien.

20. 11.: In der UNO erstmals eine einfache Mehrheit für die Aufnahme der VRCh.

1971

14. 4.: Zhou Enlai empfängt eine amerikanische Tischtennis-Delegation.

9.–11. 7.: Geheimbesuch in Beijing von Dr. Henry Kissinger, Sicherheitsberater des amerikanischen Präsidenten Nixon.

15. 7.: Präsident Nixon kündigt eine Reise nach China an.

9. 8.: Indisch-sowjetischer Freundschaftsvertrag.

12.–13. 9.: Putschversuch, Flucht und Tod von Maos designiertem «Nachfolger» Marschall Lin Biao.

25. 10.: Aufnahme der VRCh in die UNO. Gleichzeitig wird die Republik China (Taiwan) ausgeschlossen.

1972

21.–28. 2.: Besuch Präsident Nixons in China. Die USA akzeptieren Taiwan als einen Teil Chinas und kündigen ihren schrittweisen militärischen Rückzug aus Taiwan an. Eine Aufnahme diplomatischer Beziehungen erfolgt nicht.

13. 3.: China und Großbritannien heben ihre seit 1950 bestehenden diplomatischen Beziehungen von Gesandten- auf Botschafterebene an.

25.–30. 9.: Der japanische Ministerpräsident Tanaka Kakuei besucht China. Aufnahme diplomatischer Beziehungen wird vereinbart.
11. 10.: Diplomatische Beziehungen zwischen der VRCh und der Bundesrepublik Deutschland.

1973
22. 2.: Die USA und China vereinbaren die Eröffnung von Verbindungsbüros.
29. 3.: Die letzten US-Truppen verlassen Südvietnam.
11.–17. 9.: Erstmals besucht ein westeuropäisches Staatsoberhaupt, der französische Präsident Georges Pompidou, die VRCh.

1974
19.–20. 1.: Chinesische Marineeinheiten vertreiben südvietnamesische Truppen von den Xisha-(Paracel-)Inseln.
10. 4.: Deng Xiaoping entwickelt vor der UNO die «Drei-Welten-Theorie» (China als Teil der Dritten Welt).

1975
Januar: Zhou Enlai initiiert die Politik der «Vier Modernisierungen». Das ganze Jahr steht im Zeichen des Abrückens von den radikaleren maoistischen Positionen.
5. 4.: Tod Jiang Kaisheks.
30. 4.: Kapitulation Südvietnams. Die letzten Amerikaner flüchten aus Vietnam. Ende des Vietnamkriegs.
3. 5.: Plan für den Aufbau einer hochseetüchtigen Kriegsmarine.
12.–18. 5.: Deng Xiaoping in Frankreich: der erste Besuch seit 1954 eines leitenden chinesischen Politikers in Westeuropa.
29. 10.–2. 11.: Bundeskanzler Helmut Schmidt in China.

1976
8. 1.: Tod von Ministerpräsident Zhou Enlai.
4.–5. 4.: «Tiananmen-Zwischenfall»: Massenproteste in Beijing zum Gedächtnis Zhou Enlais.
7. 4.: Das Politbüro bestimmt Hua Guofeng zum Nachfolger Zhou Enlais als Ministerpräsident.
28. 7.: Katastrophales Erdbeben von Tangshan. Nach offiziellen Angaben von 1979 242000 Tote.
9. 9.: Tod Mao Zedongs.
6. 10.: Verhaftung der «Viererbande», d. h. der Politbüromitglieder Jiang Qing, Zhang Chunqiao, Yao Wenyuan und Wang Hongwen.
7. 10.: Hua Guofeng wird Vorsitzender des Zentralkomitees, also Parteichef in der Nachfolge Mao Zedongs.

1977
21. 7.: Vollständige politische Rehabilitation Deng Xiaopings und seine Einsetzung in höchste Ämter (Mitglied des Ständigen Ausschusses des Politbüros, Vorsitzender der Militärkommission der KPCh, u. a.).
30. 8.–8. 9.: Präsident Tito aus Jugoslawien besucht China.

1978
Die wirtschaftliche «Öffnung» beginnt: zahlreiche Konferenzen und Abkommen.
16. 2.: China und Japan unterzeichnen ein langfristiges (1978–85) Handelsabkommen.
26. 2.–5. 3.: 1. Sitzung des 5. Nationalen Volkskongresses. Ein ehrgeizig wachstumsorientierter Wirtschaftsplan (Zehnjahresplan 1976–1985) wird verabschiedet.
Seit Mai verschärfte diplomatische Spannungen zwischen China und Vietnam.
12. 8.: Chinesisch-japanischer Vertrag über Frieden und Freundschaft.
16.–21. 8.: Hua Guofeng besucht Rumänien, Jugoslawien und Iran.

15. 11.: Erste Wandzeitungen an der «Mauer der Demokratie» in Beijing. Beginn der «Demokratiebewegung».

12.–18. 12.: 3. Plenum des XI. Zentralkomitees billigt die Linie Deng Xiaopings, bes. die Politik der wirtschaftlichen Liberalisierung auf dem Lande. Die Wirtschaftsreform beginnt.

16. 12.: US-chinesisches Kommuniqué kündigt die Aufnahme diplomatischer Beziehungen zum 1. 1. 1979 an.

1979
Größere Freiheiten für Literatur und Wissenschaft.

28. 1.–5. 2.: Deng Xiaoping besucht die USA.

17. 2.–16. 3.: Krieg zwischen der VRCh und Vietnam.

29. 3.: Beginn der Unterdrückung der Demokratiebewegung.

3. 4.: Die VRCh entscheidet sich gegen eine Verlängerung des am 11. 4. 1980 auslaufenden sino-sowjetischen Vertrages von 1950.

7. 7.: Sino-amerikanisches Handelsabkommen.

8. 7.: Ein Gesetz über chinesisch-ausländische «Joint Ventures» tritt in Kraft; Einrichtung von vier «Wirtschaftssonderzonen» in den Provinzen Guangdong und Fujian.

15. 10.–10. 11.: Hua Guofeng besucht als erster chinesischer Regierungschef Westeuropa (21.–28. 10. die Bundesrepublik).

17. 10.: Erste chinesisch-sowjetische Gespräche über die bilateralen Beziehungen.

25. 12.: Sowjetischer Einmarsch in Afghanistan.

1980
5.–13. 1.: US-Verteidigungsminister Harold Brown besucht China: der erste formelle Kontakt zwischen chinesischen und amerikanischen Militärführern. Die USA erklären ihre Bereitschaft, China Rüstungsgüter zu liefern.

20. 1.: Die VRCh sagt eine zweite Gesprächsrunde mit der UdSSR aus Protest gegen die Afghanistan-Invasion ab.

23.–29. 2.: Das 5. Plenum des XI. Zentralkomitees wählt Hu Yaobang und Zhao Ziyang ins Ständige Komitee des Politbüros, Hu auch zum Generalsekretär der Partei.

Mai: Ein chinesischer Flottenverband fährt in den Südpazifik: das größte chinesische Seemanöver seit dem frühen 15. Jahrhundert.

27. 5.–1. 6.: Hua Guofeng in Japan: der erste Besuch eines chinesischen Regierungschefs im Inselreich.

10. 9.: Zhao Ziyang ersetzt Hua Guofeng als Ministerpräsident, Hua bleibt Parteichef.

Oktober: Verbesserung der Beziehungen zwischen den USA und Taiwan. Dies wird in den folgenden Jahren zum wichtigsten Konfliktfeld zwischen der VRCh und den USA.

1981
Die VRCh geht auf größere Distanz zu den USA, hauptsächlich als Reaktion auf die Taiwan-Politik der Reagan-Administration.

25. 1.: Die Gerichtsurteile über die «Viererbande» werden verkündet. Der Prozeß hatte am 20. 11. 1980 begonnen.

15. 1.: Eröffnung einer Coca-Cola-Fabrik in China.

27.–29. 6.: Das 6. Plenum des XI. Zentralkomitees verabschiedet die «Resolution über einige Fragen der Parteigeschichte»: Kritische Einschätzung der Kulturrevolution und der historischen Leistung Mao Zedongs. Hu Yaobang löst Hua Guofeng als Parteichef ab.

30. 9.: Die VRCh schlägt Taiwan Gespräche über eine Wiedervereinigung vor.

1982
In der chinesischen Presse häufen sich Berichte über die Korruption unter Kadern.

24. 3.: In einer Rede in Taškent betont Leonid Brežnev die Wichtigkeit verbesserter Beziehungen zur VRCh. Die chinesische Reaktion ist kühl.

Juli–August: Chinesische Empörung über beschönigende Darstellungen der Vergangenheit in japanischen Schulbüchern (erneut wieder 1986).

Oktober: Wiederaufnahme von Gesprächen zwischen der VRCh und der UdSSR.

12. 10.: Erster erfolgreicher Abschuß einer chinesischen Interkontinentalrakete von einem getauchten Atom-Unterseeboot.

20. 12.–22. 1. 1983: Ministerpräsident Zhao Ziyang in Afrika.

1983

Deutliche Zunahme ausländischer Direktinvestitionen in China.

August–September: Mehrere ausländische Ölgesellschaften unterzeichnen Verträge zur Off-shore-Ölgewinnung.

Oktober: Kampagne gegen «spirituelle Verunreinigung» als Nebenerscheinung der Öffnung des Landes. Sie geht über in eine breite Kampagne zur «Berichtigung» von Ansichten und Arbeitsstil innerhalb der Partei.

1984

«Berichtigung» innerhalb der KPCh zur Ausmerzung von Resten kulturrevolutionären Denkens und anderer Opposition gegen den Reformkurs. Die Bewegung wird 1985 fortgesetzt.

April: 14 Küstenstädte werden für ausländische Investitionen geöffnet.

26. 4.–1. 5.: Präsident Ronald Reagan in China.

29. 5.–16. 6.: Ministerpräsident Zhao Ziyang auf Europareise.

26. 9.: Britisch-chinesische Erklärung über die Zukunft Hongkongs.

20. 10.: Eröffnung des 3. Plenums des XII. Zentralkomitees. Der Schwerpunkt der Wirtschaftsreformen soll fortan auf die städtische Wirtschaft gelegt werden.

21. 12.: Der sowjetische Vize-Premier Ivan Archipov besucht Beijing und unterschreibt ein Abkommen über wirtschaftliche, wissenschaftliche und technische Zusammenarbeit.

1985

April: Beschleunigung der Inflation; erste Anzeichen für eine «Überhitzung» der Wirtschaft. Fortsetzung des industriellen Wachstums, aber Rückgang der absoluten Getreideproduktion.

Mai: Beschlüsse über eine Reform der Volksbefreiungsarmee, bes. Kürzungen der Mannschaftsstärke. Abrücken der Militärstrategie von der Volkskriegsdoktrin und von der Fixierung auf einen Krieg mit der UdSSR.

9.–17. 7.: Vize-Premier Yao Yilin in Moskau; ein fünfjähriger Handelsvertrag zwischen China und der UdSSR wird unterzeichnet. Aber noch keine entscheidende Verbesserung der politischen Beziehungen.

September–Oktober: Studentenproteste gegen die «neue japanische Invasion».

1986

Diskussionen (auch in der Parteipresse) über die Notwendigkeit politischer Reformen. Ausländische Klagen über ein schlechtes Investitionsklima in der VRCh häufen sich.

8. 4.: Ankündigung der größten US-Waffenlieferung an die VRCh seit 1972.

28. 7.: Generalsekretär Michail Gorbačev unterbreitet in Vladivostok Verständigungsangebote an die Adresse Chinas.

21.–25. 10.: SED-Generalsekretär Erich Honecker in China.

24. 10.: Vertrag über große Lieferungen sowjetischer Kraftwerksausrüstungen an die VRCh.

9.–26. 12.: Die größten Studentenproteste seit 1978 für mehr Demokratie in Shanghai, Wuhan und anderen Städten.

1987

Abermals erweist sich die Landwirtschaft als Schwachpunkt der wirtschaftlichen Reform; dennoch weiterhin langsam steigender Lebensstandard auf dem Lande.

Januar: Säuberungen in der Partei gegen Vertreter des «bürgerlichen Liberalismus» (u. a. Fang Lizhi). Deng Xiaoping spricht sich entschieden gegen jede politische Liberalisierung aus.

16. 1.: Ablösung Hu Yaobangs als Generalsekretär der Partei. Premier Zhao Ziyang übernimmt provisorisch auch dieses Amt.

9. 2.: Die im Mai 1978 abgebrochenen chinesisch-sowjetischen Grenzverhandlungen werden wieder aufgenommen.

13. 4.: Unterzeichnung des portugiesisch-chinesischen Abkommens über die Rückgabe Macaus 1999.

12.–17. 7.: Bundeskanzler Helmut Kohl in China.

14. 7.: In Taiwan Aufhebung des seit 1949 geltenden Kriegsrechts.

27. 9.: Chinesische Polizei geht gegen Demonstranten in Tibet vor.

Oktober: Erste große chinesische Anleihe auf dem US-Kapitalmarkt.

25. 10.–1. 11.: XIII. Parteitag der KPCh. Parteichef Zhao Ziyang fordert Verbindung wirtschaftlicher und politischer Reformen («sozialistische Demokratie»).

24. 11.: Li Peng wird zum Geschäftsführenden Ministerpräsidenten ernannt.

1988

Probleme der Wirtschaftsreform: Die Inflation beschleunigt sich weiter; die Agrarproduktion stagniert bei industriellem Hyperwachstum; die Wirkung staatlicher Drosselung des Bevölkerungswachstums läßt nach; Klagen über das Sinken des Lebensstandards in den Städten; beginnende Entlassungen von Arbeitern im Zuge der Unternehmensreform.

Innerhalb wie außerhalb der Partei zunehmende Diskussionen um Korruption unter den Kadern und wachsende Kriminalität im Lande.

28. 4.: Veröffentlichung des Entwurfs eines «Grundgesetzes» für Hongkong nach 1997.

26.–30. 9.: 3. Plenum des XIII. Zentralkomitees gelangt zu einer skeptischen Einschätzung der Wirtschaftslage und beschließt Politik der Einschränkung («Verbesserung und Stabilisierung»).

1.–3. 12.: Qian Qichen in Moskau: der erste Besuch eines chinesischen Außenministers dort seit 1957. Die Normalisierung der Beziehungen soll vorbereitet werden.

Dezember: Unruhen in Tibet.

18.–24. 12.: China-Besuch von Ministerpräsident Rajiv Gandhi: Beginn einer Annäherung zwischen der VRCh und Indien.

1989

Die brisante Konfliktlage des Vorjahres existiert auch im neuen Jahr. Inflation, Arbeitslosigkeit und Korruption sind die Hauptthemen einer wachsenden Unzufriedenheit mit dem System.

17. 4.: Beginn der Studentenbewegung in Beijing. Auslöser ist der Tod des abgesetzten Reformpolitikers Hu Yaobang.

18. 4.: Erste Forderungen nach einem «Ende der Diktatur».

13. 5.: Beginn des Hungerstreiks von mehreren tausend Studenten auf dem Tiananmen-Platz in Beijing.

16. 5.: Michail Gorbačev und Deng Xiaoping vereinbaren in Beijing die «Normalisierung» zwischen der Sowjetunion und China. Gleichzeitig wird das Schisma zwischen den beiden kommunistischen Parteien überwunden. Das Programm des Staatsbesuchs muß wegen der immer heftiger werdenden Demonstrationen geändert werden.

18. 5.: Die Demonstrationen greifen auf viele andere Städte über. Arbeiter solidarisieren sich mit den Studenten. Die Führung der KPCh sieht sich der schwersten politischen Krise seit 1949 gegenüber.

20. 5.: Verhängung des Ausnahmezustandes über die Innenstadt von Beijing. Entmachtung von Parteichef Zhao Ziyang, der für Entgegenkommen gegenüber den Demonstranten plädiert hatte.

4. 6.: Der Massenmord auf dem Tiananmen-Platz: Soldaten der Volksbefreiungsarmee gehen mit äußerster Brutalität gegen unbewaffnete Zivilisten vor. Vermutlich mehr als 3000 Tote. Eine Welle der Verhaftungen und des Terrors beginnt. Außenpolitische Isolation der VRCh.

Personenregister

Das Register verzeichnet die im Textteil des Buches erwähnten Personen

Acheson, Dean (1893–1971) 335, 338, 359, 361 f.
Adenauer, Konrad (1876–1967) 363
Aglen, Sir Francis (1869–1932) 227
Amherst, William Pitt, Earl of (1773–1857) 126
Andropov, Jurij V. (1914–84) 380
Anson, George, Baron (1697–1762) 28
Astor, John Jacob (1763–1848) 139

Backhouse, Sir Edmund (1873–1944) 241
Bairoch, Paul (geb. 1930) 37–39, 42
Bajkov, Fedor I. (um 1612–63) 100
Balázs, Etienne (1905–63) 70, 80
Barrow, Sir John (1764–1848) 27–32, 132
Bauer, Max (1869–1929) 305
Bell, John (1691–1780) 28
Bentham, Jeremy (1748–1832) 138
Berkeley, George (1685–1753) 27
Bland, John Otway Percy (1863–1945) 241
Bljucher, Vasilij K. (Galin, 1890–1938) 333, 346
Bolingbroke, Henry St. John, Viscount (1678–1751) 27
Borodin, Michail (1884–1952) 346
Braudel, Fernand (1902–85) 12, 40, 43
Bruce, Sir Frederick W. A. (1814–67) 157
Brzezinski, Zbigniew (geb. 1928) 380
Bull, Hedley (1932–85) XIV
Burke, Edmund (1729–97) 138

Carter, Jimmy (geb. 1924) 380, 382
Černenko, Konstantin (1911–85) 380
Chamberlain, Sir Austen (1863–1937) 288
Chang Kia-ngau (Zhang Jia'ao, 1888–?) 302 f.
Chen Lifu (geb. 1900) 305

Chen Yun (geb. 1905) 376
Chennault, Claire L. (1890–1958) 325, 327
Chruščev, Nikita (1894–1971) 367–369, 374
Churchill, Sir Winston S. (1874–1965) 329
Cixi (Yehonala, Kaiserinwitwe Tzû-hsi, 1835–1908) 158, 204, 210, 215
Clarendon, George William Frederick Villiers, Earl of (1800–70) 157
Clark, Grover (1891–1938) 312
Cook, James (1728–79) 42
Cornwallis, Charles, Marquess (1738–1805) 48
Cortés, Hernando (1485–1547) 46
Crisp, Charles Birch (1867–1958) 225
Curzon, George Nathaniel (Marquess Curzon of Kedleston, 1859–1925) 30

D'Entrecolles (Dentrecolles), François-Xavier (1664–1741) 63, 65
Dane, Sir Richard (1854–1940) 228
Daoguang (Qing-Kaiser, 1782–1850, reg. 1821–50) 128, 148
Davies, Jr., John Paton (geb. 1908) 329
Dayan Khan (Großkhan in der Mongolei, um 1464–1543, reg. 1470–1543) 88
Defoe, Daniel (1660–1731) 27
Deng Xiaoping (geb. 1904) XI, XIII f., 9, 175, 243, 368, 375, 380 f., 392, 394
Denikin, Anton I. (1872–1947) 344
Detring, Gustav (1842–1913) 260
Diem, Ngo Dinh siehe Ngo dinh-Diem
Donald, William Henry (1875–1946) 305
Du Halde, Jean-Baptiste (1674–1743) 63, 67
Duan Qirui (1865–1936) 235 f., 242
Dulles, John Foster (1888–1959) 362 f., 377
Dundas, Henry, Viscount Melville (1742–1811) 46, 122, 137

Eisenhower, Dwight D.
    (1890–1969) 362, 368
Elgin, James Bruce, Earl of
    (1811–63) 151, 153, 251
Elliott, Charles (1801–75) 144f.

Fairbank, John K. (geb. 1907) 7
Falkenhausen, Alexander von
    (1878–1966) 305
Fénélon, François de Salignac de la
    Mothe (1651–1715) 27
Feng Yuxiang (1882–1948) 235
Ferry, Jules (1832–93) 159
Flint, James (1720–?) 115f., 122
Ford, Henry (1863–1947) 252
Franke, Wolfgang (geb. 1912) 94
Freyer, Hans (1887–1969) 42
Fu Yiling 56
Fu Zuoyi (1895–1974) 331

Galdan (westmongolischer Khan,
    1632–97) 88f., 101
Galilei, Galileo (1564–1642) 23
Gallagher, John A. (1919–80) 136
Gama, Vasco da (1468–1524) 12
de Gaulle, Charles (1890–1970) 374
George II., König von England
    (1683–1760, reg. 1727–60) 113
George III., König von England
    (1738–1820, reg. 1760–1820) 123
Gerbillon, Jean-François
    (1654–1707) 101
Gernet, Jacques 398
Gerschenkron, Alexander (1904–79) 265
Gibbon, Edward (1737–94) 131
Gong (Mandschu-Prinz, 1833–99) 152
Gorbačev, Michail S. (geb. 1931) XI,
    381f.
Grey, Sir Edward (Viscount Grey of
    Fallodon, 1862–1933) 224
Grimm, Friedrich Melchior
    (1723–1807) 27
Guo Songtao (1818–91) 156

Hammond, F. D. 305
Hart, Sir Robert (1835–1911) 162–165,
    214f., 227
Hay, John M. (1838–1905) 153, 207f.,
    340
Heeren, Arnold Hermann Ludwig
    (1760–1842) 4
Hegel, Georg Wilhelm Friedrich
    (1770–1831) 30, 33, 132

Heinrich, Prinz von Portugal (Dom
    Henrique el Navagador, 1394–1460) 6
Herder, Johann Gottfried
    (1744–1803) 27
Heshen (1750–99) 130
Hirohito, Kaiser von Japan
    (1901–89) 322
Hitler, Adolf (1889–1945) 361
Ho Chi Minh (1890–1969) 346, 373, 378
Hobsbawm, Eric J. (geb. 1917) 42
Hobson, John A. (1858–1940) 396, 398
Hogarth, William (1697–1764) 113
Honecker, Erich (geb. 1912) 382
Hong Xiuquan (1813–64) 150
Hongwu (Zhu Yuanzhang, Ming-Kaiser
    Taizu, 1328–98, reg. 1368–98) 70f.
Hoover, Herbert C. (1874–1964) 260
Hu Yaobang (1915–89) XII
Huang Xing (1874–1916) 223
Hughes, Charles Evans (1862–1948) 229

Ignat'ev, Nikolaj P., Graf
    (1832–1908) 160
Ishiwara Kanji (1889–1949) 314
Ivan IV. (Groznyj, der Schreckliche), Zar
    von Rußland (1530–84, reg.
    1547–84) 391

Jardine, William (1784–1843) 142
Ji Chaoding (Chi Ch'ao-ting,
    1903–63) 399
Jian Zhaonan (1870–1923) 268f.
Jiang Kaishek (Jiang Jieshi,
    1887–1975) 106, 144, 173, 186, 227,
    237–239, 240, 242, 261, 285, 288f.,
    291, 292, 295–297, 299f., 302, 304,
    306–308, 310–316, 318, 320, 324–327,
    329–337, 340–342, 344, 346, 359,
    363f., 377, 394
Jiang Kaishek, Madame s. Soong Mei-
    ling
Jiang Qing (geb. 1913) 375
Jiaqing (Qing-Kaiser, 1760–1820, reg.
    1796–1820) 47, 126, 128, 132
Jinnah, Muhammad Ali (1876–1948) 346
Johnson, Chalmers (geb. 1931) 343
Johnson, Lyndon B. (1908–73) 371, 377
Jones, Eric L. (geb. 1936) 43

Kangxi (Qing-Kaiser, 1654–1722, reg.
    1661–1722) 48, 52, 56, 65f., 69, 72,
    76, 81, 88, 92, 101, 106–109, 111, 114,
    129f., 132

Kang Youwei (1858–1927) 221
Katharina II., Zarin von Rußland
  (1729–96, reg. 1762–96) 48, 57
Kennedy, John F. (1917–63) 371
Ketteler, Klemens August Frhr. von
  (1853–1900) 215
Kiernan, Victor G. (geb. 1913) 157
Kim Il Sung (geb. 1912) 365
Kissinger, Henry (geb. 1923) 10, 335,
  376, 378f.
Knox, Philander C. (1853–1921) 210
Kolčak, Aleksandr V. (1873–1920) 344
Kolumbus, Christof (1451–1506) 12
Koxinga, s. Zheng Chenggong
Kubilai (Großkhan der Mongolen,
  Yuan-Kaiser, 1215–94, reg.
  1260–94) 6, 35, 162
Kung, H. H. (Kong Xiangxi,
  1881–1967) 302, 305, 311f., 325

Lattimore, Owen (geb. 1900) 90
Laue, Theodor H. von 12
Le Comte, Louis (1655–1728) 26f., 29, 32
Leith-Ross, Sir Frederick
  (1887–1968) 305, 310
Lenin, Vladimir I. (1870–1924) 173, 223,
  346, 400
Levenson, Joseph R. (1920–69) 74, 395
Li Hongzhang (1823–1901) 1, 155, 159,
  161f., 189, 205, 215, 259, 264, 303,
  387, 394
Li Zongren (1891–1969) 316
Liang Qichao (1873–1929) 172, 204, 221
Lin Zexu (1785–1850) 144f., 147, 148,
  155, 398
Lin Biao (1907–71) 333, 375, 378
Liu Shaoqi (1898–1969) 352, 356,
  375
Lon Nol (geb. 1913) 341
Louis XIV., König von Frankreich
  (1638–1715, reg. 1643–1715) 26
Louis XV., König von Frankreich
  (1710–74, reg. 1715–74) 57
Louis XVI., König von Frankreich
  (1754–93, reg. 1774–93) 343
Ludendorff, Erich (1865–1937) 305
Lugard, Frederick D., Baron
  (1858–1945) 90
Luhmann, Niklas (geb. 1927) 17
Lüthy, Herbert (geb. 1918) 7

MacArthur, Douglas (1880–1964) 360
Macartney, George, Earl of

(1737–1806) 21, 27–29, 31, 44, 46, 48,
  58, 84, 93, 121–123, 126, 152, 394
Macaulay, Thomas Babington, Baron
  (1800–59) 164
McCarthy, Joseph (1909–57) 335
Mackinder, Sir Halford
  (1861–1947) 161, 207
Maddison, Angus 39
Malebranche, Nicolas (1638–1715) 27
Malthus, Thomas Robert
  (1766–1834) 29, 35, 43, 57
Mao Zedong (Mao Tse-tung,
  1893–1976) XI, 5, 173f., 209, 321,
  327, 329, 331, 334f., 338, 342, 345f.,
  348, 356f., 363f., 367f., 370, 375f.,
  382, 386, 390, 398
Marcos, Ferdinand (geb. 1917) 335, 341
Margary, Augustus (1846–75) 156
Marshall, George C. (1880–1959) 335f.,
  340
Marx, Karl (1818–83) 132, 173f., 400
Matheson, Sir James William
  (1796–1878) 142
Meier, Christian (geb. 1929) XV
Mendoza, Juan Gonzalez de
  (1545–1614) 23, 27
Mitterand, François (geb. 1916) XII
Monnet, Jean (1888–1979) 300
Montesquieu, Charles Louis de Secondat
  de (1689–1755) 44, 73
Morgan, J. Pierpont (1837–1913) 222
Morgenthau, Jr., Henry
  (1891–1967) 325
Morse, Hosea Ballou (1855–1934) 152,
  203
Mossadeq, Muhammad (1883–1967)
  347
Muhammad, Prophet des Islam (um
  570–632) 2
Muhammad Ali, Pascha von Ägypten
  (1769–1849) 134f., 188
Muhammad Reza Pahlavi, Shah des Iran
  (1919–80, reg. 1941–79) 341
Mumm von Schwarzenstein, Philipp Al-
  fons (1859–1924) 222
Murav'ev, Michail N., Graf
  (1845–1900) 206

Naitô Konan (1866–1934) 50
Napier, William John, Baron
  (1786–1834) 145
Napoleon I., Kaiser der Franzosen
  (1769–1821) 42, 46f., 314, 344, 399

Napoleon III., Kaiser der Franzosen
(1808–73, reg. 1852–71) 159
Nehru, Jawaharlal (1889–1964) 346, 372
Nelson, Benjamin (1911–77) 12 f.
Ngo dinh-Diem (1901–63) 341
Nietzsche, Friedrich (1844–1900) 3
Nixon, Richard M. (geb. 1913) 335,
376f., 379
Nurhaci (1559–1626) 71, 87

Palmerston, Henry John Temple, Vis-
count (1784–1865) 16, 134, 136f., 147
Pereira, Tomé (1645–1708) 101
Perry, Matthew C. (1794–1858) 86, 126
Peter I. (der Große), Zar von Rußland
(1672–1725, reg. 1689–1725) 101, 109
Petlin, Ivan 100
Philipp II., König von Spanien (1527–98,
reg. 1556–98) 23
Pinochet, Augusto (geb. 1915) 380
Pitt, William, Earl of Chatham
(1708–78) 46
Pitt, William, der Jüngere
(1759–1806) 46, 118, 122
Piux XII. (Eugenio Pacelli, 1876–1958,
seit 1939 Papst) 354
Pizarro, Francisco (1478–1541) 46
Pol Pot (geb. 1928) 10
Polo, Marco (1254–1324) 21, 23, 35,
37
Pompidou, Georges (1911–74) 377
Pottinger, Sir Henry (1789–1856) 148,
171, 182, 251
Powell, John Benjamin (1886–1947) 232
Puyi (Qing-Kaiser Xuantong, Kaiser
von «Mandschukuo», 1906–67) 236

Qianlong (Qing-Kaiser, 1711–99, reg.
1736–96) 29, 46f., 57, 64, 69, 71f.,
74f., 81f., 89, 93, 101, 108, 115, 123f.,
128–131, 152, 169, 39
Qiying (?–1858) 148

Raffles, Sir Stamford (1781–1826) 134
Rama I., König von Siam (reg.
1782–1809) 98
Reagan, Ronald (geb. 1911) 380–382
Rhee, Syngman (1875–1965) 337, 341
Ricci, Matteo (1552–1610) 23–29, 32
Richthofen, Ferdinand Frhr. von
(1833–1905) 36, 63, 162
Robinson, Ronald E. (geb. 1920) 136
Rockefeller, John D. (1839–1937) 232

Rong Desheng (1875–1952) 265
Rong Zongjing (1873–1938) 265
Roosevelt, Franklin D. (1882–1945) 305,
325, 329f., 337, 340
Rousseau, Jean-Jacques (1712–78) 27
Roxas, Manuel A. (1892–1948) 346
Rusk, Dean (geb. 1909) 377

Satow, Sir Ernest (1843–1929) 222
Schumpeter, Joseph A. (1883–1950) 403
Seeckt, Hans von (1866–1936) 305
Semedo, Alvaro (Alvarez)
(1585–1658) 25f., 32
Service, John S. (geb. 1909) 329
Shidehara Kijûrô, Baron
(1872–1951) 277
Shihuangdi (erster Kaiser der Qin-Dyna-
stie, reg. 221–210 v. Chr.) 5
Shultz, George P. (geb. 1920) 381
Skinner, G. William (geb. 1925) 52, 55, 84
Smith, Arthur H. (1845–1932) 30
Smith, Adam (1723–90) 41
Song Jiaoren (1882–1913) 223, 225
Soong Meiling (Madame Jiang Kaishek,
geb. 1897) 313, 337
Soong T. V. (Song Ziwen,
1894–1971) 299–308, 311 f.
Staley, Eugene (geb. 1906) 397f.
Stalin, Iosif V. (1879–1953) 330f., 333,
340f., 364f., 367, 369, 391
Stilwell, Joseph W. (1883–1946) 329,
333
Stuart, John Leighton (1876–1962) 336,
338
Sugiyama Akira (?–1900) 215
Suharto (Soeharto, geb. 1921) 374
Sukarno (Soekarno, 1901–70) 346, 374
Sun Meiyao 233
Sun Yatsen (Sun Zhongshan,
1866–1925) 172, 223f., 233, 237, 242,
299, 304, 308, 328, 357, 369
Suvorov, Aleksandr V. (1730–1800) 103
Swire, John (1825–98) 183

Tanaka Kakuei (geb. 1918) 377
Tawney, Richard H. (1880–1962) 403
Taylor, James Hudson (1832–1905) 354
Terauchi Masatake, Graf
(1852–1919) 235
Thorne, Christopher (geb. 1934) 330
Tiryakhian, Edward A. 11
Tito, Josip Broz (1892–1980) 342
Trautmann, Oskar (1877–1950) 314

Trigault, Nicholas (Trigautius, 1577–1628) 23
Truman, Harry S. (1884–1972) 330f., 335, 337f., 342, 359f., 362, 364

U Nu (Thakin Nu, geb. 1907) 346

Valéry, Paul (1871–1945) 1, 42

Wade, Sir Thomas Francis (1818–95) 156
Waldersee, Alfred Graf (1832–1904) 216
Wang Jingwei (1883–1944) 318, 323
Wang Jingyu (geb. 1917) 267
Wang Lun (um 1730–74) 130
Wang Ming (Chen Shaoyu, 1907–74) 364
Wang Tao (1828–97) 172, 247
Wang Yanan (1901–69) 174
Weber, Max (1864–1920) 1, 3, 70, 76f.
Wei Yuan (1794–1856) 395
Wellesley, Arthur, Duke of Wellington (1769–1852) 47
Wellesley, Richard, Marquess (1760–1842) 47
Wilhelm II., deutscher Kaiser (1859–1941, reg. 1888–1918) 1, 215
Will, Pierre-Etienne 79
Williams, Samuel Wells (1812–84) 31f.
Wilson, Woodrow (1856–1924) 339
Witte, Sergej J., Graf (1849–1915) 206
Wittfogel, Karl August (1896–1988) 65, 70, 78, 80
Wolff, Otto 307
Wu Di (Han-Kaiser, reg. 141–87 v. Chr.) 5

Wu Han (1909–69) 71
Wu Peifu (1874–1939) 235

Xianfeng (Qing-Kaiser, 1831–61, reg. 1851–61) 152
Xu Jiyu (1795–1873) 395

Yan Fu (1853–1921) 221, 395
Yang Sen (1887–?) 237
Ya'qûb Beg (1820–77) 160f.
Yongzheng (Qing-Kaiser, 1678–1735, reg. 1723–35) 57, 69, 72, 74, 76, 129
Young, Sir Mark A. (1886–1974) 322
Yuan Shikai (1859–1916) 160f., 223–227, 229, 234–236, 242, 260, 292, 303, 394

Zeng Guofan (1811–72) 189
Zhang Jian (1853–1926) 264
Zhang Xueliang (geb. 1898) 236, 285, 288, 291
Zhang Zhidong (1837–1909) 189, 192, 222, 270, 303, 309
Zhang Zongchang (1881–1932) 235
Zhang Zuolin (1873–1928) 236, 285
Zhao Ziyang (geb. 1919) XIV
Zheng Chenggong (Koxinga, 1624–62) 106f.
Zheng Guanying (1842–23) 172
Zheng He (um 1371–1434) 6
Zheng Zhilong (1604–61) 106
Zhou Enlai (1898–1976) 9, 243, 355, 359, 362, 371f., 375f., 379, 382
Zhou Gucheng (geb. 1898) 174, 232f.
Ziebura, Gilbert (geb. 1924) 19
Zuo Zongtang (1812–85) 161f., 189

Sachregister

Das Register verzeichnet die im Textteil des Buches erwähnten Sachen.

Abhängigkeit, Dependenz 173 f., 178
  (Begriff), 184, 193, 196, 198–200, 249,
  255 f., 262, 267, 271, 275–7, 280 f.,
  293–5, 309, 366, 369, 389 f., 397
Aden 134
Ägypten 9, 134 f., 154, 160, 188, 227,
  234, 375
Ämterverkauf 74
Afghanistan 89, 136, 147, 380 f.
Afrika 6, 90, 154 f., 165, 170, 202, 210,
  241, 372 f., 395
Agency House, Agentur 121, 139–42
Agrargesellschaft, China als 25 f., 36 f.,
  42 f., 50–8, 340
Agrarreform 280, 284, 307 f., 357, 361
Algerien 133
Amerika 57, 60, 66, 103, 165
  siehe auch Vereinigte Staaten
Amoy siehe Xiamen
Amur 88, 101, 160, 367
Anarchismus 242
Anerkennung, diplomatische, der
  VRCh 338, 358, 380 f.
Anglo-französisch-chinesischer Krieg
  (1858–60), «Arrow War» 86, 149, 160
Anglo-japanische Allianz (1902) 208,
  210, 230
Anhui 269
Anleihen 211–28, 273, 275–7, 290, 403–5
  – politische Anleihen: 213 f., 217, 223,
    310 f.
  – Eisenbahnanleihen: 218–23
  – Reorganisationsanleihe (1913): 213,
    223–5, 228, 300
  – Nishihara-Anleihen: 235 f., 242
  – private: 270 f.
  – Baumwoll- und Weizenanleihe
    (1933): 294, 309
  – 1937–49: 324 f., 334
  – nach 1949: 349, 365, 386
Annam siehe Vietnam
Anshan (Stahlwerke) 259, 270, 287

Antijapanischer Widerstandskrieg
  (1937–45) 50, 125, 148 f., 292, 313 ff.,
  403–5
Antikenerfahrung 2
Antimon 306, 308 f.
Arbeitslosigkeit 146, 151, 245, 268, 298
Arbeitsteilung, gewerbliche 63 f.
Arbeitsteilung, interregionale 27, 60,
  67 f., 195, 199, 399
Arbeitsverfassung 53–9, 64 f.
Asiatic Petroleum Company (APC) 253,
  350
Asienkonvention, anglo-russische
  (1907) 210
Assimilation, kulturelle 7 f., 247
Atomwaffen 360 f., 368, 374, 377 f., 383
Aufklärung 25, 31
Aufstände 126, 130, 275, 297
  – späte Ming-Zeit: 54
  – Weißer Lotus (1796–1805): 81, 130
  – 19. Jh.: 150 f.
Aufteilung Chinas, Pläne zur 210–12,
  226
Ausländer in China (Statistik) 8, 168,
  181, 245, 281, 284, 319
Auslandschinesen 249, 295
Außenhandel Chinas (allgemein) 61–7,
  98–100, 105–21, 139–43, 194–200,
  248–56, 352, 375, 382, 385 f.
Außenministerium (Waiwubu) 156
Außenpolitik Chinas, allgemein 370 f.,
  390–5
Außenwelt, Kenntnis der Chinesen von
  der 46–9, 126, 128, 370 f., 395
Auswärtige Beziehungen, Typen
  von 87, 96, 108
Auswanderung, chinesische 32, 241 f.,
  295
Autarkie 25, 29, 41, 55, 60 f., 68, 123,
  147, 369 f.
Automobilfabrikation 252
«Autozentrierte Entwicklung» 176

Bagdadbahn 398
Banditen 232–4
Bandung, Konferenz von (1955) 10, 371 f.
Banken
– traditionale (*qianzhuang* und Shanxi-Banken): 68, 187, 198, 254, 273 f.
– moderne chinesische: 265, 274 f., 283, 301–3, 351
– ausländische: 172, 212, 271, 272–7, 296, 351 f.
– staatliche: 296, 302 f.
siehe auch unter den Namen einzelner Banken
Bankenkonsortien (1911, 1920) 212, 220, 224 f., 273, 311, 396
Bank of China 303 f.
Banner, mandschurische 78, 87, 91
Baoding (Paoting) 216
baojia-System 280
«Barbarenpolitik» 89, 105, 153, 155, 210, 378, 391, 394
Batavia 105, 107, 111
Bauern 52–7, 60 f., 68, 296 f., 404 f.
Baumwolle 51 f., 55 f., 58, 60 f., 62 f., 87, 103, 120, 139, 141, 145 f., 147, 182 f., 184, 189, 231, 244, 249, 251 f., 253, 263–9, 298, 303, 320, 321 f.
Begegnung, interzivilisatorische 1, 12 f., 17, 399
Beijing (Peking, 1928–49: Beiping) 26, 35 f., 68, 151 f., 162, 215 f., 331 f.
Beijing, sino-britische Konvention von (1860) 152 f.
Beijing, sino-russische Konvention von (1860) 102
Beijing, Zollkonferenz von (1926) 138, 232, 240
Beirut 134
Belgien 219, 225, 260
Bengalen 120, 140 f., 142
Bergbau (allgemein) 51
siehe auch unter einzelnen Sparten
Bevölkerung, Demographie 8, 22 f., 25 f., 29, 33–7, 56 f., 61, 75, 129, 150, 166, 233, 279, 282, 292
Birma 47, 96, 159, 346
Birmingham 123
Bodenreform siehe Agrarreform
Bombay 107, 120, 142
Bordeaux 26
Bourgeoisie, «nationale» 173 f., 197 f., 246, 264 f., 267, 279, 298–303, 312,

351, 358, 400, 403
siehe auch Kompradorenbourgeoisie
Boxeraufstand (Yihetuan-Bewegung) 30, 138, 203, 206, 209, 215 f., 222, 226, 233, 245, 260, 262, 394, 396
Boxer-Entschädigung (1901) 216–8, 223
Boykotte 222, 231, 238–40, 269, 289
Brasilien 9, 133 f., 386
Bremen 200
British-American Tobacco Corporation (BAT) 251–6, 268–70, 301, 311 f., 322, 348–50, 359
British and Chinese Corporation 219–21
Brokatuniform-Brigade *(jinyiwei)* 71
Brüssel, Konferenz von (1937) 324
Buchara 89, 160
Buddhismus 6
Bürgerkrieg (1945–49) 331–42
Bürokratie, chinesische 3, 5, 16, 22, 33, 69–74, 77, 80 f., 85, 131 f., 145, 163 f., 241 f., 304 f.
siehe auch Prüfungssystem; Staat
Burenkrieg 207, 398
Butterfield & Swire («Taikoo») 183, 185, 237 f., 251, 260, 311, 350

Carlowitz & Co. 278
Cash crops 51, 56, 58, 120, 272, 283
Cathay Pacific 183
Ceylon 195
Changsha 317
Chartered Bank of India, Australia and China 219
Chemieindustrie 252, 255, 268
China Aid Bill (1948) 336 f.
China Development Finance Corporation 300
China Inland Mission (CIM) 243, 353 f.
China Merchants Steam Navigation Company 183 f., 189
China Navigation Company 183, 237 f.
Chinabild, westliches 21–32, 65, 353
Chinamarkt-Utopien 136 f., 147, 171, 182, 200, 307, 313
Chinese Engineering and Mining Company 260 f.
Chinesisch-japanischer Krieg (1894–95) 18 f., 30, 126, 152, 160, 190, 203–7, 277
Chinesisch-japanischer Krieg (1937–45) siehe Antijapanischer Widerstandskrieg
Chinin 42
Chinoiserie 3, 63–5

Chiva 160
Chongqing (Chungking) 181, 316, 331f.
Commutation Act (1784) 118f.
Country Trade 111, 117f., 120f., 140–2, 177, 251

Dairen (Dalian, Dal'nij, Lüda) 205f., 281, 285
Dampfkraft 61, 99, 148, 183, 197 siehe auch Schiffahrt
Daoismus 3
Dasheng-Konzern 264
Deflation 66, 145f., 151, 293, 296
Dekolonisation 17, 293, 339–42, 345–56 (Begriff: 346), 372, 397
Demokratie XI–XIII, 69, 83
Dent & Co. 180
Deshima 47
Despotie 31, 44, 52f., 69–85, 103, 135
Deutsch-Asiatische Bank 214, 220
Deutschland, Deutsches Reich 34, 36, 38, 155f., 203ff., 242–4, 256, 278, 305–9, 311, 314, 315, 353, 365, 377
Diplomatic Body 226f., 396
Diplomatie, Methoden und Strukturen 45, 126f., 153, 155f., 375, 393
Diplomatiegeschichtsschreibung 11, 205, 210
Direktinvestitionen 166, 188f., 197f., 256–9, 284, 310, 328, 385, 387, 398
Disconto-Gesellschaft 220
Distanz, kulturelle 1–4
Dollardiplomatie, amerikanische 210, 236
Dolonor 88
Dominotheorie 325, 361, 377
Dorf, chinesisches 36f., 67–9, 83–5
Drain of wealth, Tribut 172, 214, 216, 223, 225, 404
Dreieck, strategisches 10, 379–81, 394
Dreieckshandel China–Indien–England 120, 127, 139–42
Dschunkenhandel und -verkehr 86, 98–100, 111, 185, 273
Dsungarei siehe Yili
Dualismus, ökonomischer 281, 287

East India Company (EIC) 16, 62, 110–24, 127, 137, 139–42, 145, 179, 195
Eindämmung (containment) 337, 361–3, 372

Einflußsphären siehe Interessensphären
Einheitsfront 320, 372
Einundzwanzig Forderungen (1915) 229, 230, 287
Einwanderung, nach China 8, 245, 284
Eisenbahnen 42, 176, 183, 206–10, 218–23, 234, 271f., 285–7, 305
– Transsibirische Bahn: 102, 106
– Chinese Eastern Railway (Ostchinesische Eisenbahn): 206, 218, 256, 285, 290
– South Manchurian Railway: 206, 258, 261, 281–5, 318
– Yunnan-Bahn: 205, 219, 229, 278
– Jiaozhou–Jinan: 219
– Tianjin–Pukou: 219, 221, 232
– Shanghai–Nanjing: 221f.
– Beijing–Mukden: 221, 272
– Shanghai–Hangzhou–Ningbo: 221
– Kanton–Hankou: 222f., 321
Eisenbahnkonzessionen 208
Eisen- und Stahlindustrie 51, 270f., 286f., 306, 319, 385
Elektrizität 244–6
Embargo 325, 366
Entente, anglo-französische (1904) 208
Entwicklungshilfe 372f., 384
Erziehungswesen 106, 243
Eunuchen 71, 241
Ewo Cotton Spinning and Weaving Company 263
Exotismus 3, 26
Expansion, chinesisch-mandschurische 47–9
Expansion, europäische (allgemein) 6f., 42–7, 107
Export, chinesischer 10, 57f., 61–5, 68f., 194–200, 248f., 280f.
Exterritorialität XIV, 138, 149, 186, 204, 231, 254, 261, 265, 274, 285, 289, 312, 349

Farbenimporte 250
Faschismus 304, 313
Fengtian (Liaoning) 87
«Feudalismus» 53f., 173f.
Finanzimperialismus 165, 211–13 (Begriff: 212), 217, 220, 251, 275–7, 311, 396, 403f.
siehe auch Anleihen
Finanzwesen 49, 51, 115, 130, 164, 193, 211–18, 223, 275–7, 299–303
siehe auch Steuern

Firmen, ausländische, allgemein 177f., 181, 188, 200, 234, 311f.
Firmen, chinesische, Organisation 191, 193f.
First National City Bank of New York 257
Flüchtlinge
– jüdische: 245
– weißrussische: 245
Frankreich 17, 26, 48, 58, 149, 155f., 159, 170f., 197, 203ff., 242f., 256–9, 338, 360f., 374
Französische Revolution 4, 45, 46f., 48, 123, 343f.
Französisch-chinesischer Krieg (1884–85) 159, 161, 193, 279
Freihandel 8, 99, 110, 118f., 122, 136f., 142, 146f., 170f., 230
Freihandelsimperialismus 128, 133, 136f., 152–8, 163–71, 172, 202
Friedfertigkeit der Chinesen 23
Fünfjahresplan, Erster (1953–57) 264, 365f.
Fujian (Fukien) 58, 68, 98–100, 105
Fuzhou (Foochow) 149, 179

Gansu (Kansu) 294
«Gelbe Gefahr» 32
Gelber Fluß (Huanghe) 130, 317
Geldverleih 55
Geldwesen 66f., 143, 185, 211
Genfer Indochinakonferenz (1954) 10, 362, 317f.
Gentleman-Ideal, konfuzianisches 74
Gentry 54, 56, 69, 73, 79f., 84f., 131, 192, 221–3, 357
Genua 107
Gesandtschaften nach China, 17./18. Jahrhundert 96, 100–2, 108f., 122f., 128
Getreidespeicher, staatliche 78, 130
Gilden 60, 69, 182
Gold 68
Great Game: anglo-russischer Konflikt in Asien 135f., 207, 210
Grenzregelungen und -probleme 101, 104, 366f., 377
Großbritannien 15, 17, 39, 45–9, 128, 132–9, 145, 147–9, 151f., 152–8, 170f., 203ff., 242, 256–60, 288–91, 305f., 309–13, 321f., 324, 328, 339, 358f., 360, 397
Großer Kanal (Kaiserkanal) 68, 78, 130

Großmacht (Begriff) 45, 379, 383
Grundbesitz, Verteilung in China 53–6, 78, 297, 354
Grundeigentum, rechtlicher Status in China 53
Grundherrensystem 53–5, 67, 199, 255, 280, 282, 357
Guandong-Armee (japanisch) 282f., 285, 287f., 291, 318, 326
guandu-shangban-System 183
Guandong (Kwangtung) 58, 98f., 100, 105, 197, 205
Guangxi (Kwangsi) 150, 205
Guangzhouwan (Kwangchouwan) 205
Guerilla 282, 315, 317, 320f., 332, 364
Guernica 315
Guizhou (Kweichow) 278, 317
Gurkha-Krieg (1788–92) 48, 93
Guomindang (Kuomintang) 186, 237, 288, 304f., 317f., 327ff., 364f., 394
siehe auch Nanjing-Regierung

Hainan 311, 332
Haiti 46
«halbfeudale-halbkoloniale Gesellschaft» 173f.
Halbkolonie 4, 161, 169
siehe auch Informal Empire
Hamburg 180
Han-Dynastie (206 v. Chr. bis 220 n. Chr.) 5, 33, 62
Handel (Binnen-) 51f., 56, 60f., 67f., 80f., 142, 181f., 196, 248, 250–6, 283, 400
«Handelsgeist» der Chinesen 25f., 31
Handwerk 58–65, 197f., 250
siehe auch Hausgewerbe
Hangzhou (Hangchow) 35f., 58f., 68, 294
Hankou (Hankow) 176, 181, 184, 195, 238, 240, 298, 316
siehe auch Wuhan
Harbin (Ha'erbin) 209, 281
Hanyang Eisen- und Stahlwerke
siehe Hanyeping-Gesellschaft
Hanyeping-Gesellschaft 189f., 270f., 385
Hausgewerbe 39, 58–61, 266f.
Haushalt, bäuerlicher 55, 58–61, 197f., 260f.
Hebei (Hopeh) 200
Heilongjiang (Heilungkiang) 87, 206
Henan (Honan) 232f., 260, 269, 294
Historiographie, Methode 11, 17f., 41, 292

«Hochimperialismus» 152f., 154f.
Höfische Gesellschaft 44f.
Holland 17, 41, 45, 47
– auf Taiwan (1624–62): 105–7
siehe auch Verenigde Oostindische
Companie
Hollandstudien *(rangaku)*, in Japan 47,
49, 395
Hong-Kaufleute, Co-Hong 110,
114–17, 124, 130, 145, 149, 187
Hongkong (Xianggang) 125, 134, 149,
165f., 168f., 170, 179, 181, 199, 208,
229, 238f., 244, 250, 316, 321–3, 328,
348, 358, 388, 393
Hongkong and Shanghai Banking Cor-
poration 180, 213f., 218f., 224, 228,
274, 296
Hormuz 108
Huaihai, Schlacht von 331
Hubei (Hupeh) 68, 79, 189, 220, 235,
276, 309
Hunan 68, 220, 235, 276, 312, 327
Hunger, Hungersnöte 9, 19f., 33f., 43,
282, 294

Immigration, nach China 8
Imperial Chemical Industries (ICI) 252
Imperialismus 12, 19, 46, 203, 277–9,
339, 395–405
– Periodisierung: 18, 152f., 154f.,
202f., 207, 279
– chinesische Beurteilung: 172f.,
352f., 355
Imperium, chinesisch-mandschuri-
sches 3–9, 47–9, 49f., 158–62, 226
Importsubstitution 143, 250, 266
Indian Civil Service 163
Indien 2, 4, 7, 9, 41, 44, 46f., 118f., 125,
135f., 138, 140–3, 147, 170, 172, 180,
195, 200, 218, 241, 247, 257, 264, 279,
286, 293, 316, 338, 346, 347, 356,
373f., 378, 386, 396
Indirect rule 90, 93
Indischer Aufstand (1857–58) 138, 150
Indo-China Steam Navigation Com-
pany 183
Indonesien, Holländisch-Ostindien 9,
47, 106, 346, 374, 386
Industrie, allgemein 38f., 165f., 188–94,
204, 245f., 286f., 294, 298f., 316, 366
Inflation 66, 303, 328, 351
Informal empire 137, 152–8, 162–72
(Begriff: 170f.), 178, 187, 221, 226–8,

236, 238, 240, 244, 277f., 288, 322f.,
339–42
Inkorporation (Begriff) 15f.
Intelligentsia, Studenten XIII, 12f.,
241–3, 246, 291, 316, 332, 365,
388
Interessensphären 122, 205–12, 230f.,
278, 282, 285
International Telephone & Telegraph
Corporation (ITT) 257
Interventionsmechanismen 154–8, 170,
232–40
Irkutsk 100
Islam 2, 4, 6, 90, 160f.
Italien 156, 209, 260, 305, 376

Jalta, Konferenz von (1945) 330, 332,
364, 378, 397
Japan 4, 6, 9, 11, 14, 16, 32, 36, 47f., 62,
86, 96, 107, 124, 126f., 133, 138, 144,
156, 159f., 162, 172, 183, 188, 190,
192f., 198, 202ff., 241f., 256–9, 263,
270f., 277, 278ff., 313–27, 337, 339,
360f., 374, 384–7, 392, 397
Jardine Matheson & Co. («Ewo») 63,
142, 180f., 183, 187, 219, 251f., 259f.,
263f., 269, 311, 322, 348–50
Java 47, 57, 150, 250, 280
Jesuitenmission (16.–18. Jh.) 12, 21–7,
47, 128, 152, 395
Jiangxi (Kiangsi) 63–5, 291, 297
Jiaozhou (Kiautschau) 205, 243f., 278
Jilin 87
Jinan (Tsinan) 289
Jingdezhen 63–5
Jinmen (Insel Quemoy) 362
Jiujiang (Kiukiang) 240
Joint ventures 260–2, 311, 382, 387
Justiz, chinesische 26, 57, 122, 147, 224,
240

Kailuan Mining Administration
(KMA) 189, 259–63, 269, 272
Kaiping-Bergwerk siehe Kailuan Mining
Administration
Kalkutta 107, 134, 200
Kalter Krieg 203, 330ff.
Kambodscha 10, 356, 381, 384
Kanada 360, 376
Kanonenbootdiplomatie 125, 134f.,
137, 148, 156–8, 170, 216, 228f.,
237–40, 254, 311f.
Kanton (Guangzhou) 36, 62, 64, 98,

110–21, 124, 134, 144f., 147, 149, 155, 176, 239f., 246f., 298, 317, 321
Kanton-System 104, 110f., 116, 121, 127, 137, 179, 186
Kapitalakkumulation 187f.
Kapitalexport, allgemein 165, 188, 211, 257, 293, 311
siehe auch Anleihen, Direktinvestitionen
Kapitalismus, bürokratischer 191, 197, 299–313, 340
Kapitalismus, «Keime des» (vor 1842) 55f., 190
Kapitalismus, nationaler XIII, 248, 267, 277, 312, 340
siehe auch Bourgeoisie, nationale
Karawanenhandel 101–4, 109
Kashgar 89
Kaufleute 51, 54, 66f., 68, 75, 80–2, 87, 91f., 182, 221–3, 239, 264, 283
Kjachta, Vertrag von (1727); Kjachta-System 101–4, 109, 127, 179, 394
Kohle, Kohlebergbau 218, 259–63, 286f., 319
Kollaboration 90–2, 106f., 142, 152, 158, 211, 223f., 231, 234–6, 240, 254, 295f., 301, 308–13, 331, 336, 339–41, 398
siehe auch Komprador
Kollektivierung der Landwirtschaft 357, 368
Kolonialismus, chinesisch-mandschurischer 88–94, 160f.
Kolonialismus, europäischer (allgemein) 6, 42, 44–7, 169
Kolonisierung, han-chinesische; innerer Kolonialismus 49, 56, 87, 90–2, 129f., 282, 344f., 393, 400
Komintern 237, 247, 345, 364
Kommunistische Partei Chinas (KPCh) 237, 239, 291f., 297, 300, 314, 320f., 327, 329–42, 343ff., 394
Komprador, Kompradorenbourgeoisie 174, 185–8, 196, 200, 239f., 243, 250, 253, 269, 273, 277, 313, 387, 400
Konfuzianismus 3, 6, 66, 74, 76f., 82, 96f., 129, 191, 201, 304, 387, 392
Konjunkturschwankungen 66, 69, 264, 268, 275
siehe auch Weltwirtschaftskrise
Konsuln, ausländische 157f., 167f.
Konzerne, multinationale 251ff.

Konzessionen (Gebietsenklaven) 167f., 246, 323
Konzessionen (Nutzungsrechte) 205f., 208f., 218f., 226, 260
«Kooperationspolitik», chinesische 154, 203
Korea 6, 8, 47f., 96–8, 104, 159–60, 204, 206, 207, 226, 280f., 284, 337, 384f.
Koreakrieg (1950–53) 14, 96, 334, 338, 342, 359–62, 363, 377, 393
Korruption 72, 76, 99, 129–31, 317f., 328f.
Kosmopolitismus 395
Kriegsentschädigungen 149, 204, 213f., 275
siehe auch Boxer-Entschädigung
Kriegsmarine, chinesische 148, 160f.
Krimkrieg 133
Krupp 278
Kuba 280, 360, 371, 373
Kuldscha 89, 160
Kulturkreis, chinesischer 5f.
Kulturrevolution 10, 375f.
Kunming (Yunnanfu) 205, 316
Kupfer und Kupferbergbau 66f., 98, 112

Lamaismus 92
Landflucht 166, 297
Landsmannschaften 68, 73, 87
Landwirtschaft 24f., 50–8, 60, 233, 243, 269, 272, 282f., 286, 294, 297, 307, 366
Langer Marsch 291
La Rochelle 27
Lateinamerika 46, 62, 137, 170, 258, 372
Lebensstandard in China
  – vor 1800: 24f., 29f., 42f., 50–2, 56–8
  – 19. Jh.: 34f., 37–40, 200
  – 20. Jh.: 9f., 281, 287, 293f., 297f.
Legismus (Legalismus) 390f.
Leibeigenschaft 57
Lend Lease 325, 329
Lever Brothers (Unilever) 252
Lhasa 93
Liaodong-Halbinsel 204–6, 209, 216, 243, 281f.
Liaoning siehe Fengtian
Libanon 236
lifanyuan (Barbarenamt) 88, 91–3, 109
lijin (Transitsteuer) 82, 217, 276
Lincheng-Zwischenfall (1923) 232–4, 240

Liuqiu siehe Ryûkyû-Inseln
Lohnarbeit 53, 55, 59, 65
London 36, 179f., 198f.
London, Vertrag von (1840) 135
Luftverkehr, Luftwaffe 305, 316, 324
Lyon 199f.

Macau 62, 105, 107f., 147, 339, 348, 393
Madras 107
Mais 57
Malaya 90, 137, 346
Managing agencies 181
Manchester 171
Mandschu-chinesischer Gegensatz 72, 73, 77
Mandschurei, Dongbei (Nordosten) 8, 47, 50, 87f., 204–7, 209–11, 219f., 231, 236, 243, 257–62, 272, 280, 393
– 1931–45 (ab 1932: «Mandschukuo»): 144, 281–8, 293, 310, 313, 318f., 396
– nach 1945: 330, 333
Mandschureikrise (1931–32) 19, 209, 246, 265, 285f., 290f., 314, 324, 396
Manila 62
Manufakturen 59, 61, 63–5
Maoismus 368–70
Marco-Polo-Brücke, Zwischenfall an der (1937) 292, 313f.
Marginalität, ökonomische 175, 196, 199–201, 246, 254f., 267, 271, 274
Markt, innerer 51f., 66, 146
Marktquote 52, 55, 266f.
Marktstrukturen 52, 84
Marseille 180
Marxismus 173f., 242
Maschinenbau, Maschinenimport 31, 197, 250, 268, 307
Mazu (Insel Matsu) 363
Medizin 243, 353, 365
Meerengenkonvention (1841) 135
Meiji-Restauration 190, 192f., 280, 287, 290, 400, 402
Meistbegünstigungsklausel 149, 153f., 171, 204, 230, 396
Melchers & Co. 251, 278
Men on the spot 157f., 237f., 291, 314
Menschenrechte XIV
Merkantilismus 34, 59, 137, 172, 307
Mexiko 62, 120
Migration, innerchinesische 87, 166, 244, 272, 316
s. auch Kolonisierung, han-chinesische

Militär, chinesisches 26, 145, 148f., 189f., 192, 232f., 242, 297, 300–2, 304–9, 314ff., 344, 382–4, 392
Militärmachthaber siehe Warlords
Ming-Dynastie (1368–1644) 37, 48, 52, 54, 58f., 62, 64, 66, 70f., 87, 100
Minsheng-Schiffahrtsgesellschaft 268
Mission, christliche (19.–20. Jahrhundert) 8, 14, 136–9, 149f., 181, 215, 241–3, 352–5, 396
– katholische: 171
– protestantische: 104
Mission, religiöse (allgemein) 7, 49
Missionszwischenfälle *(jiao'an)* 156f., 233
Mitsui-Handelsgesellschaft 187, 259, 263, 283, 285
Mittelsmänner, Makler 80f., 196, 198, 269
Mixed Court of Shanghai 224, 240
Mobilität, vertikale 54, 81, 84, 297
Modernisierungstheorie 12, 19, 137f., 175, 184f., 189, 198–201, 255f., 267, 271, 287, 400
Modernität 9, 11, 13, 43, 66, 85, 183, 241–7, 304
Mogul-Herrschaft (Indien) 44, 47, 72
Monarchie 44, 70–2, 129
– in Thailand: 97f.
siehe auch Despotie; Staat, chinesischer
Mongolen (Yuan-Dynastie) 4, 7, 21, 35, 52, 62, 70f.
Mongolen, Mongolei
– vor 1911: 47–9, 88–93, 101f.
– nach 1911: 4, 226, 330, 366f., 369, 377, 392
Monopole, staatliche, in China 51, 60, 75, 80, 308–10, 352
Montpellier 62
Moral economy 55, 297
Moskau, KP-Konferenz (1960) 368f.

Naigaiwata-Baumwollkonzern 263, 266, 269
Nanjing (Nanking) 35, 59, 62f., 68, 148, 155, 227, 315f., 331
Nanjing-Regierung (1927–37) 285, 288–313
Nanjing, Vertrag von (1842) 127, 148f.
Nanjing-Zwischenfall (1927) 289
Nanyang-Konzern 268f., 303
Nationale Ressourcenkommission 309f.

Nationalismus 32, 154, 169, 204, 222, 226, 237–40, 288–90, 293, 341, 344–6, 369
Nationalstaat, China als 5f., 398f.
Naturkatastrophen 29, 292–4
 siehe auch Hungersnöte
Nepal 47f.
Nerčinsk, Vertrag von (1689) XI, 100f., 104
Neuseeland 150
Niedergang Chinas 27–31, 34f., 38–40, 44f., 49, 129–33, 169
Nigeria 90,386
Ningbo (Ningpo) 149, 181f.
Niuzhuang (Newchwang) 282
Nordchina 55f., 60, 84, 144, 176, 218, 229, 232f., 240, 259, 266, 272, 282, 286, 318f.
Nordfeldzug (1926–28) 237, 333

Odessa 180
Öffentlichkeit in China 221, 291
Öffnung
 – allgemein: 8f., 137
 – Chinas: 16, 18, 127f., 133, 146f., 149, 151, 177, 388f., 399
 – Japans: 126, 241f.
Ökologische Zusammenhänge 79f.
Öl
 – Importe (Mineralöl): 250, 252–6
 – Exporte (Mineralöl): 10, 385
 – Exporte (Pflanzenöl): 248, 250, 255
Österreich 134, 209
Oktoberrevolution, russische (1917) 19, 343f.
Open Door 153, 159, 163, 170f., 208–12, 229–31, 246, 310, 313, 315, 339f., 388, 397
Open economy 172, 201, 279–81, 388
Opium, Opiumhandel 16, 104, 120, 139–49, 176f., 193, 200, 241, 250, 269, 358, 403
Opiumkrieg (1840–42) 14, 16, 18, 86, 124, 125–39, 144–9, 169, 204, 402
Opiumkrieg, Zweiter siehe Anglo-französisch-chinesischer Krieg
Osmanisches Reich 5, 35, 45f., 48, 50, 101, 134f., 137f., 147, 161, 202, 227, 257, 397
Ostindienkompanien 14, 45, 100, 109–12, 114
 siehe auch East India Company; Verenigde Oostindische Compagnie

Pachtverhältnisse 53–7, 255, 280, 297
Pakistan 346
Palastmemorandensystem 72
Papierindustrie 58, 66, 268
Paris 26, 35
Paris, Frieden von (1763) 45
Patons & Baldwins 350
Pax Britannica 133, 154
Pearl Harbor 317, 322f., 325
Pekin-Syndicate 260, 311
Pelzhandel 87, 101, 103f., 140
Penetration, allgemein 42, 137, 167, 181f., 218, 250–6, 271, 276f., 285, 355f., 399f., 402–5
 – symbiotische: 177
 siehe auch Komprador
Pénétration pacifique 206f., 236
Periodisierung 17–19, 52, 125f., 152f., 201f., 277, 402f.
Persien (Iran) 44, 48, 72, 147, 347
Persischer Golf 133
Peru 120
Pescadoren 204
Pfeffer 111
Philippinen 106, 207, 322, 346, 362
Pidgin-Englisch 108
Piraten 86, 105–7, 133f., 151
Plantage 195f., 280, 395
Planwirtschaft 307–9, 366, 387
Plassey, Schlacht von (1757) 89
Polen 367
Port Arthur (Lüshun) 205f., 209, 281, 330, 369
Portsmouth, Frieden von (1905) 209
Portugal, Portugiesen 62, 107f., 323
 siehe auch Macau
Porzellan 58, 63–5
Post 164, 180
Präventiver Imperialismus 136f.
Preisrevolution 66
Privatwirtschaft (vor 1850) 59–68, 80f.
Produktivität, landwirtschaftliche 51, 57
Profite im Chinageschäft 180f., 188, 270, 279
 – Repatriierung: 177f.
Proletariat, chinesisches 174, 188, 197, 218, 239f., 244, 246, 259–64, 267f., 270, 287, 298f., 319, 321, 328
Proto-Industrie 42f., 206f.
 siehe auch Hausgewerbe
Prüfungssystem 5, 51, 54, 67, 73, 131
 – Abschaffung (1905): 191

Qing-Dynastie (allgemein) 5, 7, 17f.,
47–9, 94, 152, 210, 223
Qingdao (Tsingtao) 243f., 246, 249,
264, 266, 272, 278, 331f.

Rassismus 302, 141, 231, 244f.
Reformbewegung (1898) 204
Reformen, späte Qing-Zeit
(1901–10) 143f., 241, 276
Regionale Differenzierung, Regionalis-
mus 52, 55f., 176, 192
Rehe (Jehol) 226
Reis 7, 50f., 55, 57f., 98, 184, 279–81,
293f.
Revolution, chinesische (allgemein) 19,
32, 195, 327, 332, 343–7, 356, 403–5
Revolution, chinesische von 1911 18,
32, 152, 223–7, 233, 236, 245, 260
Revolution, industrielle 18, 38f., 43, 63,
122f., 128, 139, 271
Rivalität und Kooperation zwischen den
Großmächten 16, 138, 153, 171,
202–10, 225f., 309–13, 324, 396f.
Römisches Reich 6, 50
Royal Dutch Shell 253
Rückgewinnung von Rechten 222f., 289
Rüstungsfabriken (19. Jahrhun-
dert) 189–93
Russisch-japanischer Krieg
(1904–5) 202f., 206, 208f., 262
Russisch-orthodoxe Kirche 104
Rußland
– allgemein: 17, 392, 397
– vor 1917: 35f., 39, 45, 48f., 78, 83,
100–5, 108f., 134–6, 156, 160f.,
179, 202ff., 242, 256–8, 392
siehe auch Sowjetunion
Ryûkyû-Inseln (Liuqiu) 47, 96, 160

Salzwirtschaft 66, 74f., 81, 130f., 184,
299
– Reorganisation der Salzbehörde
(1913): 225f., 228, 276f., 396
San Francisco 200
St. Petersburg, Vertrag von (1881) 161
Schiffahrt 164, 218
– traditionale: siehe Dschunkenhandel
und -verkehr
– Dampfschiffahrt: 29, 42, 179, 181,
183–5, 200, 206, 257f., 268, 272,
403
– Hochseeschiffahrt: 6, 42, 62, 179
– Tee-Clipper: 179

Schmuggel 81, 142f., 151, 179, 300, 317
Schrift, chinesische 3, 24, 97, 345
Seeherrschaft, britische 46, 133–5, 152
Seeverbotspolitik (16./17. Jahrhun-
dert) 62, 105, 107, 111
Seezollbehörde (Imperial Maritime Customs, ab 1912: Chinese Maritime Cu-
stoms) 162–5, 170f., 200, 208, 211,
214f., 223f., 226f., 276f., 310f., 387,
396
Seide 58–60, 61f., 99f., 103, 117, 194f.,
197–200, 268, 292, 298
Selbststärkungsbewegung siehe *Yangwu-*
Bewegung
Seoul 360
Shaanxi (Shensi) 294
Shandong (Shantung) 87, 205, 219, 230,
232f., 269, 276, 289
Shanghai 35–7, 68, 144, 149, 151, 162,
165–71, 179, 181, 199f., 221f., 229,
238, 241, 243–6, 248, 252f., 258, 260,
263f., 266, 268f., 272, 294, 298f.,
315f., 319, 321–3, 331, 358, 399
– International Settlement: 168f., 224,
239f., 288f., 312, 322f., 396
– Concession Française 168
Shanghai Power Company 257, 260
Shanxi (Shansi) 68, 292, 294
Shimonoseki, Frieden von (1895) 203f.,
263
Siam siehe Thailand
Sibirien 47f., 88, 100
Sicherheitspolitik
– Qing-Dynastie: 47–9, 101, 128f.,
161f.
– VR China: 10, 382f., 392f.
Sichuan (Szechwan) 36f., 143, 181, 278,
317
Sikhs 91, 239
Siemssen & Co. 278
Silber 62, 66, 68f., 112, 119, 120, 145f.,
151f., 274f., 293–6, 402, 404
Singapore 6, 134, 165, 339, 388
Sinologie 11, 25, 70
Sinozentrismus 24f., 46–9, 94f., 103–5,
123f., 150, 390–3
Sklaverei 53, 57, 138, 263, 319
Sklavenhandel, afrikanischer 45, 133, 141
Smyrna 137
Sojabohnen 87, 248f., 283f.
Sommerpalast 151f.
Song-Dynastie (960–1279) 5, 35, 37,
50–2, 62, 71, 73, 132

Sowjetisch-chinesischer Freundschaftsvertrag (1950) 363 f.
Sowjetisch-chinesischer Vertrag
(1945) 330, 364
Sowjetunion (UdSSR) XI, 14, 47, 86,
203, 217, 229, 235, 237, 253 f., 286,
290, 314, 324 ff., 360 f., 363–70,
377–82, 394
Spanien 62, 156
Spekulation 190, 197–9, 275, 295, 299,
302
Staat, chinesischer 3–6, 49, 59, 64, 66 f.,
69–85, 103–2, 157, 191–3, 210 f., 222,
224, 232–6, 240, 245, 265, 275–7, 292,
303–5, 343 ff., 388 f., 403–5
siehe auch Bürokratie
«Staat» versus «Gesellschaft» 64, 82 f.
Staatensystem, modernes 4, 45, 95, 135
Staatsanleihen, chinesische 213, 295,
199 f., 302
Staatsklasse 296, 303 f., 309
Standard Oil Company 252–6
Stadt-Land-Verhältnis 36 f.
Städte siehe Urbanisierung
Stagnation Chinas 28–32, 56, 67 f., 84,
132, 246, 400
Statistik 22, 33–40, 271 f., 296
Steuer, Steuersystem 29, 59, 74–8, 130,
143, 151, 204, 216 f., 224, 227 f., 233,
262, 287, 293, 297, 299, 301
Steuerquote 77, 82
Straßen 23, 278
Straßenbahn 176
Streiks 238–40, 269, 289
Studenten siehe Intelligentsia
Stützpunktkolonialismus 42, 106 f.,
133 f., 206, 339
Südafrika 172
Südchina 50, 55, 60, 105–21, 146, 150 f.,
249, 266, 311
Südostasien, Nanyang 86, 100, 165, 197,
295
Südwestchina 56 f., 176
Sühnemissionen, chinesische 156, 216
Suezkanal 179 f.
Sultanismus 72, 74
Suzhou (Soochow) 59, 68
Synarchie 164 f., 170, 396

Tabak, Tabakindustrie 184, 299
siehe auch British-American Tobacco
Corporation; Nanyang-Konzern
Taierzhuang 316 f.

Taiping-Bewegung (1850–64) 33, 150 f.,
152, 154
Taiwan (Formosa) 211, 393
 – vor 1895: 47, 56, 105–7
 – unter japanischer Herrschaft
 (1895–1945): 19, 204, 231, 250,
 279–81, 393
 – Republik China (seit 1945): 6, 359,
 363 f., 381, 385, 388
Taiyuan 317
Tang-Dynastie (618–907) 37, 50, 62, 71,
85
Tanggu-Waffenstillstand (1933) 291
Tangshan 259
Taškent 89
Technikfeindschaft der Chinesen 191
Technologietransfer 185, 193, 200, 218,
247, 309, 385
Tee 58, 62, 99 f., 113 f., 157, 118–22,
140 f., 179, 194–6, 248 f., 251, 279
Telegraph 29, 180, 189
Texaco 253
Thailand (Siam) 9, 96–100, 137 f., 147
ti-yong-Formel 201, 387
Tianjin (Tientsin) 151, 167, 179, 229,
238, 248 f., 264, 266, 272, 298, 321,
331 f.
Tianjin-Massaker (1871) 156
Tibet 8, 47, 93, 158 f.; 226
Tokio 36
Tongking 205
Trafalgar, Schlacht bei (1805) 133
Treaty Ports, Treaty-Port-System 110,
149, 167 (Begriff), 176 f., 200, 250 f.,
261, 323, 387, 399, 403
Treaty-Revision und -Abschaffung
222 f., 232, 288–90, 310, 323, 339
Treaty-System 14 f., 149, 153–5, 170 f.,
184, 207, 210 f., 222, 226 f., 230 f., 246,
251, 265, 271, 277, 287–90, 301, 312,
394, 396 f.
Tributverhältnis, Tributsystem 47, 49,
59, 64, 94–100, 108 f., 160, 169
Tripelintervention (1895) 204–6
Truppenstationierung 107, 216, 228 f.,
261, 292, 323, 332 f.
tuhao lieshen 297
Turkestan siehe Xinjiang

Überland-Direktvertrieb 250–6
Ungarn 367
Ungleiche Verträge
 – China: siehe Treaty-System

– Japan: 138, 144, 193, 204
– andere Länder: 133 f., 137, 159 f.
Universitäten 217, 243, 316
Unterentwicklung 20, 28–32, 34 f.,
  38–40, 132
Unterwelt von Shanghai 144, 299
Urbanisierung, Stadtentwicklung 25–7,
  166, 243–7
  siehe auch bei Shanghai u. a. Städten
Utilitarismus 29, 138

Venedig 35
Verenigde Oostindische Compagnie
  (VOC, Holländische Ostindienkom-
  panie) 63, 105–7, 111, 113 f., 117
Vereinigte Staaten von Amerika
  (USA) 9, 14, 16, 39, 133, 139 f., 149,
  155 f., 170, 203 ff., 243, 256–8, 273,
  290, 293–5, 305, 309, 324 ff., 354,
  358–63, 368, 374–81, 394, 397
Vereinte Nationen 127, 360, 376, 378 f.
Vergleich Chinas mit anderen Län-
  dern 3 ff., 24–32, 33–40, 41–9, 67 f.,
  76 f., 82 f., 128, 132 f., 148, 170, 190,
  192 f., 401
Verlagssystem (putting out) 51, 59
«Verlust» Chinas 335
Versailles, Konferenz von (1919) 231 f.
Vertragshäfen siehe Treaty Ports
Verwestlichung 8, 11 f., 41–7, 200,
  241–7
Vierte-Mai-Bewegung (1919) XIII, 19,
  231, 239, 241, 245
Vietnam 6, 51, 57, 97, 159, 294, 346,
  361, 371, 373, 377–9, 381, 384, 393
Vladivostok 160, 179, 206, 381
Völkerbund 22, 228, 231, 300, 378
Völkerrecht 95, 103, 109, 126 f.
Volksbefreiungsarmee (VBA) 320 f.,
  327, 342, 344, 362, 382 f.
Vorfinanzierung des Handels durch Aus-
  länder 115–17, 122, 146, 196, 198

Wachstum, wirtschaftliches 9, 37–40,
  264, 284, 286, 366
Währungsreform 1935 (*fabi*-Re-
  form) 295 f., 302 f., 305
Waffenhandel 193, 200, 234 f., 251,
  306 f., 334, 373, 383
Wanxian-Massaker (1926) 237 f., 240
Warlords XIII, 144, 218, 233–40, 242,
  260, 262, 264 f., 282, 289, 296 f., 298
Washington, Konferenz von

(1921–22) 229–32, 273, 277, 289, 313,
  315
Wasserbau, Wasserregulierung 51, 70,
  78–80, 130
Waterloo, Schlacht bei (1815) 133
Weihaiwei 208, 230, 288
Weizen 87, 294, 309
Weltgeschichte, China in der 4–9,
  390–403
Weltgesellschaft (Begriff) 15
Welthandel, Chinas Anteil am 171 f.,
  195, 198
Weltkrieg, Erster 203, 217, 228, 243,
  278
Weltkrieg, Zweiter 19, 228, 281, 313 ff.,
  360
Weltpolitik, allgemein 15 f., 41 f., 46 f.,
  127, 154 f., 202 f., 228 f., 290 f., 326,
  373, 396
Weltsystemanalyse 15, 19
Weltwirtschaft, allgemein 15 f., 41 f., 45,
  66, 68 f., 124, 140, 146, 152, 171 f.,
  178–80, 199, 201, 267, 384–9
Weltwirtschaftskrise 15, 19, 39, 195,
  198, 245, 277, 284, 292–304, 402 f.
Widerstand, Widerständigkeit Chinas
  7 f., 132, 148 f., 155, 171, 175, 182 f.,
  210 f., 221 f., 226, 237–40, 268 f., 277,
  288–90, 318, 398–401
Wirtschaftspolitik, staatliche, in
  China 59, 63–5, 66 f., 74–83, 189–94,
  305–13, 328 f., 351 f., 357 f., 365 f.,
  384–8
Wolfram 306, 308 f.
Wuhan 316–8, 331
  siehe auch Hankou

Xiamen (Amoy) 100, 149, 165
Xi'an (Sian) 215
– Xi'an-Krise (1936) 291 f., 314
Xinjiang (Sinkiang) 89 f., 93, 102, 160 f.,
  292, 344, 393
Xuzhou (Hsuchow) 316

Yalu 360
Yan'an (Yenan) 331, 341, 346, 356
Yangwu-Bewegung 189–94, 203, 247 f.,
  251, 265, 402
Yangzi (Changjiang, Yangtzekiang, Langer Fluß) 37, 149, 156, 179, 181, 183,
  208, 316, 321
Yangzi-Delta 55 f., 62, 67, 87, 129, 166,
  176, 287, 294, 399

Yawata-Eisen- und Stahlwerke 270f.
Yihetuan siehe Boxeraufstand
Yili (I-li) 89, 160f.
Yokohama 200
Yongli-Chemiegesellschaft 255, 268
Yunnan 66f., 143, 159, 205, 278, 292, 316f.

Zensorat 72
Zentralasien (allgemein) 7, 47–9, 62, 87–93, 392
Zhejiang (Chekiang) 58
Zhifu-Konvention (Chefoo-K., 1876) 156
Zinn 113

«Zivilisiertheit», Standard der XIV, 27–9, 30f., 137f., 147f., 156, 224, 232, 289f.
Zoll 137, 149, 252, 271f., 288
– Zollautonomie Chinas: 290, 300f.
siehe auch Seezollbehörde
Zongli Yamen (Tsungli Yamen) 155f.
Zucker 45, 66, 105, 165, 250, 279f., 293
Zündholzindustrie 252
Zyklen 176
– dynastische: 52, 79, 129–31, 232
– imperiale: 338–42, 397
– der Öffnung: XIV, 8f.
– nach G. W. Skinner: 52, 84f.
– nach P.-E. Will: 79f.

Kultur und Geschichte Chinas

Oskar Weggel
Die Asiaten
1989. 361 Seiten.
Leinen

Oskar Weggel
China
Zwischen Marx und Konfuzius
2., neubearbeitete Auflage. 1987.
341 Seiten mit 9 Abbildungen.
Paperback
(Beck'sche Reihe, Band 807)

Jonathan D. Spence
*Das Tor
des Himmlischen Friedens*
Die Chinesen und ihre Revolution
1895–1980
1985. 447 Seiten. 46 Abbildungen.
Leinen

Gudula Linck
Frau und Familie in China
1988. 150 Seiten mit 13 Abbildungen.
Paperback
(Beck'sche Reihe, Band 357)

Paul U. Unschuld
Medizin in China
Eine Ideengeschichte
1980. 335 Seiten.
Broschiert

Verlag C. H. Beck München

IION DER SOZIALISTISCHE

Irkuts

MONGOL

VOLKSRE

Balchaš-See

Alma Ata

Ürümqi

Tarim He

XINJIANG

Lop Nur

G
A
N
S

INN

KASCHMIR

Xining
Lanzho

QINGHAI

TIBET

(XIZANG)

SICHUAN

Chengdu

Cho

Lhasa

N
E
P
A
L

SIKKIM

BHUTAN

B
A
N
G
L
A
D
E
S
C
H

Kunming

INDIEN

YUNNAN

VI

BIRMA

LAOS

CHINA
1989

THAILAND

on, München